फ़िलिप मीडोज़ टेलर

'एक ठग की दास्तान' पुस्तक के लेखक फ़िलिप मीडोज़ टेलर ब्रिटिश भारत में अंग्रेज़ अधिकारी थे। उनका जन्म 25 सितम्बर, 1808 को लीवरपूल, यू.के. में हुआ था। उन्होंने अमीर अली द्वारा फिरंगियों के प्रति व्यक्त किए गए वक्तव्यों को यथावत् लिपिबद्ध किया। एक विशेष बात इस पुस्तक में और भी है, वह यह कि भारतीय संस्कृति की छाप इसमें सर्वत्र परिलक्षित होती है। साथ ही विचारशीलता एवं मनोभावों का सम्मिश्रण करके लेखक ने इसे अधिक संवेदनशील बना दिया है।

निधन : 13 मई, 1876

अनुवादक : डॉ. राज नारायण पांडेय

डॉ. राज नारायण पांडेय का जन्म 20 फरवरी, 1924 को कानपुर में हुआ।

उन्होंने एम.ए., साहित्यरत्न, साहित्यालंकार, पी-एच.डी. की उपाधि प्राप्त की।

वे हिन्दी-अंग्रेज़ी के अतिरिक्त फ़ारसी, उर्दू, अपभ्रंश, जर्मन, अरबी, उड़िया आदि भाषाओं के भी जानकार। उन्होंने कानपुर की प्रमुख संस्था 'हिन्दी साहित्य परिषद' का 9 वर्षों तक मंत्री-पद से संचालन किया। अनेक साहित्यिक गोष्ठियों, नाटकों आदि गतिविधियों में उनका सक्रिय योगदान रहा।

वे केन्द्रीय गृह मंत्रालय के राजभाषा विभाग में प्राध्यापक पद पर रहे और केन्द्रीय सरकार के अधिकारियों को 25 वर्षों तक हिन्दी सिखाया।

'महाकवि पुण्यदन्त' (10वीं शताब्दी के अपभ्रंश कवि पर शोध-प्रबन्ध) उनकी प्रकाशित पुस्तक है।

एक ठग की दास्तान

फिलिप मिडोज़ टेलर

अनुवाद
डॉ. राज नारायण पांडेय

राधाकृष्ण पेपरबैक्स

मूल कृति Confession of a Thug से अनूदित

राधाकृष्ण पेपरबैक्स में
पहला संस्करण : 2009
पाँचवाँ संस्करण : 2026

राधाकृष्ण पेपरबैक्स : उत्कृष्ट साहित्य के जनसुलभ संस्करण

राधाकृष्ण प्रकाशन प्राइवेट लिमिटेड
जी-17, जगतपुरी, दिल्ली-110 051
द्वारा प्रकाशित

शाखाएँ : अशोक राजपथ, साइंस कॉलेज के सामने, पटना-800 006
पहली मंजिल, दरबारी बिल्डिंग, महात्मा गांधी मार्ग, प्रयागराज-211 001
1, अनमोल सोराबजी सन्तुक लेन, धोबी तलाव, मरीन लाइंस, मुम्बई-400 002
वेबसाइट : www.radhakrishnaprakashan.com
ई-मेल : info@radhakrishnaprakashan.com

बी.के. ऑफसेट
नवीन शाहदरा, दिल्ली-110 032
द्वारा मुद्रित

मूल्य : 599

EK THAG KI DASTAN
by Filip Midoz Teil
Translated by Dr. Raj Narayan Pandey

ISBN : 978-81-8361-260-9

प्रस्तावना

ठग सम्राट अमीर अली : उसकी स्वीकारोक्ति

अपराध की कहानी जो आगे के पृष्ठों में वर्णित की गई है, खेद के साथ कहना पड़ता है कि वह बिलकुल सत्य है। घटनाओं की सम्बद्धता की दृष्टि से तथा अमीर अली के साहसिक कृत्यों को, जहाँ तक उसके भयानक पेशे की प्रकृति मुझे अनुमति देती है, कल्पना का सम्मिश्रण करते हुए उसे मनोरंजक बनाने का प्रयत्न किया गया है।

1832 ई. में मैं इस व्यक्ति से परिचित हुआ था। वह उन मुखबिरों अथवा सुराग देनेवालों में से एक था, जो सागर से निजाम के इलाके में भेजे गए थे और जिनके भयानक बयानों ने पूरे देश में ऐसी उत्तेजना फैला दी, जिसे कभी भुलाया नहीं जा सकता। मैंने उसकी कहानी जिस भयमिश्रित रुचि के साथ सुनी, वैसी उत्तेजना अपने पाठकों के मस्तिष्क में उत्पन्न होने की आशा मुझे नहीं है। मैं केवल इतना कह सकता हूँ कि इस क़हानी की पुष्टि उसकी स्वीकारोक्ति से हो जाती है और जिसका प्रत्येक विवरण उसके अपने साथी सुराग देनेवालों के साथ ही सरकारी रिकॉर्ड से भी पुष्ट होता है। इससे ज्ञात होता है कि वह सीधे 719 लोगों की हत्या में जुड़ा रहा। उसने बातों-बातों में एक बार मुझसे कहा था, "आह साहब, यदि मैं गत बारह वर्षों से जेल में न होता तो यह संख्या बढ़कर एक हज़ार तक पहुँच सकती थी।"

अभी तक यह बात अज्ञात है कि ठगी का इतना व्यापक प्रसार कैसे हो गया? भारत की जनता, जिसके बीच इसके बड़े-बड़े आचार्य निरन्तर घुले-मिले रहते थे, और बहुसंख्यक अंग्रेज जनता, जो पूर्वी समाज की विशिष्ट रचना से परिचित नहीं थी, ने उन पर कभी सन्देह नहीं किया, यह भी अत्यन्त आश्चर्य की बात है। अपनी वर्तमान सीमाओं के अन्तर्गत रहते हुए इसे समझाना कठिन है, फिर भी यह इतना आवश्यक है कि मैं इसे नजरअन्दाज नहीं कर सकता।

राजनैतिक स्थिति

भारत जैसा विशाल देश प्राचीन काल से प्रादेशिक इलाकों में बँटा रहा है, यहाँ अनेक राजा और सरदार अपने-अपने क्षेत्रों में सार्वभौम तथा अनुत्तरदायी शासन चलाते रहे। उनकी सरकारें अत्यधिक शिथिल और अकुशल थीं। ये लोग अपने सभी पड़ोसियों से ईर्ष्या रखते थे और शत्रुवत् व्यवहार करते थे। इसके परिणामस्वरूप समस्त देश में प्रमुख मार्गों से यात्रा करनेवाले मुसाफिरों के लिए कोई सुरक्षा की व्यवस्था नहीं थी। न तो किसी जन-संस्था ने उनकी सुरक्षा की कभी चिन्ता की और न किसी सरकार ने, चाहे वह अपने क्षेत्र में कितनी ही सशक्त पुलिस व्यवस्था क्यों न रखती हो, सम्भावित रूप से अन्य क्षेत्रों में सुरक्षा का प्रबन्ध किया।

भारत में सार्वजनिक सवारी के साधन कभी नहीं रहे (इसका कारण मार्गों की कमी, लोगों की आदत और देश के लोगों में समान रूप से उनके प्रयोग में रीति-रिवाज का विरोध रहा होगा) अतः यात्रा चाहे जितनी लम्बी क्यों न होती हो, लोग दल बनाकर पैदल अथवा घोड़ों पर सवार होकर जाया करते थे।

ऐसे दलों के यात्री परस्पर पहले से परिचित न होते हुए भी, आपसी सुरक्षा और भाईचारे की भावना के साथ मिलकर उन मुख्य मार्गों से गुजरते थे जो (कम्पनी सरकार द्वारा सैनिक उपयोग के लिए बनाए गए मार्गों के अतिरिक्त) सामान्य जनता द्वारा निरन्तर प्रयोग में आते रहने के कारण स्वतः बन जाया करते थे। ऐसे मार्ग प्रायः उन जंगलों, घने वनों, पर्वतों से अथवा बंजर भूमि से होकर जाते थे। इन भागों में कहीं-कहीं गाँव या छोटी आबादीवाले स्थान मिलते थे। यही नहीं, एक गाँव से दूसरे का अन्तर प्रायः कई मीलों का रहता था, जो सूनसान रहने के कारण, यहाँ लूटमार के पर्याप्त अवसर मिलते थे। इस प्रकार लुटेरे बराबर इन स्थानों में मिलते रहते थे, जो अनेक प्रकार के साधनों द्वारा यात्रियों को अपना शिकार बनाया करते थे। इनमें कुछ तो शस्त्रों द्वारा आक्रमण करते थे। अन्य वेश बदलकर छोटी-छोटी चोरियाँ करते रहते थे।

इधर कुछ समय से बड़ी तादाद में ठगों का पता लगा है। ये ठग संगठित होकर तथा बड़ी गोपनीयता के साथ अपने भयानक कार्य को अंजाम देते थे। परिणामतः वे अत्यन्त खतरनाक और विध्वंसक सिद्ध हुए।

जिन नगरों या कस्बों से यात्री गुजरते थे वहाँ वे अपनी दैनिक आवश्यकता की वस्तुओं को खरीदने के अतिरिक्त कम ही जाते थे। परन्तु वे अपने तम्बू घने वृक्षों के बीच गाड़ लेते अथवा उन्हीं के नीचे लेटकर विश्राम करते थे। अतः गाँव से गाँव के बीच किसी व्यक्ति विशेष के विषय की जानकारी प्राप्त करना असम्भव ही था। लोगों के अनन्त जातियों, समुदायों और व्यवसायों में बँटे होने के कारण चोरों और ठगों को उनके बीच छिपे रहने की बहुत बड़ी सुविधा उपलब्ध रहती थी। देश के एक भाग से दूसरे को बड़ी-बड़ी रकमें सोने-चाँदी के रूप में भेजी जाती थीं। विनिमय की दर से बचने की दृष्टि से आभूषण तथा बहुमूल्य रत्न दूरस्थ स्थानों को ऐसे व्यक्तियों द्वारा भेजे जाते थे, जो जानबूझकर दरिद्र या मामूली रूप धारण कर लेते थे। प्रायः प्रत्येक यात्री अपने दैनिक व्यय के लिए कुछ न कुछ धन लेकर अवश्य चलता था।

देशी रजवाड़ों के इलाके में सीमा-शुल्क अधिकारियों को तलाशी लेने के असीमित अधिकार प्राप्त थे, अतः चोरी-छिपे किसी वस्तु को ले जाना प्रायः असम्भव होता था अथवा इनके अधीनस्थ कर्मचारी यदि ठगों और लुटेरों को किसी प्रकार की सूचना पहुँचा दें तो उसे भी रोक पाना असम्भव था।

अभी हाल में की गई जाँच-पड़ताल से यह बात सिद्ध हो गई है कि हिन्दुस्तान के हर भाग में अनेक खानदानी जमींदार तथा ग्राम प्रधान (पटेल) पीढ़ियों से ठगों के साथ सम्बन्ध बनाए हुए थे, जो उनके अत्याचारी कारनामों की ओर से आँख मूँदें रहकर उन्हें हत्याएँ करने की सहूलियतें प्रदान करते थे। साथ ही खतरा उत्पन्न होने पर उन्हें शरण भी देते थे। इसके

बदले उन्हें लूट के माल का कुछ हिस्सा मिल जाता था अथवा उनके घरों पर कर लगा दिया जाता था, जिसे ठग प्रसन्नतापूर्वक अदा करते थे।

तमाम साधु, फकीर और धार्मिक भिखारी प्रायः प्रत्येक गाँव (अनुपात की दृष्टि से नगरों में अधिक) से अपना सम्बन्ध जोड़े रखते थे। ऐसे लोगों की झोपड़ियाँ या आवास जो बस्ती की चारदीवारी के बाहर होते थे और किसी बाग या कुंज से घिरे रहते थे, ठगों के छिपने के आदर्श स्थान होते थे।

फकीर अपने आदर-सूचक परिधान की आड़ में ऊपर से अनासक्ति प्रदर्शित करते हुए यात्रियों को शीतल छाया तथा स्वच्छ जल का लालच देकर अपने बगीचों में फुसलाकर ले जाते थे। ये सुविधाएँ, जिन्हें मैंने गिनाया है, के अतिरिक्त और सैकड़ों अन्य सुविधाएँ थीं, जिन्हें समझना आवश्यक नहीं, परन्तु वे लोगों के स्वभाव से घनिष्ठ रूप से सम्बन्धित थीं तथा उनसे उत्पन्न होती थीं। इन सबके कारण ठगी सम्पूर्ण भारत में फैल गई।

ठगी का इतिहास

ठगी का मूल स्रोत दन्तकथाओं तथा भूतकाल के गर्भ में खोकर रह गया। कर्नल स्लीमैन का अनुमान है कि ठगी मुसलमानों की कबीलेवाली जातियों से उत्पन्न हुई, जो मुगल और तातारों द्वारा भारत पर आक्रमण किए जाने के बहुत बाद तक लूटमार करते रहे। हिन्दू अपनी आराध्य देवी भवानी में इसकी दैवी उत्पत्ति होने का दावा करते हैं। वास्तव में तथ्य यह है कि हिन्दू और मुसलमान दोनों ही देवी भवानी की शक्ति में विश्वास रखते हैं और वे हिन्दुओं के त्योहार भी मनाते हैं। इससे सिद्ध होता है कि ठगी व्यवसाय का मूल हिन्दुओं में ही था।

यद्यपि इसकी बहुत प्राचीन परम्परा अभी तक मौजूद है, किन्तु भारत के किसी इतिहास में अकबर के राज्य से पूर्व इसका कोई अभिलेख नहीं मिलता, जब इसके अनेक भक्त पकड़े गए और उन्हें सूली पर चढ़ा दिया गया। उस समय से लेकर सन् 1810 तक देशी राजा लोग कभी-कभी इनके कुख्यात लोगों को पकड़कर फाँसी दे दिया करते थे। मुझे विश्वास है कि ब्रिटिश सरकार तथा उसके अधिकारियों को इनकी बिलकुल जानकारी नहीं थी। इसी वर्ष सेना के अनेक लोग अपने घरों तक पहुँचने से पूर्व अथवा घरों को जाते हुए मार्ग से ही गुम हो जाने के कारण कमांडर इन चीफ को अपने सैनिकों को ठगों से सचेत रहने का आदेश जारी करना पड़ा।

सन् 1812 में ठगों द्वारा लेफ्टिनेंट मांसेल की हत्या किए जाने के बाद, मि. हालहेड एक मजबूत टुकड़ी के साथ उन गाँवों में गए, जिनमें ठगों के निवास करने का पता चला था और उनका प्रतिरोध भी किया गया था। सिन्धिया के इलाके में कई गाँवों में ठगों के निवास खोजकर निकाले गए। ये ठग पीढ़ियों से अपने संरक्षण के एवज में सिन्धिया सरकार को प्रतिवर्ष बड़ी रकमें दिया करते थे। इस समय की गई गणना के अनुसार नौ सौ से अधिक ठग केवल इन गाँवों में बसे हुए थे। मि. हालहेड के सैनिकों के साथ ठगों द्वारा प्रतिरोध किए जाने के परिणामस्वरूप अन्ततः उनको तितर-बितर कर दिया गया। इसमें सन्देह नहीं कि ये लोग अपने व्यवसाय को देश के उन दूर-दराज हिस्सों में ले गए जहाँ पहले उनका नामो-निशान तक नहीं था।

यह देखकर बड़ा आश्चर्य होता है कि सन् 1816 तक ठगी के उन्मूलन की दिशा में कोई उपाय नहीं किए गए, जबकि उस समय तक ठगी पूर्ण रूप से विख्यात हो चुकी थी। हमारे पास डॉ. शेरवुड द्वारा लिखित एक पेपर में मजबूत साक्ष्य मौजूद हैं जो लिटरेरी जर्नल ऑफ मद्रास में छप चुका है; जिसमें दक्षिण भारत में ठगों द्वारा किए जानेवाले अभ्यास और उनके द्वारा सम्पन्न किए जानेवाली रस्मों के वास्तविक विवरण दिए गए हैं। यह माना जा सकता है कि उस समय उन्हें विश्वास के लिए बिलकुल अप्राकृतिक समझा गया और उन पर कोई ध्यान नहीं दिया गया। परन्तु इसमें सन्देह नहीं कि उस समय से लेकर सन् 1830 तक भारत के प्रत्येक भाग में और विशेष रूप से बुन्देलखंड और मालवा के पश्चिमी भाग में मेजर बोर्थविक, कैप्टन वार्डलो और कैप्टन हेनले द्वारा ठगों के बड़े-बड़े गिरोह पकड़े गए। मुसाफिरों की हत्या करने के जुर्म में उनके ऊपर मुकदमे चलाए गए और फाँसियाँ दी गईं। परन्तु सामान्य जनता बिना उत्तेजित हुए इस ओर से केवल मूक दर्शक बनी रही। ठगी के विस्तृत और पूरे संगठन पर सन्देह ही नहीं विश्वास करके उसकी व्यवस्था पर आघात करना आवश्यक था, परन्तु ऐसा नहीं किया गया।

इस वर्ष और उसके पहले भी ठगी का व्यवसाय दुःसाहस की भयानक ऊँचाई तक पहुँच चुका प्रतीत होता है। अतः स्वाभाविक था कि ऐसी विशाल और निरन्तर विस्तारशील बुराई के प्रति सरकार अधिक दिनों तक उसकी उपेक्षा नहीं कर सकती। इस ओर प्रख्यात सिविल अफसरों, यथा मि. स्टॉकवेल, स्मिथ, बिलकिंसन, बोर्थविक तथा अन्य ने बड़ी रुचि के साथ ध्यान दिया। कुछ ठग पकड़े गए और उन्हें इस शर्त पर जीवन-दान दिया गया कि वे अपने साथियों की सूचना देने के साथ सार्वजनिक रूप से उनकी निन्दा करेंगे। उनमें एक लीडर कुख्यात फिरंगिया भी था।

नर्मदा नदी की सीमावाले प्रान्तों के पॉलिटिकल एजेंट कैप्टन (अब कर्नल) स्लीमैन के लिए इस व्यक्ति के भयानक रहस्योद्घाटन बिलकुल अप्रत्याशित थे और इस योग्य अधिकारी ने उसे अमान्य कर दिया। लेकिन जिस बगीचे में उनका कैम्प लगा था उसी से 13 लाशें विकृत अवस्था में खोदकर निकाली गईं तथा उसी स्थान के आस-पास और दूसरी कब्रों के खोलने की उनसे पेशकश की गई। इस प्रकार मुखबिर के बयान की पुष्टि हो गई। उसकी सूचना पर आगे भी कार्रवाई की गई। राजपूताने में एकत्र होकर ठगी के लिए बाहर निकलनेवाले बड़े-बड़े गिरोह पकड़ लिये गए और उनके विरुद्ध मुकदमे चलाए गए।

समझा जाता है कि इसी समय से ठगी के उन्मूलन की विभिन्न योजनाएँ गम्भीर रूप से आरम्भ हुईं। प्रायः प्रत्येक गिरोह से एकाधिक मुखबिर छाँट लिये गए। और जब उन लोगों ने देखा कि उनकी जीवन-रक्षा का एकमात्र रास्ता है केवल सच्ची सूचना देना है, तो उन लोगों ने बेहिचक अपने साथियों को पकड़वाया। उनके बयानों की पुष्टि उनके द्वारा संकेत किए गए स्थलों से शवों के निकाले जाने से हो गई।

इस प्रकार सारे भारत में ठगी का व्यावहारिक क्रियाशील रूप पाया गया। सर्वप्रथम मध्य प्रदेश में उसकी उपस्थिति की जानकारी की पुष्टि की गई लेकिन दूरस्थ स्थानों में भी लोग पकड़े गए। उन लोगों ने बताया कि उनके अतिरिक्त अन्य ठग प्रायः नित्य ही हत्याएँ करते रहते हैं और इनका क्षेत्र शनैः-शनैः विस्तृत होता गया और अन्ततः सारे महाद्वीप में हिमालय से कन्याकुमारी तक तथा कच्छ से आसाम तक शायद ही कोई ऐसा प्रदेश होगा जहाँ ठगी का

व्यवसाय न होता हो अथवा मुखबिरों के बयान के आधार पर दफन किए हुए उनके शिकार न निकाले गए हों।

सन् 1831-32 के समय में जीवित बहुत कम लोग देश के हर भाग में ठगी की खोज से उत्पन्न हुई उत्तेजना को भूल सके होंगे। तमाम जिलों के मजिस्ट्रेटों ने ठगी को अमान्य घोषित कर दिया। उन्हें यह विश्वास दिलाना कठिन हो गया कि उनकी जानकारी के बिना यह मौन विध्वंस लीला कैसे चलती रही?

मैं कर्नल स्लीमैन की अत्यन्त असाधारण और सुयोग्य रचना से यह अनुच्छेद उद्धृत करता हूँ : "सन् 1822, 23, 24 में जब मैं नर्मदा नदी की घाटी में नरसिंहपुर का सिविल अधिकारी या तो वहाँ किसी भी तरह की साधारण लूटमार या चोरी की घटना मुझे तुरन्त मालूम हो जाती थी। इस समय वहाँ कोई भी साधारण लुटेरा या चोर ऐसा नहीं था, जिसके विषय में एक मजिस्ट्रेट के रूप में अपना कर्त्तव्य-निर्वाह करते हुए मुझे जानकारी न हुई हो! उस समय किसी व्यक्ति ने आकर मुझे सूचना दी कि कुन्देली गाँव में पेशेवर हत्यारों का गिरोह रहता था, जो मेरी अदालत से केवल चार सौ गज दूर था। और मन्दसौर गाँव का बड़ा विशाल बगीचा, जो मेरे यहाँ से केवल एक पड़ाव के फासले पर सागर-भोपाल मार्ग पर था, सम्पूर्ण भारत की बड़ी से बड़ी भिलों या हत्या के स्थलों में एक था और हिन्दुस्तान तथा दक्खिन के बड़े गिरोह इन्हीं बगीचों में शरण लेते थे। प्रति वर्ष उनमें कई-कई दिनों तक ठहरकर पूरे मार्ग या उसके निकलनेवाले छोटे मार्गों पर अपना भयानक व्यवसाय करते रहते थे। दो जमींदार, जिनके पूर्वजों ने ये बगीचे लगाए थे, इस व्यवसाय की केवल जानकारी ही नहीं रखते थे, वरन् गुप्त रूप से उनकी सहायता भी करते थे। मैं उन्हें केवल मूर्ख या पागल समझ लेता, मगर इससे अधिक और सत्य क्या हो सकता था कि मन्दसौर के इन्हीं बगीचों में लगभग एक सौ मुसाफिरों के शव दफन किए हुए पड़े थे और कुन्देली गाँव में तथा उसके निकट हत्यारों के गिरोह निवास कर रहे थे। मैं उस समय उस जिले का मजिस्ट्रेट था। उनकी लूटमार का क्षेत्र पूना और हैदराबाद के नगरों तक फैला हुआ था।"

उक्त वक्तव्य के अनुरूप ठगी की क्रियाशीलता का साहसिक चरित्र जैसा दर्शित किया गया है, वहाँ यह भी एक तथ्य था कि हिंगोली की छावनी में उस जिले का ठगों का लीडर हरी सिंह एक प्रतिष्ठित व्यापारी था। अन्य लोगों के समान मैं भी उससे मिलता-जुलता रहता था। एक बार उसने जिले के सिविल अधिकारी कैप्टन रेनाल्ड के समक्ष बम्बई से वस्त्र आयात करने के लिए अधिकार पत्र के लिए आवेदन किया था। इसकी जानकारी उसे थी कि हिंगोली के निकट का व्यापारी अपने माल के साथ ही यात्रा कर रहा था। उसने उस व्यापारी की, उसके नौकरों की तथा गाड़ीवानों की हत्या करके उसी अधिकार पत्र के आधार पर व्यापारी का सारा माल लूटकर हिंगोली ले आया। यही नहीं उसने खुलेआम सारा माल बेच दिया। यदि गिरफ्तार होने के बाद वह स्वयं इसे स्वीकार न करता तो इसका भेद कभी नहीं खुलता। एक परिहास के रूप में उसे इस पर गर्व भी था। इसी व्यक्ति ने अपने गिरोह के अन्य लोगों के साथ मिलकर छावनी के उसी बाजार में मुख्य पहरे के केवल 100 गज के भीतर कई लोगों की हत्या कर दी और सन्तरी लाइन से मुश्किल से 500 गज की दूरी पर उन्हें दफन भी कर दिया। ऐसी अनेक खेदजनक कब्रों को खोले जाने के समय मैं स्वयं उपस्थित था। एक-एक कब्र में कई-कई शव दफन किए गए थे। मुखबिर बड़े शान्त भाव से उपस्थित लोगों के सामने

एक-एक कब्र को बताता जाता था। यहाँ तक कि हमें उनको देखना कठिन हो गया और घृणा के मारे हमने आगे की खोज स्थगित कर दी। यह स्थल कोई सूखा पड़ा हुआ नाला था, जो आगे किसी नदी में गिरता था। यह बहुत चौड़ा न था और न अधिक गहरा। यह पड़ोस के गाँव को जानेवाले मार्ग के निकट था, जो छावनी को प्रदेश के अन्य भागों से जोड़ता था।

इस भयानक व्यवस्था जो अभी हाल ही अपने चालू रहते ही जानकारी में आ गई, को सशक्त साधनों द्वारा उन्मूलित किए जाने की आवश्यकता के प्रति तुरन्त जाग्रत होकर अधिकारियों की नियुक्ति की गई और वे सर्वप्रथम मुखबिरों के आरोपों और रिपोर्टों की जाँच में लग गए। उन्होंने साथ ही सर्वोच्च सरकार में भी समान रुचि उत्पन्न करने में अत्यधिक प्रयत्न किया तथा उस दिशा में वे सफल भी हुए। गवर्नर जनरल लॉर्ड विलियम वेंटिंक तथा सर्वोच्च परिषद ने इस मामले को बड़ी तत्परता के साथ हाथ में लिया। जिन जिलों में ठगी की वारदातें हो रही थीं वहाँ कार्रवाई की निगरानी के लिए अत्यन्त कुशल अधिकारी नियुक्त किए गए। कई देशी रजवाड़ों के शासकों ने अपनी प्रजा के ऐसे लोगों के प्रति अपने दावे छोड़ दिए जो ठगी के अपराध में पकड़े अथवा मुखबिरों द्वारा चिह्नित किए गए। यद्यपि बहुत से स्थानों पर जमींदारों और ग्राम पटेलों ने ठगों को संरक्षण भी दिया तथा उनकी गिरफ्तारी में अवरोध खड़े किए, फिर भी ठगी की व्यवस्था के उन्मूलन की योजनाएँ अत्यन्त सफल हुईं। सन्देह होने पर मनुष्यों का कोई दल पुलिस द्वारा सख्ती के साथ जाँच-पड़ताल किए बिना देश की किसी दिशा में नहीं जा सकता था। इसके साथ ही बड़े-बड़े नगरों में और मुख्य मार्गों पर सूचना देनेवाले रख दिए गए।

निम्नलिखित तालिका, जो कृपापूर्वक मुझे महाअधीक्षक कैप्टन रेनाल्ड से प्राप्त हुई, से इन उपायों की सफलता को देखा जा सकता है।

समय सन् 1831 से 1837 के बीच (दोनों वर्ष मिलाकर) वे इस प्रकार थे–

पेनांग को निर्वासित	1059
फाँसी दी गई	412
कठोर श्रम के साथ आजीवन कारावास	87
जमानत न देने पर कारावास	21
विभिन्न अवधि के लिए कारावास	69
मुकदमे के बाद मुक्त	32
जेल से भागे	11
जेल में मृत्यु	36
मुखबिर बनाए गए	483
दोष सिद्ध पर सजा नहीं	120
विभिन्न जेलों में बन्द विचाराधीन	936
कुल योग	**3266**

कैप्टन रेनाल्ड ने आगे बताया कि अपनी रिपोर्ट तैयार करते समय लगभग 1830 कुख्यात ठग, जिनके नाम उनके पास हैं, देश के विभिन्न इलाकों में भागे हुए हैं। इनके

अतिरिक्त देश में और कितने ठग इधर-उधर छिपे होंगे उनका आंकलन करना कठिन है।

ठगी की जानकारी मिलने अथवा उसे आंशिक रूप से रोके जाने से पूर्व हिन्दुस्तान में कितने वृहद रूप में मानव जीवन तथा सम्पत्ति का विनाश होता रहा! इन निर्दयी हत्यारों के हाथों कितने हज़ार प्राणी प्रतिवर्ष मारे जाते रहे। यह वास्तव में गम्भीर चिन्तन की बात है कि मराठों और पिंडारियों के साथ युद्ध के संकट काल में भी इनका व्यवसाय फलता-फूलता रहा। केवल सन् 1831 के बाद ही हत्याओं की थोक रूप से चलनेवाली कार्यशैली के विरुद्ध गम्भीरता के साथ रोक लगाई जा सकी।

इसकी सामान्य रूप से जानकारी मिलने के पश्चात् भुक्तभोगी परिवारों के असंख्य प्रार्थना-पत्र अधिकारियों को प्राप्त होने लगे जिससे उन स्थलों का पता लगाया जाए जहाँ उनके गायब हुए रिश्तेदारों की हत्या हुई थी, ताकि वे अपने मृतकों के अन्तिम संस्कार करके शोकपूर्ण सन्तोष प्राप्त कर सकें। इससे पता लगता है कि इस बुराई ने समाज को कितनी गहराई के साथ प्रभावित किया होगा।

न केवल आगे के पृष्ठों में वर्णित ठगी वर्तमान थी, वरन् उसे अन्य रूपों में भी पकड़ा गया। गंगा नदी के इलाके में इसका अधिक विस्तार पाया गया। यहाँ ये लोग नावों में ही रहते थे और नदी के उद्गम अथवा बहाव की ओर जिन यात्रियों को बहकाकर ले जाने में सफल होते थे, उनकी हत्या कर देते थे। लेकिन अत्यन्त परिमार्जित अपराध वे थे, जहाँ बच्चों के लिए उनके माता-पिता की हत्या कर देते और उन बच्चों को घरेलू नौकरों के रूप में अथवा नाचनेवालियों के हाथ वेश्यावृत्ति के लिए बेच देते थे।

पूरे हिन्दुस्तान में देशी रजवाड़ों सहित ठगी के उन्मूलन के लिए अधीक्षक तथा एजेंट के रूप में 18 अधिकारी नियुक्त किए गए। इनमें बहुतों को इस कार्य के अतिरिक्त (जो स्वयं ही बहुत था) अन्य सिविल और राजनीतिक दायित्व भी निभाना पड़ता था। मानचित्र की सहायता से तुरन्त ज्ञात हो जाएगा कि प्रत्येक अधिकारी को आधीक्षण के लिए कितने बड़े इलाके को देखना पड़ता था। क्या यह सम्भव था कि प्रत्येक अधिकारी अपने अधीन क्षेत्र के प्रत्येक अंचल पर अपना सम्पूर्ण ध्यान लगा सके अथवा सूक्ष्म परीक्षण कर सके जो उस विनाशकारी कार्य-शैली को समाप्त करने के लिए अत्यन्त आवश्यक था। (क्योंकि इसमें सन्देह नहीं कि जहाँ भी कोई पूर्ण दक्ष ठग होता था, वह अपने साथ बेकार और दुश्चरित्र लोगों को, जो भारतीय समाज में हर जगह मौजूद थे, ले लेता था।) यह बात भारत सरकार को अच्छी तरह ज्ञात थी।

मैंने ठगों की जो स्वीकारोक्ति रिकॉर्ड की है, उसे किसी की रोगग्रस्त रुचि को भय और अपराध की कहानियों के रूप में सन्तुष्ट करने की दृष्टि से नहीं प्रस्तुत किया। मैंने उसे, जहाँ तक सम्भव हो सका, ठगों की कार्यशैली को उजागर करने की दृष्टि से लिखा। साथ ही इंग्लैंड की जनता इसकी अधिक से अधिक जानकारी प्राप्त कर सके।

मुझे आशा है कि वर्तमान रचना, ठगों के रीति-रिवाज और अन्धविश्वास के विवरण देने की अपेक्षा, अपने रूप में अधिक आकर्षक और साधारण तथा रुचिकर लगेगी। जबकि भारत के निवासियों के रहन-सहन तथा आदतों के यथार्थ चित्र प्रस्तुत करने और स्थानों तथा दृश्यों के वर्णन करने की दिशा में, मैं अपने भारत में 15 वर्षों के निवास के अनुभव और उसके निवासियों के साथ निरन्तर और घनिष्ठ सम्पर्क को सामने रख सकता हूँ।

यदि यह रचना ठगी के उन्मूलन की दिशा में जनसामान्य की चौकसी को किसी प्रकार जाग्रत कर सके अथवा इसे पढ़कर कोई अधिकारी इस संकल्प के साथ खड़ा हो सके कि वह मानवता के इस कल्याणकारी उद्देश्य के लिए अपना अनुभव दे देगा, तो मैं मानूँगा कि मेरा समय व्यर्थ नहीं गया।

लन्दन, जुलाई 1839

अनुक्रम

माता-पिता की हत्या

साहब, आपने मेरे जीवन का वृतान्त पूछा है और आप मेरे कथन को समझ भी लेंगे क्योंकि आप मेरे देशवासियों की विशिष्ट आदतों से भली भाँति परिचित हैं। जैसा आप कहते हैं इसे आप अपनी जानकारी के लिए सुनना चाहते हैं तो मुझे उसे आपके सामने पेश करने में कोई झिझक नहीं है। यद्यपि मैंने योरोपियन साहबों की सेवा करना स्वीकार कर लिया है। मेरे साथ एक बन्धन भी है और वह यह कि मैं अतीत में स्वयं द्वारा किए गए अनेक साहसिक कृत्यों को गर्व और उल्लास के साथ अवश्य स्मरण करता हूँ। वस्तुतः मेरी आत्मा प्रायः उन्हें स्मरण करके उत्साहित हो जाती है और प्रायः मेरी इच्छा होती है कि मैं पुनः किसी साहसिक जोशवाले दल का नेतृत्व करूँ, जो कभी मेरी आज्ञा पर नाचा करता था और उनके साथ स्वेच्छा से जहाँ लूट का माल मिलने की सम्भावना होती, घूमा करता।

लेकिन वह समय बीत चुका। साहब, जान सबको प्यारी होती है। अपनी जान बचाने के लिए, जो आपके कानून द्वारा जब्त हो चुकी है, मैं उपने सभी पुराने अपराध के साथियों से भयानक रूप से पीछा छुड़ाते हुए आपकी सेवा करने के लिए बाध्य हूँ और आप यह भी भली भाँति जानते हैं कि मैं यह सेवा किस प्रकार कर रहा हूँ। मेरे दल के सभी सदस्य और वे भी जो कुछ समय के लिए मुझसे जुड़ते रहते थे, उनमें कुछ के अतिरिक्त जो अब भी भागे हुए हैं, शेष सभी न्याय के मन्दिर में बलिदान हो चुके हैं। जो अभी भी घूम रहें हैं, प्रायः उनका मनोबल टूट चुका है और उनके ठिकाने खोजकर पीछा किया जा रहा है। आपके पास उनकी गुप्त सूचनाएँ हैं जिनके आधार पर उन्हें शीघ्र गिरफ्तार कर लिया जाएगा।

फिर भी ठगी जो दिमाग को इतनी शक्ति के साथ उत्तेजित करने में समर्थ है, न तो कभी समाप्त होगी और न उसे जड़ से मिटाया जा सकता है। आप सैकड़ों को नहीं हज़ारों को देखिए जो इस पेशे के लिए कष्ट भोग चुके हैं। क्या आपके कैदियों की संख्या घट रही है? नहीं, इसके विपरीत उनकी तादाद बढ़ती जा रही है। किसी ऐसे ठग से, जिसने फाँसी के तख्ते पर झूलने की अपेक्षा आजीवन कारावास स्वीकार किया है, और उन ठगों से भी जिन्हें मैं नहीं पहचानता, आपको मालूम हो जाएगा कि देश के उन इलाकों में जहाँ ठगी होने का रत्ती भर भी सन्देह नहीं किया गया और न अभी तक वहाँ उसे उद्घाटित किया जा सका, वहाँ आज भी वह व्यवसाय फूल-फल रहा है।

कर्नल टेलर, "अमीर अली, यह बात वास्तव में सच है। लगता है तुम्हारा पुराना पेशा हमेशा की तरह फल-फूल रहा है। परन्तु वह सदा नहीं रह पाएगा। लोग जंगली जानवरों की भाँति छुट्टा घूमते हुए अपना शिकार किए जाने का अवसर देते रहने से ऊब जाएँगे। पकड़े जाने पर उन्हें फाँसी दे दी जाएगी अथवा उनके लोगों के लिए यह और भी बदतर होगा कि

उन्हें काले पानी भेज दिया जाए। सरकार इतने दिलोजान के साथ, जहाँ-जहाँ उनके होने का पता चलता है, ठगों का पीछा कर रही है। अन्ततः हिन्दुस्तान में कोई ऐसी जगह नहीं रह जाएगी जहाँ तुम्हारा पेशा चल सके।"

अमीर अली, "साहब, आप भूल रहे हैं। आप किसी ठग के पेशे की उच्चकोटि की दिल हिला देनेवाली उत्तेजना को नहीं पहचानते। मेरी अनुभूति के अनुसार ऐसा प्रतीत होता है कि जब तक एक भी ठग बना रहेगा, वह अपने साथ दूसरों को समेट लेगा। मैं अपने जीवन के विषय में जो कुछ बताऊँगा उससे आपको अनुमान हो सकेगा कि मेरा कथन कितना सत्य है।

"आप जैसे अंग्रेजों में कितने ऐसे होंगे जो दिलोजान के साथ क्रीड़ा के प्रति समर्पित होंगे? आप लोगों के महीने और दिन उस उत्साह में बीतते हैं कि कोई बाघ, चीता, भैंसा या कोई सुअर अपने विनाश के लिए आपकी ऊर्जा को किसी हद तक उकसा दें, यहाँ तक कि उसका पीछा करने में आप लोग अपना जीवन तक खतरे में डाल देते हैं। लेकिन किसी ठग का खेल और भी ऊँचा होता है। उसका लक्ष्य आदमी ही होता है। अपने बचपन से लेकर बुढ़ापे तक प्रत्येक स्तर पर वह अपने साथी प्राणियों के विरुद्ध द्रवित हीन होकर अचूक विनाश करने की शपथ लेता है।"

कर्नल टेलर, "ओह तुम लोग भयानक बदमाश हो। मेरे सामने प्रतिदिन उजागर होनेवाली हत्याओं के रिकॉर्ड के आधार पर कम से कम तुम लोगों की यह बात मैंने अच्छी तरह अनुभव कर ली है। जो हो, तुम अपनी कहानी कहना आरम्भ करो, चाहे वह मानव द्वारा कभी की गई भूल सम्बन्धी मेरी कल्पना से कितनी भी निकृष्ट क्यों न हो।"

अमीर अली, "आप जैसा सोचते हैं, मेरी कहानी भी वैसी होगी। मैं कुछ भी नहीं छिपाऊँगा। अपने अतीत में पूर्व की जितनी बातें मुझे स्मरण हैं, उन्हें आप अवश्य सुनिए।"

कर्नल टेलर, "हाँ, निश्चय ही, मैं अपने इंग्लैंडवासियों की जानकारी के लिए तुम्हारी जीवनी लिपिबद्ध कर रहा हूँ। निःसन्देह वे तुम्हारे जैसे कुख्यात व्यक्ति के जीवन की प्रत्येक बात जानना चाहेंगे।"

अमीर अली, "तो साहब, मैं आरम्भ करते हुए सबसे पहले की याद करता हूँ, जो कुछ वर्ष पहले बिलकुल धुँधली-सी थी। होलकर के इलाके के किसी गाँव में मेरा जन्म हुआ था। अपने माता-पिता की कोई जानकारी मुझे नहीं है। स्वयं सदा सोने-चाँदी के आभूषणों से लदे रहने तथा नौकरों-चाकरों से घिरे रहने के कारण, मेरा अनुमान है कि वे लोग सम्मानित रहे होंगे।

मुझे एक लम्बी गोरी स्त्री की अस्पष्ट-सी याद आती है जिसे मैं माँ कहा करता था और एक वृद्धा की जो मेरी परिचर्या करती थी, सम्भवतः वह मेरी धाय होगी। मुझे अपनी एक बहन का भी समरण है, जो मुझसे छोटी थी, परन्तु मैं उसे बेहद प्यार करता था।

मुझे सिवाय एक घटना के, कुछ भी याद नहीं, जिसने मुझे वह बना दिया जो मैं आज हूँ और जिसने मेरे मस्तिष्क को अत्यधिक प्रभावित कर दिया।

अपने घर की असामान्य हालचल से तथा कपड़े-लत्ते और अनेक चीजों के बाँधे जाते देखकर मैंने अनुमान किया था कि हम लोग वहाँ से निकलनेवाले थे। मेरा अनुमान सही था क्योंकि दूसरे दिन प्रातःकाल हम वहाँ से चल दिए। मैं डोली पर अपनी माँ के साथ यात्रा कर रहा था। बूढ़ी चम्पा एक टट्टू पर सवार थी और मेरे पिता अपने ऊँचे घोड़े पर थे। हमारे पड़ोस

के कई लड़के हमारे साथ चल रहे थे। वे सब सशस्त्र थे। अनुमान है कि वे हमारे रक्षक रहे होंगे।

अपना गाँव छोड़ने के तीसरे दिन या चौथे दिन, सारे दिन चलते हुए हम किसी कस्बे की बाज़ार में खाली पड़ी दूकान में ठहर गए। मेरे पिता किसी कार्यवश हमें वहीं छोड़कर चले गए। मेरी पर्दानशीन माँ, जो स्वयं बाहर नहीं निकल सकती थी, बार-बार मुझे यह ताकीद करने के बाद कि मैं बाहर न जाऊँ, कोठरी में सो गई। इधर मैं आजाद हो गया क्योंकि चम्पा खाना पकाने में व्यस्त थी। साथ के अन्य जवान इधर-उधर घूमने चले गए। मैं शीघ्र अपनी माँ के आदेश को भूल गया और गली में अन्य बच्चों के साथ मैं भी खेलने निकल पड़ा। हम लोग खूब उछल-कूद रहे थे कि कोई अधेड़ सुदर्शन व्यक्ति मेरे पास आकर पूछने लगा कि मैं कौन था? सम्भवतः मैं साथ के अन्य सभी मैले-कुचैले बच्चों से अलग दिखाई दे रहा था क्योंकि मेरी पोशाक दूसरों से अच्छी थी और मेरे शरीर पर सोने-चाँदी के कुछ आभूषण भी थे। मैंने उसे अपने पिता का नाम यूसुफ खान बताया और मैं माता-पिता के साथ इन्दौर जा रहा था।

उस आदमी ने कहा, "कल सड़क पर तुम्हारी पार्टी मुझे मिली थी, और तुम्हारी माँ बैल पर सवार थी, क्यों यही बात है न?"

मैंने बड़े गुस्से में उसका कठोरता के साथ प्रतिकार करते हुए कहा, "बिलकुल नहीं, मेरी माँ पालकी में चलती है और मैं भी उनके साथ ही रहता हूँ। मेरे पिता एक बड़े घोड़े पर सवार होते हैं। हमारे साथ चम्पा तथा बहुत से जवान हैं। क्या तुम सोचते हो कि मेरे पिता जैसा पठान, मेरी माँ को किसी हलवाहे की तरह बैल पर सवारी कराएगा?"

"अच्छा मेरे बच्चे जैसा कहते हो, वही होगा। तुम भी कभी घोड़े की सवारी करोगे और मेरी तरह ढाल-तलवार बाँधोगे? क्या तुम्हें मिठाई नहीं पसन्द है? देखो, हलवाई की दूकान पर कैसे ललचानेवाली जलेबियाँ हैं। मेरे साथ चलो, मैं तुम्हें खरीद दूँगा।"

किसी बच्चे द्वारा ऐसे प्रलोभन को रोक पाना कितना कठिन था। हम जहाँ खड़े थे वहीं से दूकान की ओर भयमिश्रित दृष्टि डालने के बाद मैं उस व्यक्ति के साथ हलवाई की दूकान पहुँच गया।

उसने मुझे ढेर सारी मिठाई खरीद दी और मुझसे कहा कि इसे घर ले जाकर खाना। मैंने अपनी कमर में बँधे रूमाल में उसे लपेट लिया और घर की ओर चल दिया। मैं जिन मैले-कुचैले छोकरों के साथ खेल रहा था, उन्होंने मुझे मिठाई लेते हुए देखा था। वे सब मेरी मिठाई को ललचाई दृष्टि से देख रहे थे और जैसे ही वह आदमी जिसने मुझे मिठाई दिलवाई थी थोड़ी दूर गया होगा कि उन छोकरों ने मेरे ऊपर पत्थरों और धूल-मिट्टी से हमला बोल दिया। तब तक एक उद्दंड लड़के ने मुझे पकड़ लिया और मुझसे मिठाई छीनने लगा। मैंने शक्तिभर उससे संघर्ष किया लेकिन और भी लड़के आ गए और मुझे घेर लिया। विवश होकर मुझे अपनी मिठाई से हाथ धोना पड़ा। इतने ही से सन्तुष्ट न होकर एक बड़े लड़के ने मेरे गले में पड़े हुए हार को झपटने की कोशिश की। यह देखकर मैं बड़ी जोर से रोने-चिल्लाने लगा। मेरा शोर सुनकर मेरा वह परिचित तुरन्त दौड़कर आ गया और उसे देखते ही सब छोकरे भाग गए। अपने साथ लेकर वह मेरे घर आया और मुझे चम्पा को सौंपते हुए मेरे साथ हुए झगड़े की बात बताई और मुझे दुबारा अपनी आँखों से दूर न जाने देने की ताकीद कर दी।

मैं जोर-जोर से रो रहा था। मेरी अजीब-सी आवाज सुनकर माँ ने मुझे अपने पास बुला लिया। माँ ने पूछा कि क्या बात थी, तब मैंने उसे पूरी कहानी सुना दी और यह भी बता दिया कि वह आदमी चम्पा से बात कर रहा था। माँ ने परदे के पीछे से ही उस व्यक्ति को धन्यवाद दिया। यह भी कहा कि मेरे पिताजी उस समय कहीं गए हुए थे और एक-दो घंटे बाद अगर आप आएँ तो उनसे भेट हो जाएगी। उसने विश्वास दिलाया कि उसके बच्चे की रक्षा करने के वास्ते आपको वे बड़ी प्रसन्नता के साथ धन्यवाद देंगे।

वह व्यक्ति शाम को आने की बात कहकर चला गया। शीघ्र ही मेरे पिता लौटकर आ गए और मुझे खूब पीटा। परन्तु मेरी माँ ने हलावई की दूकान से और मिठाई मँगाकर, जो मेरे कष्ट का कारण बनी थी, मुझे सांत्वना दी।

मैं अपनी वर्तमान दशा को देख रहा हूँ। आप भी साहब देख ही रहे हैं कि किस प्रकार मामूली परिस्थितियों से होकर भाग्य अपने परिणाम पर पहुँच जाता है।

शाम को वही मेरा परिचित एक अन्य व्यक्ति के साथ वहाँ आ गया। मेरे विषय को लेकर उन लोगों में बड़ी देर तक बातें होती रहीं। लेकिन तमाम अन्य बातों के साथ मुझे स्मरण है कि उनसे प्रथम बार मैंने ठग का नाम सुना था। उनकी बातचीत से मैं यह भी समझ गया कि जिस मार्ग पर हम लोग ठहरे थे और इन्दौर के बीच ऐसे बहुत से ठग होंगे। उसने मेरे पिता को उनसे होशियार रहने को भी कहा था। उसने पिताजी को बताया कि वे लोग सैनिक थे और कार्यवश इन्दौर से भेजे गए थे। चूँकि उनके साथ बहुत से लोग थे, अतः उसने अपने दल के साथ चलने का आग्रह किया। मेरा वह मित्र मेरे प्रति बहुत दयालु था।

उसने अपने शस्त्रों के साथ मुझे खेलने दिया। उसने मुझसे वादा किया कि अगले दिन वह मुझे अपने साथ घोड़े पर बैठाएगा। इस प्रत्याशा पर मैं बहुत आनन्दित हुआ। साथ ही उसकी दयालुता और हृदय पर विजय प्राप्त कर लेने पर बड़ा हर्ष हुआ। परन्तु मुझे उसके दूसरे साथी की चाल ढाल पसन्द नहीं आई। उसकी शकल बहुत भद्दी थी आगे चलकर उसके विषय में बहुत कुछ बताऊँगा।

दूसरे दिन प्रातः काल हम लोग वहाँ से चल दिए। हमारे दोनों पूर्व परिचित और उनके अनेक साथी, गाँव के बाहर आम के बगीचे में, जहाँ उनका डेरा था, हमसे आ मिले।

हम लोग अपनी यात्रा पर आगे बढ़े। दो दिन तक चलते रहे। मेरे मित्र ने मुझे अपने आगे घोड़े पर सवार कराकर अपना वादा पूरा किया। कभी वह स्वयं घोड़े से उतर कर मुझे अकेले बैठाकर ले जाता और चूँकि वह जानवर बहुत सीधा था, धूप तेज होने तक मैं उसकी सवारी का आनन्द उठाता था। उसके बाद मुझे माँ के साथ डोली पर बैठा दिया जाता।

तीसरे दिन, मुझे स्मरण है, मेरा मित्र पिता से साथ चलते-चलते कह रहा था, "यूसुफ खाँ, साथ के इन बेचारे लड़कों को इन्दौर तक क्यों घसीट रहे हो। आगे आनेवाले पड़ाव से इन्हें वापस क्यों नहीं भेज देते। मैं और मेरे साथ के लोग तुम्हारी सुरक्षा के लिए काफी हैं। चूँकि आप भी उसी सेवा में हैं, जिसमें मैं हूँ। अतः आपको और आपके परिवार को मेरी अभिरक्षा में रहते हुए शेष यात्रा में कोई हानि नहीं हो सकती। इसके अतिरिक्त मार्ग का वह खतरनाक हिस्सा, वह जंगल जिसमें से होकर हम लोग गत दो दिनों से यात्रा कर रहे थे, अब पार हो चुका है और आगे का प्रदेश बिलकुल खुला हुआ है। ठगों और चोरों का भय अब पीछे छूट चुका है।"

मेरे पिताजी ने उत्तर दिया, "तुमने ठीक ही कहा। मेरे साथ आए हुए लड़के आगे की यात्रा से छुट्टी पाकर बहुत खुश होंगे। उन लोगों ने 50-60 कोस तक तो साथ दिया ही है।''

अपने पड़ाव पर पहुँचकर मेरे पिताजी ने उन लड़कों से वापस लौट जाने के लिए कह दिया। इससे वे सब बहुत प्रसन्न हो गए। दोपहर को उनके वापस जाने के समय मैंने अपने पुराने साथियों और अपने साथ खेलनेवाले मित्रों को कई सन्देश भिजवाए। मुझे यह भी स्मरण है कि मैंने उन्हें एक पुराना घिसा हुआ रुपया अपनी छोटी बहन को देने के लिए दिया था और यह भी कहा था कि मेरी याद बनाए रखने के लिए वह अन्य ताबीजों और सिक्कों के साथ इसे भी गले में लटका ले। साहब, वह मुझे पुनः मिली लेकिन आह, किन परिस्थितियों में।''

इस समय अपनी कहानी कहते-कहते अमीर अली काँपता-सा प्रतीत हुआ। उसके शरीर में जकड़न-सी होने लगी। कुछ देर ठहरकर उसने अपनी कहानी कहना आरम्भ किया।

"साहब, किसी को कुछ पानी लाने का आदेश दीजिए। इतना अधिक बोलने के बाद प्यास लग आई।"

कर्नल टेलर, "नहीं, तुम्हें प्यास नहीं लगी लेकिन तुम्हें पानी मिलेगा।"

पानी लाया गया, परन्तु वह पी नहीं सका। क्योंकि पुनः उसके शरीर में कँपकँपी होने लगी। वह उठकर खड़ा हो गया और कमरे में टहलने लगा। उसके चलने-फिरने से उसके पैरों में पड़ी बेड़ियाँ खनकने लगती थीं। उसकी मुख-मुद्रा बड़ी भयानक थी।

वह बोला, "साहब, यह मेरी कमजोरी है, मैं उसे छिपा नहीं सका। मैंने ऐसा कभी नहीं सोचा था कि अपनी कहानी के आरम्भ में ही मेरी ऐसी दशा हो जाएगी। परन्तु मेरी स्मृतियाँ इतने वेग के साथ घनीभूत हो गईं कि मैं अतिभ्रमता के साथ रुग्ण हो गया। वह सब अब बीत चुका। अतः अब मैं आगे बढ़ता हूँ।"

कर्नल टेलर, "ठीक है।"

मेरी पार्टी के जवानों को वापस गए हुए कुछ ही घंटे हुए थे कि दोपहर हो गई। मेरा वह मित्र डेरे पर आया और पिताजी से बोला कि "आगे दो छोटे-छोटे पड़ाव हैं और चाहो तो दो के स्थान पर हम एक ही पड़ाव पर रुकें। इससे इन्दौर की दूरी भी कम हो जएगी। परन्तु इसके लिए हमें तड़के यहाँ से चल देना होगा, यानी दिन निकलने से बहुत पहले। डोली ढोनेवाले कहारों को भी एक भेड़ का लालच देकर मनाया जा सकेगा। आगे के गाँव (जहाँ हम चल रहे हैं) का पटेल मेरा मित्र है, वह मुफ्त में ही भेड़ दे देगा।"

बिना मूल्य भेड़ लेने के विचार से मेरे दिल ने स्वयं को अपमानित समझा। उन्होंने कहा—

"मेरे पास काफी पैसा है, केवल भेड़ का मूल्य चुकाने की बात नहीं, यदि वे कहार हमें शीघ्र पहुँचा देंगे, तो हम उन्हें इनाम भी देंगे।"

मेरे मित्र ने कहा, "जैसा तुम उचित समझो क्योंकि हम लोग तो सिपाही ठहरे, हमारे पास अपने हथियार के अतिरिक्त अधिक क्या होगा।''

पिता ने उत्तर दिया, "तुम सच कहते हो, परन्तु तुम्हें ज्ञात होना चाहिए कि मैंने अपने गाँव की सारी सम्पत्ति बेच दी और अपनी सेवा में सहायक होने की दृष्टि से उसे साथ ले आया। वस्तुतः वह सम्पत्ति काफी बड़ी है।"

यह विचार व्यक्त करने के साथ ही वे मुस्कराए।

क्या आपके पास हज़ार रुपए होंगे? मैंने पूछा। क्योंकि सम्पत्ति के विषय में मेरा अनुमान इससे अधिक नहीं था।

उन्होंने उत्तर दिया, "और उससे भी अधिक हों तो?"

और बात वहीं समाप्त हो गई।

परन्तु मुझे आज भी स्मरण है कि मेरे मित्र और उसके साथियों के बीच कुछ रहस्यमय इशारों का आदान-प्रदान हुआ था।

यह प्रबन्ध किया गया कि हम लोग चन्द्रोदय होने के बाद आधी रात को चल देंगे।

और तयशुदा समय पर हमें जगा दिया गया। एक दौर हुक्के का चला और फिर यात्रा आरम्भ हो गई।

मैं अपनी माँ के साथ डोली पर सवार था। चन्द्रोदय हो गया था, परन्तु जहाँ तक मुझे स्मरण है, उसका प्रकाश बहुत कम था। कुछ वर्षा भी होने लगी, जिससे हमारी यात्रा की गति मन्द हो गई थी।

कुछ कोस चलने के बाद कहारों ने डोली यह कहकर भूमि पर रख दी कि हम लोग अन्धकार और कीचड़ में आगे नहीं चल सकेंगे और दिन निकलने तक वहीं प्रतीक्षा करेंगे। इस पर मेरे पिता के साथ कहारों की उत्तेजक कहा-सुनी हुई।

मैं अब तक जाग चुका था। वर्षा भी थम चुकी थी। मैंने डोली से बाहर निकलने और घोड़े पर सवारी करने की जिद की। परन्तु इस बात को उन्होंने नहीं माना, फिर भी उन्होंने मुझे उठा लिया। उस समय आगे चलने के लिए कहारों को डाँटा-फटकारा जा रहा था।

मैंने पिताजी से कहा, मालूम होता है, साथ के सिपाही कुछ कम हो गए थे। मेरे कहने पर उनका भी ध्यान इस ओर गया। उन्होंने अपने साथी से पूछा कि वे लोग कहाँ चले गए।

उसने बड़ी लापरवाही के साथ बताया कि वे लोग आगे चले गए क्योंकि हम लोग बहुत धीरे चल रहे थे और शीघ्र हम उन तक पहुँच जाएँगे।

हम आगे बढ़ते रहे। अन्ततः हम लोग नदी की गहरी घाटी पर आ गए थे। उसके दोनों ओर घना जंगल था। उसी समय मेरा मित्र पानी पीने की बात कहकर अपने घोड़े से उतर पड़ा और मुझसे कहा कि घोड़ा मुझे अकेले ही सुरक्षित ऊपर की ओर ले जाएगा। जहाँ तक मुझसे बन पड़ा, मैं घोड़े को हाँकता रहा, परन्तु इसके पूर्व कि मैं धारा पार कर पाता, मैंने चिल्लाने की आवाज सुनी और ऐसा शोर सुनाई दिया जैसे अचानक लड़ाई-भिड़ाई होने लगी हो। मैं चौकन्ना हो गया और पीछे मुड़कर देखने लगा कि आखिर शोर कहाँ हो रहा है। इस प्रयत्न में घोड़े पर से मेरा सन्तुलन बिगड़ गया और मैं नदी के पत्थरों पर धड़ाम से गिर पड़ा जिससे मेरे मस्तक पर एक बड़ा घाव हो गया। उसका निशान अभी भी मौजूद है।

कुछ देर तक मैं वैसा ही पड़ा रहा। फिर उठकर देखा कि वे सभी लोग जो मेरे विचार से हमसे आगे चले गए थे, डोली को लूट रहे थे। मैं पूरी ताकत के साथ चीखने लगा। तभी उन लोगों में से एक मेरे पास दौड़कर आ गया। मैंने देख लिया कि वह वही भद्दा-सा दिखाई देनेवाला आदमी था, जिसका उल्लेख मैं पहले कर चुका था।

'अरे मेरे छोटे भूत मैं तो तुम्हें भूल ही गया था', वह बोला।

उसने मेरे गले में एक रूमाल डालकर उससे करीब-करीब मेरा गला घोट दिया था कि एक अन्य व्यक्ति दौड़ता आया, वह मेरा मित्र ही था।

उसने क्रोध से कहा, "इसे नहीं छूना" और यह कहते हुए उसका हाथ पकड़ लिया। इस बात पर दोनों में बड़ा झगड़ा हो गया और तलवारें खिंच गईं। उसके आगे मुझे कुछ भी स्मरण नहीं क्योंकि मैं इतना भयभीत हो गया था कि मेरे होश-हवास उड़ गए थे, और शायद मैं बेहोश हो गया।

मेरे मुँह में बलात कुछ पानी डाला गया जिससे मैं होश में आ गया और सर्वप्रथम मेरी दृष्टि अपनी माँ और पिता के पड़े हुए शवों पर पड़ी। उनके साथ ही चम्पा और कहारों के शव भी पड़े हुए थे। मुझे यह स्मरण नहीं कि उस समय मेरी भावना कैसी थी, परन्तु वह निश्चय ही भयावह होगी। मुझे इतना स्मरण अवश्य है कि मैं अपनी माँ के शव पर गिर पड़ा था जिसका चेहरा भयानक रूप से विकृत हो गया था और मैं पुनः बेहोश हो गया।

30-35 वर्ष व्यतीत होने के बाद भी, मेरी माँ का वीभत्स चेहरा, विशेषकर उनकी आँखें मेरी स्मृति में अब भी नाच रही हैं। परन्तु मुझे उसका बखान नहीं करना है। साहब, उसका गला घोटा गया था। मेरी माँ, पिता तथा मेरे दल के सभी लोगों का असामयिक निधन और दुखद अन्त हो गया। किसी पुराने ठग के मुँह से मैंने उस घटना का पूरा विवरण सुना था और मैं उसका उचित समय पर उल्लेख करूँगा।

जब मुझे होश आया, मैंने स्वयं को अपने उसी मित्र के सामने पाया, जिसने मेरी प्राण-रक्षा की थी। उसने मुझ सहारा देकर अपनी गोद में ले लिया। यह मैंने समझ लिया था कि उस समय हम लोग सड़क पर नहीं थे। हम बड़ी शीघ्रता के साथ जंगल पार कर रहे थे, जो जहाँ तक मेरी दृष्टि जाती थी, दूर तक फैला था।

मेरे गले में अत्यधिक पीड़ा हो रही थी जिसके कारण मैं बड़ी कठिनाई से अपना सिर उठा पा रहा था। मेरी आँखें इतनी सूज गई थीं कि फटी जा रही थीं और उनमें भी बड़ी पीड़ा हो रही थी। होश में आने के साथ-साथ उस पूरे द्रश्य की याद मेरी स्मृति में आ गई और मैं पुनः बेहोश हो गया। इस प्रकार मैं कई बार होश में आकर पुनः बेहोश होता रहा। परन्तु वह क्षणिक होता था।

मुझे यह अवश्य अनुभव हो रहा था कि हम लोग अभी भी तेज चाल से चल रहे थे क्योंकि पैदल चलनेवाले लोग कभी-कभी दौड़ने लगते थे। अन्ततः हम एक स्थान पर आकर ठहर गए। अब उजाला हो गया था। वस्तुतः सूर्य भी उदय हो गया था।

उनमें से एक आदमी ने मुझे घोड़े से उतारा और किसी वृक्ष के नीचे बिछाए हुए कपड़े पर लिटा दिया। कुछ समय बाद वही मेरा मित्र आया। बदहवास तो मैं था ही और यहाँ सोचने के लिए विवश था कि मेरे माता-पिता की मृत्यु पर उसे भी कुछ शोक होना चाहिए था और अपने बालसुलभ क्रोध में आकर मैंने उसे बुरी तरह धिक्कारा। उससे कहा कि मुझे भी मार डालो, उसने मुझे सांत्वना देने की चेष्टा की, परन्तु जितना अधिक वह इस दिशा में प्रयास करता था, उतना ही अधिक मैं उससे स्वयं को मार डालने की जिद करता था।

मुझे भयानक पीड़ा हो रही थी। मेरा गला और आँखें मेरी सहनशक्ति से बढ़कर पीड़ाग्रस्त थीं। जितने कटु शब्द मैं सोच सकता था, उतने उसके सामने ढेर लगा दिए। मेरे द्वारा शोर मचाने से उस भद्दे मुखवाले व्यक्ति का ध्यान मेरी ओर गया। उसका नाम गनेशा था।

"यह पाजी छोकरा क्या कह रहा है? क्या तुम भी जनाने हो गए?" वह इस्माइल नामक व्यक्ति की ओर मुखातिब होकर डरावनी आवाज में बोला, "उसकी गर्दन में कपड़ा क्यों नही

डाल देते, जिससे वह सदा के लिए चुप हो जाए। अगर तुम डरते हो तो मैं उस काम को कर दूँ।"

और वह मेरे निकट आ गया। मैं दुस्साहसी था और मैंने भद्दी-भद्दी गालियों की उस पर बौछार कर दी। उस पर थूक भी दिया। इस पर वह अपना कमरबन्द खोलकर मेरा अन्त ही करनेवाला था कि इस्माइल फिर आड़े आ गया। उसने मुझे बचा लिया। उन दोनों में फिर बहुत देर तक झगड़ा होता रहा, परन्तु वह मुझे कुछ दूर किसी वृक्ष के नीचे ले जाने में सफल हो गया। वहाँ गिरोह के कुछ लोग अपना खाना पका रहे थे। वह मुझे वहाँ बैठाकर उन लोगों से मेरी देखरेख करने को कहकर कहीं चला गया।

इन लोगों ने यह प्रयत्न किया कि मैं कुछ बोलूँ लेकिन मैं तो रूठा हुआ था, अतः चुप बैठा रहा। मेरे गले और आँखों की पीड़ा बढ़ने लगी, अब मैं जोर-जोर से चीखने चिल्लाने लगा। मेरा अनुमान है कि मैं कई घंटों तक इसी दशा में पड़ा रहा। अन्ततः मैं थक कर सो गया।

जब मेरी नींद टूटी तब तक शाम हो चुकी थी। मुझे बैठा देखकर इस्माइल मेरे पास आया। मुझे सांत्वना देते हुए गले लगाकर बोला, "अब से तुम मेरे बेटे बनकर रहोगे।" और फिर यह भी बताया कि मेरे माता-पिता की हत्या उसने नहीं, वरन् दूसरे लोगों ने की थी।

मुझे अब भी स्मरण है कि मैंने उससे अपने गले की पीड़ा के लिए, जो सूजी हुई थी, कुछ करने की प्रार्थना की थी। उसने बड़े ध्यान से मेरे गले की जाँच की और उसे यह लगा कि किस प्रकार बाल-बाल मेरा जीवन बच गया।

वह तेल से धीरे-धीरे मेरी गरदन पर मालिश करता रहा और फिर पत्तियों की पुल्टिस बाँधी। उसके गरम सेंक से मुझे बहुत आराम मिला। उसके लगाने से मैं और सहज अनुभव करने लगा। वह बराबर मेरे पास ही बैठा रहा। कुछ और लोग मेरे पास आ गए और गाना-बजाना करके मेरा मनोरंजन करने लगे। शाम को मुझे दूध और फल दिए गए। सोने से पहले इस्माइल शक्कर का शर्बत लाकर बोला कि इसके पीने से मुझे अच्छी नींद आएगी। मेरा अनुमान है कि उसमें अफीम घोल दी गई थी क्योंकि दूसरे दिन प्रातः काल तक मुझे कुछ होश नहीं रहा। उस समय मैंने स्वयं को उसकी गोद में बैठे हुए घोड़े पर चलते हुए पाया। मुझे लगा कि हम लोग पुनः यात्रा कर रहे थे।

यात्रा कब पूरी हुई, इसका मुझे कुछ भी स्मरण नहीं है, सिवाय इसके कि तब गनेशा हमारे साथ नहीं था। यह जानकर मुझे हार्दिक प्रसन्नता हुई क्योंकि मुझे उससे बड़ी घृणा थी। उसका मौजूद होना मुझे असहनीय था। साहब, कई वर्षों बाद भी यद्यपि हम उसके साथ ठगी के व्यवसाय में सम्मिलित रहे फिर भी मेरे हृदय में उसके प्रति जो घृणा थी वह अन्त तक बनी रही।

इस्माइल और उसके केवल सात साथी गिरोह में रह गए। हम लम्बी और थकान भरी यात्रा करते हुए गाँव में पहुँचे जहाँ उसके अनुसार उसका अपना निवास था और वहाँ वह मुझे अपनी बीवी की देखरेख में देनेवाला था।

वहाँ पहुँचकर मुझे एक सुन्दर स्त्री से, किसी रिश्तेदार के बच्चे के रूप में परिचय कराया गया, जिसे उसने बहुत पहले से पुत्र के रूप में गोद लिया था और अब उसके पास उसे लाया गया है। मुझे विधिवत रूप से उसका पुत्र मान लिया गया और मेरे कष्टों का शीघ्र ही अन्त हो गया।

ठगी की दीक्षा

इस समय मेरी आयु 5 वर्ष की रही होगी। साहब, आपको यह अजीब बात मालूम होती होगी कि उस घटना की कितनी ही बातें अभी तक मुझे स्मरण हैं। लेकिन कुछ वर्ष पूर्व जब मैं दिल्ली में बन्दी बनाया गया था, उस समय अपने एकान्त क्षणों में मैं अपने जीवन के अतीत सम्बन्धी साहसिक कार्यों का स्मरण करने और उन्हें क्रमबद्ध करने का प्रयत्न करता रहता था। इसमें एक परिस्थिति दूसरे का स्वतः स्मरण करा देती थी, क्योंकि एकान्त में यदि मस्तिष्क व्यस्त रहना चाहे तो अतीत की घटनाओं का सूत्र, चाहे वे कितनी दूर की हों, किसी को तुरन्त मिल जाता है और चिन्तन उन्हें कल्पना के सामने एक-एक करके ताजी सजीवता के साथ इस प्रकार रखता जाता है, जैसे वे कल ही घटित हुई हों। उसी बन्दी जीवन में मैंने एक पुराने ठग के साहसिक कारनामे सुनकर समझ लिया था कि मेरी स्मरण शक्ति ठीक काम कर रही थी। जैसा मैंने आपसे बताया, मुझे घटना के सभी तथ्य मालूम हो गए थे, केवल कुछ छोटी-मोटी बातें मैंने अपने मन से जोड़ दीं।

विशेष रूप से मुझे गनेशा का दृश्य याद आता है जिसे वह स्वयं मुझे बता चुका था। उसने बताया कि मैंने उसके ऊपर जब अपशब्दों की बौछार की तो उसका क्रोध आसमान छूने लगा था और यदि इस्माइल के प्रतिशोध का और उसकी शक्ति का भय न होता तो वह अपने क्रोध के अग्निकुंड में मेरा बलिदान अवश्य कर देता।

परन्तु यदि आप थके न हों तो मैं अपनी कहानी पर लौट आता हूँ।

कर्नल टेलर, “नहीं बिलकुल नहीं, इसमें तो मेरी रुचि बढ़ती ही जा रही है।”

अमीर अली, “इस्माइल और उसकी बीवी कृपापूर्वक मेरा लालन-पालन करने लगे। मेरे वहाँ होने से ग्रामवासियों की उत्सुकता भी बढ़ गई। मुझे सन्देह था कि इस्माइल सोचता होगा कि कहीं मैं किसी दिन यह न बता दूँ कि मेरी वास्तविकता क्या थी। यही कारण था कि वे दोनों मुझे कभी अपनी आँखों के सामने से ओझल नहीं होने देते थे। मैं जल्दी ही सारी बातें भूल गया अथवा गत परिस्थितियों की अस्पष्ट और उलझी हुई याद भर रह गई, जिसे यदि चेष्टा से मैं किसी से कहता भी तो उसे पागलपन करार दे दिया जाता।

इस्माइल अपने गाँव में कपड़े का व्यापारी जाना जाता था। वह प्रतिदिन अपनी दूकान में बैठा करता और विभिन्न प्रकार के वस्त्रों को बेचने के लिए रखता था। परन्तु यह सब उसका दिखावा मात्र था। लेकिन यह साफ दिखाई देता था और मुझे भी लगता था कि वह हमेशा परेशान और बेचैन रहा करता था। वह प्रायः कई-कई दिनों तक घर से अनुपस्थित रहता था। यह बात उसके परिवार के लोग भी नहीं जानते थे कि वह कहाँ जाता था। अचानक वह बहुत बड़ी मात्रा में कपड़े व अन्य चीजें लेकर लौटता था। सारी चीजें बिक्री के लिए रखी जाती थीं।

वह हमेशा मेरा बहुत ध्यान रखता था और इसके बदले मैं भी उसे बहुत प्यार करने लगा क्योंकि वह मेरे पिता, जो घमंडी और चिड़चिड़े स्वभाव के थे, की अपेक्षा अधिक दया का व्यवहार करता था। मेरी नवीन माँ ने भी कभी मुझे अप्रसन्न नहीं होने दिया क्योंकि उनकी कोख से कोई सन्तान नहीं उत्पन्न हुई। मैं उसका लाड़ला था। वह मुझे भरसक प्यार करती थी। मैं हमेशा उत्तम वस्त्र पहनता था और किसी बालक की जो इच्छा हो सकती थी, वह सब मुझे प्राप्त था।

जिस समय इस्माइल अपने भ्रमण पर गया था उसी समय मेरी दयालु रक्षिका की ज्वर से मृत्यु हो गई। मैं केवल 9 वर्ष का था। एक पड़ोसी मुझे अपने घर ले गया था, उसके लौटकर आने पर जब उसे अपना घर सूना मिला तो उसके विषाद का अन्त नहीं था। छोटा होने के कारण मैं क्या करता, फिर भी उसे कुछ सांत्वना अवश्य दी। प्रत्येक शुक्रवार को वह उसकी कब्र पर पुष्प अर्पित करने जाता था, वहाँ उसका रुदन अत्यन्त करुण होता था।

बेचारी मरियम, क्योंकि यही उसका नाम था, भला हुआ कि तुम चली गईं। जीवित रहने पर इस समय तुम्हारी क्या दशा होती? एक कुख्यात ठग की बीवी होने के नाते, तुम्हारी इज्जत की धज्जियाँ उड़ा दी जातीं और तुम्हें जातिच्युत कर दिया जाता।

साहब, उसे क्या पता इस्माइल कौन था, उसके लिए तो वह केवल एक उन्नतिशील परिस्थितियोंवाला व्यक्ति था। वह जो चाहती, उसे सब कुछ उपलब्ध हो जाता। उसकी कोई इच्छा अधूरी नहीं रही। उसने अपनी योजनाएँ इस प्रकार नियोजित की थीं कि उसके पकड़े जाने के दिन तक वह नहीं जान पाई कि वह किसी पेशेवर हत्यारे की बीवी थी।

जहाँ तक मुझे स्मरण है, 3-4 वर्ष तक मेरे जीवन में कोई उल्लेखनीय घटना नहीं हुई। अपनी बीवी की मृत्यु के बाद इस्माइल मुरैना नगर में बस गया, जो उस समय सिन्धिया के अधिकार क्षेत्र में था। मुझे एक वृद्ध की पाठशाला में भेज दिया गया, जहाँ वे मुझे फारसी पढ़ना-लिखना सिखाते थे।

जब मैं कुछ और बड़ा हुआ तो मैंने ध्यान से देखा कि इस्माइल के यहाँ अकसर रात में कुछ लोग आया करते थे। स्वभावतः मुझे यह जानने की उत्सुकता हुई कि आखिर वे कौन थे और वहाँ क्यों जमा होते थे?

एक दिन शाम को वे लोग आनेवाले थे, यह बात मुझे मालूम थी। मैं रोज की भाँति सोने का बहाना करके लेट गया। परन्तु जब वे सब लोग जमा हो गए, मैं सावधानी से उठा और कमरे के किनारे परदे के पीछे छिपकर खड़ा हो गया।

उनके लिए जो भोजन बना था, उसे खाने के बाद वे सब एक जगह बैठकर ऐसी भाषा में बातचीत करने लगे जिसे मैं बहुत कम समझ सका। वह भाषा विचित्र थी। वैसे मैं हिन्दुस्तानी तो जानता ही हूँ और स्थानीय बोली बाद में नगर के लड़कों की सोहबत में सीख गया।

इस्माइल धीरे-धीरे उस तहखाने पर आया, जहाँ मैं खड़ा था। उसकी इस हरकत से मैं बहुत घबरा गया। मुझे डर लग रहा था कि कहीं पकड़ा न जाऊँ। उसने वहाँ से एक बक्स निकाला और सबके बीच में रखकर उसे खोला। मैं उसे धनी तो समझता ही था लेकिन उसकी दौलत इस प्रकार रखी होगी, इसका अनुमान मुझे नहीं था। उसमें सोने-चाँदी के ढेरों आभूषण थे, मोतियों की मालाएँ थीं तथा और भी मूल्यवान चीजें थीं। सभी चीजों के, जितना सम्भव था, बराबर के ढेर लगा दिए गए। सबको एक-एक ढेर दे दिया गया और उसने अपने लिए भी एक बड़ा ढेर रख लिया।

अन्त में वे सब हिन्दुस्तानी में बात करने लगे, जिसे मैं बखूबी समझता था। उनमें एक आदमी जिसके प्रतिष्ठित सी दाढ़ी थी, इस्माइल से बोला, "अमीर के लिए तुमने क्या सोचा है? अब वह युवा हो रहा है। यदि उसे हममें से एक बनना है तो उसके लिए यही उपयुक्त समय है। इसे जो करना है, उसे अभी से सिखाया जाए। इस प्रकार घर में उसे रखना खतरनाक है। सम्भव है वह हमारा भेद समझ ले, और जब तक तुम कुछ समझो कि वह उड़ जाए।"

इस्माइल बोला, "अरे भाई, उसका मुझे बिलकुल भय नहीं है। वह मुझे बहुत प्यार करता है। इसके अलावा इस दुनिया में मेरे सिवाय उसका कौन है? वह राजा का पुत्र था।"

इसके बाद इस्माइल उसी गुप्त भाषा में बोलने लगा जिसे मैं जरा भी नहीं समझा।

एक अन्य व्यक्ति जिसका नाम हुसेन था और जिसे मैं अच्छी तरह जानता था क्योंकि वह इस्माइल का मुलाजिम था और ऊपरी तौर पर उसका वस्त्र बेचनेवाला एजेंट था, बोला, "भई कोई बात नहीं, लड़का फुर्तीला है। उसे बहुत कुछ अनुभव हो गया है क्योंकि तुम उसके सब जगह आने-जाने पर कोई खास नियन्त्रण नहीं रखते। यदि उसे हमारे बीच उचित रूप से नहीं लाया जाएगा, तो भी एक न एक दिन उसे सब कुछ ज्ञात हो जाएगा। इसके अतिरिक्त अब वह इतना बड़ा हो गया है कि उससे बहुत से काम लिये जा सकते हैं। और यदि उसे हमारे पेशे को सीखना ही है, तो उसे शिक्षित करना ही चाहिए। इस बात पर भरोसा करो कि जितनी जल्दी वह गुड़ खा लेगा, उतना ही वह उसके प्रति अनुरक्त रहेगा। मैंने स्वयं एक लड़के को सिखाया है, और एक बार जब उसने हाथ डाल दिया, तो अब अपने काम में शेर बन गया। वह इतना कुशल हो गया कि हमारे पुराने हाथ भी मुश्किल से उसका मुकाबला कर पाते हैं।"

इस्माइल बोला, "तुम ठीक कहते हो। इस लड़के से मैं बहुत बड़े-बड़े काम की उम्मीद रखता हूँ। अपनी उम्र से बढ़कर वह बहादुर और दिलेर है। और कसरत में तो कम ही उससे कोई विशिष्टता रखता होगा। यह तो मैं उसे बचपन से ही सिखा रहा हूँ। लेकिन शकल से वह इतना विनम्र और शिष्ट है कि मैं समझ नहीं पा रहा हूँ कि कैसे उसके सामने सारी बात रख दूँ। मुझे भय है कि वह इसे कभी स्वीकार नहीं करेगा।"

तीसरा व्यक्ति जिसे मैंने कभी नहीं देखा था, बोला, "अरे भाई, इस प्रकार के दयालु हृदयवाले बच्चे सबसे अच्छे होते हैं। वे बड़ी आसानी से समझाए जा सकते हैं, साथ ही उन पर पूरा भरोसा किया जा सकता है। उचित ढंग से उसके सामने बात रखो, उसे पेशे के गौरव की झलक दिखाओ और सीधे जन्नत जाने का महत्त्व बताओ। अपने पैगम्बर की शोहरत का जिक्र करो। इन्द्र के स्वर्ग का वर्णन करो। इस सब के विषय में हम लोग खूब जानते हैं। एक तो मुसलमान होने के नाते और दूसरे अपने पेशे के कारण। मुझे विश्वास है कि वह जल्द रास्ते पर आ जाएगा।"

इस्माइल बोला, "तुमने ठीक ही कहा। वह लड़का उस मस्जिद वाले मूर्ख बूढ़े मुल्ला के पास पल भर का मौका मिलते ही भाग जाता है। उसने जन्नत की बातें उसके दिमाग में खूब ठूँस-ठूँसकर भर दी हैं, जिन्हें वह कुरान शरीफ से पढ़कर सुनाता रहता है। और जिसमें वह प्रायः खोया सा रहा करता है। यही वह नुक़्ता है, जिससे उसे काबू में किया जा सकता है। मैं उससे बात करूँगा और मुझे विश्वास है कि वह शीघ्र ही हम लोगों में शामिल हो जाएगा।"

हुसेन ने हँसते हुए कहा, "यह काम जितनी जल्दी हो जाए उतना ही अच्छा होगा। किसी नैसिखिए के रूप में मैं उसकी पहली कोशिश देखना चाहता हूँ। जब रूमाल उसके हाथ में होगा, तो वह उसे पहले तो हक्का-बक्का होकर देखेगा बाद में उसे समझाया जाएगा।"

बूढ़ा बोला, "चुप रहो, शायद वह तुम सबकी बातें सुन रहा हो (और तुम सारी बातें बताते चले जा रहे हो)। हो सकता है कि इस विषय में उसके विचार हमसे भिन्न हों। अब यहाँ से चलें।"

इस्माइल ने कहा, "नहीं, इसका कोई डर नहीं है। लेकिन क्या तुम लोग लम्बी दौड़ से थके नहीं। याद है, हमें कल लम्बा सफर तय करना है। खुदा कसम वह भी किसी अच्छाई के लिए है।"

सभी कहने लगे, "चलो, अब सो जाएँ। यहाँ तो बड़ी गर्मी है। खुली हवा में ठंडक होगी।"

और फिर सब लोग कमरे से बाहर निकल गए।

साहब, आप विश्वास मानिए मुझे यह सब जानने की बहुत बड़ी उत्सुकता थी कि इस्माइल कौन था, बाकी लोग कौन थे, वे लोग मुझे कौन सी बात बतलाना या क्या सिखाना चाहते थे। यह सब सोचकर मेरा दिमाग चकराता रहा। उस रात मैं सो न सका। एक बार भी मुझे झपकी नहीं आई। ज्वर-सा लग रहा था। इतनी अधिक मेरी उत्सुकता थी कि मैं सब कुछ जान लेना चाहता था। इस्माइल कुछ भी रहा हो लेकिन मैं उसका हमपेशा होना चाहता था।

अभी तक मुझे एक बच्चे के रूप में देखा जाता और वैसा ही व्यवहार किया जाता था। परन्तु अब वह सब किनारे रख दिया जाएगा। जिस प्रकार साँप अपनी केंचुल उतार देता है उसी प्रकार मैं भी अपना लिबास बदल दूँगा। और अब नितान्त नवीन तथा उज्ज्वल रूप में दिखाई दूँगा।

मेरे माता-पिता कौन थे? उन लोगों के वार्तालाप से मुझे इतना तो पता लग चुका था कि कम से कम इस्माइल मेरा पिता नहीं था। इस विषय पर मैंने अपने पहले के दिन स्मरण करने का बहुत प्रयत्न किया। परन्तु मेरे अन्तःकरण में अन्धकार के सिवाय कुछ न था।

मुझे बेचारी मरियम की याद अवश्य थी, जिसे मैं माँ कहा करता था। इसके अतिरिक्त और कुछ याद करने की बहुत चेष्टा की, पर कुछ भी लाभ नहीं हुआ।

जैसा मैंने आपको बताया कि यह बहुत बाद में 12 वर्ष के लम्बे जेल-जीवन में मेरी स्मृति ने मेरी सहायता की।

अभी तक मस्जिद के मुल्ला को मैं एक बहुत बड़ा विद्वान समझता था। उसने कुरान शरीफ की आयतें अच्छी तरह मेरे दिमाग में भर दी थीं, जिससे मैं बड़ा जोशीला हो गया था।

वह मुझसे स्वर्ग के गौरव, और वहाँ की हज़ारों हूरों की बातें करता, जो ईमान पर सच्चा विश्वास करनेवाले की आज्ञा पर चलती थीं। वह हूरों के सौन्दर्य का वर्णन करता कि उनके शरीर कितने कमनीय, उनकी आँखें नीलम जैसी, उनके दाँत मोती जैसे उज्ज्वल, उनके होंठ लालमणि जैसे मृदुल और उनकी श्वास से कस्तूरी की सुगन्ध निकलती है। वहाँ के महल माणिक्य से निर्मित होते हैं। वहाँ अमरता का झरना झरता है। वहाँ यौवन चिरस्थायी रहता है। मुझे पक्का विश्वास था कि इन सबका मैं उपभोग करूँगा। इन सब बातों ने मेरी कल्पना को ज्वलन्त बना दिया।

जब मैं इस्माइल से यह दुहराता तो वह भी बहुत प्रसन्न होता था। उसे इस बात का खेद रहता था कि उसने वह पवित्र पुस्तक कभी नहीं पढ़ी, जिससे वह भी उसके सौन्दर्य-वर्णन का आनन्द उठाता।

फिर भी हुसेन मुल्ला को मूर्ख ही मानता था और यह भी मुझे समझाता था कि उनका व्यवसाय अधिक ऊँचा था। उनके पुरस्कार सामान्य मुसलमानों की उपेक्षा अधिक उत्कृष्ट थे। लेकिन उनका व्यवसाय क्या था? यह जानने के लिए मेरे शरीर में आग लगी हुई थी। मैंने निश्चय कर लिया कि यदि इस्माइल ने स्वयं मुझे सब कुछ नहीं बताया तो मैं स्वयं उससे पूछ लूँगा।

मैंने कहा था कि उस रात मेरी आँख नहीं लगी। मैं तड़के उठ गया, देखा इस्माइल और

उसके सभी साथी वहाँ से जा चुके थे। कई दिनों तक वह नहीं लौटा। वस्तुतः यह कोई असाधारण बात नहीं थी, परन्तु उसकी कार्रवाइयाँ मेरे लिए बहुत पहले से रहस्यमय बनती जा रही थीं। उसकी अकसर होनेवाली लम्बे समय की अनुपस्थिति को मैं उसके वास्तविक व्यवसाय से, वह चाहे कुछ भी हो, जोड़ने के लिए बाध्य हो गया। वह केवल वस्त्र विक्रेता नहीं हो सकता। उसके लिए उस मन्द गति से चलनेवाले व्यवसाय को पकड़े रहने में कुछ भी नहीं था, और मेरे लिए भी उसमें कोई भव्य आशा नहीं थी लेकिन हुसेन तथा अन्य लोग तो वैसा ही समझ रहे थे। इसमें मुझे सन्देह नहीं रहा कि उसका असली व्यवसाय कुछ और ही था, जिसका अनुमान न तो मैं कर पा रहा था और न उसे समझने का कोई सूत्र मेरे पास था। अतः मैं अपने समाधान के लिए मुल्ला के पास पहुँचा।

अज़ीजुल्लाह (यही उसका नाम था) ने अपने चिर-परिचित अन्दाज में मेरा स्वागत किया। परन्तु उसने मेरे बीमार होने का संकेत किया। उसने बताया कि मेरा चेहरा चिन्ताग्रस्त लग रहा था और लगता था कि मैं ज्वर से पीड़ित था। मैंने उसे बताया कि मुझे जूड़ी आती थी लेकिन अब पहले से अच्छा था, और शीघ्र ही स्वस्थ हो जाऊँगा।

सदा की भाँति मैंने उससे प्रतिदिन की जानेवाली मुसलमानी इबादत के ढंग, उसके शब्दों और उसके अदा करने के तरीके की शिक्षा प्राप्त की। उसके बाद उससे कुरान शरीफ खोलकर अपनी पसन्दीदा आयतों की व्याख्या करने की प्रार्थना की। वृद्ध ने चश्मा लगाया और इधर-उधर टहलते हुए अरबी की पुस्तक से एक-एक आयत पढ़कर मुझे उसके अर्थ भी समझाए। यह सब पहले भी हुआ करता था। समाप्त होने पर मैंने प्रश्न किया कि इस पुस्तक में कुछ ऐसा तो नहीं, जो मुझसे छिपा रह गया?

उसने कहा, "नहीं मेरे बेटे, मैंने तुमसे कुछ भी नहीं छिपाया। वास्तव में इस पवित्र पुस्तक सम्बन्धी मेरा ज्ञान बहुत सीमित है लेकिन तुमने मेरे आदरणीय उस्ताद, उनकी याद सलामत रहे, की लिखी हुई टीकाएँ देखी और सुनी होंगी। उनका ज्ञान इतना गहन था कि उनके कुछ अध्यायों के प्रतिवाक्य का असली अर्थ जानबूझकर छिपा दिया और वह एक प्रबन्ध सा बन गया, यही नहीं कुछ अनुच्छेदों में तो प्रत्येक शब्द और वास्तव में प्रत्येक अक्षर की व्याख्या की गई है।

"लेकिन अब वे चले गए और उस जन्नत का सुख भोग रहे होंगे, जिसे मैंने तुम्हें भी बता दिया। मैं तो केवल यही कर सकता हूँ कि तुम्हें पढ़कर सुना दूँ और यही नहीं तुम्हें बार-बार सुनाऊँगा जब तक तुम्हारी रुचि के हिस्से तुम्हें जबानी न याद हो जाएँ और जिनमें पूरी पुस्तक का सार है।"

मैंने पूछा, "लेकिन आपने मुझे जो कुछ बताया, क्या आपने अपने दीर्घकाल के अनुभव में उसके अतिरिक्त और कुछ भी नहीं सुना? आप मुझसे कुछ अवश्य छिपा रहे हैं, जो मेरी युवावस्था के कारण बताने में डरते हैं।"

वृद्ध ने कहा, "बिलकुल नहीं। यह सत्य है कि हमारे धर्म में कुछ प्रचारक, जैसे सूफी आदि जिनका सम्प्रदाय शापित था, ने समय-समय पर अशास्त्रीय सिद्धान्त लागू कर दिए, जो उनकी दृष्टि में युक्तिसंगत थे और असावधान व्यक्ति को अपने जाल में फाँस लेते हैं लेकिन अन्त में वे नरक में पहुँचा देते हैं। लेकिन मेरे विचार से तुम्हारा विश्वास अपनी जड़ें इतनी गहरी जमा चुका है कि तुम उनके कथन की ओर कभी न मुड़ सकोगे।"

मैंने कहा, "मैं आपकी उदारता के लिए आपका शुक्रिया अदा करता हूँ। मैंने आपसे जो प्रश्न किया था, उसका अभिप्राय मात्र इतना था कि मैं जानना चाहता था कि क्या मुझे और भी कुछ सीखना शेष है? लेकिन, अब्बाजान मुझे, बताइए कि आपके बुद्धिमत्तापूर्ण अनुदेशों को सर्वोत्तम प्रभाव तक ले जाने के लिए मुझे कौन सा व्यवसाय करना चाहिए।"

उसने कहा, "मुल्ला बन जाओ। तुम्हें कष्टसाध्य अध्ययन करना होगा। लेकिन कुछ समय के बाद यह बाधा दूर हो जाएगी, उस पर भरोसा रखो। खुदा को दूसरी कोई स्थिति या पेशा स्वीकार नहीं, जितना उसके प्रचारक का पेशा। मैं तुम्हें अरबी की प्रारम्भिक शिक्षा दूँगा। और तुम्हारे पिता जब तुम्हारे दिमाग का झुकाव इस ओर देखेंगे, तो वे भी उसका विरोध नहीं करेंगे। यही नहीं वे शिक्षा पूर्ण करने के लिए तुम्हें दिल्ली भेज देंगे। शुरुआत मैं कर दूँगा।"

मैंने कहा, "मैं इस पर विचार करूँगा।"

लेकिन मेरे लिए मुल्ला बनना बहुत दूर की बात थी। मुझे यह बात अच्छी तरह ज्ञात थी कि अज़ीजुल्लाह बहुत गरीब था और अपने भरण-पोषण के लिए बड़ी कठिनाई के साथ एकत्र किए हुए खैरात पर निर्भर रहता था।

इसके अतिरिक्त न तो इस्माइल और न हुसेन मुल्ला थे और न उनके दल का कोई था और मुझे भी उन्हीं में से एक बनना था, वे चाहे कुछ भी हों। मैं उसके पास दुबारा नहीं गया। उसके अल्प संचित ज्ञान से मुझे कुछ प्राप्त हो ही चुका था और यदि एक बार भी मैं अपने भावी जीवन का विषय उसके सामने रख देता, तो उसकी दृष्टि में मेरे हित की जो बात होती, उसके समर्थन में वह मेरे सामने बराबर अपने तर्क रखता जाता। चूँकि मुझे यह कुछ भी पसन्द नहीं था, अतः स्वयं को उससे दूर रखना ही ठीक समझा।

या खुदा, कहीं मैं मुल्ला बन जाता! तो वह मेरी वर्तमान दशा से बेहतर ही होता, जो इस समय जैसी है, हमेशा वैसी ही बनी रहेगी। जो हो, यह मेरी नियति है और परवर दिगार की मर्जी पर नू-नच नहीं करना चाहिए। यदि यह सब मेरी तकदीर में लिखा न होता तो क्या कभी मैं ठग बन पाता? निश्चय ही कभी नहीं। भाग्य के विरुद्ध कौन जा सकता है? उसके निर्णय को कौन बदल सकता है? साहब, इतने वर्षों तक मुझे ईमानदार पाने पर भी, आप मुझे मुक्त नहीं कर सकेंगे और मेरे भरण-पोषण का प्रबन्ध करेंगे।

कर्नल टेलर, "कभी नहीं, इस दुनिया में तुम जैसे ठगों को मुक्त कर देना बड़ा खतरनाक होगा। पहले आदमी को देखते ही उसका गला घोटने के लिए तुम्हारी उँगलियों में खुजली होने लगेगी। और जल्दी ही हमें यह सुनने को मिलेगा कि जमादार अमीर अली अपने 40-50 ठगों के गिरोह के साथ, अपने पकड़े जाने के लिए हमें कितना परेशान करेगा। क्या ऐसा नहीं होगा?"

(अमीर अली हँसते हुए कहने लगा)

"मेरा विश्वास है कि आपका कहना सही है। कभी-कभी पश्चात्ताप होने पर भी, जब भी अवसर मिलेगा मैं उसे कभी यों ही नहीं जाने दूँगा। आप यह भी जानते हैं कि मैं 'गुड़' खा चुका हूँ, अच्छा हूँ क्योंकि अगर आपने दुबारा पकड़ा तो अवश्य फाँसी पर लटका दोगे।"

कर्नल टेलर, "अमीर अली, हम बेशक ऐसा ही करेंगे। लेकिन तुम अपनी कहानी कहते रहो। अगर इस तरह बहस करोगे तो अपने विचारों का तारतम्य भूल जाओगे।"

(अमीर अली ने आगे कहना जारी रखा)

लगभग एक महीना बीता, जो मेरे लिए बहुत उबानेवाला था, इस्माइल घर लौट आया,

उसके साथ हुसेन भी था। मेरे पिताजी, क्योंकि आगे मैं उसे इसी प्रकार सम्बोधित करूँगा, ने मेरे व्यक्तित्व में खास परिवर्तन देखा। इसका कारण मेरे द्वारा मुल्ला के प्रति किया गया व्यवहार था। वह सन्तुष्ट प्रतीत हुआ। परन्तु क्या मैं सन्तुष्ट था? ओह, कभी नहीं, मैं तो उस रहस्य को, जो मुझसे छिपाया जा रहा था, जानने की उत्सुकता में घुला जा रहा था। मेरी रातें जागते बीत रही थीं। मैं प्रायः चेतना-शून्य बन गया था। मैं उन विचारों से उत्पीड़ित था, जो मुझे किसी अन्तिम निर्णय तक नहीं पहुँचने दे रही थी। एक समय तो ऐसा आया कि मैंने अपने वालिद (पिता) को त्याग देने का और अपने भाग्य को तलाशने का इरादा कर लिया। वास्तव में मैंने अपने कुछ कपड़े बाँध लिये और जो कुछ जोड़ी हुई रकम थी वह भी रख ली। और इस बात पर जरा भी विचार न करके कि मेरा भाग्य मुझे कहाँ ले जाएगा, मैंने रात में ही नगर छोड़ने का निश्चय कर लिया। लेकिन जब वह समय आया तो अपनी भावी बरबादी की भावना मेरे ऊपर सवार हो गई। बस उसके कारण भाग जाने का इरादा धरा का धरा रह गया और मैं जहाँ का तहाँ बना रहा।

रहस्य के जो बादल मेरे ऊपर मँडरा रहे थे, उनके छँट जाने के लिए मैं समय पर भरोसा करने लगा लेकिन उसी जगह मैंने अपने पिता और उनके अन्य साथियों पर बराबर दृष्टि रखने का इरादा भी कर लिया। जो बातें मेरे हृदय में घूमती रहती थीं, उन्हें कहने के लिए कई बार सोचा, परन्तु अवसर हाथ आने पर भी उन्हें व्यक्त न कर सका। यह बात नहीं थी कि मैं स्वभाव से दब्बू था, मैं एक बहादुर इनसान था। वह कोई रहस्यमय चेतना थी कि मुझे कोई विचित्र बात सुनने को मिलेगी, नहीं तो कोई भय की बात होगी जो मुझे डरा देगी। लेकिन इस प्रकार की भावना ने क्यों मेरे ऊपर अधिकार जमाया, इसे मैं अभी व्यक्त नहीं कर सकता, तो भी वह मौजूद थी।

एक दिन सन्ध्या समय इस्माइल ने मुझे अपने शयन-कक्ष में बुलवा भेजा। मैं उस कमरे में बहुत कम ही जाता था। भय से मेरा हृदय धड़कने लगा क्योंकि मेरे सम्मुख नियति का संकट उपस्थित था। मुझे लगा कि इस्माइल भी अस्थिर हो रहा था। उसने मुझे बैठने के लिए कहा। कुछ देर तक हम परस्पर एक-दूसरे को देखते हुए मौन बैठे रहे। दीवार के आले में तेल का छोटा-सा दीपक जल रहा था जिससे कमरे में धुँधला प्रकाश बिखर रहा था। स्थिति बिलकुल सामान्य थी, तो भी मेरे अन्दर की रुग्ण भावना बढ़ती जाती थी। मुझे ऐसा लगा कि मेरा दम घुटा जा रहा था। इस स्थिति को मैं अधिक न सह सका। उठकर मैं उसके पाँवों पर गिर पड़ा और फूट-फूटकर रोने लगा।

वह अत्यन्त दयार्द्र होकर और स्नेह से बोला, "यह क्या हुआ, मेरे बच्चे, मेरे बेटे, क्या बात है? क्यों परेशान हो रहे हो? क्या किसी औरत ने तुम्हारे ऊपर टोना-टोटका कर दिया? मेरी अनुपस्थिति में तुम्हें कोई परेशानी हुई है? मेरे बेटे कुछ तो बताओ। तुम्हें मालूम है इस दुनिया में तुम्हारे पिता के सिवाय प्यार करनेवाला और कोई नहीं है। आह, अब तो तुम्हारी माँ भी नहीं है।"

जब मेरी भावना ने मुझे कुछ बोलने की शक्ति दी, तब मैंने उसके सामने अपना दिल खोलकर रख दिया। उस यादगार बनी रात को जो कुछ मैंने उससे तथा अन्य लोगों से सुना था, सब बता दिया और जब मैं सब कुछ कह चुका, तो उठ खड़ा हुआ और धड़कते हृदय से कहा, "मेरे वालिद (पिता) मुझसे गलती हुई। मेरी जिज्ञासा, जो किसी बच्चे जैसी थी, मेरे

ऊपर छा गई लेकिन उसी समय से मेरी विचारधारा में परिवर्तन आ गया, इसका कारण मैं नहीं जानता। मैं अब बच्चा नहीं रहा। मैं अनुभव करता हूँ कि मैं कुछ भी कर सकता हूँ। आपसे अनुरोध है कि आप मुझे वैसा प्रमाणित करने का अवसर प्रदान कीजिए।"

मैं अपने दोनों हाथ अपने वक्ष पर मोड़कर चुपचाप खड़ा हो गया। प्रत्यक्ष रूप से वे बहुत प्रभावित लग रहे थे। शाम के झुटपुटे में मैंने उनके चेहरे पर मनोभावों को आते-जाते देखा, जो मेरे लिए नितान्त नवीन थे।

अन्त में उन्होंने वह मौन भंग किया, जो मेरे लिए असहनीय हो रहा था। उन्होंने कहा, "मेरे बेटे, जो मैंने चाहा था, उससे अधिक तुम जान गए। अब मेरे लिए केवल विकल्प यही है कि मैं तुम्हें अपने जैसा बना लूँ। और तुम्हारे चरित्र को देखकर मैं तुमसे बहुत कुछ करने की आशा रखता हूँ।"

उत्साहित होकर मैंने कहा, "विश्वास कीजिए, आप मुझ पर भरोसा रखें, आपको मेरी ओर से कभी खेद नहीं होगा।"

उन्होंने कहा, "मुझे तुम्हारे ऊपर विश्वास है। अब मैं जो कुछ कह रहा हूँ, उसे ध्यान से सुनो क्योंकि उसी पर तुम्हारा भविष्य निर्भर है। जब एक बार तुम्हें सब कुछ मालूम हो जाएगा, तब न तो कोई झिझक रह जाएगी और न दुविधा। तुम्हें एक परीक्षण से गुजरना होगा, जिससे तुम्हारे साहस में वृद्धि होगी। क्या तुम उसके लिए तैयार हो? उसका सामना करने का साहस है?"

"जी, मुझमें साहस है, दुस्साहसी जो मैं हूँ।"

कुछ क्षणों तक वे सोच-विचार में डूबे रहे, फिर बोले, "आज रात में तो नहीं, वरन् अगले तीन दिनों में तुमसे कोई बात छिपी नहीं रह जाएगी।"

इस समय तो मैं विफल था, फिर भी आशा से भरा हुआ था। उन्होंने मुझे आराम करने के लिए कह दिया।

इस्माइल ने अपना वादा पूरा किया। परन्तु साहब, उसकी कहानी का जैसा प्रभाव मेरे दिमाग पर पड़ा, उसे बताना कठिन है। क्या मैं आपको सुनाने का प्रयत्न करूँ? उसने अपने जीवन का जो खाका खींचा, उसे बताने में मुझे कुछ झिझक हो रही है क्योंकि मुझे भय है, उसके कारण मैं स्वयं अपनी कहानी कहने में भटक जाऊँगा। लेकिन वह आपको अत्यन्त रुचिकर लगेगी।

कर्नल टेलर, "बेशक मुझे रुचिकर लगेगी, अमीर अली! लेकिन उसे बताने के बाद तुम अपनी कहानी पर लौट आना।"

"साहब, आप ठीक कहते हैं। मैं इस समय उसे छोड़कर केवल उसके अन्तिम शब्दों को आपसे कहूँगा। उसकी अपराध की कहानी सुनकर मुझे दुनिया से घृणा होने लगी और ठगी को अपनाना चाहा क्योंकि वही केवल भाईचारे का पेशा है, जिसमें सच्ची निष्ठा प्राप्त होने की आशा कर सकता हूँ। उसके अन्तिम शब्द इस प्रकार हैं और वे मेरी स्मृति में सदैव अंकित रहेंगे। मेरे बेटे, यहाँ तक मैंने अपने जीवन की कुछ घटनाओं का वर्णन किया। तुम्हें शिक्षा देने के लिए तुम्हें थोड़ा और बताना शेष है। कहने की आवश्यकता नहीं कि मैं ठग हूँ। मैं उस शानदार पेशे का एक सदस्य हूँ, जो अल्लाह ने पुरातन काल से कुछ लोगों को दे रखा है। इसमें हिन्दू और मुसलमान मिल कर भाई-भाई की तरह रहते हैं। उनमें अविश्वास कभी नहीं रहा। यही अकाट्य प्रमाण है कि हमारा पेशा दैवी सत्ता द्वारा पवित्र किया गया और मान्य है।

"मेरे बेटे, इस धरती पर सच्ची आस्था हम लोगों के सिवाय और कहाँ मिलेगी? इस दुनिया में सभी से व्यवहार करते हुए मैंने देखा है कि हर व्यक्ति अपने पड़ोसी को पछाड़ने और उसे धोखा देने के लिए निरन्तर कोशिश में लगा रहता है। मैं उसकी हृदयहीनता से हटकर जब अपने यथार्थ को देखता हूँ तो उससे मेरी आत्मा स्फूर्तिमय हो जाती है। हमारे बीच छोटे से लेकर बड़े तक एक ही प्रकार के उत्साह से अनुप्राणित है। कहीं भी जाओ हमें हर जगह भाईचारा मिलेगा।

"रीति-रिवाज और आदत की दृष्टि से सम्भवतः उनमें अन्तर दिखाई देगा, परन्तु उनके हृदय एक होंगे। और उसी एक उत्साह के साथ ठगी के उद्देश्य और परिणाम का सभी अनुसरण करते हैं। हम चाहे जहाँ जाएँ हमारे लिए घर के द्वार खुले मिलेंगे। यहाँ तक कि जनजाति के लोग भी हमारा स्वागत करेंगे, यद्यपि हम हिन्दुस्तानी लोगों से उनकी भाषा भिन्न है, फिर भी उनके पहचान के चिह्न हमारे जैसे हैं। मेरे कथन की सच्चाई परखने के लिए तुम्हें केवल उनके बीच जाने की आवश्यकता होगी। क्या यह सब खुदा की मर्जी के बिना सम्भव है?

"मनुष्य के स्वार्थ परस्पर कितने विरोधी होते हैं और हमारे देश की सामाजिक अवस्था कितनी भ्रष्ट है कि मैं मानता हूँ कि बिना दैवी इच्छा के ऐसी भावना रह नहीं सकती।

"इस पेशे का अभ्यास करने में सर्वप्रथम तुम्हें कुछ हिचक अवश्य होगी लेकिन शीघ्र दूर हो जाएगी क्योंकि उससे प्राप्त होनेवाला प्रतिफल अत्यन्त भव्य होगा। बस उसे प्राप्त करने के साधन के साथ कुछ समय के लिए हमें विचार करना होगा। इसके अतिरिक्त यह नियति है, अल्लाह का निर्णय है, उसका विरोध कौन कर सकता है?

"यदि अल्लाह हमें इस पेशे में लाता है, तो वही हमें दृढ़ और साहसी हृदय भी देता है। एक पक्का संकल्प देता है जिसे कोई विरोध डिगा नहीं सकता। वह हमें एक अध्यवसाय देता है जो अपने लक्ष्य की प्राप्ति में कभी चूक नहीं सकता। मेरे बेटे, मैं तुम्हें वैसा ही बनाना चाहता हूँ। अपने पेशे में तुम ऊँचे स्थान से प्रवेश करोगे। मेरे संरक्षण में तुम्हें वह पद प्राप्त होगा, जिसे दूसरे लोग वर्षों परिश्रम करके प्राप्त कर पाते हैं। तुम्हें कभी अभाव का अनुभव नहीं होगा क्योंकि मेरी समस्त सम्पत्ति में तुम्हारा हिस्सा है। सदा दृढ़ रहो, साहसी बनो, कुशाग्र बुद्धिवान बनो, ईमानदार बनो, इस सबसे अधिक तुम्हें और कुछ नहीं चाहिए। किसी ठग की यह सर्वोच्च योग्यता है और जो भाई-भाई के बीच सम्मान और प्रतिष्ठा सुनिश्चित करती है। यही निश्चित सफलता दिलाती है और उच्च पद तक पहुँचाती है। मैं तुम्हें अपने दल का मुखिया बनते देखना चाहता हूँ। इसके बाद इस पेशे से निवृत्त होकर अपना शेष जीवन शान्ति के साथ व्यतीत करना चाहता हूँ। इस्माइल के अध्यवसायी और साहसी बेटे अमीर अली की प्रशंसा सुनकर मुझे अपार सन्तोष होगा। तब तक मैं तुम्हारा अभिभावक और शिक्षक बना रहूँगा।"

साहस का परिचय

मैंने कहा, "मेरे अब्बा, आपको अब और अधिक कहने की आवश्यकता नहीं। मैं आपका ही हूँ। आप अपनी इच्छानुसार व्यवहार कीजिए। यह कहानी मैं आपसे पहले ही सुन चुका। आपके

साथ हुसेन तथा और लोगों के बीच हुए वार्तालाप को मैंने कान लगाकर सुन लिया था, जिसके कारण मुझे बहुत अप्रसन्नता हुई थी क्योंकि मुझे डर लगा कि मैं आपके विश्वास के योग्य नहीं था। यह बात मेरे दिमाग का बोझ बनकर रह गई। वस्तुतः यही कारण था मेरे अवसाद और भारीपन का जिसकी ओर आपने संकेत किया था। मैं उस अवसर की तलाश में था, जब मैं अपना हृदय आपके सामने खोलकर रख दूँ और आपसे निवेदन करूँ कि आप अपने साथ मुझे मिला लीजिए।

"अब मैं बच्चा नहीं रहा। आपके वृत्तान्त ने मुझमें नवीन भावना का संचार कर दिया है, जो इस समय अस्पष्ट होने से वर्णनातीत है, किन्तु मेरी बलवती इच्छा आपकी तरह कीर्ति अर्जित करने की है। मेरी कामना इस पेशे का सदस्य बनने की है, जिसमें आपके कथनानुसार केवल सच्ची आस्था और भ्रातृभावना उपस्थित है।

"मैंने अभी तक इस झूठी दुनिया का कुछ भी नहीं देखा, और आपने जो कुछ मुझे बताया, उससे मैं अभी किसी पेशे में उतरने के लिए तैयार नहीं, जो मुझे उससे जोड़ सके। आपके अतिरिक्त और लोगों से भी उसे हृदयहीन और भ्रष्ट सुना था। मैं अनुभव कर रहा हूँ कि अल्लाह ने मुझे शोहरत कमाने के लिए चुन लिया है और वह केवल आपके पदचिह्नों पर चलकर प्राप्त हो सकती है। देखिए आप मुझे जहाँ कहीं भी ले जाना चाहें, मैं जाने के लिए तैयार हूँ। आपके सिवा मेरा कोई मित्र नहीं। गाँव के युवकों के साथ मैंने कभी अपना परिचय नहीं बढ़ाया क्योंकि मैंने देखा कि वे लोग अपने पिता वर्ग द्वारा किए गए कामों का अनुसरण कर रहे थे, जो मुझे निम्न स्तर का और दयनीय प्रतीत हुआ। मेरी आत्मा उनके विरुद्ध खड़ी हो गई और मैंने उन्हें अपने से दूर कर दिया।

"मुल्ला मेरा एक मात्र मित्र है। वह चाहता तो मुझे अपनी तरह बना लेता और कुरान पढ़ते-पढ़ते मेरे दिन बीतते। लेकिन उसके पेशे में कोई उत्तेजक बात नहीं। यद्यपि वह बड़ा पाक पेशा है लेकिन मुझे उसमें कोई आकर्षण नहीं दिखाई देता। अथवा क्रियाशील सेवा की प्यास बुझाने के लिए उसमें कोई आशा नहीं जिसके लिए मैं तड़प रहा हूँ। मैं सैनिक बनकर सिन्धिया की सेना में भर्ती होकर काफिर फिरंगियों के विरुद्ध युद्ध करना चाहता था लेकिन यह बात भी समाप्त हो गई। अब मैं और कुछ नहीं केवल ठग बनना चाहता हूँ। और मेरे अब्बा, आपका अनुसरण करके संसार में चलना चाहता हूँ। मैं आपको कभी निराश नहीं करूँगा। कीर्ति अर्जित करने की मेरी बलवती इच्छा है। शायद मृत्यु मेरी प्यास बुझा सकेगी।"

इस्माइल ने द्रवित होकर कहा, "खुदा तुम्हें उससे दूर रखे। तुम इस जीवन के एकमात्र आधार हो, जिसमें कोई आनन्द नहीं, सिवाय इसके कि तुम्हारे कार्य और विचारों द्वारा सम्भव है कुछ उत्पन्न हो सके। मेरे बेटे, मैं जानता हूँ कि तुम मुझे निराश नहीं करोगे। तुम मेरी उन्नति का स्तर देख रहे हो, जो मुझे प्राप्त है। लेकिन तुम मेरी ताकत को बिलकुल नहीं जानते। हिन्दुस्तान के इस हिस्से में प्रत्येक ठग पर मेरा अधिकार है। केवल एक सप्ताह की सूचना पर एक हज़ार लोगों का दल, मैं जो आदेश दूँगा, उसे मानने को तैयार मिलेगा। कुछ दिनों बाद तुम्हें भी इसका प्रमाण मिल जाएगा। दशहरे के त्यौहार पर हम सब एकत्र होंगे। कम से कम इतने आदमी अवश्य होंगे, जो वर्ष के आरम्भ में होनेवाली कार्रवाई के लिए जरूरी होंगे।

"यह सब असाधारण महानता के साथ किया जाएगा क्योंकि हमारा इरादा होलकर और सिन्धिया द्वारा फिरंगियों के विरुद्ध लड़ाइयों से उत्पन्न वर्तमान अव्यवस्था से लाभ उठाने का

है। हम ढेर सारा काम और उत्तेजक मौसम की आशा करते हैं। बहुत समय तक अकर्मण्य रहने के बाद अब लोग रोजगार पाने के लिए व्यग्र हो रहे हैं। मैं तुम्हें शिवपुर ले जाऊँगा, वहीं हम सबके मिलने का स्थान निश्चित हुआ है। वहाँ का जमीदार मेरा मित्र है। वह हर प्रकार से हमारी सहायता करता है। मैं अपने साथियों से तुम्हारा परिचय कराऊँगा और तुम परम्परागत तरीके से ठग के रूप में दीक्षित हो जाओगे।"

साहब, इस प्रकार हमारी बातचीत समाप्त हुई। रात इसी सोच-विचार में बीत गई। बहुत दिनों तक जैसा रहा, आज जब सोने चला तब बिलकुल बदला हुआ आदमी था। सुबह जब जागा, तब मैंने अनुभव किया कि मेरी ऊर्जा और मेरा उत्साह लौट आए हैं। जब कि कुछ दिन पूर्व मैं किसी प्रेम में दीवानी लड़की की तरह घूमा करता था। अब मेरा सिर ऊपर उठ गया, छाती फूल गई और स्वयं को एक मर्द की तरह अनुभव कर रहा था।

यह सत्य है मैं अभी किशोर बालक था। मेरी आयु केवल 18 वर्ष थी लेकिन इससे मेरे विचार कम नहीं हुए। मैंने सोचा था कि इंशाअल्ला कुछ वर्षों बाद मैं भी कुछ बन जाऊँगा। साहब, मुझमें उस समय जो उत्तेजना मौजूद थी उसके प्रमाणस्वरूप मैं आपको आगे परिस्थिति बताने जा रहा हूँ। मैं कार्रवाई में पहले शामिल हो जाता लेकिन जो साहसी कार्य मैंने उस समय कर दिखाया, उसे कभी स्वप्न में भी करने की नहीं सोच सकता था। यह करतब मैंने उन लोगों की उपस्थिति में कर दिखाया, जो पेशे से सैनिक थे, परन्तु खतरा सिर पर आने के समय पीछे हट गए।

मेरे और पिताजी के बीच हुई वार्ता, जिसका जिक्र आपसे कर चुका हूँ, के एक-दो दिन बाद मेरे गाँव के पास छोटे से जंगल में एक बाघिन अपने शावक के साथ आ गई। अपने देखे जाने के प्रथम दिन ही उसने एक गड़रिए को मार डाला। दूसरे दिन एक अन्य आदमी को मार दिया, जो पहले के शव को देखने गया था। और तीसरे दिन उसने गाँव के पटेल को बुरी तरह घायल कर दिया, जो एक सम्मानित व्यक्ति माना जाता था, रात में वह भी दिवंगत हो गया।

विचार-विमर्श के लिए निर्धारित स्थल पर ग्रामीणों की आम सभा हुई। उसमें यह निश्चय किया गया कि सभी कर्मठ लोग एक दल के रूप में चलें और उस खूँख्वार बाघिन की माँद में ही उस पर आक्रमण कर दें।

दूसरे दिन पौ फटने के पूर्व हम सब एकत्र हो गए। उनमें एक दीर्घकाय और दाढ़ी मूँछवाला पठान भी था। वह हम लोगों का लीडर बन गया। उसने शरीर पर इतने हथियार धारण कर लिये थे कि वह कठिनाई से चल पाता था। उसकी कमरपेटी में दो तलवारें थीं और उसी में कई आकार-प्रकार के खंजर भी थे। बाएँ कन्धे पर उसने एक दुधारी तलवार लटका रखी थी, चलते समय जिसकी नोक भूमि को छूती थी। उसकी पीठ पर ढाल बँधी थी। उसके दाहिने हाथ में बन्दूक थी।

हम लोग जैसे ही वहाँ पहुँचे उसने कहा, "सलाम आलेकुम इस्माइल साहब, क्या आप जैसा शान्तप्रिय व्यक्ति भी अपने शाहजादे के साथ हमारे संग चलेगा?"

पिताजी ने उत्तर दिया, "हाँ भाई खान, सभी भले इनसानों को चाहिए कि इस प्रकार के मामले में जितना सम्भद हो योगदान दें। कौन जानता है कि अगर वह जानवर न मारा गया तो कोई दूसरा भी उसका भोजन बन सकता है।"

अपनी मूँछ ऐंठते और खुद को एक बार अच्छी तरह देखकर वह बोला, "इंशाअल्ला, हमारा

पक्का इरादा आज उसे खत्म करने का है। मेरी बन्दूक के निशाने से कितने ही बाघ ढेर हो चुके हैं। यह भी क्या बच पाएगी? (बहन की गाली)। सिर्फ डर इस बात का है कि वह हमारे सामने ठहर न सकेगी, जिससे हम लोग यह सिद्ध कर सकते कि हम मर्द हैं, कुत्ते नहीं।"

पिताजी, "जो भी हो, हमें अवसर का लाभ अवश्य उठाना चाहिए। लेकिन खान, यह तो बताओ कि इतने हथियार लिये हुए तुम कैसे चल सकोगे? यदि वह तुम्हारे ऊपर झपट पड़ी तो तुम कैसे भाग सकोगे?"

खान बोला, "भागना क्या? क्या वह मेरी दाढ़ी अपवित्र कर देगी? आप सुबह-सुबह क्या सोचते हैं कि दिलदार खाँ कभी मौके से भागा है? मैं कहता हूँ उसे आने तो दीजिए फिर देखिए मेरे हथियार क्या कमाल दिखाएँगे? यकीन कीजिए मैं एक ही हाथ से उसे खत्म कर दूँगा। पहले उसे अपनी बन्दूक का निशाना बनाऊँगा तो वह घायल हो जाएगी। फिर उस पर मैं इस तरह कूदूँगा।"

इतना कहते हुए वह अपनी लम्बी तलवार निकालकर उसे इधर-उधर नाच-नाचकर घुमाने लगा और हर दिशा में कूदने लगा।

फिर हाँफता हुआ कहने लगा, "वहीं की वहीं वह खत्म नहीं हो जाएगी? इस प्रकार के मामलों में मैं बिलकुल रुस्तम हूँ। बाघ मारना दिलदार खाँ के लिए सिर्फ बच्चों का खेल है। मैं उसे पूँछ सहित खा जाऊँगा।"

फिर वहाँ इकट्ठा हुए सभी लोगों से वह कहने लगा, "चलिए लेकिन जब असली खेल शुरू हो जाए तो कोई भी दिलदार खाँ के रास्ते में न आए क्योंकि इंशाअल्ला, मेरा मतलब तुम जैसे अनजान लोगों को यह दिखलाना है कि कोई अकेला आदमी बाघ को कैसे मार सकता है।"

पिताजी ने कहा, "मैं जानता हूँ कि खान जैसा कायर शरारती शायद ही कभी पैदा हुआ होगा? लेकिन आओ, हम देखें कि वह क्या करिश्मा दिखाता है? उत्सुकता के साथ यह देखना चाहता हूँ कि वह बाघ के सामने कैसे काँपता है?"

मैंने कहा, "अल्लाह कसम, यदि वह इस तरह की भद्दी हरकत करेगा, तो निश्चय ही बाघिन उसे खा जाएगी।"

पिताजी ने कहा, "इससे हमारा कोई सरोकार नहीं, यह तो नियति की बात है। लेकिन मुझे बहुत बड़ा डर यह है कि वह बाघ के नजदीक कभी नहीं जाएगा।"

हम लोगों ने दिलदार खाँ को आगे रखा और चले। वह अभी भी बाएँ हाथ में बन्दूक लिये कभी-कभी अपनी मूँछें ऐंठ लेता था जो बढ़कर भली भाँति ऐंठी हुई उसकी आँखों तक पहुँच गई थीं।

हम लोग शीघ्र ही जंगल में पहुँच गए और उसमें घुसते ही मुझे लगा कि खान में भयभीत होने के लक्षण दिखाई देने लगे।

कुछ लोगों से खान कहने लगा, "जान पड़ता है कि वह कोई तेंदुआ है, तब तो वह मुश्किल से दिलदार खाँ को तकलीफ उठाने के काबिल है। देखो, लड़को! मैं यहीं ठहर जाता हूँ, यदि वह सचमुच बाघिन ही हो तो मुझे खबर कर देना, मैं आकर उसे मार गिराऊँगा।"

उसकी इस बात के विरुद्ध हम सबने एतराज किया। और यह कहा गया कि उसके बिना आगे बढ़ना गलत होगा। थोड़ी ना-नुकुर करने के बाद वह चल दिया।

पिताजी ने कहा, "मैं पहले ही कहता था कि यह मुश्किल है लेकिन देखना है कि कैसे इस मामले का अन्त होगा।"

आगे बढ़ते हुए हमें कुछ हड्डियाँ, फटे हुए कपड़े और किसी अभागे का सिर दिखाई दिया, जिसे मारकर कल झाड़ी के निकट फेंक दिया गया था। इससे स्पष्ट था कि बाघिन पास ही कहीं होगी। यह सब देखकर खान में भय के नए चिह्न दिखाई देने लगे।

उसने कहा, "लोग कहते हैं कि वह प्रेत बाघ है, जिसमें शैतान के पुत्र पगले फ़क़ीर शाह याकूब की रूह घर कर गई है। उसे बन्दूक की गोली भी नहीं मार सकती। इस शैतान से भिड़कर हम अपनी जान खतरे में क्यों डालें?"

एक नौजवान साहसी शैतान लड़का जो गाँव का बदमाश था, बोला, "नहीं खान, तुम मज़ाक कर रहे हो। किसी ने कभी सुना है प्रेत बाघ और उसकी माया के बारे में? इसके अलावा हम तो ऐसे पचासों शाह याकूबों की दाढ़ियाँ जलाते रहते हैं।"

खान बोला, "चुप रहो! अश्रद्धालु मत बनो। क्या हम सबको नहीं मालूम कि प्रेत बाघ उत्पन्न किया जा सकता है? माशाअल्लाह मैंने क्या असीरगढ़ में ऐसा बाघ नहीं देखा, जिसे एक फकीर ने पैदा कर दिया और उसे वहाँ खुला इसलिए छोड़ दिया क्योंकि हर गाँव से एक लड़की वे लोग उसे नहीं दे सके।"

हम लोगों में से दर्जनों बोल पड़े, और कुछ समय के लिए असली बाघिन को भूल गए।

"यह तो बताओ वह बाघ कैसा था?"

खान एक हाथ से अपनी मूँछे ऐंठता और दूसरे से कमरपेटी दबाता हुआ बोला, "अरे कैसा पूछते हो? उसका सिर दूसरे बाघों से दुगना बड़ा, दाँत फुट भर लम्बे और आँखें अंगारे की तरह लाल थीं और रात में मशाल की तरह लगती थीं, लेकिन उसके पूँछ नहीं थी, और..."

बस उसी समय कुछ दूर से भीषण गर्जना सुनाई दी, जिसे सुनते ही वह चुप हो गया और हम लोगों की हँसी भी रुक गई। क्षण भर बाद बाघिन अपने अर्धवयस्क शावक के साथ हवा में पूँछ लहराती हुई हमारे निकट से निकल गई।

उसी लड़के ने कहा, "खान, वह किसी तरह भी प्रेत बाघिन नहीं हो सकती। उसकी लम्बी पूँछ नहीं देखी? किस तरह तुम्हारे ऊपर लहराती हुई निकल गई।"

खान बोला, "देखो, पूँछ हो या न हो लेकिन उस अभागे याकूब की शापग्रस्त आत्मा उसमें अवश्य थी। खुदा उसे कब्र भी न बख्शे, मुझे उससे कुछ लेना-देना नहीं। शैतान को मारने की कोशिश करना फिजूल है। यह समझ लो कि अगर वह चाहे तो एक साँस में हम सभी को दोज़ख में ढकेल सकता है।"

हम में से कुछ शोर मचाने लगे, "नामर्द है, नामर्द है, कायर है, कायर है। गाँव में बड़ा बहादुर बनता था, यहाँ क्या हो गया?"

खान गरजता हुआ बोला,

"कौन है जो मुझे नामर्द कहता है। चलो मेरे साथ, और देखो मैं क्या हूँ।"

इतना कहकर वह आगे दौड़ा, परन्तु उस दिशा में नहीं जिधर बाघिन गई थी।

कुछ लोग चिल्लाए, "उस तरफ नहीं गई है।"

अन्त में वह लौट आया।

मेरे पिताजी ने कहा, "यह तो बच्चों का खेल हो रहा है। अगर हमें कुछ करना है, तो

बेहतर है, हम गम्भीरता से काम लें।"

और हम लोग उस ओर चल पड़े, जिधर बाघिन गई थी। वहाँ एक खुला हुआ वन-पथ था जिसके एक ओर एक बड़ी चट्टान थी, जिसके चारों ओर घनी झाड़ियाँ उगी थीं।

एक पुराने शिकारी ने कहा, "वह वही होगी, मुझ पर यकीन करो। मैंने अपने जीवन में इससे अधिक अनुकूल जगह नहीं देखी।"

उस चट्टान और झाड़ियों के 30 कदम निकट तक हम लोग पहुँच गए। दिलदार खाँ को वहाँ तक पहुँचने में कोई रुचि नहीं थी।

उसने धीमी आवाज में कहा, "देखो, मेरी बात सुनो, ऐसे तमाम जानवरों को मारने के बाद मुझे मालूम हो गया है कि उनके साथ कैसे निपटना चाहिए। इस जमात में सबसे अधिक शस्त्रधारी मैं ही हूँ। मैं रास्ते के पासवाली झाड़ी के पास बैठ जाता हूँ। जब वह भगाई जाएगी तो इसी झाड़ी के पास से निकलेगी, तब सब लोग देख लेना दिलदार खाँ उसका कैसा स्वागत करता है? मैं अपनी तलवार की नोक उसी की ओर कर लेता हूँ, वह दौड़कर आएगी और उसी पर गिर जाएगी और मेरी तलवार उसके पेट में घुसकर उसका काम तमाम कर देगी।"

जिस दिशा की ओर संकेत किया था, हम उसी ओर देखने लगे। सचमुच वहाँ एक झाड़ी थी, जो गाँव की ओर जानेवाले मार्ग पर 200 कदम दूर थी।

पिताजी ने कहा, "वहाँ से नहीं, तुम वहाँ से बाघिन को नहीं देख सकोगे।"

खान बोला, "विश्वास करो," और यह कहकर वह चला गया।

पिताजी बोले, "जो होगा वह मैं पहले ही बता चुका हूँ। जानवर को सामने देखते ही वह सड़क से बेतहाशा भाग निकलेगा। लेकिन चलो।" उन्होंने उस आदमी से कहा, "लेकिन देखो, खान सोचता है कि वह वहाँ बैठकर बहुत कुछ कर सकेगा। मैं तुम्हें आगे ले चलता हूँ और हमें देखना है वह नर-भक्षी हमें कैसे नहीं मिलेगा।"

आगे हम लोग शीघ्र ही तीन टोलियों में बँट गए। तय हुआ कि एक-एक टोली झाड़ियों के दोनों ओर जाएँगी और तीसरी घूमकर चट्टान के पीछे पहुँचेगी। सम्भव हो तो वह टोली चट्टान के ऊपर चढ़ जाएगी, ताकि यदि बाघिन दिखाई दे तो ऊपर से उस पर गोली चलाई जाए। यदि वैसा करना सम्भव न हो तो उस पर पत्थर फेंककर भगाया जाए। यह सब प्रबन्ध मिनटों में हो गया। यद्यपि हम लोग झाड़ियों से कुछ गज की दूरी पर ही थे, परन्तु वहाँ से बाघिन का कोई अता-पता नहीं चल रहा था। सम्भवतः हम लोगों की तैयारी से या उसके काफी निकट होने से उसे कोई अप्रसन्नता नहीं हो रही थी, जैसा वह पहले अव्यवस्थित हो गई थी। शायद उसे उसके वर्तमान शरण स्थल से भगा देना सहज नहीं था। मैं एक ओर की पार्टी के साथ था। मेरे पास एक तलवार और एक हल्की ढाल के अतिरिक्त और कोई शस्त्र न था। वास्तव में मैं केवल एक दर्शक के रूप में साथ गया था। हम लोग कुछ मिनटों तक प्रतीक्षा करते रहे। जो टोली घूमकर चट्टान के पीछे पहुँची थी, उसका एक आदमी चट्टान के ऊपर पहुँच गया था। उसके बाद तीन लोग और ऊपर चढ़ गए।

उनमें से एक ने आवाज दी, "मैं यह पत्थर नीचे लुढ़काता हूँ।"

मेरे पिताजी बोले, "बिस्मिल्लाह, हाँ लुढ़काओ।"

तीनों ने मिलकर उस पर ताकत लगाई और अन्ततः वह नीचे आ गिरा और गिरते ही उसके हज़ारों टुकड़े बिखर गए। इस समय हम लोग अत्यधिक चिन्ता और दुविधा में फँसे हुए

थे लेकिन बाघिन नहीं निकली।

पिता ने कहा, "कोशिश करके उसे देखो, अगर दिखाई दे तो उस पर फौरन गोली चला दो, इधर हम सब तैयार हैं।"

लोग नीचे हर दिशा में देख रहे थे, पर कोई बोलता नहीं था। अन्ततः एक आदमी किसी विशेष स्थान की ओर संकेत करते हुए दिखाई दिया, जैसे वह अपने साथी को कुछ दिखा रहा था।

पिताजी बोले, "अल्लाह कसम, उसे बाघिन दिखाई पड़ गई, तैयार रहो, तुम्हारे सोचने से पहले ही वह निकल भागेगी।"

हर आदमी अपने स्थान पर पैर जमाकर बैठ गया। अन्ततः चट्टान के ऊपर बैठे हुए आदमियों में से एक ने बन्दूक से फायर किया। उसके साथ ही आकाश को गुँजा देनेवाली भयानक गर्जना हुई और बाघिन का शावक बाहर निकलकर भागा, शायद वह बुरी तरह घायल हो गया था क्योंकि कुछ गज चलने के बाद वह गिर पड़ा और भयानक गर्जना करने लगा। वह अर्धवयस्क था और डरावना शोर कर रहा था। पार्टी के एक आदमी ने उस पर फायर किया, और वह वहीं ढेर हो गया।

मेरे पिताजी ने कहा, "हमारे सामने अब कठिन काम आ गया। वह वर्णनातीत रूप से क्रोधित और हिंसक हो जाएगी। यहाँ ठहरकर सुरक्षित रहना मुश्किल है। मेरे बच्चो! अपने लक्ष्य पर ध्यान रखो, वह हमारे पास पहुँच नहीं सकती। मेरा निशाना अचूक अवश्य होता है लेकिन सम्भव है वह घातक न हो, अतः स्वयं को सँभाले रखो।"

चट्टान पर बैठे हुए लोगों से मेरे पिता ने पुनः एक पत्थर लुढ़काने के लिए कहा। बिलकुल किनारे रखा हुआ एक बहुत बड़ा पत्थर था, कई बार के धक्के लगने के बाद वह खिसक गया, और पहलेवाले पत्थर की भाँति बहुत बड़ी आवाज करता हुआ नीचे अनेक छोटे-छोटे टुकड़ों में टूटकर बिखर गया।

इस बार सफलता मिल गई। बाघिन हमारी ओर दौड़ी। परन्तु एक क्षण के लिए खड़ी रह गई। इसके पूर्व मैंने कभी बाघ नहीं देखा था। मैं उसके शानदार रूप को देखकर बिना प्रशंसा किए न रह सका। वह खड़ी थी, उसकी पूँछ सीधी उठी हुई थी जिसका सिरा इधर-उधर घूम रहा था। उसकी चमकती हुई आँखें हम लोगों को घूरकर देख रही थीं। वह अपने शावक की ओर, जो पास ही पड़ा था, न देखकर, शायद असमंजस में थी कि आगे क्या करे?

हम लोग ऐसे चुप थे मानो मुर्दा हों। हर एक के कन्धे पर बन्दूक लटक रही थी। मेरे पिता ने बन्दूक दागी। दूसरों ने भी वही किया। मैं यह सब स्पष्ट रूप से देख रहा था क्योंकि मेरे पास बन्दूक नहीं थी।

मेरे पिता की गोली लगते ही वह लड़खड़ा गई। दूसरे लोगों के निशाने चूक गए थे। भयानक गर्जन् करती हुई वह हमारी ओर झपटी लेकिन हम लोगों को शोर मचाते और हथियारों को ऊपर हवा में लहराते देखकर वह पलट गई और मन्थर गति से उसी झाड़ी की ओर चल दी जहाँ दिलदार खाँ ने अपना आसन जमा रखा था।

मेरे पिता ने कहा, "या अल्लाह, उस जैसा कायर अब अवश्य मारा जाएगा। वह किसी को नहीं बख्शेगी और किया भी क्या जा सकता है।"

इसी बीच दूसरी टोली के लोगों की नजर उस पर पड़ी और फिर हर एक बन्दूक से फायर

किया गया। उसे फिर गोली लगी क्योंकि वह ठहरकर गुर्राई और घूम गई अपने दाँत दिखाते हुए, दुबारा आगे उछल गई। मेरा ख्याल है कि दिलदार खाँ बिलकुल बेखबर था कि वह उसी की ओर आ रही थी, क्योंकि वह तो झाड़ी के पीछे छिपा हुआ बैठा था। इधर जो कुछ घटित हुआ था, उसका उसे कोई पता न था।

मेरे पिता ने कहा, "सम्भव है वह बच जाए लेकिन अब क्या किया जाए?"

इसका उत्तर किसी ने नहीं दिया, परन्तु मैंने फौरन अपनी तलवार निकाली और उस क्रोधित जानवर की ओर पूरी शक्ति के साथ दौड़ पड़ा।

मेरे पिता भयभीत होकर चिल्ला उठे, "अमीर अली, मेरे बेटे, लौट आओ। या अल्लाह, क्या वह भी मारा जाएगा!"

परन्तु मैंने उस पर कोई ध्यान नहीं दिया। कुछ लोग मेरे पीछे दौड़े भी। मैं जब दौड़ता हुआ उसके पास पहुँचा तो वह शिथिल थी। बुरी तरह घायल हो गई थी लेकिन फिर भी वह दौड़ पड़ी। मैंने देखा वह झाड़ी की ओर गई थी और अभागा दिलदार खाँ पीछे से दौड़कर बाघिन के रास्ते पर ही आ गया। वह अपने हाथ ऊपर फैलाए हुए था, और स्पष्टतः डर के मारे उसे लकवा सा लग गया था। दूसरे ही क्षण वह उस पर झपट पड़ी और कूदकर उस पर आ गई। वह उसके नीचे दब गया। वह बड़े भयानक रूप से उसके शरीर को फाड़ रही थी। इससे मैं नहीं रुका। मुझे लौट आने के लिए पीछे से लोग चिल्ला रहे थे लेकिन नहीं लौटा। एक बार भी मेरे दिमाग में खतरे की बात नहीं आई। अगर आती भी तो भी उत्तेजना मेरे ऊपर हावी थी। एक ही झटके में मैं उसके निकट पहुँच गया। उसका सिर झुका हुआ था क्योंकि वह अपने नीचे दबे हुए शिकार को चीर रही थी। मैंने एक भरपूर वार उस पर किया और खुदा के फ़ज़ल से वह कामयाब सिद्ध हुआ। तलवार की धार उसकी गरदन के पीछे गहराई तक धँस गई और मुझे मरकर गिरती दिखाई दी। मैं एक ओर उछल गया, और एक क्षण उसे देखता रहा। वह सचमुच मर चुकी थी। वह पड़ी थी, परन्तु उसके अंग नीचे पड़े हुए आदमी पर काँप रहे थे।

दुर्भाग्य से बाघिन की भाँति वह भी घायल हो गया था। यदि अपने बचाव के लिए थोड़ा भी अपनी बुद्धि से काम ले लेता, तो वह उसकी ओर कभी न मुड़ती। इसकी अपेक्षा उसने भाग जाने की सोची और उस जानवर को सामने देखते ही उसकी समस्त संज्ञा को लकवा सा लग गया।

यद्यपि यह सब क्षण भर में घटित हो गया। साहब, अब मैं सोचता हूँ कि कैसे उसकी आँखें बाहर निकल आई थीं। उसके हाथ ऊपर उठकर फैल गए थे, मानो वे उस जानवर का आलिंगन करना चाहते थे। वह कायर यदि झाड़ियों के पीछे छिपा रहता तो बच जाता और वहीं से उस पर गोली चला सकता था। परन्तु अब तो वह पड़ा हुआ था। बड़ा भयानक दृश्य था। इसका पूरा चेहरा चबाया और नुचा हुआ था। उसके उदर के घाव से रक्त बह रहा था। वह पूर्ण रूप से मृत हो चुका था। मेरे पिता दौड़कर आए और मुझे अपने हृदय से लगा लिया। उनके आँसू अनवरत झर रहे थे।

पिताजी ने पूछा, "मेरे बेटे, तुमने अपने प्राण कितने संकट में डाल लिये थे? वह भी किसी नीच व्यक्ति के लिए? मैंने तुमसे पहले ही कहा था कि वह बुजदिल आदमी है। जो हो, मुझे तुम पर नाज़ है और तुमने हम सबको लज्जित कर दिया।"

फिर वहाँ के सभी लोगों को सम्बोधित करके बोले, "देखो, आज इस बालक ने हम सबके

मुँह पर कालिख पोत दी। तुम लोगों में से कोई इतना कुशल लक्ष्य नहीं लगा सका और न इतना गहरा वार कर सका। देखो, तलवार की धार कहाँ तक धँस गई, आधी हड्डी तक काट दी। माशाअल्ला, कितना बहादुर लड़का है।'' और यह कहते हुए उन्होंने एक बार फिर मुझे छाती से लगा लिया।

मुझे व्यायाम की शिक्षा देनेवाले बेनी सिंह ने कहा, "मैं भी यह कहना चाहता हूँ कि उसकी प्रशंसा में कुछ अंश मेरी अच्छी शिक्षा का भी है। इस्माइल साहब, मैं हमेशा कहा करता था कि साहबज़ादे अपने पिता की योग्य सन्तान बनेंगे। ईश्वर उसे दौलतमन्द करे और वह हज़ार बरसों तक जिए।"

फिर वे मेरी ओर रुख करके कहने लगे—''कभी मैंने तुम्हें यही काट सिखाया था। देखो, तुम आगे दौड़कर गए और अपनी बाईं ओर वार कर दिया। यह पक्की तौर पर बहुत कम लोग कर पाते हैं, लेकिन तुमने उस युक्ति से काम लिया। बस कुछ और अभ्यास चाहिए। मेरी तरह एक कुशल तलवारबाज़ बन जाओगे।''

फिर हँसते हुए कहने लगे—"इस प्रकार का कौशल दिखाने का शुभारम्भ मेरे हृदय को कितना हर्षित कर रहा है। साहबजादे, तुम अपने उस्ताद इस राजपूत को याद रखना।"

पिताजी कहने लगे, "मुझे आपको पुरस्कार देना चाहिए। आप दोपहर बाद पधारिए। इंशाअल्लाह, हम जानते हैं कि कृपा के प्रति कैसे कृतज्ञ होना चाहिए। उसे उसका पुरस्कार मिलना ही चाहिए।"

और उनके आने पर उन्हें एक अच्छी भेंट दी गई।

मैं यह मानता हूँ कि उनके शिक्षण में मैंने कई अभ्यास बड़ी कुशलता के साथ सीख लिये थे। मैं बन्दूक से फायर कर सकता हूँ, भाला फेंक सकता हूँ, कुश्ती लड़ सकता हूँ, तलवार के तरह-तरह के दाँव बखूबी जानता हूँ, चाहे तलवार सीधी हो, या मुड़ी हो, एक धारवाली या दुधारी हो, लम्बी हो या छोटी हो। इन सभी अभ्यास में गाँव का एक भी लड़का कुशल न था। और मैं तो यहाँ तक कह सकता हूँ कि आस-पास के अंचल में कोई किसी प्रकार मेरा मुकाबला नहीं कर सकता।

उस रात को पिताजी ने कहा, "अमीर, मेरे बेटे! कल तुम्हें मेरे साथ शिवपुर चलना है। मुझे यह कहने की जरूरत नहीं कि आज का तुम्हारा कौशल तुम्हारे भावी साथियों की दृष्टि में तुम्हें कितना ऊँचा उठा देगा।

"मैंने अपने कल के प्रस्थान करने की सूचना पहले ही भेज दी। साथ ही आज की घटना का कुछ विवरण भी कहला दिया ताकि आज की घटना के नायक को देखने के लिए सबकी उत्सुकता बढ़ जाए। मैंने पूरा विवरण नहीं भेजा, जिससे वे लोग मुझसे सुनने के लिए उत्कंठित होंगे।

"मेरे दल के बहुत से सदस्य तुम्हें इधर सन्देह की दृष्टि से देखने लगे थे। यदि मैं जमादार के पद पर न होता तो मुझे तुम्हारे सम्बन्ध में अपनी भावनाओं को बहुत पहले समझाना पड़ता।

"आज की घटना को मैं विशेष रूप से भाग्यशाली मानता हूँ क्योंकि उनके बीच तुम्हें सार्वजनिक रूप से लाया जाएगा। अतः वे लोग अधिक गर्मजोशी तथा आदरपूर्वक तुम्हारा स्वागत करेंगे। तुमने उन पुराने सैनिकों के समक्ष अपनी बहादुरी का निर्विवाद सबूत पेश किया है, जिन्होंने कठिन लड़ाइयाँ देखी हैं।"

मैंने कहा, "यह खुदा की मर्जी थी, अन्यथा मेरे जैसे बालक की क्या ताकत थी, जो ऐसा करतब दिखा सकता।"

पिताजी ने कहा, "तुब अब छोटे बच्चे नहीं हो। आज के दिन से तुमने बचपन की बनी रहनेवाली प्रत्येक भावना निकाल कर फेंक दी। यह परिवर्तन एकाएक हुआ, परन्तु हुआ भी पूर्ण रूप से और वह अन्त तक रहेगा। क्या मैं गलत कह रहा हूँ?"

मैंने कहा, "नहीं, आप गलत नहीं कह रहे हैं। जो मैं पहले था, अब वह नहीं रहा। आज मैंने प्रथम बार रक्त बहते हुए देखा और मैं समझता हूँ कि वह अन्तिम नहीं होगा।"

मुहम्मद ठग की कहानी

बाघिन की घटना के दूसरे दिन मैं अपने पिता के साथ रवाना हुआ। हम लोग धोड़ों पर सवार थे। चौथे दिन हम शिवपुर पहुँच गए, जहाँ से मेरे जीवन की महान यात्रा आरम्भ होनेवाली थी। यहीं पर मुझे ठगों के गिरोह में सम्मिलित होना था। मैं अत्यन्त व्यग्रता के साथ अपने नवीन व्यवसाय में पदार्पण करने की प्रतीक्षा कर रहा था।

मुझे कुछ-कुछ भय लग रहा था, क्योंकि मैं नहीं जानता था कि आगे किन-किन अनुष्ठानों से गुज़रना होगा। हम मुईउद्दीन के निवास पर ठहर गए। वहाँ पर और भी ठग-नेता ठहरे हुए थे।

साफ-सुथरे होने के पश्चात् पिताजी मुझे अपने साथ उस परिषद में ले गए जहाँ भावी कार्यक्रम निर्धारित किए जाने थे। मुझे उसके सदस्यों के सामने पेश किया गया, जिनकी संख्या 10 थी और वे विभिन्न दलों के जमादार थे। मेरे पिताजी के प्रति जो आदर और सम्मान प्रदर्शित किया गया, उससे मैं समझ गया कि सभी लोग उन्हें अपना मुखिया मानते थे। अपने प्रति किए गए स्वागत से मैं भी बहुत प्रसन्न था। बाघ के सम्बन्ध में मैंने जिस साहस का परिचय दिया था, उसका पूर्ण विवरण मेरे पिताजी से सुनकर वहाँ उपस्थित सभी ने मुझे एकाएक अपने सम्मान का पात्र बना दिया।

अभी दशहरे का त्योहार दो दिन बाद था। अतः मेरा उद्घाटन उसी दिन के लिए स्थगित रखा गया क्योंकि ठगों द्वारा उसे विशेष रूप से शुभ माना जाता था। सभी जानते हैं कि सैन्य सम्बन्धी अनेक योजनाएँ उसी दिन आरम्भ की जाती हैं। हम ठग भी उसी प्रकार मानते थे।

वर्षा ऋतु की समाप्ति से यह आशा की जाती है कि उससे हमारे अभियान में कोई बाधा आगे नहीं आएगी। उसके बाद जो मौसम लगातार बना रहता है, उससे हमारे दल आराम के साथ यात्रा करते हैं। जो यात्री अपने लम्बी और दूर की यात्रा करने के लिए मौसम बदलने की प्रतीक्षा करते हैं, उनके मिलने के अवसर अधिक होने से बेहतर लूट प्राप्त होने की आशा रहती है।

इन सब बातों के अतिरिक्त, हमारी संरक्षिका देवी भवानी के लिए भी यह दिन पवित्र माना जाता है। फिर भी एक मुसलमान होने के नाते मैं यह नहीं समझ सका कि दशहरा के त्योहार को लोग इतनी आदर की दृष्टि से क्यों देखते हैं और वास्तव में उसे माना ही क्यों

जाता है? मैंने अपने पिताजी से इस विषय पर अपने सन्देह का समाधान पूछा था।

उन्होंने बतलाया, "तुम्हें इस सम्बन्ध में पूरी जानकारी कर लेना आवश्यक है। अपने पेशे की दैवी उत्पत्ति में हमारी जो आस्था है, उसकी रूपरेखा मुझे तुमको देनी है। यह हिन्दुओं की आस्था से भी अत्यधिक जुड़ी हुई है और उन्हीं हिन्दुओं द्वारा हम मुसलमान भी ठगी की कला में प्रशिक्षित किए गए हैं।"

मैंने कहा, "यह सचमुच बड़ी विचित्र बात है। आप अविश्वास से लोगों तथा हजरत पैगम्बर की आस्थाओं में कैसे समन्वय रख सकते हैं?"

पिताजी ने कहा, "मैं इस कठिन समस्या को सुलझाने का दावा नहीं करता लेकिन चूँकि उनका धर्म हमारे धर्म से भी प्राचीन है और निस्सन्देह उसकी दैवी उत्पत्ति थी, परन्तु उसमें ऐसी विशेष बातें भी हैं, जिन्हें हम विश्वासी लोग भी बिना किसी आपत्ति के अनुसरण कर सकते हैं। इस प्रकार हम उस धर्म के सर्वांगीण रूप को ग्रहण नहीं करते। वास्तव में यह असम्भव भी है क्योंकि हममें से कोई भी हिन्दू नहीं हो सकता। लेकिन जैसा मैंने पहले कहा था, ठगी वह साधन है जिसके द्वारा अल्लाह स्वयं अपनी इच्छा की पूर्ति करता है। जैसे कि यह पेशा प्राचीन समय से हम लोगों में चला आ रहा है और जिस प्रकार यह पेशा उन लोगों की तकदीर बन गया है, जो इसे अपनाते आ रहे हैं, और इस बात की भी कोई सम्भावना नहीं है कि इस पेशे को छोड़ दिया जाए, कोई चाहे जितना चाहे।

"हिन्दुओं में ही इस पेशे का मूल है और सीधा परिणाम प्राप्त करने के लिए हिन्दुओं के साथ इस पेशे को करने में कोई पाप नहीं क्योंकि उन्हीं में तो इसका मूल निहित है। अब तुम मेरी बात समझ गए होगे।"

मैंने कहा, "पूरी तौर से समझ गया, परन्तु मेरा प्रश्न इस पेशे के उचित होने सम्बन्धी नहीं था, वरन् मैं यह जानना चाहता था कि मुसलमान हिन्दू त्योहारों को कैसे स्वीकार या मान लेते हैं।"

पिताजी ने कहा, "ऐसा त्योहार केवल दशहरा ही है जिसे लोग मानते हैं, इसका कारण यह है कि हमें अपने अनुष्ठानों को आरम्भ करने का यह सबसे उपयुक्त समय होता है। यह सभी हिन्दू ठगों द्वारा निस्सन्देह पवित्र माना जाता है। लेकिन मुझे ठगी के मूल स्रोत के विषय में तुम्हें बताना चाहिए और जिसे तुम स्वयं निर्णय कर सकोगे कि वह कितना प्राचीन है। और दैवी आदेश द्वारा दी गई शिक्षा का कितनी भली प्रकार से अनुपालन किया जाता है।

"हिन्दू मान्यता के अनुसार सृष्टि के आरम्भ के समय दो शक्तियाँ विद्यमान थीं--एक सृजनशील और दूसरी विनाशकारी और इन दोनों शक्तियों का उत्सव केवल सर्वशक्तिमान परमेश्वर में ही निहित था। परिणामतः इन शक्तियों में परस्पर शत्रुता बनी रही और इस समय भी चली आ रही है। सृजनशील शक्ति ने बड़ी तेज गति से जीवधारी उत्पन्न कर दिए कि विनाशकारी शक्ति उसके साथ स्पर्धा न कर सकी तथा उसे करने भी नहीं दिया गया, किन्तु अपने उद्देश्यों को प्रभावी बनाने के लिए उसे किसी भी साधन को अपनाने की आज्ञा अवश्य प्रदान की गई।

''अन्य में से इसकी सहगामिनी देवी भवानी या काली, उसके और भी अनेक नाम हैं, ने एक प्रतिमा का निर्माण किया, जिसमें इस अवसर पर उसे प्राण संचार करने की शक्ति प्रदान की गई और जैसे ही उस प्रतिमा में जीवन का संचार हुआ इसने तुरन्त अपने अनुयायियों को एकत्र किया और उन्हें ठग की संज्ञा दे दी। साथ ही उसने सभी को ठगी की कला की शिक्षा

भी दी। अपने प्रभाव को सिद्ध करने की दृष्टि से उसने जिस प्रतिमा का स्वयं निर्माण किया था, उसे अपने ही हाथों से उसी विधि से जिसका अभ्यास इस समय हम लोग कर रहे हैं, सबके सामने नष्ट कर दिया। उसी देवी ने ठगों को उच्चकोटि की प्रतिभा और चातुर्य प्रदान किया, जिससे वे लोग मनुष्यों को अपने जाल में फँसाकर उनका विनाश करके दूसरी दुनिया में भेज दें।

"उनके परिश्रम के पुरस्कारस्वरूप मारे गए लोगों से लूटी गई सम्पत्ति प्राप्त कर ले और यह भी आश्वासन दिया कि उन्हें शवों के निस्तारण करने की चिन्ता नहीं करनी होगी क्योंकि वह स्वयं उन्हें धरती से उठा लेगी।

"इस प्रकार युग बीतते चले गए। देवी ने मानवीय कानूनों से अपने अनुयायियों की सदैव रक्षा की है और वे भी हर जगह ईमानदार पाए गए। परन्तु उनमें भी संसार में बढ़ती हुई दुश्चरित्रता के कारण भ्रष्टाचार पनप गया है। अन्ततः जो गिरोह अन्य की अपेक्षा अधिक साहसी और विलक्षण होता है, वह किसी यात्री का विनाश करने के बाद पुरानी प्रथा के अनुसार शव को वैसा ही छोड़ देने की अपेक्षा यह विचार करने लगा है कि उसका कैसे निस्तारण किया जाए। किसी की दृष्टि उन पर न पड़े इसलिए वे मार्ग के निकट किसी झाड़ी में छिप जाते थे और देवी के आगमन की प्रतीक्षा करते रहते थे। लेकिन देवी की दृष्टि से कोई मनुष्य कैसे बच सकता है। वह उन्हें तुरन्त देख लेती थी और अपने सामने बुला लेती थी। उसके अलौकिक तथा भयंकर रूप को देख और उसके क्रोध से भयभीत होकर, वे भागने की चेष्टा करते, परन्तु वह उनके कदमों को आगे बढ़ने से रोक देती तथा उनके अविश्वासी होने के कारण उन्हें दंडित करती।"

''देवी ने उनसे कहा, 'तुमने मुझे देखा और मेरी शक्ति को भी, जिसे कोई नश्वर जीव बिना विनष्ट हुए नहीं समझ सका परन्तु इस बार मैं तुम्हें मुक्त करती हूँ। भविष्य में मैं इस प्रकार तुम्हारी अभिरक्षा न कर सकूँगी। आगे से तुम लोग जिनकी हत्या करोगे, उनके शवों को मैं न हटाऊँगी। उन्हें छिपाने के उपाय तुम्हीं को करने होंगे। वे भी सदैव प्रभावी नहीं होंगे और धरती की शक्तियाँ प्रायः तुम्हें खोज लेंगी और तुम्हें दंडित करेंगी। तुम्हारी बुद्धिमत्ता और चतुराई तुममें बनी रहेगी। भविष्य में मार्गदर्शन के लिए शकुन विचार द्वारा मैं तुम्हारी सहायता करती रहूँगी। मेरा यह निर्णय संसार के नवीनतम समय तक बना रहेगा।'

"इतना कहकर देवी अन्तर्धान हो गई और उन्हें स्वयं अपनी मूर्खता तथा दुःसाहस का परिणाम भुगतने के लिए छोड़ दिया। किन्तु उसने अपना रक्षक हाथ कभी नहीं हटाया।

"यह सत्य है कि उन लोगों के शवों के अवशेष, जो हमारे हाथों द्वारा मारे जाते हैं कभी-कभी खोज लिये जाते हैं और जैसा सुनने में आया है कि ऐसी भी घटनाएँ हुई हैं कि उस खोज के आधार पर ठग पकड़े गए हैं। लेकिन मैंने अपने जीवन-काल में किसी को भी पकड़े जाते नहीं देखा। मेरा दृढ़ विश्वास है कि जिन लोगों ने देवी को रुष्ट किया होगा, उन्हें दंडित करने के अभिप्राय से ऐसी घटनाएँ अवश्य हुई होंगी।

"इस प्रकार तुम समझ गए होगे कि युगों से हमारे बाप-दादों द्वारा निर्धारित नियमों का पालन करना कितना आवश्यक है। इन नियमों का उल्लंघन करना, देवी को अप्रसन्न करना है। हमारे सम्प्रदाय में ऐसा करना निषिद्ध है। हम अपने पैग़म्बर के उसूलों का अनुगमन करते हैं। हम पाँच समय की नमाज़ पढ़ते हैं। हम अपने धर्म के सभी कायदों पर चलते हैं। हम

किसी मूर्ति की पूजा नहीं करते। हम युगों से जो कुछ करते आए, विशेष रूप से हमारे पूर्वजों द्वारा हिन्दुस्तान पर आक्रमण करने के बाद, वह यदि देवदूत के लिए अप्रसन्नता की बात होती तो इसमें सन्देह नहीं कि अब से बहुत पहले ही, उसकी अप्रसन्नता का कुछ व्यक्तीकरण हमारे सामने हो जाता। हमारी योजनाएँ ध्वस्त हो जातीं। हमारे परिश्रम का कोई फल हमें न प्राप्त होता। हम अत्यन्त शोचनीय स्थिति में पहुँच जाते और अब से बहुत पहले हमें ठगी को त्यागना पड़ता और इसके साथ ही उसके हिन्दू आचार्यों से भी नाता टूट जाता।"

मैंने कहा, "मैं मान गया। आपने जो कुछ कहा वह आश्चर्यजनक है। आपने सच कहा कि हम खुदा की विशेष अभिरक्षा में हैं। किसी प्रथा के औचित्य पर प्रश्नचिह्न लगाना पाप है, जो इतने पुरातन काल से चली आ रही है और बिना व्यतिक्रम उसका पालन भी किया जा रहा हो।

''वृद्ध मुल्ला, जो मेरा शिक्षक था, के बताने पर मैं मानता हूँ कि मैंने विचार किया था कि काफिरों के साथ, खुले रूप में सम्बन्ध रखना आपत्तिजनक है क्योंकि मुझे विश्वास कराया गया था कि वे लोग दुराचरण और दुरावस्था में गहराई तक डूबे हुए थे। परन्तु वह स्वयं अज्ञानी और अन्धविश्वासी मूर्ख था।"

मेरे पिताजी ने कहा, "इसके अतिरिक्त मुझे और कुछ नहीं कहना है। तुम्हें उच्च जाति के हिन्दुओं के साथ रखा जाएगा और तुम उन्हें किसी मुसलमान की भाँति ईमानदार और मित्रता के योग्य पाओगे। कम से कम उनके साथ मेरा अनुभव ऐसा ही है।"

दशहरे के दिन ठग के रूप में मेरी दीक्षा का समारोह आरम्भ हुआ। मुझे स्नान कराया गया। नए परिधान जो बिना धुले थे, पहनाए गए। गुरु या आध्यात्मिक आचार्य का कार्य स्वयं मेरे पिता कर रहे थे और समस्त रस्मों के संचालन करने का दायित्व उन्हीं पर प्रतीत होता था। वे हाथ पकड़कर मुझे एक कमरे में ले गए। वहाँ दलों के लीडर, जिन्हें मैंने पहले भी देखा था, सफेद चादर पर बैठे थे। तब मेरे पिता ने आगे आकर उनसे पूछा कि क्या वे मुझे ठग और साथी के रूप में स्वीकार करने के लिए आश्वस्त हैं। इस पर सभी ने उत्तर दिया, "हाँ हम तैयार हैं।"

इसके बाद सब लोग मुझे खुले स्थान पर ले आए। वहाँ मेरे पिता अपने हाथ उठाकर और आँखें आकाश की ओर करके उच्च स्वर में बोले, "हे भवानी, संसार की माता, जिनके हम सब भक्त हैं। आप अपने इस सेवक को अपनी कृपा प्रदान करके उसे स्वीकार करें। हमें अपनी अभिरक्षा में लें। अपनी स्वीकृति के रूप में कोई शकुन होने दें।"

हम लोग वहाँ कुछ देर तक प्रतीक्षा करते रहे और अन्त में जिस वृक्ष के नीचे हम लोग थे, उसके ऊपर से किसी उल्लू के बोलने की ध्वनि सुनाई पड़ी।

"जय भवानी, भवानी की जय हो," सभी लीडर बोल उठे।

मेरे पिता ने मुझे गले से लगाकर कहा, "मेरे बेटे, परम प्रसन्न हो, शकुन बहुत शुभ हुआ है, इसकी हमें बिलकुल आशा नहीं थी। तुम्हें पूरी तरह स्वीकार कर लिया गया।"

इसके बाद मुझे दुबारा उस कमरे में ले गए और एक कुल्हाड़ी जो हमारे पेशे का पवित्र चिह्न है, मेरे दाहिने हाथ पर सफेद रूमाल के ऊपर रखी गई। मुझसे उसे अपनी छाती तक उठाए रखने को कहा गया। फिर एक भयानक शपथ बोली गई, जिसे मैंने हवा में बायाँ हाथ उठाकर तथा देवी, जिसकी सेवा में मैं स्वयं को समर्पित कर रहा था, का आह्वान करते हुए

दुहराया। उसकी शपथ को मैंने पवित्र कुरान पर भी दुहराया था। तत्पश्चात् मुझे पवित्र किया हुआ गुड़ का टुकड़ा खाने के लिए दिया गया और इस प्रकार मेरी दीक्षा सम्पन्न हुई।

समारोह की कुशलपूर्वक समाप्ति पर उपस्थित लोगों ने पिताजी को बधाई दी। इसके बाद उन्होंने मुझे सम्बोधित करते हुए कहा, "मेरे बेटे, तुमने अपने लिए वह पेशा चुना है जो अति प्राचीन होने के साथ ही देवी को स्वीकार्य है। तुमने ईमानदार बहादुर और गोपनीय बने रहने की शपथ इसलिए ली है कि तुम प्रत्येक इनसान की, जो संयोग से अथवा तुम्हारी होशियारी से तुम्हारे कब्जे में आ जाए, उसका विनाश करने में लगे रहो, उन लोगों को छोड़कर जो हमारे पेशे के नियम के अनुसार निषिद्ध है और अब तुम्हारे लिए पाक होंगे। ये कुछ विशिष्ट जातियाँ हैं, जिनके ऊपर हमारा अधिकार नहीं होगा तथा जिनके बलिदान को हमारी अधिष्ठात्री देवी स्वीकार नहीं करती। वे इस प्रकार हैं—धोबी, भाट, सिख, नानक, सईस, मदारी, फ़कीर, नृत्यकार, संगीतज्ञ, भंगी, तेली, लोहार, बढ़ई और विकलांग या कोढ़ी। इन सबके अतिरिक्त समस्त मानव जाति तुम्हारे द्वारा विनाश किए जाने के लिए खुली है। उन्हें अपने घेरे में लाने के लिए तुम्हें किसी सम्भावित साधन को नहीं छोड़ना चाहिए। लेकिन हर समय शकुन पर निर्भर रहना होगा, जिनके द्वारा हम परिचालित होते हैं।

"मैं अब समाप्त करता हूँ। तुम अब ठग बन गए। इस पेशे के लिए जो कुछ भी शेष रह गया है, उसे हमारे गुरु तुम्हें बताएँगे। वे कुछ रस्में सम्पन्न करके तुम्हें विस्तार से समझा देंगे।"

मैंने कहा, "इतना पर्याप्त है। मैं अन्तिम साँस तक आपके साथ रहूँगा। मेरी केवल यही प्रार्थना है कि अपनी भक्ति प्रदर्शित करने के लिए मुझे शीघ्र अवसर मिले।"

इस प्रकार मैं ठग बन गया। यदि मैं किसी और सामान्य परिस्थिति में अपना पेशा आरम्भ करता, मेरा अभिप्राय यह है कि यदि अपने शक्तिशाली और प्रतिष्ठित पिता के द्वारा मेरा परिचय न कराया जाता, तो मुझे सबसे निम्न श्रेणी में रखा जाता और अपनी क्रियाशीलता, बुद्धिमत्ता तथा बहादुरी प्रमाणित करने के पश्चात् ही मुझे उच्च स्थान प्राप्त होता। परन्तु उससे मैं बच गया। यद्यपि लीडर के रूप में मैं अभी बहुत छोटा था, फिर भी विशेष लोगों की अपेक्षा मेरा पद ऊँचा था। मुझे यह मान रहे थे और देख भी रहे थे कि मैं ही वह व्यक्ति रहूँगा जो बाद में अपने पिता का, जब भी वे क्रियाशील व्यवसाय से अवकाश लेंगे, स्थान ले लूँगा।

ठग नेता लोग जिस काम की चर्चा करने के लिए एकत्र हुए थे, उसकी योजना मेरे पिता ने ही बनाई थी। इसके अनुसार उनके तथा दो और लीडरों जिसमें एक हुसैन था, के अधीन एक बहुत बड़ा गिरोह दक्खिन की ओर नागपुर की ओर जाएगा। वहाँ से मेरे पिता हैदराबाद चले जाएँगे, तथा दूसरे लोग अलग होकर—एक औरंगाबाद की ओर जाएगा और वहाँ से खानदेश होता हुआ, बुरहानपुर और फिर इन्दौर होते हुए शिवपुर लौट आएगा। दूसरा दल भी औरंगाबाद जाएगा और वहाँ से पूना फिर सम्भव हुआ तो सूरत जाएगा। फिर वहीं से घर वापस आएगा। यदि मौसम जल्दी आरम्भ हो गया तो उन्हें बुरहानपुर होते हुए घर लौटना होगा। अन्ततः आगे वर्षा ऋतु आरम्भ होने के बाद हम सभी को शिवपुर पहुँचना होगा।

इस योजना का कोई विरोध नहीं हुआ, बल्कि इसके विपरीत उसकी बहुत सराहना की गई क्योंकि इस्माइल के व्यक्तिगत निर्देशन में सफलता मिलने में कोई सन्देह नहीं हो सकता। दूसरे कई वर्षों से दक्खिन की ओर कोई अभियान नहीं चलाया गया था। दूसरे दलों को हिन्दुस्तान

की विभिन्न दिशाओं में बनारस तक तथा वहाँ से घूमकर सागर और नर्मदा के प्रदेश को जाना होगा। लेकिन आगे की कार्रवाई परिस्थिति पर निर्भर होगी, जिसे अभी नहीं कहा जा सकता।

इस प्रकार योजना बनाए जाने के बाद कुछ दिन ठहर कर हमने अपनी यात्रा आरम्भ की। हमारे साथ 60 लोग थे। हुसेन के साथ 45 और दूसरे जमादार, जिसका नाम गौस खाँ था, के साथ 30 लोग थे। इस प्रकार कुल मिलाकर हमारे साथ 135 लोग थे।

यात्रा आरम्भ करने से पूर्व शकुन का विचार करना आवश्यक था। चूँकि इसका विधान बड़ा रोचक होता है, अतः मैं उसका वर्णन करूँगा। फिर भी हमारा अभियान चाहे छोटा हो या बड़ा, बिना शकुन का विचार किए, आरम्भ नहीं किया जा सकता।

प्रातःकाल हमें पृथक-पृथक दिशाओं की ओर प्रस्थान करना था। सभी तैयारियाँ पूरी कर ली गईं। गाँव से कुछ दूर एक निर्धारित स्थान पर हमें एकत्र होना था। पूरा दल आ गया था। बद्रीनाथ, जो एक बुद्धिमान और सम्मानित व्यक्ति था तथा जो रस्मों को सम्पन्न कराने में दक्ष था, वह कुल्हाड़ी लिये था, जिसे पहले ही पवित्र किया जा चुका था। मेरे पिताजी तथा तीन अन्य जमादार उसके निकट गए। पूरे दल के नेता होने के कारण, मेरे पिता ने जल से भरा एक लोटा लिया। वह एक रस्सी से लटक रहा था, जिसे वे अपने मुँह में दबाए थे और दाहिनी ओर झुकाए हुए थे। यदि वह लोटा भूमि पर गिर जाता, तो उनके लिए बड़ा भयानक अपशकुन माना जाता। उसके परिणामस्वरूप उनकी मृत्यु किसी प्रकार रोकी नहीं जा सकती थी अथवा अगले वर्ष अवश्य हो जाती।

हम लोग धीरे-धीरे निर्धारित स्थान पर पहुँच गए। वहाँ मेरे पिता खड़े हो गए, उन्होंने अपना चेहरा दक्षिण की ओर, जिधर हमें प्रस्थान करना था, घुमाया और अपने सीने पर बायाँ हाथ रखकर बड़े आदर के साथ, आकाश की ओर देखते हुए उच्च स्वर से इस प्रकार भवानी का आह्वान किया—

"संसार की माता, हमारे समुदाय की अधिष्ठात्री और रक्षा करनेवाली, यदि इस अभियान से आप प्रसन्न हों तो अपनी सहायता हमें प्रदान करें और अपनी स्वीकृति के प्रमाणस्वरूप शकुन से नवाजें।"

वे चुप हो गए और प्रत्येक ने वही प्रार्थना दुहराई।

अब हर व्यक्ति बड़ी व्यग्रता के साथ शकुन होने की प्रतीक्षा करने लगा। इस अनिश्चय के क्षणों में पूरा समूह कठिनाई के साथ साँस ले रहा था। हम देर तक उसकी प्रतीक्षा करते रहे। शायद आधा घंटा व्यतीत हो गया। इस समय सभी मौन थे। उपस्थित लोगों में इस आदरास्पद् नीरवता में कुछ अधिक प्रभावोत्पादकता थी। अन्त में बाँई ओर पिल्हाऊ या शकुन हुआ। किसी शृगाल ने हुआ-हुआ की। उसी समय दाहिनी ओर से भी वही ध्वनि उत्तरस्वरूप सुनाई दी। इसे थिवाऊ कहा गया। इससे अधिक शुभ और क्या हो सकता था। ऐसे शकुन तो वर्षों से नहीं मिले थे। इससे निश्चय हो गया कि अभियान में हमें बहुत बड़ी सफलता अथवा लूट का माल प्राप्त होगा।

सभी ने उच्च स्वर से देवी भवानी का जय-जयकार किया और उज्ज्वल भविष्य के लिए सभी ने एक-दूसरे को बधाई दी।

सात घंटे तक वहीं बैठकर मेरे पिता यात्रा की तैयारी कराते रहे और उसके पूरे होने पर हम सबने गनेशपुर की ओर प्रस्थान किया।

शाम होने पर हम लोग पड़ाव पर रुक गए। बद्रीनाथ ने पिल्हाऊ और थिबाऊ के शकुन सुने। पवित्र कुल्हाड़ी उसी के पास थी, उसे खुस्सी कहते थे। इन नवीन शकुन को अनुकूल पाकर नेताओं में अभियान के प्रति विश्वास बढ़ गया।

दूसरे दिन प्रातःकाल एक नाले पर पहुँचकर हम वहीं बैठ गए। सबने गुड़ और दाल, जो अपने साथ लाए थे, खाई। आगे बढ़ने पर पुनः अनुकूल शकुन दिखाई दिए। सभी ने स्वीकार किया कि अब शीघ्र ही हमें अच्छी लूट प्राप्त होगी।

मेरे लिए यह सब अजीब और अवर्णनीय लग रहा था लेकिन शकुनों के प्रति हर एक का अटूट विश्वास तथा रस्मों के नियमित रूप से सम्पन्न किए जाने की बात ने मुझे बहुत प्रभावित कर दिया और मैं उनकी अनिवार्यता को अच्छी तरह समझ गया। फिर भी लज्जित होते हुए मैं कहता हूँ कि मुझमें आत्मविश्वास अवश्य पैदा हुआ, तो भी मैं उन लोगों को मूर्ख मानते हुए निन्दा करूँगा, जब तक कि कोई दुर्भाग्य चाहे वह भवानी द्वारा भेजा गया हो, मुझे सचमुच होश में ला दे या मैं पश्चात्ताप करूँ।

कुछ दिनों बाद हम गनेशपुर पहुँच गए। अभी तक कोई घटना नहीं हुई। नगर में आने के बाद सोथिया (खोजी) जिनका काम यात्रियों को फुसला-बहकाकर ठगों के घेरे में ले आना होता था, भेजे गए। इस बीच हम लोग बस्ती के बाहर आम के बाग में ठहर गए। लगभग सारे दिन अनुपस्थित रहने के बाद जब वे (सोथिया) लौटकर आए तो उनसे किसी भेद के प्राप्त होने सम्बन्धी प्रश्न पूछे गए। भेजे जानेवाले दोनों हिन्दू थे। एक बद्रीनाथ था, जिसका उल्लेख पहले किया जा चुका है। यह ब्राह्मण था। दूसरा गोपाल किसी नीची जाति का था। ये दोनों अत्यन्त विनीत और दूसरों को फुसलाने की कला में माहिर थे। मुझे बताया गया था कि ये लोग अपने उद्देश्य में शायद ही कभी असफल हुए होंगे।

शेष लोगों के साथ मैं भी यह जानने के लिए अत्यन्त उत्सुक था कि नगर में उनके साथ क्या हुआ? अतः अपने पिता के साथ मैं भी सबके साथ बैठ गया।

बद्रीनाथ ने बताया, ''उन दोनों ने पूरा बाज़ार छान डाला लेकिन कोई शिकार हाथ नहीं लगा। तब एक बनिए की दूकान पर किसी वृद्ध भद्र पुरुष को झगड़ते देखा, तो वहाँ पहुँच गया। वृद्ध बहुत उत्तेजित था। दूकानदार ने उससे कुछ ऐंठने का प्रयत्न किया था। बद्रीनाथ को बुलाकर उससे इस लेन-देन के मामले में गवाही देने का अनुरोध किया। साथ ही यह भी कहा कि उसके साथ बेईमानी करने के कारण उसे कोतवाल के पास ले जाऊँगा।''

बद्रीनाथ ने आगे बताया, ''वह बनिया बहुत उद्दंड और कटु वक्ता था। कुछ कहा-सुनी के बाद मैंने उसे भय दिखाकर और कुछ फुसलाकर मामला सुलझा दिया। वृद्ध मुझ पर बहुत प्रसन्न था। दूकान से निकलने के बाद स्वाभाविक रूप से बात करते हुए उसने जानना चाहा कि मैं कौन था, और कहाँ जा रहा था। इस अवसर का लाभ उठाते हुए मैंने उसे समझा दिया कि यह नगर यात्रियों के लिए विशेष रूप से रात को रुकने के लिए सुरक्षित नहीं है। मैंने यह भी जान लिया कि वह नागपुर के राजा के यहाँ फारसी का मुत्सद्दी अर्थात लेखक था और अपने पुत्र के साथ वहीं जा रहा था।

"निश्चित तौर पर जितना सम्भव हुआ मैंने उसे मार्ग में चारों ओर ठगों के बारे में होशियार रहने के लिए कह दिया। मैंने अपने विषय में बताया कि हम लोगों का यात्रियों का दल भी नागपुर जा रहा है और वहाँ से दक्खिन चला जाएगा। पारस्परिक सुरक्षा की दृष्टि से यदि हम

लोग मिलकर साथ चलें तो ठीक रहेगा। मैंने उसे यह भी बताया कि अपने साथ बहुत लोग होने के कारण हम सदैव बस्ती के बाहर सुरक्षित स्थान पर ठहरते हैं।

"मैंने उसको अपने साथ चलने का जो प्रस्ताव किया, उससे वह बहुत प्रसन्न हुआ। मैंने उससे जोर देकर कहा कि बिना समय नष्ट किए वह नगर को छोड़ दे। इसमें मैं सफल भी हो गया। मैंने अपने साथी गोपाल को उसके पास ही छोड़ दिया, जिससे वह उसे अपना सामान बाँधने में तथा यहाँ तक उसे लेकर आने में सहायता करे। बेशक वह शाम होने से पूर्व यहाँ आ जाएगा।"

पिताजी ने कहा, "बारिक अल्लाह, बद्रीनाथ तुम्हारा चेहरा हमारी आँखों के सामने चमक रहा है।"

फिर वहाँ बैठे हुए और लोगों से बोले, "उस वृद्ध के पास काफी रुपया-पैसा और जेवरात होंगे। उसे लूटने से हमें नागपुर तक जाने में बड़ी सहायता मिलेगी। यदि वह हमारे साथ न भी चले, तो भी हम मार्ग में अगले पड़ाव तक उसे अवश्य लूट लेंगे। थोड़ी देर में ही उसके आने न आने का निश्चय हो जाएगा। यदि वह न आए, तो तुममें से कुछ लुधाई मिल या कब्र खोदकर तैयार रखने के लिए अभी चल दो।"

परन्तु हमारी परेशानी बच गई क्योंकि शाम तक वह अपने कथनानुसार हमारे डेरे पर आ गया। मेरे पिता और दो जमादार उसे डेरे के द्वार पर ही मिल गए। उसके सम्मानित व्यक्तित्व ने मुझे बहुत प्रभावित कर दिया। स्पष्ट रूप से वह परिष्कृत चाल-ढालवाला व्यक्ति था। उसे दरबारों तथा सभ्य समाज में जाने का अवश्य अनुभव होगा।

उसकी यात्री-गाड़ी के चारों ओर कनात लगाकर उसकी पत्नी के सोने का प्रबन्ध कर दिया गया। वह और उसका पुत्र जो बुद्धिमान और सुन्दर था, मेरे पिता के पास जो दरी बिछाकर साथियों के साथ बैठे थे, आ गए। सब लोगों में सामान्य वार्तालाप होने लगा।

साहब, यह कौन कह सकता था कि वह जिन लोगों के बीच में बैठा था, उनका इरादा क्या था? मुझे बड़ा आश्चर्य हो रहा था। मैं जानता था आज की रात उसे दुनिया से जाना होगा क्योंकि हमारे डेरे में उसके आने के बाद ही, यह निश्चय हो चुका था। वह अपने सोने के स्थान के प्रबन्ध में लगा था। मैं यह भी जानता था कि उसकी और उसके साथियों की कब्र के लिए स्थान भी नियत किया जा चुका था क्योंकि मैं अपने पिता के साथ उसे तैयार होते देख आया था। वहाँ मेरे पिता के साथ हुसेन, गौस खाँ तथा अन्य लोग बैठे हुए थे। हुक्के और किस्से-कहानी का दौर चल रहा था। वृद्ध हमारे समुदाय के बीच आकर अति प्रसन्न था।

बद्रीनाथ से उसने कहा, "आप मुझे उस बदमाशों की बस्ती से निकाल लाए, इसके लिए धन्यवाद देता हूँ। सचमुच यहाँ भले लोगों के बीच बैठकर कितना आनन्द आ रहा है। आप लोग दुनिया देख चुके हैं। वहाँ रहकर मुझे लुटेरों का बराबर भय बना रहता और सारी रात मेरी पलक भी न झुकती। यहाँ मुझे सतर्क रहने की आवश्यकता नहीं क्योंकि खान साहब ने (मेरे पिताजी की ओर संकेत करते हुए) मुझे पूरा भरोसा दिला दिया कि यहाँ सब लोग मेरी अच्छी देखभाल करेंगे।"

मेरे पीछे बैठा ठग फुसफुसाकर बोला, "उसकी निश्चय ही अच्छी तरह देखभाल की जाएगी। यही मैं देखूँगा।"

मैंने पूछा, "कैसे?"

उसने इस तरह संकेत किया जिससे मैं समझ गया कि वह भी भुट्टोरियों में से एक था (अर्थात गला घोटनेवाला)।

वह आगे भी कहता रहा, "उसके विरुद्ध मेरे मन में पुराना द्वेष था। अब समय आ गया था जब मैं उसका बदला ले लूँगा।"

यह कहते हुए उसके चेहरे से पशुता झलक रही थी। मैंने उससे आहिस्ता से पूछा, "मुझे बताओ क्या हुआ था?"

उसने कहा, "अभी नहीं, अभी कैसे बताऊँ, कल रात को जब हम सब मजलिस में बैठेंगे, तभी बताऊँगा। उसका नाम ब्रजलाल है। वह इतना बड़ा बदमाश है जैसा कभी इस दुनिया में पैदा न हुआ होगा। उसने अपने जीवन में न जाने कितनी हत्याएँ की होंगी और न जाने कितनी बदमाशियाँ की होंगी, जितनी हमारे किसी ठग ने न की होंगी। परन्तु अब उसके पाप का घड़ा भर चुका है। उसकी साँस बस उसके मुँह में ही समझ लो। मेरी एक ऐंठन और उसका काम तमाम।"

मैंने कहा, "और उसका बेटा, कितना सुन्दर, उसे अवश्य बचा लोगे?"

उसने कहा, "इसीलिए कि वह जो कुछ देखे उसे बता दे। वह सर्वप्रथम जहाँ भी पहुँचेगा सब उगल देगा। नहीं, नहीं मियाँ, हम यह अच्छी तरह जानते हैं और तुम भी एक न एक दिन समझ जाओगे।"

और वह घूमकर उस वृद्ध के पीछे जाकर बैठ गया। जो घूमकर ऐसे देखने लगा मानो उस पर अतिक्रमण-सा हुआ था।

मेरे पिता कहने लगे, "चुपचाप बैठो, चुपचाप बैठो, यह तो अपना ही साथी है। ऐसे खुले स्थान पर शाम की मजलिस में हर एक को सुनने का अधिकार है और प्रायः हममें से कोई ऐसा निकल ही आता है जो किस्से-कहानियाँ कहकर उस समय तक सबको जिन्दा-दिल बनाए रखता है जब तक कि हमारे सोने का समय न हो जाए।"

तो वह पुराना ठग चुपचाप बैठा रहा। मैं उसके घातक शस्त्र को, जो रूमाल था, देख रहा था। वह उसे कभी एक हाथ से खींचता कभी दूसरे से। मैं उस दल पर तब तक निगाह गड़ाए रहा जब तक कि मेरा दिमाग उत्तेजना से नहीं चकराया। यदि सच कहा जाए तो मुझे अत्यधिक यन्त्रणा महसूस हो रही थी।

उधर वह वृद्ध बैठा था, उसके पास उसका पुत्र भी था। उन दोनों के पीछे उनके विनाशक बैठे थे, जो केवल संकेत मिलने की प्रतीक्षा में थे। वृद्ध अपने खतरे से बिलकुल अनजान था। उसे अपनी रक्षा की कोई चिन्ता न थी। वह मेरे पिता के सदय और सौम्य व्यवहार को देखकर वार्तालाप में इतना मशगूल था कि सन्देह की बात सोच भी नहीं सकता था। इस समय वह उन लोगों के अधिकार में था जिनके द्वारा उसे अपनी मृत्यु का आलिंगन करना था। उसे देखते-देखते एक बार तो ऐसा लगा कि मैं चिल्लाकर उसे भाग जाने के लिए कह दूँ। क्या मैं यह नहीं जानता था कि ऐसा करते ही स्वयं मुझे मृत्युदंड दे दिया जाएगा। और वैसा करने पर भी कोई परिणाम न निकलता।

मैंने अपनी दृष्टि उधर से फेर ली, परन्तु अपने आप वह स्वयं वहाँ पहुँच गई। पीछे बैठे हुए लोगों की प्रत्येक गतिविधि मुझे घातक परिणाम का प्रारम्भ-सा प्रतीत होती थी। अन्त में मैं अपनी भावनाओं की प्रबलता सहन न कर सका। मैं वहाँ से उठकर चल दिया, तब मेरे पिताजी

भी मेरे पीछे आ गए।

उन्होंने पूछा, "कहाँ जा रहे हो? मैं चाहता हूँ कि तुम यहीं ठहरो, यही तुम्हारी दीक्षा है। तुम्हें उसे देखना चाहिए और समझना चाहिए।"

मैंने कहा, "मैं अभी लौटकर आता हूँ। एक-दो कदम टहल लूँ। मेरी तबीयत ठीक नहीं है।"

उन्होंने धीरे से कहा, "बड़े कच्चे दिलवाले हो। देखो, अधिक विलम्ब न करना। मैं इस प्रहसन को जल्द समाप्त करना चाहता हूँ।"

एक-दो बार चक्कर लगाने के बाद मैं स्वस्थ हो गया। मैं वहाँ लौट आया और अपने स्थान पर वृद्ध और उसके पुत्र के ठीक सामने बैठ गया। या अल्लाह, साहब, अभी भी मुझे ख्याल आता है कि वे वहीं पर होंगे (ठग ने अपनी उँगली से संकेत करके बताया), बाप और बेटे दोनों। बेटे की बड़ी-बड़ी आँखें मेरी आँखें देखती प्रतीत होती हैं। और मेरी दृष्टि उन्हीं पर अटक कर रह गई मालूम होती है।

(अमीर अली ऐसे देखने लगा मानो वास्तव में उन्हें देख रहा हो और फिर अपने दोनों हाथ आँखों पर फिराकर आगे कहना जारी रखा।)

तअज्जुब की बात है साहब, मैं शपथ के साथ कह सकता हूँ वे दोनों मुझे देख रहे थे लेकिन मैं बूढ़ा हो रहा हूँ और मूर्ख भी। तो साहब जैसा मैंने कहा, मैं उन्हें बार-बार देखता रहा। इसी कारण अब भी वैसा लग रहा था। लेकिन उन लोगों को कोई असाधारण बात नहीं लगी। लेकिन वह बूढ़ा ठग नागपुर के राजा के साथ अंग्रेजों की सन्धि की बात करता रहा और अपने भाइयों के विरुद्ध किसी षड्यन्त्र में शामिल होने का दोषी बताता रहा। इसी समय मेरे पिता बोले, "तम्बाकू लाओ।"

यही संकेत था। बूढे ठग ने बड़ी फुर्ती से अपना रूमाल वृद्ध की गरदन पर लपेट दिया। दूसरे ने उसके बेटे की गर्दन को लपेटा। क्षण-भर में वे दोनों चित्त होकर मृत्यु की भयंकर यन्त्रणा के साथ संघर्ष करने लगे। केवल घरघराहट के सिवा उनके गले से कोई आवाज नहीं निकली। जैसे ही भुट्टौरियों ने उनकी गरदन से अपने धातक हाथ हटाए तुरन्त दूसरे लोग, जो इसी प्रतीक्षा में खड़े थे, उनके शवों को उठाकर पहले से तैयार की गई कब्रों की ओर ले गए।

पिताजी ने धीरे से कहा, "अब बाकी नौकरों के लिए कुछ लोग जाएँ। देखना कोई आवाज नहीं होनी चाहिए। गाड़ीवान और दूसरों से आसानी के साथ निपटा जा सकता है।"

कुछ लोग वहाँ पहुँच गए। उन लोगों ने गाड़ीवान को जिसे कुछ सन्देह था तथा नौकरों को घेर लिया। वे लोग एक वृक्ष के नीचे भोजन पका रहे थे। मैंने उधर कुछ हड़बड़ी सी सुनी लेकिन वे सभी बिना आवाज किए मृत हो गए।

मेरे पिता तथा कुछ और लोग मेरी बाँह पकड़कर बोले, "चलो, देखो शवों का निस्तारण कैसे किया जाता है।"

मैं चला गया अथवा वास्तव में घसीटकर ले जाया गया, उस स्थान पर जो हमारे कैम्प के एक ओर था। वहाँ गहरी तलहटी थी, उसी में गड्ढा खोदा गया था। उसी के पास 8 शव पड़े थे। पिता-पुत्र, दो महिलाएँ, दो नौकर तथा एक महिला, जो नौकरानी थी और गाड़ी में औरतों के साथ बैठी थी। सभी शव प्रायः नग्न थे। यह दृश्य अत्यन्त वीभत्स था। वे एक-दूसरे के ऊपर रखे थे, परन्तु घाटी के किनारे से सभी को देखा जा सकता था।

पिताजी ने पूछा, "क्या सबको यहाँ ले आए?"

एक लुधाई जिसे मैं पहचानता था बोला, "हाँ, खुदाबन्द।"

"सबको अन्दर कर दो", मेरे पिता ने कहा।

और वे सभी शव अपनी अन्तिम आरामगाह में रख दिए गए। एक का सिर दूसरे के पैरों पर रखे गए जिससे वह सिमटे हुए पड़े रहें।

लुधाई ने कहा, "अच्छा होता कि लाशों को खोल दिया जाता, क्योंकि जमीन पोली है और वे फूल जाएँगी।"

अतः उन लाशों के पेट फाड़ दिए गए और उनमें जल्दी-जल्दी मिट्टी भर दी गई। गड्ढा बन्द कर दिया गया और ऊपरी सतह समतल कर दी गई। कुछ समय पश्चात कोई नहीं जान सकता था कि इस स्थान के नीचे 8 मनुष्यों की लाशें दफन की गई थीं। हम वहाँ से लौट आए और फिर हर एक आराम करने लगा।

साहब, वह रात मेरी कैसी बीती, यह बताने में असमर्थ हूँ। मैं क्या कर सकता था? पिता-पुत्र मेरे सामने आते रहे, उनकी वाणी मेरे कानों में पड़ी। उसके पुत्र की बड़ी-बड़ी आँखें स्वयं मेरी आँखों में धँसी जा रही थीं। ऐसा लग रहा था जैसे हज़ारों शैतान मेरी छाती पर चढ़े हुए थे। आँखों की नींद उड़ चुकी थी। वह सब इतना निर्दयी कांड था, इतना अकारण किया गया कृत्य था, कि मैं एक मूक दर्शक होते हुए भी स्वयं को किसी प्रकार शान्त न कर सका। इस पर यह कि मेरे पिता उसमें शरीक थे, वह पिता जिन्हें मैं बेहद प्यार करता था और हुसेन भी उनके साथ था। लेकिन कोई क्या करता? मैं अपने को शान्त करने में असमर्थ था।

मैं अपने छोटे से कैम्प से निकलकर खुले आकाश में जा बैठा। सदा की भाँति चाँदनी छिटक रही थी, कभी-कभी चाँद बादलों में छिपकर फिर निकल आता था। उस समय शीतल समीर मेरे तप्त हुए शरीर को प्रशमित कर रहा था। मैं उसे आकाश में स्वच्छन्द भ्रमण करते हुए तब तक देखता रहा, जब तक वह स्वतः मन्द नहीं हो गई। उसी समय बड़ी-बड़ी बूँदें गिरने लगीं। मानो उस कृत्य को देखकर वे भी रुदन करने लगीं।

मैं अपने कैम्प में लौट आया और अपने पिता के पास लेट गया। वे गहन निद्रा में थे। धीरे-धीरे मैं भी नींद के आगोश में आ गया और प्रातः नमाज का समय होने तक सोता रहा। उसी समय मेरे पिता ने मुझे जगा दिया।

हमने अपनी दरियाँ बिछा दीं और नमाज़ अदा की, परन्तु मेरी भावना उस वृद्ध पुरुष और उसके पुत्र की ओर लगी रही। गत रात की घटना बराबर मेरे सामने घूमती रही।

नमाज़ समाप्त होते ही, घोड़े तैयार कर दिए गए और हम लोग अपनी लम्बी यात्रा पर निकल पड़े क्योंकि गनेशपुर से जितनी जल्दी हो सके दूर चले जाना आवश्यक था, ताकि हम पर कोई शक न कर सके।

समय पर हम लोग अपने पड़ाव पर पहुँच गए। वहाँ एक आदमी बस्ती से सवा रुपए का गुड़ खरीदने के लिए भेजा गया। परन्तु इसके मँगाए जाने का तात्पर्य मैं नहीं समझ सका लेकिन पिताजी से पूछने पर ज्ञात हो गया।

उन्होंने बताया, "यह तपौनी की निछावर है। इसमें किसी घटना के बाद जैसी कल तुमने देखी, हम सब एकत्र होते हैं। यह अत्यधिक गम्भीर रस्म है, जिसकी कभी अवहेलना नहीं की जाती।

बाज़ार से गुड़ आ गया। एक स्थान पर कम्बल बिछाकर बद्रीनाथ को, जो खस्सी लिये था, बैठाया गया। उसका मुँह पश्चिम दिशा की ओर था। उसके दोनों ओर नेता लोग और प्रसिद्ध भुट्टोरी बैठ गए। सभी पश्चिम दिशा की ओर मुँह करके बैठे थे। मेरे पिता ने कम्बल के निकट एक छोटा-सा गड्ढा खोदा, उस पर पवित्र खस्सी (कुल्हाड़ी) और गुड़ रखा गया और चढ़ावे के रूप में चाँदी का एक सिक्का भी रखा गया। पिताजी ने थोड़ा-सा गुड़ उस गड्ढे में डाला। और आकाश की ओर दोनों हाथ जोड़कर विनयपूर्वक उच्च स्वर से कहने लगे—

"हे शक्तिमयी, आप युगों से अपने भक्तों की रक्षा करती आई हैं। आपने जूरानेग और खुदीक बनवारी को उनकी जरूरत पर एक लाख साठ हज़ार रुपए प्रदान किए हैं। माता हम भी उसी प्रकार आपसे सहायता की याचना करते हैं। कृपया हमारी मंशा पूर्ण कीजिए।"

वहाँ सभी लोगों ने भक्तिभाव से इस प्रार्थना को दुहराया। मेरे पिता ने हाथ में थोड़ा जल लेकर खस्सी पर और उस गड्ढे पर छिड़का। फिर गुड़ लेकर प्रत्येक ठग को थोड़ा-थोड़ा दिया। सबने उसे खाकर पानी पिया। इसके बाद गिरोह के शेष लोगों में गुड़ वितरित किया गया। सबने चुपचाप उसे खाया। केवल मुझे गुड़ नहीं दिया गया क्योंकि मैंने अभी तक किसी का गला नहीं घोटा था। अतः सबके साथ सम्मिलित होने का अधिकारी नहीं था। फिर भी पिताजी ने अपने हिस्से के गुड़ से थोड़ा बचाकर मुझे खाने को दिया। मेरे द्वारा उसे खाने के बाद वे बोले,

"गुड़ खा लेने के बाद अब तुम हृदय से ठग बन गए। अब यदि हमें त्यागना चाहो तो वैसा न कर सकोगे। पवित्रीकरण के बाद उसमें ऐसी ही शक्ति का संचार हो जाता है, जैसा तुमने लोगों के दिलों से परख लिया होगा। यदि किसी को ऐसे गुड़ का टुकड़ा प्राप्त हो जाए और वह उसे खा ले तो अपने जीवन में उसका कोई भी पद हो अथवा उसकी कुछ भी स्थिति हो, वह निश्चय ही ठग बन जाएगा। वह इसकी उपेक्षा नहीं कर सकता। उस व्यक्ति पर उसका निर्विरोध प्रभाव होता है।"

मैंने कहा, "वास्तव में यह आश्चर्यजनक है। क्या ऐसी चीजों की जानकारी लोगों को थी?"

उन्होंने कहा, "यदि समय होता तो मैं ऐसी सैकड़ों घटनाएँ बता देता। चाहे हुसेन या किसी अन्य से पूछकर देखो, वे भी तुम्हें यही बातएँगे।"

शाम को सदा की भाँति जब सब लोग एकत्र हुए, तब मेरे पिता ने मेरी कायरता को लेकर मेरी खिंचाई की। उन्होंने कहा, "ऐसा कभी न करना, मेरे बेटे। कितनी बहादुरी के साथ तुम बाघ पर टूट पड़े थे, फिर इस प्रकार के बच्चों के खेल से तुम्हें झिझकना नहीं चाहिए। तुम हिम्मती जवान बनो और अच्छे आचरण करो। सदा स्मरण रखो कि तुमने गुड़ खाया है।"

हुसेन ने कहा, "जरा शर्म करो, भाई साहब, साहबजादे से ऐसा मत कहो। याद करो पहले पहल तुम भी इससे बेहतर नहीं थे। जरा याद करो उस स्थान की, जब मुझे गनेशा को यह समझाने में कितनी कठिनाई हुई थी कि तुम एक बढ़िया आदमी थे। साहबजादे को ऐसे दो-एक मामले और देखने दो, फिर तुम्हें वह बिलकुल बदला हुआ इनसान दिखाई देगा। शेर की भाँति वह अपना काम करेगा।"

फिर मेरी ओर देखा और मेरी पीठ थपथपाकर कहा, "डरना मत मेरे बेटे, तुमसे भी गए बीते लोगों ने शुरुआत तो अच्छी की परन्तु आगे चलकर मुर्गी की तरह कमजोर दिलवाले हो गए और केवल कब्रें खोदना या चौकीदारी का काम करने लायक रह गए। इस बूढ़े हुसेन ने कभी किसी को गलत अन्दाज नहीं किया। इंशाअल्ला, तुम अपने पिता से भी बढ़कर निकलोगे।"

फिर वह मेरे पिता से बोला, "उसे एक-दो मामले और देखने दो, फिर स्वयं उसको अपना हाथ आजमाने देना, इसके बाद देख लेना कि मैं सही हूँ या गलत।"

पिताजी बोले, "यह बात ठीक है। मेरे बेटे, मेरा मतलब तुम्हें फटकारना नहीं था, किन्तु मैं इस बात से भयभीत अवश्य था कि कहीं वह भावना तुममें घर न कर ले। अपने आस-पास के लोगों के प्रति दयाभाव रखो, निर्धनों के प्रति करुणा रखो, जरूरतमन्द को खैरात दो, परन्तु यह बात सदैव याद रखो कि तुम एक ठग हो और तुमने शपथ ली है कि अल्लाह जिनको तुम्हारे रास्ते पर भेज दे, उनका बिना किसी प्रकार की दया दिखाए, विनाश करो।"

मैंने कहा, "मुझे झिड़की मिल गई है। आपके शब्द मेरे हृदय में बैठ गए हैं। भविष्य में आप मुझे अपने कर्त्तव्य से कभी हटा हुआ नहीं पाएँगे। जब भी आप उचित समझें मैं रूमाल ग्रहण करने के लिए तैयार हूँ।"

विषय को दूसरी ओर मोड़ते हुए मैंने कहा, "मैं यह कहना चाहता हूँ कि मुहम्मद भुट्टौरे ने मुझसे कल मारे गए आदमी का कुछ इतिहास बताने का वादा किया था। मैं चाहता हूँ कि वह अपना वादा निभाए।"

उसी समय लगभग एक दर्जन लोग एक साथ बोल उठे, "तुमने ठीक कहा, मुहम्मद उसकी कहानी जानता है, हम उसे अवश्य सुनेंगे।"

अपने मुँह में कई पान के बीड़े और तम्बाकू भरकर और उसे अच्छी तरह चबाकर, फिर काफी तादाद में लाल-लाल पीक थूककर मुहम्मद बैठ गया और पिताजी की ओर मुखातिब होकर जो कुछ उसने कहा, उसे स्मरण करके मैं सुनाता हूँ–

"नागपुर के इलाके में एक छोटा-सा गाँव बोरा है, मैं वहीं पैदा हुआ था। मेरे पिता ठग थे, उन्हें आप जानते हैं। मेरे पुरखे भी कई पीढ़ियों से वही होते आए थे। उनके कारनामों के किस्से हमारे परिवार में पिता से बेटे को होते हुए चले आ रहे हैं। वे बताने योग्य भी हैं लेकिन मेरी कहानी से उनका कोई सम्बन्ध नहीं है। वे लोग धन-सम्पन्न थे। गाँव के पटेल होने के नाते अपने पद और भूमि की रक्षा के लिए काफी पैसा बचाकर नागपुर दरबार में जमा कराते थे। फिर भी वे ठगी का पेशा करते रहते थे।

"मेरे दादा कासिम, जिन्हें आप लोगों में से कई लोग जानते होंगे, ऐसे कुख्यात ठगों के नेता थे, जैसा उनके देहान्त के बाद शायद ही कोई हुआ हो। उनके न रहने के बाद उनकी जायदाद और सम्पत्ति के उत्तराधिकारी मेरे पिता हुए। वे उन दिनों अल्पवयस्क थे। वे बहुत समय तक उसे सम्हालते रहे। उनके दावे के विरुद्ध कोई उँगली नहीं उठा सका।

"किन्तु उनका वैभव बहुत दिन तक न रहा। मुझे अच्छी तरह वह दिन याद है, जब दरबार के पेशकार के आदेश से कुछ सैनिक आए। वे पिता को दरबार में उपस्थित होने का परवाना लाए थे। अचानक बुलाए जाने का कारण उन्होंने जानना चाहा, परन्तु उन्हें कुछ भी नहीं बताया गया। वैसे वे सदैव दरबार को कर दिया करते थे। अपने तर्क से कोई लाभ न देखकर उन्होंने सैनिकों के मुखिया को रिश्वत देने की कोशिश की। लेकिन उनके सभी प्रयत्न बेकार सिद्ध हुए और अन्ततः विवश होकर उन्हें उनके साथ जाना पड़ा। मेरी प्रार्थना पर वे मुझे अपने साथ ले जाने के लिए राजी हो गए।

"मैं उस समय अपने साहबजादे की आयु का था। लम्बी यात्रा के बाद हम नागपुर पहुँचे। वहाँ हमें एक घृणित जेल में डाल दिया गया। पैरों में बेड़ियाँ पहना दी गईं। सामान्य व्यवहार

की कोई चीज हमें नहीं दी गई। हमारे पास न पान था, न तम्बाकू और न साफ कपड़े ही थे। हमें किसी से मिलने भी नहीं दिया जाता था। इस प्रकार वहाँ हमें चार महीने बीत गए। मेरे पिता ने अपना अपराध जानने की कोशिश की अथवा किसने आरोप लगाया था, यह मालूम करना चाहा, परन्तु कोई लाभ न हुआ। उनका यह प्रयत्न भी बेकार हुआ कि उनकी दुर्दशा का समाचार उनके परिवार तक पहुँच सके। हम इस एकाकी जेल में अपने दुर्भाग्य की कल्पना करते हुए क्लान्त बने रहे। कोई परिणाम न निकला।

"अन्त में वही अधम ब्रजलाल, जो कल मेरे द्वारा जहन्नुम भेज दिया गया, कुछ सैनिक लेकर हमारी जेल में आया। मेरे पिता अपने जीवन की आशा त्याग चुके थे और अब उन्हें लगा कि उनका अन्तिम समय आ पहुँचा लेकिन कुछ सँभलकर उन्होंने ब्रजलाल को पहचान लिया और उसी समय उसके ऊपर निन्दा और गालियों की बौछार करने लगे।

"जब वे चुप हो गए तब ब्रजलाल उनको निष्ठुर दृष्टि से देखता हुआ कहने लगा, 'पटेलजी अब शायद तुम सरकार को जयसुखदास की सम्पत्ति का हिसाब देने की कृपा करोगे। वह तुम्हारे गाँव में रहता था और तुम यह भी अच्छी तरह जानते हो कि मैं कुछ वर्ष पूर्व उनके मामले में भेजा गया था। तुम्हें यह भी याद होगा कि तुमने मेरा किस तरह स्वागत और कैसा व्यवहार किया था। उसी के लिए ईश्वर की कृपा से मुझे देखना है कि मैं कैसे बदला ले सकूँगा।'

"मेरे पिता चिल्लाकर बोले, 'तू झूठा है, और मुत्सद्दी का हरामी बेटा है। तू मेरे मुँह से एक शब्द भी नहीं कहला सकेगा। कासिम, पटेल से निपटने के लिए किसी काबिल को भेजो तभी मैं जो कुछ भी जानता हूँ बता दूँगा लेकिन तुझे एक शब्द भी नहीं बता सकता, तू तो कुत्ता है।'

तब उस अधम दुष्ट ने कहा, " 'अच्छा, हम देख लेंगे', इतना कहने के बाद उसके इशारे से साथ के सिपाहियों ने मेरे पिता को पकड़ लिया। उनके सिर पर घोड़े के दाना खानेवाले थैले में गरम राख भरकर बाँध दिया। उनकी पीठ पर बेतहाशा प्रहार किए जाते रहे, जब तक कि उन्होंने गरम राख नाक से नहीं सूँघी। इससे उनकी लगभग मृत्यु हो चुकी थी। इस क्रिया को कई बार दुहराया गया, और वे बार-बार ब्रजलाल को कुछ भी बताने से इनकार करते रहे। अन्त में प्रकृति के लिए असह्य हो गया और वे संज्ञाहीन हो गए। वह नीच जेल से निकलते हुए यह आदेश दे गया कि उन्हें एक बूँद पानी न दिया जाए लेकिन उसका यह निर्मम इरादा उस समय विफल हो गया जब सुबह का शेष पानी सौभाग्य से रखा हुआ था। उसे उनके मुँह पर छिड़कने और एक घूँट पीने के बाद वे होश में आ गए। फिर बैठकर कुछ और पानी पिया, जिससे वे चैतन्य हो गए।"

कंठ-घोटन-कला का प्रशिक्षण

बाद में मेरे पिता ने कहा, "बेटे, मेरा ख्याल है कि मैं तो मर ही जाता। उस बदमाश का हृदय कितना काला था कि एक वृद्ध के साथ ऐसा नृशंस व्यवहार किया। मेरी बद्दुआएँ उसके साथ हैं। एक क्षण के लिए भले ही वह अपनी उन्नति समझ ले, परन्तु उसका परिणाम यही होगा

कि उसकी दुष्टता उसे ले डूबेगी।"

मैंने प्रश्न किया, "तुम्हारे बीच कैसा झगड़ा था और उसने किस कारण तुम लोगों को इतना सताया?"

उन्होंने उत्तर दिया, "सुनो! मैं बतलाता हूँ। कुछ वर्ष पूर्व जब तुम बालक थे, गाँव के सबसे बड़े साहूकार जयसुखदास की मृत्यु हो गई। जब वह अपनी मृत्युशय्या पर ही था, तब उसने मुझे बुलवाया और अपने परिवार को मेरी देखरेख में देते हुए, एक मुसलमान तथा ईमान रखनेवाले व्यक्ति के नाते, ब्रजलाल से उनकी रक्षा करने का अनुरोध किया।

"उसने ब्रजलाल की नागपुर के भरे दरबार में जूतों से पिटाई की थी क्योंकि प्रतिष्ठा नष्ट करने के उद्देश्य से उसने उसके ऊपर झूठे इलजाम लगाए थे। वास्तव में बात यह थी कि ब्रजलाल उसके विरुद्ध मालगुजारी हड़प लेने का दोष मढ़ रहा था। यह मालगुजारी, जो वर्ष में लगभग एक लाख रुपए होती थी, जयसुखदास के द्वारा भुगतान की जाती थी। सौभाग्य से जयसुखदास का चरित्र इतना ऊँचा था कि उस नीच द्वारा लगाए गए इलजाम पर किसी ने ध्यान नहीं दिया। लेकिन उसने ब्रजलाल का जो अपमान किया था उसे वह कभी भूला नहीं। वह बात सदा उसके सामने नाचती रहती थी और मेरे पुराने मित्र को ज़मीदोज करने में उसने कोई कसर नहीं छोड़ी। जयसुखदास के कुछ शक्तिशाली शत्रु दरबार में थे, अतः उसे सदैव यह भय बना रहता था कि कोई झूठा अभियोग लगाकर उसे लूट लिया जाएगा या जेल में डाल दिया जाएगा।

"आगे चलकर उसकी मृत्यु हो गई। अपने अन्तिम क्षणों की बातचीत में उसने मुझसे अनुरोध किया था कि जितना शीघ्र हो सके उसकी पत्नी और परिवार को उसके देश मारवाड़ भेज दिया जाए। उन्हीं के साथ उसके आभूषण और जो रुपया एकत्र हो सके भेज दो। अतः मैंने जितनी जल्दी सम्भव हुआ, अपने ही आदमियों के रक्षक दल के साथ, ताकि मार्ग में कोई और ठग उन्हें न मिल जाए, उन्हें रवाना कर दिया।

"उन लोगों को गए हुए कठिनाई से एक सप्ताह भी न हुआ होगा कि यही ब्रजलाल एक अन्य मुत्सद्दी के साथ अपने स्वामी नारायण पंडित से आदेश लेकर आ गया, जिसके अनुसार जयसुख के परिवार को उसकी सम्पत्ति सहित पकड़कर ले जाना था। चूँकि यह आदेश केवल मौखिक था और उस समय असाधारण परिस्थिति थी, अतः मैंने मृतक के परिवार अथवा उसकी सम्पत्ति के सम्बन्ध में कुछ भी बताने से साफ मना कर दिया। जब वह धमकाने लगा और मुझे भद्दे-भद्दे अपशब्द कहने लगा तब मुझसे सहन न हुआ और मैंने उसे जूते से पीट दिया और उसे अपने गाँव से बाहर निकाल दिया। जब वह गाँव की सीमा से बाहर हो रहा था, तभी गाँव के कुछ बेकार छोकरों ने उस पर कीचड़ और पत्थरों की वर्षा कर दी।

"इसके पश्चात ब्रजलाल के विषय में मैंने कुछ नहीं सुना, परन्तु मैं जानता था कि दरबार में वही एक मेरा शत्रु था, क्योंकि तमाम शिकायतें करने के बाद भी मुझे न्याय नहीं मिला। ये शिकायतें मैंने अपने साथ होनेवाले दुर्व्यवहार तथा पड़ोसी द्वारा अतिक्रमण करने के विरुद्ध की थीं। उसने मेरी सीमा का केवल अतिक्रमण ही नहीं किया वरन् कई अवसरों पर कटा हुआ अनाज हड़प कर लिया।

"यह नाराजगी इस कदर बढ़ गई कि मैंने अपनी राहत के लिए एक प्रार्थना-पत्र के साथ दरबार को कुछ प्रतिनिधि भेजने का निश्चय कर लिया। लेकिन इसका कोई परिणाम न निकला।

ब्रजलाल ने खुलकर मेरे आदमियों का विरोध किया। ऐसा प्रतीत होता है कि दरबार में उसके पक्षधर अधिक होने के कारण उसकी शक्ति बढ़ गई थी। मेरे विरुद्ध खुलकर यह आरोप लगाया गया कि अपने गाँव के पटेल के पद को मैं बलात् हथियाना चाहता था, अतः ब्रजलाल ने वास्तविक पटेल के उत्तराधिकारी के रूप में एक आदमी नियुक्त करवा दिया जिसे वहाँ इतना समर्थन और संरक्षण दिया गया कि मेरे आदमी बहुत डरकर और घबराकर लौट आए।

"मेरे बेटे, उसी समय से अब तक लगभग 5 वर्षों के भीतर नागपुर से अपने मित्रों द्वारा जो समाचार मुझे प्राप्त होते रहे, उनसे मैं भयभीत होता रहा। अपनी हत्या की आशंका से मुझे आगाह किया जाता रहा। मुझसे यह भी कहा गया कि किसी अनजान व्यक्ति को अपने गाँव में प्रवेश न करने दूँ। और मैं स्वयं बिना रक्षक लिए कहीं न जाऊँ। इन सब बातों की अपेक्षा मेरे पेशे में कोई बाधा नहीं पड़ी। और न मैंने उस चलने की कभी अवहेलना की। लेकिन अन्य मामलों में मैं सदैव सतर्क बना रहा। फिर भी इन सब बातों की अपेक्षा हम अल्लाह के हाथों में ही है और वही हमें सबसे निजात दिलाएगा।"

कुछ दिनों तक हमारा उत्पीड़क वहाँ नहीं आया, किन्तु अन्ततः वह फिर आ धमका और हर तरह से मेरे पिता को पीड़ित किया। उसका कुछ परिणाम नहीं निकला क्योंकि मेरे पिता चुप बने रहे।

फिर ब्रजलाल से कहा, "तेरे जैसा कायर काफिर मुझे मार डालने का साहस नहीं कर सकता और इंशाअल्ला, एक बार भी मैं इस नारकीय जेल से निकल सका तो तुझे दिखा दूँगा कि कोई सच्चा मुसलमान अपने लिए क्या कर सकता है। तू होशियार हो जा।"

ब्रजलाल मेरे पिताजी की निरर्थक धमकी पर हँसा और फिर चला गया।

हम लोग लगभग तीन महीने तक जेल में रहे। एक दिन हमारे पहरे पर रहनेवाले एक सिपाही को कुछ लालच देकर पिताजी ने पटा लिया। हमारे मामले में अन्याय होने की वास्तविकता को समझकर मेरे पिता द्वारा तैयार एक आवेदन पत्र को एक परिचित साहूकार तक पहुँचा देने के लिए तैयार हो गया। वह साहूकार उन दिनों हमारे गाँव के रुपए-पैसे सम्बन्धी मामलों का प्रबन्ध करता था और नागपुर में ही निवास करता था।

साहूकार को हमारी दुर्दशा जानकर बहुत आश्चर्य हुआ और उसी समय से हमें छुटकारा दिलाने का प्रयत्न करने लगा। परन्तु यह काम सरल न था। ब्रजलाल हमेशा दरबार के एक वज़ीर के कान भरता रहता था। अतः हमारे मित्र साहूकार द्वारा किए गए सारे प्रयत्न विफल सिद्ध हुए। अन्त में उस मित्र ने नागपुर के एक अत्यन्त प्रभावशाली साहूकार के सामने हमारा मामला रखा, जिसने आनन-फानन उसे सीधे वज़ीर के सामने पेश कर दिया।

दूसरे दिन ही हमसे दरबार में उपस्थित होकर अपने विरुद्ध लगाए गए आरोपों का उत्तर देने के लिए कहा गया। निर्धारित समय पर हमें पेशकार के निवास पर ले गए। वह वहीं पर अपने सामने पेश होनेवाले मुकदमों की सुनवाई करता था।

नारायण पंडित उस समय युवक था, परन्तु उससे सम्पर्क रखनेवाले सभी लोग उसका बड़ा सम्मान करते थे। वह न्यायप्रिय था। अपना निर्णय देने के पूर्व वह किसी मामले के दोनों पक्षों की बात बड़े ध्यानपूर्वक सुनता था लेकिन हमारा कट्टर शत्रु ब्रजलाल उसका गोपनीय मुत्सद्दी था। वह इतनी होशियारी से काम करता था कि उसके द्वारा किए गए अत्याचारों का कभी खुलासा नहीं हो पाता था।

ब्रजलाल ने मेरे पिता के विरुद्ध आरोप लगाते हुए कहा, "राज्य के कानून के अनुसार साहूकारों तथा धनवान लोगों की मृत्यु होने पर यदि उनके कोई पुत्र न हो तो सम्पत्ति का सारा हिसाब सरकार को देना चाहिए। यह बात सर्वविदित थी कि जयसुख दास एक धनी व्यक्ति था। उसके दो या तीन पुत्रियाँ थीं, किन्तु कोई पुत्र न था। उसकी सम्पत्ति के एक रुपए को भी छूने का अधिकार किसी को नहीं था, जब तक कि सरकारी हिसाब-किताब का निर्णय न हो जाए। दूसरे मेरे पिता बोरी गाँव के कानूनन पटेल नहीं थे और असली पटेल के उत्तराधिकारी ने जब पद और जमीन पर अपना दावा किया तो उस समय वह मेरे पिता के अधिकार में थी।"

ब्रजलाल ने अपना पक्ष समाप्त करते हुए कहा, "हे ब्रह्मा के अवतार! इस व्यक्ति ने मेरे साथ जो व्यवहार किया, उसके कारण मैं वहाँ जाने से दूर ही रहूँगा। मैं इसके गाँव दो बार गया और दोनों बार मेरा जैसा अपमान हुआ, उसे स्मरण करके मेरा खून खौल उठता है। वहाँ मैं केवल सरकार की भलाई के उद्देश्य से गया था। उसी समय यदि मैं शिकायत पेश कर देता तो हुजूर का सारा क्रोध इस व्यक्ति के सिर पर उतर जाता और उसका तथा उसके परिवार का सफाया हो जाता। लेकिन मैंने अपनी व्यथा को दबाए रखा। उसने बार-बार दरबार में उपस्थित होने से इनकार किया और जयसुखदास की सम्पत्ति के बारे में उसको भेजे गए हुक्मनामों की अवहेलना करता रहा। इस प्रकार उकसाए जाने पर मैंने समझ लिया कि वह सरकार की प्रतिष्ठा को नकार रहा था, अतः मैंने उसकी गिरफ्तारी और जेल में रखने का आदेश दिया।"

मेरे पिता ने कहा, "या अल्लाह, मेरे मालिक यह सब झूठ है। मैं खुदा को हाजिर-नाजिर करके कहता हूँ कि मैंने सरकार के किसी हुक्म की कभी अवज्ञा नहीं की। क्या मैंने इस नीच के जन्म से पहले सरकार का नमक नहीं खाया? और उसकी क्या हैसियत है कि स्वयं हुजूर के सामने उनके किसी मुलाज़िम को अपशब्द कहे? हुजूर की इज़ाज़त से मैं यह कहना चाहता हूँ कि मैं निर्दोष हूँ। लेकिन आपके ख़ादिम के साथ इस शैतान ने जो सुलूक किया है, उसके लिए इसे कड़ी से कड़ी सजा मिलनी चाहिए।"

पंडित ने कहा, "इसकी कल हम सुनवाई करेंगे। और इस बीच तुम्हारे लिए यह उचित होगा कि अपनी सफाई में जो कुछ कहना चाहो, उसे एक वक्तव्य के रूप में तैयार कर लो, जिससे वह अधिक संक्षिप्त और तुरन्त बोधगम्य हो जाए।"

इसके बाद मेरे पिता ने स्वयं को किसी चोर की भाँति बन्द न किए जाने की प्रार्थना की और अपनी जमानत के लिए दो साहूकारों को पेश किया ताकि उन्हें जब भी बुलाया जाए वे हाजिर कर देंगे। ब्रजलाल की आपत्ति, कि किसी जमानत को न माना जाए, के बावजूद उनकी प्रार्थना स्वीकार कर ली गई।

हम अपने साथियों को लेकर वहाँ से चले, तो मेरे पिता उसके पास से अपनी मूँछ ऐंठते और उसे तिरछी नजरों से देखते हुए निकले। बार-बार इंशाअल्ला और माशा अल्ला कहते सुनकर ब्रजलाल अत्यन्त विद्वेष और घृणा से उन्हें देखता रहा।

शाम को ब्रजलाल की करतूतों का आरम्भ से अन्त तक का विवरण फारसी में लिखकर तैयार कर लिया गया। और हम पूरी आशा के साथ उसे दरबार में ले गए कि अकारण हमारे साथ दुर्व्यवहार करने के अपराध में अपमानित होते हुए हम देख सकेंगे। परन्तु हमें भारी निराशा हुई। नारायण पंडित ने आवेदन को पढ़ा और उस पर यह निर्णय दिया कि ब्रजलाल ने मेरे पिता को बन्दी बनाकर अपने अधिकार का अतिक्रमण किया तथा जयसुख तथा उसके परिवार

के विरुद्ध अभियोग लगाकर गलत कार्य किया। वहाँ के हिसाब की जाँच के परिणामस्वरूप उसके विरुद्ध कोई दावा नहीं बनता दिखाई देता। इसके अतिरिक्त मेरे पिता ने ब्रजलाल को अपमानित करके गाँव से निकालकर अनुचित व्यवहार किया और यह सरकार की अवमानना है कि उसके किसी कारिंदे को हिसाब नहीं दिया बल्कि बार-बार भेजे गए आदेशों का बहुत दिनों तक विरोध करते रहे।

मेरे पिता इसका उत्तर देनेवाले थे कि उनके साहूकार मित्र ने उन्हें वर्जित कर दिया और कहा कि युद्धभूमि में अपने प्राण देने की अपेक्षा वहाँ से आधा जीवन लेकर लौट आना बेहतर है। शान्त हो जाओ। समझ लो कि तुम बच गए हो। तुम्हारे चतुर्दिक जो जाल उस नीच ने बिछाया था, उससे निकल पाना कठिन था। और अब कृतज्ञ बनो।

ब्रजलाल के प्रति किए गए व्यवहार के लिए मेरे पिता को थोड़ा अर्थ-दंड दिया गया। इसे ब्रजलाल ने अपनी विजय मान लिया।

इस प्रकार मामला समाप्त हुआ।

उस साहूकार ने मेरे पिता को जो परामर्श दिया था, उसे मैं कभी नहीं भूल सकता।

कुछ दिन साहूकार के खर्चे पर वहाँ रुकने के बाद हम वहाँ से रवाना होना चाहते थे।

साहूकार ने कहा, "पटेल जी, मैं ब्रजलाल को अच्छी तरह जानता हूँ। बदला लेने की भावना उसके मन से कभी नहीं जा सकती। तुमने देखा कि अपने आका के सामने वह कैसा गाय बन जाता है लेकिन उनकी अनुपस्थिति में वह मन और व्यवहार दोनों में शेर बन जाता है। उसने ऐसा प्रभाव जमा लिया है कि कोई भी उसके विरुद्ध जाने का साहस नहीं करता। सचमुच तुम उसके पंजे से साफ निकल आए। तुम्हारे मामले को यदि बड़े सेठ जी अपने हाथ में न लेते तो तुम उस नारकीय जेल में तब तक सड़ते रहते जब तक तुम्हारी मृत्यु से उसकी नफरत सन्तुष्ट न होती। उसकी निरन्तर यन्त्रणा और दुर्व्यवहार तुम्हारी मृत्यु का कारण बनते।"

पिता ने कहा, "अल्लाह का शुक्र है, मैं बच गया।"

साहूकार ने कहा, "तुम्हें बड़ी होशियारी से रहना होगा। तुम जहाँ भी जाओगे, उसके गुर्गे तुम्हारा पीछा करेंगे। उनसे बचने के लिए तुम्हें उच्चकोटि की सतर्कता और सावधानी रखनी होगी। मैं विनय के साथ कहता हूँ कि मेरे परामर्श को अमान्य न करना, अन्यथा पछताना पड़ेगा।"

पिता ने कहा, "ऐसा कभी नहीं होगा। आपके शब्दों में मित्रता की मिठास है और मैं उन्हें कृतज्ञता के शर्बत के रूप में पी रहा हूँ। लेकिन यह ब्रजलाल यदि मुहम्मदजी पटेल तक पहुँच सकता तो उसके हाथ लम्बे और ताकतवर हो जाते।"

कुछ दिनों बाद हम अपने गाँव लौट आए। लेकिन जैसा साहूकार का अनुमान था कुछ महीनों बाद हमारे गाँव के आस-पास अजनबी लोग दिखाई देने लगे। और यह कहने पर अजीब लगेगा कि मेरे पिता, उनके घर पर ही रहने की हमारी प्रार्थना को ठुकराते हुए, विशेष रूप से शाम के बाद बाहर रहने की बहादुरी दिखाते रहे।

मेरी माँ अनजान लोगों के बार-बार चक्कर काटते रहने से बड़ी चिन्तित और भयभीत रहती थीं। मुझसे कहती थीं कि मैं पिता के साथ बराबर बना रहूँ और शाम को खेत से उनको साथ लेकर घर वापस आया करूँ। बहुत दिनों तक मैं वैसा ही करता रहा।

लेकिन एक रात को, सम्भवतः वह कोई शापित रात रही होगी, हम लोग गन्ने के खेत को दूसरे दिन कटवाने का प्रबन्ध करने में कुछ देर रुक गए। घर लौटने में विलम्ब हो गया। कुछ दूर तक तो पड़ोस के गाँव के लोग साथ चलते रहे लेकिन घर के आधा कोस पहले वे लोग अपने घर चले गए।

आगे का शेष मार्ग ऐसा था जो सुरक्षित नहीं माना जाता था और जहाँ तक बस चलता उस मार्ग से शाम के बाद कोई नहीं निकलता था। मैंने दूसरे रास्ते से घर चलने की कोशिश की लेकिन मेरा आशय समझकर तुरन्त कहने लगे, "वह रास्ता तो हमें एक घंटा देर से घर पहुँचाएगा, वह ठीक नहीं है।"

अब उस रास्ते से उनको बचाने के लिए मेरे पास कोई कारण न सूझा लेकिन मेरे मन में उस मार्ग में खतरा होने की भावना बराबर नाचती रही। परन्तु मेरे मित्रो, होनी को कौन टाल सका? यदि अल्लाह की मर्जी से किसी को अवश्य मरना है, तो मानवीय पूर्वदृष्टि से क्या लाभ होगा?

हम चलते-चलते घने खेतों तक पहुँच गए। वहाँ रास्ता दूधिया की ऊँची-ऊँची झाड़ियों की बाड़ से घूमकर जाता था। घने अन्धकार के कारण मार्ग सूझ नहीं रहा था, फिर भी वहाँ की एक-एक फुट जगह जानी-पहचानी थी। जैसे ही हम लोग कुछ आगे बढ़े कि अचानक मार्ग के निकट बाड़ में रोशनी की झलक दिखाई दी।

मैंने पिताजी से कहा, "देखिए हम लोग घिर गए हैं, बाड़ के पीछे कुछ लोग छिपे प्रतीत होते हैं।"

पिता ने कहा, "तुम मूर्ख हो, अरे ये जुगनू हैं। क्या तुम डर गए? क्या मेरा बेटा कायर हो गया?"

मुश्किल से ये शब्द उनके मुँह से निकले होंगे कि हमारे बिलकुल निकट तीन धमाके हुए और मेरे पिता बिना एक शब्द बोले मुँह के बल गिर पड़े। भयंकर पीड़ा के साथ मेरी पीठ ठंडी और सुन्न हो गई। वैसा ही मेरे पैरों में भी होने लगा। मैं बुझ-सा गया था। कुछ कदम चलकर लड़खड़ाया और वहीं गिर पड़ा। लेकिन मैं अभी बेहोश नहीं हुआ था। बाड़ के पीछे से तीन व्यक्ति निकले और तलवारे खींचे हुए दौड़कर हमारे पास आ गए। उन्हें देखकर हम चुपचाप पड़े रहे। एक ने मुझे पीठ के बल घुमा दिया और मेरा चेहरा देखने लगा। मैंने आँखें मूँद ली थीं क्योंकि यदि वे खुली रहतीं तो मैं एक क्षण के लिए भी जीवित न रहता।

मेरे पास खड़े व्यक्ति ने कहा, "ये वह नहीं है, हमसे भूल हो गई।"

दूसरा आया और बोला, "करीब-करीब ठीक ही हुआ, यह शैतान उसका बेटा है। विश्वास करो दूसरा वही होगा, आओ देखें।"

वे लोग मेरे पास से हटकर वहाँ पहुँचे जहाँ बेचारे मेरे पिता पड़े थे। उन लोगों ने क्या किया, यह तो मैं न देख सका शायद वे उनकी जाँच कर रहे थे क्योंकि उनमें से एक बोला, "अलहम्द लिल्लाह, हम सफल हो गए। इसी के लिए मालिक के सामने हमारे चेहरे रोशन रहेंगे। जरा सोचो, कितनी लम्बी प्रतीक्षा करने के बाद इतनी आसानी से हम सफल हो गए। यह बूढ़ा कुत्ता लोमड़ी की तरह चालाक था।"

दूसरा जो अभी तक चुप था, कहने लगा, "मेरा शुक्रिया अदा करो। यदि हम गन्ने के खेत में उनका पीछा न करते और उनके घर जानेवाले निकट के रास्ते को न पा जाते, तो हम

देर तक प्रतीक्षा करके मुँह लटकाए रह जाते, अब मैं तो बहुत थक गया। आओ चलें। यहाँ अधिक देर तक ठहरना ठीक नहीं। यहाँ खतरा ही है। माधो की सहायता से हम नागपुर पहुँच जाएँगे। और वहाँ जितनी जल्दी पहुँचें, उतना ही अच्छा होगा। घोड़े तैयार खड़े हैं।"

इससे अधिक मैं और कुछ न सुन सका। मुझे बेहोशी आ रही थी। वहाँ मैं बहुत देर तक वैसा ही पड़ा रहा। मेरे घावों में भयंकर पीड़ा हो रही थी और यन्त्रणा से कराह रहा था। रात भी अत्यन्त सर्द भी। मेरा पूरा शरीर अकड़ रहा था। बेचारे पिता जो निकट ही पड़े थे, उन तक पहुँचने की कोशिश की, परन्तु मैं हिल न सका और वहीं पड़ा-पड़ा कराहता रहा।

कुछ दूर पर लोगों की बातचीत सुनाई दे रही थी। उन्हें अपनी शक्ति भर पुकारा भी, पर वे लोग कुछ न सुन सके। बन्दूकों के फायर की आवाज सुनाई दी, जो बाद में ज्ञात हुआ कि हमारे लिए ही की गई थी लेकिन मैं उसका कोई उत्तर न दे सका। मैं क्या करता? मैं तो किसी कुचले हुए साँप की भाँति पड़ा था। कभी मुझे होश आता कभी बेहोश हो जाता जैसे मानो मरकर पुनः जीवित हो जाता। मेरे मित्रों, उस रात का कष्ट मैं आपसे किस प्रकार बयान करूँ?

अन्त में मशाल की रोशनी में किसी ने मुझे उठाया। मैं उन्हें तुरन्त पहचान गया। वे गाँव के मजदूर थे। वे हर गली-रास्ते खोजते हुए यहाँ पहुँचे थे। मुझे कुछ भी ज्ञात नहीं कि उन लोगों ने क्या कहा और क्या किया। लेकिन मेरे पिता का शव देखते ही चीख-चीखकर रोने लगे और एक कम्बल में डालकर मुझे गाँव में ले आए और मेरे पिता के घर के द्वार पर मुझे रख दिया।

मेरे मित्रो, आप लोगों ने देखा होगा कि किसी घर में मृत्यु होने पर औरतें कैसे रुदन करती हैं। वहाँ किसी के पिता पर, किसी के भाई पर और किसी के पुत्र पर वज्रपात होता है। आप जानते हैं कि औरतों की चीख-पुकार और विलाप किस प्रकार हृदय विदीर्ण करनेवाला होता है। वास्तव में कलेजा मुँह को आ जाता है।

जब तक मेरे पिता का शव नहीं आया तब तक कोई चीख-पुकार नहीं हुई। मेरी माँ एक किनारे बैठी मेरे पिता का नाम धीरे-धीरे लेती हुई शोक में इधर-उधर झूम रही थी। कभी-कभी अपनी छाती पीटने लगती थी। मेरी बहन मेरी देखभाल में लगी थी। उसने पानी पिलाकर मेरा मुँह तर किया क्योंकि मैं अभी तक पड़ा हुआ बोलने में असमर्थ था लेकिन मेरे आसपास जो कुछ हो रहा था, उसे मैं समझ रहा था।

गाँव की बूढ़ी औरतें मेरी माँ के पास बैठी थीं। घर में आती हुई शीतल वायु उन्हें कँपा रही थी। वे परस्पर फुसफुसाकर बात कर रही थीं। दीवार के आले में एक छोटा-सा दीपक जल रहा था। उसकी कभी-कभी हिलती लौ में कहीं कुछ दिखाई दे जाता था।

मैंने अपनी बहन से कहा, "माँ को मेरे पास बुलाओ। लगता है मेरी मृत्यु होनेवाली है।"

उसने बड़े प्यार से कहा, "नहीं, ऐसा नहीं हो सकता। तुम हमें छोड़कर नहीं जा सकते। घाव अवश्य है। नाई आ रहा है वह गोली निकाल देगा। हकीम सेंक तैयार कर रहे हैं। तुम शीघ्र अच्छे हो जाओगे।"

जब मैं बहन से बात कर रहा था, उसी समय बाहर चारों ओर मशाल की रोशनी फैल गई और चार लोग धीरे-धीरे मेरे पिता का शव ले आए। दीवार का सहारा लेकर मैंने उठने का प्रयत्न किया। उनका शरीर खून से लथपथ था। उनके शव को भूमि पर रखते समय कम्बल

का एक छोर सरक गया, जिससे उनका शरीर असन्तुलित होकर धड़ाम से गिर पड़ा। उसकी आवाज से सबके दिल दहल गए।

कुछ समय तक तो वहाँ सन्नाटा रहा, परन्तु जैसे ही रक्तरंजित दृश्य दिखाई दिया, हृदय विदारक विलाप आरम्भ हो गया। मेरी माँ और बूढ़ी स्त्रियाँ शव के पास बैठकर दहाड़ मारकर रोने लगीं। जो लोग शव को उठाकर लाए थे वे भी रो रहे थे। घर का रोदन बाहर भी फैल गया और उस विलाप में आकाश भी फटा जा रहा था।

गाँव के काजी के आते ही वहाँ खामोशी छा गई। उन्होंने मृत शरीर पर एक दृष्टि डाली और मुझसे प्रश्न किया कि यह सब किसने किया और तुम्हारा सन्देह किस पर है? हमें बताओ और जल्दी बताओ नहीं तो वे लोग पकड़ से बाहर निकल जाएँगे। चाहे कोई भी हो, उसका नाम बताओ।

मैंने बताया, "माधो पटेल, इटारे का था लेकिन उनके पास घोड़े थे। अब दूर निकल गए होंगे। उनका पीछा करना व्यर्थ होगा।"

वे बड़ी व्यग्रता से बोले, "किसके पास घोड़े थे? कौन चला गया, तुमने क्या कहा? थोड़ा सँभल जाओ और जितना जानते हो, मुझे सब बताओ, यह सब कैसे हुआ?"

मैं अशक्त तो था लेकिन संक्षेप में मैंने सब कुछ बता दिया।

किसी ने कहा, "अल्लाह कसम, यह स्वयं माधो का काम है और सुबह होने के पहले हम उसका गाँव जला देंगे।"

दूसरा बोला, "यह रहीम खाँ की करतूत मालूम होती है।"

रहीम खाँ पिता का साला था। और उन दोनों में कट्टर शत्रुता थी।

माँ ने तुरन्त पूछा, "रहीम खाँ का नाम किसने लिया? उसकी जीभ में छाले पड़ें और वह मुँह ही सड़ जाए। उसका भी इसी तरह खात्मा हो जाए।" सबकी ओर संकेत करके बोली और फिर रोने लगी।

मेरे पास खड़े किसी व्यक्ति ने कहा, "इस औरत की बात सुनी। अगर रहीम खाँ पर सन्देह न होता तो वह इस तरह न चीखती।"

जितना सम्भव हो सका मैंने चीखकर कहा, "चुप रहो! मैं जानता हूँ कि इसका सूत्रधार कौन है? कम से कम मुझे तो पक्का शक करने का अधिकार है ही। माधो पटेल का हाथ इसमें नहीं हो सकता, वह तो कायर है। यद्यपि रहीम खाँ मेरे पिता से नफरत करता था, तो भी वह ऐसी साजिश कभी नहीं कर सकता, इन दोनों में से कोई नहीं है। यह काम उसका है, जिसके रुतबे की ऊँचाई तक हम जैसे गरीब लोग नहीं पहुँच सकते। अल्लाह की मर्जी ही उसे नीचे लाकर पटक सकती है। मेरा तात्पर्य उस कमीने निर्दयी ब्रजलाल से है," यह कहते-कहते मैं बेहोश होकर गिर पड़ा।

इतने में माँ सिर उठाकर बोली, "यह कौन बोल रहा है? यह तो मेरे लड़के की आवाज है।"

मैंने उन्हें उत्तर दिया, "हाँ, माँ, मैं यहाँ हूँ।" और वह मेरी ओर घूमकर देखने लगी।

वह चीख पड़ी, "तू यहीं है! तू अभी तक जिन्दा है। कायर! क्या तू अपने ही घर में अपने बाप का रक्तरंजित शव देखने आया है? तू कहाँ गया था, जो उन्हीं के साथ ही नहीं मरा। क्या मैंने तुझे अपने बूढ़े बाप को कभी अकेले न छोड़ने के लिए होशियार नहीं किया था?

क्योंकि वे किसी की सलाह न मानने की जिद किए थे।"

मैंने कहा, "माँ, इस समय मैं तुम्हारे किसी प्रश्न का उत्तर देने की स्थिति में नहीं हूँ। मैं तो उन्हीं के साथ था। यह देखो, मैं भी गिर पड़ा था। यद्यपि मैं उसी समय नहीं मरा लेकिन मालूम होता है मैं बचूँगा नहीं।"

मैंने अपना कपड़ा हटाकर गोली लगने का छिद्र दिखाया, जिससे उस समय भी एक-एक बूँद काला रक्त रिस रहा था।

माँ मुझे देखते ही भूमि पर गिर पड़ी। वह सिसकते हुए कहने लगी, "तू कायर नहीं है। तूने तो अपने बाप की रक्षा करने में अपना रक्त बहाया है। मैं क्या कहूँ। सब अल्लाह की मर्जी है और उनका भाग्य। होनी को कौन टाल सकता है? लेकिन, हाय यह कितनी कठिन बात है कि पति और पुत्र दोनों खो जाएँ और मैं बूढ़ी औरत अब कहाँ जाऊँ?"

माँ मेरे पास से हटकर पिता के शव के निकट बैठ गई।

सभी पड़ोसी एक-एक करके चले गए। ब्रजलाल का नाम सुनते ही सब चुप होकर रह गए थे। थोड़ी देर में पिता के शव के पास मैं और छोटी बहन दो ही रह गए। मेरे मित्रो, वह आखिर लड़की ठहरी लेकिन तत्परता से मेरी देखभाल कर रही थी। वह मेरे कन्धे और पैर के घाव सेंकती रही जब तक कि जमा हुआ रक्त बह नहीं गया। इससे मुझे कुछ आराम मिला। मैं चाहता था कि दीपक बुझा दिया जाए, पर किसी ने नहीं सुना।

मैंने मौत के कई रूप देखे हैं लेकिन ऐसा कभी नहीं देखा कि मैं अपने पिता की दशा से तुलना कर सकूँ। उनका चेहरा पिचक गया था, उनके होठ ऐसे कठोर होकर रह गए थे कि ऊपर-नीचे के दाँत बाहर निकल आए थे, उनकी आँखें खुलकर फैल गई थीं। अब वे बन्द नहीं की जा सकती थीं। जब हवा से दीपक की लौ कभी डोलती थी, तो शव और भयानक लगता था। मेरी आँख एक मिनट के लिए भी नहीं लगी और देखते-देखते सबेरा हो गया।

नाई, जो पड़ोस के गाँव गया था, शीघ्र लौट आया। उसने मेरे घाव की जाँच की। गोली मेरे कन्धे में धँसकर गले में अटक गई थी। कुछ समय तक वह चिमटी से घाव को टटोलता रहा, फिर भयानक पीड़ा के साथ, वह गोली निकालने में सफल हो गया। और मुझे काफी आराम मिल गया। रक्त बहुत बह गया था। पैर का घाव केवल मांस में ही था। कुछ अफीम लेकर मैं सो गया। जागने पर पीड़ा तो थी, परन्तु पहले से कम थी।

इस समय तक पिताजी का शव दफन किया जा चुका था। मुझे केवल अपना शत्रु याद आ रहा था और वह शत्रु भी कैसा था जो अपने शिकार के पुत्र से भी बदला लेना नहीं भूला।

काजी ने कुछ नहीं किया और न हत्यारों को पकड़कर उन्हें सजा दिलाने की कोई कार्रवाई की। उनकी सलाह थी कि सन्तोष की दरी पर चुप बैठो, खेद का हुक्का पीते रहो, व्यथा को जैसे भी बने दबा कर रखो।

एक वर्ष तक सब कुछ सामान्य रूप से चलता रहा। मैं अपने पिता के अधिकारों का वारिस मान लिया गया। एक दिन वह व्यक्ति जो ब्रजलाल द्वारा मेरे पिता के विरुद्ध असली पटेल के पद पर रखा गया था, अपने पद ग्रहण का आदेश लेकर एक हथियारबन्द दल के साथ गाँव आ धमका। इस अन्याय का विरोध करने में गाँव के लोग बिलकुल अशक्त थे। मुझ पर नवागत पटेल के पक्ष में अपने सभी दावे छोड़ने का दबाव डाला गया। इसी बीच मेरी बहन अपनी ससुराल चली गई, उसी के पीछे मैंने माँ को भी भेज दिया क्योंकि अब मेरे पास घर भी नहीं

रह गया। अपने हृदय की पीड़ा लिये हुए मैंने भी गाँव त्याग दिया। और यह पता लगाने के लिए चल दिया कि मेरे पिता के साहूकार मित्र मेरे लिए दरबार में क्या कुछ कर सकेंगे। वे भी बदल गए, जैसी मुझे सम्भावना थी और कुछ भी नहीं हो सका।

उन लोगों का कहना था कि ब्रजलाल की ताकत के सामने दखल देना असम्भव है। उन्होंने यह भी परामर्श दिया कि मैं न्याय पाने की आशा त्याग दूँ क्योंकि अपर्याप्त गवाही के साथ हत्या का आरोप लगाना मेरे लिए प्राण-घातक हो सकता था। और न वे मेरे खोए हुए अधिकारों को पुनः प्राप्त करने में कोई सहायता दे सकेंगे। इस प्रकार मैं मित्र-विहीन होकर दुनिया से ठुकरा दिया गया।

अब मेरे सामने केवल एक ही मार्ग शेष था और अन्ततः मैं ठग के गिरोह में सम्मिलित हो गया। इसके पूर्व मैं इस पेशे में कभी नहीं आया। मैं तो इस संसार में अभी तक एकाकी जीवन व्यतीत कर रहा था। मेरी माँ का देहान्त बहुत पहले हो गया था। बहन अभी जीवित है, उसके बच्चे हैं, वह सुखी है और पिछली बातें भूल चुकी है। मैं कभी-कभी उसके यहाँ जाता रहता हूँ। वह स्नेहपूर्वक मेरा सत्कार करती है। मेरे मित्रो, आप लोगों के अतिरिक्त वही एक है जो मेरी परवाह करती है। उसे यही विश्वास है कि मैं होल्कर की फौज का सिपाही हूँ। इसके सिवा वह और कुछ नहीं जानती।

अल्लाह के फजल से मेरा शत्रु मेरे ही हाथों मारा गया। मुझे इस बात का सन्तोष है कि मैंने अपना बदला ले लिया। जब मेरा समय आ जाएगा, तो आप में से कुछ मित्र मुझे दफन कर देंगे और वह समय भी अब बहुत दूर नहीं। कल रात का कांड करने के लिए ही मैं जीवित था। भविष्य के लिए अब मुझे कोई उत्साह नहीं है। यह भी कोई महत्त्व की बात नहीं कि यह बूढ़ा ठग कब दफन होगा। बस यही थी मेरी कहानी। यदि मैं आप लोगों का ध्यान इस ओर आकर्षित करने में सफल रहा और साहबजादे को प्रसन्न कर सका, तो समझिए कि मेरा उद्देश्य पूरा हुआ। मुझे पूर्ण सन्तोष है।

अमीर अली : वृद्ध की कहानी सुनकर सभी स्तम्भित रह गए और उसके दुर्भाग्य पर उसे सांत्वना दी। विशेष रूप से मुझे उसमें अधिक रुचि रही क्योंकि अपने पिता के वृतान्त की अपेक्षा, उसकी कहानी से मुझे स्वीकार करना पड़ा कि हमारे सभी कामों में अल्लाह का हाथ रहता है। दोनों घटनाएँ द्रष्टव्य हैं। तो भी इस ठग की विशेष ध्यान देने योग्य है। ऐसा प्रतीत होता है कि उसे हमारे हाथों में डाल दिया गया। यही नहीं उसके द्वारा किए गए अत्याचार के लिए, उसे नरक की आग में झोंके जाने से पहले ही, धरती पर उसे सजा मिल गई।

मैंने स्वयं से कहा, 'अमीर अली के लिए अब से कोई यह न कह सकेगा कि जब व्यक्तिगत कौशल प्रदर्शित करने का अवसर आया तो वह पीछे रह गया। मैं अपने पिता से स्पर्धा करूँगा और देश जान तथा समझ जाएगा कि मैं उसकी बुराई के लिए एक कोड़ा हूँ। मुझसे कोई बच न पाएगा। जो शपथ मैंने ली है उसका पूर्णरूपेण पालन करूँगा। समस्त मानव जाति के साथ निरन्तर मेरा युद्ध जारी रहेगा। और इंशाअल्ला लोग देखेंगे कि अमीर अली किसी कार्रवाई के समय अपने लोगों का नेतृत्व कैसे नहीं कर सकता, वह वर्तमान समय के किसी भी व्यक्ति से बहुत आगे निकल जाएगा और जो परम्पराएँ हमारे बीच अभी शेष है, उन्हें बराबर अपनाए रखेगा।'

उस दिन के बाद मैं अपने गुरु के शिक्षण के अनुसार चलने लगा, जो एक अति जर्जर आयु का था और एक कुशल (कंठ घोटक) भुट्टोरे माना जाता था। वह हमारे समुदाय का सबसे पुराना सदस्य था। वह हिन्दू राजपूत था। यद्यपि उसकी कद-काठी सूखी और झुर्री पड़ी थी, फिर भी उसकी ऊँचाई, कन्धों की चौड़ाई और शिराएँ, जो मांस-विहीन होने के कारण उभर आई थीं, से यह आसानी से समझा जा सकता था कि वह किसी समय अत्यन्त बलशाली रहा होगा। इससे अधिक उसकी कुशलता रूमाल के प्रयोग से आँकी जाए तो उसके श्रेष्ठ बल की कहानियाँ सरलता के साथ मानी जाएँगी।

इधर मैं उससे अधिक परिचित नहीं हुआ, केवल दुआ-सलाम भर होती थी। अतः मैंने पिताजी से कहा कि वे मुझे उसके पास ले चलें और मुझे उसकी देख-रेख में रख दें और उससे यह भी अनुरोध कर दें कि वह मुझे भुट्टोरे का भलीभाँति अभ्यास कराए।

पिता मेरे इस अचानक प्रस्ताव से बड़े प्रसन्न हुए और उस पर तुरन्त राजी हो गए। उन्होंने मुझे हुसेन और उसी के दल के रूप सिंह, जिसका उल्लेख मैंने किया था, की देखरेख में रख दिया।

पिताजी ने कहा, "कुछ दिनों तक मैं तुमसे नहीं मिलूँगा। तुम उन्हीं के बीच रहोगे और जब मेरे पास लौट कर आओगे, तो मैं आगामी अभियान में तुम्हें भाग लेने के इच्छुक और प्रस्तुत देखकर तुम्हारा स्वागत करूँगा।"

एक दिन के बाद हम गम्भीरता के साथ काम करने लगे। रूप सिंह ने मुझ पर अपना जादू चलाना आरम्भ कर दिया। मैंने चार दिन तक मांस छुआ तक नहीं, केवल दूध पर रहा। पाक खस्सी (कुल्हाड़ी) पर अनेक भेंटें चढ़ाई गईं। प्रत्येक शकुन पर ध्यान रखा गया। नित्य मार्च के बाद जब मैं वृक्षों के नीचे बैठता, तो उन पर शायद ही कोई पक्षी उतरता, परन्तु इससे भी कोई परिणाम निकाला जाता था। प्रातःकाल मार्च के समय विभिन्न पशुओं और पक्षियों को ध्यान से देखा जाता था। मेरे प्रति अथवा मेरे लिए जो कुछ किया जाता था, स्वभावतः मैं उसका अभिप्राय जानने का बड़ा इच्छुक रहता था। किन्तु गुरु ने मुझे कुछ भी नहीं बताया।

उसने कहा, "मेरे बेटे, जब मैं तुम्हारी आयु का था, ऐसे अनुष्ठान मेरे ऊपर भी किए जाते थे, ताकि मैं निर्भीक, कठोर हृदयवाला, फुर्तीला और चालाक बन जाऊँ और जो भी मेरी पहुँच में आ जाए उन्हें अपने जाल में फँसा लूँ। अपने शत्रुओं से बचकर रहूँ, भाग्यशाली बन जाऊँ और कीर्ति अर्जित कर सकूँ। इस सब बातों में मैं कभी असफल नहीं हुआ। दो और लोगों पर मैंने अपना जादू चलाया है। वे शीघ्र ही जमादार बन जाएँगे। जैसी होशियारी और साहस उनमें हैं, एक दिन तुममें भी वही आ जाएँगे। इसलिए कोई प्रश्न मत पूछो। यह समझकर भरोसा रखो कि सब कुछ ठीक-ठाक और मेरे पूरे सन्तोष के साथ हो रहा है, क्योंकि मैंने अभी तक कोई अपशकुन नहीं देखा।"

पाँचवें दिन मेरे हाथ में रूमाल दिया गया। स्नान के बाद सुगन्धित तेल लगाया गया। मस्तक पर सिन्दूर का टीका लगाया गया। देवी भवानी का एक भक्त मानकर, मैं भुट्टोरे (कंठ घोटक) मान लिया गया।

एक कपड़ा देते हुए वह हँसकर बोला, "मैं एक बात भूल गया, और अत्यन्त आवश्यक भी है। मैंने तुम्हें यह नहीं बताया कि उसका प्रयोग कैसे करोगे। मेरा स्वयं का एक विशेष दाव-पेंच है, जो बड़ी आसानी से सीखा जा सकता है। जल्दी ही उसे तुम जान जाओगे।"

उसने वह कपड़ा हाथ में लिया। उसके एक छोर पर चाँदी का सिक्का रखकर बड़ी गाँठ बाँध दी। इसे उसने अपने बाएँ हाथ में लिया और उसका दूसरा छोर दाहिने हाथ में पकड़ा और उनके बीच इतना स्थान रखा कि आदमी की गरदन घिर जाए। बन्द हाथों की हथेलियाँ सबसे ऊपर रहीं।

फिर उसने कहा, "अब इसे ध्यान से देखो। जब तुम पीछे से यह कपड़ा डालकर उसे अचानक उँगलियों की गाँठों को घुमाकर गरदन को कसोगे और बड़ी सरलता के साथ दोनों ओर से सीधी ऐंठन दोगे। इस क्रिया को जब दक्षता के साथ किया जाएगा तो तत्काल मृत्यु निश्चित है।"

मैंने कपड़ा हाथ में लिया और उसके बताने के अनुसार पकड़ा, परन्तु उसे यह पसन्द नहीं आया।

उसने कहा, "इसे मुझे दो, मैं इसे अच्छी तरह तुम्हारी गरदन पर करके दिखाऊँगा।"

मैंने हँसकर कहा, "नहीं, ऐसा न करो, तुम सोचोगे कि मैं ही मुसाफिर हूँ और एक क्षण में न चाहते हुए भी मुझे गिरा दोगे। लेकिन मैंने इसका तरीका भली प्रकार समझ लिया।"

"तो फिर उसी तरीके को मेरे ऊपर आजमाओ, अमीर अली मैं तुम्हारे हाथों की स्थिति से समझ लूँगा कि तुम इसके सम्बन्ध में कुछ जानते हो या नहीं।"

मैंने उसकी आज्ञा का पालन किया और वृद्ध ने अपना सिर हिला दिया और हँस पड़ा।

वह बोला, "इस तरह नहीं चलेगा। ऐसे तो तुम किसी बच्चे को भी नहीं मार सकोगे। जब मेरे हाथ तुम्हारी गरदन पर होंगे, तभी तुम्हारी समझ में आएगा।"

मैंने उसकी बात तो मान ली, परन्तु मुझे यह अच्छा नहीं लगा। मैंने जब उसके ठंडे चिपचिपाते हाथ अपनी गरदन पर रखे अनुभव किए तो ऐसा लगा जैसे मेरा सारा रक्त ठंडा पड़ गया। लेकिन उससे मुझे कोई चोट नहीं लगी और मैं समझ गया कि मेरी गलती कहाँ पर थी। उसके बताने के अनुसार मैंने उसकी गरदन पर कई बार अभ्यास किया और अन्त में मुझे पूर्ण दक्ष मान लिया गया।

उसने कहा, "अमीर अली, अब तुम्हें केवल और अभ्यास की आवश्यकता है।"

मैंने उत्तर दिया, "इंशा अल्ला, रूपसिंह, मुझे बहुत से अवसर प्राप्त होंगे। एक बार आरम्भ होने के बाद आगे कोई भय नहीं रहेगा। जैसे कोई शेर, जिसने एक बार मानव-रक्त का स्वाद जान लिया, फिर जहाँ तक सम्भव होगा दूसरे को नहीं चाहेगा और उसी को प्राप्त करने के लिए हर खतरे का सामना करेगा, ऐसा ही मैं स्वयं के लिए भी अनुभव करता हूँ।"

साहब, और ऐसा ही होता रहा, मुझे स्वयं मालूम है कि मैंने आपको सब कुछ सच सच बताया।

प्रथम अभियान

नागपुर के हमारे शेष मार्ग में कोई उल्लेखनीय घटना नहीं हुई। केवल कुछ मुसाफिरों की मौत अवश्य हुई होगी, वह भी हमारे गिरोह की एक टुकड़ी द्वारा जो हमारे ही मार्ग के समानान्तर जानेवाले दूसरे मार्ग में भेजे गए थे।

साहब, अब हम आपको नागपुर के अपने डेरे पर ले चलते हैं। नगर के बाहर एक बहुत बड़ा तालाब है, उसी के किनारे हमारे दल के अधिकांश लोग ठहर गए। जो लूट का माल हमारे पास था, उसे नकद राशि में बदलने के अभिप्राय से मेरे पिता अपने कुछ साथियों को लेकर नगर में ही रुक गए। यह कोई कठिन काम नहीं था क्योंकि ब्रजलाल की सम्पत्ति आसानी से बिक सकती थी। नगर के बहुत से सुनार और साहूकार उसे लेने आ गए।

एक साहूकार के साथ लेनदेन करते समय मेरे पिता यों ही कह बैठे कि वे अपने गाँव के कुछ लोगों को लेकर हैदराबाद जाएँगे। वहाँ प्रिंस सिकन्दर शाह राज कर रहे हैं, उनके यहाँ भाई नौकर है, उसी के द्वारा इन लोगों की नौकरी लग जाने की आशा है। यह सुनते ही साहूकार ने तुरन्त अपने साथ उसे भी ले चलने का प्रस्ताव रख दिया कि मार्ग में अपनी सुरक्षा के एवज में उन्हें अच्छा पुरस्कार देगा। उसने यह भी बताया कि वह कुछ समय से स्वयं इस अवसर की तलाश में था कि कोई भद्र पुरुष मिल जाए, जिसके साथ कई लोग हों, जिसकी अभिरक्षा में वह यात्रा कर सके।

साहब, उस समय देश में अराजकता का वातावरण था, चारों ओर लड़ाइयों की अफवाहें उड़ रही थीं। ऐसे समय में कोई भी सम्मानित व्यक्ति अपने नेतृत्व में कुछ और लोगों को एकत्र करके यदि हिन्दुस्तान अथवा दक्खिन के किसी दरबार में उपस्थित होता तो उसे सैनिक की नौकरी अवश्य प्राप्त हो जाती। वास्तव में पेशवा, होल्कर या सिन्धिया, प्रत्येक शासक के पास विशाल फौजें थीं, जिन्हें काफी अच्छा वेतन मिलता था। अतः कोई अन्य व्यवसाय करने की अपेक्षा, उनके अधीन काम करना अधिक अच्छा था। नागपुर आते समय मार्ग में हमें ऐसे लोगों के कई दल मिले थे। इसी कारण हमारा समुदाय असाधारण अथवा सन्देहात्मक दिखाई देनेवाला नहीं प्रतीत होता था, विशेष रूप से मेरे पिता किसी सैनिक की भाँति सदा सशस्त्र सज्जित और उत्तम घोड़े पर सवारी करते थे। इसके अतिरिक्त कहीं ठहरते समय अथवा किसी नगर से गुजरते हुए अपने सुरक्षा बल के रूप में बहुत से ठगों के साथ होते थे। वैसे वे स्वयं को एक साहूकार ही दर्शाते थे।

उस साहूकार की शर्तों को मानकर मेरे पिता हैदराबाद तक उसकी सुरक्षा के लिए तैयार हो गए और एक दो दिन बाद वहाँ से चलना निश्चित हो गया। उसी दिन गुप्त मन्त्रणा करते समय साहूकार ने बता दिया कि वह अपने साथ काफी रुपया-पैसा, कीमती आभूषण तथा कुछ तिजारती सामान लिए जा रहा है जिसे हैदराबाद में बेचने पर उसे अच्छा लाभ मिलने की आशा है। यही नहीं उसने वह सारा माल मेरे पिता को दिखा भी दिया।

साहब, आप सोच सकते हैं कि इतनी बड़ी लूट का माल निश्चय ही मिल जाने की प्रत्याशा में हमारे दल के लोग कितने प्रसन्न हुए होंगे?

पूरे दल को सैनिक के रूप में दिखाई देने के अभिप्राय से पिताजी ने जिनके पास शस्त्र नहीं थे, उन्हें बन्दूकें, तलवारें और ढालें बाजार से खरीदकर दे दीं। वास्तव में जिस समय सभी को जाँचने के लिए एक-साथ खड़ा किया गया, तो वे सब अत्यन्त दर्शनीय प्रतीत हो रहे थे। चूँकि इस अभियान को एक अत्यन्त साहसी कृत्य के लिए माना गया था, अतः उसके लिए युवा और हृष्ट-पुष्ट व्यक्ति ही चुने गए थे।

साहूकार के साथ किए गए समझौते की जानकारी दल के सभी लोगों को दे दी गई। सबको आगाह कर दिया गया था कि वे सदा सैनिक वेश में रहें तथा उसी प्रकार का व्यवहार करते

रहें। इससे यह स्पष्ट रहे कि यह उसका रक्षक-दल था।

शाम व्यतीत हो गई और लूट के माल का ध्यान करते हुए रात को समस्त डेरा आनन्दमग्न था। सबने मान लिया था कि माल तो अपनी मुट्ठी में था, तो फिर हर्ष क्यों न हो। नगर से नृत्यांगनाएँ बुलवाई गईं और उनका नृत्य-गान सुनते हुए काफी रात व्यतीत हो गई।

बड़ी उत्सुकता के साथ हम लोग सारे दिन साहूकार की प्रतीक्षा करते रहे। रात होते ही वह एक छोटी गाड़ी में बैठकर हमारे डेरे में पहुँच गया। उसके साथ दो-एक नौकर थे, दो-तीन टट्टू थे जिन पर टेंट तथा अन्य सामान लदा था तथा चालकों के साथ 10 बैल थे। सब मिलाकर 8 लोग आए थे।

अमरावती तक की यात्रा तक हम लोगों ने उसकी ओर विशेष ध्यान नहीं दिया। कभी-कभी शाम को विश्राम के समय हुसेन और पिताजी उसके कैम्प में बैठ जाया करते थे। मेरा भी परिचय उससे कराया गया।

वह लम्बा-तगड़ा शीघ्र कब्जे में न आनेवाला व्यक्ति प्रतीत होता था। मैं सोचने लगा कि क्या वह मेरे प्रथम प्रयास के लिए उपयुक्त पात्र हो सकेगा? मैंने पिताजी से अपना विचार व्यक्त किया, जिसे सुनकर वे अत्यन्त प्रसन्न हो गए।

उन्होंने कहा, "मैं तुम्हीं को उसका भुट्टोरे नियुक्त करना चाहता था। वह स्थूलकाय होने के कारण प्रतिरोध न कर सकेगा। तुम्हारे लिए यह एक सरल काम होगा। तुमने अभी तक अपने सामर्थ्य की परीक्षा कहाँ की है?"

अतः उसी समय से मैं उसे अपना प्रथम शिकार मानने लगा।

अपने अभ्यास में और अधिक निखार लाने की दृष्टि से मैं अपने शिक्षक के पास नित्य जाने लगा। जिस प्रकार रूमाल का प्रयोग करने की विधि बताया करते, मैं हर तरह से उसका अभ्यास कर लेता। एक दिन उन्होंने यह प्रस्ताव रखा कि किसी एकाकी मुसाफिर को कैम्प में बहकाकर लाया जाए, जिससे मैं उस पर सर्वप्रथम अपना हाथ चलाकर देखूँ। किन्तु मैंने उसे स्वीकार नहीं किया क्योंकि मुझे अपनी शक्ति पर विश्वास था। मैंने पक्का इरादा कर लिया था कि जब मैंने साहूकार को ही चुन लिया है तो वही मेरा प्रथम शिकार होगा।

हमारी यात्रा यथावत् सम्पन्न हुई क्योंकि मार्ग में कोई विशेष बात नहीं हुई। हम नगर में आकर बाजार में ठहर गए। यहाँ का ऐश्वर्य तथा सम्पन्नता देखकर मैं ठगा सा रह गया लेकिन यहाँ आश्चर्य करने का कोई कारण न था क्योंकि वही ऐसा स्थान था, जहाँ हिन्दुस्तान का समस्त तिजारती तथा निर्मित माल दक्खिन के विभिन्न प्रान्तों में वितरण के लिए लाया जाता था। और दक्खिन में उत्पन्न होनेवाले मसाले-औषधियाँ तथा अन्य वस्तुएँ हिन्दुस्तान की ओर भेजने के लिए लाई जाती थीं।

नगर साहूकारों के आवासों से भरा हुआ था। बड़ी-बड़ी दूकानें थीं, जिनमें तरह-तरह की वस्तुएँ विक्रय हेतु रहती थीं, और जिनके विषय में मैंने पहले कभी नहीं सुना था। बम्बई के यूरोपियन लोगों की अनेक वस्तुएँ भी वहाँ दर्शनीय थीं। प्रतिदिन मैं अपने पिता के साथ बाजार जाया करता था और वहाँ की वस्तुओं को देखकर चकित होने के साथ उनकी प्रशंसा करता था।

अपने व्यापार के सिलसिले में साहूकार को यहाँ कुछ दिन रुकना पड़ा। इसके बाद हम लोग फिर चल पड़े। अब उसके तीन लोग और शामिल हो गए जो उन बैलों के चालक थे

जिनके ऊपर बनारस के वस्त्र, जो अपनी भव्यता और सौन्दर्य के लिए वस्तुतः प्रसिद्ध थे, लदे थे।

अपने दल में अधिक लोग बढ़ जाने से हमारी वास्तविक योजना में कोई व्यवधान नहीं उपस्थित हुआ क्योंकि साहूकार के हमारे साथ होने के कारण हुसेन का दल अभी तक बना हुआ था। वह न भी होता तो मेरे पिता के साथ इतने लोग थे जो बिना कष्ट सब कुछ सँभाल सकते थे।

अमरावती से मंगलूर के बीच तीन पड़ाव थे, पिताजी ने कहा था, "वहीं, चलकर स्थान का निर्णय करेंगे जहाँ मामला निपटाना होगा। जहाँ तक मुझे स्मरण है उसके निकट ही कुछ नीची पहाड़ियाँ और घाटियाँ हैं, शवों को छिपाने के लिए वहाँ सर्वोत्तम अवसर प्राप्त होगा। हुसेन जरा पूछो तुम्हारा कोई आदमी वहाँ के स्थान का जानकार है? उसे लुधाइयों के साथ भेज दिया जाएगा।"

जब हम लोग पहले पड़ाव पर पहुँचे, जो बाउम नामक गाँव था, वहीं पर जानकारी प्राप्त कर ली गई। तीन लोग ऐसे मिले जो पूरे मार्ग से भली भाँति परिचित थे। उन लोगों ने एक विशेष स्थान की ओर संकेत करते हुए बताया कि वही सर्वोत्तम स्थान था। हुसेन और मेरे पिताजी ने उन लोगों से खूब अच्छी तरह पूछताछ करके पूरी जानकारी ली। उन लोगों ने एक जगह का पूरा वर्णन किया जो अपने उद्देश्य के लिए सबसे उपयुक्त समझा गया और उसी पर सबकी सहमति हो गई। उन्हें विशेष पुरस्कार देने का आश्वासन दिया गया।

अब मुझे लगा कि मेरी परीक्षा का समय निकट आ गया और कुछ घंटों के बाद शेष लोगों के साथ मुझे भी अपना स्थान ग्रहण करना होगा क्योंकि अब उनके बराबर मैंने अपना स्थान स्थिर कर लिया है।

साहब, सम्भव है कि यह मेरी कमजोरी थी, परन्तु मैं उस समय के पश्चात साहूकार के सामने जाने से कतराने का प्रयत्न करने लगा। मार्ग में मैंने उसे एक-दो बार देखा था लेकिन न जाने क्यों मेरे शरीर में कँपकँपी होने लगी। अपनी मूर्खतावश मन में आया कि अपने गाँव लौट चलूँ, लेकिन उसके लिए अब बहुत देर हो चुकी थी। अब एक ओर मुझे चरित्र-बल प्राप्त करना था, तो दूसरी ओर अपने पिता की प्रशंसा, जिन्हें मैं बहुत प्यार करता था। पीछे हटना असम्भव था और जरा भी कायरता दिखाने का अर्थ मुझे सदैव के लिए गिर जाना था। अतः मेरे लिए अपनी सर्वोत्तम कुशलता का परिचय देने के सिवा कोई मार्ग न था। वास्तव में जब साहूकार मेरे सामने नहीं होता, तो मुझे अपना अभिनय करने में कोई झिझक नहीं होती, परन्तु इसके विपरीत मेरी वही आकांक्षा होती, जिसका अनुभव पहले हो चुका था, कि मैं स्वयं को सर्वोत्तम दिखाऊँ।

हम लोग मंगलूर आ गए। यह बड़ा नगर है, जहाँ मुसलमान अधिक हैं। कोई पुराने सन्त मीर हयात कलन्दर की दरगाह के कारण यह बहुत प्रसिद्ध है। यह पवित्र स्थान माना जाता है। हम लोगों ने भी अपने काम की सफलता की दृष्टि से दरगाह में प्रार्थना करना आवश्यक समझा।

अतः मैं, पिताजी, हुसेन तथा कुछ अन्य लोगों के साथ दरगाह पर गए। वहाँ सेवा में लगे सेवादारों ने हम लोगों से सभी आवश्यक रस्में पूरी कराईं। इसके पश्चात् वहाँ के दो मुल्ला लोगों के साथ बैठकर बातें करने लगे। मैंने यह देखा कि पिताजी ने हुसेन को संकेत से बता

दिया कि वे दोनों भी ठग थे। यह अत्यन्त असाधारण बात है। मैंने सोचा हमारे साथ ही यहाँ के पवित्र धर्म प्रचारक लोग भी ठग हैं। उन लोगों से कुछ देर बात करने के बाद मैंने देखा कि पिताजी ने उन्हें बहुत हलके तौर पर लिया।

पिताजी ने हुसेन से कहा, "ये लोग ठग नहीं हो सकते, और अच्छा होगा कि हम अपने लोगों को उनसे मिलने-जुलने से रोक दें। मैं नहीं समझता कि वे हमारी कुछ टोह ले सकेंगे लेकिन यदि उन्हें ज्ञात हो जाता कि हमारे साथ कौन लोग हैं, तो वे वैसा कर सकते थे।"

हुसेन ने कहा, "तुमने ठीक कहा। यही उचित होगा कि हम लोगों से कह दें कि अपने साथ के लोगों के विषय की बातें गुप्त रखें।"

अपने साथ के सभी लोगों को सतर्क कर दिया गया और यह उचित सिद्ध हुआ क्योंकि हमें बाद में मालूम हुआ कि वे मुल्ला यह ज्ञात करने के लिए अति जिज्ञासु थे कि हम लोग बिना किसी उद्देश्य के इतनी लम्बी यात्रा करके क्यों आए हैं। और आगे भी दूर तक जाएँगे। इसमें सन्देह नहीं कि यदि हम वैसा न करते और उनसे अपना इरादा खोलकर बता देते या उनसे किसी प्रकार की सहायता माँगते तो या तो वे गाँव के अधिकारियों के सामने हमारा भेद खोल देते अथवा लूट के माल में जो हिस्सा माँगते वह हमें देना पड़ता।

नमाज अदा करने के बाद हम अपने डेरे पर लौटकर आ गए। वहाँ साहूकार का एक आदमी हमारी प्रतीक्षा कर रहा था। उसने बताया कि उसके मालिक जहाँ थे, वहीं आज शाम को अपने मित्रों के साथ रुकेंगे और गाँव के बाहर हमारे डेरे पर न आ सकेंगे, किन्तु मेरे पिता कुछ आदमियों को उसके पहरे पर छोड़ दें। वे रात होते ही वहाँ से चल देंगे क्योंकि उनका इरादा वस्सिम तक, जो कुछ दूर पर एक कस्बा है, पहुँचने का है। वहाँ उनका एक अन्य मित्र है, उसके यहाँ भी वे जाएँगे। चूँकि यात्रा लम्बी होगी, अब जल्दी चल देना होगा, जिससे आधे मार्ग पर स्थित गाँव में रुककर जलपान कर सकें।

मेरे पिता को बस्ती में पहरे के लिए अपने आदमियों को भेजने का विचार पसन्द नहीं था क्योंकि सम्भव था, गाँव के ठग उन्हें असली रूप में पहचान जाएँ, फिर भी उन्होंने मौन सम्मति दे दी और जैसे ही रात होनेवाली थी, कुछ आदमी भेज दिए, ताकि अँधेरे में उन्हें पहचाना न जा सके।

इस बीच कब्र खोदनेवालों ने, जिन्हें पहले चल देना था, पूरी तैयारी कर ली और रात होते ही चौदह आदमी जिनके साथ दो लोग ऐसे भी थे जो स्थान पहचानते थे, रवाना हो गए। जिस जगह को तय किया था, उसे ये लोग अच्छी तरह जानते थे। वहाँ घाटियों से लगी हुई छोटी-छोटी पहाड़ियाँ थीं। मार्ग पथरीला था जिसे काटती हुई अनेक छोटी-छोटी धाराएँ बहती थीं। उनके तटों पर घनी झाड़ियों की कतारें थीं। इन्हीं में से किसी एक में जो सूखी पड़ी हो, मिल अथवा कब्र खोदी जानी थी। उनसे यह भी कह दिया गया था कि वे काम हो जाने पर सूचित कर दें, जिससे सब लोग अपने-अपने स्थान पर स्थित हो जाएँ और संकेत मिलते ही टूट पड़ें।

यह सभी जानते थे कि मुझे स्वयं साहूकार से निपटना होगा। कई लोग मेरे इर्द-गिर्द यह देखने के लिए जमा हो गए कि मैं अपने प्रथम प्रयास में कैसा अनुभव करूँगा। हर एक ने मेरे प्रति हर्ष व्यक्त किया, जिससे मेरा आत्मविश्वास बहुत बढ़ गया। जैसे-जैसे वह घड़ी आती गई, वैसे-वैसे मेरा उत्साह बढ़ता गया। जैसे कोई युद्धवीर सैनिक रोष में भरकर अपनी चमकती

हुई तलवार की प्रथम झलक देख रहा हो। मेरे पिता सन्तोषपूर्वक मेरी भावभंगिमा को चुपचाप देखते हुए आनन्दित हो रहे थे। वे मौन थे, परन्तु मुझे स्नेह से देखकर उनके नेत्र गौरवान्वित हो गए। मैंने निश्चय कर लिया था कि मैं उन्हें निराश नहीं करूँगा।

वर्तमान मामले के महत्त्व की दृष्टि से पूरा दल विशेष प्रभावित प्रतीत होता था क्योंकि वे छोटे-छोटे समूहों में एकत्र होकर चर्चा कर रहे थे, परन्तु प्रत्येक को भलीभाँति ज्ञात था कि उसे क्या करना होगा और उसका सहयोगी क्या करेगा? बाद में एक-एक करके अलग हो गए। कुछ आराम पाने के लिए अँगड़ाई ले रहे थे क्योंकि थोड़ी देर बाद ही उन्हें अपना कौशल दिखाना था, यही नहीं उन्हें खतरनाक संघर्ष में जूझना होगा। मेरे पिता और हुसेन भी उसी स्थिति में थे। केवल मैं अपने टेंट के बाहर बैठा था। उसी समय रूप सिंह आया और पूछा, "बाबा, कैसा लग रहा है? क्या दिल मजबूत है और खून भी ठंडा है?"

मैं उत्तर दिया, "दोनों ठीक हैं, मेरे हृदय को कुछ भी नहीं बदल सकता। मेरा हाथ देखो, क्या खून गर्म है?"

उसने मेरा हाथ लेकर कहा, "नहीं, और न हाथ में किसी प्रकार का कम्पन है। जैसा होना चाहिए, वैसा ही है। मैंने कई लोगों को प्रथम प्रयास के समय देखा है लेकिन कोई भी तुम्हारी तरह शान्त नहीं था। यह सब उन्हीं मन्त्रों का प्रभाव है जो तुम्हारे ऊपर पढ़े गए तथा वे अनुष्ठान जो तुम्हारे लिए सम्पन्न किए गए।"

मैंने कहा, "हो सकता है, वही हो, परन्तु मेरा विचार है कि मैं उन सबके बिना भी वैसा ही बना रहता।"

उसने कहा, "मेरे अभिमानी बेटे, देवी भवानी तुम्हें क्षमा करें। तुम उनके प्रभाव को नहीं समझते। मैं जन्म से राजपूत हूँ। मुझसे बढ़कर कोई अभिमानी होगा। मैं शुद्ध जाति का हूँ। अपने बचपन से मैंने न जाने कितने हिंसक पशुओं का वध किया होगा अथवा उसमें सहायता की होगी। किन्तु जब मुझे आदमी दिखाया गया और मेरे हाथ में रूमाल देकर उससे उसकी हत्या करने के लिए कहा गया, तब मैं वास्तव में काँप गया, परन्तु मुझे कोशिश करने में फिर अधिक समय नहीं लगा। तुम्हें एक क्रिया और करनी है, उसकी किसी प्रकार अवहेलना नहीं की जा सकती। जाओ अपने पिता, हुसेन और बद्रीनाथ को बुला लाओ। उन्हें उपस्थित रहना होगा।"

शीघ्र ही सब लोग एकत्र हो गए। गुरु हमें निकट के खेत में ले गए। वहाँ रुक गए और जिस दिशा में हमें जाना था, उस ओर घूमकर विनयशील मुद्रा में हाथ ऊपर उठा दिए और बोले, "हे काली, महाकाली, जो यात्री इस समय हमारे साथ है, यदि वह तुम्हारे उस नए भक्त द्वारा मारा जाता है, तो थिबाऊ हमारे ऊपर कृपा करे।"

सब लोग मौन होकर खड़े रहे। और यह बताते हुए आश्चर्य होता है कि उतनी रात को दाहिनी ओर एक गधा रेंकने लगा। गुरु अति प्रसन्न हो गए।

उन्होंने सबसे कहा, "किसी भक्त को इतने पूर्ण रूप से कभी स्वीकार नहीं किया गया। प्रार्थना के अनुरूप शकुन भी हुआ।"

मेरे पिता ने कहा, "अल्लाह का शुक्र है। सब कार्य पूर्ण हो गए। आगे वह विजयी होगा। तुम्हें केवल गाँठ बाँधना शेष है।"

गुरु ने कहा, "वह मैं लौटकर कर लूँगा।"

हम जब अपने डेरे पर पहुँचे, उसने मेरा रूमाल ले लिया और पहले से लगी गाँठ को खोल दिया। पुनः उसमें चाँदी का टुकड़ा रखकर गाँठ लगा दी और उसे मुझे देकर कहा, "इस पवित्र हथियार को सँभालो। इस पर पूरा विश्वास रखो। माँ काली के नाम से यह तुम्हारा कल्याण करे।"

मैंने उसे दाहिने हाथ में लिया और सावधानी के साथ अपने कमरबन्द में रख लिया, जिससे खो न जाए और काम के समय तुरन्त उपलब्ध हो जाए।

हम लोग कुछ समय तक बातें करते रहे। बाद में आराम करने के लिए दरी बिछाकर लेट गए। तब तक गाँव से हमारा एक आदमी आ गया। उसने कहा, "साहूकार प्रस्थान करने के लिए तैयार हो रहे हैं और आपको सूचित करने के लिए मुझे भेजा है।"

सारे दल को जल्दी-जल्दी उठाया गया, पशुओं पर सामान लादा गया और हम सब सड़क पर खड़े होकर उसकी प्रतीक्षा करने लगे। वह भी शीघ्र आ गया और हम सब साथ चल पड़े।

रात्रि अत्यन्त सुहावनी थी। मार्ग भी उत्तम था। हम लोग बड़े उत्साह के साथ आगे बढ़ते रहे। जो लूट का माल हमें प्राप्त होनेवाला था और जिस कौशल के साथ इस पूरे मामले का आरम्भ से ही प्रबन्ध किया गया था, इन सब बातों से संकेत मिलेगा कि यह उद्यम कितने उत्तम कोटि का है। उसे बताने में हर एक गर्व का अनुभव करेगा। और यह केवल प्रदेश में ही बहुत बड़ी सनसनी नहीं उत्पन्न करेगा, वरन् सारे हिन्दुस्तान के ठगों के गिरोह इसे सुनकर चकित हो जाएँगे। विशेष रूप से वे दल जिनसे हम इस मौसम के अन्त में पुनः मिलेंगे।

हम लोग लगभग दो कोस गए होंगे कि आगे चलनेवाले लोगों में कुछ बोलचाल होती सुनाई दी। तब तक पहले रवाना किए गए आदमियों में से एक हमारे पास आया।

पिताजी ने उससे पूछा, "भिल्ल मंझे (क्या तुम लोगों ने गढ़े खोद लिये)?

उसने उत्तर दिया, "मंझे (अर्थात वे तैयार हैं)। आप वे जो नीची पहाड़ियाँ देख रहे हैं। उनमें से जैसा बताया था, एक नाला निकला है। वहीं हम लोगों ने भिल तैयार की हैं। जमादार साहब, आप हमारा काम देखकर मान जाएँगे, कि हम कितने कुशल हैं।"

पिताजी ने पूछा, "यहाँ से कितनी दूर होगा?"

उसने उत्तर दिया, "बस यहाँ से आधा कोस होगा। दूर नहीं है। परन्तु मार्ग पथरीला है और आगे तक वैसा ही है। आप उसका लाभ उठा सकते हैं," और वह औरों में जाकर मिल गया।

चुपचाप संकेत द्वारा सभी को सतर्क कर दिया गया कि वे अपने-अपने स्थान पर रहें। जिस आदमी को काम करना था उसके पीछे आवश्यकतानुसार एक या दो आदमी तैनात कर दिए गए। सबसे आगे जानबूझकर खड़े किए गए अवरोधों के कारण साहूकार के बैल और उसके नौकर सब जल्दी ही, उसकी गाड़ी, जिस पर वह सवार था, के पास आ गए। अब सबके एक ही स्थान पर आ जाने से उन पर काबू पाना सरल था।

इन सब तैयारियों ने मुझे पुनः सतर्क कर दिया और मैंने रूमाल कसकर पकड़ लिया, यह सोचकर कि न जाने किस क्षण संकेत मिल जाए। किन्तु इस समय हम लोग मार्ग के सँकरे और दोनों ओर घनी काँटेदार झाड़ियाँ होने के कारण धीरे-धीरे रेंगते हुए चल रहे थे। आगे के लोग भी अपने क़दम बहुत धीरे रखते हुए बढ़ रहे थे। अब हम अपने निर्धारित स्थान के निकट आ गए थे, और किसी क्षण वहाँ पहुँच सकते थे।

जब हम छोटी पहाड़ियों के पास पहुँचे तो वहाँ जंगल काफी घना हो गया था। चाँदनी रात में वह और सघन प्रतीत होता था। मार्ग में कई स्थान मुझे ऐसे लगे जहाँ अपना काम लाभ के साथ किया जा सकता था, किन्तु मेरा विचार ग़लत था, क्योंकि लुधाइयों ने एक प्रशंसनीय स्थान चुन लिया था।

आगे से एक आदमी आकर मेरे पिता के कान में कुछ फुसफुसाया और फिर चला गया। इससे मेरी व्यग्रता और बढ़ गई। हम लोगों ने एक खोखली जगह पार की और उसके किनारे पर चढ़ गए। वहाँ से नीचे देखकर मैं समझ गया कि निश्चय ही वही जगह होगी। इस नाले के दोनों किनारे ऊँचे और ढालू थे। पेड़ों से लटकती हुई लताएँ नीचे झाड़ियों में लिपट कर रह गई थीं। कुछ ऊँचे-ऊँचे वृक्ष तलहटी में आकर आपस में गुँथ गए थे जिनके बीच से जल की एक अत्यन्त पतली धारा निकल रही थी। वह ऐसी प्रतीत हो रही थी जैसे घने पत्तों के बीच से रजत पक्षी की भाँति चन्द्रमा की किरणें वहाँ आ रही थीं। मैं सोच रहा था कि यदि ऐसे स्थान पर सौ चोर भी छिपे हों, तो किसी यात्री के भाग्य को कभी कौन जान पाएगा, जिसे यहाँ बड़ी आसानी से घेरा जा सकता है।

पिताजी ने मेरे विचारों की शृंखला भंग कर दी। उन्होंने पुकार कर कहा, "होशियार।"

यह काम करने की तैयारी का संकेत था। वे साहूकार की गाड़ी के निकट गए और उससे कहा कि हम लोग नदी पर आ गए हैं और उसके किनारे इतने ढालू और पथरीले हैं कि हम लोगों को उतरकर कम से कम दूसरे किनारे तक तो चलना ही होगा। इतना कहना पर्याप्त था, वह नीचे उतर पड़ा और गाड़ी के ढाल से उतर जाने के बाद स्वयं भी चलनेवाला था।

इस समय पूरा दृश्य मेरे सामने है। ठगों के साथ बैल, गाड़ीवान सभी। उस छोटी धारा की तलहटी में हड़बड़ा रहे थे। आदमी शोर करते हुए अपने जानवरों को हाँक रहे थे, परन्तु यह सहज ही देखा जा सकता था कि हर आदमी के पीछे एक ठग संकेत की प्रतीक्षा में था। वे हमसे कुछ फीट दूर थे, और धारा इतनी सँकरी थी कि उसकी तलहटी पर कठिनाई से सब खड़े हो सकते थे। ऊपर मैं, मेरे पिता, हुसेन, साहूकार तथा उसका नौकर खड़े थे, कुछ ठग भी वहीं थे।

मैं बड़ी उत्सुकता के साथ संकेत पाने की प्रतीक्षा में था। रूमाल मैंने मजबूती से पकड़ रखा था और इस समय मेरा पहला शिकार केवल एक फुट के अन्तर पर था। मैं उसके पीछे खड़ा हो गया क्योंकि बगल की अपेक्षा यह अधिक सुविधाजनक था। मैंने देखा कि एक अन्य ठग नौकर के पीछे खड़ा हो गया। साहूकार एक-दो कदम सड़क की ओर बढ़ा, मैं भी स्वतः उसके पीछे चला। इस समय मैं जरा भी विचलित नहीं था और ध्यानपूर्वक उसे देख रहा था।

"जय काली" मेरे पिताजी ने आवाज दी। यही संकेत था और मैंने उसका पालन किया।

विचार जैसी क्षिप्र गति से मेरा रूमाल उसकी गरदन में लिपट गया। मुझमें किसी अलौकिक शक्ति का संचार सा होता प्रतीत हुआ। मैं निरन्तर उसकी गरदन ऐंठता रहा। एक क्षण तक तड़पते हुए उसने संघर्ष किया और गिर गया। मैंने अपनी पकड़ बनाए रखी। उस पर झुककर बैठ गया। मैं रूमाल को इतना ऐंठता रहा कि मेरे हाथ दुखने लगे, परन्तु वह हिला नहीं। मर चुका था। उसे छोड़कर मैं खड़ा हो गया। इस समय उत्तेजना के कारण मैं पागल हो गया। मेरा रक्त उबल रहा था। उस समय ऐसा लग रहा था कि मैं सौ और लोगों का गला घोंट सकता था। कितना सरल था, सचमुच सहज काम था। अपनी कलाइयों के केवल एक घुमाव

द्वारा मैं उन लोगों के समकक्ष आ गया था, जो वर्षों से इस पेशे में लगे थे। एक मुख्य शिकार को मारकर मैं अब इस साहसिक कृत्य के प्रथम स्थान पर पहुँच गया था। मुझे अब पूरे दल की प्रशंसा मिलनी चाहिए, जो अब तक मुझे एक बालक मात्र समझ रहे थे।

मेरे पिता ने जैसे मुझे स्वप्न लोक से जगा दिया। वे बहुत आहिस्ता और प्यार से बोले,

"तुमने बहुत अच्छा काम किया। इसका तुम्हें शीघ्र पुरस्कार मिलेगा। मेरे साथ आओ, हम कब्र की ओर चलेंगे। सभी शव पहले ही जमा कर लिए गए हैं। मुझे स्वयं देखना चाहिए कि उनका ठीक प्रकार से निस्तारण कर दिया। इस घटना को लेकर कुछ हल्ला-गुल्ला अवश्य होगा, अतः हमें यहाँ से फौरन हट जाना होगा।"

मैं उनके पीछे-पीछे धारा में तल तक उतर गया। एक व्यक्ति हमें गड्ढे की ओर ले चला। दूसरे लोग साहूकार के शव को लिये पीछे आ रहे थे। थोड़ी दूर चलने के बाद हम एक छोटे नाले के मुहाने पर आ गए। वह बिलकुल सूखा था। वहाँ कई लोग खड़े थे।

पिता ने पूछा, "कब्र कहाँ है?"

एक ने कहा, "उस ओर है लेकिन आपको झुककर जाना होगा क्योंकि झाड़ियों के काँटे बहुत नुकीले हैं।"

"कोई बात नहीं" इतना कहकर वे आगे झाड़ियों में घुस पड़े।

नाले के किनारे दो-तीन गज़ ऊँचे थे और उसका तल इतना सँकरा था कि केवल दो आदमी साथ-साथ चल सकते थे। ऊपर लताएँ वृक्षों से लिपटी हुई थीं और किनारे इतने सघन थे कि ऊपर से उतरना असम्भव था। जैसे-जैसे आगे चले उस स्थान की जटिलता बढ़ती गई और हर कदम पर अपने वस्त्रों को काँटों से बचाना आवश्यक हो गया। आगे हमें कुछ लोगों की बातचीत सुनाई दी और झाड़ियों को साफ करके बनाए गए मार्ग से, हम कब्र पर आ गए।

एक ही कब्र नाले की पूरी चौड़ाई लेकर तैयार की गई थी। वह काफी गहरी थी। उससे निकली मिट्टी या रेत दोनों ओर डाल दी गई थी। लुधाई बैठे जंगल से काटकर लाए लट्ठों को पैना कर रहे थे। वहाँ इतना अँधेरा था कि वे लोग कठिनाई से दिखाई दे रहे थे। कहीं-कहीं घने वृक्षों से छन-छनकर चाँदनी अवश्य आ रही थी। वे लोग दल की विशिष्ट भाषा में बात कर रहे थे, जो मैंने अभी तक नहीं सीखी थी। पिताजी ने उन लोगों से बात की।

उन्होंने कहा, "तुम लोगों की बुद्धि का परिचय यहाँ मिल रहा है। बँटवारा करते समय तुम लोगों का विशेष ध्यान रखा जाएगा। इस कब्र को सियार भी नहीं खोज पाएँगे। पीर खाँ, तुमने इसे बहुत अच्छी तरह तैयार किया है। अच्छा हुआ, मैंने देख लिया, तुम्हारी योग्यता की पहचान हो गई।"

उसने कहा, "खुदाबन्द, काम पूरा हो गया, दूसरा शव आनेवाला है, उसे भी हम तुरन्त दबा देंगे।"

वह यह कह ही रहा था कि साहूकार का शव लेकर तीन लोग आ गए। भारी होने के कारण उसे धीरे-धीरे लाना पड़ा।

पिताजी ने कहा, "यह उनका अभ्यास है। उन लोगों से बात करना जरूरी नहीं, केवल देखो कि वे क्या करते हैं? क्योंकि तुम्हें सब कुछ देखना चाहिए, जिससे अपना कर्त्तव्य भलीभाँति समझ लो।"

मैं चुपचाप सब कुछ देखता रहा। शव खींचकर किनारे लाया गया और नीचे ढकेल दिया

गया। उसके समीप जो नौकर मारा गया था, उसका शव भी उसी तरह फेंक दिया गया। सभी लाशों के पेट नुकीले डंडों से फाड़ दिए गए।

पिताजी बोले, "देखो, यदि उनके पेट चीरे न जाते, तो उनके फूलने पर भूमि भी फूल सकती थी और तब सियार आसानी से उन्हें खोज सकते थे। यह क्रिया करने से अब वह न हो सकेगा।''

जब सब काम पूरा हो गया तो एकत्र किए गए पत्थर लाशों पर डाल दिए गए, उसके बाद काँटेदार झाड़ियाँ बिछाकर ऊपर से मिट्‌टी तोप दी गई। फिर उस स्थान को समतल कर दिया गया।

पीर खाँ बोला, "जमादार साहब, मेरे विचार से सब ठीक हो गया। अब हम लोग यहाँ से चल सकते हैं। सेठजी और उनके साथियों को खोजने यहाँ कोई आनेवाला नहीं है। साहबजादे ने भी देखा कि हमने कितनी होशियारी से अपना काम किया।"

मैंने कहा, "पूरा देख लिया। आवश्यकता हुई तो लुधाई का काम भी मैं जान गया।"

पिताजी ने अपने पीछे आने का संकेत किया। वहाँ कुछ बालू भी बिखेर दी गई। झाड़ियों को साफ करके जो मार्ग बनाया गया था उसे भी सावधानी के साथ मूँद दिया गया। एक डाल तोड़कर पीछे चलनेवाला आदमी नाले की सूखी बालू पर बने पदचिह्नों को मिटाता आ रहा था।

हैदराबाद की ओर प्रस्थान

हमारा दल लदी हुई गाड़ियों, बैलों के साथ कुछ दूर जंगल के बीच होकर चलता रहा। वहाँ से निकलकर हम बंजर मैदान में आ गए। यहाँ कहीं-कहीं झाड़ियाँ दिखाई देती थीं। हम एक स्थान पर एकत्र हुए। वहाँ आग जलाई गई और हुक्के का दौर चलता रहा। हर एक अपनी तीसमारी का बखान कर रहा था। लूटे गए माल के शीघ्र बँटवारे की आशा से भी उनके हृदय आह्लादित थे।

आगे का कार्यक्रम तय करने में कुछ कठिनाई आ रही थी क्योंकि बस्सिम, जहाँ साहूकार के मित्र रहते थे, से आगे निकल जाना आवश्यक था। नगर में उसके गाड़ी-बैल पहचाने जाने की पूरा सम्भावना थी।

मेरे पिता का मत था कि हम लोग दिन निकलने तक यात्रा करते रहें और जहाँ तक सम्भव हो निगाह से बचते हुए सड़क के एक ओर हो जाएँ। वहाँ जब तक चाहें ठहरें और फिर चलकर बस्सिम से दूर होते जाएँ। आगे के पड़ाव पर रुककर माल का बँटवारा कर लिया जाए। वहीं से हुसेन की पार्टी हमसे अलग होकर बताई हुई दिशा की ओर मार्ग से आगे बढ़ जाएगी।

इस निश्चय के अनुसार हम चल दिए और कुछ गाँवों को पार करते हुए, सूर्योदय होने पर, सड़क से कुछ दूर हटकर एक बाग के पास ठहर गए। वहाँ पास ही कुआँ भी था। यात्रा के बाद, भोजन पकाने के पहले हम एक स्थान पर एकत्र हो गए। वहाँ गुड़ लाया गया। जैसा पहले वर्णन कर चुके थे, तपौनी की रस्म सम्पन्न की गई। अब मुझे भी अन्य भुट्‌टोरे लोगों के साथ कम्बल पर बैठने का अधिकार प्राप्त हो गया। मैं अब उनके समकक्ष था। रस्म पूरी

होने के बाद पिता के कथनानुसार मैंने अपने रूमाल की गाँठ खोल दी। उसमें रखा हुआ चाँदी का टुकड़ा निकालकर और उसके साथ कुछ रुपए मिलाकर अपने गुरु को अर्पित कर दिए तथा आदर के साथ उनके चरण स्पर्श किए। मेरे द्वारा दल में सम्मिलित होने की यह अन्तिम रस्म थी। मैं भुट्टोरे बन गया। सफलतापूर्वक आदमी को मारकर सबकी बराबरी पर आ गया।

इसके पश्चात् मेरे पिता और हुसेन ने लूट का सारा माल सामने रखा। माल कीमती था। काफी मात्रा में सोने और चाँदी के रुपए थे लेकिन प्रमुखतः मूल्यवान आभूषण थे, जिन्हें साहूकार बेचने के लिए हैदराबाद ले जा रहा था। इसके अतिरिक्त बैलों पर लदे वस्त्र और ज़रीदार चीजें थीं, ये सब भी मूल्यवान थे।

इतने माल का बँटवारा करना कठिन काम था। सबको प्रसन्न रखना भी असम्भव था। इसके अतिरिक्त मोती और हीरे लोगों में बाँटे जाने के पश्चात् अपना मूल्य खो देते। अतः यह निश्चय किया गया कि नकद रुपया, खाना पकाने के बर्तन तथा साहूकार की अन्य वस्तुएँ कम मूल्य के वस्त्र दो भागों में बराबर करके प्रत्येक दल के लोगों को उनकी संख्या के आधार पर दे दिए जाएँ। मेरे पिता के पास मूल्यवान आभूषण तथा बहुमूल्य कपड़े रहेंगे, जिन्हें वह हैदराबाद में ऊँचे मूल्य पर बेचेंगे और प्राप्त राशि तब तक बाँटी नहीं जाएगी, जब तक हम अपने गन्तव्य पर न पहुँच जाएँ।

साढ़े तीन हज़ार रुपए से अधिक की नक़द राशि के बँटवारे के बाद हर एक को अच्छी रकम प्राप्त हो गई। वह कुछ समय के लिए उनके जीवन-यापन के लिए पर्याप्त थी। विशेष बात यह थी कि दल का प्रत्येक व्यक्ति जहाँ तक सम्भव था, किफायत से खर्च करता था, अतः पिछली लूट की रकम भी पूरी समाप्त नही हुई थी। परस्पर यह स्पर्धा भी चल रही थी कि बड़े बँटवारे के बाद सबसे अधिक भाग किसको प्राप्त होगा। यही नहीं बहुत से लोग अपनी न्यूनतम सुविधा को भी त्याग रहे थे और यह सामान्यतः देखने में आता था कि लोग अपनी रोटी बिना घी अथवा केवल पानी के साथ खा लेते थे।

हमारे दल में बद्रीनाथ एक होशियार आदमी था और मेरे कथनानुसार वह बिलकुल निराला व्यक्ति था। वह छोटे कद का हृष्ट-पुष्ट और फुर्तीला था। कई कारणों से वह जमादार बनने के लिए उत्कंठित था। मैं पहले कह चुका हूँ कि वह पवित्र खस्सी (कुल्हाड़ी) धारक था। हमारे बीच वह सर्वाधिक साहसी था। छोटे-छोटे अभियानों के संचालन में वह इतना कुशल था, कि जिनके पास रहता, वे सभी उससे सन्तुष्ट रहते थे।

उसे भोजन करते हुए देखना भी एक कुतूहल की बात थी। प्रतिदिन वह दो सेर आटे की रोटियाँ, पाव भर घी, किसी बड़े पात्र में एक सेर से अधिक दूध पी लेता था। यह बात असम्भव लगती है कि स्वयं रोटियाँ पकाकर उनके ढेर को कोई स्वयं खा ले। परन्तु वह एक-एक रोटी पानी के साथ निगलता चला जाता था। वह पानी ही इतना पी लेता था जो एक सामान्य आदमी का पेट भरने के लिए पर्याप्त था। फिर भी रोटियों का ढेर समाप्त होने पर यह आसानी से दिखाई देता था कि उसके जबड़े अपना कार्य करने में सक्षम नहीं थे। उसके उदर का विस्तार देखना भी कष्टकर लगता था। वह एक बार एक करवट लेकर दूसरी ले लेता था। फिर उठकर अपना पेट थपथपा लेता था। इसके बाद शेष अन्न को समाप्त करने का प्रयत्न करता और अन्ततः सफल हो जाता था।

मैंने प्रायः देखा है कि जब वह रोटियों के विशाल ढेर को समाप्त करने बैठता, उसी समय

दो कुत्ते ललचाई दृष्टि से देखते हुए उसके सामने बैठे रहते। वे उसके प्रत्येक ग्रास को देखकर यह आशा करते थे कि सम्भवतः कोई टुकड़ा उनके पेट में पड़ जाए। परन्तु उनकी आशा व्यर्थ थी। कभी-कभी बद्रीनाथ अपनी बची हुई 2-3 रोटियाँ टुकड़े करके उनके सामने डाल देता किन्तु यह तभी होता जब और अधिक खाने की कोई गुंजाइश न रह जाती। परन्तु उसकी भोजनेच्छा सर्वोपरि थी। कभी ऐसा प्रतीत होता कि वह कुत्ते की इच्छा पूर्ण करनेवाला होता, यही नहीं वह रोटी को तोड़कर हाथ में ऐसे लेता मानो उसे देने जा रहा हो, और कुत्ता भी उसे लेने थोड़ा आगे आता, लेकिन वह भी उसके पेट में चला जाता। तो कुत्ता पुनः अपने स्थान पर लौट आता और उसी प्रकार ललचाई दृष्टि से देखने लगता।

उसके भोजन-भट्ट होने के कारण लोग प्रायः उसकी खिल्ली उड़ाया करते थे। लेकिन वह यही कहता कि भोजन की जो मात्रा मैं बताता हूँ, उससे कम में मुझे न तो सन्तोष होगा और न मैं अपने कर्त्तव्य का पालन कर सकूँगा।

वहाँ से शाम को हमारा डेरा उखड़ गया। मित्र, मित्र से मिलकर परस्पर सफलता की कामना करते हुए अलग हुए। पहाड़ी के किनारे तक जाते हम उन्हें देखते रहे, पश्चात हम लोग भी चल दिए।

बस्सिम की जानी-पहचानी सड़क छोड़कर हम बाईं ओर वाले मार्ग पर मुड़ गए, जो किसी बड़े नगर की ओर जाता प्रतीत होता था। हम लोग उसी पर आगे बढ़ने लगे। उद्देश्य यही था कि हम पहचाने न जा सकें। साथ ही नवीन शिकार भी हाथ लगे। किसी सूनसान इलाके से गुजरते हुए, जहाँ स्थान-स्थान पर जंगल थे, हम रात भर चाँदनी के सहारे चलते रहे। मार्ग पूछने अथवा हुक्का जलाने के लिए बीच में कोई गाँव नहीं मिला। वास्तव में लोगों द्वारा हमें प्रायः भगा दिया जाता था क्योंकि साधारणतः लोगों में लुटेरों का भय रहा करता था। जैसे ही हमारे आने की सूचना उन लोगों को कुत्तों के भूकने से मिलती, वहाँ की दीवारों और द्वारों पर हथियारबन्द लोग आ जाते थे। हमारे दल की संख्या देखकर उन्हें सन्देह होना स्वाभाविक था परन्तु हम लोगों से यह कभी नहीं पूछा गया कि हम कौन थे और कहाँ जा रहे थे।

इस प्रकार कुछ दिनों तक यह बिना समझे कि यह मार्ग कहाँ ले जा रहा था, हम उसी पर चलते रहे। यद्यपि हम मुख्य मार्ग को छोड़कर चल रहे थे अतः कोई घटना होने अथवा किसी यात्री को बहका कर ले आने की आशा नहीं थी। अन्ततः हम एक चौड़े मार्ग पर आ गए। चूँकि गत घटना के प्रत्येक खतरे को हम बहुत पीछे छोड़ चुके थे, अतः इस आशा के साथ कि यह मार्ग हमें हैदराबाद की ओर ले जाएगा, हम उसी को पकड़े रहे।

यह सम्भावना थी कि इस दिशा में आगे कोई बड़ा गाँव अवश्य मिलेगा, जहाँ से हम भीड़-भाड़वाली सड़क पकड़ लेंगे। उधर कोई शिकार भी फँस सकता था। इसमें सन्देह नहीं कि हमें इतना लूट का माल मिल चुका था, जो पूरे मौसम के लिए पर्याप्त था। लेकिन दो महीने बीतने को थे और हैदराबाद जैसे दूरस्थ नगर तक अकर्मण्य होकर जाना हमें गवारा नहीं था।

उस रास्ते पर कई घंटे चलने के बाद हमें आम के बगीचे दिखाई पड़ने लगे, जिनके बीच से किसी हिन्दू मन्दिर के श्वेत शिखर झाँक रहे थे। इससे अनुमान हुआ कि हम लोग किसी महत्त्वपूर्ण स्थान की ओर जा रहे थे। वहाँ पहुँच कर ज्ञात हुआ कि वह उमरखेर नगर था, जहाँ धनी लोग निवास करते थे। वह गेहूँ आदि अनाजों के लहलहाते हुए खेतों से घिरा हुआ था।

पिताजी ने कहा, “यदि हम यहाँ कोई खेल न खेल सके तो वह हमारी गलती होगी।”

बस्ती से दूसरी ओर अपना डेरा लगाने के बाद हमारे सोथा बड़ी होशियारी से बाजारों में जाएँगे और सम्भव है यह शाम यहाँ ठहरने के एवज में काफी माल दिला दे।

सोथा का काम ऐसा था जो मैं भी सीखना चाहता था। इस कला में प्रवीण लोग भुट्टोरे की अपेक्षा अधिक गर्व करते थे क्योंकि इसके लिए सर्वाधिक व्यवहार-कुशलता स्वयं को छिपाए रखने की कला, छद्‌म वेश में भी अपने व्यक्तिव को बनाए रखना, मधुर वाणी और कोमल व्यवहार की आवश्यकता होती है। बद्रीनाथ में ये गुण प्रचुर मात्रा में विद्यमान थे। जैसा मैंने पहले बताया था, वह छोटे कद का, मजबूत और फुर्तीला आदमी था। इसके अतिरिक्त वह बहुत खूबसूरत तथा आकर्षक आचरणवाला था। वह सदा डींग हाँकता था कि जिस शिकार को पकड़ा उसे अवश्य मारा था।

हम लोग स्वयं को हिन्दुस्तान के व्यापारी बताते हुए नगर से गुजरे। चुंगी के कलक्टर द्वारा रोके जाने पर मेरे पिता ने कपड़े की गाँठें दिखा दीं और उन पर आवश्यक चुंगी का भुगतान कर दिया। इस प्रकार हमारे कथन पर विश्वास कर लिया गया। अधिकारी भी सभ्यता से पेश आए और हमारे ठहरने के लिए अत्युत्तम स्थान बता दिया।

बद्रीनाथ ने कहा, "अब तुम अपनी सर्वोत्तम पोशाक पहन लो और मेरे साथ नगर में चलो। याद रखना कि तुम्हारे पिता एक व्यापारी हैं और तुम उसके रक्षक दल के जमादार हो। मैं तुम्हारे साथ एक भद्र पुरुष के रूप में हूँ। हम पीर खाँ को साथ में ले चलेंगे, जो लुधाई होते हुए भी एक अच्छा सोथा भी है। अच्छे वस्त्र पहनकर और शस्त्र धारण करके वह भी भला आदमी लगेगा। यह असम्भव है कि हमें कोई शिकार न मिले।"

खाना पकाकर हम लोगों ने जल्दी ही खा लिया। सावधानी के साथ, कपड़े पहनकर हम लोग नगर की ओर चले। मुझे यह देखकर आश्चर्य हो रहा था कि अपने लक्ष्य पर दृष्टि रखते हुए अभ्यस्त लोग कितनी लापरवाही से चले जा रहे थे। जहाँ तक मेरी बात है, मुझे इसमें उतनी ही उत्तेजना लग रही थी, जैसी पहले ही सीखने और अभ्यास करने में थी। मैं मानता हूँ कि हमारे व्यक्तित्व दर्शनीय थे। मैंने जो शस्त्र और वस्त्र धारण किए थे, वे मूल्यवान थे और इस समय के रूप के अनुरूप थे। साहब, उस समय मेरा चेहरा आज की अपेक्षा अधिक खूबसूरत था। मेरी मूँछों की बनावट दर्शनीय थी और मेरा शरीर जो उस समय दुबला था, मेरी भावी शक्ति का प्रतीक था। बाहरी दिखावे में अपने साथियों की तुलना में मैं स्वयं को श्रेष्ठ समझता था। जो सैनिक वेश मैंने इस समय धारण किया था, उसी के अनुरूप एक प्रकार की क्षम्य गर्व-भावना मुझमें आ गई थी और वैसा ही दिखावा मैं कर रहा था।

हम नगर में आए और चौकी पर पहुँचे, जहाँ सशस्त्र लोगों से घिरे हुए कोतवाल तथा अन्य प्रतिष्ठित लोग बैठे थे। जब हम उन लोगों के सामने से गुजरे तो हमें बुला लिया गया और विनम्रता के साथ हमारा स्वागत किया गया। बद्रीनाथ ने मुझे बड़े आदर के साथ बैठाया और स्वयं अपना स्थान कुछ दूर हटकर ग्रहण कर लिया। इधर-उधर की बातें होने लगीं। मेरे पिता का नाम पूछा गया। मैं कहाँ जा रहा हूँ? और वे व्यापार के सिलसिले में क्या-क्या लाए हैं? हम कौन थे और हमारी यात्रा का क्या उद्‌देश्य था तथा हिन्दुस्तान से ऐसी सुनसान सड़क से क्यों आए? इस प्रकार के प्रश्न मुझे सन्देहास्पद लगे और ऐसा प्रतीत हुआ कि हम पर वास्तव में शक किया जा रहा था। मैं इन प्रश्नों का उत्तर देनेवाला था कि बद्रीनाथ ने मुझे रोक दिया।

प्रश्नकर्ता की ओर देखकर उसने कहा, "नागपुर के कुछ असाधु लोगों ने हमें भटका दिया।

उनका इरादा या तो हमें धोखा देना होगा अथवा जैसा हमने सुना था, वे हमें लूटना चाहते होंगे। जिन लोगों से हमने मार्ग की जानकारी चाही थी, उन्होंने इसी मार्ग को अच्छा और भीड़-भाड़ वाला बताया था। सौभाग्य से आप जिस नगर में निवास कर रहे हैं, वह अत्यन्त सुन्दर और धन-सम्पन्न है। यह स्पष्ट मालूम होता है कि यह किसी प्रजा वत्सल तथा बुद्धिमान गवर्नर के हाथ में है। क्यों जमादार साहब, मैंने सही कहा न?"

मैंने कहा, "तुमने बिलकुल सही कहा। जो दयालुता हमें यहाँ दिखाई दे रही है, उससे प्रतीत होता है कि गवर्नर के सेवक भी योग्य हैं। ऐसे हाथों में रहकर नगर उन्नतशील और सुन्दर बन जाए तो उसमें आश्चर्य की कोई बात नहीं। कोतवाल साहब की वाणी वैसी सुमधुर है। उनका चयन करनेवाले अधिकारी की कुशलता से हम बहुत प्रभावित हुए।"

कोतवाल ने कहा, "आप लोग सदा कृपा बनाए रखें। यह खादिम ऐसी प्रशंसा के योग्य नहीं है। उसका स्थान तो बहुत छोटा है। यदि हुजूर को, जो सबको देता है और जिसके साये में सभी रहते हैं, देख लेते, जो जरूर कहते कि हैदराबाद का दरबार हिन्दुस्तान के किसी दूसरे दरबार के मुकाबिले कहीं बेहतर है।"

मैंने कहा, "आपके सरपरस्त के कदमों में अपना नज़राना पेश करके मुझे बहुत खुशी होगी। और इसमें शक नहीं कि हम उनमें किसी शानदार शख्शियत का नमूना देखेंगे और जिसे हम दक्खिन की राजधानी में देखने की उम्मीद भी करते हैं। उनके हुजूर में पेश होने की कब उम्मीद करूँ?"

उसने कहा, "शाम को, नमाज़ के बाद, उसी वक्त बेचारे का, फिर किसानों का न्याय किया जाएगा और हमारे हुजूर द्वारा शहर से बुलवाई गईं नृत्यांगनाओं के मौजूद रहने और उनके बेहतरीन नाच-गाने से दरबार जीवन्त हो उठेगा।"

मैंने कहा, "हम ज़रूर आएँगे। बस मेरी गुजारिश है, कि आप हुज़ूर को इत्तिला दे दें कि हमने उनके हुज़ूर में पेश होने का न्यौता मंजूर कर लिया है, और यही नहीं उनकी इज्जत-अफ़जाई करने की हमारी दिली ख़्वाहिश है।"

जैसे ही मैंने बोलना बन्द किया था कि चौकी में शालीन व्यक्तित्व वाले एक बुजुर्ग आ गए। वे हिन्दू थे और कोई व्यापारी से लग रहे थे। उन्होंने बड़े दबंग तरीके से माँग की कि उन्हें ठहरने के लिए कोई जगह दी जाए और साथ ही यह भी कहा कि यदि उन्हें जगह न दी गई, तो वे नगर के प्रशासक से शिकायत करेंगे।

उनके व्यवहार से कोतवाल का पारा चढ़ गया।

कोतवाल ने मुझसे कहा, "देखा आपने अब आप ही फैसला कीजिए। मैं कसम खाकर कहता हूँ कि मुझे इनकी रत्ती भर भी परवाह नहीं है। मैंने इनसे अच्छे बीसियों हज़ार लोग देखे हैं, और अगर ये शिकायत करने जाते हैं, तो बेशक जाएँ, वहाँ से कोड़े मारकर भगाए जाएँगे। ऐसे-ऐसे सैकड़ों रोज़ ही आया करते हैं, उन्हें देखने की तकलीफ कौन उठाए।"

व्यापारी बोला, "आप और मालिक शैतान के पिल्ले होंगे। जबसे मैं निज़ाम की अमलदारी में आया, मेरे साथ ऐसा ही व्यवहार किया जा रहा है। और जैसा मैंने पहले ही सुन लिया था, एक भी रात ऐसी नहीं गुज़री, जब चोरों का हल्ला न हुआ हो। ईश्वर जानता है, यदि सुरक्षा मिल जाती तो मैं तुम्हारे आमिल के ज़नानखाने की कमीनी दीवारों के बजाय खुले मैदान में पड़ा रहता। तुम्हारे यहाँ के बनिया लोग बड़े बदमाश हैं। कल दुगने दाम देने पर भी अनाज

देने से इनकार कर दिया और रात में आश्रय तक न दिया। ईश्वर जाने, अब क्या करूँ।"

फिर हमसे कहने लगा, "आप भले आदमी हैं, बताइए मैं क्या करूँ?"

जैसे ही मैं उसे उत्तर देनेवाला था कि बद्रीनाथ गुस्से में बोल पड़ा, "आपको क्या चाहिए? आप पूरे असन्तोषी हैं। शायद आपको कोई जगह दी गई होगी, जो आपको पसन्द नहीं आई। या तो अफ़ीम खाए होंगे या सफ़र के बाद इतने भूखे होंगे कि आपका मिजाज़ ही बिगड़ गया। जाइए, बाजार चले जाइए और अहसान मानिए कि आपको कोई जगह तो मिल रही है। अगर कहीं आश्रय न मिले तो सड़क पर लेट जाइए, और सोच लीजिए कि आपसे भी भले आदमियों ने पहले वैसा ही किया था।"

वह अवाक होकर रह गया। पहले हम लोगों को देखा, फिर कोतवाल और उसके साथियों को घूरता रहा। कोतवाल की पार्टी उसे परेशान हाल देखकर मुस्कराने लगी। वे लोग कहने लगे, "ठीक कहा," "ये भले आदमी हैं", "उसे तो बस्ती से बाहर भगा देना चाहिए, आदि।

अन्त में वह बिना एक शब्द बोले, अपनी पगड़ी फेंक पूरी शक्ति से चिल्लाता हुआ भाग गया।

उसका यह नाटक देखकर हम सभी लोग ठहाका मारकर हँस पड़े। मैंने कोतवाल से कहा, "वह सनकी मालूम होता है। इसमें शक नहीं कि ऐसे लोग अकसर आपको परेशान करते रहते होंगे। लेकिन आप उसको दुबारा बुलवाइए, हम उसे उसके अशोभनीय व्यवहार के लिए लज्जित करेंगे। मेरा अनुरोध है कि आप उसे कोई जगह अवश्य दीजिए।"

उसने उत्तर दिया, "जैसी आपकी मर्जी। आप अगर सिफारिश न करते तो मैं उसके लिए कभी तकलीफ न उठाता। इस तरह के बहुतों से मुझे रोज़ निपटना पड़ता है। किसी दिन कोई आकर कहता कि उसे कुछ खाने को नहीं मिलता। किसी दिन कोई कसमें खाता हुआ कहता कि यहाँ के हर आदमी ने उसे धोखा दे दिया, जबकि वे दोनों महान लालची निकले। एक और आकर बोला कि मेरा कोई आसरा नहीं है, जबकि किसी बनिए की दूकान का प्रयोग करने के लिए वह छोटी सी रकम भी नहीं देना चाहता था। एक तीसरे को शहर में अपने स्वाद की हर चीज़ मिलनी चाहिए और न मिलने पर कैसे लाल-पीले हो जाते हैं। जब उसके सामने सभी चीज़ें पेश कर दी गईं तो उसमें से एक को भी खरीदने के लिए उसके पास कौड़ी न थी। मुख्तसर में, बात यह है हज़रत कि आदमी की रुचियों का, मूर्खता का और कहना चाहिए कि मुसाफिरों के साथ होनेवाले जुल्म का कोई अन्त नहीं। लोगों का ख़्याल है कि मैं इनसान से ऊँची शक्ति रखता हूँ और मेरे इशारे पर जिन्न काम करते हैं, जो उनकी मूर्खता भरी इच्छा को पूरी कर देंगे।"

मैंने कहा, "वास्तव में आप आसान जगह पर नहीं हैं और फिर हर एक को खुश रखना नामुमकिन है। लो, वह व्यापारी आ गया।"

वह अन्दर आया।

कोतवाल ने कहा, "भले आदमी अपनी पगड़ी तो उठा लो। और क्रोध न करो। आप कोई बच्चे नहीं हैं जो शालीन लोगों से झगड़ते हैं। क्या आपने कभी यात्रा नहीं की कि इतना रुष्ट हो रहे हैं? और इस प्रकार हमारी दाढ़ियों पर धूल उड़ा रहे हैं। खुदा के लिए अपनी पगड़ी उठा लो और कोई जाकर इस भले आदमी को अच्छी जगह दिलवा दे।"

वह क्षण भर तक अनिश्चय भाव से खड़ा रहा। फिर अपनी पगड़ी उठाई। कोतवाल ने

जिस आदमी को उसके साथ भेजने का संकेत किया था, उसके साथ रूठता हुआ चला गया।

बद्रीनाथ ने संकेत किया और हमने भी चलने की इज़ाज़त ले ली।

बाहर निकलते ही बद्रीनाथ बोला,

"वह अपना ही है। अब देखना मैं उसे कैसे पटाता हूँ। मैं दावे के साथ कहता हूँ कि उसके साथ और लोग भी होंगे और उनका निपटारा बड़ी सरलता से हो जाएगा।"

हम उस पर और उसके नौकर पर निगाह रखे रहे। उसे असन्तोष के साथ एक घिनौने सायबान पर कब्जा लेते देखा। हम लोग जानबूझकर आस-पास टहलते रहे। उसे अकेला देखकर उसके पास पहुँचे।

बद्रीनाथ ने उससे कहा, "राम, राम, सेठजी। आखिर उन लोगों ने तुम्हें ऐसी जगह दिलवाई जहाँ सुअर भी नहीं लोटेंगे। वह कोतवाल बहुत मीठी जबानवाला बदमाश है। मैं दावे से कह सकता हूँ कि वह पक्का धोखेबाज आदमी है। मैंने तो सुना है (धीरे से) कि उसने बहुत से चोर नौकर रखे हैं, जो रात को यात्रियों के सिर के नीचे रखे काठी-थैले काट लेते हैं और सबेरे वह बेचारा शिकायत लेकर जाता है, तो उसे मारते हुए शहर-बदर कर देते हैं। जमादार साहब, हम लोगों ने क्या नहीं सुना था?"

मैंने कहा, "हाँ भाई, यह बात तो सच है। तुम्हें उस आदमी की याद है, जो यहाँ से कुछ कोस पर हम लोगों को मिला था और उसने उमरखेर के चोरों से बहुत होशियार रहने के लिए कहा था। उसने यह भी बताया था कि उसके पास जो कुछ था, सब चुरा लिया गया और मुश्किल से तन ढकने के लिए लँगोटी देकर भगा दिया गया। उसी समय से हम लोगों ने बस्ती से बाहर अपना डेरा लगाने का निश्चय कर लिया। वहाँ अपने ही सन्तरी रहते हैं। यदि वहाँ भी हम लूटे जाएँ तो वह हमारी ही गलती होगी।"

व्यापारी बोला, "हे ईश्वर, सहायता कर, समझ में नहीं आता क्या करूँ?" और इतना कहकर वह दोनों हाथों से अपना सिर पीटने लगा। फिर बोला, "इस दुनिया में यही थैले मेरी पूँजी हैं। उत्पीड़न से बचने के लिए मुझे सूरत से भागना पड़ा और जो व्यवहार यहाँ मेरे साथ किया जा रहा है, मालूम होता है उससे बचने के लिए मुझे यहाँ से भी भागना पड़ेगा। पिछली दो रातें जागते रहने से नींद के लिए मेरी आँखें सिर से निकली आ रही थीं, और जब बैठे रहना कठिन हो गया तो लेट गया और नींद आ गई, बस तभी मेरे सिर के नीचे रखे थैलों को काटने का प्रयत्न किया गया। जैसे ही आहट पाकर मैं उठा तो चोर मेरे खाना पकाने के बरतन और कपड़े लेकर भाग गए। मैं क्या करता? यदि उनका पीछा करता तो दूसरे मेरे थैले भी उड़ा देते। इसलिए वहीं बैठकर सहायता के लिए पुकारने लगा। मेरी पुकार सुनकर गाँववाले दौड़कर आ गए। उनको जब मैंने अपनी आपबीती सुनाई तो उनमें से एक जो स्वयं को गाँव का पटेल बताता था, मुझ पर गाँव को बदनाम करने का आरोप लगाकर गालियाँ बकने लगा और मुझे गेट के बाहर कर दिया और अँधेरे में भटकने के लिए छोड़ दिया। उस भयावने में चाहे मुझे लूट लिया जाता अथवा मेरी हत्या हो जाती। हाय मेरा दुर्भाग्य तू मुझे न जाने कहाँ ले जाकर पटकेगा। अपना देश छोड़कर मैंने कितनी बड़ी मूर्खता की जो ऐसे पापी जानवरों का खेल बन गया।"

बद्रीनाथ ने संवेदना प्रदर्शित करते हुए कहा, "सेठजी, तुम्हारे साथ बहुत बुरा व्यवहार किया गया। तुम्हें जाकर यहाँ के हाकिम से शिकायत करनी चाहिए। लोग कहते हैं कि बड़ा न्यायप्रिय

है, सम्भव है उसके अधीनस्थ कर्मचारी चोर-बदमाश हों।"

उसने कहा, "नहीं, नहीं, जाऊँ और शिकायत करूँ और मेरी बची-बचाई पूँजी भी लुट जाए। हाकिम अपनी नज़र-भेंट चाहेगा और उसके मातहत भी, तो क्या मैं इनकार करने का साहस कर सकूँगा। इस समय जैसी मेरी दशा है, उससे भी बुरी हो जाएगी। नहीं, नहीं, अभी तो लुटने से बचा हुआ हूँ। ईश्वर करे किसी प्रकार यहाँ से सुरक्षित निकल सकता तो उसी रास्ते से जानेवाले किसी भले आदमी के दल के साथ शामिल हो जाता।"

बद्रीनाथ घूमकर मेरे पास आया और मुझे कुछ दूर अलग ले जाकर बोला, "शिकार ने चारा ले लिया। अब जाल उसके चारों ओर है, उसे मजबूती के साथ खींचना बाकी है। मैं उसे अपने डेरे पर बुलाने का प्रस्ताव रखूँगा। पहले तुम असहमत होने का दिखावा करना, थोड़े बहकावे के बाद राजी हो जाना। समझ गए?"

मैंने कहा, "समझ गया।" और हम लोग लौट आए।

बद्रीनाथ ने उससे कहा, "सेठजी तुम इस समय विपत्ति में फँस गए हो, और इस जगह यदि हम तुम्हारी सहायता नहीं करते, तो निश्चय ही तुम अपना सर्वस्व लुटा बैठोगे। तुम चलकर हम लोगों के डेरे पर ठहर जाओ। लेकिन इसके लिए जमादार साहब को तैयार करना पड़ेगा। लेकिन सच बात तो यह है कि हम लोग बहुत सतर्क रहते हैं और अपने नजदीक किसी को भी फटकने तक नहीं देते। कारण यह कि हम लोग बनारस से हैदराबाद तक एक बड़े व्यापारी को सुरक्षा दे रहे हैं। उसके पास बहुत सारा सामान है।"

उसने कहा, "ईश्वर कि लिए, अपने माता-पिता के लिए और अपने बाल-बच्चों के नाम पर मेरी ओर से वकालत कर दो। मुझे यहाँ की लूट और हत्या से बचा लो।"

मेरे कपड़े पकड़कर फिर मुझसे कहने लगा, "ऐ जमादार साहब, तुम्हीं मेरे माई-बाप हो, तुम्हारे एक शब्द से मेरी रक्षा हो जाएगी। मेरी छोटी सी पूँजी अपने गन्तव्य तक पहुँच जाएगी। ईश्वर जानता है, यदि मार्ग में मुझे कुछ हो गया तो मेरा घर वीरान हो जाएगा। मेरे कर्मचारी मेरे बीवी-बच्चों पर कब्जा कर लेंगे। जमादार साहब, तुम मेरी रक्षा कर सकते हो। इन खतरों से मेरी जान बचा सकते हो, इनके कारण मैं अत्यन्त दुखी हूँ और मेरी आत्मा का हनन हो रहा है।"

मैंने भूमि पर थूककर कहा, "थू है। इतने दीन मत बनो। इंशाअल्ला, खुदा के फज़ल से मैं एक बहुत बड़े व्यापारी की रक्षा कर रहा हूँ, उसके सामने तुम कुछ भी नहीं। अच्छा, खुदा के नाम पर मेरे पीछे आओ। हम तुम्हारी देख-भाल करेंगे। हम लोग हैदराबाद जा रहे हैं। तुम हमारे नौकरों के साथ रहना। बोलो, ठीक है न। पीर खाँ, इनको हमारे डेरे पर लेकर आ जाना।"

पीर खाँ को उसके पास छोड़कर हम अपने डेरे पर लौट आए। रास्ते में ही निश्चय कर लिया था कि उसे आज शाम या अधिक से अधिक रात तक समाप्त करना है। इसके बाद शहर में हाकिम के दरबार में पहुँचेंगे।

थोड़ी देर बाद वह व्यापारी पीर खाँ के साथ डेरे पर आ गया, दो टट्टुओं पर भारी माल लादे हुए। एक और आदमी उसके साथ था।

मेरे पिता ने उसे देखकर कहा, "चलो यह तो उम्मीद से भी अधिक है। दो आदमी और दो लदे हुए टट्टू। लेने योग्य ही हैं। पहले प्राप्त हुए माल से अधिक की आशा तो नहीं, फिर भी जो मिले वह भी बहुत है।"

वहाँ पहुँचने पर व्यापारी को पिताजी के सामने लाया गया।

उसने मुझसे कहा, "तुम्हारी कृपा से यदि ये थैले और माल के साथ रखे जाने की अनुमति होगी, तो इनकी भी रक्षा हो जाएगी।"

मैंने कहा, "अवश्य! अपना माल उतरवा लो और उस तरफ जो माल का ढेर लगा है, उसी पर अपने थैले भी रखवा दो।"

दल के और लोगों का व्यवहार कुतूहलपूर्ण था। उन लोगों को डेरे पर लाए जाने का उद्‌देश्य वे सहज ही समझ गए। ऊपरी तौर पर किसी ने उद्‌दंडता नहीं प्रदर्शित की, वरन् इसके विपरीत हर एक अपरिचितों के प्रति सभ्यता से पेश आ रहा था। कोई उसके टट्‌टुओं की मालिश करने लगा, किसी ने भोजन पकाने की जगह साफ कर दी, तीसरा शहर से घास अथवा और कोई खाने की वस्तु लाने के लिए प्रस्तुत हो गया।

थोड़ी ही देर बाद व्यापारी के चेहरे पर चिन्ता और परेशानी के स्थान पर प्रफुल्लता के भाव झलकने लगे। शाम होने से पहले दोनों आदमी ठगों के बीच जाकर बैठ गए और ठगों से उनके किस्से सुनने और अपने अनुभव सुनाने में तल्लीन हो गए। उन्हें कुछ भी पता नहीं था कि उनके पीछे कैसी तैयारियाँ की जा रही थीं अथवा कुछ घंटों के पश्चात उनकी गणना जीवधारियों में नहीं होगी।

उमरखेर का रंगमहल

इस बीच मेरे पिता के टेंट में सामान्य रूप से विचार-विमर्श होता रहा और हम लोगों को विभिन्न काम सौंप दिए गए।

भुट्‌टोरे का कार्य मुझे करना था। व्यापारी मेरे हवाले कर दिया गया। मेरे दिमाग में पहले जो झिझक या परेशानी होती थी, अब मुझे उसका कुछ भी अनुभव नहीं हो रहा था। मैं अपने उद्‌देश्य के अनुसार काम करना चाहता था और उस विशेष कला में मैं दक्ष होना चाहता था। मेरे सामने उन लोगों के उदाहरण थे, जिन्हें पहले मैं बड़े ध्यान से देखा करता था और अब उनके समकक्ष या उनसे आगे निकलना मेरा लक्ष्य हो गया। सबसे आगे निकलने का मैंने दृढ़ निश्चय कर लिया। और सम्पूर्ण कार्य प्रणाली का उत्साह मेरे लिए प्रबल उद्‌दीपन सिद्ध हुआ। इस मामले में मैंने भी सोथा के रूप में महत्त्वपूर्ण भूमिका निभाई थी। बद्रीनाथ जैसे पूर्ण सिद्धहस्त के सामने भी मैं स्वयं को दूसरी श्रेणी का कुशल व्यक्ति मानकर गर्व का अनुभव कर रहा था।

शाम की नमाज़ के बाद उसका काम तमाम करने का निश्चय हुआ। हमारे डेरे में 20 वर्ष का एक लड़का बहुत सुन्दर गाना गाता था। उसका पिता सारंगी बजाकर उसका साथ देता था। यह हमारा नित्य-नियम था। शाम को नमाज़ खत्म करके उस लड़के के गायन से हम लोग अपना मनोरंजन किया करते थे। उसका गाना इतना मधुर होता था कि प्रायः उसे हम लोगों से काफी रकम प्राप्त हो जाती थी।

इस अवसर पर भी वह बुलाया गया और हम लोगों ने अपने मनोरंजन में सम्मिलित होने के लिए व्यापारी को भी बुला लिया। वह अपने हृष्ट-पुष्ट और दाढ़ी-मूँछवाले नौकर के साथ

आ गया। उसकी बोली से प्रतीत होता था कि वह मेवाड़ का रहनेवाला राजपूत था, जहाँ के निवासी ऊँची जाति के और वीर माने जाते हैं। उसके बैठने के बाद मैंने उसे ध्यान से देखा, और कुछ विचार हुआ कि व्यापारी से उसकी अदला-बदली कर लूँ। उसे बद्रीनाथ के हवाले किया गया था। जब मैंने अपनी शक्ति की उसके साथ तुलना की तो मुझे विश्वास हो गया कि अन्य लोग चाहे उसे मेरे बराबर का समझें, परन्तु उससे भी श्रेष्ठ अवश्य था। मैंने पुनः विचार किया और अपना निश्चय करके बद्रीनाथ से अदला-बदली का प्रस्ताव किया।

उसने चुपके से कहा, "जैसा तुम चाहो लेकिन गठीला आदमी है। ये मेवाड़ी राजपूत चीते के समान फुर्तीले होते हैं। और सच पूछो तो उसे मेरे हवाले किया जाना मुझे बिलकुल पसन्द नहीं था। परन्तु कोई चारा न था। लेकिन यदि मैं अपने काम में असफल हुआ तो बीस और होंगे जो उसे समाप्त कर देंगे। क्या तुम स्वयं को उसके बराबर का समझते हो?"

मैंने उत्तर दिया, "हाँ, मुझे जरा भी भय नहीं है। इसके अतिरिक्त जीतने पर ख्याति प्राप्त होगी, फिर कुछ खतरा मोल लेने में मुझे कोई परेशानी नहीं।"

उसने कहा, "जैसी तुम्हारी इच्छा लेकिन उस बात को अपने पिता के कान में भी डाल दो।"

मैंने वैसा ही किया। व्यापारी हमारी ओर ध्यान देने की अपेक्षा उस लड़के का गाना सुनने में मस्त था। उसका नौकर भी ऐसा तल्लीन था जैसे अपने देश में ही हो।

पिताजी ने कहा, "क्या तुम कर सकोगे? मेरे बेटे, मैं तुम्हारा विरोध नहीं करता। जीतने पर तुम्हारा नाम तो होगा ही, फिर कुछ खतरा मोल लेना बुरी बात नहीं। मैं बहुत निकट से तुम्हारी ओर दृष्टि रखूँगा और आवश्यक होने पर सहायता भी करूँगा।"

सदा की भाँति "पान लाओ" कहने का संकेत तय हुआ। जैसे ही हम लोगों ने अपने स्थान बदले, मैंने बद्रीनाथ के साथ, मैंने देखा कि नौकर कुछ सन्देह की दृष्टि से देखने लगा। मैंने उसे अपनी कमर में लगे खंजर को ढीला करते भी देखा। सम्भव है वह केवल मेरी कल्पना ही होगी। फिर भी उसने अपना खंजर टटोला अवश्य था। वह खड़ा हो गया और चारों ओर दृष्टि घुमाकर हम लोगों को देखा। मैंने उसकी भूरे रंग की देह को गम्भीरता से देखा। उसकी छाती बालों से ढँकी थी और उसकी बाहें बलिष्ठ थीं। एक क्षण के लिए मैंने सोचा कि मैंने अपनी शक्ति का वास्तविकता से अधिक अनुमान कर लिया था, परन्तु इस समय पीछे हट जाना कायरता होगी। अब केवल सही योजना थी कि खड़े-खड़े उस पर आक्रमण किया जाए।

मैं उसकी ओर बढ़ा और अपने पिता को पैनी दृष्टि से देखा, जिसका आशय था कि मैं जैसे ही अपनी जगह पर पहुँचू वे इशारा कर दें। उन्होंने मेरा अभिप्राय समझ लिया। लेकिन जैसे ही मैं अपने स्थान पर गया वैसे ही वह मुझे देखने और मेरी पकड़ से दूर हटने के लिए मुड़ गया। उसके पास जाकर मैं उससे हट् जाने के लिए मना करने हीवाला था कि संकेत दे दिया गया।

उस समय चाहे एक क्षण का विलम्ब हो जाता अथवा वह अपने स्वामी की नियति की एक झलक ही पा जाता या उसे वास्तव में सन्देह हो जाता कि वहाँ सब कुछ ठीक नहीं था, और खतरा उसके सम्मुख था तो मैं नहीं जानता क्या होता? लेकिन मैंने रूमाल उसकी गरदन में डाल दिया, उसने तुरन्त अपना खंजर निकाल लिया। इस समय मेरी पकड़ की तनिक सी ढील तत्काल मेरी मृत्यु का कारण बन जाती। उसका खंजर मेरे शरीर में प्रवेश कर जाता। वह

अपने जीवन के लिए इतना संघर्ष कर रहा था कि मेरे द्वारा अपनी समस्त शक्ति लगाने के बावजूद वह अपना दूसरा हाथ अपनी गरदन और रूमाल के बीच डालने में लगभग सफल हो गया। यह सब क्षण मात्र में घटित हो गया। मेरे ऊपर खतरा अवश्यम्भावी था, किन्तु सौभाग्य से किसी ठग ने उसके खंजरवाले हाथ को पकड़ने का प्रयत्न किया। इससे एक पल के लिए उसक ध्यान मेरी ओर से हट गया। यद्यपि उसका आधा दम घुट चुका था, फिर भी उसने असीम कोशिश की, जिसने मुझे हिलाकर रख दिया। लेकिन उसका खंजर उस अभागे ठग की छाती में प्रवेश कर चुका था।

बड़ी जोर से कराहते हुए वह गिर पड़ा और उसके रक्त की धारा निकलकर हम दोनों पर पड़ी। लेकिन इस घटना के कारण मेरी पकड़ और मजबूत हो गई। मैं अपनी उँगलियों का प्रयोग करने में सफल हो गया। जितनी शक्ति मैंने लगाई थी उसके सामने कौन जीवित रहता? राजपूत मरते-मरते भयानक संघर्ष करता रहा, परन्तु वह मेरी पकड़ से मुक्त न हो पाया। मेरे पिता मेरे पास दौड़कर आ गए।

उन्होंने कहा, "रस्सी कहाँ है? वह इस प्रकार नहीं मरेगा, रस्सी लाओ, उसकी गरदन के चारों ओर लपेटकर दो आदमी उसे खींचें।"

मैंने कहा, "नहीं, नहीं, उसका खेल लगभग समाप्त हो चुका। यह काम केवल मेरा है। मुझे अकेले करने दो, अन्य कोई दखल नहीं देगा।"

सौभाग्य से मैंने उसे मुँह के बल गिरा दिया और उसकी पीठ पर बैठ गया। अब वह खंजर का प्रयोग नहीं कर सकता था। अन्त में पहले से अधिक छटपटाहट के साथ वह शान्त हो गया। यह मेरा दूसरा शिकार था। हाँफता और अत्यन्त थका हुआ मैं उठ खड़ा हुआ। उसका शव सीधा मेरे सामने पड़ा था।

वास्तव में अब मैंने अनुभव किया कि मैं किसी बहुत खतरनाक संघर्ष से निकल आया और शक्ति के ऊपर मेरी कला विजयी हुई। उसी के पास मेरी सहायता के लिए आगे आनेवाले व्यक्ति का शरीर पड़ा था। उसका घाव भयानक था। सभी का ध्यान मेरी ओर था, उसके कष्ट की ओर किसी की दृष्टि नहीं गई। वह मुँह के बल पड़ा कराह रहा था।

मैंने कहा, "ईश्वर के लिए, उसे पलट दो, उसके पेट में घाव है। क्या उसके लिए कुछ नहीं किया जा सकता?"

कुछ लोगों ने उसे सीधा कर दिया लेकिन यह साफ दिखाई दे रहा था कि उसके जीवन की कोई आशा नहीं थी। उसके मुँह और घाव दोनों से रक्त बराबर बह रहा था। कई बार उसने बोलने की असफल चेष्टा की। लगभग तुरन्त उसका देहान्त हो गया।

संघर्ष करते समय कई बार मुझे प्रतीत हुआ कि राजपूत का खंजर मुझ तक पहुँच गया था लेकिन मैंने पूर्ण शक्ति के साथ अपने शरीर को घुमाकर उससे बचा लिया। उस समय इतनी प्रबल उत्तेजना थी कि अपने घाव की ओर मेरा ध्यान ही नहीं गया। जब बगल में हाथ से देखा तो पाया कि कपड़ों में रक्त लगा था और मेरे घाव लगा था। पिताजी ने भी मेरे रक्त को देखा।

वे बोले, "अलहुम्द लिल्लाह, वह घायल है। मेरे बेटे, क्या मैंने तुम्हें रोका नहीं था कि राजपूत से होशियार रहना। तुम उसके मुकाबले के नहीं थे। मेरे बेटे, तुम घायल हो गए, क्या किया जाए?"

पिताजी मनोवेग के प्रवाह में इतने बहने लगे कि चुपचाप बैठ गए।

मुझे अनुभव हुआ कि वे घाव नहीं खरोचें मात्र थीं। जल्दी से बनियाइन उतारी और उसे देखकर कहा, "यह क्या चीज है। इससे मुझे कोई हानि नहीं होगी। कोई काँटा लग जाता तो इससे अधिक गहरी पीड़ा होती।"

पिताजी ने कहा, "शुक्र खुदा का, तुम्हें चोट नहीं लगी। (मेरे उस घाव को देखकर उनकी आँखों से आँसू निकल रहे थे) लेकिन उस भयानक दृश्य को देखकर मैं बहुत डर गया था। ऐ मोहम्मद, तू मेरा वफ़ादार सेवक था।"

व्यापारी और राजपूत के शव नग्न करने के बाद कब्र पर ले गए जो पहले से तैयार थी। वह एक छोटे से खीमे (टेंट) के अन्दर बनाई गई थी। उसी में पिताजी के साथ मैं तथा कुछ और लोग सोते थे। वह सुरक्षित स्थान था। लुधाइयों ने बड़ी कुशलता से इस अवसर पर काम निपटाया, जिसे देखकर मैं दंग रह गया। टेंट के भीतर अभी कब्र खुली होगी यह सोचकर मैंने अपने छोटे से घाव की मरहम-पट्टी करना, कपड़ों का रक्त साफ करना और स्नान आदि काम रोक लिये थे, परन्तु अन्दर जाकर मुझे यह देखकर बड़ा आश्चर्य हुआ कि वहाँ की भूमि खोदे जाने का कोई चिह्न नहीं था। उस स्थान को बड़ी सावधानी से पाट दिया था और उस पर लेप कर दिया था, पर वह गीला अवश्य था। यह कोई नहीं कह सकता था कि इस जमीन को कभी छुआ भी गया था। बाद में उस पर दरियाँ बिछा दी गई।

बद्रीनाथ से मैंने कहा, "हम अपने बढ़िया कपड़े पहन लें और हाकिम के यहाँ चलें। पिताजी, क्या आप भी चलेंगे?"

वे बोले, "नहीं बेटा, मुझे यहाँ पर सब शान्त रहने के लिए बहुत कुछ करना है। किसी एक को यहाँ रहना चाहिए। तुम और बद्रीनाथ अपना मनोरंजन करो।"

फिर उन्होंने कुछ लोगों को सम्बोधित करके कहा, "अपनी ढाल-तलवार उठा लो और मेरे बेटे के साथ जाओ। देखो, तुम्हें ठग नहीं सैनिक दिखना है। आज रात के लिए।"

6 या 8 लोग साफ-सुथरे कपड़े पहनकर और शस्त्रों से सुसज्जित होकर शीघ्र तैयार हो गए। इस समय चन्द्रोदय हो गया था। कोतवाल ने शाम के दरबार का यही समय मुकर्रर किया था। हम लोग शहर की ओर चल दिए।

वास्तव में हम लोगों ने बहुत चुनकर कपड़े पहने थे। हम केवल सैनिक ही नहीं, बल्कि दर्शनीय लग रहे थे। हर एक की पगड़ी में झब्बे लगे थे। मेरी पगड़ी में सोने का झब्बा लगा था, जो हिलते हुए बार-बार मेरी ठोढ़ी में छू जाता था। मेरी रूप-सज्जा किसी युद्धवीर जैसी लग रही थी। मेरे शस्त्र मूल्यवान थे। तलवार की मूठ सोने से मढ़ी थी और उसकी म्यान लाल मखमल की थी। उसमे चाँदी का फेरुल खुले नमूने का था, जो उसे लगभग आधा ढके हुए था। कश्मीरी शाल के कमरबन्द में रत्नजटित पेशखूब (एक प्रकार का चाकू) तथा सोने-चाँदी से जड़ी जम्बिया या अरबी खंजर खोंसे हुए थे। सिलहट की बनी मेरी ढाल गैंडे के खाल की थी, जिस पर हिन्दुस्तान की बारीक कारीगरी की गई थी।

यद्यपि बद्रीनाथ और पीर खाँ की रूपरेखा मुझसे कम दर्शनीय थी, तो भी वे अच्छे लग रहे थे, और मेरी प्रतिमूर्ति लगते थे।

हम कोतवाल की चौकी पर पहुँचे जहाँ उसके मिलने की सम्भावना थी अथवा कोई अन्य मिल जाता जो हम लोगों को दरबार तक ले जाता। यही हुआ, कोतवाल वहाँ उपस्थित था। उसने यात्रियों की देखभाल का काम छोड़ दिया और दरबार में मेरा परिचय कराने ले चला।

कुछ गलियाँ पार कीं। बँधे हुए पशुओं तथा मराठा नगर की अरुचिकर चीज़ों के बीच से रास्ता निकालते हुए, हम चलते रहे। अन्त में हम एक सिंहद्वार पर पहुँचे जिसके आप-पास कई सैनिक खड़े या टहल रहे थे। हमारा मित्र इन सबसे हमें पार कराता हुआ, दो बड़े-बड़े सहनों से होकर वहाँ पहुँचा जहाँ दरबार में मनो-विनोद हो रहा था।

एक भव्य से दिखाई देनेवाले वृद्ध ने हमारा परिचय पूछा। कोतवाल ने बताया कि हम सम्भ्रान्त लोग हैं और नवाब साहब को अपना सम्मान पेश करने के लिए आए हैं। इसके साथ मैंने यह और जोड़ दिया कि उनकी महान कीर्ति और अतिथि-सत्कार की बात सुनकर हमने सोचा कि उन्हें अपनी ख़िराज़े-अकीदत पेश किए बिना उनके शहर से गुज़र जाना अभद्रता होगी। इसके साथ ही ऐसे प्रतिष्ठित व्यक्ति से परिचय भी हो जाएगा।

वृद्ध ने कहा, "आप लोगों का स्वागत है। नवाब साहब को अपरिचितों से मिलकर बड़ी प्रसन्नता होती है, चाहे वे कहीं से आए हों। इंशाअल्ला, आप लोगों को इतनी तकलीफ उठाने के लिए खेद नहीं करना होगा।"

मैंने उत्तर दिया, "मैं इसे तकलीफ नहीं मानता, बल्कि हमारे जैसे ग़रीब लोग ऐसा सम्मान शायद ही पाते होंगे। कृपया हम लोगों को हुजूर के रू-ब-रू ले चलिए।"

कुछ सीढ़ियाँ चढ़कर हम उस विशाल कक्ष में पहुँचे जहाँ नवाब साहब अनेक मुसाहिबों से घिरे हुए बैठे थे। उनके सामने कई नर्तकियाँ नाचकर अपना जलवा बिखेर रही थीं। वे फारसी और हिन्दुस्तानी गानों से उपस्थित लोगों को लुभा रही थीं। हमारे मार्गदर्शक ने हमें कुछ रुकने का इशारा किया और नवाब साहब के पास जाकर हम लोगों के आने के विषय में बताया।

नवाब साहब ने आवाज दी, "खामोश" और यही लगभग दर्जन भर लोगों ने भी दुहराया, "मेहमानों को आने दिया जाए।"

कमरे में बिछी हुई धवल (श्वेत) चादर के किनारे जूते उतारने के बाद हमें आगे ले जाया गया जहाँ नवाब साहब की मसनद थी। हमें देखते ही उन्होंने बड़ी नफासत के साथ हमें सलाम किया मैंने आगे आकर अपने कन्धे पर रखे कढ़े हुए रूमाल में तलवार की मूँठ लपेटकर उन्हें नजराने के रूप में पेश की। उन्होंने उस पर अपना हाथ रखकर फरमाया, "कबूल हुआ, आप लोग हमारे पास बैठ जाएँ। इंशाअल्ला आप लोगों को देखकर बड़ी खुशी हुई और अपने इस ग़रीब दरबार में आपका तहेदिल से ख़ैर मकदम करते हैं।"

मैंने विनम्रतापूर्वक इस आदर पर अपना एतराज़ पेश करके कहा कि मैं सामान्य आदमी होने के कारण इतने बड़े सम्मान का अधिकारी नहीं लेकिन इनकार भी नहीं कर सकता। अतः अत्यन्त आदर के साथ अपने घुटने मोड़कर और ढाल-तलवार अपने सामने कायदे से रखकर बैठ गया। मैं नवाब साहब की ओर मुखातिब हुआ, वे मेरी ओर गौर से देखते प्रतीत होते थे।

वे कहने लगे, "माशा अल्ला, आप बहादुर इनसान मालूम पड़ते हैं। आप बताएँ, आप कौन हैं, और आपके साथ कौन लोग हैं?"

मैंने उत्तर दिया, "आपकी खिदमत में अर्ज है कि मैं एक सैनिक, जन्म से सैयद हूँ। मेरे साथ कुछ लोग हैं। जो हैदराबाद नौकरी की तलाश में जा रहे हैं। मैं हिन्दुस्तान से आ रहा हूँ। मेरे पिताजी डेरे पर हैं। वे एक व्यापारी हैं, जो अपना तिजारती माल लेकर शहर जा रहे हैं। ये लोग (मैंने बद्रीनाथ और पीर खाँ की ओर संकेत करते हुए कहा) मेरे साथी हैं। इनसे वरिष्ठ होने के कारण मैं इन्हें हुजूर की खिदमत में नज़र पेश करने के लिए लाया हूँ।"

उन्होंने कहा, "मीर साहब, हम अच्छे और बलिष्ठ दिखनेवाले लोगों को देखकर बहुत खुश होते हैं। ऐसे लोग इन बूढ़ी नजरों में मोती के समान लगते हैं। इन्हें भी आगे आने को कहिए", उन्होंने किसी कर्मचारी से कहा।

इस पर दोनों ने आगे बढ़कर सलाम किया और मेरी तरह अपनी तलवारों की मूँठें नजर के रूप में पेश कर दीं।

पहचान की रस्म पूरी होने के बाद गवैयों और नर्तकियों को पुनः बुलाया गया और उन्हें अपनी कला प्रदर्शित करने के लिए कहा गया। इस बीच मुझे क्षण भर का अवसर कमरे का नज़ारा करने के लिए मिल गया।

वह विशाल कक्ष काष्ठ निर्मित तीन वृहदाकार तोरणों द्वारा सहन की ओर खुलता था, जिससे होकर हम लोग वहाँ आए थे। प्रत्येक तोरण के बीच लाल रंग के इंगलिश पर्दे लटक रहे थे। ये आवश्यकतानुसार उठाए-गिराए जाते थे। कक्ष काफी लम्बा-चौड़ा था। पर हमारे पीछे की दीवारों पर अत्यन्त भव्य कारीगरी की गई थी। ऊपर एक ओर पूरी पर्दों से ढँकी हुई छोटी-सी गैलरी (छज्जा) थी। वहाँ ज़नानखाने की महिलाएँ बैठकर नीचे के कार्यक्रमों को देखती थीं, परन्तु उन्हें कोई नहीं देख सकता था।

हमारे सामने नर्तकियाँ अपने विशिष्ट अन्दाज में ठुमके लगाती हुईं नृत्य कर रही थीं। साथ ही गाने के प्रेम-पूरित शब्दों को हाव-भाव द्वारा भी व्यक्त करती थीं। नर्तकियों का दूसरा दल पास ही बैठा अपनी बारी की प्रतीक्षा कर रहा था। नर्तकियाँ भव्य परिधान पहने थीं और बहुमूल्य आभूषणों से लदी थीं।

नवाब हुसेन यार जंग बहादुर एक दर्शनीय पुराने सैनिक थे। वे विनम्र और दरबारी सभ्यता के पोषक थे। वे दक्षिण के शानदार व्यक्तियों में आदर्श समझे जाते थे। परन्तु वे शायद दिल्ली के जैसे जनानी हरकत करनेवाले लोगों जैसे न थे। फिर भी आकर्षक बाह्याकृति के कारण लोग उनका आदर करते थे। उनकी चमकती हुई आँखें और किसी घाव के चिह्न से प्रकट होता था कि उन्होंने रण-भूमि के भी दर्शन किए थे और युद्ध कला से परिचित थे। उनकी पोशाक ढाका की मखमल की थी। उनके गले में बड़े-बड़े मोतियों की माला थी जिससे कभी-कभी वे ज़पने का काम भी लेते थे। उनके सामने रखी सुन्दर तलवार देखकर कोई सामान्य दर्शक यह समझ सकता था कि वे पदवीधारी और विशिष्ट व्यक्ति थे।

मुझे भली भाँति देखकर उन्होंने कहा, "युवक, हम लोग एक छोटे स्थान पर हैं, परन्तु क्या किया जाए, सरकारी दायित्व तो निभाना ही पड़ता है। हम अपने घर को हर जगह नहीं ले जा सकते, फिर भी हमने इस जंगली जगह को भरसक सुन्दर बनाने की कोशिश की है। खुदा के फज़ल से हम यहाँ सुन्दर नेत्रों और शीरींजबानवालों को भी ले आए। आमोद-प्रमोद की यहाँ कमी नहीं है। आप हमारी पसन्द के बारे में खुद अपनी राय बताएँ।

"दखिए, उधर ज़ोहरा बैठी हैं। खूबसूरती और शीरींजबानी में हैदराबाद में उनका सानी कोई नहीं। दूसरी जो गा रही है, उसे हमने रास्ते से पकड़ा था लेकिन इंशाअल्ला कुछ दिनों बाद वह भी गजब ढाने लगेगी। उसे अपने साथ हम शहर ले जाएँगे, जहाँ हमारे अजीज लोग उसे देखकर चकित रह जाएँगे।"

अपना नाम लिखे जाने पर नर्तकी ज़ोहरा घूमकर मेरी ओर देखने लगी। उसकी ग़ज़ब की खूबसूरती देखकर मुझे चक्कर आ गया। अपनी और पेशेवालियों की भाँति वह गोरी न

थी, जिन्हें मैं पहले देख चुका था। फिर भी गौर वर्ण न होते हुए, उसका रूप साँचे में ढला हुआ था, और जब उसने अपनी बड़ी-बड़ी हिरनी जैसी आँखों से मेरी ओर निहारा, तो लगा जैसे कलेजा चीरकर रख दिया। वह नज़र जल्दबाजी की नहीं थी, वरन् बड़े आहिस्ता-आहिस्ता गड़कर रह गई और जब फिरी तो गज़ब ढा गई। मैं जवान था, और शालीन भी, अतः लजाकर रह गया। उसने यह भाँप लिया और घूमकर अपने साथवाली की ओर मुस्कराने लगी।

नवाब ने हँसते हुए कहा, "चलिए जनाब, आप हमारी तवायफों का दिल नहीं चुरा सकते। आप बड़े खतरनाक दिखाई दे रहे हैं। अगर मैं ग़लत नहीं कहता तो आपका यह खूबसूरत चेहरा किसी वक़्त बड़ा गजब ढाएगा।

"आप हिन्दुस्तान की खबर बताइए! उधर से ऐसी खबरें आ रही हैं कि मराठे और पिंडारी हथियारबन्द हो रहे हैं।"

मैंने उत्तर दिया, "जी हाँ, ऐसी खबरें हैं। सुना है कि सिन्धिया या होल्कर के यहाँ नौकरी मिल सकती है क्योंकि उनके और फिरंगियों के बीच लड़ाई छिड़नेवाली है। लेकिन हमने दक्खिन में ही अपनी किस्मत आजमाना ठीक समझा क्योंकि हमने सुना था कि हमारे जैसे हथियारबन्द लोगों को भी उन दोनों के यहाँ कम वेतन मिलेगा। इसका सबसे बड़ा कारण उनका फ्रांसीसी जनरलों की फौजों के ऊपर पूर्णरूपेण निर्भर होना है और वे ही अंग्रेज फिरंगियों के विरुद्ध युद्ध करेंगे।"

नवाब ने कहा, "अब न्यायपूर्ण युद्ध का समय टल गया। यूरोप के लोगों द्वारा किए जा रहे आविष्कार तीव्र गति से हिन्द की वीरता के पैर उखाड़ रहे हैं। खुदा जाने इसका खात्मा कहाँ जाकर होगा। हैदराबाद में भी फिरंगियों ने अपनी अच्छी पकड़ बना ली है। खुदा जाने वे कब भगाए जा सकेंगे। और वे तेलंगाना के बेचारे काफिरों को बराबरी के स्तर पर युद्ध और क्रमिक विनाश का प्रशिक्षण दे रहे हैं, जो वास्तव में आश्चर्यजनक है लेकिन अल्लाह की शक्ति महान है। और वह उन्हीं पर कृपालु है।

मैंने कहा, "एक अच्छी बात यह है कि अंग्रेज और फ्रांसीसी आपस में कट्टर दुश्मन हैं और अगर युद्ध छिड़ा तो खुदा के फ़ज़ल से एक अवश्य पराजित होगा। तभी सच्चा ईमान रखनेवालों को उठने और अपने देश को दोनों के जुए के नीचे से मुक्त होने का अवसर प्राप्त होगा।"

नवाब बोला, "आप जवान हैं, आपका खून गरम है। हम हैदराबाद के लोग अंग्रेज फिरंगियों के बड़े आभारी हैं क्योंकि उन्होंने हमें मराठों की आए दिन बेजा माँगों और हैदरअली तथा टीपू के उत्पीड़न से छुटकारा दिलाया है। और आखिरकार मैं पूछता हूँ कि क्या हम उनके विरुद्ध कुछ कर भी सकेंगे? टीपू मारा गया। उसने अपना किला बनवाने में फ्रांसीसियों की सहायता प्राप्त की थी लेकिन खुदा खैर करे, अंग्रेजों के सामने वह सिर्फ मिट्टी की दीवार साबित हुआ।"

मैंने पूछा, "तो क्या आपने उसे देखा था?"

उसने उत्तेजित होकर कहा, "हाँ, यकीनन, मैंने सब कुछ देखा है। और यदि आप भी देखते तो अचम्भा करते कि उनकी स्वामिभक्त फौजें अपने अधिकारियों के नेतृत्व में किले की दरार में बिल्लियों की भाँति चढ़ गईं। जबकि उनके सामने बन्दूकों और तोपों से भयंकर आग बरस रही थी जो सिपाहियों को भूसे की तरह उड़ा देती। वास्तव में वे लोग कितने बहादुर थे और हम हिन्दुस्तान के लोग यदि उनकी तरह युद्ध करते तो क्या वे हमारी एक गज जमीन भी पा

सकते थे? इंशाअल्ला वे लड़ ही नहीं सके। लेकिन अब पछताने से क्या लाभ? और अब सिकन्दर शाह ने अंग्रेजों के साथ एक सन्धि की है, और खुद जनाने में हिजड़ों की तरह बैठा है। अपनी और अपने मुल्क की देखभाल की जिम्मेदारी उनके ऊपर छोड़ भी दी।"

मैंने पूछा, "बिलकुल नहीं। मेरे विचार से आप इसे पक्की बात समझिए। आप जैसे अच्छे लोगों के लिए बहुत से रास्ते हैं। आपका व्यक्तिव तो किसी फौज की कमान सम्हालने लायक है। इंशाअल्ला, आपको यहीं काम मिल सकता था लेकिन मेरी तालिका भर चुकी है और आप अपने साथियों से अलग भी नहीं हो सकते।"

मैंने कहा, "नहीं, यह नहीं हो सकता। बेचारे मेरे साथी इस अनजान मुल्क में भूखों मर जाएँगे। अब उन्हें एकत्र करके शहर ले जाकर अपना वादा पूरा करूँगा।"

नवाब ने कहा, "अब आप हमारी शान जोहरा बाई का नृत्य देखिए। इंशाअल्ला आप अपना दिल मजबूत कर लीजिए वरना वह ऐसा दर्द पैदा कर देगी, जैसा बहुतों के साथ हो चुका है।"

गवैयों की जो जमात अभी तक गा रही थी, उन्हें अपनी जगह बैठा दिया गया। अब ज़ोहरा बाई खड़े होने की तैयारी करने लगी। उसके लिए घुँघरू लाए गए, जिन्हें उसने पैरों में बाँधा। साज-वादकों ने अपने-अपने साजों के सुर मिलाने शुरू किए। थोड़ी देर बाद वह उठ खड़ी हो गई। मैं तो बैठे-बैठे उसके रूप का दीवाना हो गया था, अब खड़े होकर न जाने कितना गज़ब ढा देगी? वह अधिक लम्बी न थी लेकिन साँचे में ढली थी। और अगर उसकी अनोखी पोशाक पर नज़र दौड़ाई जाए तो वह बाहों से ढीली होकर टखनों तक को ढँक रही थी। जो हो पोशाक बेशकीमती थी। वह गहरे लाल रंग की जालीदार थी। उसमें जगह-जगह सुनहरी पट्टियाँ लगी थीं। घुटनों पर पोशाक के किनारे कसीदाकारी बड़ी खूबसूरती से की गई थी। उसमें कहीं-कहीं मोती जड़े गए थे। गले के चारों ओर पोशाक के रंग का महीन मलमल का रूमाल लपेटा हुआ था। नृत्य करते हुए जब वह घूमती थी तो वह रूमाल भी हवा में लहराने लगता था।

वाद्यकारों की स्वरलहरी गूँज रही थी, उसी के साथ जोहरा की जोड़ीदार, कोई खूबसूरत लड़की मन्द-मन्द हाव-भाव प्रदर्शित करते हुए नृत्य करने लगी। थोड़ी देर के बाद वह बैठ गई। अब जोहरा, जैसे बादलों के बीच से पूरा चाँद निकल आया हो, झूमकर उठी और हाव-भाव दिखाते हुए गतिमान होने लगी। साहब, मैं उसकी मोहनी थिरकन का कैसे वर्णन करूँ? हर बार जब वह घूमकर आती थी तो मानो बिजलियाँ गिरा जाती थी। मेरे ऊपर उसका पूरा जादू असर कर गया था, जब उसने गाना शुरू किया तब मेरी क्या दशा हो गई, क्या बताऊँ। मन्द और तेज गति की नृत्य भंगिमाएँ दिखाने के बाद वह रुक गई। उसके पीछे बैठे किसी गायक के गानों के बाद अब जोहरा ने एक मदहोश करनेवाली ग़ज़ल गाना शुरू किया।

उस ग़ज़ल का मैं पुराना आशिक था। उसे सुनते-सुनते मैं उसके पैरों के पास गिर पड़ा और जन्नत की परी के रूप में उसकी इबादत करने लगा। उसकी मधुर वाणी द्वारा मेरी अत्मा मदोन्मत्त हो गई। मैं इतना संज्ञाहीन हो गया कि आसपास बैठे लोगों का बिलकुल ध्यान न रहा। अन्ततः उसका गाना समाप्त हुआ, नवाब साहब जो निरन्तर मेरी ओर नज़र गड़ाए हुए थे, ने पूछा कि जोहरा का नाच और गाना मुझे कैसा लगा?

मैंने उत्तर दिया, "बहुत खूब, उसकी मनमोहिनी सूरत के सामने मैं पानी-पानी हो रहा

था। यह तो सौभाग्य रहा कि मैं उसके प्रभाव में नहीं आया, अन्यथा मैं हमेशा के लिए मिट जाता, मैं अपनी प्रतिष्ठा और व्यवसाय छोड़कर उसके कदमों में पड़ा रहता और अपने अस्तित्व को भूल जाता।”

नवाब ने कहा, “आप मूर्खों जैसी बात करते हैं। ऐसी चमक-दमक में गिर पड़ना उचित नहीं। उनके द्वारा बहुत से लोग हमेशा के लिए तबाह हो चुके। इनकी जैसी तवायफें केवल लालची और धनलोलुप होती हैं। जैसे कहा गया है कि समुद्र में जो कुछ डालो सब उसमें समा जाता है और उसके ऊपर पल भर में मिट जानेवाली लहर के अतिरिक्त कुछ भी नहीं रह जाता।”

मैंने पूछा, “क्या वे प्यार नहीं करतीं? क्या वे केवल पैसों की लोभी होती हैं?

उसने उत्तर दिया, “हाँ, मेरे जवान भाई, अफसोस तो यही है। मैंने इसे अच्छी तरह जाना और समझा है। लेकिन अब हमें अपना मनोरंजन बदलना चाहिए। हमारे यहाँ हिन्दुस्तान से कुछ बहुरूपिये आए हैं। मैंने केवल एक बार उन्हें सुना है और हँसते-हँसते मेरी पसलियाँ अभी तक दुख रही हैं। सम्भव है आप उनके तर्ज-तरीकों से परिचित हों। मेरे लिए यह सब नया ही है। उन्हें बुलाया जाए।”

मैंने कहा, “आपकी इनायत रहे, नवाब साहब, आप अपने इस गरीब ख़ादिम पर सचमुच बहुत मेहरबान हैं, जो उसके बिलकुल नाकाबिल है। फिर भी मैं नवाब हुसेन जंग बहादुर के नेक नाम और अतिथि-सत्कार को बिना बताए नहीं रह सकता। चाहे मेरा नसीब मुझे कहीं ले जाए। केवल यही मैं उसके बदले दे सकता हूँ।”

उन्होंने उत्तर दिया, “मुझे आशा है कि आप अवश्य उन्नतिशील होंगे। आपके जैसे व्यक्तित्व के लोग मित्र बनाने में कम ही असफल होते हैं। लीजिए, बहुरूपिए आ गए। देखना है कि वे लोग हमारे लिए कैसा मनोरंजन लेकर आए हैं। हँसाएँगे अवश्य, इसमें सन्देह नहीं।”

वे लोग कुल तीन थे। मजाकिया ढंग से अपने चेहरे मोड़ते हुए आए। उन्हें देखते ही पूरी जमात में हँसी के फौव्वारे छूटने लगे। उनमें से एक आगे आकर बोला, “हम लोग जिस मुल्क से आए हैं, वहाँ एक जहीन नवाब रहता था, वह अपने देश का शासन इस प्रकार चलाता था, जैसा किसी ने न किया होगा। युद्ध के मैदान में भी वह रुस्तम था, और अगर हुजूर चाहें तो आपका यह खादिम उसकी जाँबाजी के कुछ किस्से बयान करे।”

नवाब साहब बोले, “हाँ, हाँ, चलते रहिए, हम सुन रहे हैं लेकिन उसमें अशिष्टता न हो क्योंकि तुम लोग ख़ानम के सामने हो।”

वे सब परदे की ओर सलाम करते हुए बोले, “अस्त-फेरल्ला ख़ानम हम पर रहम फरमाएँ। अल्लाह उन्हें पक्की उम्र और पीढ़ियों-दर-पीढ़ियों से नवाज़ें। इंशाअल्ला, हम लोगों पर उनकी नज़रे इनायत हमेशा रहेगी। हम लोग यहाँ से अपने कपड़ों में सोना भरकर ले जाएँगे।”

उन लोगों ने तमाशा शुरू किया। उनमें से एक बच्चों जैसे मज़ाकिया पोशाक में नवाब बना था। किस्सा उसके बचपन से शुरू हुआ। ज़नानखाने में कैसे उसका लाड़ किया जाता था। उन दोनों ने जनाने कपड़े पहन लिये थे। एक माँ, दूसरी धाय थी। नन्हे नवाब दुलराए जाते हैं, बिगड़ जाते हैं और उठा-पटक करने लगते हैं। तब यह कहा जाता है कि उन पर शैतान का साया है। मुल्लाजी बुलाए जाते हैं। वे झाड़-फूँक करते हैं। अजीब सी जादुई दवा उन्हें दी जाती है। अब नन्हे नवाब चीखते-चिल्लाते हैं, माँ को ठोकर मारते हैं, धाय को बाहर भगा देते

हैं। आस-पास सब कुछ गड़बड़-बेतरतीब हो जाता है। यह सब भरभंड देखकर विशेष रूप से तवायफों में खूब हँसी-ठट्ठा होने लगा। यह सब देखकर हम लोग भी हँसने लगे।

कुछ समय बाद ही उन्हें देखकर आश्चर्य हुआ। अब दूसरा खेल शुरू हुआ। नन्हे नवाब अब जवान हो जाते हैं। बड़े उद्दंड और नियन्त्रण से बाहर हो जाते हैं। औरत, शराब, घोड़े, हथियार उनके दिल बहलाने की चीज़ें हैं। लेकिन हर बात से बेपरवाह हैं। हर चीज फेंकने लगते हैं। माँ-बाप से बदतमीजी से बात करते हैं। उन पर कर्ज लद जाता है। धोखेबाजों और चापलूसों से घिरे रहते हैं। वे सब उनका माल-मत्ता हड़प जाते हैं। वे पूरे ऐयाश और विलासी हो जाते हैं। यहीं पर दूसरा भाग समाप्त होता है।

अपने पिता के मरने के बाद वह खुद नवाब बन जाते हैं। वे शानदार रियासत के मालिक हैं। जनता और फौज उनके अधीन रहती हैं। रियासत का बन्दोबस्त करते हैं। अपने पुराने साथियों को ठोकर मारकर भगा देते हैं, चाहे वे अच्छे हों या बुरे। वे नए-नए उन बदमाशों का साथ करने लगते हैं, जिन्होंने उनके पिता जैसे श्वेत दाढ़ीवालों को अपना शिकार बनाया था। एक रईस पड़ोसी से उनका झगड़ा हो जाता है, और दोनों युद्ध के लिए तैयार हो जाते हैं।

फौजों का इस तरह बयान किया जाता है कि वे कैसे पहाड़ों को खाते और नदियों को पी जाते हैं। नवाब खुद ऐसे बन-ठनकर निकलते हैं जैसे कोई दुल्हा अपनी दुल्हन लेने जाता हो या जैसे बादलों से बिजली निकलती है या कोई नदी अपने किनारे तोड़कर उमड़ पड़ी हो। वे चीते की भाँति साहसी हैं। उनसे लोग भय खाते हैं, कोई उनका सामना नहीं कर सकता, उनकी नजरों के सामने आदमी ऐसे दुबक जाता है जैसे शेर के सामने बटेर। उनका घोड़ा बिलकुल कंकाल, छोटे-छोटे अंग, लम्बे-चौड़े पैर हिरन जैसे। उनके हथियार, तलवार, जो उनके पिता ने कभी चलाई होगी, भैंसे की खाल को सीधा काट चुकी है और मोटे से मोटे लिहाफ़ को दो हिस्सों में कर चुकी है।

वे अब आगे बढ़ते हैं, युद्ध होने लगता है, घोड़ा आक्रमण करता है। नवाब और उनके शत्रु का सामना होता है (दोनों एक आदमी की पीठ पर सवार थे)। वे युद्ध करते हैं। तलवार से तलवार (लकड़ी की) टकराती हैं और टूटकर टुकड़े-टुकड़े हो जाती है। नवाब का घोड़ा मारा जाता है। क्या वे भी मारे गए या दुश्मन की कृपा के मोहताज हैं। नहीं, वे फिर से खड़े होते हैं। दुबारा युद्ध होने लगता है, जो लम्बा चलता है और नतीजा संदिग्ध है। सेवक उन्हें नए हथियार देते हैं और अन्त में उनकी विजय होती है। अल्ला हो अकबर की विजयध्वनि के साथ शत्रु पराजित हो जाता है।

इसके पश्चात बन्दियों पर जुल्म होता दिखाया जाता है।

फिर ज़नाना पर्दा खुलता है।

एक बाँदी, छोटे कद की, आती है। उसकी गठन बड़ी नाजुक है, उसकी आँखें चिंकारे जैसी सुन्दर हैं। वह रोम की सुन्दरियों की तरह गोरी या इंग्लैंड की परियों जैसी है। वह उनके पैरों पर गिर जाती है। नवाब आशिक हो जाते हैं। वह विजयी होती है और निकाह सम्पन्न होता है। कुछ दिन खुशी-खुशी बीतते हैं लेकिन पड़ोसी की किसी लड़की की शोहरत उन तक पहुँच जाती है। बस उनके दिल में आग लग जाती है। अब वे अपने पहले प्यार की अवहेलना करने लगते हैं। नई शादी का पैग़ाम भेजा जाता है और उसे मंजूर किया जाता है। दुल्हन घर

आती है। अब दोनों रक़ीब बीवियों में खतरनाक जलन पैदा हो जाती है। अब जनानख़ाने का झगड़ा बयान किया जाता है। परदे के पीछे से आनेवाली हँसी और कहकहों की आवाजों से सहज ही विश्वास हो जाता है कि यह अभिनय और उसका वर्णन कितने प्राकृतिक रूप से पेश किया गया।

अब नवाब साहब अधेड़ हो गए और अब परिवार के पिता बन गए। वे सम्मानित आदमी हैं, धार्मिक भी हैं। मुल्लाओं से घिरे रहते हैं, जो उनकी चापलूसी करते हैं। उनके पुराने साथियों का स्थान इन मुल्लाओं ने हथिया लिया। हमेशा की तरह वे बहक जाते हैं लेकिन उसका पता नहीं चलता। लोग उन्हें न्यायप्रिय और भला समझते हैं। उनके दरबार में हुए फैसलों का वर्णन किया जाता है। उनके सामने सुलेमान की या हातिम की या लुकमान की क्या हैसियत? उनकी हर तारीफ पर लोग ज़ोर-ज़ोर से तालियाँ बजाते हैं और तमाशा देख रहे असली नवाब की ओर देखते हैं।

अब आगे नवाब को बहुत वृद्ध और जीर्ण-शीर्ण दिखाया जाता है। बीमारी ने उन्हें तबाह कर दिया। नीम हकीम उन्हें घेरे रहते हैं, जिनसे वे ऐसी दवा की फरमाइश करते हैं जो उन्हें फिर से जवान और हट्टा-कट्टा बना दे। उनकी बीवी पहले से अधिक तन्दुरुस्त है। वह उनके अहम की चापलूसी करती है और कहती है कि जैसे पहले जवान थे, वैसे अब भी हैं और सब बातें झूठ हैं। उनका एक पुत्र है जो उनसे बढ़कर निकलने का दावा करता है लेकिन ऊपर से बिलकुल मजनूँ है, वीरता में रुस्तम से कम नहीं, जिनके सामने उनके पिता के दुश्मन ऐसे भागते हैं जैसे हवा में अनाज से भूसा उड़ जाता है।

वृद्ध नवाब अब और ज्यादा जीर्ण और झगड़ालू हो रहे हैं। अब उनका आखिरी समय निकट आ गया और वे चिर निद्रा में सो जाते हैं। जन्नत में उन्हें सत्तर हूरें प्राप्त हो जाती हैं।

तमाशा समाप्त करके वे पुरस्कार के लिए आते हैं। नवाब ने मुझसे कहा, "मीर साहब, आपको कैसा लगा? इन लोगों ने अच्छा दिखाया या खराब।"

मैंने कहा, "अलहम्द लिल्लाह, अल्लाह के काम अजीब होते हैं। निश्चय ही ये लोग उसके द्वारा खास तौर पर बनाए गए। पहले भी तमाशे बहुत देखे हें, परन्तु इसके समान नहीं।"

नवाब ने कहा, "उन्हें अच्छा इनाम मिलेगा। पूरी कहानी में हँसी के अलावा नैतिक शिक्षा भी है। व्यंग्य भी खूब हैं। अच्छा हो कि आनेवाली पीढ़ियाँ इनसे सबक़ ग्रहण करें। जिससे बुद्धिमान और अच्छे इनसान बनें।"

मैंने उत्तर दिया, "आमीन, हुजूर ने सही फरमाया, सुनते समय मैं उनके व्यंग्य को नहीं समझ सका लेकिन अब समझ गया और वह बिलकुल उचित है।"

अब रात अधिक व्यतीत हो गई थी, अतः हमने चलने की इज़ाज़त माँगी। मैं चलने के लिए उठ खड़ा हुआ और तवायफों के निकट से निकलने लगा, तभी एक बुढ़िया ने मेरा दामन पकड़ लिया, और शीघ्र कहने लगी, "अगर आप मौका निकालें, तो कोई आपसे मिलना चाहता है लेकिन गुप्त रूप से। मैं आपको और भी बताऊँगी।"

मेरा रक्त खौल गया। मैंने उसके हाथ पर कुछ सिक्के रख दिए और वहाँ से चला आया।

ज़ोहरा बाई का उद्धार

मैंने कहा था मेरा रक्त खौल गया। क्या यह विश्वास करनेवाली बात है कि वह जो इतनी खूबसूरत तथा हैदराबाद के रईसों और सामन्तों की सोहबत में रह चुकी हो, मुझ जैसे की प्रशंसा करने के लिए उसने क्या देखा? जिसे कोई दरबारी ज्ञान न हो और जो अभी केवल एक किशोर हो और जो सभ्य व्यवहार तथा वाक्‌चातुर्य में अक्षम हो। उसने मेरी पोशाक और बाह्याकृति से मुझे धनाढ्‌य समझ लिया होगा, जो उसके ऊपर अपनी दौलत लुटा देगा। इसी प्रकार के विचार मेरे मस्तिष्क में आ-जा रहे थे। अपने साथियों से एक शब्द बोले बिना मैं डेरे पर पहुँच गया।

नीरवता बद्रीनाथ ने भंग की, बोला, "मीर साहब, ऐसी क्या बात हुई कि आपकी ज़बान ही सिल गई है। क्या कल रात के हम लोगों के जश्न के विषय में आपको कुछ नहीं कहना? उस खूबसूरत कंचनी के बारे में कोई टिप्पणी नहीं करनी? अल्लाह कसम, हालाँकि यह मुसलमानी कसम है लेकिन इन्द्र का समस्त वैभव देकर मुझे कुछ सन्तोष हो जाता और यदि मुहम्मद के स्वर्ग में उसी प्रकार की हूरों से घिरे रहने की बात पक्की होती, तो मैं मुसलमान हो जाता। सोचना यह है कि क्या यह उस बूढ़े नवाब की होकर रहे और इस मरहठे गाँव में मर-खप जाए, जबकि वह यदि हैदराबाद में होती तो वहाँ के आधे रईसजादे उसके कदमों में पड़े होते। खुदा कसम, मैं फिर कहता हूँ कि यह कोशिश करना उचित है कि उस बूढ़े विषयभोगी के कब्जे से उसे बहकाकर ले आओ। केवल सड़क पर उसका नाम ले लेना पर्याप्त नहीं, उससे बात करनी होगी। वह हम लोगों की शाम की महफिले-जश्न से जुड़नेवाली एक दुर्लभ चीज़ होगी।"

मैंने लापरवाही के साथ उत्तर दिया, "जैसा कहते हो, वह अद्वितीय सुन्दरी है। इसमें सन्देह नहीं कि उस सुअरबाड़े में उसे कितनी तकलीफ हो रही होगी। फिर भी उसे वहाँ से निकालकर लाना आसान नहीं है। और उसे पाकर भी हम क्या करेंगे?"

उसने कहा, "मैं कोशिश करके यह देखूँगा कि उसे अपने साथ लाने में कौन सी भारी कठिनाई सामने आएगी। और तुम यह भी जानते हो कि बाद में यदि हमारा पीछा किया जाएगा, तो उसकी और उसके साथवालों की आसानी से व्यवस्था कर ली जाएगी।"

मैंने कठोरता से कहा, "(क्योंकि मैं इस बात से इनकार नहीं कर सकता कि उस नर्तकी ने मुझे कितना रिझा लिया था) अब तुम निर्दयी ठग की भाँति बोल रहे हो। उसका कुछ भी बाल बाँका हो, इसके पहले ही मैं हिन्दुस्तान लौट जाऊँगा।"

उसने कहा, "मीर साहब, मैं तो मज़ाक कर रहा था। तुम जानते हो कि मैं औरतों पर तब तक हाथ नहीं उठाता, जब तक कि वे मेरे पेशे के सिलसिले में कायदे के साथ न आ जाएँ। नहीं, लड़की को उचित मार्ग से लाना होगा। तुम्हारे पिता भी कई बातों में कड़े मिज़ाज़वाले हैं। वे भी संगीत के प्रेमी हैं, इसलिए मेरी बात का बुरा मत मानो और अपने इस गरीब मित्र से नाराज़ी भी न रखो।"

मैंने कहा, "मैं नाराज़ नहीं हूँ लेकिन तुमने जब उसकी बात छेड़ दी तो मेरा खून उबलने लगा था। बाकी बातें हम सुबह करेंगे और यदि वह लड़की स्वयं चलकर हमारे पास आती है, तो मैं पिताजी को मना लूँगा। उनकी ओर से कोई आपत्ति होनेवाली नहीं। लेकिन हमें निश्चय

करना चाहिए कि सबसे पहले वह जाएगी और उसके लिए मेरे पास एक तरकीब है, जो हमें आगे का मार्ग दिखाएगी।"

उसने बड़ी उत्सुकता से पूछा, "कैसी तरकीब? क्या उसने तुमसे कुछ कहा था?"

मैंने कहा, "नहीं, उस भीड़ में कैसे कह सकती थी। तुम जानते हो कि मैं फारसी समझ लेता हूँ, शिक्षक मुल्ला का धन्यवाद। लेकिन तुम नहीं समझे। उसने अन्त में जो दुख भरा गीत गाया था और अपने संकेतों से उसके भाव स्पष्ट किए थे, उससे मैंने बड़ी चतुराई के साथ अनुमान कर लिया था कि अपने बन्धन और साथी से वह ऊब चुकी है। तुम यह पुरानी कहावत जानते हो, कबूतर बू कबूतर बाज बू बाज़।"

बद्रीनाथ बोले, "उससे साफ मालूम होता है कि मेरी अपेक्षा वह तुम्हारी ओर अवश्य देख रही होगी। तुम जानते हो कि मैं ब्राह्मण हूँ। अतः मैं उसको और उसके मामले को तुम्हारे लिए छोड़ देता हूँ। जहाँ आवश्यकता होगी, मैं सहायता के लिए तैयार रहूँगा।"

मैंने कहा, "आमीन, हम हर प्रकार की कोशिश करेंगे और इस विषय में अधिक कल मुझसे सुन लेना।"

रात भर के लिए हम लोग अलग हुए। हर्ष की बात यह थी कि पीर खाँ तथा अन्य लोग बहुत पीछे रह गए थे। उन लोगों ने हमारी बातचीत नहीं सुन पाई। मैं स्वीकार करता हूँ कि जब मैं सोने के लिए लेटा तो मैं गम्भीरता के साथ चाहता था कि हमारी योजना सफल हो। हालाँकि योजना का अभी सिर-पैर भी न था। यह अलग बात है मैंने उसे आकार देने में कुछ संघर्ष अवश्य किया था। उस नर्तकी के आकर्षण के आगे मैं ठहर नहीं सका और उस बुढ़िया की बात सुनने के बाद कोई अचम्भा भी नहीं रह जाता।

प्रातःकाल की नमाज़ के बाद गत रात को समाप्त किए गए आदमी के थैलों को खोलने के लिए सभी मुखिया एकत्र हुए। अध्यक्ष मेरे पिता थे। माल के ढेर से एक-एक करके थैले लाए गए। वास्तव में हम लोगों के हाथ कीमती माल लगा था। इसमें आश्चर्य की बात नहीं कि उस माल की सुरक्षा के लिए वह कितना चिन्तित था।

हर एक थैले में तमाम पुराने कपड़ों और चीथड़ों तथा ताँबे के बर्तनों के बीच, मोती, हीरे, लाल, पन्ना और मूल्यवान रत्नों से भरे छोटे-छोटे डिब्बे छिपाकर रखे गए थे। दो बक्सों में आभूषण और जवाहरात थे। इनमें दो आभूषण अद्भुत सौन्दर्य के नमूने थे—बाजूबन्द और सिरपेंच।

इन मामलों में पिताजी बहुत अनुभवी थे। उन्होंने बताया कि कुल माल का मूल्य कम से कम पन्द्रह हज़ार रुपए होगा। माल के बँटवारे के लिए उन्होंने दो विकल्प रखे। पहला था यह कि जहाँ तक सम्भव हो पूरा माल बराबर भागों में बाँटा जाए, और दूसरा कि हैदराबाद पहुँचने तक प्रतीक्षा की जाए, ताकि वहाँ उसे सरलता से नक़द रूप में बेचा जा सके। विचार-विमर्श के पश्चात् यह तय हुआ कि दूसरा विकल्प ही ठीक होगा। गत लूट के माल के लिए भी ऐसा किया गया था।

मुझे ज्ञात था कि मार्ग में हमें पैसे की कमी हो जाएगी, क्योंकि कोई अन्य मालदार यात्री नहीं मिला, इसलिए मैंने यह सुझाव रखा कि दो मूल्यवान आभूषणों में से एक को नवाब को बेचने के लिए रखा जाए। इसे मान लिया गया।

मुझे यह भी आशा थी कि हो सकता है कि सौभाग्य से ऐसा अवसर हाथ लग जाए, जब मैं उस बुढ़िया से, जिससे गत रात को बात हुई थी, भेंट कर सकूँ। सम्भव है उसके द्वारा ज़ोहरा

से मिल पाऊँ और भावी योजनानुसार आगे कोई मार्ग निकल आए। अतः यह सब विचार करके दोपहर के समय बद्रीनाथ को अपने साथ चलने के लिए बुलाया। हम दोनों महल की ओर चल दिए।

संयोग से कोतवाल मिल गया लेकिन हमने यह कहकर उसे काट दिया, "कोतवाल साहब, फिर मिलेंगे, हम स्वयं आएँगे। इस समय हम लोग अत्यावश्यक काम से जा रहे हैं और अब दोपहर भी सिर पर है। मुझे भय लग रहा है कि वहाँ प्रवेश न मिल सके। मुझे क्षमा करें।"

उसने कहा, "मैं आप लोगों को रोकूँगा नहीं। हाँ, आपके डेरे पर शाम को अवश्य आऊँगा।"

चलते-चलते बद्रीनाथ ने कहा, "इसका अर्थ है कि वह हमसे कोई भेंट लेना चाहता है। ऐसे लोगों से मेरा बहुत पाला पड़ता रहा है।"

मैंने कहा, "ठीक है हम उसे अच्छा पुरस्कार देंगे ताकि अवसर आने पर हमारी प्रशंसा करनेवाला वह सबसे पहला व्यक्ति हो। लेकिन क्या हुआ, तुम और कुछ सोच रहे हो?"

उसने कहा, "नहीं, नहीं, मैं चाहता हूँ कि हम लोग सँभलकर चलें और पैसा भी मिले। लो, नवाब का द्वार आ गया।"

हमारे अनुरोध करने पर एक कर्मचारी हमारा नाम नवाब साहब को बताने अन्दर गया। थोड़ी देर बाद हमें उनके सामने उपस्थित कर दिया गया। गत रात की भाँति नवाब ने बड़ी सभ्यता के साथ हमारा स्वागत किया।

मैंने कहा, "खुदाबन्द, मेरे पिता सर्दी और ज्वर से पीड़ित होने के कारण आपके कदमों पर अपनी नज़र पेश करने नहीं आ सके, उनके स्थान पर मैं आपको दिखाने के लिए एक दुर्लभ आभूषण लाया हूँ, आशा है आपको पसन्द आएगी। इसे खरीदकर दुनियादारी के रूप में न केवल आप उनकी सहायता करेंगे बल्कि वह ऐसे व्यक्ति की सम्पत्ति बनेगी जो उसके धारण करने और रखने के सर्वथा योग्य है।"

यह कहकर मैंने सरपेंच उसके सामने पेश कर दिया। वे उसमें जड़े हुए बहुमूल्य रत्नों के पानी को देखकर भौचक रह गए। उसे उलट-पलटकर उसकी वास्तविक आभा को परखने के बाद, उन्होंने ठंडी साँस लेकर उसे रख दिया।

वे बोले, "वास्तव में यह बहुत सुन्दर है और स्वयं बन्दुगान अली की पगड़ी में लगाने लायक चीज़ है। मैं गरीब इसे क्या खरीदूँगा? इसका मूल्य भी बहुत अधिक होगा।"

मैंने कहा, "बेशक, मेरे दादा इसके लिए अच्छी रकम देते लेकिन हमारा समय बदल गया, इसलिए हम अपने परिवार की चीज़ खुशी के साथ बेच रहे हैं कि उससे हमें कुछ मिल जाएगा। आपके खादिम के लिए इस नायाब और बेजोड़ आभूषण की कीमत लगाना दूर की बात है, फिर भी मैं सोचता हूँ कि बेहतर होगा, यह हुज़ूर के सिर पर लगे और हुज़ूर इसे लेने का अवसर हाथ से न निकलने दें। इसे आप किसी दिन अपने प्रिंस के दरबार में दिखा सकेंगे।"

वे बोले, "आप ठीक फरमाते हैं। हो सके तो मैं इसे महल में दिखा लाऊँ, तब पता लगेगा कि मेरे घर के लोग इसे कितना पसन्द करेंगे। इंशाअल्ला, उन्हें ज़रूर पसन्द आएगा और तभी हम देखेंगे कि इसकी कीमत हमारे बस की है या नहीं।"

मैंने कहा, "जरूर, एक समय था जब हमारे घर के लिए यह कोई बड़ी बात न थी। हम एक थाली भर जवाहरात आप सरीखे पद और ताकत वाले के सामने पेश कर देते लेकिन जैसा

मैंने अर्ज किया, हम लोग तबाह हो गए और जिस चीज़ को हम पहन न सकें उसे अपने पास रखने का कोई अर्थ नहीं।"

नवाब आभूषण लेकर अपने जनाने में गए। वे वहाँ से बहुत देर तक नहीं लौटे, परन्तु जब लौटकर आए तो मालूम हुआ कि आभूषण पसन्द कर लिया गया।

उन्होंने कहा, "उन लोगों ने उसे उलट-पुलट कर सैकड़ों बार देखा। यह समझा गया कि इसे खरीदने के साथ सौभाग्य भी आएगा, यद्यपि मुझे उसकी कोई जरूरत नहीं लेकिन आपको मालूम है कि ये बूढ़ी औरतें किस किस्म की होती हैं। अब आप बताएँ इसकी कीमत क्या है? आप जानते हैं कि हम हैदराबाद के आभिजात्य वर्ग के लोगों के पास पैसा नहीं है। आपको अपनी माँग सन्तुलित रखनी होगी।"

मैंने कहा, "जिन लागों ने इसे देखा है, उनकी राय जानकर मुझे बड़ी प्रसन्नता हुई। मैं केवल यही कहूँगा कि मेरे दादा ने इसकी बहुत बड़ी कीमत अदा की थी, जिसे बताते हुए भी भय लग रहा है। मेरे हुजूर, जरा इसके उत्कृष्ट आव को तो देखिए। मैं बता रहा हूँ कि मेरे दादा ने अपने लम्बे जीवन में एक-एक नगीना एकत्र किया था और इसके लिए उनको छह हज़ार रुपए खर्च करने पड़े थे। इसमें काफी सोना लगा है। मेरे पिता इसके पाँच हज़ार पाकर स्वयं को भाग्यवान समझेंगे।"

लम्बी साँस लेकर नवाब बोले, "यह तो बहुत ज्यादा है। इस प्रकार की चीज़ के लिए पाँच हज़ार रुपए मेरे पास कहाँ? इसे देखकर मैं अतीव प्रसन्न हूँ लेकिन इसे खरीदना मेरे लिए असम्भव है। रुपया मेरे पास नहीं है, फिर भी जरा ठहरिए, मुझे किसी जौहरी से इसकी कीमत का पता लगाने दीजिए। सम्भव है, हम इसे ले सकें।"

मैंने कहा, "अवश्य, मैंने हुजूर से इसकी कीमत झूठ थोड़े ही बताई है। लेकिन जौहरी को देख लेने दीजिए। वह कम कीमत आँक सकता है। इस समय मुझे रुपए की सख्त जरूरत है, इसलिए हम कम में भी राजी हो जाएँगे।"

जौहरी बुलवाया गया। कुछ देर बाद वह आया। उसे आभूषण दिखाया गया। उसके मुख पर प्रशंसा के भाव देखकर मैंने समझ लिया कि हमने उसका मूल्य अधिक नहीं बताया। वह उसे प्रकाश में ले गया, अपना चश्मा लगाया और हर प्रकार से उसे जाँचा-परखा। अन्ततः वह वापस आया और नाक से चश्मा उतारते हुए हमसे उसका मूल्य पूछा। मैंने बता दिया।

उसने कहा, "जिस समय इसे बनवाया गया था, बेशक उसकी कीमत आपके द्वारा बताई हुई कीमत के अनुसार होगी, क्योंकि इसके नगीनों का पानी बेहतरीन है। फिर भी हम सब जानते हैं कि जैसा पहले खर्च करते थे, अब वैसा नहीं कर सकेंगे। और पूरी तौर से विचार करने के उपरान्त इस समय इसकी कीमत चार हज़ार से अधिक न होगी। वास्तव में यह कीमत उचित है।"

मैंने कहा, "यह तो बहुत कम है। अपनी ज़रूरतों को पूरा करने के लिए हमें और भी चीजें बेचनी पड़ेंगी, इसलिए नवाब साहब हम आपकी सौजन्यता के लिए धन्यवाद देते हैं। अब हमें जाने की इजाज़त दीजिए।"

इतना कहकर हम आभूषण उठाकर चल दिए।

वे बोले, "ठहरिए, मैं आपको तीन सौ रुपए और अधिक दूँगा यानी चार हज़ार तीन सौ रुपए। मेरी समझ में इतना काफी है।"

मैंने कहा, "इसे पाँच सौ कर दीजिए और यह आभूषण आपका हो गया।"

इसके बाद काफी देर तक हीला-हवाला करने के पश्चात् उसकी कीमत चार हज़ार चार सौ पचास ठहरी। इसमें से दो हज़ार पाँच सौ रुपए नवाब के खजांची ने नकद दे दिए, शेष के लिए मेरे कहने पर गाँव के साहूकार की एक हुंडी हैदराबाद के लिए बना दी गई। एक बार पुनः नवाब का शुक्रिया कहकर हम वहाँ से हमेशा के लिए बिदा हुए।

डेरे की ओर चलते हुए मैंने साथी से कहा, "आज प्रातःकाल का काम बुरा नहीं रहा।"

मेरे साथ नवाब के सैनिक रुपए के थैले लादे हुए आदमियों की अभिरक्षा करते चल रहे थे।

मैंने कहा, "इन सिक्कों को देखकर पिताजी प्रसन्न होंगे। अब वह रकम उन लोगों में बाँट दी जाएगी जिन्हें इस समय बहुत आवश्यकता है। शहर पहुँचने तक वे लोग आराम से रह सकेंगे, चाहे मार्ग में कोई माल हाथ में न भी आए।"

उसने कहा, "अवश्य, अपनी वाक्पटुता और उत्कृष्ट आचरण के लिए स्वयं को बधाई दो क्योंकि इनके बग़ैर यह मामला इतनी आसानी से न सुलझता जैसा तुमने सुलझा लिया। यद्यपि मैं पुराना ठग हूँ तो भी यदि प्रयत्न भी करता तो किसी युक्ति संगत कहानी के बिना असफल रहता। उस पुराने खुर्राट ने तुम्हारे दादा का हिसाब ऐसा सच माना जैसा सच हम लोगों का यहाँ खड़े होना है। भगवान कृष्ण की सौगन्ध तुम दुर्लभ लड़के हो।"

मैंने कहा, "ऐसे मामले स्वयं बुद्धि को पैना कर देते हैं। लेकिन यह भी सच है कि मैं तुम्हारी तरह किसी अभागे यात्री को धोखा नहीं दे सकता लेकिन अवसर आने पर मैं कुछ काम का बन ही जाता हूँ, बद्रीनाथ।"

बद्रीनाथ ने कहा, "सब काम समय पर ही होते हैं। इस मामले के बाद मैं तुमसे कभी निराश नहीं रहूँगा और यदि तुम मेरे काम में साथ रहोगे, तो मेरे विचार से एक दिन मुझसे भी आगे निकल जाओगे।"

मैंने कहा, "देखा जाएगा। हमारी यात्रा अभी समाप्त नहीं हुई। मुझे वह बूढ़ी औरत नहीं मिली।"

बद्रीनाथ, "अच्छा, तो तुम्हारी वह योजना तुम्हारे दिमाग में अभी भी दौड़ रही है। मुझ विश्वास है कि कल रात में उस कंचनी को स्वप्न में अवश्य देखा होगा। तुम्हारे जवान हृदय में आग लगी है।"

मैंने हँसते हुए कहा, "नहीं, वैसा कुछ नहीं है, परन्तु कुछ आशा तो है ही। थोड़ी देर बाद मैं कोतवाल की चौकी पर जाऊँगा। सम्भव है वह बूढ़ी बाजार में ही मिल जाए, और मुझे देख ले।"

उसने पूछा, "मैं साथ चलूँ?"

मैंने कहा, "नहीं, इससे मामला बिगड़ जाएगा। मैं अकेले जाऊँगा, मेरे अतिरिक्त किसी अन्य के साथ होने पर वह बात न करेगी।"

उसने कहा, "जैसा तुम चाहो और जब तुमने इस मामले को अन्त तक पहुँचाने का संकल्प कर लिया, तो मेरी अपेक्षा तुम्हारे सफल होने का अधिक अवसर है। इसके अतिरिक्त मुख्य पात्र तो तुम हो, जबकि मैं केवल एक अभिकर्ता रहूँगा।"

इस प्रकार बातें करते-करते हम लोग अपने डेरे तक पहुँच गए। नवाब के सिपाहियों तथा

रुपए के थैले लादकर लानेवाले आदमियों को उचित पैसा देकर बिदा कर दिया गया। थैले पिताजी के खेमे में रखवा दिए गए। वे उस समय सो रहे थे। मैंने थैला बजाकर उन्हें जगा दिया और उन्हें संकेत से बताया।

वे अपनी आँखें मलने लगे और सोते हुए से जगा देने पर कुछ गुनगुनाए लेकिन थैले देखते ही जैसे जादू हो गया। उनके चकित होने पर मुझे हँसी आ गई। वे एक-एक थैला उठाकर अनुमान लगाने लगे।

वे बाले, "यह क्या है, मेरे बेटे अमीर अली, तुम्हें यह सब कहाँ मिल गया। कम से कम हर एक में पाँच सौ रुपए अवश्य होंगे। एक, दो, तीन, चार, पाँच—दो हज़ार पाँच सौ, असम्भव है। मेरे बेटे, यह सब कैसे मिला? मेरा दिमाग चकरा रहा है। इतना कहाँ से पाया?"

मैंने कहा, "पिताजी, जैसा आपने अन्दाजा, हर थैले में पाँच सौ रुपए हैं, जो आभूषण आपने बेचने के लिए दिया था, यह उसकी कीमत है। मेरे विचार से वह कीमती चीज़ थी। मैंने उसके पाँच हज़ार रुपए माँगे, और चार हज़ार चार सौ पचास झटक लिये। इतना ही मिल सकता था। दो हज़ार की ये हुंडियाँ हैं, शेष रकम थैलों में है।"

पिताजी ने कहा, "इतनी बड़ी रकम लाकर बेटे, तुमने तो कमाल कर दिया। माशाअल्ला हम अमीर हो गए। मैंने इतनी बड़ी रकम के लिए कभी सोचा भी नहीं।"

इतना कहते-कहते उनकी आँखों से झर-झर आँसू बहने लगे और उन्होंने मुझे अपने सीने से लगा लिया।

मैंने कहा, "अब जबकि मैंने एक अच्छा काम कर दिखाया, मैं उसके बदले आपसे एक इनायत करने की भीख माँगता हूँ, जिसे, मुझे आशा है, आप अवश्य स्वीकार करेंगे और मैं भी आपकी स्वीकृति बिना उसे कदापि नहीं होने दूँगा।"

उन्होंने कहा, "मेरे बेटे, मैं किसी चीज़ के लिए तुम्हें इनकार नहीं कर सकता।"

मैंने कहा, "देखिए, एक परम सुन्दरी तवायफ है, जो बुलबुल की भाँति गाती है, और वह हमारे साथ हैदराबाद जाने के लिए आतुर है। परन्तु मैं आपसे बगैर पूछे कैसे अनुमति दे सकता हूँ।"

सुनते ही उनका चेहरा मुरझा गया, वे कहने लगे—

"तवायफ, बेटे तुम्हें याद नहीं कि मैंने ऐसी औरतों के खिलाफ क्या हिदायतें दी थीं। उसके सम्पर्क में आकर इतनी जल्दी सब भूल गए।"

मैंने कहा, "मैं आपसे विनम्रता के साथ कहता हूँ कि आप द्वारा दी गई हिदायतें मुझे पूरी तरह याद हैं, और मैं उसकी सोहबत में कभी नहीं बैठा। कल रात को नवाब के दरबार में उसे प्रथम बार देखा लेकिन उससे कभी बात तक नहीं की।"

उन्होंने पूछा, "तब तुमने कैसे समझ लिया कि वह तुम्हारे साथ हैदराबाद जाना चहती है?"

मैंने कहा, "यह बात मैंने उसके निकट के एक व्यक्ति से सुनी है, जो एक बूढ़ी औरत है, जो बेशक शाम को यहाँ आएगी।"

पिता ने अपना सिर हिलाते हुए कहा, "बेटे, मैं तुम पर पूरा विश्वास करता हूँ लेकिन मुझे तुम्हारे युवा हृदय और गरम मिजाज पर यकीन नहीं। इनका सामना करना बड़ा खतरनाक है। क्योंकि एक बार भी यदि वह हमारे बीच आ गई, तो वह तुम्हें निश्चय ही अपने चंगुल में कर

लेगी और तब पिता, कर्तव्य, पेशा—ये सभी भुला दिए जाएँगे। मैं तुम्हें खो बैठूँगा, जो मेरी मृत्यु सदृश होगा।"

मैंने कहा, "पिताजी, मेरी विनय है कि आप ऐसा न सोचें। आप जिस खतरे की बात कर रहे हैं, वैसा कुछ भी नहीं है। वह हमारे साथ चलेगी अवश्य और हम अपनी यात्रा की उदास शामों को खुशगवार बनाने के लिए उसे बुलाकर गाना सुनेंगे। इसके अतिरिक्त हमें उसकी ओर देखने की क्या आवश्यकता? आपसे मेरी प्रार्थना है कि आप मेरा अनुरोध स्वीकार कर लें। केवल यही एक बात है जो मैंने आपसे प्रथम बार कही है और अभी तक मैंने जो काम किए हैं, उनके आधार पर कुछ तो हमें चाहिए।"

उन्होंने कहा, "तू मुझसे कुछ और माँग लेता तो मैं बिना किसी आपत्ति के उसे तत्काल स्वीकार कर लेता। फिर भी मैं तुझ पर यकीन करता हूँ मेरे बेटे और इसलिए तू जैसा चाहे वैसा कर। मैं उस पर कोई आपत्ति नहीं करूँगा।"

अभी तक एतराज की कोई बात नहीं हुई लेकिन मेरे हृदय ने मुझे चौंका दिया, जब मैंने उसके नवाब की नौकरी और उनसे वेतन पाने की बात को छिपाए रहने के बारे में सोचा। उससे सम्बन्धित होने के कारण हमारे ऊपर कोई परेशानी न आ जाए। फिर भी मैंने विचार किया कि औरतों की बुद्धि पैनी होती है और यदि वह वास्तव में उससे अपना पीछा छुड़ाने की इच्छा रखती है तो वह स्वयं अपना मार्ग खोज लेगी।

जितना शीघ्र हो सका मैं बाजार की ओर चल पड़ा। तमाम दूकानों से होता हुआ तथा अपनी आवश्यकता की वस्तुएँ खरीदता हुआ, मैं चौकी जानेवाली सीढ़ियों पर चढ़ गया और वहाँ कोतवाल के साथ गप्पें लड़ाने लगा। वे शहर की तमाम बातें करते हुए मेरा मनोरंजन करते रहे और अपने रुतबे तथा असर की ऊँची-ऊँची बातों से प्रभावित करने की पूरी कोशिश करते रहे।

कई बार मैंने उसे अपनी योजना बतानी और सहायता करने के बदले रिश्वत भी देनी चाही लेकिन यह सोचकर रुक गया कि सम्भव है वह रुपए भी ले ले और बाद में मेरे साथ धोखाधड़ी करे। काफी समय तक मैं इसी दुविधा में नहीं रहा क्योंकि बाजार में वही बुढ़िया मुझे दिखाई दे गई। मैं जिस गेट से दाखिल हुआ था, वह उसी ओर लपकी जा रही थी। मैंने कोतवाल से यह कहकर छुट्टी माँगी कि वह शाम को अपने परिश्रम और सभ्य व्यवहार के लिए पुरस्कार लेने हमारे डेरे पर अवश्य आएँ।

जब मैं सड़क पर आया तो देखा कि वह बुढ़िया मेरी दृष्टि से ओझल हो चुकी थी। परन्तु उसके ज़ाने की दिशा में आगे जाकर मैं उस तक पहुँच गया।

मैंने पूछा, "माँ, क्या तुम मुझे खोज रही हो?"

उसने कहा, "ऐ मेरी जान, आखिर मैंने तुम्हें पा लिया, मेरे राजकुमार, तुमसे मिलने के लिए मैं कल रात से बराबर कोशिश में लगी हूँ। मैंने तुम्हें महल में जाते तो देखा लेकिन मेरा बूढ़ा शरीर है, तुम्हें पकड़ न सकी।" यह कहते-कहते वह मेरी बलैयाँ लेने लगी। आगे बोली, "क्या यहाँ पर हम लोग किसी के द्वारा देखे जाने से सुरक्षित रहेंगे? क्योंकि मुझे तुमसे बहुत कुछ कहना है और वह भी बहुत शीघ्र।"

मैंने कहा, "यहाँ नहीं, यहाँ से कुछ दूर हमारा डेरा है, मैं वहीं चल रहा हूँ। तुम भी मेरे पीछे-पीछे आओ। मैं वहीं तुम्हारी प्रतीक्षा करूँगा।"

किसी की दृष्टि से बचने के लिए मैं एक आम के वृक्ष के नीचे खड़ा हो गया। बुढ़िया लँगड़ाती हुई वहाँ पहुँच गई। हाँफती हुई वह जमीन पर बैठ गई। जब कुछ सुस्थिर हुई तो अपने कपड़ों से निकालकर एक अँगूठी मुझे दी। और बोली, "मेरी जान, यह अँगूठी जिसने दी है उसे तुम जानते हो। अल्लाह के लिए क्या तुम उसके लिए कुछ कर सकोगे? वह उस जगह मरी जा रही है। वह पापी नवाब, जितनी यातनाएँ वह सोच सकता है, सभी उसे दे रहा है। किसी दिन कृपालु और दयालु हो जाता है, परन्तु दूसरे दिन ईर्ष्या और क्रोध में उसके आराम की सारी चीज़ें छीन लेता है। कभी वह किसी कमरे में उसे बन्द कर देता है और मुझे भी मिलने नहीं देता।

"मेरे बेटे, तुम जवान भी हो और बहादुर भी, तुम उसे अब वर्तमान दशा में अधिक न रहने दो। अरे वह तो हैदराबाद की एक सुन्दर मोती के समान है। वह रईसों और शाहज़ादों की नज़रों में हमेशा चढ़ी रही। खुदा के लिए कष्ट करो, ताकि वह उस काल कोठरी से मुक्त हो जाए और इस संसार में अन्त तक वह तुम्हारे साथ बनी रहे। उसने तुम्हें देखा है। तुम्हारी खूबसूरती उसके प्राणों में समा गई है और वह बड़ी बेताब है। अब की और पहले की उसकी दुर्गति ने उसे विक्षिप्त बना दिया है। इसके कारण मैं भी उसे शान्त नहीं कर सकती।"

मैंने कहा, "मैं तैयार हूँ। यह सच है कि अभी तक मैंने उसके मुँह से कुछ नहीं सुना। हाँ, उसका गाना अवश्य सुना है और उसके गाए हुए एक गाने की गूँज अब तक मेरे कानों में है। यह बताओ कि क्या उस गाने में मेरे और उसके बीच का कोई सन्दर्भ था?"

उसने कहा, "तुम्हारा अनुमान सही है। मैंने ही उसे वह गाना सुनाने के लिए कहा था, जिससे उसे कोई समझ ले। अल्लाह के फज़ल से वह बेकार नहीं हुआ। लेकिन मेरे बेटे समय निकला जा रहा है। अब क्या करना चाहिए?"

मैंने कहा, "नहीं वह तो मैं तुम्हारे मुँह से सुनना चाहता हूँ क्योंकि मैं नहीं जानता कि आगे कैसे बढ़ा जाए? न तो मैं इस शहर से परिचित हूँ, न उसके निवास का पता मुझे मालूम है। इस दशा में मैं क्या सलाह दे सकता हूँ। यद्यपि मैं बहुत कुछ करना चाहता हूँ, परन्तु अभी मैं विवश हूँ।"

उसने कहा, "तो सुनो, मैं तुम्हें वहाँ ले चलूँगी। तुम्हें मेरे पीछे-पीछे आना होगा। उसका घर बाहर से देख लेना, जिससे रात में उसे पहचान सको। वह इस समय जहाँ है और जहाँ आज रात को सम्भवतः वह सोएगी। वह एक खपरैलवाला घर है, जो सड़क की ओर जनानखाने की दीवार के कोने पर है। उसमें दो खिड़कियाँ हैं, जो जमीन से बहुत ऊँची नहीं हैं। उसी से निकलकर वह बाहर आ सकेगी लेकिन बाहर से कुछ सहारा देना होगा। उसके निकल भागने का और कोई रास्ता नहीं, क्योंकि जनाने से निकल पाना असम्भव है और उसके बाद खुले हुए सहन हैं जहाँ सिपाही भरे रहते हैं। बोलो, क्या यह खतरा उठाने का साहस कर सकते हो? या फिर कायर और नामर्द बने रहो, जो किसी स्त्री के लिए एक बूँद रक्त भी नहीं बहा सकता और वह भी उसकी जैसी सुन्दरी के लिए?"

मैंने कहा, "विश्वास करो, मैं कायर नहीं। यह अवश्य है कि मैं अपने शस्त्र-चालन के लिए गर्व नहीं करता लेकिन मैं यह खतरा उठाना स्वीकार करता हूँ। अल्लाह हमारी सहायता करेगा। क्या उसके आसपास सिपाही होंगे?"

उसने उत्तर दिया, "नहीं वहाँ कोई नहीं रहता। बस खतरा गाँव के द्वार पर है, जहाँ हमेशा

गारद रहती है। उसे कैसे पार करोगे?"

मैंने कहा, "अगर केवल इतनी सी बात है तो मेरे ऊपर विश्वास करो, इंशाअल्ला, कल सुबह हम नवाब की दाढ़ी पर हँसेंगे। लेकिन हमारे साथ चलने के लिए तुमने क्या सोचा है?"

उसने बताया, "अरे वह तो मैंने पहले ही सोच लिया है। मुझे रात में कभी भी बाहर निकलने की आज्ञा है। अपनी मालकिन की जरूरतों के तमाम बहाने मेरे पास हैं। मैं आधी रात को निकल कर जहाँ कहोगे मिल जाऊँगी।"

मैंने कहा, "ठीक है। अब चलो और मुझे उसका घर दिखा दो।"

जिस द्वार से हम आए थे, उसी से वह हमें ले गई और एक सँकरी गली में मुड़कर आगे चलते हुए मुझसे कुछ स्थान पहचानते रहने के लिए कहा और मैं ध्यान से गली पहचानता रहा। अन्त में हम एक और गली में पहुँचे, जिसके दोनों ओर ऊँची दीवारें थीं। उनमें से एक नवाब का जनाना था, आगे एक खपरैल वाले मकान के नीचे पहुँचे। यह वही मकान था जिसका जिक्र बुढ़िया ने किया था।

उसने बताया, "यही वह जगह है, और वह खिड़की है जिससे उसे नीचे उतरना है। देख रहे हो, बहुत ऊँची नहीं, उससे निकल कर आना कठिन नहीं।"

मैंने कहा, "मैं भी यही देख रहा हूँ, केवल उसका हृदय मजबूत होना चाहिए। उससे कह देना कि चादरें बाँधकर नीचे लटका दे। हम नीचे होंगे ही और वह सावधानी के साथ उतर आएगी।"

उसने कहा, "ठीक है, वैसा ही होगा। अब तुम जाओ। अगर किसी ने देख लिया तो, अल्लाह ख़ैर करे।"

मैं एकदम बोल उठा, "वह हमें देख रही है क्योंकि खिड़की के बाहर एक हाथ निकला है।"

उसने बताया, "हाँ, वही है। उसे यह जानकर कितनी प्रसन्नता होगी कि कुछ लोग ऐसे भी हैं जो उसके लिए चिन्तित और सेवा के लिए तैयार हैं। मेरी प्यारी चिड़िया, तुझे अब पिंजड़े में नहीं रहना होगा, चाहे वह सोने का ही क्यों न हो। अब जाओ, मेरी जान, यहाँ मत टहलो। अभी उसकी एक मुस्कान भी महँगी है, परन्तु रात को तुम्हें उसकी हज़ार मुस्काने मिल जाएँगी। और उसका शुक्रिया भी मिलेगा।"

मैंने कहा, "मैं चलता हूँ। लेकिन भूलना नहीं। देखना सब कुछ ठीक रहे। आखिरी रास्ते के कोने पर मिल जाना।"

बुढ़िया ने सिर हिलाकर अपनी सहमति जता दी। मैं वहाँ से बहुत शीघ्र निकल आया। यद्यपि उसकी एक झलक, एक सहमति भरी मुस्कान पाने के लिए मैं दुनिया लुटाने के लिए तैयार था। अपने डेरे पर पहुँचते ही मैंने बद्रीनाथ को बुलाया। उसे अपनी सफलता की बात बता दी। जो योजना बनी थी, उसे भी समझा दिया। वह बहुत प्रसन्न हुआ और उसमें किसी प्रकार की आपत्तिवाली बात नहीं पाई।

उसने कहा, "फिर भी तुमसे एक बात कहनी है, जिसे तुम चाहो तो करो, या न करो।"

"क्या बात है? कहो न।"

"यद्यपि तुम्हारा कहना है कि शहर से बाहर निकल जाना बहुत सहज है लेकिन मैं ऐसा नहीं समझता।"

मैंने कहा, "खुदा कसम, तुमने सच कहा। अब मेरी योजना में सहायता के लिए क्या सलाह देते हो?"

उसने कहा, "तुम जानते हो गेट पर गारद रहती है। कल आधी रात के पहले अपने एक मामले में मुझे अन्दर आना था। कोई मेरी प्रतीक्षा कर रही थी लेकिन गेट पर इन कुत्तों के पिल्लों ने मुझे चोर समझ लिया और बहुत देर तक गाली-गुप्ता करने के बाद अन्त में छोटा दरवाजा बन्द कर दिया और बड़ी फजीहत के साथ मुझे लौट आना पड़ा।

"इसलिए मेरी सलाह यह है कि हम रात होने के पहले निकल जाएँ और एक भठियारे, जिससे मैंने जान-पहचान कर ली है, की दूकान पर अपना आसन जमा लें। यदि रात होने पर वहाँ से चल दें तो उसे कोई शक न होगा। कल रात को अपने साथ बीते दुर्भाग्य का इशारा मैंने आज उससे कर दिया था और उसी ने मुझसे आज शाम को आने के लिए कहा भी है, उसके बाद मैं जहाँ चाहूँ जा सकता हूँ। अब बताओ क्या कहते हो? क्या हम लोग उसके यहाँ चलें या अपनी बुद्धि से और कोई रास्ता निकालें।"

मैंने कहा, "तुम्हारी योजना ठीक है। कल रात के तुम्हारे दुर्भाग्य के लिए धन्यवाद क्योंकि यदि वह घटना न होती तो हम व्यर्थ ही गेट पर जाकर अपना सिर फोड़ते। निश्चय ही हम दीवार पर चढ़ सकते हैं। आश्चर्य है तुमने इस पर विचार नहीं किया।"

उसने कहा, "मैंने सोचा अवश्य था लेकिन चेष्टा करने के लिए निश्चय नहीं था और यदि कोई मुझे देख लेता और चोर समझकर गोली दागने में एक क्षण का विलम्ब न करता, हाँ कुत्ता होता तो बात और थी।"

मैंने कहा, "तुम बड़े आश्चर्यजनक ढंग से अपना निर्णय कर लेते हो, मेरा गरम खून तो मुझे किसी चक्कर में डाल देता।"

उसने कहा, ''अब मैं तुम्हारी सेवा में हूँ। हम आज अन्दर सोयेंगे, जिससे मुझे प्रसन्नता ही है। हम आगे के द्वार से बाहर जायेंगे, थोड़ा चक्कर अवश्य होगा, लेकिन द्वार के सिपाहियों के सामने पड़ने से तो अच्छा रहेगा। वे लोग मुझे पहचानते हैं अथवा मेरी आवाज से पहचान जायेंगे, क्योंकि छिपने के स्थान पर मैंने गुस्सा दिखाना ठीक समझा।''

मैंने बताया, ''हम वैसा ही करेंगे। अब मैं जाकर भोजन कर लूँ, क्योंकि सुबह से भूखा हूँ और भूखे रहकर कोई काम ठीक नहीं होता।''

शाम को नमाज के बाद बद्रीनाथ के साथ शहर गया और हमारा जाना ठीक ही हुआ क्योंकि द्वार के लोग उसे अच्छी तरह जानते थे, और भले स्वभाववालों ने कल रात की उसकी असफलता का बड़ा मज़ाक उड़ाया। उनमें से एक ने कहा, "तुम आज पहले आ गए, मेरे यार, अगर बाद में आते तो तुम्हारे सामने ही द्वार बन्द हो जाता।"

बद्रीनाथ ने हँसते हुए कहा, "मेरे विचार से तब तुम लोग अधिक सभ्य बन जाते। मैं जानता हूँ कि यद्यपि मुझे अन्दर नहीं आने देते लेकिन यदि मैं किसी दूसरे को साथ लाता तो हमें बाहर तो अवश्य जाने देते।"

"क्यों, यह कानून के विरुद्ध बिलकुल नहीं लेकिन उसके लिए चुंगी अवश्य देनी पड़ती। यदि रकम न लाते तो फिर अन्दर ही रह जाते," उसने कहा।

फिर बद्रीनाथ बोले, "देखो, कुछ जुगाड़ करूँगा, यदि मौका होगा तो तुम्हारे हुक्के के लिए कुछ दिन का प्रबन्ध हो जाएगा।"

इस पर सभी बोलने लगे, “हमें सौदा स्वीकार है, खुदा कसम, कुछ रुपए तो मिल ही जाएँगे। अरे, तुम जिसे चाहो बाहर ले जाओ, चाहे नवाब का हरम ही क्यों न हो, यद्यपि वहाँ अब कुछ भी नहीं है।”

मैंने पूछा, “तुम्हारा अफसर कौन है?”

उनमें से एक आगे आकर बोला, “वह तो मैं हूँ। बोलो क्या ख़िदमत की जाए? मैं भले आदमियों के साथ ही दूसरों के कामों को भी नज़रअंदाज कर देता हूँ।”

मैंने कहा, “केवल मुट्ठी गरम होने पर।”

उसने कहा, “सही बात है। यह हमारी खुशकिस्मती है कि तुम जैसे लोग हमारे रास्ते मौके बे मौके आ जाते हैं।”

मैंने कहा, “तो लो ये पाँच रुपए, तुम्हारी मौज-मस्ती के लिए लेकिन याद रहे नशे में न हो जाना, नहीं तो मेरे ऊपर लांछन लगेगा।”

सब कहने लगे, “तुम्हारी रहमत बढ़ती रहे, हम लोग आपके निष्ठावान ख़ादिम हैं।”

जब हम कुछ आगे बढ़े तो बद्रीनाथ ने पूछा, “अब बाहर कैसे निकलना होगा?”

मैंने कहा, “इस मार्ग से नहीं क्योंकि इस मामले में कुछ बाधा आ जाएगी और यदि इस ओर से जाएँगे तो वह हमारे भेद खुलने का एक सूत्र हो जाएगा। पहले हम किसी अन्य द्वार से चेष्टा करेंगे।”

उसने कहा, “मैं एक दाँव खेलूँगा। लगभग एक घंटे बाद ये सब नशे में हो जाएँगे, फिर हम स्वयं द्वार खोल लेंगे। लेकिन भठियारे की दूकान आ गई। उसके कबाबों की महक बड़ी लज़ीज होती है। कभी-कभी सोचता हूँ यदि ब्राह्मण न होता तो तुम्हारी तरह मैं भी उसका स्वाद चखता।”

मैंने कहा, “तुम्हारा कथन उचित है लेकिन कभी-कभी ललचा जाते हो।”

उसने कहा, “भगवान श्रीकृष्ण की सौगन्ध तुम मुझे गलत समझ रहे हो। मैं ब्राह्मण हूँ और सदैव रहूँगा। तुम्हें ज्ञात होना चाहिए कि मेरी जाति के अनुसार न जाने कितने जन्मों में कष्ट भोगने के उपरान्त मेरा मनुष्य जन्म हुआ है, और अब मैं ब्राह्मण के रूप में उच्च शिखर पर हूँ। मैं ऐसा मूर्ख नहीं कि पाताल में चला जाऊँ और कबाब के लालच में जन्म-जन्म के कष्ट भोगता रहूँ।”

मैंने कहा, “ठीक कहते हो, फिर भी मैं तो उसका स्वाद अवश्य लूँगा। अपने डेरे में कुछ भी खा न सका। अब इनकी महक ने मेरी भूख बढ़ा दी।”

और कुछ समय बाद खिचड़ी और कबाब की गरम-गरम थाली में मेरी उँगलियाँ डूबने लगीं।

समाप्त होने के बाद मैंने भठियारे से कहा, “मित्र भठियारे, तुम्हारी दूकान पर कभी-कभी शैतान अवश्य आते होंगे, क्योंकि तुम्हारे यहाँ के मांस को पीलल के मुँहवालों के सिवा और कोई नहीं खा सकता।”

उसने उत्तर दिया, “माफ कीजिए, मैं किसी काम से बाहर गया था, मुझे सन्देह है कि मेरी लड़की ने मिर्च अधिक डाल दी होगी। लेकिन मैं आपके लिए शरबत तैयार कर देता हूँ। ईमान रखनेवालों के लिए जन्नत में जो शरबत मिलता है, यह शरबत सिर्फ उसकी नकल मात्र होगी। परन्तु आपके मुँह को शीतल अवश्य कर देगी।”

भविष्य के सपने

मैंने सुना भठियारा अपने घर में कुछ खटर-पटर करता था। यह जानकर मुझे प्रसन्नता हुई कि मेरी सन्तुष्टि के लिए वह इतना कष्ट उठा रहा था। उसने मेरे लिए शरबत तैयार किया, उसमें गुलाब जल मिलाकर उसे और शीतल बनाया। उसे पीकर मेरे मुँह की कड़वाहट दूर हुई। मेरे लिए हुक्का भी पेश किया। यद्यपि नवाब के यहाँ की कीमती चीजों की अपेक्षा इसके हुक्के में सस्ती चीज़ें थीं, फिर भी उसके आनन्ददायक धुएँ ने मुझे शान्त कर दिया। अभी तक जो बुख़ार की तेज़ी थी वह समाप्त हो गई।

बद्रीनाथ ने प्रश्न किया, "अब तुम आराम से हो, ऐसा मालूम होता है।"

मैंने कहा, "मैं ठीक हूँ लेकिन अपनी ब्राह्मणी आस्था की अपेक्षा तुम्हें मुझसे ईर्ष्या हो रही होगी।"

उसने कहा, "सम्भव है होती हो। यह अवश्य है कि मैंने मांस जैसी चीज़ों का स्वाद नहीं लिया, जिनका मूल्य तुम्हारी दृष्टि में बहुत अधिक है। इसलिए मैं पूर्णरूप से उसका अनुमान नहीं लगा सकता और मुझे उसकी परवाह भी नहीं। इससे अधिक केवल मांस का विचार, कच्चे रूप में उसे देखना, उससे निकलनेवाला रक्त और उसमें लगी गन्दगी ये सब मेरे मन में घृणा उत्पन्न करते हैं। और मैं यह प्रश्न करता हूँ कि यदि मैं मुसलमान हो जाता तो भी क्या मैं उसे खाने बैठता? छिः कभी नहीं, ऐसा सोचना भी भयानक लगता है।"

उसके द्वारा व्यक्त घृणा के भाव पर मुझे हँसी आ गई किन्तु वह रुष्ट नहीं हुआ।

मैंने कहा, "ठीक समय पर हम कैसे जाग पाएँगे? यदि एक घंटा पहले या एक घंटा बाद उठें तो हमारी सारी कोशिश धरी की धरी रह जाएगी।"

उसने उत्तर दिया, "मैं भी यही सोच रहा था।" और भठियारे की ओर घूमकर पूछा कि वह कब तक वहाँ ठहरेगा? क्योंकि मैं और मेरे मित्र को आधी रात के बाद एक छोटा-सा मामला हल करना है। यदि हम सो गए तो क्या हमें जगा दोगे?"

उसने कहा, "अवश्य जगा दूँगा। मैं अपनी दूकान आधी रात के पहले कभी नहीं बन्द करता क्योंकि अकसर मुसाफिर आते रहते हैं। वे बेचारे भूख लगने पर भठियारे के अतिरिक्त और कहाँ जाएँ? और उस समय उनके लिए यदि कुछ गरम-गरम न दिया तो मुझे बड़ा दुख होता है।"

मैंने कहा, "देखो, यह रकम कबाब की कीमत से अधिक है।" और उसके सामने कुछ रुपए फेंक दिए, और कहा, "अब जागते रहना।"

बार-बार सलाम करते हुए उसने रुपए रख लिये और दुआएँ देने लगा। हुक्का खत्म हो चुका था और मुझे झपकी आ रही थी, अतः लेटकर सो गया लेकिन ज्यादा देर के लिए नहीं। जैसा कभी-कभी हो जाता है कि उत्तेजना के क्षणों में नीद स्वयं गायब हो जाती है। चिन्ता के कारण मैं जागता रहा कि कहीं अधिक सो गया तो क्या होगा? इधर-उधर निगाह दौड़ाई तो देखा कि भठियारा रोटियाँ सेंकने में लगा था और उसकी छोटी बेटी आग पर कबाब उलट-पलट रही थी। मुझे देखकर उसने पूछा, "आप जल्दी उठ गए साहब, अभी आपका समय होने में एक घंटा बाकी है। अच्छा होगा कि आप दुबारा सो जाएँ। मुझे अभी इतना काम है कि आपके समय से आगे भी करता रहूँगा। बात यह है कि कुछ मुसाफिर आ गए हैं। उनके भूखे पेट

के लिए मुझे कुछ तो करना ही है।"

मैंने कहा, "अब मैं दुबारा नहीं सो सकता। हुक्के के एक-दो कश मुझे तब तक जगाए रखेंगे, जब तक कि मेरे जाने का समय न हो जाए।"

उसने कहा, "मैं आपको अच्छी तरह समझ रहा हूँ। आप जैसे जवानों का रक्त गरम होता है और वे हमेशा कोई न कोई खतरनाक काम खोजते रहते हैं। आप भी वैसा कर रहे हैं। मैं तो उस जवान आदमी को एक कौड़ी भी न दूँ जिसमें आप जैसा जोश न भरा हो।"

मैंने कहा, "तुम्हारी तरक्की हो लेकिन एक हुक्का और भर दो, क्योंकि पहले हुक्के ने अपनी सुगन्ध मेरे मुँह में छोड़ दी है।"

वह अपने घर में गया और कुछ देर बाद दूसरा हुक्का ले आया। उसने कहा, "यदि आप पहले वाले से काफी खुश हैं तो इससे भी आपको वही मज़ा आएगा। मैंने इसे चुने हुए माल से तैयार किया है और इसे मैं केवल आप जैसे ओहदे तथा जायका पहचानने वाले लोगों को ही पेश करता हूँ। भीड़ में इसे कौन पूछेगा?"

जैसा उसने कहा, हुक्का बड़ा ज़ायकेदार था। मैंने उसके कई कश खींचे। इतने में उसने बताया कि मेरे जाने का समय हो गया। उसने कहा, "दूर का वह सितारा आधी रात के कुछ पहले घर के ऊपर दिखाई देता है। आप अपने साथी को भी जगा दें।"

मेरे जगाने पर बद्रीनाथ तुरन्त उठ बैठा और साथ चलने के लिए तैयार हो गया। हमने अपने मेजबान से छुट्टी ली और सूनी गलियों से निकलते हुए अपने गन्तव्य की ओर बढ़े।

बद्रीनाथ बोला, "हम इस समय दो चोरों की तरह लग रहे हैं, हो सकता है, गाँव का पहरेदार हमें पकड़ ले। हम कितने मूर्ख हैं?"

मैंने कहा, "मुझे कोई ख़तरा नहीं दिखाई देता।" मेरे मुँह से इतना निकलना था कि सामने गश्तवाले आते दिखाई दिए। पास एक द्वार खुला पड़ा था, हम उसमें घुस गए और उसके विशाल पल्लों के पीछे छिप गए। शायद उन लोगों ने हमें दूर से देख लिया था क्योंकि जब वे हमारे पास से निकले तो उनमे से किसी ने कहा कि, "निश्चय ही मैंने यहाँ दो लोगों को छिपते देखा है।"

तब दूसरे ने कहा, "बेकार की बात है। तुम हमेशा अँधेरे में भी आदमी देख लेते हो। आगे चलो। अब आधी रात हो चुकी, मुझे झपकी लग रही है। कुछ और आगे चलेंगे, फिर गश्त बन्द और यहाँ चोर भी होंगे तो भाग जाएँगे।"

बोलनेवाले व्यक्ति ने बड़ी लम्बी जम्हाई ली और आगे चले गए। हम जैसे ही छिपने के स्थान से बाहर आए कि भोंपू की आवाज सुनाई पड़ी। शहर के दूसरी ओर से उसका जवाब दिया गया, इसके पश्चात् सब ओर मौत की सी नीरवता व्याप्त हो गई। कभी-कभी गाँव के कुत्तों की बेवजह भूँकने की आवाज अवश्य सुनाई देती थी।

मैंने कहा, "अब कोई खतरा नहीं है चले चलो। वह जगह पास ही है।"

कुछ कदम चलने के बाद हम लोग उस कोने पर पहुँच गए, जहाँ बुढ़िया ने हमारी प्रतीक्षा करने की बात कही थी और उसे वहीं पाकर हमारी खुशी का ठिकाना न रहा।

उसने कहा, "मैं दुआएँ देती हूँ, तुम लोग आ गए। मालूम होता था कि यह रात कभी खत्म न होगी। मैं कई घंटे से यहाँ खड़ी थी।"

मैंने पूछा, "क्या सब ठीक है? लड़की तैयार है?"

बुढ़िया ने कहा, "ऐ, देखो, वह क्या है? उसका एक-एक पल बड़ी कठिनाई से गुज़र रहा था। मेरा भी वही हाल था।" फिर हँसकर कहने लगी, "उसने एक ऐसी तरकीब सोची है, जिससे किसी को सन्देह न होगा।"

मैंने कहा, "खुदा के लिए, अब चुप भी रहो। कहीं किसी ने सुन या देख लिया तो ख़ैर नहीं।"

बुढ़िया बोली, "डरने की कोई जरूरत नहीं है क्योंकि घर के एक ओर वीरान है और दीवार की दूसरी ओर नवाब का बगीचा है, जहाँ रात को कोई नहीं रहता।"

मैंने पूछा, "बताओ, अब उसकी क्या योजना है? क्या उसमें मेरी सहायता की जरूरत होगी?"

उसने कहा, "अरे नहीं, यह तरकीब उसने खुद अपने दिमाग़ से सोची है और विचित्र है। मैं जब उसके पास गई तो उसने मुझे एक थैला भर रक्त लाने के लिए भेजा। मेरी समझ में न आया कि आखिर उसका क्या होगा? लेकिन में गई और जाकर खरीद लायी। इसके लिए बहाना बनाया था कि अचानक गोश्त की जरूरत आ पड़ी, तब उसके लिए एक बकरे का बच्चा मारा गया। रक्त आते ही कुछ तो उसने अपने बिस्तर पर डाल दिया और चादर में सिकुड़न बनाई। फिर उसने अपनी पोशाक फाड़कर टुकड़े-टुकड़े कर दी, और उसे पूरे कमरे में बिखेर दिया। कुछ अपने सुन्दर बाल इधर-उधर डाल दिए। इस प्रकार उसने वह जगह ऐसी बना दी, जैसे उसका अपहरण करने के समय छीना-झपटी हुई थी और वह घायल हो गई थी। देखा, यह कितनी चालाकी से भरी हुई तरकीब है। और मजे की बात यह है कि कुछ फासले पर ही नवाब रहता है, जो उसे त्याग देने की कोशिश कर रहा था (इस बात को लेकर उनमें खूब झगड़ा हो चुका था)। उस पर सन्देह भले हो लेकिन वह सोच भी नहीं सकता कि वह खुद अपने मन से भागी है।"

मैंने कहा, "सचमुच विचित्र योजना है। कहा भी गया है कि औरत की बुद्धि आदमी से अधिक तेज़ होती है। इसे तो पुस्तक में लिखना चाहिए। लेकिन विलम्ब किस बात का है?"

बुढ़िया ने कहा, "तो चलिए, कुछ कदम की ही बात है।"

हम खिड़की के नीचे जाकर खड़े हो गए। उसमें से तेज़ प्रकाश आ रहा था। बुढ़िया के ज़ोर से खाँसते ही खिड़की पर एक आकृति प्रकट हो गई। वह ज़ोहरा थी।

"क्या वे आ गए?" धीरे से एक मधुर आवाज हुई, जिसने मुझे रोमांचित कर दिया।

"जी हाँ, तुम्हारे आज्ञाकारी सेवक मौजूद हैं और कहते हैं कि खुदा के लिए जल्दी करो क्योंकि समय बहुत कम है।"

जवाब आया, "बस, पलक झपकते मैं हाज़िर होती हूँ।"

मैंने कहा, "ठीक है, जल्दी करो, वरना सारा खेल बिगड़ सकता है।"

वह खिड़की से हट गई और कुछ ही क्षणों बाद पुनः आ गई। उसने एक बक्स और एक बंडल नीचे उतारा। मैंने उन्हें खोल लिया और उसने चादर ऊपर खींच ली।

उसने कहा, "अब मैं नीचे आती हूँ लेकिन उस चादर का क्या किया जाए, जिसे अन्दर की ओर बाँधकर में नीचे आऊँगी?"

मैंने कहा, "वह काम मुझ पर छोड़ दो, बस तुम उतर आओ।"

चादर को बाँधने में कुछ समय लगा। फिर वह खिड़की के किनारे चढ़ गई। मेरा हृदय

धड़कने लगा कि हड़बड़ी में वह गिर न पड़े और चोट खा जाए। हम उसे बराबर देख रहे थे। मैं और बद्रीनाथ नीचे इस प्रकार खड़े हो गए कि यदि गिर पड़े तो उसे आधार में ही सँभाल लेंगे। लेकिन उसकी आवश्यकता नहीं हुई क्योंकि देखते-देखते वह नीचे उतर आई और मैंने उसे हृदय से लगा लिया।

मैंने कहा, "शेष काम भी निपटा देना चाहिए।" ऐसा कहकर मैं चादर के सहारे ऊपर चढ़ गया और खिड़की के भीतर कूद गया। कमरा छोटा था, चारों ओर देखने पर यही लगता था कि वहाँ खूनखराबा और हिंसा हुई थी। कपड़े बिखरे पड़े थे। फर्श और बिस्तर रक्तरंजित थे। उसकी पोशाक के चीथड़े इधर-उधर फैले थे। जैसा उसने सोचा था, वहाँ का दृश्य उसके अनुरूप ही था, मुझे वहाँ रुकने की कोई आवश्यकता नहीं थी। मैंने चादर खोलकर नीचे फेंक दी और खिड़की से निकलकर नीचे कूद गया। धक्का लगने से मुझे चोट अवश्य लगी, किन्तु यह समय शिकायत का न था।

अब हमने परामर्श किया कि किस द्वार से बाहर निकलें। बद्रीनाथ के अनुसार वही द्वार ठीक था, जिससे हम आए थे। लेकिन बाकी लोगों को यह प्रस्ताव उचित नहीं लगा। तब बुढ़िया हमें दूसरे द्वार पर ले गई। सूनसान गलियों में किसी से भेंट नहीं हुई। और अल्लाह के फज़ल से जब द्वार पर पहुँचे तो देखा उसका छोटा दरवाजा खुला हुआ था। पहरे पर तैनात सिपाही ढाल को सिर के नीचे और तलवार पास में रखकर गहरी नींद में सो रहा था। धीरे-धीरे और चुपके से हम लोग उसके पास से निकल आए, जिससे हमारे पदचाप की आहट से वह जाग न जाए। बाहर निकल कर हम लोग दीवार की छाया का सहारा लेते हुए मैदान में आ गए। वहीं पास में हमारा डेरा था।

अब हम लोग अपने पहरेवालों के पास पहुँचे जो वहाँ तैनात किए गए थे। वह लड़की जो अभी तक मुझसे लिपटी हुई चल रही थी, अचानक बेहोश होकर गिर पड़ी। तुरन्त पानी मँगाया गया और उसे ज़बरन पिलाकर होश में लाया गया।

मेरे पैरों पर गिरकर बोली, "मैं खुशी के मारे पागल हो गई थी। कल दोपहर के बाद मेरी चिन्ता की छटपटाहट यदि तुम जानते तो विश्वास करते। एक समय तो मैं अपनी घृणित दासता से छूटने की आशा से असीमित रूप से प्रसन्न थी, परन्तु जैसे-जैसे रात होती गई, मैं एक-एक पल गिनती रही। कभी ऐसा लगता था, जैसे समय निकल गया और मेरी सारी तैयारी केवल उपहास बनकर रह जाएगी। लेकिन अब मैं स्वतन्त्र हूँ और तुम्हारे पास हूँ। आह, मेरे मालिक, अतीव प्रसन्नता के कारण मेरा कलेजा फटा जा रहा है।

मैंने उसे उठा लिया और हृदय से लगा लिया। एक वृक्ष के नीचे बैठकर मैंने उसे अपनी बाहों में कस लिया। चाँदनी रात में हम दोनों चुपचाप बैठे रहे। वह चुप रही और उसकी विचारधारा जो भी रही हो, मैंने उसे भंग नहीं किया।

पता नहीं कितनी देर तक हम वहाँ बैठे रहे। उसी बीच बुढ़िया बोली, "यह आमोद-प्रमोद का समय नहीं है। मेरी खानम को आराम की जरूरत है, और मैं सोचती हूँ, कि हुजूर, सुबह होने से पहले हम लोगों को रवाना करने के लिए आपको प्रबन्ध करना होगा, जिससे हमारा पीछा न किया जा सके। आप तो पीछे रहेंगे।"

मैंने कहा, "तुम ठीक कहती हो, इसका प्रबन्ध किया जाएगा।"

सौभाग्य से साहूकार की गाड़ी अभी नहीं बेची गई थी। उसमें काफी माल लदा था, फिर

भी दो औरतों के बैठने भर की जगह उसमें थी।

रात की कार्रवाई के बाद बद्रीनाथ सोया हुआ था। मैं उसके पास गया। जागने के बाद उसे लगा कि सेवा की फिर जरूरत आ पड़ी।

उसने पूछा, "और क्या काम है, मीर साहब? मैं तैयार हूँ, बताइए।"

मैंने कहा, "तुम्हें इतनी जल्दी जगाकर मैंने बहुत बुरा किया। केवल खुदा जानता है कि इस मामले को सफल बनाने में तुम्हारा कितना योगदान रहा है और उसके लिए मैं कितना कृतज्ञ हूँ।

उसने हँसते हुए कहा, "ऐसा मत कहो, मेरे मित्र कुछ मज़ाक और हलचल पैदा करने के लिए मैं सब कुछ करूँगा।"

मैंने उसे बताया, "तुम्हें मालूम हो कि बुढ़िया ने सलाह दी है कि हम लोगों को यहाँ से तुरन्त उड़ जाना चाहिए। इसलिए तुम तथा और कुछ लोग भोर होने से पहले यहाँ से निकल जाने के लिए तैयार रहो। लड़की के लिए साहूकार की गाड़ी की व्यवस्था कर दी है। बड़ी आसानी से तुम लोग यहाँ से 8-10 कोस आगे निकल जाओगे और दूसरे दिन भी उतना ही फासला तय कर लोगे। बस वहीं पर ठहरकर हमारे आने की प्रतीक्षा करना। याद रखना इस यात्रा में तुम मुसलमान बने रहोगे। वह किसी की बीवी के रूप में परदे में रहेगी। उसकी सुरक्षा पर तुम्हारा ध्यान रहेगा।"

उसने कहा, "मैं समझ गया और इस विश्वास की रक्षा पूरी ईमानदारी से करूँगा।"

मैंने कहा, "मुझे पूरा यकीन है। लेकिन अभी रास्ता निश्चय नहीं किया है। मैंने सुना है हैदराबाद के लिए दो रास्ते हैं।"

बद्रीनाथ ने कहा, "ठहरिए, मेरे विचार से पीर खाँ दोनों रास्ते जानता है। मैं उसे अभी बुलाकर लाता हूँ। वह तो मेरा साथी है।"

वह जाकर बुला लाया और कहा, "मैंने उसे सब समझा दिया है, अब सुनिए वह क्या कहता है।"

पीर खाँ ने कहा, "मैं दोनों रास्ते जानता हूँ, लेकिन पूरी तौर से नहीं, इसलिए मीर साहब की सलाह ठीक है क्योंकि दूसरी सड़क सूनसान रहती है। बहुत कम मुसाफिर उस रास्ते से आते-जाते हैं। रह गई पीछा किए जाने की बात तो हमें अपने भाग्य पर भरोसा करना चाहिए। जो यहाँ तक ले आया है, इंशाअल्ला वही आगे भी ले जाएगा।"

मैंने कहा, "ठीक है, पीर खाँ, तुम्हें रास्ता दिखाना होगा। यहाँ की सड़कों के बारे में तुम्हीं को जानकारी है। और मैं केवल इतना ही कहूँगा कि यदि तुम मुस्तैद और ईमानदार बने रहे, तो निरमूल में तुम लोगों से मिल जाने के बाद तुम्हें अच्छा पुरस्कार दूँगा।"

उसने कहा, "मीर साहब, आप कृपा बनाए रखें। इनाम की बात अलग रखिए। आप अच्छी तरह जानते हैं कि हम लोगों में से एक भी आदमी ऐसा नहीं जो आपके लिए कल या कभी जरूरत पड़ने पर अपना खून बहाने के लिए तैयार नहीं होगा। चलो, बद्रीनाथ हमें अभी चल देना है। सबको बुला लें और फिर तैयार।"

मैं अपने डेरे पर लौट आया। वहाँ देखा कि ज़ोहरा और बुढ़िया दोनों चादर ओढ़े आग जलाकर ताप रही थीं। संक्षेप में उनसे वहाँ से चल देने की आवश्यकता बताते हुए कहा, "मुझे खेद है कि अभी मैं साथ न चल सकूँगा। इस मामले में मुझे सलाह-मशविरा करना है। मेरा

इरादा है कि एक-दूसरे की सुरक्षा का ध्यान रखते हुए कुछ समय के लिए अलग रहें। अल्लाह जानता है कि तुमसे अलग होकर मेरा हृदय चिन्ता और परेशानी से कितना जलता रहेगा। तुम्हें मालूम है, जब से तुम्हें दरबार में देखा, तुम्हारे सौन्दर्य ने मेरी आत्मा को किस प्रकार मथकर रख दिया। उसी समय से मैं निराशा में डूबा रहा कि तुम कभी मेरी न हो सकोगी, और मेरा हृदय इस बात से अधिक दुखी है। मैं तुमसे अलग हो रहा हूँ।"

वह कुछ समय तक चुप बैठी रही। अन्त में अपना घूँघट हटाकर और अपना हसीन चेहरा दिखाकर मेरे हाथ में अपना हाथ रख दिया, और कहने लगी, "मुझे तुम पर विश्वास है। तुम्हें छोड़कर मुझे और किसी बात का भय नहीं। मैं चुपचाप चली जाऊँगी क्योंकि मैं समझ रही हूँ कि इस समय हमारा बिछुड़ना कितना आवश्यक है। फिर भी मेरे साजन, मुझे यकीन दिलाओ कि ज्यादा देर तक दूर नहीं रहोगे। और मैं सन्तुष्ट हूँ।"

मैंने कहा, "बस अधिक से अधिक दो दिन की देर है। कल शाम तक या दूसरे दिन सुबह तक मैं पहुँच जाऊँगा। एक बार चल पाऊँ कि तुम लोगों को पकड़ कर ही दम लूँगा। वहीं हम अपने पिता की प्रतीक्षा करने के साथ ही आराम भी करेंगे।"

बुढ़िया ने पूछा, "किस रास्ते से हम लोग यात्रा करेंगे?"

मैंने बताया, "निरमूल के रास्ते से क्योंकि वह थोड़ा हटकर है। इसी कारण उसे चुना गया। नवाब के लोग, यदि वह किसी को भेजें भी तो उसे उस दिशा में जाना सम्भव नहीं।"

उसने कहा, "तुम ठीक कहते हो, वे लोग उस ओर कभी नहीं जाएँगे। लेकिन कल वह जब अपनी प्यारी बुलबुल को उड़ा हुआ पाएगा तब उसका चेहरा देखने लायक होगा।"

मैंने कहा, "हमें उसकी सफेद दाढ़ी पर हँसने के सिवा और क्या करना है। कल जैसे ही खबर फैलेगी, मैं शहर जाऊँगा, और जब हम फिर मिलेंगे तो सारा हाल बताऊँगा।"

बद्रीनाथ ने अन्दर आकर कहा, "अब मुझे चलने की आज्ञा दीजिए। इस समय मैं जमाल खाँ हूँ। आवश्यकता हो तो रास्ते में इसी नाम से पूछताछ कीजिएगा।"

मैंने कहा, "खुदा तुम सबकी रक्षा करेगा। मेरे मित्र तुम्हारे जिम्मे एक बेशकीमती चीज़ है। यदि सम्भव होता तो मैं अब भी तुम्हारा स्थान ले लेता।"

दोनो औरतें तैयार हो गईं और सवारी गाड़ी में आराम से बैठ गईं। बद्रीनाथ ने कहा, "अब मैं चला। आगे बढ़ाओ। कुछ लोग उसके इर्द-गिर्द बने रहें, जिससे पता लगे कि किसी शरीफ आदमी की जनानी सवारी होगी।"

मैंने कहा, "अल्लाह ख़ैर करे, अली तुम्हारी रक्षा करे।"

वे लोग चल दिए। उन लोगों को मैं खड़ा-खड़ा तब तक देखता रहा, जब तक कि सड़क का मोड़ नहीं आ गया, और वे लोग मेरी आँखों से ओझल नहीं हो गए।

मैं अपने डेरे में आकर लेट गया और शीघ्र ही नींद में खो गया। मेरे पिता ने मुझे जगाया। वे मुझसे कुछ रुष्ट से मालूम होते थे क्योंकि एक तो रात भर बाहर रहा और काम भले उपकार का हो, परन्तु लाभ का न था।

उन्होंने कहा, "सुबह की नमाज़ का समय हो गया। उसके बाद सुनूँगा कि तुम कहाँ रहे?"

नमाज़ के बाद वे बैठ गए और पूरी घटना सुनाने के लिए कहा। मैंने रात का पूरा हाल उन्हें सुना दिया, और किसी कठोर वक्तव्य, ढेर सी सलाहें तथा बुरा-भला सुनने के लिए तैयार हो गया। निराश तो मैं पहले से ही था, लेकिन रुष्ट होने की जगह वे पूरे घटनाक्रम पर ठहाका

लगाकर हँसे और ज़ोहरा आदि को दूर भेज देने के मेरे प्रबन्ध पर मेरी खूब प्रशंसा की।

अभी सूर्य उदय ही हुआ था कि शहर की ओर से शोर सुनाई दिया। अब यह पूरी तरह साफ था कि सारा भेद खुल गया। पूरा शहर उबल पड़ा, लोग द्वार से बाहर निकलकर भागने लगे और स्थान-स्थान पर एकत्र होकर हमारे डेरे की ओर संकेत कर रहे थे, जिससे प्रतीत होता था कि हम लोगों के ऊपर सन्देह किया जा रहा था। जैसी आशा थी, लगभग बीस घुड़सवार और कुछ सिपाही हमारे निकट के द्वार से निकल कर सीधे हमारे डेरे पर आ गए। उन्होंने पूरा डेरा घेर लिया। उनमें से एक-दो जो नायक प्रतीत होते थे, अफसरी रोब दिखाते हुए हमारे मुखिया से मिलने की माँग की।

मैंने पहले ही पिताजी के साथ तय कर लिया था कि वे बराबर स्वयं को व्यापारी बताते रहें और मुझे दल के जमादार के रूप में बताएँ। चूँकि उन्हें ज्ञात था कि नवाब के दरबार में मैं इसी रूप में बैठा था और उसे बखूबी निभाया भी था। वे मेरे अनुरोध को मान गए।

मैंने कहा, "नायक जी, आपको मालूम होना चाहिए कि मैं एक गरीब इनसान हूँ और नवाब साहब को इतने सवेरे क्या जरूरत आ गई। क्या इस सेवक को यह साबित करने की आवश्यकता है कि नवाब साहब के कृपालु व्यवहार से वह कितना प्रभावित है?"

उसने कठोरता के साथ कहा, "चूँकि एक विचित्र घटना हो गई है और तुम्हारे ऊपर सन्देह किया जा रहा है, इसलिए जब तक हम तुम्हारे डेरे की तलाशी लें, तुम स्वयं को हमारा बन्दी समझो।"

मैंने अचम्भे के साथ पूछा, "किस बात के लिए मेरे ऊपर सन्देह किया जा रहा है? पूरा डेरा आपके सामने है, हुजूर, आप बड़े शौक से तलाशी लीजिए। शायद आपके शहर में कोई लूटमार हुई होगी और यह भी कोई अचम्भे की बात नहीं कि इस उजड्ड देश में भले लोगों पर सन्देह किया जाए।

यह चिल्लाया, "चुप रहो, हमें अपना काम करना है। मुझे खुद यह देखकर प्रसन्नता हो रही है कि नवाब साहब के उदार और मित्रतापूर्ण स्वागत का बदला तुमने उन्हें धोखा देकर नहीं दिया।"

मैंने कहा, "मैं चुप बना रहूँगा लेकिन आपकी बातों से मुझे बड़ा आश्चर्य हो रहा है। जो भी हो, आप लोग अच्छी तरह तलाशी ले लीजिए और बाद में कृपापूर्वक जो रहस्य है, मुझे उसे अवश्य बता दीजिए।"

घोड़े पर बैठे हुए वह मेरे डेरे तक आया और उतर कर मुझे और 2-3 सिपाहियों को लेकर भीतर गया। वहाँ केवल दरी, चटाई, जिस पर मैं सोया था, और कुछ खाना पकाने के बरतन के सिवा कुछ भी नहीं था। एक किनारे लूट की गाँठें अवश्य रखी थीं।

उस पार्टी के नायक आज़िम खाँ ने कहा, "वह यहाँ नहीं है, दूसरा डेरा देखा जाए।"

मैं उन सबके साथ पिताजी के डेरे पर गया और उनसे कहा कि नवाब के आदमी आपके डेरे की तलाशी लेना चाहते हैं। मेरे डेरे की तलाशी ली जा चुकी। आगे मैंने कहा, "आप इन्हें मत रोकिए, अन्यथा नवाब को हम पर सचमुच शक करने का अवसर मिल जाएगा।"

पिताजी ने कहा, "बिलकुल नहीं, आप डेरे की तलाशी शौक से लीजिए। मैं तो नवाब साहब का सेवक हूँ। यह सम्भव नहीं कि मेरे जैसा वृद्ध अपने डेरे में किसी का कुछ छिपाकर रखेगा।"

डेरे की तलाशी लेने के बाद वहाँ और लोगों के अस्थायी परदे भी देखे गए। कुछ भी बरामद नहीं हुआ और उनकी पार्टी निराश प्रतीत हुई।

आज़िम खाँ बोला, "हम गलत रास्ते पर आ गए। उस बात पर यकीन करो जो मैंने नवाब साहब से कही थी। यह उसी बदमाश शफी खाँ का काम है। हम जानते हैं कि वह नरसी के हाकिम का नौकर है, जो लड़की को हथियाना चाहता था। इसलिए यहाँ समय बरबाद करने की बजाय, हमें उसका पीछा करना चाहिए।"

मैंने पूछा, "लड़की? सचमुच यह बड़ी विचित्र बात है। खुदा के लिए आप मेरी जिज्ञासा दूर कीजिए। यह क्या मामला है? आपके सिर की कसम यह बहुत गम्भीर बात है। मुझे इस बात पर हँसी आ रही है कि डेरे की तलाशी एक लड़की के लिए ली गई। मेरे अनुमान से कोई गुलाम भगा ले गया या वह स्वयं अपने किसी आशिक के साथ चली गई। साहब, बताइए क्या माजरा है?"

नायक ने कहा, "यह हमारे ऊपर हँसनेवाला मामला नहीं है। तुम कुछ भी समझो। अपने आदमियों को बाहर निकाल दो ताकि हमारी बातें न सुन सकें। पूरी कहानी हम सुनाते हैं।"

वहाँ अनेक लोग एकत्र हो गए थे, मैंने सबको हटा दिया।

उसने कहा, "मामला यह है। कल तक नवाब साहब के हरम में एक बेहद हसीन और गुणवान नर्तकी थी, लेकिन आज बहुत सबेरे उसका घर खाली पाया गया। वहाँ सब तरफ रक्त फैला हुआ था, और हिंसा होने के निशान थे। उसकी चादर रक्तरंजित थी। कमरे में उसके बाल और कपड़े के टुकड़े बिखरे थे। रात में किसी प्रकार का खतरा नहीं सुना गया। शहर के सभी दरवाजे बन्द थे और सदा की भाँति वहाँ पहरेदार थे। यह तो किसी शैतान का किया काम मालूम होता है। न जाने किसने हमारी दाढ़ियों पर धूल फेंकी है?

"उधर नवाब साहब पागलों की तरह कोसते हुए अनाप-शनाप बक रहे हैं। उनका ज़नाना भी हैरत में है। और सबसे बुरी बात यह है कि वे धमकाते हैं कि यदि तीन दिन के अन्दर हम लोग लड़की को पेश नहीं करते या उसका पता नहीं बताते, तो वे हमें नौकरी से निकाल देंगे।"

मैं और मेरे पिता अपने दोनों हाथ ऊपर उठाकर बोले, "खुदा बचाए, यह तो बड़ी हैरतअंगेज़ बात है। क्या तुम लोग किसी पर सन्देह नहीं करते जिसने इस प्रकार तुम्हें अपमानित किया है?"

उसने कहा, "क्यों नहीं, पहला सन्देह आप पर ही था क्योंकि एक तो आप लोग अजनबी हैं, दूसरे आपके साथ पूरी पार्टी है। इसी कारण हमें आप लोगों की तलाशी लेने का हुक्म दिया गया। लेकिन यहाँ माल की गाँठों के अतिरिक्त कुछ भी नहीं है। वास्तव में आप लोग उसे भगानेवाले हो ही नहीं सकते? क्योंकि...मैं पूछता हूँ आपने उसे कभी देखा था?"

मैंने कहा, "मैं साहस के साथ कहता हूँ कि उस रात जब मैं नवाब साहब के यहाँ गया था, तब उनके दरबार में दो औरतों में एक वह भी थी।"

उसने उत्तर दिया, "बेशक आपने जिन औरतों को दखा था, क्या वे खूबसूरत थीं?"

मैंने कहा, "दोनों हसीन थीं, एक लम्बी और गोरी थी, दूसरी छोटे कद की और अधिक गोरी न थी, लेकिन गज़ब की खूबसूरत थी।"

उसने कहा, "वही लड़की थी। एक-दो बार मैंने भी उसे दखा था, जब मुझे एक रात अन्दर

जाने का मौका मिल गया था। लेकिन मैं यहाँ अपना समय बेकार बरबाद कर रहा हूँ, मुझे लौट जाना चाहिए। अब इस मामले में मैं आपको शक किए जाने से बिलकुल बरी करता हूँ। हम पर भरोसा रखें।"

मैंने कहा, "आपकी अनुकूल राय बेशक महत्त्वपूर्ण है और मेरी प्रार्थना है कि आप मेरा शोक-सन्देश नवाब साहब तक अवश्य पहुँचा दें। और आज्ञा हुई तो मैं स्वयं आकर पेश करूँगा।"

उसने कहा, "मैं आपका सन्देश अवश्य पहुँचा दूँगा। लेकिन मेरे विचार से आपको वहाँ जाने की इज़ाजत न मिल सकेगी क्योंकि वे अत्यन्त शोकाकुल हैं। लड़की के खो देने की अपेक्षा उन्हें अपनी बदनामी का अधिक अफसोस है। अच्छा चलते हैं।"

वह हमें सलाम करके चला गया। थोड़ी देर बार नवाब का एक नौकर कोई विनम्र सन्देश तथा फल लेकर यह कहने आया कि उसके स्वामी को हमसे न मिलने का खेद है, और इस बात का भी रंज है कि हमारे डेरे की तलाशी करानी पड़ी। हमने उसे कुछ भेंट और पुनः शोक सन्देश देकर विदा कर दिया।

मैंने पिताजी से कहा, "अब हमें यहाँ अधिक देर तक रुकना ठीक नहीं, हमें यहाँ से चल देना चाहिए। दोपहर बाद मार्च करना कैसा रहेगा?"

उन्होंने कहा, "ठीक है, सबसे कह दो तैयार हो जाएँ।"

लुटेरों का आक्रमण

दोपहर बाद हम लोग निरमूल के लिए चल दिए। अब हमें नवाब अथवा उसकी व्यवस्था के सम्बन्ध में कुछ सुनना नहीं था, अतः उस ओर से हमारी चिन्ता दूर हो गई। लेकिन नवाब के सिपाहियों के लौट जाने के बाद भी शहर में जब तक हम रहे, भयभीत रहे क्योंकि किसी सूत्र से हमारा भेद खुल सकता था। भठियारे को ही हमारी पूरी कार्रवाई का पता था, यह बात दूसरी है कि वह हमारा उद्देश्य नहीं जानता था, फिर भी हम लोगों का कुछ समय तक उसके यहाँ ठहरना—(सम्भव था कि वह सोचता कि हम लोग किसी औरत के चक्कर में थे) और साथ ही ज़ोहरा का गायब हो जाना, इन बातों से वह अनुमान लगाता कि हमीं लोगों ने उसका अपहरण किया होगा।

सौभाग्य से कोई अनिष्ट नहीं हुआ और उमरखेर से निकलने के बाद तीसरे दिन हम लोग निरमूल पहुँच गए।

शहर में घुसते ही एक दूकान पर बद्रीनाथ मिल गया। वह सड़क की ओर पीठ किए बैठा था और किसी सम्भ्रान्त से दिखनेवाले व्यक्ति से वार्तालाप कर रहा था, जो देखने से मुसलमान लग रहा था। उसने मुझे नहीं देखा, परन्तु जब मैंने उसके छद्म नाम से पुकारा तो वह तुरन्त खड़ा हो गया। मुझे घोड़े से उतरने में सहायता करके मुझसे बड़े स्नेह के साथ लिपट गया।

उसका नवीन परिचित न सुन सके, इसलिए मैंने धीरे से पूछा, "वह कुशल से है?"

उसने उत्तर दिया, "जी हाँ, बिलकुल ठीक है, तुम्हें डरने की कोई बात नहीं, हाँ वह तुम्हें देखने के लिए बहुत बेताब है।"

साहब, मैंने अपनी प्रियतमा से मिलने में एक क्षण का भी विलम्ब नहीं किया और एक बार पुनः उसे हृदय से लगा लिया। वह पहले से अधिक प्यारी लग रही थी। मेरे देर से आने के लिए एक प्यार भरी झिड़की उसने दी। मेरी अनुपस्थिति में हुई सारी परेशानियाँ उसने सुनाईं और यात्रा की थकावट का वर्णन सुनाने के बाद, वह और मैं आनन्द और सुरक्षा के भाव-समुद्र में खो गए। वहाँ कुछ देर तक ठहर कर मैं बद्रीनाथ के पास गया।

मैंने पूछा, "मेरे पहुँचने के वक्त किस व्यक्ति से बात कर रहे थे?"

उसने बताया, "उसके सम्बन्ध में अभी तक मैं यही समझ सका, कि सम्भवतः किन्हीं अत्यावश्यक कारणों से उसे यहाँ से शीघ्र निकल जाना चाहिए, दूसरे शब्दों में किसी राजस्व (मालगुजारी) के मामले में उसने आवश्यकता से अधिक राशि दबा ली थी। अतः उसके पलायन करने में ही उसकी सुरक्षा थी। मैंने उसे बताया था कि मैं तुम्हारे और पूरी पार्टी के आने की प्रतीक्षा कर रहा था। यदि वह हमारे साथ मिलकर यात्रा करना चाहे तो उसे यहाँ से निकल भागने का सुअवसर प्राप्त हो जाएगा।" फिर उसने कहा, "तुम्हें मालूम है कि यदि एक बार मैंने किसी पर अपनी दृष्टि गड़ा दी तो फिर उसे छोड़ देना मेरे सिद्धान्त के विपरीत है। अब इस मामले में हमें इसे अवश्य लेना है। प्रथम तो यह मेरे सिद्धान्त के अनुसार होगा, दूसरे निश्चय ही उसके पास प्रचुर धन है। बताओ तुम्हारा क्या विचार है?"

मैंने हँसकर कहा, "वास्तव में तुम्हारे तर्क प्रशंसनीय हैं और मैं तुम्हारे प्रयास का हार्दिक समर्थन करता हूँ। हम लोग आगे कैसे बढ़ेंगे?"

उसने कहा, "हाँ, इसे समझना थोड़ा कठिन है क्योंकि मुझे उसका ठिकाना अज्ञात है लेकिन उसने शीघ्र मिलने का वचन दिया है। मुझे विश्वास है कि वह विलम्ब न करेगा।"

मैंने कहा, "अब हम लोगों को धैर्य की चादर बिछाकर तब तक बैठे रहना चाहिए जब तक कि वह अपनी सूरत न दिखा दे। इस बीच भोजन कर लेने में कोई बाधा नहीं।"

तो साहब, मैं परदे के भीतर गया जहाँ स्वादिष्ट भोजन मेरी प्रतीक्षा कर रहा था। मैंने और ज़ोहरा ने मिलकर खिचड़ी और सब्जी का आनन्द लिया। जब मैं भोजन करने में व्यस्त था, उसी समय बद्रीनाथ और उसके नवीन मित्र के बीच दुआ-सलाम होना सुनाई दिया। अपनी क्षुधा की पूर्ण सन्तुष्टि करने के बाद मैं उन दोनों के बीच पहुँच गया।

मेरा परिचय देते हुए बद्रीनाथ ने कहा, "यही मेरा भाई है, जिसका जिक्र मैंने किया था। तुमने देखा यह अभी आकर हमसे मिला है और अब आगे की यात्रा हम लोग एक साथ करेंगे। इसके सभी साथी शहर के बाहर डेरा लगाए हैं। चूँकि यह मुझसे अधिक हिला-मिला है, इसलिए मेरे पास आ गया।"

हमने एक-दूसरे को सलाम किया और अपने असली विषय की ओर उसका ध्यान आकर्षित करने की दृष्टि से मैंने बद्रीनाथ से पूछा कि हम लोग कब तक चलेंगे? फिर मैंने कहा, "मैं देर नहीं कर सकता। नरसी पर रुक जाना बहुत असुविधाजनक रहा। यदि वहाँ न ठहरते तो अब तक बहुत दूर निकल गए होते।"

उस व्यक्ति ने मेरी ओर बड़े ध्यान से देखा, फिर बद्रीनाथ से बोला, "निश्चय ही इन्हें अपना भाई बताकर तुमने मेरे साथ मजाक किया है क्योंकि तुम्हारी आयु कितनी अधिक है और मुँह के लक्षण भी इनसे नहीं मिलते।"

उसने उत्तर दिया—हम लोग सगे भाई नहीं हैं, बल्कि चचेरे हैं। तुम जानते हो कि चचेरे

भाई भी आपस में भाई कहकर ही पुकारते हैं।

उसने पुनः प्रश्न किया–"ऐसा क्यों है कि वह तुम्हारे आदमियों का जमादार है, पर तुम नहीं जबकि आयु में बड़े हो?"

बद्रीनाथ ने कहा, "यह एक लम्बी कहानी है जिसमें तुम्हें कोई रुचि नहीं होगी। इतना कहना पर्याप्त है कि यह मेरे बड़े ताऊ का पुत्र है, जिन्होंने अपनी पहली पत्नी के देहान्त के उपरान्त और मेरे पिता के बहुत बाद शादी की थी। परिवार के परामर्श और मेरी सहमति से इन्हें नायक बना दिया गया। इस पर भी यह मानता है कि मैं इसका सलाहकार हूँ।"

मैंने अपनी गरिमा पर लज्जित होने का नाटक किया और बताया कि मैं नाम के लिए नायक हूँ लेकिन इनकी सलाह लिये बिना एक कदम भी नहीं बढ़ता।

उसने कहा, "आप ठीक कहते हैं। आपके देश के रीति-रिवाज विचित्र हैं, परन्तु हर एक में भिन्नता है। यहाँ आपके रिश्ते वाली स्थिति उलट जाएगी और उसी के अनुरूप मैं आपसे व्यवहार करूँगा, जमादार साहब! आपके भाई ने मेरे विषय में अवश्य बता दिया होगा।"

मैंने कहा, "हाँ, बस उतना ही जितना आपने बताया होगा। लेकिन हम दोनों यहाँ उपस्थित हैं। आप एक से जो कहेंगे वह दूसरे पर भी लागू हो जाएगा, अतः निवेदन है कि आप अपनी बात निःसंकोच कहें।"

उसने कहा, "मैं पिछली बातें नहीं दुहराऊँगा, बस इतना कहना पर्याप्त है कि मैं चाहता हूँ कि यहाँ से निकलकर किसी प्रकार हैदराबाद पहुँच जाऊँ। वहाँ मैं अपने शत्रुओं से बचा रहूँगा। यदि आप मार्ग में मेरी सुरक्षा और छिपाए रखने की गारंटी दें तो मैं आपके साथ चलने के लिए तैयार हूँ।"

मैंने कहा, "हम वैसा करने के लिए तैयार हैं लेकिन इसमें हमें कुछ खतरा भी उठाना होगा और आवश्यकता पड़ने पर किसी हमले से आपको बचाना होगा। इन सबके बदले कुछ क्षतिपूर्ति अवश्य चाहिए।"

उसने कहा, "ठीक है मैं सौदेबाजी नहीं करना चाहता। अतः आप स्वयं अपनी शर्त बता दें।"

मैंने कहा, "मैं देख रहा हूँ कि आप बहुत उदार हैं और आप हमें भी वैसा ही समझिए। इसके लिए एक सौ पचास रुपए अधिक नहीं होंगे।"

उसने कहा, "नहीं, अधिक नहीं हैं। इसके आधे रुपए मैं अभी दे दूँगा और शेष वहाँ पहुँचकर दूँगा।"

मैंने कहा, "मंजूर है। अब आप बताइए आप कैसे यात्रा करना चाहते हैं। यदि आज्ञा दें तो मैं यह सलाह दूँगा कि आप इस प्रकार चलें जिससे आप अपने पहचाने जाने से बचें।"

उसने व्यग्रता से पूछा, "वह क्या है?"

"वह यह है कि आप एक गाड़ी किराए पर लें या खरीदें और उसी में कुछ दूर तक यात्रा करें। मेरे भाई की बीवी भी उसके साथ है। आपको कोई नहीं पहचान सकेगा क्योंकि जनानी सवारीवाली गाड़ी की तलाशी लेने का कौन साहस करेगा?"

उस व्यक्ति ने फिर कहा, "अल्लाह कसम, यह योजना असाधारण है। मेरे दिमाग में कभी न आती। लेकिन मेरे पास कोई गाड़ी नहीं है, और अपने पलायन का सूत्र दिए बिना उसे कैसे प्राप्त किया जाए?"

बद्रीनाथ ने कहा, "इसके लिए आप परेशान न हों। इसके लिए एक सौ रुपए दीजिए, मैं जाकर खरीद लाऊँगा। यदि ऊपर से कुछ लगेगा तो उसका हिसाब दे दूँगा।"

उसने कहा, "और मेरे ऊँट, घोड़े तथा नौकरों का क्या होगा?"

मैंने पूछा, "ये सब कितने होंगे?"

उसने बताया, "मेरे पास दो ऊँट, दो घोड़े और 3-4 नौकर हैं, जिन्हें मैं अपने साथ रखना चाहता हूँ।"

मैंने कहा, "इन सबको आप रात में मेरे डेरे पर भेज दीजिए। उन्हें कोई नहीं देख सकेगा और आवश्यकता हुई तो उन्हें पहले ही रवाना कर दिया जाएगा।"

उसने कहा, "आप तत्काल सूझबूझ वाले हैं। जिस बात को लेकर मैं रात-दिन चिन्ता में डूबा रहा, उसे आपने चुटकी बजाते हल कर दिया। अब अधिक समय नष्ट नहीं करना है। मैं पैसा लाने और अपने आदमियों को आवश्यक निर्देश देने के लिए जाता हूँ।"

इस प्रकार वह चला गया।

बद्रीनाथ ने कहा, "बहुत अच्छा किया। तुमने तो मेरे मुँह की बात छीन ली। मैं समझता हूँ कि मछली के मुँह में चारा फँस गया।"

मैंने कहा, "मैं भी यही सोचता हूँ। यह आदमी बड़ा तेज और माल का कलेक्टर मालूम होता है, लेकिन वह तुम्हारी और मेरी बराबरी क्या कर पाएगा? मैंने जो कल्पना की थी, वह उससे भी बड़ा आदमी प्रतीत होता है क्योंकि वह अपने ऊँट, घोड़े और नौकर की बात करता है। बेशक उससे अच्छी रकम प्राप्त होगी।"

बद्रीनाथ को अपने ढंग से सारा प्रबन्ध करने के लिए छोड़कर मैं पिताजी के पास दौड़ गया क्योंकि मुझे उस आदमी के आने तक उसके पास पहुँच जाना था।

मुझे देखकर वे चकरा गए और बोले, "मैंने यह कभी नहीं सोचा था कि तुम अपनी महबूबा को इतनी जल्दी छोड़कर आओगे। इस समय आने का क्या कारण है?"

मैंने कहा, "ऐसी कोई बात नहीं है। आप उसका ज़िक्र न कीजिए। आप मेरा मज़ाक उड़ा रहे हैं। ज़ोहरा की हाजिरी बजाने की अपेक्षा मेरे पास और भी काम हैं।"

उन्होने पूछा, "ठीक है, बेटे बताओ क्या मामला है?"

मैंने बताया, "मैंने और बद्रीनाथ ने शहर में एक आदमी खोजा है। वह इतना मालदार है जैसे हमें पहले कई मिल चुके हैं। जब शाम को आपके डेरे में दो घोड़े, दो ऊँट और नौकर आदि आएँगे तो क्या उन्हें ठहरने देंगे और कल सुबह जल्दी से जल्दी उन्हें हैदराबाद के लिए रवाना कर देंगे।"

उन्होंने कहा, "जैसा तुम चाहोगे वही होगा लेकिन अमीर अली, यह तो बताओ वह है कौन? तुम्हें विश्वास है कि इसमें खतरे की कोई बात नहीं है?"

मैंने कहा, "जहाँ तक मेरा अनुमान है, इसमें कोई खतरा नहीं है लेकिन अभी तक जो कुछ किया जा चुका है उसे सुन लीजिए और तब निश्चय कीजिए कि यह मामला हाथ में लिया जाए या छोड़ दिया जाए। यदि आपको पसन्द नहीं तो उसे तत्काल छोड़ देंगे।"

इसके बाद मैंने सारा मामला उन्हें बता दिया।

फिर वे बोले, "तुम दोनों अपना काम भली भाँति कर रहे हो और मैं उसे पूर्ण रूप से स्वीकृति देता हूँ। मैं स्वयं ऊँट आदि को आने दूँगा और आज रात को कब्र खोदनेवालों को

आगे भेज दूँगा। कल रात को या दूसरे दिन सुबह हम चल देंगे।"

जब मैं घर पहुँचा तो बद्रीनाथ वहाँ नहीं था। मैंने बड़ी देर तक उसके लौटने की प्रतीक्षा की, परन्तु वह शाम को वापस आया। जो भी हो लेकिन मेरे निकट वह समाज था, जिसे मैं बहुत प्यार करता था। कई घंटे व्यतीत हो गए, पर पता नहीं चला। उसे एक गाड़ी और दो बैल लाया देख मैं बहुत प्रसन्न हुआ। यह सब उसने नर्तकियों से खरीदा था क्योंकि उस पर परदे पड़े हुए थे जैसे कि महिलाओं को ले जाने के लिए लगाए जाते थे।

डेरे पर आने के बाद गाड़ीवान को कुछ देकर वापस भेज दिया।

बद्रीनाथ ने बताया, "यह 95 रुपए में मिली, काफी सस्ती पड़ी। अब हमारी केवल चिन्ता उस व्यक्ति की है, जो उस पर सवार होगा।"

मैंने पूछा, "वह है कहाँ? तुम्हें उस पर विश्वास है?"

बद्रीनाथ ने कहा, "मुझे पूरा विश्वास है, जैसा हमेशा किसी पर किया था। अभी वह यहाँ के हाकिम से विदा माँगने गया है और यह बहाना बनाएगा कि उसने अपना सब काम निपटा दिया है। उसने अपने ऊँट, घोड़े तथा नौकर डेरे पर इस कठोर आदेश के साथ भेज दिए हैं कि जो कोई भी हो, तुम लोग उसकी आज्ञा पालन करना। मैंने उन्हें तुम्हारे पिता के पास आवश्यक निर्देश प्राप्त करने के लिए भेज दिया। रात होने तक वह स्वयं यहाँ आ जाएगा।"

मैंने कहा, "इंशाअल्ला सचमुच हम लोग भाग्यशाली हैं। हमारा कोई काम बिगड़ा नहीं।

जैसे ही हम लोगों ने अपनी तैयारी पूरी कर ली, कि वह आ गया। इस समय काफी अन्धकार हो चुका था, अतः किसी के द्वारा देखे बिना वह हम लोगों से आ मिला। उसको जब गाड़ी आ जाने की बात मालूम हुई तो वह अपना मूल्यवान सामान ले आया। एक नौकर बंडल लादकर लाया था, जो मोमिया कपड़े में लिपटा हुआ था। साथ ही उसका हुक्का और बिस्तर भी थे।

उसने पूछा, "आपने देख लिया, कोई चीज़ छूट तो नहीं गई?"

मैंने कहा, "हर चीज तैयार है। अभी मैं दरवाजे पर गया था, वहाँ पहरेवालों को बता दिया कि हम लोगों को लम्बी यात्रा पर जाना है। अतः हम आधी रात के बाद दो गाड़ियों और अपने साथियों के साथ निकलेंगे।"

उसने कहा, "आप अपनी रकम ले लीजिए।" इतना कहकर उसने मुझे पचहत्तर रुपए गिनकर दे दिए।

मैंने कहा, "अब हमें कुछ नहीं चाहिए। लेकिन आपका नाम क्या है, आपने अभी तक नहीं बताया।"

उसने उत्तर दिया, "अभी आप लोग मुझे कमाल खाँ कहें। मेरा असली नाम क्या है, हैदराबाद में मालूम हो जाएगा।"

मैंने कहा, "जैसी आपकी मर्जी। आपको अपनी असलियत न बताने की कोई अच्छी वजह अवश्य होगी। इस बीच कमाल खाँ या कोई नाम चलता रहेगा। अब खान साहब अच्छा होगा कि हम लोग आराम कर लें ताकि यात्रा शुरू होने तक तरो-ताजा हो जाएँ।"

उसने कहा, "मैं कहीं भी लेट सकता हूँ। पिछली कुछ रातों में चिन्ता और देखभाल करते रहने से ठीक से सो न सका।"

उसने दरी बिछाई और मुँह ढँककर सो गया। उधर बद्रीनाथ भी सो गए। दोनों खर्राटे लेने लगे।

नियति कितनी विचित्र होती है, मैं सोच रहा था। यह आदमी लेटा है, जिसका जीवन केवल कुछ घंटों का है। उसी के बिलकुल बगल में गाढ़ी नींद में सोया एक दूसरा व्यक्ति है, जो स्वयं उसके विनाश के लिए नियत किया गया है। कुछ घंटों बाद उनकी स्थितियाँ परिवर्तित हो जाएँगी। ओह, यह कैसा परिवर्तन है? एक को धरती पर निर्जीव पड़े रहना है, दूसरा साँस लेता हुआ जीवित रहेगा, और अपने नए शिकार के लिए बुद्धि लगाएगा। या अल्लाह, तेरा प्रयोजन अवेक्षणीय है।

ठीक समय पर हमें जगा दिया गया। यात्रा की तैयारियाँ शीघ्र पूरी कर ली गईं। मैंने ज़ोहरा और उसकी बाँदी को गाड़ी में ठीक तरह से बैठा दिया। दूसरी गाड़ी में कमाल खाँ था। मैं स्वयं दल के मुखिया के रूप में था। हम लोग अपने डेरे और शहर के दरवाजे से काफी दूर निकल आए। यहाँ मैंने ज़ोहरा की गाड़ी आगे भेज दी और किसी आदमी से कह दिया कि जब रास्ते में उसे तिलाई या गुप्तचर मिले तो आकर सूचित करे। इसके पश्चात् पिताजी के पास जाकर पूछा कि उन्होंने भुट्टोरे और शम्शियाँ (हाथ पकड़े रहनेवाले) नौकरों और सईसों पर नियत कर दिए?"

उन्होंने बताया, "मैंने सब कुछ तय कर दिया है। हर एक को उसका काम समझा दिया गया। सब कुछ तैयार है। कोई कठिनाई नहीं होगी लेकिन तुम्हें विश्वास है कि कमाल खाँ के पास कोई शस्त्र नहीं है।"

मैंने कहा, "उसके पास एक तलवार अवश्य है पर उससे क्या? बद्रीनाथ और मैं मिलकर आसानी से सँभाल लेंगे। उसे तो पता भी न चल पाएगा।"

पिताजी ने सलाह दी, "तुम पीछे बने रहो। यदि कोई हाथापाई होगी तो वह सुन न सकेगा। जब पहला गुप्तचर मिलेगा तो मैं किसी को तुम्हारे पास भेज दूँगा। फिर तुम जैसा चाहों वैसा करना। या तो उसे आगे ले आना या वहीं उससे निपट लेना।"

मैंने कहा, "बिलकुल ठीक, हम जैसी परिस्थिति देखेंगे, वैसा ही करेंगे।"

मैंने अत्यन्त प्रसन्नता के साथ गुप्त रूप से देख लिया सब कुछ बड़ी खूबसूरती के साथ निश्चित हो गया। हमारे परिचित के नौकर और हमारे आदमी आगे बढ़ गए। हर एक के पीछे एक भुट्टोरे था, उसके पीछे भी दो आदमी और थे, जो आवश्यकता होने पर सहायता करेंगे। परन्तु ये सब इतनी लापरवाही के साथ चल रहे थे कि सन्देह का कोई स्थान ही न था। आगे बढ़ते हुए हर एक मुझे भेद भरी दृष्टि से देखता जाता था, मानो कह रहा हो कि इस काम में कितनी खुशी हो रही है। जब पूरा दल मेरे सामने से निकल गया तो मैं वास्तव में अत्यन्त उत्साही हो गया। चाँदनी रात में उनके शस्त्र चमक रहे थे।

मैंने सोचा, यही प्रसन्नता है जिसका उल्लेख पिताजी ने किया था। वही विचार धीरे-धीरे मेरे जीवन में उतर रहे थे। जब ये सब लोग मेरे अपने ही हैं, तब भी अमीर अली के नाम से लोग डरेंगे और भयभीत होंगे, लोगों को उस पर आश्चर्य होगा। मेरी कहानी सुनकर अनेक भीरु औरतों के हृदय धड़कने लगेंगे और साहसपूर्ण वीरता के कृत्यों को सुनकर अपनी कल्पना में उसका चित्र उतारेंगे। जब मैं स्वयं पर नियन्त्रण न रख सका तो जोर से चिल्लाया, "हाँ, वह समय आएगा और शीघ्र आएगा। वह वर्तमान काम नगण्य है जिसे सोचा था, और करूँगा।"

बद्रीनाथ की आवाज से मेरी विचारधारा भंग हो गई, "नारायण और सारे देवताओं के नाम पर तुम क्या बक रहे थे? चलो, हम लोग प्रतीक्षा कर रहे हैं।"

मैं अपना घोड़ा उसके पास ले गया। कमाल खाँ ने परदा उठाकर पूछा कि क्या हमने अपने आदमी इक्ट्ठा कर लिए?

मैंने कहा, "सभी लोग हमारे आगे हैं, केवल मैं, मेरा भाई और कुछ सेवक आप के आस-पास हैं।"

उसने कहा, "ठीक है। मैं सोना चाहता हूँ लेकिन गाड़ी के धक्के सोने नहीं देते। अच्छा होता यदि इस पिंजड़े की जगह मैं घोड़े पर होता।"

बद्रीनाथ ने कहा, "धैर्य रखिए। आप शीघ्र ही इससे मुक्ति पा जाएँगे।"

उसने कहा, "मित्र ऐसा ही करूँगा, जब स्वयं बाहर निकल आने का साहस होगा।"

इतना कहकर उसने परदा गिरा दिया।

मैं और बद्रीनाथ कुछ देर चुपचाप चलते रहे। आगे हम लोग किसी चढ़ाई पर पहुँच गए जो स्पष्ट रूप से किसी नदी के तल की ओर ले जानेवाली थी क्योंकि चाँदनी में उसका पानी झिलमिला रहा था। पहले की अपेक्षा यहाँ जंगल घना हो गया था। मैं यों ही बद्रीनाथ की ओर घूम गया।

मैंने कहा, "यही जगह ठीक है। गाड़ी आने की प्रतीक्षा कर लें क्योंकि हम लोग उससे बहुत आगे निकल आए थे।"

उसने उत्तर दिया, "हमें यही करना अच्छा होगा। वह आती ही होगी।"

इसी समय गाड़ी के पहियों की चरमराहट सुनाई दी। जिस आदमी को उसके साथ लगाया था, वह दौड़कर आया।

मैंने पूछा, "क्या खबर है? सब तैयार है?"

उसने बताया, "इस समय सब काम पूरा हो गया। पहले गुप्तचर से मिलते ही मैं आपको बताने आ गया। उन लोगों ने एक सुन्दर स्थान तय कर लिया है और बेशक पूरा दल आपकी प्रतीक्षा कर रहा है। आज रात के कृत्य का अपना काम उन्होंने कर लिया।"

मैंने कहा, "ठीक है, तुम लौट जाओ," लेकिन उसने वहीं रुकने का बहुत आग्रह किया, इस पर मैंने उसे अनुमति दे दी।"

जैसे ही कमाल खाँ की गाड़ी सामने आई, बद्रीनाथ ने गाड़ीवान को संकेत किया, उसने स्वीकृतिसूचक सिर हिलाया। कुछ आदमियों को जिन्हें हमारे घोड़े पकड़ने थे, पास ही तैयार रहने को कहकर हम लोग गाड़ी के पीछे हो लिये और उतार में भी उसके साथ रहे। जब नीचे का तल आधी दूर था, सड़क का किनारा कुछ उठ गया। मैंने उस स्थान को देख लिया, गाड़ीवान ने भी देखा और गाड़ी दूसरी ओर लीक से हट गई। उसका एक पहिया ऊपर उठ गया, गाड़ी एक ओर बुरी तरह झुक गई और अन्त में भयानक रूप से भिड़कर नीचे गिर पड़ी।

हम लोग तुरन्त अपने घोड़ों से उतर पड़े और दौड़कर वहाँ पहुँचे। कमाल खाँ नीचे गिरा हुआ कराह रहा था। हमने उसे उठाकर बाहर निकाला, लेकिन या तो वह भयभीत था अथवा चोट खा गया था कि कुछ न बोल सका। बाद में जब कुछ सुस्थिर हुआ तो उसने गाड़ीवान पर गालियों की बौछार कर दी। वह बोला, "देखिए गडक बराबर है। न कोई पत्थर न रोड़ा। यह हरामी गाड़ी दूसरी ओर ले गया। मुझे मार ही डाला था।"

मैंने कहा, "उसकी इस लापरवाही के लिए उसे समुचित दंड दूँगा। खान, क्या आपको चोट लगी है?"

मेरा हाथ पकड़कर बोला, "मेरे दाहिने हाथ में बड़ा दर्द हो रहा है। अल्लाह करता कि मैं घोड़े पर होता। अब आगे इस गाड़ी पर नहीं जाऊँगा।"

बद्रीनाथ, "इस समय यह सम्भव नहीं। अच्छा हुआ कि आपकी कोई हड्डी नहीं टूटी। आगे से हम लोग आपके पास ही रहेंगे और यह भी देखते रहेंगे कि वह सावधानी के साथ गाड़ी हाँकता है।"

अब तक गाड़ी दुबारा सड़क पर खड़ी कर दी गई थी। कमाल खाँ के गद्दे, तकिये सँभाल कर रख दिए गए। जब वह हमारी ओर से घूमकर चला और हाथ से परदे का डंडा पकड़कर तथा गाड़ी के पहिए पर पैर रखकर उसमें चढ़नेवाला था कि मैंने रूमाल उसकी गरदन पर डाल दिया।

"क्या, क्या है" बस यही शब्द उसके मुँह से निकल सके, बाकी कुछ देर तक गले से घर्राहट निकलती रही। मैंने उसकी गरदन में जो ऐंठन दी थी उससे निश्चित ही उसका प्राणान्त हो गया था। डंडे पर से उसकी पकड़ ढीली हो गई और वह निर्जीव होकर भूमि पर गिर पड़ा।

बद्रीनाथ ने कहा, "तुमने बड़ी सफाई और होशियारी से काम किया। मैं स्वयं इससे बेहतर न कर सकता था। अब वह हिल-डुल भी नहीं रहा, मर चुका है। मीर साहब, अब विश्वास हुआ कि किसी को भूमि पर गिराए बिना मारा जा सकता है।"

मैंने कहा, "मैं तुम्हें वैसा करते देखना चाहता था। यह तो कुछ देर तक गाड़ी से अटका रहा था लेकिन चलो," मैंने और लोगों से कहा, "उसे उठाकर गाड़ी में डाल दो, हमारे पास अधिक समय नहीं है।"

उन लोगों ने शव उठाकर गाड़ी में रख दिया, और जितने शीघ्र हो सका हम लोग वहाँ से भागे।

बद्रीनाथ से मैंने कहा, "यदि गाड़ी के धक्कों से वह जीवित हो जाए तो क्या होगा?"

उसने उत्तर दिया, "तो भी कोई भय नहीं। यदि ऐसा हो भी जाए तो उसे एक बार फिर मरना पड़ेगा लेकिन भरोसा रखो, वह बिलकुल समाप्त हो चुका। जिस किसी की गरदन में तुमने ऐंठन लगाई वह कभी नहीं बचा, उसकी गरदन ही टूट जाती है। पुराने गुरु ने तुम्हें अच्छी शिक्षा दी, यह मैं साफ देख रहा हूँ।"

मैंने कहा, "मैं जानता हूँ कि जितनी बार मैं करूँगा, मेरा आत्मविश्वास बढ़ता जाएगा। और मुझे यदि अब भी अपना हाथ आजमाने के लिए एक-दो लोग और मिल जाएं तो भी चिन्ता नहीं।"

बद्रीनाथ ने हँसकर कहा, "नहीं अब जो कुछ हमने किया उसी से सन्तोष करो। देखो, हम लोग 'भिल' तक आ गए और वहीं दल के सब लोग हैं।"

हम दोनों वहाँ पहुँचे। जाते ही पिताजी ने प्रश्न किया, "उसे साथ ले आए?"

मैंने कहा, "जी हाँ, उसकी मिट्टी गाड़ी में है।"

उन्होंने मेरी ओर संकेत करके बद्रीनाथ से पूछा—"क्या इसी ने किया था?"

उसने बताया, "हाँ, इसी ने किया, और बड़ी खूबी के साथ स्वयं किया। मैंने कोई हस्तक्षेप नहीं किया।"

पिताजी कहने लगे, अलहुम्द लिल्लाह, यह मेरा योग्य बेटा है। चलो, फिर सभी से बोले,

“यहाँ टहलो नहीं, सीधे नदी पर पहुँचो। हम लोग भी आ रहे हैं और तुम लोगों तक जल्दी पहुँचेंगे।”

यह देखकर कि अब यहाँ कुछ नहीं करना है, मैं नदी गोदावरी की ओर चला। यह देखकर कि सब लोग नदी पार हो गए, मैं घोड़ा आगे बढ़ाकर ज़ोहरा की गाड़ी के पास पहुँचना चाहता था क्योंकि मुझे अभी तक नहीं मालूम था कि मेरी अनुपस्थिति में उसकी क्या हालत होगी। लेकिन मुझे विश्वास था कि मौके पर मैं अवश्य कोई न कोई बहाना बना दूँगा। 10-12 की टोलियों में जाते लोगों से आगे जाकर देखा तो ज़ोहरा की गाड़ी दिखाई नहीं दी, यद्यपि गाड़ी हाँकने वाले से कह दिया था कि बहुत तेज़ न भगाए। अब मैं चिन्तित हो गया और घोड़े को दौड़ाया।

मेरा इस प्रकार दौड़कर आना अच्छा ही हुआ। कुछ दूर जाने पर मुझे हो-हल्ला होता सुनाई दिया। क्या उस पर चोरों ने आक्रमण कर दिया? मेरे विचार में तुरन्त यह बात आई। सम्भावना तो थी क्योंकि सड़क सँकरी थी और दोनों ओर घना जंगल था। उसके साथ थोड़े से आदमी देखकर चोर अचानक आ सकते थे। मैंने अपनी तलवार निकाल ली, और तैयार हो गया क्योंकि शोर और चीख-पुकार बढ़ती जा रही थी। मैं जल्दी उस स्थान पर पहुँच गया। वहाँ सचमुच हिंसा का दृश्य था। चाँदनी चारों ओर छिटक रही थी, अपने सामने मुझे सब कुछ दिखाई दे रहा था।

मैंने गाड़ी के साथ 5-6 आदमी भेज दिए थे, वे स्वयं बड़ी वीरता से गाड़ी की रक्षा कर रहे थे। सम्भवतः दो लुटेरे भूमि पर पड़े थे, बाकी हमारे आदमियों पर प्रहार कर रहे थे, और वे बखूबी अपना बचाव कर रहे थे लेकिन मेरे पहुँचते ही मेरा एक आदमी गिर गया और शेष भी थके हुए थे। मुझे शक हुआ कि किसी पक्ष ने मेरा आना नहीं देखा क्योंकि वे अपने अनुसार स्थिति का सामना करते रहे। मैंने देखा कि मैंने ‘बिस्मिल्ला’ की आवाज के साथ जो वार किया, उससे एक लुटेरा धराशायी हो गया। यह देखकर शेष लुटेरे घबरा गए। मेरे स्वामिभक्त आदमी जिन्होंने अब मुझे देखा तो चिल्ला उठे और नवीन उत्साह के साथ उन पर टूट पड़े।

यह संघर्ष थोड़ी देर और हुआ। मैंने घोड़े से उतरकर कमर से पिस्तौल निकाल ली और एक लुटेरा जो अपनी तलवार ऊँची किए मेरी ओर आ रहा था, उस पर पिस्तौल दाग दी। गोली उसके शरीर को भेदकर निकल गई और वह गिर पड़ा। यह देखते ही लुटेरों का दल पलटकर भाग खड़ा हुआ। कुछ दूर तक उनका पीछा करके एक को पकड़ लिया, शेष भाग गए।

आमिल द्वारा फाँसी का आदेश

जब हम उसकी गाड़ी की ओर आए तो मेरा प्रथम काम ज़ोहरा को शान्त करना था। ज़ोहरा और बुढ़िया की चीख-पुकारों से, उनके कसमें खाने और गालियाँ देने से तथा लड़ाई करनेवालों के कोलाहल से जैसा वातावरण हो गया था, उसका वर्णन करना कठिन था। निश्चय ही ज़ोहरा बहुत भयभीत हो गई थी लेकिन बदमाश उस तक नहीं पहुँच पाए थे। जब मैंने उसे आश्वासन दिया कि आगे मैं उसके पास से कभी नहीं हटूँगा, तभी वह चुप हुई। फिर उसने विस्तार से आक्रमण का हाल बताया। उसने कहा कि जब सब चल रहे थे, बादमाशों ने पहले झाड़ियों

से उन पर पत्थर बरसाए। शायद वे जान गए कि हमारे पास शस्त्र नहीं थे, तभी सब बाहर निकल आए और आक्रमण करने लगे।

घायल लुटेरा चल नहीं पा रहा था, अतः गाड़ी में लाश के साथ उसे भी लादा गया। उसके दोनों हाथ पीठ पर बाँध दिए गए। एक रस्सी उसकी गरदन में डालकर उसका सिरा मेरे घोड़े की जीन से बाँध दिया गया। उसके पास बीस आदमी छोड़कर हम आगे बढ़े।

भोर होने से पूर्व हम लोग एक बड़े गाँव में पहुँच गए। गाँव के लोग जाग चुके थे। उनके जानवर गाँव का दरवाजा पार करके चरागाह की ओर जा रहे थे। मैंने अपने आदमियों को इमली के वृक्षों के नीचे ठहरने के लिए कह दिया। फिर अपने पिता और बद्रीनाथ के साथ गाँव के दरवाजे पर जाकर पटेल से मिलने की इच्छा प्रकट की।

काफी देर तक प्रतीक्षा करने के बाद बताया गया कि आमिल हम लोगों की प्रतीक्षा कर रहे थे। हमें उनके निवास पर ले गए। वे एक बरामदे में बैठे थे। हो सकता है वे वहीं पर लोगों से मिलते होंगे। वे हिन्दू कायस्थ जाति के थे। ऐसे लोग प्रायः विनम्र और शिष्ट होते हैं। उस समय मेरे पिता ही प्रवक्ता थे। स्वयं को व्यापारी और हमें रक्षक दल का नायक बताकर उन्होंने रात को हमारे दल पर हुए आक्रमण के विषय में बताया। एकाएक ऐसा प्रतीत हुआ कि उसे इस पर विश्वास ही नहीं हुआ।

उसने कहा, "यह असम्भव है। कई वर्षों से सड़क पर न तो कोई लूटमार की घटना हुई और न उसका कोई प्रयास ही किया गया क्योंकि कुछ बदमाश चोर पकड़े गए और यहीं उनके सिर कलम कर दिए गए। आप लोगों को गलतफहमी हुई है।"

मैंने पिताजी से कहा, "आपने हमारे घायल आदमियों का ज़िक्र नहीं किया और न हमारे द्वारा मारे गए कई लुटेरों की बात बताई। शायद ये भद्रपुरुष जब स्वयं उन्हें या ठग बदमाशों के शवों को देखेंगे तभी विश्वास करेंगे। आप यह भी बताना भूल गए कि दो बदमाश अभी हमारे कब्जे में हैं।"

आमिल ने कहा, "सच? तब तो मामला उलटा हो गया लेकिन मामले की सच्चाई यह है कि अनेक यात्री एक गाँव से दूसरे तक सुरक्षादल माँगते हैं और यह भी कहते हैं कि उन्हें यहाँ और निरमूल के बीच धमकाया गया। अब मेरी परेशानी सबको सन्तुष्ट रखने की है या उन्हें समझाएँ कि कोई खतरा नहीं है।"

पिताजी ने कहा, "हमें कोई सुरक्षादल नहीं चाहिए। हम अपनी रक्षा करने में सक्षम हैं। आपने देख लिया कि हमने लुटेरों को मारकर भगा दिया। हमें केवल कुछ आदमी अपने घायलों को लाने के लिए चाहिए। हम यह भी चाहते हैं कि जिन बदमाशों को हमने पकड़ा है उनका न्याय किया जाए।"

मोहन लाल ने कहा, "हमारे लिए यह बहुत अच्छी बात है कि आपकी तरह सभी मुसाफिर अपनी रक्षा स्वयं करें। फिर तो देश में बहुत कम चोर-बदमाश शेष रहेंगे क्योंकि उनका व्यवसाय घाटे का हो जाएगा। लेकिन आपने बताया कि एक लुटेरा बिलकुल स्वस्थ है। वह कहाँ है? शायद उससे कुछ रहस्य मालूम हो?"

मैंने उस लड़के को बुलवाया। कुछ देर तक उसके गिरोह के बारे में तथा वे भागकर कहाँ गए होंगे, आदि प्रश्न किए गए लेकिन उसने एक का भी उत्तर नहीं दिया तथा प्रश्नकर्ता हारकर चुप बैठ गया।

बद्रीनाथ ने कहा, "इस तरीके से वह कुछ नहीं बताएगा। उसके कोड़े लगाए जाएँ और मैं दावे के साथ कहता हूँ कि वह बोलने लगेगा।"

मोहन लाल ने कहा, "सच कहते हो, मैं कोड़ा मँगा रहा हूँ।"

उसने अपने किसी आदमी को कोड़ा लाने के लिए भेजा।

कोड़ा देखते ही चोर काँपने लगा। उससे फिर कहा गया कि सब कुछ बता दे लेकिन वह चुप बना रहा।

मोहनलाल ने कहा, "इसे जमीन पर गिरा दो और इसकी पीठ की खाल उधेड़ दो।"

तुरन्त उसे मुँह के बल गिरा दिया गया और एक हृष्ट-पुष्ट आदमी उसे कोड़े मारने लगा। उसकी हर मार पर रक्त निकल आता था लेकिन यह प्रयत्न व्यर्थ हो गया। उसने न तो एक शब्द कहा और न क्षमा याचना की।

एक अन्य आदमी जो उसे पकड़े हुए था, बोला, "इससे कोई परिणाम नहीं निकलेगा, गर्म राख से भरा बोरा मँगाया जाए। वह जब उसके मुँह पर रखा जाएगा तो वह तुरन्त बोलने लगेगा।"

एक चमड़े के थैले में, जैसा घोड़े को दाना देने के लिए प्रयुक्त होता है, गरम राख भर दी गई। उसे उस लड़के के मुँह पर बाँध दिया गया, और उसी के साथ उसे सांस लेने के लिए विवश करने के अभिप्राय से उसकी पीठ पर धौल लगाए गए। इस क्रिया से सार्थक परिणाम निकला क्योंकि कुछ देर बाद सम्भवतः उस नीच की यन्त्रणा असह्य हो गई होगी, वह बुदबुदाने लगा। राख का बोरा हटा लिया गया।

जब वह बोलने लायक हुआ तो कहने लगा,

"तुम लोग सोचते होगे कि मैं सब कुछ बता दूँगा लेकिन यह सब व्यर्थ है। मेरे आदमी चले गए। उनका पता मैं जानता हूँ। उनको परेशान करनेवालों को मैं कोसता हूँ।"

इसके बाद उसने मेरे ऊपर गालियों की बौछार कर दी। फिर मेरी ओर संकेत करके बोला, "हाँ तुम्हीं ने मेरे बाप को मार डाला। वे तो चले गए, मैं भी मरना चाहता हूँ। तुम लोग जब चाहो मुझे फाँसी पर लटका दो।"

मोहन लाल ने कहा, "मैं भूल गया था, उस घायल को ले आओ।"

मैं उसे बुरी तरह घायल अवस्था में छोड़ आया था लेकिन उसके जीवन को कोई खतरा नहीं था।

उसे एक चारपाई पर डालकर लाया गया। जान पड़ता था कि वह अन्तिम साँसें ले रहा था क्योंकि गले से घर्राहट की आवाज निकल रही थी और बड़ी कठिनाई से साँस ले पा रहा था। इसी कारण हम लोग उसके विषय में आगे परेशान होना नहीं चाहते थे, परन्तु यह अवश्य चाहते थे कि वह लड़का अपना रहस्य बता दे। कोड़े और गरम राख की क्रियाएँ पुनः दुहराई गईं, परन्तु सब व्यर्थ हुआ। इससे वह और अधिक कोसता और अपशब्द बकता रहा।

मोहन लाल ने कहा, "इससे कोई परिणाम निकलनेवाला नहीं। इसे फाँसी पर लटकाना होगा। मैं इन बदमाशों को अच्छी तरह जानता हूँ। चाहे इन्हें वर्ष भर इसी अवस्था में रखो, ये एक शब्द नहीं बोलेंगे। तो अब देर करने से कोई लाभ नहीं।"

मेरे पिता ने कहा, "जैसी आपकी मर्जी। शायद गले में फन्दा डालने से कुछ उगल दे।"

मोहन लाल ने कहा, "हम देखेंगे, परन्तु मैं ऐसा नहीं समझता। मंगा को बुलाओ।"

ऐसे अधम लोग, मानवजाति के नीचतम, हर जगह मिलते हैं, तुरन्त वहाँ आ गए, चोर को उन्हें सौंप दिया गया।

मोहन लाल ने उससे कहा, "यह समझ ले कि तेरे बचने की कोई गुंजाइश नहीं। अब भी बता दे। मैं तुझे नौकरी दूँगा। तेरी रक्षा करूँगा।"

वह कुछ झिझका, अपने घायल पिता की ओर देखा और बेइरादा हो गया। एक बार फिर अपने मृतप्राय पिता को देखकर बोला, "मुझे चाहे जितनी दौलत दे दो, उससे कुछ नहीं होगा। यदि मेरे पिताजी जीवित रहते और तुम्हारे अधीन होते, तो चाहे मैं तुम्हारी नौकरी कर लेता लेकिन अब तुम मुझे नहीं बचा सकते। मैं अपने साथियों के हाथों से, जिनसे मैं कभी नहीं बच सकता था, मरने की अपेक्षा तुम लोगों के हाथों मरना चाहता हूँ।"

मोहन लाल ने मंगा से कहा, "इसे ले जाओ। अपना काम ठीक तरह से करना।"

उसने कहा, "और मेरा महसूल, महाराज, उसे भूलना नहीं।"

उन्होंने कहा, "नहीं, नहीं, लेकिन पहले इसे ले जाओ। तुम्हारे रहते यहाँ प्रदूषण हो रहा है। अपना काम करने के बाद कोतवाल के पास जाना। उसे आदेश मिल गया होगा कि तुम्हें एक भेड़ दे दे तथा शराब भी जो तुम्हारे नशे के लिए काफी हो।"

वे लोग अदब के साथ सलाम करते हुए उस अभागे को साथ लेकर चले गए।

मैंने पूछा, "ये लोग उसे कहाँ फाँसी देंगे? मैं उसे फिर देखना चाहता हूँ, मैं कोशिश करूँगा कि वह एक भला आदमी बनकर जीवित रहे।"

मोहन लाल, "गाँव के दरवाजे के बाहर कहीं उसे फाँसी देंगे। स्थान तो मैं स्वयं नहीं जानता लेकिन मेरे आदमी दिखा देंगे। लेकिन आप उसका कोई भला नहीं कर सकेंगे, फिर क्यों उसके लिए तकलीफ उठाते हो?"

मैंने उत्तर दिया, "इसमें तकलीफ उठाने की कोई बात नहीं केवल उस विषय में मेरी जिज्ञासा है और मैं उसका अन्त भी देखना चाहता हूँ।"

बद्रीनाथ, "मैं भी तुम्हारे साथ चलूँगा।"

मैंने उससे बिदा ली और फाँसी के स्थान पर गए। दरवाजे के बाहर थोड़ी दूर पर दो सूखे, जर्जर और पत्रहीन नीम के वृक्ष थे। उनके नीचे वे सब लोग जमा थे, जिन्हें देखने मैं जा रहा था। वहाँ बहुत से गाँव के बेकार लोग तथा छोकरे घेरकर खड़े थे। हम दौड़कर गए तो देखा वहाँ सभी तैयारियाँ पूरी हो चुकी थीं। एक रस्सी, जिसमें फन्दा लगा था, पेड़ की शाख से लटक रही थी। एक मंग बड़े आराम से किसी पुरानी मूर्ति के टूटे पत्थर पर जो उसी वृक्ष के नीचे पड़ा था, पता नहीं क्यों चाकू रगड़कर तेज़ कर रहा था। परन्तु मेरा मतलब उन लोगों से नहीं, वरन् उस अधम लड़के से था, जिसकी मृत्यु सन्निकट थी। उसने हमें आते हुए देखा था और सम्भवतः मंग से कहा था कि हमारे वहाँ पहुँचने से पहले वे उसे समाप्त कर दे लेकिन उन लोगों ने उसकी बात अनसुनी कर दी क्योंकि वे सोच रहे थे कि हम लोग कोई नवीन आदेश उनके लिए लानेवाले थे।

मैंने उस लुटेरे लड़के से कहा, "क्या तुम जीवित रहना नहीं चाहते? अभी तुम जवान हो, क्या तुम्हें अपने प्राण प्रिय नहीं हैं। मैं पुनः तुम्हारी सुरक्षा का वादा करता हूँ। बस तुम सब स्वीकार कर लो यही बात तुमसे पहले भी कही गई थी।"

लुटेरा बोला, "पहले मेरे बँधे हुए हाथ की रस्सी ढीली कर दो, तभी मैं तुमसे बात कर

सकूँगा। इस समय बोलने में मुझे बहुत कष्ट हो रहा है।"

मैंने मंग लोगों से कहा, "रस्सी ढीली कर दो और कोई आदमी रस्सी पकड़े रहो, ताकि वह भागने की कोशिश न कर सके।"

लुटेरा मेरी बात पर एक फीकी हँसी हँसा और फिर बोला, "तुमने मेरे मामले में रुचि दिखाई है। हालाँकि मेरी वर्तमान दुर्दशा का कारण तुम्हीं लोग हो, फिर भी जल्दी या देर मेरा अन्त होना ही है। चाहे गोली लगने से हो या तलवार के वार से। अतः मैं अपनी मृत्यु के लिए तुम्हें क्षमा करता हूँ। लेकिन मैं पुनः कहना चाहता हूँ कि मुझे जीवन की कोई इच्छा नहीं और इतना कष्ट भोगने के बाद मैं अपने साथियों के साथ विश्वासघात करके अपना जीवन-दान नहीं माँग सकता। यदि मेरे पिता जीवित रहते और मोहन लाल के अधिकार में होते तो मैं कोई भी वादा कर लेता लेकिन वे तो मर चुके और मेरे चाचा भी तुम्हारे किसी आदमी के हाथों मारे जा चुके, जब तुम्हारी गाड़ी पर हमला हुआ था। अब मैं इस संसार में किसके लिए जीवित रहूँ? एक दिन में ही मेरे परिवार का अन्त हो गया। यही मेरी नियति थी। फिर भी मोहन लाल के प्रति मेरी घृणा और निन्दा दोनों है। मेरी मृत्यु का कारण भी वही है जिसके लिए उसे भयानक दंड भोगना होगा। और अब मंग की ओर देखकर बोला, "तुम लोग अपना भयानक काम करो, मुझे अब कुछ नहीं कहना।"

मैं पुनः कुछ कहना चाहता था लेकिन बद्रीनाथ ने मना कर दिया।

उसने कहा, "क्या लाभ, यह आदमी परले सिरे का जिद्दी है और विश्वास करो, यदि उसे बचा भी दिया जाए तो चाहे वह भले आदमियों को न भी मार सके लेकिन उन्हें संकट में अवश्य डाल देगा। उसे मर जाने दो, वह इसी योग्य है।"

मंग आगे आदेश के लिए मेरी ओर देखने लगा। मैंने उसे अपना काम करने के लिए कह दिया क्योंकि यह स्पष्ट हो गया था कि देर करने से कोई लाभ नहीं। लुटेरे के दोनों हाथ बाँधकर भूमि पर डाल दिया गया। जो मंग छुरे पर शान चढ़ा रहा था, उसने हाथ में छुरा लिया और बड़ी कुशलता से पैरों की एड़ी के ऊपर की नसें काट दीं। इसके पश्चात उसे खड़ा करके रस्सी का फन्दा उसके गले में डाल दिया गया। क्षण भर में शाख से रस्सी खींची गई और वह भयंकर पीड़ा के साथ मृत्यु से संघर्ष करने लगा।

वहाँ से चलते हुए बद्रीनाथ ने कहा, "छिः, इस दृश्य ने मुझे व्यथित कर दिया। हमारे काम में और इस काम में कितना अन्तर है। वहाँ मरनेवाला अपनी मृत्यु के पूर्व यह जान ही नहीं पाता कि रूमाल उसकी गरदन में था।"

मैंने कहा, "तुम सच कहते हो, हमें तो यह लाभ है ही, लेकिन ये मंग लोग नीच और जातिच्युत हैं। उनसे और क्या आशा की जा सकती है। अब हमें अपने डेरे पर चलना चाहिए। पिताजी वहीं होंगे। देखना है कमाल खाँ के पास कितनी सम्पत्ति थी।"

वहाँ पहुँचने पर ज्ञात हुआ कि पूरे माल की जाँच हो चुकी है। दो सन्दूक ऐसे थे जिनके अन्दर रखे सामान को देखने के लिए मैं अत्यन्त अधीर था। एक सन्दूक उसके राजस्व कलेक्टर के पद पर होने के कारण कागज-पत्रों से भरा था। इन्हें मैंने तुरन्त जलवा दिया लेकिन उसकी तली में सोने से भरा हुआ थैला मिला, जिसे बद्रीनाथ ने विजयी मुद्रा में उठा लिया।

थैले को एक ओर रखकर उसने कहा, "उन बेकार के कागजों की अपेक्षा यह कुछ अच्छी चीज़ मिली। अब दूसरा बक्स देखना चाहिए।"

उस बक्स को तोड़कर खोला गया। यह वास्तव में मूल्यवान पुरस्कार सिद्ध हुआ। ऊपर भरे हुए कपड़े हटाने के बाद देखा तो हमारी ललचाई हुई आँखों के सामने चाँदी की कई छड़ें थीं।

बक्स अभी खाली नहीं हुआ था। कपड़ों की दूसरी तह के नीचे सोने की दस छड़ें निकली जो चाँदी की छड़ों की ही नाप की थीं।

बद्रीनाथ ने कहा, "यही मामले का तत्त्व है। अल्लाह जानता होगा कि उसके पास कितनी दौलत थी। अब यह साफ हो गया कि वह आदमी शिकार के योग्य था। अन्ततः उसने अभागे किसानों को लूटकर यह सम्पत्ति जमा की होगी।"

लूट की अन्य वस्तुओं के साथ सोने-चाँदी की छड़ें पिताजी के पास रखवा दी गईं। अब उसके पहने हुए वस्त्र और कमरबन्द रह गए। इनमें कुछ नहीं था।

बद्रीनाथ ने कहा, "रुको, एक बंडल और है जो हुमीना में था।"

मैंने वह बंडल लेकर उसमें लिपटे हुए कागजों को खोलकर कहा, "इसमें कुछ नहीं है, ये उसने अपने लिखने के काम के लिए रखे होंगे।"

पिताजी ने कहा, "और अन्त तक खोल डालो, देखो क्या है?"

उस बंडल की तीन पर्तें और खोलने के बाद एक छोटा पैकेट निकला जिस पर सूत लिपटा था।

मैंने कहा, "आखिरकार कुछ और निकल आया," उसे खोला तो 'हुंडियाँ' थीं।

"बेशक ये मूल्यवान होंगी। क्या इन्हें कोई पढ़ सकता है?"

बद्रीनाथ ने कहा, "मैं इसे नहीं पढ़ सकता लेकिन उसके अंक यदि फारसी में न हों तो उन्हें पढ़कर बता दूँगा।"

मैंने कहा, "अरे नहीं, ये नागरी या गुजराती में लिखे गए हैं। इसमें अपनी बुद्धि लगाओ।"

बद्रीनाथ ने एक हुंडी हाथ में लेकर जाँचा और कहा, "यह दो हज़ार रुपए की है, देखो ये अंक लिखे हैं।"

मैंने और हुंडियाँ उसे देकर कहा, "तुमने ठीक बताया। अब ये भी पढ़ो।"

"दूसरी चार सौ रुपए की है।"

पिताजी ने कहा, "अधिक नहीं है और पढ़ो।"

उसने बताया, "तीसरी है, जरा फिर देखें, हाँ ठीक है यह दो हज़ार दो सौ रुपए की है और यह आखिरी दो सौ चालीस की है।"

मैंने कहा, "ये सब मिलाकर चार हज़ार आठ सौ चालीस की हैं। ठीक है हमें अच्छी रकम प्राप्त हुई।"

पिताजी ने कहा, "तुम ठीक कहते हो, यदि ये हमारे काम आ जाती तो हम अवश्य मालामाल हो जाते, लेकिन हमारे लिए ये उन्हीं रद्दी कागजों के बराबर हैं जिन्हें जलाया गया है।"

मैंने पूछा, "यह कैसे? यदि इन्हें पेश किया जाए तो हमें रकम अवश्य प्राप्त होगी।"

पिताजी, "तुम जरा भी विचार नहीं करते। यदि हम लोग इन्हें पेश करेंगे तो इन्हीं के द्वारा हमारा भेद भी खुल जाएगा। इसलिए इन्हें नष्ट करना ही ठीक है।"

मैंने कहा, "लेकिन मैं इन्हें नष्ट नहीं करूँगा, बल्कि चोरी की रकम की भाँति रख दूँगा। यदि हम स्वयं को कमाल खाँ का एजेंट बताएँ तो सम्भव है रकम हाथ लग जाए।"

पिताजी, “जैसा चाहो करो लेकिन यह याद रखना कि मुझसे बिना पूछे, कोई कदम नहीं उठाओगे।”

अन्ततः मैंने उन हुंडियों को रख लिया और बाद में उनके रखने में मुझे प्रसन्नता हुई।

हैदराबाद प्रवास

जैसे हम लोगों को वहाँ से दूसरे दिन चलना था अतः सोचा कि जाकर मोहनलाल से विदा माँग लें। शाम को उसके घर गया।

हमारे बैठ जाने के बाद उसने पूछा, “आप लोग उस बदमाश से जिसे फाँसी दी गई कुछ नहीं कहला सके। ये चोर पक्के आवारा होते हैं। यद्यपि मैंने ऐसे तमाम बदमाशों को फाँसी पर लटकाया लेकिन उनके मुँह से कुछ भी न कहला सका।”

मैंने कहा, “मुझे भले सफलता नहीं मिली लेकिन वह जैसा कहता था अपने लोगों के प्रति निष्ठावान बना रहा और अपने उद्देश्य पर मर मिटा।”

मोहनलाल ने कहा, “उसके विषय में कुछ कहना फ़िज़ूल है। वह अब मर चुका। और उसके अनेक भाई-बन्धु भी उसी तरह लटककर चले गए। लेकिन आपके जाने के बाद मैंने एक अनोखा समाचार सुना। मीर साहब उसे आपको बताने में मुझे कोई हिचक नहीं। सम्भव है मुझे इस मामले में आपसे कुछ सहायता मिल जाए।”

मैंने कहा, “आप आदेश दीजिए। आपने हमारा जो ध्यान रखा, उसके बदले मैं जो सम्भव होगा करूँगा।”

उसने कहा, “मामला यह है कि सैयद मुहम्मद अली नामक एक व्यक्ति जो हैदराबाद के प्रतिष्ठित लोगों में से था, दो-तीन वर्ष पूर्व निरमूल के गवर्नर के नाम एक पत्र लेकर आया था। उस पत्र के अनुसार यह आदेश था कि उसे किसी छोटे जिले में जहाँ कोई जगह रिक्त हो, कलक्टर के पद पर रख लिया जाए। कुछ समय तक वह उनके साथ रहता रहा और जब मौका आया तो उन्होंने उसे निरमूल के निकट ही अपने नायब या डिप्टी के रूप में नियुक्त कर दिया।

“बाद में गवर्नर को उस व्यक्ति के द्वारा राजस्व वसूली का रुपया भेजे जाने में कठिनाई होने लगी। निजी तौर पर उन्हें दो-एक शिकायतें प्राप्त होने पर और भी सन्देह हुआ। उनका शक और बढ़ गया जब उन्होंने सुना कि उसने गुप्त रूप से अपना सारा माल-असबाब वहाँ से हटा दिया लेकिन उसने वह माल कहाँ भेज दिया, कोई नहीं जानता और आज सुबह वह और उसके साथी न जाने कहाँ गायब हो गए।”

मैंने कहा, “यह बड़ी विचित्र घटना है लेकिन मैंने पहले कभी इस आदमी का नाम नहीं सुना। मैं यह भी ठीक समझ नहीं पा रहा कि मैं आपके या आपके मित्र के किस काम आ सकता हूँ।”

मोहनलाल ने कहा, “यह केवल मौके की बात होगी कि आपसे सहायता मिल जाए। लेकिन मेरा एक अनुरोध है कि आप अपनी यात्रा में उसके ऊपर दृष्टि रखें और यदि वह मिल जाए

तो आप तुरन्त उसे गिरफ्तार करके अपने रक्षक दल द्वारा मेरे पास भिजवा दें, जिन्हें यहाँ रुकने और तकलीफ उठाने के बदले अच्छा पुरस्कार दूँगा। मुझे आपको एक और बात बतानी है कि अनेक अवसरों पर उसने अपना छद्म नाम कमाल खाँ बताया है। मेरा अनुरोध है कि यह नाम उसके किसी रिश्तेदार का होगा, जिसने उसे गोद लिया था। सम्भव है यात्रा में उसने यही नाम रखा हो।"

मैंने कहा, "मैं भूल नहीं सकता, आप भरोसा रखें कि यदि वह दिखाई दिया तो उसे पकड़ने की मैं पूरी कोशिश करूँगा। क्या आप उसके अपराध के सम्बन्ध में अपनी सील लगा हुआ कोई पत्र देंगे, जिसके अनुसार उसे गिरफ्तार करने का अधिकार मुझे हो।"

उसने कहा, "अवश्य आपने ठीक सोचा। मैं स्वयं आपको लिखकर दे रहा हूँ।" इतना कहकर उसने पत्र लिखकर मुझे दे दिया।

मैंने कहा, "वैसे मैं एक लापरवाह विद्यार्थी रहा लेकिन मैं इसे पढ़ लूँगा," और उसे लेकर मैंने पढ़ा। जो कुछ उसने लिखा था, वह सब वही था जो मुझसे कह चुका था।"

मैंने कहा, "अब मैं आपसे बिदा माँगता हूँ क्योंकि अभी मुझे अपने लोगों से निपटना है। दिन भी समाप्त हो रहा है।"

मोहनलाल बोला, "मैं आपको रोकूँगा नहीं। यदि आपको या आपके आदमियों को इस गाँव की किसी वस्तु की आवश्यकता हो तो आप केवल कहला दें। मैं अपने मित्र को लिख दूँगा कि मैंने क्या प्रबन्ध किया है। साथ ही आप पर जो विश्वास है, उसे भी सूचित कर दूँगा।"

मैंने कहा, "आपकी कृपा के लिए धन्यवाद। यदि मुझे किसी चीज की जरूरत हुई तो मैं निःसंकोच मँगवा लूँगा। सलाम साहब।"

उसने उत्तर दिया, "सलाम, मैं आपकी सुरक्षित और सफल यात्रा की कामना करता हूँ।"

चलते हुए मैंने मन ही मन कहा, "आपका फिर शुक्रिया, आमिल साहब, आपके अन्तिम शब्दों के लिए। इंशाअल्ला, पिछली यात्राओं की तरह यह भी सफल रहेगी। वास्तव में महमूद अली को उसकी सजा मिल गई। शायद यह उसके लिए अच्छा हुआ कि अपनी अपराधी आत्मा को चारों ओर लिये हुए घूमने की अपेक्षा, वह शान्त होकर मरा पड़ा है। यदि वह उन लोगों के चंगुल में फँस जाता, जिन्हें उसने धोखा दिया था तो वे उसे यदि जीवन भर के लिए कष्टमय जेल में न डाल सकते तो निश्चय ही यन्त्रणा देकर मार डालते।"

सचमुच यहाँ बहुत-सा काम हो गया और पिताजी जब सुनेंगे कि मैंने यहाँ कैसा व्यवहार किया और किस प्रकार आमिल से पत्र प्राप्त करके अपने ऊपर होनेवाले सन्देह को दूर कर दिया। यह पत्र हमारे लिए प्रमाण का काम देगा। मुझे उस आदमी का असली नाम भी ज्ञात हो गया। इस सूत्र के आधार पर हुंडियों की रकम प्राप्त करने में कठिनाई नहीं होगी। इन्हीं हुंडियों को पिताजी जलवा रहे थे। शाबास अमीर अली, तू इसी तरह चलता रहे। वह किसका कुत्ता होगा जो तेरी होशियारी और साहस का मुकाबला कर सके।"

जैसा मैं सोचता था, पिताजी मेरी कारगुजारी सुनकर खूब हँसे।

उन्होंने कहा, "यह कितना अच्छा मजाक होता यदि कमाल खाँ का सिर भेजकर गाँव के दरवाजे पर रख दिया जाता। तब वे लोग शान्त होकर बैठ जाते और मोहनलाल के मित्र को कुछ रकम उगलनी पड़ती जो वह बेशक मालगुजारी से ही ले लेता।"

मैंने कहा, "खुदा कसम, आपने यह बहुत बढ़िया बात सोची। मैं अभी लुधाइयों को बुलाकर

उसका सिर मँगवाता हूँ।"

पिताजी ने कहा, "नहीं, नहीं, मैंने मजाक किया था। अब शाम होनेवाली है और उन लोगों के लिए रात के समय सुनसान सड़क पर खतरा मोल लेना ठीक नहीं। इसके अतिरिक्त वे लोग सुबह हमारे प्रस्थान करने से पूर्व यहाँ पहुँच भी न सकेंगे।"

मैंने कहा, "आप जैसा चाहें।" लेकिन उसी समय अपने मन में निश्चय कर लिया कि इसका ज़िक्र एक-दो लोगों से अवश्य करूँगा।

जब मैं अपने डेरे में पहुँचा तो वहाँ मैंने तीन जाँबाज लुधाई बुला लिये और उनसे कहा, "मेरे लड़कों, तुम्हें एक साहस का काम करना है और उसके लिए ये पाँच रुपए देता हूँ। क्या तुम उसे कर सकोगे?"

उन्होंने उत्तर दिया, "आपका हुक्म हमारे सिर आँखों पर है। आपको केवल हुक्म देने की देर है, हम उसे अवश्य पूरा करेंगे।"

मैंने कहा, "ठीक है। मैं कमाल खाँ का सिर चाहता हूँ। क्या तुम लोग वह जगह जानते हो, जब उसे दबाया गया था? क्या कब्र बहुत गहरी होगी?"

उनमें से एक हिन्दू जिसका नाम मोती था, बोला, "हम अच्छी तरह वह जगह जानते हैं। कोई भी लुधाई क्या वह जगह भूल सकता है, जहाँ उसने किसी को दफन किया होगा? कब्र अधिक गहरी नहीं है और उसे तो सबसे ऊपर रखा गया था। लेकिन हम सिर का क्या करेंगे? उसकी क्या आवश्यकता?"

मुझे मोहनलाल ने जो कुछ बताया था, वह सब मैंने इन लोगों को बता दिया और फिर दुहरा दिया कि यह कितना अच्छा मज़ाक होगा कि सिर लेकर उसे किसी प्रमुख स्थान पर रख दिया जाए।

मोती बोला, "मैं एक सलाह देना चाहता हूँ। मेरी समझ में उसके सिर को उसी पेड़ के नीचे रखना चाहिए, जहाँ आज सुबह चोर को फाँसी हो गई थी। बुद्धिमान आमिल सोचेगा कि कमाल खाँ अवश्य चोरों के गिरोह के हाथ पड़ गया होगा।"

मैंने कहा, "यह तो बहुत अच्छी सलाह है। यदि लौटकर आते हुए तुम्हें कोई न मिले तो सिर को वहीं रख देना। मैं उसे नहीं देखना चाहता।"

तीनों ने कहा, "हमारे काम से आप सन्तुष्ट रहेंगे। अच्छा चलते हैं।"

इस प्रकार वे चले गए। फिर भी मैं भयभीत बना रहा क्योंकि कहीं उन लोगों पर कोई मुसीबत न टूट पड़े। बार-बार यह विचार भी आता रहा कि उन्हें इस काम के लिए न भेजता, तो ठीक था लेकिन अब बहुत देर हो चुकी थी। मैं उन्हें लौटा भी नहीं सकता था। चिन्ता के कारण नींद नहीं आ रही थी। इस तरह आधी रात व्यतीत हो गई। बेचारी जोहरा भी न सो सकी क्योंकि वह समझ नहीं सकी कि मेरे साथ कौन सी ऐसी बात थी।

मैंने उससे बहाना किया कि मेरे सिर में पीड़ा हो रही थी, और तबीयत ठीक न थी। उसने और बुढ़िया ने मेरी कनपटियों पर दवा लगाई। यह कहकर और भी उपचार किए कि उनसे मुझे आराम मिलेगा। अन्त में सोने का बहाना करके लेट गया। उन्होंने भी वैसा ही किया।

आधी रात के बाद मेरी चिन्ता तब दूर हुई जब मैंने दरवाजे पर मोती राम द्वारा बुलाने की आवाज सुनी। मैं उठकर बाहर आया और उनसे उत्सुकता के साथ पूछा, "सब कुशल है?"

उसने कहा, "सब कुशल है। आपके आदेशानुसार सिर लाकर उसी स्थान पर रख दिया।

हम लोगों का वहाँ पहुँचना एक प्रकार से अच्छा हुआ क्योंकि सियारों के झुंड कब्र को खोदने में लगे थे। सुबह तक वे लाशों तक अवश्य पहुँच जाते क्योंकि वे एक बड़ा गड्ढा खोद चुके थे। हमने पहले उन्हें भगाया। बाद में कब्र के ऊपर बहुत से सूखे काँटे मिट्टी से दबा कर रख दिए, जिससे अब वे खोद न सकेंगे। यदि खोद लें तो भी कोई हानि नहीं क्योंकि हम लोगों ने बहुत सोच-समझकर वह स्थान चुना था। वहाँ किसी का पहुँचना असम्भव है।"

मैंने कहा, "तुम लोगों ने अपना काम अच्छी तरह और बहादुरी के साथ किया। कल सबेरे इसका इनाम मिलेगा।"

उन लोगों के जाने के बाद मैं आराम से सो गया।

दूसरे दिन प्रातः काल शकुन-विचार किया गया और उन्हें अनुकूल पाया गया। हम चलने के लिए तैयार हो गए। ज़ोहरा अपनी गाड़ी में आराम से बैठ गई। उसे किसी चीज की जरूरत नहीं थी। मैं जिज्ञासावश उस वृक्ष तक, जहाँ चोर को फाँसी दी गई थी, यह देखने जाना चाहता था कि क्या वास्तव में कमाल खाँ का सिर उस स्थान पर रख दिया गया था। अतः मैं अपने दल के लोगों से निकलकर यथाशक्ति दौड़कर उस स्थान पर पहुँचा जो अधिक दूर न था। वृक्ष के पास पहुँचने पर एकाएक पूरे शरीर में सिहरन सी हुई। मैं उस चीज को इधर-उधर देखने लगा।

रात भर हवा नहीं चली परन्तु प्रातःकाल होते ही एकाएक चलने लगी। उसका प्रथम उच्छवास नीम की बिखरी हुई शाखाओं के बीच से ध्वनित होकर हमारे कल के कृत्यों पर जिसका घृणित साक्षी मेरे सम्मुख था, मानो खेद प्रकट कर रहा था। एक क्षण के लिए सिर की ओर मेरी दृष्टि गई जिसे सियारों से बचाने के दृष्टि से आगे निकली हुई किसी शाखा की गाँठ पर रख दिया था। जुगुप्सा के कारण मेरे पैर पीछे हट गए क्योंकि उसकी आँखें कोटरों से बाहर निकल आई थीं और मुँह भी खुल गया था। उसकी आकृति अत्यन्त भयावह थी। उसे एक क्षण देखा। मेरे मन ने कहा, "यह नहीं होना चाहिए, ये आँखें हमें धोखा देंगी।"

तब मैंने उस सिर को नीचे उतारकर आँखें कोटरों में करके पलकें गिरा दीं। मृत्यु की कठोरता समाप्त हो जाने के कारण यह सम्भव हो गया। मैंने सिर वृक्ष के पास खड़े एक विशाल पत्थर पर जिसे अनगढ़ मूर्ति के रूप में निर्मित किया गया था, रख दिया। वहाँ से जितनी तेजी से सम्भव था मैं भागा और रास्ते की छोटी तलैया पर अपने हाथ में लगे रक्त को धोया।

मैं मन ही मन कह रहा था अल्लाह का शुक्र है, मेरे हाथ फिर पवित्र हो गए क्योंकि मैंने उन्हें मिट्टी और जल से साफ कर लिया था। मैं स्वयं को बहादुर और किसी जीवधारी की परवाह न करनेवाला समझता था लेकिन मैं मोती राम के साथ जाकर शव को निकालने और सिर को धड़ से अलग करने का काम कभी नहीं कर सकता था, चाहे कोई मुझे दिल्ली का सिंहासन ही क्यों न देता। उस कृत्य का विचार करना ही कितना भयावह है?

मैं वहाँ से उठा और यथासम्भव दौड़कर अपने दल में आ मिला।

यह अच्छा हुआ कि मेरी अनुपस्थिति पर किसी ने ध्यान नहीं दिया। अपने घोड़े पर सवार होकर मैं ज़ोहरा की गाड़ी के निकट ठहर गया जो सबसे आगे थी।

आगे अपने पड़ाव पर पहुँचकर जब हम लोग आराम करने लगे, तभी आमिल द्वारा भेजा घुड़सवार एक पत्र लेकर आ गया। उसे देखकर सब लोग मुस्कुरा उठे। पत्र में लिखा था कि सिर पाया गया और उसकी पहचान भी हो गई। परन्तु यह अनुरोध भी किया गया था कि

इस घटना को हम गुप्त रखें, जिससे आमिल के मित्र निरमूल के शासक को उस मारे गए व्यक्ति द्वारा रकम हड़पने से उत्पन्न माँग को पूरा करने का समय मिल जाए। इससे मेरा उद्देश्य भी पूरा होता था क्योंकि अब निःसन्देह हुंडी की रकम मिल जाएगी।

इसके बाद पाँचवें दिन प्रातःकाल हम लोगों को हैदराबाद पहुँचना था। अनुमान किया गया कि वह अभी सात कोस दूर था, इसलिए हम लोग सदा की भाँति जल्दी नहीं चले। हम चाहते थे कि अधिक दिन निकलने पर वहाँ पहुँचें, जिससे हमारी ओर किसी का ध्यान आकृष्ट हो क्योंकि हमारे साथ के लोगों की संख्या अधिक थी। अतः हम लोग तीन टोलियों में बँट गए। एक टोली पिताजी के अधीन थी, दूसरी मेरे और तीसरी सरफराज खाँ के अधीन रखी गई जो हमें मार्ग में मिल गया था और उसे तथा उसके आदमियों को दल में सम्मिलित कर लिया गया था।

हमने आगे कारवाँ पर पुनः एकत्र होने का निश्चय किया था, जो सभी यात्रियों के ठहरने का स्थान था। वहीं हमें किसी सराय में रुकने की जगह तलाशनी थी। पहले मेरी टोली वहाँ से चल दी। पिताजी को माल असबाब के साथ रहकर आराम के साथ आगे बढ़ना था क्योंकि स्थान-स्थान पर चुंगी देनी पड़ती थी।

इस प्रकार काफी दिन निकलने के बाद हम लोग वहाँ से चल दिए। मौसम अत्यन्त सुहावना था। शीत भी वैसा न था जैसा हमारे देश में होता है। सड़क के बाईं ओर पहाड़ियों पर कोहरा छाया था, इस कारण उसकी तलहटी में स्थित विशाल सरोवर दिखाई दे रहा था। धीरे-धीरे कोहरा छँटता गया और बड़े-बड़े शिलाखंड दिखाई देने लगे। ऐसी शिलाएँ हम लोगों ने पहले कभी नहीं देखी थीं। ऐसी बड़ी शिलाएँ एक के ऊपर एक रखी हुई तेलंगाना में अवश्य देखी थीं। उन्हें बद्रीनाथ को बताने पर उसने शिला मूलक मेरे अनुमान का तुरन्त समाधान प्रस्तुत करा दिया।

उसने कहा, "तुम लोगों ने हमारी पवित्र पुस्तकों में महाभारत का नाम अवश्य सुना होगा, उसमें देवताओं के युद्ध का वर्णन किया गया है। उसमें एक युद्ध का मूल कारण राम की पत्नी सीता का बलपूर्वक हरण करना था। उसे लंका में ले जाकर रखा गया। वहाँ राक्षसों अथवा दुष्ट आत्माओं ने उसे रोक रखा। बहुत बड़ी सेना रखनेवाले राजा ने उनकी सहायता की। उन्होंने राम को चुनौती दी। वे अपनी सुन्दर पत्नी के खोने से अत्यन्त दुखी थे। उन्हें सीता का कोई पता न था। तुम जानते हो हनुमान हमारे वानर देवता, वे बड़े बुद्धिमान थे और अद्भुत प्राणी थे। आधुनिक वानरों में उनकी आकृति विद्यमान है। उनमें अब बुद्धि का ह्रास हो चुका है लेकिन केवल चतुराई शेष है। इसी प्रकार हमारी मानव जाति का ह्रास हुआ है। हम लोग भी पूर्व मानवों की भाँति नहीं हैं, जैसे आज के वानर हनुमान की भाँति नहीं हैं।

"हाँ, मैं कह रहा था कि राम की व्यथा के समय हनुमान उनके पास गए। वे उनकी दशा में द्रवित होकर सीता की खोज में निकल पड़े। वे दूर-दूर तक घूमते रहे। अन्त में उन्हें लंका में सीता का पता लगा। पति के वियोग में वे अत्यन्त व्याकुल थीं। वे तुरन्त सीता का समाचार लेकर लौट आए। लंका पर आक्रमण करने के लिए सेना संगठित की गई। जब सब समुद्र के किनारे पहुँचे तो देखा कि समुद्र की विशाल तरंगों के कारण उसे पार करना असम्भव था। राम अत्यन्त चिन्तित थे। हनुमान एक छलाँग लगाकर उस पार गए और तुरन्त लौट आए। उन्होंने आश्वसन दिया कि पुल शीघ्र बन सकेगा। वे और उनके साथी रात-दिन परिश्रम करके

उसका निर्माण करेंगे।

''मन के विचार की गति से वानरों के दल के दल हिमालय की ओर चल दिए। इन न थकनेवाले प्राणियों ने विशाल पर्वत और शिलाएँ उखाड़ डालीं और उन्हें ऊपर से समुद्र में फेंका जाने लगा। विशाल शिलाओं के गिरने से समुद्र का जल भयानक रूप से उछलने लगा और यह स्वर्ग तक जा पहुँचा जिससे नक्षत्र बुझने लगे। अन्ततः सेतु तैयार हो गया। विशाल सेना पार उतर गई और लंका पर विजय प्राप्त हो गई। सुन्दरी सीता अपने स्वामी को मिल गई।

"हिमालय से लायी गई शिलाएँ आज भी वहीं हैं, जो एक-दूसरे पर ढेर हैं। वानर उन्हें आधे मार्ग में ही छोड़ते गए। उधर सेतु बन गया था। अतः इन शिलाओं की आवश्यकता नहीं हुई और आज भी उसी प्रकार यहीं है। जो मैंने कहा है उसकी सत्यता के प्रमाण में मैं बता रहा हूँ कि सेतु के अवशेष आज भी देखे जा सकते हैं। रामेश्वरम् से आनेवाले अनेक तीर्थयात्रियों से मैंने वार्ता की थी। उन्होंने बताया था कि उन्होंने जल के ऊपर बहुत सी शिलाएँ देखी थीं। दक्षिण के अतिरिक्त उत्तर में ऐसी शिलाएँ नहीं हैं।''

मैंने कहा, "माशाअल्ला, यह बड़ी विचित्र कथा है। यह सत्य है क्योंकि मैंने स्वयं सेतु के विषय में सुना है। हम मुसलमानों में भी एक कथा है। अल्लाह ने बाबा आदम को स्वर्णदीप (लंका) में रख दिया था। वे वहाँ रहते-रहते ऊबने लगे क्योंकि यह जगह उनके लिए एक छोटी जेल के समान थी। मुख्य भूमि वहाँ से दूर थी। तब वे सात-सात कोस के अन्तर पर पत्थर समुद्र में फेंकते गए और इस प्रकार पुल बन गया। वे एक-एक पत्थर पर पैर रखते हुए इस देश में आ गए। लेकिन उनके इस कृत्य ने अल्लाह को रुष्ट कर दिया और उन्होंने उसे जन्नत से बाहर निकाल दिया। तब से यही इनसान इधर-उधर घूम रहा है।"

बद्रीनाथ ने कहा, "लेकिन क्या मेरी कहानी विश्वसनीय नहीं मालूम होती? ये शिलाएँ आश्चर्यजनक रूप से विद्यमान हैं। यदि इन्हें मनुष्य लाता तो क्रम से रखता किन्तु ये अलग-अलग बिखरी हैं, जैसे रखते गए, वैसी पड़ी रह गईं। कोई छोटी है, कोई शिला बड़ी है। यह तो लानेवालों की शक्ति पर निर्भर था।"

मैंने कहा, "यह सब अल्लाह की कुदरत है। उसी की शक्ति है। माशाअल्ला वे वानर बड़े आकार के रहे होंगे। अच्छा है कि हम लोगों के समय में वैसे नहीं हैं, अन्यथा वे हम लोगों को मारकर भगा देते।''

मुहर्रम का जुलूस

यात्रा करते हुए हम लोग उलवल नामक गाँव से गुजरे। उसके मन्दिरों के श्वेत गुम्बद इमली और आम के वृक्षों के बीच से झाँकते प्रतीत होते थे। वहाँ का विशाल सरोवर सूर्य की किरणों द्वारा झिलमिला रहा था। आगे बढ़ते हुए मार्ग में एक पहाड़ी टीले को पार कर हम प्रसिद्ध हुसेन सागर पर स्थित सैनिक छावनी या जिसे सिकन्दराबाद कहते थे, पहुँचे। वहाँ अंग्रेजों के खेमे (टेंट) धूप में चमक रहे थे और उनके पीछे नीली जल-राशि थी।

यात्रा में हम लोगों ने कई लोगों से इस झील के विषय में बहुत सुन रखा था। जब हम

लोग उसके निकट से निकले तो शीतल वायु बह रही थी और उसकी सतह पर सहस्त्रों लहरें बनती जाती थीं जिनके श्वेत शिखर हीरे की भाँति चमक रहे थे। जब उसकी लहरें तटवर्ती पत्थरों से टकराती थीं तो उसके छींटे हमारे ऊपर आ जाते थे। हम वहीं बड़ी देर तक खड़े उसके सौन्दर्य को निहारते रहे और सोचते थे कि क्या समुद्र की लहरें भी ऐसी ही होती होंगी।

साहब, उसके बाद मैंने दो बार समुद्र के दर्शन किए। उसका वर्णन करना आवश्यक नहीं क्योंकि आप तो उसी पर यात्रा करके आए थे। लेकिन मैंने जब प्रथम बार उसे देखा तो आश्चर्य से चकित होकर सोचा कि उसके चरणों पर गिरकर वन्दना करूँ। वह असीम था, उसके किनारे मानो आकाश का स्पर्श कर रहे थे। और उसका विस्तार इतना वृहद था कि मेरी कल्पना भी वहाँ तक नहीं पहुँच सकती थी। मेरे विचार से समस्त मानव जाति के आराध्य का यह उपयुक्त आदर्श है जिसका ध्यान हर व्यक्ति करता है। जब पर्वताकार लहरें कर्कश गर्जन करतीं तट तक आती थीं तो ऐसा प्रतीत होता था कि वह सर्वशक्तिमान की वाणी थी, जो किसी कठोर हृदय में भी विस्मय तथा भय का संचार किए बिना नहीं रह सकती।

झील तट से होते हुए हम लोग आगे चले। अभी तक शहर का कोई चिह्न हमें नहीं दिखाई दिया लेकिन कुछ दूर पर एक ऊँचा टीला था। उस पर चढ़ते-चढ़ते मैं अपना धैर्य नहीं रख सका और अपना घोड़ा दौड़ा दिया। उसके शिखर पर पहुँचने से पूर्व मैंने नेत्र बन्द कर लिये ताकि सामनेवाला दृश्य नेत्र खोलते ही एकदम दृष्टिगत हो।

शिखर पर पहुँचते-पहुँचते घोड़े की गति मन्द हो गई। मैंने उसे कुछ दूर तक स्वतः चलने दिया फिर नेत्र खोले तो सचमुच कैसा भव्य दृश्य सामने था?

नीचे हैदराबाद था। दक्खिन का प्रथम श्रेणी का नगर जो कल्पना का विषय था और जहाँ पहुँचने की उद्दाम इच्छा अनेक लोगों की होती थी और वह समस्त देश में मान्य था। मैंने अन्य नगरों की भाँति उसकी भी कल्पना कर ली थी कि वह मैदान के मध्य कहीं होगा और अधिक से अधिक उसकी मीनारें वृक्षों के बीच कहीं-कहीं झाँकती दिखाई देती होंगी। किन्तु हैदराबाद ने मेरे सामने एक भिन्न आकृति उपस्थित कर दी।

मैं एक सपाट ढाल पर खड़ा हो गया, जो मेरे दाहिनी ओर कुछ दूर स्थित कठोर पहाड़ों से टूटकर बना था और जो बाईं ओर शनैः शनैः मैदान में परिवर्तित हो गया था तथा फैलता हुआ क्षितिज से एकाकार हो गया था। मेरे सामने समतल घाटी थी जिसके आगे नदी होने का अनुमान होता था। वहीं हैदराबाद फैल चुका था। उसके श्वेत छतोंवाले मकान धूप में चमक रहे थे, जिनके बीच कहीं-कहीं वृक्षों के कुंज दिखाई देते थे। वहाँ चारमीनार और मक्का मस्जिद जैसी चतुर्दिक घिरे आवासों के मध्य गर्व से ऊँची उठी हुई इमारतें थीं। कहीं-कहीं किसी प्रसिद्ध सन्त के मकबरे का गुम्बद भी दिखाई दे रहा था। छोटी मस्जिदों की संख्या सैकड़ों में होंगी, जिनकी पुरानी श्वेत मीनारें चारों ओर फैली थीं।

नगर के बाहर पहाड़ियों की शृंखला थी जो आगे जाकर दाईं ओर की बड़ी पहाड़ियों में मिल गई थी। यहीं घाटी का अन्त होता था। प्रतीत होता था कि नगर का विस्तार अधिक था लेकिन वृक्षों की संख्या देखते हुए मैंने सोचा कि वह मुख्यतः बगीचों का नगर था। जब मैं उसके भीतर गया तो देखा उसकी सड़कें आवासों से भरी हुई थीं। सब ओर घनी आबादी थी।

मुझे ये सब दृश्य बड़े मनोहर प्रतीत हुए। वहाँ प्रातः काल की स्वच्छ वायु, नगर और उसकी

इमारतों की जगमगाती छवि ने मेरे हृदय-पटल पर जो प्रभाव डाला वह स्मृति से कभी न मिट सकेगा। उसे देखे हुए बहुत समय हो गया किन्तु वह सदा सौन्दर्य लगता रहेगा। किन्तु उस समय मैं एक ऐसा युवक था जिसे विश्वास था कि उसका उत्साह और शक्ति का ज्ञान विकसित होकर एक दिन अवश्य प्रसिद्धि दिलाएँगे।

वहाँ एक-एक करके सभी ठग आ गए। हर व्यक्ति नगर की प्रशंसा कर रहा था। सभी एकमत थे कि उसकी सुकीर्ति उसके राजधानी होने के योग्य थी। कारवाँ का पता पूछकर हम ढाल से नीचे आए। अनेक उपनगरों को पार कर हम अपने गन्तव्य तक पहुँच गए। अस्थायी रूप से हम एक सराय में जो किसी विशाल और कलाकृति मंडित मस्जिद को घेरे हुए थी, ठहर गए। अपनी और अधिक सुविधा की दृष्टि से मैं किसी खाली पड़े मकान को खोजने निकला। कुछ कष्ट उठाने के बाद एक छोटा-सा घर किराए पर मिल गया। वह किसी व्यवसायी की जायदाद थी जिसका पास ही निवास था। उसमें तीन कमरे और दूकान के रूप में बरामदा था। यह मेरे और पिताजी के लिए पर्याप्त था। उसमें मजबूत दरवाजेवाली एक कोठरी थी। जिसमें हमने लूट का सारा माल भर दिया।

अपने जन्म स्थान पर पहुँचने पर ज़ोहरा की प्रसन्नता का ठिकाना न था। वास्तव में वहीं उसका घर था। वह केवल अपने रिश्तेदारों और सहेलियों से मिलकर खुश होने की बात कर रही थी, जो उसके अचानक आने से चकित हो जाएँगे। जब से नवाब उसे उठाकर ले गया था, लोग उसे खोया समझ बैठे थे। यह बात उसके दिमाग में नहीं आई कि जब वह दुबारा अपने रिश्तेदारों के अधिकार में पहुँच जाएगी तो वे लोग निश्चय ही उसे सदा के लिए मुझसे अलग कर देंगे। अतः मैंने निश्चय किया कि इसके पूर्व कि वह वहाँ जाए, मैं अपने भय की सारी बातें उसके सामने रख दूँ। इस प्रकार मेरे प्रति उसके प्रेम का परिचय उसके व्यवहार से मुझे मालूम हो जाएगा।

हमारा व्यापारी गृहस्वामी अत्यन्त सभ्य और हमारी आवश्यकताओं का ध्यान रखनेवाला था। यद्यपि उसका सद्व्यवहार अधिकांश रूप से उसे यह बात करने की उत्सुकता के कारण था कि हम लोग कौन थे और किस उद्देश्य से वहाँ आए थे। मैंने संक्षेप में उसे स्वयं को सैनिक और पिताजी को व्यापारी बताया। उसे यह भी बता दिया कि मैं नौकरी की तलाश में अपने पिता के साथ आया था। उसे यह जानने की रुचि भी थी कि मेरे पिताजी के माल में क्या था। परन्तु इस बात पर हम मौन बने रहे। यद्यपि उसने अपना एजेंसी द्वारा वह माल बिकवाने की पेशकश भी की।

बाद में पिताजी ने मुझसे कहा, "हमारा माल मूल्यवान अवश्य है लेकिन हम उसकी कीमत नहीं जानते। हमने अभी तक गाँठें भी नहीं खोलीं। कल प्रातःकाल यह काम किया जाएगा। उसे छाँटकर अलग करेंगे। फिर नगर में जाकर साहूकारों से उसी प्रकार के माल की कीमत ज्ञात करेंगे। तभी हम स्वयं उसका मूल्य जान जाएँगे। यदि बाजार के मूल्य का पता न करके माल बेचेंगे तो हम पर सन्देह किया जाएगा और फिर हमें उसकी कीमत भी न मिल सकेगी। निःसन्देह हमें उससे अच्छी रकम मिल जाएगी।"

मैं उनकी बात से पूर्णरूपेण सहमत था। दूसरे दिन हम गाँठों को खोलने के काम में जुट गए।

वास्तव में उसमें कीमती माल भरा हुआ था। उसमें मूल्यवान ज़री थी, सोने के कामवाले

वस्त्र थे, महीन मलमल के रूमाल, सोने-चाँदी के तार से बुने गए थे। सादी मलमल थी, कुछ शाल थे, पहननेवाले कपड़ों की विभिन्न किस्मों के अतिरिक्त सिल्क किनारे की साड़ियाँ, जो नागपुर के करघों पर बनाई गई थीं। ये सब और आभूषण आदि जब सामने फैलाए गए तो कुछ देर तक हम उन्हें देखते रहे और उसकी भव्यता पर चकित होते रहे। इन सबकी सूची तैयार करने के बाद पिताजी और मैं अच्छे मूल्यवाली पोशाक पहनकर और अपने श्रेष्ठ घोड़ों पर सवार होकर कुछ आदमियों के साथ नगर की ओर गए।

एक बहुत बड़े पुराने पुल को, जिसके नीचे नदी थी, जो इस समय केवल क्षीण धारा मात्र थी, पार कर उस पर बने दरवाजे पर पहुँचे। वहाँ से पूछताछ करके चौक आ गए। यहाँ के बाजार में हमें विश्वास था कि वही चीज़ें बिकती होंगी, जो हमारे माल में थीं और जिन्हें हमें बेचना था। वहाँ गलियाँ गन्दी और सँकरी थीं। बाहर से जो नगर इतना भव्य दिखाई देता था, उसी का भीतरी भाग वैसा न था। परन्तु दूर से वहाँ धन-सम्पन्नता दिखाई दे रही थीं इसके प्रमाणस्वरूप वे हाथी थे, जिनके छतरीवाले हौदों पर रईस तथा सम्भ्रान्त लोग बैठकर निकल रहे थे। उनके पीछे शस्त्रधारी अनुचर चल रहे थे। सड़कों पर अच्छे-अच्छे परिधान धारण किए लोगों का समूह आ-जा रहा था। चूँकि उस समय मुहर्रम का त्योहार आरम्भ हो गया था, इसलिए हर ओर 'हसन-हुसेन, दूल्हा, दीन-दीन' की हज़ारों आवाजें गूँज रही थीं।

लोगों की भीड़ में से अपना रास्ता बनाते हुए हम आगे बढ़े। कहीं-कहीं हमारे अनुचरों को भी मार्ग निकालना पड़ता था। इन्हें पोशाक और भाषा के द्वारा बाहरी पहचानकर लोग उनका उपहास उड़ाते या अपशब्द कह देते थे। एक-दो बार हमारे आदमियों द्वारा धक्का लग जाने के कारण भद्र पुरुषों के हाथ तलवार की मूँठ पर आ गए। परन्तु हमने किसी प्रकार स्थिति सँभाल ली। अन्त में हम किसी चौड़े मार्ग पर आ गए। यहाँ मनुष्यों की भीड़ अधिक नहीं थी। यहाँ हमें प्रसिद्ध चारमीनार की इमारत दिखाई दी।

अपना घोड़ा रोक कर मैं उसकी भव्य मीनारें देखने लगा, जो आकाश को छूती प्रतीत होती थीं। तत्काल मेरे मुँह से निकल पड़ा, "यह इमारत कितनी महान है। केवल इसका दर्शन ही दिल्ली से यहाँ तक की यात्रा के बराबर है।"

इस इमारत के चारों कोनों पर एक-एक मीनार थी। उसमें कई तोरण निकल कर एक छत को सहारा दे रहे थे। उसके ऊपर एक मस्ज़िद थी। देखने से यह सम्भव नहीं लगता था कि इतने विशाल भार को वह वहन कर सकेगी, परन्तु वह शताब्दियों से वैसी ही खड़ी थी।

पिताजी ने कहा, "नमाज़ का समय हो रहा है। मुअज्जिन की अजान मक्का मस्ज़िद से आती सुनाई दे रही है। हम लोग उसी ओर चलें। बाद में लेन-देन करेंगे।"

उनके पीछे-पीछे चारमीनार को पार करके हम लोग दाहिनी ओर एक गली में मुड़ गए। वहीं मस्ज़िद थी। उसके सामने अपने घोड़ों को खड़ा कर दिया।

मस्ज़िद के आँगन में आते ही आश्चर्य और प्रशंसा के मिश्रित भाव मेरे मस्तिष्क में छा गए। एक छोटे मार्ग से होकर हम उन सीढ़ियों पर पहुँचे जो मस्ज़िद के अन्दर हमें ले जाती। वहीं दूसरी ओर शाहजादों और कुलीन वर्ग के लोगों की कब्रें थीं। उनमें कुछ ऐसी थीं जिनमें भव्य कलाकृति दर्शित होती थी। उस सम्पूर्ण इमारत ने हमें प्रशंसा से अभिभूत कर दिया। पाँच ऊँचे और चौड़े तोरणद्वारों से इमारत का आन्तरिक भाग दिखाई देता था। एक तोरण को दूसरे से मिलाने के स्थान पर भव्य कलाकारी की गई थी। इसकी छत असाधारण रूप से सज्जित

की गई थी। परन्तु मुझे यहाँ के सौन्दर्य को भलीभाँति देखने का समय कहाँ था? उधर मुअज्जिन ने ऊँची आवाज से अजान देना बन्द कर दिया। दोपहर की नमाज अदा करनेवाले कुछ लोगों ने अपनी दरियाँ बिछाईं और नमाज़ पढ़ने लगे। हमने भी उन्हीं के साथ अपनी नमाज़ पढ़ी।

जो लोग वहाँ उपस्थित थे, उनमें से अधिक ऐसे थे जिनके लिए वहाँ कोई नवीन या असाधारण बात न थी लेकिन मैं जो यात्रा के खतरों से बच गया था, तथा मेरे अनुरोध ने भी अनुभव किया कि वहाँ का सम्पूर्ण वातावरण हृदयस्पर्शी था। मैं जो किसी हत्यारे के रूप में, यद्यपि इतना निर्दयी नहीं था, नमाज़ के शब्दों को दोहराते हुए मृदु हो गया और मेरी आँखों से अश्रुपात होने लगा। कुरान की भाषा में जो कौशल था वह भी प्रभावोत्पादक था।

इसके पश्चात् हम वहाँ से उठ खड़े हुए। यद्यपि मैं वहाँ और कुछ देर रुककर उसके सौन्दर्य का आनन्द लेना चाहता था, परन्तु मेरे पिता मुझे वहाँ से बाहर घसीट लाए और हम लोग पुनः चारमीनार पर आ गए।

पिताजी ने कहा, "यहाँ वे लाभकारी बदमाश जिन्हें दलाल कहते हैं, अवश्य मिलेंगे। वे हमें ठगने का पूरा प्रयत्न करेंगे, बेशक यह तो उनका व्यवसाय ही है लेकिन हमें यद्यपि कुछ खरीदना तो है नहीं, हाँ उनकी सहायता से उन व्यापारियों के प्रतिष्ठानों को जान सकते हैं, जो हमारे पास जैसी वस्तुओं के व्यापार करते हैं। यह भी सम्भव है कि हम जिस दलाल को तय करें वह समझदार हो और हमारे माल को बिकवाने में हमारी सहायता करे।"

उस इमारत के पास आकर हम रुक गए। चारमीनार के नीचे का भाग अनेक भद्दी झोपड़ियों, दूकानों, सब्जीवालों और मिठाईवालों द्वारा कुरूप कर दिया गया था। मेरे पिता एक भद्र और चतुर दिखाई देनेवाले हिन्दू के पास गए। उससे पूछा कि हमें दलाल कहाँ मिलेंगे। हम लोग इस नगर के लिए अजनबी हैं और कपड़ा या कुछ और माल देखना चाहते हैं लेकिन हम यह नहीं जानते कि वे कहाँ मिलेंगे।

उसने उत्तर दिया, "हुजूर मैं स्वयं आप लोगों की सेवा के लिए हूँ। और बड़े धनी प्रतिष्ठानों को अच्छी तरह जानता हूँ। आप चाहें तो किसी प्रतिष्ठान में ले चलता हूँ। इस नगर का कोई दुकानदार या साहूकार ऐसा नहीं जो इस गरीब सेवक मोहनदास की नेकनियती और विश्वसनीयता के विषय में तुरन्त न बतला दे।"

पिताजी ने कहा, "आप अपने गुणों का वर्णन करने के स्थान पर उन्हें सिद्ध करके दिखाएँ। इन बातों में आप लोगों की जमात पहले से बदनाम है।"

उसने कहा, "हुजूर तो सब कुछ जानते हैं। हमारी जमात के कुछ लोग वास्तव में अच्छे नहीं। फिर भी आपका सेवक उनमें से नहीं है क्योंकि उसने अपना श्रीगणेश एक ईमानदार व्यक्ति के रूप में किया था और इसके विपरीत उसे कभी नहीं पाया गया।"

मैंने कहा, "कहना तो यही चाहिए कि यदि आपका लाभ हो रहा हो, तो आपको बेईमान बनने में देर नहीं लगेगी। ख़ैर, चलिए। दिन भी डूबनेवाला है और हम लोग अँधेरा होने से पूर्व यहाँ की भीड़ से निकल जाना चाहते हैं।"

उसने मुझे बड़े ध्यान से देखा और कन्धे हिला दिए। इसका आशय था कि जो कुछ मैंने कहा था ग़लत नहीं था और उसे यह भी ज्ञात हो गया कि हम लोग सतर्क रहनेवाले थे।

उसने पूछा, "आप लोग किस प्रकार का माल खोज रहे हैं। कश्मीरी शाल और बनारसी ज़री से लेकर सस्ता माल भी उपलब्ध हो सकता है।"

मैंने कहा, "हमें बनारसी सिल्क चाहिए, कुछ सुन्दर रूमाल, दुपट्टे, एकाध पगड़ी का कपड़ा जो मिनिस्टर के दरबार में शोभा दे सके।"

कमर में शाल लपेटकर दलाल बोला, "आपको सब कुछ मिल जाएगा। आप मेरे साथ आइए लेकिन मेरे ऊपर दृष्टि रखे रहिए वरना इस भीड़ में भटकने की सम्भावना है।"

इतना कहकर वह हमें कुछ चौड़ी सड़कों पर घुमाते हुए एक अँधेरी गली में ले गया और किसी मकान के सामने खड़ा कर दिया। बाहर से वहाँ कोई विशेषता नहीं थी।

मैंने पिताजी से कहा, "हमारी खोज असन्तोषजनक प्रतीत होती है। अच्छा होता हम स्वयं किसी व्यापारी को खोज लेते। क्या यह ठीक हुआ कि हम इसे साथ ले आए?"

पिताजी ने उत्तर दिया, "मैंने सुना है कि व्यापारी लोग अपनी सुरक्षा की दृष्टि से प्रायः एकान्त स्थान पसन्द करते हैं। ये लोग अन्य नगरों की भाँति अवैध स्थानों पर अपना माल प्रदर्शित नहीं करते। लेकिन इन्हें सभी लोग जानते हैं। हमारी तरह यदि दलाल का सहारा लिया जाए, तो कोई अजनबी भी उन तक पहुँच सकता है।"

वह हमें मकान के अन्दर ले गया। वहाँ किसी स्थूलकाय व्यक्ति ने हमारा स्वागत किया। यह भी उसी साहूकार से मिलता-जुलता था जिसे हमने मार दिया था। हम लोग बैठ गए और अपने आने का उद्देश्य बतलाया।

हमारे सामने थान के थान फैला दिए गए। उसके पास माल का विशाल भंडार था। उनकी कीमत भी अधिक थी। हमने कई चीज़ें पसन्द कीं और उनका मूल्य पूछा। उनकी तालिका बनाकर कहा कि अभी यह माल मेरे लिए अलग रखें। कल आकर हम इनका मूल्य चुका देंगे। साहूकार ने अनुरोध किया कि हम माल वैसे ही ले जाएँ। दलाल हमारी जमानत लेने को तैयार हो गया, परन्तु अपने स्पष्ट कारणों से हमने इसे अस्वीकार कर दिया और वहाँ से चल दिए।

चारमीनार तक दलाल हमारे साथ आया। मेरे पिता ने उसके हाथ में कुछ रुपए उसके द्वारा इतना कष्ट उठाने के बदले दे दिए और उससे कहा कि हम लोग अपने घर का रास्ता जानते थे। आप कल सुबह कारवाँ पर रघुनाथ दास साहूकार का मकान पूछ लें। हम वहीं आगे की बात करेंगे।

पिताजी ने कहा, "अभी तक तो मुझे सन्तोष है। तुमने देखा हमारा माल वहाँ देखे हुए माल के बराबर दर्जे का है। उनकी जो कीमत मालूम हुई उसके आधार पर हमें एक बड़ी रकम प्राप्त होनी चाहिए। यदि उचित रूप से सम्पन्न किया जाए तो माल निकालने में हमें कोई भय नहीं प्रतीत होता।"

दूसरे दिन प्रातः काल दलाल आ गया।

पिताजी ने एकाएक उसके सामने दो रुपए फेंककर कहा, "तुम गुप्त नहीं रह सकते?"

यह सुनते ही वह घबराया और काँपने लगा, और बोला, "यदि हुजूर की यही मर्जी है तो फिर वैसा ही रहूँगा लेकिन मैं एक गरीब आदमी हूँ। किसी से झगड़नेवाला नहीं। हुजूर का सेवक हूँ, पैरों पर नाक रगड़ता हूँ।" यह कहकर वह भूमि पर लेट गया।

पिताजी की तनी हुई भौहें और हम लोगों के प्रति उसके चेहरे पर सन्देह का भाव देखकर उनके बढ़े क्रोध के सामने वह भयभीत हो गया।

उसे पिनपिनाते हुए देखकर पिताजी बोले, "यह क्या कर रहे हो? किस स्त्री ने तुम्हारे जैसे मुर्गी-दिलवाले पुत्र को जन्म दिया? अल्लाह के लिए उठो। यदि तुमसे कोई गुप्त रहने का

प्रश्न करता है तो क्या इससे तुम्हारी गरदन कट रही थी?"

अपने नेत्र बन्द करके और उसी तरह काँपते हुए कहने लगा, "ऐसा मत कहिए। मैं गरीब हूँ, एक दुखी हिन्दू हूँ। मेरी गरदन काटने से हुजूर को क्या मिलेगा?"

पिताजी ने कहा, "नहीं, यह असहनीय है, इसमें मक्खी जैसी जान भी नहीं। इसे धक्के देकर सड़क पर कर दो और मुँह पर जूते मारो। हमें इसके अलावा सैकड़ों दलाल मिल जाएँगे।"

अपने पेशे का नाम सुनकर वह समझ गया कि उससे कैसे व्यवहार की अपेक्षा थी, अतः वह कहने लगा, "क्षमा कीजिए, जनाब, मेरी नादानी को क्षमा कीजिए। हुजूर की धमकी से मेरा कलेजा दहल गया लेकिन उनका मुस्कराना देखकर मुझे विश्वास हो गया कि आपके द्वारा मेरी कोई हानि नहीं हो सकती।"

पिताजी ने कहा, "हानि? तुम्हारे जैसे अधम को मैं क्या हानि पहुँचाऊँगा? अब तुम कायदे की बात कर रहे हो तो बैठ जाओ और मैं जो कहता हूँ उसे सुनो।"

उसने कहा, "मैं चुप रहूँगा हुजूर! आप अपनी बात कहें।"

पिताजी ने कहा, "यदि मेरी बात पर ध्यान नहीं दोगे तो बहुत बुरा होगा। मैं एक व्यापारी हूँ। इस नगर में पहले कभी नहीं आया लेकिन दिल्ली में सुना था कि यदि कीमती माल जैसा कल देखा था पर निवेश किया जाए तो यहाँ उसे अच्छे मूल्य पर बेचा जा सकेगा। यह सोचकर मैं वैसा ही माल लेकर यहाँ आया हूँ। मुझे यहाँ बिक्रीवाला मूल्य नहीं मालूम था, इसी कारण तुम्हें साथ लिया कि तुम वैसा ही माल मुझे दिखा दोगे और फिर मैं उसी आधार पर अपने माल का मूल्य निर्धारित कर उसे बेच सकूँगा। अब बताओ क्या तुम इसका प्रबन्ध नहीं कर सकते?"

वह प्रसन्न होकर बोला, "क्यों नहीं, इससे आसान और क्या है। लेकिन हुजूर बिक्री के ऊपर मेरा मेहनताना भूलेंगे नहीं।"

पिताजी ने कहा, "सौ रुपए का माल बिकने पर तुम्हें पाँच रुपए मिलेंगे क्या तुम्हें स्वीकार है?"

दलाल बोला, "यह शाही पेशकश है और हुजूर की उदारता के अनुसार है। क्या मुझे माल देखने की आज्ञा देंगे?"

पिताजी ने कहा, "यह तो आवश्यक है, तुम माल देख लो। सब यहीं पर हैं।"

और उन्होंने कोठरी का दरवाजा खोल दिया, जिसमें सारा माल रखा था। उन्होंने उसे एक-एक गाँठ का माल दिखा दिया।

दलाल ने कहा, "वास्तव में आपका माल कीमती है। अधिकांश माल आप बेच सकेंगे। लेकिन पूरा बेचने के लिए आपको कुछ समय के लिए यहाँ रुकना होगा।"

पिताजी, "यह सब परिस्थिति पर निर्भर है, जिस पर किसी का वश नहीं। यदि सारा माल यहाँ न बेच सका तो शेष पूना ले जाऊँगा।"

उसने कहा, "ठीक है, जो माल यहाँ है उसकी सूची तैयार करने की आज्ञा दीजिए। मैं कल तक आपको बता दूँगा कि क्या हो सकेगा। मैं जल्दी नहीं कर सकूँगा क्योंकि मुझे कई व्यापारियों से बात करनी होगी।"

पिताजी ने कहा, "जैसा ठीक हो करो। अपने खर्च के लिए ये दस रुपए लो। अब जाओ, कल इसी समय मिलना।"

वह कई बार सलाम करता हुआ चला गया।

पिताजी बोले, "क्या तुमने पहले कभी ऐसा निरीह दया का पात्र देखा है। दो कौड़ी का आदमी। यहीं उसका गला घोट देता तो उस कायर का अन्त हो जाता।"

मैंने कहा, "जाने भी दीजिए। हिन्दू है, इसके लिए सोचने की क्या आवश्यकता? लेकिन आपने उसे जो रकम देने का वादा किया है, क्या उसे ले जाने देंगे?"

उन्होंने कहा, "कभी नहीं। तुम जानते हो, हमें क्या करना है।"

मैंने कहा, "मैं बिलकुल समझ रहा हूँ। उसे आप मुझ पर छोड़ दीजिए।"

इसके बाद मैं अपनी सीधी-सादी ज़ोहरा के पास गया। वह अपने रिश्तेदारों के यहाँ जाने के लिए कह रही थी, लेकिन यहाँ आने के बाद, जहाँ तक सम्भव हुआ, मैं उसे टालता रहा। अब मुझे यह चिन्ता होने लगी कि आगे कौन सा बहाना करके उसे जाने से रोका जाए। यदि सम्भव होता तो मैं उसे लेकर कहीं भाग जाता। उसके लिए मेरे हृदय में अत्यधिक प्यार था, कि यदि मुझमें उससे भाग चलने की बात कह देने का साहस होता और वह जाने के लिए तैयार होती तो वास्तव में मुझे विश्वास था कि मैं अपने पिता को, साथियों को और पेशे को त्याग देता और स्वयं को इस दुनिया में समर्पित कर देता।

यदि मैं चिन्तनशील होता तो क्या मैं आज की स्थिति से भी गिरा हुआ होता? क्या कभी ये अपमानजनक बेड़ियाँ मुझे पहननी पड़तीं? क्या मैं सदा के लिए इस प्रकार जेल में ठूँस दिया जाता? और उसी स्थिति में मेरे जीवन का अन्त हो जाता? किन्तु आज मैं अधम और कायरता का जीवन घसीट रहा हूँ। मैं आपसे सत्य कहता हूँ कि यदि मैं अपने घर से भाग जाता, तो मेरे लिए कितना अच्छा होता। मैं भाग जाता बेईमानी करने से और अपराध की दुनिया से, जिसमें प्रतिदिन मैं अधिकाधिक डूबता रहा। अपनी सैनिक जैसी आकृति, अपनी वाणी और अपनी शस्त्र चालन की कुशलता के बल पर मैं कोई भी प्रतिष्ठापूर्ण नौकरी पा सकता था। मैं सेनाओं के संचालन की क्षमता रखता था अथवा रणभूमि में वीरोचित मृत्यु का वरण कर सकता था। किन्तु यह सब मेरे भाग्य में कहाँ लिखा था? मेरी नियति कुछ और ही थी। मैं जो हूँ वही वास्तव में हूँ, स्वयं के लिए एक अभिशाप और साथ ही उनके लिए भी जिनका मेरे साथ कुछ भी सम्बन्ध है।

इधर ज़ोहरा ने मेरी चिन्ता नहीं समझी, उसे केवल अपनी माँ और बहन को देखने की चिन्ता थी। अपने दुराग्रह के लिए कि उसे भेज दिया जाए, वह मेरे ऊपर हमलावर बनी रही। उसने बार-बार मुझे विश्वास दिलाया कि वह अधिक समय तक अनुपस्थित नहीं रहेगी, परन्तु वह जाएगी अवश्य। लोग उसे दुबारा देखकर कितने प्रसन्न होंगे और उसे (नवाब के यहाँ से) मुक्त कराने के लिए मेरा किस प्रकार स्वागत करेंगे। उन सब लोगों को देखकर वह वापस आ जाएगी और भविष्य में वे कभी नहीं बिछुड़ेंगे।

मैंने कहा, "ज़ोहरा, मुझे बड़ा अफसोस है कि तुम नहीं जानतीं कि क्या कह रही हो? तुम्हीं ने बताया था कि तुम अपने सभी घरवालों से अधिक हसीन और दिलकश नाक-नक्शवाली थीं। और तुम्हारे चले जाने के बाद वे लोग धुँधलेपन में डूब गए होंगे, परन्तु अब तुम्हारे वहाँ लौट आने से वे लोग तुम्हें दौलत तथा विशिष्ट प्रतिष्ठा का अर्जन करनेवाली समझकर तुम्हारे आगमन पर अत्यन्त प्रसन्न होंगे।"

उसने उत्तर दिया, "नहीं, तुम्हारे ये शब्द बड़े निर्दयी हैं। प्रियवर! तुम अच्छी तरह जानते

हो कि मैंने तुम्हें कभी धोखा नहीं दिया और जितना सत्य मेरा साँस लेना है उतना ही सत्य यह है कि मैं सदा के लिए तुम्हारी हो गई हूँ। अतः मुझे जाने दो। मैं तुमसे विनय करती हूँ कि कुछ घंटों के बाद मैं पुनः तुम्हारे पास आ जाऊँगी और तुम्हारे हृदय से लग जाऊँगी।"

"जैसा चाहो।" मैंने दुखी होकर कहा, यद्यपि यह सोचने का मुझे साहस न था लेकिन मुझे यही लगा कि यह वियोग सदैव के लिए हो रहा था।

"तो जाओ, और यदि तुम वापस नहीं आओगी तो शाम तक मैं स्वयं वहाँ आऊँगा।"

एक परदेवाली जनानी गाड़ी आसानी से किराए पर मिल गई। ऐसा प्रतीत होता था कि ज़ोहरा को जहाँ जाना था, गाड़ीवान उस स्थान से भलीभाँति परिचित था। वह अति प्रसन्न होकर गाड़ी में बैठ गई। उसके साथ मैंने दो रक्षक भेज दिए। वह चली गई। वे दोनों रक्षक शीघ्र लौट आए। वे केवल इतना बता सके कि जब उसके रिश्तेदारों ने उसे देखा तो वे लोग महान प्रसन्न हो गए। मैं अपनी व्यग्रता को शाम तक नहीं रोक सका और एक आदमी के साथ घोड़े पर सवार होकर उसके घर जा पहुँचा।

उसका घर एक फौव्वारे के सामने था, जो चारमीनार के नीचेवाली सड़क के मध्य स्थित था। एक दिन पूर्व मैं वहीं से निकल चुका था। घर में आसानी के साथ प्रवेश मिल गया। और मुझे कितना हर्ष हुआ था जब मैं उस कमरे में गया, जिसमें ज़ोहरा, उसकी बहन और माँ बैठी थीं।

"वे आ गए।" इतना कहकर वह मेरी बाहों में आ गई और क्षण भर अपने वक्ष पर दबाए रही फिर मुझे पकड़े हुए बोली, "माँ, देखो, इन्हें देखो, वैसे ही हैं, जैसा मैंने तुम्हें बताया था। देखो, क्या ये खूबसूरत और बहादुर नहीं।"

वह बुढ़िया मेरे पास आ गई। अपने हाथ मेरे चेहरे पर फेरते हुए मेरी बलैयाँ लेने लगी। उसके आँसू बहने लगे। अपने जोड़ चटकाते हुए उसने बार-बार यही किया। फिर मुझे अपनी बाँहों में लेकर हृदय से लगा लिया और किसी बच्चे की भाँति रुदन करने लगी।

उसकी बहन बहुत बुझे हुए दिल से मुझसे मिली। यदि मैं कम सुन्दर होता तो शायद वह सच्चे हृदय से मिलती। उसे ज़ोहरा का इतना सुन्दर पति अच्छा नहीं लगा।

बुढ़िया जब कुछ बोलने की स्थिति में हुई तो कहने लगी, "तुम्हारी तथा तुम्हारी आगे आनेवाली पीढ़ियों पर बारहो इमामों तथा खुदा की रहमत बरसे। अल्लाह तुम्हारी सदा हिफाजत करे। मरियम तथा मौला तुम्हें आशीष दें। तुमने किसी वीरान हुए घर को हरा-भरा बना दिया और हमारे सदा के रोने-धोने को खुशी में बदल दिया। मैं अधिक क्या कहूँ? मेरे दरवाजे जब गाड़ी आकर खड़ी हुई तो कौन जानता था कि इसमें ज़ोहरा होगी? ज़ीनतबी अभी कह रही थीं कि वही बदमाश कमीनी सकीना थी जो शोक दिखाने के बहाने आई थी लेकिन वास्तव में वह हमारी मुसीबत देखकर बहुत प्रसन्न थी। अब उसका मुकाबला करनेवाला कोई न रहा। मैंने कहा था कोई बात नहीं। मैं यह कह ही रही थी कि कोई धीमी चीख सुनाई दी, जैसे किसी को अचम्भा हुआ हो। फिर कुछ हलचल हुई और कुछ समझ न पाई थी कि मेरी खोई हुई ज़ोहरा दौड़कर आ गई जो हमारे लिए मोती है, हमारा हीरा है। मुझे ऐसा लगा कि मारे खुशी के मेरा कलेजा फट जाएगा। मीर साहब, उस समय से मैंने कुछ भी नहीं किया, बस उसी के सामने बैठी हूँ। अपने हाथों से उसका चेहरा थपथपाती हूँ और उसकी आँखें देखा करती हूँ कि कहीं मुझे धोखा तो नहीं हुआ। इंशाअल्ला कल मैं हर दरगाह पर पाँच रुपए भेजूँगी और इमाम ज़ामिन

के नाम पर पचास भिखारियों को मिठाई बँटवा दूँगी। इसके अतिरिक्त ताज़िया बनवाऊँगी। आज के बाद से मुहर्रमी कपड़े नहीं पहनूँगी।

आह, मीर साहब, अगर आप जान पाते कि दिनोदिन मैं कैसे बैठी रहा करती थी। रोते-रोते पहले की अपेक्षा अब उसकी छाया मात्र रह गई हूँ। मेरे सभी मित्रों ने मुझे सांत्वना देने की कोशिश की लेकिन वह व्यर्थ रहा। मेरे लिए आराम कहाँ था?"

और पूर्व का स्मरण करते-करते उसके आँसू बहने लगे।

उस बुढ़िया पर दुख का पहाड़ टूटने के पहले वह क्या थी, इसे कहने का दावा मैं नहीं करता लेकिन वर्तमान दशा में वह मुझे सबसे मोटी औरत दिखाई देती थी, जैसी मैंने कभी नहीं देखी। वह चल नहीं सकती थी, और जब उसे हिलना-डुलना होता था तो वह एक बाजू से दूसरे की ओर लुढ़क जाती थी। वह जब अपनी पैर उठाती तो लगता जैसे कोई हथिनी लोगों की भारी भीड़ में अपना हरकत कर रही हो। कसे हुए पैजामे में उसे देखना बड़ा कष्टदायक था। उसके प्रत्येक अंग-संचालन पर, विशेष रूप से उसके बैठे होने की स्थिति में, ऐसा प्रतीत होता था कि पैजामा फट जाएगा और उसके मांस का लोथड़ा अपने बन्धन से मुक्त होकर बाहर आ जाएगा। इस हालत में उसे पेटीकोट पहनना उचित होता। किन्तु नहीं, उस बुढ़िया की ऐंठ भी कोई चीज़ थी। उसे अब भी अपने अंगों पर नाज़ था। जैसा मैंने बाद में सुना कि उसकी जवानी में उसके सभी अंग असाधारण रूप से सन्तुलित थे।

हम लोग वहाँ शाम तक बैठे बातचीत करते और अपने साहसिक कृत्यों का वर्णन करते रहे। फिर दरी बिछाकर मैंने नमाज़ पढ़ी।

इस पर बुढ़िया ने कहा, "ये तो बहुत अच्छे सैयद हैं। मुझे जवानों में भक्ति देखकर बड़ी प्रसन्नता होती है लेकिन हिन्दुस्तान की ऊँची कौमों में यह सदा से होता आया है।"

मैं अब वहाँ से चलने की तैयारी करने लगा लेकिन एक से लेकर सभी इसके विरुद्ध बोल उठे, "क्या जाना चाहते हो? हमारे घर से बिना हमारी रोटी तोड़े और बिना पानी पिए? ऐसा तो सोचा भी नहीं जा सकता। मुझे रुकना ही होगा। रात का भोजन तैयार हो रहा था। संयोग से आज मुहर्रम का नवाँ दिन था। लाल साहब का जुलूस अवश्य देखना होगा। मुहम्मद साहब के मदीना भागते समय उनके घोड़े की एक नाल रह गई थी वहीं पवित्र चिह्न आज बहुत विशाल जुलूस के साथ ले जाएँगे। इसे देखने का अवसर मुझे फिर कभी नहीं मिलेगा। इन तमाम कारणों से तथा ज़ोहरा द्वारा अनुनय सहित अनेक बार देखे जाने से मुझे तुरन्त निश्चय करना पड़ा। उस आदमी के साथ घोड़ा भेजकर मैंने पिताजी को कहला दिया कि आज नहीं आऊँगा। मैं आज यहाँ के जश्न में सम्मिलित रहूँगा। जब सुबह ज़ोहरा यहाँ आ रही थी तब ऐसा सोचा भी नहीं था।''

रात की दावत बड़ी शानदार थी, और उस बुढ़िया द्वारा पकाया हुआ भोजन अद्वितीय था। उसमें तरह-तरह की सब्जियाँ थीं, जो किसी प्याली में एक निवाले के बराबर थीं, परन्तु खाने के बाद मुँह सुगन्ध से भर जाता था। उसके बाद बारी आई विभिन्न प्रकार के पुलावों की और मिठाइयों की। और सबसे बढ़कर फ्रांसीसी कहे जानेवाले काफिरों द्वारा तैयार की गई स्वादिष्ट मदिरा थी, जिसे बुढ़िया मदिरा न कहकर शरबत कहती थी। वह हुजूर सिकन्दर साह महान के स्वयं प्रयोग के लिए थी। वास्तव में वह अत्यन्त स्वादिष्ट थी, उसने उत्तेजना बढ़ा दी।

अन्त में एक-दो कश लेकर उसने बड़ी सावधानी के साथ उसका सिरा पोंछा और हुक्का मुझे पेश किया जिसकी सुगन्ध केसर-कस्तूरी से बढ़कर थी। उस समय मैं जन्नत का सुख अनुभव कर रहा था और अतीव प्रसन्न था।

ज़ोहरा ने मुझसे कहा, "आपने मेरा गाना सुना था जब मैं कैद में थी। इसके बाद अपने छोटे से डेरे में यात्रा की थकान के उपरान्त सुना। वहाँ मेरी आवाज़ के लिए कोई गुंजाइश न थी, परन्तु इस समय मैं अत्यन्त प्रसन्न हूँ और मेरा हृदय उछल रहा है। अब आप फिर मेरा गाना सुनिए। यद्यपि मुहर्रम के दिन हैं, खुदा माफ करे। बोलिए आपकी क्या फरमाइश है? मेरे थक जाने तक मेरी बहन संगत करेगी। इसके पश्चात मैं उसका साथ दूँगी।

सारंगी मँगवाई गई। ज़ीनत ने उसका स्वर मिलाया और कमान लेकर कोई गत बजाई। उसकी ऐसी दिलकश आवाज मैंने पहले कभी नहीं सुनी। ज़ोहरा अपने समस्त पूर्व प्रदर्शनों से इस समय बहुत आगे बढ़ गई थी। उसको सुनते-सुनते सम्मोहन हो गया। उसकी बहन वादन में पूर्ण दक्ष थी (एक स्त्री के लिए आश्चर्य की बात है), उसमें स्वर का माधुर्य और प्रदर्शन का वैभव था।

साहब, आप समझिए कि उसकी ध्वनि मानव वाणी के साथ कितना साम्य रखती है। अब जैसे-जैसे संगत और गाने के उतार-चढ़ाव साथ-साथ होने लगे तो ऐसा प्रतीत होता था कि दो मधुर ध्वनियाँ पूर्ण जोश के साथ परस्पर टकरा रही थीं और आकाश से देवदूत धरती पर उतर आए।

लेकिन उसी समय ढोल-नगाड़ों और मनुष्यों का शोर इतना बढ़ गया कि दोनों को बड़े खेद के साथ अपनी कला का प्रदर्शन रोकना पड़ा।

उसने मुझसे कहा, "उन लोगों पर कहर बरपा हो। नहीं तो मेरी आवाज ऐसी है कि मैं सारी रात आपको उसी प्रकार सुनाती रहती। बताइए आपको कैसा लगा?"

मैंने कहा, "गाया तो तुमने बहुत खूब! लेकिन उमरख़ेर के महल में सबसे पहले मैंने जो गाना सुना था, उसकी स्मृति सदैव बनी रहेगी।"

खिड़की पर जाकर ज़ीनत ने कहा, "या अल्लाह, क्या दिलचस्प नज़ारा है। आओ देखो बड़ी तेजी से निकल रहा है, शीघ्र गायब हो जाएगा।

भाग-2

अमीर अली का अपमान

ज़ीनत का शोर सुनकर हम लोग खिड़की पर आ गए। उसने कहा, "हमने बाहर झाँककर देखा। दृश्य वास्तव में अभिराम था। हमारी आस्था का पवित्र चिह्न लगभग सौ लोगों की अभिरक्षा में जा रहा था। उनमें अनेक लोग सशस्त्र थे। उनके खुले शस्त्र ऊँचे-ऊँचे बाँसों पर लगी असंख्य मशालों में जगमगा रहे थे। कुछ लोग सोने-चाँदी के पत्थरों से मढ़ी आफताबगीर लिये थे। उनमें बड़ी-बड़ी झालरें लटक रही थीं। उनके वाहकों के इधर-उधर झुकने से वे चमकने-दमकने लगते थे। लेकिन सबसे अद्‌भुत चीज़ तो स्वयं चारमीनार थी। जुलूस जब उसके नीचे से गुजरा तो वहाँ की सैकड़ों मशालों से वह ऊपर से नीचे तक जगमगा उठा। मेरी दृष्टि वहीं जमकर रह गई।

जुलूस निकल जाने के बाद फिर पूर्ववत् अन्धकार छा गया। अब चारमीनार नहीं दिखाई दे रही थी। प्रकाश ने भले उसे रोशन कर दिया हो, किन्तु वह अन्धकार की अधिक अभ्यस्त थी। शनैः-शनैः इमारत धुँधली और छायाकार दिखाई देने लगी। उसका विशाल श्वेत आकार किसी प्रेत की भाँति दिखाई दे रहा था अथवा मैं कल्पना करूँ तो आकाश के रहस्यमय निवासियों में से किसी एक के समान था, जिन्हें, जैसा हमें बताया गया है। वे सुलेमान इब्न दाऊद तथा अन्य सन्तों के अधीन थे। पुनः हमारे देखते-देखते अन्य जुलूस निकलेगा। और विद्युत की एकाएक चमक से उस पर वहीं प्रभाव पड़ेगा। उसका आन्तरिक और बाह्य उसी प्रकार जगमगा उठेंगे, दोपहर की धूप से कहीं अधिक उज्ज्वल उसकी छटा होगी।

मैं विचारों में डूबा हुआ था। ज़ीनत हमें एकाकी छोड़कर जा चुकी थी। हम बैठ गए। मेरी बाँहें मेरी प्रियतमा के चारों ओर थीं। वह मुझसे लिपटी जा रही थी। हम धीरे-धीरे प्रेम के वादे फुसफुसा रहे थे, जो हमारे जैसे प्रेमियों के हृदय में बनते और शब्दों के रूप में निकलते रहते हैं।

साहब, हम लोग बहुत समय तक उसी प्रकार बैठे रहे। वह लम्बा समय पलों में व्यतीत हो गया।

तभी ज़ोहरा बोली, "जरा हमारे नीचे सड़क पर लगी भीड़ को देखो। अब वे मशालें जला रहे हैं, और नाल साहब का जुलूस आनेवाला है।"

यद्यपि मैं शोर-शराबा सुन रहा था लेकिन मुझे कुछ भी दिखाई नहीं दे रहा था क्योंकि अन्धकार के कारण सड़क पर कुछ भी देखना असम्भव था। परन्तु जब मशालें जलाकर उन्हें ऊँचे-ऊँचे बाँसों पर लटकाया गया तो मनुष्यों के सिर ही सिर दिखाई देने लगे। वे हज़ारों की संख्या में होंगे। सड़क के दोनों ओर लोग ठसाठस भरे थे कि वहाँ से निकल पाना दुष्कर था। जन-समूह यथावत् खड़ा था। हम उत्सुकता के साथ उसके चल देने की प्रतीक्षा कर रहे थे।

बाद में एक-एक करके कई जुलूस पंक्तिबद्ध होकर हमारे सामने निकलते रहे। जब वे सब एकत्र होने लगे तो उनकी हज़ारों मशालों का भव्य स्वरूप अवर्णनीय था। वहाँ हज़ारों आफताबगीर थे, हज़ारों पताकाएँ थीं, हर प्रकार के विशाल झंडे थे, सैकड़ों हाथी थे, जिनके ऊपर कलात्मक झूलें पड़ी थीं, उनके ऊपर उनके मालिक कीमती पोशाकें पहने बैठे थे, उनके साथ सहचर चल रहे थे।

एक हाथी की ओर मेरा विशेष ध्यान गया। वह बड़ा शानदार था। चाँदी का एक बड़ा हौदा उस पर कसा था, जिसमें चार बच्चे, जो रईसों की सन्तान प्रतीत होते थे, बैठे थे। उनके साथ तमाम अनुचर थे। हाथी अत्यन्त उत्तेजित लग रहा था। चाहे वह शोरगुल के कारण हो, चाहे तीव्र रोशनी के कारण अथवा भीड़ या मस्त होने के कारण, मैं कह नहीं सकता। किन्तु उसके महावत को उसे शान्त करने में बड़ी कठिनाई हो रही थी। वह कभी-कभी उसके सिर पर पूरी शक्ति से अंकुश गड़ाता था, जिससे सूँड़ उठाकर पीड़ा से वह चिंघाड़ने लगता था। महावत बहुत क्रोधित था, लेकिन आसपास के लोग उसे शान्त रहने की सलाह दे रहे थे। हाथी बहुत बेचैन हो गया। मुझे भय लग रहा था कि कोई दुर्घटना न हो जाए, क्योंकि महावत लगातार पूरी शक्ति के साथ उसे सज़ा दे रहा था। अन्त में किसी दुर्भाग्य से, एक जलती हुई मशाल टूट कर हाथी की पीठ पर गिर पड़ी। अचानक हुई पीड़ा से वह तड़प उठा और अपनी सूँड़ उठाकर भीड़ में दौड़ पड़ा।

या अल्लाह, वह कैसा दृश्य था? सैकड़ों लोग अपनी जान बचाने के चक्कर में इधर-उधर भागने लगे, परन्तु इस प्रयत्न में वे एक-दूसरे से गुंथे जा रहे थे। चारों ओर चीख-पुकार मच गई। लेकिन सबसे भयानक दृश्य वह था, जब उस मदान्ध हाथी ने भीड़ के कारण आगे मार्ग न मिलने से और क्रोधित होकर एक अभागे व्यक्ति को कमर से उठाकर हवा में झुलाकर पटक दिया। फिर घुटनों के बल बैठकर अपने दाँतों से उसके शरीर को क्षत-विक्षत कर डाला। मैं आगे इस मार्मिक दृश्य को न देख सका और अपना मुँह दूसरी ओर घुमा लिया। मेरा मन बहुत खराब हो गया, क्योंकि यह सब मेरे सामने ही घटित हुआ।

जब मैंने पुनः उधर दृष्टि दौड़ाई, तो देखा कि वह शान्त होकर खड़ा था। इसके तुरन्त बाद उसे वहाँ से हटा दिया गया। उस अभागे व्यक्ति का शव उठाकर निकट की एक दूकान में रख दिया गया और फिर सब कुछ शान्त हो गया।

एकाएक भीड़ से हसन, हुसेन, दीन, दीन की कान फोड़ अवाज़ें आने लगीं। उन्हीं के साथ बहुत से नगाड़ों की ध्वनियाँ भी सम्मिलित हो गईं। यह तुमुल ध्वनि बधिर बनाए दे रही थी, परन्तु आकर्षक थी। भीड़ की उत्तेजना बढ़ती जा रही थी। हर एक की दृष्टि सिंह द्वार की ओर लगी थी, क्योंकि उसी से होकर पवित्र चिह्न आनेवाला था और दूसरे क्षण वह आ गया। उसके साथ ही हज़ारों नीली बत्तियों का प्रकाश फैल गया। उसी समय मेरी दृष्टि चारमीनार की ओर गई। वैसे वह पहले मशालों के प्रकाश में भव्य दिखाई दिया था, परन्तु अब नीले प्रकाश में उसकी शोभा और निराली थी। उसकी मीनारें इस प्रकाश में चाँदी के समान चमक रही थीं। नील गगन में उसकी श्वेत ऊँची मीनारें ऐसी चमक रही थीं, मानो किसी जिन्न ने उन्हें बनाकर खड़ा कर दिया। मशालों के प्रकाश को आतिशबाजी के धुएँ ने दबा दिया था।

अचानक सरसराहट की आवाज करते हुए सैकड़ों राकेट चारमीनार के ऊपर से छूटने लगे और वे मीनारों से बहुत ऊपर जाकर एक-एक करके फटने लगे। उन से निकलनेवाली नीली

चिनगारियों की वर्षा होने लगी। कुछ क्षणों तक नीरवता छायी रही, क्योंकि उनको नीचे आते देखने में समस्त समुदाय तल्लीन था। पुनः शोरगुल होने लगा। जनसमूह तूफानी समुद्र में उठनेवाली तरंगों की भाँति इधर से उधर गतिमान हो रहा था। हर व्यक्ति चारमीनार की ओर जा रहा था।

प्रथम तो भीड़ की गति धीमी थी, परन्तु जब पीछे से धक्के आने लगे, तो आगे के लोगों को दौड़ते ही बन रहा था। इस प्रकार जन-समूह विशाल ज्वार की भाँति आगे बढ़ता जा रहा था। छोटी-छोटी गलियों से भी लोग निकलकर आ रहे थे। उनमें सभी देशों के लोग थे। अनेक लोग खुला शस्त्र लेकर हवा में लहरा रहे थे, सब ओर नारे लग रहे थे, कुछ फकीरी भेष में थे और शहीदों की याद में नारे लगा रहे थे। कुछ लोग विचित्र परिधान धारण किए टोलियों में जा रहे थे। कुछ उनमें से निकल-निकल कर अपनी कला का प्रदर्शन करते थे, कुछ अपने शरीर विभिन्न रंगों से रँगे हुए थे। कुछ लोग अपने कन्धों, घुटनों, कुहनी पर घुँघरू बाँधकर उन्हें बजाते चल रहे थे। कोई बहुरूपिया बाघ का रूप रखे, कमर में रस्सी लपेटे था। जिसे तीन-चार आदमी पकड़े थे और बाघ उछल-उछल कर लोगों की भीड़ पर आक्रमण करता था। उसे देखकर लोगों का बड़ा मनोरंजन हो रहा था।

कुछ भेड़, भालू, बन्दर आदि बने लम्बी पूँछ उठाए भीड़ को दाँत दिखा रहे थे। हाथी पर सवार नगर के सम्भ्रान्त लोग पैसे-कौड़ी लुटाते हुए चल रहे थे, जिन्हें भीड़ के लोग लूट रहे थे। यह दिलचस्प होने के साथ ही खतरनाक भी था, क्योंकि लूटने की छीना-झपटी में जो नीचे दब जाते थे, उन्हें ऊपर उठना कठिन हो जाता था। यदि निकल आए, तो भी चोट-खरोंच लग ही जाती थी। अरब के निवासी अपना दल बनाए युद्ध के गीत गाते थे, और बन्दूक दागते, नंगी तलवारें नचाते, जुम्बिया घुमाते जन-समूह के साथ चले रहे थे। अन्त में उनके पीछे पवित्र निशान आया।

उसे सोने के तारों से कढ़े कपड़े की गद्दी पर रखा गया था। उसके ऊपर चाँदी के महीन कपड़े की छतरी थी। ये मशालों के प्रकाश में झिलमिला रहे थे। लम्बे लबादे पहने मुल्ला लोग मुनाकिब और मर्सिया गाते हुए आगे-आगे चल रहे थे। कुछ लोग निशान पर मोरपंख से बने चँवर डुला रहे थे। छतरी के नीचे अगरबत्तियाँ जल रही थी, जिनसे धुआँ उठकर समस्त वातावरण को सुगन्धित कर रहा था। जो लोग उसके निकट पहुँच जाने में सफल होते थे, वे उस पर अबीर छिड़क रहे थे।

धीरे-धीरे सरकता हुआ पूरा जुलूस निकल गया। उसकी भव्यता का वर्णन कौन कर सकता है, उसे केवल महसूस किया जा सकता है। किसी धार्मिक उद्देश्य से बिना भेद-भाव के एकत्र हुआ ऐसा विशाल जन-समूह जिसमें एक हृदय, और एक आत्मा हो, कहाँ देखा जा सकता है? हम लोग घंटों बैठे उस अद्भुत दृश्य को देखते रहे। इस बीच हम लोगों में कोई बातचीत तक नहीं हुई, क्योंकि हम लोग नीचे के दृश्य देखने में इतने तल्लीन थे, कि उसका अवसर ही कहाँ था? अब सड़कें अँधेरी और वीरान होने लगीं। कुछ लोग जो इधर से उधर निकल रहे थे, वे मनुष्य के स्थान पर किसी कब्रिस्तान की भटकी हुई आत्माओं के समान लगते थे। कोई एकाकी फकीर आवाज लगाकर उस समय की नीरवता भंग कर देता था। चलने में उसकी घंटियाँ बजने लगती थीं।

जब हम लोग उठने को हुए, तब देखा कि कुछ लोग एक गढ़े में आग जला कर उसे घेरकर

खड़े थे। आग और प्रज्ज्वलित करने के लिए उसमें घास के ढेर डाल दिए गए। ये लोग तलवारें लेकर आग के चारों ओर नाचने लगे। वे तलवारें लहराते हुए अपने शहीदों का नाम लेकर नारे लगाते रहे। आग बुझने पर सब खड़े हो गए। अब उन्हें देख पाना कठिन था। लेकिन उसमें फिर ईंधन डाला गया और उसकी लाल-लाल लपटें उनके सिर से ऊँची उठ रही थीं। वे लोग पुनः उसी प्रकार नृत्य करने लगे।

अब रात काफी व्यतीत हो चुकी थी। वायु की शीतलता ने हमें उठने का संकेत दे दिया। वास्तव में ज़ीनत और उसकी माँ पहले ही जा जुके थे। केवल हम दोनों वहाँ रह गए।

साहब, अपनी प्रियतमा के साथ मेरी यह अन्तिम रात थी। उस दिन की समस्त बातचीत पुरानी स्मृति के रूप में किसी मनोहर स्वप्न की तरह थी। उन्हें मैं स्मरण करके प्रसन्न होता था। बरसों पुरानी वार्ताएँ और दृश्य जादू की भाँति प्रकट हो जाते हैं, उनमें साहसी कारनामों के, व्यस्थाओं के, कष्टों के, और अपराधों के चित्र भी होते हैं।

दूसरे दिन प्रातःकाल उससे बिदा होते समय उसका चित्र मैं अंकित कर सकता हूँ। अभी भी उसके अपरिवर्तित प्रेम के प्रतिपादों को, उसके अनुनय को, कि मैं शीघ्र लौट आऊँगी, सुन रहा हूँ। और सब से बढ़कर उसकी अनुपम कमनीयता स्मरण आती है। एक दीर्घ उत्तेजनापूर्ण आलिंगन के पश्चात, मेरे चलते समय उसकी रोषपूर्ण दृष्टि की याद मुझे आती है। ये सारे प्रभाव आज भी मेरे दिमाग में घूम रहे हैं। और ये सब अपराध द्वारा निरन्तर धोखा खाते रहने से और इस संसार के साथ जो मेरा परम शत्रु है, हुए मेरे पाशविक व्यवहार के द्वारा निर्दयी बनकर रह गए। ये मुझे तरोताजा और प्रशमित करती रहती है क्योंकि मैंने उसके प्रति कभी दुर्भावना नहीं रखी जिससे मैं स्वयं को अपराधी समझूँ। मैंने उसका उद्धार किया, उसने मुझे प्यार किया, मैं भी उसे प्यार करता था। हम और कुछ नहीं, वरन दीर्घकाल तक अपने प्रेम को सुदृढ़ रखना चाहते थे जो मृत्युपर्यन्त रह सकता था। किन्तु अब इन सब बातों से क्या लाभ? मैं एक महान अपराधी और हत्यारा होकर उन दृश्यों और विचारों का वर्णन करता रहूँ, आखिर क्यों? साहब वह अध्याय तो समाप्त हो चुका। अब मैं अपने जीवन के भावी कृत्यों से सम्बन्धित अधिक कठोर बातें बताऊँगा।

मैं लौटकर अपने पिता के पास आ गया। मेरी अनुपस्थिति पर वे नाराज नहीं हुए। मोहनदास दलाल उनके पास ही बैठा था। उसके साथ एक अन्य साहूकार-सा दिखनेवाला व्यक्ति भी था। मोहनदास को बहुत सफलता मिली। उसके साथ जो व्यक्ति था, वह किसी सम्पन्न प्रतिष्ठान का सहायक था, वह सारा माल लेने का इच्छुक था। सौदा पक्का करने के पहले वह माल देखने आया था। उसे माल और आभूषण खोलकर दिखा दिए गए। उसने पसन्द कर लिये। उसने कहा कि शीघ्र रकम लेकर आएगा और सब माल की सूची लेकर चला गया।

मोहनदास ने कहा, “इनके मूल्य के विषय में आप क्या कहते हैं?”

पिता ने कहा, “मुझसे अधिक तुम जानते हो। याद रखना जितनी अधिक कीमत मिलेगी, उतना अधिक तुम्हें मिलेगा।”

उसने कहा, “ठीक है, मैं आपकी उदारता नहीं भूल सकता। मैं वस्त्रों का मूल्य सोलह और आभूषण का दस हज़ार कहता हूँ। आप तीस हज़ार माँगिए, तो पचीस हज़ार अवश्य मिल जाएँगे।”

पिताजी ने कहा, “यह बहुत कम है यह मेरी खरीद की कीमत के बराबर है और यदि

मुझे लाभ न हुआ तो अपने पहरेदारों को क्या दूँगा। मैं पूरे माल के लिए पैंतीस हज़ार कहूँगा।"

दलाल ने कहा, "ठीक है, यदि आप यह कहेंगे तो इसमें मेरा भी लाभ है। लेकिन यह याद रहे कि आपको मेरे मूल्यांकन से अधिक नहीं मिलेगा, फिर भी यदि आप विश्वास करें और निर्णय मेरे ऊपर छोड़ दें, तो मैं उचित मूल्य दिलवा दूँगा।"

पिताजी ने कहा, "ठीक है लेकिन पच्चीस हज़ार कम से कम होगा, यह याद रखना।"

उसने कहा, "निश्चय ही यही होगा, अब मैं आपके आदेश का पालन करने के लिए चलता हूँ।"

पिताजी ने कहा, "जाओ, अल्लाह हाफिज़, ज़रा जल्दी लौटना।"

और दोपहर के पहले ही वह लौट आया। वह अत्यन्त प्रसन्न दिखाई दे रहा था। कई बार झुककर सलाम करने के बाद उसने कहा, "आप वास्तव में भाग्यशाली हैं। सौभाग्य से सौदे में आपको अच्छा लाभ हुआ है।

पूरे माल के लिए मुझे छत्तीस हज़ार छह सौ रुपए प्राप्त हुए। इसके लिए मुझे बहुत देर तक झगड़ना पड़ा और बड़ा दिमाग लगाना पड़ा लेकिन नारायण की कृपा से आपके सेवक को सफलता मिल गई। देखिए यह साहूकार की रसीद है।"

पिताजी ने उसे लेकर पढ़ने का उपक्रम किया। जिस गम्भीरता के साथ उन्होंने पढ़ने के लिए कागज़ लिया उसे देखकर मुझे हँसी आ गई। वे पढ़-लिखे नहीं थे, सो क्या समझते? फिर भी गम्भीरता के साथ बोले, "ठीक है मुझे सन्तोष हुआ, अब मुझे इसका भुगतान कैसे मिलेगा?"

दलाल ने कहा, "इसका प्रबन्ध साहूकार आपकी इच्छानुसार करेगा। चाहे आप नकद रकम लें अथवा हुंडी, दोनों आपके लिए हैं लेकिन सभी लेन-देन छह महीने के उधार पर किए जाते हैं और उतने समय का ब्याज सामान्य दर से घटा दिया जाता है।"

पिताजी ने कहा, "और यदि हुंडी लें तो बनारस अथवा कहीं मैं ले जाऊँ तो वहीं तक का ब्याज स्वीकार किया जाएगा।"

उसने कहा, "अवश्य।"

पिताजी ने कहा, "ठीक है, तुम साहूकार के साथ ठहरो! हम सब मामला तय कर लेंगे। वह जब चाहे माल उठा सकता है।

इसके बाद दलाल चला गया।

इस समय ताज़िए नदी के तट पर दफ़न करने के लिए लाए जानेवाले थे। वहाँ से कारवाँ अधिक दूर न था, अतः मैंने पिताजी से अपना घोड़ा मँगाने के लिए कहा जिससे मैं वह देख सकूँ। उन्होंने मेरी बात स्वीकार कर ली और घोड़ा मँगा दिया। हम उस पुल पर गए जिसके ऊपर से सड़क नगर को जाती थी। वहाँ खड़े होकर देखा कि नदी के तल पर रंग-बिरंगे परिधान पहने हज़ारों लोग इकट्ठे थे। नदी के तल और उसके दोनों किनारों पर इतना अधिक जन-समूह था कि हम उनके सिरों पर चल सकते थे। आफताबगीरों और ताज़ियों पर लगी पन्नियाँ दोपहर की धूप में चमक रही थीं। रंग-बिरंगी पोशाक पहने लोग आनन्ददायक दृश्य उपस्थित कर रहे थे। यद्यपि रात के विशाल जुलूस के सामने यह कुछ भी नहीं था किन्तु दर्शनीय तो था ही। विभिन्न समुदाय के अथवा पड़ोसी स्थानों के ताजिए एक-एक करके वहाँ लाए जा रहे थे। लोग अपने-अपने ताज़िए नदी के पानी में गिरा रहे थे, यद्यपि नदी में अधिक पानी न था, फिर भी उसके लिए पर्याप्त था। सैकड़ों निर्धन चीथड़ों में लिपटे लड़के कोई कीमती चीज़ मिल जाने

के लालच में उन्हें तोड़-तोड़कर देख रहे थे। इन्हें लेकर उनमें छीना-झपटी और आपस में मारपीट भी हो रही थी, जिसे देखकर तमाशबीन हँस रहे थे।

सभी दल एक-एक करके अपने घरों को लौटने लगे। वे थके और बुझे से दिखाई देते थे क्योंकि कई दिनों से निरन्तर वे लोग उत्साह में रात-दिन एक करते रहे थे। कहीं किसी छायादार जगह पर कोई थका हुआ छैला सोता मिल जाएगा। रात की चमक-दमक अब भी उसके निकट दिखाई देगी। अपनी जेब की आखिरी कौड़ी से भाँग की अच्छी खुराक जमाकर वह पागलपन की हद तक पहुँच गया होगा और अन्त में नशे की खुमारी ने उसे भूख-प्यास भुलाकर वहाँ डाल दिया होगा।

मुहर्रम समाप्त हो गया। शाम को नमाज़ का समय होने तक हम पुल पर ही खड़े रहे। फिर पास की मस्ज़िद में जाकर और लोगों के साथ हमने भी नमाज़ अदा की। इसके पश्चात् मैंने पिताजी से ज़ोहरा के यहाँ जाने की आज्ञा माँगी। मैं वहाँ रात भर रहना चाहता था। उन्होंने व्यापार सम्बन्धी लेन-देन के लिए सुबह जल्दी लौट आने के लिए कहा और उनसे वादा करके मैं चल पड़ा।

मैं घोड़े पर सवार होकर शान्त और सूनसान सड़कों से होकर जा रहा था। जो थोड़े-बहुत लोग दिखाई दे रहे थे, वे भी अपने घरों की ओर भागे हुए जा रहे थे। इस समय उनमें पूर्व की भाँति परस्पर सामान्य भावना अथवा रुचि का नितान्त अभाव था। अब मैं अपनी जानी-पहचानी सड़क पर जा रहा था और शीघ्र ही उस घर के सामने पहुँच गया जिसमें इस धरती की मेरी सबसे प्रिय वस्तु रहती थी। मैंने अपना नाम कहलाया और घोड़े से उतर पड़ा। मुझे पूर्व की भाँति बुलाए जाने की आशा थी और खिड़की से किसी के द्वारा मेरे स्वागत की राह देखने की उम्मीद थी। अपने मन में किसी कारण को सोचने की अपेक्षा, मैं बड़ी देर तक प्रतीक्षा करता रहा। अन्त में मेरा अनुचर लौट आया और उसके बाहर आते ही दरवाजे बन्द कर लिए गए। यहाँ तक कि खिड़कियाँ भी बन्द कर ली गई थीं। मैं इसका क्या अर्थ समझता? अफसोस मेरा अनुमान सत्य था। मेरे विचारों की शृंखला भंग करके अनुचर ने कहा, "उसकी माँ ने, जिसने मिलकर अभी मैं आ रहा हूँ, आपको सलाम कहा है और सन्देश दिया है कि उसकी बेटी विशेष काम में व्यस्त है अतः आपसे मिलने में असमर्थ है। मैंने इस पर विरोध प्रकट किया, तो वह नाराज होने लगी। मुझसे कहा कि उसने आपके साथ सभ्यता का व्यवहार किया था, उससे अधिक की आशा आपको नहीं करनी चाहिए। उसने और भी आपसे कहने के लिए कहा था कि मेरी ओर से कहना कि वे बुद्धिमानी से काम लें और ज़ोहरा को भूल जाएँ क्योंकि वह आपसे कभी न मिल सकेगी। उसके खोजने का प्रयत्न भी व्यर्थ होगा क्योंकि वह उनकी पहुँच से बाहर होगी। और उनके जैसे खतरनाक काम रकनेवाले की हमसफर या जीवनसाथी बनने की अपेक्षा मैं उसका मर जाना पसन्द करूँगी। मुझे अच्छी तरह मालूम है कि वह उसे घर से बहकाकर ले जा सकता है और जब उससे मन भर जाएगा, तो किसी जंगल में भूख से मरने के लिए उसे छोड़ देगा। जाओ ये सभी बातें उसको समझा देना और कहना कि समझदारी इसी में है कि उसे भूल जाए।"

क्रोध से भरकर मैंने कहा, "बस यही, केवल यही उस डाइन ने कहा। मैं देखता हूँ कि इस घर में मैं कैसे नहीं जा सकूँगा।"

यह कहकर मैं अपनी पूरी शक्ति के साथ दरवाजे पर चढ़ गया। मैंने उसके कपाटों पर

खूब धक्के दिए और अपनी तलवार की मूँठ से भी उस पर प्रहार किए लेकिन कोई लाभ न हुआ क्योंकि वे बड़ी मज़बूती के साथ भीतर से बन्द कर लिए गए थे। मैंने ज़ोहरा का नाम लेकर कई बार पुकारा। मैं प्रलाप करने लगा। मैंने उसके दरवाजे पर ही चिल्लाकर आत्माहुति करने की धमकी दी और कहा कि मेरे खून का इलजाम उस निर्दयी बुढ़िया के सिर पर रहेगा। लेकिन मेरे सारे प्रयत्न बेकार हुए। वहाँ एक कील भी नहीं ढीली हुई, कोई खिड़की भी नहीं हिली। अत्यन्त निराश होकर मैं वहीं बैठ गया। मेरा वहशीपन देखकर कुछ लोग वहाँ एकत्र हो गए। घुटनों में सिर किए मैंने किसी को ये कहते सुना, "इस बेचारे युवक की प्रेमिका बेवफा हो गई, उसे अन्दर घुसने नहीं दे रही है।"

दूसरा कहने लगा, "वह भाँग पीकर बैठा है। अल्लाह जाने कि उसके पास जाने में खैर नहीं। उसके हाथों में हथियार भी है। यहाँ से हट जाने में ही भला है। ऐसे नशेबाज लोग सनकी होते हैं, ये लोग हमारी आस्था के कलंक होते हैं।"

मैं लज्जित हो रहा था कि आज मैंने अपने क्रोध पर कैसे विजय प्राप्त कर ली। मैं घोड़े पर बैठकर धीरे-धीरे वहाँ से चल दिया। सब कुछ कितना वीरान लग रहा था। कल रात मेरी खुशी आकाश पर थी। एक बार उस खिड़की को देखा जहाँ मीठी बातें करते हुए बैठा था, पर अब उसे देख पाना असम्भव था। मैं उसके शब्दों को याद कर रहा था और वही जगमगाता दृश्य मेरे सामने आ गया। अब मेरी मनोभावना के अनुरूप सर्वत्र अन्धकार तथा नीरवता व्याप्त थी। इसी भावना को लिये मैं घर पहुँच गया। दरी बिछाकर लेटा और अपनी भावनाओं की कडुवाहट तथा निष्प्रयोजन खेद पर विचार करने लगा। उस रात मैं सो न सका और ज़ोहरा को पुनः पाने के लिए हजारों तरकीबें सोचता रहा परन्तु उनसे कोई परिणाम न निकलते देख, एक-एककर उन्हें हटाता गया।

सुबह उठने पर कुछ ज्वर मालूम हुआ, सुस्ती भी कम न थी। अब केवल एक आशा थी कि यदि वह बुढ़िया धाय कहीं मिल जाए तो उससे बात करने पर सम्भव है कोई परिणाम निकल आए। जैसे ही मुझे ऐसा आदमी मिल गया, जो ज़ोहरा की सेवा में रह चुका था, मैंने उसे खबर लाने के लिए भेज दिया।

दलाल से वार्ता

कुछ दिनों से बद्रीनाथ नहीं मिला था। इस भय से कि कहीं वह कुछ लापरवाह न समझे, मैं स्वयं उस सराय पर गया जहाँ वह अपने आदमियों के साथ ठहरा था।

मुझे आते देखकर वह बोल उठा, "अच्छा, हम लोगों को तुम्हारी चेहरे की रोशनी देखने की आज्ञा मिल गई। भवानी के नाम पर यह तो बताओ कैसे रहे? मैं तीन दिन से बेकार तुम्हें खोज रहा था।"

मैंने कहा, ''पहले तुम बताओ, क्या करते रहे, बाद में मेरी दास्तान सुन लेना।''

उसने कहा, "ठीक है, पहले तो मैं इस मुस्लिम-बहुल नगर के विभिन्न मन्दिरों में पूजा-चढ़ावा करता रहा। फिर मोहर्रम देखा और उसमें सम्मिलित हुआ और अन्त में सात आदमियों

को मारने में सहायता दी।"

मैंने आश्चर्य से पूछा, "सात को मार दिया? खुदा के लिए बताओ यह कैसे किया?"

उसने उत्तर दिया, "मेरे जमादार साहब, यह काम इतना सहज नहीं था। तुम्हें मालूम है, यहाँ कारवाँ पर प्रतिदिन बहुत से मुसाफिर आया करते हैं और उनमें से कुछ जाते रहते हैं। उनसे यह बहाना करके कि हम लोग भी उधर ही चल रहे हैं थोड़ी दूर तक फुसला कर ले जाना बहुत कठिन नहीं है। कोई भी ठग यहाँ सदा के लिए रहकर अच्छी जीविका अर्जित कर सकता है। यहाँ के लोग जरा भी सन्देह नहीं करते। हनुमान जी और उनकी सेना को धन्यवाद देता हूँ। यहाँ पर शिलाओं और ऊँची-नीची सड़कों की कमी नहीं जहाँ हमें उन्हें समाप्त करने की बड़ी सुविधाएँ मौजूद हैं।"

मैंने कहा, "यह बड़ी विचित्र बात है और वे कौन थे?"

बद्रीनाथ बोले, "वे बिलकुल असाधारण नहीं थे। पहला एक बनिया था जो बीदर जानेवाला था। हम उसे गोलकुंडा ले गए और वहीं कब्रों के बीच उसे दफन कर दिया। उससे हमें कुछ सोना और सत्तर रुपए प्राप्त हो गए। दूसरा शिकार दो आदमी और उनकी औरतें थीं। उन लोगों ने बताया कि वे लोग कूरुंगुल (वारंगल) जा रहे थे। भगवान जाने यह स्थान कहाँ था। सम्भव है, दक्खिन में कहीं होगा। नगर से तीन कोस दूर हमने उन्हें मार दिया और पत्थरों के बीच छोड़ आए।"

मैंने कहा, "यह ठीक नहीं था, उन्हें दफन कर देना था।"

उसने कहा, "मेरे मित्र, बिलकुल गलत नहीं था। उन लोगों की खोज-खबर लेने का कष्ट कौन उठाएगा? इसके अतिरिक्त हमारे पास समय बहुत कम था। दिन निकल आया था। आते-जाते यात्रियों की बाधा पड़ने का भय था। हमें उनसे दो सौ रुपए से अधिक और दो टट्टू मिले थे, जिन्हें तीस रुपए में बेच दिया।"

मैंने पूछा, "ये तो पाँच हुए, बाकी दो?"

बद्रीनाथ ने किसी घोड़े के बाँधे जानेवाले स्थान की ओर संकेत करके बताया, "वे दोनों वहीं पड़े हैं। वे गरीब प्राणी थे, और हमारे मारे जाने लायक नहीं थे। हमें उन दोनों से केवल चालीस रुपए मिले।"

मैंने कहा, "यह तो बड़ा खतरनाक था, कोई देख लेता तो?"

उसने कहा, "अरे नहीं, मेरे जैसे पुराने आदमी के लिए कोई खतरा नहीं है। हर एक जुलूस देखने नगर गया था। हम वहाँ अकेले रह गए। मैं इस सोच-विचार में था कि उनके साथी जिस सड़क से हम आए थे, और उसी से वे लोग जानेवाले, न जाएँ लेकिन सरफराज खाँ ने उनमें से एक को वहीं गल-घोटन क्रिया द्वारा समाप्त करके सारी दुविधा और अनिश्चयता दूर कर दी। फिर मैंने उसी क्रिया का प्रयोग किया। रात होने तक दोनों का शव छिपाकर रखे रहे। बाद में उन्हें भूमिस्थ कर दिया।"

मैंने पूछा, "क्या कब्रों के फूल जाने का भय नहीं था?"

वह हँसा, "भय, अरे वहीं वे बहुत गहरे में पड़े हैं। और तुम हमारी पुरानी तरकीबें तो जानते हो।"

मैंने कहा, "यह तो बहुत सन्तोषप्रद रहा। मैं इस सबसे चूक गया। और मूर्ख बन गया। सौदेबाजी में अपनी प्रेमिका खो बैठा।"

बद्रीनाथ इस पर खूब हँसा, लेकिन मेरे चेहरे की गम्भीरता देखकर बोला, "कोई बात नहीं मीर साहब, चिन्ता मत करो लेकिन वास्तव में तुम्हारा चेहरा ग़मग़ीन है। अपनी जान कसम मैं रुक नहीं सकता। उठो, खुशी मनाओ, अभी बहुत कुछ करना है। पेशेवाली स्त्रियाँ निष्ठावान नहीं होतीं लेकिन जवान तथा गरम दिमागवाले लोग उनके लिए दुखी होते हैं। लेकिन किसी मित्र की सलाह मानो और अपने पेशे को ही अपनी प्रेमिका समझो, कम से कम उसके कारण तुम्हें कभी निराश नहीं होना पड़ेगा।"

मैंने कहा, "तुम्हारी सलाह उचित है लेकिन जो प्रेमिका खो गई उसके लिए खेद करना स्वाभाविक है और अब वह सदा के लिए मुझसे दूर हो गई। लेकिन यह बताओ इस समय तुम्हारे हाथ में क्या है? कुछ ऐसा है, जिसमें मैं शामिल हो सकता हूँ?"

उसने कहा, "इस समय कुछ नहीं है लकिन यदि तुम्हारी ऐसी ही इच्छा है, तो हम आज शाम को बाजार का चक्कर लगाएँगे। सम्भव है, कोई शिकार फँस जाए।"

मैंने कहा, "बेशक मैं तुम्हारे साथ रहूँगा क्योंकि यदि काम की उपेक्षा हुई तो मेरा अभ्यास छूट जाएगा। लेकिन पिताजी मिले?"

बद्रीनाथ ने कहा, "मैंने नहीं देखा। सुना है वे माल के बारे में बहुत व्यस्त हैं। इसमें मैं उन्हें बाधा नहीं देना चाहता।"

मैंने कहा, "ठीक कहते हो, लेकिन वे आज सब कुछ समाप्त कर देंगे और रकम पा जाएँगे। मेरे विचार से हम लोग यहाँ अधिक नहीं ठहरेंगे। जहाँ तक मेरा प्रश्न है चाहे जब यहाँ से चलें, मुझे कोई चिन्ता नहीं। यहाँ और अधिक रुकने की गुंजाइश नहीं दिखाई देती। मैं नए खतरे और नई योजनाओं के लिए उत्सुक हूँ। क्या सरफराज खाँ यहाँ नहीं हैं।"

उसने कहा, "नहीं, वह सात यात्रियों की टोली के साथ पट्टनचेरु गया है। उसके साथ 10-15 चुने हुए लोग हैं। रात के पहले उसके लौटकर आने की आशा नहीं।"

"यात्री कौन थे?" मैंने पूछा।

लापरवाही के साथ उसने कहा, "सुना है बनिया थे। मैंने स्वयं उन्हें नहीं देखा और सरफराज खाँ इतनी जल्दी में था कि मुझे कुछ बता नहीं सका।"

मैंने अपनी काहिली पर चिढ़कर कहा, "मैं यहाँ मौज-मस्ती कर रहा था, जबकि वहाँ यह सब हो रहा था। खुदा के लिए हमें जल्दी कुछ करना होगा, जिससे मैं अपनी आत्मा को सन्तुष्ट कर सकूँ।"

उसने कहा, "ठीक है, शाम को आ जाना। यदि किसी को फँसा नहीं सकेंगे तो केवल विनोद और अभ्यास के लिए किसी को समाप्त कर देंगे।"

मैंने कहा, "मुझे स्वीकार है क्योंकि अल्लाह कसम मुझे कुछ न कुछ करना है। मैं किसी ऊँट की भाँति विषादग्रस्त हूँ। कल मेरा रक्त बहुत खौल गया था, इस समय उसके संचार में कठिनाई हो रही है और मेरे लिए असहनीय हो रहा है।"

घर पहुँचने पर देखा, दलाल आ चुका था और उसके साथ साहूकार का मुनीम भी था। माल ढोने के लिए कुछ कुली भी आ गए थे। माल की सुरक्षा के लिए रक्षक दल ढाल-तलवार लिये थे। मैं उन सबको देखता रहा।

मैंने कहा, "सेठजी, कोई सोचेगा कि आप रणभूमि की ओर जा रहे हैं। आपके साथ भयानक लोग हैं। मुझे तो इनसे भय लग रहा है।"

मेरी बात पर सब लोग हँस पड़े। मुनीम ने उत्तर दिया, "ये आवश्यक होते हैं। हम लोग इन्हें सदैव साथ रखते हैं। यदि हमारा माल चुरा लिया जाए अथवा छीन लिया जाए तो उसकी भरपाई कौन करेगा, कोई नहीं। इसलिए जहाँ तक सम्भव होता है हम अपने माल की स्वयं सुरक्षा करते हैं।"

पिताजी ने कहा, "अब तुम माल उठाकर ले जाओ। अपने आदमियों को भी ले जाओ क्योंकि हमें इनकी क्या जरूरत? अधिक देर तक इन्हें यहाँ रखने में भय लगता है।"

मुनीम ने कहा, "बेशक, ये सब लोग अभी चले जाएँगे। हाँ, अब हमें अपने रुपयों के बारे में बताइए। अथवा माल का कुछ भाग स्वयं रखेंगे?"

पिताजी ने कहा, "नहीं, नहीं एक टुकड़ा भी मुझे नहीं रखना। मैं अपनी पूरी रकम नकद चाहता हूँ लेकिन ठहरिए, सभी नकद नहीं। पाँच हज़ार की चाँदी और शेष सोने के रुपए इन्हें ले जाने में सहूलियत रहेगी।"

उसने कहा, "आपका आशय है कि पाँच हजार नकद और शेष सोने के रूप में चाहिए। ठीक है, आप तौल के हिसाब से सोना खरीद लीजिए। बढ़िया सोना बीस रुपए तोला है। लेकिन आप हुंडी ले लेते तो ठीक रहता। उनका लेन-देन अनुकूल होता है।"

पिताजी, "नहीं, नहीं, बिलकुल नहीं, मुझे केवल सोना चाहिए। यदि मुझे ठीक स्मरण है तो जब मैं दिल्ली से चला था तब सोने का भाव ऊँचा था। वही अब भी होगा। यदि कहीं लुटेरों ने आक्रमण किया तो मेरे पास रक्षा के लिए काफी आदमी हैं।"

दलाल ने कहा, "क्या आप मुझे भूल गए। मेरा मेहनताना-दलाली?"

मैंने कहा, "धैर्य रखो। पाँच हजार में से तुम्हें भी दे दिया जाएगा। मेरे विचार से पन्द्रह सौ होंगे।"

उसने कहा, "आपने क्या बताया पन्द्रह सौ? किसके लिए?"

मैंने कहा, "इस दलाल के लिए। मुझे सन्देह है कि यह हमें धोखा दे रहा है, क्यों मोहनदास, तुम तो शरीफ आदमी हो, तुम्हारा क्या विचार था? क्या पागल हो गए, इतना अधिक?"

उसने कहा, "यह तो हुजूर ने ही पेशकश की थी। यह मुझे अवश्य मिलना चाहिए। आपसे विनती करता हूँ। आपका क्या विचार है?"

पिताजी ने कहा, "उसे क्या मिलना चाहिए?"

मुनीम ने कहा, "एक प्रतिशत काफी है। और आपका यह भी बच जाता यदि आप अन्य साहूकारों से सम्पर्क कर लेते।"

पिताजी ने कहा, "हम लोग परदेशी हैं। साहूकारों के निवास जानते नहीं, इसी कारण इस बदमाश की सहायता लेनी पड़ी और यही अपनी सेवा के साथ स्वयं आ गया।"

दलाल ने कहा , "क्या, क्या आप लोग मुझे चारमीनार से नहीं लाए थे? और क्या आपने पाँच प्रतिशत देने का वादा नहीं किया था? यही नहीं आपने माल के बारे में बात गुप्त रखने के लिए बाध्य किया था।"

पिताजी ने कहा, "उसकी बात सुनो, यह प्रलाप कर रहा है, मीर साहब, क्या यह भूखा नौकरी के लिए खुशामद नहीं कर रहा था, और जब मैंने कहा कि कोशिश करूँगा। तो इसने शर्त पूछी और कहा कि मैं बहुत गरीब हूँ, और जो कुछ मिल जाएगा उसे स्वीकार कर लूँगा। क्या यह बात सत्य नहीं? और अब पनाहे खुदा! हमें इस प्रकार दबाया जा रहा है। हमें पन्द्रह

सौ रुपए का धोखा दिया जा रहा है, जबकि इसे देने के लिए मेरे पास एक कौड़ी भी नहीं है। सौदे में मुझे धूल चाटनी पड़ी। उसके मुँह पर जूते लगने चाहिए। उस पर थूका जाना चाहिए। उसे ऐसा अपवित्र कर दिया जाए कि गंगाजल भी उसे पवित्र न कर सके।"

साहूकार के मुनीम ने कहा, "नहीं मेरे मित्र, आप इतने ताव में गरमी में मत आइए और न अपना दिल ऐसे नीच के साथ खराब कीजिए। जब आपने इसे नौकर रखा, तो इसे कुछ तो देना ही चाहिए। यही रिवाज है। आगे से आप अच्छी तरह जान जाएँगे। कहिए तो मैं इसे एक प्रतिशत जो तीन सौ होते हैं, दे दूँ।"

पिताजी ने कहा, "तीन सौ रुपए? अल्ला, अल्ला इसके आधे भी मैं कहाँ पाऊँगा। खुदा के लिए अगर हो सके तो मुझे बख्शश दीजिए, मैं आपके सिर की कसम खाता हूँ कि मैं बहुत गरीब हूँ। मामूली एजेंट हूँ। ठीक कहता हूँ न मीर साहब, मैं कितना गरीब हूँ।"

मैंने कहा, "बेशक तुम इतनी बड़ी रकम पर एक प्रतिशत का बोझ सहन नहीं कर सकते, फिर भी चलन के अनुसार, आपको उसे कुछ अवश्य देना चाहिए। जैसे एक सौ पचास रुपए।"

पिताजी ने कहा, "ठीक है, मैं तैयार हूँ। कायदे की बात पर मैं इनकार नहीं करूँगा ले... इतनी बड़ी रकम की बेहूदी माँग सुनकर मेरा पारा चढ़ गया।" ... दूसर को देखता रहा।

पूरे समय मोहनदास आँखें और मुँह फैला... और निराशा दोनों बढ़ते जाते थे।

अन्त में उसने कहा, "क्या आप दावे के साथ कह सकते हैं कि मुझे अपना रुपया पन्द्रह सौ, जिसके लिए मैंने रात-दिन एक कर दिया, नहीं मिलेगा। क्या आप दावे के साथ कह सकते हैं कि पहले मैं आपके पास आया था? आप क्या मुझे चारमीनार से लेकर नहीं आए थे?"

मैंने मुनीम से कहा, "देखा, उसने फिर चारमीनार का उल्लेख किया। अल्लाह के लिए, यदि आप इसे पहचानते हों तो चुप रहने की सलाह दीजिए। मैं एक सैनिक हूँ। मुझे इसके गन्दे व्यापार से क्या लेना-देना। वह किसी बीमार आदमी को उत्तेजित कर देता है, लेकिन जिसके हाथ में हथियार हो, उसके साथ मजाक करना उचित नहीं।" यह कहकर मैं अपनी मूँछें ऐंठने लगा।

साहब, मैंने बताया वह आदमी कितना कायर था, वह तुरन्त भूमि पर गिरकर अपना सिर रगड़ने लगा। फिर बोला, "क्षमा करें, क्षमा करें, हुजूर आप बहादुर हैं, आपकी जो इच्छा हो दे दीजिए। चाहे दस रुपए दें, मैं धन्यवाद के साथ उसे स्वीकार कर लूँगा लेकिन मेरे प्राण मत लीजिए मुझे कत्ल न कीजिए। देखिए मैं आपके पाँव पड़ता हूँ, मिट्टी में अपनी नाक रगड़ता हूँ।"

मोटा होने के कारण उसके कन्धे पर हाथ रखकर हँसते हुए मुनीम ने कहा, "मोहन दास जैसा मैं देख रहा हूँ, तुम बड़े मूर्ख हो, नारायण के नाम पर तुम्हें कौन नुकसान पहुँचा सकता है? क्या तुम बच्चे हो? इतनी बड़ी तुम्हारी मूँछें हैं, शर्म करो, तुम दलाल हो, अपनी कायरता छोड़ो, उठो, निडर होकर अपना पैसा माँगो। ये भले लोग जो कुछ प्रसन्न होकर दें, उसे ले लो। वैसे तुम कुछ भी लेने योग्य नहीं हो क्योंकि चालबाजी की बेहूदा कोशिश तुमने की।"

वह दाहिने पैर को बाएँ टखने से सटाकर खड़ा हो गया। उसने हाथ जोड़ लिए। उसकी पगड़ी सरककर टेढ़ी हो गई थी और उसके चेहरे की भाव-भंगिमा हास्यास्पद रूप से दुखी थी। वह लड़खड़ाती आवाज से बोला, "बस केवल दस रुपए, आपसे दस रुपए लेकर यह सेवक

चला जाएगा।”

हम लोग फिर एक बार ठठाकर हँस पड़े। गुमाश्ते की बाँहें दुखती प्रतीत होती थीं, आँसू उसके गालों के ऊपर से बह रहे थे।

अपनी साँस रोककर वह कहने लगा, “हे भगवान, हे नारायण, मुझे क्यों यह दिन दिखाया! हे सीताराम!”

पिताजी ने कहा, “नहीं, उसे अपना हक मिलेगा। आपने एक सौ पचास कह दिए, वह तो हम देंगे ही। मीर साहब, क्या आप इस साहूकार के साथ उसकी कोठी तक जाकर रुपए ले आएँगे? मुझे मालूम है वे आपके साथ रक्षक अवश्य भेजेंगे। सोना-चाँदी लादने के लिए कुली कर लीजिएगा।”

गुमाश्ता ने कहा, “बेशक हम गार्ड देंगे, आइए अब चलें। मुझे सोना एकत्र करना होगा। उसके तौलने और आप तक पहुँचाने में देर लगेगी। सराफ से रुपए भी लाने पड़ेंगे।”

जब हम लोग वहाँ से चले तो दलाल बोला, “आप मेरा रुपया कोठी पर ही देंगे?”

“आपका [illegible]देंगे। रुपए मेरे नहीं हैं। इस विषय में पूछना पड़ेगा।”

मैंने कहा, “उसका है जिसने तुम्हें नियुक्त [illegible]?” उसने कहा। [illegible] एक सौ पचास रुपया मिलना है।”

“कोई बात नहीं, मैं यों ही सोच रहा था,” वह बोला।

मैंने पूछा, “किसके बारे में सोच रहे थे, अवश्य कोई बदमाशी होगी।”

उसने कहा, “क्या आप उसी तरह बोल रहे हैं, जैसे चारमीनार पर बात की थी।”

मैंने रुककर उसकी ओर देखकर कहा, “खुदा कसम, फिर तुमने वही नाम लिया तो खैर नहीं।”

वह काँपते हुए कहने लगा, “कभी नहीं लूँगा। मुझे पिटना नहीं, याद रखिए यह खुली सड़क है, नहीं तो भगदड़ मच जाएगी। सोचते हुए वैसे ही मेरे मुँह से निकल गया होगा।”

मैंने कहा, “तुमने दो बार नाम लिया। खुदा कसम, उससे तुम्हारा कुछ और ही मतलब रहा होगा? क्या चाहते हो?”

वह बोला, “कुछ नहीं, कुछ नहीं, मैं केवल सोच रहा था।”

“अच्छा, क्या था?”

“मैं सोच रहा था कि आप साहसी काम करनेवाले हो, जो किसी धनी व्यापारी के साथ हिन्दुस्तान से आए हो।”

मैंने कहा, “अच्छा तो उससे क्या? क्या इसे पहले से जानते हो?”

उसने पूछा, “आप धनवान नहीं?”

मैंने कहा, “नहीं, बिलकुल नहीं, मैं पैसेवाला नहीं।”

वह बोला, “तो क्यों न हम दोनों पैसेवाले बन जाएँ?”

मैंने पूछा, “कैसे?”

उसने कहा, “तुम रक्षक बनने से इनकार कर दो। कुछ आदमी ले लो, मैं मार्गदर्शन करूँगा। वे लोग पाँच रुपए प्रति के हिसाब से लेंगे और आप जैसा कहेंगे वे करेंगे। हम रुपया लेकर नौ दो ग्यारह हो जाएँगे और यहाँ से निकट की चट्टानों के बीच एक स्थान है, वहाँ मैंने लूट

का माल छिपा रखा है, वहीं चलकर हम लोग बँटवारा कर लेंगे।"

मैंने पूछा, "वह स्थान यहाँ से दूर है?"

उसने बताया, "नहीं, आप चलिए, मैं दूर से दिखा दूँगा। हम उन चट्टानों तक नहीं जाएँगे क्योंकि दिन का समय है, लोग देख सकते हैं।"

मैं उसके पीछे-पीछे थोड़ी दूर तक गया। कारवाँ और बेग़म ज़ाजार के बीच बहुत सी शिलाएँ पड़ी थीं। उन्हीं की ओर उसने संकेत करके बताया।

उसने कहा, "वहाँ क्या आपको किसी चट्टान के थोड़ा आगे कोई सफेद निशान दिखाई दे रहा है?"

मैंने कहा, "हाँ, है।"

उसने कहा, "बस वही स्थान है। केवल मैं तथा कुछ और लोग उस स्थान का पता जानते हैं। मुझे जो कुछ मिल जाता है, वही रख देता हूँ।"

मैंने पूछा, "तुम्हें क्या-क्या मिल जाता है?"

उसने बताया, "अरे यही थोड़ा-बहुत कभी शाल, कभी ज़री के रूमाल, या सोना आदि। लेकिन आप यह क्यों पूछ रहे हैं? जो मैंने कहा, उसे करोगे और हमारा साथ दोगे? हम लोग सब मिलकर सोलह होंगे। एक दूर फकीर के वेष में बैठा है। शेष सब इधर-उधर हैं, और हमारे साथ हो जाएँगे।"

मैंने उसे भूमि पर पटक दिया और कहा, "कुत्ते, तू जानता है, किससे बात कर रहा है। यहाँ कोई नहीं है (क्योंकि हम मकानों के पीछे थे) और तुझे जहन्नुम भेज देना कुछ कठिन नहीं। मेरी तलवार का एक प्रहार काफी है, जो तेरी झूठी जबान को हमेशा के लिए बन्द कर देगी।" मैंने उसे आधा खींच लिया। मुझे मालूम था इसका प्रभाव क्या होगा। जैसी नीच कायरता उसने पहले दिखाई थी, वैसी ही अब दिखाने लगा। वह मेरे घुटनों पर चिपक गया। मैंने उसे धक्का दे दिया और उस पर थूक दिया। अन्त में उसकी नीचता से परेशान होकर मैं चीख उठा, "तू साँप है, तुझे छूने से भी घृणा होती है। हिन्दुस्तान का अहंकारी सैयद होकर मैं तेरे जैसे के खेल में कूद जाऊँगा। मुझे साहूकार के यहाँ ले चल, मैं तेरे ऊपर विश्वास नहीं कर सकता।"

वह कहने लगा, "नहीं इस मामले में मैं बिलकुल ईमानदार बना रहा। आपको अपनी रकम अवश्य मिलेगी।"

मैंने कहा, "मेरी भलाई इसी में है, कि तू वैसा ही बना रहे या फिर मैं अपना प्रतिकार ले लूँ। आगे चल, होशियार होकर चलना, यदि भागने का कोई प्रयत्न किया तो वहीं दो टुकड़े करके रख दूँगा। बस इसी भरे बाजार में।"

अपने अस्त-व्यस्त हुए कपड़े सँभालकर बोला, "आप मेरे साथ-साथ चले चलिए।" और हम भीड़-भाड़वाले बाज़ार में आ गए।

हम साहूकार की कोठी पर पहुँचे, वह हमारी प्रतीक्षा कर रहा था। रुपया और सोना लाकर रख दिया गया। मैंने रसीद दे दी। कुछ सिपाहियों के पहरे में अपना खजाना लेकर मैं पिताजी के पास आया।

दलाल कहने लगा, "मीर साहब, मीर साहब, जो कुछ हुआ उसे भूल जाइए, मैं तो मज़ाक कर रहा था भगवान जानता है, मैं इस प्रकार की शरारतें किया करता हूँ, यही नहीं, मैं सदा

से हँसोड़ रहा। आप मेरी छोटी सी रकम न भूले होंगे—एक सौ पचास रुपए। आपको याद होगा।"

मैंने कहा, "यदि कौड़ी भी चाहते हो तो चुप रहो। यदि दो भले आदमियों के सामने वादा न करता तो तुझे एक कौड़ी न मिलती।"

मैंने कुछ इनाम देकर सिपाहियों को बिदा किया और खजाना कोठरी में रखवा दिया। उन सिपाहियों के जाने के बाद दलाल ऐसा दिखाई दे रहा था, जैसे उन्हीं के साथ उसका अन्तिम अस्तित्व भी चला गया।

उसने बुझी सी आवाज में कहा, "मेरा रुपया दे दीजिए और मुझे जाने दीजिए।"

मैंने कहा, "ठहरो, रुपया गिने जाने तक रुके रहो।"

पिताजी ने कहा, "ओहो, दलालजी, मैं भूल गया था। मैं तुम्हारी उजरत ला रहा हूँ।

गुफा की लूट

पिताजी ने रुपए गिनकर दलाल को दे दिए। रुपए देखते ही उसका चेहरा चमक उठा। उसने ढेरों सलाम किए।

पिताजी ने कहा, "इस रुपए की रसीद लिख दो।"

उसने कहा, "अवश्य" और अपनी पगड़ी से एक कलम निकालकर बोला, "हुजूर कागज और स्याही देंगे?"

मैंने कहा, "यह है लिखो।"

उसने रसीद लिखकर कागज दे दिया। रुपए धोती के छोर में बाँधकर टेंट में रख लिए, और बोला, "अब जाऊँ हुजूर, इस गरीब दलाल को आप पहचान गए हैं। इस लेन-देन में मैंने पूरी ईमानदारी से काम किया है, हुजूर जब कभी हैदराबाद आएँ, मोहनदास को अवश्य याद करें। चारमीनार पर पूछना काफी है। मैं हमेशा हुजूर की सेवा में तैयार रहूँगा।"

मैंने कहा, "ठहरो, मुझे तुमसे कुछ कहना है।"

मैंने पिताजी से उसके साथ हुई सारी बातचीत कह सुनाई। वे बोले, "ऐं, क्या ऐसा है? बोल नीच आदमी मैं तेरे मुँह से सुनना चाहता हूँ। तू मुझे लूटना चाहता था?"

परन्तु वह बुत बना खड़ा रहा, जैसे उसे लकवा मार गया। इसका कारण भय तथा उसकी अपराधी आत्मा थी। उसकी आँखें ऊपर टँग गईं और मुँह खुला रह गया। उसके होंठ एक-दूसरे से भिंच गए।

पिताजी बोले, "तू इसी लायक था। मैं तेरे चेहरे पर लूट के, हत्या के, धोखेबाजी के, बदमाशी के अर्थात हर प्रकार के बुरे काम के चिह्न देख रहा हूँ। तेरा मरना आवश्यक है।"

"अरे नहीं, मरने की बात न कीजिए। हुजूर तो बड़े विनोदप्रिय हैं," यह कहकर वह खीसें निकालकर भयानक रूप से मुस्कराया।

पिताजी ने कहा, "तू मुझे लूटने जा रहा था। मैंने तुझ पर पूरा विश्वास किया। इस परदेश में तू मुझे मरने के लिए छोड़ देता। तूने बहुतों को लूटा और हज़ारों को धोखा दिया। बोल

्या तू जीवित रहने लायक है? इस दुनिया को तूने पहले ही तबाह कर दिया, अब जीवित हकर देर तक अपना शिकार बनाना चाहता है।

वह पिताजी के पैरों पर गिर पड़ा, उनके घुटने पकड़ लिये कठिनाई से बोल पा रहा था। यानक रूप से ऐंठने लगा, भय से अत्यधिक त्रस्त हो गया। फिर बोला, "आप जो कह रहे मैं सब वहीं हूँ—चोर, हत्यारा, बदमाश लेकिन मेरे प्राण न लीजिए। जानता हूँ हुजूर का दयावान हेरा मुझे नहीं मार सकता और हुजूर के पास तलवार भी नहीं फिर कैसे मारेंगे?"

उसने यह देख लिया था कि हम दोनों शस्त्र-रहित थे। अचानक वह दरवाजे की ओर दौड़ पड़ा और ज़ोर-ज़ोर से बकने लगा, "मैं कोतवाल से सब कहूँगा, जो दंड से मुक्त है, उसे भयभीत होने की आवश्यकता नहीं।"

दरवाजा मज़बूती के साथ बन्द था, उसे खोलने के लिए उसने कई धक्के दिए, उसे कई बार खींचा किन्तु मैं उसके पीछे खड़ा था और मेरा घातक रूमाल उसकी गरदन में पड़ चुका था। उसने घूमकर मुझे देखा, दूसरे क्षण उसका मृत शरीर मेरे कदमों पर पड़ा था।

पिताजी प्रसन्न होकर कहने लगे, "न्याय की विजय हुई। उसके अपराधों की स्मृति उसके साथ सदा के लिए समाप्त हो गई। हम लोगों ने बहुत अच्छा काम किया।"

मैंने कहा, "वास्तव में बहुत अच्छा हुआ। उसने स्वयं को हत्यारा, लुटेरा, और बदमाश स्वीकार कर लिया था। इससे अधिक और क्या चाहिए? ऐसे युवा व्यक्ति में तमाम अपराध एकत्र हो गए थे।"

पिताजी ने कहा, "इसे यहाँ से घसीटकर ले जाओ। मैं अब इसे देखना नहीं चाहता। लुधाइयों को बुला लेना। आज रात को इसी घर के छोटे सहन में इसे दफन कर दिया जाए। इस भीड़-भाड़वाले नगर में शव बाहर ले जाना ठीक नहीं।"

मैंने कहा, "वह सब हो जाएगा लेकिन सोचिए हम लोग कैसे बच गए? यदि आप उस अधम के साथ मुझे जाने की बात न कहते तो हमारा रुपया तो चला ही गया था।"

पिताजी ने कहा , "हाँ, बेटे, और यदि रुपए मिल जाते तथा तुम पाँच प्रतिशतवाली बात पर सन्देह न करते तो मैं उसे अवश्य दे देता। लेकिन मैंने देखा तुम हिचक रहे थे। तुमने बड़ी होशियारी के साथ सूत्र पकड़ लिया। वह बदमाश धन और प्राण दोनों गवाँ बैठा।"

मैंने कहा, "निःसन्देह यह काम साहसिक और मनोरंजक दोनों था, इसके अतिरिक्त भविष्य में लाभ की आशा भी है।"

पिताजी ने कहा, "सावधान रहना, पूरा गिरोह वहाँ होगा और वे ग़र्मजोशी के साथ तुम्हारा स्वागत करेंगे।"

मैंने कहा, "मैं जाकर बद्रीनाथ से परामर्श करूँगा। यह जोखिम बद्रीनाथ और सरफराज खाँ दोनों के बिलकुल अनुकूल होगा। हम लोग जल्दबाजी में कोई कदम नहीं उठाएँगे।"

बद्रीनाथ सराय में था और मेरी प्रतीक्षा कर रहा था।

उसने कहा, "मीर साहब, आज रात को कितने जीवन लेकर तुम्हारी पूजा सन्तुष्ट होगी? बदमाशों के इस आवास में मनुष्यों की कमी नहीं।"

मैंने कहा, "मैं विनोदप्रिय अवश्य हूँ, परन्तु वह मेरा उद्देश्य नहीं। मेरी दृष्टि में और बेहतर खेल हैं।"

उसने कहा, "अच्छा, अब सोथा का भी अभिनय करने लगे। मुझे बताओ वह खेल कैसा है?"

मैंने उत्तर दिया, "यह ऐसा खेल है जिसमें मजबूत हृदय की आवश्यकता है और सम्भ है खुले हथियारों की भी। क्या तुम साथ चलोगे?"

बद्रीनाथ ने कहा, "मैं मृत्यु तक साथ दूँगा। लेकिन मैं तुम्हारा आशय अभी तक नहीं समझा।"

"तो सुनो," मैंने उत्तर दिया और दलाल की पूरी कहानी उसे सुना दी।

उसने कहा, "मेरे नवीन जमादार, तुमने बड़ी होशियारी से काम लिया। आदि से अन्त तक इससे बेहतर और कोई नहीं कर सकता। उस बदमाश की नियति यही थी। हम अब चट्टाने में छिपे हुए खजानों को प्राप्त करेंगे।"

मैंने कहा, "यही करना है, यदि सब कुछ ठीक रहा तो आज रात को ही करूँगा।"

बद्रीनाथ ने सोचकर कहा, "देखो, इसके लिए बहुत लोगों की आवश्यकता नहीं, केवल 8-10 लोग पर्याप्त होंगे। तुम और मैं, पीर खाँ, मोतीराम तथा चार और बस। सरफराज़ खं की प्रतीक्षा करना व्यर्थ है, वह सुबह से पूर्व लौट नहीं सकता। लेकिन उस जगह का सुराग़ कैसे मिलेगा? रात को कोई बदमाश वहाँ रहता ही होगा।"

मैंने कहा, "क्या कोई फकीर का वेश नहीं रख सकता, कलन्दर भी चलेगा। वह अभी ऊपर जाए, निकट ही वह स्थान है। एकाध घंटे में ख़बर लेकर लौट आएगा।"

बद्रीनाथ ने कहा, "ऐसा आदमी मेरे पास है, अरे कोई शेखजी को मेरे पास भेजना।"

शेखजी आ गए। बूढ़े थे, लम्बी दाढ़ी थी लेकिन बड़ा योग्य आदमी था। रूमाल के काम में दक्ष था।

बद्रीनाथ ने कहा, "शेखजी, बैठ जाइए, मुझे आपसे कुछ कहना है। जरूरत पड़ने पर फकीर बनना होगा, बन सकोगे?"

उसने उत्तर दिया, "अवश्य, मुसलमान या हिन्दू। मुझे दोनों की जानकारी है। यही नहीं, मैं उनके तौर-तरीके, बोली-बानी सब पहचानता हूँ। उनकी पोशाकें भी मेरे पास हैं।"

बद्रीनाथ ने कहा, "तो ठीक है। अब सुनो, जाओ और अभी अपना वेश बदल डालो। एक महत्त्वपूर्ण काम करना है।"

अपनी समस्त योजना उसे समझा दी, और कहा, "तुम्हें सावधान रहना होगा। शाम को अँधेरा होने तक तुम्हें वापस आना है। उस स्थान के विषय में तथा कितने लोग वहाँ रहते हैं, सब पता लगाकर बताना।"

उसने पूछा, "वहाँ रहनेवाला फकीर हिन्दू है या मुसलमान?"

मैंने कहा, "मैंने चट्टान पर सफ़ेदी में फैले हुए हाथ के निशान देखे थे, इसलिए वह अवश्य मुसलमान होगा।"

उसने कहा, "फिर तो मैं सब समझ गया कि क्या करना होगा? साहबो, मैं चलता हूँ। मैं आप लोगों को असफल नहीं होने दूँगा और निश्चित समय पर आपके पास आ जाऊँगा।"

मैंने बद्रीनाथ से पूछा, "क्या वह यह काम कर सकेगा? मेरे विचार से यह बड़ा संगीन काम है।"

बद्रीनाथ ने कहा, "तुम शंका न करो। वह बहुत छँटा हुआ बदमाश है। वेश बदलने में वह एक ही है, विशेष रूप से फकीर का। एक बार उसने काफी माल लाकर हमें दिया था। पाँच नानक शाही फकीरों के पास बहुत धन था। वे लोग उससे कुआँ बनवाने जा रहे थे, इसने उन्हें बहकाकर सारा धन ऐंठ लिया। इसके अतिरिक्त वह शेर की तरह बहादुर है। तुमने उसके

ौर भी कमाल देखें होंगे।"

हम लोग बातें कर ही रहे थे कि सरफराज खाँ आ गया। आते ही उसने बताया, "हमारा यापार बहुत अच्छा रहा। खूब लूटमार हुई। हमने सबको मार दिया। हमारे आदमी माल लेकर आ रहे हैं।"

मैंने कहा, "यह बहुत अच्छी बात हुई लेकिन कुछ नकद भी था कि सब माल ही माल था।"

उसने कहा, "दोनों मीर साहब, लेकिन आपको मुझसे यह नहीं पूछना चाहिए क्योंकि जब से हम इस नगर में आए, आपकी सूरत ही नहीं दिखाई दी। हमें पन्तूलाल हलवाई के यहाँ ले जाकर सुरक्षित रखवा देते क्योंकि आप सब मामला जानते थे।"

उसकी बात सुनकर मुझे कुछ गुस्सा आ गया। मैं उसी रूप में उसे उत्तर देना चहता था लेकिन बद्रीनाथ ने रोक दिया। उसने कहा, "शान्त हो जाओ, गुल-गपाड़े की कोई जरूरत नहीं। यह बेइज्जती की बात है। यह शराबियों और गँजेड़ियों को शोभा देती है। सरफराज़ खाँ मेरी बात सुनो, तुम बच्चे नहीं हो, तुम्हारा क्रोध में बहकना ठीक नहीं। जो कुछ हमारे जमादार साहब कहें उसे सुनो। मैं भवानी की सौगन्ध खाकर कह सकता हूँ कि ये अब भी हमें लज्जित कर सकते हैं।"

मैंने जो कुछ कहा था, बद्रीनाथ ने उसे सब समझा दिया। उसे सुनकर सरफराज़ खाँ का क्रोध क्षण भर में हवा हो गया। उसने उठकर मुझे गले से लगा लिया।

उसने कहा, "मैं गलती पर था, आप मुझे क्षमा कर दें और यह सिद्ध करने के लिए कि मैं हमेशा आपके लिए दोस्त से बढ़कर रहा, कृपा करके मुझे इस जोखिम में सम्मिलित होने की अनुमति दीजिए।"

मैंने कहा, "बड़ी प्रसन्नता के साथ। हम सोच रहे थे कि तुम समय से नहीं लौट सकोगे लेकिन जब तुम आ गए तो यह नहीं हो सकता कि तुम हमारे साथ न रहो।

बद्रीनाथ ने पूछा, "तुम जितने आदमी ले गए थे, सबका कंठ-घोटन कर दिया। कोई कठिनाई हुई थी?"

खान ने कहा, "नहीं, कुछ भी नहीं। हम उन्हें मछलीपट्टम रोड पर ले गए। वहाँ सुर्रूनगर के दूसरी ओर एक स्थान मिल गया। शवों को कुएँ में फेंककर दूसरी सड़क से वापस आ गए। सुभान अल्ला, यह दुर्लभ जगह है। यहाँ हम लोग वर्षों रह सकते हैं और प्रतिदिन कोई न कोई शग़ल मिलता रहेगा। सोचता हूँ कि यहीं रह जाऊँ।"

मैंने कहा, "इसके लिए जो मन में आए करो। जब हमारे लूट के माल का बँटवारा हो जाए, उसके बाद तुम स्वतन्त्र हो जाओगे लेकिन तुम्हारे जाने से मुझे दुख होगा।"

सन्ध्या होने तक हम लोग इसी प्रकार वार्ता करते रहे। फिर जिन लोगों को साथ में लेना था, उन्हें एकत्र किया। कुल 8 आदमी थे। सबने अपने-अपने शस्त्र सँभाल लिये और अत्यन्त उत्सुकता के साथ अपने दूत की प्रतीक्षा करने लगे।

अन्त में वह आ गया।

उसने बताया, "अब विलम्ब नहीं करना चाहिए। वहाँ पहुँचकर उस फकीर से मिला। वह एक तगड़ा जवान है। पहले उसने मुझे नीचे चले जाने के लिए कह दिया लेकिन जब मैंने उसे अपने भूखे और थके होने की बात बताई और कहा कि मैं अभी हिन्दुस्तान से चला आ रहा

हूँ और नहीं जानता कि कहाँ ठहरूँ, बारह इमामों के नाम पर एक रोटी-पानी की प्रार्थना की तब वह शान्त हो गया और अपनी माँद (गुफा) में बुला लिया। मुझे कुछ खाना-पानी दिया और हुक्का भी पिलाया। कुछ देर तक हम लोग बातें करते रहे। फिर मैंने अपनी अफीम की डिबिया निकाली और गोली खाई। यह देखकर उसने भी माँगी और इतनी मात्रा में खा गया कि सुबह से पूर्व वह नहीं जाग सकता। मैं उसे घोर निद्रा में छोड़कर आ गया।"

मैंने कहा, "अब वह कभी नहीं उठेगा। लेकिन क्या तुमने उस जगह को ठीक तरह से देख लिया? लूट का माल कहाँ छिपाया होगा?"

शेखजी ने कहा, "वह दो विशाल चट्टानों के मध्य निर्मित कन्दरा में रहता है। वहाँ लगभग अन्धकार था। उसके पीछे के भाग में पत्थरों और मिट्टी से बनाया गया एक कोना है जिसे वह अपने शयन करने का स्थान बताता था। मुझे सन्देह है कि लूट का माल वहीं छिपाकर रखा गया होगा।"

मैंने कहा, "तो फिर चलो। अब एक क्षण की देर करने की आवश्यकता नहीं क्योंकि सम्भव है देर करने से उसके गिरोह के लोग वहाँ पहुँच जाएँ। इस समय वे सभी बाजारों में चोरी करने के उद्देश्य से घूम रहे होंगे।"

हम सब बाहर निकल आए। और उसके बताने के अनुसार चुपचाप सरकते हुए चट्टान के नीचे पहुँच गए। वहीं से हमें एक सँकरे मार्ग से होकर ऊपर चढ़ना था।

हमने कुछ समय तक फुसफसाकर आपस में मन्त्रणा की। पाँच आदमियों को नीचे रखकर कह दिया कि संकेत पाते ही वे ऊपर आ जाएँ। बद्रीनाथ, सरफराज़ खाँ और मैं धीरे-धीरे सरककर उसी सँकरे रास्ते से गुफा तक पहुँच गए। हमारा पुराना ठग उस स्थान को पहले ही देख आया था। उसने संकेत से बताया कि फकीर अब भी सो रहा था। उसने हमें धीरे-धीरे आगे बढ़ने के लिए कहा, जिससे वह जाग न जाए।

मैंने बद्रीनाथ से कहा, "समझ लो यह मेरा शिकार है। तुम और सरफराज़ खाँ उसे पकड़े रहेंगे।" चूँकि मैंने अपने सामने किसी बलिष्ठ शरीर को देखा, अतः सोचा यह बचाव आवश्यक था। परन्तु वह लेटा हुआ सो रहा था। उसकी गरदन में रूमाल कैसे डाला जा सकता था। बद्रीनाथ ने यह समस्या हल कर दी। उसने तलवार की म्यान को पट करके उसके पेट पर दे मारा, इससे वह हड़बड़ाकर उठ बैठा।

"क्या है, चोर..." बस केवल ये शब्द उसके मुँह से निकल सके, मेरा रूमाल तैयार था, क्षण भर में वह मृत हो गया।

मैंने बद्रीनाथ से कहा, "जरा दीये की बाती झाड़ दो और नीचे से तीन को बुला लो, शेष वहीं देखते रहें।"

बद्रीनाथ ने फकीर के वस्त्र से एक टुकड़ा फाड़ा उसे बाँटकर दीपक के तेल में डुबोकर जला दिया, इससे गुफा में काफी प्रकाश हो गया। हमें वहाँ सभी चीज़ें साफ दिखाई देने लगीं।

शेखजी बोले, "यही वह दीवार है, जिसका उल्लेख मैंने किया था। हमें उसके पीछे खोजना चाहिए।"

हमने वैसा ही किया। वहाँ एक किनारे बहुत से मिट्टी के घड़े जमा थे, जिनमें सम्भवतः अनाज, आटा आदि होगा। वास्तव में दो घड़ों में चावल और दाल थी, परन्तु तीसरा भारी था।

मैंने कहा, "इसमें चावल के स्थान पर कुछ और है, ठीक से जाँच करो।"

उस घड़े के मुँह पर चीथड़े भरे थे, लेकिन वे हटाए गए तो देखा उसमें रुपए-पैसे भरे थे।

बद्रीनाथ ने कहा, "यह बुद्धिमानी न थी, शाह साहब को चाँदी और ताँबा एक साथ नहीं रखना था क्योंकि चाँदी में दाग पड़ जाते हैं लेकिन हम उसे साफ कर लेंगे।"

दूसरा घड़ा भी उसी प्रकार भरा हुआ था लेकिन अन्तिम सबसे बढ़कर था। उसमें सोने-चाँदी के आभूषण, अँगूठियाँ, बाजूबन्द, पायल आदि थे। परन्तु यह देखकर हम काँप उठे कि उनमें से कुछ रक्तरंजित थे।

मैंने कहा, "उस नीच बदमाश दलाल ने सच कहा था कि वह हत्यारा था, अब यह नगर उससे मुक्त हो गया लेकिन हमें यहाँ खड़े होकर बातें नहीं करनी चाहिए। तुम लोग यह सब बाँध लो और चल दो, तब तक हम और शिकार देखेंगे।"

लेकिन वहाँ और कुछ नहीं मिला। कपड़े की गाँठें मिलने की आशा थी लेकिन वहाँ नहीं थीं। वहाँ कुछ और छिपी चीज़ें तलाश करते रहे, कुछ न मिलने पर खोज बन्द कर दी। उसी समय सरफराज़ खाँ ने बाहर जाकर हमें पुकारा।

उसने कहा, "यहाँ आओ। एक जगह यहाँ ऐसी है जिस पर सन्देह हो रहा है।"

हम लोग दौड़कर वहाँ पहुँचे तो देखा कि दो चट्टानों के बीच उसे एक कोठरी दिखाई दी। उसमें अँधेरा था। उसमें प्रवेश करने के लिए हाथ-पैरों से रेंगकर जाना सम्भव था।

मैंने कहा, "जरा रोशनी लाओ, मैं स्वयं उसमें जाऊँगा, देखूँगा उसमें कौन शैतान है।"

मेरे भीतर घुस जाने के बाद बद्रीनाथ ने कहा, "उस नारकीय गिरोह के स्थान पर यदि शैतान हो तो वह भी अच्छा।"

मैंने बाहरवालों से कहा, "यहाँ न तो कोई शैतान है, न गिरोह। तुममें से जल्द कोई आए और देखे यहाँ मैंने क्या पाया है?"

हम लोग वहाँ जाकर देखने लगे। कुछ बंडल थे, जिन्हें खोलकर देखा। एक में पीतल के बर्तन और पानी भरनेवाले घड़े थे। इसके अतिरिक्त सोना और चाँदी थी, उसी समय बाहर से खतरे की सूचना मिलते ही हम बाहर निकल आए और पूछा क्या बात थी।

नीचे के पहरेवालों ने कहा, "उधर दो आदमी सामने के मकानों की ओर से घूमकर चट्टानों के नीचे पहुँचे हैं। उनकी चाल तेज नहीं है। मालूम होता है कुछ बोझा लादे हैं।"

मैंने पूछा, "केवल दो, तो उन्हें समझना कठिन नहीं। दीपक बुझा दो और गुफा के प्रवेश स्थान पर छिप जाओ। जैसे ही वे अन्दर आएँ, हम उन पर टूट पड़ेंगे।"

गुफा के प्रवेश द्वार के निकट एक चट्टान के पीछे एक स्थान पर हम खड़े हो गए। हमारे रूमाल तैयार थे। दो आदमी तलवारें निकाले थे, तभी एक आदमी ने आवाज दी, "ओ साईं, साईं नीचे आओ और ज़रा हमारी सहायता करो। हम यहाँ पल्लेदारों की तरह लदे खड़े हैं और तू हमें रोशनी करके रास्ता भी नहीं दिखा रहा।"

मैंने अपने लोगों से कहा, "चुपचाप रहना। उन लोगों को इधर आने दो।"

दूसरे आदमी ने उसकी माँ के लिए अपशब्द कहे, बोला, "जान पड़ता है इस जानवर ने अपनी माँद में खूब चढ़ा ली है। हमारी बात ही नहीं सुन रहा। इसके लिए उसे समझाना होगा।"

ऐसा प्रतीत हुआ कि वह ठोकर खाकर गिर पड़ा क्योंकि वह फकीर पर गालियों की वर्षा करने लगा। साथ ही वह अपने बोझ और पत्थरों को भी अपशब्द कह रहा था। थोड़ी देर बाद वे वहाँ पहुँच गए और भूमि पर अपने-अपने बंडल फेंक दिए, जिनके गिरने से टन्न की आवाज हुई।

एक बोला, "वह पियक्कड़ बदमाश कहाँ गया?"

यह आदमी भी उसी प्रकार तगड़ा था, जिसे हमने अभी खत्म किया था।

आगे उसने कहा, "हमें रोशनी भी नहीं दिखाई। मेरे ख्याल से वह जंगली या तो गाँजा पीकर नशे में धुत पड़ा होगा या भाँग खाने गया होगा।"

दूसरा आदमी बैठ गया, वह स्पष्ट रूप से थका और हाँफता लग रहा था।

उसने कहा, "अन्दर जाओ। वहाँ दीवार के पीछे दीपक और तेल रखा है। मैं यहाँ से हिल नहीं सकता।"

पहला आदमी फकीर को बुरा भला कहता हुआ, अन्दर आया। उसी समय सरफराज खाँ उस पर टूट पड़ा और उसे समाप्त कर दिया।

लेकिन दूसरे ने जब छीना-झपटी होते देखी तो चिल्लाकर भागने लगा, परन्तु वह इतना भाग्यशाली नहीं था। उसका पैर फिसल गया और अपने ही लाए हुए बंडल पर गिर पड़ा। परन्तु वह उठ पाता इसके पूर्व ही चट्टान के पीछे छिपा हमारा एक आदमी उस पर टूट पड़ा। उसकी तलवार का भरपूर वार उसकी गरदन पर पड़ा। तत्काल उसकी मृत्यु हो गई।

मैंने कहा, "बहुत काम हो गया। अब हमें यहाँ से चल देना चाहिए। लेकिन एक बार फिर उस गुफा में जाकर जो कुछ हाथ लगे, ले आना होगा। तुममें से एक यह देखो कि इस बंडल में क्या है।"

हम लोग पुनः गुफा में गए। हर एक एक-एक बंडल उठाकर बाहर ले आया। इनमें खाना पकाने के बर्तन, वस्त्र आदि थे, अतः उन्हें वहीं छोड़ दिया और जो कुछ कीमती माल मिला, उसे लेकर सराय की ओर लौट पड़े।

साहब, मैं एक बात बताना भूल गया था। उस गुफा में उन बदमाशों द्वारा खूनी व्यापार किए जाने के न जाने कितने प्रमाण मौजूद थे। कई बंडलों में मात्र पहननेवाले वस्त्र थे जिनमें कई रक्तरंजित थे। एक वस्त्र तो रक्त से पूरा सराबोर था कि उसके उठाने पर मेरी उँगलियाँ रक्त से सन गईं। मैंने अत्यन्त घृणा और रोमांच के साथ उसे एक ओर फेंक दिया।

बन्दी साथियों की मुक्ति

लौटकर हम लोग अपनी सफलता पर खूब हँसे। हम सबके लिए यह जोखिम निराली थी। हम उन लुटेरों की झुँझलाहट और सन्ताप का स्वयं ही खाका खींच रहे थे, कि जब वे अपने सुदृढ़ स्थान पर पहुँचेंगे, तो अपनी बहुमूल्य सम्पत्ति के लुटने और अपने साथियों को दहलीज पर मृत पाएँगे। उनका स्वागत करके सन्ध्या के कारनामे बतानेवाला वहाँ कोई न था।

सुरक्षा की दृष्टि से आभूषण तथा चाँदी के पात्र उसी कोठरी में रखवा दिए। बाद में उनका निस्तारण उचित रूप से किया जाएगा।

कहने की आवश्यकता नहीं कि मेरे पिताजी कितने गद्गद हो रहे थे। मेरा प्रत्येक करिश्मा देखकर उनका प्रेम बढ़ता जाता था। बच्चों की भाँति उन्होंने मुझे अपने हृदय से लगा लिया।

वे बड़े उत्साह से भरकर बोले, "मेरे बेटे, थोड़ी प्रतीक्षा करनी होगी, जब तक कि तुम्हारे

कारनामों का विवरण हिन्दुस्तान न पहुँच जाए। यह हमारी बहुत बड़ी भूल होगी, यदि तुम्हारा वह पद, जो बहुत कम लोगों को प्राप्त हुआ है, तुम्हें न दिया जाए वह है सूबेदार का पद।"

मैंने उन्हें कोई उत्तर नहीं दिया, परन्तु अपने मन में यह संकल्प अवश्य कर लिया कि उसे प्राप्त करने के लिए मैं सब कुछ करूँगा। मुझे यह बात भली भाँति ज्ञात थी कि मेरे पिताजी ने जिस पद की चर्चा की थी उसे केवल किसी अत्यन्त सफल अभियान द्वारा, जिसमें भारी लूट का माल प्राप्त हो, कुछ बदमाशी कृत्य हो या साहस सम्मिलित हो, प्राप्त हो सकता है। निःसन्देह वह मुझे प्राप्त होगा क्योंकि मुझसे पूर्व कई लोग वहाँ तक पहुँच चुके थे। फिर उसे क्यों न मिलेगा जिसकी सम्पूर्ण आत्मा लोगों के दिल दहला देनेवाले कारनामों के द्वारा कीर्ति अर्जित करने में लगी हुई है।

लुटेरों की गुफा की जोखिम के दो दिन बाद पूरा कारवाँ और उसके पड़ोस से शवों की दुर्गन्ध तथा उससे आकर्षित होनेवाले गिद्धों के कारण बड़ी उत्तेजना फैल गई। लोगों में अपराधियों के बारे में अनुभव लगाए जाने लगे। बहुत से लोगों ने लुटेरों के गिरोह द्वारा धोखेबाजी करने का दायित्व उस पर रख दिया। लेकिन सभी का मत था कि अज्ञात लोगों द्वारा कोई बहुत बड़ा लाभ उठाया गया है। बहुत सी चोरी की सम्पत्ति बरामद की गई, जिनमें कुछ समय पूर्व किसी साहूकार के यहाँ से चुराई गई बहुमूल्य वस्तुएँ थीं जो हम लोगों की जल्दबाजी अथवा दुविधा के कारण हमसे छूट गई थीं लेकिन फिर भी हमें काफी माल मिल चुका था। हमारे आदमियों में से एक ने, जो उस काम का जानकार था, सारा सोना-चाँदी गलवाकर एक पिंड में कर लिया। तौल में उनका मूल्य लगभग सात हजार रुपए था।

पूरी लूट के माल का साधारण बँटवारा करने का प्रस्ताव लाया गया। ऊँट, घोड़े, गाड़ियाँ, बैल तथा अन्य वस्तुओं के बेचने से लगभग पचास हजार रुपए प्राप्त हुए। सभी ठगों की राय थी कि सारी रकम हम लोगों के अपने गाँव लौटने तक सुरक्षित रखी जाए। केवल नीचे स्तर के लोगों में हर एक को बीस-बीस रुपए तथा उँचे पदवालों में प्रत्येक को पचास रुपए अभी दे दिए जाएँ, जिससे सबकी वर्तमान आवश्यकताएँ पूरी होती रहें।

मेरे पिता का विचार था कि हम लोग इस नगर से चल दें। लेकिन मैंने बद्रीनाथ और सरफराज खाँ से परामर्श करके उनसे वहाँ दस दिन तक और ठहर जाने की प्रार्थना की। मैंने पूरे दल को चार भागों में बँट जाने की योजना तैयार की, जिसके अनुसार प्रत्येक भाग नगर की हर-एक दिशा में अपना अड्डा स्थापित करेगा और वहीं से अलग-अलग अपना व्यवसाय चलाएगा। जो लूट प्राप्त होगी, वह एक स्थान पर एकत्र रहेगी और तभी बाँट दी जाएगी, जब किसी के पास कोई काम न रह जाएगा।

पिताजी ने इस योजना का सकारात्मक रूप से स्वागत किया और उसी दिन उसे कार्यान्वित कर दिया गया। हमने अपने कारवाँ वाले मकान का जो थोड़ा-बहुत किराया था उसे भुगतान करके उसे, यह कहकर कि हम लोग अपने देश हिन्दुस्तान जानेवाले हैं, खाली कर दिया। हमने अपना निवास दूसरी ओर उपनगरीय इलाके में मीरजुमला तालाब के किनारे रखा। बद्रीनाथ और उनकी टोली चद्दर घाट बाजार में जो रेजीडेंट की भव्य कोठी के निकट थी, चली गई। राजमार्ग होने के कारण वहाँ तमाम यात्री निकलते रहते थे। वहीं से कई रास्ते उत्तर-पूर्व की ओर जाते थे। सरफराज़ खाँ अपने आठ साथियों को लेकर कारवाँ में ही बना रहा क्योंकि हमारी अपेक्षा उसे बहुत कम लोग जानते थे। एक टोली पीर खाँ और मोती राम के अधीन नगर के

पश्चिम की ओर शमशाबाद जानेवाले मार्ग पर ठहर गई। उन लोगों द्वारा किए गए कार्यों पर विचार करने के उपरान्त दक्षता के आधार पर उन्हें विश्वासपात्र मान लिया गया।

हमारी उक्त योजना को आशातीत सफलता प्राप्त हुई। कोई दिन ऐसा न जाता था, जब कई लोगों के समाप्त किए जाने की सूचना न मिलती हो। यद्यपि माल बहुत अधिक न मिलता था, फिर भी जो था वह हमारी आशानुकूल था। उसे एकत्र करके हमारे नवीन आवास पर रखा जाता था। उसमें से जो विक्रय लायक होता था, उसे पिताजी बेचकर नकद राशि कर लेते थे।

छोटे-छोटे मामलों में मैं अपना हिस्सा छोड़ देता था। जब मैंने यह स्थान पसन्द किया था, तो सोचा था कि यहाँ हमारा काम अच्छा चलेगा, परन्तु ऐसा नहीं हुआ। मुझे कम हिस्सा मिलने पर निराशा होती थी क्योंकि वह मेरे परिश्रम के अनुपात से बहुत कम था। मैंने बद्रीनाथ और सरफराज़ खाँ से स्थान की अदला-बदली कर लेने का सुझाव दिया, परन्तु वे लोग इसके लिए तैयार नहीं हुए। उन लोगों ने स्वयं अपनी योजनाएँ बना ली थीं। चूँकि वर्तमान स्थान मैंने स्वयं पसन्द किया था, अतः अन्य स्थान पर जाने का मुझे अधिकार नहीं था, और मुझे असन्तुष्ट भी नहीं होना चाहिए था।

नए स्थान पर अपना कार-बार आरम्भ करने के आठवें दिन एकाएक बद्रीनाथ मेरे पास आया और बोला, "हम लोगों को तुरन्त यहाँ से भागना चाहिए क्योंकि यह नगर हमारे लिए अब सुरक्षित नहीं रहा।"

मैंने आश्चर्य से पूछा, "कैसे? क्या हुआ? कोई चीज पकड़ी गई या हमारे दल का कोई आदमी बेईमान होकर हमें छोड़ गया?"

बद्रीनाथ ने कहा, "मैं तुम्हें बताता हूँ। बड़े खेद की बात है कि हमारे कुछ उत्तम लोग पकड़े गए और जेल में बन्द हैं। सरफराज़ खाँ को जानते हो, कितना साहसी है लेकिन समझदारी से कोसों दूर है, इसी कारण बहुत थोड़े लोग उसके मार्गदर्शन पर विश्वास करते हैं। यह दोष होते हुए भी वह हमारे प्रमुख जमादारों में से एक है। वह कई पीढ़ियों से आते हुए खानदानी ठग है। उसका परिवार भी शक्तिशाली रहा है।"

मैंने परेशान होकर कहा, "लेकिन क्या हुआ, मामला तो बताओ? शैतान के नाम पर हमें उसके बाप-दादा से क्या लेना? खुदा कसम बड़े खराब आदमी हो जैसे..."

वह बड़ी सहजता से बोला, "नहीं मैं उसकी कहानी नहीं कह रहा, इसलिए अपना मिजाज ठिकाने रखो और सुनो। सरफराज़ खाँ ने कल शाम को दो साहूकारों को पकड़ा था, जो औरंगाबाद जानेवाले थे। उसने उन दोनों को अपने साथ सराय में रुकने के लिए फुसला लिया। उन्हें दूसरे दिन सुबह रवाना होना था। वे लोग धनी प्रतीत होते थे। उनका सामान दो टोकरों में सराय पहुँचाया गया। वे लोग बड़ी सावधानी के साथ उस पर निगाह रखते रहे। दुर्भाग्यवश शाम होते ही उनके पास वे परस्पर परिचित लगते थे। उन लोगों ने इन साहूकारों को एक सप्ताह तक और रुकने के लिए राजी कर लिया, जिससे वे सब एक साथ यहाँ से निकलें। उन लोगों का इस प्रकार रुक जाना सरफराज़ खाँ के लिए अत्यन्त सन्ताप की बात थी। लेकिन उन दोनों साहूकारों ने यह भी कहा कि रात में अपने थैलों को ले जाना खतरनाक होगा, इसलिए वे रात को सराय में ही सोएँगे। और प्रातः होते ही उनसे जाकर मिल लेंगे।

"जैसे मैंने सुना, सरफराज़ खाँ ने उन लोगों को अपना इरादा बदल देने की पूरी कोशिश

की लेकिन कोई लाभ न हुआ। तुम जानते ही हो, अब केवल एक ही रास्ता शेष था कि सराय में उन्हें समाप्त कर दिया जाए और जहाँ तक ठीक बन सके उनके शव निस्तारित कर दिए जाएँ। उसके अतिरिक्त उनके द्वारा अपने थैलों को सराय से रात में न हटाए जाने से स्पष्ट था कि उनमें कीमती माल था। मीर साहब, मैं यही समझता हूँ कि यह साफ प्रलोभन की बात थी, जो मेरे और तुम्हारे लिए भी समान रूप से लागू होती है, फिर खान के लिए क्यों न होती? यदि वह सुबह तक प्रतीक्षा कर लेता और काम पूरा करके वहाँ से तुरन्त चल देता। शव उसी प्रकार वहाँ पड़े रहते। इस प्रकार लूट के साथ जो बहुत अधिक थी, वह साफ बच जाता। फिर नगर के पीछे से घूमकर तुमसे या मुझसे आकर मिल जाता और हममें से कोई कारवाँ जाकर उसी जगह पहुँच जाता तो किसी को भी सन्देह न होता। लेकिन उसने विचार ही नहीं किया। अपने मित्रों के चले जाने के बाद ही वे दोनों समाप्त कर दिए गए और उनके थैले भी लुट गए लेकिन हमें उसमें से केवल मोतियों की दो लड़ियाँ मिल सकीं। शेष माल गायब हो चुका था।"

मैंने पूछा, "तुमने यह नहीं बताया कि सारा भेद कैसे खुल गया?"

बद्रीनाथ ने का, "साहूकार के मित्रों में से कोई अपने जाने के थोड़ी देर बाद ही एक सन्देश लेकर आया था। सरफराज़ खाँ ने बहाना बनाया कि वे लोग कहीं बाहर निकल गए थे और थोड़ी देर में आ जाएँगे। वह बड़ी देर तक बैठा प्रतीक्षा करता रहा। कुछ सन्देह होने पर वहाँ से चला गया और अन्य लोगों को साथ लेकर आ गया। वे लोग अपने मित्रों की खोज करने के लिए जोर दे रहे थे। सरफराज़ खाँ उनके शवों को अहाते में ही दफन करने की योजना बना रहा था। लेकिन उसके पास कुछ ऐसी चीज़ें मिलीं जो दूसरों की प्रतीत होती थीं। साथ ही वे थैले भी मिल गए जिनमें वे चीज़ें रखी गई थीं। परिणाम यह हुआ कि उन लोगों को पहरेदारों के साथ जिन्हें, इन्हें गिरफ्तार करने के लिए बुलवाया गया था, नगर की ओर भेज दिया गया। सरफराज़ खाँ का एक आदमी हिम्मत खाँ वहाँ उपस्थित न होने के कारण बच गया।

मैंने कहा, "यह सचमुच बड़े दुख की बात है। समझ में नहीं आ रहा उन्हें कैसे छुड़ाया जाए।"

बद्रीनाथ ने कहा, "मेरी समझ में भी कुछ नहीं आ रहा है, परन्तु यह विपत्ति शकुन न विचारने के कारण आई है। उसका पालन ठीक प्रकार से करना चाहिए।"

मैंने कहा, "यह पागलपन है। तुम हमेशा शकुन की मूर्खता को लेकर बड़बड़ाया करते हो। ऐसा मालूम होता है कि सफलता दिलेर हृदयवालों अथवा चतुर योजनाओं की अपेक्षा शकुनों में निहित होती है। मैं इन पर विश्वास नहीं करता।"

बद्रीनाथ ने कहा, "इसके लिए तुम एक न एक दिन अवश्य पछताओगे। मैं तुम्हें सैकड़ों दृष्टान्त दे सकता हूँ, जिनमें शकुन की अनदेखी करके भयंकर परिणाम भुगतने पड़े। तुम्हारे पिताजी भी मेरी बात का समर्थन करेंगे।"

मैंने कहा, "छिः वे भी तुम्हारी तरह अन्धविश्वासी हैं। इन बातों को मेरे ऊपर लादने की अपेक्षा तुम मेरे अन्धविश्वासी न होने पर रोना क्यों नहीं शुरू कर देते।"

बद्रीनाथ ने कहा, "ऐसा लगता है कि उन्होंने तुम्हें पूरे अभियान का दायित्व दे दिया है। और स्वयं दल के नेता और संचालक का काम भूल गए। कभी ऐसा भी सुना गया कि पूरा

दल अलग-अलग कर दिया जाए और हर एक अलग मार्ग पर चले, और वह बिना शकुन का विचार किए या देवी भवानी को बिना पूजा चढ़ाए काम करे।"

मैंने हँसते हुए कहा, "मैंने समझा जिन अनुष्ठानों को तुम आवश्यक मानते हो, उन्हें सम्पन्न कर लिया होगा। यदि नहीं किया तो फिर तुम्हारे सिवा उन्हें कौन करेगा, जो निशानबरदार भी है। अल्लाह कसम बद्रीनाथ मेरे ख्याल से तुमने हम सबको धोखा दिया।" मेरा रोष बढ़ता जा रहा था। मैंने आगे कहा, "मैं तुमको होशियार कर रहा हूँ, तुमने मेरे पिता के बारे में कैसे कह दिया। याद रखना मैं समर्थ हूँ, और उनके विरुद्ध कहे गए प्रत्येक शब्द का बदला लेने के लिए तैयार हूँ और उसे अवश्य करूँगा।"

बद्रीनाथ ने गम्भीरता से कहा, "युवक, तुम्हें मालूम होना चाहिए कि मैं वह आदमी हूँ जो बेकार के बवाल से दूर रहता हूँ। क्रोध में निकले तुम्हारे ये शब्द निरर्थक हैं। मेरा अनुरोध है कि इन्हें तुम उन लोगों के लिए सुरक्षित रखो, जो इनसे उत्तेजित हों, मेरे लिए इनका कोई मूल्य नहीं। शकुन के ऊपर तुम्हारा निर्भर न होने का कारण केवल तुम्हारा अनुभवहीन होना है। वैसे इन्हें ठगों की सफलता मेरे और तुम्हारे जैसे के लिए अत्यावश्यक माना जाता है। आवश्यक चढ़ावा भी हम नहीं चढ़ाते और परिणाम भुगतते हैं। यद्यपि इस समय उसका प्रभाव बहुत हल्का आ पड़ा है लेकिन कहा नहीं जा सकता कि कितने शीघ्र हमारे सामने खतरा खड़ा हो जाए। मान लो, उनमें से किसी को यन्त्रणा दी जाए और वह हमारा भेद खोल दे। उस दशा में हम लोग कैसे बच सकेंगे?"

मैंने पूछा, "तो तुम्हारी क्या सलाह है?"

उसने कहा, "मैं सर्वप्रथम भवानी को चढ़ावा भेंट करने का सुझाव देता हूँ। इसके बाद हम सब मिलकर वे उपाय सोचेंगे, जिनके द्वारा पकड़े लोग छुड़ाए जा सकें।"

मैंने कहा, "तो फिर हर प्रकार से अनुष्ठान सम्पन्न करो। तुम और पिताजी उसकी विधि जानते हैं। मेरे अज्ञान के कारण उद्देश्य में बाधा हो सकती है। अतः मैं उसके सम्पन्न होने तक तुम लोगों से अलग रहूँगा।"

उसने कहा, "तुम ठीक कहते हो, ऐसा सम्भव है। मुझे यह देखकर प्रसन्नता हो रही है कि आखिरकार तुम कायदे की बात करने लगे। तुम्हारे पिताजी कहाँ हैं?"

मैंने कहा, "वे तुम्हें भीतर सोते हुए मिलेंगे। अच्छा हो कि तुम वहीं चले जाओ।"

साहब, अनुष्ठान पूरा किया गया। शकुन का विधिवत् विचार किया गया और उन्हें अनुकूल पाया गया। वे क्या थे, मैं नहीं जानता, उस समय उन रस्मों की मैं बिलकुल परवाह नहीं करता था। उनके निकट तक नहीं जाता था और न पूछता था कि क्या किया जा रहा है? बहुत बाद में जब मेरे ऊपर दुर्भाग्य की वर्षा होने लगी, तब मुझे उनके मूल्य और महत्ता की समझ हुई। निःसन्देह वे मेरी पूर्व धारणा में परिवर्तन कराने के लिए आई थी। उसी क्षण से उन पर मेरा अटल विश्वास हो गया। आगे चलकर इसे आप स्वयं देखेंगे।

पिताजी और बद्रीनाथ बड़ी प्रसन्न मुद्रा में मेरे पास आए। उन्होंने कहा, "उनकी इस अल्पकालीन नाराजगी की अपेक्षा देवी भवानी मंगलकारिणी हैं। सत्य यह है कि हम लोगों के द्वारा किसी न किसी रूप में उनकी अवज्ञा की गई किन्तु अब वे सन्तुष्ट हैं।"

मैंने कहा, "यदि यह बात है तो हमें उन बेचारों के लिए कुछ न कुछ प्रयत्न करना चाहिए परन्तु मैं नहीं जानता कि क्या करना होगा। बद्रीनाथ, उन्हें किस समय पकड़ा गया था?"

उसने बताया, "आधी रात के समय।"

मैंने कहा, "तब तो वे किसी न किसी जेल में बन्द होंगे और दिन के समय उन्हें छुड़ाने का प्रयत्न करना असम्भव है। रिश्वत देने का साहस नहीं है क्योंकि लोगों का कहना है कि हुसेन अली खाँ कोतवाल बड़ा ईमानदार आदमी है। उसके सामने उन लोगों को कब पेश किया जाएगा?"

बद्रीनाथ ने कहा, "यह मैं नहीं जानता लेकिन उसका पता आसानी से लगाया जा सकता है।"

यह कहकर वह बाहर चला गया। कुछ देर बाद लौटकर बताया, "मैंने एक बूढ़े बनिया से पूछा कि कोतवाल का दरबार कब लगता है? उसने बताया 1-2 घड़ी रात गए।"

मैंने कहा, "तब उन्हें जोर-जबरदस्ती से छुड़ाना होगा और यह काम मैं स्वयं करूँगा।"

दोनों एक साथ बोल उठे, "यह असम्भव है।"

मैंने कहा, "लेकिन मैं आप लोगों से कह रहा हूँ कि यह काम मैं करूँगा। हिम्मत खाँ कहाँ है? उसके साथ छह और चुने हुए आदमी लेकर मैं इसे करूँगा। शर्त यह है कि वे लोग मेरे पास ही रहें। उनमें से कोई कोतवाल का घर जानता है?"

उन्हें बुलाया गया लेकिन कोतवाल का घर कोई नहीं जानता था।

मैंने कहा, "मैं अभी जाकर पता लगाता हूँ। अपनी योजना की पूरी व्यवस्था करके लौट आऊँगा।"

बद्रीनाथ ने कहा, "मैं जाकर अपने आदमी लाता हूँ। दोपहर तक वापस आ जाऊँगा।"

मैंने कहा, "बद्रीनाथ, देखना वे लोग अपनी ढाल-तलवार भाले ले आएँ। कुछ को मेरे साथ रहना होगा।"

उसने हँसकर कहा, "यही होगा, मीर साहब। आस्था के अभाव में भी मैं तुम पर विश्वास करता हूँ।"

मैंने कहा, "मैं तुम्हें अच्छी तरह समझ गया। मुझे क्षमा करना।"

उसने कहा, "अवश्य, कभी मैंने तुम्हारे साथ झगड़ा किया है?"

मैंने कहा, "नहीं, यद्यपि तुम्हारे पास उसके पर्याप्त कारण थे। मैं मूर्ख था।"

पिताजी बोल उठे, "अरे यह क्या हो रहा है। आपस में झगड़ें तो नहीं।"

मैंने कहा, "कुछ नहीं है, आपको उसका अन्त देखना है। अब समय नष्ट हो रहा है। मुझे चलना चाहिए।"

मैं नगर में गया। एक आदमी ने बड़ी आसानी से मुझे कोतवाल का निवास दिखा दिया। वह किसी लम्बी सँकरी गली में था, जहाँ अधिकतर लोग आते-जाते नहीं थे। वह गली एक प्रकार से बिलकुल हमारे उद्देश्य के अनुकूल थी, क्योंकि भीड़-भाड़ वाले स्थान पर हम कुछ नहीं कर सकते थे। हमारे मित्र को अपनी अभिरक्षा में लानेवालों को इस गली में अचम्भे में डाल देना मुझे सम्भव जान पड़ा। इसमें मुझे कोई सन्देह नहीं था कि यदि एकाएक आक्रमण कर दिया जाए तो वे अवश्य भाग खड़े होंगे। और उनके कैदी अपने भाग्य के भरोसे रह जाएँगे।

घर जाकर मैंने पिताजी के सामने अपनी पूछताछ का परिणाम रखा। पूरी कार्रवाई के विषय में उन्हें कुछ भी ज्ञात न था, लेकिन मेरे द्वारा उसमें प्रमुख रूप से भाग लिये जाने पर उन्हें खतरा मालूम होने लगा। यह भी सम्भव था कि हमारी पराजय हो जाए।

उन्होंने कहा, "लेकिन मेरे बेटे, ऐसे विचार कायरतापूर्ण हैं, जो स्नेह के कारण प्रायः उठते हैं। खुदा न करे, तुम्हारे ऊपर उनका कोई प्रभाव पड़े। जाओ, खुदा के नाम पर जाओ, वही तुम्हारी रक्षा करेगा। मैं आज्ञा देता हूँ।"

शाम को मैं, बद्रीनाथ तथा छह अन्य लोग, जिनमें दो राजपूत थे, जिन्होंने शपथ ली थी कि प्राण भले चले जाए, परन्तु हार कर वापस नहीं लौटेंगे। हम लोग नगर में जा पहुँचे।

हम लोग अलग-अलग हो गए, परन्तु एक-दूसरे पर दृष्टि रखे थे। वे सब लोग मेरे पीछे कोतवाल के निवासवाली गली में आ गए। कुछ घंटे हम लोग वहीं टहलते रहे। मैं बहुत व्यग्र हो रहा था। न जाने लाए जाएँगे अथवा नहीं। ऐसा तो नहीं कि पहले ही उन पर मुकदमा चलाकर सजा सुना दी और जेल में डाल दिया हो। ऐसे प्रश्न मेरे दिमाग में हजारों बार उठे। लोगों के आने-जाने से यह मुझे मालूम हो गया कि उसका दरबार लग रहा था। लेकिन हमारे भाइयों का कुछ अता-पता न था।

मैं एक तमोली की दूकान पर लापरवाही के साथ बैठा था। उस गली में वह अकेली दूकान थी। तभी हिम्मत खाँ मेरे पास आया। उसके चेहरे से प्रकट होता था, कि कोई शुभ समाचार आया था। उसके चबूतरे से उतरकर मैं अँधेरे कोने में खड़ा हो गया।

उसने चिन्ता में हाँफते हुए बताया, "वे लोग आ रहे हैं। मैं गली के एक छोर को देख रहा था, खुशाल सिंह दूसरे छोर पर है। वे मेरे पास से गुजर रहे थे, अब आधा रास्ता पार कर चुके होंगे।"

मैंने पूछा, "उनके साथ पहरेदार हैं?"

उसने कहा, "लाइन लगी है, लगभग बीस होंगे। सबके पास पुरानी बन्दूकें हैं। ऐसी सैकड़ों मैं तोड़ सकता हूँ।"

मैंने पूछा, "क्या वे लोग संगीन लगाए हैं?"

उसने कहा, "लगाए हैं तो उससे क्या? आपको देखते ही भाग खड़े होंगे? कायर हैं?"

मैंने कहा, "दौड़कर जाओ और बद्रीनाथ, जो उधर ही है, से कहो कि वे उधर से चल दें और मैं इधर से चलूँगा, जब हम लोगों के निकट होंगे, मैं झिरनी दे दूँगा।"

मेरे चार आदमी पास आ गए, क्योंकि उनसे कह दिया था कि जब मैं किसी से बात करूँ तो तुम लोग आ जाना। बद्रीनाथ के आदमी उसके साथ हो गए और खुशाल सिंह, जो दूसरे छोर पर था, भी उससे मिल गया। यह निर्णायक क्षण थे। हमारी टोलियाँ गली में ठीक एक-दूसरे के विपरीत आगे बढ़ी। मैंने खतरे की कोई बात नहीं सोची, यद्यपि यह प्रथम अवसर था, जब मैंने क्रोधवश किसी मानव पर तलवार उठाई थी। अब मैं उस युद्ध की ओर स्वयं को झोंकनेवाला था। हमारी ढालें ढीली हो गई, जो सरलता से हाथ में आ सकती थीं, परन्तु उनकी पकड़ मजबूत थी। हमारी तलवारें म्यान में आराम से लटक रही थीं।

मैंने देख लिया कि सिपाहियों का दल चला आ रहा था। वे सभी बड़ी लापरवाही के साथ चल रहे थे। अब लोगों ने बन्दियों के हाथ मजबूती से नहीं बाँधे थे। सबको एक ही रस्सी से बाँध रखा था, जिसे उनका नायक अपने हाथ में लिये था। ऐसी अवस्था में बन्दी आसानी से भाग सकते थे।

हमारे सभी आदमी गली के बीच में आ गए और जब सिपाहियों का दल हमारे बिलकुल निकट आ गया, उसी समय मैंने ऊँची आवाज़ में कहा, "भाई पान लाओ।" बस यही संकेत

था, जिसे सुनते ही हमारी तलवारें म्यानों से निकल पड़ी और हम उन सिपाहियों पर टूट पड़े। मैं दाहिने-बाएँ काट करने लगा। दो सिपाही गिर गए। हमारे दूसरे आदमी भी उसी प्रकार सफल हुए। अब मैं कैदियों के पास पहुँचा। मेरे तथा अन्य साथियों की तलवारों से उनके बन्धन कट गए और वे स्वतन्त्र हो गए। जैसा हिम्मत खाँ ने बताया था, आक्रमण होते ही सारे सिपाही भाग खड़े हुए।

मैंने चिल्लाकर कहा, "भाइयो, गली के दरवाजे की ओर भागो, नहीं तो वे बन्द कर दिए जाएँगे। इस सँकरी गली से निकल चलो। किसी को क्या पता कि तुभ लोग कौन हो?"

क्षण भर में हम लोग तितर-बितर हो गए। म्यान में अपनी रक्तरंजित तलवार रखते हुए मैंने चारों ओर सरसरी निगाह दौड़ाई। देखा, पाँच निरीह भूमि पर पड़े कराह रहे थे। इतना बहुत था। मैं भी निकट जो गली दिखाई दी, उससे भागा और फाटक पर पहुँच गया। वहाँ से मीरजुमला तालाब के किनारे लगे बगीचों तथा बाड़ों से होते हुए पिताजी के पास पहुँच गया।

साहब, बन्दियों के रक्षक दल पर हम लोगों ने जितनी तीव्र गति से आक्रमण किया था उतनी जल्दी वह समाप्त भी हो गया। आपको उसका केवल आभास मात्र दे सकता हूँ। जितना समय उसे बताने में लग रहा है उससे कम समय में वह सम्पन्न हो गया। उस समय जो शोर और अव्यवस्था दिखाई दी, वह हम लोगों काा नहीं, वरन् कुछ राहगीरों का काम था, जो उस दृश्य को देख रहे थे। उसके कारण उस गली में कोई खतरा उत्पन्न नहीं हुआ और न वहाँ के निवासी हमारी ओर दौड़े।

प्रातःकाल होते-होते हमारे सभी साथी अपने-अपने स्थान पर पहुँच गए। यह विचार करके कि अब यह नगर हम लोगों के लिए सुरक्षित नहीं है, मेरे पिता ने सब लोगों को हुसेन सागर वाले डेरे पर भेज दिया और वहीं पर प्रतीक्षा करने के लिए कहा क्योंकि हम जानते थे कि हमें खोजने के लिए वहाँ कोई नहीं आएगा।

अब हमें केवल गत दस दिनों में प्राप्त माल का निस्तारण करने का काम शेष रह गया। उसकी कीमत भी अधिक न थी। उसमें कुछ मोतियों की लड़ियाँ, बहुत से शाल और कुछ अनगढ़े रत्न यही अच्छी चीज़े थीं। सोना-चाँदी पहले पिघलाया जा चुका था।

जोहरा के घर पर मारपीट

अब मेरे सामने दो काम थे, एक यदि सम्भव हो तो ज़ोहरा को खोजना, दूसरा हुंडियों की रकम प्राप्त करना।

पहले काम की सफलता की मुझे कोई आशा नहीं थी क्योंकि जिस दिन मैं उसके घर गया था, उसके बाद न तो उसकी, और न बुढ़िया की कोई सूचना मुझे मिली। यद्यपि मैंने उस पर निगाह रखने के लिए आदमी लगा दिए थे। बुढ़िया को मैंने रिश्वत के रूप में अच्छी रकम दी थी, और मुझे मालूम था कि यदि उसे कोई सूचना मिली तो वह अवश्य मुझे बताएगी। मैं स्वयं उसके घर के सामने कई बार इस आशा से निकला कि शायद अचानक उससे मुलाकात हो जाए। लेकिन सभी प्रयत्न व्यर्थ हुए। इस समय जब मैं आपके साथ बात कर रहा हूँ, मैंने

निराश हो कर उसे बिलकुल त्याग दिया था। साहब, यदि मैं ऐसा न करता तो अपने पेशे के प्रति अत्यधिक रुचि होते हुए भी, मैं उदासीनता और अधमता के गर्त में सदैव के लिए डूब जाता। मैं इतने अनुराग और इतनी गहनता से उसे प्यार करता था। यही वह बात थी, जिसने मेरा मुझी से उद्धार कराया, क्योंकि साहसिक कामों में मैं शेष लोगों से पीछे नहीं रह सकता था और जब एक बार पूरा दल मेरे निर्देशन में आ गया, तो उसके लिए व्यवसाय प्राप्त करने में मुझे निरन्तर लगे रहना था।

अपने बन्दी बनाए गए भाइयों के उद्धार होने के दूसरे दिन हम लोग विचार-विमर्श के लिए एकत्र हुए, जिसमें सभी मुख्य सदस्य उपस्थित थे। उसे विस्तार से बताने की आवश्यकता नहीं, इतना कहना पर्याप्त होगा कि सभी लोग इस विचार से सहमत थे, कि हम लोग बहुत दिनों तक एक साथ सुरक्षित रहने के पश्चात् यह निश्चय करते हैं कि कल अथवा अधिक से अधिक परसों हम लोग यहाँ से चल दें। टोलियों में बँटे हुए दल के सभी लोग बीदर की ओर वाले निकटतम मार्ग को पकड़ें, जो पट्टनचेरी से आगे निकलती है। यही स्थान हमारा मिलन-स्थल होगा। वहीं से सब लोग साथ-साथ आगे जाएँगे।

अब मेरे पास बहुत कम समय शेष था। अतः जितना शीघ्र हो सका मैं बद्रीनाथ और मोतीराम को लेकर नगर में गया। चारमीनार जाकर हम लोग उसकी सीढ़ियों पर बैठ गए। वहाँ हमने लोगों के मुँह से कोतवाल के सिपाहियों के साथ हुई अपनी मुठभेड़ सम्बन्धी अजीब-अजीब कहानियाँ सुनीं। प्रत्येक पक्ष के मृत और घायलों के विवरण हास्यास्पद और नितान्त असंगत थे। आप कल्पना कर सकते हैं कि उन्हें सुनकर हमें कितना मज़ा आया होगा। कहनेवालों का दावा था कि पूरी घटना उन्होंने प्रत्यक्ष रूप से स्वयं देखी थी अथवा किसी सन्देहरहित सूत्र से सुनी थी। लेकिन हम लोग यहाँ कुछ समय के लिए गप्पें सुनकर अपना समय नष्ट करने नहीं आए थे। हमारा उद्देश्य सैयद मुहम्मद अली उर्फ कमाल खाँ के माल से प्राप्त हुंडियों को भुनाना था। इसके लिए चारमीनार ही सबसे उपयुक्त स्थान था, जहाँ उन्हें पढ़नेवाला आसानी के साथ मिल सकता था और यह ज्ञात हो सकता था कि उनका भुगतान कहाँ से होगा?

वहाँ बैठे-बैठे हमें एक मरमुखा-सा आदमी दिखाई दिया जो अपनी पगड़ी और कान के बीच कलम खोंसे, स्याही की दवात लटकाए और कागजों का पुलिंदा लिये था। मैंने समझ लिया कि यह आदमी हमारे काम में सहायक होगा। मैंने उसे अपने पास बुलाया और वह झटपट मेरे पास आ गया।

उससे मैंने पूछा, "गुजराती पढ़ सकते हो?"

उसने उत्तर दिया, "अरे हुजूर केवल पढ़ ही नहीं लिख भी सकता हूँ, क्योंकि यह मेरी मातृभाषा है! बोलिए क्या आदेश है?"

मैंने कहा, "कोई बड़ा काम नहीं, केवल हुंडी पढ़ना है।"

मैंने उसे हुंडी दी।

उसने बताया, "यह आदेश है साहब, कमाल खाँ के प्रति, सम्भवतः यह हुजूर का नाम होगा, और नान्देड़ के बिहारीमल द्वारा जारी किया गया तथा बेगम बाजार के गोपाल चन्द्र बिशन चन्द्र के नाम कि वे नौ दिन में चार सौ रुपए का भुगतान कर दें।"

मैंने पूछा, "क्या यह बान सही तौर पर लिखी गई है?"

उसने हुंडी को एक बार फिर देखा और उलट-पलटकर जाँचने के बाद कहा, "क्या आपको

इसमें कोई सन्देह है?"

मैंने कहा, "अल्लाह न करे यह ग़लत हो, नहीं तो मैं और मेरे साथ के लोग उजड़ जाएँगे क्योंकि मेरे पास इसी प्रकार की और भी हुंडियाँ हैं।"

उसने कहा, "मुझे इस हुंडी में कोई गलती नहीं दिखाई देती। लेकिन और भी दिखाइए।"

मैंने शेष भी दे दिए।

वह बोला, "ये सभी सही हैं। आपको केवल स्वीकारने के लिए ले जाना है। इसकी रकम आपको निश्चित रूप से मिल जाएगी।"

मैंने प्रश्न किया, "क्या वे फर्म जिनके नाम इन्हें जारी किया गया है, प्रसिद्ध हैं?"

उसने बताया, "उनके यहाँ हुंडियों के अतिरिक्त ग्रामीण व्यापार का बहुत बड़ा काम होता है। इसी कारण बड़े-बड़े बैंकर्स की अपेक्षा इन्हें लोग कम जानते हैं। फिर भी यह फर्म सम्मान्य है।"

मैंने पूछा, "उनका घर कहाँ है?"

उसने कहा, "बेगम बाजार में। हुजूर कहें तो मैं साथ चल सकता हूँ।"

मैंने कहा, "ठीक है, चलो। हम लोग अनजान हैं। सम्भव है उनका स्थान हमें जल्दी न मिल सके। तुम्हारी तकलीफ के लिए इनाम देंगे।"

किसी छोटे से फाटक से निकलकर हम नगर के बाहर गए जो चारमीनारवाली सड़क के एक ओर था। शायद उसका नाम दिल्ली गेट था। बाईं ओर मुड़कर और नदी को पार करने के बाद हम धनी और धनाढ्य लोगों की बस्ती में पहुँचे। यहीं उस बैंकर का निवास था, जिसे हम खोज रहे थे। मुख्य मार्ग से निकलनेवाली सड़क अनाज के बोरों से पटी पड़ी थी। वहीं व्यापारवाली गाँठें, गल्लेवाली गाड़ियों के बैल, खाली पड़ी गाड़ियों से निकलना कठिन था। भीड़ तथा इन कठिनाइयों से किसी प्रकार बचते हुए हम साथ-साथ चल पा रहे थे। बाजार में भीड़ तथा सौदा बेचने और खरीदनेवालों का शोर हो रहा था। गाड़ी हाँकनेवाले अलग बैलों को अपशब्द कहते और मारते जाते थे। कहीं अनाज तौला जा रहा था। इस प्रकार रास्ता बनाते हुए किसी प्रतिष्ठित से दिखनेवाले मकान पर पहुँचे। हमारे साथ के आदमी ने वहाँ के साहूकार से हमारा परिचय कराया।

इस समय मैंने अपना साहसी रूप बनाए रखा। मैंने साहूकार को एक हुंड़ी दी। वह वृद्ध पुरुष था। उसने अपनी पगड़ी की तह से चश्मा निकालकर नाक पर रखा और ध्यान से हुंड़ी पढ़ने लगा। फिर उसे उलट-पलटकर पूरी तरह जाँच कर ली। अपने चश्मे के अन्दर से वह बार-बार मुझे सन्देह की दृष्टि से देख लेता था।

मैं मानता हूँ कि यदि मैं अकेला होता, तो यह बात मुझे अच्छी न लगती। लेकिन मेरे साथ दो व्यक्ति और थे, अतः मैंने इस ओर चिन्ता नहीं की और यदि कोई बुरी स्थिति आती तो उसके लिए हमारे शस्त्र तैयार थे। अपनी स्वाधीनता के लिए हम उनका प्रयोग अवश्य करते।

"मैं आपसे कुछ बात करना चाहता हूँ। आप मेरे साथ दूसरे कमरे में चलिए।" साहूकार ने कमरे की ओर संकेत करते हुए कहा। वह उठा और मैं उसके पीछे चला।

उसने चिन्तित होकर प्रश्न किया, "आपने इसे कैसे पाया? और आप कौन हैं?"

मैंने उत्तर दिया, "मैं कौन हूँ, यह जानने की आपको कोई आवश्यकता नहीं। आपको केवल इतना जानना पर्याप्त है कि इस हुंडी की रकम मुझे प्राप्त होनी है, साथ ही इनकी भी।"

यह कहकर मैंने शेष हुंडियाँ भी उसे दे दीं।

सबका परीक्षण करने के बाद उसने कहा, “यह बात समझ में नहीं आ रही है कि इन्हें कोई दूसरा व्यक्ति क्या दे रहा है? बड़ी विलक्षण बात है। युवक आपके पास इसे उपस्थित करने का क्या अधिकार है?”

मैंने उत्तर दिया, “मैं उसी के अधिकार से दे रहा हूँ जिसके नाम ये जारी की गई थीं।”

उसने कहा, “आप अपना नाम बताइए और उस साहूकार का भी जिसने इन्हें जारी किया था।”

मैंने बताया, “कमाल खाँ और साहूकार का नाम है बिहारीमल।”

साहूकार बोला, “यह पर्याप्त नहीं। आपने इसे लाकर बहुत बड़ी गलती की। जारी करनेवाले का नाम आपको कोई भी बता सकता था।”

“सम्भव है इसकी सहायता से आप मामले को और समझ सकें।” यह कहकर मैंने अपनी कमर से सैयद की सील निकालकर दी।

उसने सील की जाँच की और कमरे में रखे सन्दूक से कागज का एक पुलिंदा निकाला।

पढ़ने के बाद बोला, “हाँ, यही है सैयद मुहम्मद अली का खाता। युवक, यदि यह सील नकली होती तो तुरन्त उसका पता चल जाता। आप स्वयं देखिए, सैयद साहब की सील।” उसने एक कागज पर छाप लगा दी।

मैं स्वीकार करता हूँ कि मैं उस समय बड़ी दुविधा में था क्योंकि यदि संयोग से मेरे हाथ में ग़लत सील आ जाती, तो मैं अवश्य पकड़ा जाता। लेकिन मैंने वह अँगूठी स्वयं उसी के हाथ से निकाली थी और उसके पास कोई दूसरी होने की सम्भावना भी नहीं थी। फिर भी कागज पर उसकी छाप देखकर मुझे सन्तोष हो गया कि दोनों एक जैसी थीं।

“अब इसका प्रमाण देखिए,” यह कहकर उसने सील को स्याही पर रगड़ा और एक कागज लेकर उसे अपनी जीभ से गीला किया और कहा, “युवक, यदि धोखा देने की कोशिश करते तो अवश्य पकड़े जाते। क्या मैं इसे छाप दूँ।”

मैंने कहा, “अवश्य, मैं धोखा देना जानता ही नहीं। सैयद साहब ने सील मुझे इसीलिए दी थी, ताकि आपको विश्वास हो।”

उसने कागज पर सील लगाई और उठा लिया। छाप स्पष्ट लगी थी। वह खाते में लगी सील के समान थी।

बाद में उसने कहा, “अब यह सही हो गया। यद्यपि मैं फारसी नहीं जानता लेकिन अंक वहीं हैं, आकार भी सही है, इसलिए मुझे अब कोई सन्देह नहीं रहा। लेकिन फिर भी यह आश्चर्यजनक था।”

मैंने कहा, “मैं केवल यही कह सकता हूँ कि मैं सैयद साहब का गुप्त एजेंट हूँ और उन्होंने ही मुझे रकम लेने भेजा है। यदि आप नहीं देना चाहते, तो वैसा कहिए। मैं उन्हें लिख दूँगा।”

साहूकार, “ऐसी बात नहीं। रकम हाज़िर है। लेकिन सैयद साहब स्वयं क्यों नहीं आए? हुंडियाँ केवल उन्हीं को भुगतान करने के लिए बनाई गई थीं।”

मैंने कहा, “यह बात तो ठीक है लेकिन यदि आप उन पर विश्वास करते हों और मुझे मालूम भी यही होता है, तो इस समय उनके नगर से बाहर होने के विशेष कारण हैं। उन्हें इस समय रुपए की आवश्यकता थी, इसलिए उन्होंने मुझे भेजा।”

उसने पूछा, "और वे हैं कहाँ?"

मैंने कहा, "यह मैं आपको नहीं बता सकता। इस बात को किसी को भी नहीं बताया जा सकता। आपको इतना जान लेना पर्याप्त है कि उचित समय पर वे स्वयं अज्ञातवास से बाहर आ जाएँगे।"

साहब, मैंने कितना सच कहा, क्योंकि क्या कयामत के दिन वह नहीं उठेगा?

(और अमीर अली स्वयं अपने दम्भ पर खूब हँसा।)

साहूकार ने कहा, "ठीक है। आपको रकम देने में अब कोई सन्देह नहीं। आप कब चाहते हैं? हुंडियाँ नौ दिन अवधि की हैं।"

मैंने कहा, "अब मैं अपना समय नष्ट नहीं कर सकता। मुझे कल सुबह जाना है। आप नौ दिन का ब्याज काट सकते हैं। लेकिन रुकिए, सैयद ने यह भी कहा था कि यदि आपका कोई पावना उन पर हो तो उसे भी आप काट सकते हैं और इस प्रकार जो शेष रकम हो उसे आप मुझे भुगतान कर दें।"

साहूकार, "अच्छा मैं देखता हूँ।"

उसने अपनी बही निकाली और बोला, "ओह, यह रहा उनका खाता। अन्तिम शेष पन्द्रह सफर तक का लगभग एक वर्ष पूर्व का है। उनके हिसाब में तीन सौ बारह रुपए चार आने निकलते हैं।"

मैंने कहा, "यही होगा। अब आप भुगतान कीजिए और रसीद बना दीजिए, मैं हस्ताक्षर कर दूँगा। लेकिन उसे साथ ही ले जाना है।"

साहूकार ने एक आदमी भीतर बुलाया।

उससे कहा, "इन हुंडियों को बही में चढ़ा लो और इनकी रकम निकालो और रसीद बना लो। आपका नाम?"

"अमीर अली, नाचीज़ सैयद।"

रकम भली भाँति गिनी गई। ब्याज की छोटी सी रकम घटा दी गई और पूरा रुपया मुझे भुगतान कर दिया गया। अपनी और सैयद की मुहर रसीद पर लगाई। यह देखने के बाद कि रकम साहूकार की बही से काट दी गई, मेरे लिए वहाँ अधिक रुकने की आवश्यकता नहीं थी।

साहूकार ने पूछा, "इतना सारा रुपया आप कैसे ले जाएँगे। इतनी रात को इस इलाके में दिखाई देना सुरक्षित नहीं है, ऊपर से जब उसके पास इतनी बड़ी रकम हो।"

मैंने कहा, "आप इस बात से निश्चिन्त रहें। हम तीन लोग काफी हृष्ट-पुष्ट हैं और अपने दायित्व की रक्षा करना खूब जानते हैं।"

उसने कहा, "फिर भी आप रुपए लादने के लिए मेरे दो आदमी ले लीजिए।"

वह आदमी जो हमारे साथ आया था, बोला, "यदि आज्ञा हो तो मैं कुछ ले चलूँ। भगवान जानता है, आज मुझे भोजन तक नसीब नहीं हुआ। और यदि ये भद्र पुरुष न मिल जाते तो पता नहीं कहाँ व्रत टूटता। इन्होंने जो कुछ देने के लिए कहा था, उससे कुछ अधिक मिल जाता, तो ठीक होगा।"

मैंने पूछा, "अच्छा तुम कितना उठा सकते हो?"

उसने उत्तर दिया, "दो हजार रुपए, यदि हुजूर अवसर दें।"

मैंने कहा, "ठीक है, वह थैला उठा लो।"

शेष रुपए हमने आपस में बाँट लिये और वहाँ से चल दिए। जिस मार्ग से आए थे, उससे नहीं लौटे, वरन् नगर को बचाकर अंग्रेज रेजीडेंट की कोठी की बगल से नदी पार की और दूसरी ओर की सँकरी गलियों से होकर अपने निवास आ गए। जब हम आगे बढ़ रहे थे, मैंने रयसी (गुप्त भाषा) में बद्रीनाथ से कहा, "इस आदमी का जीवित रहना ठीक नहीं, साहूकार के पास हमारा भेद सुरक्षित रहेगा, परन्तु अन्य किसी के पास नहीं। तुम क्या कहते हो?"

उसने कहा, "मैं तुम्हारी बात से सहमत हूँ। इसकी लाश किसी कुएँ में फेंक देंगे। मेरे ख्याल से कुआँ भी अधिक दूर नहीं है, आज सुबह वहाँ मैंने स्नान किया था।"

मैंने कहा, "बहुत ठीक। जब वह स्थान आ जाए, तो संकेत कर देना। उसने जो रुपए लादे और इतनी तकलीफ उठाई उस सबका हिसाब चुका दूँगा।"

हम कुएँ तक पहुँच गए। संकेत मिल गया। मैं और मेरा शिकार दोनों तैयार थे। चूँकि रुपए का थैला उसके कन्धे पर था, इसलिए उसने कठिन संघर्ष किया। मेरे रूमाल का खेल मजेदार नहीं रहा। फिर भी वह समाप्त हो गया। उसकी लाश कुएँ में फेंक दी गई। उसके कपड़ों में एक बड़ा पत्थर बाँध दिया था, जिससे लाश पानी में डूब जाए।

साहब, बड़ी बिचित्र बात है। उस व्यक्ति ने अपनी निर्धनता का कितना दयनीय वर्णन किया था फिर भी उसकी कमर से तैंतालीस रुपए निकले।

मेरी सफलता पर पिताजी की प्रसन्नता का अनुमान आप कर सकते हैं। मेरी कार्य कुशलता तथा प्रत्युत्पन्नमति के महत्त्व को उन्होंने समझ लिया था। इसे सिद्ध करने के लिए उन्होंने हमारे द्वारा लाई गई रकम में से पाँच सौ रुपए मुझे दिए।

यह सब करने के उपरान्त मैंने ज़ोहरा के लिए अन्तिम प्रयास करने का निश्चय किया। क्योंकि मैंने विचार किया था कि इसी पुरस्कार की रकम से उस बूढ़ी ज़ोहरा की माँ को रिश्वत दे दूँगा। देर तो हो चुकी थी। कोई बहाना करके मैं नगर की ओर चल दिया और शीघ्र ही अपनी जानी-पहचानी गली में पहुँच गया। मैं घर का द्वार खुला देखकर उसके अन्दर दाखिल हो गया। वहाँ मुझे वह बुढ़िया और ज़ोहरा की बहन मिल गईं।

मुझे देखते ही वे उठ खड़ी हो गईं। और बड़े प्रेम से मेरा स्वागत किया। अपने दोनों हाथों से मेरी बलैया लेती हुई बोली,

"मीर साहब, मोहर्रम के बाद आप यहाँ नहीं आए। आप जानते हैं कि आप हमारे प्रिय मेहमान हैं, फिर भी दिखाई नहीं दिए। हमारी ओर से ऐसा खिंचाव रखने का क्या कारण है?"

स्वयं को दरवाजे से ही लौटा देने के लिए मैं उस बुढ़िया को दोष नहीं देना चाहता था, जिसका वर्णन मैं कर चुका था, इसलिए मैंने कहा, "मैं शहर से बाहर चला गया था, और अभी वापस आकर आपको सम्मान देने आया हूँ" फिर पूछा, "अम्मी, ज़ोहरा कहाँ गई? गुलाब से बुलबुल कैसे बिछुड़ गई।"

बुढ़िया ने कहा, "ज़ोहरा, अरे क्या आप उस बेवकूफ लड़की को अभी तक नहीं भूले? देखिए, यह जीनत बी है न, यह आपके पीछे मरी जा रही है। उसने जबसे आपको देखा है दीवानी हो रही है।"

अपना मुँह ढँककर जीनत बोली, "तोबा, तोबा, अम्मी जरा शरम करो, ऐसा क्यों कर रही हो? तुम्हें झूठ बोलने की क्या जरूरत है?"

मेरी छोटी दाढ़ी को सहलाते हुए बुढ़िया बोली, "मीर साहब, मैं सच कह रही हूँ, इस मूर्ख लड़की का मन आप पर फिदा हो गया है। मैं कसम से कहती हूँ।"

अब मैं क्या करता? मैंने यह तुरन्त देख लिया कि यदि मैं जीनत के प्रति अपना प्रेम-प्रदर्शन नहीं करता तो ज़ोहरा का समाचार मिलना असम्भव था लेकिन इतनी आसानी से उसे मैं नहीं भुला सका। उसी के प्रति प्रेम के कारण जीनत से मुझे घृणा थी। मैंने सोचा कि जहाँ तक सम्भव हो मामला तुरन्त सुलझा लेना चाहिए।

मैंने कहा, "अम्मी जान, मुझे आपकी लड़की के प्रेम पर गर्व है। मेरे जैसे जवान आदमी के प्रति आपके कथनानुसार उसका झुकाव होना मेरे लिए प्रसन्नता की बात है, परन्तु मैं ज़ोहरा को नहीं भूल सकता। मुझे यह बताइए, आपकी जान कसम मैं जोहरा से मिल सकता हूँ या नहीं? अब मेरी बात सुनिए। मैं कोई पैसेवाला नहीं हूँ और न वह हूँ जो उस पर हजारों लुटा दें लेकिन जो कुछ भी मेरे पास है वह उसका सदैव बना रहेगा, और आपका भी यदि उसको मुझे सौंप दें। बोलिए क्या आप उसे देंगी?"

बुढ़िया बोली, "आप क्या पेशकश कर रहे हैं? मेरे ख्याल से ऐसा प्रस्ताव लेकर यहाँ आनेवाले आप अवश्य कोई छिपे हुए रईस होंगे।"

मैंने कहा, "मैं कोई रईस-ताल्लुकेदार नहीं हूँ। बल्कि एक मामूली सैयद हूँ। मेरे पास पाँच सौ रुपए हैं। ये सब आपके होंगे, यदि आप हमेशा के लिए ज़ोहरा को मुझे दे दें। कुछ तो बोलिए। मैं कल जाऊँगा। हम किसी मुल्ला को बुलवाएँगे और निकाह हो जाएगा।"

"पाँच सौ रुपए।" यह कहते हुए वह और उसकी लड़की की हँसी रोके नहीं रुक रही थी।

फिर कहती रही, "पाँच सौ रुपए, अरे इनसान तू क्या पागल हो गया या पीकर आया है?"

मैंने क्रोध से उत्तर दिया, "मैं न पागल हूँ और न पीकर आया हूँ। मैं तुम लोगों की तरह ही सामान्य हूँ, यही नहीं उससे भी अधिक हूँ।"

बुढ़िया बोली, "यदि आप वैसे हों, तो अल्लाह के नाम पर यह आपके दिमाग में कैसे आया कि हम केवल पाँच सौ रुपए लेकर ज़ोहरा को तुम्हें दे देंगे। इसके लिए पाँच हजार क्या उससे भी दुगुनी रकम नाकाफी होगी।"

मैंने कहा, "तो तुम दोनों ही शैतान की औलादें हो। मैं तुम लागों पर थूकता हूँ। मुझे अपने घर से किसी कुत्ते की भाँति निकालकर भी तुम्हें सन्तोष नहीं हुआ और अब इस धरती पर मेरी अकेली खुशी को मुझे देने से इनकार कर रही हो। मोहतरमा, क्या तुम लोग हृदयहीन हो?"

क्रोध से वह कहने लगी, "हाँ, हमने आपको निकाल दिया था और अब भी वही कर रही हूँ। निकल जाइए और आज रात को जिस प्रकार अन्दर घुस आए, भविष्य में ऐसा साहस कभी मत करना। नहीं तो कुछ मुस्टंडे बुलवाकर कुत्ते की तरह डंडों से पिटवाकर निकलवा दूँगी। कुत्ते की औलाद हो।"

मैंने कहा, "मोहतरमा, चुप ही रहो। खबरदार जो मेरे पिता को गाली दी।"

वह बकने लगी, "उसके मुँह में खाक भर जाए। उसकी कब्र नापाक हो, उसकी माँ..."

मैं इसके आगे और सहन नहीं कर सका। दरवाजे पर जाकर जूता उठा लिया और धमका

कर कहा, "अब अगर एक भी गाली का शब्द मुँह से निकला तो मैं तेरे मुँह पर यही तड़ातड़ लगाऊँगा।"

परन्तु वह कहाँ रुकनेवाली थी। उसके मुँह से नई-नई गालियों की वर्षा होने लगी और मैं वास्तव में अत्यन्त उत्तेजित था। अधिक सहन नहीं कर सका। दौड़कर जूते से उसके मुँह की मरम्मत करने लगा। उस पर थूक दिया। उसकी लड़की भागती हुई ज़ीने पर गई और शोर मचाने लगी,

"चोर-चोर, दौड़ो वह हमें मारे डाल रहा है। कासिम, मुहम्मद अली, तुम लोग कहाँ चले गए? हमारा कत्ल हो रहा है। तलवारें लेकर आओ। इसे मार डालो।"

मैंने बुढ़िया की अच्छी तरह पिटाई कर दी थी और सोचा कि अब यहाँ से भाग जाने में ही भलाई थी। इस विचार से दरवाजे पर आया और जीनत को पूरी ताकत से दूसरे कमरे में ढकेल दिया। मैंने देखा कि वह धड़ाम से गिरी थी। मैं सीढ़ियों से उतर ही रहा था कि आधी दूर पर एक आदमी तलवार लेकर चढ़ने लगा। वह रुककर तलवार का वार मेरे ऊपर करनेवाला था कि मैंने उसकी बाँह पकड़कर नीचे ढकेल दिया। वह लुढ़कते हुए नीचे आ गया और मैं उसके ऊपर से कूदकर क्षण भर में सड़क पर आ गया।

आगे बढ़ते हुए मैं सोच रहा था कि ज़ोहरा तो मुझे नहीं मिली लेकिन उस शैतान बुढ़िया की खासी मरम्मत कर दी। यही सन्तोष की बात थी। मेरी वीरता की यह दास्तान सुनकर बद्रीनाथ को अवश्य हँसी आएगी।

अज़ीमा के उद्धार का वचन

किसी सम्मान्य व्यक्ति के घर के गेट से सामने से जैसे मैं गुज़रा कि किसी की धीमी और मधुर आवाज सुनाई दी, "ऐ जवान, खुदा के लिए आकर मेरी मालकिन को बचा लो।"

बोलनेवाली कोई युवा लड़की थी जो नौकरानी लग रही थी उसे देखकर सोचा कि क्या किसी नए जोखिम का सामना होगा?" मैंने पूछा, "तुम कौन हो?"

उसने कहा, "इसमें कोई मतलब नहीं। क्या कल दोपहर बाद और दो लोगों के साथ आप इधर से नहीं गए थे?"

"गया तो था, लेकिन उससे क्या?" मैंने कहा।

वह बोली, "उसी से सब कुछ हुआ। मेरी मालकिन, जो पूनम के चाँद से भी अधिक हसीन हैं, आपको देखकर दीवानी हो गई हैं।"

मैंने कहा, "इसका मुझे अफसोस है, परन्तु मैं यह नहीं समझ पा रहा कि उसकी कैसे सहायता कर सकता हूँ।"

लड़की बोली, "आपको अवश्य मदद करनी है, अन्यथा वह मर जाएगी। मेरे पीछे चले आइए, मैं आपको उसके पास ले चलती हूँ।"

पहले मैं झिझका क्योंकि मैंने बेखबर लोगों को लुभाकर दुष्ट औरतों के परितोषण के लिए घरों के अन्दर लुभाकर ले जाने और फिर उनकी हत्या कर देने के अजीब किस्से सुने थे। लेकिन

यह विचार क्षणिक था।

मैंने मन ही मन कहा, "साहस करो, अमीर अली, अपनी खुशनसीबी पर भरोसा रखो और इसके पीछे जाओ, इंशाअल्ला कोई खेल अवश्य होगा।"

मैंने लड़की से कहा, "देखो मैं सशस्त्र हूँ और तुम्हारे पीछे चलूँगा। परन्तु यदि कोई हिंसा हुई तो मेरे विरुद्ध जो भी होंगे, उन्हें मेरी पैनी तलवार की धार का मजा चखना पड़ेगा।"

उसने कहा, "आपके सिर की कसम, खतरे की कोई बात नहीं है। मेरे मालिक बाहर गए हैं, उनके साथ सारे लोग भी गए। इस समय घर में मैं, दो गुलाम और दो-तीन बूढ़ी औरतों के सिवा कोई नहीं है।"

मैंने कहा, "तो चलो, मैं पीछे आता हूँ।"

वह दरवाजे के अन्दर गई और आँगन से होते हुए एक खुले हुए कमरे में मुझे ले गई, जहाँ एक लड़की बैठी थी, जो कीमती पोशाक धारण किए थी और परम सुन्दरी थी। मुझे देखते ही उसने अपने दुपट्टे से स्वयं को ढँक लिया और उसके मुँह से निकला, "या अल्लाह, यह तो वही हैं। क्या मैं इतनी खुशनसीब हूँ।"

मैंने कहा, "जी हाँ, मोहतरमा, तुम्हारा गुलाम तुम्हारे कदमों में हाज़िर है, और यह इल्तिजा कर रहा है कि तुम अपना घूँघट हटा दो, जिसने जन्नत की हूर को किसी सच्चा ईमान रखनेवाले से दूर कर रखा है।"

उसने नीम बेहोशी में कहा, "जाइए, यहाँ आपके होते हुए मुझे देखने का साहस नहीं हो रहा है। अल्लाह के नाम पर आप मेरे बारे में क्या नहीं सोच रहे होंगे?"

मैंने कहा, "तुम्हारा गुलाम अपनी बिरादरी में अत्यन्त लोकप्रिय है। मैं अनुनय करता हूँ कि मेरी ओर देखो और फिर चाहे यहाँ से निकाल देना।"

उसने कहा, "मैं ऐसा नहीं कर सकती, मुझे साहस नहीं हो रहा है। आह, धाय, तू मुझसे क्या करवाना चाहती है?"

बूढ़ी औरत ने इशारा किया कि मैं स्वयं उसके चेहरे से घूँघट हटा दूँ, और मैंने बड़ी विनम्रता के साथ उसे हटा दिया। यद्यपि उसी बेहोशी के आलम में उसने मुझे वर्जित किया लेकिन वह व्यर्थ था। घूँघट हटने के साथ ही एक जोड़ी अभूतपूर्व मनमोहक आँखें काँपती दृष्टि से मुझ पर गड़ गईं। मैंने उसे अपने हृदय से लगा लिया।

बूढ़ी औरत ने कहा, "यही ठीक है, प्रेमी में जोश देखना मुझे अच्छा लगता है। माशाअल्ला, ये तो कोई कुलीन जवान लगते हैं?"

यह कहते हुए वह मेरे निकट आकर बलैया लेने लगी।

उसने कहा, "मैं अब जा रही हूँ। तुम दोनों को आपस में बहुत कुछ कहना-सुनना है। और रात भी व्यतीत हो रही है।"

लड़की ने कहा, "नहीं, नहीं, मुझे इस प्रकार मत छोड़ो, ठहरो, मेरी अच्छी धाय। मुझे इनके साथ अकेली रहने का साहस नहीं है।"

बूढ़ी ने कहा, "यह पागलपन है, मूर्खता है। हुजूर आप ख्याल न करें"

और वह कमरे से निकल गई।

मैंने कहा, "मोहतरमा, डरो नहीं, अपने गुलाम पर भरोसा रखो।"

मैं उससे अलग होकर, कालीन के किनारे बैठ गया।

उसने कहा, "साहब, आप मेरे विषय में न जाने क्या सोचते होंगे? मैं यह कहने में असमर्थ हूँ कि कल आपको इधर से जाते हुए देखकर मैं कितनी अनुरक्त हो गई। परन्तु यही हुआ था। आपकी खूबसूरती देखकर मेरा कलेजा मुँह को आ गया। मैं आपके लिए इतनी बेदार हो गई कि मेरी लौडियों ने सोचा कि मैं मर जाऊँगी। उन लोगों ने कहा कि आप पर निगाह रखेंगी। अल्लाह ने मेरी विनय सुन ली और आपको यहाँ भेज दिया।"

मैंने कहा, "उसने तुम्हें एक निष्ठावान सेवक भेज दिया, जिसकी आत्मा प्रेम की ज्वाला से जल रही है, जैसे कोई बुलबुल गुलाब के लिए। मैं तुम्हारी इच्छानुसार चलूँगा।"

उसने कहा, "जब आप मेरी कहानी सुनेंगे, तभी जान सकेंगे कि मैं कितनी दुखी हूँ। मैं उसे संक्षेप में बताऊँगी। मैं एक सीधे-सादे माँ-बाप की लड़की थी। सभी लोग मुझे सुन्दर समझते थे। पति के साथ मेरा विवाह कर दिया गया, ऐसा मुझे बताया गया, परन्तु वास्तव में मुझे बेच दिया गया था। साहब, वह बूढ़ा है और अत्याचारी भी। उसने मुझे जूतियों से पीटा। तब मैंने कुरान पाक की कसम खाई कि अब मैं उसके साथ नहीं रह सकती। जो हो, मैंने यही कसम खाई है। मैं कल ही यहाँ से भाग जानेवाली थी, लेकिन मैंने आपको देख लिया और अल्लाह से प्रार्थना की कि वह आपको मेरे पास भेज दे और उसने आपको यहाँ भेज दिया। अब आप मेरे विषय में सोचिए कि क्या करना है। लेकिन मुझे बचा लीजिए।"

यह कहते हुए वह उठ खड़ी हुई और मेरे पैरों पर गिरकर मेरे घुटने पकड़ लिये। और बोली, "आप मेरी रक्षा करने से इनकार नहीं करेंगे। यदि ऐसा किया और मेरे लिए आपका हृदय कठोर बना रहा, तब फिर मेरे लिए केवल एक मार्ग शेष रह जाएगा। मैंने जहर तैयार रखा है, और कल का सूरज मेरी लाश पर उदय होगा।"

मैंने कहा, "अल्लाह बचाए। उसने मुझे तुम्हारे पास भेजा है, और भेजा है एक चाहनेवाला और एक निर्भीक गुलाम। इसी समय मेरे साथ निकल चलो। मैं तुम्हें अपने ऐसे पिता के पास ले चलूँगा जो तुम्हारा स्वागत करेंगे और हम ऐसे देश चलेंगे जहाँ हमारे पलायन का भेद कभी नहीं खुलेगा।"

उसने आश्चर्य से पूछा, "क्या अभी, इतनी जल्दी।"

मैंने कहा, "ओह मोहतरमा, अभी, इस घर को इसी क्षण त्याग दो। मैं अपने प्राण देकर भी तुम्हारी रक्षा करूँगा।"

उसने कहा, "नहीं साहब, मेरी हिम्मत नहीं पड़ती। यदि हम पकड़े गए तो पता नहीं हमारा क्या होगा? आप मर्द हैं निकल जाएँगे लेकिन मैं औरत की नियति जानती हूँ, क्या होगा यदि किसी साजिश में फँस गई।"

मैंने कहा, "तब फिर क्या किया जा सकता है? अफसोस है कि मैं इस नगर में अपरिचित हूँ और समझ में नहीं आता क्या सलाह दूँ।"

उसने कहा, "मैं अपनी धाय को बुलाती हूँ। हम उसी पर सब निर्णय छोड़ देंगे। कल्लो!"

बूढ़ी अन्दर आ गई और पूछा, "क्या हुक्म देती है?"

मैंने कहा, "सुनो, मैं इसे पूरे हृदय से प्यार करता हूँ लेकिन हमें अपने प्यार का प्रदर्शन करने के लिए यह स्थान उचित नहीं है क्योंकि यहाँ खतरा है और इसीलिए हमें यहाँ से निकल जाना चाहिए। मैं इस नगर से अपरिचित हूँ और अपने देश हिन्दुस्तान जानेवाला हूँ। वहाँ इसे सुरक्षित ले जाऊँगा। यह मेरे साथ जाने के लिए तैयार भी है, बस तुम्हारी सहायता और सलाह

की आवश्यकता है।"

उसने कहा, "निकल चलना। घर और सबको छोड़कर हिन्दुस्तान के लिए और फिर किसी अनजान आदमी के साथ, अज़ीमा बी, यह सरासर पागलपन होगा। तुम्हें क्या मालूम कि ये कौन हैं? और तुम्हें कहाँ ले जाकर पटक देंगे? मैं तुम्हारी कोई मदद नहीं कर सकती। मैं दिल से चाहती थी कि तुम्हें कोई प्रेमी मिल जाए और इस काम में मैंने मदद भी की। लेकिन यह तो कोरा पागलपन होगा। हम बरबाद हो जाएँगे।"

मैंने कहा, "अम्मी, मैं कोई धोखेबाज आदमी नहीं। मैं तुम्हारे सिर और आँखों की कसम खाकर कहता हूँ कि मैं हमेशा ईमानदार रहूँगा। तुम हम दोनों ऐसे बेचारे जीवों की मदद करो जिनका प्यार एक-दूसरे पर अटल है। हम अपनी अन्तिम साँस तक अल्लाह से यही दुआ करेंगे कि वह तुम्हारे सिर पर अपनी रहमत अता फरमाए। मैं कल यहाँ से जाना चाहता हूँ। मेरे पिता व्यापार करते हैं और मेरे साथ हैं। उनके पास हम दोनों के लिए पर्याप्त सम्पत्ति है। मैं उनका एक मात्र पुत्र हूँ। हम शीघ्र ही अपना पीछा करनेवालों से बहुत दूर चले जाएँगे। अपने सुखी जीवन के निर्माण में सहायता देने के लिए हम हमेशा तुम्हें दुआएँ देते रहेंगे। ओह, धाय, क्या तुम कोई प्रबन्ध नहीं कर सकती? गोलकुंडा के निकट निकलनेवाले मार्ग में कोई ऐसा स्थान नहीं है जहाँ हम मिल जाएँ? मैं तुम्हें अच्छा पुरस्कार दूँगा। इस समय मैं तुम्हें एक सौ रुपए दे रहा हूँ, यदि तुम मेरा कहना मान लो।"

अज़ीमा को भी मेरे शब्द सुनकर साहस आ गया। वह बुढ़िया के कदमों पर गिर पड़ी और बोली, "कल्लो, तुम मुझे बचपन से जानती हो और मैं भी तुम्हें अपने बचपन से चाहती हूँ। अफसोस यही है कि अब मेरे माता-पिता कोई नहीं हैं। तुम जानती हो क्या उसने मुझे जूतों से नहीं पीटा? क्या मैंने यह घर छोड़ने की कसम नहीं खाई? और क्या तुमने भी मेरे सिर पर हाथ रखकर मेरी सहायता करने की कसम नहीं उठाई?"

उसने कहा, "मैं क्या कर सकती हूँ? अफसोस, मैं मजबूर हूँ। मेरी जैसी बूढ़ी औरत क्या कर सकती है।"

मैंने कहा, "क्या तुमने हुसेन शाह वली की दरगाह पर ज़ियारत करने का वादा नहीं किया था? और मेरी बीमारी के बाद पाक सन्त की मजार पर नजर भेंट चढ़ाने के लिए मुझे ले जाने की बात भी नहीं कही थी?"

धाय ने कहा, "अरी मेरी गुलाबो, तूने भले बता दिया, मैं तो भूल ही गई थी। साहब, क्या आप कल दोपहर के समय दरगाह पर मिलेंगे?"

मैंने कहा, "अवश्य आ जाऊँगा। लेकिन धोखा मत देना। मैंने सौ रुपए का जो वादा किया था उसमें पचास रुपए और जुड़ जाएँगे।"

उसने कहा, "आपकी कृपा और उदारता बढ़ती रहे। साहब, मैं इस लड़की को बचपन से ही प्यार करती थी। यद्यपि मेरा हृदय अत्यन्त दुखी रहेगा, फिर भी मैं उसे आगे और ज़लालत की जिन्दगी बसर करने की बजाय आपके हाथों सौंप दूँगी।"

मैंने कहा, "शुक्रिया, शुक्रिया, मुझे तुम्हारे ऊपर विश्वास है, लेकिन इसके सिर पर हाथ रखकर कहो कि तुम अपनी आस्था भंग नहीं करोगी।"

उसने अज़ीमा के सिर पर हाथ रखकर कहा, "मैं कसम से कहती हूँ कि यह तुम्हारी होगी।"

मैंने कहा, "ठीक है, मुझे यकीन हो गया। अब एक बार उसे हृदय से लगा लूँ और चल

दूँ। मेरे पिता चिन्तित होंगे कि कहीं इस उजड्ड नगर में मेरा कत्ल न हो गया हो।"

हम दोनों एक-दूसरे से देर तक आलिंगनबद्ध रहे। फिर मैं अलग हो गया।

मैंने कहा, "कल दरगाह पर हम मिलेंगे और फिर कभी अलगं न होंगे। अच्छा, अलविदा, मेरी प्रिये। जितनी ऊर्जा तुममें हो उसे जाग्रत कर लो। कल का दिन हम दोनों के लिए एक अविस्मरणीय दिन होगा। मैं अल्लाह से खुशपरस्ती की दुआ माँगता हूँ।"

धाय ने कहा, "यही होगा, यही होगा। किसी बात से मत डरो। नरगिस ईमानदार औरत है वह हमारे साथ जाएगी। बाकी देर से सो रही हैं। उन्हें आपके यहाँ होने की बात नहीं मालूम। लेकिन अब जाइए, देर करना खतरनाक है। नरगिस आपको सड़क तक पहुँचा देगी।"

उसने उसी गुलाम लड़की को बुलाया जो मुझे अन्दर लाई थी। वह मुझे दरवाजे तक ले गई।

उसने कहा, "आपकी जान की कसम है। आपके माँ-बाप की कसम है, साहब, आप बेईमानी न कीजिएगा, वरना वह मर जाएगी।"

मैंने कहा, "सुन्दरी, कसम खाने की आवश्यकता नहीं। तुम्हारी मालकिन के सौन्दर्य ने मेरा हृदय द्रवित कर दिया। मैं सदा के लिए उसका हो गया।"

"तब अल्लाह आपकी हिफाजत करे। यही सड़क है जिससे होकर कल आप आए थे।" उसने कहा।

सड़क से घूमता हुआ मैं घर पहुँच गया। मेरे पिताजी सो रहे थे। मैं भी लेट गया। अल्लाह, अल्लाह, कैसा मेरा हृदय धड़क रहा था और कैसा सिर चकरा रहा था। हजारों विचार उठ रहे थे कि अज़ीमा को अपने साथ ही ले आता। और मैं हजारों बार स्वयं अपनी गलती की निन्दा कर रहा था कि उसे छोड़कर क्यों आ गया। जबकि मेरे एक शब्द कहने पर वह अपना घर तथा प्रत्येक बन्धन त्याग देती और मेरे साथ आ जाती। लेकिन इन सब बातों का समय जा चुका था। उलझे हुए विचारों तथा व्यर्थ के पछतावों के बीच मुझे नींद आ गई लेकिन स्वप्नों में भी बाधा होती रही। मैंने उसमें देखा कि जब हम दोनों प्यार की मदिरा पी रहे थे, उसका अपमानित पति अचानक आ पहुँचा और मेरे सिर पर उसकी तलवार चमक रही थी, जिससे वह अपने अपमान का बदला लेनेवाला था। फिर देखा कि वही दरगाह का मुल्ला बना था, और जैसे ही वह हमारे साथ चली, और गाड़ी में चढ़नेवाली थी कि वह दौड़कर आया और उसे पकड़ लिया। मैं उससे उसे छुड़ाने की व्यर्थ कोशिश में लगा रहा। इसी उत्तेजना में मेरी नींद खुल गई। देखा पिताजी खड़े थे।

उन्होंने कहा, "बेटे अमीर अली, खुदा के लिए बताओ तुम्हें क्या हो गया। नमाज का समय हो गया, मैं तुम्हें जगाने आया था। यहाँ देखा कि नींद में उछलकर किसी को पुकार रहे थे। उसका नाम तो ठीक समझ नहीं सका लेकिन किसी औरत का अज़ीमा ऐसा कुछ नाम था। तुम किस चक्कर में थे। कल रात कोई बनिज मिली थी?"

बनिज हम ठगों की भाषा का छद्म शब्द है, जो शिकार के लिए प्रयुक्त किया जाता है। उस विचार मात्र से मैं काँप गया।

मैंने कहा, "नहीं, कुछ नहीं। मैं जाता हूँ। वज़ू करके नमाज़ में आपसे मिलूँगा। मेरे विचारों को शान्ति मिल लाएगी। फिर मैं आपको सब बताऊँगा।"

हमारी नमाज़ समाप्त हुई। मैंने रात की सारी घटना उन्हें सुना दी। ज़ोहरा की माँ के साथ

हुई घटना को सुनकर वे खूब हँसे। कहा उसकी सेवा करके ठीक किया लेकिन जब मैंने अज़ीमा की बात बताई तो उनके चेहरे के भाव बदल गए और परेशान से दिखाई दिए। फिर भी आदि से अन्त तक मेरी बात चुपचाप सुनते रहे। मैंने इसे शुभ शकुन समझा। इन सबका अन्त मैंने उनके कदमों पर गिर कर किया और उनसे अपने मिलन को स्वीकार लेने की प्रार्थना की।

उन्होंने कहा, "अमीर अली, तुम बहुत आगे बढ़ चुके हो, अब वहाँ से लौटना सम्भव नहीं। यदि तुम अज़ीमा को दिए गए अपने वचन पूरा नहीं करोगे तो वह अपने बनाए हुए विष को पी लेगी। इस प्रकार उसकी मृत्यु के एक तुम्ही कारण बन जाओगे। तुम्हारी आत्मा पर भी इसका बड़ा बोझ बना रहेगा, अतः मैं तुम्हें इस मामले में अपनी स्वीकृति देता हूँ। मैं बूढ़ा हो चला, मेरे जीवन के कुछ ही वर्ष शेष होंगे। मैं स्वयं बहुत दिनों से तुम्हारा विवाह किसी भले खानदान में करने का विचार कर रहा था। तुम्हारे बच्चों को देखना चाहता हूँ।

"हिन्दुस्तान से चलने से पहले तुम्हारी शादी करने की कोशिश की परन्तु न हो सका। अब वहाँ की बात व्यर्थ है। तुमने अपनी पसन्द का स्वयं चयन कर लिया, अब उसी पर कायम रहो। अल्लाह ने खुद तुम्हारी दुल्हन भेज दी। मेरी दुआ के साथ उसे स्वीकार करो। तुमने बताया कि वह खूबसूरत है, यह भी तुम्हारी खुशकिस्मती है। तुमने उसकी धाय को कुछ रुपए देने का वचन दिया है, उसके लिए तुम्हें रुपए चाहिए, यदि वह ईमानदार हो तो तुम मेरी ओर से पचास रुपए अधिक दे दो। इसके लिए सोना ले लो, उसे ले जाने में आसानी होगी।"

मैंने कहा, "आपने किसी स्नेहशील और सम्माननीय पिता की भाँति बातें कीं। मैं अब बहुत प्रसन्न हूँ। आपका आशीर्वाद चाहता हूँ। अपनी योजनाओं को कार्यान्वित करने का दायित्व मैं आप पर छोड़ता हूँ। शाम को हम लोग पट्टनचेरू पर मिलेंगे।"

उन्होंने कहा, "इंशाअल्ला हम वहीं मिलेंगे। खूब होशियार और सतर्क रहना। कोई खतरा तो नज़र नहीं आता, फिर भी कछ आदमी साथ में ले लेना ठीक होगा।"

उठकर चलते हुए मैंने कहा, "कुछ विश्वासी आदमी अवश्य ले लूँगा।" और मैं वहाँ से चल दिया।

मेरा घोड़ा तथा साथ चलनेवाले आदमी तैयार थे। लेकिन अज़ीमा के लिए कोई सवारी की आवश्यकता थी। मैं दौड़कर पास के एक मकान पर गया, वहाँ एक आदमी के पास किराए की गाड़ी थी। ज़ोहरा को ले जाने के लिए मैंने उससे पहले ही बात कर ली थी। अब अज़ीमा को ले चलने के लिए मैंने उसे बीदर तक के लिए तय कर लिया।

मैंने कहा, "फ़ाजिल, चलो, मैं तैयार हूँ। समय हो गया।"

उसने अपने दाँत पीसते हुए पूछा, "और मोहतरमा?"

मैंने कहा, "अरे भाई वह भी तैयार है, बस जल्दी करो। हमारे पास एक मिनट का भी फालतू समय नहीं है।"

वह बोला, "आप मेरी अम्मी के लिए बीस रुपए दे दीजिए। मैं बैलों को जोत रहा हूँ। गद्दे, तकिए भी रख लूँगा।"

मैंने कहा, "ये लो लेकिन जल्दी करो, समय बहुत कम है।"

"अभी चलता हूँ।" कहकर वह घर में गया और गद्दे, तकिए लेकर तुरन्त लौट आया।

अपनी सारी तैयारियाँ पूरी करके वह गाड़ी में चालक के स्थान पर कूदकर बैठ गया और बोला, "देखिए मैं कितनी जल्दी तैयार हो गया। बोलिए किधर चलना है? नगर की ओर?"

मैंने कहा, "नहीं, हुसेन शाह वली की दरगाह चलो। तुम आगे चलो, मैं पीछे आता हूँ क्योंकि मुझे वहाँ का रास्ता नहीं मालूम।"

उसने कहा, "मैं अच्छी तरह जानता हूँ। आप पीछे चलिए।"

मैंने उससे पूछा, "क्या यह रास्ता कारवाँ या बेगम बाजार होकर जाता है?"

उसने कहा, "दोनों से होकर जा सकते हैं, आप जिधर से जाना चाहें?"

मैंने पूछा, "इसके अतिरिक्त भी कोई रास्ता है?"

उसने बताया, "है तो, लेकिन लम्बा है। हमें अंग्रेज रेजीडेंट की कोठी से होकर गोशा महल की ओर घूमना पड़ेगा। यह रास्ता कारवाँ और बेगम बाजार के बहुत पीछे से होकर निकलता है।"

मैंने कहा, "यही ठीक है। मैं उन दोनों को बचाकर चलना चाहता हूँ।"

उसने कहा, "तो बिसमिल्लाह, हम चलते हैं।" और अपने बैलों की पूँछ मरोड़कर तथा अपने पैरों से उनके पिछले हिस्से को हल्की ठोकर के संकेत देते हुए उसने गाड़ी दौड़ा दी।

उसके कुछ दूर निकल जाने के बाद मैंने अपने आदमियों को भी रवाना कर दिया।

पट्टनखेत पहुँचना

हम लोग शीघ्र ही नगर के बाहरी इलाके पार कर गए और दरगाह की ओर बढ़ रहे थे। मुझे ऐसा लग रहा था कि अज़ीमा शायद हमें बीच रास्ते में ही मिल जाए। लेकिन ऐसा हुआ नहीं। जैसे ही हम किसी ऊँचे टीले के निकट से गुज़रे कि हमें गोलकुंडा के बादशाहों के मकबरे दिखाई देने लगे। ये वहाँ की विस्तृत भूमि पर फैले थे। मैंने इन्हें प्रथम बार देखा। वास्तव में मुझे इनके सम्बन्ध में कुछ भी ज्ञात न था। उनकी विशालता तथा भव्यता देखकर मैं दंग रह गया। यह तो दूर का दृश्य था, निकट से देखता तो क्या बात थी? हमारे पास अभी काफी समय शेष था।

मैंने प्रस्ताव किया कि यदि दरगाह यहाँ से बहुत दूर न हो, तो रास्ते से थोड़ा हटकर इन्हें देख लिया जाए। मैंने गाड़ीवान से दरगाह की दूरी पूछी।

उसने कहा, "क्या आपको अभी दरगाह नहीं दिखाई देती। वह इन्हीं मकबरों के ठीक पीछे एक बड़े तालाब के किनारे है। आप इन्हें अवश्य देख लीजिए। इमली के पेड़ों से घिरे हुए उसके श्वेत गुम्बद और सुनहले शिखर आपको दिखाई देंगे।"

मैंने कहा, "तुम उधर ही चलो, और कोई पूछे तो बता देना कि तुम एक पार्टी के साथ हो, जो नगर से आनेवाली है। हम मकबरे देखने जाते हैं, और जल्दी वापस आएँगे।"

गाड़ीवान उधर गया और हम मकबरों की ओर चले। जब उनके निकट पहुँचे तो उनके विशाल आकार और भव्य समूह देखकर चकित रह गए। उनके चतुर्दिक फैली वीरानी उनकी गम्भीरता को और बढ़ा रही थी।

पीर खाँ हमारे साथ था, वह बोला, "कितने दुख की बात है कि नगर के कुछ गण्यमान्य लोग इन इमारतों के इर्द-गिर्द बगीचे क्यों नहीं लगवा देते। ये नितान्त उपेक्षित दिखाई देते हैं।

जैसे कब्रिस्तान हो।"

मैंने कहा, "जो है सो ठीक है। वर्तमान दुख झेल रही पीढ़ियों की धूल ऐसे शालीन लोगों से जिन्होंने ऐसे गौरवपूर्ण स्मारक बनाकर छोड़ दिए हैं, कठिनाई के साथ मिल सकेगी।"

एक बड़े से मकबरे पर चढ़ते हुए मैंने कहा, "इसमें जो विश्राम कर रहे हैं, वे किसी समय बादशाह और शाहज़ादे रहे होंगे। वे ऐसे पराक्रमी थे, जिन्होंने तलवार के बल पर साम्राज्य खड़े कर दिए और उन्हें बनाए रखा, परन्तु वर्तमान पीढ़ी की जाति कितनी भिन्न है जो फिरंगियों की उदारता की रोटियाँ तोड़कर उनकी कृतज्ञ बन रही हैं।"

एक मकबरे की सँकरी सीढ़ियाँ चढ़कर हम उसके शिखर पर पहुँच गए। उसकी छत से जिस पर गुम्बद खड़ा था, नगर का विहंगम दृश्य दिखाई देता था। लेकिन उसमें चारमीनार और मक्का मस्ज़िद छोड़कर कोई श्वेत इमारत नहीं थी। छत के दूसरी ओर सभी विशाल गुम्बद एक पँक्ति में दिखाई देते थे। उनमें प्रत्येक गुम्बद शानदार और अनुमप था। जब वे छोटे गुम्बदों के साथ तुलनात्मक दृष्टि से देखे जाते थे तो वे और भी विशालकाय प्रतीत होते थे। मुझे वहाँ एक भी प्राणी नहीं दिखाई दिया। पुराना किला जिसकी जर्जर दीवारें चट्टानों के ढेर-सी लगती थीं, पूर्णतः निर्जन खड़ा था। वह अपने मृत प्रसिद्ध निर्माताओं के निवासों के अनुरूप था।

वहाँ की नीरवता और निर्जनता अत्यन्त पीड़ादायक थी। हम लोग भी परस्पर वाक्शून्य थे। जिस समय हम एक-एक करके उस भव्य इमारत के आन्तरिक भाग में प्रवेश कर रहे थे, तो देखा कि वहाँ के कुछ स्थान अन्धकारमय और धुँधले थे। उनमें चमगादड़ तथा जंगली कबूतर भरे हुए थे। उनकी घुरघुराहट गुम्बद में गूँज रही थी। अन्य भागों की मेहराबों से सूर्य की किरणें प्रवेश कर रही थीं, अतः ये स्थान अच्छे लग रहे थे।

वहाँ की कई बड़ी इमारतें देखने के पश्चात् मैंने कहा, "अब बहुत हो गया। हम यहीं टहलते रहेंगे, जबकि उस ओर शायद हमारी प्रतीक्षा की जा रही हो। उधर दरगाह है, हम उसी ओर चलें। वहीं तैयार रहें, उसके पहुँचने में अधिक विलम्ब नहीं होगा।"

दरगाह पहुँचकर हमने देखा कि गाड़ी तैयार खड़ी थी लेकिन वहाँ दूसरा कोई नहीं था। मेरे मन में कुछ भ्रम उत्पन्न हुआ कि क्या अज़ीमा अपना वचन निभाने में असमर्थ रही। मैंने यह इरादा किया कि यदि वह दोपहर तक नहीं पहुँची, तो मैं शहर वापस जाऊँ और अपनी बीवी की तलाश करूँ। अब मैं उसे इसी रूप में मानने लगा था। ऐसे मनोहर प्राणी को निष्ठुर व्यवहार के लिए नहीं छोड़ सकता, जो उसका पति करता था। अज़ीमा जैसी अनमोल रत्न के लिए वह सर्वथा अयोग्य था।

लेकिन अभी विलम्ब नहीं हुआ था। सम्भवतः उसे दरगाह तक पहुँचने में देर लग जाए क्योंकि बाहर से यह स्थान मेरे अनुमान से अधिक दूर था।

मैं पाक दरगाह में गया। सन्त की पवित्र मज़ार पर कुछ भेंट चढ़ाने के उपरान्त मैंने बड़े उत्साह के साथ प्रार्थना की कि जिस उद्देश्य से हम यहाँ आए थे, उसमें हम सफल हों। यह करके मैं वृक्षों की छाया में बैठ गया और दरगाह की सेवा में रहनेवाले मुल्लाओं में किसी एक से बात करने लगा। ये लोग सन्त के मज़ार पर कुरानख्वानी करने के निमित्त रखे गए थे। उसने पूछा मैं कौन था? मैंने उसे बताया कि "मैं नगर से आ रहा हूँ और अपनी बीवी की मन्नत चढ़ाने के लिए ला रहा हूँ। क्योंकि वह एक खतरनाक बीमारी से छुटकारा पा गई थी। लेकिन अभी तक यहाँ नहीं पहुँची, अब आती ही होगी।"

घंटे पर घंटे व्यतीत होते जा रहे थे, और अज़ीमा अभी तक वहाँ नहीं पहुँची। साहब, उस समय मैं दुविधा और चिन्ता से परेशान था। क्या उसे किसी दुर्भाग्य ने जकड़ लिया? या उसका दुष्ट पति अचानक लौट आया या उसने मुझसे झूठ बोला। नहीं, यह नहीं हो सकता। उसकी परेशानी और व्यथा ऐसी थी जिसे बहाना नहीं कहा जा सकता।

अब दोपहर हो गई। दरगाह में नौबत बजने लगी लेकिन अभी तक उसका कोई अता-पता नहीं। अब मेरा धैर्य समाप्त हो चला। अपने घोड़े पर सवार होकर मैं नगर की ओर चला। अपने साथियों को वहीं ठहरे रहने का आदेश दे दिया।

दरगाह को घेरकर बसे गाँव से आगे निकलकर कुछ ही दूर गया था कि मैंने देखा कि तीन गाड़ियाँ, जिनमें बाक़ायदा पर्दे पड़े हुए थे, आ रही थीं। अब आशा से मेरा हृदय धड़कने लगा और यह सोचकर लौटना चाहता था कि उन गाड़ियों में किसी एक में वह अवश्य होगी। मुझे दरगाह पर ही उसकी प्रतीक्षा करनी चाहिए।

मुझे शीघ्र लौटकर आते देख पीर खाँ ने पूछा तो उसे बता दिया कि वह आ गई और फाजिल से कह दो कि गाड़ी तैयार रखे, और पट्टनचीरू जानेवाली सड़क के गेट पर खड़ा करे।

घोड़े से उतरकर मैं गेट पर आकर खड़ा हो गया। पहली गाड़ी आई। उसमें नाचनेवाली लड़कियाँ भरी थीं। वे दरगाह पर गाने का प्रण करके आई थीं। उनमें एक ऐसी भी थी जिसकी आवाज़ चली गई थी, परन्तु सन्त की दुआ से ही उसका अच्छा हो जाना माना गया। सभी दरगाह में जाकर मधुर गीत गाने लगीं। दूसरी गाड़ी भी आई। उसमें से तीन बूढ़ी औरतें उतरीं, वे मुल्लाओं के लिए डलियों में मिठाइयाँ लाई थीं। किसी बड़े घर की महिला बीमार थी, सन्त की प्रार्थना करके भली-चंगी हो गई। उसी ने इसे भेजा था।

मैंने उनमें से किसी से पूछा, “अम्मीजान क्या आपने कोई ऐसी गाड़ी देखी, जिसमें तीन औरतें बैठी थीं। बात यह है कि मेरी बीवी को शहर से इसी सड़क से आना था।”

उस औरत ने बताया, “वे हमारे पीछे आ रही हैं। हमें एक छोटी नदी पार करनी पड़ी जिस पर गुजरते हुए उनकी गाड़ी टूट गई। वे लोग बहुत धीरे-धीरे आ रहे हैं। लेकिन सीधे यहीं आएँगे। उसमें बैठी औरतें सुरक्षित हैं। मैंने उनको अपनी गाड़ी में बैठने के लिए कहा था लेकिन जब उनकी गाड़ी किसी प्रकार सुधर गई तो उन्होंने हमारी पेशकश नहीं स्वीकार की।”

मैंने कहा, “अलहुम्दलिल्लाह, वे लोग सुरक्षित हैं। मैं सुबह से उनकी प्रतीक्षा कर रहा हूँ। देर होने से चिन्तित हो रहा था।”

उसने कहा, “बेशक, खानम पीली और कमजोर लग रही थीं लेकिन माशाअल्लाह बड़ी खूबसूरत हैं। आप भी हर तरह से उसके योग्य हैं।”

मैंने लापरवाही के साथ कहा, “हाँ, वे बीमार रही हैं। यहाँ आना भी उनके मन्नत मानने के सिलसिले में है।”

उसने कहा, “अल्लाह उसे लम्बी उम्र और बच्चे दे। उसी ने इस जोड़ी को मिलाया है। दोनों ही एक-दूसरे के लायक हैं। अच्छा मैं चलती हूँ, साथ की मेरी प्रतीक्षा कर रही होगी।”

उसके चले जाने के कुछ देर बाद वह गाड़ी जिसे देखने के लिए मैं परेशान था कुछ मकानों के कोने से निकलती हुई दिखाई पड़ी। मेरा हृदय किस प्रकार उसके लिए धड़क रहा था। मैं धीरे-धीरे गेट पर पहुँचा। गाड़ी रुक गई। मैं बूढ़ी धाय के कदमों पर गिरकर उसकी पूजा करना

चाहता था परन्तु गाड़ीवान ने रोक दिया।

उसने कहा, "हुज़ूर यह ज़नानी गाड़ी है। तहज़ीब के मुताबिक आपको यहाँ से हट जाना चाहिए, कहीं उतरते वक्त उनका चेहरा न दिख जाए।"

मैंने कहा, "चुप रह मूर्ख, ये औरतें मेरी हैं।"

उसने कहा, "तब बात दूसरी है। देर हो जाने की वजह से हुज़ूर मुझ पर नाराज न हों। नदी के ऊपर गाड़ी का धुरा टूट गया। पहले से इसके टूट जाने की बात सोचने का सवाल ही नहीं है क्योंकि इसे मोहर्रम बाद ही लगवाया था।"

मैंने कहा, "कोई बात नहीं। अब तुम हमें छोड़ो। मैं लौटकर तुम्हारा किराया दूँगा। उधर एक खाली गाड़ी है। इन लोगों के लौटने के लिए उसे तय कर लूँगा।"

वह कुछ दूर चला गया। इधर मेरी साँस ऊपर-नीचे हो रही थी, मैंने पर्दा हटाकर अन्दर झाँककर देखा मेरी प्रियतमा मुँह खोले हुए बैठी थी। उसका सौन्दर्य अवर्णनीय था। सफलता मिल जाने के उत्साह के कारण उसका मुखमंडल अनोखे रूप से दीप्तिमान हो रहा था।

उसने कहा, "खुदा का शुक्र है, तुम यहाँ मिल गए। मेरे प्रियतम, तुमने अपनी खादिमा के साथ बेईमानी नहीं की।"

मैंने उसे अपनी बाँहों में समेट लिया और उस पर चुम्बनों की बौछार कर दी।

बुढ़िया कहने लगी, "तोबा, तोबा। क्या जरा देर भी नहीं रुक सकते? अरे उसे उतरने में सहारा दो। हम लोग अभी दरगाह में जाएँगे।"

मैं ठहर गया। स्वयं को पूरी तरह बुरके से ढँक कर बूढ़ी आया और नरगिस का सहारा लेती हुई अज़ीमा मेरे पीछे दरगाह में गई।

मेरी प्रथम चिन्ता दरगाह में कुछ पैसे और अज़ीमा द्वारा लाई हुई मिठाई चढ़ाने की थी। वही मुल्ला जिससे मैं पहले बात कर रहा था, ने उसे लेकर मज़ार पर चढ़ा दिया।

उसने कहा, "आप लोगों की भेंट मंजूर हो गई। यहाँ आप जो प्रार्थना करेंगे हमारे दयालु सन्त साहब आपके लिए अली से उसकी पैरवी कर देंगे जिससे वह स्वीकार हो जाएगी।"

मैंने कहा, "मुल्लाजी शुक्रिया! मेरी केवल एक ख्वाहिश है कि मेरी आँखों का यह मोती हमेशा तन्दुरुस्त बना रहे। और मेरे जीवन के साथ हमेशा बना रहे। सचमुच इसके लिए मैं अत्यन्त चिन्तित था। खुदा करे हमेशा यह स्वस्थ बनी रहे।"

उसने कहा, "यही होगा, अलहम्दलिल्लाह, हमारे महान सन्त साहब की प्रार्थना बहुत जल्द असर दिखाती है। यहाँ हुए सैकड़ों चमत्कार मैं आपको बता सकता हूँ।"

मैंने कहा, "बेशक हुसेन शाह वली की शोहरत दूर-दूर तक फैली है। हम नगरवासी इस बात के शुक्रगुज़ार हैं कि ऐसे महान सन्त ने यहाँ निवास किया। हमारी वर्तमान पीढ़ी में इतनी गिरावट आ गई है कि इनकी प्रार्थना के बिना उन पर खुदा की मार होगी।"

मुल्ला, "हुज़ूर के लफ़्ज़ों में मिठास और पवित्र सुगन्ध आ रही है। यह दिखाई देता है कि यद्यपि उनका ऊपरी बाना सैनिकों जैसा है लेकिन हृदय पूर्णरूप से धार्मिक है और ऐसा व्यक्ति कितना खुशकिस्मत है जिसमें ये दोनों खूबियाँ मौजूद हैं। मैं हुज़ूर को सन्त साहब के अनेक करिश्मे बता सकता हूँ। यदि आपके पास वक्त हो तो किसी पेड़ के नीचे बैठकर सुनाऊँ।"

मैंने कहा, "माफ कीजिए मुल्लाजी मेरे पास समय बहुत कम है। मैंने सैयदानी की माँ से वादा किया था कि शाम की सर्दी से पहले ही वापस आ जाएगी। और अब तो दोपहर

बीत चुकी है।"

उसने कहा, "जैसी आपकी मर्जी। फिर भी इस किताब के पन्नों में मैंने अपने खाली समय में कुछ लिखा है। हो सकता है आपको पसन्द आए। आप इसे रख लें। फारसी तो आप पढ़ लेते होंगे।"

मैंने कहा, "बिलकुल नहीं, हमारे जैसे सैनिकों में शायद ही कोई विद्वान मिले। फिर भी मैं इस किताब को रख लेता हूँ, और यहाँ छोटी-सी भेंट आप स्वीकार करें।"

मैंने उसके हाथ में एक अशर्फी रख दी। उसे देखते ही उस बूढ़े की आँखों में चमक आ गई। अनेक दुआएँ देता हुआ चला गया।

कल्लो बोली, "अब वक्त बहुत कम है। आज हमें तेजी के साथ दूर निकल जाना चाहिए। आप कोई गाड़ी लाए हैं।"

मैंने कहा, "वह तैयार खड़ी है। जिस गाड़ी में आई हो, उसमें यदि कोई बात हो गई हो तो बताओ, मैं किसी दूसरी का प्रबन्ध कर दूँ।"

उसने कहा, "हमारे साथ एक-दो आदमी भेज दीजिए। मैं और नरगिस नई गाड़ी कर लेंगे और जल्दी लौट जाएँगे।"

वे दोनों चली गईं और हम अकेले रह गए। उस बड़े बाड़े में कोई नहीं था। लड़कियाँ दरगाह में अब भी गा रही थीं और वहाँ के सभी मुल्ला बैठे हुए सुन रहे थे।

मैंने पूछा, "अज़ीमा क्या तुम आगे के सफ़र की थकान सह लोगी?"

उसने उत्तर दिया, "मुझमें इतनी शक्ति है और कुछ भी सहन कर सकती हूँ क्योंकि अब मैं तुम्हारे साथ हूँ, और तुम मेरे साथ हो। मेरे सनम, अब मैं सुरक्षित हूँ। लेकिन ओह, तुमसे मिलने के बाद की दुविधा में मैं कैसे रही, यह मैं ही जानती हूँ। अब मैं उस घिनौने शहर से बाहर आ गई।"

मैंने पूछा, "अपने ऊपर सन्देह न हो, इसके लिए तुमने क्या किया था?"

उसने कहा, "जब तुम हमें छोड़कर गए, मेरे विचार में आया कि मेरी खुशी मुझसे दूर चली गई। तुम्हें वापस लाने के लिए मैं दुनिया निछावर करने के लिए तैयार थी, और उसी क्षण तुम्हारे साथ भाग जाना चाहती थी। मैंने तुम्हारे शालीन चेहरे को देखा और मैंने तुम्हारे प्रेम के वादे सुने। मैं अपने मन में जैसी कल्पना किया करती थी, अल्लाह ने मुझे वैसा ही प्रेमी भेज दिया। वहाँ मैं नित्य कैसी-कैसी यातनाएँ भुगत रही थी, इसे केवल वही प्रेमी जान सकता है, जिसको प्रेम के बदले काफी अपमान सहना पड़ा हो।

"मैंने यह मान लिया था कि मैं उसे खो चुकी जिसने मुझे क्षण भर का आनन्द दिया। वह बिलकुल उसी स्वप्न की तरह थे, जो सोते समय मुझे धोखा देने के लिए आया करते थे और जागने पर मुझे अपने दुखी भाग्य की कड़वी वास्तविकता में छोड़ देते थे। लेकिन मेरी दयावान धाय और नरगिस मुझे निरन्तर शान्त किया करती थीं। वे मेरे लिए मरने तक के लिए प्रस्तुत रहती थीं। मुझे धैर्य दिलाती थीं कि तुम ईमानदार बने रहोगे। इससे मुझे भी हिम्मत बँधी और कल्लो ने मुझे तुरन्त भाग निकलने का प्रस्ताव रखा। मैंने कुछ कपड़े और आभूषण तथा जो कुछ रुपया बचा था, कुछ सौ रुपए सब बाँध लिये और सुबह होने से पहले हम कुछ देर सोने के लिए लेट गए। दिन निकलने पर कल्लो ने दूसरे गुलामों और दो पुराने नौकरों से कहा कि मैं दरगाह जानेवाली हूँ किसी को भेज कर गाड़ी मँगा दो। सूर्य निकलने के समय

गाड़ी आ गई। मैंने अपनी तमाम चीज़ें छिपाकर दरियों और चादरों से दो बंडलों में बाँध ली जिनके लिए कह दिया गया कि दरगाह में बिछाकर बैठने के लिए ले जा रहे है। उन्हें गाड़ी में लाद दिया गया। हम स्वयं भी बैठ गए। गाड़ीवान ने हमें सकुशल यहाँ तक पहुँचा दिया।"

वह बोल रही थी कि कल्लो आ गई।

उसने बताया, "अब सब तैयार है। उस गाड़ी को हटा दिया, नई तैयार है। देर मत करो।"

हमारे लिए जल्दी करने की कोई बात न थी क्योंकि हम पहले से ही चलने के लिए तैयार बैठे थे। हम उठे और उसके पीछे चल दिए।

गाड़ी और मेरे आदमी सभी तैयार थे। नरगिस उसमें पहले ही बैठ गई थी। अज़ीमा के बैठ जाने के बाद धाय भी बैठ गई।

मैंने उससे पूछा, "तुम भी हमारे साथ चलोगी?"

उसने कहा, "हाँ, मीरसाहब, मेरा घर बीदर में है, वहीं तक मैं तुम लोगों के साथ चलूँगी। अब यह नगर मेरे लिए भी सुरक्षित नहीं है। यदि कभी मैं यहाँ आई भी तो मैं शैतानों के सरदार के चंगुल में फँस कर अपनी जान से हाथ धो बैठूँगी। नुसरत अली खाँ का घर अब बदनाम हो चुका है और हम लोगों ने उसकी दाढ़ी पर थूक दिया।"

मैंने फाज़िल से कहा, "गाड़ी हाँक दो। तुमसे जितनी जल्दी हो सके चलो, रात होने से पहले हमें पट्टनचीरू पहुँच जाना है।"

दरगाह के पास के तालाब को पार करके सड़क एक बीहड़ स्थान से गुजरी जिसके दोनों ओर ऐसी चट्टानें थीं जो बड़ी डरावनी लग रही थीं। कहीं-कहीं सड़क इतनी सँकरी थी कि गाड़ी निकलना कठिन था।

मैंने पीर खाँ से कहा, "अपना कुछ काम करने के लिए यह दुर्लभ स्थान है।" हम आगे सड़क के आर-पार बनाई गई एक बाधा दीवार के निकट पहुँचे। उसमें स्थान-स्थान पर छिद्र थे जो गोले दागने के लिए बनाए गए थे। पहले के समय में यहाँ अवश्य अनेक विचित्र कार्य हुए होंगे।

उसने उत्तर दिया, "लोग यहाँ की अनोखी कहानी बताते हैं। शहर से चलाए गए अपने कई अभियानों में हमने इस स्थान का उपभोग किया था। उस ओर सात बनिया पड़े हैं, जिनके विषय में आपने सुना होगा।"

उसने एक विशेष चट्टान की ओर संकेत किया जो सड़क से अधिक दूर न थी।

"यह कब्र हमारे लिए दुख का विषय रही। यहाँ नीचे सब पत्थर ही पत्थर थे, उसमें लाशें छिपाना असम्भव था लेकिन इस देश में उनके बारे में कौन पूछता है। जिस समय हम लोग यात्रियों के साथ थे हमने इसी स्थान पर दो आदमियों की लाशें देखी थीं जिनकी हत्या करके भयानक रूप से क्षत-विक्षत कर दिया गया था।"

मैंने कहा, "हाँ, हमने भी अपने पीछे निश्चय ही कुछ निशान छोड़ दिए। परन्तु हर बात पर विचार करके यही प्रतीत होता है कि हम लोग भाग्यशाली रहे। इसकी कोई चिन्ता नहीं, हिन्दुस्तान तक हमें मार्ग में कोई बनिज न मिले।"

उसने कहा, "कुछ वर्षों तक आराम से जीवन व्यतीत करने के लिए हमारे पास पर्याप्त माल है, फिर भी हाथ का अभ्यास अवश्य छूट जाता है। तुम तो इस काम में अभी नए हो। आगे के समय में जितना काम मिलेगा उतना ही बेहतर होगा।"

शाम को हमलोग पट्टनचीरू आ गए। मैंने अवर्णनीय प्रसन्नता के साथ पिताजी और पूरे दल को सुरक्षित रूप से वहाँ पहुँचा हुआ देखा। किसी विशाल वट वृक्ष के नीचे हमने बड़े आराम से अपने डेरे लगा दिए। पास ही किसी फकीर की दरगाह थी। एक खेमा अज़ीमा के लिए तैयार कर दिया गया। रात के लिए उसकी व्यवस्था ठीक देखकर मैं पिताजी के पास गया।

मेरी सफलता की पूरी कहानी सुन लेने के बाद उन्होंने कहा, "तुम भाग्यशाली हो। मैं तुम्हारे लिए बहुत चिन्तित था, विशेष रूप से जब शाम तक तुम नहीं लौटे। खैर अब कोई खतरा नहीं रह गया। हम लोग एक बार फिर देश की ओर आ गए और ये सड़कें अब हमारी ही हैं। अब मुझे यह बताओ तुम्हारी नई दुल्हन कैसी है? क्या वह ज़ोहरा की भाँति सुन्दर है?"

मैंने कहा, "यह भी बहुत सुन्दर है। पूर्ण चन्द्र भी इससे अधिक सुन्दर नहीं। प्यार भी बहुत करती है। उसका स्वभाव स्नेहपूर्ण और दयालु है। आप कल उसे देखिएगा। इस समय वह यात्रा के कारण बहुत थकी है।"

उन्होंने कहा, "बेटे, तुम भी थक गए होगे और भूख भी लगी होगी। तुम्हारे लिए बढ़िया पुलाव तैयार करवाया है।"

पुलाव मँगवाया गया। कुछ पुलाव अज़ीमा को भेजकर, मैं शेष प्लेट पर जुट गया और खूब मजे से खाया क्योंकि सारे दिन अज़ीमा की लाई हुई मिठाई के अतिरिक्त मैंने कुछ नहीं खाया था।

बीदर में निकाह

चौथे दिन सुबह हम लोग बीदर में थे। इस नगर का बाहरी रूप हैदराबाद की भाँति दर्शनीय न था फिर भी मनोरंजक अवश्य था। किसी लम्बे-चौड़े पठार की पूरी से धीरे-धीरे जब ढाल से उतरने लगे तभी एकाएक बीदर दृष्टिगत होने लगा। नगर की दीवारें किसी ऊँची पहाड़ी के शिखर को समेटे थीं, जिनके ऊपर एक लम्बी मीनार थी तथा एक अन्य अर्धनिर्मित मीनार अपनी ऊँचाई के साथ गर्व से खड़ी थी। दाहिनी ओर कुछ मकबरों के विशाल श्वेत गुम्बद आम के वृक्ष कुंज के ऊपर से झाँकते प्रतीत होते थें। पूरी पहाड़ी इन्हीं वृक्षों से ऊपर से नीचे तक लदी हुई थी। दक्खिन की इस वीरान हुई राजधानी में पहुँचते ही गम्भीर शान्ति दिखाई देती थी। यह किसी समय गर्वीले तथा शक्तिशाली बहमनी बादशाहों की सर्वप्रिय निवास रही थी और हमारी भावनाओं के अनुरूप भी थी और जिस नगर को छोड़कर अभी हम लोग आए थे वहाँ के व्यस्ततम जीवन से यहाँ कितना वैषम्य था।

जिन लोगों को हमने पहले रवाना कर दिया था उन लोगों ने हमारे ठहरने का स्थान नगर के गेट के पास ही चुना था, जिसके निकट के मार्ग से हमें सुबह चलना था। अपने दल से अलग होकर मैं नगर घूमने निकला, जो यद्यपि पूर्व की तुलना में इस समय हीन दशा में था परन्तु मेरे अनुमान की अपेक्षा अधिक दर्शनीय था।

मैंने अपना डेरा दूसरी ओर जमाया जहाँ हमेशा की भाँति व्यस्तता के दर्शन होते रहते थे। कुछ लोग किसी कुएँ के किनारे सुबह का भोजन पका रहे थे। कुछ स्नान कर रहे थे।

सभी लोग बड़े मजे में बैठे हुए परस्पर वार्तालाप कर रहे थे जिससे मालूम होता था कि वे लोग कितने निश्चिन्त और प्रसन्न थे क्योंकि अनुमान से पूर्व ही उन्हें अपने घर पहुँच जाने की सम्भावना थी। इसके साथ उनके पास पर्याप्त माल भी था।

पिताजी के पास जाकर मैंने उनसे कहा, "यह नगर सच्चा ईमान रखनेवाले लोगों से भरा हुआ है। मुल्ला लोगों की संख्या भी यहाँ अधिक ही होगी। मेरा निवेदन है कि आप किसी मुल्ला को बुलवा लें जो हमारा निकाह करा दे और मैं आपके हाथों द्वारा अज़ीमा को अपनी बीवी के रूप में पा जाऊँ।"

उन्होंने कहा, "बेटा, मैं इसका विरोध नहीं करूँगा लेकिन पुराना कोई भी मुल्ला इसे अनोखी बात समझेगा।"

मैंने कहा, "उसकी जो मर्जी हो, वह सोचे लेकिन मैं अब उसके बिना नहीं रह सकता। अतः मैं आपसे प्रार्थना करता हूँ कि आप अब इसे तयशुदा समझकर किसी को यथाशीघ्र बुलवा लीजिए।"

इसके अनुसार किसी मुल्ला को बुलाकर लाने के लिए पीर खाँ को भेजा गया। मुल्ला के आने पर पिताजी ने बड़े शिष्टाचार के साथ उसका स्वागत किया। उसे यहाँ बुलाए जाने का उद्देश्य बताया गया। उसे सुनकर उसे बड़ा आश्चर्य हुआ। उसने इस प्रकार की कार्रवाई कभी नहीं सुनी थी कि यात्रा करते हुए लोग शादी की रस्में अदा करें। यह हर प्रकार से अनुचित और शिष्टाचार के विरुद्ध होगा। इस प्रकार जब वह अपने विरोध की सारी बातें कह चुका तब मेरे पिताजी ने उसका उत्तर दिया। उन्होंने कहा, "देखिए मुल्लाजी, मुझसे बढ़कर पवित्र ईश्वरीय निष्ठा तथा उसके व्यवहार के प्रति आदर करनेवाला कोई नहीं होगा। क्या मैं हिन्दुस्तान का सैयद नहीं हूँ? क्या मैं प्रतिदिन पाँच वक्त की नमाज़ नहीं पढ़ता? रमज़ान में रोज़े नहीं रखता? और इस्लामी रिवाज के अनुसार हर त्योहार नहीं मनाता? मैं अपने ईमान के विरुद्ध कोई काम नहीं कर सकता। इस रस्म को पूरा करना अति आवश्यक है, और यदि आप इनकार करेंगे तो बीदर में मुल्लाओं का अकाल तो नहीं है। यदि आप इस निकाह को सम्पन्न नहीं कराएँगे तो कोई दूसरा धर्मभीरु करा देगा और मेरी ओर से अच्छा इनाम भी प्राप्त करेगा, वही मैं आपको देता हूँ।"

यह कहकर उन्होंने दो अशर्फियाँ उसके सामने रख दीं।

अशर्फियों को जेब में रखते हुए मुल्ला ने कहा, "सांसारिक रूप से अब यह मामला उलट गया। जब कि निकाह की रस्म अल्लाह के नाम पर हो रही है तब इसको सम्पन्न होना ही चाहिए। निःसन्देह यह नियति का विधान है। आपको बीदर में ऐसा मुल्ला न मिलेगा जो मेरी तरह रुचि के साथ निकाह पढ़ा दे। मुझे अपनी किताब लाने की इज़ाज़त दीजिए। उसे लेकर मैं अभी आता हूँ।" यह कहकर वह चला गया।

पिताजी ने कहा, "मैं जानता था ऐसा ही होगा। सोने की चमक के सामने कोई ठहर नहीं सकता। चाहे वह सिंहासन पर बैठा राजा हो या निर्धन किसान, दोनों में कोई अन्तर नहीं है। पूर्ण शक्ति के साथ यह अपना प्रभाव डालता है। कोई भी इसके द्वारा अपने पड़ोसी की आत्मा, अपने पड़ोसी की बीवी या पुत्री खरीद सकता है। चाहे जिस नगर में जाओ सम्मान्य काज़ी को रिश्वत देकर किसी को भी निर्दोष घोषित करा सकते हो, चाहे उसने सौ खून किए हों, जाली दस्तावेज बनाए हों, पड़ोसी का माल हड़प लिया हो, अथवा इस दुनिया की किसी प्रकार

की बदमाशी का अपराधी हो।

"इसके द्वारा कोई सज्जन पुरुष और बेहतर इनसान बन सकता है। लेकिन ऐसा बहुत कम होता है। इसके विपरीत बुरे आदमी की बुराई तीव्र गति से बढ़ती है। इसका सहारा लेकर कोई भी चाहे झूठ बोले, धोखा दे, लूटमार करे, हत्या करे या चाहे पशु के स्तर पर स्वयं को गिरा दे। इसके बल पर स्त्रियाँ अपने पति को बेइज्जत कर सकती हैं और बूढ़ी औरतें रिश्वत लेकर उनकी सहायता करती हैं।

"कोई भी दौलतमन्द अपनी धोखेबाजी की वृत्ति को बढ़ा सकता है, परन्तु वह कभी सुखी नहीं रहेगा। इसके साथ ही जिसके पास दौलत नहीं है, भूखा है, प्यासा है, वह भी सुखी नहीं। दौलत का आकर्षण देखो, किसी बच्चे को खेलने के लिए पैसा दो, देखोगे कि किसी रहस्यमयी वृत्ति के कारण वह उसे अपनी छाती से चिपका लेगा और जब उससे छीना जाएगा तो वह जोर से रोएगा। संक्षेप में सोने के प्रभाव का कोई विरोध नहीं कर सकता, चाहे बूढ़ा हो या जवान, धनी हो या निर्धन सभी उसके गुलाम हैं। मनुष्य की बुद्धि का, उसकी वाक्पटुता का, उसके चरित्र का, उसके पद का कोई महत्त्व इस घृणित धातु के सामने नहीं है, जिसमें न वाणी है, न बुद्धि है, न चरित्र है, न इसकी कोई पदवी है, फिर भी यह निःसन्देह अत्यन्त प्रभावशाली रूप से इस दुनिया में पीढ़ी दर पीढ़ी राज करती आ रही है, जिस प्रकार अल्लाह जन्नत का राज करता है।"

मैंने ठंडी साँस लेकर कहा, "आप सच कहते हैं आजकल सभी ऐसा ही सोचते हैं। अभी हमने देखा कि मुल्ला की भावना अचानक कैसे बदल गई। सोना देखते ही उसने आगे कोई प्रश्न ही नहीं किया।"

पिताजी ने, "नहीं, यदि किसी एक के पास सारी दौलत होती तो वह पूरी दुनिया पर राज कर सकता था। सिकन्दर कौन था? कुल मिलाकर केवल एक मामूली शासक, उसके पास इस देश के राजा के बराबर आधी सम्पत्ति भी नहीं थी, फिर भी जिन्नात की कृपा से और बाद में अपने जादू से देश के बाद देश जीतता चला गया। मिट्टी के हंडों में रखा धरती भर का खजाना उसके अधीन नहीं था? उसके अभियान को कौन रोक सकता था? यह सब बयान किताब में नहीं लिखा है? और क्या वह कुरान पाक की भाँति सत्य नहीं है?"

मैंने कहा, "बेशक, मैंने यह सब सुना है। लेकिन देखिए मुल्ला अपनी किताब लेकर आ गया। मैं जाकर अज़ीम को तैयार करता हूँ।"

मैं उसके पास गया और उसकी कमर में हाथ डालकर कहा, "जानेमन, वह वक्त आ पहुँचा जब अल्लाह के फज़ल से और पिताजी की मंजूरी के साथ तुम हमेशा के लिए मेरी हो जाओगी। जब कानून के बन्धन से हम दोनों बँध जाएँगे तब केवल मौत ही हमें अलग कर सकेगी। मुल्ला आ गया और तुम्हारी अनुमति से अभी निकाह हो जाएगा। अब और देर करना ठीक नहीं। मैं तो प्रेम की ज्वाला में जल रहा हूँ।"

उसने कहा, "इतनी जल्दी, अमीर अली, अरे नहीं, घर तक तो पहुँचने दो। इस जंगली मिलन के लिए मेरी मंजूरी पर पिताजी क्या सोचेंगे?"

मैंने कहा, "प्रिये, उन्होंने स्वयं मंजूर किया है। मुल्ला को उन्होंने ही बुलवाया और उन्होंने ही उसे सारी रस्में पूरी कराने के लिए तैयार किया। बस वहाँ चलकर मुझे वे शब्द दोहराने होंगे जो हमेशा के लिए तुम्हें मेरी बना देंगे।"

उसने कहा, "मुझे अफसोस है, मैं यह सब नहीं जानती। यह कैसे हो सकता है, अभी तो मैं किसी और की बीवी हूँ।"

मैंने कहा, "अज़ीमा, उस घिनौनी शादी को भूल जाओ। तुम्हारी इस प्रकार की आपत्तियों से मेरी जान निकल जाएगी। क्या मैं तुम्हारा गुलाम नहीं? क्या हम लोग किसी दूर देश के रास्ते पर नहीं जा रहे हैं, जहाँ वह जिससे भागकर तुम आई हो, तुम्हारा नाम तक कभी नहीं सुन सकेगा। ओह, अब इस प्रकार की बातें बन्द करो। इससे तो यही लगता है कि तुम्हारा मेरे साथ इस प्रकार भागकर आना केवल उपहास है। अब तुम स्वयं मुझे मना कर रही हो।"

उसने कहा, "नहीं, नहीं, ऐसा मत कहो, अमीर अली। तुमने मुझे अपमान से और किसी दुखद मौत से बचा लिया जिसमें स्वयं मैंने अपना सर्वनाश कर लिया था। तुम्हारी गुलाम मैं हूँ, तुम मेरे गुलाम नहीं। जो चाहो मेरे साथ करो, तुम जैसा चाहोगे, वही होगा। मैं अन्तिम साँस तक तुम्हारे साथ रहूँगी।" इतना कहकर उसने अपना सिर मेरे सीने पर रख दिया।

मैंने कहा, "प्रिये, सभी तैयारियाँ हो चुकी हैं। कल्लो को बुलाओ और उसे सब समझा दो।"

बुढ़िया आई और मेरे प्रस्ताव को सुनकर गद्‌गद हो गई। फिर बोली, "मीर साहब, मुझे बहुत डर लग रहा था कि शायद आप इस बन्धन में बँधना पसन्द न करें। इस बात को लेकर मैं बहुत उलझन में रही लेकिन अब मुझे सुकून मिल गया। मैं अपनी मूल्यवान बच्ची को बड़ी प्रसन्नता और विश्वास के साथ आपको सौंप दूँगी। आप उसके साथ खुश रहें और बच्चों के बच्चे भी देखें। मैं भी आपके साथ चलती लेकिन मैं अब बूढ़ी हूँ और किसी अनजान देश में मेरी हड्डियों और आत्मा को आसानी से आराम नहीं मिलेगा। आपकी उदारता से और मैंने जो कुछ बचाया है सब मिलाकर मेरे जीवन को आराम देने के लिए पर्याप्त है। समय आने पर मैं सन्तोष के साथ मर सकूँगी।"

मैंने कहा, "तो अब जल्दी करो। एक पर्दा लगा दो। मैं मुल्ला को बुलाता हूँ। तुम तीनों रस्म अदायगी के समय पर्दे के पीछे रहना।"

खेमे के एक छोर से दूसरे छोर तक चादर तान दी गई। उसे जमीन से भी अटका दिया। मेरे पिता, मैं और मुल्ला एक ओर बैठ गए। औरतें पर्दे के दूसरी ओर थीं।

मैंने कहा, "मुल्लाजी, सब कुछ तैयार है, आप शुरू कीजिए।"

उसने अपनी किताब खोली, और अरबी में लिखा हुआ पाठ पढ़ने लगा। उसका एक शब्द भी मेरी समझ में नहीं आया और न वह स्वयं समझता होगा। लेकिन यही काफी था कि उसने पढ़ दिया और रस्म पूरी हो गई।

बीदर का नगर और वहाँ का किला देखे बिना वहाँ से चले जाना दुख की बात होती। वहाँ की प्रशंसा मैंने बहुत सुनी थी। इसलिए शाम को मैं पिताजी तथा कुछ और लोग नगर में जो कुछ देख सकें, इस विचार से निकले।

सर्वप्रथम हम प्राचीन मदरसे की ओर गए। वह इस समय विशाल खंडहर के रूप में था। उसके आगे की ओर ऊपर से नीचे तक सुन्दर मीनाकारी की गई थी। उसकी विशाल मीनार, जिसे हमने सुबह दूर से देखा था, पर भी इसी प्रकार की मीनाकारी की गई थी। दूसरी मीनार के बड़े-बड़े गोल टुकड़े हर दिशा में बिखरे पड़े थे। उन्हें देखकर अनुमान होता था कि कितनी भव्य इमारत होगी।

औरंगजेब ने उसका प्रयोग बारूदखाने के लिए किया था लेकिन बारूद के धमाके से उसके सामनेवाला भाग उड़ गया था। इस प्रकार एक मीनार भी उसी के साथ तहस-नहस हो गई। उसमें स्थान-स्थान पर दरारें हो गई थीं। और सम्पूर्ण निर्माण इस प्रकार टूट गया जैसे कोई भूकम्प आया हो।

आगे चलकर हम किसी खुले स्थान पर पहुँचे जो प्राचीन और गौरवशाली किले के खंडहर के सामने था। खंडहर हुए महलों के ढेर के ढेर वहाँ पड़े थे। बहुतों की केवल दीवारें शेष रह गई थीं, जो लगभग गिरनेवाली थीं। लेकिन इन्हें देखकर उनके निर्माताओं की शानदार कल्पना ने हमें बहुत प्रभावित कर दिया। ऐसा इसके पूर्व हमने कभी नहीं देखा था। ये भग्नावशेष किसी अहंकारी व्यक्ति को यह शिक्षा देते प्रतीत होते थे कि उन निर्माताओं की भाँति एक दिन वे भी धूल में मिल जाएँगे। वे शताब्दियों तक खड़े रहे किन्तु इस समय उल्लू, चमगादड़ें और जंगली कबूतर उन विशाल कमरों में निवास कर रहे थे जहाँ कभी सुन्दरियाँ रहती थीं और जहाँ वीर तथा गौरवशाली पुरुषों की पूजा होती थी।

वह शाही शान-शौकत, ठाठ-बाट, साहसी योद्धा, जो इन्हीं दीवारों और मीनारों के घेरे में किसी समय थे, अब कहाँ चले गए? कहाँ गए वे आक्रमणकारियों को प्रचंड टक्कर देनेवाले? सब अतीत में खो गए। इस समय सब कुछ एकाकी और वीरान पड़ा है। हमारे सम्मुख खंडहरों में अखंड नीरवता विराजमान थी। वहाँ की दीवारें न तो भग्न हुई थीं और न गिराई गई थीं। वे आज भी उसी प्रकार दृढ़ और ठोस बनी थीं। कहीं कहीं किसी मोखले में तोप की नाल इस प्रकार लगी थी जैसे वह आज भी रक्षा करने में समर्थ थी। शोक है कि उसके रक्षाकर्मी वहाँ नहीं थे। उस स्थान को नितान्त निर्जन देखने के बाद हम विशाल द्वार की ओर गए। वह बहुत ऊँचा और मीनाकारी से पूर्ण था। इसी प्रकार के द्वार हम मदरसे और गोलकुंडा में देख चुके थे।

जिस समय हम वहाँ खड़े होकर बाहरी दृश्य की प्रशंसा कर रहे थे, एक सैनिक हमारे पास आया और हमारे वहाँ आने का उद्देश्य पूछने लगा।

पिताजी ने उसे बताया, "हम लोग परदेशी हैं और एक दिन के लिए यहाँ ठहर गए हैं। हम लोग इस किले को देखे बिना कैसे जा सकते थे? क्योंकि इसके विषय में हमने बहुत सुन रखा था। क्या हम लोग अन्दर जा सकेंगे।"

उसने उत्तर दिया, "अवश्य, आप जैसे भद्र दिखाई देनेवाले लोग सदैव खुशी से अन्दर जा सकते हैं। आप लोग मेरे पीछे आइए। मैं आपको भीतरी भाग दिखाऊँगा जो वास्तव में दर्शनीय हैं"

हम लोग उसके पीछे-पीछे चले और दो द्वारों को पार किया जिनके आर पार रक्षार्थ दीवारें खड़ी की गई थीं। ये आक्रमणकारियों के लिए अभेद्य थीं। हम तीसरे द्वार पर रुक गए। हमारे मार्गदर्शक ने कहा, "इसके ऊपर बने हुए कमरे देखने योग्य हैं यदि आप लोग चढ़ सकें?"

मैंने कहा, "निश्चय ही चढ़ लेंगे। हम लोग बड़े मनोयोग के साथ सब कुछ देख रहे हैं।"

सँकरी सीढ़ियों से चढ़कर हम सुन्दर कमरों में पहुँच गए। ये भी मीनाकारी से मंडित थीं। रंगों की ऐसी चमक तथा बनावट की बारीकी अद्वितीय थी। चारों किनारों के नील पटल पर श्वेत अक्षरों में कुरान के वाक्य अंकित किए गए थे। कमरों की छतें तथा दीवारें विभिन्न प्रकार के पुष्पों तथा अन्य आकृतियों से सज्जित थीं। उनके रंग और मीनाकारी आज भी नवनिर्मित

प्रतीत होते थे।

मैंने पिताजी से कहा, "ये सदैव अमर रहेंगी। कैसा अच्छा होता कि वह इमारत जिसमें ये स्थित हैं, पूर्व की भाँति आज भी स्थिर बनी रहती और भावी पीढ़ियों के सम्मुख अपने वैभव तथा भव्यता का अजात प्रमाण प्रस्तुत करतीं।"

उन्होंने कहा, "उनके लिए इससे बढ़कर क्या प्रमाण चाहिए कि वे वर्तमान अधोगति को पहुँच गई हैं। उस समय के बादशाह न केवल न्यायप्रिय और उदार होते थे वरन् शक्तिशाली भी होते थे। उन्होंने अपने राज्य के धन को नगरों को सुन्दर बनाने तथा ऐसी इमारतों के निर्माण में व्यय किया, जिन्हें दीर्घकाल तक स्मरण रखा जा सके। आज उसी राज्य से प्राप्त धन को या तो जमा किया जाता है अथवा व्यर्थ बरबाद किया जाता है। आजकल किसी खानदान के स्मारक के रूप में किसी इमारत का निर्माण नहीं किया जाता। किसी वीर तथा शालीन शासक की उपस्थिति में उसकी सेना हर्षोत्फुल्ल, उसके आदर्श से ऊर्जावान नहीं होती। और अपनी चमकती तलवारों की नोक पर उनके लिए कीर्ति अर्जित नहीं करती। शाह आलम और आलमगीर के बेचारे पेंशनाभोगी उत्तराधिकारियों से लेकर दक्खिन के किसी समय के गर्वोन्नत सूत्रों के वंशज आज के समय में हीन और पतनोन्मुख हो गए।"

हमारे निर्देशक ने कहा, "इस समय स्वयं को सैनिक कहने से क्या लाभ, जिसे खाने को कठिनाई से रोटी मिलती है? हममें से जो लोग इस किले में हैं, इन भव्य महलों के खंडहरों और निर्जन दीवारों के आस-पास घूमते रहते हैं। यहाँ हमारे शत्रु तेंदुए और लकड़बग्घे हैं जो प्रतिवर्ष बढ़ते हुए जंगलों और वीरानेपन का लाभ उठा रहे हैं। ये हम लोगों को यहाँ से भगाने के प्रयत्न में लगे रहते हैं। श्रीमान, जरा खिड़की से बाहर झाँक कर देखिए, जो खुला मैदान है, और जिससे होकर आप यहाँ पहुँचे, फतेह मैदान कहलाता है—विजय-भूमि। यहाँ बीदर के अभिमानी बहमनी शासक, तत्पश्चात् अन्य राजवंश बैठा करते थे और उनके सामने द्वार से साहसी सेनाएँ निकलकर शस्त्र-प्रदर्शन करके उन्हे प्रसन्न करती थीं।"

वह हम लोगों को अन्य खिड़की की ओर ले जाकर बोला, "उधर शासकों के मकबरे हैं जिनमें उनके शव भूमिस्थ किए गए हैं, परन्तु उनकी आत्माएँ जन्नत में होंगी।"

हम उन दृश्यों को देखते रहे, जो इतने मनमोहक थे, जिसकी कल्पना नहीं की जा सकती। हम आगे इतने ऊँचे स्थान पर गए, जो किसी ऊँचे पर्वत सा मालूम होता था। वहाँ से हमारे नीचे दूर तक फैली गहरी घाटी थी। उसकी नीली आभा मानो नील गगन में घुली जा रही थी। उसमें बसे हुए गाँव निकट होते-होते स्पष्ट दिखाई देते थे, जैसे किसी मानचित्र में अंकित किए गए हों। इन्ही के बीच वे मकबरे थे जो शानदार इमारतों के समूह से जान पड़ते थे। उनके श्वेत गुम्बद अस्ताचल को गमन करते हुए सूर्य की लालिमा में चमक रहे थे।

मैंने कहा, "वाह, ये तो स्वयं को बादशाह समझते हुए अपने साहसी सैनिकों को प्रशंसात्मक दृष्टि से मानो देख रहे थे, और उसके आगे उनकी विहंगम दृष्टि अपने शासित साम्राज्य पर थी।"

"अब चलना चाहिए" कहकर पिताजी ने मेरी विचारधारा (के प्रवाह) को भंग कर दिया, जो फतेह मैदान के विस्तृत प्रांगण में अतीत की फौजों तथा वीरों के साथ मानवीकृत हो रही थी और उनकी शौर्य-क्रीड़ाएँ में उनके छद्म युद्ध, प्रतिस्पर्धा-रत दलों के तुमुल शोर मेरे मन में चित्रित हो रहे थे। उस स्थान पर जहाँ हम लोग खड़े हुए थे, शहंशाहों के स्वस्ति-गान और

दरबारियों के जयघोष तोरणवाली छतों से गूँजकर आती प्रतीत होते थे। बाहर जन-समूह द्वारा वही प्रतिध्वनित होती मालूम पड़ती थीं।

हम पुनः अपने मार्ग-दर्शक के पीछे-पीछे चलने लगे। हम लोग किसी सेतु-मार्ग पर आए जो खाई के ऊपर बना था। वहाँ हमने खाई की शानदार गहराई और चौड़ाई का अनुमान लगाया। उसमें स्थान-स्थान पर मानसूनी वर्षा का जल गड्ढों में भरा था। खाई का निर्माण बड़ा विलक्षण था, इसे रक्षा की दृष्टि से काफी गहराई तक किसी ठोस चट्टान से काटकर बनाया गया था। उसकी तीन दीवारें अभी बची हुई खड़ी थीं, लेकिन उनमें बीच-बीच में बड़े-बड़े छेद हो गए थे। निश्चय ही ये आक्रमणकारी के सामने कठिन व्यवधान उपस्थित करते होंगे।

हम लोग किले में एक गोल छतवाले अन्धकारमय मार्ग से गए। कुछ सैनिक यहाँ टहल रहे थे। आगे हम एक बहुत बड़े आँगन में आए जो भग्नावशेषों तथा झाड़ियों से भरा था, उसे पार करके हम एक खुले स्थान पर आ गए। बाहर हमने जो बरबादी देखी थी, उससे कहीं अधिक बरबादी के दर्शन हमें यहाँ हो रहे थे। यहाँ हर प्रकार के खंडहर थे—महलों के, अश्वशालाओं के, कार्यालयों के, स्नानगृहों के बारूदखानों के और शस्त्रागारों के चारों ओर फैले हुए थे। यहाँ का दृश्य अत्यधिक अवसादपूर्ण था। पुनर्निर्माण का कोई प्रश्न ही नहीं हो सकता था वरन् विनाश क्षिप्रगति से हो गया था।

यहाँ से चलकर हम लोगों के देखने का केवल एक कुतूहलपूर्ण स्थान शेष था और वह एक विशाल तोप थी। मार्गदर्शक ने उसको 'बहन' बताया। ऐसी ही दूसरी तोप बीजापुर में भी थी। वह एक ऊँचे चबूतरे पर रखी थी, जहाँ से खड़े होकर नीचे मैदान का विहंगम दृश्य देखा जा सकता था। वहाँ विशाल किले की छाया पड़ रही थी, और सुदूर स्थित प्रदेश सन्ध्या के घनीभूत होते अन्धकार में शीघ्रता के साथ विलीन होता जा रहा था। मैदान से चक्करदार चढाई वाले मार्ग से आते हुए नगर के पशुओं के झुंड रँभाते हुए, अपनी गरदनों में बँधी सैकड़ों घंटियाँ खनकाते हुए वहाँ की नीरवता भंग कर रहे थे। गड़रियों की बाँसुरी की मधुर ध्वनि के साथ-साथ वहाँ का अवसाद मानो हमारे ऊँचे स्थान तक पहुँच रहा था।

परन्तु हम लोग वहाँ अधिक न ठहर सके और उसी मार्ग से वापस आए, जिससे गए थे। यद्यपि मैं महलों के सूनसान खंडहरों में कुछ देर और घूमना चाहता था और उनके अतीत में हुए पराभव की खोज करना चाहता था, परन्तु अब बहुत विलम्ब हो चुका था। मार्गदर्शक को उसके शिष्ट व्यवहार के लिए कुछ भेंट देकर विदा कर दिया गया और हम लोग अपने डेरे पर लौटकर आ गए।

साहब, बीदर से चलकर एलिचपुर की यात्रा में कोई उल्लेखनीय बात नहीं हुई। एलिचपुर से हम लोगों ने अपने घर की ओर जानेवाला मार्ग पकड़ा। अब जिस मार्ग से हम जा रहे थे, वह हमारे आते समय का नहीं था क्योंकि तब हमें मंगलूर और उमर खेर रास्ते में पड़ते और इन दोनों नगरों को बचाने के लिए हमारे पास पर्याप्त कारण थे।

उमरखेर के निवासियों की स्मृति में साहूकार के दुर्भाग्य की याद अवश्य ताज़ी होगी और हम लोगों की बाह्याकृति भुला देना उन लागों के लिए कठिन होगा। अतः हम गोदावरी पर स्थित नान्देड़ से बुरहानपुर की ओर चल दिए। जब हम बरार घाटी में स्थित अकोल पहुँचे तो वहाँ से एलिचपुर की ओर मुड़ गए, और सुरक्षित वहाँ जा पहुँचे।

आप यह न समझिए कि हम लोग इतने लम्बे सफर में सुस्त बने रहे, वरन् इसके विपरीत

हम पूर्व के उत्साह के साथ सफलतापूर्वक अपने व्यवसाय में लगे रहे। जैसे आरम्भ किया था, वही उत्साह निरन्तर बना रहा। कोई भी यात्री चाहे कितना ही महत्त्वहीन हो यदि हमारे चंगुल में आ गया अथवा फँसाकर लाया गया वह बच नहीं सका। सम्भव है इसके फलस्वरूप हमारे माल में कोई वृद्धि न हुई हो, लेकिन हम लोगों ने अपनी जीविका के लिए पर्याप्त धन एकत्र कर लिया था। अपने प्रमुख भंडार को हमने बिलकुल नहीं छुआ, जिसे घर पहुँचकर आपस में वितरित करना था।

एलिचपुर में हम लोगों ने रमनशाह दूल्हा की दरगाह के निकट विशाल इमली के वृक्षों के नीचे अपना डेरा जमाया। यह बहुत सुन्दर स्थान था। दरगाह के ठीक नीचे आसपास के पहाड़ों से निकलकर एक छोटी नदी बहती थी। दरगाह की इमारत घने वृक्षों से घिरी थी, जहाँ परम शान्ति विराज रही थी। वहाँ कुछ देर ठहरकर और रास्ते के गन्दे वस्त्र बदलकर मैं और अज़ीमा अपने कुछ और साथियों को लेकर दरगाह पर अपनी भेंट चढ़ाने तथा अल्लाह द्वारा हमारी बराबर देखभाल करने और सुरक्षा बनाए रखने के लिए अपना शुक्रिया अदा करने के लिए गए।

इसके बाद अज़ीमा को डेरे पर भेजकर मैं वहाँ के मुल्ला के साथ सामान्य वार्ता करने लगा। अपने व्यवसाय के सिलसिले में मार्ग-दर्शन के लिए जानकारी प्राप्त करने की दृष्टि से बातचीत करना मेरा स्वभाव था। एलिचपुर जैसे बड़े नगर में हमें आशा थी कि कोई शिकार अवश्य मिलेगा।

हम दिन-प्रतिदिन की घटनाओं को लेकर कई विषयों पर चर्चा करते रहे। अन्त में एक मुल्ला ने पूछा कि मैं कहाँ से आया था? और किधर जाऊँगा।

मैंने उसे बताया, "मैं एक घोड़ों का व्यापारी हूँ। अभी मैं हिन्दुस्तान से घोड़े लेकर हैदराबाद गया था, अब उन्हें बेचकर वापस लौट रहा था।"

मुल्ला ने फिर पूछा, "आपके साथ जो और लोग हैं, वे कौन हैं?"

मैंने उसे बताया, "एक तो मेरे पिता हैं, जो व्यवसायी हैं, उनके अतिरिक्त हमारे साथ नौकर-चाकर हैं। इधर आते समय अनेक यात्री समय-समय पर हमारे साथ जुड़ते रहे।"

मुल्ला बोला, "तो आप काफिले वाले हैं?"

मैंने कहा, "यही बात है। ताकतवर होने के कारण हमने बेतूल होते हुए जबलपुर का मार्ग पकड़ने का निश्चय किया है, जो यद्यपि छोटे-छोटे दलों के लिए सुरक्षित नहीं है लेकिन हमारा दल बहुत बड़ा है, इसलिए कोई बाधा की बात नहीं।"

उसने कहा, "जी हाँ, कोई बाधा नहीं, दूसरे इस रास्ते से आपको लम्बी दूरी का चलना भी बचेगा, यदि आप लोग नागपुर होते हुए जाते तो बहुत चलना पड़ता। चूँकि आप लोगों ने जंगली मार्ग से जाने का निश्चय किया है, तो शायद आपके दल में कुछ और लोगों के बढ़ जाने से आपको कोई आपत्ति नहीं होगी। मैं आपके साथ एक को तैयार कर दूँगा।"

मैंने कहा, "हमें कोई आपत्ति नहीं होगी लेकिन यात्री सम्मानित होने चाहिए।"

मुल्ला ने कहा, "वह वैसा ही है और वह एक ऊँचे स्तर का आदमी है, किसी नवाब से कम नहीं। वह अपने भतीजे भोपाल के शासक के पास जानेवाला है।"

मैंने कहा, "सम्भव है मैंने उनके विषय में सुना हो, आप नवाब सब्जी खाँ के बारे में तो नहीं कह रहे है। लोग उन्हें इसी नाम से जानते हैं।"

उसने कहा, "जी हाँ, वही हैं। वे एक पुराने सैनिक हैं। यह दुख की बात है कि उन्हें सब्जी यानी भाँग की लत है। इसी कारण से उनका नाम पड़ गया। जो अब बहुत प्रसिद्ध हो गया। उन्हें देखकर युद्ध के मैदान में शत्रु भयभीत हो जाते थे। किसी के मुकाबले पर वे आगे ही रहते।"

मैंने कहा, "है तो दुख की बात लेकिन खान के बारे में लोगों की राय तो अच्छी है। शस्त्र संचालन में उनके कौशल को हिन्दुस्तान के रहनेवाले सभी जानते हैं। उनके साथ होने में मुझे बड़ी प्रसन्नता होगी क्योंकि यह भी सुना जाता है कि वह एक दुर्लभ साथी भी हैं।"

मुल्ला ने कहा, "आपने ठीक सुना। वे शाम होने से पहले यहाँ आएँगे। वे हमेशा हम लोगों के साथ वार्ता करने आया करते हैं, और यहाँ भाँग पीते हैं। यदि आप मेरे बुलावे पर अपने डेरे से आ सकेंगे तो मैं आपका परिचय उनसे करा दूँगा।"

मैंने कहा, "शुक्रिया मुल्लाजी, आप केवल सन्देश भेज दें, मैं बड़ी खुशी से हाज़िर हो जाऊँगा।"

मैं वहाँ से तुरन्त चला आया। यह हमारे जोखिम के काम की शुरुआत थी जिसमें हमारे पूर्व के सभी अभियानों से बढ़कर लाभ की आशा थी। उसकी नवाब की पदवी, उसके साथ निश्चय करके रहनेवाले शोर-शराबा आदि बातों ने इस जोखिम को अधिक आकर्षक बना दिया था, जिसे कीर्ति और लूट दोनों चाहनेवाला कोई ठग छोड़ नहीं सकता।

मैंने अपनी आशा के सम्बन्ध में किसी को कुछ भी नहीं बताया। मैं इस मामले को अपने तक सीमित रखना चाहता था, चाहे वह योजना बनाने की बात हो या उसके कार्यान्वियन की। यदि मैं इस अभियान में सफल हुआ, तो मेरी कीर्ति और चरित्र सदा के लिए स्थापित हो जाएँगे। और अनेक लोग मुझे सहायता देने के लिए आगे आ जाएँगे। एक क्षणिक विचार मेरे मन में यह आया कि नवाब युद्धप्रिय व्यक्ति है, इसलिए मुझे भी शस्त्रों से लैस रहना होगा, वरना उसके मुकाबले मैं कौन चीज़ था? लेकिन मैंने इस विचार को व्यर्थ समझकर तुरन्त हटा दिया। स्वयं मुझे अपनी शक्ति चाहे वह ठग के रूप में हो अथवा किसी शस्त्र संचालन, पैदल अथवा घोड़े पर हो, का विश्वास अप्रतिम था। अभी तक उसे कोई रोक नहीं सका और मैं किसी प्राणी से नहीं डरता। मुझे मर्द होने का विश्वास है।

(मि. टेलर (लेखक)–" क्यों अमीर अली, तुम और तुम्हारी जनजाति के लोग कभी अंग्रेजों से भयभीत हुए? अभी तक तुमने हम में से किसी पर आक्रमण नहीं किया और न तुमने कभी वैसा करने का साहस ही किया?")

(हँसते हुए) नहीं साहब, आप ग़लत कह रहे हैं। हम आप लोगों से कभी नहीं डरे, परन्तु आप लोगों पर आक्रमण करना असम्भव रहा है। जब आप घोड़े पर सवार होकर यात्रा करते हैं तो आप आक्रमण करने के योग्य ही नहीं होते क्योंकि आप अपने साथ कुछ भी नहीं रखते। अपने खेमों में भी आप लोग नौकरों-चाकरों से घिरे रहते हैं, और रात को हमेशा आप पर पहरा रहता है। जब आप डाक के साथ सफर करते हैं तब भले आपकी पालकी से कुछ रुपए प्राप्त हो जाएँ लेकिन सामान्य रूप से आप लोग सशस्त्र रहते हैं। प्रायः आप अपने साथ पिस्तौल रखा करते हैं। इस दशा में अपना उद्देश्य पूरा होने के पहले ही हमारे कुछ आदमी गिर जाएँगे। लेकिन सबसे बढ़कर बात यह है कि यदि आप लोगों में से कोई लापता हो जाए तो इतना अधिक तूफान उठेगा कि बचकर निकलना असम्भव होगा। विशेष रूप से आपकी कोई सम्पत्ति को हम ले भी लें तो हमारा पकड़ा जाना निश्चित है।

(मि. टेलर ने हँसते हुए कहा, "तुम्हारे बताए हुए कारण वास्तव में वज़नदार हैं लेकिन मुझे सन्देह इस बात का है कि तुम्हें पिस्तौल पसन्द नहीं। यही कारण है कि हम लोग तुमसे हमेशा बचकर रहे। खैर, अपनी कहानी जारी रखो, मैंने बीच में उसका सिलसिला भंग कर दिया।")

साहब, मैं शाम तक उसकी बड़ी उत्सुकता के साथ प्रतीक्षा करता रहा। और जब मैं अपने डेरे के सामने बैठा था तो घोड़े पर सवार एक व्यक्ति देखा, उसके साथ कुछ कर्मचारी थे जिनमें एक तेज टट्टू पर सवार सुन्दर लड़की भी थी। इन्हें देखकर मुझे बड़ा अचम्भा हुआ। वे लोग नगर से आ रहे थे। वह हमारे डेरे के समीप से निकला और नदी पार करके दूसरे किनारे पर चढ़कर दरगाह में चला गया। क्या यही मेरा नवीन शिकार था? मेरी दुविधा अधिक समय तक नहीं रही क्योंकि मुल्ला ने एक सन्देश भेजकर मुझे बुलाया था। मैं अपनी ढाल-तलवार लेकर उसके साथ चल दिया।

गोंडों का आक्रमण

मुल्लाजी के साथ नवाब सब्जी खाँ बहादुर (मैं केवल यही नाम जानता था) अपने कटु और मादक घूँट को गट-गट पी रहे थे। उनके आसपास भयानक लगनेवाले अनुचर खड़े थे, जिनमें एक-दो के खुरदरे चेहरों पर गहरे दाग़ थे, जिससे स्पष्ट होता था कि उन्होंने कई कठिन लड़ाइयों में अपने बहादुर स्वामी का साथ दिया होगा। उसके पीछे उसकी दासी जो एक कोमल गोरी लड़की थी, बैठी थी। वह नवाब के लिए उसके प्रिय काढ़े को किसी नए पात्र में डालती जा रही थी।

मुल्ला ने नवाब से मेरा परिचय कराते हुए कहा, "हुजूर ये वही युवक हैं जिनका ज़िक्र मैंने आपसे किया था। मुझे इनकी प्रशंसा में कुछ कहने की आवश्यकता नहीं क्योंकि आपकी पैनी निगाहें तुरन्त पहचान लेंगी कि ये किसी सम्भ्रान्त तथा ऊँचे खानदान के हैं, और हुजूर के ऊँचे ओहदे के लायक अच्छे साथी बनेंगे।"

मैंने उनके सामने अपनी तलवार की मूठ नज़र के रूप में पेश कर दी। उन्होंने उसे छूने के बाद मुझे कालीन पर अपने पास बैठने के लिए कहा।

शिष्टता की दृष्टि से यह बहुत बड़ी बात थी। अतः ऐसे आदर के लिए अपनी अयोग्यता के आधार पर क्षमा माँगते हुए मैं अपने घुटनों के बल कालीन के एक किनारे बैठ गया और तलवार-ढाल अपने सामने रख ली।

मेरी तलवार की ओर तुरन्त उसका ध्यान चला गया और बोला, "मीर साहब, आपका यह शानदार हथियार है। क्या मैं इसे देख सकता हूँ?"

तलवार की मूँठ उसकी ओर बढ़ाकर मैंने कहा, "अवश्य, तलवार हुजूर की खिदमत में हाज़िर है।"

उसने कहा, "नहीं मीर साहब, मैं इसे लेना नहीं चाहता, लेकिन मुझे ऐसे मामलों में बड़ी दिलचस्पी रहती है। मेरे पास एक चुनिन्दा संग्रह है, जिसे किसी दिन आपको दिखाऊँगा।"

बड़ी सावधानी के साथ उसने म्यान से तलवार निकाल ली। उसी समय उसकी चमक देखकर वह प्रसन्नता से मुस्कराने लगा जैसे कोई लम्बी अनुपस्थिति के पश्चात् अपने जिगरी दोस्त को बधाई दे रहा हो।

अब मैं उसकी विशेषता बता रहा हूँ। उसका शरीर लम्बा और हृष्ट-पुष्ट था। विशेष रूप से उसकी बाँहें, जो मलमल के परिधान से झलक रही थीं, खासकर हट्टी-कट्टी और लम्बी थीं। सम्भवतः आयु के कारण उसकी आकृति का कुछ-कुछ झुकाव स्थूलता की ओर था, शायद इसी कारण उसकी दाढ़ी-मूँछ में सफेद बाल कहीं कहीं दिखाई दे रहे थे। अथवा इतनी बड़ी मात्रा में नशे के खतरनाक प्रयोग के द्वारा उनकी संख्या बढ़ रही हो। उसका मुख उल्लेखनीय रूप से सुन्दर था और उससे संकेत मिलता था कि वह किसी ऊँचे खानदान का था। उसका मस्तक शानदार था, जो उसकी पगड़ी से आंशिक रूप से ढँका था। उसकी नसें उभरी हुई थीं, मानो उनमें प्रवाहित रक्त बन्धन तोड़कर निकलना चाहता हो। उसकी आँखें बड़ी और गिद्ध की भाँति भेदक थीं। किन्तु आदतन बेलगाम होने से लाली लिये हुए गर्वीली थीं और कुल मिलाकर आकर्षक कही जा सकती थीं। उसकी नाक पतली और उन्नत थी, नथुने चौड़े और लगभग पारदर्शी थे, मुख छोटा और धनुषाकार था जो बाह्याकृति की सामान्य दशा में तिरस्कार का भाव दर्शाता था। उसकी फहराती हुई शानदार दाढ़ी-मूँछें थीं, जिनका वर्णन किया जा चुका है। वे उसके मुख-मंडल की पूर्णता की द्योतक थीं, जैसी मैंने पहले कभी नहीं देखीं और उसके बाद भी मुझे कहीं नहीं दिखाई दीं। उसका सम्पूर्ण व्यक्तित्व दर्शनीय था, और सामान्य परिधान में भी उसे ऊँचे खानदान का साहसी सैनिक कहा जा सकता था।

उसके गले में बड़े-बड़े मोतियों की माला थी, इसके अतिरिक्त वह और कोई आभूषण नहीं पहने था। उसकी पोशाक सादी और अत्यन्त साफ़ थी। मैंने उसके शरीर पर दो मस्से देखे—एक सिर के पीछे और दूसरा छाती पर था। इनके गहरे दाग़ उसकी महीन पोशाक में नहीं छिपे थे।

ऐसा था सब्जी खाँ जिसने कठिन लड़ाइयों में अपना नाम कमाया था और जिसे मैंने प्रथम अवसर मिलते ही, समाप्त कर देने का निश्चय कर लिया था।

वह इतनी देर तक और इतनी गम्भीरता के साथ मेरी तलवार देखता रहा कि मैंने सोचा कि कहीं वह मेरे पिता के किसी शिकार की तो नहीं थी, जो नवाब का परिचित रहा हो। मैंने अपने मन में उत्तर भी सोच लिया था, यदि उसने मुझसे प्रश्न किया कि यह तलवार मुझे कहाँ से मिली थी। उसी समय उसने तलवार की धार पर उँगलियाँ फेरते हुए कहा, "तो आपने भी लड़ाइयाँ देखी हैं, मेरे दोस्त, इस बढ़िया तलवार में कुछ भोथरे हैं, जो किसी पुराने सैनिक को छूने से ही समझ में आ जाते हैं। ये कैसे हो गए?"

मैंने कहा, "हाँ, जब मैं हिन्दुस्तान से आ रहा था, तो रास्ते में लुटेरों के साथ छोटी सी झड़प हो गई थी।" और मैंने निरमूल में चोरों के साथ हुई घटना उसे सुनाई।

उसने कहा, "आप खूब लड़े। मेरे विचार से आपको अन्त में सफलता मिली होगी और कुछ बदमाशों को काटकर फेंक दिया होगा। यदि आपका हृदय मजबूत रहा होगा, तो इस हथियार ने भी आपको धोखा नहीं दिया होगा।"

मैंने उत्तर दिया, "नवाब साहब, अभी तक मेरा हृदय कभी कमजोर नहीं रहा। जो लोग मुझे पहचानते होंगे उन्हें यह बात अच्छी तरह ज्ञात होगी कि मैं ऐसे अवसर के लिए कितना

व्यग्र रहता हूँ, जिसमें मैं यह सिद्ध कर सकूँ कि मैं मर्द हूँ, कायर नहीं। परन्तु उस घटना के समय मैं विवश था? वहाँ हम लोग बहुत कम थे, और जंगल भयानक रूप से घना था। अँधेरे में हम उनका पीछा नहीं कर सके।"

उसने कहा, "आपने ठीक कहा। मेरे दोस्त, सब्जी खाँ के सौभाग्य का साथ देने में आपका क्या विचार है? इस समय आपको देने के लिए उसके पास कुछ नहीं है, लेकिन इंशाअल्ला वह समय जल्द आनेवाला है, जब बहादुरी में परखे हुए लोग, कुछ हासिल कर सकेंगे। मेरा मित्र दोस्त मुहम्मद मुझे लिखता है कि जल्दी आ जाओ क्योंकि उसे अपने नए उद्यम के लिए प्रमुख लोग चाहिए, और मेरे विचार से आपका व्यक्तित्व तथा कार्य कुशलता उसे पसन्द आएगी। आप क्या कहते हैं? जीवन भर घोड़े बेचना आपके लायक काम नहीं। आपने कुछ लोगों को साथ लेकर और उनके साथ अपनी सेवाएँ अर्पित करके वर्तमान अभियान में कुछ कमाई की होगी तो भी उसे आप अपने व्यक्तित्व के अनुरूप व्यय नहीं कर सकते। दोस्त मुहम्मद को आप जैसे जवानों की आवश्यकता है और इंशाअल्ला, हम लोग अभी कुछ कीर्ति अर्जित कर सकते हैं?"

मैंने कहा, "आपकी रहमत बढ़े, बन्दा नवाज, मैं तो बहुत दिनों से यही चाहता था। आपके परिचय से मुझे नौकरी अवश्य मिल जाएगी। और यदि कुछ कर दिखाने का अवसर मिलेगा तो आप मुझे हटनेवाला नहीं पाएँगे।"

उसने पूछा, "तो आप मेरे साथ चलेंगे। मुझे बड़ी प्रसन्नता है। मैं देख रहा हूँ कि आपके साथ कुछ लोग हैं, और कुछ यात्री भी होंगे। यहाँ से सीधे जबलपुर चलने का क्या विचार है? रास्ता ऊबड़-खाबड़ अवश्य है लेकिन मेरे पास समय बहुत कम है। नागपुर की ओर का मार्ग अड़चनों और लुटेरों से रहित होने पर भी बहुत लम्बा है।"

मैंने कहा, "नवाब साहब, आपसे मिलने से पूर्व हम लोगों ने इसी मार्ग से चलने का इरादा कर लिया था क्योंकि हमारा दल बहुत मजबूत और हथियारबन्द है। बस अब कोई दुविधा नहीं है। जहाँ तक चोरों और लुटेरों का प्रश्न है, उनसे मैं जरा भी नहीं डरता और हुजूर के लिए भी कोई डर की बात नहीं होगी।"

उसने कहा, "जब आप मिल गए हैं तो डर की कोई बात नहीं। मैं मानता हूँ कि मेरे साथ कुछ लोग रहने पर भी जंगल का रास्ता मुझे बिलकुल पसन्द नहीं क्योंकि जो गिरोह वहाँ घूमते रहते हैं। वे मजबूत होने के साथ-साथ निर्दयी भी होते हैं। पूरा जीवन रणभूमि में व्यतीत करने के बाद सब्जी खाँ का यह कितना बड़ा दुर्भाग्य होगा कि वह अनजान जगह पर गिरे।"

मैंने मन ही मन कहा, 'और फिर भी तुम वही करोगे, तुम्हारी मौत तुम्हें उसी जंगल में ले जाएगी, जिसका तुम्हारे मन में डर है। कोई भी स्मारक यह न बता सकेगा कि सब्जी खाँ की मजार कहाँ थीं।

उसने पूछा, "मीर साहब, आप लोग चलने के लिए कब तैयार होंगे। क्या यहाँ आप लोगों को अभी रुकना है?"

मैंने कहा, "बिलकुल नहीं, मैंने कल सुबह यहाँ से चलने का विचार किया है लेकिन अगर हुजूर चाहें तो मैं कुछ दिन के लिए ठहर सकता हूँ।"

उसने कहा, "अरे नहीं, मैं कल सुबह न चल सकूँगा लेकिन परसों सबेरा होने तक आपके पास पहुँच जाऊँगा। और फिर हम साथ-साथ सफर करेंगे।"

मैंने कहा, "जो हुक्म, मैं आपको बिलकुल तैयार मिलूँगा और अब मुझे जाने की इजाजत दीजिए।"

उसने कहा, "अवश्य, अब मैं आपको रोक नहीं सकता क्योंकि अब मुझे भी जाना है। मेरे दोस्त सलावत खाँ के यहाँ आज रात को कोई जश्न होनेवाला है। मैंने उसमें शरीक होने का वादा किया है।"

मैं अपने डेरे पर वापस लौट आया। यद्यपि मैं इस मामले को पिताजी को बताना चाहता था, परन्तु रुक गया जब तक कि नवाब हमारे साथ बिलकुल न आ जाए। उसी समय मैं उचित रूप में उसका परिचय करा दूँगा।

तीसरे दिन प्रातःकाल जैसे ही हम चलने की तैयारी कर रहे थे कि नवाब घोड़े पर सवार होकर हमारे डेरे पर आ गया और मेरे बारे में पूछा।

मैं दौड़कर उसके पास आ गया और मेरे पिता भी वहीं पहुँच गए। मैंने उसका परस्पर परिचय कराया। सामान्य् दुआ-सलाम होने के पश्चात्, मेरे पिता ने, नवाब की आँख बचाकर मुझे अर्थपूर्ण दृष्टि से देखा। मैंने उन्हें उसी प्रकार उत्तर भी दे दिया। वे मेरा आशय समझ गए और उनके मुखमंडल पर विजय की एक रेखा खिंच गई। इससे मुझे हार्दिक प्रसन्नता हुई क्योंकि भविष्य में जो कुछ होनेवाला था, उसके लिए सम्पूर्ण दल, केवल मेरा ऋणी होगा।

हमारा दल रवाना हो गया। दिन निकलने के साथ मुझे नवाब की पोशाक और व्यक्तित्व नज़र में आ गए। वह मेरे साथ-साथ घोड़े पर सवार था। उसका घोड़ा बड़ा शानदार था जो अपने स्वामी को पीठ पर बैठाकर दर्प और ओज के साथ चल रहा था। कुछ मैले हुए लाल मखमल से वह सजा हुआ था। लेकिन अत्यन्त सुन्दर लग रहा था। उसकी जीन काठी पर बहुमूल्य सोने के तारों की कसीदाकारी की गई थी।

लेकिन मेरे प्रेक्षण का मुख्य आकर्षण वह घुड़सवार ही था। उसने अपनी सामान्य पोशाक के ऊपर महीन इस्पात के तारों से बुना हुआ कवच धारण कर लिया था। कमर में हरे रंग का शाल लिपटा था। उसमें सोने-चाँदी से मढ़े हुए दो-तीन खंजर लगे थे। कुहनी तक उसकी बाँहें इस्पात के ही रक्षक आवरण से ढँकी थीं। सिर पर चमकता हुआ शिरस्त्राण था, जिसके शिखर पर लाल सिल्क का झब्बा लटक रहा था। धूप से बचने के लिए उस पर सिल्क का रूमाल लपेटा गया था। उसकी पीठ पर सोने के कलात्मक काम की गैंडे की खालवाली ढाल थी। उसकी बगल में मखमली कलात्मक पेटी से बँधी तलवार लटक रही थी।

किसी कीर्तिमान योद्धा की भाँति उसका व्यक्तित्व था। मैंने हैदराबाद में सैकड़ों सैनिक देखे, परन्तु उसके समान पूर्ण रूप से सज्जित कोई नहीं था। मैंने स्वयं को उसके साथ सम्बद्ध कर लिया। मैंने उसके मन में इतना विश्वास भर दिया कि वह तुरन्त हमारे साथ खतरनाक संघर्ष में सम्मिलित हो गया। लेकिन उसके कवच और हथियार किस काम के थे? ये सब उसके लिए कुछ भी उपयोगी नहीं थे। उसके जीवन की इनी गिनी घड़ियाँ शेष थीं। उसकी साँस नथुनों तक ही थी।

उसने पूछा, "आप बड़े ध्यानपूर्वक मुझे देख रहे हैं।"

मैंने उत्तर दिया, "जी हाँ, मैंने आप जैसा श्रेष्ठ घुड़सवार कभी नहीं देखा। घोड़ा हथियार तथा साज-सज्जा सभी अपने शानदार स्वामी के अनुरूप हैं। क्या आप सदा इसी प्रकार यात्रा

करते हैं?"

उसने कहा, "हाँ मीर साहब, हमेशा। सैनिक को अपनी साज-सज्जा से कभी दूर नहीं होना चाहिए। उस ऐयाश सलावत खाँ के साथ सुस्ती में जो समय गँवाया उससे मेरा शरीर कमजोर हो गया। अब भी मुझे कवच की रगड़ लग रही है। लेकिन समय पर काम आता है और मैं उसका अभ्यस्त हो गया।"

हम लोग साथ-साथ यात्रा करते रहे। उसने अपने जोखिम की कहानियाँ, लड़ाइयों के वर्णन और अपनी रक्षा से बँधी बातें बताकर मार्ग को आकर्षक बनाए रखा। इन सबके अतिरिक्त उसकी असाधारण वाकपटुता से मैं अधिक आकर्षित हुआ। कभी-कभी मेरे मन में यह विचार उठता कि अच्छा होता वह मुझे एक मित्र के रूप में मिलता अथवा अपने अधीन नामांकित कर लेता। उस दशा में मैं उसके ध्वज का अनुसरण करता और उसके शौर्य-चरित्र की बराबरी करने का प्रयत्न करता। परन्तु उसे तो अपने व्यवसाय हेतु चिह्नित कर लिया गया, और हमारी विशिष्ट भाषा के अनुसार बनिज हो गया। व्यवसाय के पवित्र दायित्व और प्रत्येक नियम के अनुसार उसको समाप्त करने का निर्णय ले लिया गया था।

बिना किसी खतरे के हम अपने प्रथम पड़ाव पर पहुँच गए। ग्रामीणों के कथनानुसार यहाँ से आगे जंगल घना होता गया और सड़क भी खराब और पथरीली थी। सबसे बढ़कर वहाँ गोंड जाति के लोग सशस्त्र रहते थे तथा जो भी मिलता उसे लूट लेते थे।

इन बातों को सुनकर नवाब ने कहा, "वे लोग चाहें तो हमें भी आजमा लें। इंशाअल्ला, वे लोग हमारा कुछ भी नहीं बिगाड़ सकते। और ऐसा कष्ट उठाने में सम्भव है, उनमें से कुछ के सिर फूट जाएँ।"

दूसरे दिन प्रातःकाल हम लोग अधिक सतर्क होकर चलने लगे। अपने आदमियों से कह दिया गया कि वे लोग एक साथ बने रहें। मैंने कुछ विश्वासी आदमी चुन लिये जो गाड़ी को घेरे रहेंगे, जो पथरीली सड़क पर कठिनाई के साथ चल रही थी। मैं और नवाब सबसे आगे घोड़ों पर सवार होकर चल रहे थे।

आगे चलकर सड़क और खराब होती गई। कई स्थानों पर वह इतनी सँकरी हो गई कि केवल एक फुट रह गई। वहाँ आदमियों को कहीं-कहीं पेड़ों की शाखें काटनी पड़ीं जो सड़क के आर पार आ गई थीं। इस प्रकार मार्ग बनाते हम चल रहे थे। कहीं सड़क के दोनों ओर ऊँचे टीले आ जाते थे और हम उनके बीच लटक से जाते थे। वहाँ हमारे ऊपर पत्थर-वर्षा की जा सकती थी, परन्तु अपनी रक्षा में हम एक पत्थर भी नहीं फेंक सकते थे।

जैसे ही हम ऐसे सँकरे रास्ते से निकलकर खुले स्थान पर पहुँचे, मैंने कहा, "नवाब साहब, यह कितनी खराब जगह थी। वहाँ यदि हम पर आक्रमण किया जाता तो हम निश्चय ही उनके शिकार हो जाते।"

उसने कहा, "वास्तव में यही बात थी, शुक्र है कि हम लोग वहाँ से सकुशल निकल आए। जहाँ तक मुझे ठीक याद है यह स्थान बहुत बदनाम है। खैर, यहाँ से आगे जंगल इतना घना नहीं है। लेकिन उधर देखिए, वह क्या है? खुदा कसम गोंड लोग हमारी ओर आ रहे हैं।" 'शमशीर आलम' कहते हुए वह जोर से दहाड़ा।

'शमशीर बूदस्त' और उसकी चमकती हुई तलवार म्यान से निकल आई।

उसने अपने घोड़े को रोका, फिर ऐड़ लगाई, जिससे घोड़े ने दो-एक बार उछाल मारी।

इसके बाद नवाब उस पर मजबूती के साथ जमकर बैठ गया। अपनी टोपी सिर से नीचे खींचकर मुझे तैयार रहने को कहा।

इस समय मैं भी पीछे नहीं था। मैंने अपनी तलवार निकाल ली। ढाल को ढीला करके आगे रख लिया, जिससे तीरों से रक्षा हो सके। मेरे घोड़े ने भी दो-तीन बार उछाल मारी और मुझे नवाब के पास ले गया। बद्रीनाथ तथा कुछ और लोग टट्टुओं पर सवार हुए मेरे पीछे आ गए। कुछ पैदल बन्दूकें लिये थे।

नवाब ने चिल्लाकर कहा, "आओ हरामजादो, तुम भी दिखा दो कि असली मर्द हो। हमारे सुदृढ़ हृदयों और तैयार हथियारों के सामने अपने कायर वीरों की आजमाइश करो। तुम लोग हरामी, काफिर और कायर हो। इंशाअल्ला, तुम्हारी माँ-बहनें अवश्य पतित होंगी।"

नवाब द्वारा गोंडों की ओर हाथ-पैर चलाते और गालियाँ देते देख मैं अपनी हँसी नहीं रोक सका। वे लोग अपने स्थान पर बिना हिले-डुले खड़े रहे। वे किसी पहाड़ी के किनारे थे। वे हमारे ऊपर बाण-वर्षा करने के लिए तैयार थे, और सूँ-सूँ की आवाज करते हुए उनके तीर हमारी ओर आने लगे। एक तीर से नवाब का घोड़ा गरदन में घायल हो गया, यह देखकर गोंड विजय-ध्वनि करने लगे।

घोड़े की गरदन से तीर निकालकर नवाब बोला, "मेरे प्यारे मोती, तू घायल हो गया। मीर साहब, ये बदमाश नीचे उतरकर नहीं आएँगे। अच्छा हो कि आप बन्दूक की एक बाड़ चलाकर उन्हें तितर-वितर कर दें।"

मैंने अपने साथियों से कहा, "जब भी कोई शरीर दिखाई दे, निशाना लगा देना।"

उन लोगों ने वैसा ही किया। विशेष रूप से एक गोंड जो पैर से अपनी कमान दबाए किसी चट्टान पर बैठा था, वह स्पष्ट दिखाई दे रहा था। वह साफ तौर पर अपनी रक्षा के लिए सजग न था। सरफराज खाँ ने निशाना लेकर उस पर फायर किया। क्षण भर में वह लुढ़कता हुआ, हमारे पैरों के पास आ गिरा। गोली उसके कंठ में लगी थी। वह पूर्णरूप से मृत हो चुका था। उसकी दशा देखकर शेष गोंड चीख-पुकार करने लगे। उसका एक और साथी घायल होकर गिर गया। वे लोग उसे उठाकर जल्दी-जल्दी अपने पहाड़ी किलों की ओर भाग गए। उनका पीछा करना अव्यावहारिक होने के साथ ही बेकार था।

हमारी आगे की यात्रा में कोई उल्लेखनीय घटना नहीं हुई। सही समय पर हम सब लोग अपने पड़ाव पर आ गए।

पिताजी ने कहा, "अमीर अली, बताओ नवाब हमारा है या नहीं। यदि तुमने उसे मेहमान के तौर पर बुलाया है तो बताओ। यदि नहीं तो अच्छा होगा कि उसका प्रबन्ध कर दो।"

मैंने कहा, "मेहमान! अरे नहीं, उसे तो समाप्त करना है। जबकि यहाँ पर इतने अच्छे स्थान हैं तो कोई कठिनाई नहीं है।"

पिताजी बोले, "यह सम्भव नहीं है। घोड़े पर सवार होते हुए उसका सामना नहीं किया जा सकता। वह एक कुशल सवार है, उसका घोड़ा भी दमदार है। थोड़ी सी हड़बड़ी भी उसे चौकन्ना कर देगी। फिर उसे कौन पकड़ पाएगा। हमें कोई और योजना तैयार करनी होगी।"

मैंने कहा, "उसे आप मुझ पर छोड़ दीजिए। यदि स्थान तलाश करना बहुत आवश्यक नहीं हुआ तो मैं अपने अवसर की राह देखूँगा।"

सब्जी खाँ

मैंने बद्रीनाथ और सरफराज खाँ से प्रश्न किया, "दोस्तो, तुम लोगों ने इसका अनुमान पहले ही लगा लिया होगा कि हमारे साथ नवाब क्यों है?"

बद्रीनाथ ने कहा, "मुझे कुछ सन्देह था क्योंकि तुम उसे इतनी दूर तक ले आए। लेकिन हमें बताओ तुम्हारा क्या इरादा है? इसका प्रबन्ध कैसे किया जाएगा? सड़क पर इसके ऊपर आक्रमण करना असम्भव है। वह हम में से कुछ को काटकर फेंक देगा और इस समय मुझे मरने की कोई अभिलाषा नहीं है।"

मैंने कहा, "तुम ठीक कहते हो। हमें किसी प्रकार का खतरा मोल नहीं लेना चाहिए। फिर भी अवसर आने में देर नहीं होगी।"

दोनों ने पूछा, "कैसे?"

मैंने कहा, "सुनो, और बताओ कि मेरी यह योजना तुम लोगों को स्वीकार है या नहीं। कल यात्रा के समय दुखी था, उसे अपना प्रिय पेय नहीं मिला क्योंकि हम लोगों को स्वच्छ जल की कोई धारा भी मार्ग में नहीं मिली, जिससे वह अपना शरबत बनवा लेता। तुम्हें मालूम होगा कि वह दासी हमेशा उसे तैयार करके देती है। मुझे आशा है कि कल मार्ग में हमें कोई नदी अवश्य मिलेगी। मैं उसे मनाने का हर सम्भव प्रयत्न करूँगा कि वह घोड़े से उतरकर तरोताजा हो जाए। जब वह हमारे साथ वार्तालाप कर रहा होगा, और देखूँगा कि वह अपनी सुरक्षा के प्रति लापरवाह है, हम उसकी असावधानी का लाभ उठाकर उस पर टूट पड़ेंगे।"

सरफराज खाँ बोला, "यह इतना आसान नहीं। यदि वह बैठा हुआ हो तो उस पर टूट पड़ना कठिन नहीं, क्योंकि उस समय उसके शस्त्र काम नहीं आएँगे।"

बद्रीनाथ ने कहा, "मुझे यह काम आधा भी पसन्द नहीं। मान लो कि वह सचेत हो जाए, तो वह निश्चय ही भाग जाएगा। यद्यपि मैं और खान दोनों इनसान तो क्या शैतान से भी नहीं डरते, फिर भी नवाब को मारना समझ के बाहर की बात है। वह मामूली बनिज नहीं है। मेरे विचार से उसे बिना हानि पहुँचाए जाने देना चाहिए।"

मैंने कहा, "यह पागलपन है। और यह बात बद्रीनाथ तुम कह रहे हो? मुझे बड़ा आश्चर्य हो रहा है। वह नवाब होगा, तो इससे क्या? वह इनसान नहीं? मैंने उसे अपने व्यवसाय के एक-एक नियम के अनुसार जाल में फँसा लिया है। किसी नवाब को मार देना एक नई बात होगी। लेकिन यह नहीं सोचते कि हम गर्व के साथ कह सकेंगे कि हमने वीरों में सबसे वीर सब्जी खाँ को मार दिया। हमारे बाप-दादों ने पहले ऐसा काम क्यों नहीं किया?"

उसने कहा, "यही कारण है कि मैंने विरोध में आवाज उठाई। किसी असामान्य कार्य को करना अनुचित है। इसके साथ भवानी भी अप्रसन्न हो जाएगी।"

मैंने कहा, "तो फिर इस पर शकुन का विचार करना चाहिए। फिर देखो वे क्या कहती हैं। इंशाअल्ला, फिर भी हम नवाब को लेकर ही रहेंगे।"

उसने कहा, "हाँ, अब तुम किसी ठग की तरह बोल रहे हो और यह उचित भी है। मैं शाम को शकुन का विचार करूँगा और यदि वह अनुकूल हुआ, तो बद्रीनाथ तुमको छोड़कर जानेवाला अन्तिम व्यक्ति होगा।"

शाम को शकुन का विचार किया गया। बद्रीनाथ ने बड़ी प्रसन्नता के साथ मुझे यह

समाचार सुनाया।

मैंने कहा, "मैंने पहले कहा था वही हुआ। हम लोगों को सौभाग्य प्रदान करने के बाद अपनी अधिष्ठात्री पर शंका करना मूर्खता थी। अब सुनो, मैं बेकार बैठा नहीं रहा। मैंने गाँववालों से यह जानकारी प्राप्त कर ली कि यहाँ से लगभग चार कोस दूर कोई छोटी जलधारा है, जिसमें पर्याप्त जल है। उसके किनारे हमारी आवश्यकता के अनुसार घने जंगल हैं। मैंने वह स्थान चुन लिया है। क्या लुधाइयों को भेज दिया जाए।"

बद्रीनाथ ने कहा, "अवश्य, और हम लोगों को भी तैयार हो जाना चाहिए। लेकिन नहीं, लुधाइयों को भेजने की कोई जरूरत नहीं। जैसा तुमने बताया जंगल बहुत घना है, तो हम शवों को आसानी के साथ छिपा देंगे। चूँकि वहाँ नदी है, तो बालू या गिट्टियों की सहायता से कब्र सरलता से बन जाएगी।

"लेकिन नवाब ताकतवर है मीर साहब, अच्छा होगा कि तुम स्वयं अकेले उसके साथ खतरा मोल न लो। रहे शेष लोग तो उनके लिए पहले ही प्रबन्ध हो गया है। हर एक को उसका काम समझा दिया गया।"

मैंने कहा, "यहाँ तक सब ठीक है, इसके विषय में और विचार करने का समय नहीं है।"

बद्रीनाथ ने कहा, "मैंने एक आदमी छाँट लिया है। वह स्वयं को नवाब का जमादार बताता है। मैंने उसके साथ मित्रता गाँठ ली है। मुझे उस पर भरोसा है। दूसरे लोगों ने भी वैसा ही कर लिया है। लेकिन हमने नवाब को तुम्हारे लिए छोड़ दिया।"

मैंने कहा, "वह मेरा ही है। उसके मामले में मैं किसी का हस्तक्षेप पसन्द नहीं करूँगा। यदि सरफ़राज़ खाँ ने अभी तक किसी को नहीं चुना तो उसे मैं अपनी सहायता के लिए रख लूँगा।"

उसने कहा, "मीर साहब, उसने अभी तक किसी को नहीं चुना, यह मैं जानता हूँ। हमारे यहाँ जितने लोग हैं, उनमें वह सबसे ताकतवर है। उसे तथा उसके किसी आदमी को लेकर तुम कभी असफल नहीं हो सकते। लेकिन सरफराज को शम्शिया बना रहने दो, वह अच्छा आदमी है।"

मैंने कहा, "यदि नवाब बैठा रहे तो फिर मुझे किसी की ज़रूरत नहीं। फिर भी कठिनाई का सामना करने के लिए किसी का रहना ठीक होगा।"

उस रात को हम लोगों ने सारे प्रबन्ध कर लिये और दूसरे दिन बड़े उत्साह के साथ यात्रा पर रवाना हुए। मैं और नवाब सदा की भाँति सबसे आगे चल रहे थे।

नवाब ने कहा, "मीर साहब, यह प्रदेश बड़ा अभागा प्रतीत होता है। आपने पहले कभी ऐसा नीरस जंगल देखा था? यहाँ एक पड़ाव से दूसरे के बीच अपने होंठ गीले करने के लिए भी एक बूँद पानी कहीं नहीं दिखाई देता। यह अच्छी बात है कि मौसम ठंडा है, नहीं तो लम्बे पड़ाव तक जाते-जाते बुरी तरह थक गए होते। यहाँ मैं, सब्जी खाँ, इसी कारण तीन दिन से बिना अपने प्रिय शरबत के चल रहा हूँ। अल्लाह कसम जैसे गर्मी में कौआ प्यासा होता है, वैसी ही प्यास मुझे लगी है और न चाहने पर भी मुँह खुल रहा है। अच्छा होता कि इस जलते हुए मरुस्थल में कहीं नदी या कुआँ मिल जाता, तो मैं अपना शानदार घूँट जमा लेता।"

मैंने कहा, "खुदाबन्द, धैर्य रखिए। कौन जानता है कि आगे हमें कोई नदी मिल जाए? वहाँ ठहरकर हम तरोताजा हो सकेंगे। मुझे भी भूख लगी है। मेरे पास कुछ खजूर हैं, उनकी

सहायता से रोज़ा खोलने में यदि एक घंटे की देर हो जाए तो कोई बात नहीं।"

उसने कहा, "अच्छा, खजूर हैं। मैं भी कुछ खा लूँगा। मेरे आदमी थैलों में से कोई न कोई खाने की चीज़ निकाल लेंगे। आप सच कहते हैं, इन पहाड़ों की शीतल वायु क्षुधावर्धक है।"

लेकिन कोस पर कोस पीछे छूटते गए और मार्ग में कोई नदी नहीं मिली। मैं सोचने लगा कि क्या ग्रामीणों ने ग़लत सूचना दी थी। अपनी निराशा पर मुझे कितना खेद हो रहा था? तभी मेरे आनन्द का ठिकाना न रहा, जब एक पहाड़ी से आगे जाने पर हमें लोगों द्वारा बताई गई नदी के दर्शन हुए।

मैंने कहा, "खुदाबन्द, लीजिए, आखिर नदी मिल ही गई। उसके जल की चमक से मालूम होता है कि वह शुद्ध होगा। क्या हम लोग यहाँ घंटे भर के लिए ठहर जाएँ? हुक्के का एक दौर हो जाएगा, और आपकी दासी आपका प्रिय शरबत भी तैयार कर देगी।"

उसने कहा, "अवश्य रुक जाइए। शायद आगे हमें और कोई नदी न मिले और इसी समय मैं अपना शरबत भी चाहता हूँ। किसी को भेज कर उस लड़की को बुलवाइए। कहो, जल्दी आए।"

मैंने किसी को भेज कर उसे बुलवाया। फिर नदी की धारा के पास जाकर मैंने घासवाली जगह चुनी और उस पर जीन का खोल बिछाकर बैठ गए।

लोग एक-एक करके आकर बैठते गए। कुछ लोग नदी में उतरकर उसके स्वच्छ जल में हाथ-मुँह धोकर तरोताजा हुए। नदी का जल इतना स्वच्छ था कि तल में पड़े हुए पत्थर दिखाई देते थे। वहाँ जंगली पशु भी आकर अपनी प्यास बुझाते होंगे।

सभी लोग झुंड के झुंड आकर बैठ गए। उनमें हुक्के का दौर चलने लगा। वे लोग आपस में जिस सड़क से चलकर आए थे, उसकी अच्छाई-बुराई की चर्चा करने लगे। और आगे मिलनेवाले मार्ग का अनुमान लगाने लगे। मैंने सब ओर सरसरी दृष्टि डालकर देखा कि हमारे सभी आदमी अपने-अपने नियत स्थान पर बैठ गए थे। नवाब के सेवकों और कर्मचारियों में हर एक पर तीन-तीन आदमी थे। इसलिए सब निश्चय की मुद्रा में थे।

अज़ीमा की गाड़ी सड़क पर खड़ी थी, उसे वहाँ से हटाने के लिए मैं उसके पास गया।

मैंने कहा, "प्रिये, हम लोग यहाँ कुछ देर के लिए नाश्ता-पानी करने के लिए रुक गए हैं लेकिन अच्छा होगा कि तुम आगे चलो, सड़क भी अच्छी मालूम होती है। थोड़ी देर बाद हम लोग तेज़ चाल से तुम तक पहुँच जाएँगे।"

उसने कहा, "अवश्य, उनसे कह दो कि गाड़ी बढ़ाएँ। मैं भी सफर जल्दी खत्म करना चाहती हूँ। बेचारी नरगिस मेरे साथ गाड़ी के धक्कों के कारण मरी जा रही है।"

मैंने कहा, "बस एक-दो पड़ाव तक और कष्ट उठा लो। पहला बड़ा गाँव या कस्बा मिलते ही मैं किसी डोली का प्रबन्ध कर दूँगा। तब तुम आराम से रहोगी।"

"अब गाड़ी आगे बढ़ाओ।" मैंने गाड़ीवान के स्थान पर बैठे ठग से कहा क्योंकि बीदर से चलने के बाद मार्ग में ही मैंने एक गाड़ी खरीद ली थी और तभी से यह आदमी उसे हाँक रहा था।

"चले चलो लेकिन बहुत तेज चाल से न जाना।" मैंने उससे कह दिया।

उसके चले जाने के बाद मैं नवाब के पास लौटकर आ गया। वह मेरे पिताजी के साथ वार्तालाप कर रहा था। इस समय भी वह अपने स्वादिष्ट पेय के प्रभाव में आंशिक नशे में

मालूम होता था।

उसने कहा, "आइए, मीर साहब, आपका क्या ख्याल है? मैं आपके पिताजी को अपना शरबत पिलाने का प्रयत्न कर रहा था। अल्लाह कसम, इसमें जन्नत का मज़ा है, और इनका कहना है कि इसका स्वाद कडुवा है और इनके पेट के लिए अनुकूल नहीं है। आप इसे थोड़ा लीजिए न" इतना कहकर उसने मुझे गिलास पेश किया और बोला, "मर्द होकर इसे पियो तो। बड़े फायदे की चीज़ है। आपकी सर्दी बाहर निकाल देगी। जहाँ तक इसके बनाने की बात है मैं दावे के साथ कह सकता हूँ कि यह लाजवाब बनी है। हिन्दुस्तान की दसों बादशाही रियासतों में आपको एक भी ऐसा गुलाम नहीं मिलेगा जो सब्जी तैयार करने की कला में करीना की तरह कुशल हो। क्यों लड़की यही बात है न?"

उस लड़की ने कहा, "इस गुलाम के ऊपर हुजूर की महान कृपा है। मेरी सारी चिन्ता आपको प्रसन्न रखने की है।"

नवाब ने कहा, "तो इसी बात पर गिलास और लाओ क्योंकि इस शेर में क्या कहा है?" उसने सुनी-सुनाई पँक्ति गरजकर सुनाई, "प्याला पिया तो मैंने पिया, फिर किसी को क्या। सारी दुनिया जानती है कि सब्ज़ी खाँ भंग पीता है और सैनिक के लिए इसमें क्या बुराई है? इस समय कुछ लड़कियाँ एकाध ग़ज़ल सुना देतीं, तो मेरे ख्याल से यह जंगली जगह जन्नत हो जाती।"

मैंने कहा, "नवाब साहब, आपका कितना ऊँचा ख्याल है? आगे किसी गाँव से तवायफ बुलवा लेंगे और एक-दो पड़ाव तक उन्हें अपने साथ रखे रहेंगे।"

उसने कहा, "मीर साहब, क्या खूब कहा आपने। आपके अल्फाज़ कितने अच्छे हैं। इंशाअल्ला, औरतें मिलेंगी।" यह बात उसने धीरे और अस्पष्ट से कही क्योंकि अब तक उसने काफी मात्रा में भंग पी ली थी। जिसके कारण उसका सिर चकराने लगा। कुछ ज़ोर लगाकर वह फिर बोला, "अल्लाह कसम वे इस तरह नाचेंगीं" और वह उठकर खड़ा हो गया और दोनों हाथ उठाकर तथा हम लोगों की ओर तिरछी नजर डालते हुए एक-दो चक्कर लगा लिए।

उसका इस प्रकार अपने भारी-भरकम कवच बख्तर और पोशाक पहने हुए तो और भद्दा लग रहा था। परन्तु फिर भी हम लोगों के लिए अच्छा परिहास था।

लेकिन यह तमाशा लम्बा खिंचा रहा था और हमारे लिए जिनके हाथ में अत्यन्त कठिन मामला था, इस प्रकार की मूर्खता की बातों में समय बरबाद करना अनुचित था। मैंने नवाब को बैठने के लिए कई बार अग्रह किया। मैंने सरफराज़ खाँ को संकेत से बता दिया कि जैसे ही वह मुझे नवाब के पीछे जाते हुए देखे तो तुरन्त तैयार हो जाए।

दुबारा बैठकर नवाब चिल्लाया, "अरे करीना, मेरी लड़की, मेरे लिए और सब्जी लाओ। अल्लाह कसम, यह प्यास बुझती ही नहीं, और तुम भी उसे तैयार करने में एक ही हो। मुझे और चाहिए, वरना मैं इस मनहूस पड़ाव से आगे न जा सकूँगा। मुझे झपकी आ रही है, कुछ और मिले तो फुर्ती आ जाए।"

मैंने जोर से आवाज दी, "फाजिल खाँ मेरा हुक्का लाओ। यही संकेत था, जो हम लोगों ने पहले ही तय कर लिया था।"

नवाब, "हाँ, भाई, मैं भी एक-दो फूँक मारूँगा। शरबत के साथ इसकी दोस्ती है।"

अब मैं घूमकर उसके पीछे पहुँच गया। मेरा रूमाल हाथ में था। मैंने सरफराज खाँ को

इशारा किया कि उसे पकड़ ले।

"देखिए, नवाब साहब!" यह कहते हुए उसने नवाब का दाहिना हाथ मजबूती के साथ जकड़ लिया।

"मुझे छूने की हिम्मत तूने कैसे की गुलाम!" उसने चीखकर कहा, "किसी नवाब को हाथ लगाने की हिम्मत कर रहा है?"

आगे वह कुछ और नहीं बोल सका। मैंने रूमाल उसकी गरदन में डाल दिया। सरफराज खाँ उसके हाथ बराबर जकड़कर रखे था। मेरे पिताजी ने पूरी शक्ति के साथ उसके पैर खींच लिये। नवाब ने किसी नींद में सोए हुए आदमी की तरह कई बार खर्राटे लिये लेकिन मेरी पकड़ मजबूत थी, वह जरा भी ढीली नहीं हुई। ऐसी शक्ति के नीचे आकर एक घोड़ा भी आसानी से मर सकता था। जब वह मेरे नीचे दबा हुआ कराह रहा था, अचानक उसके शरीर की प्रत्येक मांसपेशी में कम्पन होने लगा। एक बार और जोर का खर्राटा हुआ और इसके साथ ही उसकी प्रतिरोधक शक्ति समाप्त हो गई। मैं बराबर उसे देख रहा था। उसके प्राण शरीर छोड़कर जा चुके थे। सैकड़ों के प्राण लेनेवाला सब्जी खाँ स्वयं मृत पड़ा था।

लेकिन अभी तक उस गुलाम लड़की की ओर किसी का ध्यान नहीं गया था जो वहाँ से कुछ दूर पर थी और हम लोगों की ओर पीठ करके अपने निर्जीव स्वामी के लिए एक गिलास और तैयार कर रही थी। इस ओर होनेवाली छीना-झपटी की उसे कोई खबर नहीं हुई। और न नवाब के अन्य लोगों की घर्राहट की आवाजें उसे सुनाई दीं। यकायक वह वहीं आकर खड़ी हो गई जहाँ सरफराज खाँ नवाब के मृत शरीर से कवच बख्तर आदि अलग कर रहा था।

या अल्लाह, साहब, उसके मुँह से ऐसी चीख निकली जो हृदय विदीर्ण करनेवाली थी, जैसे ही उसने वहाँ का दृश्य देखा। यह मैं कभी नहीं भूल सकता कि कैसे वह भयभीत होकर मृत शरीर पर गिर पड़ी थी। साहब, स्वामी और सेवक में कितना प्रेम था।

नवाब की निर्जीव लाश पर उसके होंठ चिपक कर रह गए थे। कभी उसने भी उसे आलिंगनबद्ध किया होगा। वह उसके साथ के अन्तरंग क्षणों के शब्द दुहराती हुई उसे जाग उठने का आह्वान कर रही थी।

वह प्रलाप करते हुए कह रही थी, "वे कभी नहीं मर सकते।"

इन शब्दों को कहते हुए साहब, वह कितनी सुन्दर लग रही थी। वह थोड़ा उठी, अपनी आँखों पर बिखरे हुए बालों को ठीक किया। देखा अभी तक न उठा, न हिला, न डुला, वह उसे देखती रही। एक क्षण बाद चीख उठी, "देखो उनकी आँखें जैसे निकलकर जमीन पर गिरनेवाली हैं। यह चेहरा भी उनका नहीं, होंठ भी उनके नहीं जो अपनी करीना को प्यार से बुलाते थे।"

मैंने उससे कहा, "इससे कुछ नहीं होगा। तुममें से कोई जाकर इसे भी दुख से छुटकारा दिला दो। मैं औरत पर हाथ नहीं उठाता।"

सरफराज खाँ बोला, "लड़की खूबसूरत है। मैं इसे जीवित रहने का एक अवसर अवश्य दूँगा।"

उसने लड़की से कहा, "मेरी बात ध्यान से सुनो। यह समय मूर्खता करने का नहीं है।" और उसने बेरहमी के साथ हाथ से झकझोर दिया। वह अत्यन्त करुण दृष्टि से उसे देखने लगी। उसके बाद उसी प्रकार लाश पर गिरने-पड़ने लगी।

खान ने कहा, "मेरी बात सुनो, जिन लोगों ने यह काम किया है, वे तुम्हारी भी जान ले लेंगे। मेरी बात ध्यान से सुनो। मेरे न बीवी है, न बच्चे। ये दोनों तुम मेरी हो सकती हो। उठो और मेरे साथ चलो। अब मृत आदमी के लिए ज्यादा सोच करने से क्या लाभ? तुम तो उसकी गुलाम थी। उठो, मैं फिर कहता हूँ। तुम्हारे प्राण बच जाएँगे, तुम आज़ाद हो जाओगी।"

कठिनाई के साथ सुन पड़नेवाली आवाज में उसने कहा, "मुझसे कौन बोल रहा है? आह, मुझे इनसे अलग मत करो। मेरा हृदय फटा जा रहा है। मेरे प्राण निकल रहे हैं। मुझे अलग मत करो।"

खान ने फिर कहा, "अरी मूर्ख, मेरी बात सुन। मैं इन सब लोगों के सामने तुझे सुखी जीवन और सुखी घर देने का वचन देता हूँ। अब तू परेशान मत हो। मेरे एक इशारे पर तेरी जान जा सकती है। बोल, मेरे साथ रहेगी? मेरा घोड़ा तैयार है, हम इस मुर्दे को यहीं छोड़ देंगे, उसके बारे में आगे सोचने की जरूरत नहीं।"

वह बोली, "उसके बारे में न सोचूँ। वह मेरा अपना था, उसे भूल जाऊँ, वह मेरा शानदार प्रेमी था। नहीं, नहीं, क्या वह मरा नहीं? मैं भी मर रही हूँ।"

सरफराज खाँ, "मैं फिर तुझे खबरदार कर रहा हूँ। लड़की, मुझे बल प्रयोग करने के लिए विवश न कर। अभी तक तेरे ऊपर मैंने हाथ नहीं उठाया। मैं कहता हूँ तू खुशी से मेरे साथ चल।"

एक धीमी कराह, यही उसका उत्तर था। वह घूमकर अब तक कठोर हो गई लाश से लिपट गई।

मैंने कुछ लुधाइयों से कहा, "लाश ले जाओ! तुझे देखकर कोई यही कहेगा कि यह कितनी प्रेम की दीवानी है। हम लोग क्या इसकी मूर्खता देखने यहाँ रुके रहेंगे? ले जाओ।"

मेरी आज्ञा का पालन किया गया। चार लोगों ने शव उठाया और उस लड़की के पागल की भाँति चीखने पर भी उसे ले चले। दो लोगों ने लड़की को पकड़ लिया। संघर्ष करते-करते वह निढाल हो गई।

मैंने सरफराज खाँ से कहा, "अब तुम्हारा समय है। हजारों शैतानों के नाम पर उसे पकड़ो। यदि उसे लेना ही चाहते हो तो उसे अपने घोड़े पर बैठा लो। उसे सँभाले रहना और यदि वह चुप न हुई तो यह तुम्हारा दोष होगा।"

सरफराज खाँ ने हाथ से पकड़कर उसे ऐसे उठा लिया जैसे कोई बच्चा हो। यद्यपि वह इस समय पूरे होश में थी। वह हम सभी को संकेत करके अपशब्दों की वर्षा कर रही थी। हमें हत्यारा कहकर कोस रही थी। बार-बार कहती थी 'मुझे भी मार डालो' सरफराज खाँ ने उसे उठाकर अपने घोड़े पर बैठा दिया। परन्तु इससे कोई लाभ नहीं हुआ। वह बड़े भयानक रूप से चीख रही थी। वह स्वयं को आजाद कराने के लिए जो संघर्ष कर रही थी, वह सरफराज खाँ और उसके साथियों पर भारी पड़ रहा था। ये लोग उसे दोनों ओर से पकड़े थे।

इस प्रकार का संघर्ष और चीख-पुकार आधे कोस तक होती रही। तब मेरे पिताजी जो अभी तक चुपचाप देख रहे थे, वहाँ आ गए। उस समय मैं उस लड़की को चुप कराने के उद्देश्य से कह रहा था कि अपने भाग्य पर भरोसा करके चुप हो जाए।

पिताजी ने कहा, "तुम लोग बहुत भारी भूल कर रहे हो। यह सब पागलपन है। और सबसे बढ़कर तुम सरफराज खाँ, इस खूबसूरत छोकरी पर इतनी जल्दी लट्टू हो गए। रास्ते में यदि

और यात्री मिल गए तो क्या होगा? वह चिल्ला-चिल्लाकर हमारी निन्दा करेगी। और तब हमारा तमाशा बनकर रह जाएगा। तुम्हें शर्म आनी चाहिए। क्या तुम्हें अपने कर्तव्य का ज्ञान नहीं है?"

जो आदमी बाईं ओर से उसे पकड़े हुए था, बोला, "मैं इस शैतान से और कुछ नहीं कहूँगा। तुम इसे जैसे चाहो ले जाओ। क्या हम उसे और घोड़े को रास्ते भर साधे हुए चलते रहेंगे?" इतना कहकर वह उसे छोड़कर हट गया।

मैंने कहा, "क्या तुम समझते हो कि उसकी ज़बान पड़ाव तक पहुँचने पर चुप हो जाएगी? तब उसके साथ वहाँ क्या करोगे?"

खान बोला, "शैतान" और अपनी तलवार की म्यान उसके मुँह पर दे मारी। "तू चुप नहीं रहेगी। मुझे घोड़े को नहीं चलाने देगी।"

काफी शक्ति के साथ दे मारने के कारण लकड़ी की म्यान टूट गई और भीतर की तलवार से उसके मुँह पर बड़ा घाव हो गया।

पिताजी ने कहा, "तुम्हारी तलवार से उसकी सुन्दरता बिगड़ गई, अब तुम उसका क्या चाहते हो?"

खान ने कहा, "इसे हर हालत में चुप रहना होगा।"

वह घोड़े को थोड़ी दूर ले गया। उसके प्रहार के कारण वह कुछ देर के लिए बेहोश सी हो गई थी। लेकिन पुनः होश में आ गई। उसके चेहरे से रक्त बह रहा था। अपने हाथ से उसे पोंछकर एक क्षण तक उसे देखती रही और दूसरे क्षण धम से जमीन पर गिर पड़ी।

खान बोला, "इस शैतान को तुममें से कोई पकड़ ले, तब तक मैं उसे फिर उठा लूँगा।"

लेकिन अब वह पहले से अधिक संघर्ष करने लगी और उसकी ज़ोर-ज़ोर की चीखें हवा में गूँजने लगीं। खान ने उसके ऊपर तलवार तान दी।

वह फिर चिल्लाकर बोली, "मार दे, हत्यारे, कसाई, मार दे और इस नीच जिन्दगी को खत्म कर दे। तूने मूझे घायल तो कर ही दिया, अब तेरे दूसरे वार से दुख का अन्त हो जाएगा। मुझे उसी क्षण मरना था, लेकिन मौत नहीं आई। मुझे क्यों नहीं मार डाला?"

यह कहते हुए उसने थूक दिया।

खान ने कहा, "इस प्रकार नहीं चल सकता। मूर्ख, मैं तेरी बेकार जिन्दगी को बचाने के लिए इतना कष्ट झेल रहा था लेकिन अब तुझे मारना है, और जल्दी ही।"

इतना कहकर उसने अपना रूमाल उसकी गरदन पर लपेट दिया। उसकी घातक पकड़ में वह मृत्यु की यन्त्रणा से छटपटाने लगी।

अपनी पकड़ ढीली करते हुए उसने कहा, "चाहता तो मैं कुछ और ही था, किन्तु यही उसकी नियति थी। मैंने उसे सम्पन्न किया।"

यह कहकर वह उसके शव को छोड़कर खड़ा हो गया और चुपचाप वहाँ से हट गया।

कुछ लुधाइयों ने उसके शव को शीघ्र ही सड़क के किनारे की झाड़ियों में छिपा दिया। अब हमारे सामने कोई बाधा नहीं रह गई। हम यथासम्भव तेजी के साथ यात्रा करने लगे। मैं स्वयं का शुक्रगुजार था कि अज़ीमा की गाड़ी आगे भेज दी थी। इस हत्याकांड से वह बहुत दूर बनी रही। यदि कहीं वह सुनने लायक निकट स्थान पर होती तो निश्चिय ही उसे इसका अन्दाज़ लग सकता था। लेकिन गाड़ीवान गाड़ी को तेजी के साथ आगे बढ़ा ले गया। कुछ

कोस आगे जाकर हम लोग उस तक पहुँच गए।

साहब, उस दिन के बाद सरफराज खाँ हल्के दिलवाला नहीं रह गया। पहले वह कितना खुशमिजाज़ आदमी था। अपने काम में वह नौसिखिया न था। सैकड़ों स्त्री-पुरुष उसके हाथ से मारे जा चुके थे लेकिन जिस घड़ी उसने उस गुलाम लड़की की हत्या की तभी से वह बिलकुल बदल गया। वह हमेशा चुपचाप बैठा रहता था। उसकी मनःस्थिति खोई सी रहती, आँखें शून्य की ओर निहारा करतीं और जब हम उसे घेरकर पूछते तो वह एक विषादपूर्ण मुस्कान के रूप में उत्तर देता। जब वह सिर हिलाकर कहता कि उसकी स्फूर्ति न जाने कहाँ चली गई, तब उसकी आँखों में आँसू झलकने लगते। वह ऐसी ठंडी साँस लेता, मानो उसका कलेजा बाहर निकल आ रहा हो।

हम लोगों के घर पहुँचने तक वह हमारे साथ बना रहा और लूट के माल में अपना हिस्सा प्राप्त किया लेकिन वहीं उसने अपना पूरा रुपया निर्धन साथियों में वितरित कर दिया। हम लोगों से विषादपूर्ण विदा लेने के बाद उसने अपने सब वस्त्र त्याग दिए, सारे शरीर पर भस्म पोत ली और किसी फकीर के रूप में संसार के लोगों की घुड़कियाँ और गालियाँ सहने के लिए निकल पड़ा।

अनेक वर्षों के बाद मैंने सुना कि वह उस स्थान पर गया था, जहाँ उसने उस गुलाम लड़की की हत्या की थी। वहीं सड़क के किनारे उसने अपनी झोपड़ी बना ली, और उस जंगली प्रदेश में यात्रियों की जरूरतें पूरी करने लगा। वहाँ उसके साथी केवल भालू, बाघ और भेड़िए रहे होंगे। हम लोगों से बिछुड़ने के बाद वह कभी नहीं मिला। हम लोग प्रायः उसकी अनुपस्थिति पर खेद प्रकट किया करते थे। उसकी साहसपूर्ण कुशलता तथा बहादुरी की पूर्ति हमारे बाद के अभियानों में कभी नहीं हो सकी। हमारे दल में उसका स्थान सदैव रिक्त बना रहा।

इस अभियान में आपसे कहने योग्य कोई जोखिम की घटना नहीं हुई। बिना किसी दुर्घटना या बाधा के हम लोग अपने घर पहुँच गए। कौन ऐसा होगा जो यह नहीं कहेगा, कि उसने घर के मधुर और शान्त वातावरण का आनन्द नहीं उठाया। और अपनी यात्राओं की उत्तेजना तथा खतरों और घर से लम्बी अनुपस्थिति के बाद उसकी प्रशंसा नहीं की। मैं स्वयं अज़ीमा के बढ़ते हुए प्यार और स्नेह में जकड़कर पूर्णरूपेण प्रसन्न था। उसके मुखमंडल का माधुर्य प्रतिदिन विकसित होता था। अपने साहयोगियों में मुझे ऊँचा पद प्राप्त हो गया। मेरी समस्त उपलब्धियाँ ग्रामवासियों को बताई गईं। उन्हें भी ज्ञात हुआ जो छोटे-छोटे अभियानों के सिलसिले में बाहर गए थे।

हमें काफी सम्पत्ति प्राप्त हो गई थी। मेरे पिता ने अपने क्रियाशील जीवन से निवृत्त होने का निश्चय कर लिया। उन्होंने मुझे महान सौभाग्यशाली नेता होने का संकेत दिया। अपनी संरक्षिका भवानी का विशेष कृपापात्र मानकर भावी अभियानों में बड़ी प्रसन्नता के साथ लोग स्वयं को मेरे हवाले करने को तैयार थे।

हम लोगों के घर पहुँचने के दो महीने बाद जब हुसेन का दल गाँव वापस आया तो वह दिन हम सभी के लिए बड़े हर्ष का था। जब हमारे दल परस्पर अलग हुए थे, उसी समय हम लोगों ने मिलकर एक समझौता कर लिया था, जिसके अनुसार दोनों दलों के कुल अभियानों में जो माल प्राप्त होगा, उसे एक स्थान पर एकत्र करके किसी निश्चित दिन पर उसका सामान्य वितरण किया जाएगा। साहब, आपको विश्वास नहीं होगा कि कुल लूट की रकम एक लाख

रुपए से भी अधिक थी।

सभी उपस्थित लोगों ने जयघोष और तालियाँ बजाकर यह निर्णय किया कि मुझे जमादार पद का भाग दिया जाए। दल के नियमानुसार मुझे कुल राशि का आठवाँ भाग दिया गया। बद्रीनाथ और सरफराज़ खाँ को भी मेरे बराबर हिस्सा मिला। यह अवश्य था कि सरफराज़ खाँ का हिसाब उस समय से लगाया गया जब से वह हमारे दल में सम्मिलित हुआ था। मुझे स्मरण नहीं कि वह रकम कितनी थी लेकिन जैसा मैंने बताया था, उसने अपना सारा धन दल के निर्धन लोगों में बाँट दिया। सम्भवतः इसी उद्देश्य से वह हमारे साथ ठहर गया था। इसके तुरन्त बाद वह वहाँ से चला गया।

इस धन को प्राप्त करने के बाद दो वर्षों तक मैं शान्तिपूर्वक घर पर ही बना रहा। कभी-कभी मेरी इच्छा होती थी कि मैं छोटे-छोटे अभियानों में जाऊँ, परन्तु पिताजी सुनते ही न थे। वे कहा करते थे, "इससे क्या लाभ? आगामी दो वर्षों के लिए तुम्हारे पास पर्याप्त धन है। मेरी सम्पत्ति भी तुम जानते हो, बहुत अधिक होगी। फिर जब तुम्हें आवश्यकता ही नहीं, तो और अधिक धन प्राप्त करने के लिए अपने प्राण संकट में क्यों डालते हो? हाँ, जब कभी महसूस होगी तब देखा जाएगा।"

लेकिन मेरी आत्मा अकर्मण्य तथा यशहीन जीवन व्यतीत करने के सदा विरुद्ध रही। प्रत्येक काम की बात सुनकर अपनी सुस्ती उतारकर फेंकने के लिए एवं अपने व्यवसाय के साहस और उत्साहपूर्ण जीवन में एक बार फिर सम्मिलित होने के लिए मैं उतावला हो जाता। मुझे यह भी भय था कि मेरी काहिली कहीं मेरे ऊपर सदा के लिए अधिकार न जमा बैठे।

उक्त भावनाओं की अपेक्षा मुझे अपने घर और परिवार से अनुराग था। अज़ीमा ने एक पुत्र को जन्म दिया था। वह मेरे अस्तित्व का गौरव चिह्न था और इस समय जब मैं आपसे बात कर रहा हूँ, मुझे परिवार में एक और सदस्य के बढ़ जाने की आशा है।

अभियान के लिए प्रस्थान करने के दो अवसर व्यतीत हो चुके थे और तीसरा सन्निकट था, परन्तु इसे भी अकर्मण्यता में बीत जाने के लिए मुझे भुगतना पड़ा। यद्यपि बद्रीनाथ तथा अन्य लोग मुझे अपना भाग्य आजमाने के लिए किसी दल के नेता के रूप में बंगाल की ओर, जहाँ उन्हें प्रचुर व्यवसाय तथा सफलता मिलने का विश्वास था, जाने का बार-बार अनुरोध करते रहे। लेकिन उन लोगों के साथ जाने की मेरी उत्कट इच्छा की अपेक्षा पिताजी ने मुझे मना कर दिया। न जाने क्यों उनके मन में यह बात बैठ गई थी कि हमारा अभियान अमंगलकारी होगा, और वास्तव में हुआ भी ऐसा।

सदैव की भाँति कई नेताओं को लेकर एक बहुत बड़ा दल हमारे गाँव से निकला। परन्तु इसके पूर्व जो शकुन-विचार हुआ था, यद्यपि वह खराब नहीं था लेकिन उत्साह-वर्धक भी नहीं था। पूरे दल पर इसका भयंकर परिणाम हुआ।

ये लोग अधिक दूर भी नहीं गए होंगे कि कई नेताओं के बीच ईर्ष्या तथा झगड़ों का सूत्रपात हो गया। वे अलग-अलग होकर भिन्न-भिन्न मार्गों पर चल दिए। बहुत कम लूट के साथ जो वर्ष के शेष महीनों के जीवन-यापन के लिए अपर्याप्त थी, वे अभियान से निराश होकर एक-एक करके वापस आ गए। लेकिन उनमें से एक दल का कभी पता नहीं लगा। उसमें बेचारा बद्रीनाथ तथा अन्य छह लोग थे। वे बंगाल की ओर गए थे। कलकत्ता भी पहुँचे। यहाँ तक उन्हें बड़ी सफलता प्राप्त होती रही लेकिन वहीं उसके आदमियों ने अपनी कमाई ऐयाशी में बरबाद कर

दी। लौटकर आते समय उन लोगों के पास बड़ी कठिनाई के साथ कुछ पड़ावों तक जाने भर का धन रह गया।

बनारस तक पहुँचने पर उनके भूख से मरने तक की नौबत आ गई। तब उन्होंने कुछ यात्रियों पर आक्रमण कर दिया। उनके विचार से सभी यात्री मारे जा चुके थे। अपने शिकार हुए यात्रियों के शवों को भूमिस्थ करने में उन लोगों ने लापरवाही कर दी। वास्तव में उनमें से एक अभी मरा नहीं था और उसने जीवित होकर निकट के ग्रामवासियों को इस घटना की सूचना दे दी। मेरे बेचारे सभी मित्र गिरफ्तार कर लिये गए। उनके पास जो माल निकला उसे पहचाना गया। आक्रमण से बच गए उस आदमी ने गवाही दी और उसे मान्य समझा गया, परिणामतः सबको फाँसी दे दी गई।

(यहाँ तक वर्णन करते-करते अमीर अली रुक गया और कुछ दिन बाद पुनः आरम्भ करने का वादा करके उसने जाने की अनुमति माँगी। यथावत सलाम करके वह चला गया।)

मि. टेलर का वक्तव्य

मेरे अन्तस में यह विचार आया कि मानव-जीवन की पुस्तक का यह विचित्र पृष्ठ है। सैकड़ों हत्याएँ करने का पाप अपने सिर पर लिये हुए यह व्यक्ति अपने अतीत को अत्यन्त सन्तोष और सुख के रूप में आँकता है। यही नहीं, अपने जीवन की घटनाओं को, जिनमें प्रायः प्रत्येक में कोई न कोई हत्या हुई है, स्मरण करके गर्व का अनुभव करता है। वह अपने शिकार की सूक्ष्म से सूक्ष्म बातों को तथा उनके विनाश में अपनी भागीदारी का वर्णन करने में गौरवान्वित होता है। इसमें उसकी आत्मा में पश्चात्ताप का कोई लक्षण नहीं दिखाई देता। केवल एक-दो बार अपनी भयानक गाथा बताते हुए उसे झिझक अवश्य हुई। अब आगे जो आत्मकथा सुननेवाला था, उसे आरम्भ करने के समय वह न जाने किस बात से परेशान हो गया।

केवल इस अपवाद के अतिरिक्त, अपने अतीत की घटनाओं के वर्णन में उसका उत्साह निरन्तर बढ़ता जाता था। कभी-कभी उसका देशी वाक्चातुर्य विश्वसनीय स्मृति तथा सजीव कल्पना के प्रभाव से संवेदनशील होकर मेरे अतिरिक्त किसी अधिक अच्छे विद्वान तथा माननीय अनुवादक के योग्य हो जाता था। लेकिन इसे जाने दीजिए। मैं पुनः कहता हूँ कि मानवता के विभिन्न अभिलेखों में यह एक अद्भुत और भयानक पृष्ठ है। केन (Cain) से लेकर वर्तमान समय तक दुनिया के हर देश में हत्यारे हुए हैं, चाहे वे घृणा से, प्रतिशोध लेने से, ईर्ष्या से, भय से अथवा हमारे स्वभाव के किसी अशुभ मनोवेग के उकसाने से हत्यारे बन गए हों, परन्तु किसी हत्यारे के जीवन को निरन्तर दुख के सागर में डूबा रहना ही चित्रित किया गया है। अपराधी की आत्मा का वेदना और धिक्कार रूपी कीट, जो कभी मर नहीं सकता, हृदय को कुतरता रहता है। जीवन के प्रत्येक सुख को हवा में उड़ा देता है। और शनैः-शनैः उसका क्षय करता रहता है और या तो अपने अधम शिकार को आत्महत्या के लिए विवश करता है, या उसे कानून के हवाले करा देता है या इन सबसे बढ़कर सम्भवतः अधिक भयानक नियति वह है जो मानसिक दुख भोग से उसे समाप्त करा देता है।

हत्यारों के विषय में इसी आशय के वर्णन हमने सुने और पढ़े हैं। परन्तु ये ठग लोग उन सबकी भाँति नहीं होते। उनकी आत्मा में पश्चात्ताप की भावना का कोई स्थान नहीं है। कोई

व्यक्ति यह सोच सकता है कि निरन्तर कारावास की थकान में अब वे अपनी अतीत की भावनाओं तथा स्मृतियों का समर्थन नहीं करते होंगे। परन्तु ऐसा नहीं है। वे अन्य लोगों की तरह पूर्ववत खाते-पीते और सोते हैं। अपनी पोशाक, परिधान की ओर ध्यान देते हैं। विगत दिनों की बातें करने में सदैव तत्पर रहते हैं, और यदि कल उन्हें मुक्त कर दिया जाए तो इस अस्थायी व्यवधान के पश्चात् नवीन उत्साह के साथ वे अपने भयानक व्यवासाय को पुनः अपना लेंगे।

बड़े आश्चर्य की बात है कि हिन्दू और मुसलमान तथा हर जाति, सम्प्रदाय के लोग एक साथ उस अन्धविश्वास में, जिससे यह भयानक व्यवसाय उदय हुआ है, सम्मिलित हैं। हिन्दुओं में तो कोई अचम्भे की बात नहीं है क्योंकि जो देवी उनकी रक्षक है, उसे सभी जातियों के लोग आदर और श्रद्धा के साथ पूजते हैं तथा उससे भय भी खाते हैं। परन्तु जहाँ तक मुसलमानों का प्रश्न है, उनमें प्रत्येक सच्चा विश्वासी अपनी आस्था के उद्भव से ही उसमें पूर्णतः रँगा रहता है। अतः उनके लिए इस बात का कारण खोजना बड़ा कठिन है कि वे लोग क्यों ऐसे भयंकर व्यवसाय में सम्मिलित हो गए। उनकी कुरान शरीफ हत्यारों की निन्दा करती है। खून के लिए खून, आँख के लिए आँख और दाँत के लिए दाँत लेना उनके पैगम्बर का सिद्धान्त है, जिस पर विश्वास करते हुए वह काँप उठता है।

अपने जेलरों की दृष्टि में अमीर अली एक भूला-भटका, सम्मानित और धार्मिक इनसान है। अपनी युवावस्था से लेकर अब तक वह पाँच वक्त की नमाज़ पढ़ता है। अपने जीवन तथा आचरण में वह एक श्रद्धावान आदमी है, वज़ू करने का पूरा पाबन्द है, रमजान के महीने में रोज़े रखता है, हर महापुरुष की जयन्ती मनाता है, मोहर्रम के महीने में हरे कपड़े पहनता है, और हिन्दुस्तान के किसी सैयद की भाँति अपनी छाती पीटता और बाल नोचता है। संक्षेप में वह अपने धर्म की सभी रस्में अदा करता है। उसे विश्वास है कि उसे जन्नत नसीब होगी और वहाँ की हूरें सुन्दर दावत देंगी।

लेकिन इसकी अपेक्षा अमीर अली एक हत्यारा है, जिसके सामने दुनिया का प्रत्येक हत्यारा उसके अपने व्यवसाय के कुछ लोगों के अतिरिक्त उसके स्तर से नीचे समझे जाएँगे। चाहे Free Baunds of Germany हो, The Lanzkneent हो, Bandithi, Condothiri of Italy, the Buceancers and Pirates, चाहे हमारे समय के Burkes stares की बिरादरी हो (ठगी की एक विकृत पद्धति)। जब अमीर अली को इनके विषय में बताया, तो वह खूब हँसा और कहा, वे अनाड़ी होंगे।

प्रिय पाठक, मेरे मस्तिष्क में ऐसे विचार उठ रहे थे, तभी मैं अन्ततः यह कह उठा, "इसके हिसाब लगाने का प्रयत्न करना व्यर्थ है, किन्तु ऐसा प्रतीत होता है कि ठगी का जन्म भाग्यवादी सिद्धान्त और अन्धविश्वास से हुआ है, जिसका पोषण हैवानियत की उत्तेजना द्वारा किया गया जिसने लोगों को सदैव ऐसे कृत्य करने की प्रेरणा दी जिसे देखकर मानवता थर्रा उठती है।"

"क्या खुदावन्द ने बुलाया?" एक सेवक जो मेरे ऊपर के पंखे को खींचते हुए नींद में धीरे-धीरे झुक रहा था, अचानक मेरी ऊँची आवाज से चौक उठा और पूछा, "क्या साहब ने बुलाया था?"

"नहीं बूदम! मैंने नहीं बुलाया लेकिन जब तुम उठकर आ गए हो तो मेरे लिए चिलम ले आओ। मेरी नसें सुकून चाहती हैं।"

नवीन अभियान की तैयारी

मि. टेलर : एक सप्ताह व्यतीत होने के पश्चात् अमीर अली ने कहला भेजा कि वह अपनी आगे की कहानी बताने के लिए तैयार है। मैंने उसे अपने निवास पर तुरन्त आने का आग्रह किया और वह आ गया। इसके बाद सदा की भाँति आकर्षक ढंग से उसने सलाम किया। मैंने उसे बैठ जाने कि लिए कहा।

जिसके साथ मेरी इतनी लम्बी बातचीत हुई, पाठक सम्भवतः उसके व्यक्तित्व की कुछ बातें जानने के इच्छुक अवश्य होंगे। इस विषय का महत्त्व समझकर मैं पाठक को अन्धकार में नहीं रखना चाहता। मैं अमीर अली के व्यक्तित्व का वर्णन करने जा रहा हूँ।

वह पाँच फुट सात इंच का नाटा आदमी है। उसकी आकृति छरहरी है। सम्भवतः यह उसकी लम्बी सज़ा के कारण हो लेकिन इसे मुश्किल से सजा कहा जाएगा क्योंकि पूर्व की उसकी स्वतन्त्र तथा अबाध आदतों के सम्मुख, अब उसके ऊपर थोड़ा सा बन्धन भी, उसे परेशान कर सकता है। उसकी आयु लगभग 35-40 वर्ष होगी। परन्तु भारत का निवासी होने के कारण वह और कम प्रतीत होती थी। उसकी दाढ़ी और मूँछ का एक भी बाल श्वेत नहीं था, जिस पर स्पष्ट रूप से वह बहुत ध्यान देता था और बड़ी सफाई के साथ उनकी काट-छाँट करता रहता था। जैसा मैंने बताया, उसकी आकृति छरहरी थी लेकिन पूर्णरूप से सन्तुलित, ओजपूर्ण तथा हृष्ट-पुष्ट थी। उसकी बाँहें उक्त विशेषताओं के साथ दर्शनीय और असाधारण रूप से लम्बी तथा पुष्ट थीं।

वह अपनी पोशाक की स्वच्छता पर बहुत ध्यान देता था। अन्य सरकारी गवाहों की अपेक्षा उसे वस्त्र धारण करने का सलीका भी खूब आता था। उसकी पगड़ी में हमेशा कलगी बँधी रहती थी। उसकी कमर में कोई अंग्रेजी शाल या रंगीन रूमाल कसकर बँधा रहता था, जबकि पहले कोई कश्मीरी शाल या ज़री का रूमाल उस पर खूब फबता होगा। अन्य देशी लोगों की अपेक्षा उसका रंग साफ था। उसका चेहरा आज भी सुन्दर है, और उसके आधार पर मुझे विश्वास करना पड़ता है कि उसके युवाकाल के व्यक्तित्व-वर्णन में अतिशयोक्ति नहीं होगी।

उसका मस्तक ऊँचा और चौड़ा है, आँखें बड़ी और चमकदार हैं तथा कुछ बोलती प्रतीत होती हैं, विशेष रूप से उस समय जब उसकी वाक्पटुता आलंकारिक भाषा का आश्रय लेकर फूट उठती है, जिसे अंग्रेजी में व्यक्त करना असम्भव है, और यदि व्यक्त भी किया जाए तो वह अंग्रेज पाठक को हास्यास्पद प्रतीत होगा। उसके कपोल कुछ बैठे हुए हैं। दाँत असामान्य रूप से श्वेत और समरूप हैं। उसके होंठ पर छोटी-छोटी मूँछें हैं, जो हुसर रेजीमेंट के लेफ्टिनेंट की मूँछों से ईर्ष्या कर सकती हैं। दाढ़ी घनी और छितरानेवाली है जिसका एक बाल भी बाहर नहीं छिटका है। वह उसकी छाती तक लम्बी है और उससे उसका गला ढँक गया है। यह किसी चित्रकार अथवा मूर्तिकार के अध्ययन के योग्य है। उसका वक्ष चौड़ा और उभरा हुआ है, जो उसकी अपेक्षाकृत पतली कमर के साथ अच्छी प्रतिस्पर्धा कर सकता है।

वह आकर्षक शिष्टाचार सम्पन्न व्यक्ति है, साथ ही विनीत और सौम्य है तथा किसी भद्र पुरुष से अधिक ही है। मैं जितने मुसलमान शिष्ट लोगों से मिला हूँ, उनमें कोई भी इसकी बराबरी का नहीं देखा। मेरा कोई पाठक जो हिन्दुस्तान गया हो, वह इस बात का तुरन्त अनुमान लगा सकता है कि अमीर अली की प्रशंसा मैं क्यों इतने ऊँचे स्वर में कर रहा हूँ।

उसकी भाषा शुद्ध तथा धाराप्रवाही है। सम्भवतः उसके फारसी ज्ञान का प्रभाव उसकी भाषा पर है जो अल्प होने की अपेक्षा उस भाषा में शब्दों तथा अभिव्यंजना का प्रयोग करने में, चाहे उसकी आवश्यकता न भी हो पर्याप्त है। परन्तु है वह शुद्ध उर्दू। उस पर उसे गर्व भी है। जो लोग दक्खिन या हिन्दुस्तान की भ्रष्ट भाषा बोलते हैं, उनके प्रति वह अत्यधिक अवमानना का भाव रखता है।

कुल मिलाकर अमीर अली एक विशेष चरित्र है। स्वयं अपने विचार से तथा अन्य लोगों की दृष्टि से वह महत्त्वपूर्ण व्यक्ति है। इस समय उसकी चाल-ढाल में एक प्रकार की अकड़ आ गई है, जो स्वाभाविक नहीं कही जा सकती, परन्तु उसकी वर्तमान हीन अवस्था में तो बिलकुल अनुपयुक्त है।

पाठक, यदि आप उक्त विवरण को मनस्थ कर लें तो आप अमीर अली को स्वयं अपने सम्मुख पाएँगे, और जब आप अपनी कल्पना में उसका चित्र देखेंगे एवं अपनी रुचि के अनुसार उसके सौम्यता अभिव्यंजित मुखमंडल का परिदर्शन करेंगे तो आपके साथ मैं भी यह सोचनेवाला अन्तिम व्यक्ति रहूँगा कि वह एक हत्यारा था, जिसने अपने जीवन में सात सौ से अधिक हत्याएँ की। इससे मेरा आशय यह है कि इतनी बड़ी संख्या में मानव जीवन का विनाश करने में उसने स्वयं सक्रिय भूमिका निबाही थी।

मैंने पूछा, "अमीर अली, अब मैं तुम्हारे सम्पूर्ण व्यक्तित्व का विवरण दे चुका। मुझे आशा है कि अब तुम अपनी जोखिम से भरी हुई जीवन-गाथा से आगे और बताने के लिए तैयार होंगे।"

अमीर अली ने उत्तर दिया, "साहब, आपका खादिम तैयार है। इंशाअल्ला, वह आपको निराश नहीं करेगा लेकिन हुजूर ने मेरे हीन व्यक्तित्व का जो अब काफी शोचनीय है, चित्रण करने का क्यों कष्ट किया। क्या यह खादिम पूछ सकता है कि आपने क्या लिखा?"

उसके बोलने के लहज़े से मालूम होता था कि उसने यह धारणा बना ली थी कि वह विवरण उसके अनुकूल नहीं होगा।

मि. टेलर, "सुनो मैं तुम्हें पढ़कर सुनाता हूँ।"

मेरे प्रत्येक वाक्य पर उसका चेहरा चमक उठता था। मेरे समाप्त करने पर उसने कहा, "आपका चित्रण बहुत विश्वसनीय है, वैसा ही जैसा मैं स्वयं शीशे में देखा करता हूँ। आपने कुछ भी नहीं छोड़ा। मेरा सूक्ष्म से सूक्ष्म विवरण आपने दे दिया। और मैं तो यही कहूँगा कि आपने मेरी खुशामद की है।"

उसने उठकर और काफी झुककर मुझे सलाम किया।

मैंने कहा, "नहीं, मैंने तुम्हारे बाहरी व्यक्तित्व की कोई खुशामद नहीं की क्योंकि उसमें वे सभी विशेषताएँ पहले से मौजूद थीं। जहाँ तक तुम्हारे हृदय की बात है, इस सम्बन्ध में मैं केवल यहीं कहूँगा कि जो लोग इसे पढ़ेंगे, वे स्वयं उसका निर्णय कर लेंगे परन्तु वह निर्णय वैसा नहीं होगा जैसा तुम चाहते हो, वरन् वह होगा जिसके योग्य तुम हो।"

उसने कहा, "साहब, तो क्या आप मेरे हृदय को बुरा समझते हैं? लेकिन मेरा हृदय बुरा नहीं। क्या मैं कभी एक दयालु पति तथा निष्ठावान मित्र नहीं रहा? जब ऊपर वाले ने मुझे दिया तो क्या मैंने अपनी बीवी और बच्चों को प्यार नहीं किया? क्या इस समय भी मैं उनकी मृत्यु पर परम शोकमग्न नहीं हूँ? क्या कोई ऐसा जीवित व्यक्ति है जो अमीर अली जो सदैव स्वच्छ तथा बेदाग रहा है और रहेगा, के सम्मान के विरुद्ध एक शब्द भी कह सके? क्या मैंने

कभी किसी सामाजिक बन्धन को भंग किया? क्या मैंने अपने साथी के साथ बेईमानी की अथवा निर्दयता का व्यवहार किया? क्या मैंने अपने कर्त्तव्य का सदैव निर्वाह नहीं किया और विश्वास को खो दिया? क्या मैंने कभी अपने धर्म के किसी रीति-रिवाज या समारोह के प्रति विपरीत आचरण किया?

''साहब, मैं दावे के साथ कह सकता हूँ कि आपको कोई ऐसा जीवित मनुष्य नहीं मिलेगा जो उक्त बातों पर मेरे विरुद्ध उँगली उठा सके। और यदि आप उन पर ग़ौर करें तो पाएँगे यही वे बातें हैं, जिनका कोई कठोरता के साथ पालन करके निश्चय ही इस दुनिया में आदर और सम्मान का पात्र बन जाएगा।''

मैंने कहा, "अमीर अली, लेकिन वे सात सौ हत्याएँ जो तुमने की हैं, उनके विषय में क्या कहोगे? तौले जाने पर ये तुम्हारे विरुद्ध बहुत बड़े भार के रूप में सिद्ध होती हैं।"

उसने हँसकर कहा, "ओह, वह एक अलग मामला है, नितान्त भिन्न। मैं आपको यह कभी नहीं समझा सकूँगा कि मैं पूर्ण रूप से उनके किए जाने के लिए अधिकृत था और मैं अल्लाह के हाथ में कठपुतली मात्र था। क्या उन लोगों को मैंने मारा? नहीं, उसे ऊपर वाले की मर्जी के बिना क्या मैं कुछ भी कर सकता था? क्या वे कभी मर सकते थे?

''साहब, मैं आपसे कह रहा हूँ कि वे कभी नहीं मरते, और न मर सकते थे। लेकिन खेद है कि मैं आपको अपनी धारणा के विपरीत कभी नहीं समझा सकता और इसके साथ ही हुजूर के साथ शब्दों को लेकर बहस करना असभ्यता होगी।

''मेरा ख्याल है कि अपनी आत्म-गाथा को पुनः आरम्भ करने का समय हो गया, यदि आप उसे सुनने के लिए तैयार हों, क्योंकि मुझे अभी बहुत कुछ कहना शेष है। मैंने अपने प्रथम अभियान का विवरण जितने विस्तार के साथ प्रस्तुत किया, अन्य घटनाओं का विवरण उतने विस्तार के साथ रखने की आवश्यकता नहीं रह जाती। वास्तव में यदि मैं वैसा करूँ तो साहब, आप लिखते-लिखते और आपके देशवासी पढ़ते-पढ़ते थक जाएँगे क्योंकि अपने प्रत्येक अभियान का आपके सामने वर्णन करना एक अन्तहीन कार्य होगा। अब मैं आपकी अनुमति से उसी वर्णन तक स्वयं को सीमित रखूँगा, जो आपके लिए रुचिकर होगा अथवा जो उल्लेखनीय घटनाएँ अभी तक मुझे स्मरण हैं।''

मैंने कहा, "ठीक है, आगे बढ़ो, मैं सुन रहा हूँ।"

ठग ने कहा, "खुदाबन्द, आपको याद होगा कि मैंने अपने तीन अभियानों का विवरण आपके सामने प्रस्तुत किया था। जिसमें तीसरे का विवरण अधूरा छूट गया था। अब मैं उसी की बातें बताऊँगा क्योंकि वह असाधारण परिस्थिति के कारण विशिष्ट स्थान रखता है। उसमें आप शीघ्र देख लेंगे कि यदि अल्लाह की मर्जी है कि अमुक व्यक्ति को मरना होगा, तो उसे अपनी नियति का परिहार करना असम्भव है।

''मैं जिस समय की बात कर रहा हूँ उस समय बद्रीनाथ और सरफराज़ खाँ जैसे साथियों को खोने के बाद मुझे अपने नए साथियों को संगठित करना आवश्यक हो गया। मैं उन दोनों का निष्कपट रूप से आदर करता था। हुसेन, जिसे मैं अपने पिता का सर्वप्रिय मित्र मानकर स्नेह और आदर करता था, अब काफी वृद्ध हो चला था तथा मेरी सभी योजनाओं और महत्वाकांक्षाओं में गम्भीरता के साथ भाग लेने में उदासीन था।

''पीर खाँ और मोतीराम, जिनके नामों से आप परिचित होंगे, वे लोग अब मेरी श्रेणी में

पहुँच गए थे। उन दोनों ने विभिन्न अभियानों में स्वयं को सच्चा और अच्छा होना सिद्ध कर दिया था। मैंने उन्हें अपने विश्वास में ले लिया।

"मैंने एक योजना तैयार की जिसमें मैं नेता और वे दोनों मेरे सहायक बने। हमारे परिचित लोगों में से पचास बलिष्ठ, फुर्तीले और उद्यमी जवान दल के लिए चुने गए। पूर्व सूचना के अनुसार हम लोग 1918 वर्ष के दशहरे से कुछ पहले गाँव के एक बाग में एकत्र हूए। यह स्थान छायादार और बड़े समागमों के लिए बहुत उपयुक्त था। पहले भी किसी सभा अथवा विचार-विमर्श के लिए सदैव इसी स्थान का प्रयोग किया जाता था। यह स्थान सौभाग्यशाली भी माना जाता था, क्योंकि यहाँ से निकलने वाले किसी अभियान को दुर्भाग्य का सामना कभी नहीं करना पड़ा।

"हम सभी लोग वहाँ एकत्र हुए। प्रातःकाल का सुहावना समय था। सूर्य के ताप से अछूती घास ऐसी थी मानो हमारे लिए कोई मुलायम और सुन्दर कालीन बिछा हो। हमारे ही हाथों से जोते गए आस-पास के खेत हरीतिमा की शोभा में लहरा रहे थे। उनके ऊपर डोलता हुआ मन्द पवन अपने स्निग्ध झोंकों से प्यार के हर एक पौधे को आन्दोलित कर रहा था। अब सूर्य इतना चमकने लगा कि समस्त वातावरण जगमगा उठा और उसे निरन्तर देखने से पीड़ा होने लगी। विशाल वट वृक्ष, जो हमारे ऊपर छाया किए था, के ऊपर पक्षी कलरव कर रहे थे। उसकी शाखाओं पर सैकड़ों हरे-हरे तोते इधर-उधर चीखते हुए उड़ रहे थे। कुछ नीचे गिरे पके फल खा रहे थे। उनकी चहचहाहट से सम्पूर्ण बाग गूँज रहा था और उनकी सुरीली ध्वनि हमारे विक्षुब्ध हृदयों को शान्ति प्रदान कर रही थी।

मेरे पिता और हुसेन वहाँ अपने अनुभव और सलाह द्वारा पथ-प्रदर्शन हेतु उपस्थित थे। भवानी की पूजा और प्रार्थना से कार्यक्रम आरम्भ हुआ। जैसा मैंने कहा था समारोहों का बार-बार वर्णन करना अनावश्यक है। केवल इतना कहना पर्याप्त होगा कि शकुन विचार किए गए और उन्हें अत्यन्त अनुकूल होने का विश्वास दिलाया गया। यद्यपि मुझे इन पर थोड़ा भी विश्वास नहीं था लेकिन जो कुछ सुना उसी से उसकी आवश्यकता स्वीकार करनी पड़ी। इनके द्वारा सम्पूर्ण दल उत्साह से भर गया। वहाँ की प्रसन्नता में मैंने भी भाग लिया।

"पिताजी ने संक्षेप में उस बैठक का उद्देश्य बतलाया। उन्होंने कहा कि "मैं अब बूढ़ा हो चला। सफर की थकान और कष्टों को सहन करने योग्य नहीं रहा।

"उन्होंने पूर्व के अभियानों में मेरे द्वारा किए गए कार्यों को दोहराया। और अनेक उन घटनाओं की ओर संकेत किया जिनमें मैंने अपनी आयु से अधिक कार्यकुशलता, साहस और बुद्धिमानी का परिचय दिया था। अन्त में उन्होंने लोगों से मेरे ऊपर विश्वास रखने, अपनी ही भाँति मेरी आज्ञा मानने और सबसे अधिक परस्पर झगड़ा आदि न करने का अनुरोध किया। उन्होंने गत वर्ष गए अभियान के ऊपर आई विपत्ति और बरबादी को परस्पर हुए झगड़े का परिणाम बताया।

"उनके भाषण के पश्चात सब उठ खड़े हुए और सम्मिलित रूप से पवित्र कुल्हाड़ी की शपथ उठाई कि मेरी आज्ञा का पालन करेंगे। उन लोगों द्वारा ली जानेवाली यह शपथ अत्यन्त महत्त्वपूर्ण मानी जाती है क्योंकि उनका पक्का विश्वास होता है कि उससे किसी प्रकार से हटने का परिणाम संरक्षिका देवी भवानी का कोप होगा, जिससे सर्वनाश हो जाएगा।

"साहब, मैं आपका समय नष्ट नहीं करूँगा कि मैंने उन लोगों से क्या कहा। इतना कहना

पर्याप्त है कि मैंने दल को दक्खिन की ओर प्रस्थान करने का प्रस्ताव रखा और आगे बढ़ते हुए जबलपुर और नागपुर जाएँगे। वहाँ से पूर्व अथवा पश्चिम की ओर जाएँगे, जहाँ हमें काफी माल मिलेगा। उसके बाद हम लोग घर लौट आएँगे। खानदेश से हम बहुत कम परिचित थे, हमने सोचा कि वहाँ से अच्छी आमदनी होगी क्योंकि सुना था कि बम्बई के व्यापारी मालवा में अपने एजेंटों को अफीम या उस जिले का अन्य उत्पादन खरीदने के लिए खजाना भेजा करते थे। इस कारण मुझे वहाँ काफी सफलता मिलने का विश्वास था। मुझे स्वयं पर पूरा भरोसा था। यह भी कहा कि यदि वे लोग निष्ठावान होकर और सच्चाई के साथ मेरे पीछे चलेंगे तो कुछ महीने बाद हम पूर्व की भाँति बहुत बड़ी सम्पत्ति लेकर लौटेंगे।

"वे सब पुनः खड़े हो गए और अपनी निष्ठा की पुनः शपथ ली। वह एक गम्भीर दृश्य था जिसमें किसी उद्यम के लिए पक्का इरादा रखनेवाले लोग दिखाई दे रहे थे। जो प्रसन्नता के साथ समाप्त होनेवाला था। लेकिन जिसमें पकड़े जाने का भयानक खतरा था, अपमान था, और मृत्यु की सम्भावना भी थी।"

प्रस्थान

हमारी बैठक समाप्त हुई और मैं अपने प्रस्थान के सम्बन्ध में अज़ीमा को तैयार करने के लिए घर लौट आया। अपनी अनुपस्थिति के लिए मैंने एक कहानी गढ़ ली। मैंने उससे कहा कि दक्खिन में अपने व्यापार के सिलसिले में जो धन कमाया था, वह अब समाप्तप्राय है। यद्यपि उसके साथ रहने और अप्रत्याशित रूप से सुख उठाने के कारण अभी तक मैं घर छोड़कर नहीं जाना चाहता था लेकिन अब सिर पर मँडराए संकट को देखते हुए वैसा करना सम्भव नहीं है और उसे बताया कि पिताजी ने व्यापार के लिए मुझे कुछ धन दिया है, जिससे यदि सफलता मिली, जिसका मुझे नागपुर तथा अन्य स्थानों के एजेंटों के पत्रों के आधार पर पूरा भरोसा है, तो मैं बहुत अधिक धन कमाकर लौट आऊँगा। जो हम लोगों को भविष्य में शान्ति और प्रचुरता के साथ मौज करने के लिए पर्याप्त होगा।

उसने मेरे इरादे के विरुद्ध बड़ी लम्बी दलीलें दीं। मार्ग के खतरे तथा अन्य मुसीबतों की ओर इशारा किया और मेरे वियोग से उत्पन्न अपनी असह्य पीड़ा का वर्णन किया परन्तु वह सब व्यर्थ था क्योंकि मैंने उसे बता दिया कि मेरी योजना बहुत पहले बन गई थी और इस समय भी सागर में मेरी प्रतीक्षा की जा रही होगी। वहाँ मेरे प्रतिनिधि ने घोड़े एकत्र कर लिये होंगे जिन्हें मुझे बेचना है। उसने स्वयं और बच्चे को अपने साथ ले चलने का आग्रह किया और कहा कि डेरे में हलचल और नवीनता बनी रहेगी।

लेकिन उसकी सभी बातें अस्वीकार कर दी गईं। यात्रा के लिए सवारी के व्यय का उल्लेख न करके, उसे साथ ले चलना असम्भव होगा। इस प्रकार तमाम बहसों और आपत्तियों के बाद उसने अन्ततः रुकना स्वीकार कर लिया। अपने प्रस्थान करने के दिन प्रातःकाल उसे पिताजी की देखरेख में देकर उससे स्नेहपूर्ण विदा ली। उसने मेरी बाहों में कई ताबीज बाँध दिए, कुछ गले में लटका दिए जो उसने फकीरों और मुल्लाओं से खरीदे थे। उसने विलाप करते हुए मेरे

हाथ बच्चों के सिर पर रखवाए और मुझे उनको आशीर्वाद देने के लिए कहा। मैंने बड़ी सच्चाई और संजीदगी के साथ उन्हें आशीर्वाद दिया क्योंकि मैं उन्हें प्यार करता था। साहब, मेरा उत्कट प्रेम वैसा ही था, जैसे मेरे स्वभाव के अन्य मनोवेग थे।

अन्ततः मैं उससे अलग हुआ। घर छोड़ना कभी भी किसी के लिए स्वीकार्य नहीं हो सकता। वह कितना कष्टदायक होता है क्योंकि जब कोई अपने प्रियजनों को पीछे छोड़कर जाता है, तो उनके प्रति दुख की अस्पष्ट छाया दिमाग को उत्पीड़ित करती रहती है। वस्तुतः उनका अस्तित्व नहीं होता और उनके स्रोत का पता मिलना भी कठिन है। मेरे साथ भी यही हुआ। लेकिन जब मैं अपने साहसी दल के सामने आया तो उन लोगों ने मेरे आगमन पर हार्दिक नारे लगाकर मेरा स्वागत किया। यह देखकर मेरे मन का अनिश्चित भय गायब हो गया और मेरा उत्साह बढ़ गया। मैंने स्वयं को उस स्थिति में पाया जो अनेक लोगों की महत्वाकांक्षा होती है। मैं स्वयं अपना स्वामी था। लोग मेरी आज्ञा मानने के लिए प्रस्तुत थे और इंशाअल्ला मैं अपने से कह बैठा, 'अमीर अली, तेरा सितारा सातवें आसमान पर है और वह दीर्घ काल तक चमकता रहेगा।'

प्रस्थान करने के समय जो रस्में पहले सम्पन्न की जाती थीं वे ही इस बार दुबारा की गईं। मोतीराम ने अनुकूल शकुन की घोषणा की। वही हमारा झंडाबरदार और तमाम रस्मों का निर्देशक था। यही काम पहले बद्रीनाथ किया करते थे। पिताजी और हुसेन कई कोस तक हमारे साथ गए। उन दोनों ने अपने लम्बे अनुभव के परिणामों से मेरा दिमाग भर दिया। अन्य बातों के अतिरिक्त उन्होंने मुझे स्त्रियों का विनाश करने से वर्जित किया।

पिताजी ने कहा, "पुराने समय में स्त्रियों को सदैव छोड़ दिया गया। उन यात्रियों में जिनमें स्त्रियाँ होती थीं, अच्छी बनिज होने की अपेक्षा उन्हें छोड़ देते थे। हमारी संरक्षिका देवी भवानी स्वयं स्त्री हैं। अतः उनकी श्रेणी के जीव का विनाश उन्हें अरुचिकर लगेगा और प्रत्येक अवसर पर इसे वर्जित माना गया। इसके अतिरिक्त पुरुष के लिए पुरुष का शिकार उचित है। कोई सैनिक स्त्री से युद्ध नहीं करता। कोई सम्भ्रान्त व्यक्ति उनके विरुद्ध उँगली तक नहीं उठाएगा और सबसे बढ़कर तुम मेरे बेटे, जिसकी बीवी इतनी सुन्दर हो, स्त्री के प्रति कभी हिंसा नहीं करेगा।"

मैंने कहा, "आप मुझ पर विश्वास कीजिए, मैं कभी ऐसा नहीं करूँगा। आप जानते हैं अपने प्रथम अभियान में जिस अभागी स्त्री की मृत्यु हुई थी, मैं पक्के तौर से उसकी ऐसी नियति के विरुद्ध था और आप यह भी जानते हैं कि उसके विनाश में मेरा कोई हाथ नहीं था। लेकिन मेरी आपत्ति को पहले बद्रीनाथ ने, फिर सरफराज़ खाँ ने अस्वीकार कर दिया था। तब मैं क्या कर सकता था। यह सोचना वस्तुतः भयदायक है कि उनकी टोलियों पर जो मुसीबतें आईं और बेचारे बद्रीनाथ की जो अज्ञात नियति रही, उसके कारण निश्चय ही हमारी संरक्षिका भवानी का प्रतिशोध रहा होगा।"

पिताजी ने कहा, "हो सकता है। लेकिन ये बातें तुम्हारे दिमाग को अपना शिकार न बनाने पाएँ। मैंने और हुसेन दोनों ने अपने समय में अनेक स्त्रियों का विनाश किया है, और तुमने देखा उसका हमारे ऊपर कोई दुष्प्रभाव नहीं पड़ा। परन्तु मेरी बात सदैव ध्यान में रखना। अपनी बुद्धि और विवेक से कार्य करना और सबसे बढ़कर निर्विवाद रूप से शकुन पर ध्यान देना। निश्चय ही तुम्हारी रक्षा होगी और सफलता प्राप्त होगी।"

इस प्रकार बातें करते हुए हम चले गए और गाँव की सीमा पर पहुँचे। हम लोग अपने घोड़ों से उतर पड़े। एक-दूसरे को गले लगाया फिर अपने आदमियों के साथ मैं आगे बढ़ गया।

नियम के अनुसार जब तक हमारा पहला शिकार नहीं गिर जाता, कोई भी न दाढ़ी कटवा सकता था, न पान खा सकता था। चूँकि यह नियम बहुतों के लिए असुविधाजनक था, अतः हम चारों ओर अपनी दृष्टि दौड़ाते रहे। जिन गाँवों से हम गुज़रते थे अथवा उनमें रुकते थे वहाँ हमारे भेदिए पहुँच जाते थे। पाँचवें दिन हमें कुछ लोग मिले जो सुरक्षित और हर प्रकार से योग्य शिकार थे। इनमें हमें यात्रियों की टोलियाँ मिलीं जिनमें कुछ अपने घरों को जा रहे थे और कुछ वहाँ से प्रस्थान करके आ रहे थे। परन्तु उनके साथ निश्चित रूप से महिलाएँ थीं। तब मैंने उन्हें अपनी पत्नी के लिए तथा अपने पिता के निर्देश के अनुसार छोड़ देने का निश्चय कर लिया।

जैसा मैंने कहा था, पाँचवें दिन तड़के हम एक चौराहे पर पहुँचे। वहाँ नौ मुसाफिरों की टोली देखकर हम बड़े प्रसन्न हुए। उनमें भद्र लोग से प्रतीत होनेवाले तीन व्यक्ति टट्टुओं पर सवार थे, शेष पैदल थे। वे हम लोगों से कुछ दूर थे। यह और प्रसन्नता की बात थी कि वे भी उसी सड़क से जानेवाले थे, जिससे हम लोगों को भी जाना था। हम लोग मार्ग भूलने का बहाना करके वहीं रुके रहे और जब वे लोग निकट आ गए तब हमने उनसे पूछा। उन लोगों ने तुरन्त हमारे सामनेवाली सड़क की ओर संकेत कर दिया। यद्यपि वे हम लोगों की संख्या देखकर चौकन्ने अवश्य हुए लेकिन बाद में हमारे साथ ही उस गाँव तक चलने को तैयार हो गए जहाँ हमें रुकना था।

उनकी टोली में जो सबसे सम्भ्रान्त व्यक्ति था, उससे मैं बातचीत करने लगा। उसके प्रश्न के उत्तर में मैंने बताया कि हम लोग सैनिक थे। हिन्दुस्तान में अपनी छुट्टी बिताने के बाद नागपुर जा रहे थे, जहाँ हम लोग नौकर थे। बदले में उसने बताया कि वह अपने भाई के साथ जो दो अन्य सवारों में एक था और दूसरा उसका साथी था यात्रा पर निकले थे। वे इन्दौर से आए थे और बनारस जा रहे थे। वहाँ के कपड़े और ज़री खरीदेंगे। इसके साथ ही पवित्र तीर्थ के दर्शन भी करेंगे।

मेरे मन में तुरन्त यह विचार दौड़ गया कि ये लोग पैसेवाले आदमी थे जो स्वयं को छिपाकर जा रहे थे। मुझे इस बात में कोई सन्देह नहीं रहा कि इनके पास नकद रुपया अवश्य होगा।

अब समय नहीं नष्ट करना था। चूँकि ये लोग चौराहे से होकर आए थे और हमारे साथ उन्हें किसी ने नहीं देखा, अतः उनके गायब हो जाने के बाद हमारे ऊपर सन्देह करने के लिए किसी को कोई सूत्र नहीं मिलेगा। अब जितनी जल्दी हो सके उन्हें निपटाना था। इस उद्देश्य से मैं कुछ पीछे रहकर पीर खाँ को अपना मन्तव्य बताया। उसने दूसरे से कहा और इस प्रकार सारे दल को योजना की सूचना प्राप्त हो गई। अभी हम लोग बहुत दूर नहीं गए थे। मुझे यह देखकर सन्तोष और प्रसन्नता हुई कि दल के सभी लोग यह समझ गए कि किसको क्या करना था। हर एक ने अपना-अपना स्थान ले लिया और इस प्रकार प्रत्येक यात्री के पीछे तीन ठग खड़े हो गए। शेष चारों ओर बिखर गए जिससे किसी के भागकर निकल जाने की सम्भावना नहीं रह गई।

मुझे यह सड़क भली भाँति स्मरण थी क्योंकि पहले भी हम इसी से यात्रा कर चुके थे।

और क्या कोई ठग कभी मार्ग भूल सकता है? मुझे यह भी मालूम था कि यद्यपि आस-पास का प्रदेश खुला हुआ और एकान्त में था पर पास में ही कोई नदी बहती थी, जिसकी बालुकामय सतह साइप्रस से भरी हुई थी। उनकी झाड़ियों में शवों का निस्तारण आसानी से किया जा सकता था।

जब हम नदी के किनारे पहुँच गए तो उस आदमी ने, जिसके साथ मैं बातें कर रहा था, कुछ देर वहाँ ठहर जाने का अनुरोध किया।

उसने कहा, "हम लोग आधी रात से यात्रा कर रहे हैं। मैं तो बहुत थक गया और यहाँ कुछ देर आराम करना चहाता हूँ।"

इससे मुझे क्या आपत्ति हो सकती थी? यही तो मैं स्वयं चाहता था। घोड़े से उतरकर मैंने उसे नदी में पानी पिलाया और अपने साथियों में आ गया। वे सब एकत्र हो गए थे। सब लोग वहीं बैठ गए। यात्री अपने साथ लाया हुआ भोजन खाने लगे। सभी ठग कोई खड़ा था, कोई बैठा, लेकिन वे अपने-अपने निर्दिष्ट स्थानों पर डटे थे।

मैं झिरनी देने ही जा रहा था और यह भी देख लिया था कि भुट्टोरे अपने-अपने रूमाल विशेष प्रकार से ले चुके थे, उसी समय मैं अपनी श्रवण शक्ति को धन्यवाद देता हूँ, मुझे कुछ दूर पर स्पष्ट आवाजें आती सुनाई दीं। हमारे लिए यह अच्छा हुआ कि संकेत नहीं दिया था। नहीं तो हम लोग एक ओर शवों के कपड़े उतार रहे होते और दूसरी ओर मुसाफिरों की वह टोली जिसकी आवाजें मुझे सुनाई दी थीं, हमारे ऊपर आ धमकते। सम्भव था कि वे एक नजर में समझ लेते कि हम लोग क्या कर रहे थे, और वे लोग भी होशियार हो जाते। लेकिन हमारे भाग्य ने हमारी रक्षा की।

जैसा मैंने बताया, मैं झिझक गया था, और देखते देखते चौदह यात्री वहाँ पहुँच गए और जहाँ हम लोग बैठे थे, सीधे वहीं आ गए। उनमें सभी प्रकार के लोग थे, जो परस्पर सुरक्षा की दृष्टि से हिल-मिल गए। मैंने आधे मन से उन्हें भी अपना शिकार बनाने का विचार किया। यह हम कर उठाते लेकिन उन लोगों ने वहाँ से प्रस्थान करके हमें बड़ी राहत पहुँचाई। चलते-चलते वे हमारी सफलता तथा सुरक्षित यात्रा की कामना कर गए।

किसी न किसी बहाने हमने अपने साथियों को वहीं रोके रखा, जिससे दूसरी टोली इतनी दूर निकल जाए कि किसी प्रकार का शोर न सुन सके। अब सब कुछ तैयार था। मैंने तम्बाकू लाने की आवाज लगाई, यही संकेत तय हुआ था। ताकि इस पर किसी का ध्यान भी न जाए और न कोई सन्देह हो। अपने साथ वार्तालाप करनेवाले व्यक्ति के पीछे मैं स्वयं आ गया। आवाज देने के साथ ही मैंने रूमाल उसकी गरदन में डाल दिया। तीन वर्ष तक आराम करने की अपेक्षा मेरी पकड़ में कोई अन्तर नहीं आया। क्षण भर में वह मेरे पैरों के पास गिर पड़ा। मेरा काम समाप्त हो गया। अन्य लोगों के भाग्य का पता करने की दृष्टि से मैंने चारों ओर दृष्टि दौड़ाई। एक बेचारा एकाकी संघर्ष कर रहा था, परन्तु उसके कष्ट का भी शीघ्र अन्त हो गया। इस प्रकार पूरी टोली साफ हो गई।

मैंने लुधाइयों से कहा, "जल्दी करो, जल्दी अपने काम में लगो।"

उनमें से एक बोला, "आपने नहीं देखा, दूलम और चार आदमी, जैसे ही हम यहाँ पहुँचे थे, उन झाड़ियो की ओर चले गए थे। भरोसा रखिए। उन लोगों ने कब्रें तैयार कर ली होंगी, नहीं तो क्या आलसी कुत्ते बने रहते?"

हम लोग शवों के कपड़े उतारने में इतने व्यस्त थे कि किसी ने भी दो यात्रियों को आते हुए नहीं देखा और हमारे अनजान में वे लोग निकट आ गए। जब उन्होंने हमारे इस भयानक कृत्य को देखा तो अत्यन्त भयभीत होकर उसी जगह जड़वत खड़े रह गए, उनके मुँह से एक शब्द भी न निकला, वे अपनी फटी-फटी आँखों से कभी हमें देखते, कभी शवों को।

मैंने कहा, "अभागे लोगों, मरने के लिए तैयार हो जाओ। तुम लोग हमारे काम के गवाह हो गए, इसलिए अपनी बचत के लिए तुम्हारे विनाश के सिवा अन्य कोई मार्ग नहीं है।"

उनमें से एक आदमी सम्पूर्ण शक्ति समेटकर बोला, "साहब, हम लोग मर्द हैं और मरने से नहीं डरते। अब हमारा समय आ गया है।" यह कहकर वह गर्व के साथ स्वयं मेरे निकट आ गया और मुझे देखने लगा। वह लम्बा और बलिष्ट था, उसकी बाँहें सुडौल थीं। शस्त्रों से सज्जित था। उस पर आक्रमण करने में मुझे झिझक हुई।

मैंने कहा, "मैं तुम्हें एक विकल्प दे सकता हूँ। ठग बनकर हमारे दल में सम्मिलित हो जाओ। तुम्हारी अच्छी तरह देखभाल की जाएगी और तुम उन्नति करोगे।"

उसने कहा, "कभी नहीं, मैं यह कभी नहीं कहलाना चाहता कि राजपूत के शानदार वंश में जन्म लेनेवाला तिलक सिंह हत्यारों के झुंड में था और उनकी पाप की कमाई पर जीवित था। नहीं, यदि मुझे मरना है तो मैं इसी समय तैयार हूँ। तुम बहुत लोग हो, परन्तु तुममें से कोई सच्चा मर्द हो तो आगे आ जाए, मैं अपनी मुक्ति के लिए केवल एक वार करूँगा।"

यह कहकर उसने अपनी तलवार खींच ली, और अपने बचाव के लिए खड़ा हो गया।

"मैं वह मर्द हूँ," मैंने चीखकर कहा। लेकिन मेरे दल के लोगों ने एक स्वर से मुझे मुठभेड़ से गम्भीरतापूर्वक रोक लिया और कहा कि वह मेरे जोड़ से अधिक था, परन्तु मैं कहता गया, "हाँ, मैं वही मर्द हूँ, अब तुम धरती और आकाश के अन्तिम दर्शन कर लो, अल्लाह कसम तुम यहाँ से बचकर नहीं जा पाओगे।"

उसने कहा, "तो आओ, अभिमानी लड़के। मैं न्यायपूर्वक लड़ूँगा, अपने आदमियों से कह दो कि वे बाधा न डालें। जो तुम कह रहे हो, वह होनेवाला नहीं।"

मैंने अपने आदमियों से कहा, "सब लोग सुनो! इस मामले में कोई नहीं कूदेगा। यह मेरा, केवल मेरा, मामला है। रही दूसरे आदमी की बात तो उसके साथ जैसा चाहो वैसा व्यवहार करो।"

मेरे इतना कहने के कुछ ही देर में दूसरे की भी गिनती मृत लोगों में हो गई।

"ये सब तुम लोगों की कायरतापूर्ण चालें हैं।" इतना कहकर राजपूत मेरी ओर बढ़कर आ गया क्योंकि उसने विचार कर लिया था कि उसके साथी की भाँति उसका भी वही हाल होगा। वह बोला, "इसके बाद भले ही मेरा अन्त हो जाए लेकिन मैं किसी सैनिक की भाँति मरूँगा, कुत्ते की तरह नहीं, जैसा उसके साथ हुआ।"

साहब, मैंने आपसे पहले कहा था कि प्रत्येक शस्त्र संचालन में मेरी कुशलता श्रेष्ठ थी। शुक्र है मेरे शिक्षक का। उन पुरुषोचित अभ्यास करने में जो सक्रिय युद्ध में जब भी अवसर आए व्यक्ति को दुरुस्त रखते हैं, मैंने कभी शिथिलता नहीं दिखाई। मेरी तलवार ऐसी थी, जिसकी भूरि-भूरि प्रशंसा नवाब सब्ज़ी खाँ तक ने की थी। जब किसी के हाथ में विश्वसनीय शस्त्र हो और वह उसके संचालन में दक्ष हो तो उसे स्वयं आत्मविश्वास हो जाता है। मैंने ऐसा ही अनुभव किया।

मैंने कहा था कि राजपूत मेरी ओर बढ़कर आ गया, परन्तु उसके हाथ में ढाल नहीं थी, इससे मुझे अत्यधिक लाभ हुआ, परन्तु इसके विपरीत उसकी लम्बाई और शक्ति दोनों बातें उसके अनुकूल थीं, फिर भी निपुणता तथा उत्साह के सम्मुख वे कमजोर बचाव थे।

उसने अपनी पूर्ण शक्ति तथा उत्तेजना सहित मुझ पर आक्रमण किया। उसके हर प्रहार को मैं अपनी तलवार और ढाल पर झेलता गया लेकिन अभी तक मैंने एक भी प्रहार नहीं किया था। वह रजपूती रिवाज के अनुसार मेरे चारों ओर घूम-घूमकर नाच रहा था। कभी एक पैर पर, कभी दूसरे पर जोश के साथ परिभ्रमण करता था, बीच-बीच में मेरी ओर दौड़ पड़ता था। वास्तव में उसने मेरे ऊपर अपने प्रहारों की वर्षा कर दी। परन्तु मैं अपने स्थान पर जमकर खड़ा रहा क्योंकि मैं जानता था कि इस प्रकार प्रहार करते रहने से वह शीघ्र थक जाएगा। इसके अतिरिक्त नदी की सूखी बालू भी उसे थकाने में सहायक थी।

अन्ततः वह हाँफता हुआ मेरे सामने खड़ा होकर मुझे देखने लगा और बोला, "काफिर का कुत्ता, हरामी का पिल्ला। क्या किसी भी उत्तेजना से तू अपनी जगह से नहीं हटेगा।"

मैंने कहा, "काफिर के बच्चे! तेरे अपशब्दों ने ही तेरा भाग्य सुनिश्चित कर दिया है।" इतना कहते-कहते मैं उस पर झपट पड़ा। वह मेरे आक्रमण के लिए बिलकुल नहीं तैयार था। एक कमजोर और अनिश्चित प्रहार उसने मेरे ऊपर किया, जिसे मैंने ढाल पर झेल लिया। दूसरे क्षण मेरी तलवार उसकी गरदन में गहराई तक धँस चुकी थी। वह गिर पड़ा। उसके घाव और मुँह से रक्त की धार बह चली।

पीर खाँ बोला, "शुक्र खुदा का, आपने कितनी शान के साथ उसका हिसाब चुका दिया। आइए, आपको गले लगा लें।" और उसने मुझे अपनी बाहों में भर लिया।

राजपूत के प्राण अभी शेष थे। अपनी बाहु का सहारा लेकर उठने की शक्ति अभी उसमें थी। वह मुझे शैतान की भाँति देख रहा था। उसने बोलने की कई बार चेष्टा की, उसके होंठ हिलकर रह गए परन्तु कोई आवाज नहीं निकल सकी क्योंकि इतना अधिक रक्त निकल जाने के बाद बोल पाना असम्भव था।

मैंने कहा, "तुममें से कोई उसकी पीड़ा का अन्त कर दो। इसका व्यवहार बहुत अच्छा था। इसे अधिक नहीं भोगना चाहिए।" पीर खाँ ने मेरी तलवार लेकर उसके सीने के पार कर दी। क्षण भर तड़पने के बाद वह निर्जीव हो गया।

मैंने कहा, "इसे ले जाओ। यहाँ हम लोगों को मटरगश्ती करते हुए बहुत देर हो गई।"

उसके रक्त से अपने को बचाने के लिए लुधाइयों ने उसे हाथ-पैर से उठाया और ले गए। दूसरों ने उसके गिरने के स्थान पर सूखी बालू फैला दी और कुछ देर में हम लोग अपनी राह चल दिए। जैसे कुछ हुआ ही न था।

मेरे व्यक्तिगत साहस और निपुणता का प्रमाण मिल जाने के बाद मैं कह सकता हूँ कि पूरा दल मेरी पूजा करने लगा। उन लोगों ने मुझे भरोसा दिलाते हुए कहा कि किसी ठग द्वारा खुले और निष्पक्ष युद्ध में किसी यात्री और सैनिक का मारा जाना एक अप्रत्याशित घटना मानी जाएगी। इसे ज्ञात होना चाहिए ताकि बुड्ढे या जवान मुझसे ईर्ष्या करें। जो कुछ मैंने किया उस पर मुझे गर्व था। उनकी प्रशंसा मेरी अहम्मन्यता के लिए सुगन्धित धूप की भाँति थी।

व्यापारी और उसके भाई से जो लूट का माल प्राप्त हुआ था, वह बहुत था। किसी अभियान के लिए वह अच्छी प्राप्ति मानी जाएगी। कुछ लोगों की सलाह थी कि अब हम घर लौट चलें,

परन्तु वे केवल दो या तीन थे, अतः उनकी सलाह अमान्य कर दी गई।

मैंने कहा, "यह बड़ी लज्जा की बात होगी कि अपना अनुकूल भाग्य होने पर भी हम उसका लाभ न उठा सके।"

साहब, हम लोग अपने मार्ग पर आगे बढ़ते रहे और सागर पहुँचने तक हम उन्नीस यात्रियों की हत्या कर चुके थे। परन्तु इन लोगों से अधिक प्राप्ति नहीं हुई। किसी से दस, किसी से पन्द्रह रुपए मिले। केवल एक यात्री से लगभग सौ रुपए मिले।

सागर का नगर पहले भी बड़ा और व्यस्त था, आज भी है। यह हैदराबाद के हुसेन सागर जैसे एक बड़े तालाब के किनारे बसा है। सदैव बहनेवाली शीतल वायु उसे और अधिक मनोहर बना देती है। हम लोगों ने नगर के निकट तालाब के किनारे अपना डेरा डाल दिया।

वहाँ हम लोग चार दिन ठहरे रहे। बाजारों के चक्कर लगाते रहे। भठियारों की दुकानों पर भी जाते थे। उनमें से एक भठियारा पीर खाँ से परिचित था। हम लोगों ने जानकारी प्राप्त करने के बदले उसे अच्छी रकम दी। उसने हमारे लिए बराबर निगाह रखने का वादा किया। तीसरे दिन शाम को पीर खाँ मेरे पास आया। उस समय मैं अपने छोटे से खेमे के द्वार पर बैठा हुक्का पीते हुए, सामने फैली अनन्त जलराशि के ऊपर से आती हुई सुहावनी हवा का आनन्द ले रहा था।

उसने कहा, "मीर साहब, भठियारा बड़ा निष्ठावान निकला। उसने एक साहूकार द्वारा हमारे ही मार्ग से यात्रा करने की सूचना दी है। वह एक सप्ताह के पश्चात यहाँ से चल देगा। उसके कथनानुसार हमें उसको पक्का समझना चाहिए। परन्तु हमें यह स्थान त्यागना होगा और नगर से कुछ कोस दूर जाना होगा। आगे की सूचना प्राप्त करने के लिए हम दो-तीन आदमी यहाँ छोड़ देंगे।"

मैंने कहा, "अलहुम्द लिल्लाह, वह बड़े काम का आदमी निकला, हम उसकी सलाह मानकर कल जल्दी ही यहाँ से चल देंगे। तीन उत्तम धावक यहाँ रुके रहेंगे और वे उसकी सलाह के अनुसार हमें सूचना देंगे।"

पीर खाँ ने कहा, "लेकिन उसने यह शर्त रखी है कि यदि हम सफल हुए तो वह हमसे अच्छी रकम लेगा।"

मैंने कहा, "मैं इसके विरुद्ध नहीं हूँ। यदि वह अपनी बात का सच्चा है तो उसे मिलना ही चाहिए।"

उसने कहा, "इस बात से हमें डरने की कोई बात नहीं। जब तक उसे हम देते रहेंगे, वह ईमानदार बना रहेगा।"

मैंने कहा, "तो उसे अवश्य दिया जाए। वह क्या चाहता है?"

पीर खाँ ने कहा, "यदि हमें पाँच हजार मिलें तो वह दो सौ चाहता है और यदि दस मिलें तो उसका दो गुना। एक-दूसरे में यही अनुपात रहेगा।"

मैंने कहा, "खान, अगर साहूकार मालदार हुआ तो हम उसे मुँह माँगा देंगे। जाकर उसे बतला दो।"

उसने कहा, "मैं जा रहा हूँ। यदि न लौटा तो समझिए मैं वहीं रुक गया।"

उसने अपने साथ ले जाने के लिए आदमी चुन लिये और अपने साथ एक बंडल कपड़े तथा उन सबको लेकर चला गया। मैं अपने खेमे से उन्हें दूर तक जाते देखता रहा।

धोखेबाज़ भठियारा

हम लोग चार दिनों तक गाँव-गाँव बिना किसी जोखिम के चलते रहे। वास्तव में देर और अकर्मण्यता के कारण मेरा जी ऊबने लगा। पाँचवें दिन सूचना देनेवाला आदमी आया और उसने बताया, "साहब, पीर खाँ ने सलाम कहा है। आप तुरन्त लौट चलिए क्योंकि बनिज पक्की है और नगर से जानेवाली है।"

मैंने पूछा, "तुम जानते हो, वह कौन है?"

उसने कहा, "मीर साहब, मैं नहीं जानता। मैं भठियारे के यहाँ था। वे दोनों अकसर गुपचुप बातें करते रहते थे, लेकिन मुझे उनका भेद ज्ञात नहीं हुआ।"

मैंने कहा, "ठीक है, कुछ आराम कर लो और हमारे साथ चलने को तैयार रहो। हम सागर से कितनी दूर होंगे?"

उसने कहा, "सड़क से चौदह कोस होगा लेकिन पगडंडी से आधा फासला होगा। वह मैं जानता हूँ।"

मैंने कहा, "तो हम शाम तक वहाँ पहुँच जाएँगे।"

उसने कहा, "यदि आप चाहें तो दोपहर तक पहुँच सकते हैं। मैं आपको ले चलूँगा।"

इस प्रकार उसके दिखाए हुए मार्ग से, जिसे मैं अकेला न खोज पाता, शाम तक सागर पहुँच गए। अपनी पुरानी जगह पर ठहरकर, मैं भठियारे के यहाँ गया, जहाँ मुझे अपने मित्र से मिलने का पूरा विश्वास था।

पीर खाँ वहीं था, उसने मेरा स्वागत किया, "मैं डर रहा था कि सम्भव है, संवादवाहक आपसे न मिल सके, लेकिन खुदा के फजल से आप आ गए।"

मैंने भठियारे को सलाम करके कहा, "यही मेरा योग्य मित्र है।"

उसने कहा, "जी हाँ, वही, आपके बेचारे पीरू को अपने अच्छे मित्रों की सेवा करके सदैव प्रसन्नता होती है।"

मैंने कहा, "मित्र मैं भूला नहीं कि तुम्हें क्या मिलना है। और उसके लिए तुम किसी सच्चे ठग की बात पर भरोसा रखो। क्या वह आदमी पक्के तौर पर मिल जाएगा?"

पीर खाँ, "निश्चय ही जैसे कुछ अभी तक गिर चुके हैं, कल वह भी सागर का अन्तिम दर्शन करेगा।"

मैंने कहा, "अलहुम्द लिल्लाह, जो भी होगा ठीक होगा। तुम्हें विश्वास है कि वह अच्छा बनिज होगा?"

भठियारे ने कहा, "वह सात-आठ हजार कीमत का अवश्य होगा, इसके साथ नकदी भी होगी।"

मैंने कहा, "तो फिर ठीक है लेकिन तुम सड़क को क्यों नहीं पकड़ते? तुम पूरी तरह हमारे साथी प्रतीत होते हो।"

उसने हँसकर कहा, "मैं इस काम को पहले ही परख चुका था। मैं गनेशा जमादार के साथ दो अभियानों में गया था। आप उसे जानते होंगे?"

मैंने कहा, "उसका नाम सुना है। वह नामवाला नेता है।"

भठियारे ने कहा, "है तो लेकिन बड़ा निर्दयी कुत्ता है और सच बात यह है कि उसके

लिए मुझे डर है कि आप मुझे कायर समझ लेंगे। उसके चंगुल में फँसे गरीब लोगों के प्रति उसके व्यवहार का तरीका मुझे अच्छा नहीं लगा, इसीलिए मैंने सक्रिय काम करना छोड़ दिया। अब यहीं थोड़ा-बहुत व्यवसाय कर लेता हूँ। आप तो देख ही रहे हैं। इसी में कभी-कभी कुछ मिल जाता है।"

मैंने कहा, "ठीक है, लगता है तुमने अच्छा किया लेकिन होशियारी से काम करो। परन्तु यह याद रखना कि बेचारे ठगों को उनके भेद खोलने का भय दिखाकर रकम न ऐंठना।"

मेरी इस बात पर वह कुछ झिझक गया लेकिन फिर सँभल कर दावे के साथ विरोध करके कहा कि वह ऐसे नीच काम का अपराधी कभी नहीं हुआ।

पीर खाँ ने मेरी ओर ऐसे देखा जैसे कह रहा हो कि मैंने बहुत ठीक कहा लेकिन मैंने उस बात को आगे नहीं बढ़ाया क्योंकि इस समय हम पूरी तौर से उसकी गिरफ्त में थे।

मैंने कहा, "तो हम लोग सुबह चल देंगे।"

उसने कहा, "यही करना होगा। साहूकार जबलपुर जानेवाला है। अच्छा होगा कि कुछ दिन तक आप लोग स्वयं को छिपाए रहें, सम्भव है उसे सन्देह हो जाए क्योंकि इसी सड़क पर थोड़ा पहले कुछ प्रसिद्ध लोग गायब हो गए थे।"

मैंने पीर खाँ से कहा, "यहाँ अब हमारा कोई काम नहीं। मैं थक गया हूँ, डेरे पर चलना चाहिए। यहाँ रहने के लिए दो भेदिए भेज देंगे, आवश्यक हुआ तो वे हमें साहूकार के प्रस्थान करने की सूचना दे देंगे।"

अपने आदमियों को उनका काम समझाकर हम वहाँ से चल दिए।

साथ चलते हुए पीर खाँ ने कहा, "आपने अपने कथन द्वारा उस बदमाश की खूब खबर ली। इसी तरह वह पैसा पैदा करता है और साहूकार से भी अधिक धनी हो गया है। जो दल सागर से होकर जाते हैं, वह सभी से वसूली करता है।"

मैंने कहा, "तो मेंने उसकी नियति का फैसला कर लिया। किसी कायर बदमाश की भाँति उसका जीवित रहना उचित नहीं। जो आराम से बैठा रहता है, कोई खतरा मोल नहीं लेता, उसे किसी प्रकार की थकान भी नहीं होती, फिर भी उसे सबसे अधिक हिस्सा प्राप्त हो जाता है। उसे अवश्य मरना चाहिए। इसके लिए तुम क्या कहते हो?"

उसने कहा, "यह योजना सामान्य नहीं। लेकिन उसे नगर के बाहर कैसे ले जाएँ यह समझ में नहीं आता। वह लोमड़ी जैसा चालाक है।"

मैंने कहा, "तुम जो सोचते हो उससे अधिक आसानी से यह प्रबन्ध हो जाएगा। काफिर पैसे का लोभी है।"

उसने कहा, "उतना ही वह अपने अस्तित्व को भी चाहता है।"

मैंने कहा, "पीर खाँ, तब हम उसे बड़ी आसानी से पा जाएँगे। अभी हम डेरे पर चलते हैं, वहाँ से उसको एक आदमी द्वारा सन्देश भेजेंगे और तुम सुन लोगे कि वह आ गया। यदि मैं उसे नहीं ला सका तो अमीर अली को गीदड़ों का अब्बा या दादा कहना।"

उसने हँसकर कहा, "ठीक है, हम आपकी इस असाधारण योजना को देखेंगे। लेकिन मैं आपको यह पुनः बताए देता हूँ कि वह बदमाश बहुत धूर्त है। मैंने उसे दिन के अतिरिक्त जब कोई खतरा नहीं होता, बाहर निकलते नहीं देखा और वह भी इक्का-दुक्का लोगों के पास।"

"जंगली, यहाँ आओ," मैंने एक फुर्तीले जवान को बुलाया, जो सदैव मेरी सेवा में रहता

था। "तुम पीरू भठियारे को जानते हो?"

उसने कहा, "जी हाँ, हुजूर आज दोपहर के बाद वहीं थे। मैं उसका घर भी जानता हूँ क्योंकि जब मैं बाज़ार से आटा खरीदने गया था, मैंने हुजूर को उसक़ी दूकान पर देखा था।"

मैंने कहा, "ठीक है, तो तुम्हें उसका पता लगाने की आवश्यकता नहीं होगी। अब तुम उसके पास जाओ। मेरी मोहरवाली अँगूठी भी ले लो। ध्यान रहे यह तुम्हारे हाथ से निकलनी नहीं चाहिए। मेरी ओर से उसे शुभेच्छाएँ देना और कहना कि तुम्हारी कृपा से हमें बनिज मिलने का पूर्ण विश्वास है। मेरे पास कुछ रुपये हैं, मैं उसे देना चाहता हूँ, यदि यहाँ आकर प्राप्त करे। यह भी कह देना कि ऐसा इसलिए करना पड़ रहा है, क्योंकि दोबारा इस रास्ते से लौटना अनिश्चित है। यह भी सम्भव है कि उसमें बहुत देर हो जाए और मेरे पास सिक्का भेजने का कोई साधन नहीं है। यह और कहना कि मैं उसके सद्व्यवहार से प्रभावित होकर यह अनुग्रह कर रहा हूँ। मैं उसके कथन पर निर्विवाद भरोसा रखता हूँ। अब बताओ, इतना सब तुम्हें याद रहेगा? देखो उससे रमसी में बात करना, वह इसे समझ लेता है।"

उसने कहा, "मैंने सब समझ लिया।" फिर उसने शब्द व शब्द मुझे सुना दिया।

मैंने कहा, "अब ठीक है, यह अँगूठी लो, और दौड़कर-उड़कर जाओ। देखना है कितनी जल्दी तू दो रुपए कमा लेता है।"

उसने प्रसन्नतापूर्वक कहा, "मैं चला जमादार साहब! फौरन लौटकर आऊँगा।"

पीर खाँ ने कहा, "बड़ा तेज लड़का है। हर एक का भाव भी समझ लेता है।"

थोड़ी देर बाद वह हाँफता हुआ आया। मैंने पूछा, "क्या खबर लाए जंगली?" उसने कहा, "थोड़ा ठहरिए जमादार साहब, तब बता सकूँगा। मैंने कठिन दौड़ लगाई।"

मैंने उससे कहा, "लो, थोड़ा पानी पी लो। इससे शान्ति मिलेगी। क्या हुआ? कोई खतरा है?"

उसने उत्तर दिया, "खतरा कुछ नहीं लेकिन सुनिए, मैं गया बहुत तेज़ लेकिन दौड़कर नहीं क्योंकि सोचा यदि उसके पास हाँफता हुआ गया तो उसे किसी बात का सन्देह हो जाएगा। अतः जब मैं टाउन गेट पर पहुँचा तब वहाँ से धीरे-धीरे चलकर उसकी दूकान पर गया। वह यात्रियों के लिए कबाब तैयार कर रहा था। उसने मुझे अपने निजी कमरे में जाकर प्रतीक्षा करने के लिए कहा। थोड़ी देर में वह आ गया। उसने पूछा, क्या खबर है? क्यों आए हो? बनिज सुरक्षित है। अभी-अभी एक भेदिया आकर बता गया कि उसने सुना था कि कल उसने प्रस्थान का आदेश दे दिया। तुम्हें क्या चाहिए?"

उसने बताया, "जैसा आपने कहा था मैंने शब्द ब शब्द उससे कह दिया। वह कुछ परेशान सा प्रतीत हुआ। कुछ देर तक स्वयं अपने से बातें करता हुआ कमरे में टहलता रहा। मैंने उसके मुँह से केवल 'गनेशा', 'धोखा' शब्द सुने। एक-दो बार यही दोहराता रहा। इससे मैं बहुत थक गया और उससे कहा कि मैं ठहर नहीं सकता, मुझे शीघ्र लौट आने का आदेश मिला है, तुम चलोगे या नहीं? यह सुनकर वह रुक गया और घूमकर कठोरता के साथ मुझे देखा।"

''उसने पूछा, 'लड़के मुझे यह बताओ कि जब तुम्हें वह सन्देश दिया गया था, उस समय मोती राम वहाँ उपस्थित था?'

मैंने उत्तर दिया, 'नहीं, वह वहाँ नहीं था।'

'क्या वह सब जानता है?'

'नहीं, जब यह सन्देश मुझे दिया गया था तब तक वह नगर से लौटकर नहीं आया था। लेकिन न मैंने न जमादार साहब ने उसे देखा।'

'क्या पीर खाँ वहाँ था?'

'नहीं, वह भी वहाँ नहीं था।'

'लेकिन वह तो तुम्हारे मालिक के साथ ही यहाँ से चला गया था।'

'ऐसा हुआ होगा लेकिन मैंने उसे नहीं देखा। मैं जमादार साहब का बिछौना लगा रहा था, तभी वह लौटा था। परन्तु यह सन्देश मुझे निजी तौर पर दिया गया था क्योंकि आराम करने के लिए लेटने के बाद उन्होंने मुझे बुलाकर इसे दिया था। मैं तुम्हें यह भी बता देता हूँ कि अपने तकिए के नीचे रखे थैले से वे रुपए गिन रहे थे।'

'मेरे लिए कितना रुपया रखा गया?'

'दो सौ पचास रुपए! वे और भी गिनने जा रहे थे, लेकिन न जाने क्यों रुक गए और शेष रुपए थैले में रख दिए और बोले कि इतना पर्याप्त होगा।'

'थैले में कितने रुपए थे?'

'यह बात अल्लाह जानता होगा। मैं कैसे जान सकता हूँ।'

'जमादार के खेमें में और कौन सोता है।'

''मैंने कहा, 'कोई नहीं। मैं दरवाजे के बाहर सोता हूँ और अन्दर किसी को जाने की आज्ञा नहीं है।'

''उसने कहा, 'तुम अच्छे लड़के मालूम होते हो और फुर्तीले भी हो। बोलो तुम भठियारा बनना चाहोगे?'

" 'हाँ बहुत अच्छा होगा' मैंने कहा क्योंकि मैं यह जानना चाहता था कि उसका वास्तविक मन्तव्य क्या था? मुझे सन्देह है कि वह भला नहीं होगा।''

पीर खाँ ने कहा, "क्या आपने कभी ऐसे बदमाश के विषय में सुना है? अरे, वह कहीं मुझे मिल जाए, तो मैं उसकी गरदन मरोड़ कर रख दूँ।"

मैंने कहा, "उसे बोलने दो, बीच में मत टोको।"

जंगली ने आगे बताया, "वह अपने कमरे में पचीसों बार इधर से उधर टहलता रहा। अन्त में मेरे पास आकर बैठ गया। मेरा हाथ अपने हाथ में ले लिया। मुझे यह बात अच्छी नहीं लगी, अतः मैंने अपना दूसरा हाथ खंजर पर जो मेरी कमर में बँधा था, रख लिया।"

''उसने कहा, 'जंगली, तू अच्छा लड़का है और यदि तू इस मामले मेरी सहायता करेगा तो मैं तुझे अपना पुत्र बना लूँगा। तू तो जवान है, इस खूनी व्यवसाय में तेरे लिए क्या आकर्षण है? और मैं कहता हूँ कि जैसा मैं तुझे पालूँगा, वैसा जमादार नहीं कर सकता। वह तुझसे कितना कठिन काम लेता है।'

''मैंने सिर हिलाकर हामी भरी।

''वह कहता रहा, 'यह भी ठीक है कि तेरा गलत प्रयोग किया जा रहा है फिर भी तू अपने खाए हुए नमक का दुष्प्रयोग नहीं करना चाहता। तेरी यह बात बहुत अच्छी है। अब मेरी बात सुन, मैं चलूँगा, परन्तु अभी नहीं। तू बताता है कि खेमे के दरवाजे पर तू सोता है। ठीक है तू वैसी घनघोर निद्रा में हो जाना जैसे अफीम खाई हो। मैं चुपचाप तेरे ऊपर से जाऊँगा। मुझे तिनके से गुदगुदाने की एक तरकीब मालूम है, इसे तुम समझते हो?'

''मैंने उससे कहा, 'समझ गया, तुम्हें बड़ा थैला मिल जाएगा।'

''उसने कहा, 'हाँ बेटे, बिलकुल यही बात है। तुम्हारा अनुमान सही है। मुझ पर विश्वास रखो। मैं उसे ले लूँगा। जब मैं वहाँ से चलूँगा, तुम्हें छूकर, तुम्हें उसी समय मेरे पीछे आने की आवश्यकता नहीं है, परन्तु तुम अपना अवसर देखते रहना।"

''मैंने पूछा, 'और पहरेदार, उनके विषय में नहीं सोचा?'

''उसने कहा, 'अरे, उनसे आसानी से बच जाऊँगा। अँधेरी रात है, बादल भी हैं। मुझे कोई नहीं देख सकेगा। मैं अपने सारे कपड़े उतारकर अपने ऊपर कम्बल डाल लूँगा।'

''मैंने कहा, 'तब मैं सहमत हूँ। मैं उन भयानक लोगों का साथ छोड़कर ईमानदार आदमी बन जाऊँगा। अब यह बताओ कि जमादार से क्या कहना होगा?'

''उसने बताया, 'कहना किसी गड़रिए के भेड़ के रेहड़ से भेड़िया सबसे मोटी भेड़ खा जाता था। गड़रिए ने अपने मन में कहा, मैं भेड़िए को पकड़कर मार डालूँगा। उसने एक गड्ढा खोदा, उसके ऊपर किसी टोकरी में कोई मोटा भेड़ का बच्चा रख दिया और वहीं बैठकर निगरानी करने लगा। भेड़िया आया, उसने दूर से देखा कि गड़रिए की उदारता में कुछ असामान्य बात है। तब उसने अपने मन में कहा, अरे भेड़िए तू भूखा अवश्य है, परन्तु तू एक भेड़ के बच्चे के लिए क्यों ललचा रहा है। वह समय भी आएगा जब गड़रिया सोता हुआ मिलेगा। अतः प्रतीक्षा कर यद्यपि तेरा पेट खाली है। इस कहानी को जमादार को सुना देना, वह तेरी बात समझ लेगा।'

मैंने कहा, "जंगली तूने बहुत अच्छा किया। तेरी ईमानदारी का अच्छा पुरस्कार तुझे मिलेगा। मेरे दोस्त, इस बदमाश के बारे में क्या विचार है?"

दोनों ने एक साथ कहा, "हमें इसमें काई अचम्भा नहीं लग रहा है। जैसा वह है वैसा कर रहा है लेकिन इंशाअल्ला वह अपने ही बिछाए जाल में फँस जाएगा।"

मैंने कहा, "दो पहरेदार बुलाओ।'' और वे आ गए।

पीरू ने जो षड्यन्त्र रचा था उसे मैंने उन लोगों को बता दिया।

फिर मैंने कहा, "मेरे मित्रो, तुम लोग उस बदमाश को डेरे में आ जाने देना। तुममें से कोई एक मेरे खेमे के निकट सो जाना। परन्तु सोने का बहाना करते हुए भी अपनी आँखें खुली रखना। उसे सीधे अन्दर आते देखकर पीर खाँ और मोती को उठा देना और दरवाजे के पास लाना। दोनों एक-एक दरवाजे के दोनों ओर खड़े रहना जिससे वह तुम्हें न देख सके। मैं भी सोने का बहाना किए लेटा रहूँगा और उसे थैला ले जाने दूँगा, सम्भव है ऐसा करने में वह मेरे ऊपर टूट पड़े। उसके बाहर आते ही तुम दोनों उसे झपटकर मजबूती से पकड़ लेना। मेरे आने तक उसे कोई हानि न पहुँचे और तुम जंगली, एक सेर अफीम खाए जैसे न सोए तो अल्लाह कसम तुम्हें भी उसी कब्र में सुला दिया जाएगा।"

उसने कहा, "मुझसे डरने की आवश्यकता नहीं। मैंने आपका नमक खाया है। आप ही मेरे माँ-बाप हैं। आपने सदा मेरे साथ दया का व्यवहार किया है। मैं आपको कैसे धोखा दे सकता हूँ। यदि मेरा इरादा वैसा होता तो मैं आपको उसका कहा हुआ एक शब्द भी न बताता।"

मैंने कहा, "तो हम सब तैयार हैं। क्या उसने बताया था कि कब आएगा?"

जंगली, "जी हाँ, दो घड़ी रात गए। जब उसके पास कोई काम न होगा।"

मैंने कहा, "ठीक है, पूरा ध्यान रखते हुए तैयार रहना और फिर हम लोग उसकी दाढ़ी

पर थूक देंगे।"

मेरा समय चिन्ता करते व्यतीत हुआ और उसके आने का समय भी हो गया। मैं अपने खेमे से बराबर बाहर निकलकर देख लेता था कि सब कुछ ठीक है और फिर लौट आता था। पीर खाँ मेरे खेमे के निकट घोर निद्रा में होने का बहाना करके लेटा था। मुझ मालूम था कि वह जाग रहा था। पहरेदार भी आराम से इधर-उधर टहल रहे थे। सबसे बढ़कर बात यह थी कि रात का अन्धकार इतना गहन था कि हाथ को हाथ नहीं सूझ रहा था। झील के तट पर लहरों की छप-छप की आवाज के कारण उसके पदचाप की आहट नहीं सुनाई देगी।

अन्तिम बार लेटते हुए मैंने स्वयं से कहा, 'हाँ, वह अवश्य आएगा। चोर जो है, आज की रात का ऐसा सुअवसर कब छोड़नेवाला था? लेकिन अन्धकार जितना हमारा सहायक था, उतना ही उसका भी।'

मैंने कहा, "जंगली, मैं अन्तिम बार उठकर आया हूँ। पूरा ध्यान रखना। तू मेरा अच्छा सेवक है। मैं तुझे नहीं भूलूँगा। पीर खाँ बिलकुल मेरे खेमे के पीछे है। औरों की मुझे चिन्ता नहीं। उसके पकड़े जाने पर सभी लोग आ जाएँगे।"

लड़के ने कहा, "आप मेरे लिए मत डरिए। मेरी आँखें नींद से भारी नहीं हैं और जब मैं यहाँ से पीर खाँ को बुलाने लाऊँगा, तो किसी चूहे को भी मेरी आहट नहीं हो सकती।"

मैं अन्दर जाकर लेट गया। मैंने अपनी विश्वस्त तलवार निकाल कर दाहिने हाथ के निकट रख ली, जिससे क्षणभर में वह हाथ में आ जाए। मैंने रजाई ओढ़ ली ताकि वह छिपी रहे और उसके आने की सूचना भी मिल जाए (क्योंकि मैं जानता था कि वह मेरी रजाई अवश्य हटाएगा।) मैं स्थिर होकर दरवाजे के बाहर बराबर देख रहा था। मेरी आँखें बाहर की अपेक्षा अन्दर के अन्धकार के लिए अधिक चैतन्य थीं। मुझे यह पक्का मालूम था कि यदि कोई अन्दर आएगा या दरवाजे पर भी रहेगा, तो मैं उसे अवश्य देख लूँगा। इसी अवस्था में मैं बहुत देर तक लेटा रहा। मुश्किलों से मैं हिला डुला, नहीं तो पीरू बाहर से ही जान जाता कि मैं जाग रहा था। मेरा अनुमान था कि उस समय आधी रात बीत चुकी थी, अभी तक वह नहीं आया।

साहब, किसी के सामने ऐसी सम्भावनाएँ क्यों आती हैं। मेरे जीवन में भी ऐसे अनुभव हुए परन्तु मैंने उन पर ध्यान नहीं दिया।

अन्ततः वह आ गया। मुझे अनुभव हुआ कि दरवाजे पर कुछ अँधेरा सा हुआ। आनेवाला कुछ झिझका और जंगली के ऊपर से निकल गया जो इतनी जोर के खर्राटे ले रहा था कि मैं भी कह देता कि वह सो रहा था, यदि मुझे इसके विपरीत तथ्य न ज्ञात होता जो मैंने कुछ देर पहले ही उससे बात की थी।

अल्लाह, अल्लाह, साहब, उस समय मेरा हृदय कैसा धड़क रहा था कि मुझे धड़कन स्वयं सुनाई दे रही थी, शायद उसे भी सुनाई दे। एक विचार मन में उठा कि शायद वह सशस्त्र हो और मुझे समाप्त करने का प्रयत्न करे। मैं यह सोचता हुआ काँप उठा कि किस प्रकार मैं उस समय अकर्मण्य होकर पड़ा हुआ था और पूरी तौर पर उसके अधिकार में था जबकि उसने थैला उठा लिया। मैं उछलकर अपनी तलवार उसके शरीर में प्रविष्ट करनेवाला था कि कुछ सोचकर रुक गया। वह चोर है और नीच चोर है। उसमें इतना साहस कहाँ कि कोई शस्त्र लेकर आए और फिर उसका प्रयोग तो दूर की बात थी। इसके अतिरिक्त थैला उठाने के लिए दोनों हाथ लगाने थे, एक हाथ से यह काम नहीं हो सकता था। यह सोचता हुआ मैं चुपचाप

तलवार की मूठ पर हाथ रखे हुए लेटा रहा।

मेरा ख़ेमा नीचा था और उसे झुककर अन्दर आना ही था। वह मेरे निकट आकर घुटनों के बल बैठ गया। मैं सोने का बहाना करके लेटा रहा। मुझे उसकी गरम साँस का अनुभव हुआ जब उसने झुककर मुझे देखा, मेरी आँखें परखीं कि वास्तव में मैं सो रहा था कि नहीं। अब उसने धीरे से अपना हाथ मेरे तकिए के नीचे सरकाया। यह काम उसने इतनी सावधानी के साथ किया कि यदि मैं वास्तव में सोता होता तो कुछ भी न जान पाता। परन्तु थैला उस ओर नहीं था। वह मेरे दूसरे कान के नीचे था। उसने टटोलकर उसे पा लिया, परन्तु उसे प्रतीत हुआ कि मुझे जगाए बिना उसे प्राप्त करना असम्भव था। तब उसने जमीन पर कोई तिनका खोजा और अपने से दूसरी ओर के कान पर उसे गुदगुदाने लगा। मैंने उसके इरादे के अनुसार घुरघुराकर उसकी ओर करवट ले ली। इससे वह कुछ चौंक गया और क्षणभर के लिए चुपचाप खड़ा रहा। लेकिन फिर धीरे-धीरे उसका हाथ सरकने लगा। मैंने थैले को तकिए के नीचे से निकल जाने दिया। अपने कन्धों पर थैला रखने से रुपयों की खनखनाहट मुझे सुनाई दी। मैं निश्चिन्त था। मैंने यह देख लिया था कि जंगली अब दरवाजे पर नहीं था (वह कब उठकर गया यह मैं न जान सका क्योंकि मेरा ध्यान स्वयं पास की स्थिति पर था) और भठियारा भी यह समझ गया था। वह रुक गया और धीरे से बड़बड़ाया, 'तअज्जुब है कि वह चला गया लेकिन उसे रास्ता मालूम है और मुझे निराश नहीं करेगा।' एक कदम और आगे बढ़ाकर वह दहलीज के पार हो गया। तत्काल पीर खाँ, मोती तथा दर्जन भर अन्य लोगों की पकड़ में वह आ गया। दरवाजे पर जाकर मैं सबके साथ मिल गया और कहा, "बहुत उच्चकोटि का प्रबन्ध रहा। बत्ती जलाओ। किसी ठग के डेरे को लूटने का साहस करनेवाले का मुँह तो देखूँ। साथ ही उसकी दाढ़ी को लांक्षित करूँ।"

बत्ती जलाई गई। वह कमबख़्त अपने कन्धे पर रुपयों का थैला लादे वैसा ही खड़ा था। वह उसे इस मजबूती के साथ पकड़े था जैसे उसी का था।

मैंने कहा, "तो तुम हो पीरू और वह भेड़िया जो इतना चालाक बनता था, अन्ततः गड़रिए के चंगुल में आ ही गया। वह छोटे चारे को न लेकर बड़े रेवड़ पर दृष्टि गड़ाए था। परन्तु जाल में फँस गया। और तू बदमाश, तूने मुझे ही लूटने का मन बनाया था। अब तू मरने योग्य है लेकिन मेरे द्वारा पूछे जानेवाले प्रश्नों के उत्तर पर ही तेरी मृत्यु या जीवन निर्भर है।"

उसने कहा, "उनका नाम बताओ, मेरी जान बख़्श दो, मैं फौरन यहाँ से भाग जाऊँगा। मैं तुम्हारे साथ भी चल सकता हूँ। तुम मुझे किसी जंगल में छोड़ देना। और यदि सागर में अथवा इस सड़क पर कभी मेरा चेहरा दिखाई दे तो फिर जैसी सजा चाहो, मुझे देना।"

मैंने कहा, "ठीक है। अब मेरे प्रश्नों के उत्तर दो। क्या जिस बनिज का तुमने वादा किया था वह झूठ है?"

उसने कहा, "मीर साहब, उतना ही सच है जितना मैं तुम्हारे सामने खड़ा हूँ। क्या तुम्हारे आदमियों ने तैयारियाँ नहीं देखीं और उनसे तुमको सब कुछ नहीं पता हो जाएगा? तुम्हें सन्देह क्यों हो रहा है?"

मैंने कहा, "अपनी मुक्ति के लिए तुम कितना दे सकते हो? मुझे दो हजार चाहिए।"

उसने कहा, "मीर साहब, दो हजार! इतनी बड़ी रकम मैं कहाँ से लाऊँगा? इस दुनिया में मेरे पास एक कौड़ी भी नहीं।"

मोती तथा और लोगों ने कहा, "यह झूठ है। तुमने हजारों रुपए बेचारे ठगों को धमकाकर वसूले हैं। हम सैकड़ों उदाहरण दे सकते हैं जिनमें तुमने हमसे रुपए लिये थे। उससे तुम कैसे इनकार कर सकते हो?"

मैंने कहा, "देखो, यह रूमाल है, इसका प्रयोग तुम अच्छी तरह जानते हो। बोलो, रुपए देते हो या नहीं?"

उसने कहा, "मैं दे दूँगा। मैं पवित्र कुल्हाड़ी की कसम खाकर कहता हूँ कि वही करूँगा। मेरे साथ चलकर ले लिये जाएँ।"

मैंने कहा, "उसे लेने हम लोग जाएँगे? नहीं, नहीं, मित्र भठियारे, हमारी दाढ़ियों में इस प्रकार धूल मत झोंको। इंशाअल्ला, जिन लोगों ने तुम्हें पकड़ा है, वे तुमसे अधिक पैनी बुद्धि रखते हैं। नहीं मैं मजाक कर रहा था, तुमने अपनी पूँजी कहाँ छिपाकर रखी है?"

उसने कहा, "तुम चाहे मुझे मार डालो लेकिन मैं इस प्रश्न का उत्तर नहीं दे सकता।"

मैंने कहा, "ठीक है, जब तुम्हारा दम घुटने लगेगा तब तुम अच्छी तरह सोच सकोगे। तुम दोनों इसे कसकर पकड़ रखो और इसके कन्धे से थैला उतार लो।"

वैसा ही किया गया। मैंने उसके गले में रूमाल डाल दिया और उसको तब तक ऐंठता रहा जब तक कि उसका दम घुटने पर नहीं आ गया। उसने बोलने का कई बार प्रयास किया, तब मैंने अपनी पकड़ ढीली कर दी परन्तु मृत्यु के भय से उसकी वाक्‌शक्ति अशक्त हो गई और वह एक शब्द भी न बोल सका।

मैंने कहा, "इसे पानी पिलाओ, जिससे इसका भय घुल जाएगा।"

उसने पानी पिया और मेरे कदमों पर गिर पड़ा और अपनी मुक्ति के लिए गिड़गिड़ाने लगा। मैंने उसे ठोकर मारकर गिरा दिया।

मैंने कहा, "तुम्हारा खजाना कहाँ है? एक बार रूमाल के ऐंठने का मजा देख चुके। समझ लो दुबारा वह खतरा कैसे झेल सकोगे? बोलो, खजाना कहाँ है।"

काँपते हुए भठियारे ने कहा, "वादा करो कि तुम मुझे छोड़ दोगे तब मैं बता दूँगा।"

मैंने कहा, "मैं वादा करता हूँ लेकिन तुम यहीं रहोगे। मैं आदमी भेजकर उसे मँगवा लूँगा। यह समझ लेना हमारे पास समय बहुत कम है। यदि तुमने हमें बहकाने का प्रयत्न किया तो आधा परिणाम तुमने देख लिया है।"

उसने कहा, "मोतीराम कहाँ है, वह जगह पहचानता है।"

मोती ने उस पर झपटकर कहा, "मुझे, मुझे क्या पता? तू मुझे भी अपने नीच काम का भागीदार बनाना चाहता है।"

भठियारे ने कहा, "तुम वह जगह जानते हो, लेकिन तुम्हें यह नहीं मालूम कि वहाँ कुछ रखा है। तुम उस पुराने खोखले आम के पेड़ को जानते हो जो शहर के दूसरी ओर है और जहाँ गनेशा से आखिरी हिस्सा मिलने के बाद तुमने मुझे छोड़ा था।"

मोती, "हाँ, वह मैं जानता हूँ।"

उसने कहा, "ठीक है, तुम उसके तने का खोखला एक घन फीट तक खोदना वहीं तुम्हें मेरे द्वारा जमा किए गए सोना-चाँदी, आभूषण सभी मिल जाएँगे।"

मैंने कहा, "देख, अब तक मैंने अपना वादा निभाया कि तुम यहीं रहोगे। कब्र जिसमें तुम्हें रहना है, खोदी जा चुकी है, घंटों पहले से तैयार है। मैं कसम खाता हूँ कि सुबह होने से पहले

मैं तेरी दाढ़ी पर थूक दूँगा। भवानी के जिन भक्तों को तूने धमकाया उन्होंने ही तुझे मेरे हाथों में सौंप दिया।"

मेरे साथ सभी लोगों ने उसे थूका।

मैंने कहा, "इसे कसकर पकड़ लो और तम्बाकू लाओ।"

वह इस प्राणलेवा संकेत (झिरनी) को भली भाँति समझ गया। उसने छूटने के लिए बहुत संघर्ष किया लेकिन उन लोगों की ताकत के सामने उसकी एक न चली। क्षण भर में उसके प्राण पखेरू उड़ गए।

मैंने कहा, "मोती, तुम अपने साथ दस आदमियों को लेकर उस स्थान पर जाओ, जिसे उसने बताया था। उसने सच ही कहा होगा। उससे हमें लाभ ही होगा। जब लोग सुनेंगे तो वाह-वाह कहेंगे।"

उसके शव को उठा लिया गया और दफन कर दिया गया। कब्र को बराबर करके उस पर चिकना पलस्तर कर दिया गया और आग जलाकर जगह काली कर दी गई। हमारा काम समाप्त हो गया।

साहब, आप ही बताएँ कि क्या वह बदमाश अपनी नियति के योग्य नहीं था? मेरी समझ में उसका हीन कार्य हमारी विधि-सम्मत कार्रवाई से बहुत अधिक अधम था। अपनी बेईमानी के लिए उसे परिणाम भुगतान पड़ा।

मि. टेलर, "वास्तव में यह एक भयानक प्रतिशोध था लेकिन तुमने लूटमार के निकृष्ट प्रेम के द्वारा उसके न्यायिक रूप को विकृत कर दिया। पहले उसे जीवन-दान देने का वादा किया और फिर उसकी हत्या कर दी। यह क्यों?"

"मैंने इसका कोई वादा नहीं किया था। मैंने उससे यह कहा था कि जहाँ वह था वहीं बना रहेगा। वह वहीं रहा और इस समय भी वहीं है।"

मि. टेलर, "अमीर अली, तुमने वास्तव में बहुत सुन्दर स्पष्टीकरण दिया। इससे यह और प्रतीत होता है कि तुम्हारे ऊपर कितना कम विश्वास किया जा सकता है। लेकिन इसके बाद क्या हुआ? क्या अपनी सम्पत्ति के विषय में उसने सच कहा था?"

"जी हाँ, सुबह होने से बहुत पहले मोती लौटकर आ गया। और मुझे जगाकर मेरे कदमों पर सोना, चाँदी, सिक्के, हार, बाजूबन्द, तोड़े और पाजेबों का ढेर लगा दिया। कुल मिलाकर उसकी कीमत लगभग तीन हजार रुपए होगी। ये सारी वस्तुएँ ठगों से प्राप्त की गई थीं। मोती और पीर खाँ ने बहुत सी चीज़े पहचान लीं। हमने सारे आभूषण गलवा दिए और दूसरे पड़ाव पर पहुँचकर उसे आपस में वितरित कर दिया। यह बहुत अच्छी लूट रही। यह हमें बहुत दिनों तक रईस बनाए रही और वास्तव में मैं तो यह कहूँगा कि हमारे घर वापस आने तक चलती रही।

मि. टेलर, "और साहूकार का क्या हुआ? क्या वह खबर सच थी?"

"ओह, बिलकुल सच थी। उसके विषय में आपको बताऊँगा। हमने सागर जल्दी छोड़ दिया। हम लोग शहर से थोड़ी दूर जाकर सड़क पर गुड़ खाने के लिए बैठ गए। यह प्रथा प्रत्येक जोखिम के बाद पालन की जाती है। जब हम लोग इस प्रकार बैठे थे कि दो भेदिए आ गए, उन्होंने हर्ष का यह समाचार सुनाया कि साहूकार शहर से प्रस्थान कर चुका था और अभी थोड़ा पीछे होगा। दूसरा जिसका नाम भिखारी था, जबलपुर तक के लिए साहूकार के यहाँ नौकर

हो गया था। वह साहूकार के सोने के समय पहरा देगा।

मैंने पूछा, "वह किस प्रकार यात्रा कर रहा है?"

उसने बताया, "वह एक मजबूत टट्टू पर सवार है। अन्य दो पर माल लदा है। उसकी टोली में साहूकार और भिखारी के अतिरिक्त चार लोग और हैं।"

मैंने कहा, "ठीक है, हमें शीघ्र बढ़ते रहना है। कुछ दिनों तक हम लोग साहूकार से नहीं मिलेंगे। उस समय तक हम अन्य लोगों से भी बचकर रहेंगे।"

आगे बढ़ते हुए हम लोग अपने पड़ाव पर आ गए। बाद में तीन दिन तक चुपचाप यात्रा करते रहे। बीच में समय-समय पर शकुन-विचार भी होता रहा और उन्हें अनुकूल पाया गया। इसके कारण हम लोग प्रसन्नतापूर्वक चलते रहे। चौथे दिन, अकस्मात साहूकार और उसकी टोली से हमारा सामना हो गया। भिखारी को उन लोगों के साथ देखकर हमें प्रसन्नता हुई। सड़क पर ही उनके साथ हमारा समागम हुआ था। या यों कहिए कि हमने उन लोगों को अपने पास पहुँच जाने का अवसर दे दिया।

आमना-सामना होने पर दुआ-सलाम हुई। मैं अच्छी पोशाक में था और अच्छे घोड़े पर सवार सैनिक लग रहा था। उसने हमारा गन्तव्य और व्यवसाय पूछा। मैंने वही पुरानी बातें दुहरा दीं। इस प्रकार हम लोग खुश होकर साथ-साथ चलने लगे।

साहूकार एक स्थूलकाय मज़ाकिया आदमी था और अपने ढंग का बुद्धिमान भी था। आपस में किस्से-कहानियाँ सुनते-सुनाते रहे और उसके चुटकुलों पर ठहाके लगते रहे। साहब, यह आश्चर्य की बात है कि यात्रियों के बीच इन हलके-फुलके वार्तालापों द्वारा किस प्रकार इतनी जल्दी भाईचारा और मित्रता उत्पन्न हो जाती है। मार्ग का एकाकीपन और थकावट विनोदपूर्ण वार्तालाप में विलीन हो जाता है और पड़ाव के अन्त तक पहुँचते-पहुँचते हम लोग ऐसे घनिष्ठ मित्र हो गए जैसे हम लोग महीनों से साथ-साथ यात्रा कर रहे थे अथवा वर्षों से एक-दूसरे से परिचित थे।

गाँव पहुँचकर हमने एक-दूसरे को भावभीनी बिदाई दी। उसने अपना निवास बाजार में रखा और हम लोग अपने पुराने हिसाब से ठहरे।

मैंने एकत्रित लोगों से कहा, "कल अच्छा दिन है, शुक्रवार है। हमें इस मामले को समाप्त करना चाहिए।"

सभी लोगों ने इस पर अपनी सहमति प्रकट की। वेल्हा और लुधाई आधी रात को ही चले गए। वेल्हा स्थान का चुनाव करेंगे और दूसरे लुधाई कब्र तैयार करेंगे।

दिन में एक आदमी (वह हमारा आदमी भिखारी था) यह कहने के लिए आया कि साहूकार गाँव की दूसरी ओर हमारी प्रतीक्षा करेंगे और हम शीघ्रता करें क्योंकि वे हमारा साथ भी पसन्द करते थे और अपनी सुरक्षा के लिए हमारा अनुरक्षण भी चाहते थे।

उसने आगे कहा, "मैं उन्हें भयभीत भी करता रहा और सागर से चलने के बाद वह वस्तुतः चिन्तित भी है क्योंकि उसने सुना था कि गत वर्ष इसी सड़क से कुछ यात्रियों की टोलियाँ गायब हो गई थीं। इसलिए कल जब हम लोगों का समागम हुआ था तो वह अति प्रसन्न हुआ था। बाद में जमादार साहब आपकी बड़ी प्रशंसा कर रहा था। उसने यह भी कहा था कि आपके साथ आने से उसे कोई भय नहीं रहेगा।"

मैंने कहा, "बहुत अच्छा किया। तुमने अपना अभिनय बड़ी कुशलता से किया है। इसे

भूलना नहीं होगा। तो मित्रो, साहूकार हम लोगों की प्रतीक्षा कर रहा है, अतः हमें चल देना चाहिए। कल की तरह उसकी टोली को घेरकर रखना होगा, उन्हें किस्सा-कहानी सुनाते रहना होगा और उनके दिमाग को शान्त रखना होगा।"

'जय भवानी, जय अमीर अली' यह जयकार उस समय किया गया जब हम लोगों ने वह स्थान छोड़ा और उस ओर प्रस्थान किया जहाँ साहूकार हमारी प्रतीक्षा कर रहा था।

साहूकार की हत्या

"राम, राम, मीर साहब!" साहूकार ने मिलते ही उस स्थान पर कहा जहाँ भिखारी हमें ले गया था। "राम, राम, मैं बड़ा प्रसन्न हूँ कि आपने कृपापूर्वक इस सेवक का साथ दिया। क्योंकि वास्तव में आपके साथ हुई वार्ता के धारा-प्रवाह की मधुर सुगन्ध से मेरे मन में यह प्रबल इच्छा उठी कि मैं आपसे और कुछ सुनने का लाभ उठाऊँ और हर्ष की बात है आपने उसे स्वीकार कर लिया।"

उसके शिष्टाचार का उसी प्रकार मैंने उत्तर भी दिया। हम अपनी यात्रा में आगे बढ़े। हमारे दल के लोग अपने नवीन शिकार के चारों ओर स्थित हो गए। मैं बड़ी उत्सुकता के साथ अपने प्रथम भेदिए की प्रतीक्षा कर रहा था, जिसे मुझे सूचित करना था कि "भिल" तैयार हो गई।

साहब, ऐसे अवसरों पर हम ठगों में एक विचित्र भावना उत्पन्न हो जाती है। वह न तो अपने शिकार के प्रति दया अथवा रुचि की होती है, या भावी कृत्य के प्रति किसी प्रकार के खेद की, जिसे सुनने की सम्भवतः आप आशा करते होंगे बल्कि वह होती है जोखिम के आरम्भ की सर्वव्यापी चिन्ता, और उसके सम्पन्न हो जाने की उत्कट इच्छा तथा इसके साथ ही उस ओर से निकलनेवाले यात्रियों द्वारा व्यवधान उत्पन्न होने का भय। यद्यपि इस सम्बन्ध में मैं बहुत बड़ी सीमा तक निर्दयी बन चुका था, फिर भी चिन्ता और भय के कारण मेरा हृदय धड़क रहा था। इसी कारण साहूकार की मनोरंजक तथा हास्य टिप्पणियों पर मेरे उत्तर अस्पष्ट और अनमने ढंग के हो रहे थे। मेरे समस्त विचार हाथ में लिये हुए मामले पर केन्द्रित थे। उसमें आश्चर्य करने की कोई बात नहीं थी। उसने मेरे परिवर्तित व्यवहार पर टोक दिया और मैंने तुरन्त अपनी मनःस्थिति सम्भाल ली तथा पूर्ववत् उसके साथ हँसी-ठट्ठा करने लगा।

किसी परिहासवाली बात पर जैसे ही मैंने कुछ कहा, तो उसके पेट में बल पड़ने लगे, बोला, "मीर साहब, यह हुई न आप जैसी बात। सुबह सोते से उठने के बाद आपकी नजर जिस पर टिक जाती है चाहे वह कितना गमगीन क्यों न हो, उसका गम हवा में उड़ जाता है।"

मैंने कहा, "सेठ जी, यह तो मैं जानता नहीं, लेकिन आप यह समझ लीजिए कि कोई भी व्यक्ति अपनी मनोदशा सदैव वैसी ही बनाए हुए नहीं रख सकता। मैं स्वीकार करता हूँ कि मेरी भावना दूर अपने घर की ओर लगी थी।"

उसने कहा, "मैं केवल यही चाहता हूँ कि आप और मैं दोनों कुशलपूर्वक अपने-अपने घर पहुँच जाएँ, क्योंकि यात्रा एक घटिया काम है। मेरा यह दुर्भाग्य है कि बड़ी प्रतीक्षा करने

के बाद एक अशुभ दिन पर चल दिया। मैंने एक महीना पूर्व सागर जाने का इरादा किया था, लेकिन ज्योतिषी लोग यह दिन अशुभ है, वह दिन खराब है, कहते-कहते मुझे रोके रहे, यहाँ तक कि मैं स्वयं नहीं रुक सका। लेकिन ये सब बातें बेमतलब की हैं। मैं नारायण से यही प्रार्थना करता हूँ कि वह मेरी और आपकी ठगों, चोरों और डाकुओं से रक्षा करें।"

मैंने कहा, "आमीन, मैं अत्यन्त उत्साहपूर्वक आपकी प्रार्थना का अनुमोदन करता हूँ, क्योंकि मैं भी अपनी नौकरी पर जा रहा हूँ जहाँ अपनी सहनशक्ति से बढ़कर कठिन प्रहारों का सामना करना पड़ता है। लेकिन आप बताइए, क्या इस सड़क पर ठग मिलते हैं? वे क्या और कौन लोग होते हैं? मैंने यह नाम प्रथम बार सुना है।"

उसने कहा, "सच तो यह है मीर साहब, कि मेरे लिए भी यह बताना कठिन है। कहते हैं ठग लोग होते हैं जो किसी न किसी बहाने से भोले-भाले यात्रियों को अपने जाल में फँसा लेते हैं और फिर उन्हें समाप्त कर देते हैं। मैंने तो यह भी सुना है कि उनके साथ हसीन औरतें भी होती हैं, जो मार्ग में अपने ऊपर हुई किसी मुसीबत का बहाना करती हैं, और जिनका हृदय दयालु होता है, वे उनकी सहायता के लिए आगे आ जाते हैं और उनसे आकर्षित होते हैं। उनके पास शैतान का जादू होता है, जिससे वे उन्हें तब तक अपने वश में किए रहती हैं, जब तक कि उनके साथी न आ जाएँ। अपनी मुक्ति के लिए उसके सभी प्रयत्न निष्फल होते हैं। चाहे चोर हों या ठग, चाहे कैसे भी बदमाश हों या कोई और हों इस मार्ग में छाये रहते हैं। यह बात सत्य है, क्योंकि अनेक यात्री अज्ञात तरीके से गायब हो जाते हैं। परन्तु मैं नहीं डरता, मैं ईमानदार लोगों के साथ हूँ और फिर हमारा दल भी कितना बड़ा है। हमारे ऊपर हमला करनेवाले बहुत तगड़े भूत जैसे लोग होने चाहिए।"

ठगों के सम्बन्ध में साहूकार की धारणा पर मैं मन ही मन मुस्करा उठा। यात्रियों के गायब हो जाने की तह में, जब सच बात सामने आ गई, निःसन्देह जमादार गनेशा होगा लेकिन मैंने हँसकर उत्तर दिया, "भय की कोई बात नहीं, मेरे मित्र, ये ठग जिनकी आप बात कह रहे हैं, कभी-कभी किसी निश्चिन्त होकर जाते अकेले यात्री पर टूट पड़ते होंगे और उसे मार देते होंगे, लेकिन हमारे दल को छूने का किसी में साहस नहीं होगा। यदि, इंशाअल्ला कोई आ भी जाए, तो हम लोग उसकी चमड़ी को अच्छी तरह धूप दिखा देंगे। ऐसे बदमाशों का कीमा बनाना मैं अच्छी तरह जानता हूँ। एकाध बार ऐसा कर चुका हूँ। मेरी खिंची हुई तलवार के सामने कोई भी नहीं खड़ा रह सकता। लेकिन, उस ओर मेरा अपना आदमी बैठा है, आश्चर्य है कि वह हमसे पहले कैसे पहुँच गया? उससे पूछता हूँ। सम्भव है सड़क पर आराम करने की दृष्टि से वह जल्दी चल पड़ा हो।"

जब मैं उसके पास पहुँचा; वह उठकर खड़ा हो गया मुझे सलाम किया, और साहूकार को भी। स्वयं थका होने का अभिनय वह बड़ी कुशलता से कर रहा था।

मैंने प्रश्न किया, "क्या बात है, अमीर सिंह, तुम हम लोगों से पहले यहाँ कैसे पहुँच गए?"

उसने तुरन्त कहा, "कल मेरे पैर में काँटा चुभ गया था, और मुझे मालूम था, आप मेरे लिए रुकेंगे नहीं। कुछ लोगों के साथ मैं आधी रात को चल पड़ा। हम आराम से चलते रहे, लेकिन मैं ज्यादा आगे नहीं बढ़ सका, क्योंकि मेरे पैर में बड़ा दर्द है। मैंने सोचा यहीं ठहर कर प्रतीक्षा कर लूँ या किसी टट्टू पर चढ़ने को मिल जाए।"

मैंने कहा, "मिल जाएगा। जिस पर मेरा सामान लदा है, उसी पर सवार हो जाओ। पड़ाव

पर पहुँचकर तुम्हारा पैर दिखवा देंगे। लेकिन तुम्हारे और साथी कहाँ हैं?"

उसने बताया, "उन लोगों ने कहा था कि आगे आधे कोस पर एक नदी है, वे वहीं पहुँच रहे हैं, और हाथ-पैर धोएँगे। आपको यही बतलाने के लिए कहा था कि यदि साथ न चले तो वहीं भेंट होगी।"

मैंने कहा, "ठीक है, प्रसन्नता की बात है कि पानी पास ही है। हम लोग वहीं उतरकर तरो-ताजा हो लेंगे, क्योंकि पड़ाव बहुत लम्बे होते हैं। आप क्या कहते हैं, सेठ जी? आप हिन्दू लोग भी मुसलमानों की तरह सुबह पूजा-पाठ करते हैं।"

उसने कहा, "सच कहते हैं। यह सूचना स्वागत योग्य है, क्योंकि मेरा मुँह सूख रहा है। सुबह से उसे धोया ही नहीं। कुछ समय के लिए हम लोग वहाँ ठहर जाएँ। हमारा पेट भी खाली है। मेरे पास मिठाइयाँ हैं। आपके साथ बैठकर खाएँगे। मीर साहब, जब तक पेट में कुछ न पड़ जाए, सफर बेमजा रहता है।"

मैंने कहा, "आपका ख्याल दुरुस्त है। मैं बड़ी खुशी से खाऊँगा। मिठाई मैं भी रखा करता हूँ लेकिन इस बार नहीं ला सका।"

भेदिए ने ठीक कहा था। उसके कथनानुसार नदी निकट ही थी और कुछ देर बाद हम वहाँ पहुँच गए। हमारे आदमी बड़ी लापरवाही के साथ पहले से बैठे थे। वे लोग अपने साथ लाई रोटियाँ खाने लगे।

वेल्हा से मैंने पूछा, "भिल मंझे अर्थात गड्ढा खोद लिया?"

जवाब था, "मंझे।"

साहूकार ने पूछा, "आपने क्या कहा? अगर आपके पीने के लिए उनके पास साफ गिलास नहीं है तो मेरा ले लीजिए।"

मैंने कहा, "आपकी कृपा के लिए शुक्रिया। लेकिन उसका कहना है कि वह साफ करके एक गिलास ले आया है।"

हम लोग घोड़ों से उतर पड़े। कई लोग पानी में घुसकर हाथ-मुँह धोने लगे। दाँत साफ करने लगे और अपने पैरों पर से बहता हुआ निर्मल जल पीने लगे, लेकिन सब अपनी जगह पर खड़े हुए, अपना काम आरम्भ करने के लिए संकेत की प्रतीक्षा कर रहे थे।

मैंने एक बेल्हा से पूछा, "क्या भिल दूर है?"

उसने बताया, "केवल एक तीर की दूरी पर है, उधर उन झाड़ियों में। अच्छी जगह है। हम लोगों की पहचानी हुई है। गत वर्ष इसी स्थान पर गनेशा जमादार को एक दुर्लभ बनिज प्राप्त हुई थी, लेकिन आप देर न कीजिए। सूरज ऊपर चढ़ रहा है, हमसे पहले वाले पड़ाव के यात्री आनेवाले होंगे। इस सड़क पर केवल यही निर्मल जल है और तरोताजा होने के लिए सब इधर ही दौड़ते हैं।"

मैंने कहा, "तो मैं भी तैयार हूँ। जब तुम साहूकार के निकट मुझे देखोगे, मैं झिरनी दे दूँगा। मैं देख रहा हूँ कि सभी लोग तैयार हैं।" और मैं उसकी ओर चला गया।

जब मैं मोतीराम के निकट गया, उसने प्रश्न किया, "आप झिरनी क्यों नहीं दे रहे हैं, हम सभी उसकी प्रतीक्षा कर रहे हैं।"

मैंने कहा, "बस अभी तैयार रहो, मैं अपनी जगह पर जाता हूँ।" जिस आदमी के निकट वह खड़ा था, विचित्र भाषा में हमारी बात सुनकर घूम गया और देखने लगा, लेकिन तुरन्त

बैठकर दाँत साफ करने लगा। उसके पीछे दो आदमी थे जो उसे कष्ट से मुक्त कर देंगे।

मैंने कहा, "क्यों सेठजी, आप पानी में आगे क्यों नहीं बढ़ जाते, यहाँ का जल इन लोगों ने गन्दा कर दिया। अच्छा, आप मेरे साथ आइए। मैं आपको ऐसी गहरी जगह ले चलूँगा जहाँ मैंने धोया है और वहाँ का जल अत्यन्त निर्मल है।"

उसने कहा, "हाँ, यह बात मैंने नहीं सोची। चलिए, आपके साथ चलता हूँ।"

वह अभी छिछले पानी में धो रहा था। जब मैं उसे दल के लोगों के बीच में ले गया, तभी मैंने झिरनी दे दी।

साहब, यद्यपि मैंने अपने रूमाल से पिछले चार वर्षों से किसी की हत्या नहीं की थी, लेकिन मैं अपने पुराने कौशल को नहीं भूला। मेरे पैरों के पास गिरने से पूर्व ही उसके प्राण निकल चुके थे।

अब वहाँ देर करना मूर्खता थी। भविष्य के लिए भी मैंने निर्देश दे दिया। प्रत्येक व्यक्ति उसी प्रकार नहाने-धोने लगा, जैसे वहाँ कुछ हुआ ही नहीं। सभी शव बालू पर पड़े थे। दुर्भाग्य से एक बार फिर व्यवधान पड़ गया। दो यात्री आते हुए दिखाई दिए, अतः सभी शवों को चादरों से ढक दिया गया, जैसे प्रतीत हो कि चादर ओढ़े लोग सो रहे थे। कुछ से कहा वहीं बैठ जाएँ, कुछ लेट जाएँ, सभी ऐसा दर्शाएँ कि बहुत थक गए थे। सबने वैसा ही किया। उसी समय वे दोनों यात्री भी वहाँ पहुँच गए। वे गरीब लग रहे थे, और मारे जाने योग्य बिलकुल नहीं थे। मैंने पीर खाँ से कहा कि उन्हें जाने दिया जाए। लेकिन उसने मेरी बात नहीं सुनी।

उसने कहा, "उन्हें जाने दें। आप पागल हो रहे हैं। आप यह नहीं सोचते कि ये लोग पहले ही सन्देह कर रहे हैं कि हम लोग कौन हैं। शव के पास आते ही लोग भाँप जाते हैं कि वह मुर्दा है, भले ही ढका मुर्दा क्यों न हो। देखिए, हमारे कुछ आदमी उनसे बात कर रहे हैं। वे पक्के बनिज हैं। देवी भवानी ने इन्हें हमारे पास भेज दिया।"

मैंने कहा, "जैसा चाहो करो, लेकिन और लोग आ गए तो?"

उसने कहा, "इतनी जल्दी मुश्किल है। ये लोग रात में चल दिए होंगे। तभी यहाँ इतने तड़के पहुँच गए। जरा, मैं इनसे पूछूँ।"

हम लोग उनके पास गए। मैंने कहा, "सलाम, इतने तड़के कहाँ से आ रहे हो? पिछले पड़ाव से यदि हम चले होते तो दो दोपहर तक यहाँ पहुँच जाते।"

एक ने कहा, "सात कोस का फासला है, और यहाँ आते धूप और तेज हो जाती, लेकिन हम जरा जल्दी में हैं, चलते हैं।"

मैंने कहा, "ठहरो, जब तक आज्ञा न मिले, हिलने का साहस न करना। पहले यह बताओ कि जिस गाँव से आ रहे हो, वहाँ रात में कितने यात्री ठहरे थे?"

मेरे प्रश्न से घबराकर दूसरा बोला, "हमारे अतिरिक्त दो और थे। आप क्यों पूछँ रहे हैं?"

मैंने फिर कहा, "तुम्हें पक्का मालूम है, और लोग नहीं थे?"

उसने बताया, "मुझे निश्चय मालूम है, हम जबलपुर से साथ आए थे और एक ही मकान में ठहरे थे।"

"अब वे तुम लोगों से कितने पीछे होंगे?"

"वे यहाँ पहुँचने वाले हैं, मैं यही सोचता हूँ क्योंकि हम चले साथ ही थे, लेकिन हम दोनों आगे निकल आए।"

मैंने कहा, "ठीक है, उधर बैठो और उन लोगों को आने दो।"

दोनों एक साथ बोले, "क्यों, यह क्या बात है, तुम किस अधिकार से यात्रियों को रोक रहे हो? हम चलते हैं?"

मैंने कहा, "समझ लो, हिल गए तो जान का खतरा है। तुम हमारे बीच में घुस पड़े इसका दंड तो भुगतना पड़ेगा।"

वे बोले, "कैसा दंड? क्या तुम चोर हो, यदि ऐसा है तो हमारे पास जो कुछ है, उसे ले लो और हमें जाने दो।"

पीर खाँ ने कहा, "हम लोग चोर नहीं हैं, लेकिन चुपचाप खड़े रहो। हम लोग उससे भी बदतर हैं।"

एक ने दूसरे से कहा, "बदतर! भैया हम बुरे फँसे। ये बदमाश ठग हैं, जब तुम इनके बीच में जा रहे थे, मैंने चुपचाप तुमसे कहा था। ये लोग अपना भयानक काम करने में जुटे थे, और उधर उनके द्वारा मारे गए लोगों की लाशें पड़ी हैं।"

मैंने कहा, "हो, अभागे लोगों। तुम्हारा अनुमान सही है। उधर लाशें पड़ी हैं। जल्दी ही तुम दोनों भी उन्हीं में गिने जाओगे।"

मैं घूमकर खड़ा हो गया। साहब, इन निर्दोष लोगों के विनाश के विचार से मेरा मन खिन्न हो गया। वे निकल जाते लेकिन पीर खाँ ने सही कहा था। उन लोगों ने शव पहचान लिये थे। यद्यपि वे चादरों से ढके थे, लेकिन वे मिट्टी के ढेर की भाँति पड़े थे। साँस लेते होते तो चादरें कुछ हिलतीं। ये अभागे एक दृष्टि में ही सब कुछ समझ गए थे। मैंने अपने विचारों को हटाने का भरसक प्रयत्न किया, परन्तु वह असम्भव था।

मैंने पीर खाँ से कहा, "इन्हें मरना ही होगा। तुम ठीक कहते हो। वे सच्चाई भाँप गए थे। यद्यपि मेरी इच्छा इसके विपरीत थी। यदि लुधाइयों ने अपना काम शीघ्र निपटा लिया होता, तो ये लोग कुशलपूर्वक निकल गए होते और हम लोग सुबह का यह काम निपटा लेते। लेकिन यह न हो सका।"

पीर खा ने कहा, "आप चाहे जो कुछ कहें लेकिन मैं उनसे अपनी जगह नहीं बदल सकता। अच्छा यही होगा कि हम उनके संशय को दूर कर दें।"

मैंने कहा, "ऐसा ही करो पीर खाँ। इनके साथ पहले के शवों को भी हटा दो। जो दो आनेवाले हैं, उनमें से एक को मैं निपटा दूँगा। ये दोनों वैसे ही अधमृत हो गए हैं। दूसरों से मैं अपने तरीके से निपट लूँगा। ऐसे निर्दोष लोगों की हत्या से मुझे घृणा है।"

पीर खाँ तथा एक अन्य उन दोनों के पास गए, जो अभी तक भूमि पर वैसे ही बैठे थे। आदेश के साथ ही वे मशीन की भाँति उठ खड़े हुए और घातक रूमाल की ओर अपनी गर्दनें आगे कर दीं। किसी कसाई के चाकू के नीचे जैसे भेड़ होती है, उसी तरह ये भी बिना प्रतिरोध मृत हो गए। आनेवाले दो यात्री भी आ गए। वे दो थे। मैंने मोती से कहा, "अब इन दोनों को भी जल्दी निपटा दो। एक को तुम लो, दूसरे को मैं लेता हूँ। उनके मुँह से एक शब्द भी न निकलने देंगे।"

वे दोनों आ गए, एक बूढ़ा था दूसरा जवान। मैंने जवान को चिह्नित किया। जैसे ही वह मेरे निकट निकला, एक ठग ने उसके हाथ पकड़ लिये। वह प्रतिरोध करने के लिए मुड़ा ही था कि मैं तैयार था। ये दोनों भी ले जाए गए।

सब साथियों को एकत्र करके एक बार फिर हम अपने मार्ग पर चल दिए।

आज प्रातः काल का काम अच्छा रहा। भठियारे के कथनानुसार साहूकार धनी आदमी था। जब टट्टुओं पर लदे हुए माल की जाँच की गई तो चार हजार तीन सौ की बड़ी रकम हमारे हाथ लगी। इसके अतिरिक्त छह सौ सुन्दर शालें, जिनका मूल्य एक हजार रुपए से अधिक होगा तथा कुछ सूती कपड़े मिले। इन कपड़ों को सबमें बाँट दिया गया। उन चारों मुसाफिरों के पास से कुल सौ रुपए से कुछ अधिक निकला। इन्हें भी वोर दिया गया। जो बड़ी राशि थी उसे पूर्व राशि के साथ जोड़कर सुरक्षित रख दिया गया।

शरफुन पर आसक्ति

बिना किसी प्रकार का जोखिम उठाए हम लोग जबलपुर पहुँच गए। वहाँ दो दिन आराम किया। मैं पीर खाँ और मोती के साथ बजारों के चक्कर लगाता रहा, परन्तु न कोई यात्री मिला और न किसी के आने-जाने का पता ही मिला। अतः वहाँ अधिक दिन तक ठहरना व्यर्थ था। चूँकि हमारे पास पर्याप्त समय था, अतः खूब मस्ती के साथ यात्रा करेंगे, यह विचार करके तीसरे दिन प्रातः काल हम वहाँ से चल दिए।

जबलपुर और नागपुर के बीच का इलाका एक प्रकार से जंगली ऊसर है। मीलों तक किसी गाँव के दर्शन नहीं होते। रास्ता पथरीला और ऊँचा-नीचा है। पूरे दिन जंगल घना और खतरनाक दिखाई देता है। इन सभी कारणों से यह मार्ग हमेशा ठगों का प्रिय कर्मस्थल रहा है। देश के उन भागों की अपेक्षा जहाँ हम बार-बार जाते रहे हैं, यहाँ कुछ ही फेरों में अधिक लाभ हुआ। जबलपुर में कोई बनिज हाथ न लगने के कारण हमें खेद रहा, फिर भी वहाँ मार्ग की थकान तो मिटा ही सके।

अपने दूसरे पड़ाव पर पहुँचने के बाद मोती जो शिकार की तलाश में गया था, एक शुभ समाचार लेकर लौटा। उसने बताया कि किसी व्यापारी की दूकान के सामने एक पालकी रखी है, उसे कहार और कुछ सिपाही घेरकर खड़े थे। वह बहुत कुछ किसी यात्री की दिखाई देती थी।

मोती ने बताया, “वह कोई बड़ा आदमी होना चाहिए। इसलिए मीर साहब, आप पता लगाइए कि वह कौन है। हो सके तो उसे वश में किया जाए।”

उसकी सलाह मानकर मैंने यात्रा के वस्त्र बदल डाले और ऐसे वस्त्र पहन लिये जिससे किसी सभ्य आदमी से भेंट की जा सके। मैंने अपने शस्त्र भी ले लिये। एक ठग मेरा हुक्का लेकर चला। मैं गाँव में टहलता रहा। शीघ्र ही मेरी दृष्टि पालकी और उसके पास खड़े कुछ आदमियों पर गई और कुछ सुराग पाने की दृष्टि से एक तमोली की दूकान पर गया। वहाँ बैठकर तमोली के साथ पान-तम्बाकू सम्बन्धी बातें करने लगा।

मैंने उससे पूछा, “मित्र, तुम्हारा यह इलाका जंगली मालूम देता है?”

उसने कहा, “वास्तव में आप सही कहते हैं। यदि आप जैसे यात्री न आएँ तो मुझ गरीब का पान-तम्बाकू बेचकर पेट भरना कठिन हो जाएगा। परन्तु जो है सो दूकान ठीक ही चल

रही है।"

मैंने पूछा, "सड़क पर अधिक लोग नहीं चलते-फिरते। मैं जबलपुर से आ रहा हूँ। मुझे एक भी आदमी नहीं मिला।"

उसने उत्तर दिया, "अभी तो सड़क पर आवाजाही नहीं है लेकिन एक महीने बाद सैकड़ों की भीड़ दिखाई देगी। और वहाँ, सामनेवाले घर की ओर संकेत करके कहा, "वहाँ एक ही आदमी कुछ दिनों से देख रहा हूँ।"

मैंने पूछा, "वह कौन है? कहाँ से आया? हमारे साथ नहीं था।"

तमोली बोला, "मैं नहीं जानता। मुझे क्या मतलब कोई भी हो। मेरी दूकान से काफी सामान खरीदा गया। आज सवेरे यह पहला चाँदी का सिक्का मिला।"

मैंने समझ लिया कि उससे कुछ मालूम होनेवाला नहीं, अतः मैं कुछ दूर पर एक बनिए की दूकान पर गया। उससे पूछा कि क्या वह उस मुसाफिर के विषय में कुछ जानता है, लेकिन उसे भी कुछ नहीं मालूम था। केवल इतना बताया कि कोई नौकरानी उसकी दूकान से कुछ आटा खरीदकर ले गई थी। उसने बताया, "सुना है वह कोई बड़ा आदमी है, जो निजी तौर पर यात्रा कर रहा है और नहीं चाहता कि यह बात किसी को मालूम हो। साहब, और मैं कुछ नहीं जानता। मेरे ख्याल से वह कुछ देर बाद बाहर निकलेगा।"

मैं सोच रहा था, बड़ी अजीब बात है। यहाँ एक चमकीली पालकी रखी है, आठ कहार हैं, कुछ सैनिक उसे घेरकर खड़े हैं और ऐसे मामूली स्थान पर आए हैं। किसी को इन्हें जानने की उत्सुकता भी नहीं हुई। वह कौन हो सकता है? मैं तमोली की दूकान पर फिर जाऊँगा और कुछ देर वहीं बैठूँगा। यद्यपि उस रहस्यमय आदमी के विषय में कुछ सुन भले न सकूँ, लेकिन देखना तो हो ही जाएगा।

मैं उसकी दुकान पर बैठ गया और अपना हुक्का मँगाकर पीता रहा। मुझे यह आशा थी कि बरामदे के परदे के पीछे से कोई न कोई अवश्य निकलेगा। और मुझे वहाँ देर तक व्यर्थ नहीं बैठना पड़ा क्योंकि मैंने देखा कि परदा एक-दो बार हिला। उस पर मैंने सोचा कि शायद कोई चमकीली आँख अपनी ओर आती दिखाई दे। मैं परदे पर अपनी दृष्टि गड़ाए रहा और बहुत देर बाद जल्दी से परदा खुला और सुन्दर चेहरे की कान्ति क्षण भर के लिए दिखाई पड़ी, परन्तु वह उतनी जल्दी फिर बन्द हो गया। मैं उस सुन्दर परन्तु रहस्यमय व्यक्ति के सम्बन्ध में, जिसने केवल मुझे अपनी अधूरी झलक दिखाई थी, व्यर्थ का अनुमान लगाता रह गया।

पालकी के आसपास लेटे बैठे कहारों में से किसी से पूछने से मेरा उद्‌देश्य पूरा नहीं हो सकता था। साथ ही उससे सन्देह पैदा हो सकता था। यह एक प्रकार की धृष्टता भी थी। लेकिन यह तो स्पष्ट था कि वह कोई महिला थी, और अब मुझे किसी महिला से क्या लेना-देना? क्या मैंने अपने अन्तर्मन में यह निश्चय नहीं कर लिया था कि किसी स्त्री को बनिज नहीं बनाऊँगा। यही नहीं उन टोलियों को बचाऊँगा जिनमें कोई स्त्री होगी।

इन विचारों के साथ मैं उठ खड़ा हो गया और मन में यह निश्चय करके कि कल सुबह यहाँ से चल दूँगा, अपने डेरे की ओर चल दिया। मैंने सोच लिया कि वह किसी भले घर की महिला होगी, जो अपने पति से मिलने के लिए यात्रा कर रही थी। अल्लाह बचाए कि मैं किसी अरक्षित के विरुद्ध अपना हाथ उठाऊँ। उसी समय मुझे अपनी प्रिय अज़ीमा का ध्यान आ गया.। मैं यह सोचकर काँप उठा कि वह हमारे व्यवसाय के किसी व्यक्ति के चंगुल में फँस

जाए और वह मेरी तरह धर्मभीरु न हुआ तो क्या होगा?

लेकिन साहब, आदमी के संकल्प क्या होते हैं? विचार आते-जाते रहते हैं। कभी दिमाग को भलाई की ओर उकसाते हैं और कभी मनोवेग के प्रबल प्रभाव में बहक जाते हैं। अपने मन की दृढ़ता की अपेक्षा, मैं क्षुब्ध हो उठा और जो नजर मेरे प्रति क्षण भर के लिए पड़ी थी, वह मेरे सामने हजारों बार नाचने लगी। वह मेरे कान में फुसफुसाकर कह गई कि प्यार की ही थी। चेष्टा करके भी मैं उस भावना को हटा नहीं सका। अपने साथियों से वार्तालाप करते समय उसे अपने विचार में न लाने का प्रयत्न किया, किन्तु वह व्यर्थ हुआ। वही उत्तेजक नज़र हर समय मेरे सामने नाचती रहती थी। उसकी सुन्दर आँखों की नज़र जो मुझ पर पड़ी थी मानो कह रही थी कि एक बार और निकट से प्यार भर कर देखना है।

इसी दशा में मेरा सारा दिन व्यतीत हो गया। मैंने निश्चय किया कि जो मोह मेरे हृदय को कुतर रहा था, उसका प्रतिरोध करूँगा और दूसरी ओर मेरे मन में अशान्ति उत्पन्न करनेवाली उस अज्ञात वस्तु का पता लगाने के लिए मेरे पाँव गाँव की ओर बढ़ रहे थे। परन्तु जब मैंने किसी नौकरानी को अपने डेरे की ओर आते देखा, तो मेरा निश्चय टूट गया। उससे मिलने के लिए मैं आगे बढ़ा, लेकिन यदि वह गाँव की कोई अन्य लड़की होगी तो मैं बात नहीं करूँगा।

हमारा आमना-सामना हुआ तो लेकिन मैं आगे बढ़ गया। वह किसी को खोज रही थी, क्योंकि बड़ी झिझक के साथ घूमकर खड़ी हो गई और मुझसे कहा, "साहब, मेरी धृष्टता क्षमा करें, लेकिन मैं किसी को खोजने आई थी और आपकी सूरत-शक्ल से लगता है कि वह आप ही होंगे।"

मैंने कहा, "बोलो, यदि मैं कोई सहायता कर सकूँ, बताओ।"

उसने कहा, "मैं नहीं जानती कि आप वही हैं या नहीं, लेकिन यह बताइए कि आप सुबह कुछ देर तमोली की दूकान पर बैठे थे और हुक्का पी रहे थे?"

मैंने कहा, "मोहतरमा, वह मैं ही था, लेकिन उससे क्या? यह कोई असामान्य बात नहीं जिस पर ध्यान दिया जाए।"

उसने शरारत के साथ कहा, "जी नहीं, किसी ने आपको देखा था, और वह आपको पुनः देखना चाहती है। यदि आप इसी समय मेरे साथ चलें तो मैं आपको वहाँ ले चलूँगी।"

मैंने पूछा, "और वह है कौन? किसी यात्री से उसका क्या काम हो सकता है?"

उसने कहा, "प्रथम प्रश्न का उत्तर मैं नहीं दे सकती और दूसरे का उत्तर मुझे ज्ञात नहीं। लेकिन आपकी जान कसम, मेरे साथ अवश्य चलिए क्योंकि यह मामला अति आवश्यक है। मुझे विशेष रूप से यह आदेश दिया गया कि मैं आपको किसी प्रकार ले आऊँ।"

मैंने कहा, "ठीक है, मैं चलता हूँ, चलो।"

उसने कहा, "आप मेरे पीछे कुछ दूरी रखकर चलिए और जब मुझे घर के अन्दर जाते हुए देखें, तो मेरे पीछे धड़धड़ाते हुए चले आइए जैसे वह घर आपका ही हो।"

मैं उसके पीछे चलता गया। लेकिन, साहब होनी (नियति) कितनी प्रबल होती है। मैं अपने डेरे पर ही बैठा रहता और उस लड़की से न मिलता जो किसी को खोजने आई थी। उसे देखकर मैं आगे आता अवश्य, तो भी उसे बिना देखे हुए निकल जाता। और जब उसने बात की तब भी मैं यह कह देता कि मैं वह नहीं था अथवा उसके पीछे जाने से मना कर देता, परन्तु नियति ने मुझे यह सब करने के लिए प्रेरित कर दिया। यही नहीं वह नियति मेरी नाक पकड़कर उस

नौकरानी के पीछे ले गई और मुझे किसी संकट में ढकेल दिया। किसी न किसी बहाने से मैं उससे बच सकता था। मेरे हृदय ने मुझे यह पहले ही बता दिया था कि इसका अन्त दुखद होगा।

साहब, होनी कोई नहीं रोक सकता, क्षुद्रातिक्षुद्र साधन से वह महान कार्य करा लेती है। हम सब उसके गुलाम हैं। उसी की इच्छानुसार शरीर और आत्मा अपना कार्य करते हैं। मैं कहता हूँ केवल ठग ही नहीं, सम्पूर्ण मानव करता है। क्या ऐसा नहीं है?

मि. टेलर, "अमीर अली मुझे ऐसा प्रतीत होता है कि जब तुम्हारे पापी हृदय ही किसी चीज पर लट्टू हो जाते हैं, तो बेचारी नियति को क्यों दोष दिया जाए?"

"नहीं, मैं उसकी अवहेलना कर सकता था। और अभी आपसे ऐसा नहीं कहा था? अल्लाह जानता है, मैं इस मामले में कभी नहीं पड़ता। लेकिन मैं क्या कर सकता था? उसकी इच्छा के सामने मेरे इरादों का क्या महत्त्व है। फिर भी साहब, आप मुझ पर विश्वास नहीं करेंगे। मैं झूठ नहीं बोलता।"

मि.टेलर, "मैं ऐसा नहीं कह सकता, लेकिन वह मोहिनी आँखें तुम्हारे लिए बहुत कुछ थीं। इसलिए अब आगे बताओ।"

हँसते हुए वे वास्तव में मोहिनी थीं। परन्तु वह घड़ी कितनी अशुभ थी, जब मैंने उसे देखा था। अब आगे सुनिए। नौकरानी आगे चल रही थी और मैं उससे कुछ दूर हटकर चल रहा था। गाँव के बाजारों को पार करके वहाँ पहुँच गए। मैंने देखा वह उसी मकान के अन्दर चली गई जिसके सामने मैं सुबह बैठा था। मैं भी उसके पीछे अन्दर घुस गया। अपने स्लीपर दरवाजे पर उसी प्रकार उतार दिए, जैसे कोई गृहस्वामी स्वयं अपने घर में प्रवेश करता है। मैं उसकी दहलीज भी नहीं पार कर पाया था कि उस नौकरानी ने मुझे रोक दिया।

उसने कहा, "आप जरा ठहरिए, मैं अन्दर सूचना देती हूँ।" और अस्थायी परदे हटाकर वह अन्दर चली गई।

थोड़ी देर में वह लौटकर आ गई और मुझे अपने पीछे आने के लिए कहा। मैंने उसके आदेश का पालन किया और क्षण भर में मैं उस अज्ञात मूर्ति के सामने था, जो किसी ईर्ष्यालु वस्त्र में आपादमस्तक ढकी थी और अब भी मेरी आँखों से ओझल थी। उसने अपना चेहरा दीवाल की ओर घुमा लिया।

मैंने कहा, "मोहतरमा, आपका सेवक उपस्थित है। और आप जैसी सुन्दरी के लिए अपनी शक्ति भर सब कुछ करने के लिए प्रस्तुत हूँ। आपका आदेश मेरे लिए सिर आँखों पर होगा।"

वह बड़ी महीन आवाज में बोली, "बैठ जाइए, मुझे आपसे कुछ पूछना है।"

मैं उसकी इच्छानुसार कुछ दूर कालीन पर बैठ गया।

वह कहने लगी, "आप सोच रहे होंगे कि मैं बड़ी मग़रूर और बेशर्म हूँ। किसी अजनबी व्यक्ति को अपने सामने यही नहीं वरन् अपने कमरे में बुलाकर मुझे डर लग रहा है। लेकिन अफसोस है कि मैं एक विधवा हूँ। मुझे सुरक्षा की आवश्यकता है, जो आप दे सकते हैं। आप किस ओर यात्रा कर रहे हैं।"

मैंने उत्तर दिया, "नागपुर की ओर। मैं कल सुबह यहाँ से जाना चाहता हूँ। मैं जबलपुर से आ रहा हूँ।"

उसने कहा, "मैं भी वहीं से आई हूँ और मुझे भी नागपुर जाना है। मेरा भाग्य अच्छा है,

जो मुझे एक ऐसा व्यक्ति मिल गया जो इस अकेली और मित्रविहीन विधवा की रक्षा करेगा।"

मैंने कहा, "बड़ी विचित्र बात है कि एक ही रास्ते से आते हुए भी हम आपसे नहीं मिल सके।"

उसने कहा, "नहीं ऐसी बात नहीं, क्योंकि मैं आपके पीछे आ रही थी। मैंने सुना था कि आप लोग आगे जा रहे थे और अब मैं तेजी से आकर आपको पकड़ पाई हूँ। अब हम लोग मिल गए। मुझे अपनी शेष यात्रा अकेला तय करना है, अतः मेरी प्रार्थना है कि आप मुझे अपने दल के साथ यात्रा करने की अनुमति दें। मैंने सुना है कि आपका दल बहुत बड़ा है। मैं सुरक्षित और चिन्तारहित रहूँगी।"

मैंने कहा, "आपकी इच्छा मुझे मंजूर है। मार्ग के खतरों के विरुद्ध यह खादिम जो भी सुरक्षा दे सकता है, सहर्ष देगा। आपको जगाने के लिए मैं किसी को भेज दूँगा और आपको साथ लिये बिना इस गाँव से प्रस्थान नहीं करूँगा।"

उसने बड़े अनुग्रह के साथ सलाम किया। ऐसा करने में सम्भवतः उसके चेहरे से नकाब कुछ सरक गया और जिस लुभावने दृश्य को दूर से देखा था, वही मुझे फिर दिखाई दे गया। साहब, उस आघात ने मुझे बेहाल कर दिया। मेरे शरीर की नस-नस फड़क उठी, केवल शिष्टाचार की भावना ने मुझे उस समय रोक दिया। मैं उठा और उसके कदमों पर झुक गया, लेकिन लज्जा का एक आवरण उसके चेहरे पर छा गया और क्षण भर के लिए मेरे ऊपर गड़ी हुई उसकी दृष्टि तुरन्त हट गई। उसने अपना नकाब ठीक किया और पुनः दीवार की ओर मुड़कर भूमि की ओर देखने लगी।

मैंने सोचा यह सब आकस्मिक था। उस समय की घटना से मैं यह स्वीकार करता हूँ कि वह वास्तव में वही थी जिसका चित्र मेरे हृदय में अंकित था। अब वहाँ अधिक ठहरना न तो उचित था, न मर्यादानुकूल, अतः मैंने किसी अन्य आदेश की बात पूछकर उससे विदा माँगी।

उसने कहा, "नहीं, मुझे आपसे किसी अन्य कृपा की याचना नहीं करनी है, मैं केवल उसका नाम जानना चाहती हूँ, जिसकी दयालुता की ऋणी हूँ।"

मैंने कहा, "मेरा नाम अमीर अली है। मैं हिन्दुस्तान का एक अदना सैयद हूँ।"

उसने कहा, "आपके धाराप्रवाह वक्तव्य ने ही मुझे आश्वस्त कर दिया था कि आप किसी उच्च कुल के होंगे। मैं गलत नहीं कह सकती, ऐसा सुनने में बहुत कम आता है। फाजिल पान और इत्र लाओ।"

वह सब लाया गया। रुखसती की सौजन्यपूर्ण भेंट पान और वक्ष और दाढ़ी में इत्र लगाकर मैंने उठकर उसे सलाम किया। उसने भी सलाम का उत्तर दिया और चलते-चलते अपना वादा न भूलने का अनुरोध भी किया। उसे आश्वस्त करके मैं चला आया।

मैं सोच रहा था कि जो कुछ उसने अपने सम्बन्ध में बताया था, वैसा वास्तव में होगा। मुझे पान-इत्र पेश करना उसके ऊँचे खानदान का होना सिद्ध करता है। कोई साधारण आदमी या कोई वेश्या क्या कभी ऐसा सोच भी नहीं सकते। मोती और पीर खाँ का उपहास मुझे सुनना पड़ेगा। उसका प्रतिवाद करके हँसी में उड़ा दूँगा। यह बेचारी विधवा सुरक्षित नागपुर पहुँच जाएगी और जान भी न पाएगी कि वह हत्यारों के चंगुल में थी।

उस रात मैंने किसी को कुछ नहीं बताया। उस गाँव में हमारे भाग्य अथवा किसी अज्ञात को ज्ञात करने सम्बन्धी उनके अनेक प्रश्नों को मैंने हँसी में उड़ा दिया। केवल यह कहा कि

मेरे विश्वास के अनुसार वह कोई नर्तकी होगी, क्योंकि उन्हें ऐसा बता देने से उनका ध्यान बनिज की ओर से घूम जाएगा। यह सब जानते थे कि हमारे व्यवसाय के कानून के अनुसार ऐसे लोगों को मारना वर्जित था। मेरी बात सुनकर सब सन्तुष्ट हो गए होंगे।

सभी को यह देखकर बड़ा आश्चर्य हुआ जब प्रातःकाल सामान्य से अधिक देर के पश्चात गाँव के बाहर वह महिला हमारे दल में आकर मिल गई। अब सब समझ गए कि उसे भी हमारे साथ चलना था।

पीर खाँ और मोती ने अपने मज़ाक और परिहास से मुझे अभिभूत कर दिया। उन लोगों ने उस महिला को केवल अपने तक सीमित रखने के कारण मुझे गोपनीय कुत्ता तक कह डाला। मैंने यह कहकर उनका प्रबल विरोध किया कि मुझे उसकी कोई परवाह नहीं। इस पर वे लोग हँसे, जिससे मैं कुछ रुष्ट हो गया।

मैंने कहा, "देखो मित्रो, यह ऐसा मामला है जो एक प्रकार से मुझ पर बलात् आ गया। यह महिला कौन है, मैं नहीं जानता। उसने मुझसे अपने साथ ले चलने की अनुमति माँगी, क्योंकि वह हमें भी यात्री समझती है और मैंने उसे अनुमति दे दी। वह चाहे जवान हो या बुढ़िया, कुरूप हो या सुन्दर, मैं इन बातों से अनभिज्ञ हूँ। इसके बाद यदि हम चाहें तो उसका इतिहास पूछ सकते हैं। लेकिन वह कोई भी हो, मैंने उसे सुरक्षित ले चलने का वचन दिया है। वह बनिज नहीं है। तुम लोग मेरे इरादे को भली भाँति समझ लो और तुम देखोगे कि मैं उसे निभाता भी हूँ।"

मोती ने कहा, "आप नाराज न हों। यदि एक मित्र दूसरे से कभी-कभी हँसी-मज़ाक नहीं करेगा, तो भगवान के नाम पर वह कौन है? जहाँ तक हम लोगों का सम्बन्ध है, हम आपके सेवक हैं। शपथ लेकर आपकी आज्ञा मानने के लिए बाध्य हैं। चाहे जितनी औरतें आप दल में रखिए, और उनमें से चाहे कोई भी बनिज न हो।"

इस प्रकार हम लोग अपने मार्ग पर चलते रहे। कई बार मैं पालकी के साथ चलना अथवा अपने उत्तम घोड़े को उसके आस-पास कुदाना नहीं रोक सका। उसकी पालकी के पट पहले तो बन्द थे, परन्तु धीरे-धीरे एक खुलता गया। यद्यपि उसके चेहरे पर नकाब पड़ा रहा, लेकिन उसकी बड़ी-बड़ी चमकदार आँखें अपनी मुस्कराती और अनुमोदनपूर्ण नजरें कई बार मेरे ऊपर डाल देती थीं। अफसोस, यही है साहब, उन आँखों ने मेरे साथ बहुत बड़ी बदमाशी की, जिसे मैं सँभाल नहीं सका।

दोपहर के समय जब हम सब लोग थककर आराम कर रहे थे, मेरे साथी इधर-उधर बिखर गए थे, डेरे पर कोई न था, उस औरत की नौकरानी मुझे बुलाने आई। मैं उसके साथ उसकी मालकिन के पास गया।

बड़ी देर तक हम चुपचाप बैठे रहे। वह अपना चेहरा उसी प्रकार ढँके हुई थी, जैसा मैंने पहले देखा था। अपनी अन्तर्विरोधी भावनाओं की अपेक्षा, साहब, मैं स्वीकार करता हूँ कि उसके सामने मैं अपने घर को भूल गया और मेरी उत्कट अभिलाषा मेरे सामने बैठी बुरकेवाली मूर्ति पर केन्द्रित हो गई, जिसका मुख मेरे लिए अभी तक अपरिचित था।

अन्ततः उसने मुँह खोला, परन्तु अपनी नौकरानी से बोली, "तुम बाहर ठहरो फाजिल, हमारी बातें तुम तक नहीं पहुँचे। मुझे इनसे कुछ बातें कहनी हैं, जो कानों में नहीं पड़नी चाहिए।" वह चली गई और मैं उसके साथ अकेला रह गया। अब फिर वही लम्बी खामोशी जो मुझे

कष्ट देने लगी।

अन्त में उसने कहना आरम्भ किया, "मीर साहब, आप मेरे विषय में न जाने क्या सोचते होंगे? आप उसके विषय में क्या सोच रहे होंगे जो किसी पुरुष, और वह भी अजनबी के सामने इस प्रकार स्वयं को दिखा रही हो? लेकिन इस समय इस बात का कोई महत्त्व नहीं। वह तो पहले ही हो चुका। अतीत की बात सोचना व्यर्थ है।

"मैं एक नवाब की विधवा हूँ, जिनकी जायदाद आगरा के निकट है। उनकी मृत्यु कुछ दिन पहले नागपुर में हो गई थी। वे हैदराबाद से वापस आ रहे थे, जहाँ वे अपने भाई से मिलने गए थे। मैं असहाय हो गई, लेकिन अभावग्रस्त नहीं थी। उनके पास पर्याप्त सम्पत्ति थी। उनकी जायदाद को उनकी मृत्यु का समाचार भेजने के बाद मैं अमीरी और आराम के साथ नागपुर में रहने लगी। मैंने जो पत्रवाहक भेजा था, उसने लौटकर मुझे यह शुभ संवाद सुनाया कि मेरे पति की सम्पत्ति पर मेरे अधिकार को लेकर कोई विवाद नहीं था। मेरे अपने परिवार ने, जो मेरे पति की भाँति शानदार और ताकतवर है, उस जायदाद पर अधिकार कर लिया और मेरी ओर से उसका प्रबन्ध करने लगा। उन लोगों ने मुझे जितना शीघ्र सम्भव हो लौट आने के लिए लिखा ताकि मैं वहाँ के सम्मानित लोगों में से किसी को अपना नया पति बना लूँ, जिससे मेरे बच्चे जायदाद के उत्तराधिकारी बन जाएँ। वापस आने के लिए मैं वहाँ से रवाना हो गई। आह, अमीर अली, आगे की बात कैसे बताऊँ। लज्जा के कारण मेरी जीभ तालू से लगी जा रही है, और मेरे होंठ दिल की बात कहने के लिए लाचार हैं।"

मैंने कहा, "मोहतरमा, कहती जाइए। आपकी जान कसम आगे कहिए। मैं सुनने के लिए बेताब हो रहा हूँ। आपने मेरी जिज्ञासा इतने वेग के साथ उत्तेजित कर दी, वह असन्तुष्ट होकर रह गई है।"

उसने कहा, "तब तो मुझे कहना ही होगा। यद्यपि मैं इस प्रयत्न में लज्जा से गड़ी जा रही हूँ। पीछे के गाँव में मैंने आपके आगमन की बात सुनी थी। मैं आपको बता रही हूँ कि मेरी ईमानदार नौकरानी, जो हर बात का पता लगा लेती है, आपके आने के बाद ही दौड़ी आई और बताया कि उसने एक ऐसा खूबसूरत घुड़सवार देखा था, जैसा वह अपनी कल्पना में नक्शा खींचकर बताया करती थी। उसने आपकी शानदार रूपरेखा, व्यक्तित्व का सौन्दर्य, अपने तेज-तर्रार घोड़े को सँभालने की शोभा और सबसे बढ़कर आपके मुखमंडल की मधुर और प्रिय अभिव्यक्ति का वर्णन किया। उसके वर्णन ने मेरे दिल में आग लगा दी। मैंने एक वृद्ध से निकाह किया था, जो मुझसे जलता था। नौकरानी के अतिरिक्त और किसी से मिलने नहीं देता था। लेकिन मैं जानती थी कि मर्द की खूबसूरती क्या चीज है। मैं उस वक्त के इन्तजार में थी, जब उसकी मौत मुझे इस घृणित गुलामी से मुक्त कर देगी।

"बहुत दिनों तक मैं अपनी अदमनीय आकांक्षा, जो मुझे अपने अधिकार के लिए थी, तथा लज्जा की भावना और स्त्रियोचित प्रतिष्ठा के द्वन्द्व में फँसी रही। दूसरी बात पर सम्भवतः विजय पा जाती, लेकिन आप आकर मेरे उस भूत घर के सामने बैठ गए, मेरी नौकरानी ने मुझे आपके वहाँ होने की बात बताई, और मैंने वहाँ बैठे हुए आपको देख लिया। अल्ला, अल्ला मेरी आँखें एकदम आप पर अटक कर रह गईं और मैं उन्हें हटाने में असमर्थ थी। जिस छिद्र से मैंने आपको देखा उससे मैं आपके सम्पूर्ण व्यक्तित्व को नहीं देख पा रही थी। तब मैंने थोड़ा परदा हटाकर आपको जी भर देखा और अपनी आत्मा तृप्त की। आपके चले जाने के बाद मैं निराशा में

कालीन पर पड़ी थी, तब नौकरानी ने ही मेरे होश-हवास ठीक किए। लेकिन मैं आपके लिए बराबर तड़पती रही। वह डर रही थी कि कहीं मेरी रूह मुझे छोड़कर न चली जाए, तब वह जाकर आपको बुला लाई। जब आप अन्दर आए थे, तभी मैं स्वयं को आपके कदमों पर डाल देना चाहती थी, परन्तु लज्जावश वैसा न कर सकी। सामान्य वार्तालाप के बाद यद्यपि मेरी आत्मा में आग लगी हुई थी और कलेजा मुँह को आ रहा था, फिर भी मैंने आपको जाने दिया। मैंने अपने लोगों से कह रखा था कि मुझे लौटकर नागपुर जाना होगा, क्योंकि मैंने जो अपने मूल्यवान आभूषण बन्धक रखे थे, उन्हें लेना भूल गई थी, इन्होंने मुझ पर विश्वास किया।''

'अमीर अली' कहते हुए उसने अचानक अपना नकाब उतारकर फेंक दिया, और स्वयं को मेरे कदमों पर डाल दिया और अपना सिर मेरी गोद में रख दिया, फिर बोली, "अमीर अली, यही मेरी लज्जा भरी कहानी है, मैं आपको प्यार करती हूँ। अल्लाह जानता होगा कि मेरी आत्मा किस प्रकार आपके लिए जल रही है। मैं जीवन भर के लिए आपकी दासी बनकर रहूँगी। जहाँ आप जाएँगे मैं आपके पीछे रहूँगी। आप कोई भी हों, कुछ भी हों, मैं आपकी हूँ, और केवल आपकी। आपके बिना मेरा जीवन मृत तुल्य है। अफसोस, आप मेरे दिल में क्यों बस गए?"

शरफुन की हत्या

अब मेरे समस्त संकल्प कहाँ चले गए थे? अल्लाह कसम, मैं अपना घर, बीवी, बच्चे सब भुला बैठा। किसी का भी ख्याल न रहा, केवल मैं उसकी उत्तेजक, ज्वलन्त प्रेम की मदिरा पी रहा था। मैंने उसे अपनी बाँहों में ले लिया जैसे वह मेरी अपनी हो। हम दोनों वहाँ बैठे रहे, यद्यपि मेरी आत्मा में अपराधबोध था और बार-बार ली जानेवाली शपथों ने मुझे विश्वासघात का दोषी बना दिया था। मैं स्वयं को उससे पृथक नहीं कर सका, और बदले में वह भी मुझे अपने हृदय से लगाए रही। यद्यपि वे संकल्प एक पैनी छुरी की भाँति कभी-कभी मेरे हृदय को चीर देते थे। इस प्रकार घंटों बीत गए। मुझे किसी का ख्याल नहीं आया। वह मेरे कदमों पर बैठी थी और मैं उसके रेशमी बालों में अपने हाथ फिरा रहा था। मैं उसके अनुरागपूर्ण मुखमंडल को निहार रहा था, जैसा मैंने कभी स्वप्न में भी नहीं देखा होगा। जोहरा सुन्दर थी, अज़ीमा उससे बढ़कर थी, परन्तु शरफुन उन दोनों से कहीं अधिक उत्कृष्ट थी। वह चाहती थी कि मैं सदैव उसके पास बैठा रहूँ। वह चाहती थी कि मैं उसी समय अपने दल से पृथक हो जाऊँ। वह मुझे लेकर जाना चाहती थी, लेकिन कहाँ यह उसे स्वयं नहीं ज्ञात था। परन्तु मैं उसके पास था, और वह मेरे निकट थी। उसके पास दौलत थी और हम किसी अज्ञात स्थान पर उड़कर जा सकते थे, जहाँ हम प्रेम के साथ रहकर वर्षों व्यतीत कर सकते थे। और वहीं वह सुख से रहने के लिए अपने परिवार से समय-समय पर धन मँगा सकती थी।

उसने कहा, "अमीर अली, आप जवान हैं, आपको कोई पहचानता नहीं। थोड़ी सी ख्याति के लिए आपको संघर्ष करना होगा, और इसके लिए क्या आप अपना बहुमूल्य जीवन संकट में डाल सकेंगे? जबकि मैं, जो कुछ मेरे पास है, आपकी सेवा में अर्पित कर रही हूँ। मैं शपथ के साथ कहती हूँ कि मैं आपकी दासी हूँ। आह, आप मुझे निराशा में मरने के लिए छोड़कर

नहीं जा सकते। मैं आपके साथ रहूँगी, आप मुझे छोड़कर नहीं जा सकते।"

पापी और मिथ्यावादी बनकर, उसकी इच्छानुसार चलने की मैंने शपथ ले ली। साहब, वह एक पीड़ादायक आकर्षण था और उसने मेरे ऊपर विजय प्राप्त कर ली।

अन्ततः मैं उससे अलग होकर जाने को हुआ, लेकिन उसके पूर्व मुझे उसके सिर और आँखों की शपथ लेकर दूसरे दिन लौटकर आने का वचन देना पड़ा तभी हम शान्तिपूर्वक बैठकर अपनी भावी योजना पर विचार करेंगे।

मैं अपने डेरे पर लौटकर आ गया और वहाँ अपनी आत्मा की यन्त्रणा में भूमि पर ही लेट गया। मैं तड़प रहा था और भोजन के लिए मना कर दिया। मैं बिलकुल संज्ञाहीन हो रहा था। मैंने पीर खाँ से, जो नौकर द्वारा बुलाए जाने पर मुझे सांत्वना देने आया, बड़े रूखे तौर पर बात की। बस, मैं अपने सीने में कटार भोंककर अपने जीवन का अन्त करनेवाला था, यद्यपि जिसके सामने शानदार आशा का द्वार खुला था, परन्तु बाद में वह किसी अपराधमुक्त दुख के अतिरिक्त कुछ भी न रहता। परन्तु मेरी उत्तेजना आकाश छू रही थी।

जिस प्रकार मेघ घड़घड़ाकर अपने अन्तर से विद्युत चमकाने के पश्चात् धीरे-धीरे अपनी अनन्त जलराशि बरसाकर पृथ्वी को शान्त और ताजगी प्रदान करता है, उसी प्रकार मेरी आँखें आँसू बरसाकर मुझे शान्ति प्रदान कर रही थीं। मैंने सोचा कि अब पूछकर सलाह ले लूँ। पीर खाँ जो मेरे साथ प्रेम के बन्धन से बँधा था, किसी भाई की भाँति उचित मार्गदर्शन करेगा।

मैंने उसे बुलाया, और अपने रूखे व्यवहार के लिए उससे क्षमा-याचना की। इसका कारण उसे, मेरे द्वारा गत कुछ घंटों में हुए घटनाक्रम के वर्णन में प्राप्त हो जाएगा। मैंने उसे सब कुछ बता दिया और उसके उत्तर की प्रतीक्षा करने लगा। जो विचार भार स्वरूप मुझे कष्ट दे रहे थे, उनसे मुझे मुक्ति मिल गई और यह मेरे लिए बहुत अच्छा हुआ।

बहुत देर तक विचार करने के उपरान्त, उसने कहा, "मीर साहब, वास्तव में यह नितान्त भिन्न मामला है। मुझे स्वयं समझ में नहीं आ रहा है कि मैं आपको क्या सलाह दूँ। आप कल उसके पास जाइए। जरा मर्द बन जाइए। बचकानी उत्तेजना में बहक जाना उचित नहीं। उसे यह समझाने का प्रयत्न कीजिए कि आप स्वेच्छानुसार चलने के लिए स्वतन्त्र नहीं हैं। आप उसके साथ विनम्रता से पेश आइए, फिर भी हृदय से कठोर बने रहिए। उसके द्वारा प्रस्तावित सम्बन्ध के कारण आप दोनों अपने परिवार से और अपने निकट के रिश्तेदारों से सदा के लिए कट जाएँगे। उसे बता दीजिए कि आपके पत्नी और दो बच्चे हैं। यदि वह वास्तव में औरत है, तो वह सदा ईर्ष्या से जलती रहेगी, आपसे झगड़ती रहेगी। इसके बाद क्या आप भी उस प्रकार क्रोध करेंगे और उसे मनमानी करने के लिए छोड़ देंगे। तब वह किसी ऐसे व्यक्ति को खोज लेगी, जो आपकी भाँति धर्मभीरु नहीं होगा। और जो उसकी अन्ध उत्तेजना का पूर्ण लाभ उठाएगा। और यदि आपकी इन सब बातों का कोई लाभ नहीं हो और यदि आपके शब्द उसके दिमाग से मूर्खतापूर्ण विचारों को हटाने में असमर्थ हों, तो फिर हमें केवल किसी अज्ञात दिशा की ओर लम्बी यात्रा करनी होगी। उससे एकदम अलग हो जाइए। मुझे यहाँ के घने जंगलों के रास्ते मालूम हैं, कठिनाई अवश्य होगी, लेकिन हम आसानी से बरार पहुँच जाएँगे। वहाँ वह हम लोगों की भनक भी न पा सकेगी।"

इस सलाह के लिए मैंने उसे हार्दिक धन्यवाद दिया। उसमें अज़ीमा तथा बच्चों से सम्बन्धित जो भाग था, उससे मेरे हृदय को बड़ा आघात लगा। खुदा के फजल से मैं अभी तक निष्पाप

था और उसी की सहायता से सदैव बना रहूँगा। उसके सम्मुख मैं अपने पुराने बन्धन को कठोरता के साथ पकड़े रखूँगा और अपनी पत्नी के प्रति अपने प्रेम को इस प्रकार रंग देकर चित्रित करूँगा कि वह उसी क्षण मुझे अस्वीकार कर दे।

इसी प्रकार के संकल्पों को लेकर, एक बार फिर मैं उसके बुलावे को जो उसकी नौकरानी लेकर आई थी, स्वीकार कर उसके साथ चल दिया। चूँकि उस दिन हम नौ कोस का लम्बा सफर तय कर चुके थे, इसलिए दिन काफी ढल चुका था। साहब, मुझे पुनः कहने की आवश्यकता नहीं कि उसने अपने हृदय के समस्त प्यार को, बिना किसी बाधा अथवा प्रतिबन्ध के मेरे सामने प्रकट कर दिया। उसने अपनी समस्त लज्जा एक किनारे रख दी। उसके परिवार के साथ हमारे सम्बन्ध होने के परिणामों के विषय में मैं जो कुछ कहना चाहता था, उसे वह सुनने के लिए बिलकुल तैयार नहीं थी। अब मेरे सामने केवल एक ही मार्ग शेष रह गया। जैसे कोई व्यक्ति आसन्न संकट के समय सुरंग की बारूद उड़ा देता है, मैंने शीघ्रता एवं असम्बद्धता के साथ अपनी पत्नी और बच्चों का उल्लेख करके वही किया।

जैसा पीर खाँ का अनुमान था, उसका तत्काल प्रभाव हुआ। वह मेरे कदमों पर बैठी थी और मेरी आपत्तियों को सुनकर बड़ी नाटकीयता के साथ मुझसे तर्क करती रही, परन्तु पत्नी और बच्चों सम्बन्धी शब्दों को सुनते ही यकायक तनकर खड़ी हो गई और आँखों से आग बरसाने लगी। भौंह पर बिखरे अपने बालों को पीठ की ओर बाँधते समय उसके मस्तक और गर्दन की नसें फूल गईं। इस समय उसका रूप देखने में अत्यन्त भयावह लग रहा था। मैं स्वीकार करता हूँ कि तिरस्कारपूर्ण जो दृष्टि उसने मुझ पर डाली, उससे मैं सहम गया।

उसने चीखकर कहा, "अरे नीच, विश्वासघाती, अधम बता क्या मैंने जो सुना सही था? क्या तू फिर यही कहेगा कि तेरे पत्नी और बच्चे हैं? तूने कैसी धूल फाँक ली है?"

अब मेरी बारी थी। मेरे भले इरादे मेरी सहायता के लिए तैयार थे। मैं खड़ा हो गया और उसी की भाँति गर्व और निःसंकोच अपने साहस के साथ उसके सामने आ गया।

मैंने कहा, "हाँ, शरफुन, मैंने सच कहा है। तुम्हारी तरह वह भी सुन्दर है और मेरी ईमानदारी पर विश्वास करती है, मैं भी उसके प्रति ईमानदार बना रहूँगा। मैंने तुम्हें बहुत समझाया। यदि तुम भावना में न बह जातीं, और तुम्हारे शुभ विचार अर्थहीन और हठात् उत्तेजना के वशीभूत होकर मृतप्राय न हो जाते, तो तुम मेरी बात अवश्य सुनतीं। अपने परिवार तथा अभी तक कि अकलंकित प्रतिष्ठा के लिए तुम्हें उसे मानना चाहिए। इस मामले में जहाँ तक मेरा सम्बन्ध है, अल्लाह माफ करे, मोहतरमा, वह तुम्हारी पागल बना देनेवाली खूबसूरती थी, जिसके कारण मुझसे गलती हो गई, लेकिन अल्लाह ने मेरे हृदय को शक्ति प्रदान की। मैं एक बार तुमसे और अनुरोध करता हूँ कि मेरे मित्रवत् शब्दों पर ध्यान दो और स्वयं को सँभालो!"

साहब, मुझे धोखा देने के अपराध का दोषी मानकर उसकी निराशा और अभिव्यक्ति की कटुता का वर्णन करना कठिन था। मैं उन सभी के योग्य था। प्रत्युत्तर में मैंने एक शब्द भी नहीं कहा। पुनः उसके पास जाने का साहस नहीं था। हो सकता था कि मैं उसके प्रेम-प्रदर्शन के सम्मुख नत हो जाता है, क्योंकि ऐसी स्थिति में मैंने अनुभव किया है कि एक दयालुता का शब्द या कोई कृत्य उन्हें पुनः जाग्रत कर सकता था और अतीत को भूल जाने के लिए विवश कर सकता था। उसे भूमि पर बैठे हुए देखना कितना करुण लग रहा था। वह आह भरते हुए पछाड़ खा रही थी। अपनी वेदना के प्रभाव में कभी-कभी अपने केश नोचने लगती थी अथवा

अपनी छाती पीटने लगती थी।

अन्त में उसने कहा, "मुझे छोड़ दो अमीर अली, तुमने उस हृदय को तोड़ दिया जो तुम्हें सदा प्यार करना चाहता था। अब मुझे तुमसे कोई शिकायत नहीं करनी है। यह अल्लाह की मर्जी थी कि जिसको मैंने प्यार किया, इज्जत दी उसी ने मुझे धोखा दिया। शरफुन अभी इतने नीचे नहीं गिरी है कि वह किसी पुरुष के हृदय में दूसरे स्थान पर रहे चाहे वह दिल्ली का बादशाह ही हो। जाओ, तुम्हें देखने से मेरी आत्मा को कष्ट होता है। अल्लाह हम दोनों को माफ करे।"

मैं वहाँ से चला आया। पीर खाँ को तुरन्त सारी बात बता दी। उसे सुनकर वह बहुत प्रसन्न हुआ।

उसने कहा, "मामले को पक्का करने के लिए, हमें अपने कदम पीछे लौटाने होंगे। इसमें कोई खतरा नहीं है, क्योंकि हम कहीं ठहर सकते हैं। हमें गाँव में पहले स्थान पर ही रुकने की आवश्यकता नहीं। नागपुर में हमें लूट मिलने की आशा नहीं है, आप चाहें तो, जैसा मैंने पहले कहा था, बरार में घुस चलें और खानदेश होकर, जहाँ के लिए मेरा असली विचार था, लौट आएँ।"

मैंने कहा, "मुझे स्वीकार है। किसी प्रकार का खतरा मोल लेकर भी हमें इस औरत से बचकर रहना चाहिए। वह अपने लोगों के साथ, यहाँ से बचने के लिए, नागपुर जाएगी और तुम्हारी सलाह के अनुसार हम लोग उससे पूर्ण रूप से बचे रहेंगे।"

अपने निश्चय के अनुसार दूसरे दिन प्रातः काल, अपने पहले के रास्ते पर जाने की अपेक्षा हम लोग पीछे लौट पड़े। कुछ घंटे की यात्रा के बाद एक छोटे से गाँव में रुक गए। यह गाँव पहले वाले गाँव से कोस भर दूर था। उस औरत के प्यार और वहशी आवेग का मुझे रह-रहकर ख्याल आता था। अभी आधा दिन भी नहीं व्यतीत हुआ था कि हमें उसकी पालकी, उसी रास्ते से, गाँव की ओर आती हुई दिखाई दी, जिससे होकर हम अभी आए थे। अब क्या किया जाए? एक क्षण यह ध्यान में आया कि मैं वहाँ चारों ओर फैले जंगल में भाग जाऊँ। वहाँ उसे हम लोगों का कोई पता न लगेगा, लेकिन मोती और पीर खाँ इसके लिए तैयार नहीं थे।

उन्होंने कहा, "यह कायरता होगी। एक औरत के सामने इस प्रकार भागने का कोई कारण नहीं है। केवल उसके कारण हम जंगली पशुओं और अस्वास्थ्यकर जलवायु में स्वयं क्यों जाएँ?"

मोती ने कहा, "यदि वह हमारे पीछे चलती भी है, तो आपके कारण नहीं, वरन् उसके जल्दी से जल्दी अपने घर पहुँच जाने के कारण होगा।"

मैंने कहा, "शायद यही बात होगी। उसकी कोई भी योजना हो, वह हमारे इरादे को प्रभावित नहीं कर सकती।" फिर भी मेरे मन में यह गलतफहमी हुई कि शायद वह हमारा पीछा कर रही थी और वास्तव में कुछ देर बाद मेरा सन्देह सही निकला। उसकी नौकरानी दूध बेचने के बहाने मेरे खेमे में आ गई। मैं उसके पीछे चला गया क्योंकि मैं यह नहीं समझ सका कि हमारी पिछली मुलाकात के पश्चात् मुझे खोजने का क्या उद्देश्य था।

मैं उसके सामने पहुँचा। एक बार फिर हम दोनों एकाकी हो गए, परन्तु उसके प्रेम-प्रदर्शन के विरुद्ध मैं पहले से ही तैयार था, और पूरे तिरस्कार के साथ उसका सामना करने का इरादा कर लिया था, जिससे वह मुझसे झगड़ने के बाद स्वयं छोड़कर हमेशा के लिए चली जाए।

साहब, मेरे और उसके बीच क्या-क्या बातें हुई, उन्हें मैं आपसे नहीं बता सकता। हाँ, एक बार ऐसा अवश्य हुआ कि उसने प्रेम-विभोर होकर मेरे बाहुपाश में स्वयं को डालना चाहा,

और अपने ऊपर दया करने की प्रार्थना करती रही, क्योंकि उसे यह अनुभव हो रहा था कि उसकी प्रतिष्ठा धूल में मिल चुकी थी। उसके शब्द पत्थर के हृदय को भी द्रवित करने में समर्थ थे। परन्तु दूसरी ओर वह प्रचंड रूप से मुझे धोखा देने के लिए लांछित करती हुई अपनी आँखों के सामने से हट जाने के लिए कहती थी। परन्तु जब भी मैं वहाँ से चलने का उपक्रम करता, वह मुझे वर्जित कर देती थी और पुनः अपनी बात सुनने तथा अपने प्रस्ताव को स्वीकार करने का आग्रह करती थी।

अन्त में मुझे और अधिक सहन करना दुष्कर हो गया। उसके दुराग्रह से मुझे चिढ़ हो गई और मुझे स्वयं अपने ढुलमुल इरादे पर क्रोध आ रहा था। मैं वहाँ से निकलकर, जब उसके सायबान से बाहर आ रहा था, तभी वह पुनः चीख-चीखकर मुझे वापस आने के लिए पुकारने लगी। मैं लौट गया।

मैंने कहा, "शरफुन, यह नादानी है और बच्चों जैसा आचरण है। हम एक-दूसरे को क्यों प्रताड़ित करें? तुमने मेरा इरादा सुन लिया, और अब तुम मुझे चाहे दिल्ली का सिंहासन दे दो तो मैं उस पर तुम्हारे साथ भले बैठ जाऊँ, परन्तु मेरा हृदय उसी का रहेगा, जिसका उस पर अधिकार है। इस दशा में, तुम और मैं दोनों सन्ताप के समुद्र में सदैव डूबे रहेंगे। इस समय भी तुम्हारा हृदय ईर्ष्या से जल रहा है। सोचो, तब तुम्हारे आवेग की क्या दशा होगी, जब तुम उस व्यक्ति से संलाप करोगी, जिससे तुम इस समय भी घृणा करती हो और जिसे तुम मुझसे पृथक करने में असफल रही हो।"

उसने कहा, "मुझे तुम्हारी किसी बात की परवाह नहीं। मुझे किसी परिणाम की भी चिन्ता नहीं। इस विषय को लेकर अपने जीवन और अपनी नेकनामी को स्थिर कर लिया। खतरा उठाकर भी मुझे शरण में ले लो। जहाँ तक तुम्हारी पत्नी का प्रश्न है, मुझे उससे कोई नफरत नहीं होगी। क्या हमारा मजहब चार पत्नियाँ रखने की इजाजत नहीं देता? हमारे पवित्र कुरान में क्या यह नहीं लिखा? तुम इससे इनकार नहीं कर सकते। औरत होने पर भी मैं सब जानती हूँ। अज़ीमा को मैं बहन का प्यार दूँगी। जहाँ तक तुम्हारे बच्चों का प्रश्न है, मैं तुम्हारे लिए उनको भी प्यार करूँगी। क्या उनके पीछे दौलत और भावी प्रतिष्ठित जीवन को ठुकरा दोगे? अरे भले आदमी, क्या तुमने अपना होश खो दिया। देखो, मैं तुम्हारे साथ कितनी शान्ति से बात कर रही हूँ और तुम्हारे सामने तर्क रखती हूँ कि यदि तुम्हारी बहन होती तो क्या होता?"

मैंने कहा, "अल्लाह तुम्हें मेरी बहन बना देता, तो मैं अपनी बहन की तरह तुम्हें स्नेह करता। परन्तु इस प्रकार का अपुष्ट और लज्जास्पद मिलन मैं कभी स्वीकार नहीं कर सकता। हाँ, शरफुन, यह शर्मनाक बात है। चाहे तुम इसे मधुर और चाटुकारीपूर्ण शब्दों की आड़ भले दे दो, तो भी यह शर्मनाक ही रहेगा। एक क्षण भर के लिए भी क्या तुम यह कल्पना कर सकती हो कि तुम्हारा शानदार परिवार किसी ऐसे व्यक्ति का स्वागत करेगा और तुम्हारी सम्पत्ति तथा जायदाद का भागीदार माना जाएगा, जो बिलकुल अनजान हो, जिसके परिवार की कोई प्रतिष्ठा न हो, कोई सांसारिक सम्मान न हो जिस पर गर्व किया जा सके और जिसे तुमने सामान्य जान-पहचान के बाद सड़क से पकड़ लिया हो। मैं तुमसे दावे के साथ कहता हूँ कि वे लोग कभी यह स्वीकार नहीं करेंगे। अतः जाओ मैं अनुनय के साथ कहता हूँ कि अपने घर लौट जाओ। कुछ समय बाद मैं अपनी अज़ीमा को तुम्हें देखने के लिए भेजूँगा। वह उस महिला के लिए अवश्य शुभ कामना करेगी, जिसने उसके पति को उसके लिए सुरक्षित छोड़ दिया।"

कुछ समय तक वह शान्त बैठी रही, परन्तु उसकी अन्तराग्नि बुझी नहीं थी, वह पूर्वाधिक हिंसा के साथ विस्फुटित हो गई। जबकि मैंने व्यर्थ यह धारणा बना ली थी कि मेरे संयमपूर्ण शब्दों ने उसकी आग को सदा के लिए शान्त कर दिया होगा। उसने पुनः मुझे वहाँ से निकल जाने के लिए कहा, परन्तु उसमें रुष्ट होने का स्पष्ट भाव था, और मैं वहाँ से चला आया।

अभी मुझे अपने डेरे पर पहुँचे हुए एक घंटा भी नहीं हुआ था कि उसकी नौकरानी पुनः आ गई।

लेकिन साहब, उस मुगलानी के साथ हुए मेरे कई साक्षात्कारों के सूक्ष्मातिसूक्ष्म विवरण सुनते-सुनते आप ऊब गए होंगे।

मि.टेलर, "नहीं अमीर अली, मेरा ख्याल है कि उसमें भी तुम्हारा कोई न कोई उद्देश्य अवश्य छिपा होगा। आगे कहो।"

वह नौकरानी आई। उस समय मैं एकाकी था। उसने कहा, "अल्लाह के नाम पर, मीर साहब, मेरी बेचारी मालकिन के लिए कुछ कीजिए। आप जब से वहाँ से चले आए, वह एक प्रकार की जड़ता में है, और मुश्किल से किसी से बोलती है। अभी मुझे बुलाकर कहा कि बाजार से कुछ अफीम खरीद लाओ और जब मैंने इनकार किया, तब बड़े क्रोध में बोली, 'अगर तू नहीं जाती तो मैं स्वयं जाऊँगी।' हारकर मैं खरीद लाई। लेकिन, अफसोस उसका घातक परिणाम मैं जानती हूँ। अब आप ही उसे बचा सकते हैं। जल्दी कीजिए। उनसे कुछ दयालुता के साथ बात कीजिए।"

जो कुछ हुआ वह सब मैंने सुन लिया। आपने किसी सम्मानित व्यक्ति की भाँति व्यवहार किया है, लेकिन जब आप उसे इस बात पर राजी नहीं कर सके कि वह आपको भुला दे और अपना इरादा त्याग दे, तो कम से कम इस समय उसकी मनोदशा को सँभाल लीजिए। उसे अपने साथ ले चलने की बात इस शर्त पर मान लीजिए कि मार्ग में वह आपसे मिलने का प्रयत्न नहीं करेगी। आप यह भी कह दीजिए कि जागीर तक पहुँचकर आप अपना निकाह पढ़वा लेंगे। उसके लिए इतना तो कीजिए। आपने कहा था कि उसे बहन की भाँति प्यार कर सकते हैं और भाई का यही आचरण हो सकता है।

मैंने कहा, "ठीक है, जब मामला यहाँ तक आ पहुँचा कि उसका जीवन और मृत्यु मेरे अधिकार में है, तो मैं तुम्हारी बात स्वीकार करता हूँ।"

ओह, कितने हर्ष के साथ वह दुखिता लड़की मुझसे मिली। बड़ी देर तक वह मेरे सीने से लगी रही और अपने संरक्षक के रूप में मुझे दुआएँ देती रही। जब नौकरानी ने मेरे साथ हुई बातें उसे बताईं कि मैंने उसकी बात मान ली, तो उसने उसे चूम लिया।

मैंने कहा, "तुम्हारे बहुमूल्य जीवन की रक्षा के लिए मुझे यह करना पड़ा। अब मैं तुम्हारे तथा अपने मित्रों के बीच परिहास और तानों का पात्र बन जाऊँगा। सोचो उन लोगों के प्यार को खोकर मैंने कितना त्याग किया। अब तुम्हें मार्ग में सावधानी और शिष्टता के साथ व्यवहार करना होगा। हमें एक-दूसरे से मिलने की आवश्यकता नहीं, वरन् हमें मिलना ही नहीं होगा, यद्यपि उसकी लालसा हम दोनों में कितनी प्रबल होगी। मैं तुम्हारे सिर और आँखों की शपथ लेकर कहता हूँ कि मैं तुम्हें नहीं छोडूँगा और तुम हमारे साथ यात्रा करोगी।"

नौकरानी बाहर निकल गई और वह मेरे निकट आ गई। बोली, "सावधान हो जाओ, तुम मुझे किस प्रकार धोखा दे रहे हो? क्योंकि मैं तुम्हारा भेद जान गई। यदि तुमने मेरे साथ बेईमानी

की तो मैं उसे खोल दूँगी। तुम्हारा जीवन अब मेरी मुट्ठी में है। इसे तुम भलीभाँति जानते हो।"

मैंने घबराकर पूछा, "कैसा भेद? तुम्हारा यह कहने का तात्पर्य क्या है?"

उसने बहुत धीरे और सँभलकर कहा, "मुझे मालूम हो गया कि तुम ठग हो। मेरी नौकरानी तुम्हारा भेद जान गई। हजारों परिस्थितियाँ इस बात पर बल देती हैं कि तुम वही हो। जिस प्रकार तुम लोग डेरा डालते हो, वे रस्में जो तुम्हारे आदमी सम्पन्न करते हैं, मेरी नौकरानी ने देखा है। जिस स्वाधीनता के साथ यात्रा करते हो अथवा अपनी मर्जी मुताबिक वापस आते हो, ये सभी बातें उसकी निर्णायक हैं। मैं तुम्हें सावधान करती हूँ। तुम कुछ भी कहो, परन्तु मुझे इसके विपरीत नहीं फुसला सकते। तुम्हारे डेरे में इस समय भी मारे गए लोगों की सम्पत्ति मौजूद है। इससे तुम इनकार नहीं कर सकते।"

मैं मन ही मन उसकी नौकरानी द्वारा ताक-झाँक करने की उसकी उत्सुकता को कोसने लगा। मुझे भय हुआ कि उसने यह भेद हमारे ही किसी आदमी द्वारा मालूम किया था, मैंने जिसके साथ उसे बात करते हुए देखा था। उसे समाप्त करने का मैंने इरादा कर लिया। अब मैंने समझ लिया कि मुझे अच्छा जोड़ीदार मिल गया। यद्यपि क्षण भर के लिए मैं लज्जा के कारण सकपका गया, फिर उसे उत्तर दिया, "तो शरफुन, जब तुम्हें हमारा भेद मालूम हो गया, तब मेरे लिए कोई कठिनाई नहीं रह गई। हमें अब एक हो जाना चाहिए। मेरे लिए अपनी और अपने आदमियों की जीवन रक्षा हेतु और तुम्हारे लिए अपनी रक्षा हेतु यही करना होगा। यह एक भयानक बन्धन है, जो हमें आपस में संयुक्त करता है, परन्तु यह अटूट रहेगा।"

उसने कहा, "मैंने भी यही सोचा था। मूर्खतावश मैंने इसे पहले अनुभव नहीं किया था, अन्यथा जिस यन्त्रणा को मुझे भोगना पड़ा, उससे बच सकती थी। अब तुम जा सकते हो, मैं प्रतिदिन तुम्हारी जानकारी करती रहूँगी। सम्भव है कि हमें एकान्त में बात करने का अवसर प्राप्त हो जाए। अब मैं तुम्हारे प्रति आश्वस्त हूँ और मेरा मस्तिष्क शान्त हो गया।"

मैं वहाँ से चला आया, लेकिन मेरे विचार चक्कर खा रहे थे। उसे हम लोगों का भेद ज्ञात हो गया और हमारे व्यवसाय के नियमानुसार मैं इस बात को अपने साथियों से छिपा नहीं सकता। अल्लाह, अल्लाह, मुझे जो तथ्य उन लोगों को बताना है, उसका परिणाम क्या होगा? मैं यह सोचकर भयाक्रान्त हूँ, परन्तु उसे करना ही होगा।

बहुत देर तक मैं इस ऊहापोह में बना रहा कि इस सत्य को अपने साथियों के बीच उजागर करूँ या न करूँ। यदि मैं न भी करूँगा, तो भी उसका अवश्यम्भावी खतरा हम पर बना रहेगा और हमारे पचास साथियों का भविष्य केवल एक औरत की पूरी कृपा पर निर्भर रहेगा। अतः मैं अपने व्यवसाय के कठोर नियमों की अवहेलना नहीं कर सका। मैं जानता था कि केवल एक ही विकल्प था, परन्तु उस औरत की यही नियति थी, जिसका परिहार न मेरे द्वारा हो सकता था, न उसके द्वारा।

जैसी मुझे सम्भावना थी, प्राणघातक आदेश हम लोगों में जारी हो गया। मेरे सभी साथी शरफुन के पास उनकी सूचना पहुँच जाने के कारण चकित होने के साथ भयभीत थे। थोड़े विचार-विमर्श के पश्चात् उसकी नियति का निर्णय कर लिया गया। साहब, इसके लिए मुझे आप दोषी समझते होंगे, परन्तु अब क्या हो सकता था? हम उसे छोड़ नहीं सकते थे, क्योंकि वह ग्रामवासियों को आगाह कर देती और वे लोग हमारा पीछा करते। यह सही है कि वे लोग

वहाँ हमारे विरुद्ध बहुत कुछ नहीं कर सकते थे, तो भी जंगलों में बराबर हमारा पीछा किया जाता और अन्ततः वे कभी अवसर पाकर हमें पकड़ लेते।

हमारी दूसरी चिन्ता उस आदमी का पता लगाना था, जिसके द्वारा नौकरानी को सारी सूचनाएँ प्राप्त हो गईं। मैंने उस व्यक्ति का नाम बता दिया, जिसके साथ वह बात करती थी। साहब, जिस समय मैंने यह किया, उसका चेहरा स्वयं प्रकट कर रहा था कि उसकी आत्मा अपराधी थी। वह युवा था, लेकिन हम लोग उसे कम जानते थे। वह एक लुधाई था। गत अभियान में वह पीर खाँ के साथ गया था और उसका व्यवहार अच्छा था। इसी अच्छे व्यवहार के कारण उसे वर्तमान अभियान में सम्मिलित होने के लिए अनुमति दे दी गई। परन्तु इस कृत्य द्वारा उसने हर चीज़ गवाँ दी। यह पूर्ण रूप से स्पष्ट हो गया कि उस धूर्त और जालसाज नौकरानी ने उसे गुमराह कर दिया।

उस व्यक्ति की परिवर्तित दृष्टि को देखते ही मैंने उसे विश्वासघात करने का दोषी बता दिया। दल ने एक स्वर से मेरे दोषारोपण को स्वीकार कर लिया।

मैंने उससे कहा, "ऐ नीच, तूने यह क्यों किया? जिसका तूने नमक खाया और शपथ ली, उसके प्रति बेईमान क्यों बन गया? क्या तू उस अपराध का दंड नहीं जानता? तूने सैकड़ों विश्वासघात के मामले सुने होंगे, उनमें से क्या किसी को क्षमा किया गया? तू अपने सम्बन्ध में कुछ नहीं कर सकता। तुझे अवश्य दंड दिया जाएगा। यह अत्यन्त लज्जा की बात है कि किसी नौकरानी की चाल में फँसकर तू अपने कर्त्तव्य से विमुख हो गया और हम सभी का जीवन संकट में डाल दिया।"

उसने खड़े होकर कहा, "जमादार, मैं पापी हूँ और मेरा अन्तिम दिन आ पहुँचा। मैं किसी से दया की भीख नहीं माँगता, क्योंकि मैं यह भली भाँति जानता हूँ कि वह मुझे नहीं मिलेगी। मैं अपने साथियों के हाथों मरने के लिए तैयार हूँ। मुझे सन्तोष है। यदि मेरी नियति उनके लिए एक चेतावनी सिद्ध हुई तो वह भी मेरे लिए सन्तोष की बात होगी। उस नौकरानी से मिलने के पूर्व मैं सच्चा ईमानदार था। उसने बताया कि आप उसकी मालकिन के साथ निकाह करने जा रहे थे और आपने अपनी वास्तविकता उसे बता दी थी। मैंने उसकी बात को सच समझ लिया, तभी मैंने भी उसके साथ दल सम्बन्धी भेद की बातें कीं। अपने कारनामों को बड़े गर्व के साथ उसे बताया और अनुकूल अवसर आने पर उसने मेरी बीवी बनना स्वीकार कर लिया था। मैं मूर्ख था धोखा खा गया। यह सब मैं आपसे अपने अपराध को कम करने के लिए नहीं कह रहा हूँ। अतः गुरदत्त मुझे समाप्त कर दे। वह दक्ष है और अपने कर्त्तव्य से कभी विमुख नहीं होगा।"

लुधाइयों का मेट गुरदत्त आगे आकर बोला, "अपनी मृत्यु के लिए मुझे क्षमा करना। मुझे तुमसे कोई शत्रुता नहीं है, परन्तु यह मेरा कर्त्तव्य है और मुझे इसे अवश्य करना होगा।"

उसने उत्तर दिया, "मैं तुम्हें क्षमा करता हूँ। तुम्हारे हाथ स्थिर रहें। मैं कोई प्रतिरोध नहीं करूँगा, कोई संघर्ष नहीं करूँगा। मेरी मृत्यु की पीड़ा कम ही रहे।"

संकेत पाने के लिए गुरदत्त ने मेरी ओर देखा। मैंने संकेत दे दिया और दूसरे ही क्षण उस अभागे ने अपनी मृत्यु द्वारा अपने अपराध का प्रायश्चित कर लिया। उसे उसने चुपचाप भोग लिया। गुरदत्त का हाथ जरा भी नहीं हिला। उसके शव को ले जाकर दफना दिया गया। इसके पश्चात् हमारे दल में विश्वासघात की कोई घटना नहीं हुई। और न मुझे इस प्रकार की कोई

घटना सुनाई दी। हाँ एक अपवाद अवश्य था जिसका विवरण आगे सुनेंगे।

अब दल के भावी संकट की दृष्टि से विभिन्न सदस्यों में उनके स्थान का आबंटन करना शेष था। वह भी कर लिया गया। मुझे अनुभव हुआ कि मैंने किसी अच्छे ठग के रूप में कार्य किया और दैनिक कार्यों में किसी गलत ढंग से उपस्थित करुणा से मै कभी प्रभावित नही हुआ।

साहब, आश्चर्य की बात है कि यह जानते हुए भी कि हम लोग कौन थे, शरफुन तुरन्त वहाँ से क्यों नही भाग गई? कोई स्त्री जो रक्त के कृत्यों से अनभ्यस्त तथा अपरिचित होकर भी कैसे उसे देखना सहन किया। यही नहीं, किसी पेशेवर हत्यारे को, जिसका हाथ समस्त मानव जाति के विरुद्ध उठा हुआ था, कैसे उसे अपने सीने से लगाया और प्यार किया। यह बात कभी मैं नहीं समझ सका। इस सम्बन्ध में मैं यही कहूँगा कि वह अपनी नियति थी। मानवीय आचरण के प्रत्येक सिद्धान्त के अनुसार वह अपनी उपेक्षा कर सकती थी और उसे करना भी चाहिए था। मेरे प्रति उसका प्रेम अन्याय और निर्लज्जतापूर्ण था। कोई साहसी स्त्री अपने वक्ष पर अधिकार करने की अनुमति देने से पूर्व अपने प्राण न्यौछावर कर देती। वह मुझे बाहर धकेल सकती थी, जैसा उसने कहा था और उसने मुझे कभी न देखने का पक्का इरादा कर लिया था, परन्तु अन्धा आवेग नियति द्वारा बिछाए गए जाल में उसे ले गया और वह किसी प्रकार उसकी उपेक्षा नहीं कर सकी।

साहब, जब समय आएगा, तो आपको या मुझे अवश्य मरना होगा।

दूसरे दिन प्रातःकाल हम लोग उसे साथ लेकर चल दिए। मैंने यह पक्का इरादा कर लिया था कि उसकी मृत्यु में मैं सक्रिय भाग नहीं लूँगा, क्योंकि किसी ऐसे व्यक्ति के विरुद्ध हाथ उठाने की बात सोचना मुझे सहन नहीं था, जिसे मैंने स्वयं अपने बाहुपाश में आलिंगनबद्ध करने की अनुमति दी थी और जिसके चुम्बन, मैं यही कहूँगा, अभी तक मेरे होठों पर गर्म थे।

मोती और पीर खाँ को उसके लिए आवंटित किया गया। मेरे हिस्से में उसका एक अनुचर था। परन्तु उसकी पार्टी में कई लोग थे। आठ कहार तथा चार पहरेदार सिपाही। उसकी नौकरानी टट्टू पर सवार थी, जिसे एक अन्य नौकर ले जा रहा था। इस प्रकार कुल मिलाकर पन्द्रह लोग थे। और जब भी उपयुक्त स्थान आ जाए, हमारे चुने हुए पैंतीस आदमी उन पर टूट पड़ने थे। मुझे एक ऐसे निर्जन स्थान का पता था, जहाँ चारों ओर जंगल ही जंगल था और मार्ग के दोनों ओर मीलों तक कोई बस्ती नहीं थी। अपनी पूरी सुरक्षा की दृष्टि से, मैंने ऐसे मार्ग से दल ले जाने का विचार किया, जो जंगल के मध्य से गुजरता हो। वहाँ मुझे मालूम था कि हमारा भयानक कार्य बिना किसी बाधा के शर्तिया सम्पन्न हो जाएगा।

हम लोग उस स्थान पर पहुँच गए जहाँ से वह मार्ग निकलता था जिस पर हम जाना चाहते थे। उसके अनुचरों ने इसका बहुत विरोध किया, लेकिन अन्ततः मैं उन्हें समझाने में सफल हो गया। मैंने उन्हें बताया कि उस मार्ग से जाने से दो लाभ होंगे। एक इधर से दूरी कम हो जाएगी, दूसरे इसे एक जलधारा आगे काटती है, जबकि मुख्य मार्ग पर कोई नहीं थी।

हम एक छोटी नदी पर पहुँचे और घोड़ों से उतर गए। मेरे दल ने अपने सन्देह रहित शिकारों को चारों ओर से घेर लिया और उत्सुकता के साथ संकेत मिलने की प्रतीक्षा करने लगे। मैं चाहता था कि शरफुन मुर्दों को न देख सके और यह तभी सम्भव था जब वह सर्वप्रथम गिर जाए। मैंने उसकी पालकी के निकट जाकर उससे कहा कि उतरकर कुछ नाश्ता कर ले, जिसे मैं अपने साथ लाया था। प्रथम तो उसने इनकार कर दिया, क्योंकि ऐसा करने से हमारे साथियों

की दृष्टि उस पर पड़ जाती, लेकिन मैंने उसे बताया कि कुछ कदम पर पेड़ से कपड़ा बाँध दिया गया, जो उसकी नकाब की तरह होगा। उसे कोई नहीं देख सकेगा।

मैंने कहा, "तुम्हारी नौकरानी पहले से वहाँ है। वह हम लोगों का भोजन पका रही है। प्रथम बार हम दोनों साथ बैठकर भोजन करेंगे।"

बड़ी सावधानी के साथ वह पालकी से नीचे उतरी। वह अपने शरीर पर अच्छी तरह चादर लपेटे थी, अतः वह मेरे साथ खड़े लोगों को न देख सकी। पालकी ने भी उसे ढक लिया था। जैसे ही वह बैठे से खड़ी होने को हुई, मोती का रूमाल उसकी गर्दन पर पड़ गया, और क्षण भर में उसका अन्त हो गया। पीर खाँ ने उसके हाथ पकड़ लिये थे और जैसे ही उसके प्राण निकले, उसने उसके शरीर को पालकी में डालकर उसे बन्द कर दिया।

उसने कहा, "यहाँ तक तो सब हो गया। अब हमें शेष को भी समाप्त करना चाहिए और वह भी अति शीघ्र। इस समय सभी मौज में हैं। कोई नदी में स्नान कर रहा है, कोई पानी पी रहा है। हमारे सब आदमी अपने-अपने स्थान पर तैनात हैं। बिसमिल्लाह। झिरनी दीजिए।"

मैंने अपनी जगह देखकर झिरनी दे दी। मेरा अपना शिकार जल्दी गिर गया, और शेष भी गिर चुके थे। परन्तु एक-दो नौसिखिए थे। अन्य की चीखों से अधिक उस अभागी अपराधिनी नौकरानी की चीखों ने मुझमें एक दर्द उत्पन्न कर दिया। यह विचार भी आया कि किसी नीच औरत के अनिष्टकारक कार्य के कारण अनेक लागों को अपनी जान से हाथ धोना पड़ा। मैं शरफुन को नहीं देख सका। उसकी सुन्दर काया मुझे निश्चय ही अभिभूत कर देती।

यह अवश्य देखा कि लुधाई उसके शव को उठाकर ले गए, लेकिन मैं उसके पीछे नहीं गया। उसकी पालकी टुकड़े-टुकड़े करके उसी के साथ दफ़न कर दी गई।

एकदम मेरी आवाज निकली, "मैं कितना अधम हूँ। अरे अमीर अली, तेरे हृदय में जरा भी दया नहीं, तुझे कोई शोक नहीं, उसके लिए जो कितनी युवा और प्यारी थी।"

रोकड़ियों की हत्या! घर वापसी

सब कुछ समाप्त होने के बाद आगे चलकर हम लोग एक छोटे से गाँव में पहुँचे। पिछला घटनास्थल यहाँ से कुछ कोस दूर था। यहाँ परम्परा के अनुसार गुड़ की भेंट चढ़ाई गई और प्रचुर मात्रा में जो लूट हमें प्राप्त हुई थी, उसका बँटवारा किया गया। अब यहाँ अपनी भावी कार्रवाई के सम्बन्ध में चर्चा हुई। कुछ का विचार था कि हम वापस लौटकर नागपुर चलें। इस विचार के पक्ष में अनेक लोग थे। मैं भी यही चाहता था। लेकिन पीर खाँ ने एक और बढ़िया राय दी। उसने कहा कि एक ही मार्ग से पीछे लौटना, फिर आगे जाने से हम लोगों पर अवश्य सन्देह किया जाएगा और सम्भव है हम पर आक्रमण हो जाए और फिर इस प्रकार स्वयं को दिखाएँ भी तथा कोई माल भी हाथ न लगे, इससे क्या लाभ? उसने सलाह दी कि सबसे अच्छा यही होगा हम लोग एलिचपुर की दिशा में, उस नगर को बचाकर तथा पहाड़ियों के निकट रहते हुए चलते रहें जब तक कि सलावत खाँ के इलाके से दूर न निकल जाएँ। उसने यदि हम लोगों के बारे में सुना होगा, तो निश्चय ही उसे नवाब सब्जी खाँ की मृत्यु के लिए हम पर सन्देह

होगा, जो उसका अतिथि था और जिसकी नियति के विषय में सामान्य रूप से सभी जानते थे। न्याय की दृष्टि से उसका दोष ठगों पर ही मढ़ा गया था। कुछ विचार करने के बाद उसकी योजना पर सहमति हो गई। दूसरे दिन मुख्य मार्ग छोड़कर हम जंगल मार्ग से चले। मैं हार्दिक रूप से प्रसन्न था। कुछ दिनों की थकावट भरी यात्रा के बाद जब हम मुक्तागिरी के वीरान मन्दिरों के निकट पहुँचे तब हमारे सामने बरार की विस्तृत घाटी फैली हुई थी। वहाँ सर्वत्र ज्वार के हरे-भरे खेत लहरा रहे थे।

कुछ दिनों से मेरे सारे शरीर में कम्पन और पीड़ा हो रही थी। मेरा मन अत्यन्त उद्विग्न था। यद्यपि उससे मुक्ति पाने के लिए मैंने कई प्रयत्न किए, परन्तु रात में मुझे भयानक स्वप्न दिखाई देने लगे। शरफुन अब अत्यन्त सुन्दर रूप में मुझे बराबर दिखाई देती थी, जो कभी अपनी नियति का दोष मुझे देती थी, कभी बिलकुल बदली हुई जैसे मृत्यु के समय भयावनी हो गई हो। कभी मुझसे प्रेम प्रदर्शित करती दिखाई देती थी। यह सब मैंने अपने साथियों को बताया। मोती के अनुसार मेरे ऊपर शैतान की छाया थी, उसे हटाने के लिए कुछ अनुष्ठान किए गए, परन्तु उससे कोई लाभ नहीं हुआ। प्रातःकाल जब हम ऊँचाई पर पहुँचे, मैं उस समय इतना बीमार था कि घोड़े पर मुझे सहारा लेकर चलना पड़ा।

अब क्या किया जाए। एलिचपुर जाना तो जैसे शेर के मुँह में जाना था। किसी की समझ में नहीं आ रहा था कि किस ओर बढ़ें। जब हम लोग घाटी से निकलकर सड़क से आगे बढ़े, तभी कुछ लोगों को थोड़ी दूर पर एक बड़ा सा गाँव दिखाई दिया। यह शुभ समाचार था। मैं सड़क के किनारे गोंडों की मामूली बस्ती में लेटा-बैठा रहा। मुझे याद आया कि जब हम लोग सब्जी खाँ को साथ लेकर सुबह एलिचपुर से निकलकर चले थे, तभी मार्ग में यह गाँव, जिसका नाम मैं भूल रहा था, मिला था। मैंने अपने साथियों से वहाँ ले चलने के लिए कहा। वे सब मुझे किसी प्रकार घोड़े पर बिठाकर वहाँ ले गए और परिस्थिति के अनुसार आराम से किसी बनिए की खाली दूकान में लिटा दिया। परन्तु ज्वर के कारण मेरा सम्पूर्ण शरीर तप्त हो रहा था। प्रथम ऐंठन मालूम हुई, बाद में कँपकँपी होने लगी। उस दिन मुझे कुछ भी होश नहीं रहा, और वास्तव में कई दिन बाद भी वही दशा बनी रही। इस समय मैं जीवन-मृत्यु के बीच झूल रहा था।

वह भयानक समय व्यतीत होने के पश्चात् मेरी याद में जो प्रथम शब्द सुनाई दिए थे, वे मेरे अनुचर के थे।

उसने कहा, "शुक्र खुदा का, आखिर उनकी आँख तो खुली।"

वह दौड़कर पीर खाँ तथा अन्य लोगों को बुला लाया।

मैंने अस्फुट आवाज से पूछा, "मैं कहाँ हूँ?" ज्वर की प्रचंडता में मैं सबकुछ भूल गया था।

सभी एक साथ बोल उठे, "खुदा का शुक्र है, उनके मुँह से बोल तो निकला।"

मैंने अपना प्रश्न फिर किया, तब पीर खाँ ने उत्तर दिया, "क्या आपको याद नहीं, हम लोग एलिचपुर से तीन कोस दूर सरस गाँव में हैं। अब आप बोलने लगे, तो सब ठीक हो जाएगा। आप शीघ्र चंगे हो जाएँगे। हम सभी आपके लिए बहुत चिन्तित थे क्योंकि मुसलमान हकीम ने कल ही कहा था कि आप बचेंगे नहीं और हम लोगों से आपके दफन की तैयारी करने के लिए कहता था, जो भी हो, वह गलत कह रहा था। इंशाअल्ला, आप पुनः अपने बहादुर साथियों का नेतृत्व करेंगे।"

मैंने कहा, "खान, मुझे अफसोस है कि मैं अशक्त और असहाय हूँ। केवल मेरे लिए तुम लोगों का यहाँ ठहरे रहने का कोई लाभ नहीं। मुझे मेरे हाल पर छोड़ दो। अल्लाह की मर्जी होगी तो में ठीक हो जाऊँगा और तुम लोगों से घर पर ही मिलूँगा। मैं समझता हूँ कि तुम लोगों के चलने-फिरने में एक बड़ी बाधा हूँ, क्योंकि मैं इस ज्वर से मुक्त भी हो गया तो भी बहुत दिनों तक घोड़े पर बैठने में असमर्थ रहूँगा।"

मुझे घेरकर बैठे हुए सभी बोले, "मीर साहब, आपको छोड़ दें, यह कभी नहीं हो सकता। मरे तो कौन दफनाएगा और अच्छे होने के बाद कौन देखभाल करेगा? आप ये सब बातें क्यों कह रहे हैं? आप क्या हमारे भाई नहीं? और उससे भी बढ़कर हमारे नेता हैं। यदि हम आपको छोड़ देंगे तो हम लोगों का क्या होगा?"

उन लोगों के दयालु शब्दों को सुनकर मैंने कहा, "मित्रो, जब आप लोग खुले प्रदेश में घूमने की अपेक्षा किसी बीमार के बिस्तर के निकट रहना चाहते हैं, तो चलो ऐसा ही सही, परन्तु कुछ दिनों बाद ही आपकी दुविधा दूर हो जाएगी, तब या तो मुझे यहाँ दफन करना पड़ेगा, या यदि अल्लाह की मर्जी हुई तो एक बार फिर मैं किसी नवीन अभियान में आप लोगों का नेतृत्व करूँगा।"

पीर खाँ बोला, "हकीम साहब ने कहा है आप चुप रहें और जब जागें तो उन्हें बुला लिया जाए। उन्होंने आपके लिए कोई औषधि तैयार की है, उसे आपको देंगे। आशा है, उससे आप शीघ्र चंगे हो जाएँगे। मैं अभी जाकर उन्हें सूचना देता हूँ।"

थोड़ी देर बाद खान, किसी वृद्ध पुरुष को ले आया। उन्होंने मेरी नाड़ी और शरीर की परीक्षा करने के बाद बताया कि अब मेरी हालत सन्तोषजनक थी।

उन्होंने कहा, "चूँकि यह ज्वर सर्दी का था और इनके पेट में अब भी सर्दी बनी हुई है। मुझे वही दवा देनी होगी, जिसका जिक्र मैंने किया था। उसे मैंने इनके लिए तैयार कर लिया है। उसमें ताप लानेवाले योग हैं, जो शीघ्र ही इनकी सर्दी दूर कर देंगे, पसीना निकालेंगे और इंशाअल्ला कल तक ये कोई बदले हुए इंसान नजर आएँगे।"

दवा मँगाई गई। चूँकि वह अत्यन्त कड़वी थी, फिर भी मुझे पिलाई गई। उनके आदेशानुसार मैं रजाई ओढ़कर लेट गया। शीघ्र मुझे बहुत पसीना निकला और जब हकीम ने, जो अभी तक बैठे हुए थे, सोचा कि इस इलाज को करते हुए काफी समय हो चुका था, अतः उन्होंने एक-एक करके कपड़े हटवा दिए। गीले कपड़े हटाए जाने के बाद, मुझे अच्छी गाढ़ी नींद आ गई। दूसरे दिन सुबह की धूप जब मेरी आँखों पर पड़ी तब मैं जागकर उठा।

अब जागने के बाद मुझे काफी स्फूर्ति का अनुभव हुआ। उठने पर मुझे चक्कर सा आ गया और गिर पड़ा। फिर मैंने दुबारा उठने का प्रयत्न नहीं किया, लेकिन अब मैं स्वस्थ्य हो चला था। मुझे ऐसा प्रतीत होने लगा जैसे मैंने अपनी बीमारी को उठाकर फेंक दिया था। मैं उन लोगों का बड़ा कृतज्ञ था। अब मुझे भूख भी लगी। खिचड़ी खाने के बाद मैं स्वयं को बदला हुआ अनुभव करने लगा।

स्वास्थ्य-लाभ करने में मुझे दो दिन और लगे। अब मैं हृदय से चाहता था कि घर की राह पकड़ूँ परन्तु घोड़े पर बैठकर यात्रा करने का प्रश्न ही नहीं था, क्योंकि अभी मैं किसी की सहायता से केवल कुछ कदम ही चल पाता था। इस समय पीर खाँ ने अपनी सेवाएँ मेरे लिए अर्पित कर दीं। अतः मैंने उसे कोई पालकी या डोली किराए पर लाने के लिए एलिचपुर भेजा,

जिससे मैं कम से कम आगे के पड़ाव तक अथवा जहाँ तक आवश्यक हो, जा सकूँ।

वह डोली लेकर आ गया। दूसरे दिन हकीम को पुरस्कृत करने के पश्चात्, मैं अपने साहसी साथियों को लेकर एक बार फिर आगे चल दिया। लोग पहाड़ियों के निकट लगी बरार घाटी से होकर जानेवाली अच्छी सड़क द्वारा बुरहानपुर की ओर रवाना हुए। जब हम जलगाँव के प्राचीन नगर पहुँचे, तब मैंने स्वयं को अधिक स्वस्थ अनुभव किया। तब मैं डोली को विदा करके पुनः अपने प्रिय घोड़े पर सवार हो गया।

साहब, अपनी लम्बी और कष्टपूर्ण बीमारी के पश्चात् घोड़े की सवारी किसी के लिए एक आनन्द और प्रेरणादायक बात होती है। उसकी पीठ पर बैठकर और उसकी चाल का अनुभव करके यही समझ में आता है कि वह उदार पशु अपने स्वामी के स्वास्थ्य-लाभ करने पर आनन्दित हो रहा था। और मेरी ही भाँति वह भी स्फूर्तिवान था। इस प्रातःकाल की सवारी का जो आनन्द मुझे मिला, वैसा कभी अनुभव नहीं हुआ था। आगे चलते हुए शीतल समीर मेरे दुबले गालों को सहला रही थी तथा मेरे घोड़े से परिहास करती हुई उसे कूदने और गोल चक्कर काटने को प्रेरित कर रही थी। मेरे दल के लोग भी उसके साथ आनन्दित होते हुए चल रहे थे। सम्भवतः मुझे एक बार पुनः घोड़े पर सवार देखकर उनके हर्ष का पारावार न था।

हम सकुशल बुरहानपुर पहुँच गए। पिछले गाँव से चलकर हम दसवें दिन यहाँ पहुँचे थे। नगर की किसी पुरानी सराय में ठहरने की अच्छी व्यवस्था हो गई। यहाँ हम लोगों का उस समय तक रुकने का विचार था, जब आगे के निर्वाह के लिए हम लोगों को कुछ प्राप्त हो जाए।

विभिन्न बाजारों में प्रतिदिन आदमी भेजे जाने लगे परन्तु सुस्ती के आलम में यों ही सात दिन व्यतीत हो गए। मैं बड़ी गम्भीरता से यह विचार करने लगा कि शरफुन की मृत्यु जो एक आवश्यक कृत्य था, परन्तु ईमानदारी के साथ मेरे द्वारा किए गए वादे के विरुद्ध था, क्या इसी कारण हम लोगों ने अपनी आराध्य का संरक्षण खो दिया? दूसरे शब्दों में मुझे यह भय लग रहा था कि शायद मेरे सौभाग्य ने मेरा साथ छोड़ दिया था। मैंने उसी समय अपनी आराध्य देवी के लिए विशाल अनुष्ठान करने का प्रस्ताव रखा। इसके साथ ही शकुन का विचार किया जाए, जिससे हमारी भावी कार्रवाई के लिए कुछ सूत्र उपलब्ध हो जाएँ।

विधिवत् अनुष्ठान किया गया और शकुन-विचार भी हुआ। वे भी अनुकूल और मंगलकारी सिद्ध हुए। यह सब मोती ने बताया जो उसका संचालक था। उसने कहा, "हमें शीघ्र ही अच्छी बनिज प्राप्त होगी, नहीं तो हमें उनकी यह कृपा कभी न मिलती।"

परन्तु एक दिन और निकल गया। सोथिया खाली हाथ लौटकर आ गए। दूसरे दिन मोती ने आकर मुझे बताया, "आपको मालूम होगा कि यह स्थान धनवान लोगों का होने के कारण, रोकड़िया अथवा खजाना-वाहक आया करते हैं जो बम्बई से रकम लाते हैं और अफीम खरीदने के लिए मालवा ले जाते हैं।"

मैंने कहा, "हाँ मालूम है, लेकिन उससे क्या? यह बात मेरे पिताजी बताया करते थे कि कुछ लाभ मिलने की आशा से इसी मार्ग से लौटना चाहिए।"

मोती ने कहा, "तो फिर आप मेरे साथ चलिए। आप और पीर खाँ दोनों की निगाहें पैनी हैं। यदि मैं गलती नहीं कर रहा, तो ऐसे आठ लोग होंगे। पहले मैं उन्हीं की श्रेणी के कुछ लोगों को मार चुका हूँ। मुझे विश्वास है कि ये लोग भी उन्हीं में से होंगे।"

मैंने कहा, "ठीक है, मैं चलता हूँ।"

मैं, मोती और पीर खाँ को लेकर उन लोगों को जाँचने के लिए गया।

किसी खाली दूकान में वे लोग मिल गए। स्वभावतः ये लोग डरपोक होते हैं, अतः हमारे लिए यह आवश्यक था कि उनमें किसी प्रकार का सन्देह न उत्पन्न होने दें। अतः रूमाल से अपने चेहरे छिपाकर हम शीघ्र ही उनके सामने से निकल गए। फिर भी एक सरसरी निगाह डालकर मैंने उनके लम्बे-तगड़े होने, उनके साथ ऊँट होने के साथ उनकी शंकालु तथा बेचैनी की हरकतों से मुझे पक्का विश्वास हो गया कि ये लोग वही थे जिनकी हमें तलाश थी। अफीम की खेती करनेवाले किसानों को अग्रिम भुगतान करने के लिए खजाना लाने का ठीक यही मौसम था। कम से कम एक महीना और उसके बीज नहीं बोए जाएँगे।

मुझे सन्तोष तो था, परन्तु यह समझ में नहीं आ रहा था कि उन्हें अपने साथ किस प्रकार लाया जाए। मेरे दिमाग में कई योजनाएँ आईं। अन्ततः एक पर ध्यान अटक गया। मैं अपने साथियों सहित नदी की सीढ़ियों पर बैठा था। वहाँ प्रायः हम लोग हवा खाने और सैर करने आया करते थे। मैंने कहा, "मैं सोच रहा था कि कैसे इन लोगों को अपने कब्जे में लाया जाए? तुम जानते हो ये लोग कितने डरपोक होते हैं?"

दोनों ने हाँ की।

मैंने पुनः कहा, "अब मेरी योजना सुनो। तुम और मैं, पीर खाँ के साथ यात्री बनकर जाएँगे। अभी हम अपनी सराय चलेंगे, अपने घोड़ों पर धूल-कीचड़ डाल देंगे, अपने कपड़े भी मैले कर लेंगे अपने साथ दो आदमी लेकर और एक टट्टू पर खूब माल लादकर, नगर में इधर चक्कर काटेंगे और पुराने महल के निकट के फाटक से अन्दर घुसेंगे और अपने बेहद थके होने का बहाना करके, उन्हीं लोगों के आस-पास रुक जाएँगे। उनके साथ बातचीत करके आसानी से उन लोगों का विश्वास प्राप्त कर लेंगे और इन्हीं के साथ सम्मिलित हो जाएँगे। मैं दल का दायित्व छोड़ दूँगा। मोती तुमको मैं सन्देश दूँगा कि हमें किस मार्ग से जाना होगा। तुम्हें परिस्थिति के अनुसार काम करना होगा।

"दो-दो, तीन-तीन करके तुम लोग हमसे आगे निकल जाओगे। कुछ लोग पहले ही आगे चले जाएँगे, जिससे उनके बराबर आ सकें। यद्यपि इस प्रकार हमारा पूरा दल बिखर जाएगा, लेकिन इंशाअल्ला दो-तीन पड़ाव के बाद हम लोग अपना काम करने के लिए काफी मजबूत हो जाएँगे। हम बराबर आपस में सम्बन्ध बनाए रखेंगे, जिससे काम हो जाने के बाद हम एकत्र हो सकें और अपने घरों की ओर शीघ्र प्रस्थान करें। परन्तु किसी भी दशा में हमसे एक पड़ाव से अधिक पीछे नहीं रहना होगा। जिस रुकने के स्थान से हम चल दें, वहाँ तुम्हें शीघ्रातिशीघ्र पहुँचना होगा। मेरे मित्रो, अब बोलो क्या यह योजना ठीक रहेगी? अथवा अन्य कोई योजना हो तो उसे बताओ, उसी पर चला जाए।"

दोनों ने कहा, "यह योजना सबसे उत्तम है। यह दिमाग की सूझबूझ है। अब हमें समय नष्ट नहीं करना चाहिए।"

हम लोग अपनी सराय लौट आए। दोपहर के बाद बुरहानपुर के दक्षिणी दरवाजे से दो यात्री अन्दर आते हुए दिखाई दिए। वे अपनी यात्रा से ऐसे थके और परेशान दिखाई दे रहे थे जैसे बहुत लम्बी यात्रा से लौट रहे हों। वे बाजार में अपने ठहरने के लिए स्थान खोज रहे थे। वे और कोई नहीं थे, मैं स्वयं तथा पीर खाँ थे। हमारे साथ जंगली तथा दो और ठग थे। जिस सायबान में रोकड़िया ठहरे थे, वह काफी बड़ा था। हम लोग कई बार वहाँ आते-जाते

रहे और यह बहाना करते हुए कि हम जहाँ गए, वहाँ जगह देने से इनकार किया जाता था, हम उन्हीं लोगों के पास पहुँचे। उनमें से जो अधिक सभ्रान्त प्रतीत होता था, ऊँचा और लम्बी दाढ़ी-मूँछवाला था, उससे मैंने कहा, मित्रो, आप लोग भी हमारी ही तरह यात्री मालूम होते हो, अल्लाह के लिए हमें भी थोड़ी जगह दरी बिछाने भर की दे दीजिए। इधर आपने हमें कई बार आते-जाते देखा होगा लेकिन किसी ने भी नहीं कहा कि उतरकर सुस्ता लो। यही नहीं बहुत सी खाली जगहों पर भी हमें स्थान नहीं दिया।" (गाली)

उस आदमी ने कहा, "सराय चले जाओ, वहाँ जगह मिल जाएगी। वहाँ आराम से रहोगे।"

मैंने कहा, "वास्तव में हम वहाँ भी कोशिश कर चुके, वह भी भरी हुई है। उसमें 40-50 लोग थे। उन लोगों ने गाली देकर भगा दिया। अब हम उनकी सूरत नहीं देखना चाहते। हमारे पास भी कीमती सामान है। वे लोग हमें चोर-बदमाश लग रहे थे। क्यों यही बात है न भाई?" मैंने पीर खाँ की ओर घूमकर कहा।

उसने कहा, "बात सही है। उनके बीच रुक भी जाते तो कौन जाने हमारा गला ही काट देते। अल्लाह की मेहरबानी हुई," ऊपर की ओर देखकर, "वह जगह भरी हुई थी। हम लोग तो थके हुए हैं ही, कहीं भी थोड़ी जगह मिल जाती तो हमें खुशी होती। अब तो घोड़े पर भी बैठा नहीं जाता।"

मैंने कहा, "आप देखिए, हम लोगों की क्या दुर्दशा है। आप लोग भले हिन्दू हो, लेकिन आप इनकार नहीं करेंगे। अब शाम होने को आई। दिन भर घोड़ों पर बैठे रहे। अब चाहते हैं कुछ खाना खा लें और आराम से सो जाएँ।"

उसने कहा, "आपको भगा देना असभ्यता होगी। अच्छा, अब उतरकर आ जाइए।"

फिर अपने किसी साथी को पुकारकर कहा, "दुर्जन, तुम और कुछ लोग मिलकर ऊँट की काठी और कुछ बोरे हटा दो। इन भूले-भटके लोगों को थोड़ी जगह हो जाएगी।"

उन लोगों द्वारा बोरे हटाए जाने पर रुपयों की खनक सुनाई दी। हम अपने घोड़ों से उतर पड़े। थोड़ी देर में घोड़ों की मालिश हो गई और खाना तैयार हो गया। हमने जानबूझकर उस दिन उपवास कर लिया था। भोजन करने के बाद हमने उन रोकड़ियों को बातों में लगा लिया। इतनी देर में हमें उन लोगों के आगे की यात्रा करने का मार्ग भी ज्ञात कर लिया और उनके साथ परस्पर सुरक्षा की दृष्टि से यात्रा करना स्वीकार कर लिया। कुछ ही समय में उनके साथ हमारा इतना अच्छा व्यवहार होने लगा, जैसे अभी तक उन्हीं लोगों के साथ हम यात्रा करते आए हों। हमारी वेष-भूषा, हमारे उत्तम घोड़े और हथियार देखकर उन्हें विश्वास हो गया कि हम लोग सैनिक थे क्योंकि मैंने उन्हें बताया था कि हम लोग होलकर की सेवा में थे और पूना से वापस आ रहे थे, जहाँ हम किसी विशेष काम से पेशवा के यहाँ भेजे गए थे। हम लोग केवल डाक ही नहीं, भारी रकम की हुंडिया भी लाए थे। उन्हें प्रभावित करने के लिए मैंने अपने अन्दर की जेब से कागज का एक पुलिन्दा निकाल लिया। उन्हें अपने सिर और आँखों पर लगाकर मैंने पेशवा बाजीराव की उदारता की प्रशंसा की और होलकर के साथ उनके मित्रवत् व्यवहार की सराहना की।

यह मेरी बुद्धि का कमाल था, यह योजना मेरे दिमाग में अचानक आई जब मैं सराय में था। मैंने तुरन्त कुछ रद्दी और कुछ हिसाब के कागज लपेटकर एक बंडल बनाया और उस पर 'होलकर के लिए' लिखा और उस पर अपनी मोहर लगा दी। खुदा कसम साहब, उन लोगों

को मेरे कथन पर पूरा विश्वास हो गया।

आगे चलकर उन्होंने हमसे प्रश्न किया कि क्या यह सम्भव है कि होलकर और पेशवा दोनों मिलकर फिरंगियों को उखाड़ फेकेंगे? परन्तु मैं उत्तर देने में अत्यन्त सतर्क था। केवल हाँ-हूँ करके उन्हें टाल दिया। फिर मैंने अपनी वार्ता पेशवा बाजीराव द्वारा प्रदर्शित अनुग्रह की ओर मोड़ दी। उनके सम्बन्ध में इतनी झूठी बातें बनाकर बताईं, कि उनके बोझ से स्वयं मेरी साँस अवरुद्ध होने लगी। अपने शानदार घोड़े को बाजीराव द्वारा दिया गया उपहार बताया। उन लोगों ने एक मत से बाजीराव को दान-मान दोनों में अग्रणी बताया।

कल की यात्रा में हमलोग आठ कोस पर पहला पड़ाव रखने पर सहमत हो गए। इसके पश्चात् वे लोग सोने चले गए और उनके दो आदमी तलवारें लिये अपने खजाने पर पहरा देने लगे। उन्हें यह पूर्ण विश्वास हो गया कि उनके साथ यात्रा में कोई अज्ञात महान पुरुष चल रहा था।

अपने विश्राम करने से पूर्व मैंने जंगली को मोती के पास सूचना देने के लिए भेज दिया। उसके साथ रमसी में खुलकर बात की और वह अपने कार्य पर चला गया।

रोकड़िए के जमादार ने पूछा, "यह बड़ी विचित्र भाषा है? इसे क्या कहते हैं?"

मैंने लापरवाही के साथ उत्तर दिया, "यह तेलगू है। दो साल पहले हैदराबाद में कुछ रुपए देकर सीखा था। वह मेरा नौकर था, वह मेरी हिन्दी समझ लेता है, परन्तु बोल नहीं पाता।"

सम्भवतः उसे इस समय भेजना अनुचित था, परन्तु मैंने ऐसी लापरवाही के साथ कहा था कि उन्होंने समझा मैंने उसे किसी मामूली काम से भेजा होगा। वास्तव में मैंने उससे लौटते समय पान और तम्बाकू लाने को कह दिया था। चूँकि सराय वहाँ से अधिक दूर नहीं थी, अतः आने जाने में अधिक समय नहीं लगा।

वह पान-तम्बाकू लेकर आ गया और बताया कि सब लोग तैयार थे, लेकिन अधिकतर लोग दूसरे दिन रुकेंगे। गुरदत्त के साथ चुने हुए सात आदमी चले जाएँगे। एक को भेदिए के रूप में उस गाँव में छोड़ देंगे, जहाँ हमें रुकना था। बाकी लोग आगे जितना शीघ्र होगा बदले जाएँगे।

अपने प्रबन्ध से मैं सन्तुष्ट था। मुझे इस अभियान की सफलता पर इतना विश्वास था कि तीन दिन के अन्दर उन रोकड़ियों को मारने के लिए मैं अपनी समस्त दौलत दाँव पर लगा देता। दूसरे दिन प्रातः काल हम वहाँ से रवाना हो गए। दो दिनों तक हम अपने किसी आदमी से नहीं मिले। पीर खाँ ने इसे अच्छा संकेत समझा, कि सभी लोग अपनी-अपनी जगह पर मुस्तैद थे और उचित समय पर प्रकट हो जाएँगे। और वे यदि जल्दी पहुँच गए, तो वे होशियार होकर आगे चले जाएँगे।

चौथे दिन हमारा एक साथी प्रकट हुआ। हम सड़क पर उसके बराबर चलने लगे। मैं जानबूझकर सब लोगों से पीछे हो गया और उससे मालूम हुआ कि गुरदत्त और उसके शेष साथी हमसे एक पड़ाव आगे थे और कुछ लोग इस दिन हमसे मिल जाएँगे, शेष बाद में मिलेंगे।

सब कुछ योजनाबद्ध तरीके से हो रहा था। आगे के गाँव में डेरा डालते हुए चार आदमी हमारे साथ आ गए। अब हम आठ या नौ लोग हो गए थे। हिंसा द्वारा इन लोगों को समाप्त करने की सम्भावना पर मैं विचार करने लगा। इसका अर्थ यह था कि किसी अवसर के प्राप्त होने पर उन पर तलवार से आक्रमण कर दें।

परन्तु यह काम खतरनाक था, क्योंकि उनके आदमी हमसे अधिक हृष्ट-पुष्ट थे, शस्त्र संचालन में निपुण थे तथा बिल्ली की भाँति सतर्क रहते थे।

दूसरे दिन गुरदत्त और उसके आदमी हमारे साथ आ गए। परन्तु इन लोगों को अपने साथ यात्रा करने की अनुमति लेने के लिए मुझे रोकड़ियों को बहुत प्रयत्न करके मनाना पड़ा। उन लोगों ने साफ कह दिया था कि यह बात उनके नियम के विरुद्ध थी और यह बात हम लोगों को समझ लेनी थी और यह बात यदि उनके मालिकों को पता चल जाए कि उन लोगों ने एक भी यात्री मार्ग में सम्मिलित कर लिया था, तो उनकी ख्याति के साथ नौकरी भी चली जाएगी।

उनका जमादार जिसका नाम भीम सिंह था, बोला, "लेकिन आप लोग प्रतिष्ठित आदमी हैं और सरकार के सम्मान की रक्षा के लिए नौकरी करते हैं। चोरों, लुटेरों के विरुद्ध आप हमारी सहायता करेंगे। हम सिन्धिया के इलाके में आप लोगों के साथ ऐसी सुरक्षा समझकर यात्रा करते हैं जैसे हमारे पहरे में कोई पैदल रिसाला चल रहा हो। फिर भी हमारे कारण आप लोगों के मन में रास्ते चलते लोगों के किस्सों का कोई प्रभाव नहीं पड़ना चाहिए। आपको किसी रोकड़िया के अनुभव पर भरोसा करना चाहिए। रास्ते चलते लोगों पर विश्वास नहीं करना चाहिए और आप भी किसी को अपने साथ लेना वर्जित रखें। उन्हें लेकर कभी भला नहीं होगा, वरन् हानि ही अधिक होगी।"

मैंने उसकी सलाह मानकर चलने का वचन दिया। अब मैंने यह स्पष्ट रूप से समझ लिया कि वे लोग हमारे किसी एक आदमी को भी साथ लेने के लिए तैयार नहीं होंगे। और यदि मैंने किसी और को साथ लेने के लिए जोर दिया, तो उसका परिणाम झगड़ा या अलगाव ही होगा। मैंने इरादा कर लिया कि अपने बारह आदमियों को लेकर ही मामले को जितनी जल्दी सम्भव हो निपटाना होगा।

मेरे साथ जंगली था तो लेकिन काम का कम था। मेरी दृष्टि में वह एक उभरता जवान था। शेष सभी चुने हुए थे, पक्के युहोदे। सभी के पास अच्छी तलवारें थीं और वे उनके संचालन में भी दक्ष थे।

दिन में हम लोगों ने किसी ज्वार के खेत में बैठकर विचार-विमर्श किया। पूरे मामले पर बहस होती रही। पीर खाँ ने सुझाव दिया कि किसी को पीछे भेजकर मोती तथा अन्य लोगों को कहला दिया जाए कि वे सब रात में ही बिना रुके लोगों से आगे निकल जाएँ और जिससे प्रातःकाल हम लोग उन लोगों तक आ जाएँगे और जैसे ही हमारे दोनों दल मिलकर एक-दूसरे के सामने पहुँचें कि झिरनी दे दी जाए।

योजना बड़ी आसान थी और सलाह भी अच्छी थी। उसमें सन्देह की कोई गुंजाइश नहीं थी। मेरा झुकाव भी इसी ओर था परन्तु इसके द्वारा कोई ख्याति मिलनेवाली नहीं थी। यह केवल कम के विरुद्ध अधिक का संयोग ही होगा; मुझे यह पसन्द नहीं आया। ऐसे मामलों में मेरी रुचि का भी महत्त्व था। पीर खाँ द्वारा की गई बहस सुनकर तथा स्वयं कुछ चिन्तन करके मैंने कहा, "नहीं, नहीं पीर खाँ हम सभी लोग जवान हैं और हमको अपनी कीर्ति प्रिय है। यदि हम इन्हें पुराने ढंग से मारें और लूट भी काफी प्राप्त हो, तो हमारी प्रशंसा अवश्य की जाएगी, परन्तु यह भी सोचो कि इससे सम्मान और सुकीर्ति कितनी प्राप्त होगी? यदि हम इन लोगों के विरुद्ध स्वयं को संकट में डालें और विजयी भी हों, तो क्या हमारे देश का प्रत्येक

ठग हमारा जयघोष नहीं करेगा? वाह-वाह नहीं करेगा? क्या यह बात हमारे प्रयास के योग्य नहीं है? मेरा मत है कि सम्पत्ति से बढ़कर सुनाम होता है, और यदि हमारे मरने का समय आ ही जाएगा तो मोती और उसके साथियों को बुलाकर भी हम उससे बच नहीं सकते। वे हमारे केवल आश्रय हैं। और क्या हम लोग अपने दल के चुने हुए नहीं हैं, जिनके ऊपर मामले का सम्पूर्ण दारोमदार रहेगा, भले सारे दल के लोग मौजूद हों। इसलिए बोलो क्या उन लोगों के विरुद्ध संकट झेलने के लिए और कल सुबह उन लोगों पर टूट पड़ने के लिए तैयार हो?"

साहब, वे लोग जरा भी नहीं झिझके। सभी ने एक स्वर से मेरा अनुगमन करने की शपथ ली और यदि यही उनकी नियति होगी तो मेरे साथ मरने के लिए तैयार हो गए।

मैंने कहा, "तब तुम सब अपनी तलवारें म्यान में ढीली कर लो। तुममें से हर एक अपने शत्रु पर प्रहार करने की दूरी बनाए रखकर बाईं ओर अपने स्थान पर रहेगा। मैं और पीर खाँ घोड़ों पर सवार रहेंगे। हम किसी प्रकार की चूक नहीं करेंगे। मुझे विश्वास है कि इसमें किसी प्रकार का खतरा नहीं होगा और हम लोग सफल होंगे।"

हम सब वहाँ से चल दिए और अपने दूसरे साथियों में आ मिले। शाम का समय गाने और सितार बजाने में, जिसमें दो रोकड़िए तथा कुछ हमारे भी आदमी दक्ष थे, व्यतीत हुआ। सोने के लिए जाते समय काफी रात बीत चुकी थी। हम कल अपने काम को भली भाँति तथा वीरता के साथ सम्पन्न करेंगे।

और सुबह हुई। सूर्य अपनी सम्पूर्ण आभा के साथ उदय हुआ। थोड़ी देर बाद हम लोग वहाँ से चल दिए। रोकड़िया सूर्य निकलने से पूर्व चलने के लिए नहीं तैयार हुए। उन्हें चोर-डाकुओं से भय था, जो प्रायः अन्धकार में यात्रियों पर टूट पड़ते थे।

अपनी समस्त योजना पर मैंने पानी फिरते देखा, जब दो रोकड़िए यह कहकर ऊँट पर सवार हो गए कि उनके पैर फट जाने के कारण पीड़ा दे रहे हैं अतः वे पैदल नहीं चल सकते थे। इस बात ने एक क्षण के लिए मुझे चिन्तित कर दिया, क्योंकि मैंने सोचा कहीं उन्हें हमारे ऊपर सन्देह तो नहीं हो गया। यह बात मुझे ज्ञात थी कि अधिकांश खजाना इन्हीं ऊँटों पर लदा था। परन्तु मैंने कोई अचम्भा नहीं प्रकट होने दिया, और अपने इरादे पर दृढ़ बना रहा। यदि उन लोगों ने भागने की जरा भी चेष्टा की, तो उस दशा में ऊँट घायल कर दिया जाएगा और वह भाग न सकेगा। मुझे ज्ञात था कि उसकी चाल तेज होती है। एक दिन पूर्व उन लोगों ने भी उसकी प्रशंसा करते हुए कहा था कि वह घोड़े से भी अधिक तेज दौड़ सकता था।

दोपहर तक हम लोग साथ-साथ चलते रहे। थकान और तेज धूप ने हमें बड़ी प्रसन्नता के साथ मार्ग को काटकर जानेवाली एक जलधारा पर घोड़ों से उतरने का अवसर दे दिया। मैंने सोचा उन पर टूट पड़ने का यही सुअवसर था, लेकिन यह देखकर मुझे निराशा हुई कि वे लोग एक ही स्थान पर एकत्र हो गए। परन्तु मुझे यह सन्तोष भी था कि उन्हें हमारे इरादे का कुछ भी सन्देह नहीं हुआ। मैं आक्रमण के लिए अधिक विलम्ब नहीं करना चाहता था, किसी भी स्थिति में उसे अवश्य सम्पन्न करना था, क्योंकि रोकड़िए जिस तेज गति से यात्रा कर रहे थे, उसके कारण हमारे आधे आदमी पस्त हो चुके थे। उनकी तेज गति के साथ उन्हें चलने में बड़ी कठिनाई हो रही थी।

हमारे सौभाग्य से लगभग एक कोस चलने के बाद रास्ते में एक नाला मिल गया। उसे पार करने के बाद हम ऊबड़-खाबड़ और पथरीली सड़क पर आ गए। इस कारण ऊँट की चाल

धीमी हो गई और पत्थर लग जाने से उसके पैर में चोट लग गई। अब वह बहुत सँभल-सँभलकर चलने लगा, यद्यपि उस पर बैठे हुए लोग उसे तेज चलाने की बराबर कोशिश कर रहे थे। उसकी धीमी चाल का लाभ उठाकर हमारे आदमी अपनी-अपनी जगह पर लग गए। कुछ दूर इसी प्रकार चलते रहने का संकेत मैंने दे दिया था। परन्तु आक्रमण के लिए हम पूर्ण रूप से तैयार थे। मैं ऊँट के अधिक से अधिक निकट रहना चाहता था, जिससे उसे भागने से रोका जा सके। आगे मार्ग और अधिक खराब था, उसकी चाल भी धीमी हो गई परन्तु मुझे सन्तोष इस बात का था कि आगे उसे तेज भागना असम्भव था।

इस समय हमारे आदमी एक स्थान पर एकत्र थे। मैंने समझ लिया कि अब समय आ गया। साहब, इस समय मेरा हृदय कैसा धड़क रहा था, भय के कारण नहीं, वरन् उस जुआरी की भाँति जिसने अपना सर्वस्व दाँव पर लगा दिया हो, और जो अपनी मुट्ठी बाँधकर दाँत भींचकर, और आधी साँस भरते हुए कौड़ियों का पलटना देखता है जो उसे भिखारी बनाए या मालामाल कर दे।

पीर खाँ ने मेरी ओर देखा। एक रोकड़िया अपना हाथ घोड़े के कन्धे पर रखे पैर घसीटता हुआ चल रहा था, दूसरा भी मेरे निकट था। ऊँट पर बैठे लोग मेरी ओर अपनी पीठ किए मुदित मन से कोई राजस्थानी गीत गुनगुना रहे थे, उनके साथ पैदल चल रहे लोग कभी-कभी उनके सगवेत हो सुर मिला देते थे। इसी प्रकार हमारे आदमी भी जो उनकी भाषा समझते थे, गाने लगते थे। जंगली मेरे घोड़े को ले जाते हुए ऊँट के ठीक पीछे चल रहा था और अन्य लोग भी पीछे थे, परन्तु अपने-अपने स्थान पर थे। यह सब देखने के लिए एक बार मैंने अपनी दृष्टि दौड़ाई। पूर्ण सन्तुष्ट होने के पश्चात् मैंने झिरनी देते हुए कहा, "जंगली पान लाओ।"

मेरे दल के लोगों की तलवारें म्यान से निकलकर तुरन्त चमक उठीं और क्षण भर में वे अपने-अपने शिकार के शरीर में गहरी पैठ गईं और रक्त से लाल हो गईं। जहाँ तक मेरी बात थी, मैंने अपने नीचे चल रहे आदमी की खोपड़ी के दो भाग कर दिए, और उसके गिरने के साथ ही मेरी तलवार फँसकर मेरे हाथ से छूट गई। उसे लेने के लिए मैं अपने घोड़े से कूद पड़ा। उसी समय मैंने देखा कि ऊँट भूमि पर पड़ा। बुरी तरह तड़प रहा था। उसी के साथ उस पर बैठे लोग भी गिर गए थे, परन्तु वे दोनों तुरन्त उठकर खड़े हो गए। उनमें से एक जंगली के ऊपर टूट पड़ा। वह बेचारा लड़का अपने असमान से युद्ध करने लगा। दूसरा भी तलवार उठाए मेरी ओर झपट पड़ा, मैंने सोच लिया था कि मेरा अन्त आ गया, उसी समय अपनी पीठ की ढाल मैंने बचाव के लिए अपने आगे कर ली। उधर निराशा के साथ मैं अपने शस्त्र को भी खींच रहा था।

अल्लाह का शुक्र था कि बड़ी शक्ति लगाने के साथ वह मेरे हाथ में आ गया। अब हम दोनों बराबर के स्तर पर थे। मैं आपको पहले भी अपने तलवार संचालन की कुशलता के सम्बन्ध में बता चुका था, परन्तु रोकड़िया के साथ मुझे बराबर का जोड़ीदार मिल गया। उसके अतिरिक्त उनके सभी आदमी भूमि पर पड़े हुए थे। आक्रमणकारी ने मेरे बेचारे सेवक को बुरी तरह घायल कर दिया। उसे पीर खाँ तथा अन्य ने दबा रखा था, परन्तु वह शान्त और मेरी तरह फुर्तीला था। हम दोनों खूब लड़ते रहे। बड़ी देर तक यह प्रतियोगिता बराबर की रही। हम दोनों की साँस उखड़ रही थी और दोनों की ढालें प्रहार लगते-लगते कट गई थीं। अन्त में मेरा पैर किसी पत्थर पर पड़कर फिसल गया। अवसर पाकर उसने मेरे सिर पर वार किया, परन्तु थकावट

के कारण उसका वार कमजोर रह गया, वरना उसी से मेरा काम तमाम हो जाता। उसका वार मेरी पगड़ी को काटते हुए घुसा जिससे मेरे सिर में छोटा-सा घाव हो गया।

यद्यपि इस प्रहार के कारण मैं भूमि पर नहीं गिरा, परन्तु उससे मेरा सिर चकरा गया, वह इस अवसर का लाभ उठा लेता, परन्तु उसने उसकी अनदेखी कर दी। अपने पराक्रम की भावना से पागल होकर मैं उस पर झपट पड़ा, और मेरे प्रचंड प्रहार ने उसे पीछे ढकेल दिया। परन्तु पीछे हटते हुए भी उसका पैर फिसल गया और इस कारण वह अपना सन्तुलन खो बैठा। स्वयं को बचाते हुए उसने अपनी तलवार हवा में लहराई, परन्तु उसकी भाँति मैंने अवसर को हाथ से नहीं जाने दिया, मैंने उसकी ओर बढ़कर एक छलाँग लगाई, जिससे उसके ऊपर मेरा प्रहार पूरी शक्ति के साथ पड़ा और उसकी गर्दन और कन्धा सीधा कट गया, वह भूमि पर गिर पड़ा। अपने गिरने से पूर्व वह अर्द्धमृत हो चुका था। एक क्षण तक मैं उस बहादुर राजपूत का चेहरा देखता रहा। इसके बाद अपने उस बेचारे लड़के को देखा जिसकी जीवनी शक्ति तेजी से घटती जा रही थी। उसका भी घाव गरदन पर था, उससे जो रक्त निकल रहा था उसके कारण उसका श्वास अवरुद्ध हो रहा था।

मैंने अपने कमरबन्द से उसका रक्त बहना बन्द करने का प्रयत्न किया, परन्तु उससे कोई लाभ नहीं हुआ। एक क्षण के लिए उसे होश आया और उसने पानी माँगा। किसी आदमी ने चमड़े के थैले में पानी भरकर ऊँट पर बाँध दिया था, मैंने उसे उसके होठों पर रख दिया और उसने कुछ पानी पिया। वह गुरदत्त का सहारा लेकर बैठ गया और बोला, "जमादार, मैं मरनेवाला हूँ। मेरा अपना रक्त ही मेरा दम घोंट रहा है। अब मैं ठीक नहीं हो सकता। मेरे शरीर को जानवरों को खिलाने के बजाय दफन कर देना।" थोड़ा रुककर और किसी मृतक की ओर संकेत करके फिर बोला, "उस आदमी की तलवार मेरी घातक बनी। मैंने ऊँट के पिछले पैरों की नसें काट दी थीं, जिसके कारण वह गिर गया, मैंने सोचा था उसके दोनों सवार भी गिरकर अपना होश खो बैठेंगे, परन्तु एक ने उठकर मेरे ऊपर प्रहार कर दिया। मेरी उसकी क्या बराबरी थी? आप सभी लोग उलझे हुए थे, नहीं तो आप मेरी सहायता अवश्य करते, परन्तु मृत्यु ही मेरी नियति थी। कल मुझे इसका अनुभव हुआ था, पर मृत्यु की कटुता उस समय मेरे ऊपर से निकल गई थी। परन्तु अब मुझे सन्तोष है। यह पीड़ा शीघ्र ही समाप्त हो जाएगी।"

यह कहकर वहीं वह संज्ञाहीन होकर गिर पड़ा। हम लोग उसे घेरकर खड़े रोते रहे। क्योंकि वह अत्यन्त स्नेहशील बालक था। हम सब उसे अपने छोटे भाई की भाँति प्यार करते थे। परन्तु एक बार उसकी क्षीण संज्ञा फिर लौट आई। यद्यपि उसके कंठ में खरखराहट थी। रक्त के कारण वह बड़ी कठिनाई से बोला, उसने अति क्षीण स्वर में कहा, "जमादार, आप मेरी माँ को जानते हैं। मेरी छोटी बहन है, वे अब भूखों मर जाएँगी, परन्तु आप इस गरीब जंगली के लिए उनकी सहायता करें।" उसने अपना सिर मेरे हाथ पर रखने का प्रयत्न किया मानो उनकी रक्षा करने के लिए वह मुझसे अनुनय कर रहा था।

मैंने कहा, "तुम डरो नहीं, उन लोगों की पूरी देखभाल की जाएगी। अमीर अली के जीवित रहते हुए, उन्हें कोई कष्ट नहीं होगा," लेकिन यह कहते-कहते मेरा गला भर आया, क्योंकि मुझे मालूम था कि मेरी अभिरक्षा में उसे सौंपकर उस वृद्धा ने उसके सुरक्षित घर लौट आने के लिए कितनी प्रार्थनाएँ की थीं। अफसोस यही है कि उसके बेटे की मृत्यु का समाचार हम उसे कैसे सुना पाएँगे।

वह गरीब बालक मेरे शब्दों से सन्तुष्ट हो गया था, किन्तु क्या यही अच्छा होता कि उसका उत्तर दे पाता। उसके होंठ हिलकर रह गए थे, क्योंकि रक्त की धारा ने उसकी वाणी अवरुद्ध कर दी थी। उसने अपनी बुझती हुई, परन्तु चमकती आँखों से मुझे देखा, मेरे हाथों पर अपना सिर झुका दिया और इसी प्रयास में उसके प्राण निकल गए।

मैंने कहा, "यहाँ मैं एक बात का वचन देता हूँ और यदि तुम लोग उस पर सहमत नहीं होगे, तो तुम लोगों से मेरा कोई वास्ता नहीं रहेगा। मैं वादा करता हूँ कि इस गरीब बालक के हिस्से में जो भी रकम आए, वह उसकी माँ के लिए दुगुनी कर दी जाए। अभी हमें कोई अनुमान नहीं कि वह कितनी होगी, लेकिन जो भी होगी, दुगुनी कर दी जाएगी।"

सभी ने एक स्वर से कहा, "हमें स्वीकार है। यही नहीं हर व्यक्ति अपनी सामर्थ्य के अनुसार उसमें और अधिक धन मिलाएगा। यदि जंगली ऊँट के पैरों की पिछली नसें न काट देता, जिसे करने की किसी को सुधि नहीं थी, तो निश्चय ही वह उड़ जाता, क्योंकि कल हम लोग उसकी तेज चाल देख चुके थे और इस प्रकार वे दोनों राजपूत बचकर निकल जाते।"

मैंने कहा, "इस शुभ वादे के लिए तुम सब मेरे अपने भाई हो। अब कुछ लोग इस बेचारे लड़के के लिए कब्र तैयार करो। हमें ऊँट पर लदा सामान उतार लेना चाहिए और शवों के वस्त्र भी। जहाँ तक मेरी बात है, मुझे कुछ पीड़ा अवश्य हो रही है, परन्तु सिर के घाव को धोकर उसे बाँध दूँगा। अब सब लोग अपने-अपने काम पर जुट जाओ।"

ऊँट अभी तक वहीं पड़ा कराह रहा था, उसे उठाने का प्रयत्न किया गया परन्तु वह उठ न सका, क्योंकि उसकी जाँघों का पिछला भाग दो होकर कट गया था। अतः अपने आप उसका उठना असम्भव था। तब एक ने उसका गला काट दिया और इस प्रकार उसकी पीड़ा का अन्त हो गया। उस पर लदे हुए खजाने के थैले मेरे और पीर खाँ के घोड़ों पर लाद दिए गए। मेरे साथ दूसरों ने अपने कमरबन्द भर लिये। इस प्रकार पूरा खजाना ले जाने में हम लोग समर्थ हो गए। राजपूतों की तलवारें लेकर, सब कुछ वैसा ही छोड़ दिया गया। शवों को घसीट कर कुछ दूर जंगल में डाल दिया गया। उनके ऊपर जल्दी-जल्दी पत्थर और मिट्टी डाल दी गई। संघर्ष के स्थान पर पड़े हुए रक्त की मिट्टी को एकत्र कर कहीं फेंक दी गई। थोड़ी देर में वहाँ ऊँट के कंकाल के अतिरिक्त कोई चिन्ह नहीं रह गया। उसका निस्तारण हम नहीं कर सके। मोती और उसके साथियों के पथ-प्रदर्शन के लिए वहाँ कुछ निशान छोड़कर हम लोग मुख्य मार्ग से आगे चल दिए।

अपने पड़ाव पर पहुँचकर डेरा डालने से पूर्व हम लोग एक नाले पर बैठकर स्वयं को धोने-साफ करने लगे और हमारे हर्ष का ठिकाना न रहा जब हमने एक टीले के ऊपर से अपने पीछे के दल को आते देखा। वे सब बड़ी उत्सुकता और आशा के साथ हमारी ओर दौड़ पड़े।

उनमें मोती सबसे आगे था। वह मेरी बाँहों में आ गिरा। बोला, "हम लोग पिछले पड़ाव से भागते चले आ रहे हैं। आशा थी कि ठीक समय पर आप लोगों से मिल जाएँगे और जब हम लोगों ने मरा हुआ ऊँट देखा तब हम बड़ी दुविधा में फँसे रहे, जब तक कि आप लोगों को न पा जाएँ। हमने वहाँ संघर्ष के निशान देख लिये। कुछ रक्त जानकारी से बचकर रह गया था। उसे मैंने हटा दिया, उसे देख कर मुझे और अधिक चिन्ता हो गई परन्तु देवी माता की जय हो। आप लोग हमें सकुशल मिल गए। क्या यह सही नहीं?"

मैंने कहा, "पूरी तौर पर सही नहीं है। बेचारे जंगली को हम खो बैठे। वह लड़ते हुए मारा

गया और मैं भी घायल हूँ लेकिन थोड़ा ही कटा है। कुछ दिन में ठीक हो जाएगा।"

उसी समय खजाना दूसरे टट्टुओं पर लाद दिया गया। एक गाँव में पहुँचकर उसके बाहर की ओर डेरा डाला गया। पारम्परिक रस्में सम्पन्न करने के बाद, मैंने अपना छोटा खेमा गड़वाया और पूरा खजाना वहीं जमा किया गया। एक-एक करके थैले खोले गए। जिस प्रकार खतरे का सामना हम लोगों ने किया था, यह लूट उसी के अनुरूप थी। उसमें डॉलर, सोने की मोहरें और रुपए थे, जिनका मूल्य साठ हजार से कम न होगा। मेरे अपने हर्ष का वर्णन करने की आवश्यकता नहीं। इसके अतिरिक्त कुछ मोतियों की मालाएँ थीं जिनकी कीमत दस हजार के लगभग होगी। वह हम लोगों के लिए कई वर्षों तक आराम के साथ ही नहीं वरन् प्रचुरता के साथ जीवन यापन करने के लिए पर्याप्त था। मौन कृतज्ञता के साथ प्रत्येक व्यक्ति उस खजाने के ढेर को देखता रहा। अन्त में उसे पुनः थैलों में भर दिया गया, जिसे मैंने अपनी मुहर लगाकर सील कर दिया।

अब हम लोग बड़ी तेजी से अपने घर की ओर कदम बढ़ाने लगे क्योंकि कोई जोखिम नहीं दिखाई दी और न अब उसकी आवश्यकता थी। केवल दो अभागे लोग जिन्होंने हमारे साथ चलने की जिद की थी, मारे गए। केवल एक महीने से कम समय में हम लोग अपने घरों से तीन पड़ाव दूर तक पहुँच गए। मैंने अपने पहुँचने की अग्रिम सूचना देने के लिए आदमी गाँव की ओर रवाना कर दिया। अल्लाह, मेरा दिल अज़ीमा को सीने से लगाने और बच्चों को देखने के लिए कितना धड़क रहा था। सभी खतरों का सामना करने के बाद अपने मकान की दहलीज पर पहुँचने की कितनी उत्सुकता मुझे थी। जब मुझे अपना जाना-पहचाना बाग दिखाई दिया, जहाँ से हमने प्रस्थान किया था। गाँव की मस्जिद पेड़ों के बीच से झाँकती हुई दिखाई दे रही थी। मैंने अपने घोड़े को सरपट चाल से दौड़ा दिया। मैंने अपने पिता और मुइउद्दीन को मुझसे मिलने के लिए आते देखा। मेरे लौटने पर वे मेरा स्वागत करने आए थे। लेकिन जब मैंने उन्हें नजदीक से देखा, तो वे अपना मुँह लटकाए हुए थे और वे शोक की मुद्रा में धीरे-धीरे आगे आ रहे थे। अचानक मेरे दिल में एक टीस उठी। अपने घोड़े से उतरकर मैं उन लोगों की ओर दौड़ पड़ा। मेरे पिता रो रहे थे।

मैंने पूछा—"बोलिए, अल्लाह के लिए कुछ तो बोलिए? क्या हो गया? जो कुछ भी बुरा हुआ उसे कह डालिए। क्या अज़ीमा नहीं रही? यह दुविधा मुझे मारे डाल रही है।"

वृद्ध, ने कुछ शब्दों में बता दिया कि मेरा खूबसूरत पुत्र नहीं रहा।

और अमीर अली रोता रहा।

चीतू पिंडारी से मिलन

(मि. टेलर : यद्यपि अमीर अली जैसे हत्यारे के साथ जो अत्यन्त वीभत्स अपराधों में गहन रूप से रँगा हुआ था, उसके सुख या दुख के प्रति सामान्यतः किसी की सहानुभूति नहीं हो सकती। फिर भी एक क्षण के लिए मैं यह देखकर द्रवित हो गया कि उसके हिसाब से लगभग बीस वर्षों बाद जन्मे अपने प्रिय बच्चे की मृत्यु के उल्लेख मात्र से वह इतना अधिक प्रभावित हो

गया कि उसके अविरल अश्रुपात होने लगा। और उसके वे आँसू वास्तविक आँसू थे। वैसे उसके मस्तिष्क की विशिष्ट संरचना का अनुमान लगाने का कार्य मैं अन्य लोगों पर छोड़ता हूँ। परन्तु उच्चकोटि के अपराधीय वातावरण से घिरे होने पर भी उसके हृदय में कोई सुकुमार भावना कैसे बचकर रह गई?)

"साहब, मैं अपनी प्रिय अज़ीमा के साथ अपने दुख से भरे हुए मिलन का वर्णन करके आपको परेशान नहीं करना चाहता। उसकी कल्पना आप स्वयं कर सकते हैं। हम दोनों प्राणियों की आत्माएँ इस बच्चे के साथ बँधी हुई थीं। अल्लाह ने हमें जो आघात दिया उसे भूलने में हमें बहुत समय लगा। हमारे शोक की मार्मिकता क्रमशः कम होती गई और हमारी बेटी, जिसका सौन्दर्य उत्तरोत्तर बढ़ता जा रहा था, की ओर हमारी विचारधारा केन्द्रित हो गई। हम उसके स्नेह तथा उसकी देखरेख में व्यस्त हो गए।

हमारे वापस आने के कुछ समय पश्चात् मेरे पिता के एक मित्र मेरे पास आए और उन्होंने चिन्तित होकर बताया, "लोगों में अफवाह उड़ रही है कि हम लोग सन्देह के घेरे में आ गए हैं, इसलिए अब सोचता हूँ कि अब यह गाँव हम लोगों के रहने के लिए सुरक्षित नहीं। हम इस विषय में किसी प्रकार का खतरा मोल नहीं लेना चाहते। लोगों का कथन सत्य हो या नहीं, परन्तु हमें कोई सुरक्षित आश्रय खोज लेना आवश्यक है।"

उक्त कथन के अनुसार मैंने पिताजी के साथ उन रियासतों का दौरा करने का निश्चय किया, जो अभी तक अंग्रेजों के अधीन नहीं थीं। हमारे पूर्वज सिन्धिया सरकार को नियमित रूप से कर देते थे, जब उनका गाँव उनके अधीन था। हमें भी यह पता लगाना था कि क्या कोई शासक निर्धारित कर लेकर हमें अपने इलाके में बसने की इजाजत देगा?

हम अपने निश्चय के अनुसार निकल पड़े। बुन्देलखंड के कई शासकों से मिलने के बाद (क्योंकि हम अपने वर्तमान निवास से अधिक दूर नहीं रहना चाहते थे), हम लोग जालौन के राजा से मिले। उससे हमारा परिचय गनेशा जमादार के द्वारा हुआ था, जो उन्हीं के संरक्षण में था, और जिसने उसके मित्रवत् आचरण के बदले, अपनी लूट से एकत्र की हुई सम्पत्ति से काफी रकम उसे दी थी।

हमारी समझौते की वार्ता बहुत दिनों तक चलती रही। राजा कुछ समय तक हमें आश्रय देने के परिणाम से भयभीत होता रहा, अथवा इस प्रकार बहाना करता रहा जिससे वह अपनी अनुग्रह राशि बढ़ा सके। परन्तु हमने उसके अनुचरों और गोपनीय सेवकों को उत्कोच देकर अपनी ओर मिला लिया, जिससे हम अपने उद्देश्य में सफल हो गए। यह तय हो गया कि हम राजा को तीन सौ रुपए प्रतिवर्ष कर देंगे। इसके अतिरिक्त यदि कोई दुर्लभ अथवा बहुमूल्य चीज हमारे हाथ लग गई, तो उसे भी भेंट करेंगे और अपना सम्पर्क बनाए रखेंगे। मेरे पिता ने उसकी राजधानी के पास के तीन गाँवों में खेती करना स्वीकार कर लिया। सम्पूर्ण वार्ता हमारे द्वारा राजा को भेंट स्वरूप मोती की माला, जो हमें गत अभियान में प्राप्त हुई थी, दो सुन्दर तलवारें तथा अन्य वस्तुएँ जिनका मूल्य लगभग पाँच हजार रुपए होगा, देकर सम्पन्न हुई। जब हम परस्पर सभी बातों में सन्तुष्ट हो गए, तब मेरे पिता तथा कुछ अन्य लोग वहीं रुक गए। मैं कुछ और लोगों को लेकर गाँव लौट आया, जिससे परिवार को वहाँ से ले जाएँ।

मैं यह बात स्वीकार करता हूँ कि हम लोगों ने अत्यन्त खेद के साथ अपना गाँव छोड़ा,

जहाँ हँसी-खुशी हमने बहुत समय व्यतीत किया था। ग्रामवासी भी हमें चाहते थे। अपने स्नेहपूर्ण आचरण द्वारा हम उन सब के प्रियपात्र बन गए थे। यह अवश्य था कि नए देश में हर हाल में हमें नवीन सम्बन्ध और सम्पर्क की खोज करना था, जो प्रत्येक स्थिति में असहमति का मामला था। इस समय मेरे पिता की दूरदर्शिता ने हमारी बड़ी रक्षा की। अल्लाह जाने कि यह बात कहाँ तक सही थी कि हम लोगों द्वारा नवीन घर में बसने के बाद सुनने में आया कि मुरैना जिले के हर गाँव में हमला बोल दिया गया था जिसमें अनेक श्रेष्ठ और बहादुर ठग अपने घरों की रक्षा करने में मार डाले गए। जो शेष रहे, वे भाग गए अथवा उखाड़ दिए गए। फलतः वे बुरी तरह असंगठित हो गए और हमारी तरह उन लोगों ने यहाँ भी प्रबन्ध करके शरण पा ली।

जहाँ तक मेरा सम्बन्ध था, तो जब तक मेरी धनराशि चल रही थी, मैं किसी प्रकार के संकट में नहीं पड़ना चाहता था। ठगों के समुदाय में मुझे पहले ही ऊँचा पद प्राप्त हो चुका था क्योंकि गत अभियान से वापस आने के बाद ही मुझे सूबेदार घोषित कर दिया गया था। इस समय मैं कष्टों से मुक्ति पाकर आनन्दमय जीवन व्यतीत कर रहा था। मैं, पिताजी के गाँवों के प्रबन्ध में, जो उन्हें प्राप्त हुए थे, हाथ बँटाता रहता था। उससे हमें काफी अच्छी आमदनी हो रही थी। अतः कुछ समय के लिए ठगी के व्यवसाय को एक किनारे रख दिया था। यद्यपि कभी-कभी गनेशा हमें उस ओर प्रेरित करता रहता था। उसमें एक प्रकार का व्यग्र और अथक उत्साह उस ओर था, जिसके कारण वह हमें अभियान में सम्मिलित होने पर जोर देता था, परन्तु हम उससे बचकर शान्ति तथा सम्मानपूर्वक जीवन व्यतीत कर रहे थे।

गनेशा के विषय में कुछ ऐसी बातें थीं जो रहस्यमय थीं, और जिस क्षण मैंने उसे राजा के दरबार में देखा था, एक विचार मेरे दिमाग में कौंध गया कि मैं कभी उससे किसी कष्टदाई परिस्थिति में मिल चुका था। अपने सभी प्रयत्नों की अपेक्षा, मैं बड़ी कठिनाई के साथ अपने मन से यह मिटा सका कि मैं कभी उसके साथ मित्रवत् रहा था। मैं अपने पिता के साथ उसकी घनिष्ठता एवं उसकी सलाह को, उनके ऊपर न पड़ने वाले प्रभाव को अविश्वास और सन्देह की दृष्टि से देखता था। देखने में वह लम्बा और हृष्ट-पुष्ट लगता था, लेकिन उसका चेहरा किसी और की अपेक्षा बड़ा भयंकर था, वैसा मैंने पहले कभी नहीं देखा। उसके आचरण में एक प्रकार की हिंसक क्रूरता थी जिसके कारण मुझे उससे अरुचि हो गई थी परन्तु इस समय उसकी बात यहीं तक रहने दें, क्योंकि मेरी कहानी के साथ इस समय उसका कोई लेना-देना नहीं था। यह अवश्य है कि बाद में मुझे उसको अपने मुख्य सम्पर्क तथा असहमति के साथ आपके सामने लाना होगा।

इस प्रकार लगभग तीन वर्ष शान्तिपूर्वक व्यतीत हो गए। इस अवधि में किसी उल्लेखनीय बात की याद मुझे नहीं है। मुझे और कोई सन्तान नहीं हुई। मेरी बेटी सौन्दर्य के किसी नमूने के रूप में बढ़ रही थी। मैं अपने परिवार के साथ अत्यन्त प्रसन्न था और इस बीच घर छोड़कर जाने का स्वप्न में भी विचार नहीं आया, यदि राज़ा की ओर से हम पर गलत विश्वास की बात सामने न आ जाती। दुर्भाग्य से इसके साथ ही उस मौसम में सूखा पड़ गया। हमें पाँच सौ रुपए भुगतान करना था, जिसे राजा ने इस धमकी के साथ माँगे कि यदि न दिया जाएगा, तो वह हमारा भेद उजागर कर देगा। सूखा पड़ने के कारण हमें गाँवों की जिनकी संख्या बढ़कर सात हो गई थी, खेती में बड़ी हानि उठानी पड़ी, परन्तु मालगुजारी हमें पूरी देनी थी। एसे भुगतानों

ने हमारे साधनों को चिन्ताजनक रूप से कम कर दिया।

अतः मैं एक दल तैयार करने के लिए उचित आदमियों की तलाश में लग गया, ताकि लूट से धन प्राप्त हो। परन्तु लोगों को एकत्र करना सहज नहीं था, क्योंकि मेरे अपने आदमी देश के दूर-दूर इलाकों में अपने घरों को जा चुके थे। उन लोगों को बिना अधिक खर्च किए और पर्याप्त समय गाँवों में एकत्र करना असम्भव था।

इसी समय देश में यह अफवाह उड़ी कि चीतू तथा अन्य प्रसिद्ध पिंडारी सरदार बरसात के बाद दशहरे के त्योहार पर अपने दलों को एकत्र करेंगे। और उन लोगों ने महत्त्व की ऐसी अभूतपूर्व योजना तैयार की है कि जिससे अभियान के सभी सदस्य निश्चय ही धनवान बन जाएँगे, और इस प्रकार अंग्रेज सरकार को भयभीत करेंगे। यह विचार मुझे बहुत पसन्द आया; क्योंकि स्वभाव से मैं एक सैनिक था, भले ही पेशे से नहीं हूँ। अपने कुछ चुने हुए लोगों को लेकर, अपने घोड़े पर सवार होकर किसी प्रदर्शन में शामिल हो जाऊँ जैसे कि अपने ही अभियान में गए हों। इस योजना में सफलता का कोई आश्वासन नहीं था, क्योंकि सड़कों पर संघर्षरत पिंडारी छाए रहेंगे, जिनके विषय में यह प्रसिद्ध था कि वे लोग, यात्री हों अथवा ठग, किसी को नहीं छोड़ते। विशेष रूप से ठगों को वे अपना शत्रु समझते हैं।

इस प्रकार विचार करके मैं अपनी तैयारी में जुट गया। पीर खाँ और मोती अभी तक मेरे पास ही थे, और जब मैंने अपनी योजना उन्हें बतलाई तो वे दोनों भी तैयार होकर उसमें सम्मिलित हो गए। स्वयं घोड़ा खरीदने के लिए उनके पास काफी पैसा था। कुछ दिन अनुपस्थित रहने के बाद वे लोग यात्रा के लिए पूरी तरह तैयार होकर आ गए। वास्तव में मैंने उनसे कुछ उत्कृष्ट लोगों को लेकर आने के लिए कहा था। वे उन्हें भी साथ लेकर आए, परन्तु हम अपने संयुक्त साधनों से उन सबके लिए घोड़े नहीं खरीद सकते थे, और पैदल उनका कोई उपयोग नहीं था। इस समस्या पर चर्चा करने के समय मुझे एक विचार सूझ गया कि सम्भव था राजा अपने घोड़े इस शर्त पर उधार के तौर पर दे दे अथवा बेच दे कि बाद में उसका दुगुना मूल्य दिया जाएगा।

जब राजा ने मेरा प्रस्ताव मान लिया तो मेरी खुशी का ठिकाना न रहा, और वह भी मेरी कल्पना के विपरीत बहुत कम परेशानी के पश्चात्। इसका यह भी एक कारण था कि मैं उसका बहुत बड़ा चहेता बन गया था। मुझे उसकी अश्वशाला से पाँच घोड़े प्राप्त करने की आज्ञा मिल गई जिसमें से प्रत्येक का मूल्य तीन सौ रुपए था। इसमें उनकी काठी तथा अन्य चीजें भी सम्मिलित थीं। यदि हम सफलीभूत होकर वापस लौटेंगे, तब यह राशि दुगुनी हो जाएगी। मैंने जो संकेत किया था, राजा ने उसके लिए मुझे धन्यवाद दिया। कुछ और लोगों ने भी इसी शर्त पर राजा से घोड़े ले लिये, लेकिन उन लोगों को शर्त पूरी करने के लिए जमानत देनी पड़ेगी।

हमारी प्रारम्भिक व्यवस्था पूर्ण हो गई। हम सब सशस्त्र थे तथा अपनी क्षमतानुसार अच्छी पोशाक धारण किए थे। अच्छे घोड़ों पर सवार और बहादुर प्रतीत होनेवाली मेरी टोली के समान किसी अभियान में जानेवाली अन्य टोली ऐसी न होगी। प्रस्थान करने से पूर्व हमने शकुन विचार पूरे किए, जो सर्वथा अनुकूल सिद्ध हुए। इसके अतिरिक्त हमने वे सभी अनुष्ठान सम्पन्न किए, जिन्हें ठगी के लिए प्रस्थान करते समय किया करते थे।

ठीक समय पर हम लोग चीतू के निवास नेमावर पहुँच गए। वहाँ हिन्दुस्तान के कई प्रदेशों से आए हुए लोग एकत्र थे। उनमें विभिन्न जाति के लोग अपनी विशिष्ट वेश-भूषा, हथियार

आदि लेकर सम्मिलित हुए थे। नेमावर के आस-पास का समस्त भू-भाग इन्हीं लोगों से पटा हुआ था। स्वयं नेमावर नगर भी मनुष्यों का चलता-फिरता ढेर दिखाई देता था, जो वहाँ सक्रिय सेवा की आशा से, और सबसे बढ़कर लूटमार करने के लिए आए थे। हम लोग मुखिया के दरबार में शीघ्र उपस्थित हो गए। उसने हम लोगों का शिष्टाचार सहित स्वागत किया। अपनी टोली को उपस्थित करते हुए मैंने अपनी तलवार की मूठ उसके सामने कर दी। चूँकि मैं उस समय बहुमूल्य परिधान से सज्जित था, अतः मेरी उसी प्रकार से अभ्यर्थना की गई जैसे मैं कोई उच्चपदस्थ सरदार था और साठ ही नहीं वरन् सैकड़ों की कमान मेरे अधीन थी।

चीतू एक सम्भ्रान्त दिखाई देनेवाला और अत्यन्त साहसी नायक था। उसकी मृत्यु जैसे दुखद रूप में हुई वैसी न होकर किसी रणभूमि में होनी चाहिए थी। किसी भी दस्यु गिरोह का सरगना लूट का माल वितरित करने में इतना न्यायसंगत न होगा। और न चीतू के समान अपने अधीन रहनेवालों की आवश्यकताओं तथा शिकायतों पर ध्यान देनेवाला कोई और होगा। यही कारण था कि इतनी विशाल संख्या में उसे अपने साथी प्राप्त हो गए थे, उसके व्यक्तिगत कार्यकलापों तथा कठोरता जैसी प्रवृत्तियों से उसके सैनिकों को परिश्रम और स्पर्धा करने में प्रोत्साहन मिलता था। वह कभी थकना नहीं जानता था। मैंने प्रायः उसे लम्बी और थकान भरी यात्रा के बाद देखा था, जबकि हम लोग केवल अपने घोड़ों पर अधिक से अधिक बैठे रहते थे, परन्तु वह अपने शानदार घोड़े को तेजी के साथ दौड़ाकर अग्रिम पँक्ति तक जाकर लौट आता था, और लगता था जैसे प्रातःकालीन सैर करके आया हो।

जब मैंने चीतू को अपना परिचय देते हुए बताया कि मैं जालौन का एक गरीब सैयद था और आगामी अभियान में आपके अधीन सेवा करने का इच्छुक था, तब वह मेरे व्यक्तित्व से अत्यन्त प्रभावित हुआ। उसने कहा, "अच्छा, जालौन से तुमने इतनी लम्बी यात्रा की? मेरे मित्र, जैसे कोई बहादुर घुड़सवार अच्छा जानवर अपने साथ लाए और बड़े उत्साह के साथ चीतू की सेवा में उपस्थित हो, उसी प्रकार मैं तुम्हारा स्वागत करता हूँ। तुम हमारी सेवा की शर्तें जानते हो। मैं किसी प्रकार का वेतन नहीं देता, लेकिन स्वयं अपनी सक्रियता से प्राप्त किया गया अधिक से अधिक लूट का माल उसे मिल जाता है। मेरे हिस्से के विषय में लोग तुम्हें सब कुछ समझा देंगे। मैं केवल तुम्हारी ईमानदारी चाहता हूँ। वैसे भी तुम्हारा चेहरा बदमाशों जैसा नहीं प्रतीत होता।"

मैंने उत्तर दिया, "आपकी शर्तें मैं जानता हूँ तथा उन्हें स्वीकार करता हूँ, परन्तु मैं अपने कुछ मित्रों को अपने साथ लाया हूँ। वे भी मेरे सौभाग्य के भागीदार बनने के इच्छुक हैं। यदि हुजूर आज्ञा दें तो उन्हें ले आऊँ।"

उसने कहा, "अवश्य ले आओ, परन्तु इस समय मैं अत्यन्त व्यस्त हूँ। शाम की सभा में उन्हें मुझसे मिलवाना। मैं उनको और तुम लोगों के घोड़ों को देखूँगा। उनकी उपयुक्तता के आधार पर मैं उनके स्थान का आबंटन करूँगा।"

उसे सलाम करके मैं चला आया। गफूर खाँ नामक चीतू के किसी सरदार से मैंने अपना मेल-जोल बढ़ा लिया था, जो देखने और चाल-ढाल में नितान्त हिंसक प्रतीत होता था, उसने अपने चेहरे पर 'पिंडारी' लिखवा रखा था। उसने दोस्त मुहम्मद और करीम खाँ के दौरों में अत्यन्त कुशलता के साथ सेवा की थी। उसी ने चीतू से मेरा परिचय कराया था। दरबार से लौटते समय उसने मुझे आगे चलने के लिए जरूरी बातें समझा दीं।

उसने कहा, "यहाँ के बाहर मैदान में मुझसे मिलना। मैं देखूँगा कि तुम्हारे घोड़े कितने अच्छे हैं, और तुम्हारे साथी अच्छी पोशाक में और सशस्त्र हैं। फिर मैं अवसर देखकर यह घोषित करूँगा कि तुम लोग मेरे मंडल में रख लिये गए। जिसे प्रमुख होने का सम्मान प्राप्त है, और जो युद्ध अथवा लूटमार में सबसे अव्वल है। मैं खुशी से तुम्हें अपने साथ रखूँगा। मैं यह भी प्रयत्न करूँगा कि मेरे अपने रिसाले के सौ-दो सौ घुड़सवारों की कमान तुम्हें मिल जाए। हमें सरदारों की आवश्यकता है। तुम्हारी बाह्याकृति से यही लगता है कि तुम मेरे संरक्षण में कुशल सिद्ध होगे।"

मैंने कहा, "यही मैं हमेशा से चाहता था। यदि तुम मेरे प्रति अनुग्रह करोगे तो मैं तुम्हें प्रसन्न रखने का भरसक प्रयत्न करूँगा। यह बात सच है कि मैंने अब तक किसी की सेवा नहीं की परन्तु जब मन में तत्परता हो तो उसे बड़ी सरलता से सीखा जा सकता है।"

हम लोग पृथक हुए और मैं दौड़कर अपने साथियों को नए नायक द्वारा निरीक्षण के लिए तैयार रहने के लिए कहा। यात्रा की थकान से हमारे घोड़े पर्याप्त आराम कर चुके थे और अपनी उत्तम अवस्था में थे। हमने अपने शस्त्र चमकाकर उन्हें पैना कर लिया। हजारों की संख्या में बिकनेवाले पिंडारियों के भाले हमने भी ले लिये।

निर्धारित समय पर मैं अपनी टोली को उस स्थान पर ले गया, जहाँ पहले से ही सैकड़ों घुड़सवार उपस्थित थे। इस समय मैंने सब्जी खाँ का कवच धारण कर लिया था, जो किसी भव्य परिधान की भाँति था। मेरा शानदार घोड़ा जब मेरे साथ कुलाचें लेकर सरपट दौड़ता था तो ऐसा प्रतीत होता था कि उसे अपने सवार पर गर्व था। वह अति प्रसन्न भी मालूम होता था कि जैसे अन्ततः उसे अपनी उत्साही भावना के अनुरूप अवसर प्राप्त हो गया। पीर खाँ और मोती भी प्रभावशाली व्यक्ति थे। मेरी भाँति वे दोनों भी शान से घोड़ों पर सवार थे। हमारे साथ के शेष लोग भी वहाँ पर एकत्र अधिकांश लोगों से बेहतर थे।

मैंने उन लोगों से कहा, "सब लोग एक साथ रहो। भिड़न्त मत करो, नहीं तो हमारी टोली वास्तव में श्रेष्ठ होने पर भी नगण्य समझी जाएगी। जब सबसे बड़े मुखिया को आते हुए देखो तो मेरी गतिविधियों पर ध्यान देना और वैसा ही करते रहना।"

सूर्यास्त होने के बहुत पूर्व चीतू नगर से निकला। उसके साथ ऐसे साहसी लोग चल रहे थे, जिनकी सहज ही कल्पना की जा सकती थी। चारों ओर विभिन्न दलों के प्रमुख खड़े थे, जिनके परिधानों, शस्त्रों और घोड़ों की सज्जा से उनकी विपुलता तथा युद्धप्रियता का आभास मिलता था। उसके सामने गफूर खाँ विचित्र ढंग से अपना घोड़ा कुदाता हुआ आया। वह शृंखला कवच धारण किए था, जो अस्ताचल को जाते हुए सूर्य की रक्ताभ किरणों में खूब चमक रहा था। यद्यपि वहाँ पर अनेक शानदार अश्वारोही खड़े थे, परन्तु न तो बाह्याकृति में उसके समान कोई था, और न कोई उसके सदृश अपने घोड़े को इतनी शोभा और सहजता के साथ सँभालता प्रतीत होता था।

मैंने उत्साहपूर्वक पीर खाँ से कहा, "यही वह व्यक्ति है, जिनके अधीन हम लोग को काम करना होगा। क्या वह बहादुर नहीं प्रतीत होता? अब मेरे पीछे आओ।"

और मैंने अपने अति उत्साही घोड़े की वल्गा खींची और क्षिप्रगति से चीतू की बगल में जा पहुँचा, मेरे साथी भी मेरे निकट ही रहे। अपने घोड़े को पिछले पैरों पर खड़ा करते हुए मैंने अपना भाला चीतू के सामने गाड़ दिया और सलाम करके कहा कि आपके आदेशानुसार

मैं अपने आदमियों को ले आया और हम सब आदेश की प्रतीक्षा करेंगे।

चीतू अपना घोड़ा रोककर एक क्षण तक प्रसन्नतापूर्वक मेरा सर्वेक्षण करता रहा।

उसने हँसते हुए कहा, "अच्छे जवान लगते हो। तुम्हारे साथी भी उत्तम श्रेणी के सवार लग रहे हैं। तुम्हारे साथियों की तरह चाहता था और सैकड़ों लोग भी होते। फिर भी कुछ तो किया ही जा सकता है। तुम क्या कहते हो गफूर खाँ, क्या मीर साहब तुम्हारी सेवा में रहें? और क्या इनके अधीन रखने के लिए पाँच सौ आदमी तुम्हारे पास होंगे?

उसने उत्तर दिया, "खुदा खैर करे! आपका गुलाम स्वयं यही प्रस्ताव रखना चाहता था। मीर साहब को देखते ही मैंने इन्हें पसन्द कर लिया था। अब तो वे उपयुक्त पोशाक में हैं और पूरे रुस्तम प्रतीत होते हैं और मेरे उपयुक्त साथी होंगे गुस्ताखी माफ की जाए, गफूर खाँ यही सोचता है।"

चीतू बोला, "तो फिर वैसा ही किया जाए। इन्हें साथ ले जाओ और ध्यान रहे इनके साथ दया भाव रखना।"

खान ने कहा, "चलिए मीर साहब, इन लोगों से एक भाला ले लो। यहाँ एक खास मैदान है। मुझे देखना है कि अपने हथियार संचालन में दक्ष हो या नहीं।"

मैंने कहा, "मुझे किसी प्रकार का भय नहीं है। वैसे भाले के विषय में मैं कुछ नहीं जानता। मैं पैदल रहूँ और तलवार मेरे हाथ में हो तो मैं किसी फौज के सर्वश्रेष्ठ आदमी से भी नहीं डरूँगा। फिर भी आपकी खुशी के लिए मैं कोशिश करूँगा।"

मैंने भाला हाथ में लिया। वह लम्बा बाँस था। उसके सिरे पर रूई से भरा हुआ बड़ा सा गेंद था, उसमें तमाम लाल फीते हवा में लहराते थे। मैं गफूर खाँ के पीछे मैदान में दौड़कर आ गया।

हम एक-दूसरे का वैकल्पिक रूप से पीछा करते रहे। आक्रमण के लिए कभी आगे बढ़ते और कभी पीछे हटते थे। वहाँ उपस्थित सभी अश्वारोही शाबासी दे रहे थे। वे सब बड़ी उत्सुकता के साथ यह देखना चाहते थे कि कोई अजनबी, फौज के सर्वश्रेष्ठ अश्वारोही से किस प्रकार निपटता है। बड़ी देर तक दोनों में से कोई भी अपने प्रतिद्वन्द्वी से लाभ नहीं उठा सका। हमारे घोड़े प्रशंसनीय रूप से प्रशिक्षित थे। कोई भी दूसरे को अपने भाले के निकट नहीं आने दे रहा था। यही झुकाव की महान खूबसूरती थी। प्रत्येक चक्करदार मोड़ पर या किसी सोचे-समझे प्रहार से बच निकलने पर उपस्थित जन समुदाय में शाबास-शाबास का तुमुल शोर होने लगता था। अन्त में खान का भाला मुझे छू गया, परन्तु वह केवल पास से निकल जाना मात्र था। उसे मैंने अपनी बाँह पर झेल लिया। मुझे अपने घोड़े को मोड़ने में एक क्षण का विलम्ब हो गया और इसी समय उसने स्वयं को विजयी घोषित कर दिया।

मैंने कहा, "मैं इसे स्वीकार करता हूँ क्योंकि भाला संचालन में मुझे बिलकुल नौसिखिया समझिए। फिर भी यदि मुझे इसी प्रकार का अन्य अवसर प्राप्त हुआ तब मैं पुनः आपके साथ भाले का प्रदर्शन करूँगा। उस समय आप देखेंगे कि मेरी किस्मत जोरदार है कि नहीं।"

उसने हँसकर कहा, "ठीक है, परन्तु ध्यान रखना मैं तुम्हें होशियार कर रहा हूँ कि मैं दया नहीं करूँगा। किसी नौसिखिए की पसलियों पर पड़नेवाला तीव्र प्रहार उसे उसके संवेदनशील बिन्दु को पहचानने की शिक्षा देता है, और उसके बाद भी उसे सतर्क रहना पड़ता है।"

मैंने कहा, "तो फिर आइए, यदि हो सका तो मैं आपके सम्मान का उत्तर दूँगा।"

हमने फिर एक बड़ा चक्कर काटा और तेजी के साथ एक-दूसरे की ओर बढ़े, यहाँ तक कि दोनों के बीच केवल एक भाले के बराबर की दूरी रह गई। खान अपनी बात का धनी था। उसने मेरे ऊपर कई खतरनाक प्रहार किए और मैं उन सबको अपने घोड़े की तेज गति के द्वारा बचाता गया और यह भी स्पष्ट रूप से देखता जाता था कि वह किसी निर्णायक प्रहार करने के लिए मेरे काफी निकट न आ सके। अधिक स्थूल होने के कारण उसका घोड़ा मेरे घोड़े की अपेक्षा शीघ्र थक जाता था। उसके थके होने पर भी व्यर्थ मेरा पीछा करना उसे और थका रहा था। अचानक मैंने अपना स्थान परिवर्तित कर लिया और उसके ऊपर आक्रमण करनेवाला हो गया। मुझे विश्वास था कि मैं उसकी अपेक्षा अधिक शान्त तथा सावधान था, क्योंकि किसी अजनबी द्वारा उसके प्रिय खेल में उसके बराबर के स्तर पर आ जाने से वह रोष में भरा प्रतीत होता था। प्रथम मुठभेड़ की भाँति वह मेरी पसलियों को नहीं छू सका, परन्तु उसके छूने के लिए समस्त प्रयत्नों की अपेक्षा वह उन्हें बचा ले गया और मेरे ऊपर हँसने लगा। अभी तक मैं उसे नहीं छू सका। मेरे द्वारा बराबर पीछा किए जाने से थककर, उसने पुनः मुड़ने का प्रयत्न किया और मेरे ऊपर हमलावर हो गया, परन्तु चाहे घूमकर चक्कर काटने में उसका घोड़ा शिथिल हो गया था अथवा उसका प्रहार बचाते-बचाते मैं उसके अति निकट आ गया, यह सब मैं नहीं समझ सका, लेकिन जब उसने मेरे पीछे से निकल जाने की कोशिश की, मैंने अचानक अपने घोड़े को घुमा दिया, जिससे मेरी एड़ी उसके पार्श्व से टकरा गई, और जैसे ही उसने अपनी कुछ गज की चिर-परिचित उछाल ली, मेरा भाला खान की चौड़ी छाती पर सीधे जाकर लगा। इस अघात से वह कुछ क्षणों के लिए सन्न रह गया। तुमुल ध्वनि के साथ उपस्थित जन-समूह ने मुझे विजयी घोषित कर दिया। अपनी पराजय पर लज्जित होकर भी वह प्रमुख सरदार के सम्मुख उच्च स्वर से प्रशंसा करनेवालों में से एक था।

उसने कहा, "अल्लाह कसम, इस कला में तुम अपरिचित नहीं हो सकते। तुम मेरे साथ चाल चल गए।"

मैंने कहा, "मैं आपकी दाढ़ी और कुरान पाक की कसम खाकर कहता हूँ कि यह केवल संयोग का परिणाम था। अल्लाह जानता है कि दो दिन पहले मैंने कभी भाला हाथ से छुआ भी नहीं था। मैंने उस समय आपको बड़े ध्यान से देखा था, जब आपने मुझ पर प्रहार किया था। अपने सौभाग्य के लिए मैं अपने अच्छे घोड़े का ऋणी हूँ, परन्तु यह सब संयोग था। यद्यपि मुझे आपके ऊपर विजय प्राप्त करने का पुरस्कार प्राप्त हुआ, परन्तु मुझे खेद है कि इस संयोग के कारण आपको चोट लगी।"

उसने उत्तर दिया, "नहीं सैयद, मुझे चोट नहीं लगी। मैं इन सब बातों को अच्छे परिहास के रूप में लेता हूँ। परन्तु यदि तुम तलवार चलाने में दक्ष होने के साथ भाला संचालन में उसी दक्षता का आश्वासन देते हो, तो इस कैम्प में ऐसा एक भी व्यक्ति न मिलेगा जो तुम्हारा मुकाबला कर सके।"

मैंने कहा, "मेरे लिए किसी को ललकारना केवल शेखी बघारना है। यह जानते हुए भी कि मैं आप लोगों के बीच एक अपरिचित व्यक्ति हूँ, फिर भी यदि महान चीतू मेरी परीक्षा लेना चाहें, तो कल, मैं जो कुछ कर सकता हूँ, करने का प्रयास करूँगा।"

गफूर खाँ के साथ मेरी मुठभेड़ के परिणाम से अति हर्षित होकर सभी के साथ स्वयं चीतू भी बोल उठा, "बहुत अच्छा, बहुत अच्छा!"

चीतू ने कल अपने निवास पर मुझसे आने का अनुरोध किया। वहाँ वह अपने श्रेष्ठ तलवारबाजों को बुलाकर मेरी कला का प्रदर्शन देखेगा।

अमरावती की लूट

दूसरे दिन दोपहर के बाद बाहर एक छोटे से मैदान में हम लोग एकत्र हुए। किसी पिंडारी के स्वभावानुसार चीतू ने अपना कालीन बिछा दिया। मुठभेड़ के किसी अति उत्सुक दर्शक की भाँति अपनी चाल-ढाल प्रदर्शित करते हुए वह अपने सरदारों से घिरा हुआ बैठा था। वह मेरे प्रति विशेष रूप से उदार था। जब अन्य तैयार बैठे लोग अपनी बहादुरी तथा शारीरिक कला का प्रदर्शन कर रहे थे, तब चीतू ने मुझे अपने पास बैठने के लिए कहा। उसके द्वारा संकेत करते ही दो हृष्ट-पुष्ट राजपूत कूदकर वृत्त में आ गए और बिना छुए एक-दूसरे की ढालों पर कुछ देर तक अपनी लाठियाँ चटकाते रहे।

चीते ने मुझसे प्रश्न किया, "इसे देखकर खुश हुए? ये लोग बहुत कुशल हैं। तुमने गौर किया कि यदि इनके हाथ में तलवारें होती तो किसी का रक्त न बहता।"

मैंने कहा, "वे लोग बहुत दक्ष हैं, लेकिन मेरे विचार से ये पहले भी खेल चुके हैं और एक-दूसरे की चालें समझते हैं। इनका प्रदर्शन बहुत भव्य था, लेकिन आप मेरी धृष्टता क्षमा करें, मेरे विचार से किसी में भी वास्तविक कौशल नहीं है। यदि हुजूर चाहें तो मैं किसी के साथ आजमाइश करूँ।"

उसने कहा, "खबरदार, तुम इनसे बढ़े हुए जोड़ के नहीं हो। मैं तुम्हारी अच्छी भली इज्जत को गिरने नहीं दूँगा। मुझे तुममें काफी रुचि हो गई है।"

मैंने कहा, "मेरे लिए आपको भय करने की आवश्यकता नहीं। मैं अपना उत्तम प्रदर्शन करूँगा।"

मैंने अपना पायजामा उतार दिया और कमर में एक रूमाल कसकर बाँध लिया। मैं तैयार होकर उस वृत्त में उतर पड़ा। वहाँ एक व्यक्ति जो अपनी पिछली मुठभेड़ के पश्चात् विश्राम कर चुका था, मेरी प्रतीक्षा कर रहा था। मैंने पीर खाँ से एक लाठी और डलिया की तरह ढाल ले ली। ये वस्तुएँ वह ले आया था। मैं बीच में आकर खड़ा हो गया। वहाँ एकत्र जन-समुदाय में चख-चख होने लगी कि मैं अपने प्रतिद्वन्दी की जोड़ का नहीं था। वे लोग मेरे छरहरे शरीर की तुलना उसके लम्बे और मांसल शरीर से कर रहे थे, परन्तु मैं इससे भयभीत होनेवाला नहीं था। मुझे अपने कौशल पर भरोसा था जिसके सामने केवल व्यक्तिगत शक्ति का कोई लाभ नहीं।

मैंने राजपूत से पूछा, "मुकाबला किस प्रकार करना चाहते हो? क्या प्रथम प्रहार द्वारा हमारे बीच निर्णय होगा?"

उसने कहा, "निश्चय ही! मैं कठोर प्रहार करूँगा, इसलिए सँभल जाओ।"

मैंने कहा, "ठीक है, तो तुम अपने स्थान पर पहुँचो।"

उसने वैसा ही किया। वह घेरे के एक छोर पर जाकर खड़ा हो गया। फिर बड़े आराम

के साथ मेरी ओर बढ़ा। अब उछलकर और ढाल को घुटने पर झुकाकर वह एक क्षण के लिए रुक कर मेरा निरीक्षण करने लगा; और फिर मेरे चारों और चक्कर लगाने लगा। वह कभी एक पैर पर खड़ा होता था कभी दूसरे पर और इसी प्रकार हवा में अपनी लाठी घुमाता रहा।

मैं बिलकुल चुपचाप लापरवाही की मुद्रा में खड़ा रहा, परन्तु अपने बचाव पर पूरा ध्यान रखते हुए क्योंकि मुझे मालूम था कि उसे कुछ खतरे में डालना था और मुझे यह भी स्पष्ट हो गया था कि उसे इस बात का अनुमान भी नहीं था क्योंकि क्षण भर के लिए वह असमंजस में पड़ा प्रतीत होता था। अन्त में दो-तीन बार उछलकर वह मेरी ओर झपटा और मेरे सिर पर प्रहार करने को हुआ जिसके लिए मैं पूरी तरह तैयार था, क्योंकि मैंने उसके आक्रमण करने का तरीका अच्छी तरह समझ लिया था। मैंने उसका प्रहार अपनी ढाल पर झेल लिया, और उसकी लाठी उसी ढाल में फँसा दी और फिर उसके असुरक्षित शरीर पर मैंने प्रहारों की बौछार कर दी, जिससे वह पूर्ण रूप से अचम्भित होकर रह गया।

उपस्थित जन-समुदाय में हर्षध्वनि होने लगी। उसी समय दूसरा राजपूत बढ़कर आगे आ गया और मुझे सलाम किया। फिर बोला, "मेरे मित्र भीमसिंह के साथ तुमने बहुत कम काम दिखाया, अब मुझे भी परख कर देखो।"

मैंने कहा, "मैं तैयार हूँ। अपने स्थान पर जाओ।"

अब मुझे मेरे योग्य प्रतिद्वन्दी प्राप्त हो गया। वह मेरे खेल की प्रवृत्ति समझता था। उस समय वास्तव में मैं विचार करने लगा कि मैं अपने शिक्षक से किस प्रकार भिड़ता था और उसे पराजित कर देता था। अब मेरे सामने जो व्यक्ति खड़ा था उससे मुझे कोई भय न था। हम दोनों शीघ्र ही बड़े जोश के साथ परस्पर भिड़ गए। मेरी तरह वह भी शान्त और सावधान बना रहा। काफी लम्बे संघर्ष के बाद भी हममें से कोई भी लाभान्वित नहीं हुआ। हम दोनों हाँफते हुए कुछ समय के लिए विश्राम करने लगे।

चीतू ने कहा, "बस करो, बस करो, तुम दोनों ने बड़ी बहादुरी दिखाई, इसमें न कोई जीता न हारा। बस इसे यहीं तक रहने दो।"

मैंने कहा, "खुदावन्द, ऐसा उचित नहीं। हमें इसे समाप्त करना चाहिए। हममें से कोई एक तो जीतेगा। मेरी तरह मेरा मित्र भी यह देखना चाहता है कि हम दोनों में कौन श्रेष्ठ है। क्या यह उचित नहीं?"

मेरे प्रतिद्वन्दी ने कहा, "देखिए, नवाब साहब जानते हैं कि आज तक मुझे कोई पराजित नहीं कर सका, परन्तु अब मुझे एक बहुत अच्छा जोड़ीदार मिल गया। तुम्हें किसी कुशल उस्ताद ने प्रशिक्षित किया है। उसके योग्य उसका शिष्य भी है।"

चीतू ने कहा, "जैसी तुम लोगों की मर्जी। परन्तु खेल विनोद के लिए होना चाहिए, उसमें किसी प्रकार की शत्रुता होना उचित नहीं।"

हम दोनों ने उसे अभिवादन किया और विश्वास दिलाया कि हम दोनों में कोई झगड़ा नहीं होगा और हम दोनों में जो भी विजयी होगा, वह अपने प्रतिद्वन्दी के प्रति उच्च सम्मान प्रदर्शित करेगा।

और हम दोनों पुनः मैदान में उतर पड़े, क्योंकि हम पर्याप्त विश्राम कर चुके थे। हम दोनों के बीच बड़ी देर तक विजयश्री इधर से उधर मँडराती रही। कभी वह एक की ओर जाती हुई प्रतीत होती थी, कभी दूसरे की ओर। एक-दो बार हम दोनों के पैर उखड़ते प्रतीत हुए और

जन-समुदाय हमें खेल समाप्त करने के लिए कहनेवाला था, परन्तु हम दोनों इतने उत्तेजित थे, कि यह होना असम्भव था, और हम लोग दर्शकों के चिल्लाने से रुके नहीं।

राजपूत के सुनिदेशित प्रहारों को बचाने की दृष्टि से मुझे अपनी अन्तिम चाल की ओर लौटना पड़ा। निश्चित ही वह मुझसे अधिक दमदार था। इसी कारण मुझे अपने खेल का तरीका परिवर्तित करना पड़ा। अभी तक मैं आक्रमण करता रहा, परन्तु अब मैं उसके प्रहारों को बचाने में लग गया। परन्तु अवसर की ताक में बराबर बना रहा। अपनी उत्सुकता में यह सोचता हुआ, वह मेरे ऊपर प्रहारों की बौछार करने लगा कि वह इससे मेरे बचाव की सावधानी समाप्त कर देगा। इसी प्रयास में उसका पार्श्व भाग मेरे सामने पड़ गया और मेरी लाठी बड़ी आवाज के साथ, उसकी पसलियों पर जा गिरी, जिसे समस्त जन-समुदाय ने सुना। मेरे इस आघात ने उसे बेदम कर दिया। यदि मेरे हाथ में उस समय तलवार होती तो राजपूत के दो टुकड़े हो जाते।

चीतू ने कहा, "यह बहुत अच्छी जीत रही, बहादुरी के साथ जीत हुई। रामदीन सिंह तुम पराजित हो गए, परन्तु यह तुम्हारे लिए अपमान की बात नहीं। एक-एक करके मेरे पास आओ मैं तुम दोनों को पुरस्कृत करूँगा।"

राजपूत हँसने लगा और मुझे यह देखकर बड़ा हर्ष हुआ कि उसने अपनी पराजय अच्छे परिहास के रूप में स्वीकार की, क्योंकि मैं इसके विपरीत सोच रहा था। उसने स्वयं स्वीकार किया कि वह पराजित हुआ था। उसने सबसे चिल्लाकर घोषित किया कि यह मुठभेड़ न्यायसंगत थी। और इसमें उसने अपने सम्पूर्ण कौशल का प्रयोग किया था। उसने आगे कहा, "सावधान होकर सुनो, तुममें से कोई भी मीर साहब से भिड़ेगा तो वह समझ जाएगा कि मैं क्या हूँ, और मैं अच्छी तरह पराजित हुआ।"

ऐसे शानदार व्यक्ति से मिलकर मुझे बड़ी प्रसन्नता हुई। मैंने स्वयं चीतू से कहा, "खुदावन्द, मैं आपसे एक वरदान की याचना करता हूँ, यदि उसे प्राप्त होने की आशा हो, तो निवेदन करूँ।"

उसने कहा, "कहो, मैं उसे तुरन्त स्वीकार करूँगा।"

मैंने कहा, "यह बहादुर मेरे अधीन कर दिया जाए। आपकी कृपा से हरावल के एक भाग का संचालन मुझ जैसे अपरिचित को सौंपा गया है। मैं इन दोनों राजपूतों को अपने साथ रखूँगा। मुझे एक को पचास और दूसरे को पच्चीस आदमी रखे जाने की मंजूरी दी जाए।"

चीतू ने कहा, "ठीक है, ऐसा ही होगा और गफूर खाँ! तुम्हें यह देखना है कि इसकी तामील हुई या नहीं। अवसर आने पर ये लोग मेरी सेवा करेंगे।"

कुछ दिनों बाद मुझे नवीन भार दे दिया गया। मेरी कल्पना से अधिक मेरे भाग्य ने मेरे ऊपर अनुग्रह किया था। अब मेरे लिए और कुछ नहीं, बस अपने नए स्वामी के अधीन उत्कृष्ट जीवनचर्या प्राप्त करना था। यह सत्य था कि अब मैं अपने उत्तरदायित्व के साथ किसी दल का नायक नहीं रह गया, परन्तु जो पद मुझे प्राप्त हुआ वह भी सम्मानित था, और सम्भवतः मेरी दक्षता से कहीं ऊँचा था। अवसर स्वयं मेरे सामने उपस्थित हो गया और मैंने उसे पकड़ लिया। मैंने यहाँ का पूरा विवरण अपने पिताजी तथा अज़ीमा को लिखकर भेज दिया। मैं जानता था कि वे लोग मेरे इस नवीन तथा अप्रत्याशित उत्थान पर अवश्य प्रसन्न होंगे।

जैसा मैंने बताया शिविर में हमारा जीवन उसी प्रकार व्यतीत हो रहा था। प्रतिदिन सुबह मैं चीतू के यहाँ उपस्थित होता था। नवीन जोखिम उठानेवाले लोगों के बराबर आते रहने के

समय उनका निरीक्षण करने में चीतू मुझे सदैव साथ रखता था। उसी प्रकार शाम को भी शक्ति-प्रदर्शनों तथा कौशल के अभ्यासों के समय मैं अपनी ख्याति को बराबर बनाए रखता था। नेमावर में जैसा सुखी जीवन मैंने व्यतीत किया, वैसा कभी नहीं कर सका। वह जीवन मुझे हर प्रकार से सन्तुष्ट करनेवाला तथा मेरी पूर्वकल्पित इच्छाओं के अनुरूप था।

अन्त में दशहरे का त्योहार आ गया। वह बड़ी धूमधाम के साथ मनाया गया। वहाँ एकत्र हुए सभी जोखिम उठानेवालों का पुनरीक्षण किया गया। उन्हें पँक्तिबद्ध करके खड़ा किया गया और बताया गया कि वहाँ पाँच हजार उत्तम अश्वारोही उपस्थित थे। उनके अनुचरों तथा शौकीन घुड़सवारों को जोड़ा जाए, तो यह संख्या बढ़कर लगभग आठ हजार बहादुरों के गिरोह की हो जाएगी, जो अपने मुख्य नायक की आज्ञा मानने, युद्ध करने तथा आस-पास प्रदेशों में तबाही मचाने के लिए तत्पर थे।

यह योजना बनाई गई कि हम लोग नर्मदा पार करने के बाद दो दलों में विभाजित हो जाएँगे और दक्षिण में कृष्णा नदी तक घुसते हुए चले जाएँगे। यदि उसे पार करना सम्भव हुआ तो सुदूर दक्षिण तक धावा बोलेंगे। हम लोग फिरंगियों की नियन्त्रित सेनाओं से मुठभेड़ नहीं करेंगे, जिनके विषय में हमें विश्वास दिलाया गया कि यद्यपि वर्तमान समय में वे निष्क्रिय थीं, परन्तु हमारा पीछा करने के लिए तत्काल भेजी जा सकती थी।

इस प्रकार प्रातः होते ही समस्त शिविर में खलबली मच गई। वह शानदार दृश्य था जब दल के दल अपने प्रमुख के सामने पंक्तिबद्ध होकर आते थे, और फिर तेज कदमों से आगे बढ़ जाते थे। नर्मदा पर नावों का प्रबन्ध था, इससे हम सब उसी दिन पार हो गए और उसके दक्षिणी किनारे पर हिंडिया नामक नगर में अपना डेरा जमाया।

यहाँ पहुँचकर हमारी फौज अलग हो गई, मैं अपने मंडल और चीतू के साथ बना रहा। एक दिन बाद हम लोग पश्चिम दिशा की ओर बढ़े और ताप्ती नदी पर आ गए। इसी की घाटी से आगे प्रस्थान करके हमें नागपुर के राजा के इलाके में पहुँचना था। उसके साथ पहले ही एक सन्धि हो गई थी, जिसके अनुसार हम लोग उसके राज्य में बिना कर का भुगतान किए और तंग न किए जाकर मार्ग पाने की अनुमति, इस शर्त पर पा गए थे कि हम वहाँ कोई लूटमार नहीं करेंगे। फौज का दूसरा मंडल सैयद भीखू के अधीन था, जो एक उच्च कोटि का सरदार और चीतू से दूसरे स्थान पर था। वह पूर्व की ओर नर्मदा के किनारे चलता हुआ नागपुर जानेवाले मुख्य मार्ग तक पहुँच गया, उसका इरादा वहीं की यात्रा करने का था।

इस बीच हम लोगों ने अपनी गति बढ़ा दी, क्योंकि हम अपने कार्य-स्थल तक पहुँचने के लिए अत्यन्त उत्सुक थे। हमारी धनराशि कम होती जा रही थी और बिना लूटमार किए हम भूखों मर जाते। हमने सुना कि वहाँ नियमित सेना की एक टुकड़ी मेजर फ्रेजर के नेतृत्व में हमारी गतिविधि पर दृष्टि रख रही थी। परन्तु हमारे गुप्तचरों ने सूचित किया कि उसकी संख्या बहुत कम थी और उस ओर से हमारे ऊपर आक्रमण का कोई भय न था। यह सूचना प्राप्त हुई कि उनकी संख्या तीन सौ से अधिक नहीं थी, और हम लोगों ने व्यर्थ ही सोच लिया था कि वे हमारे हजारों लोगों का सामना नहीं कर सकेंगे, परन्तु हम लोग उनकी बहादुरी का आकलन ठीक से नहीं कर पाए। हमें यह भी ज्ञात था कि वे लोग हमसे पन्द्रह कोस से अधिक दूर थे। और क्या पैदल सेना इतना फासला तय करके हमारे अश्वारोहियों पर आक्रमण कर सकती थी?

फिर भी उन लोगों ने हमारे ऊपर आक्रमण कर दिया। हम ताप्ती नदी के किनारे बसे एक गाँव में पहुँच गए। इस समय कुछ लोग भोजन पकाने में व्यस्त थे, दूसरे शिविर में चहलकदमी कर रहे थे अथवा काठी की जीन बिछाकर आराम कर रहे थे। इसी समय खतरे की सूचना दी गई कि फिरंगी हमारे ऊपर चढ़ आए थे। उस समय हमारे शिविर में जो अफरा-तफरी मची, उसका वर्णन नहीं किया जा सकता। लोग इधर-उधर भागने लगे। उस समय संगठित होने की कोई आशा नहीं थी। जिसे जहाँ अपना घोड़ा मिला, उस पर बैठा और अपनी जान बचाकर भागा। वहाँ एक भी आदमी खड़ा न रह सका। जो लोग मेरे साथ थे, उन्हें एकत्र करके, लाल कोटवालों की छोटी सी टुकड़ी, जो पंक्तिबद्ध होकर हमारे कैम्प (शिविर) के निकट आ गई थी, उन पर आक्रमण करने की मेरी योजना व्यर्थ हुई। वे लोग विनाश करने के उद्देश्य से हमारे ऊपर बन्दूकों की बाड़ पर बाड़ मार रहे थे। वहाँ मेरी बात सुननेवाला कोई नहीं था। यद्यपि मेरे अपने साथ के ठग तथा मंडल के लोग शपथ के साथ कह रहे थे कि यदि मैं उनका नेतृत्व सँभाल लूँ तो वे अपने प्राण तक देने को तत्पर थे। परन्तु मुझे उस स्थिति में सफलता का कोई अवसर नहीं दिखाई दिया, और मेरे निकट ही मेरे एक-दो आदमी गिर गए, तो हम भी अपने घोड़े मोड़कर भागने लगे। उन्होंने हमारा पीछा नहीं किया, यद्यपि उनकी पैदल सेना में कुछ घुड़सवार अवश्य थे, जो यदि वे नितान्त कायर न होते तो हम पर आक्रमण करके उलझा सकते थे।

मैं यह अवश्य कहूँगा कि मेरी इच्छा थी कि वे हमारे ऊपर आक्रमण कर देते। हमने लगभग एक सौ आदमी एकत्र कर रखे थे। कभी-कभी हम उन शत्रु अश्वारोहियों के विरुद्ध जो संख्या में हमारे बराबर ही थे, अपने भाले चमका देते थे, और वे भी अपने भाले हिलाते थे, परन्तु वे अपने स्थान से टस से मस नहीं हुए। हमने देखा कि उनकी पैदल सेना हमारे शिविर पर अधिकार करने के लिए आगे बढ़ी। शिविर में जहाँ-तहाँ धूप से बचने के लिए हजारों की संख्या में परदे लगे थे, और जलते हुए चूल्हों पर अधपका भोजन पड़ा था। यह सब व्यवस्था लम्बे सफर के बाद उनके लिए स्वागत करती हुई आरामगाह बन गई। अच्छी खासी लूट उनके हाथ लगी होगी, क्योंकि अनेक लोग विजेता के लिए बहुमूल्य जीन-काठी वहीं छोड़कर अपने घोड़े की नंगी पीठ पर बैठकर भाग खड़े हुए थे।

हमारे आश्चर्य के साथ ही, हमारी पूरी पराजय हुई। यदि शत्रु के पास विशाल पैदल सेना अथवा अश्वसेना होती और वह हमारा पीछा करती, तो भावी लूटमार करने की हमारी सारी आशा धूल में मिल जाती। अधिक सम्भावना यही थी कि हम सीधे अपने-अपने घरों का रास्ता नापते और किसी अभियान का नाम भी न लेते। परन्तु वह सब नहीं हुआ। फिर भी हमें ज्ञात हुआ कि हमारे सौ से अधिक लोग खेत रहे। तीन दिन के बाद हम लोग पुनः एकत्र हुए और हममें पूर्ववत उत्साह का संचार हो गया।

आगे चलकर एलिचपुर की पूर्ववर्ती पहाड़ियों से और मुगलानी के साथ हुए मामले के बाद, उन घने जंगलों से, जिनमें हम पहले चल चुके थे, निकलकर अगम मार्गों में भटक गए। वर्धा नदी के पास हम निजाम के इलाके में आ गए। इसे पार करके पच्चीस कोस की एक ही दौड़ में हम अमरावती पहुँच गए, जो प्रारम्भ से हमारे प्रमुख नायक का लक्ष्य था। मैं पहले ही इसके उत्कर्ष तथा सम्पन्नता का वर्णन कर चुका हूँ। वर्तमान की अपेक्षा अतीत में वह अधिक विपुल था।

किसी नदी की प्रचंड धारा के समान हम लोग बढ़ते जा रहे थे। हमारे मार्ग में जो गाँव पड़ता था, उसके निवासी तुरन्त गाँव छोड़कर भाग जाते थे और पूरा गाँव हमारी कृपा पर आश्रित रह जाता था। धन के लिए एक के बाद एक सभी लूट लिये गए। जो बड़े गाँव थे, वहाँ अधिक लूट प्राप्त हुई। सौभाग्य से मुझे हरावल का नेतृत्व प्रदान किया गया था। उस समय के उत्साह का मुझे स्मरण आता है जब हम पहाड़ियों की तराई से निकलकर मैदानी इलाके में आ गए। मुझे अपने साथियों में जिनकी संख्या उस समय बढ़कर लगभग पाँच सौ हो गई थी, अपनी तलवार लहराता याद आता है। मैंने उन्हें बरार के विस्तृत मैदानों को दिखाया और उन्हें बताया कि वहाँ लूटमार के लिए हमारे पास असीमित शक्ति थी।

उस दिन से गफूर खाँ को मुझसे ईर्ष्या होने लगी, जब चीतू ने उसे रोक लिया जो मुख्य दल में था। मेरे हरावल की संख्या बढ़ा दी गई जिससे मैं आगे जाकर अमरावती को घेर लूँ। हम तूफानी गति से आगे बढ़े। कुछ गाँवों में जहाँ हम जा धमके शीघ्र वसूली हो गई। रुपए, सोना, चाँदी, आभूषण वहाँ के भयभीत निवासियों द्वारा बिना माँगे उपस्थित कर दिए गए। जैसे जैसे हम आगे बढ़ते जाते थे, हमारे आने का समाचार बिजली की गति के समान फैलता जाता था। हजारों लोग अपने घरों को छोड़कर भागते दिखाई देते थे, जबकि हर गाँव में कुछ लोग रह जाते थे। वे भी अपने गाँव को न जलाए जाने की प्रार्थना करते हुए मेरे सामने धन रख देते थे। मैंने तो नहीं किया, लेकिन मेरे पीछे चारों ओर धुएँ के बादल देखकर मैंने ठीक ही समझा कि मुख्य सेना हमारी अपेक्षा कम दयावान नहीं रही थी।

शाम को हम लोग अमरावती पहुँच गए। इस महत्त्वपूर्ण नगर में बहुत कम सैनिक पहरे पर थे। हमारे आने का समाचार सुनकर वे सब पलायन कर गए। अतः हमें रोकनेवाला वहाँ कोई न था, हम निर्विरोध वहाँ प्रवेश कर गए। पूर्व के और वर्तमान के मेरे आगमनों में कितना अन्तर था?

मैंने मुख्य मार्ग से आगे चलने का निर्देश दिया। मुझे ज्ञात था वहीं बड़े-बड़े साहूकार मिल जाएँगे। अपने आदमियों की टुकड़ियों को हर छोर पर तथा विभिन्न मार्गों पर नियुक्त करने के पश्चात् मैं चौक अथवा बीच बाजार में पहुँचा। वहाँ नगर के प्रमुख लोगों के बीच घोड़े से उतर गया। उन लोगों ने वहाँ पहले से ही कालीन बिछा दी थी और बताया कि वहाँ मेरा सम्मान करने की तैयारी की गई थी।

मेरे स्वागत में कुछ शब्द कहे गए, क्योंकि हमारा आगमन स्नेहपूर्ण नहीं था। वहाँ के लोगों की प्रत्येक टोली कठोरता के साथ लेन-देन की बात कर रही थी।

मेरी इच्छानुसार पर्याप्त धन एकत्र करने में अपनी असमर्थता तथा अपनी गरीबी के व्यर्थ वर्णन के उनके विचार कुछ देर सुनने के पश्चात् मैंने कहा, "यह केवल मुझे मूर्ख बनाने की बात की जा रही है। तुम लोगों ने एक लाख देने की पेशकश की है। क्या तुम समझते हो चीतू इससे सन्तुष्ट होंगे? मैं कुरान की कसम खाकर कहता हूँ कि यह असम्भव है। बेहतर होगा कि तुम लोग समझ जाओ और मेरी बात पर ध्यान दो। रात होने तक पूरा लब्भड़ यहाँ आ जाएगा। और यदि तुम में से कोई अपनी कोठी पर चढ़ने की कोशिश करेगा, तो पिंडारी दिखा देंगे कि वे कैसे अपनी प्रगति चिह्नित करते हैं। मेरे पीछे के गाँव या खड़े हुए वृक्ष क्या उसके प्रमाण नहीं हैं? और यदि तुम लोगों ने मेरे कथन को हल्का समझा, तो तुम्हारा यह अच्छा-भला नगर उसी गति को पहुँच जाएगा। उसे केवल जलाया ही नहीं जाएगा वरन् तुम्हारी

जायदाद मेरे आदमियों की सुकुमार दया को सौंप दी जाएगी, उसी के साथ तुम्हारी स्त्रियाँ और लड़कियाँ भी। इसलिए मैं तुम लोगों को भली चेतावनी देता हूँ। मेरा विरोध करने के लिए तुम्हारे पास कोई फौज नहीं है, और यदि तुम इनकार करोगे, तो मैं तुमसे स्पष्ट कहना चाहता हूँ कि हम यहाँ कुछ दिन के लिए ठहर जाएँगे और तुम्हारे घरों के भीतर अपना मन बहलाएँगे। इसलिए जाओ, आपस में सलाह-मशविरा करो और इस वृक्ष की छाया मेरी तलवार की लम्बाई की नाप से अधिक होने के पहले (मैंने तलवार भूमि पर रख दी) बुद्धि के लिए प्रसिद्ध अपने नाम के योग्य उत्तर ले आओ। उसके बाद मैं तुम्हें एक क्षण का भी अवसर न दूँगा। तुम्हारे मकान निकट ही हैं और इंशाअल्लाह हम अपना काम स्वयं करना जानते हैं।"

मेरे निकट खड़े हुए सभी लोग एक साथ कह उठे, "आपने उचित कहा मीर साहब, लेकिन हम लोग इसी समय अपना काम क्यों न आरम्भ करें? हमारे जैसे सम्मानित लोगों की आवश्यकता का ध्यान इन लालची व्यापारियों को नहीं। हमारे सामने एक बहुत लम्बी यात्रा है।"

मैंने उत्तर दिया, "अभी तुम्हें ज्ञात हो जाएगा कि उन्हें क्या कहना है। तब तक हम शान्त और व्यवस्थित रहेंगे। उनके विचार-विमर्श में कोई बाधा नहीं पहुँचाएगा और नगर निवासियों में किसी के साथ हिंसा नहीं की जाएगी।"

समय लगभग समाप्त हो गया, धूप में केवल मेरी तलवार की पूँछ रह गई। सौदागरों की सभा में हुई रोषपूर्ण बहस और उन लोगों के चेहरों पर छाई हुई चिन्ता की रेखाओं से मुझे यह आभास हुआ कि उनमें कोई निर्णय नहीं हो सका।

मैं वृक्ष की बढ़ती हुई छाया को बड़ी उत्सुकता के साथ देख रहा था। बीच-बीच में उन्हें समय समाप्त होने की सूचना भी देता रहा। अन्ततः मेरी तलवार की मूठ की चमक समाप्त हो गई। अपने आदमियों के शोर के बीच मैंने उसे उठा लिया। सौदागरों ने मुझे यह करते देखा और वे दौड़कर आ गए, उनमें जो सर्वाधिक स्थूल और उनका मुखिया प्रतीत होता था, बोला, "मीर साहब, बैठ जाइए, बैठ जाइए। इस मामले में शान्त होकर और सुविचार सहित बात कर लें। जल्दबाजी या गर्म मिजाज से जो सौदा किया जाएगा, वह सदैव असन्तोषजनक होगा।"

मैंने कहा, "नहीं, मैं अब नहीं बैठ सकता। मैं खड़ा रहूँगा। बोलो क्या कहते हो? यह समझ लो कि जैसे ही मैंने अपनी तलवार सीधी की, लूटमार शुरू हो जाएगी। यह अवश्य है कि इन बहादुरों पर मेरा कुछ प्रभाव है, परन्तु ये लोग तुमसे उचित पेशकश की भी आशा करते हैं। फिर भी जिस क्षण ये निराश हो जाएँगे, मेरा प्रभाव इन पर समाप्त हो जाएगा और उस दशा में तुममें से किसी के जीवन का मैं उत्तरदायी नहीं रहूँगा।"

मुख्य साहूकार बोला, "एक मिनट के लिए आप मेरे साथ जरा किनारे आइए। मैं आपसे अलग बात करूँगा। आप किसी साहूकार द्वारा धोखा दिए जाने के लिए मत डरिए।"

उसकी बात सुनकर हम लोग खूब हँसे। मैंने कहा, "मुझे कोई भय नहीं है। मैं आता हूँ। और मेरे साथियो," मैंने अपने साथ के लोगों से कहा, "देखना, इनमें से कोई भाग न जाए।"

जब हम कुछ दूर चले गए, तब मैंने कहा, "तुम्हें क्या कहना है जल्दी कहो! मेरे आदमी उतावले हो रहे हैं। तुम्हारे मकान और दूकानें उन्हें ललचा रही हैं।"

उसने कहा, "तो सुनिए, आप उनके नेता हैं और आपके आचरण से प्रकट होता है कि आपका उन पर पूरा प्रभाव है. आपके साथ पाँच सौ से अधिक लोग नहीं हैं। मैं आपके लिए दस हजार रुपए देता हूँ। हर सरदार के लिए एक हजार और पाँच सौ प्रत्येक आदमी के लिए।

सब मिलाकर यह रकम एक लाख हो गई। मुख्य फौज के लिए जो कुछ होगा उसे बाद में देखेंगे। आप क्या कहते हैं? जल्दी बताइए क्योंकि रुपया तैयार है और मुख्य फौज के आने के पहले आसानी से वितरित हो जाएगा।"

मैंने कुछ विचार किया। मुझे मालूम था कि चीतू स्वयं अपनी शर्तें रखेगा और उसके यहाँ पहुँचने से पहले अधिक से अधिक लूट प्राप्त करने में कोई हानि नहीं। मुझे यह भी मालूम था कि उसे दस लाख की उम्मीद थी और उसे जैसे भी होगा उतना या उसके आस-पास अवश्य मिल जाएगा।

साहूकार ने फिर कहा, "जरा सुनिए, आप पहले आए हैं, आपको कुछ नहीं करना है। आप अपनी रकम ले लीजिए और चले जाइए। रात में किसी गाँव में ठहर जाइए। चीतू को क्या पता लगेगा?"

मैंने कहा, "नहीं, हम यहीं रहेंगे। पच्चीस कोस की यात्रा करने के पश्चात् मेरा स्वभाव आगे चलते रहने का नहीं है। परन्तु एक लाख रुपए का भुगतान पाने के पश्चात् मैं तुरन्त अपने आदमियों को लेकर नगर से बाहर चला जाऊँगा। याद रहे, हमें जो कुछ मिलेगा उसमें से एक तिहाई सरदार को जाएगा और अन्त में हमारा हिस्सा अधिक नहीं बचेगा।"

उसने कहा, "हमें स्वीकार है। अब आप अपने आदमियों के पास जाएँ और उन्हें शान्त रहने के लिए कह दें। हिंसा करने से उतना नहीं मिलेगा, जितना सद्व्यवहार से मिलेगा।"

मैं लौटकर अपने लोगों के पास आ गया और जो प्रस्ताव साहूकारों द्वारा मेरे समक्ष रखा गया था, उसे सबको बता दिया। उसका उन लोगों ने इतने शोर के साथ स्वागत किया कि सारा वातावरण गूँज उठा, तत्पश्चात वे रुपए के लिए चिल्लाने लगे।

रकम तो पहले ही एकत्र कर ली गई थी। कुछ देर बाद हमारे बैठने के स्थान के निकट की गली से रुपए के थैले लादे हुए आदमियों की पंक्ति निकल आई। पिंडारियों के दफे के दफे अपने दफादार के नेतृत्व में वहाँ लाए गए। हर आदमी को एक सौ रुपए दिए गए, हर सरदार को एक हजार रुपए जिसे उन लोगों ने काठियों के लम्बे-चौड़े थैलों में भर लिया।

पीर खाँ ने कहा, "मीर साहब, आपने अपनी चिन्ता नहीं की। कुछ भी नहीं लिया?"

मैंने कहा, "मेरे लिए मत डरो। मुझे अपना हिस्सा मिल चुका। थैला भारी नहीं लगता, परन्तु उसमें सोना है।"

उसकी आँखों में चमक आ गई, बोला, "ठीक है किसी को मालूम नहीं होना चाहिए।"

मैंने कहा, "नहीं, बिलकुल नहीं। इसे केवल मैं या तुम ही जानते हो। अब हमें इन बदमाशों की ओर ध्यान देना चाहिए। ये लोग कोई ज्यादती न कर बैठें। वे लोग नगर में ऊधम मचाने का मन बनाते प्रतीत होते हैं।"

उसने कहा, "वे लोग सन्तुष्ट जान पड़ते हैं। एक तो मैं स्वयं ही हूँ। अल्लाह कसम मीर साहब, यह बड़ा दुर्लभ काम है। सुबह से केवल घुड़सवारी करने से एक हजार मिल जाना हमारे अपने पेशे से कहीं बेहतर है।"

मैंने कहा, "चुप, चुप रहो। यह समय अपने भेद की बातें करने का नहीं है। यहाँ से जाओ। देख लेना कि सब लोग नगर से बाहर चले गए या नहीं। कुछ लोगों के साथ मैं यहीं ठहरता हूँ। देखना है कि क्या होगा जब चीतू आएगा।"

एक-एक करके पिंडारी वहाँ से चले गए। मेरी इच्छानुसार कुछ वहीं रुक गए। मैं वहीं

बैठकर चीतू की प्रतीक्षा करने लगा।

मेरे स्थूल से दोस्त ने पूछा, "आपके विचार से उसकी क्या माँग होगी?"

मैंने कहा, "यह मैं नहीं जानता, अच्छा यही होगा कि तुम लोग एकदम उदार बन जाओ वरना वह तुम्हारे नगर को लूट लेगा। पिंडारियों को तो तुम जानते ही हो, उन्हें पाप करने में कोई संकोच नहीं होता। तुम में से कुछ को यन्त्रणा दी जा सकती है।"

यन्त्रणा का विचार आते ही पूरी सभा काँप उठी और मैंने यह अवसर देखकर कहा, "कुछ चीजें कोरला जैसी होती हैं, तुम लोगों के मोटे-मोट पेट तुरन्त चीर दिए जाएँगे, इसके अतिरिक्त कुछ ऐसे लोग भी हैं जो हाथ की अँगुलियाँ बाँधकर उन पर हथौड़ा मारने में दक्ष हैं। मेरे विचार से तुम लोग इसे पसन्द नहीं करोगे। मैंने यह भी सुना है कि जिद्दी साहूकारों को मनाने के लिए उनके मुँह पर रसायन से भरे थैले बाँध दिए जाते हैं। इसके अतिरिक्त साहूकारों को उचित मार्ग पर लाने के लिए अन्य उपाय भी प्रयोग में लाए जाते हैं, परन्तु तुम लोग बुद्धिमान हो, तुम होशियारी से काम करोगे।"

एक अन्य साहूकार जो अभी तक चुप बैठा था, बोला, "मीर साहब, आप ही बताइए हमें क्या देना चाहिए। संख्या में कितने पिंडारी होंगे? हमने सुना है पाँच हजार हैं।"

मैंने कहा, "सेठ जी, कम बता रहे हो। मेरे विचार से हम लोग लगभग दस हजार होंगे। जो भी हो अभी लब्भड़ आ रहा है, उसे देखकर स्वयं निर्णय कर लेना। जहाँ तक रकम की बात है, मुझे ज्ञात है कि चीतू स्वयं एक लाख चाहता है। उसके पश्चात् तीन सरदार हीरू, गफूर खाँ और राजन हैं, इनमें प्रत्येक के लिए पचास हजार रख लो। उसके बाद छोटे सरदार और दफादार हैं, उन्हें प्रत्येक को एक हजार चाहिए। हर पिंडारी को एक सौ रुपए देना होगा। बोलो, मैंने ठीक कहा न?"

एक के साथ सभी साहूकार कहने लगे, "भगवान रक्षा करे, हम लोग उजड़ जाएँगे, मर जाएँगे। यह तो कुल रकम आठ लाख होगी। हम लोगों के पास इतनी बड़ी रकम कहाँ होगी? हम बरबाद हो जाएँगे। अच्छा होगा, हम सबको अभी मार डालो।"

मैंने कहा, "नहीं, नहीं, मेरे भले मित्रो, ऐसा नहीं है। सारी दुनिया जानती है कि अमरावती देश का सबसे धनवान नगर है। यही नहीं, इस दृष्टि से वह हैदराबाद से भी बढ़कर होगा। इसके अतिरिक्त यहाँ रुपया लाखों में नहीं, करोड़ों में गिना जाता है। इसलिए चीतू से अपनी निर्धनता का बखान मत करना, क्योंकि वह तुरन्त सिद्ध कर देगा कि तुम लोग झूठ कहते हो या नहीं। मेरे ऊपर विश्वास करो। तुम लोगों के लिए सबसे सुरक्षित बात यह होगी कि उसे तुरन्त बड़ी से बड़ी रकम दे दो। उसे अभी दूर की यात्रा करनी है। नेमावर से प्रस्थान करने के बाद उसके आदमियों को कुछ नहीं मिला। वे सब भूखे-प्यासे होंगे।"

स्थूलकाय साहूकार ने कहा, "मैं तुम लोगों से कहना चाहता हूँ कि मीर साहब ने जो कुछ कहा, वह सत्य है। हम लोगों पर यह गर्दी भगवान ने भेज दी, अतः हमें अपनी नियति को चुपचाप स्वीकार कर लेना चाहिए। स्वयं अपनी आँखों के सामने अपनी बहू-बेटियों को अपमानित होते हुए देखने से अच्छा है कि हम अपनी एक-एक पाई दे दें। बस, मुझे इतना ही कहना था।"

मैंने कहा, "ठीक है, यह हुई न बुद्धिमानी की बात। मैं तुम लोगों को एक और सलाह देता हूँ। चीतू एक महान पुरुष है। अपना सम्मान किया जाना उसे पसन्द है। सच पूछो तो

वह इसके योग्य है। यही अन्य प्रमुख भी चाहते हैं। पान, इत्र और मेवा लेकर थालियों में सजा दो। कुछ सुन्दर शाल मँगा लो और जैसे ही वह अपने स्थान पर बैठे तुममें से कोई उत्तम शाल उसके तथा अन्य सरदारों के कन्धों पर डाल दो और उसके सामने अपनी नजर पेश कर दो, जैसे मानो सिकन्दर ज़ाह को करोगे। इंशाअल्ला, उसकी दृष्टि तुम लोगों पर कृपालु हो जाएगी और जहाँ तुम लोगों को वैसे आठ लाख देना होता, इस प्रकार तुम लोग आधे में ही निपट जाओगे। इसके अतिरिक्त तुम्हारा नगर भी सुरक्षित रहेगा।"

वहाँ उपस्थित सभी बोल उठे, "गंगा कसम, आपने उचित सलाह दी, मीर साहब। आप हमारे दयालु मित्र हैं, और हमारा श्रेष्ठ मार्गदर्शन कर रहे हैं। आपके बिना हम लोग नहीं समझ पाते कि क्या करना चाहिए।"

मैंने कहा, "एक बात और सुनो। तुम लोगों में से कोई भी अपना मुँह लटकाए नहीं रहेगा। इसके विपरीत ऐसा दिखाई देना चाहिए जैसे तुम सब लोग उसके आगमन पर हर्ष से प्रफुल्लित हो। जब तक कोई कारण न हो, तुम्हें घबराना नहीं चाहिए। रकम का भुगतान तो तुम्हें प्रत्येक दशा में करना ही है, अतः क्यों न उसे प्रसन्नता और सम्मान के साथ दो।"

सब लोग मेरी बात बड़े ध्यानपूर्वक सुनते रहे, क्योंकि मैंने उन लोगों को सलाह के साथ चेतावनी भी दी। यह सब मैंने उन लोगों में उत्साह का संचार करने की दृष्टि से किया। और यह सब करते-करते शाम हो गई। उसी समय सैकड़ों घोड़ों की टापों तथा बन्दूकों से फायर करने की आवाजें सुनकर हमें विश्वास हो गया कि मुख्य फौज आ गई।

मेरे चारों ओर जमा साहूकार बोले, "आप हमारे पास रहिए। आप हमारे मित्र हैं। हमारे सामने बने रहिए जिससे हम भयभीत न हों।"

परन्तु उनके शक मिथ्या सिद्ध हुए क्योंकि भारी आशंका से ग्रस्त साहूकारों के दाँत कटकटाने लगे और उनके कपोल पिचक गए। पिंडारियों के प्रमुख सरदार के सामने जाने के विचार से ही वे अत्यन्त भयभीत थे।

घोड़े पर सवार चीतू चौक में आ पहुँचा। भयानक चेहरेवालों की भीड़ से वह घिरा हुआ था, जिनकी बाह्याकृति का प्रभाव शाम के धुँधलके में और अधिक भयावह लग रहा था। एक दर्जन से अधिक लोग उसकी विरुदावली का वर्णन करने में एक-दूसरे से होड़ ले रहे थे।

साहूकारों का समूह मेरे नेतृत्व में उसके सम्मुख उपस्थित हुआ। साहूकारों के मुखिया ने उसकी रकाब से अपनी नाक रगड़ते हुए निवेदन किया कि घोड़े से उतरकर तरो-ताजा हो जाएँ। यह भी कहा कि उसके लिए जाफत तैयार की गई थी। और सभी लोग अपनी नजर पेश करने के इच्छुक थे।

मैंने उन लोगों के निवेदन का अनुमोदन किया।

उसने कहा, "निश्चय ही मैं यह आवाज पहचानता हूँ, शैतान के नाम पर बताओ वह किसकी है?"

मैंने कहा, "यह आपका खादिम अमीर अली है।"

उसने कहा, "ओह, तब तो सब कुछ ठीक ही होगा। क्या तुम भी साहूकार हो गए? क्या बात है मीर साहब?"

मैंने कहा, "आप पर कुरबान हूँ, नवाब। मैं केवल इन लोगों में हिल-मिल गया, क्योंकि इनका कहना है कि आपकी बाह्याकृति की चकाचौंध को देखकर ही उनका विलोपन हो जाएगा।

मैंने उन लोगों को ढाढस दिया और हुजूर के आने तक उनके उत्साह को स्थिर रखा।"

चीतू ने कहा, "तब तो तुमने बहुत अच्छा किया। क्या सब कुछ तैयार है?"

साहूकार बोले, "जी हाँ, यदि आप घोड़े से उतरने का कष्ट करें, तो हम सब आपका सम्मान करने के लिए तैयार हैं।"

वह अपने घोड़े से उतर पड़ा। मुख्य साहूकार उसका हाथ थामकर निकटवर्ती एक मकान में ले गया, जो उन्हीं साहूकारों में से किसी एक का था। कमरे में धवल चाँदनी बिछाई गई थी, उस पर मसनद रखी थी। वहाँ प्रकाश की पर्याप्त व्यवस्था थी। चीतू अपने स्थान पर बैठ गया। स्पष्ट परितोषण की मुद्रा में उसने चारों ओर अपनी दृष्टि दौड़ाई। उसका चेहरा क्रूर तो था ही, परन्तु उस समय उस पर विजय की मुस्कान खेल रही थी तथा उसमें प्रसन्नता की अभिव्यक्ति ऊपर से आकर मिल गई थी।

अपने विशेष कृपापात्र राजन से उसने कहा, "ये लोग सभ्य दिखाई देते हैं। इन लोगों के निकट कौन था? मुझे तो उम्मीद न थी, क्या तुम थे?"

राजन ने कहा, "नहीं, वास्तव में मैं नहीं था। मैंने यही विचार किया था कि हमें सीधे नगर में प्रवेश करना होगा। परन्तु यहाँ का सब किया धरा अमीर खाँ का है।"

चीतू ने कहा, "यही मालूम होता है, वह सभ्य आदमी है और जानता है कि किसी सभ्य इनसान का कैसे स्वागत करना चाहिए। यदि वह यहाँ न होता तो अधिक सम्भावना यही थी कि ये सूअर स्वयं को अपने-अपने घरों में बन्द कर बैठ जाते और उन्हें बाहर निकालने का कष्ट हमें उठाना पड़ता। लेकिन देखो वे लोग अब आगे क्या करना चाहते हैं?"

साहूकार ने मुझे टहोका मारा और फुसफुसाकर कहा कि मैं उन लोगों की ओर से चीतू को नजर स्वीकार करने के लिए कह दूँ।

"आपको पाँच सौ रुपए दूँगा, यदि वह स्वीकार कर ले।"

उसने पुनः फुसफुसाकर कहा, जब मैंने अपनी झिझक प्रदर्शित कर दी। मैंने कहा, "मंजूर है, यदि न दिया तो मैं उसका बदला ले लूँगा।"

अत्यन्त गम्भीरता के साथ उसने पुनः कहा, "गंगा कसम, जनेऊ कसम। नहीं मैं उससे दुगुना दूँगा। आप हमारी ओर से कहें तो सही। मीर साहब क्या आप हमारे मित्र और भाई नहीं?"

चीतू चीखकर बोला, "ये सूअर के बच्चे, तुमसे क्या कह रहे हैं, ये लोग स्वयं क्यों नहीं कहते?"

मैंने कहा, "खुदावन्द, आपके आगमन से पूर्व आपके नाम का आतंक यहाँ पहुँच गया था।" यह सुनकर वह मुस्कुराया।

मैंने आगे कहा, "आपके इतने प्रभावशाली तथा अनन्यतम व्यक्तित्व का विवरण इन लोगों ने पहले सुन लिया था, जिसके कारण अल्लाह कसम ये लोग मूक होकर रह गए हैं, यद्यपि वे आपके कदमों पर अपनी नजर पेश करने के लिए अत्यन्त उत्सुक हैं, जो आपके उच्च पद के अनुरूप होगी। परन्तु उनके पास शब्द नहीं हैं कि वे अपनी इच्छा व्यक्त कर सकें। अतः ये लोग आपके इस खादिम से अनुरोध कर रहे हैं कि उसे मैं हुजूर के सामने पेश कर दूँ।"

चीतू बोला, "कबूल, कबूल मुझे स्वीकार है। थालियाँ लाई जाएँ। सचमुच अमरावती के साहूकारों की नजरें काबिले गौर होनी चाहिए।"

पन्द्रह तश्तरियाँ लाई गईं, जिन पर मखमल के बहुमूल्य आवरण पड़े हुए थे। उन्हें मसनद के सामने रख दिया गया। एक-एक करके उनके आवरण हटा दिए गए। वास्तव में वह बड़ा भव्य दृश्य था। चार तश्तरियों में खजूर, पिस्ता, मिश्री और मिठाइयाँ भरी थीं, शेष में विभिन्न प्रकार के वस्त्र—योरोपियन, मलमल, छींट, कीमती पगड़ियाँ और बनारसी जरी—थे। ऐसी नजर किसी राजा को पेश करने योग्य थी।

मैंने साहूकार से कहा, "अब यह प्रसन्न होने का समय है। शाल और अशर्फियाँ कहाँ हैं? अपना हृदय दिलेर करो। उसके ऊपर शाल डालो, जैसा तुम विवाह के समय अपने सम्बन्धियों के साथ करते हो।"

साहूकार ने अपने सेवक से शाल लिया, उस पर पाँच अशर्फियाँ रखकर चीतू की ओर बढ़ा। तस्लीम अर्ज करके अथवा तीन बार कोर्निश करके उसने उसे पेश किया और शाल खोलकर, जो अत्यन्त सुन्दर था, बड़ी निपुणता के साथ उसके कन्धों पर डाल दिया, पुनः पीछे हटकर आदर एवं विनम्र भाव से सीने पर अपने हाथ मोड़कर खड़ा हो गया।

चीतू का तुलजापुर लौटना

जिस उत्साह के साथ चीतू का स्वागत किया गया, उससे वह अत्यन्त प्रसन्न दिखाई दे रहा था। अपने ऊपर डाले गए सुन्दर शाल का निरीक्षण करके एक मधुर मुसकान उसके भद्दे मुख पर दौड़ गई। उसने गफूर खाँ से कहा—"ये लोग समझदार प्रतीत होते हैं। उच्च स्तर के लोगों के आगमन के ये लोग अभ्यस्त दिखाई देते हैं। हम इस प्रकार के सभ्य व्यवहार की कदापि आशा नहीं करते थे। हमारे लम्बे सफर के पश्चात् हमें यह बहुत पसन्द आया, परन्तु मालूम होता है ये लोग तुम्हें भूल गए।"

अपने हाथ में कई शाल लिये हुए साहूकार दौड़ता हुआ आया और बोला, "नहीं ऐसी बात नहीं है। हम अपने विशिष्ट मेहमानों को भूलनेवाले नहीं हैं," और उसने प्रत्येक सरदार को शाल ओढ़ा दिए। और उन लोगों ने बड़े आत्म-सन्तोष के साथ उसे स्वीकार किया।

चीतू ने कहा, "यह कमरा अब खाली कर दिया जाये। इन भद्र पुरुषों के साथ हमें सौदा करना है। नाश्ता करने से पहले हमें यह पूरा करना होगा।"

कमरा खाली हो गया। वहाँ केवल हमारे प्रमुख सरदार और साहूकार रह गए। जैसे किसी बाज को देखकर पक्षी एक-दूसरे से चिपक कर बैठ जाते हैं, उसी प्रकार साहूकार सिमटकर रह गए।

चीतू ने उनसे कहा, "निःसन्देह तुम लोग हमारे उद्‌देश्य को जानते होगे। हमें रकम चाहिए। उसे हम हर प्रकार से प्राप्त कर लेंगे। यदि तुम लोग बुद्धिमान हो तो मुझसे तथा मेरे आदमियों से छुटकारा पाने के लिए धन देना होगा। मेरे आदमी बड़े खूँखार हैं। मैं नहीं चाहता कि तुम लोगों को कोई हानि हो। यदि कोई विपत्ति आ ही जाएगी तो उसका दोष तुम्हारे सिर पर होगा। इसलिए बताओ तुम लोग कितना देने के लिए तैयार हो।"

साहूकार ने कहा, "वास्तव में महामहिम के आगमन की सूचना हमें पहले ही प्राप्त हो

गई थी। आपके आगमन से भयभीत न होने के प्रमाणस्वरूप आप हमें यहाँ देख रहे हैं। इतने विशिष्ट व्यक्ति के स्वागत की तैयारी हमने अपनी सामान्य सामर्थ्य के अनुसार की है। आपके सेवक मीर साहब का भला परामर्श भी हमें प्राप्त हुआ और उनके आदेश को मानकर हम लोगों ने क्षुद्र धनराशि की एक सूची तैयार की है। उसे हम हुजूर के कदमों में पेश करना चाहते हैं।" और साहूकार ने फारसी में लिखा हुआ एक कागज उसे दे दिया। अपने सरदारों की ओर देखकर चीतू ने कहा, "मैं इसे नहीं पढ़ सकता। मैं कोई मुंशी नहीं हूँ। लेकिन भाइयो, तुममें से कोई इसे पढ़ सकेगा?"

सभी बोले, "हम एक अक्षर भी नहीं पढ़ सकते।"

साहूकार ने कहा, "ठीक है, मैं कोई मुंशी बुलवाता हूँ। कोई यहीं होगा।"

मैंने कहा, "यदि आज्ञा हो तो मैं इसे पढ़ दूँ। मैं इसे समझ भी लूँगा।"

चीतू हँसकर बोला, "अच्छा, तुम मुंशी होने के साथ ही एक अच्छे सैनिक भी हो। ठीक है, यह कागज लो और हमारा भाग्य खोलकर बताओ।"

मैंने उस कागज पर दृष्टि डालते हुए कहा, इसमें प्रथम तो यह कहा गया है कि अमरावती नगर के साहूकार तथा बाजार के अन्य लोगों ने एकत्र होकर एक सभा की। हम शक्तिमान चीतू तथा उनकी फौज के निकट आने की बात सुनकर आदरस्वरूप छोटी सी भेंट उनके कदमों में पेश करना चाहते हैं। हम लोगों ने नीचे लिखी हुई वस्तुएँ और नकद रुपए आपके निमित्त रखे हैं, जो आपकी स्वीकृति के लिए तैयार हैं। उसके लिए किसी प्रकार की कोई शर्त नहीं है, केवल आपकी कृपादृष्टि चाहते हैं और आशा करते हैं कि यह आपकी दया के आश्वासन का साधन बने।

चीतू ने कहा, "ठीक है, अब जितना शीघ्र सम्भव हो मामले का तत्त्व प्राप्त किया जाए, क्योंकि मुझे भूख सता रही है। बेशक इन भद्र लोगों के परिवारवालों ने मेरे लिए भोजन तैयार किया होगा।"

साहूकार ने कहा, "भोजन तैयार है श्रीमान, आज्ञा हो तो उसे परोसा जाए। परन्तु हम गरीब हिन्दुओं का भोजन हुजूर को स्वादहीन लगता इसलिए नगर के सबसे होशियार बावर्ची द्वारा हम लोगों ने आपका भोजन तैयार कराया है।"

उसने कहा, "चुप रहो, जब तुम लोगों को अनुमति मिले तभी बोलो। बीच में व्यवधान मुझे सहन नहीं।"

साहूकार भय से एक ओर दुबक गया और मैंने आगे पढ़ना प्रारम्भ किया। मैंने कहा, "गरीब नवाज पहले मद में आपके लिए पचास हजार रुपए हैं।"

उसने भौं सिकोड़कर पूछा, "केवल इतना ही?"

मैंने कहा, "ठहरिए, आगे और भी है। चुने हुए रत्नों, सोना और चाँदी से भरा एक थाल मूल्य पन्द्रह हजार रुपए और तीन थाल शाल तथा जरी के हुजूर के महल के लिए मूल्य दस हजार रुपए, ये सब मिलाकर पचहत्तर हजार रुपए।" दूसरा मद—प्रत्येक सरदार को दस हजार रुपए (जिसके विषय में सैयद अमीर अली द्वारा ज्ञात हुआ कि वे तीन हैं), उनके लिए हर एक को रत्नों का एक-एक थाल मूल्य पाँच हजार रुपए। इसके साथ तीन थाल प्रत्येक पाँच हजार का उनके लिए और कुल—बीस हजार प्रत्येक को।"

चीतू ने कहा, "आगे पढ़ो, मेरे ख्याल से अभी पूरा नहीं हुआ।"

मैंने कहा, "नहीं, और भी है। तीसरा मद—प्रत्येक दफादार को एक हजार रुपए। हमें उनकी संख्या ज्ञात नहीं, परन्तु अनुमान तीस हजार का है।"

चीतू ने कहा, "ठीक है, और कुछ?"

मैंने पढ़ा, "चौथा मद—प्रत्येक सुयोग्य आदमी को पचास रुपए जो शक्तिमान चीतू के विवेकानुसार वितरित होगा। सुनी हुई संख्या के अनुसार चार हजार होंगे। इसके अतिरिक्त भोजन, अनाज, चारा आदि जितने दिन फौज यहाँ रहेगी। बस इतना ही। आगे हुजूर का क्या हुक्म है?"

चीतू ने कहा, "यह सूची काफी अच्छी है। कुछ बातें गलत हैं, दफादार पचास होंगे, गफूर खाँ यही है न?"

उसने बताया, "ज़ी हाँ, मैंने उन लोगों को पहले ही बता दिया है।"

चीतू ने कहा, "लिखो मीर साहब, पिंडारी पाँच हजार, मैं सही हूँ न?"

सभी सरदार बोले, "बिलकुल सही, क्या नेमावर में गिन नहीं लिया था?"

यह बात बिलकुल झूठ थी। अब वे मुश्किल से चार हजार होंगे, क्योंकि नर्मदा नदी से लगभग आधा लब्भड़ विभिन्न दिशाओं में चला गया था, परन्तु यह बात महत्वहीन थी, क्योंकि मैं जानता था कि चीतू इन साहूकारों से अधिक से अधिक धन खींचने का इरादा रखता था।

चीतू ने कहा, "पाँच हजार लिखो और अब देखो कितना हो गया?"

मैंने शीघ्र रकम जोड़ी और कागज पढ़ने लगा। मैंने कहा, "पहला—हुजूर का हिस्सा पचहत्तर हजार। दूसरा—सरदारों का साठ हजार। आगे पचास दफादार—प्रत्येक का एक हजार कुल पचास हजार। अन्त में पाँच हजार आदमी—प्रत्येक चालीस रुपए। कुल दो लाख रुपया। सारा मद जोड़कर तीन लाख पचासी हजार।"

चीतू ने गफूर खाँ से कहा, "घोड़ों की नालें घिस गई होंगी, अब नई लगवानी होंगी।"

खान ने कहा, "अवश्य।"

चीतू ने कहा, "मीर साहब, लिखो पन्द्रह हजार घोड़ों की नाल के लिए। इसे मिलाकर चार लाख हुए। महाशय, तुम लोगों को कष्ट होगा, परन्तु जल्दी करो।"

साहूकारों ने शीघ्र विचार-विमर्श किया। उनमें कुछ गरमागरमी हुई, परन्तु सब बुद्धिमान थे। मेरे स्थूलकाय मित्र ने उठकर कोर्निश की और कहा "रुपए तैयार हैं, और शीघ्र यहाँ लाए जा रहे हैं।"

चीतू ने कहा, "ठीक है, अब मैं भोजन करूँगा। तुम लोगों को यह देखना होगा कि कल बहुत सबेरे सभी दफादार इसी मकान पर उपस्थित होकर अपना और अपने अधीनस्थ लोगों का रुपया प्राप्त करेंगे। और लब्भड़ को यहाँ से चल देना चाहिए क्योंकि यहाँ ऐसा सम्मान पाने के बाद मैं नहीं चाहता कि मेरे उपद्रवी लोग मेरे मित्र साहूकारों को लूटने का अवसर पा सकें।"

सभी सरदार चले गए, उनके साथ मैं भी कमरे से निकलनेवाला था कि चीतू ने मुझे बुलाकर लौटा लिया और कहा, "आओ, मेरे साथ भोजन करो। बेशक तुम्हारे मित्र साहूकारों ने हम दोनों के लिए पर्याप्त भोजन की व्यवस्था की होगी।"

मैंने उसके आदेश का पालन किया और मसनद के किनारे बैठ गया। शीघ्र ही भोजन परोसा गया, उसमें चुनी हुई चीजें थीं। वास्तव में लम्बे सफर के कारण हमारी भूख भी बढ़

गई थी, अतः हमने छककर खाया। इससे सन्तुष्ट होने के बाद हुक्के के सुगन्धित धुएँ का मजा लिया। चीतू ने पूछा कि किस प्रकार मैंने ऐसे लाभदायक सम्मान-समारोह का प्रबन्ध किया था।

मैंने उसे पूरा हाल बता दिया, परन्तु दस हजार की भारी रकम की बात मैंने छिपा ली, क्योंकि यदि मैं बता देता, तो कम से कम उसका आधा तो वह ले ही लेता। इस बात को केवल पीर खाँ जानता था। मेरा इरादा केवल उसी पर विश्वास करने का था।

चीतू अत्यन्त प्रसन्न था। मैं जानता था कि वह एक बहुत बड़ी धनराशि वसूलना चाहता था और मैंने भी जानबूझकर साहूकारों से खूब बढ़ा-चढ़ाकर बताया था। मेरे द्वारा धमकी दिए जाने और यह संकेत करने कि उन लोगों ने यदि इतनी बड़ी रकम देने में जरा भी संकोच दिखाया तो सब कुछ लूट लिया जाएगा, जैसे प्रयासों से सफलता प्राप्त हुई।

उसने कहा, "मीर साहब, तुम्हारे अति उत्तम आचरण की बदौलत, प्रथम तो मुझे पचहत्तर हजार मिले और उसके उपरान्त हर एक पिंडारी को चालीस रुपए मिलने से यह रकम लगभग एक लाख होती है, जिसे तुम मानोगे, एक अच्छी शुरुआत है।"

मैंने कहा, "श्रीमान्, चीतू की समृद्धि होती रहे। यदि आपका यह सेवक इसी प्रकार की और आमदनी करा सके, तो उसे बड़ी प्रसन्नता होगी तथा वर्तमान प्रशंसा प्राप्त कर वह सम्मानित भी है, क्योंकि मेरे साथ जो लोग थे, उनके लिए भी वही शर्त रखी जिन्हें आपने स्वीकार किया था और वे सभी पूर्णतया सन्तुष्ट थे।"

"और मीर साहब, तुम्हारे अपने लिए?" उसने पूछा।

मैंने कहा, "मुझे अधिक नहीं मिला। सम्भवतः मैं स्वयं अपने लिए किसी सरदार की भाँति अपना झूठा दावा पेश कर सकता था, परन्तु मैंने ऐसा नहीं किया। फिर भी उन लोगों ने मुझे पाँच हजार दे दिए, मैं इसी में सन्तुष्ट हूँ।"

चीतू बोला, "नहीं, यह तो बहुत कम था, मेरे मित्र! मेरी सलाह है कि दूसरी बार अधिक से अधिक रकम लो। इस बार हरावल के नायक के पद से तुमने जितना अच्छा व्यवहार किया, वो आगे भी मैं तुम्हें उसी की कमान दूँगा। जितना हो सकेगा मैं गफूर खाँ को भी सन्तुष्ट रखूँगा। वह एक अच्छा सैनिक है, परन्तु मोटे दिमाग का है, जो सदैव अपना ही लाभ देखता है। वह नगरों और गाँवों को जलाकर राख करता रहता है, जिसके कारण हमें आधे से भी कम धन प्राप्त हो पाता है। विशेष रूप से इन धन-सम्पन्न स्थानों से हम कुछ कोमल शब्दों तथा व्यवस्था करके अधिक प्राप्त कर सकते हैं।"

मैंने कहा, "आपकी कृपा बढ़े, नवाब, इंशाअल्ला आपका यह सेवक आपको कभी निराश नहीं करेगा।"

मैं शीघ्र ही उससे विदा लेकर चला आया और साहूकारों से मिला, जो बैठकर भूमि पर ढेर लगा रुपया गिन रहे थे। उन्होंने प्रसन्न होकर मुझे बुला लिया और अत्यन्त सशक्त लहजे में कहा कि उनके बदले मेरे द्वारा सक्रिय रूप से हस्तक्षेप करने के लिए वे लोग अत्यन्त कृतज्ञ थे। जब मैंने चीतू के सामने उन लोगों को पेश किया था, तो उन्होंने मुझे पाँच सौ रुपए देने का वचन दिया था, उसे वे मुझे देने लगे, परन्तु मैंने नहीं लिये।

मैंने कहा, "नहीं, यदि मैंने तुम लोगों की कोई सेवा की है, और मेरे विचार से अवश्य की है, परन्तु मैं अपनी सेवा बेचना नहीं चाहता। जिस प्रकार तुम लोगों ने मेरे साथ व्यवहार

किया, वैसा मैं भी कर रहा हूँ, इस प्रकार सन्तुलन बराबर हो गया। मेरा केवल अनुरोध यह है कि मेरा रुपया सिक्कों की जगह सोने के रूप में दिया जाए, जिसे मैं आसानी के साथ छिपाकर रख सकूँ। केवल कुछ रुपए वर्तमान व्यय के लिए छोड़ देना।"

साहूकार ने बताया, "आपके कथनानुसार कर दिया गया।"

और कुछ देर बाद मुझे सोना मिल गया। सुरक्षा के लिए मैंने साहूकार के कुछ आदमी साथ ले लिये और मैं अपने डेरे पर आ गया। मैदान में जलती हुई आग नगर के सुदूर इलाकों के अन्धकार को दूर कर रही थी। रात्रि के शीत से अपनी रक्षा के लिए कई टोलियाँ आग के सामने इधर-उधर बैठीं थीं। मेरा टेंट तीन भालों पर कपड़ा अटकाकर बनाया गया था। इसमें दो भाले भूमि में गड़े थे, तीसरा दोनों को ऊपर बाँधकर रखा गया था। इसे पीर खाँ ने तैयार किया था! सोना मैंने घोड़े की काठी में बने थैले में रखकर ऊपर से सिल दिया। एक ही रात में मैं दस हजार रुपए का धनी बन गया।

पीर खाँ ने कहा, "यह बहुत बड़ा काम हुआ। यहाँ हम लोगों को कोई कष्ट नहीं उठाना पड़ा। यदि हम इसी प्रकार चलते रहें, तो सैकड़ों ठगी के अभियानों के पश्चात् प्राप्त होनेवाली रकम से कहीं अधिक हमें यहाँ मिल जाएगा।"

मैंने कहा, "मुझे हमेशा हरावल में रहना होगा और यदि हम अपने लिए अच्छा हिस्सा न प्राप्त कर सके, तो यह हमारी ही गलती होगी। जहाँ तक मेरा अपना प्रश्न है, तो पिंडारी प्रमुख जब तक अपना झंडा ऊँचा किए रहेगा, तब तक के लिए मैंने ठगी का धन्धा त्याग दिया।"

पीर खाँ ने कहा, "और हम भी आपके पीछे रहेंगे। मोती तथा अन्य लोग अपनी सफलता पर बहुत प्रसन्न हैं और उत्साहित भी हैं। एक भी व्यक्ति ऐसा नहीं जिसे आज के काम में अच्छा भाग न प्राप्त हुआ हो। क्योंकि हम बराबर आपके साथ लगे रहे और आपके प्रभाव द्वारा हमें रिश्वत भी मिली। उन लोगों ने हमें भी दफादार समझ लिया। आप जानते हैं कि मोती और मैंने वैसी ही रकम पाई।"

मैंने कहा, "यदि तुम लोग शीघ्र दफादार न बने, तो इसमें मेरा दोष नहीं। स्वयं को सक्रिय रखो, अच्छी पोशाक धारण करो। तुम सबके पास अच्छे घोड़े हैं। इस प्रकार रहने से प्रमुख का ध्यान अपनी ओर आकर्षित करो।"

दूसरे दिन प्रातः काल मैं चीतू के पास पहुँच गया। साहूकारों ने सारी रकम आपस में चन्दा करके तथा नगर के लोगों से एकत्र करके जमा की थी। पिंडारियों में उसका भली भाँति वितरण हो गया, मैं यही कहूँगा। प्रत्येक दफादार ने अपने-अपने दफा का रुपया ले लिया और वे यह बात भी अच्छी तरह जानते थे कि यदि किसी के न्यायसंगत देय की उन्होंने बेईमानी की तो उनके सामने कितना बड़ा संकट खड़ा हो जाएगा।

कुछ घंटे व्यतीत होने के बाद, प्रत्येक व्यक्ति जल्दी-जल्दी अपना भोजन खाकर घोड़े पर सवार हो गया। और लब्भड़, आगे मिलनेवाले प्रदेश में लूटमार करने के लिए चल पड़ा। अपना प्रस्थान करने से पूर्व, चीतू ने वचन दिया कि उसे नकद राशि प्राप्त होने के फलस्वरूप अपने प्रत्येक भावी अभियान में, अमरावती को धन वसूली से पृथक रखा जाएगा। उसने अपना वचन पूर्ण रूप से निभाया। भविष्य में अमरावती को कभी नहीं लूटा गया। वहाँ एक बड़ी सेना तैनात कर दी गई, जो छोटे-छोटे इक्का-दुक्का दलों का प्रभावी रूप से निवारण करते रहे।

हम लोग बहुत तेज गति से आगे बढ़ते रहे। मैं अपने दल का नायक था। वे लोग मुझ

पर निर्विवाद आस्था रखते थे। मुझे कार्य करने की असीम स्वाधीनता थी जिससे मेरा हृदय सदैव हल्का और प्रसन्न बना रहता था। उसी स्थिति में मैं अपने घोड़े को नचाया करता था। मेरी विचारधारा में चिन्ता का कभी अतिक्रमण नहीं हुआ। जिन गाँवों से होकर हम निकलते थे, उन्हें जलता या लुटता हुआ देखने पर मुझे कभी हर्ष नहीं हुआ। (हर गाँव से अधिक से अधिक धन लेकर, उसे ऊँट पर लदवाकर हम चल देते थे।) परन्तु वे सरल ग्रामीण पीछे आनेवाली सेना द्वारा क्रूर प्रताड़ना के शिकार बनते थे, यद्यपि सेना को वहाँ लूट न प्राप्त होने की निराशा ही मिलती थी।

आगे हम लोग कारंजा में रुक गए। वहाँ के कुछ सैनिकों ने हमारा अत्यन्त शिथिल प्रतिरोध किया और नगर में घुसते ही हमारे कुछ आदमियों को घायल कर दिया, परन्तु शीघ्र ही उन्हें या तो मार दिया गया, अथवा भगा दिया गया। अन्य गाँवों को चेतावनी देने की दृष्टि से, उसे लूट और विनाश से बचा लिया गया। अनियन्त्रित क्रूरता को देखना मेरे लिए असह्य था। डेरे पर मैं लौट आया। थोड़ी देर बाद मैंने देखा कि सन्ध्या के निर्मल आकाश में गाँव के चारों ओर से अग्नि की ज्वालाएँ उठने लगीं, मानो उसे विनाश के गर्त में झोंक दिया गया। शीघ्र ही अग्नि का विस्तार होने लगा। एक ओर पिंडारी शोर मचाते हुए अपने भयंकर कार्य में संलग्न थे, दूसरी ओर वहाँ की निवास करनेवाली स्त्रियों की कर्णभेदी चीख-पुकार मची थी। दोनों ओर से शोर की संगत बैठ रही थी। इस काम से पिंडारी अतिप्रसन्न होते थे। उत्तेजनाहीन समय के अतिरिक्त, कानून व्यवस्था का पूर्णतः लोप हो चुका था। पूर्ण गति से जारी इस पागलपूर्ण उपद्रव को यदि कोई रोकने का प्रयत्न करता तो उसकी मृत्यु निश्चित थी। मेरे अपने दल के ठग मुझे घेरकर बैठे थे, क्योंकि कोई ठग आक्रान्ता नहीं होता। और उस ज्यादती में सम्मिलित होने की उनमें कोई रुचि नहीं थी।

हम लोग मौन होकर बैठे रहे, परन्तु शीघ्र ही हमारा ध्यान एक आदमी द्वारा किसी लड़की को घसीटकर ले जाने की ओर चला गया जो अपनी पूरी शक्ति के साथ उसका प्रतिरोध कर रही थी, परन्तु वह भी बेदम होती जा रही थी। मैं उसे बचाने के लिए दौड़ पड़ा और मैंने देखा वह आदमी गफूर खाँ था। उसकी हिंसक आकृति की खूँखार अभिव्यक्ति उसकी कामुकता और उस दृश्य द्वारा जिसमें वह संलग्न था, और बढ़ गई।

उसने कहा, "अरे मीर साहब, क्या तुम हो? मैं यहाँ असली पिंडारी की तरह काम कर रहा हूँ, और अपने प्राप्त करने योग्य चीज पर अधिकार कर रहा हूँ। इसे देखो, क्या परी जैसी नहीं लगती? बिलकुल हूर है। जब मैं इसके घर में घुसा तो इसकी बेवकूफ माँ ने मेरा विरोध किया, परन्तु मेरी तलवार के एक आघात से वह चुप हो गई। देखो यह उसी की कैसी सुन्दर लड़की है। किसी शाहजादे के योग्य है। बोल, मेरी सुन्दरी, क्या गफूर खाँ के सम्भावित आलिंगन द्वारा तू सम्मानित नहीं होगी?"

खुदा कसम साहब, मैं उसे अवश्य मार डालता और मेरे लिए यह नितान्त साधाराण बात थी क्योंकि वह बिना तैयारी के खड़ा था। मैंने अपनी तलवार म्यान से आधी निकाल ली थी, परन्तु उसे पुनः म्यान में कर दिया। मैंने उसी समय अपने अन्तर्मन में उसके भाग्य का निर्णय कर लिया और उसे बनाए रहा। उस लड़की को छोड़ने और उसे अपने घर जाने देने के लिए मेरे प्रयत्न व्यर्थ हुए। उलटे वह मेरे सामने हँसने लगा और उसे घसीटकर ले गया। वह उससे छूटकर भाग जाना चाहती थी और उसने इसका प्रयत्न भी किया परन्तु वह उसे मजबूती के

साथ पकड़े हुए था। खुरदरी जमीन पर घसीटे जाने से उसके कोमल पैर कट गए। अन्धकार के घनत्व में वे दोनों फिर मुझे नहीं दिखाई दिए। अभागी लड़की एक ब्राह्मण कन्या थी। दूसरे दिन प्रकाश में अपमानित होकर देखे जाने और अपने वीरान घर में अपमानित होकर लौटने के सन्ताप से उसे मुक्ति मिल गई। उस आतताई गफूर खाँ ने दूसरे दिन बताया कि उसने उस लड़की की हत्या कर दी, क्योंकि वह चाहती थी कि उसका खंजर लेकर अपने सीने में प्रविष्ट कर दे, इसलिए उसने उसे वह कष्ट उठाने से बचा लिया।

धीरे-धीरे आग की तीव्रता कम हुई। नगर के कुछ मकान जलने से बच गए थे, परन्तु पिंडारी अपने बर्बर तथा भयानक कृत्य में संलग्न थे। रात्रि की बयार वहाँ की चीख-पुकार को हम तक ला कर उसकी पुष्टि कर रही थी। मेरे मन में हजारों बार यह बात आई कि लब्भड़ को छोड़कर अपने घर लौट जाएँ, परन्तु फिर यह ध्यान में आया कि हम थोड़े से भटके हुए अश्वारोही, जब अपने सम्बन्ध में उचित विवरण न दे सकेंगे, तो तुरन्त पिंडारी मान लिए जाएँगे और देश की क्रोधित जनता उनकी बलि चढ़ा देगी। और उसके साथ मैं यह भी बता दूँ कि भावी जोखिम के काम करने की मेरी अशान्त इच्छा ने भी मेरे मन से वह धारणा हटा दी।

अब वर्षा आरम्भ हो गई। हम लोग अपने खेमे में सिमटकर रह गए। रात बड़ी बेचैनी के साथ व्यतीत हुई। सवेरा हुआ, और हम पुनः चल दिए और अभागा कारंजा नगर, जो अब सुलगते खंडहरों का समूह रह गया था, शीघ्र ही हमारे पीछे छूट गया।

चलते हुए मंगलूर पीछे छूट गया। नगर से दूर दिन के पूर्ण प्रकाश में मुझे वह स्थान दिखाई दिया जहाँ मेरा प्रथम शिकार गिरा था। मेरा ध्यान था कि जहाँ वह गिरा था वहाँ विशाल घना जंगल था, क्योंकि चाँदनी रात में वैसा ही प्रतीत हो रहा था, परन्तु वह बात गलत थी। जब उस पर से गुजरे तो देखा कि नदी वही थी। मैं एक बार ठीक उसी स्थान पर खड़ा हो गया, जहाँ साहूकार गिरा था। वहाँ की झाड़ियाँ जलधारा की ओर झुकी थीं। पीर खाँ ने विशेष रूप से जमीन के उठे हुए स्थान की ओर संकेत किया। वही गिल थी जहाँ वे लोग दफन थे। इस समय अपने शिकार को छिपाने की दृष्टि से यह स्थान खतरनाक रूप से असुरक्षित था क्योंकि सड़क बिलकुल निकट थी और सब कुछ दिखाई देनें में कोई रुकावट न थी। इस समय उन्हें अपने अन्तिम विश्राम स्थल में पड़े हुए कई वर्ष हो चुके थे और निरन्तर आती हुई वर्षा उनके अवशेष भी बहा ले गई होगी अथवा रेत ने उन्हें धरती के गर्भ में कर दिया होगा।

हम लोग उस स्थान से भी गुजरे जहाँ हमारे दलों ने डेरे डाले थे और पुनः अलग हुए थे। इस समय मेरे सामने एक नवीन प्रदेश था, यद्यपि विशिष्टता में उस स्थान से भिन्न था, जहाँ से हम प्रथम ही निकल आए थे।

हम लोग बसीम में रुक गए। कल रात्रि की पुनरावृत्ति होने का मुझे अत्यन्त भय था, परन्तु आश्चर्य की बात थी कि सब लोग शान्त और व्यवस्थित थे और एक बहुत बड़ी रकम उस नगर से वसूल होने के कारण उसकी पूरी रक्षा सम्भव हुई। यहाँ से पाँच पड़ाव चलने के पश्चात् हम लोग गोदावरी के तट पर स्थित नानदेड़ पहुँचे। यह नगर धनवान साहूकारों का था। अमरावती की भाँति यहाँ भी हमारी फौज को बहुत बड़ी आपूर्ति की आशा थी।

हमें भय था कि हमारे आने का समाचार यहाँ पहुँच गया होगा, जिसे सुनकर साहूकार तथा धनाढ्य निवासी पलायन कर गए होंगे, लेकिन वैसा नहीं हुआ। वे लोग पूर्ण रूप से चकित और हमारी दया पर आश्रित थे, कारण कि वहाँ सुरक्षा के लिए एक भी सैनिक नहीं था। जो

कुछ थे वे नदी पर स्थित पुराने किले में स्वयं को बन्द करके बैठ गए। जब कभी हमारा कोई लुटेरा किले के निकट पहुँच जाता तो वे एक-दो बार बन्दूक दाग देते। वे लोग निरन्तर दीवारों के भीतर बने रहे। हमने उन्हें परेशान भी नहीं किया, परन्तु जितना सम्भव हुआ, हमने वहाँ से वसूली कर ली।

पूर्व की भाँति हरावल का भार मुझे सौंपा गया। मैंने जो तरीका अमरावती में अपनाया था, वही यहाँ भी प्रयोग किया।

लगभग उसी प्रकार के वृत्तान्त को दुहराकर मैं आपको थकाना नहीं चाहता। परन्तु इतना बताना पर्याप्त होगा कि वहाँ से डेढ़ लाख रुपया एकत्र किया गया। मुझे अपने हिस्से के तीन हजार रुपए, आभूषण और शाल का एक जोड़ा प्राप्त हुआ। नगर को ध्वस्त नहीं किया गया। वास्तव में वैसा करना असम्भव था, क्योंकि वहाँ के मकान विशाल आकार के थे, उनकी छतें ढालू थीं, अवश्य बाहरी इलाकों में तबाही हुई। वहाँ अभागे जुलाहों की झोपड़ियाँ मूल्यवान वस्त्र के लिए, जिसके लिए वह प्रसिद्ध था, बरबाद कर दी गईं। यह कृत्य व्यर्थ नहीं हुआ क्योंकि दूसरे दिन आधी फौज नई पगड़ियाँ और कमरबन्द धारण किए थी।

यहाँ नदी नौकायन के लिए उपयुक्त नहीं थी, वहाँ केवल एक नाव उपलब्ध थी, अतः हम लोग उसके उत्तरी किनारे से होकर आगे बढ़े और गंगाखेर पहुँच गए। वहाँ नावें मिल जाने का पता लगा और नदी पार करने की अधिक सुविधा थी। हम लोग निराश नहीं थे। दिन में बड़ी आसानी से हम नदी के पार आ गए। आदमियों ने तैरकर अपने घोड़े पार किए तथा लूट का माल और अन्य सामान नावों द्वारा उतारा गया। कुछ सौ आदमियों ने नगर की रक्षा करने का प्रयत्न किया, परन्तु बलपूर्वक फाटक खुलवाकर उसे लूट लिया गया। हमारे कुछ आदमी खेत रहे। एक गोली मेरे पैर को छूकर निकल गई, जिसके कारण वहाँ की लूटमार में मैं सक्रिय भाग नहीं ले सका। पीर खाँ और मोती अन्ततः चुप नहीं बैठे। वह दोनों बड़ी मात्रा में आभूषण और सिक्के ले आए। इससे हमारे भंडार में वृद्धि हो गई।

यहाँ से हम लोग दक्षिण की ओर गए और बीदर, भालकी और हूमनाबाद के सुन्दर और उन्नतिशील नगर (दूसरा अमरावती) लूट लिये और वहाँ से भारी वसूली की गई। जो गाँव हमारे मार्ग में पड़ता था लूटा जाता था और प्रायः जला और बरबाद कर दिया जाता था। हूमनाबाद से तीन सौ आदमी लेकर मैं कुल्लियानी पहुँचा, जो केवल कुछ कोस दूर था, लेकिन वहाँ जाकर ज्ञात हुआ कि लोगों को हमारे खतरे की सूचना पहले ही मिल चुकी थी। वहाँ से सभी धनवान निवासियों ने किले में शरण ले ली थी जो अत्यन्त सुदृढ़ और हमारे लिए अभेद्य था। वहाँ सर्वत्र हमारा भय फैल गया था। जो हो, वे सब चुपचाप उसके अन्दर बने रहे। और दूसरे दिन प्रातःकाल जब मुख्य फौज से हम पुनः मिल गए, शान्ति के साथ पूरा नगर हमारे अधिकार में बना रहा।

पहाड़ियों के सँकरे मार्ग से होकर हम लोग चिंकोली नामक गाँव पहुँचे, जिसे लूट लिया गया। वहाँ से सीधे दक्षिण का मार्ग पकड़कर आगे चलते रहे। मार्ग में पड़नेवाले प्रत्येक गाँव को जलाया और लूटा गया। इसके आगे विशाल तथा गहन कृष्णा नदी ने हमारा आगे का मार्ग अवरुद्ध कर दिया। हमारा लब्भड़ कुछ दिनों तक यहाँ रुका रहा। घोड़ों के लिए प्रचुर मात्रा में चारा यहाँ उपलब्ध था, साथ ही प्रत्येक आदमी धन से लदा था। असली पिंडारी की भाँति हम लोग अपने डेरे में आनन्द मनाते रहे। निकटवर्ती बस्ती से नाचनेवाली लड़कियाँ पकड़कर लाई गईं परन्तु उन्हें कभी सताया नहीं गया। अपने गायन और नृत्य से हमारा मनोरंजन करती

थीं। चलते समय उन्हें यथेष्ट पुरस्कार देकर सन्तुष्ट किया गया। खेद यही था कि वे हमारे साथ नहीं चल सकती थीं।

वहाँ रुककर चीतू ने बड़ी गलती की, क्योंकि पिंडारियों के निकल पड़ने की खतरनाक सूचना चारों ओर फैल गई थी। अतः गुलबर्गा की ओर हमारे मार्ग में नाम मात्र की भी लूट नहीं प्राप्त हुई। गुलबर्गा की किलेबन्दी कर दी गई और वे लोग हमारे स्वागतार्थ तैयार हो गए अतः हमें शोलापुर, वारसी का धनी नगर और विराग के लिए अपनी योजना निरस्त करके भोर, पैंठन तथा औरंगाबाद की ओर प्रस्थान किया। हम औरंगाबाद पर अचानक टूट पड़ने की आशा कर रहे थे, किन्तु यह भय भी था कि वहाँ अच्छी किलेबन्दी कर ली गई होगी।

परन्तु मैंने वारसी और विराग को, यदि सम्भव हो तो, अचानक झपटने का इरादा किया और चीतू के सामने अभियान का प्रस्ताव रखा। उसने उसे तुरन्त स्वीकार कर लिया, उस पर गफूर खाँ अत्यन्त हिंसक हो गया था। मैंने अपने साथ तीन सौ आदमियों को लेकर, जिन्हें मैंने स्वयं चुना था, दफाओं में बाँट दिया। प्रत्येक दफा मेरे किसी ठग के अधीन था। यह सब करने के उपरान्त मुख्य फौज से अलग होकर (अलुन्द नगर पर) तुलजापुर की ओर धावा बोला, वहाँ से एक मार्ग नीचे की ओर जाता था।

तुलजापुर में भवानी के मन्दिर के अतिरिक्त कहने के लिए वहाँ कुछ भी नहीं था। यह तीर्थ स्थान था, यह बात मुझे ज्ञात थी। यहाँ ब्राह्मणों के पास आभूषणों के ढेर थे, फिर भी चूँकि हमारे साथ अनेक लोग हिन्दू थे, जो मन्दिरों को लूटने की बात सुन भी नहीं सकते थे। अतः मुझे वहाँ से केवल कुछ हजार रुपए की वसूली से ही सन्तोष करना पड़ा।

हमारा आगे का लक्ष्य विराग था। हमारी सेना मरहरा हार्स के रिसाले के रूप में जानी जाती थी, पूरे जिले में प्रसिद्ध थी। अतः बिना किसी के प्रतिरोध के हमें नगर में प्रवेश करने की अनुमति मिल गयी। हमने उसे लूट लिया। वहाँ हमें बहुत बड़ी लूट प्राप्त हुई, क्योंकि वहाँ अंशदान करने का समय ही नहीं था। वास्तव में इस विकल्प का विचार ही नहीं आया और अपनी लम्बी यात्रा के बाद मैं उन्हें रोक भी नहीं सका। फिर भी वे क्रूर नहीं थे। मैंने उनके द्वारा किसी को प्रताड़ित किए जाने की बात नहीं सुनी, वहाँ के निवासियों ने स्वेच्छा से बहुमूल्य चीजें लाकर उन्हें सन्तुष्ट किया।

यहीं मैंने सुना कि रिसाले के वारसी में होने की बात गलत थी, चूँकि वह स्थान मीर को जानेवाले हमारे मार्ग में पड़ता था, जहाँ हमें मुख्य फौज से मिल जाना था, अतः उधर से जाने का इरादा त्याग देना पड़ा। पुरेंदा में निजाम की घुड़सवार फौज की बड़ी टुकड़ी भी वहाँ तैनात थी। हमें भय था कि हम कटकर रह जाएँगे। अब हमारे सामने केवल एक विकल्प रह गया था कि जिस मार्ग से आए थे उसी से लौट जाएँ। अतः कुछ घंटों के भीतर हमें पुनः घोड़ों पर सवार होना पड़ा, और तेजी के साथ हम तुलजापुर की ओर मुड़ गए। उस दिन मेरा साहसी घोड़ा बड़ी शान के साथ मुझे ले जा रहा था। अनेक लोग हाजत रोकने के लिए अफीम का सेवन करके स्वयं ऊँघते रहें। परन्तु मेरे घोड़े को किसी बात की आवश्यकता न थी, क्योंकि जब हम लौटकर तुलजापुर पहुँचे तो वह पूर्व की भाँति स्फूर्तिवान था।

यहाँ हम लोग तरो-ताजा होने के लिए एक दिन रुक गए। पुनः भोर में मुख्य फौज से जा मिले। यहीं उनका डेरा था। मैं अपनी योजना से कुछ बहक गया था। फिर भी चीतू को भरे दरबार में मैंने दस हजार नकद, उसी मूल्य के आभूषण भेंट किए, जिसे उसने महान सन्तोष

के साथ स्वीकार किया। इसके लिए उसने मुझे सम्मानिक परिधान तथा अपने घोड़ों में से एक घोड़ा भेंट किया।

चीतू की फिरंगियों के उन्मूलन की योजना

भीर में पूरे दो दिनों तक लूटमार और हत्या का तांडव होता रहा। जब हम लोग वहाँ से चले, तो अभागे निवासियों के पास एक चिथड़ा भी नहीं शेष था। मैं इस करुण दृश्य को देखकर द्रवित हो गया जब वहाँ के स्थानीय लोग अधजली लकड़ियाँ जोड़कर अपने रहने के लिए झोपड़ियाँ तैयार करने का प्रयत्न कर रहे थे। और रात्रि की शीत से रक्षा के लिए उनके ऊपर हरे वृक्षों की शाखाएँ रख रहे थे। वे लोग अपने नगर की विनाश-लीला मौन होकर देखते रहे, क्योंकि उनकी रक्षा के लिए वहाँ एक भी सैनिक नहीं था। हमारे जैसे बर्बर लुटेरों और उनकी श्रेष्ठ शस्त्रों से सुसज्जित फौज के सम्मुख वे कर ही क्या सकते थे।

गोदावरी के तट पर स्थित पैंठन नगर की भी वही दशा हुई। यद्यपि वहाँ बहुसंख्य धनाढ्य जनता औरंगाबाद पलायन कर गई थी, फिर भी जो शेष थी, हमारे लिए पर्याप्त थी। यह स्थान जरी मलमल के लिए प्रसिद्ध था। यहाँ का माल बनारस की अपेक्षा उन्नीस अवश्य माना जाता था, परन्तु उस समय पूना और हैदराबाद के दरबारों में उसकी बड़ी माँग थी। इसी आधार पर हमारी लूट का मूल्यांकन किया जा सकता था। चीतू के ऊँट और हाथी उस माल से भरपूर लदे हुए थे। हममें से किसी ने भी अपना करिश्मा कम नहीं प्रदर्शित किया। केवल हमारे लूट के माल का भंडार इतना बड़ा हो गया था, कि समझ में नहीं आ रहा था, कि उसे किस प्रकार अपने साथ ले जाएँ। मुझे अपना विवरण बहुत बारीकी के साथ बताने की आवश्यकता नहीं, केवल इतना कहना पर्याप्त होगा, कि हम लोग अजन्ता घाट पार गए, और कुछ फिरंगी टुकड़ियाँ अवश्य हमारा पीछा करती रहीं। परन्तु हम लोग एक-दो पड़ाव तक तेज चाल द्वारा उनसे बचकर निकल गए।

बुरहानपुर में व्यर्थ का प्रयत्न करने के बाद, हम दाहिनी दिशा में ताप्ती नदी की घाटी की ओर बढ़ गए और कुछ दिनों के पश्चात् अपने प्रधान डेरे पर नेमावर आ गए।

तीन महीने से कुछ कम समय में हमने निजाम के विशाल इलाके के सर्वाधिक धनी भाग को पार किया। हम उनकी और फिरंगियों की टुकड़ियों को भ्रमित करते रहे और उनकी दाढ़ियों पर हँसते रहे। हमने पूर्ण स्वतन्त्रता के साथ उसके सर्वाधिक धनी नगरों को लूटा और बिना एक आदमी की हानि उठाए, लौट आए। हमारे साथ बहुत बड़ी कीमत का लूट का माल था। माल इतना मूल्यवान था कि नेमावर के साहूकारों के पास पूरा माल खरीदने के लिए धन समाप्त हो गया। तब उज्जैन, इन्दौर तथा आस-पास के अन्य नगरों के साहूकार हमारे मूल्यवाल बाजार में बुलवाए गए। सारा माल थोड़े समय में ही बिक गया।

हर व्यक्ति अपने हिस्से की लूट का मूल्य लेकर शीघ्रातिशीघ्र घर लौटने के लिए व्यग्र था। कहने की आवश्यकता नहीं कि मेरा हृदय अपने परिवारजनों को देखने तथा स्वअर्जित सम्पत्ति अज़ीमा के कदमों पर रखने के लिए कितना बेताब था? मेरे वहशी अभियानों को सुनने में

उसे क्या रुचि होगी, अतः जितना सम्भव हुआ मैंने सोना खरीद लिया था। मेरे अन्य साथियों ने भी वैसा ही किया। तेज चालवाले दो ऊँट किराए पर लिये गए। मैंने उन पर सोना तथा पहनने वाले मूल्यवान वस्त्र लदवाए। चीतू के दरबार से चलने की अनुमति मिलते ही मैं वहाँ से जालौन के लिए रवाना होने के लिए तैयार था। मैंने जिस ईमादारी के साथ उसकी सेवा की थी, उस कारण उसके दरबार से जाने की अनुमति मिलना सहज नहीं था। उसे मेरी कार्य कुशलता और सक्रियता पर बड़ा विश्वास था। मुझे वहाँ से जाने देने के लिए वह अनिच्छुक था, क्योंकि उसे आशंका थी कि मैं उसके झंडे के नीचे सम्भवतः लौटकर न आऊँ।

जिस दिन मैं उससे विदा माँगने गया, वह मेरी विदाई का उपहार स्वीकार करने के लिए तैयार नहीं था और न मेरे प्रस्थान के समय मुझे समारोहपूर्वक इत्र, पान से सम्मानित करने के लिए प्रस्तुत था। मैं बुझे हुए मन से विचारों में डूबा हुआ वहाँ बैठा था। क्या मेरे परिश्रम के बदले विश्वासघात की हीन सौगात देने का इरादा था? परन्तु मेरा विचार गलत था। जब दरबार में कुछ ही लोग शेष रह गए, तब उसने मुझे बुलाया और अपने साथ साक्षात्कार के लिए मुझे देर रात ठीक समय पर आने के लिए कहा क्योंकि निजी तौर पर कुछ महत्त्वपूर्ण मामले वह मुझे बताना चाहता था।

मैं आशान्वित होकर अपने निवास पर वापस आ गया। फिर भी मुझे सन्देह था और मेरा झुकाव पीर खाँ तथा अन्य लोगों की सलाह मानने की ओर था, जिन्होंने मुझे अपना पैसा बचाए रखने के लिए वहाँ से पलायन करने की सलाह दी थी। परन्तु मैं चीतू पर पूरा अविश्वास नहीं करता था। हाँ, मैंने यह पक्का इरादा अवश्य कर लिया था कि यदि वह कुछ कहकर मुझे रोकेगा या जाने में विलम्ब कराएगा, तो फिर जिस प्रकार भी बनेगा मैं सबकुछ छोड़कर चल दूँगा।

उसके कथनानुसार आधी रात को निर्धारित समय पर मैं वहाँ उपस्थित हुआ। वह एकाकी बैठा था। ऐसे एकान्त सम्मेलन के लिए बुलाए जाने का सम्मान मुझे कभी प्राप्त नहीं हुआ था, यद्यपि उसकी परिषदों में मेरा एक स्थान अवश्य रहता था तथा एक से अधिक बार मेरे सुझाव भी मान्य हुए, परन्तु मैं यह नहीं समझ पा रहा था कि आगे क्या होना था?

चीतू ने कहा, "सैयद बैठ जाओ। तुमसे बहुत कुछ कहना है।"

मैंने कहा, "हाँ कहिए, नवाब, आपके शब्द आपके खादिम को अत्यन्त प्रिय लगते हैं। और उसके कान उनके आशय को, आपकी सेवा में लगे रहनेवाले हृदय तक पहुँचा देते हैं।"

उसने कहा, "तो सुनो, प्रथम तो मैं तुमसे यह पूछना चाहता हूँ कि गत अभियान का तुम्हारी राय में क्या उद्देश्य होना चाहिए था?"

मैंने कहा, "उद्देश्य! मेरे विचार से आप अपने और अपने आदमियों के लिए अधिक से अधिक धन प्राप्त करना चाहते थे, जिससे उस आसन्न युद्ध के लिए तैयार होकर लाभ उठाएँ जो कभी न कभी मराठों और फिरंगियों (उनका सत्यानाश हो) में होनेवाला था। मैं किसी गहन उद्देश्य को नहीं सोच सका, यद्यपि उस पर विचार अवश्य किया था तथा अन्य लोगों द्वारा व्यक्त राय भी सुनी थी।"

उसने कहा, "तुम सब कुछ सही कहते हो, परन्तु पूर्ण रूप से नहीं। अब मैं तुम्हें पूरी बात बताऊँगा कि मेरी भावी प्रायोजना क्या होगी?"

उसकी बात ध्यानपूर्वक सुनने के लिए मैं स्थिर होकर बैठ गया और आगे उसने जो कहा, उसे मन्थन करता गया।

उसने कहा, "मीर साहब, तुमने आजकल देश के हालात को ध्यान से देखा होगा, मैं आशा भी यही करता हूँ। टीपू सुल्तान, जिसकी आत्मा को शान्ति मिले, चाहता था कि फिरंगियों के समूल नाश की दृष्टि से निजाम और मराठा राज्यों को मिलाकर एक महासंघ बना दिया जाए। यदि उसकी यह योजना सफल हो जाती, तो वह इसे कर दिखाता परन्तु उसके लोभ का सत्यानाश हो, उसकी गुप्त योजना मराठों के साथ निजाम के इलाके का विभाजन कराना थी, परन्तु उसका भेद खुल गया। खुदा जाने कैसे हुआ? इन फिरंगियों के भाग्य का बुरा हो, जिन्होंने उसकी एकाकी शक्ति को जो अपने समय तक मुसलमानों के सम्मान की रक्षा करती रही, उखाड़कर फेंक दिया। टीपू चला गया और उसके साथ ही उसकी शक्ति भी लुप्त हो गई।"

"सम्भवतः तुम नहीं जानते कि इस समय होलकर पूर्व की अपेक्षा अधिक अशक्त हो गया है। उधर सिन्धिया अपनी निष्क्रियता से फिरंगियों के साथ नीच समझौता किए बैठा है। वैसे समस्त मरहठे राज्यों के मध्य एक महासंघ का अस्तित्व मौजूद है, विशेष रूप से पूना और नागपुर के बीच जो एक साथ खड़े होकर सदैव असन्तुष्ट रहनेवाले फिरंगियों के विरुद्ध युद्ध की घोषणा कर सकते हैं। स्पष्ट है कि सिकन्दर जाह बिलकुल फिरंगियों के पक्ष में रहेगा। वह अधिक कुछ कर भी नहीं सकता, क्योंकि एक तो उसकी सेना अत्यन्त हीन दशा में है, दूसरे उसके सरदार न तो कुशल हैं, न बहादुर। परन्तु वह भरसक उनकी मित्रता का निर्वाह करेगा और उसका इलाका फिरंगी फौजों के आवागमन तथा भरण-पोषण के लिए खुला रहेगा। फिरंगी अपनी फौजों को ऐसे स्थानों पर स्थित कर सकते हैं जहाँ से वे मराठे सरदारों की कार्रवाइयों को बुरी तरह परेशानी में डालते रहें।

"मेरे पिछले अभियान (अल्लाह के करम से वह सफल रहा) का उद्देश्य सिकन्दर जाह के सम्पूर्ण इलाके को निर्धन बनाना था और उसकी प्रजा को निरन्तर खतरे की स्थिति में रखना था, साथ ही मुझे यह भी कहना है कि मुझे अपनी थैली भरनी थी।

"अब मेरी आगे की योजना सुनो। अपने लक्ष्य को निरन्तर प्रभावी बनाए रखने के लिए ये अभियान लगातार जल्दी-जल्दी चलते रहने चाहिए। इसी तरीके से उसका उचित प्रभाव पड़ेगा। हमने हुजूर (निजाम) का आधा राज्य तो तबाह कर दिया, और दूसरा आधा अभी शेष है। इंशाअल्ला, उसकी नियति भी वैसी ही होगी। फिर भी सदैव खतरे की स्थिति में रखे जाएँगे। वे एक स्थान से दूसरे तक हमारा व्यर्थ पीछा करते रहेंगे। परन्तु मुझे उनका कुछ भी भय नहीं। एक बार मैं उनकी दाढ़ी का मजाक बना चुका, और फिर बनाऊँगा। वे अच्छी तरह पहचान जाएँगे कि चीतू पिंडारी कौन था और उसकी कीमत क्या थी? केवल कायर निजाम को अकेले नहीं भुगतना होगा, बल्कि फिरंगियों के धनवान प्रदेश भी बरबाद कर दिए जाएँगे। मैं कृष्णा को पार करूँगा। वह पार करने लायक होगी, या कुछ तो होगा। उसका पूरा प्रदेश, जो उनकी फौजों द्वारा पद-दलित नहीं हुए होंगे, वे अब मेरी शक्ति के सम्मुख धाराशायी हो जाएँगे। उसके सारे प्रयत्न निष्क्रिय होंगे। मराठा शक्ति एक होकर उभरेगी, उस अवसर पर मैं उसके साथ सम्मिलित हो जाऊँगा, क्योंकि उन्होंने अपनी सेवा में मुझे उच्च कमान का पद देने का आश्वासन दिया है। विजय होने के पश्चात् कुछ इलाके भी प्राप्त होंगे। हम लोगों का अभ्युदय होगा।"

"मीर साहब, मैं कहता हूँ कि यह हलचल का समय मेरे और तुम दोनों के लिए अत्यन्त उपयुक्त है। इंशाअल्ला, हमें उसका पूरा लाभ उठाना चाहिए तथा स्वयं के लिए ऐसी कीर्ति

अर्जित करनी चाहिए, जिसे देखकर भावी पीढ़ियाँ आश्चर्य करेंगी।"

मैंने कहा, "आपकी योजना अनोखी है, साथ ही गहन भी, जबकि देखने में सहज प्रतीत होती है। मुझे इसमें कोई त्रुटि नहीं दिखाई देती, परन्तु क्या फिरंगी हमारे विरुद्ध अपनी तैयारी नहीं कर रहे होंगे? और जब भी वे हमारे चेहरे देखेंगे, हमारा सामना अवश्य करेंगे।"

उसने ओजस्वी होकर कहा, "नहीं, वे लोग ऐसा नहीं कर सकेंगे, धूर्त तो वे निश्चय ही हैं। मैं उनसे पहले मैदान में आ जाऊँगा। इस समय वे लोग सोच रहे होंगे कि हम लूट के माल से नाक तक भरे हैं, इसलिए हम शान्त होकर बैठे रहेंगे, और अपने आगामी अभियान में जाने से पूर्व दशहरे तक प्रतीक्षा करने की मूर्खता करेंगे, परन्तु उनका यह विचार बिलकुल गलत होगा। तुम्हारे साथ मेरी गोपनीयता की यही बात है। मैं अपने दरबार में यह घोषित नहीं कर सकता कि मेरे भावी अभियान की योजना पहले से तैयार है। कुछ बातूनी लोग वरना इसे अपने घर में बता देते और एक सप्ताह में यह समाचार समस्त देश में फैल जाता। नहीं, मैंने इसीलिए इसे कुछ को छोड़ गुप्त रखा जो हमारे प्रमुख सरदार हैं। हर सरदार के पीछे एक हजार आदमी हैं।

"मेरी बात सुनो, मेरा इरादा है कि अल्लाह के फजल से, अब से दो महीने के बीच, पूर्व की अपेक्षा अधिक विशाल फौज के साथ प्रस्थान करें। बोलो, तुम चलोगे? मैं तुम्हें एक हजार घुड़सवारों की कमान दूँगा, क्योंकि मैं तुम्हें प्यार करता हूँ, साथ ही भरोसा भी करता हूँ। क्या तुम ठीक समय पर जालौन से वापस आ सकोगे? मैं तुम्हें यहाँ रोकना नहीं चाहता। किसी का घर, वह चाहे जहाँ हो, प्यारा होता है। तुम्हारा वहाँ जाना उचित है, फिर भी मुझे यह बताओ कि तुम दो महीने के अन्दर यहाँ पहुँच जाओगे। मैंने जो वचन दिया है, उसे अवश्य पूरा करूँगा।"

मैंने कहा, "मैं अवश्य आ जाऊँगा, आपकी कृपा बढ़े, आपका यह सेवक, आप द्वारा दिए गए उपहार का लाभ उठाएगा। दो महीने से कम समय में चाहे रात-दिन यात्रा करनी पड़े, मैं आ जाऊँगा अपने साथ और आदमी भी लाऊँगा।"

चीतू ने कहा, "जितने अधिक आदमी होंगे, उतना ही अच्छा रहेगा। यदि चाहो तो मेरे अस्तबल से सबसे श्रेष्ठ घोड़ा ले जाओ। तुम्हारे हाथ में वह और किसी की अपेक्षा, बहुत अच्छी तरह रहेगा। यदि चाहो तो ऊँट भी ले लो, माल कम लादोगे तो वह पूरा साथ देगा। अब जाओ, मेरा दिमाग और शरीर दोनों थके हैं, और आराम की आवश्यकता है। बेशक तुम कल सुबह यहाँ से रवाना हो जाओगे। तुम्हें शान्ति बनी रहे।"

मैं वहाँ से चला आया, और बड़े हर्ष के साथ अपने साथियों से मिला। मुझे यह ज्ञात था कि चाहे जितनी गुप्त बात हो वह इन लोगों में सुरक्षित रहेगी। जब मैंने उन्हें वह गहन योजना बताई तो सब के सब आश्चर्य में डूब गए। और चीतू की विलक्षणता तथा दूरदर्शिता की प्रशंसा करने लगे। सभी लोगों ने मेरा साथ निभाने और मेरे भाग्य, चाहे अच्छा हो या बुरा, के साथ चलने की शपथ ली।

दूसरे दिन प्रातःकाल हम बड़े हर्ष के साथ वहाँ से चल दिए। हमारे मजबूत घोड़ों की टापों के नीचे मीलों दूर की धरती जल्दी-जल्दी निकलती चली जा रही थी और बहुत शीघ्र हम जालौन पहुँच गए। न हमें कोई देख सका, न जान पाया और न किसी को आशा थी। बड़ी प्रसन्नता के साथ मैंने लपककर अपने घर की दहलीज पार की और अपनी अज़ीमा को सीने में भर

लिया। उस समय के आनन्द का वर्णन क्या शब्दों में किया जा सकता है?

मेरा हृदय भर आया। जब मैं जनाने में बैठा, उस समय इतना द्रवित हो गया कि बोलना असम्भव हो गया। अपने बच्चों की उछल-कूद और आमोद-प्रमोद निहारता रहा।

मेरे पिता भी मेरी तरह प्रसन्न थे, परन्तु हमारे ऊपर किसी की अनिष्ट दृष्टि भी थी। मेरी प्रसन्नता का पात्र अभी ऊपर तक भरा ही था कि मेरे होंठों से फिसल गया। यह दृष्टि वहाँ के राजा की थी, परन्तु उसकी बात आगे बताएँगे।

यह बात नहीं थी, मैंने उसकी अवहेलना की थी। घोड़ों का पूरा मूल्य उसे भुगतान कर दिया गया, और उसके साथ एक मोतियों की माला भी उसे भेंट की। कोई भी यह अवश्य सोचेगा कि इतना सब पाकर वह सन्तुष्ट हो गया, परन्तु ऐसा नहीं हुआ। ऊपर से वह हँसता और बधाई देता रहा। सम्मान के रूप में उसने मुझे वस्त्र भेंट किए और निजी तौर पर (क्योंकि गुप्त रूप से उसे नए अभियान की बात मालूम हो गई थी) आगे के अभियान के लिए प्रोत्साहित भी किया। मुझे सम्मान तथा कीर्ति अर्पित करने के लिए उसने हर्ष प्रकट किया, परन्तु उस नीच मिथ्यावादी ने मुझे धोखा दे दिया। उसके मन की बात किसे ज्ञात थी?

जितना शीघ्र सम्भव हुआ, मैंने पीर खाँ और मोती को अन्य लोगों के साथ उनकी जानकारी में जो अच्छे ठग थे, उन्हें नौकरी की शर्तें तथा लूट की सम्भावनाएँ समझाने के लिए कई दिशाओं में भेजा। उन लोगों को भला आदमी तथा अच्छा घुड़सवार होना आवश्यक था। बहुत कम ठग घुड़सवारी में दक्ष होते थे, फिर भी दस दिन के अन्दर वे बारह आदमी लेकर आ गए। उनमें कुछ मेरे पूर्व परिचित थे। उन सभी को दृढ़ तथा शस्त्र संचालन में प्रवीण बताया गया। राजा की घुड़साल से उन्हें घोड़े भी प्राप्त हो गए। वैसा पहले भी हुआ था। राजा को उनके मूल्य का दुगुना पहले ही मिल चुका था। उसे अपनी पूरी घुड़साल उन्हीं शर्तों पर देनी चाहिए। मैंने उन लोगों के शस्त्रों की जाँच की, जो खराब थे, उन्हें बदल कर दूसरे दे दिए गए। काठियाँ नई की गईं। अपने अनुभव के आधार पर, हर प्रकार की तैयारी पूरी कर ली गई, क्योंकि सम्भव था आगे का अभियान अधिक लम्बा और कठिन हो।

अपने घर के नीरव तथा शान्त आनन्द का उपभोग मेरे लिए अब कुछ दिन की बात रह गई! यहाँ आकर यही इच्छा थी, अब कहीं न जाएँ। मेरे पास प्रचुर धन था जो आगामी कई वर्षों के लिए पर्याप्त था। मैं इस स्थिति में था कि राजा के प्रदेश के राजस्व प्रबन्धन जैसे विभाग में किसी उच्च असैनिक सेवा में लिया जा सकता था, परन्तु जोखिम के काम के लिए मेरी इच्छा अभी कुंठित नहीं हुई थी। और सबसे बढ़कर, मैंने चीतू को जो वचन दिया था, उसे न तो टाला जा सकता था, और न उसकी अवहेलना की जा सकती थी। और क्या उसने मुझे एक हजार अश्वारोहियों की कमान सौंपने का वचन नहीं दिया था? मेरी दृष्टि में इसमें अनेक आकर्षण थे। यदि उसकी योजना सफल हुई, तो मैं अपने परिश्रम के आधार पर क्या किसी उच्च पद पर नहीं पहुँच सकता था, जब मराठे, अंग्रेजों और निजाम को उखाड़ फेंकेंगे और उनका वृहद् साम्राज्य उनके ईमानदार सरदारों के प्रशासन में बाँट दिया जाएगा।

इन विचारों ने मुझे वहाँ से शीघ्र प्रस्थान करने के लिए प्रेरित कर दिया। अपने पिता का आशीर्वाद, राजा की जिसने मेरे लिए हर सफलता की कामना की और अपनी विशेष अनुग्रह के रूप में एक मूल्यवान तलवार भेंट की, सद्भावना लेकर, और अपनी पत्नी से बलपूर्वक अलग होकर मैंने नगर से प्रस्थान कर दिया।

मैं शीघ्र ही चीतू के पास पहुँच गया। उसने मेरा सहर्ष स्वागत किया। मैंने उसे अपने सुविचारित अभियान की महत् तैयारियों में व्यस्त पाया। अपने प्रथम अभियान में उसने जो असीम लूट का माल प्राप्त किया था, उसका संवाद दूर-दूर तक फैल चुका था, जिससे आकर्षित होकर हजारों आदमी उसके आगामी अभियान में भाग लेने की आशा से वहाँ एकत्र होने लगे और उस जन-समूह में प्रतिदिन सैकड़ों की संख्या में वृद्धि होती जाती थी। विभिन्न सरदारों की कमान में विविध जातियों और व्यक्तियों को आवंटित करना दुष्कर हो रहा था। इस कार्य में चीतू ने मेरी सहायता माँगी और मैंने जहाँ तक सम्भव हुआ विभिन्न जातियोंवाले समूह की तुरन्त व्यवस्था कर दी।

यह कार्य साधारण नहीं था क्योंकि लोग स्वाधीन होकर अपनी मनमानी करना चाहते थे, परन्तु यह बात चीतू की भावना के अनुकूल नहीं थी। बात यह थी कि जन-समूह का एकाएक आगमन विध्वंस और लूटमार के मुख्य उद्देश्य को लेकर हुआ था, परन्तु पूर्व की अपेक्षा अब उसे व्यवस्थित और नियमित रूप देना था। अपनी पूर्ण बर्बरता के साथ गफूर खाँ वहाँ उपस्थित था, जो अपने पूर्व अनुभव से अतिरिक्त आनन्द प्राप्त करके उसी इच्छा के साथ नगरों को जलाने और निहत्थे लोगों को यन्त्रणा देने की राह देख रहा था। इनमें परस्पर सौहार्द अवश्य था, परन्तु मैं कारंजा की उस रात को उस निरीह हिन्दू लड़की की यातना और उसकी हत्या की घटना नहीं भूल सका। इस अभियान में भी मुझे विश्वास था कि वह अपनी उत्तेजना पर लगाम न लगा सकेगा। मैं किसी अनुकूल अवसर की प्रतीक्षा में था, जब मैं उसकी आपराधिक जीवन शैली पर दंडात्मक न्याय द्वारा रोक लगा सकूँ। और जब तक वह अवसर न उपलब्ध हो, तब तक अपने परिचय को जहाँ तक सम्भव हो सघन रूप से परिष्कृत करता रहूँ, जिसके परिणामस्वरूप वह अधिक निश्चय के साथ मेरा अपना बना रहे।

अब हमारी तैयारियाँ पूर्ण हो चुकी थीं। दस हजार से भी अधिक अच्छे घुड़सवार पहले ही भर्ती किए जा चुके थे। उनके अनुचरों की संख्या गणनातीत थी। मैं यह बात नहीं समझ सका कि वे लोग अपने सीमित संसाधनों पर निर्भर रहकर कैसे जीवित थे? परन्तु यही हो रहा था, और पूरे आनन्द के साथ क्योंकि हमारा कैम्प आमोद-प्रमोद तथा मनोरंजन से सदैव भरपूर रहता था।

अन्तिम समारोह के रूप में चीतू ने एक दरबार किया जिसमें सभी प्रमुख नायक और सरदार उपस्थित थे। उनके सम्मुख उसने अपनी योजना की कार्रवाई का खुलासा किया, जिसके अनुसार नागपुर के राजा के इलाके से होकर दक्षिण पूर्व की ओर बढ़ा जाएगा और गोंडवाना के वनों-जंगलों को पार करके, मछलीपट्टम के उत्तर के लगभग अनारक्षित प्रदेश में अपनी सेनाएँ घुसेंगी। वहाँ से कृष्णा को पार करके कुरनूल तक के भू-भाग को तहस-नहस कर दिया जाएगा। वहाँ से हम सकुशल नेमावर लौट आएँगे।

समस्त जन-समूह ने उसकी योजना की कार्रवाई का तुमुल हर्ष-ध्वनि से स्वागत किया। कैम्प के बाहर स्थित फौज भी उल्लास से खड़ी हो गई और सारा वातावरण हर्ष से प्लावित हो गया। यह क्षण अति उत्साहपर्यक था, जिसके आनन्द में सभी ने भाग लिया। सभी सरदारों ने प्रस्थान करने के लिए अधिक विलम्ब न करने का अनुरोध किया। उसने कोई विलम्ब नहीं किया। चूँकि सभी एक क्षण की सूचना पर प्रस्थान करने के लिए तैयार थे, अतः आदेश हुआ कि अगले दिन फौज नर्मदा पार करेगी।

गफूर खाँ के अत्याचार

हरावल के प्रमुख के रूप में, जिसमें मेरे अत्युत्तम एक हजार अश्वारोही थे, सर्वप्रथम मैंने नर्मदा पार की। इस समय उसे पार करने में कोई बाधा नहीं थी। दूसरे तट पर हमने शिविर स्थापित किया। यह वही स्थान था, जहाँ पाँच महीने पूर्व हमने अपना डेरा डाला था। इस समय हम लोगों की संख्या दुगुनी हो गई थी, साथ ही हमारे सामने आक्रमण करने की प्रबल सम्भावना थी। हमने नागपुर के राजा के इलाके के उन जंगलों को जहाँ अभी तक किसी सेना ने प्रवेश नहीं किया था, हमने कैसे पार किया, उसकी बात नहीं करेंगे। वहाँ से हमें पानी के लिए घोर दुख उठाना पड़ा, परन्तु सभी ने बड़े साहस के साथ उसे सहन किया। अन्त में हमारी सेना उत्तरी सरकार के उर्वर मैदान में चढ़ गई। उसके सामने सभी झुक गए। किसी पर भी दया नहीं दिखाई गई। हमारी सेना प्रदेश के बहुत बड़े भू-भाग में फैल गई। मार्ग में जो भी गाँव पड़ा उसे उजाड़ दिया गया। हमारे आगे बढ़ने की गति बहुत तेज थी। प्रतिदिन 10-15 कोस चलना हमारे लिए सामान्य बात थी। हमारी गति को न तो पर्वत और न नदियाँ ही रोक सकीं। अतिशयोक्ति के रूप में यदि कहा जाए तो पहाड़ों को हम निगल गए और नदियों का पानी पी डाला। न हमारे विरुद्ध कोई फौज आई। यदि आती भी तो हमारी विजयिनी सेना द्वारा पददलित कर दी जाती। फिर भी हमारी भावना युद्ध करने की कभी नहीं रही। यदि कहीं प्रतिरोध की सम्भावना हुई, तो हम वहाँ से दूसरी ओर मुड़ गए क्योंकि मुठभेड़ से हमें क्या लाभ? यद्यपि उसमें हमारी निश्चित विजय होती, परन्तु हमारे अनेक आदमी मारे जाते, साथ ही हमारी भावी कार्रवाई अपंग हो जाती।

कुछ दिनों पश्चात् हम गुंटूर पहुँचे। हमें वहाँ ज्ञात हुआ कि बड़ा खजाना एकत्र था, जो उस प्रदेश का राजस्व था जिसे हमने उजाड़ दिया था। चीतू ने इसे प्राप्त करने का मन बना लिया। उसे ज्ञात हुआ कि वहाँ कई लाख रुपए थे, और वह घृणास्पद यूरोपियनों का था। मेरे आदमी शोर मचाते हुए, मनुष्यों की अपेक्षा राक्षसों की भाँति अभागे नगर पर टूट पड़े। इस समय उन्हें रोकने का प्रयत्न व्यर्थ था और मैंने कोई प्रयत्न भी नहीं किया।

ब्रिटिश अफसरों के सामने उस कोठी को, जिसमें खजाना था और जिसमें वे सब बन्द थे, ध्वस्त कर दिया गया। मैं यह अवश्य कहूँगा कि उन लोगों ने अपने दायित्व की अत्यन्त साहस के साथ रक्षा की। कोई भी पिंडारी उनके निकट बिना गोली का निशाना बने नहीं जा सका। मैंने अपने रिसाले को लेकर उस पर धावा बोलने का चीतू से आग्रह किया, परन्तु उसने मेरी बात नहीं सुनी। उसने बताया कि रक्षा के लिए वहाँ फौज होने की बात न बताकर उसे धोखा दिया गया। मेरा विचार भी यही था कि वहाँ कुछ फौज अवश्य होगी परन्तु उसने उनकी बहुत बड़ी संख्या होने का अनुमान करके अपना इरादा त्याग दिया।

फिर भी निराश होकर प्रतिशोध की भावना से हमने उन अफसरों के घरों को लूट लिया, उनके फर्नीचर तहस-नहस कर दिए और अन्त में उनमें आग लगा दी। यह सब करने का केवल यही उद्देश्य था कि वे लोग अपने स्थान से निकलकर हमारे घुड़सवारों के आक्रमण के सामने आ जाएँ। परन्तु वे होशियारी के साथ वहीं डटे रहे। अतः बड़ी हिचक के साथ हमें वहाँ से हटना पड़ा, जहाँ बहुत बड़ा लाभ होने की आशा थी। बहुत लोगों को निराशा हुई परन्तु हमें जो प्राप्त हुआ उसे कम भी नहीं कहा जा सकता।

मैं वैसा नहीं था, मैंने अपने साथी ठगों के साथ किसी सम्मानित से दिखाई देनेवाले मकान पर अधिकार कर लिया और पिंडारियों के विरुद्ध उसकी रक्षा की जो बलात् उसमें घुसना चाहते थे। हमने उसके गृहस्वामी से, जो धनाढ्य हिन्दू था और उसका बहुत बड़ा परिवार था, उसकी समस्त सम्पत्ति तथा आभूषण, जिसका मूल्य लगभग तीस हजार रुपए होगा, लूट लिया। यह सब हमने उसे यन्त्रणा दिए बगैर प्राप्त किया, क्योंकि मैं कभी यन्त्रणा देने की अनुमति नहीं दे सकता, यद्यपि इसके लिए मुझे अनेक धमकियाँ दी गईं।

अपनी लूट की सम्पत्ति के साथ हमने दोपहर को नगर त्याग दिया और रात्रि होने तक लगभग दस कोस दूर हमारी लड़खड़ाती सेना ने शिविर स्थापित कर लिया। यहाँ हमारा पीछा किए जाने की सम्भावना नहीं थी।

बाद में हम कृष्णा पार कर कुडप्पा तक घुसते चले गए। पता लगा वहाँ अंग्रेज सरकार का बहुत बड़ा खजाना था। परन्तु यहाँ भी हमें निराश होना पड़ा, क्योंकि उसकी रक्षा करनेवाले अधिकारी अत्यन्त सतर्क थे। साथ ही इस स्टेशन पर फौज का पहरा भी था। हम लोग उनके साथ किसी प्रकार की मुठभेड़ से बचते रहे। हमने अपनी सेनाओं को कुरनूल की ओर मोड़ दिया और हम यहाँ से भी भगाए गए, परन्तु नदी पार कर गए। आगे हम निजाम के इलाके में आ गए। यहाँ भी अंग्रेज घुड़सवार हमारा पीछा करते हुए आ गए, परन्तु वे हम तक नहीं पहुँच पाए। हमने परस्पर परामर्श किया जिसके अनुसार लब्भड़ तीन भागों में विभक्त कर दिया गया। इसके दो उद्देश्य थे। एक तो यह कि संयुक्त रूप से रहने की अपेक्षा हम बहुत बड़े भू-भाग को उजाड़कर नष्ट कर सकेंगे। दूसरे हम उन फौजों से बचेंगे जो निरन्तर हर दिशा में हमारे संचालन पर दृष्टि रखती थीं। एक भाग पश्चिम की ओर नदी के किनारे-किनारे चला गया, दूसरा पूर्व की ओर और तीसरा मध्य में स्थित रहा।

पूर्व की ओर प्रस्थान करनेवाले भाग में चीतू था और उसके साथ गफूर खाँ तथा मैं स्वयं रहे। हमें हैदराबाद के पूर्व स्थित प्रदेश से निकलना था और निरमूल होते हुए विशाल उत्तरी मार्ग से नागपुर के इलाके को पुनः प्राप्त करना था। इस समय केवल मैं गफूर खाँ के साथ था, परन्तु जब तक अन्य सरदार रहे वह अधिकतर उन लोगों के साथ रहता था। अब उन लोगों की अनुपस्थिति ने हमें निकट ला दिया। कहना यही चाहिए कि हम एक ही टेंट में रहे यदि उसे टेंट कहा जाए, क्योंकि वह केवल भीषण गर्मी से रक्षा के लिए आश्रय मात्र था। कहने की आवश्यकता नहीं कि मैं उसकी क्रूरता पर निरन्तर दृष्टि रखता था, जो प्रतिदिन की बात थी। उसके स्वभाव की विशिष्टता को दिखाने के उद्देश्य से उदाहरण के रूप में उन हजारों घटनाओं में से एक का मैं वर्णन करना चाहता हूँ।

हम लोग एक नगर में पहुँचे, जिसका नाम मुझे स्मरण नहीं है और न उसे बताए जाने का कोई अर्थ होता। सदा की भाँति हमारी भीड़ वहाँ धड़धड़ाते हुए घुस गई और विनाश-लीला आरम्भ हो गई। मैं इस तथ्य को क्यों छिपाऊँ कि मैं स्वयं भी अन्य लोगों की भाँति उसमें व्यस्त था। मुझसे या मेरे साथियों से न कोई घर और न कोई झोपड़ी लूटने से बच सकी। गफूर खाँ भी उसी में संलग्न था। मैंने अपना काम समाप्त कर लिया। मैंने स्त्रियों से उनके आभूषण छीने, उनके पिताओं और पतियों को छोटी-छोटी रकम देने के लिए भयभीत किया और जो भी मिला उसे लेकर अपने ठगों के साथ जो मुझसे कभी पृथक नहीं हुए, नगर छोड़कर जाने की तैयारी कर ली। लौटते हुए मैं मुख्य मार्ग से जा रहा था, कि मेरा ध्यान किसी भले आदमी

के घर की ओर आकृष्ट हुआ, जहाँ से भय तथा यन्त्रणा की दिल दहला देनेवाली चीख-पुकार आ रही थी।

मैं तुरन्त घोड़े से उतर पड़ा और अपने आदमियों को पीछे आने का संकेत करके हम उस घर में घुस गए। वहाँ मैंने जो दृश्य देखा उसे कभी नहीं भूल सकता। वहाँ गफूर खाँ अपने सात-आठ साथियों के साथ उपस्थित था। वे सब अपने भयानक कार्य में संलग्न थे। भूमि पर तीन शव रक्तरंजित पड़े थे। उनके शरीरों से रक्त निकलकर बह रहा था। उनमें दो सुन्दर जवान थे और एक महिला थी।

गफूर खाँ के सामने एक भद्र पुरुष था। उसके चेहरे पर गर्म राख का थैला बाँधकर यन्त्रणा दी जा रही थी। खान का एक आदमी अपनी तलवार की मूठ से लगातार उसकी पीठ पर प्रहार कर रहा था। उस अभागे का आधा दम घुट चुका था। खान उसके कान के पास दहाड़ता हुआ पूछ रहा था, "खजाना कहाँ छिपा है?" इसके उत्तर में एक शब्द भी कहने की शक्ति उसमें नहीं थी। खान के अन्य आदमियों के साथ तीन सुन्दर जवान औरतें व्यर्थ ही हाथापाई कर रही थीं। उनकी अस्त-व्यस्त काया तथा हृदय विदारक चीखें स्पष्ट संकेत दे रही थीं कि मेरे वहाँ पहुँचने से पूर्व उनके साथ क्या हुआ था।

इस स्थिति में मैं क्या कर सकता था। न खुले तौर पर खान पर आक्रमण ही कर सकता था, यद्यपि मैंने अपनी तलवार म्यान से आधी खींच ली थी। और मैं उस पर झपट पड़ता, परन्तु यह सोचकर कि वह मुझसे वरिष्ठ था और मैं उसका और उसके साथियों का वध कर देता, तो यह बात चीतू से किसी प्रकार छिप नहीं सकती थी। उस दशा में मेरे ऊपर क्या बीतती? अतः अपने क्षणिक आवेग को रोककर मैं उसके निकट गया। और उसे उस भयानक कार्य से, जिसमें वह लगा था, ध्यान हटाने का अनुरोध किया।

मैंने कहा, "खान साहब, आइए निकट के एक मकान मे मैं घुस नहीं पा रहा। चाहता हूँ कि आप मेरी सहायता कर दें। इंशाअल्ला इस तकलीफ की पूर्ति हो जाएगी, क्योंकि मैंने सुना है कि वह घर जेवरों और रुपयों से भरा हुआ है और वह परिवार धनी है।" मैंने उससे झूठ नहीं कहा था, क्योंकि एक बड़े मकान को तोड़ने की मैं कोशिश कर चुका था, परन्तु जब देखा कि वह वीरान था, तो छोड़ दिया।

उसने कहा, "जरा रुको, यह भी दुर्लभ स्थान मिल गया। इन मूर्खों ने हथियारों द्वारा मेरे प्रवेश करने का विरोध किया था। उनमें से किसी के द्वारा मेरी बाँह में खरोंच लग गई, लेकिन ये काफिर सच्चा ईमान रखनेवालों का क्या बिगाड़ सकते हैं? वे दोनों इसी कमरे में पड़े हैं, साथ में उनकी माँ भी है। सब मेरी तलवार के घाट उतर गए। मेरे आदमी उनकी औरतों के साथ मौज उड़ा रहे हैं। तुम देख रहे हो कि मैं इस जिद्दी बदमाश से जो हो सकता है, लेने का प्रयत्न कर रहा हूँ, परन्तु यह है कि मेरी उचित बात नहीं सुनता। विवश होकर मैं उसे गर्म राख का स्वाद चखा रहा हूँ।"

मैंने कहा, "सम्भव है उसके पास देने के लिए और कुछ न हो। इसके अतिरिक्त मुँह पर थैला बँधा होने से वह बोल भी नहीं सकता। उसे हटवा दो, फिर सुनो वह क्या कहता है।"

खान ने कहा, "तुम कोशिश करो, लेकिन देखना कोई परिणाम नहीं निकलेगा।"

मैंने पीछे खड़े पिंडारी से कहा, "थैला हटा दो। उसे बोलने दिया जाए। थोड़ा पानी लाओ। उसके गले में राख भर गई है।"

थैला हटा दिया गया। पानी से भरा पात्र वहीं एक कोने में रखा था, उसे उसके होठों पर लगाया गया, परन्तु घृणा के साथ उसने उसे हटा दिया क्योंकि वह हिन्दू ब्राह्मण था।

उसकी ऐसी भाव-भंगिमा देखकर खान क्रोधित होकर बोला, "पियो, नहीं तो अल्लाह कसम, इसे तेरे गले में ठूँस दूँगा। काफिर कहीं का। इसके लिए तो गाय का मूत्र भी पवित्र है। किसी मुसलमान के हाथ का पानी पीने से इनकार करने का साहस करता है।"

भर्राई आवाज से वृद्ध बोला, "रक्तपिपासु राक्षस, तेरे तथा तेरी घिनौनी जाति के हाथ का पानी मेरे लिए विषतुल्य है। इस अपवित्र पानी को पीने की अपेक्षा, मैं अपने पुत्र का रक्त, जो बह रहा है, पी सकता हूँ।"

खान ने कहा, "तू ऐसा कह रहा है तो या अली, तू उसी को चख। समुन्द खाँ, वहाँ भूमि पर पड़े रक्त से प्याला भरो। यह बूढ़ा उसे जन्नत की शराब की भाँति पिएगा।"

मैंने गफूर खाँ से कहा, "रुको, आप यह अमानवीय कृत्य नहीं करेंगे।"

दाँत पीसकर खान बोला, "नहीं, तुम बीच में दखल मत दो, तुम और मैं, मीर साहब मित्र हैं, और वैसे ही रहने दो, परन्तु यदि मेरे काम में बाधा दोगे, तो हमारे बीच अवश्य झगड़ा हो जाएगा। उसने भी यही कहा था कि पानी से वह बेहतर है।"

समुन्द खाँ ने रक्त बटोर लिया। प्याले में भयानक रक्त था, उसे वृद्ध के सामने ले जाकर बनावटी कोमलता के साथ बोला, "इसे गंगाजल समझो। इसके पीने से तुम्हारा दिमाग खुल जाएगा और तुम बता दोगे कि खजाना कहाँ है?"

गफूर खाँ ज़ोर से हँसा, "खुदा कसम, तेरे पास भी क्या बुद्धि है समुन्द खान। ऐसे विचार किताब में लिख देना चाहिए। मैं चीतू को बताऊँगा।"

वृद्ध ने घृणा से अपना सिर घुमा लिया। उसकी छाती धड़क रही थी, जैसे गिरनेवाला हो।

गफूर खाँ ने कहा, "समय नष्ट न करो, खंजर से उसका मुँह खोलकर घूँट भर दो।"

वही किया गया। अल्लाह कसम, साहब, मेरे देखते-देखते दोनों ने वही किया। वे राक्षस थे। उन्होंने उसका गला खोलकर केवल रक्त ही नहीं डाला, वरन् इस प्रयत्न में भयानक रूप से उसके होंठ काट दिए और उसके कपोल फाड़ डाले।

गफूर खाँ फिर चीखा, "अब बताओ सोना कहाँ रखा है? इस जिद्द से तेरा क्या लाभ? तू नहीं जानता तेरा जीवन मेरे हाथों में है और एक प्रहार में ही तू जहन्नुम चला जाएगा, जहाँ तुझसे पहले और भी जा चुके हैं।" उसने मृतकों की ओर संकेत किया।

उस अभागे ने कहा, "सोना! मैं पहले ही कह चुका तूने सुना ही नहीं, हमने अपना सर्वस्व दे दिया, परन्तु तेरा पेट नहीं भरा। तूने मेरे पुत्रों को और पत्नी को मार डाला। मेरी पुत्रियों को पतित कर दिया। हम सबको मार डालो। मैं कृतज्ञ रहूँगा।"

बर्बरता के साथ खान बोला, "इसकी बात सुनो! मुझसे नाटक कर रहा है। उम्र की जानबूझकर की जानेवाली दुष्टता केवल कहावत नहीं। कोई तेल और दीपक लाओ। देखता हूँ कि यह मजाक अन्त तक बना रहता है! मेरा प्रयास कभी असफल नहीं हुआ।"

इस समय पूरा मकान पिंडारियों से भर गया। इस समय चाहने पर भी मैं बाधा नहीं डाल सकता था, और खड़े-खड़े सब कुछ देखता रहा। सोच लिया कि उसे अपना काम करने दें। वह केवल अपनी नियति की ओर बड़ी तेजी के साथ बढ़ा जा रहा था। मैं उसे क्यों रोकूँ?

तेल लाया गया। मृतकों की धोती अथवा पुराने कपड़े फाड़े गए। उन्हें तेल में डुबोकर

वृद्ध की अँगुलियों में खूब लपेट दिया गया।

खान ने कहा, "अब दीपक लाओ और उसे कसकर पकड़ लो।"

दीपक आ गया और एक आदमी ने उसे पकड़ लिया। फिर कहा, "मैं तुम्हें अन्तिम अवसर दे रहा हूँ। तुम्हारी अँगुलियों का प्रयोग किया जाएगा अथवा उन्हें मशाल बनाया जाएगा। शीघ्र उत्तर दो, नहीं तो उन्हीं के प्रकाश में तुम्हारा खजाना देखूँगा। मुझे विश्वास है कि वह किसी अँधेरे गढ़े में होगा।"

निराश स्वर में वृद्ध बोला, "तू जितना बुरा चाहे कर ले। तू मुझे नहीं मारेगा। यदि मेरी पीड़ा तुझे किसी प्रकार आनन्दित करती है, तो वह होने दो, नारायण ने मुझे तेरे अधिकार में दे दिया है। यह सब उसी की इच्छा से हो रहा है, तेरी इच्छा से नहीं। चाहे मेरी पूरी बाँह जल जाए, मैं उफ नहीं करूँगा, मैं तुझ पर थूकता हूँ।"

गफूर खाँ गरजकर बोला, "आग लगाओ। यह ऐसे नहीं मानेगा।"

एक-एक करके दोनों हाथों के पलीते जला दिए गए। आग का अधिक प्रभाव पड़े अतः उसके हाथ नीचे झुका दिए गए। अल्लाह, अल्लाह, कितना वीभत्स दृश्य था। तेल से भीगे पलीते के साथ उसकी अँगुलियों का मांस भी जलने लगा। ऊपर से उस पर और तेल डाल रहे थे।

वृद्ध अपनी शक्ति का उचित आकलन नहीं कर सका। ऐसी भयानक यन्त्रणा को किसकी नसें सह सकती हैं? उसके मुँह से करुण कराह निकलने लगी, जो पत्थर हृदय को भी पिघलाने में समर्थ थी। परन्तु गफूर खाँ ने उस पर कोई ध्यान नहीं दिया। वह अपने सामनेवाले अभागे प्राणी की पीड़ा से अपने बर्बर हृदय को सन्तुष्ट कर रहा था। वह समय-समय पर किसी राक्षस की भाँति प्रश्न कर रहा था कि "तू अपने खजाने का पता बताता है या नहीं," परन्तु जिसे वह सम्बोधित कर रहा था वह मौन था और उसकी प्राकृतिक शक्ति क्षीण हो चुकी थी। संज्ञाहीन होकर वह भूमि पर गिर पड़ा।

मैंने कहा, "तुमने उसे मार डाला, अब खुदा के लिए उसे पड़ा रहने दो और यहाँ से चल दो। तुम्हें और क्या मिलेगा? या तो उसके पास पैसा नहीं था, या उसे देना नहीं चाहता था।"

मेरी बात की ओर ध्यान न देकर उसने अपने साथियों से कहा, "उस पतित माँ की बेटियाँ कहाँ गईं? उन्हें सामने लाओ। उनसे पूछूँगा कि रकम कहाँ है? आखिर धन तो होना ही चाहिए।"

परन्तु वे भी मर चुकी थीं। उन्हें भी मार डाला गया। किसने? मुझे ज्ञात नहीं। उनके भी शव दूसरे कमरे में रक्तरंजित पड़े थे। जब खान को यह सूचित किया गया तो वह ऐसा हिंसक बन गया जैसा कभी नहीं हुआ था। जंगली पशु की भाँति दाँत पीसता हुआ देखने में अत्यन्त भयावना लग रहा था।

वृद्ध पुनः होश में आ गया, क्योंकि उसके मुँह पर पानी के छींटे मारे गए तथा अँगुलियों पर भी पानी डाला गया। उसने अपना सिर उठाया और अपने शरीर पर एक निगाह घुमाई। अपने घायल हाथों को करुण दृष्टि से देखा। जिन लोगों ने उसे घेरा था वे मनुष्य थे या राक्षस? खुदा कसम, साहब वे इनसान नहीं थे, क्योंकि वे उस पर और उसके संज्ञाहीन कलाप पर हँस रहे थे।

खान ने उस पर तलवार का प्रहार करते हुए कहा, "बोल, काफिर, या तुझे और यन्त्रणा दी जाए?"

किन्तु वह शब्दहीन रहा, क्योंकि वह अर्द्धमृत अवस्था के कष्ट में था। यन्त्रणा अपनी

पराकाष्ठा तक पहुँच चुकी थी।

पुनः अपनी तलवार उठाकर खान ने कहा, "बोल" और तलवार उसके सिर के ऊपर ले गया। मैंने देखा वृद्ध के होंठों पर मुस्कान की कुछ झलक थी। वह ऐसे घूम गया मानो कुछ कह चुका हो। उसकी आँखें ऊपर की ओर हो गईं, परन्तु कोई शब्द न निकला।

खान के अधीर हाथ में तलवार उसके सिर पर चमक रही थी। जब कोई उत्तर न मिला तो पूर्ण शक्ति के साथ उसने उस पर प्रहार कर दिया और उसका सिर दो भागों में कट कर रह गया। कहने की आवश्यकता नहीं कि वह स्वर्ग सिधार गया था।

मुझे सन्तोष हो गया। गफूर खाँ के पाप का पात्र पूर्ण रूप से भर चुका था, क्योंकि उसी स्थान पर मैंने भी एक संकल्प कर लिया। एक बार उस वृद्ध पर दृष्टि डालकर मैं वहाँ से झटपट निकल आया।

गफूर खाँ की हत्या

उसी क्षण मैंने उसे समाप्त करने का संकल्प कर लिया। अपने कैम्प में पहुँचते ही मैंने अपने सभी ठग साथियों को एकत्र किया और उनके सम्मुख एक योजना उपस्थित की, जो बहुत दिनों से मेरे दिमाग में नाच रही थी।

उन लोगों से मैंने कहा, "मेरे भाइयों, तुम यह देख चुके हो कि गफूर खाँ एक राक्षस है। ऐसे व्यक्ति को कौन इनसान कहेगा? पिंडारी तो दुष्ट होते ही हैं परन्तु वह उनमें सबसे नीच है और उसे जीवित नहीं रहना चाहिए। मोती और पीर खाँ, तुम्हें कारंजा की उस ब्राह्मण कन्या की दुर्दशा याद है। तुम लोग मेरे बुरी तरह से दबाए गए क्रोध को याद करो, जिसने उसी समय उस राक्षस को समाप्त करने के लिए प्रेरित किया था और मैं उसी समय कर उठाता, परन्तु सोचा कि सम्भवतः उसकी नियति मेरे हाथ में नहीं थी। मैंने यह अवश्य अनुभव किया था कि एक न एक दिन अल्लाह मुझे उसके दंडात्मक न्याय का साधन अवश्य बना देगा। अभी तक मैं रुका रहा, यद्यपि कभी-कभी मेरी समझ में आता था कि उसका समय आ गया। मेरे विचार में यह बात थी कि पूर्व की अपेक्षा वह और अधिक जघन्य अपराध करेगा और वही अब सामने आ गया। तुम सबने देखा वह क्या था? क्या वह उससे अधिक नीचे उतर सकता था?"

सभी लोग एक स्वर से बोले, "वह अपनी चरम स्थिति पर पहुँच गया और अब वह हमारा है।"

मैंने कहा, "वैसा ही होगा। अब सुनो, तुम लोग जानते हो मेरे पास फिरंगियों की तीन बोतल शराब है। उसे मैं गुंटूर से ले आया। वह शराब का अत्यन्त प्रेमी है। यहाँ आने के लिए वह बड़ी सरलता से बहकाया जा सकता है। वह हमारे साथ शराब पिएगा। मैं उसके पात्र में अफीम मिला दूँगा। कुछ प्याले पीने के पश्चात वह गहन निद्रा में सो जाएगा। फिर वह सहज ही हमारा शिकार बन जाएगा।"

पीर खाँ ने कहा, "ठीक है, यह अत्युत्तम योजना है। उसे आज ही कार्यान्वित क्यों न

किया जाए?"

मैंने कहा, "नहीं, आज रात को नहीं। इस विशाल कैम्प में हमें सावधान रहने की आवश्यकता है। कल मेरे टेंट को कैम्प के सबसे किनारे लगा देना। नहीं, उससे भी कुछ और दूर। आधी रात को जब सब लोग गहन निद्रा में होंगे तब उसे समाप्त कर दिया जाएगा।"

पीर खाँ ने कहा, "मुझे यह कहना है कि गफूर खाँ के घोड़े की काठी बहुत अच्छी सिली गई है, क्या वह हमारे अधिकार में आ सकती है?"

मैंने कहा, "उसके विषय में मैं विचार कर रहा हूँ। परन्तु उसके लिए खतरा भी है तथा उसे खोजे जाने का भी भय है।"

पीर खाँ कुछ देर विचार करता रहा, फिर बोला, "जमादार, मेरी एक योजना है। शायद आप उसमें कुछ संशोधन करें, इंशाअल्ला वह काठी तो हमें लेनी ही है। मेरा कहना यह है कि खान जब खूब नशे में हो जाए तो आप अपने ही टेंट में उसे सो जाने के लिए कहें। वहीं उसकी जीन-काठी, घोड़ा मँगा लिया जाए, जिससे प्रातःकाल सवारी के लिए वह निकट रहेगा। यदि काठी आ जाएगी तो मैं उसका सामान निकालकर खाली कर दूँगा, और उसी के साथ उसे दफन कर दिया जाएगा। यदि यह न हो सके तो भी उसे समाप्त करने का भला काम करने की प्रसन्नता तो होगी।"

मोती ने कहा, "हमें शकुन का विचार कर लेना चाहिए।"

मैंने कहा, "उसे भी कर लो। मैं पीर खाँ की योजना पर विचार कर रहा हूँ। देखना है क्या हो सकेगा?"

इसके पश्चात् हम लोग सोने चले गए।

दूसरे दिन यात्रा के विषय को लेकर ऊहापोह की स्थिति बनी रही कि किस गाँव अथवा नगर को लूटा जाए। मैं जान-बूझकर गफूर खाँ के साथ रहने की भरसक कोशिश करता रहा। हम अपने गत अभियानों की सफलता तथा जोखिम का सामना करने को लेकर वार्ता करते रहे।

मैंने कहा, "खान साहब, गुंटूर के मकानों पर अपने आक्रमण करने का आपको स्मरण है? मूल्यवान चीजों की व्यर्थ खोज करने में हम लोगों ने किस प्रकार फिरंगियों के भंडारों को उजाड़ दिया था। उन्हें धिक्कार है। वे लोग नवाबों की भाँति धनवान होते हैं; फिर भी सोने या चाँदी की एक भी रकाबी या आभूषण या कोई मूल्यवान वस्तु किसी के यहाँ नहीं मिली। हाँ, चीनी के बर्तन अवश्य मिले। आपको स्मरण है कि हमने किस प्रकार उन्हें तहस-नहस कर डाला?"

खान गुर्राकर बोला, "हाँ, मुझे सब स्मरण है। यह तो हमारे नेता की कायरता रही। यह केवल हमारे-तुम्हारे बीच की बात है। नहीं तो हम आक्रमण करके खजाने पर अधिकार कर लेते और फिर कितने रईस बन जाते। उलटे इतना कष्ट उठाकर भी कुछ हाथ नहीं लगा। खैर, हमने उनके घरों को उजाड़ दिया, यही सन्तोष की बात है।"

मैंने कहा, "आप सही कहते हैं, खान, भयंकर आग की लपटों द्वारा अपने आवासों को निगलते हुए देखकर उनके हृदय कैसे जल रहे होंगे। और उस कीमती माल की याद है जो मेरे अधिकार में आ गया था। मैंने आपको भी दिखाया था, वहीं छोटी-छोटी बोतलों में शराब! उस पर छपे हुए कागज चिपके थे।"

खान ने कहा, "माशाअल्लाह, हाँ वह वास्तव में लाजवाब चीज थी। कई दिनों तक उसका स्वाद जबान पर बना रहा। बेशक, ये काफिर जानते हैं कि बढ़िया शराब क्या होती है? क्या अच्छा होता मैं भी कुछ ले आता। कुछ बोतलें आसानी से लाई जा सकती थीं। दिन भर के परिश्रम के साथ वह कितना मजा देती।"

मैंने कहा, "खान, आपकी अपेक्षा मैं अधिक होशियार निकला। ऐसी मदिरा सदा उपलब्ध नहीं होती। मेरे ख्याल से यदि टूट न गई हो तो मेरे पास अब भी है।"

खान ने कहा, "क्या कहा अब भी है, तो अपने खजाने के लिए अधिक कंजूस न बनो। मैं फिर उसका स्वाद लेना चाहता हूँ। कसम से कहता हूँ कि ऐसा अमृत जन्नत में भी न मिलेगा।"

मैंने कहा, "आपकी खिदमत में हाजिर है, खान! परन्तु कलंक से बचने के लिए, क्या कहते हो, मेरे टेंट में रात को आओगे? और यदि कोई रहता है तो मैं आपको बता दूँगा। मेरा कोई आदमी बढ़िया पुलाव पका देगा, फिर हम दोनों चुपचाप शराब का मजा लेंगे।"

उसने कहा, "मीर साहब, तुम्हारी जबान तो शराब की भाँति मधुर है। मैं तुम्हारे टेंट में अवश्य आ जाऊँगा। अपने सईस से घोड़ा लाने के लिए कह दूँगा, वह भी तुम्हारे आदमियों के साथ मिल जाएगा। मुझे कोई नहीं देख सकेगा। मैं अकेले आऊँगा। तुम जानते हो मैं अधिक पी जाऊँगा, परन्तु अपने ईमान पर खुला कलंक न लगने दूँगा।"

उसकी ये बातें सुनकर मेरा कलेजा बाँसों उछल गया। किसी कठिनाई के बिना काठी भी अधिकार में आ जाएगी। इतनी तत्परता के साथ अपनी योजना स्वीकार करने के लिए मैं उसे साधुवाद देता हूँ।

मैंने कहा, "ठीक है, खान, हमें कोई देख न सके। हमें छिपे रहना होगा। मेरे टेंट में पीर खाँ, जिसे आप जानते हैं, के अतिरिक्त कोई नहीं होगा। वह मेरा पोष्य भ्राता है और मेरा दुर्लभ साथी भी है। हमारी बैठक बड़ी मजेदार होगी। पुलाव तैयार होते ही मैं आपको बुलवा लूँगा।"

उसने कहा, "नहीं, नहीं, ऐसा मत करना। इसकी आवश्यकता नहीं। शाम होने के बाद मैं स्वयं टहलता हुआ तुम्हारे टेंट में आ जाऊँगा।" फिर अपने सईस से, जो उसके साथ पीछे चल रहा था, कहा, "देखो, याद रखना, जैसे ही मुझे मीर साहब के टेंट की ओर जाते हुए देखो, मेरा घोड़ा-काठी वहीं ले आना। ध्यान रहे तुम उसे आगे-आगे लेकर चलोगे, और मैं पीछे ऐसे रहूँगा जैसे उस पर सवारी करनेवाला हूँ। वहाँ पहुँचकर उनके घोड़ों के साथ बाँध देना।"

उसने कहा, "जो हुक्म, आपके आदेश की तामील होगी।"

खान ने पुनः कहा, "और सुनो किसी को न बताना कि मैं कहाँ जा रहा हूँ और घोड़े को ले जाते समय कोई प्रश्न भी करे तो उत्तर न देना।"

उसने कहा, "सब आपकी इच्छानुसार किया जाएगा, हुजूर, हुक्म उदूली का साहस किसे है?"

खान ने कहा, "न करो यही ठीक है, वरना मुझे कोड़ा तलाशना पड़ेगा।"

सईस लौट गया। हम दोनों घोड़ों पर सवार होकर कुछ देर इधर-उधर की बातें करते रहे दूसरे सरदारों की योग्यता क्या थी और वे कैसा व्यवहार करते थे, आदि पर चर्चा होती रही। गफूर खाँ मजेदार मित्र था। उसकी बातें बड़ी बुद्धिमत्तापूर्ण तथा व्यंग्यात्मक होती थीं। मैंने उसको शराब की गहरी दावत देकर उसे आनन्द की अनुभूति करा दी थी। इसी प्रकार प्रसन्न मुद्रा में हम लोग कुछ देर घूमते रहे।

बड़ी देर तक सवारी का आनन्द लेकर मैं अपने आवास पर आ गया। दोपहर की तेज धूप से बचने के लिए टेंट के अन्दर हो गए। खान ने खाने की तैयारी के सम्बन्ध में दिन में कई बार सन्देश भिजवाए। परन्तु हाँ कर देने अथवा निर्धारित समय से एक मिनट पूर्व उसके तैयार होने की बात सूचित कर देने से मेरे उद्देश्य की पूर्ति नहीं होती।

मोती ने पूछा, "साहब, आप प्रातः से ही खान के साथ घोड़े पर घूमते रहे और सम्भवतः शकुन का विचार नहीं किया गया।"

मैंने कहा, "नहीं, मैंने तो नहीं किया, परन्तु तुमने तो कर लिया होगा क्योंकि मैं जानता हूँ कि मेरे आदमियों पर उसका कितना प्रभाव है। यही नहीं अनुकूल शकुन के बिना वे किसी मामले में भाग लेने से बिलकुल मना कर देंगे।"

मोती, "हाँ, मैंने लापरवाही नहीं की। कल रात को आपसे मिलने के बाद पीर खाँ, मैं तथा कुछ और लोगों ने निशान को गुड़ का प्रसाद चढ़ाया तथा देवी भवानी से अशीर्वाद माँगा। उसने थिबाऊ और पित्हाऊ दोनों कृपापूर्वक प्रदान कर दिए। अब आपको किसी बात का भय नहीं होना चाहिए, क्योंकि वे अनुकूल हैं।"

मैंने कहा, "मोती, देवी भवानी के अनुकूल होने के लिए मैं पहले ही आश्वस्त था क्योंकि मैं देख रहा हूँ कि अल्लाह का हाथ मेरा मार्गदर्शन कर रहा है। वास्तव में मेरा विश्वास है कि यदि वे अनुकूल न भी हों तो भी इस मामले में अपनी आकांक्षाओं के प्रभाव के अनुसार चलना चाहिए।"

उसने हँसकर कहा, "नहीं, ऐसा मत कहिए, जमादार! उसके लिए तो आप एक कुशल ठग हैं, परन्तु अब भय की कोई बात नहीं, क्योंकि शकुन सचमुच प्रसन्न करनेवाले हैं।"

मैंने कहा, "यदि हम सफल हो गए तो, आगे हमने अपने ढंग से काम करने की बात सोची है, परन्तु इसके बहुत बाद। उसके गायब होने पर काफी हुल्लड़ होगा। कुछ समय तक हमें चुपचाप रहना होगा।"

उसने कहा, "आप ठीक सोचते हैं, जमादार। हम लोग परस्पर सलाह करते रहे और इस परिणाम पर पहुँचे कि आपके सामने कुछ जोखिम के प्रस्ताव रखें, क्योंकि यहाँ से पिंडारी कुत्ते रातों-रात पड़े रहते हैं। हर एक का मूल्य मात्र कुछ सौ रुपए है। अभी तक उनके साथ हम लोग भी निष्क्रिय होकर बैठे रहे, परन्तु मैं अपने लोगों के लिए लज्जित हूँ। हमें बिना काम एक रात भी नहीं रहना चाहिए।"

मैंने कहा, "मोती, थोड़ा धैर्य रखो। पहले हमें खान से निपटना है और मामले का प्रबन्ध करने में हमें स्वयं अपना लुधाई बनना होगा।"

उसने कहा, "उसके लिए हम बिलकुल तैयार हैं, मीर साहब। किसी ठग के लिए जब भी अवसर की माँग हो, उसे किसी भी श्रेणी में रहकर अपने कर्त्तव्य का पालन करना चाहिए। हम हर प्रकार से तैयार हैं।"

मैंने कहा, "तब हमें समय नष्ट नहीं करना चाहिए। तुम अपने और मेरे टेंट को मिलाने के लिए कोई परदा डाल दो। बीच के खाली स्थान में कब्र तैयार की जाएगी। अच्छा होगा कि उसके आने से पूर्व वह तैयार कर ली जाए, परन्तु नहीं, उसे सन्देह हो जाएगा, अतः बाद में तुरन्त बना लेना।"

उसने कहा, "जमादार आप ठीक कहते हैं। वह अवश्य सन्देह करेगा। उसे बहुत गहरे

में दफन करने की आवश्यकता नहीं। हमारे पास तीन लोग ऐसे हैं जो पुराने लुधाई हैं, वे कुछ मिनटों में तैयार कर लेंगे।"

मैंने पूछा, "और मोती, उसका सईस, उसे भी समाप्त होना है।"

उसने कहा, "अवश्य, आप और पीर खाँ, खान से निपट लें। सईस को हमारे लिए छोड़ दें। उसका प्रबन्ध हम कर लेंगे।"

मैंने कहा, "ठीक है, अब हमारा सब प्रबन्ध हो गया। स्मरण रहे कि पीर खाँ अकेला हमारे साथ भोजन करेगा। तुम सब लोग बाहर रहोगे। और यह भी देख लेना कि हमारे घोड़े कसे हुए तैयार रहें, क्योंकि यदि हमारा भेद खुल जाए अथवा हमारे ऊपर सन्देह हो जाए तो उस दशा में हमें यहाँ से तुरन्त भागना पड़ेगा। जो हो, मुझे अपने लिए कोई भय नहीं।"

मोती ने कहा, "मुझे भी नहीं है। उसके एक विशिष्ट पद पर होने के कारण अवश्य हलचल मचेगी, परन्तु समझा यही जाएगा कि या तो वह कहीं लूटमार के लिए निकल गया या फिर किसी ने उसकी हत्या कर दी। मीर साहब, मैं आपको बता रहा हूँ कि नेमावर से चलने के बाद कई पिंडारी स्वयं अपने ही लोगों द्वारा मार डाले गए।"

मैंने कहा, "इसमें कोई शक नहीं मोती, मैंने कई बवाल सुने हैं। इस प्रकार के लोगों में कोई झिझक नहीं होती। उनका वर्ग बदमाशों का होता है। प्रथम अभियान की अपेक्षा ये अधिक अधम हो गए हैं। अब जाओ, पाल तैयार करो, और पीर खाँ को मेरे पास भेजो।"

सन्ध्या हुई। आकाश की अन्तिम लाल किरणों के साथ शाम की नमाज की गूंज सारे कैम्प में फैल गई। लोग झुंड के झुंड दरी बिछाकर और घुटने टेककर नमाज पढ़ने लगे, उनमें एक भी ऐसा न था, जिसने गत दिवस अपने हाथ किसी के रक्त से न रँगे हों। नमाज खत्म करके हर एक अपने साथी से अलग होकर अपने स्वामिभक्त घोड़े के पास रात्रि की निद्रा का आनन्द लेने के लिए चला गया जिससे वह दूसरे दिन के परिश्रम के लिए हिंसा के लिए और लूटमार करने के लिए तैयार हो जाए।

समय आ गया। मैं अपने टेंट में बैठा खान के आगमन की प्रतीक्षा कर रहा था भीतर से मेरा हृदय प्रफुल्लित था क्योंकि जीवन में प्रथम बार हत्या किए गए प्राणियों के प्रतिशोध में मुझे एक भला कार्य करना था। पीर खाँ मेरे निकट था। हम चुप थे। हमारे दिमाग भावी कार्य को लेकर वैसे ही भरे हुए थे, फिर बोलने की क्या आवश्यकता थी?

उसने पूछा, "क्या बोतल में नशा मिला दिया?"

मैंने कहा, "हाँ, मिला दिया। मैंने दो तोला अफीम मिला दी और उसे चख लिया था। नशे की सुगन्ध इन्द्रियों को अनुभव हो रही थी किन्तु वह दूसरी बोतल होगी। वह इसे नहीं पहचान सकेगा और यदि पहचान भी ले तो हम क्या कर सकेंगे? हमें अपना अवसर देखना है। क्या तुम्हारे विचार से बिना किसी शोरगुल, हम अपना काम निपटा लेंगे?"

उसने कहा, "मीर साहब, यदि हम न कर पाए तो यह हमारे लिए अत्यन्त लज्जा की बात होगी। मेरी शक्ति उसी के बराबर होगी और आपका रूमाल अचूक है, परन्तु किसी प्रकार के शोर को रोकने के लिए मोती के साथ दो-तीन लोगों को गाने-बजाने में बैठा दिय जाए। मेरा तात्पर्य है कि खान द्वारा प्रथम बोतल समाप्त करने के बाद। मोती के पास सितार है और छोटा ढोल भी। उसकी आवाज में सब आवाजें विलीन हो जाएँगी।"

मैंने कहा, "नहीं, नहीं, गाना सुनकर और भी लोग आकर्षित होंगे और वहाँ सुनने आ

जाएँगे। यह ठीक नहीं होगा। हमें अपनी समझ से ठीक ही करना है, शेष अल्लाह की मर्जी। हमें समय का भी ध्यान रखना होगा।"

शाम और गहरा गई। सब ओर नीरवता छा गई। कहीं-कहीं आग जल रही थी, जिससे मालूम होता था कि पिंडारी अपना खाना पका रहे थे। शेष लोग पहले ही गहन निद्रा में डूब गए थे। हमारे निकट सबकुछ स्थिर था, मैं अपने टेंट के सामने खड़े होकर खान की प्रतीक्षा कर रहा था। अन्ततः देखा कि अन्धकार में एक आकृति सावधानी के साथ मार्ग में पड़े अवरोधों को बचाते हुए इस ओर आ रही थी। क्या वह खान था? हाँ, अल्लाह कसम वही था। मैंने पीर खाँ से कहा, "मैं खान को आता हुआ देख रहा हूँ। उसके पीछे उसका घोड़ा भी है। सईस उसे ला रहा है।"

उसने कहा, "खुदा का शुक्र है, उसने हमें धोखा नहीं दिया। देर होते देख मुझे वैसा ही लग रहा था।"

गफूर खाँ ने आते ही कहा, "क्या मीर साहब हैं? इस अन्धकार में भय लग रहा था कि कहीं तुम्हारा टेंट भूल न जाऊँ।"

मैंने कहा, "खान मैं यहीं हूँ। खादिम के गरीब टेंट में पधारने के लिए स्वागत है।"

प्रसन्नता से हाथ मलते हुए खान ने पूछा, "क्यों तुम्हें शराब मिल गई? तुमने मुझे धोखा नहीं दिया।"

मैंने कहा, "आपकी जान कसम, खान, देखिए, वह रखी हुई है। पीर खाँ पुलाव के लिए गया है।"

उसने कहा, "खूब, खुदा कसम, मीर साहब, उसका मजा लेने के लिए मैंने दिन भर रोजा रखा था। मैं यहाँ एक घंटा पहले ही पहुँच जाता परन्तु कुछ छोटे मामलों के लिए मुझे दरबार में बुला लिया था। आपको मेरी प्रतीक्षा करनी पड़ी।"

मैंने पूछा, "खान साहब, आपका घोड़ा कहाँ गया?"

उसने कहा, "वह भी यहीं है। सईस ने उसे तुम्हारे घोड़ों के साथ रख दिया। मैंने दूसरे नौकरों को पट्टी पढ़ा दी कि मेरे सिर में दर्द हो रहा है, इसलिए खानः नहीं खाऊँगा और थोड़ी देर लेटकर सोने का बहाना कर दिया। उन्हें कठोर आदेश था कि मुझे जगाया न जाए। ये बदमाश कुछ करने की अपेक्षा समझना अधिक जानते हैं। कुछ देर बाद मैं पीछे से निकल आया और उन्हें अच्छा दाँव दे दिया। मेरे ख्याल से तुम्हारे आदमी मेरे घोड़े को चारा डाल देंगे।"

मैंने कहा, "क्यों नही, उसका प्रबन्ध मैंने पहले ही कर दिया था।"

पीर खाँ पुलाव लेकर आ गया और हम लोग बैठकर उसमें अपनी उँगलियाँ चलाने लगे।

उसने कहा, "अब शराब निकालो मीर साहब, उसके बिना पुलाव सूखा है और मेरा गला भी सूख रहा है।"

मैंने कहा, "लीजिए, हाजिर है," और प्याले में डालकर मैंने कहा, "देखिए, कैसी चमकदार है, जैसे मणिक से किरणें फूट रही हों।"

पेंदी तक प्याला समाप्त करके खान बोला, "यह शराब हूरों के लायक है। कैसा मजा दे रही है। सोचो मीर साहब, हम सच्चे ईमानवाले वहाँ कैसे घूँट भरेंगे (अगर वहाँ इसी तरह की मिले) जब बीस हूरें हमें घेरकर बैठेंगी और प्रत्येक दूसरी से हमें प्रसन्न करने की होड़ लेगी। लेकिन तुम भी पियो मैं सब नहीं पियूँगा।"

मैंने कहा, "नहीं, यह बोतल तो आपके हिस्से की है। उसके अतिरिक्त एक और आपके लिए है। पीर खाँ और मैं मिलकर इसे खाली करेंगे। अफसोस है कि अब और नहीं है, या बोतलें छोटी हैं।"

उसने कहा, "मीर साहब, इसमें अफसोस की क्या बात है? लेकिन इससे क्या, हमें अधिक से अधिक इसी का मजा लेना चाहिए।" इसके साथ उसने एक घूँट और पिया, फिर बोला, "सोचो ये काफिर फिरंगी यही माल रोज पीते होंगे। मुझे यह देखकर आश्चर्य होता है कि पीने के बाद वे कैसे बड़े-बड़े काम कर लेते हैं। और मीर साहब, क्या ऐसा नहीं है कि वे सब एक मेज के चारों ओर बैठकर पीते हों, गाने गाते हों, और फिर नशे में लुढ़क जाते हों?"

मैंने कहा, "ऐसा ही मुझे विश्वस्त सूत्र से बताया गया है, खान, खुदा कसम वे सब खुश रहनेवाले कुत्ते हैं।"

गफूर खाँ, "इच्छा होती है कि मैं उन्हीं की नौकरी में होता! क्या वे लोग माँगने पर एक बोतल दे देते?"

मैंने कहा, "बेशक।"

खान ने कहा, "मीर साहब, तब तो मैं उन्हीं के यहाँ नौकरी कर लूँगा। यह माल अच्छे से अच्छे मुसलमानों को लालायित कर देगा। यह बेहतर होगा कि मैं किसी काफिर की सेवा करूँ। सुना है सिकन्दर जाह भी इसे पीता है।"

मैंने कहा, "जब मैं हैदराबाद में था, तो मैंने भी यही सुना था। वास्तव में वहीं मैंने प्रथम बार इसका स्वाद चखा था और जब गुंटूर में फिरंगियों के घरों में इन्हें देखा, तो बोतलें देखकर ही पहचान गया।"

बोतल समाप्त करके, ठंडी साँस लेकर उदास मुख से वह बोला, "यह शाहजादों के पीने लायक चीज है। यह समाप्त हो गई मीर साहब, तुमने कहा था, और भी है।"

उसे दूसरी बोतल देते हुए मैंने कहा, "खान, केवल यही बची है।"

उसने कहा, "खुदा कसम, इस वक्त मैं बहुत खुश हूँ। मैं गाना गा सकता हूँ, नाच सकता हूँ, परन्तु ऐसा करने से बवाल हो जाएगा। वैसे पैगम्बर ने मुसलमानों को गाने के लिए मना नहीं किया। किसी के पास सितार होगा? लोग कहते हैं कि मैं बहुत अच्छा बजाना जानता हूँ।"

मैंने पीर खाँ से कहा, "जाओ मोती का सितार ले आओ। वह बहुत अच्छा है। खान क्या उसके मालिक को भी बुलाएँ?"

उसने कहा, "नहीं, मीर साहब उसकी कोई चिन्ता नहीं। गरचे शैतान भी आए तो मैं उसकी दाढ़ी खींच लूँगा। आने दो उसे। क्या वह गाना गा सकता है?"

मैंने कहा, "खान, बुलबुल की तरह मीठा। किसी आदमी से ऐसा गाना मैंने नहीं सुना।"

ठंडी साँस लेकर खान बोला, "इस वक्त कुछ औरतें होतीं, उनके हिरन जैसे नेत्र और पायल की झनकार सुनते। मीर साहब, कृष्णा नदी के कैम्प के वक्त हम कितने खुश थे, वहाँ एक जादूगरनी थी, उसकी क्यों बात करें मीर साहब, क्यों बात करें?"

मैंने कहा, "नेमावर पहुँचकर हम उनकी संगत का मजा लेंगे। देखो, सितार लेकर मोती आ गया।"

मोती वहाँ सलाम करके बैठ गया।

खान ने कहा, "मोती, तुम तो गानेवालों में मोती हो, क्या सितार के स्वर मिले हुए हैं?"

उसने कहा, "जी हाँ, लेकिन, यह इतने ऊँचे पद के आदमी के लिए छूने योग्य नहीं है।"

खान सितार पर किसी कुशल वादक की भाँति अँगुली फेरते हुए बोला, "नहीं, यह बहुत बढ़िया सितार है, और इसके स्वर भी मधुर हैं।"

सब एक साथ बोल उठे, "वाह, बजाते रहिए खान साहब, ऐसी गत बजानेवाले हाथ बड़ा कमाल करते हैं?"

उसने कहा, "मुझे कुछ और दो और फिर मेरा कमाल देखो। यों ही कोई गजल याद है?"

मोती ने कहा, "गजल में मुझे इतनी महारत हासिल नहीं है, खान साहब, फिर भी आपकी फरमाइश पर मैं कोशिश करता हूँ। अपने देश का टप्पा मैं बखूबी जानता हूँ।"

उसने कहा, "नहीं, टप्पा कौन गाए? मैं एक गजल का नाम लेता हूँ, जो हर एक की जबान पर है, 'माहे आलम, सोजे मन।' मेरे ख्याल से इसे तुम जानते होगे। लेकिन शराब, मीर साहब, मेरे लिए डाल दो, तुम्ही मेरे साकी हो, यह मानते हो न, मैं एक गीत सुनाता हूँ जिसे हाफिज ने रचा, और बहुतों ने गाया, उनको शान्ति मिले। आह, वह तो बहुत अच्छी थी, उससे इसका स्वाद अलग है।"

मैंने कहा, "हो सकता है, देखिए बोतल पर भी दूसरा कागज लगा है। शायद यह उससे भी बढ़िया हो?"

उसने कहा, "यह भी अच्छी है। मेरे लिए सब बराबर है, मीर साहब। मोती अब शुरू हो जाओ।"

मोती ने आदेश का पालन किया। उसकी आवाज की खनक और खान की उसके साथ सितार पर संगत इस समय सुननेवालों की अपेक्षा अच्छे प्रेक्षकों के योग्य थी। गाना समाप्त होने पर मैंने और पीर खाँ ने कहा, "वाह, वाह, बहुत खूब रहा। इस असँतों वाले जंगल में दो गुणी संगीतज्ञों को सुनना दुर्लभ सौभाग्य की बात है। खान साहब अब आपकी बारी है।"

उसने कहा, "और शराब, मीर साहब, साकी मेरे, बारह इमामों के नाम पर, अगर इस वक्त हजार बोतलें होतीं तो क्या बात थी? तब तो आज रात की तरह हम लोग हर रात को बैठते। बढ़िया शराब और अच्छा साकी, शायरों की शायरी के लिए कभी बोझ नहीं रहे।

प्याला खाली करके उसने फिर कहा, "अभी और बाकी है?"

मैंने कहा, "हाँ, अभी आधी बोतल और है।"

उसने कहा, "तो मोती को भी दो, वह भी इसके योग्य है।"

मोती बोला, "माफ कीजिए, मैं हिन्दू हूँ और उस पर ब्राह्मण।"

उसने कहा, "मोती, तुम्हे सच्चे ईमानवाला बनना था। तुम्हारे नाम में राम के स्थान पर खान अच्छा लगेगा। जब तुम जन्नत में जाओगे, तब हमारे पाक पैगम्बर तुमसे गाने के लिए अवश्य कहेंगे।"

गफूर खाँ की आवाज अब मोटी होने लगी। गजल गाने की उसकी कोशिश सफल नहीं हो रही थी, लेकिन किसी नर्तकी की तरह उसको अपनी आँखें मटकाते और उन्हीं की तरह तान छेड़ने तथा अंग नचाने की कोशिश करते देखकर सबको हँसी आ गई।

एक गाना किसी प्रकार गा लेने के बाद उसने कहा, "अरे भाई, मेरा गला सूख रहा है, मुझे और शराब चाहिए। मीर साहब, कुछ दिन पहले मुझे ठंड लग गई थी, अब भी मेरी आवाज

में खराश बनी हुई है।"

नया घूँट पीकर उसने पुनः कोशिश की, परन्तु उसे कोई सफलता नहीं मिली। अपने गले की खराश को साफ करने के लिए खाँसने-खखारने की उसकी कोशिश भी व्यर्थ हो रही थी। शराब और उसके ऊपर अफीम दोनों हमारी इच्छानुसार उस पर अपना प्रभाव दिखाने लगे।

खान बड़े अन्दाज से बोला, "और गाओ मोती, मेरे मोती, मेरे गवैये, इस देश के पानी का बुरा हो, वह आदमी का गाना बर्बाद कर देता है। तुम गाओ, और मैं बजाता हूँ। अब कुछ भी बेमजा नहीं होगा, चाहे कुछ हो जाए और मीर साहब ने तो कम से कम इस रात के लिए उलटा जहर दे दिया है।"

मोती ने पुनः गाया, परन्तु संगत भद्दी और अनियमित हो गई। अन्त में खान ने सितार फेंक दिया।

उसने कहा, "मुझसे अब नहीं बन सकेगा, मीर साहब, इस थकान के बाद (हिचकी) और मुझे दिन भर इन बदमाश पिंडारियों (हिचकी) को चिल्लाना और धमकाना पड़ा। तुम्हीं बताओ मीर साहब, मैं गफूर खाँ तीन हजार घुड़सवारों का सरदार, उससे यह उम्मीद कैसे की जा सकती है कि वह किसी गवैये की भाँति गाए-बजाए। खुदा कसम, मुझसे यह नहीं होगा (हिचकी) लेकिन मीर साहब, इन हिचकियों का क्या इलाज है?"

मैंने कहा, "खान साहब, थोड़ी और लीजिए, शराब के अलावा इसका और कोई इलाज नहीं। अभी एक प्याला और शेष है।"

खान ने कहा, "तो मुझे सब दे दो। मैं खड़े होकर उन फिरंगियों की भाँति पीता रहूँगा (बहुत भद्दी गाली) फिर भी जैसा मैंने कहा था, मैं उनकी नौकरी करूँगा, और उन्हीं के साथ बैठकर पीता रहूँगा। गफूर खाँ से बढ़कर अब और कौन पीनेवाला है? तुमने बताया था कि वे लोग खड़े होकर पीते हैं, और वे क्या कहते हैं?"

"हिप, हिप, हिप, हिप", मैंने कहा, "मैंने ये शब्द उनके किसी आवारा खिदमतगार से सुना था और जो अंग्रेजों की जंगली हरकतों को देखा करता था।"

"क्या हिप, हिप, हिप, वे शब्द हैं। पता नहीं इनका क्या अर्थ होता है?" उसने कहा।

मैंने कहा, "शायद यह उन लोगों के पैगम्बर की प्रार्थना है, जैसे हम लोग बिस्मिल्ला ए रहमानुर्रहीम कहते हैं।"

उसने कहा, "मीर साहब, मुझे कोई शक नहीं। मुझे जरा उठने में सहायता करो क्योंकि सारा माल मेरे दिमाग में चढ़ गया है और यह टेंट मुझे घूमता हुआ मालूम हो रहा है। जरा, मुझे उठाओ। मैं कहता हूँ कि मैं किसी सच्चे मुसलमान और फिरंगी की भाँति अन्तिम घूँट तक पीता रहूँगा। क्या मैंने ठीक नहीं कहा?"

मैंने उसे खड़े होने में सहायता करते हुए कहा, "खान बहादुर, बहुत अच्छे हो, अब यह और लो।"

खान ने चिल्लाकर कहा, "बिस्मिल्ला, हिप, हिप, हिप।" यह कहते-कहते उसने प्याला खाली कर दिया और उसका सिर आगे छाती पर झुक गया, आँखें इधर-उधर घूमने लगीं। उसने आगे चलने की असफल कोशिश की और भूमि पर लम्बा लेट गया।

पीर खाँ वहाँ से हटते हुए बोला, "बस हो गया, खाने आजम, बस शानदार खान, अब तुम जहन्नुम में जाओगे। फिरंगी और मुसलमान के रूप में तुमने हमारा खूब मनोरंजन किया।"

मैंने उन लोगों से कहा, “इसे उठाकर आखिरी बार बैठा दो। मैं तैयार हूँ। तुम लोगों में से कोई झिरनी दे दे।”

उन लोगों ने उसे उठाया और जैसे ही बैठाया कि उसका सिर कन्धे पर झुक गया। उसके मुँह से कुछ झाग निकला।

मोती ने कहा, “वह तो स्वयं मर रहा है। हमें उसे नहीं छूना चाहिए, ऐसा करना मना है।”

मैंने कहा, “नहीं, नहीं, सभी शराबी ऐसी ही हरकत करते हैं। मैंने सैकड़ों लोगों को इसी दशा में देखा। इसलिए इसका सिर उठाओ, कोई झिरनी दे दे, क्योंकि मैं उसके पीछे खड़ा हूँ।”

उन लोगों ने वैसा ही किया। पीर खाँ ने झिरनी दे दी और मेरी अचूक पकड़ के द्वारा एक झटके के साथ गफूर खाँ की यन्त्रणा का अन्त हो गया।

पीर खाँ जिसने उसके पैर पकड़ लिये थे, बोला, “हो गया, मीर साहब, उसका अन्त हो गया।”

मैंने कहा, “अलहुम्दलिल्लाह, सब काम समाप्त हो गया। हमारे पैगम्बर और देवी भवानी की जय हो। लुधाइयों को बुलाओ। इसे तुरत-फुरत भूमिस्थ करना होगा। अब आगे सईस की बारी है।”

हमने खान का शव वहीं छोड़ दिया और बाहर आ गए। अन्य लोग मेरी प्रतीक्षा कर रहे थे। मैंने पूछा, “वह कहाँ लेटा है?” एक ने इशारा किया, “उधर, गहरी नींद में है। एक घंटे से ऐसा ही सो रहा है।”

पीर खाँ ने कहा, “बहुत ठीक, उसे मेरे लिए छोड़ दो।”

मैं देख रहा था कि मोती और वह दोनों सोते हुए सईस के पास गए। पीर खाँ ने अपने पैर से उसे छुआ और वह हड़बड़ाकर उठ बैठा। अपनी आँखें मलने लगा परन्तु पीर खाँ उस पर टूट पड़ा, और क्षण मात्र में उसका प्राणान्त हो गया। वह अपने होश में भी न आ सका। अब कुछ नहीं रह गया, केवल लाशों का निस्तारण करना शेष था और काठी का भी।

शीघ्र ही कब्र तैयार हो गई, अधिक गहरी नहीं थी। मैं, पीर खाँ और मोती ने मिलकर काठी की सिलन फाड़ दी, उसकी जेबों में सोना भरा था, और कुछ नहीं। हमने सोने के सिक्के और कुछ सोने के पिंड निकाल लिये, क्योंकि लूट से प्राप्त आभूषण समय-समय पर गला दिए जाते थे। उस समय हमें उसका मूल्य आँकने का अवसर नहीं था। काठी के छोटे-छोटे चाकू से काट दिए गए और उन्हें लाशों के साथ ही दफन कर दिया गया।

मोती ने पूछा, “मीर साहब, बताइए घोड़े का क्या किया जाए? अपने साथ उसे रख नहीं सकते क्योंकि कैम्प में ऐसा कोई नहीं जो गफूर खाँ के घोड़े को न पहचानता हो, और उसे कत्ल करने का भी समय नहीं है।”

कुछ देर मैं भी चक्कर में पड़ा हुआ विचार करता रहा। ऐसे शानदार घोड़े को अपने पास बनाए रखने का अर्थ था, अपना भेद खुल जाना। समझ में नहीं आ रहा था कि क्या किया जाए। अन्ततः एक युक्ति सूझ गई।

मैंने कहा, “उसे समाप्त किया जाना है। निश्चय ही वह शानदार जानवर है, परन्तु हमारे जीवन का मूल्य उससे भी अधिक है।”

कैम्प से कुछ दूर हटकर एक गहरी घाटी है। क्या तुम लोग उसे जानते हो?

सभी ने कहा, "हमने उसे नहीं देखा।"

मैंने कहा, "तो मैं स्वयं जाऊँगा और तुम गौस खाँ, मेरे साथ चलो, हम दोनों मिलकर उसे घाटी में फेंक देंगे। जाओ, और उसे खोलकर ले आओ।"

हम उस ओर गए। घोड़े को हम घाटी के किनारे ले गए। वह बहुत गहरी थी, और हमारे उद्देश्य के अनुकूल थी, क्योंकि उसके किनारे बिलकुल सीधे थे।

जब घोड़ा बिलकुल किनारे आ गया, तब मैंने कहा,

"बस यहीं ठीक है। उसका सिर एक ओर मोड़ दो, गिराने से पूर्व उसे मारना पड़ेगा।"

उसने वैसा ही किया। मैं तलवार लेकर तैयार था और मैंने अपनी तलवार गर्दन में घुसेड़ दी। रक्त का फौव्वारा फूट पड़ा। वह पीछे लुढ़क गया और अँधेरी घाटी में जा गिरा। घाटी के तल पर उसके धड़ाम से गिरने का शब्द हमें सुनाई दिया और उसके कराहने के शब्द भी हमारे कान में पड़े। झाँककर देखने से धुँधला-सा ढेर मात्र दिखाई देता था।

मैंने कहा, "काम हो गया। अब हम यहाँ से चलें। प्रातः होने से पूर्व सियार खूब अच्छी दावत उड़ाएँगे। यहाँ देखने की कोई सोचेगा ही नहीं। परन्तु उसे मारने में दया लग रही थी।"

उसने कहा, "वह कम से कम एक हजार रुपए मूल्य का होगा। हैदराबाद से इतना मूल्य आसानी से प्राप्त हो जाता। आपने उसे वहाँ क्यों नहीं भेज दिया? मैं स्वयं उसे ले जाता।"

मैंने कहा, "यह बात मेरे दिमाग में नहीं आई, लेकिन कोई बात नहीं, नेमावर पहुँचने से पहले हम बहुत कुछ कमा लेंगे।"

उसने पूछा, "क्यों मीर साहब, इस निर्धन प्रदेश में हमें कम लाभ हुआ।"

मैंने कहा, "गौस खाँ, मेरे ऊपर भरोसा रखो। मैंने आरम्भ कर दिया है, इंशा- अल्लाह, हम आगे अपना काम करते रहेंगे।"

हम लौटकर अपने टेंट में आ गए। लुधाइयों ने अपना काम बखूबी पूरा कर लिया था। जिस स्थान पर खान भूमिस्थ था, वहाँ दरी-कालीन बिछा दी गई। हम लोग उसी पर लेटकर सो गए।

दूसरे दिन प्रातःकाल गफूर खाँ अपने निवास से गायब पाया गया। उसकी नियति के सम्बन्ध में हजारों अटकलें लगाई जा रही थीं; लेकिन उसके गायब होने का पक्का हिसाब कोई नहीं लगा सका। कुछ ने यहाँ तक कहा कि उसके अत्याचार के कारण शैतान उसे उठाकर ले गया। दूसरे कह रहे थे कि उसने अकूत धन लूटा था, और उसे भय था कि उसे कोई छीन न ले, इसलिए वह उसे लेकर भाग गया। लोग जानते थे कि उसकी काठी में सारा माल सिला हुआ था।

जब हम अपने आगामी कैम्प में आ गए, तो चीतू ने मुझे बुलाया। मैं वहाँ गया। देखा कि वह भरे दरबार में बैठा था और खाँ के नौकर बन्दी बने हुए उसके सामने खड़े थे। मैंने उसे सलाम किया। उसने मुझे अपने निकट बैठ जाने का अनुरोध किया।

उसने कहा, "यह अत्यन्त रहस्यमय मामला है, मीर साहब। गफूर खाँ चला गया। खुदा या शैतान को मालूम होगा, कहाँ गया? यदि वह भाग गया, तो यह असामान्य बात होगी। ऐसा मैंने कभी नहीं सुना, क्योंकि वह अपनी जवानी के समय से मेरे साथ रहा। मैं सदा उस पर कृपालु रहा। आप क्या सोचते हैं?"

मैंने कहा, "मुझे भी समझ में नही आ रहा है। आपका खादिम, और क्या कह सकता

है? हजारों अफवाहें उड़ रही हैं, परन्तु उस रहस्य से परदा कोई नहीं उठा पा रहा। क्या आपने नौकरों से पूछताछ की है? मुझे विश्वास है कि उन लोगों को अवश्य कुछ मालूम होगा।"

उसने कहा, "मीर साहब, अभी तक तो नहीं पूछा, परन्तु वे यहीं हैं। उनसे प्रश्न करने में मेरी सहायता करो। जो बात मुझसे भूल सकती है, वह तुम्हें सूझ जाएगी।"

मैंने कहा, "नवाब, मैं पूरा प्रयत्न करूँगा। लेकिन अच्छा हो कि पूछना शुरू कीजिए। ये आपसे डरते हैं, और सच ही बोलेंगे।"

चीतू ने एक सेवक से कहा, "किसी एक को बुलाओ?"

एक आदमी सामने लाया गया। उसके शरीर का प्रत्येक जोड़ काँप रहा था। उसने अपने नेता के सामने झुककर सलाम किया।

उसने पूछा, "क्या नाम है तुम्हारा?"

उसने बताया, "सैयद इब्राहीम!"

"तुम गफूर खाँ का कौन सा काम करते थे?"

"जहाँपनाह, मैं खिदमतगार हूँ। मैं खान के कपड़े रखता था, स्नान करने में मदद करता था। रात में उनकी सेवा करता था। और मैं सदैव उनके साथ रहा करता था।"

चीतू ने कहा, "इब्राहीम, अब सच-सच बताओ, डरो नहीं। मैं पैगम्बर की दाढ़ी की कसम खाकर कहता हूँ कि यदि तुम्हारा झूठ पकड़ा गया, तो तुम्हारे साथियों के लिए मिसाल के तौर पर अपने सामने तुम्हारी बोटी-बोटी कटवा दूँगा।"

उसने कहा, "हुजूर पर कुरबान, मैं झूठ नहीं बोलूँगा। और क्यों बोलूँ? जो जानता हूँ, आसानी से बताऊँगा, लेकिन वह बहुत थोड़ा होगा।"

चीतू ने कहा, "ठीक है, बोलो, मैंने जो कहा उसे याद रखना।"

उसने कहा, "अल्लाह मेरा गवाह है। मैं बहुत थोड़ा जानता हूँ। हुजूर के दरबार से मेरे मालिक दोपहर के बाद वापस आए थे। मैंने उनका भोजन तैयार कर लिया था, लेकिन उन्होंने कहा मेरी तबियत ठीक नहीं इसलिए खाना नहीं खाऊँगा। पके हुए खाने को उन्होंने हम लोगों को खा लेने के लिए कह दिया। फिर वह अपने टेंट में चले गए। दरबार की पोशाक उतार दी, हथियार रख दिए और लेट गए। बस, इस समय तक मैं उनके साथ रहा। मैं उनके बाल धोना चाहता था, लेकिन उन्होंने मुझे जाने की आज्ञा दे दी, और मैं चला आया। दिन भर उनके साथ रहते हुए मैं थक गया था। अतः मैं भी लेट गया। मैं तब तक सोता रहा कि जब तक प्रस्थान के समय मुझे नहीं जगाया गया। मैं टेंट में उन्हें जगाने और कपड़े देने गया, परन्तु वे मुझे नहीं मिले। उनका बिछावन वैसा ही पड़ा था, जैसा उनके लेटने के समय था, परन्तु उनकी तलवार वहाँ नहीं थी, वह छड़ी भी नहीं थी जिसे लेकर वे चला करते थे। बस मैं इतना ही जानता हूँ, परन्तु शेख कादिर कुछ अधिक जानता है, आप उसे बुलाइए। मेरे पश्चात् उसी ने खान को देखा था।"

शेख कादिर बुलाया गया। उसे चेतावनी देने के बाद दूसरे की भाँति धमकाया गया।

उसने यह बयान दिया, "मैं भी एक खिदमतगार हूँ, परन्तु मेरे ऊपर खान के शरीर सम्बन्धी काम नहीं थे। मैं उनका हुक्का तैयार करता था, उन्हें खाने के लिए अफीम तैयार करता था। शाम के बाद वे अपने टेंट में टहल रहे थे। मैं उन्हें देखता रहा। उन्होंने पीछे का हिस्सा उठाया और बाहर निकल गए। कैम्प के बीच में जाते हुए मैंने देखा था और उनका पीछा किया। उन्होंने

मुझे देख लिया, और तुरन्त घूमकर बोले, "क्या बात है? मैं थोड़ी देर के लिए हवा खाने के लिए निकला और तुम जैसे बदमाश पीछे लग गए। भाग जाओ।" नवाब, मैं भयभीत हो गया नहीं तो वे मुझे कोड़ों से पिटवा देते। मैं अपने मित्र के टेंट में घुस गया। सुबह सुना कि वे लौटकर नहीं आए।

मैंने कहा, "तुम्हारा बयान सन्तोषजनक नहीं है। उनके गायब होने का अभी तक कोई सूत्र नहीं मिला। यदि वे चले गए, तो घोड़े पर सवार होकर गए होंगे। उनका घोड़ा कहाँ गया?"

चीतू ने कहा, "हाँ, बोल कहाँ है? कौन बताएगा?"

शेख कादिर ने कहा, "कुरबान जाऊँ सरकार, घोड़ा यहाँ नहीं है और सईस भी। उनके पास दो घोड़े थे, लेकिन काठी एक ही गायब है, उसी में सोना सिला गया था।"

चीतू ने कहा, "अच्छा ऐसा है? दूसरा सईस कहाँ है?"

एक अनुचर ने कहा, "पीर-ओ-मुरशिद, वह बाहर खड़ा है।"

"उसे बुलाया जाए," और वह उपस्थित हो गया।

चीतू ने कहा, "तू क्या जानता है?"

उसने कहा, "मैं केवल इतना जानता हूँ कि भूरे रंग का घोड़ा पूरी दोपहर बाद कसा हुआ तैयार रखा गया। यह उनकी आदत के विपरीत बात थी, क्योंकि काठी सदैव उनके सोने के समय सिर के पास रखी जाती थी। जब मैंने अपने जोड़ीदार सईस से इसका कारण पूछा तो मुझ पर क्रोध करके बोला कि यह मेरा काम नहीं है। खान का वही आदेश था। वह उनकी मर्जी की बात थी। शाम होने के बाद मैंने अस्तबल से उन्हें घोड़ा ले जाते देखा था, लेकिन मैंने फिर कोई प्रश्न नहीं किया।"

मैंने कहा, "नवाब साहब, इन लोगों की बातों से यही परिणाम निकलता है कि गफूर खाँ कहीं निकलकर भाग गए। और अपने साथ लूट का सारा माल भी ले गए। सभी बातों पर ध्यान देने से मालूम होता है कि खान बड़े भाग्यशाली थे। हर आदमी यह कहता था कि उसकी काठी में सोना भरा हुआ था।"

चीतू ने कहा, "यही मैंने भी सुना है, परन्तु यह सोचना बड़ा कठिन है कि वह आदमी कृतघ्न था। वह मेरे साथ बचपन से था। मैंने ही उसे दुरूहता से ऊपर उठाया और उसे तीन हजार घुड़सवारों का सरदार बनाया। मेरी दयालुता का यह अत्यन्त दुखद अन्त हुआ।" नौकरों से उसने कहा, "तुम लोग जाओ। तुम में से कोई दोषी नहीं। उसके घोड़े को मेरी घुड़साल में ले आओ और मेरे घोड़े के साथ उसे भी बाँध दो।"

जोखिम का वह काम इस प्रकार समाप्त हुआ। मुझ पर या किसी अन्य पर कोई सन्देह नहीं हुआ। लोगों को यह बात ज्ञात थी कि खान के मित्र हैदराबाद में थे, और वह भागकर वहीं गया होगा। उसकी नियति केवल हमीं लोगों को ज्ञात थी, जिसके योग्य वह हजारों भयानक अपराध करने के बाद हुआ था।

परन्तु इसके उपरान्त हम लोग आलस में नहीं रहे। इस काम को आरम्भ करने के बाद, हमें निरन्तर कुछ न कुछ काम मिलता रहा। शायद ही कोई ऐसी रात होगी, जब कोई न कोई पिंडारी हमारे हाथों से न गिराया जाता हो। खान की भाँति वे भी गायब हो जाते थे, परन्तु लब्भड़ से निरन्तर भागनेवालों ने हमारा काम सरल कर दिया। क्योंकि जैसे-जैसे हम लोग नेमावर के निकट आते गए, लोग हर दिशा में अपने घर भागते रहे। अब कैम्प की थकान में उन्हें

कोई रुचि न रह गई, और आसपास फिरंगियों की फौजों के होनेवाली खतरों से हमारे सामने सदैव खतरा बना रहता था। उनकी फौजों ने हमें कई बार अचानक घेर लिया। फिर भी निरन्तर सफलता मिलने की हमारी नियति नहीं थी। बराबर धोखाधड़ी होती रहती थी, और अन्त में जिसका मुझे कभी भय नहीं था, वही मेरे ऊपर कठोरता से आ गया। फलतः हम तितर-बितर हो गए। यह सब कैसे हुआ, और कैसी स्थिति आई, आगे बताऊँगा।

अमीर अली का पलायन

जालौन से जितने आदमी मैं अपने साथ लाया था, उनमें से एक का नाम हिदायत खाँ था। मैंने उसे पहले कभी नहीं देखा था। लेकिन पीर खाँ उसे कुछ-कुछ जानता था, क्योंकि उसने उसके साथ कभी काम किया था और उसे एक होशियार ठग बताया था। उसकी उपलब्धि क्या थी, इससे मैं अनभिज्ञ था, क्योंकि पिंडारियों के कैम्प में जो गिरे थे, उनके विनाश में उसने कभी भाग नहीं लिया। उस काम में मैं अपने केवल विश्वस्त आदमियों को ही अनुमति देता था।

हिदायत खाँ निश्चय ही एक अच्छा अश्वारोही, तलवार और भाला चलाने में कुशल, पिंडारी के रूप में सक्रिय और ऊधमी था। मैंने बताया कि उसे मैंने कभी महोटे के काम में नहीं लगाया और शम्शिया के रूप में भी नहीं रखा। मैं इसका कारण नहीं बता सकता, परन्तु यह सच था कि पहरेदार के रूप में वह काम किया करता था। जब हम अन्दर अपने काम में व्यस्त होते थे, वह टेंट के दरवाजे पर पहरा देता था।

गफूर खाँ की मृत्यु के बहुत दिनों बाद, जब वास्तव में हम लोग नागपुर के इलाके में फिर पहुँचे और जब नेमावर वहाँ से कुछ पड़ाव दूर रह गया, एक दिन रात में पीर खाँ, मोती तथा एक दो और चिन्तित और भयभीत होकर मेरे पास आए।

मैंने पूछा, "भवानी के नाम पर बताओ क्या बात है? इस प्रकार परेशान क्यों हो रहे हो? बोलो, भाइयो, क्या हमें पहचान लिया गया?"

मोती ने कहा, "खेद है कि हमारे साथ विश्वासघात किया गया। पिछले कुछ दिनों से हम लोग हिदायत खाँ पर सन्देह कर रहे थे, जो अत्यन्त असाधारण तरीके से कुछ दिनों से हमारे यहाँ से अनुपस्थित है। उसने चीतू के किसी विश्वस्त आदमी से हमारा भेद खोल दिया। कई बार हमने उसे कैम्प के इर्द-गिर्द टहलते और गम्भीर रूप से बातचीत करते हुए देखा। और इस रात में भी हमें बहुत भय है कि वह इस समय दरबार में होगा। अब क्या किया जाए?"

मैंने कहा, "अब हमें तुरन्त यहाँ से निकल भागना है। तुम जो हिदायत खाँ का नाम ले रहे हो, मुझे भी उस पर सन्देह था। क्या घोड़े तैयार हैं?"

पीर खाँ, "तैयार हैं, हमेशा तैयार रहते हैं।"

मैंने कहा, "ठीक है, तब कोई भय की बात नहीं। फिर भी मैं अपने ऊपर सन्देह किए जाने के तथ्य के सम्बन्ध में स्वयं सन्तुष्ट होना चाहता हूँ। अल्लाह कसम, मैं अभी पता लगाता हूँ।"

वे सभी चिल्लाए, "ऐसा मत कीजिए। भवानी के लिए स्वयं को किसी खतरे में मत डालिए। उससे क्या लाभ? हमारे घोड़े तैयार हैं, हम लोग टेंट छोड़कर उड़ चलें।"

या अल्लाह कितना अच्छा होता कि मैं उन लोगों की भली सलाह मान लेता। मामला ऐसे मोड़ पर न पहुँचता, जैसा हो गया। परन्तु मुझे तो अपनी बात की धुन सवार थी। किसी मजबूत दिमागवाले व्यक्ति को कभी नहीं रोका जा सकता। वे लोग जो कुछ कह रहे थे, उसे मैं बिलकुल सुनने के लिए तैयार नहीं था।

मैंने कहा, "तुममें से ऐसा कोई है जो मेरे साथ चले। अँधेरी रात है, हम बिना किसी के देखे-जाने चीतू के टेंट के निकट पहुँच सकते हैं। कनात के किनारे अपने कान लगाकर लेटे रहेंगे और वहाँ होनेवाली बातें सुन लेंगे। और यदि कोई संकट आ जाता है या हमें देख लिया जाता है, तो उन लोगों के अन्दर से निकलने से पहले हमारे पास भाग निकलने का पर्याप्त समय रहेगा।"

पीर खाँ ने कहा, "मैं आपके साथ चलूँगा।" अन्य सब लोग वहीं मूर्तिवत् खड़े रहे, उन्हें जैसे पक्षाघात हो गया था, वे सबके साथ हरकत करने में अशक्त लग रहे थे।

"भइया, तुमने अपनी जैसी बात की है। तुम्हारी आत्मा अत्यन्त साहसी है। अब सब लोग एक क्षण में यहाँ भाग निकलने के लिए अपने घोड़े तैयार रखें। उन्हें बाँधने की रस्सियाँ ढीली कर लेना, उनकी बाग उनके मुँह में लगा देना, उन्हें अपनी जगह से न हटाना, और हम पर कोई सन्देह न करेगा। तो चलो।" मैंने पीर खाँ से कहा, "इस समय एक क्षण भी नष्ट नहीं करना है।"

अपने टेंट से हम लोग चुपचाप निकले और चीतू के टेंट की ओर रेंगते हुए चले जो सौभाग्य से अधिक दूर न था। उसके आस-पास कोई नहीं था, परन्तु बाहर से हम देख सकते थे कि किसी हल्के प्रकाश वाले लैम्प के निकट तीन आदमी कोई गम्भीर वार्ता कर रहे थे। हम कनात के किनारे लेट गए, और बड़ी उत्सुकता के साथ हमारे कान वहाँ की बातें सुनने लगे।

किसी की आवाज थी, "अजीब बात है, तो उसने खान की हत्या कर दी? तुमने कहा उसी ने यह काम किया।" मैंने पहचान लिया, वह चीतू की आवाज थी।

हिदायत खाँ बोला(उसकी आवाज मैं तुरन्त पहचान गया), ''आप पर कुरबान जाऊँ, उसी ने स्वयं किया, यह मैं नहीं कह सकता, परन्तु उसे मरते हुए मैंने अपनी आँख़ों से देखा। उसे खूब शराब पिलाई गई और उसे दफन कर दिया गया। उसके शानदार घोड़े को अमीर अली ने स्वयं मार डाला।

चीतू ने ठंडी साँस लेकर कहा, "अब मुझे इस पर कोई सन्देह नहीं है। उसे तथा दूसरों को कृतघ्न समझकर मैंने उसकी स्मृति के साथ बहुत बड़ी गलती की।"

सुराग देनेवाले ने कहा, "वे लोग ऐसे थे, जिन्हें कोई मुश्किल से जानता होगा। मैं सबके नाम भी नहीं जानता, केवल एक का स्मरण है, क्योंकि उसे मारने में उन्हें बहुत कठिनाई हुई, वह बलिष्ठ था, उसका नाम हबीबउल्ला था, और वह हुजूर के ही परगने का था।"

चीतू ने कहा, "मैं उसे भली भाँति जानता था। वह योग्य और बहादुर था। क्या अमीर अली ने उसे भी मारा?"

उसने कहा, "हाँ, उसी ने मारा नवाब, अपने ही हाथों से। मोती और पीर खाँ उसे पकड़े थे, नहीं तो वह कुछ नहीं कर पाता। यह केवल तीन रात पहले की बात है। मैं उसी समय

उसकी पोल खोलना चाहता था। परन्तु मुझे भय था कि मेरी बात पर कोई विश्वास नहीं करेगा, और मुझे यह भी ज्ञात था कि अमीर अली आपका कृपापात्र था और उसके विरुद्ध मैंने सोचा, आरोप सुनने के लिए कोई नहीं तैयार होता।"

चीतू ने कहा, "खुदा कसम, मैं भी नहीं सुनता।"

वह उठकर खड़ा हो गया और अत्यधिक क्षोभ में अपना माथा ठोकने लगा। (मैंने अपने खंजर से कनात के कपड़े में एक छिद्र कर लिया था, जिससे सभी कुछ स्पष्ट दिखाई दे रहा था)।

"मैं तुम्हारी कहानी पर कभी विश्वास न करता, परन्तु तुमने जो कुछ बताया उसे परिस्थितियाँ मजबूती के साथ पुष्ट करती हैं। कौन विश्वास करता कि अमीर अली, जो एक दयालु, परोपकारी, हिंसा की प्रत्येक योजना का विरोधी था, और जो हमारे उजाड़ने के काम का तब तक विरोध करता था, जब तक हम स्वयं अपने कृत्य पर लज्जित नहीं हो जाते। ऐसे आदमी को कौन सोचेगा कि वह एक ठग था?"

उस कमीने आदमी ने कहा, "परन्तु यह सत्य है, जब आप उन लोगों को पकड़ लेंगे, तब आपको अनेक प्रमाण मिल जाएँगे जो मेरे कथन की पुष्टि करेंगे। गफूर खाँ की तलवार इस समय पीर खाँ की कमर में बँधी है। उसने अपनी तलवार फेंक दी।"

चीतू ने पूछा, "वास्तव में वही निर्णायक होगी, परन्तु तुम उन लोगों के साथ कैसे हो गए?"

उसने कहा, "मैं जालौन के पास अपने गाँव में रहता था। मैं पीरू (पीर खाँ) को पहले से जानता था। उसने मुझे अपना और जमादार का साथ करने को कहा, और फिर पिंडारियों में सम्मिलित होने की बात की। मुझे उन लोगों के ठग होने का कभी सन्देह नहीं हुआ। कोई कर भी नहीं सकता था, क्योंकि अमीर अली और उसके पिता वहाँ के राजा के कृपा पात्र थे। खान की मृत्यु के बाद उन्होंने भयानक कृत्य आरम्भ किया।"

चीतू ने कहा, "ठीक है, तुमने योजना बना ली, अब उसे जितना शीघ्र कार्यान्वित करो उतना ही ठीक होगा।"

उसने किसी अन्य आदमी से कहा, "तुमने घुड़सवार तैयार कर लिये, क्यों है न?"

उसने उत्तर दिया, "योजना पूरी तौर पर तैयार है। संकेत पाते ही पचास आदमी उन लोगों पर टूट पड़ेंगे। कोई ठग बचकर नहीं जा सकता।"

चीतू ने कहा, "या अल्लाह, वह कैसे अपना मुँह दिखाएगा और मैं भी कैसे उसके योग्य दंड देने का आदेश दे पाऊँगा। आह, अमीर अली तुमने मुझे कैसा धोखा दिया? तेरे ईमानदार चेहरे पर धोखा लिखा होना कौन पढ़ सकेगा?"

हिदायत खाँ तथा दूसरों से उसने कहा, "जाओ, तुरन्त उन्हें मेरे सामने उपस्थित करो। तुम्हें पुरस्कार देना मैं नहीं भूल सकता। तुमने पीर खाँ की काठी माँगी थी।"

उस बदमाश ने कहा, "बस यही चाहिए, इससे अधिक नहीं।"

पीर खाँ ने कान में कहा, "परन्तु इसे अभी तक तो मिली नहीं। वह बड़ा चालाक है, शायद उसे मिल जाए। चलिए मीर साहब, हमें तुरन्त भागना है, वे लोग तुरन्त चल रहे हैं।"

मैं उस जगह से लगभग चिपककर रह गया था। मैं वहीं लेटा हुआ, उनकी बातें सुनता रहा, परन्तु अब संकट अवश्यम्भावी था। एक क्षण का विलम्ब प्राणान्तक हो सकता था। मैं उठ खड़ा हुआ और सबकी दृष्टि बचाता हुआ आगे बढ़ा। देखा चीतू के टेंट से दो आकृतियाँ

बाहर आई। वे भागते हुए कैम्प के उस भाग की ओर गए, जहाँ घुड़साल थी और जो मेरे टेंट के निकट ही थी।

भय ने हमारी गति और बढ़ा दी। हम भागकर अपने टेंट में पहुँचे। वितरण के लिए निकाली गई कुछ बहुमूल्य चीजों के बाँधने में कुछ क्षण लग गए। यह करके हम अपने घोड़ों की ओर दौड़े। कुछ लोग पहले ही सवार हो गए थे। मैं अपने ऊर्जावान घोड़े पर कूद कर सवार हो गया और किसी संकट का सामना करने की दृष्टि से तलवार निकाल ली। मैंने यही चाहा था कि हम सब इकट्ठा होकर चलें, क्योंकि अभी तक कोई खतरा सामने नहीं था। परन्तु मुझे धोखा हो गया। हम चारों ओर घेर लिये गए। जैसे ही हम चलने को हुए कि घुड़सवारों का एक दल हमारे ऊपर झपट पड़ा और एकदम हम जीवन-मरण के संघर्ष में लिप्त हो गए। आगे क्या हुआ, मुझे कुछ नहीं मालूम हुआ। मेरे सामने जो आता गया, मैं उसे काटता चला गया। पीर खाँ भी उसी प्रकार भाग्यशाली था। किसी के द्वारा मुझे छोटा-सा घाव अवश्य लग गया, परन्तु मैंने उसकी चिन्ता नहीं की। अत्यधिक गति से हम लोग अपने घोड़े दौड़ा ले गए। उधर अन्धकार ने हमारे पलायन में बड़ी सहायता की।

अपनी गति कुछ धीमी होने पर मैंने देखा कि मेरे कुछ लोग साथ ही थे। हम उत्तर दिशा की ओर चलने, और किसी छोटे गाँव में, जो कैम्प से दिखाई देता था, रुकने के लिए सहमत हुए। इस सावधानी के फलस्वरूप भागकर आनेवाले सभी लोग एक स्थान पर एकत्र हो गए। हमारा पीछा नहीं किया गया, यद्यपि हमें उन पिंडारियों का शोरगुल साफ सुनाई दे रहा था, जो कैम्प में एक-दूसरे से धक्का-मुक्की कर रहे थे। उनकी बन्दूकों की आवाजें भी आ रही थीं। यह हमें बाद में ज्ञात हुआ कि उन लोगों ने गलती से अपने ही कई लोगों को गम्भीर रूप से घायल कर दिया। अपने पास खड़े हुए लोगों का नाम लेकर पुकारने में मुझे भय था, क्योंकि मैं अँधेरे में उनका चेहरा नही देख पा रहा था। वहाँ कोई अपने साथी से भी एक शब्द नही बोल रहा था।

वहाँ हम काफी देर तक प्रतीक्षा करते रहे—शायद एक-दो घंटे तक धीरे-धीरे पिंडारियों के कैम्प का शोर कम हो गया। केवल यत्र-तत्र जलती हुई आग से अनुमान होता था कि वहाँ किसी विशाल सेना का डेरा था। कभी-कभी रात्रि की वायु के साथ किसी घोड़े की हिनहिनाने की आवाज आ जाती थी, और उसके समाप्त होने पर पुनः नीरवता व्याप्त हो जाती थी। वह छोटा-सा गाँव भी उजड़ा पड़ा था, उसका कुछ भाग जला हुआ था। उसके मकानों से आग की चिनगारियाँ अभी भी उठ रही थीं। यदा-कदा उनमें आग की लपटें भी उठ जाती थीं। अब अधिक देर करना व्यर्थ था, तब मैंने नीरवता तोड़कर कहा, जो सभी को पीड़ादायक प्रतीत हुआ।

मैंने धीमे से पूछा, "पीर खाँ, हम लोग यहाँ कितने हैं?"

उसने कहा, "ग्यारह, शेष सम्भवतः मारे गए।"

मैंने कहा, "मैं अल्लाह से दुआ माँगता हूँ कि यन्त्रणा भुगतने की अपेक्षा किसी तलवार या भाले से चोट खाकर गिर जाना कहीं बेहतर है। परन्तु कौन यहाँ नहीं है, क्यों मोती है?"

उसने कहा, "अफसोस है, मीर साहब, वह हमारे बीच नहीं है। मैंने मोती को घायल होकर गिरते देखा। जिस पिंडारी ने उसे घायल किया था, मैंने उसे काट डाला, परन्तु इस अन्धकार के कारण हमें धोखा हुआ। मैंने उसे खो दिया।"

भ्रातवत् मोती के प्रति अपने दुख को दबाकर मैंने प्रश्न किया, "और कौन नहीं है? जो लोग यहाँ उपस्थित हैं वे अपने-अपने नाम बताएँ?"

उन सबने अपने नाम बताए। गौस खाँ, नजर अली, रामदीन सिंह तीन हमारे श्रेष्ठ आदमी नहीं थे। मोती चौथा था और विश्वासघाती हिदायत खाँ पाँचवाँ था। और हमारे अनुचर तथा सईस।

मैंने कहा, "यहाँ रुकने से कोई लाभ नहीं? अब हमें जालौन की ओर अपना मार्ग पकड़ना चाहिए। वहाँ पहुँचकर उचित समय तक हमें प्रतीक्षा करनी होगी, इसके पश्चात यदि कोई वापस नहीं आया, तब उनकी अन्त्येष्टि की जाएगी। लूट का माल (भवानी रक्षा करे), जो हम वहाँ से लाए हैं, उसमें तुम्हारे हिस्से से उनके परिवारों तथा उनकी पत्नियों को कुछ दिए जाने पर तुम लोगों को कोई आपत्ति नहीं होनी चाहिए, इसलिए मेरे सामने शपथ के साथ वचन दो कि तुम लोग इससे सहमत हो।"

"हम शपथ लेते हैं," सबने एक आवाज में कहा।

मैंने कहा, "मुझे सन्तोष हो गया। अब हमें चल देना चाहिए। जब दिन निकलेगा, हम मुख्य मार्ग पकड़ लेंगे। जंगलों के बीच से होकर निकलने वाले सभी मार्ग हम जानते हैं। आगे हम लोग उन्हीं में से होकर यात्रा करेंगे जब तक हम होशंगाबाद न पहुँच जाएँ। उसके आगे फिर हमें कोई भय नहीं।"

पीर खाँ ने कहा, "आप चलिए, हम सभी आपके पीछे हैं।"

अपने भरे हुए हृदयों के साथ हम लोग चुपचाप चलते रहे। और इस प्रकार चलते हुए कई दिन व्यतीत हो गए। जिन प्रदेशों से हम लोग गुजरे और नागपुर तक, स्वयं को सरकारी कर्मचारी कहते रहे, जो किसी गुप्त कार्य के लिए जा रहे थे। यद्यपि कहीं-कहीं हम पर सन्देह किया गया और तरह-तरह के प्रश्न पूछे गए परन्तु मैं अपने वाक्-चातुर्य के बल पर अपने दल को सभी कठिनाइयों से बचाता रहा। अन्ततः नर्मदा के तट पर पहुँचकर हम अत्यन्त हर्षित हुए। नदी को पार करके हमने अपने शत्रुओं को उस पार रहने दिया।

चूँकि हम लोग लम्बी और कठिन यात्रा की थकान के अभ्यस्त थे और हमारे घोड़े भी हमारी तरह थे, अतः एक दिन भी ऐसा नहीं गया जब हमने पन्द्रह-बीस कोस की दूरी न तय की हो और इस गति से चलने से हमें अपने घर पहुँचने में अधिक विलम्ब नहीं था और अल्लाह के शुक्र से हम लोग पहुँच भी गए।

इस क्लान्तपूर्ण यात्रा के पश्चात जालौन के निकुंजों को देखकर एक बार फिर हमारे हृदय प्रफुल्लित हो गए। अपने आगमन की कोई पूर्व सूचना हम नहीं दे सके। मैं एकाकी अपने घर के द्वार पर घोड़े से उतरा। उस समय मेरा पूरा शरीर धूल धूसरित था। थकान तथा कड़ी धूप के कारण जर्जर हो गया था। अपने उन बेचारे सहयोगियों की नियति के लिए चिन्तातुर होने के कारण कुछ सप्ताहों के व्यतीत होने की अपेक्षा जैसे मेरी आयु के दस वर्ष व्यतीत हो गए। मेरे नौकर भी मुझे नहीं पहचान सके, और जब अच्छी तरह मेरी पहचान हो गई तब उन लोगों के हर्ष की कोई सीमा नहीं रही। और इसके पूर्व कि अपनी प्रचंड प्यास बुझाता मैं अपनी अज़ीमा के बाहुपाश में एक बार पुनः आबद्ध हो गया। समस्त खतरों की बात पुनः भुला दी गई।

शाम को हम सब एकत्र हुए। जब एक-एक करके हमारे घोड़ों की काठियाँ फाड़ दी गईं और उनका सामान निकाला गया तो हमारे सामने सोने-चाँदी का ढेर लग गया। जो आभूषण

हम छीन लेते थे, उन्हें समय-समय पर गलवा लेते थे। कुछ मोतियों की मालाएँ थीं। उनमें से एक मैंने वहाँ के राजा के लिए रख ली। सबको तौला गया और उनका मूल्य आँका गया, तत्पश्चात उसका वितरण कर दिया गया। हमारे जो साथी मृत हो गए थे, उन्हें भुलाया नहीं गया। उनके हिस्से अलग रख दिए गए, जिन्हें बाद में उनके परिवारों को दे दिया गया।

मैं पुनः आनन्द और शान्ति का उपभोग करने लगा। अब चीतू या अन्य किसी पिंडारी नायक के साथ जाने का कोई प्रश्न ही नहीं था, क्योंकि यदि किसी छद्म नाम से वैसा करता भी तो पहचान लिये जाने का बहुत बड़ा अवसर सदैव उपस्थित रहता। इसके अतिरिक्त वर्तमान समय में मेरे पास पर्याप्त धन था। चीतू भी अपनी कीर्ति तथा समृद्धि के शिखर पर पहुँच चुका था। मराठा शक्ति के एकाएक उदय होने से उसकी समस्त योजनाएँ ध्वस्त होकर रह गईं। और उसके सारे कार्यकलाप योरोपियनों की वीरता तथा कौशल के सम्मुख व्यर्थ सिद्ध हुए। वे एक-एक करके विजित होते गए। यद्यपि चीतू अपने शत्रु की उदारता से अधिक लाभ उठा सकता था। उसे एक बड़ी जायदाद दिए जाने की पेशकश भी की गई थी, परन्तु वह अपने अशान्त उत्साह पर नियन्त्रण नहीं रख सका। उसके कुछ अनुयायियों ने उसके सौभाग्य का अनुकरण किया, किन्तु नवीन साथियों के लिए उसका झंडा उठाना व्यर्थ हुआ। और वे भी एक-एक करके उसका साथ छोड़ते चले गए। उसकी प्रत्याशा ध्वस्त हो गई और वह एक दुखी भगोड़ा बनकर रह गया। एक अड्डे से दूसरे तथा एक ठिकाने से दूसरे पर उसका बराबर पीछा किया जाने लगा। अन्त में असीरगढ़ के आस-पास के जंगलों में एक बाघ ने उसका भक्षण कर लिया।

उसकी आत्मा को शान्ति प्राप्त हो। वह एक महान व्यक्ति था। एक कुशल और वीर सरदार था। पिंडारियों के प्रधान सरदार के रूप में उसने अपने वहशी जीवन के अन्तर्गत जितने जघन्य अपराध किए थे, उसकी भयानक मृत्यु द्वारा उनका कुछ समाधान अवश्य हो गया।

इस प्रकार दो वर्ष व्यतीत हो गए। साहब, मैं आपको प्रतिदिन के जीवन की घटनाओं का वर्णन करके थकाना नहीं चाहता। उनमें केवल एकरूपता है। इस बीच मेरी स्मृति में कोई उल्लेखनीय घटना नहीं हुई।

मैं पुनः आपको अपने मार्ग पर लाकर भावी जोखिम का वर्णन करता हूँ।

(मि. टेलर : "लेकिन, अमीर अली, क्या तुमने मोती तथा अन्य साथियों, जिन्हें चीतू ने पकड़ लिया था, के विषय में कुछ भी नहीं सुना?")

साहब, मैं उनकी बात बताना भूल गया था। उनकी बड़ी दुखभरी कहानी है, जिसे मैं सुनाता हूँ।

अपने घर लौटने के तीन महीने पश्चात् एक दिन शाम को मैं अपने दीवानखाने में बैठा हुआ था। मेरे साथ कुछ मित्र भी बैठे थे। एक नौकर ने आकर सूचना दी कि एक आदमी चादर लपेटे हुए खड़ा है, और आपसे बात करना चाहता है। उसने बताया कि वह अन्दर नहीं आएगा और आप उसे देखते ही पहचान जाएँगे।

मैंने अपनी तलवार उठाई और उसके पीछे गया। कुछ-कुछ अँधेरा हो रहा था। मैं उसकी आकृति से बिलकुल पहचान नहीं सका, क्योंकि वह नीचे से ऊपर तक अच्छी तरह कपड़े से लिपटा था।

मैंने पूछा, "भाई क्या काम है?"

उसने कोई उत्तर नहीं दिया, और कपड़े के अन्दर से ही हाथ के संकेत से नौकर को वहाँ से चले जाने के लिए कहा।

मैंने उसे वहाँ से जाने की आज्ञा दे दी।

जब केवल हम दोनों वहाँ रह गए, तो उसने कहा, "जमादार, मुझे नहीं पहचानते?"

मैंने कहा, "आवाज तो जानी-पहचानी है, जरा रोशनी में आओ तो चेहरा देखूँ।"

उसने बुझी हुई आवाज में कहा, "नहीं, नहीं, मैं रोशनी सहन नहीं कर सकता। मेरा अंग-भंग हो गया है, मैं अपमानित हूँ। अन्धकार में मेरी लज्जा कुछ ढकी रहती है। मैं गौस खाँ हूँ।"

चकित होकर मैंने कहा, "अरे गौस खाँ, वह तो मृत है। उसे..."

विषाद के स्वर में उसने कहा, "ऐसा ही हुआ है। गौस खाँ स्वयं आपके सामने खड़ा है। जरा रोशनी मँगाइए। फिर मुझे देखिए।"

मैं स्वयं गया और लैम्प लेकर आ गया। लैम्प उसके चेहरे के सामने ले गया। उसे देखते ही मुझे एक आघात लगा। सामने गौस ख़ाँ ही था, परन्तु कितना परिवर्तित। उसकी आकृति उजड़ी और डूबी हुई जान पड़ती थी। उसकी आँखों की चमक धुँधली पड़ गई थी। उसकी दाढ़ी में जटाएँ निकल आई थीं, और वे परस्पर उलझी हुई थीं। उसका सिर चिथड़े से लिपटा था। परन्तु इन सब बातों से अधिक जिस बात से मुझे सबसे बढ़कर धक्का लगा था वह था कि उसकी नाक जड़ से काट दी गई थी। घाव के अच्छे होने के बाद उसके कपोल और मुख की त्वचा आपस में चिपक कर कठोर हो गई थीं। देखने में चेहरा अत्यन्त भयावना लगता था।

मैंने उसे अपने हृदय से लगाकर कहा, "मेरे मित्र, यह सब कैसे हो गया? इस दशा में तुम कैसे पहुँच गए? बोलो, अल्लाह के लिए मुझे बताओ तुम्हें क्या भुगतना पड़ा?"

उसने अपनी गंदी, फटी चादर उतार कर कहा, "मेरे चेहरे की विकृति ही सबकुछ नहीं है, मीर साहब, यह देखिए।" और उसने अपने दोनों हाथों के ठूँठ उठा दिए, उसकी कुहनी और कलाइयों के बीच का मांस काट दिया गया था। उसके घाव अभी तक नहीं भर पाए थे। ऐसा करने के बाद वह लज्जा और दुख की यन्त्रणा में भूमि पर गिर पड़ा।

मैंने उसे उठाया और हर प्रकार से उसे सान्त्वना दी। उसे स्नान कराया, नए वस्त्र दिए। किसी कुशल नाई को बुलाकर उसके घावों की मरहम-पट्टी करवाई और भोजन करने के पश्चात उसे आराम करने के लिए कहा।

कहने की आवश्यकता नहीं कि मेरे खोए हुए साथियों में से एक लौटकर आ गया। शेष लोगों के भाग्य की बात सुनने के लिए मैं कितना उत्सुक था? उस रात मैं अत्यन्त बेचैन होकर जागता रहा, परन्तु दूसरे दिन एक निजी कमरे में, जहाँ किसी की निगाह नहीं पड़ सकती थी, हम दोनों बैठ गए। उसने अपनी व्यथा और जोखिम की कथा सुनाई, जिसमें जोखिम कम था, परन्तु कष्ट-भोग अधिक था।

गौस खाँ ने बताया—"मीर साहब, आपको वह घातक रात स्मरण होगी, जब हम लोग अपना माल लेकर वहाँ से चलने वाले ही थे कि हम पर आक्रमण हो गया। अन्धकार का लाभ उठाकर आप निकल गए, परन्तु पिंडारी घुड़सवारों के प्रथम आक्रमण में मेरी पीठ पर भाला लग जाने से बड़ा घाव हो गया, जिसके कारण मैं अपने घोड़े से नीचे गिर पड़ा। पिंडारियों ने मुझे पकड़ लिया। मेरे हाथ-पैर बाँधकर चीतू के टेंट में ले गए। जहाँ उस समय अनेक लोगों की भीड़

थी। मेरी पीठ का घाव बाँध दिया गया। थोड़ी देर बाद और भी पिंडारी वहाँ आ गए। वे अपने साथ मोतीराम को, जिसके सिर पर अत्यन्त घातक घाव था, ले आए। उसके अतिरिक्त दो और नजर अली तथा रामदीन सिंह, जिन्हें कोई चोट नहीं लगी थी, लाए गए। विश्वासघाती और बदमाश हिदायत खाँ वहाँ उपस्थित था। उसकी विजयी दृष्टि, मेरी दृष्टि के सम्मुख नीचे झुकी हुई थी, मैं बराबर नजर गड़ाकर उसकी ओर देखता रहा।"

वहाँ खामोश रहने का आदेश दिया गया। चीतू ने कठोरता के साथ हिदायत खाँ से प्रश्न किया, "क्या तुम सामने खड़े हुए लोगों में से किसी को पहचानते हो?"

उस अधम ने उत्तर दिया, "जी हाँ, नवाब, और उसने हम लोगों की ओर संकेत करके एक-एक का नाम बता दिया।"

उसने पुनः प्रश्न किया, "इन लोगों के विरुद्ध तुम्हें क्या कहना है?"

उसने कहा, "मैं इन लोगों के विरुद्ध ठग होने का आरोप लगाता हूँ, इन्होंने गफूर खाँ की हत्या का अपराध किया है, इसके अतिरिक्त चौदह अच्छे पिंडारियों की हत्या करने के लिए ये इनकार करने का साहस नहीं कर सकते।"

चीतू ने कहा, "इनमें से जो जमादार हो, वह इसका उत्तर दे सकता है। परन्तु बेचारे मोती के प्राण शनैः शनैः निकल रहे थे। वह संज्ञाहीन था और फिर कभी नहीं बोल सका।"

मैंने कहा, "मैं इसका उत्तर देता हूँ। मैं कहता हूँ कि यह सब झूठ है। उसे प्रमाण देना चाहिए। क्या आपके कैम्प में हमने भली भाँति सेवा नहीं की? ओह नवाब, क्या कभी हमारे सम्मुख संकट उपस्थित नहीं हुआ और उस समय हम लोग इन हत्यारे बदमाशों के सामने कितने अधिक दयालु थे?"

अनेक पिंडारी बोल उठे, "इसके मुँह पर जूते मारे जाएँ और इसकी धृष्टता के लिए इसे काटकर फेंक दिया जाए।"

चीतू बोला, "चुप रहो। इस जाँच के बीच में यदि किसी ने बाधा डाली तो उसका सिर धड़ से अलग कर दिया जाएगा।"

फिर मेरी ओर देखकर बोला, "कहते रहो। आगे और क्या कहना चाहते हो?"

मैंने कहा, "कुछ नहीं नवाब, मुझे आपके न्याय में विश्वास है।"

उसने कहा, "न्याय तो मिलेगा, परन्तु पहले यह बताओ कि तुम्हारा नायक क्यों भागा?"

पहले मैं कुछ झिझक गया, परन्तु एक क्षण बाद दृढ़तापूर्वक बोला, "देखिए नवाब, मैं एक साफ-सुथरा सैनिक हूँ और चिकनी-चुपड़ी बातों से आपको प्रसन्न नहीं कर सकता। यह सच है कि हमारा नायक यहाँ से भाग गया, परन्तु अपराध करके नहीं। इस काले हृदयवाले बदमाश हिदायत खाँ ने अनेक अवसरों पर लूट के माल में अधिक हिस्से की माँग की, परन्तु इसकी माँग नहीं मानी गई। अतः यह हमलोगों से अलग हो गया। हमने इसे कैम्प में इधर-उधर टहलते हुए और एक आदमी जो आपका कृपापात्र समझा जाता है, के साथ निकट होकर बात करते देखा। इससे हमारा सन्देह बढ़ गया। आज शाम को हम लोगों ने उसे आपके टेंट में देख लिया। यह बात हमने अपने जमादार को बतला दी। वे और पीर खाँ चुपचाप इस ओर आए। उन्हें आपके टेंट के बाहर लेटकर इसके द्वारा हत्या का घृणित आरोप लगाते हुए सुना। उनके पास उस समय भागने और घोड़ों पर सवार होने का समय था। हम लोग बिलकुल तैयार नहीं थे और आपके हाथों में आ गए। यदि वे आपके सम्मुख बहादुरी दिखाते हुए आ जाते, तो उससे

क्या लाभ होता? उनको केवल अपमान मिलता जो उनके जैसे व्यक्ति के लिए असहनीय था। वे इससे बचने के लिए आत्महत्या कर लेते। इसके अतिरिक्त मैं कुछ नहीं जानता। आप हमारे साथ जैसा चाहें वैसा व्यवहार करें।"

मैंने जो कुछ कहा उसे सुनकर चीतू कुछ चकित प्रतीत हुआ और कुछ क्षणों तक चिन्तन करता रहा, पश्चात् हिदायत खाँ से कहा, "इनके अपराध का प्रमाण पेश करो, प्रमाण लाओ, अन्यथा तुम्हारे लिए बहुत बुरा होगा।"

उसने कहा, "इनकी तलवारें मँगवाई जाएँ। गफूर खाँ की तलवार पीर खाँ ले गया, परन्तु उस आदमी (रामदीन सिंह की ओर संकेत) के पास जो तलवार है, वह किसी पिंडारी की है, जिसकी हत्या दो रात पूर्व हुई थी। इनके घोड़ों की काठियों में और सामान भी प्राप्त हो सकता है।"

भीड़ में से एक पिंडारी बोला, "मुझे तलवारें दिखाओ। दो रात पहले मेरा भाई गायब हो गया था। मैं तभी से उसे खोज रहा हूँ।"

तलवारें मँगाई गईं। आह, मीर साहब, मैं यह बात कैसे बताऊँ कि रामदीन की तलवार एक पिंडारी ने तुरन्त पहचान ली और उसने बड़ी प्रबलता के साथ चीतू से हमारे रक्त की माँग की।

चीतू ने कहा, "यह प्रमाण तुम्हारे विरुद्ध है। तुम्हें क्या कहना है?"

रामदीन सिंह ने अपने विरुद्ध आरोपों से इनकार करते हुए कुछ शब्द बड़बड़ाए, परन्तु उस पर ध्यान नहीं दिया गया।

हिदायत खाँ ने कहा, "पीर-ओ-मुर्शिद, मैं कुछ और निवेदन करना चाहता हूँ कि मेरे द्वारा उद्घाटित तथ्यों पर यदि आपको कोई सन्देह हो, तो मैं आपके द्वारा चुने गए किसी आदमी के साथ चलने के लिए तैयार हूँ। मैं उसे वह स्थान दिखा दूँगा, जहाँ इस आदमी का अभागा भाई अपनी अपवित्र कब्र में पड़ा है। और केवल उसे ही नहीं, मैं एक के बाद एक कब्र खुदवाता जाऊँगा, जिसमें किसी में एक किसी में दो शव निकलेंगे। अन्त में मैं उस स्थान को बता दूँगा जहाँ गफूर खाँ तथा उसका अभागा सईस दफन हैं, दोनों एक ही कब्र में हैं।"

यह सुनकर चीतू काँप उठा, उसने कहा, "यह बात बिलकुल सत्य प्रतीत होती है। खेद है कि हमारे बहादुर आदमी इन हत्यारों के नीच हाथों द्वारा मारे गए, जबकि उन्हें रण-भूमि में प्राण देकर शहीद होना चाहिए था। काठियाँ और उनका सामान कहाँ है? वह सब मेरे सामने लाया जाए।"

यह और भी सबसे खराब बात हुई। आपको याद होगा, नजर अली की काठी पुरानी और फटेहाल थी, उसने दूसरी अन्तिम मारे गए पिंडारी से ले ली थी। उसके भाई ने उसे पहचान लिया और खूब रोया। जो कुछ लूट का माल उसे मिला था उसी में सी दिया गया था, जैसा हम सभी करते थे। मेरी कमर में उसी व्यक्ति का दुपट्टा था, जिसे मैंने अपने दुपट्टे से बदल लिया था। उस पर फारसी में उसका नाम लिखा था। इस बात को मैं नहीं देख सका। इतने प्रमाण पर्याप्त थे। हमें अपराधी घोषित कर दिया गया। मैंने अपना विश्वास दुहराया और मृत्यु के सामने आत्मसमर्पण कर दिया।

फिर भी मैंने एक बार पुनः अपनी आवाज बुलन्द की कहा, "नवाब, अब हमें अपनी नियति के विरुद्ध संघर्ष करना व्यर्थ है। भले ही हम हजार बार निर्दोष हों, परन्तु हमारे विरुद्ध तथ्यों

की कतार हमें अपराधी बना देगी। मैं अब इस तथ्य को नहीं छिपाना चाहता कि हम लोग भवानी के अनुयायी ठग हैं, जो हमें जन्नत का मार्ग दिखाएगी। आपके आदेश से हमारे प्राण लिये जाएँगे, परन्तु यह नीच अधम क्यों जीवित बना रहे? वह जिसने अधिक हिस्से के लालच में जिसे वह जानता था कि नियमानुसार प्राप्त नहीं हो सकता, हमारे विरुद्ध अभियोग लगाया, अपनी शपथ भंग की और जिसका नमक खाया उसके प्रति विश्वासघात किया। क्या वह स्वयं ठग नहीं? अपने लड़कपन से लेकर अब तक मेरे तथा अन्य साथियों से मिलकर काम नहीं किया? वह इन सब बातों से इनकार नहीं कर सकता। आप उसकी ओर देखिए, भय से काँपती हुई उसकी कायर शक्ल देखिए। उससे स्पष्ट हो जाएगा कि मैं जो कुछ कह रहा हूँ वह सब सत्य है। जैसा उसका कथन है कि वह सदैव ईमानदार रहा है, तो उसने हम लोगों द्वारा कत्ल किए जाने के समय ही हमें क्यों नहीं पकड़वा दिया? वह ऐसा आसानी से कर सकता था, क्योंकि गफूर खाँ के अतिरिक्त, ये समस्त कृत्य रात की प्रथम घड़ी में सम्पन्न हुए थे, उस समय पूरा कैम्प जाग रहा था और सभी अपना-अपना काम करने में व्यस्त थे। उसी समय उसने हमारे विरुद्ध दोषारोपण क्यों नहीं किया? सभी उसकी बात पर विश्वास कर लेते। परन्तु नहीं, वह तो उस आदमी के भाई के लूट का आधा भाग चाहता था, जो उसे नहीं दिया गया। इसी प्रकार के उसके पूर्व के अनुरोध भी नकार दिए गए थे। मनुष्य मात्र के लिए वह ऐसी चीज बन गया है जिस पर थूका जाना चाहिए। यदि हमारे प्राण लिये जाएँ तो उसे भी नहीं छोड़ना चाहिए क्योंकि वह भी हमारी भाँति एक ठग है, विश्वासघाती और कायर है।"

क्रोध और भय के कारण वह कठिनाई से बोल पड़ा। उसने कहा, "झूठ, तुम्हारे इस कथन को मैं चुनौती देता हूँ। मैंने कभी किसी का गला नहीं घोंटा।"

मैंने चीतू से कहा, "नहीं, यह तो स्वयं बहुत बड़ा कायर था, इसमें साहस ही नहीं था। हुजूर ने ध्यान दिया होगा कि इसने जो अन्तिम शब्द कहे उनका अर्थ समझाने के लिए अपशब्द का प्रयोग किया।"

चीतू ने उससे कहा, "अधम, नीच, तू इन लोगों से गया बीता है। ये लोग बहादुर तथा न झुकनेवाले हैं, तू कायर है। तेरा सिर धड़ से उड़ा दिया जाएगा।"

उसने अपने जीवन-दान के लिए क्षमा प्रार्थना की। उसकी पुकार अत्यन्त भयानक थी, वह गिड़गिड़ा रहा था, धमकियाँ दे रहा था, परन्तु उससे क्या होना था? टेंट के बाहर उसे घसीटकर ले जाया गया, एक पिंडारी उसके पीछे-पीछे गया। अभी वह (ला-इला-इल-उल्ला मुहम्मद रसूल अल्ला) दया की भीख माँग ही रहा था कि उसका सिर धड़ से अलग कर दिया गया।

चीतू ने हमसे पूछा, "क्या तुम लोग भयभीत नहीं हो? तुम्हारा भी यही हश्र होगा।"

सभी एक स्वर से बोले, "नहीं, मृत्यु तो कभी न कभी आनी ही है, अभी आ जाए, भय किस बात का?"

अपने अन्य सरदारों से उसने कहा, "ये लोग मौत से नहीं डरते। ये उसका स्वागत करते हैं, परन्तु इनको अधिक बुरी सजा मिलनी चाहिए जिससे उनका अधम स्थायित्व अधिक दिनों तक बना रहे।" उसने किसी फर्राशी को बुलाया, "इन बदमाशों की नाक और हाथ काट दो और मेरे सामने हाजिर करो।"

मीर साहब, उसके कथनानुसार किया गया और वह वृत्तान्त बताने के लिए मैं जीवित बच गया। हाथ काटने के बाद हमारी नाक काटी गई। रक्तरंजित हाथ के ठुँठ उबलते तेल

में डुबोए गए, फिर हमें कैम्प से भगा दिया गया। इन लोगों ने सोचा था कि भयानक जंगलों में हम तुरन्त मर जाएँगे। हमारे घावों को बाँधनेवाला कोई न था।

नजर अली और रामदीन सिंह के कई दिनों तक रक्त बहता रहा। वे दोनों एक-दूसरे के दो दिनों के अन्तर से मर गए। हम लोग जब तक साथ-साथ रहे, गाँवों में भीख माँगकर जीवन चलाते रहे। लोगों को हम यही बता देते थे कि हम लोग सुदूर प्रदेश के ग्रामीण थे, जिन्हें पिंडारियों ने इतनी दूर लाकर अंग-भंग कर डाला। अपनी भूख शान्त करने के लिए हमें काफी कुछ मिल जाता था, परन्तु हमारे घावों की मरहम-पट्टी के लिए कोई न मिला। मौसम की चिलचिलाती धूप में उनकी ज्वलनशीलता और बढ़ जाती थी। जैसा मैंने बताया वे दोनों दिवंगत हो गए। मोती को मैंने फिर नहीं देखा, परन्तु उसका भी देहान्त हो गया होगा, क्योंकि उसकी सिर की चोट से उसका दिमाग तक कट गया था और वह फिर कभी बोल नहीं सका। हमारी अपेक्षा उसकी नियति अच्छी रही।

मैं एक स्थान से दूसरे तक मारा-मारा फिरता रहा। एक दिन में मैं कुछ कोस ही चल पाता था। मैं उन लोगों को दुआएँ देता हूँ जो पैगम्बर के नाम पर मुझे भोजन दे देते थे। मैंने जो कष्ट भोगे उसका वर्णन नहीं कर सकता। परन्तु मैं अब आपके पास आ गया। आपकी दयालुता के सामने मेरे अतीत के कष्टों की समस्त स्मृतियाँ तिरोहित हो गईं। अब मैं आपके साथ ही जियूँगा भी और मरूँगा भी। यदि आप अपने स्वामिभक्त सेवक को पेट भर भोजन देते रहेंगे, और वह आप पर अब एक बोझ बनकर ही रहेगा।

गौस खाँ की मर्मान्तक कहानी सुनकर मेरे ऊपर बड़ा गहरा प्रभाव पड़ा। उस बेचारे को मैंने अपनी देखरेख में रख लिया। उसके घाव अच्छे हो गए, परन्तु उसके पश्चात वह अपना सिर नहीं उठा सका। वर्ष का अन्त होने से पूर्व उसका देहान्त हो गया। उसकी लज्जा और असहाय अवस्था को मैं समझता था।

बम्बई का सुभान खाँ

साहब, आपसे जैसा कहा था, तीन वर्ष का मेरा समय निष्क्रियता में व्यतीत हो गया। मैं और मेरे पिताजी राजा के कृपा-पात्र थे। कम से कम हम लोग तो ऐसा ही मानते थे। उसने हमें संरक्षण दिया तथा वह दयालुता के खुशामदी शब्दों को प्रदान भी करता था। हमारा राजस्व का कार्य बढ़ गया था। इस समय एक बड़े भू-भाग का प्रबन्ध हमारे हाथ में था। जहाँ तक मेरा विश्वास है, हमने राजा और प्रजा दोनों को सन्तुष्ट रखा। हमसे राजस्व का भुगतान कभी नहीं पिछड़ा। दूसरे प्रान्तों के अनेक लोग हमारे प्रबन्धन में सदयता तथा समानता के तरीके की बात सुनकर हमारे गाँवों में आकर बस गए। राजस्व संग्राहक को अधिक शुल्क का भुगतान करने से अच्छी आमदनी होती थी। हम सुख और शान्ति के साथ अपना जीवन व्यतीत कर रहे थे। फिर भी मेरे हृदय में एक अशान्त भावना अब भी वर्तमान थी। विभिन्न दिशाओं में ठगों के अनेक दलों की सफलता के समाचार मैं सुना करता था। लोग मेरे पास आकर अपने

कारनामों का बड़े गर्व के साथ वर्णन करते थे। एक बार पुनः मेरे मन में इच्छा हुई कि मैं अपने साहसी सहयोगियों का नेतृत्व करूँ और कुछ समय के लिए घूमते हुए प्रदेशों में भय उत्पन्न करूँ।

यह सत्य है कि मैंने अपनी शक्ति के बल पर ठगों मे सर्वोच्च पद प्राप्त कर लिया था। मेरी कीर्ति ऐसी थी जिसे ठगों का कोई जमादार या सूबेदार अपने कृतित्व से मेरा मुकाबला नहीं कर सकता था। मैं व्यर्थ ही सोचा करता था कि मेरे लिए अभी बहुत कुछ प्राप्त करना शेष था। और मुझे एक अन्य अभियान का प्रस्ताव करना था, जिसमें इतनी बड़ी संख्या में ठग सम्मिलित हों, जैसे गत कई वर्षों में न हुए होंगे। इस दिशा में मुझे निराश नहीं होना पड़ा, जैसा कि आप आगे देखेंगे।

मैंने पहले भी आपके सामने गनेशा जमादार का नाम लिया था। जब वह सड़क पर नहीं होता, तो हमारे साथ हो जाता था। परन्तु उसे हमारे शान्त तथा सम्मान्य जीवन से ईर्ष्या रहा करती थी, जिसे वह अनेक उपाय करके भी प्राप्त न कर सका। उसने रोजगार प्राप्त करने के लिए कितने ही राजदरबारों में रिश्वत दी। यही नहीं, स्वयं राजाओं की मुट्ठी गरम की, परन्तु उसके व्यक्तित्व में ऐसी कठोरता तथा नकारात्मकता थी, उसके आचरण में ऐसी रूक्षता थी कि उसके हृदय की जो भी उत्कट इच्छाएँ थी, उसमें उसे कोई सफलता नहीं प्राप्त हुई।

वह बहुत निराश होकर मेरे पास आया। राजा तथा उसके अधिकारियों के आचरण का नपी-तुली शर्तों पर मूल्यांकन न करके कहा कि वह पुनः सड़क पर उतरना चाहता था, क्योंकि वहीं पर उसे रोजगार तथा मनोरंजन दोनों प्राप्त हो सकते थे। उसने बड़े दावे के साथ लूट का माल प्राप्त होने का चित्रण करके मुझे यश प्राप्त होने का विश्वास दिलाते हुए अपने साथ संयुक्त होने और साथ चलने के लिए दबाव डाला। अपनी ओर से अनेक आपत्तियाँ पेश करने और कई प्रकार से हीला-हवाला करने के उपरान्त, अन्ततः मैं उसके साथ चलने के लिए सहमत हो गया। उस अंचल में निवास करनेवाले तमाम ठगों को सूचना दे दी गई कि आगामी दशहरे के पश्चात् बहुत विशाल स्तर का अभियान चलाया जाएगा।

चूँकि अज़ीमा मेरी अस्थायी अनुपस्थिति की अभ्यस्त हो चुकी थी, अतः कुछ समय तक मेरे साथ शान्तिपूर्वक जीवन व्यतीत करने के पश्चात् उसने मेरे प्रस्थान करने का कोई विरोध नहीं किया। इसके पूर्व भी उसने ऐसा ही किया था। मेरे घर से जाने के विषय में उसने व्यापारिक कारण समझ लिया। जैसा आपका विश्वास होगा, मैंने उसे अवश्य धोखे में रखा।

मेरे अधीन पुनः कार्य करने की आशा से प्रसन्न होकर मेरे पुराने दल के अधिकांश लोग तथा अन्य भी, जालौन से कुछ दूर एक निर्धारित स्थान पर जमा होने लगे। गनेशा के साथ लगभग एक सौ आदमी थे।

अन्त में दशहरे के दिन तीन सौ से अधिक ठगों की उपस्थिति में पारम्परिक रस्में सम्पन्न की गईं। किसी नायक के अधीन, जितने सुलझे हुए तथा अनुभवी लोग इस समय दल में एकत्र हुए, वैसे कभी नहीं हुए थे। मैं अपने उत्तरदायित्व पर उचित ही गर्व कर रहा था। मेरे पिता जो वहाँ मेरे साथ आए थे, मेरे अन्दर पूर्व की भाँति अपनी जैसी अग्नि प्रज्ज्वलित होने का अनुभव कर रहे थे। मैंने उन्हें अपने साथ चलने पर जोर दिया और वे सहमत हो गए।

कुछ लोगों का विचार था कि किसी नवीन मार्ग का परीक्षण करना चाहिए और राजपूताना होते हुए गुजरात की ओर धावा बोला जाए। इस प्रश्न पर वृहत् सभा में काफी विचार-विमर्श

हुआ। उसमें नवीन प्रस्तावित मार्ग के साथ पुराने सागर-जबलपुर-नागपुर मार्ग के लिए बराबर-बराबर राय दी गई। तब इस मामले को शकुन-विचार पर छोड़ा गया। विचारोपरान्त उससे दक्षिण की ओर जाने का स्पष्ट संकेत प्राप्त हुआ। अब इस प्रश्न पर किसी सन्देह के लिए स्थान नहीं रह गया। और हम लोग अपनी जानी पहचानी दिशा की ओर अग्रसर हुए। हममें से एक भी व्यक्ति ऐसा न था जो मार्ग के चप्पे-चप्पे की पहचान के साथ ही, मौका मिलने पर किसी का विनाश करने के निमित्त श्रेष्ठ स्थान के विषय में न जानता हो।

सागर तक हम सब बढ़ते चले गए। इतने विशाल दल को देखते हुए हमें अत्यन्त साधारण सफलताएँ प्राप्त हुईं। तभी एक रात मैं पिताजी के साथ कुछ अन्य लोगों को लेकर अपने छोटे से टेंट में बैठा था। उसी समय हमें 'एकरिया' सुनाई दी जो ठग के लिए सभी शकुनों में सबसे भयानक शकुन था। 'एकरिया' सियार की तीव्र और कर्कश बोली को कहते हैं, जो रात के प्रथम प्रहर में सुनाई देती है। सामान्यतः इसमें अवसाद तथा भयावहता की विशेषता मानी जाती है, परन्तु किसी ठग के लिए यह आवाज रोमांचकारी होती है। क्षण भर में सभी वार्ताएँ बन्द हो गईं और सब लोग एक-दूसरे को विस्मय तथा भावी संकट से चिन्तित होकर देखने लगे। किसी के मुँह से एक शब्द भी नहीं निकला। हम लोग ध्यान से सुनने लगे, सम्भवतः दुबारा हो। वह और भी भयानक होगा। वही हुआ, वही तीक्ष्ण ध्वनि पुनः सुनाई दी। अब सोच-विचार का समय नहीं था। सब लोग खड़े हो गए।

पिताजी ने कहा, "हम लोगों को तुरन्त लौट जाना चाहिए। भवानी असन्तुष्ट हो गईं। हर दशा में संकट हमारे सामने है। अब आगे बढ़ना असम्भव है। देखते नहीं आवाज उसी ओर से आई, जिधर हमें चलना था।"

उनकी बात को सभी लोगों ने मान लिया और लौट चलने के विचार से सभी सहमत हो गए। फिर भी मैं इस बात को समझने में असमर्थ था कि किसी सियार के चीखने मात्र से तीन सौ व्यक्तियों के संकल्प को क्यों परिवर्तित कर दिया जाता है? मैंने बड़े साहस के साथ कहा, "मुझे विश्वास है कि इसमें कोई गलती अवश्य है, और यदि नहीं भी हो, तो भी हमें आगे बढ़ना चाहिए, क्योंकि आरम्भ में जो शकुन-विचार हुआ था वह सन्तोषप्रद था।"

मैंने पिताजी से कहा, "आप बताइए, क्या वे सन्तोषपूर्ण नहीं थे? क्या हमने अपने नियम के अनुसार पवित्र कुल्हाड़ी की प्रति सातवें दिन पूजा नहीं की। प्रत्येक यात्री की मृत्यु पर क्या हमने आवश्यक रस्में नहीं सम्पन्न कीं?"

उन्होंने कहा, "ये सब बातें सही हैं, तो भी आगे बढ़ना पागलपन होगा। पागल लड़के, तुमने किसी प्रतिकूल स्थिति का कभी सामना नहीं किया। शुक्र है तुम्हारे सौभाग्य का, और उस अत्युत्तम परामर्श का, जिससे तुम्हारा मार्गदर्शन होता रहा, परन्तु मैं तुम्हें सावधान करता हूँ, कि यदि तुमने शकुन की अवहेलना की, तो एक दिन तुम्हारा सर्वनाश हो जाएगा। जहाँ तक इस मामले की बात है, भवानी की इच्छा अनवेक्षणीय होती है, और उसे मानना ही चाहिए।"

अन्य ठगों ने भी 'एकरिया' सुनी थी, वे सब के सब कोलाहल करते हुए टेंट में घुस आए, और कहा कि या तो हम लोगों को तितर-बितर होने दीजिए अथवा जालौन लौटाकर ले चलिए।

इस अवसर पर मेरा कुछ भी कहना निरर्थक था, क्योंकि समस्त दल अन्धविश्वासी भय से त्रस्त दिखाई दे रहा था, अतः मैं चुपचाप बैठा रहा। हमारा कैम्प तुरन्त उखाड़ दिया गया। देर रात होने पर भी, हम लोग उसी मार्ग से जिससे आए थे, कुछ कोस लौटकर आ गए। हम

लोगों पर किसी अन्य शकुन की कृपा नहीं हुई और हम लोग हताश, शिथिल तथा उत्साहरहित होकर जालौन की ओर लौट पड़े।

निष्क्रियता में मेरा एक महीना व्यतीत हो गया। सड़क पर पुनः उतरने के अपने इरादे को साकार करने की दृष्टि से, मैं चुपचाप नहीं बैठा रहा। मैंने पुनः अपने आदमियों को संगठित किया। शकुन का विचार किया गया और वे अनुकूल सिद्ध हुए। मैंने सच्चे हृदय से देवी भवानी से प्रार्थना की कि हमें निष्फल अभियान के रूप में किसी प्रकार का धोखा न प्राप्त हो। हमें अब भिन्न दिशा की ओर प्रस्थान करने का संकेत प्राप्त हुआ, और वह भी पश्चिम दिशा। हम बम्बई और इंदौर के बीच से परिचित थे, और वस्तुतः मालवा के समस्त भागों से जहाँ हमें ज्ञात था कि बड़े-बड़े खजाने इन क्षेत्रों से होकर आते-जाते रहते थे।

जैसा आपने सुना था, हम लोगों ने उसी अंचल में सबसे बड़ी लूट प्राप्त की थी और इस बार भी उसी प्रकार की लूट प्राप्त होने की आशा थी। अतः हम लोग अपने घर से निकल पड़े। मेरे और पीर खाँ के अधीन अब भी एक सौ बीस लोग थे। गनेशा किसी अन्य दिशा की ओर चला गया। वैसे भी उसकी उपस्थिति से मुझे न जाने क्यों घृणा थी। उसके प्रति मेरी धारणा सदैव बुरे रूप में रही।

मेरे पिता के लिए यह अभियान बहुत लम्बा प्रतीत हुआ, अतः वे घर पर ही बने रहे। साहब, बम्बई तक हमें किसी जोखिम का सामना नहीं हुआ। केवल लूट की प्यास हमें उस ओर ले गई थी। इसके अतिरिक्त मुझे समुद्र तथा फिरंगियों के जहाज देखने की प्रबल इच्छा थी, जो मार्गविहीन जलराशि के ऊपर चलते हुए दूर देशों से आया करते थे।

परन्तु जब मैं यह कहता हूँ कि मार्ग में कोई उल्लेखनीय घटना नहीं हुई, तो इसका यह मर्म नहीं कि हम निष्क्रिय बने रहे। इकतीस यात्री हमारे द्वारा मारे गए, अनेक निकलकर भाग गए, क्योंकि उनके विनाश के लिए विपरीत शकुन थे। अन्ततः हम लोग बम्बई पहुँच गए। वहाँ सम्मान सहित रहने के लिए हमारे पास चार सौ रुपए थे। बम्बई में हम बड़े बाजार में ठहरे जहाँ किला नहीं था। अपना पता लग जाने के भय से हम लोग इकट्ठा नहीं रह सके। फिर भी आपस का सम्पर्क बराबर बना रहा। हर व्यक्ति क्षण मात्र की चेतावनी अथवा आदेश प्राप्त होने पर किसी दिशा में प्रस्थान करने के लिए तैयार था। मैंने भी एक स्थान तय कर लिया, वह था थाणा, जो देश के निकट का स्थान होने के कारण बहुत बड़ी संख्या में यात्री, आगे जाने से पूर्व वहाँ अवश्य एकत्र होते थे।

मैंने समुद्र के दर्शन किये। प्रायः मैं उसके तट पर जाया करता था और वहाँ बैठकर उसकी महिमा को देखा करता था। किले के सामने मैदान की घास पर लेटा रहता था, और एक प्रकार के स्वप्निल भावातिरेक में वहाँ घंटों व्यतीत करता था। मैं उसके विभिन्न स्वरूपों की कल्पना किया करता था, जैसे कोई जलपरी कभी हर्षोन्माद में और कभी प्रेमोन्माद में आन्दोलित होती प्रतीत होती थी। देर तक मैं तट को नमन करती हुई लहरों को देखा करता, जो श्वेत बालुका राशि पर उज्ज्वल फेनिल होकर छिन्न-भिन्न हो जातीं।

एक दिन मैं इसी प्रकार लेटा हुआ था। सम्भवतः वह हमारे आगमन का सातवाँ दिन था। उस समय मैं अपने निष्क्रिय जीवन का चिन्तन करने में तल्लीन था, और दूसरे दिन वहाँ से प्रस्थान करने का निश्चय कर चुका था, उसी समय एक सम्मान्य-सा प्रतीत होनेवाला व्यक्ति मेरे पास आया।

उसने कहा, "सलाम वालेकुम। आप परदेशी जान पड़ते हैं। आपकी पोशाक और चाल-ढाल से ज्ञात होता है कि हिन्दुस्तान के रहनेवाले हो। मैं आपको गत दो दिनों से इसी स्थान पर बैठे समुद्र को देखने में तल्लीन पा रहा हूँ। क्या आपने इससे पूर्व समुद्र कभी नहीं देखा?"

मैंने उत्तर दिया, "नहीं, इसके पूर्व मैंने नहीं देखा। आप जैसा कहते हैं मेरा घर बहुत दूर हिन्दुस्तान में है। आपने ठीक अनुमान किया। और मेरे जैसे अजनबी के लिए इस अपार जलराशि जैसा नवल तथा अभिभूत करनेवाला दृश्य अन्य न होगा।"

उसने कहा, "आपकी वाणी मेरे कानों में किसी संगीत की गूँज-सी लग रही है। अपने देश के (क्योंकि मैं भी हिन्दुस्तान का रहनेवाला हूँ) अनेक लोगों की बातें मैंने सुनी हैं, किन्तु किसी ने इतनी प्रबलता के साथ घर का स्मरण नहीं दिलाया, जितना आपने। आपके गाँव का क्या नाम है?"

मैंने बताया, "मैं पहले मुरैना में रहता था, जो सिन्धिया के इलाके में है, परन्तु इस समय जालौन में रहता हूँ।"

उसने आश्चर्यचकित होकर, परन्तु मन्द स्वर में कहा, "मुरैना, ओह, मुझे अब स्मरण आया, यह सिन्धिया के इलाके की सीमा पर स्थित है, और उसी के अधिकार में है।"

मैंने कहा, "अब नहीं है, फिरंगियों ने उसे सिन्धिया से अर्पण करा लिया और अब उस पर उनका अधिकार है।"

उसने विषय परिवर्तित करते हुए कहा, "परन्तु आपको समुद्र देखना बड़ा प्रिय लगता है, कभी उस पर यात्रा की है? क्या कभी उन जहाजों पर गए हैं, जिन्हें आपने नगर के सामने लंगर डाले हुए देखा है?"

मैंने कहा, "नहीं, मैंने नहीं देखा। कई बार जाने का इरादा किया, परन्तु वहाँ तक ले जानेवाली कृश नावों को देखकर हृदय दहल गया। इसके अतिरिक्त मैं जाता भी तो अपरिचित होने के कारण मुझे वहाँ कोई प्रवेश नहीं देता।"

उसने कहा, "आप मेरे साथ चलेंगे? आज मेरा पूरा दिन खाली है, और उसे आपके साथ व्यतीत करने में मुझे प्रसन्नता होगी।"

मैं बड़ी प्रसन्नता के साथ तैयार हो गया। हम एक पत्थर के पोत मार्ग से चल दिए, जो किले के बाहर समुद्र की ओर जाता था। मेरी समझ में यह बात नहीं आ रही थी कि मैंने किस व्यक्ति के साथ इस प्रकार परिचय बढ़ा लिया, कि बन्दरगाह के सभी चपरासी मेरे इस नए मित्र का महान आदर करते दिखाई देते थे। उसे झुककर सलाम कर रहे थे। किनारे बँधी हुई छोटी-छोटी नावों के मल्लाह हमें जहाज तक पहुँचाने के लिए आपस में झगड़ने लगे।

अन्ततः उसने एक को पसन्द कर लिया। नाव वहाँ से छूटकर समुद्र के वक्ष पर आ गई। मैं स्वीकार करता हूँ कि उस समय मुझे भय लग रहा था। यद्यपि जालौन यमुना से अधिक दूर नहीं है, फिर भी मैंने कभी यमुना के दर्शन नहीं किए। बम्बई आने से पूर्व मैंने नाव भी नहीं देखी थी। एक के पश्चात् दूसरी आनेवाली लहर, जब पिछली लहर के शिखर से नीचे उतरती थी, तो ऐसा लगता था जैसे वह हमारे ऊपर आ जाएगी, परन्तु वे लोग निर्भीक होकर बैठे रहे। उन्हें अनुभव था। कई बार सहमते हुए, बाद में मैंने स्वयं को स्थिति के अनुरूप ढाल लिया।

उस समय हवा विपरीत दिशा में चल रही थी। अपनी नाव पर बैठे हुए हम लोग, कई

जहाजों के निकट होकर, जो लंगर डाले हुए खड़े थे, चलते रहे। अन्त में किसी फिरंगी अधिकारी से, जो जहाज पर था, अनुमति लेकर एक विशाल जहाज पर चढ़ गए। मेरे मित्र ने बताया कि वह एक युद्धपोत था, जो इंग्लैण्ड के सम्राट का था। जहाज के ऊपरवाले सभी हिस्सों को देखने के बाद किसी को दो रुपए बख्शीस देकर, हम लोग नीचे तोपें देखने जा सके। उसका विशाल आकार एवं प्रत्येक पुर्जा किस कुशलता से लगाया गया था, यह देखकर मुझे बड़ा आश्चर्य हुआ। रस्सियाँ कुंडली में लपेटकर इस प्रकार रखी थीं, जैसे कोई विशाल सर्प सो रहा हो। वहाँ इतनी साफ-सुथरी जगह देखने की मुझे आशा नहीं थी। परन्तु साहब, ये बातें आपकी जानी-पहचानी होंगी, इसलिए आगे बढ़ता हूँ।

अच्छी भली हवा के साथ हम किनारे आ गए और जैसे ही मल्लाह ने छोटा-सा पाल फैलाया, हम लोग समुद्र के उभरते जल के ऊपर प्रसन्नता से नाच उठे।

मैं अपने नए मित्र से विदा और उसकी सदाशयता के लिए आभार प्रकट करनेवाला था कि उसने मुझे रोक लिया।

उसने कहा, "नहीं, मीर साहब, मुझे आपके साथ कुछ और बातें करनी हैं। मेरी बहुत बड़ी गलती होगी, यदि आप वही नहीं हैं, जो मैं पहले कभी था और अवसर मिलने पर अब भी वही हूँ।"

मैं उसे देखता रह गया। क्या वह भी ठग हो सकता था? यदि नहीं था, तो वह हमारे पहचान के शब्द कभी नहीं समझ सकता। यदि था, तो मुझे सही होना चाहिए। मैं जरा भी नहीं झिझका। मैंने उसे बड़े ध्यान से देखकर कहा, "अली खाँ भाई, सलाम।"*

उसने कहा, "सलाम वालेकुम।"

यह पर्याप्त था, वह भी ठग था।

उसने कहा, "ये शब्द मैंने कई वर्षों से नहीं सुने थे। ये शब्द मुझे पुराने दिनों की तथा तपौनी के गुड़ की याद दिलाते हैं।"

मैंने पूछा, "तुमने भी गुड़ खाया था?"

उसने उत्तर दिया, "हाँ, मैंने भी खाया था।"

मैंने कहा, "हद हो गई, मुझे यहाँ भी एक मित्र मिल गया। परन्तु आप हैं कौन, मैं इसके विषय में अभी अनजान हूँ।"

उसने कहा, "कभी आपने सुभान खाँ जमादार का नाम सुना है। तुम कहते हो कि मुरैना के हो, तो मेरा स्मरण अवश्य होना चाहिए।"

मैंने कहा, "अब मैं जान गया, जो लोग तुम्हें पहचानते थे, उन्होंने तुम्हें मरा हुआ मान लिया था। तुम यहाँ कैसे पहुँच गए? क्या किसी अच्छे पद पर हो?"

उसने कहा, "मैं अपनी स्थिति के विषय में बाद में बताऊँगा, परन्तु इस समय मुझे तुमसे कई प्रश्न पूछने हैं। प्रथम तो यही कि मेरा मित्र इस्माइल जमादार जीवित है?"

मैंने कहा, "वही तो मेरे पिता हैं। वे बहुत ठीक हैं, अच्छी आयु पाई है और बिलकुल सही सलामत हैं।"

उसने कहा, "शुक्र खुदा का। परन्तु तुमने बताया कि वे तुम्हारे पिता हैं, उनके कोई सन्तान

---

* सारे भारत में ठग आपस में पहचान के लिए यही जुमला प्रयोग करते हैं।

नहीं थी, जब मैंने उन्हें छोड़ा था तो वे विवाहित भी नहीं थे।"

मैंने कहा, "यह तो उस समय की बात थी, लेकिन यहाँ तो मैं स्वयं कह रहा हूँ।"

और हुसेन, वह उनका और मेरा दोनों का मित्र है, क्या वह जीवित है?'' उसने पूछा।

मैंने कहा, "नहीं, खेद है कि दो वर्ष पूर्व वे पूरी आयु और सम्मान पाकर नहीं रहे।"

साहब, यह वृत्तान्त मैंने आपको नहीं बताया, परन्तु मेरे पिंडारी अभियान से लौट आने के बाद यह हुआ था।

अपने पुराने मित्रों के विषय में कई प्रश्न करने के बाद उसने मुझसे प्रश्न किया कि यहाँ मेरे साथ कितने लोग आए हैं? जब मैंने उसे बताया तो वह उनकी संख्या सुनकर चक्कर में आ गया। उसने कहा, "तुम लोग यहाँ आए हो, और यह सही नहीं होगा कि मैं तुम लोगों के लिए कोई काम न खोज सकूँ। मैंने बताया कि मैं भी ठग हूँ। मैं अपनी युवावस्था से वही बना रहा। मेरे पिता तथा अन्य पूर्वज भी पहले ठग रहे थे। मैं कई वर्ष पूर्व इन्दौर के एक साहूकार के नौकर के रूप में यहाँ आया था। मुझे यह स्थान बहुत पसन्द आया, और उसके पश्चात् शीघ्र ही मुझे अंग्रेजों की सेवा में सरकारी चपरासी की नौकरी प्राप्त हो गई। मेरे स्वामी मेरे प्रति बड़े दयालु और उदार थे। मैंने अच्छी तरह उनकी नौकरी की और धीरे-धीरे आज जमादार के पद पर पहुँच गया। मैंने ठगों के जमादार का स्थान क्यों छोड़ा यह बात अभी तक मुझे ज्ञात नहीं?"

मैंने कहा, "हाँ, मुझे नहीं ज्ञात है।"

उसने कहा, "वह तुम्हारे पिता के साथ एक मूर्खतापूर्ण झगड़े का परिणाम था। हम किसी अभियान पर गए थे। मैंने सोचा कि उन्होंने अधिक रकम दबा ली। हम दोनों जवान थे और हमारा रक्त गरम था। हमारे बीच खूब जमकर तू-तू मैं-मैं हुई। दोनों की तलवारें खिंच गईं। वे मुझसे वरिष्ठ थे, इसलिए मैं भयभीत हो गया कि कहीं वे मुझे मृत्युदंड न दे दें। अतः मैं वहाँ से भाग गया और इन्दौर में एक साहूकार के यहाँ रक्षक के रूप में नौकरी कर ली। इस समय तुम देख ही रहे हो, क्या हूँ?"

''लेकिन जब भी मैं मिला, ठगों को कभी नहीं भूला। अब जोखिम के काम में पड़ने की मेरी आयु नहीं रही। परन्तु मैं युवा और सक्रिय लोगों को इसी मार्ग पर ले आता हूँ। इस प्रकार उनसे मेरा सम्बन्ध निरन्तर बना रहता है। यह सत्य है कि लज्जा के कारण मैं हिन्दुस्तान के ठगों से अलग-थलग रहा, परन्तु जब भवानी ने तुम्हें मेरे निकट लाकर खड़ा कर दिया तो तुम्हें खेद करने की आवश्यकता नहीं। दक्खिन के ठगों के साथ मेरा खूब परिचय रहा और पूना की ओर मैंने एक-दो अभियानों का नेतृत्व भी किया, वह भी तब जब मुझे अपनी नौकरी से अवकाश मिल जाता था। परन्तु जब से मैं स्वयं नहीं कर सका, तब से अपने साथियों के लिए यात्रियों के हाथ सुरक्षित कर दिए। वे लोग सफल भी हुए। मैंने भी लूट के हिस्से के द्वारा, जिसका मैं अधिकारी था, उन लोगों की सहानुभूति प्राप्त की, जिन्होंने मेरा साथ दिया और तुम्हारा सेवक सुभान खां, साहब लोगों के बीच, अपनी ईमानदारी तथा स्वामिभक्ति के लिए एक सम्मानित व्यक्ति माना जाता है।''

मैंने कहा, "निःसन्देह तुम्हारे व्यक्तित्व के साथ सम्मान जुड़ा हुआ है और तुम्हारा आचरण दरबारी है। इसके विपरीत हो भी नहीं सकता।"

इस प्रकार बात करते-करते हम लोग उसके घर पहुँच गए। मेरे ठहरने के स्थान से वह

अधिक दूर नहीं था। उसने मुझे बाद में बताया कि वह मुझे पहले ही पहचान गया था। स्थान-स्थान पर वह मेरा पीछा करता रहा, जबकि मेरे साथ बिना देखे उसे बात करने का अवसर मिल गया।

साहब, आप विश्वास करें कि उसी समय से हम शपथ लिये हुए मित्र बन गए। मैं अत्यन्त रुचि के साथ उसके लूटमार के वृत्तान्त सुनता था (हृदय से तो वह लुटेरा था ही)। जहाँ वह काम करता था, उन सज्जन के दरबार में मैं उसके साथ कई बार गया। स्पष्टतः वह एक विचारशील व्यक्ति था। जहाँ तक उसके शान्ति बनाए रखने के कर्त्तव्य का सम्बन्ध था, वह सक्रिय तथा ऊर्जावान था। उस समय भी वह ठगी के पेशे को अपनाए हुए था। इसके लिए मुझे कोई बात रोक रही थी। जब हम अधिक परिचित हो गए, तब उसने मेरे सम्मुख अपनी योजनाएँ और काम करने के तरीके खोलकर रख दिए। साहब, उनकी सीमा को बता नहीं सकूँगा।

उसने दक्षिण के जमादारों से मेरा परिचय कराया। उन ठगों ने पूना से नासिक, शोलापुर, हैदराबाद तक की सड़कें नाप ली थीं। गुजरात के ठगों से भी मेरा परिचय हुआ। वे लोग उस भूभाग में व्यस्त रहते थे। परन्तु सभी उसके नियन्त्रण में थे। उन्हें वह जो सूचनाएँ देता था, उसके मूल्य के रूप में वह उनसे अच्छी रकम वसूलता था। यह सूचना जैसे बम्बई के व्यापारियों तथा साहूकारों के खजाने किस दिशा में जाते थे।

मैं एक सप्ताह तक उसके साथ रहा और मेरी पूँजी धीरे-धीरे समाप्त होती जा रही थी। अब क्या किया जा सकता था? उसने मेरे प्रदेश की ओर खजाना भेजे जाने की सूचना देने में मेरी सहायता करने का आश्वासन दिया और मैं इसी आशा में अभी तक था कि वह अपना वचन पूरा करेगा। अब मैं बम्बई से ऊबने लगा। वर्षा का मौसम भी आनेवाला था। मेरा पक्का इरादा था कि वर्षा-आगमन से पूर्व मैं जालौन पहुँच जाऊँगा। अतः मैं उसके पास गया और उसे स्पष्ट रूप से बता दिया कि मेरी जमा-पूँजी समाप्त-प्राय थी। बम्बई जैसे स्थान में जहाँ मेरे आदमियों के सामने अनेक प्रकार के प्रलोभन हों, ऐसी दशा में यह आशा नहीं की जा सकती कि कोई अपनी पूँजी बचाकर रखे। अतः मैं वहाँ से प्रस्थान करने के लिए चिन्तित हो गया और यदि वह किसी शीघ्र प्राप्त होनेवाली लूट की सूचना नहीं दे सकता, तो अगले दो दिनों में मैं यहाँ से चल दूँगा और मार्ग में कोई अवसर खोजूँगा।

उसने बताया, "तुम्हारी दिशा के लिए मेरी योजनाएँ तैयार नहीं हैं। यह अवश्य सुना है कि बड़े-बड़े व्यापारियों में से कोई इन्दौर तथा मालवा को कम से कम दो लाख रुपया भेजनेवाला है। मुझे ज्ञात था कि रोकड़िया किराए पर रखे जाते हैं, परन्तु मुझे यह नहीं ज्ञात कि वे हुंडियाँ भेजेंगे या नकद रुपए। इस बात को निश्चित करने में तीन दिन लग जाएँगे। इस बीच, चूँकि तुम्हें धन की आवश्यकता है, इसलिए मैं तुम्हारी सेवा में एक हजार रुपए पेश कर रहा हूँ जिसे तुम जालौन पहुँचकर तीन प्रतिशत मासिक ब्याज की दर के साथ चुका सकते हो। मेरे पुराने मित्र के पुत्र होने के कारण मुझे तुम्हारी ईमानदारी पर विश्वास है।"

मैंने कहा, "इसके लिए मैं तुम्हारा आभार मानता हूँ। परन्तु जैसा मैंने कहा रुपया मेरे लिए उतना आवश्यक नहीं है। मुझे विश्वास है कि हर एक के पास बीस-तीस रुपए अवश्य होंगे। मैंने उन्हें अपना व्यय सीमित करने की बात तुमसे कही थी। मुझे केवल यही कहना है कि एक सप्ताह के अन्दर हम यहाँ से चल देंगे और मेरे आदमी सतर्क हो जाएँगे।"

उसने कहा, "निश्चय ही एक सप्ताह के पूर्व जाओ। कल शाम को नमाज के समय के पश्चात् मुझसे मिलना। तब बनिज के विषय में कोई सूचना मिलेगी।"

उसके चले जाने के बाद, मैंने कहा, "सूदखोर बदमाश, यह सच्चे ईमानवाला आदमी है? मुझे आश्चर्य है कि अपने पिता से इसके सम्बन्ध में कभी नहीं सुना, परन्तु घर पहुँचकर उनसे अवश्य पूछूँगा। मुझे सन्देह नहीं कि उसकी बदमाशी या कोई बुराई अवश्य सुनने को मिलेगी। उस काफिर का एक भी रुपया मैं छू नहीं सकता। कोई ठग किसी अन्य ठग से सूद ले ऐसा कभी सुना गया है? मैं तो यही कहूँगा कि वह भी उतना ही बुरा है, जैसा वह बदमाश भठियारा था, जिसे हम लोगों ने सागर में मारा था।"

साहब, मैं गलत नहीं था। मेरी घनिष्ठता दुक्खन नामक जमादार से हुई, जो बनिज की प्रतीक्षा कर रहा था। उसी ने मुझे बताया था कि वह बड़ी निर्दयता से ठगों को पीसता रहा और धमकी देता था कि यदि वे कभी किसी बात का विरोध करेंगे, तो उनकी सार्वजनिक रूप से निन्दा की जाएगी। मार्ग के खतरों में हिस्सा लेने के लिए वह अपने उचित हिस्से से दुगुना वसूलता था।

जमादार ने बताया, "परन्तु उसके बिना काम नहीं चल सकता, चाहे जितना वह हम लोगों को सताए। जिस लूट की हम गन्ध भी नहीं पा सकते, वह मूल्यवान लूट वह हमारे हाथ में दे देता है। कई ठग उसके यहाँ नौकरी करते हैं जिनसे सूचना पाने के बदले वह उन्हें उदारता के साथ पैसे देता है। वह साहूकारों का विश्वासपात्र है, क्योंकि तस्करी के कार्य में वह उनकी सहायता करता है। कभी-कभी साहब लोगों से दया का एक शब्द पाने के बदले वे उसको भुगतान करते हैं। परिणामतः वह हमसे और उन लोगों से दोनों से धन प्राप्त करता है। हमारी मूल्यवान लूट को बिकवाने के लिए वही योजना बनाता है।"

मैंने कहा, "तब तो उसकी आमदनी बहुत अधिक होगी?"

जमादार ने कहा, "यह तो है ही, इसी कारण हमें उससे ईर्ष्या रहती है। फिर भी वह हमारा बचाव करता है और हम उसके बिना नहीं चल सकते।"

मैंने पूछा, "क्या कभी उसने विश्वासघात किया है?"

क्योंकि खुदा कसम मैंने उस पर विश्वास न करने का मन बना लिया था।

उसने उत्तर दिया, "ऐसे कुछ किस्से हैं अवश्य, परन्तु मुख्य रूप से उस पर विश्वास करना ही होगा। फिर भी, जैसा मैंने बताया यदि विश्वास न भी करें, तो भी उसके बिना हम कुछ नहीं कर सकते। दक्षिण के प्रत्येक जमादार को वह पहचानता है। वह चाहे तो हमारे सम्पूर्ण तन्त्र को कल ही उड़ा सकता है, परन्तु इससे उसे कुछ लाभ नहीं होगा, और हम सब उसके गुलाम बने रहेंगे।"

उसके चले जाने के बाद मैंने पीर खाँ से कहा, "बहुत दिनों तक उसका कारबार वैसा ही चलता रहेगा। भैया, जहाँ तक हम लोगों का सम्बन्ध है, यह अन्तिम बार है, जब हम उसकी पकड़ में हैं।"

पीर खाँ ने कहा, "निश्चय ही, ऐसे लोगों पर कभी विश्वास नहीं करना चाहिए। ऐसे लोग सभी स्थानों में फैले हैं और हर शक्ल में हैं। वे जमीदार हैं, पटेल हैं और भठियारे भी। वे गुसाईं होंगे, साहूकार होंगे, नौकरी पेशा होंगे और मुतसद्दी भी। यही नहीं, जालौन का राजा भी उन्हीं में से एक है। ये सब दुष्ट हैं, यह बात सही है, परन्तु उनके बिना हम चल भी नहीं सकते।"

मैंने कहा, "अभी तक तो मैं वैसा ही कर रहा हूँ, परन्तु अल्लाह कसम आगे से मैं किसी पर विश्वास नहीं करूँगा।"

पीर खाँ ने कहा, "मीर साहब, सम्भव हो ऐसा अवसर ही न आए।"

बातचीत यहीं समाप्त हो गई।

अपने वादे के अनुसार मैं वहाँ गया। सुभान खाँ मुझे अति प्रसन्न मुद्रा में मिला। उसने मुझे बताया, "मुझे बनिज प्राप्त हो गई। क्या तुम तैयार हो?"

मैंने कहा, "जी हाँ, बोलिए क्या आदेश है?"

उसने कहा, "सुनो, मैंने तुम्हें सही बताया था कि कुल रकम दो लाख होगी परन्तु मेरी आशा के विपरीत वह सोना, चाँदी और रत्नों के रूप में है। दस हजार रुपए की हुंडियाँ हैं। बस इतना ही है। लेकिन आगे और कुछ बताने से पूर्व हमें आपस में सौदा तय कर लेना चाहिए।"

मैंने कहा, "बोलिए, काम के अनुसार मैं कुछ भी देने के लिए तैयार हूँ।"

उसने कहा, "देखो, तुम मेरे पुराने मित्र के पुत्र हो, अतः मैं अन्य लोगों की भाँति तुमसे व्यवहार नहीं करूँगा। उन लोगों से मुझे कुल रकम का तिहाई मिलता है, परन्तु मैं तुमसे केवल पाँचवा भाग माँगता हूँ। इस हिसाब से बीस हजार होते हैं। क्या तुम देने के लिए तैयार हो?"

मैंने कहा, "बड़ी खुशी के साथ देने को तैयार हूँ। तुम मेरे ऊपर विश्वास रखो। रुपए मिल जाने और जालौन पहुँच जाने पर, मैं बम्बई के लिए हुंडी खरीदकर तुम्हें भेज दूँगा।"

उसने कहा, "बहुत ठीक, तुम्हारे जैसे आदमी से सौदा करना मुझे पसन्द है। मैं व्यर्थ की बातचीत और बनिया की भाँति मोल-तोल नहीं करता। परन्तु तुम तो सैनिक हो और उसी प्रकार बोलते हो। अब अपनी मुहर लगाकर वचन-पत्र दे दो कि मुझे रुपए मिल जाएँगे इसके पश्चात् मैं तुम्हें सारी योजना समझा दूँगा। कागज केवल औपचारिकता की बात है। मैं व्यवस्था पसन्द आदमी हूँ।"

उसकी इस बात पर जब मैंने आपत्ति की तो उसकी भौंहें तन गईं। यह देखकर मैंने जो कहा था, उसे पलट दिया, और कहा, "लिखने के लिए कागज-कलम दो, मैं लिखकर दे दूँगा।"

उसने कहा, "क्या तुम लिख सकोगे? क्या कोई ठग लिख सकता है? परन्तु कोई बात नहीं। तुम लिखना-पढ़ना जानते हो, यह बहुत अच्छी बात है। फिर तीसरे आदमी की क्या आवश्यकता?"

मैंने उसे लिखकर कागज दे दिया, उस पर अपनी मुहर भी लगा दी थी। उसने वह कागज मोड़कर अपनी पगड़ी में खोंस लिया।

उसने कहना आरम्भ किया, "मीर साहब, अब हम लोग सही मार्ग पर चल रहे हैं। यह खजाना पन्द्रह रोकड़ियों के अधीन जा रहा है। उनके साथ तीन ऊँट होंगे और वे सब स्वयं को सैनिक वेश में छिपाए रहेंगे। उन्हें पूना से इन्दौर जाना है। कुछ खजाना कल ही उनके साथ जा चुका है, शेष अभी पूना में ही है। पूना से वे लोग नासिक जाएँगे। वहीं तुम उनसे मिलोगे। मुझ पर विश्वास करो। मेरी सूचना रत्ती-रत्ती सही है। भेजनेवाले साहूकारों से मैं परिचित हूँ। मैंने रोकड़ियों से भी बात कर ली है। उन लोगों को तुम पर कोई सन्देह न हो, इस आश्वासन के लिए, मैं यहाँ के अंग्रेज सीमा शुल्क अधिकारी द्वारा हस्ताक्षरित और मुहर लगा फारसी-मराठी में लिखा अनुमति पत्र देता हूँ। इसके अनुसार तुम हरीदास नामक किसी साहूकार के लिए माल का उत्तरदायित्व लेकर बनारस से आए हो। इसमें निदेशित किया गया है कि वापस होते समय कोई तुम्हें परेशान न करे। माल लेकर आनेवाले लोग अभी यहीं पर हैं और वर्षा काल के अन्त होने तक वे लोग यहीं रुके रहेंगे। उनके नायक का नाम फतेह मुहम्मद है, तुम चाहो तो स्वयं

फतेह मुहम्मद बन जाओ। वह भी तुम्हारी आयु और शक्ल-सूरत का है, अतः तुम भली भाँति उसका प्रतिरूप बन जाओगे।

"तुम देख रहे हो कि मैंने एक सुनियोजित योजना तुम्हारे सम्मुख रख दी। शेष मैं तुम्हारे निर्णय पर छोड़ देता हूँ। अच्छी तरह नासिक पहुँच जाना। वहाँ चार दिनों तक प्रतीक्षा करना, पाँचवें दिन तुम्हें बनिज प्राप्त हो जाएगी, यदि तुम भली भाँति उस पर दृष्टि रखोगे। अब जाओ, अपनी तैयारी करो, भवानी तुम्हें सफलता प्रदान करेगी।

"सुभान खाँ को स्मरण रखना और जितना शीघ्र सम्भव हो लौटकर आ जाना, बेशक मैं तुम्हारे लिए नया काम खोज रखूँगा।"

मैंने कहा, "खान साहब, मेरे ऊपर भरोसा रखो। मैं तुमसे बहुत दूर नहीं रहूँगा। तुम्हारी बताई हुई योजना प्रशंसनीय है। इंशाअल्ला, तुम्हारे बीस हजार रुपए समझ लो तुम्हारी जेब में ही हैं।"

उसने पुनः कहा, "अमीर अली, अपने पिता को मेरा स्मरण करा देना। क्या वे अपने पुराने मित्र से मिलने इतनी दूर आ सकेंगे? और पिछली बातों के लिए मुझे क्षमा करेंगे।"

मैंने कहा, "उनके यहाँ तक आने की बहुत कम आशा है, क्योंकि वे अब बूढ़े और कमजोर हो गए हैं। गाँव छोड़कर वे और कहीं नहीं जाते, परन्तु वे आपको पत्र अवश्य लिखेंगे।"

खान ने कहा, "ठीक है। पिछली बातों के लिए मैं स्वयं को उत्तरदायी मानता हूँ, परन्तु अब वह बहुत पुरानी बात हो चुकी। सम्भव है वे मेरे मूर्खतापूर्ण आचरण को भूल गए होंगे।"

मैंने उससे विदा ली। परन्तु मन में यह निश्चय कर लिया कि मैं अपने पिता के पूरे परामर्श के अनुसार तय करूँगा कि बीस हजार रुपए में से उसे एक कौड़ी दी जाए अथवा नहीं।

बाद में पीर खाँ ने कहा, "बीस हजार रुपए और वह भी उस पुराने बदमाश को मिलें? अरे मीर साहब, हम लोग उल्लुओं और सियारों के भाई-बन्धु हों जो एक रुपए के भी दर्शन हो जाएँ?"

दूसरे दिन हम लोग जालौन, लौटने के मार्ग पर चल दिए। बीच में एक दिन के लिए बम्बई और थाणा में रुक गए। वह हमारे पास बड़े काम का सिद्ध हुआ, क्योंकि प्रत्येक स्थान पर उसे सम्मान दिया जाता था और उसके आदेश का पालन किया जाता था। एक दिन बाद हम थाणे तथा विभिन्न चौकियों से किसी व्यवधान के बिना आगे बढ़ गए।

घर वापसी

हम लोगों के नासिक पहुँचने के चौथे दिन पीर खाँ मेरे पास दौड़कर आया और कहने लगा, "खुदा का शुक्र है, सुभान खाँ ने सही कहा था, वे लोग आ गए।"

मैंने पूछा, "खान, क्या तुमने तसल्ली कर ली?"

उसने कहा, "बिलकुल, उन लोगों का जो विवरण हमारे पास था, उससे मिलान करने पर भी बातें सही पाई गईं। आप चलिए, और स्वयं देख लीजिए। उनके साथ ऊँट हैं, और वे लोग वेश बदले हुए हैं। परन्तु यदि वे लोग मुझे कहीं और मिल जाते, तो कसम से कहता हूँ कि

मैं उन्हें रोकड़िया होना पहचान लेता, क्योंकि उनकी चाल-ढाल और व्यवहार रोकड़ियों जैसा ही है।"

मैंने कहा, "ठीक है, तुम्हें कोई धोखा नहीं हो सकता। हम लोगों के यहाँ होने की बात वे नहीं जानते। जैसा पहले हमने बुरहानपुर में किया, वैसे ही यहाँ भी करेंगे। सब लोग तैयार रहें। हम नगर में चक्कर लगाएँगे, एक-दो कोस यात्रा करेंगे, और उसी दरवाजे से अन्दर आएँगे जिससे वे लोग आए हैं। फिर हम लोग बाजार में उन्हीं के साथ ठहर जाएँगे।"

हम लोग शीघ्र ही सक्रिय हो गए। अपनी योजनानुसार नगर के बाहर घूमने के पश्चात् दूसरी ओर से अन्दर आए और बाजार में ठहर गए।

यात्री एक-दूसरे से अतिशीघ्र परिचित हो जाते हैं। उन लोगों के ठहरनेवाले स्थान के निकट हमने भी एक दुकान पसन्द कर ली और रोकड़ियों के जमादार के साथ जल्दी ही जान-पहचान बढ़ा ली।

उसका नाम नरायण दास था। वह लम्बा-तगड़ा आदमी था। उसकी आँखें छोटी और चमकदार थीं। उसकी भौंहें सीधी और लम्बी थीं जो माथे पर कसकर पगड़ी बाँधने से दोनों ओर लम्बवत् हो गईं। इससे वे विशिष्ट दिखाई देने लगीं। उनकी लम्बी मूँछें दोनों ओर ऐंठ दी गई थीं। उसकी झाड़ीनुमा दाढ़ी आदि उसके अनुभवी रोकड़िया होने की द्योतक थीं। धोखेबाजी और जालसाजी से वह पूर्ण परिचित प्रतीत होता था। इसलिए मैंने सोच लिया कि यहाँ मुझे चतुरता के साथ निपटना होगा। मैंने उसकी आकृति की बारीकी से परीक्षा कर ली। उसके साथ साधारण रूप से ढोंग करने से काम नहीं चलेगा। जो हो परन्तु मुझे अपने जाल में उसे फँसाना ही होगा और अवश्य फँसा लूँगा। साथ ही उसके दो लाख रुपए भी। वह रुस्तम ही क्यों न हो, दो लाख रुपए उस प्रयत्न के योग्य कीमत है।

मेरे साथ परिचय बढ़ाने में उसने जरा भी सुस्ती नहीं दिखाई। हमारे बीच सामान्य दुआ-सलाम हुई। सुबह का भोजन पकाने के पश्चात्, हम लोग अपनी-अपनी कालीनों पर बैठ गए और परिचय वार्ता में संलग्न हो गए।

जब मैंने उससे पूना का समाचार पूछा, तो उसने बताया, "बाजीराव ने कैसी दुर्बलता प्रदर्शित की। वह कायर यदि सेना की कमान स्वयं अपने हाथ में रखता, जब किरकी का युद्ध हुआ था तो वह फिरंगियों का सफाया कर देता।"

मैंने पूछा, "क्या आप लोग यही चाहते थे?"

उसने कहा, "निश्चय ही। हम उन फिरंगियों के विषय में क्या जानकारी रखते हैं? जब तक उन्होंने स्वयं को बम्बई के किले तक सीमित रखा तब तक सब कुछ ठीक रहा। मुझे वह समय स्मरण है, जब उन लोगों के पास किले के बाहर एक फुट भूमि भी नहीं थी, परन्तु धीरे-धीरे वे आगे बढ़ते गए, जब तक उन्होंने मराठा साम्राज्य की जड़ें नहीं हिला दीं और अब तो पूरा साम्राज्य हड़पने का मार्ग प्रशस्त हो गया है।"

मैंने कहा, "परन्तु बाजीराव के पास विशाल सेना है, समस्त देश उसी का है और निःसन्देह वह कुछ कर दिखाएगा। मराठे श्रेष्ठ सैनिक होते हैं और उसके साथ ही प्रसिद्ध सरदार भी हैं।"

उसने कहा, "मीर साहब, वह कुछ नहीं कर पाएगा। केवल एक स्थान से दूसरे तक भागता फिरेगा। उसकी सेना यदि चाहे तो कुछ कर सकती है, परन्तु वह तो तलवार भी नहीं उठा

सकता। उस अधम कायर में एक मक्खी के बराबर भी जान नहीं।"

मैंने कहा, "जमादार साहब, मेरे लिए इन सब बातों का कोई महत्त्व नहीं। मैंने तो सैनिकता का व्रत ले लिया है। माल-खजाने की रक्षा करके अच्छी तरह अपनी रोटी कमा सकता हूँ। अभी मैं बनारस से आ रहा हूँ। जिस साहूकार के यहाँ नौकर हूँ, उसने और अधिक माल मँगाया है, जिसे लेकर मैं उसके पास जा रहा हूँ।"

उसने कहा, "तो तुम भी इसी व्यवसाय में हो। यह अच्छी बात है कि तुम्हारे पास काफी आदमी हैं। यदि थोड़े आदमी होते तो तुम्हें भी बहुत कठिनाई और परेशानी होती। मैं अपने अनुभव की बात कहता हूँ, क्योंकि मैं स्वयं इसी व्यवसाय में हूँ। मैं तो भाग्यवान था, परन्तु मेरा बेचारा भाई बड़ा भाग्यहीन था। यहाँ और इन्दौर के बीच वह चोरों-लुटेरों के हाथ में पड़ गया। बुरहानपुर तक तो उसका समाचार मिलता रहा, परन्तु उसके बाद उसका कोई पता न चला।"

मैंने कहा, "यह बड़े आश्चर्य की बात है। यद्यपि मेरा काफिला भी लुट जाने योग्य है, परन्तु मैंने इस मार्ग पर चोरों की बात कभी नहीं सुनी और अब तो मैं साहब लोगों के संरक्षण में हूँ, इसलिए मुझे कोई चिन्ता नहीं। शीघ्र ही समस्त देश उन्हीं का हो जाएगा और तब लगभग एक वर्ष बाद किसी प्रकार का खतरा नहीं रहेगा।"

उसने पूछा, "तो क्या तुम फिरंगियों के संरक्षण में हो? इसका क्या तात्पर्य है? मैंने सोचा कि तुमने किसी साहूकार के यहाँ नौकरी करने की बात कही थी।"

मैंने कहा, "वही तो कर रहा हूँ, परन्तु सुरक्षा के साथ वापस लौटने के लिए मेरे मित्र सुभान खान ने मुझे यह पास ला दिया। उसने कहा था कि इसका सम्मान पूरे देश में किया जाएगा।" और मैंने वह पास, जिसे मैंने मोमिया कपड़े में लपेटकर रखा था, निकालकर उसे दिखाया।

उसने कहा, "मीर साहब, तुम बड़े भाग्यवान हो, और विशेष रूप से सुभान खाँ से परिचित होने के लिए जो बड़ा योग्य आदमी है और सम्मानीय भी है। उसे मैं कई वर्षों से जानता हूँ। वह सदैव मेरा अच्छा मित्र रहा। जब मुझे नौकरी की बहुत आवश्यकता थी, तब उसने एक बड़ी राशि के लिए मेरी जमानत ली थी। परन्तु तुमने बताया था कि, सैनिक वृत्ति छोड़ दी थी, यह तुमने बड़ा अच्छा किया। इसके लिए कम वेतन के साथ कठिन लड़ाइयों में भाग लेना और चारों दिशाओं में घूमते रहने से अच्छा है कि सम्मान के साथ रोटी मिलती रहे। तुम किसके अधीन नौकरी करते हो?"

मैंने कहा, "तुम किसी से कहना नहीं, क्योंकि हर व्यक्ति, जिसने उसके अधीन कार्य किया है, स्वयं को गुप्त रखना चाहेगा। सम्भव है कि मेरे पूर्व जीवन की जानकारी, मेरे वर्तमान लाभ के विपरीत हो। मैंने चीतू पिंडारी के अधीन काम किया है और उसके तीन हजार चुने हुए अश्वारोहियों का नेतृत्व किया है।"

वह चकित होकर बोला, "चीतू के अधीन! यह बड़े आश्चर्य की बात है। तुम मजाक तो नहीं कर रहे हो।"

मैंने कहा, "नहीं, तुम्हारे सिर की कसम। यदि तुमको इस बात पर कोई सन्देह हो, तो इस तथ्य को तुम्हें समझने के लिए, मेरे पास कुछ कागज-पत्र है परन्तु जैसा मैंने कहा, मैं किसी को यह बताना नहीं चाहता।"

उसने कहा, "तुम्हें मुझसे भयभीत होने की आवश्यकता नहीं। मैं एक रोकड़िया हूँ। तुम्हें

ज्ञात है कि जनश्रुति जगजाहिर (सर्वविदित) है परन्तु तुमने नई-नई जगहें देखी होंगी, नवीन खतरे उठाए होंगे, क्योंकि सुना है कि उसने सुदूर मदरास तक धावा बोला था और फिरंगियों के देश को मरुभूमि बनाकर छोड़ दिया था।"

मैंने कहा, "जमादार साहब, मैं आपको बड़ी प्रसन्नता से अपने जोखिम की बातें बताऊँगा। सम्भव है कि वे आपको रुचिकर लगेंगी। यद्यपि किसी के लिए स्वयं अपने कृत्यों का वर्णन करना अनुचित होता है।"

उसने कहा, "नहीं, मीर साहब, इसमें लज्जा की कोई बात नहीं, और जहाँ तक पिंडारी होने की बात है, तो उसके साथ देश के चुने हुए श्रेष्ठ आदमी थे। नेमावर में जब प्रथम लब्भड़ एकत्र हुआ था, उस समय वहाँ अत्यन्त साहसी सेना थी।"

मैंने पूछा, "उस समय क्या तुम वहीं थे?"

उसने कहा, "मैं इन्दौर, उज्जैन के कुछ साहूकारों का खजाना लेकर नेमावर गया था। मैंने उस अभियान की पूरी तैयारी स्वयं देखी थी और भगवान जानता है कि उस सम्पूर्ण दृश्य ने मुझे ऐसा प्रभावित कर दिया कि यदि मेरे पास उस समय अपना घोड़ा होता तो मैं स्वयं पिंडारी बन जाता। कहा जाता है कि हर आदमी की काठी सोने और मोतियों से भरी हुई थी।"

मैंने कहा, "हम लोग बड़े भाग्यवान थे, विशेष रूप से प्रथम अभियान में। यदि तुम दूसरे अभियान के लिए प्रस्थान करने के पहले नेमावर आते, तो मेरे विषय में अवश्य सुनते। मेरा नाम प्रसिद्ध हो गया था, और मेरा पद भी ऊँचा था। प्रथम तो मैं कुछ भी नहीं था, परन्तु चीतू की कृपा का एकमात्र कारण यह था कि उसके पूरे कैम्प में सर्वश्रेष्ठ तलवारबाज केवल मैं ही था।"

उसने कहा, "तब तो मैंने तुम्हारी प्रसिद्धि अवश्य सुनी है, परन्तु तुम वही सैयद अमीर अली नहीं हो, जो गफूर खाँ के बाद दूसरे स्थान पर था?"

मैंने कहा, "मैं वही हूँ, कोई अन्य नहीं। यह सत्य है कि मेरा पद गिर चुका है, परन्तु एक दिन किसका नहीं गिरता? चीतू दिवंगत हो गया, गफूर खाँ गायब हो गया, और यह स्वीकार कर लिया गया कि हैदराबाद चला गया। सैयद भीखू खुदा जाने कहाँ होगा? शेख दुल्ला बुरहानपुर तथा ऐलिचपुर की पहाड़ियों के बीच कहीं अभी घूम रहा होगा क्योंकि उसके सिर पर इनाम घोषित किया गया है। मेरे विषय में कोई अधिक नहीं जानता। मुझे सन्देह है कि जब तक मैं शान्तिपूर्वक व्यवहार और वर्तमान व्यवसाय को करता रहूँगा, मुझे कोई नहीं पूछेगा। द्वितीय धावे के पश्चात किसी पिंडारी के रूप में मैं बहुत उकता गया था, और जितना शीघ्र सम्भव हुआ, मैं अपने घर जालौन लौट कर आ गया। अन्य लोग भी यदि समझदार होते तो वे भी मेरी तरह अपनी सुरक्षा प्राप्त कर लेते।"

जमादार ने कहा, "हाँ, परन्तु चीतू का अन्त अत्यन्त दयनीय था, जबकि वह बेहतर व्यवहार के योग्य था। कहा जाता है कि साहब लोगों ने उसे जागीर देने की पेशकश की थी। क्या यह सत्य है?"

मैंने कहा, "सुना तो मैंने भी यही था। यह उसकी मूर्खता थी, उनकी पेशकश स्वीकार करने के लिए वह तैयार नहीं हुआ, परन्तु इसमें आश्चर्य की कोई बात नहीं। अपनी योजनाओं के द्वारा वह प्राणपण से फिरंगियों को देश से बाहर निकाल देना चाहता था। उसने सोचा था कि मराठे उन्हें निकाल बाहर करेंगे और जब उन्हें प्रथम विजय प्राप्त हुई थी, वह अपने पन्द्रह

हजार अश्वारोहियों के साथ उनसे मिल जाना चाहता था और इस प्रकार महान सेनाध्यक्ष बन जाता। यदि वे सफल हो जाते तो मैं भी उसके पीछे चला जाता। परन्तु मराठे असफल हो गए, और न कभी हो सकेंगे। मैं वही हूँ जो तुम देख रहे हो।"

उसने कहा, "यह विचित्र वृत्तान्त है। तुमने मुझे जितना अधिक बता दिया, वह मैं कभी न जान सकता था। यदि पेशवा, नागपुर के राजा और चीतू आपस में मिलकर अच्छी तरह अपनी भूमिका निभाते, तो सब कुछ ठीक हो जाता, परन्तु अब यह सोचने से क्या लाभ? अब हमें अपने वर्तमान स्वामी के साथ समन्वय रखना है। तुम्हें और मुझे, मीर साहब पृथक नहीं होना चाहिए। मैं कुछ खजाने के साथ इन्दौर जा रहा हूँ। तुम्हारा भी सीधा मार्ग उसी दिशा में है। मैं तुम्हारे साथ ही रहूँगा, क्योंकि तुम्हारा दल बड़ा है। और सच बात तो यह है कि मैं अकेले सिंधवा घाट होकर इन जंगलों से नहीं जाना चाहता।

"भील लोग सशस्त्र होकर वर्तमान गड़बड़ी का लाभ उठा रहे हैं। पेशवा की सेना से पलायन करनेवाले सिपाहियों की टोलियाँ देश में जहाँ-तहाँ लूटमार कर रही हैं। वे धर्मभीरु नहीं हैं, इसलिए यदि चाहो तो परस्पर सुरक्षा की दृष्टि से हम साथ-साथ रहें।"

मैंने कहा, "ऐसा करके मुझे भी प्रसन्नता होगी। यद्यपि दो-तीन हजार रुपए के अतिरिक्त मेरी अधिक हानि नहीं होगी और जो भी उसे लेने आगे आएगा उसे रकम की अपेक्षा मार अधिक प्राप्त होगी।"

उसने कहा, "और मेरे पास उससे भी कम ही है। मेरे पास अपने खर्च और ऊँटों के खिलाने भर का पैसा है। मैं युद्ध नहीं कर सकता और तुम्हारी भाँति घुड़सवार भी नहीं, जिससे खतरे से भाग सकूँ।"

परन्तु ठसाठस भरी हुई काठियाँ उसके कथन को झुठला रही थीं। मैं धोखे में आनेवाला नहीं था। मुझे निश्चयात्मक रूप से अनुमान हो रहा था कि जिस लुभावने खजाने की रक्षा वह रोकड़िया कर रहा था, वह मेरे सामने वर्तमान था।

थोड़ी देर बाद हम लोग अलग हो गए। जब पीर खाँ मेरे साथ अकेला हो गया, तब मैंने उसे सब कुछ बता दिया जो मैंने रोकड़िया से कहा था और किस प्रकार मैंने उसे धोखा दिया। हम बड़ी देर तक उस पर हँसते रहे।

उसने कहा, "मीर साहब, मुझे आपके लिए भय लग रहा है। जरा उसकी ताकत और अपने दुर्बल शरीर की तुलना कीजिए। आपको अब किसी प्रकार का खतरा मोल नहीं लेना है।"

मैंने हँसकर कहा, "खान, उसकी ताकत की बात करते हो। उन अनेक लोगों के सामने जो मेरे हाथों से पहले गिर चुके हैं, यह क्या चीज है? बुरहानपुर के आगे मैंने जिस रोकड़िए को खत्म किया था, यह उसी का भाई है। चाहे जितने खतरे हों। यह मेरा शिकार अवश्य होगा। हजारों के मुकाबले मैं इस जोखिम को छोड़नेवाला नहीं।"

पीर खाँ ने कहा, "मैं जो कहना चाहता हूँ वह यह है कि इन्दौर से इतनी अधिक दूर उसे मारना ठीक नहीं। नगर के निकट ही हमें उन्हें ले आना चाहिए। हम लोग अपने घरों के निकट भी आ जाएँगे, क्योंकि इस मामले से निश्चय ही खलबली मच जाएगी। अच्छा यही होगा कि हम किसी खतरे में न पड़ें।"

मैंने कहा, "ठीक है, जैसा चाहते हो वही होगा। पहले मैंने उसे बुरहानपुर में समाप्त करने

की बात सोची थी, उसके पश्चात पहाड़ों की ओर मुड़ जाते। फिर कौन हमारा पीछा करता?"

पीर खाँ ने कहा, "शेख दुल्ला और उसका गिरोह बराबर घूम रहे हैं, उससे खतरा है ही। यह ठीक न होगा। वे हमें लूट लेंगे। और वह हमें पहचानता भी है, तो वह हमारे साथ वैसा व्यवहार करेगा, जैसा चीतू पकड़े जाने के बाद उन बेचारे लोगों के साथ किया करता था।"

काँपकर मैंने कहा, "अस्तफुर अल्लाह, खुदा बचाए। तुम्हारी योजना बिलकुल ठीक है। बहुत दूर जाने के पहले हम उन्हें नगरों के बाहर बहकाकर ले जाएँगे। तब वे हमारे अधिकार में रहेंगे और हम जब वहाँ चाहेंगे अपना काम करेंगे।"

साहब, मैं अपनी यात्रा में चलता रहा। सभी यात्राएँ समान रूप से रुचिकर नहीं होतीं। केवल एक क्रम से धूल भरी सड़कों पर चिलचिलाती धूप में (क्योंकि रोकड़िया रात में यात्रा नहीं करते) अरुचिकर भोजन और हर प्रकार की परेशानियाँ उठाकर हम चलते रहे। विभिन्न स्थानों पर छोटी-मोटी चोरी हो जाने के अतिरिक्त मार्ग में अन्य कोई जोखिम सामने नहीं आया। हम रोकड़ियों को अपने साथ ही ठहराने में सफल हो गए। चूँकि हमारा पुराना नियम था कि गाँवों के अन्दर न जाकर बाहर ही ठहरना ठीक था, क्योंकि वहाँ चोरों के भय के अतिरिक्त अधिक धूल, अधिक कूड़ा, अधिक गर्मी और ग्रामीणों की प्रायः होनेवाली तू तू-मैं मैं होती थी।

हमारे आदमियों ने प्रशंसनीय व्यवहार किया। उन लोगों की विशेष ढंग की बोली-बानी से कोई यह नहीं कह सकता था कि वे लोग जैसे बनारसी और भोजपुरी नहीं थे, उसके अतिरिक्त और भी कुछ थे। और एक स्थान पर एकत्र होकर वे मूर्ख उल्लुओं की जमात जैसे प्रतीत होते थे। प्रत्येक आदमी पूर्ण सावधानी तथा होशियारी के साथ अपना दायित्व निभा रहा था। वास्तव में उन्हीं लोगों पर हमारे अभियान की सफलता निर्भर थी।

साहब, इसके उपरान्त अन्ततः क्या आप यह नहीं समझ गए होंगे कि ठग द्वारा किसी आदमी का पीछा करने में उसकी आत्मा में कितनी उत्तेजना रहा करती है। मेरी कहानी सुनते-सुनते क्या आप हमारी भावना नहीं समझे और क्या मेरे कथन में आप मेरे साथ नहीं?

रोकड़ियों के साथ हम बीस दिनों तक रहकर काफी धनिष्ठ हो गए। उन लोगों ने अपने जोखिम के वृत्तान्त बताए, हमने अपने। हम लोगों का शाम का समय गाना-बजाना और किस्से-कहानी में व्यतीत होता था, और वह तब तक चलता रहता था जब तक कि हममें से एक-एक थक कर अपनी दरी पर न लुढ़क जाए। क्या आप हमारी उस तीव्र रुचि को नहीं समझते, जिससे हम उन लोगों की प्रत्येक गतिविधि ही नहीं, उनके प्रत्येक शब्द पर निगाह रखते थे। साथ ही क्या आप हमारी उस भयानक खतरे की आशंका को नहीं समझते जब हमें यह भ्रम हो जाता था कि कहीं हम पर सन्देह नहीं किया जा रहा? इसके उपरान्त भी हम उन लोगों के साथ हर प्रकार से चिपके रहते थे और एक क्षण के लिए भी उन्हें अपनी आँखों से ओझल नहीं होने देते थे। और सबसे बढ़कर उनके दिमाग प्रसन्न रखते थे।

उनका नेता मेरे साथ बहुत प्रसन्न रहता था। पिंडारी के रूप में मेरे जोखिम के विवरण, जैसे हमें मिला हुआ लूट का माल, जो नगर हमने जलाए या वीरान किए, सुनने में उसे बड़ी रुचि थी। प्रतिदिन मैं उसे अपने नवीन कारनामे सुनाता था। वह तथा उसके आदमी भी बैठा करते थे और वे सब मेरी और पीर खाँ की बातें निर्मल आनन्द के साथ सुना करते थे। चालाक तो वे थे ही, परन्तु हृदय से ईमानदार और सरल थे। हम उन्हें जो कुछ सुनाते थे, उस पर वे तुरन्त विश्वास कर लेते थे।

परन्तु उसका समय निकट आ रहा था। अब इन्दौर यहाँ से केवल पाँच पड़ाव दूर रह गया था। अधिक विलम्ब करना अनुपयोगी और व्यर्थ था। इसके अतिरिक्त सुरक्षित पहुँचने की दृष्टि से वे लोग एक धावे में तीस कोस तक नाप लेते थे और मेरे आदमी ऐसे मजबूत लोगों का साथ नहीं दे पाते थे।

मैंने पीर खाँ से कहा, "चाहे जो कुछ हो। कल रात में उन्हें समाप्त करना है।"

हमारे काम का समय आ गया। हम लोग सामान्य रूप से विशाल इमली के वृक्ष के नीचे बैठे थे। हम लोगों ने एक-एक करके गाने सुनाए अथवा अपने साहसिक कार्यों का वर्णन करते रहे। हमें इस प्रकार के हल्के-फुल्के वातावरण में देखकर कौन कह सकता है कि यहाँ पर मृत्यु का भयानक तांडव होनेवाला था। वहाँ उपस्थित हर एक कुछ न कुछ बोल रहा था और उन सबके द्वारा ठहाका लगाकर हँसना देखकर यह दर्शित होता था कि हमारे हृदय कितने हल्के और प्रसन्न थे। हम सब अपनी सफलता की निश्चयता पर आनन्दित थे। दूसरी ओर रोकड़िया भी मार्ग का संकट टल जाने तथा इतने विशाल खजाने को अपने गन्तव्य तक सुरक्षित पहुँच जाने के लिए खुश हो रहे थे। हमारे किसी आदमी का चेहरा गम्भीर नहीं था।

रोकड़ियों के जमादार ने कहा, "दयालु मीर साहब, चन्द्रमा जब इन वृक्षों के ऊपर आ जाएगा, तब हम आप लोगों से विदा लेंगे। आप लोगों का साथ अत्यन्त सुखदाई तथा खतरों-आशंकाओं से रहित रहा। भगवान की कृपा होगी, तो हम पुनः साथ-साथ यात्रा करेंगे और इसी प्रकार सुरक्षित रहेंगे। गाँवों के बाहर आप लोगों ने जिस तत्परता के साथ हमारी सुरक्षा पर ध्यान रखा, उसके लिए हम धन्यवाद देते हैं। हमें एक कौड़ी का भी नुकसान नहीं हुआ। इसके साथ ही हमने कैम्प लगाने का नवीन ढंग भी सीखा। भविष्य में हम वैसा ही करेंगे। रात्रि की निद्रा के पश्चात् जब आप लोगों की नींद टूटेगी तब हम लोग बीस कोस की दूरी तय कर लेंगे।"

सभी ठगों ने अपने-अपने स्थान ग्रहण कर लिए। प्रत्येक रोकड़िया के लिए चार तगड़े आदमी नियत किए गए। मुझे यह देखकर आश्चर्य हो रहा था कि वे इस प्रकार अलग-अलग कैसे हो गए? परन्तु उन्हें कोई सन्देह नहीं हुआ। होता भी कैसे?

सुदूर वृक्षों के ऊपर चन्द्रमा अपने समस्त वैभव के साथ अवतरित हुआ। उसका गोल पीतवर्णीय वृत्त हमारे दल पर अपना स्निग्ध प्रकाश विकीर्ण कर रहा था। रोकड़िए एक साथ उठकर खड़े हुए और प्रत्येक व्यक्ति अपने निकट खड़े हुए व्यक्ति से विदाई के समय दुआ-सलाम करने के लिए मुड़ा।

मैंने कहा, "नहीं, हम इस प्रकार पृथक नहीं होंगे। नारायण दास, हमें मित्रवत् विदा लेनी चाहिए। आओ हम गले मिल लें। पेशे से हम लोग मित्र और भाई हैं।"

हमने एक-दूसरे को गले लगाया और इसके पूर्व कि अन्य लोग आगे बढ़कर मुझे सलाम करते, मैंने झिरनी दे दी, "पान लाओ।"

मेरा संकेत पर्याप्त था। जमादार मेरे रूमाल के नीचे आकर गिर गया। कुछ चीखें, कराहें हुईं, और कुछ समय में सब कुछ ठण्डा हो गया।

मैंने लुधाइयों से कहा, "शीघ्रता करो मित्रो! यही चन्द्रमा, जो इन लोगों का मार्गदर्शन करनेवाला था, अब हम लोगों पर अपनी छटा बिखेर रहा है। अपना काम शीघ्र पूरा करो। ऊँट तैयार खड़े हैं और कुछ घंटों के पश्चात हमें अपना पीछा किए जाने का भय ही नहीं रहेगा।

यद्यपि इस छोटी सी जगह से किसी को भी पकड़ा नहीं जा सकता।"

शवों से कपड़े उतार लिये गए। ऊँटों पर लदे हुए माल के अतिरिक्त भी हर एक के पास भारी माल था। रकम को गिनने के लिए हम लोग वहाँ नहीं ठहरे। दफनाए जाने का काम समाप्त होते ही हम वहाँ से चल दिए। तपौनी का गुड़ खरीदने के लिए हम आगे के गाँव में कुछ देर रुक गए। प्रातः काल होते-होते हम गत रात्रि के अपने कृत्य किए स्थान से बीस कोस आगे निकल आए थे।

सन्ध्या तक हम लोग वहीं रुके रहे और पुनः आगे बढ़े, परन्तु परिवर्तित मार्ग से। लगभग पन्द्रह कोस पर स्थित इन्दौर को दाहिनी ओर छोड़कर हम देहालपुर नामक एक छोटे से गाँव में पहुँचे। यहाँ से उज्जैन को भी दाहिनी ओर छोड़ते हुए और आगे बढ़े, दिन में कहीं धूप के कारण हम लोग रात में यात्रा करते थे। आगे बहादुरगढ़ तक और ओरछा होते हुए हम लोग सुरक्षित जालौन आ गए।

मार्ग में एक स्थान के अतिरिक्त और कहीं खतरा नहीं मिला। होलकर की राज्य सीमा पर तैनात माल अधिकारी हमारी पहचान जानने तथा हमारे पास कैसा माल था, यह जानने के लिए अड़ गए। उन लोगों ने इतनी कठोरता से जाँच की कि यदि हमारे पास अंग्रेजों का दिया हुआ अनुमति-पत्र न होता, तो हम पर निश्चय ही सन्देह करके पकड़ लिया जाता। परन्तु सुभान खाँ को धन्यवाद, उसके अनुमति-पत्र पर कोई आपत्ति नहीं की गई। फतेह मुहम्मद के रूप में मैं साफ निकल आया। खजाने पर पचास रुपए महसूल के रूप में लेकर मुझे नवीन अनुमति-पत्र दे दिया। इसके आधार पर हम भावी प्रश्नों के पूछे जाने या रोके जाने से बच गए।

मेरे द्वारा लाया गया खजाना देखकर पिताजी को कितना हर्ष हुआ, इसका वर्णन करना कठिन है। वह वृद्ध थे, एकाएक भावावेश में आ गए। बार-बार मेरा चुम्बन लिया और हृदय से लगा लिया। उन्होंने अनेक प्यारे-प्यारे नाम से मुझे सम्बोधित किया। गनेशा से जो उस समय वहाँ उपस्थित था, मेरे आचरण की बड़ी गर्मजोशी के साथ प्रशंसा करते रहे। यह आसानी से समझा जा सकता था कि इतनी अधिक प्रशंसा से बचना चाहिए था। कारण कि उस (गनेशा) का हृदय द्वेष से पूर्ण था, जिसे वह बड़ी कठिनाई के साथ छिपाने की चेष्टा कर रहा था। मुझे इसका वास्तव में विश्वास था, कि यदि वह साहस करता, तो हमें प्राप्त हुए खजाने की बात राजा को सूचित कर देता। वृद्ध से वृद्ध ठग की स्मृति में इतनी बड़ी लूट कभी नहीं प्राप्त हुई। ठगों ने मुझे झोरा नायक और कड़क बनवारी जैसे भवानी के पौराणिक भक्तों की श्रेणी में रख दिया, जिनके विषय में ऐसी कथाएँ प्रसिद्ध थीं, जिन पर, हमारी बिरादरी के लोगों के अतिरिक्त अधिकांश लोग निर्विवाद रूप से विश्वास करते थे। मैंने उसे कभी महत्त्व नहीं दिया। परन्तु मेरे लिए इतना गौरव पर्याप्त था मुझे कभी विपरीत स्थित का सामना नहीं करना पड़ा और मेरा पक्का विश्वास है कि हिन्दुस्तान का प्रत्येक ठग यही सोचता था कि वह मेरे साथ आकर इतनी लूट प्राप्त कर ले, जो कई वर्षों तक उसके भरण-पोषण के लिए पर्याप्त हो।

मैं आपको एक घटना बताना भूल गया, जो बहादुरगढ़ में मेरे साथ घटित हुई। हम लोग नगर के बाहर डेरा डाले हुए थे। देर शाम मैंने कुछ लोगों को अपने डेरे की ओर आते हुए देखा, जिन्हें हमने पहले ठग समझा था।

मैंने पीर खाँ से कहा, "ये लोग कौन हो सकते हैं? ठगों की भाँति जान पड़ते हैं, फिर

भी किसी टोली के लिए बाहर निकलने का यह समय नहीं है।"

उसने कहा, "कोई भूली-भटकी टोली होगी। मैं जाकर देखता हूँ।"

मैंने फिर कहा, "यदि वे लोग ठग हों और तुम उन्हें पहचानते हो, तो उन्हें यहाँ ले आना, परन्तु अपनी लूट के विषय में एक शब्द भी न कहना।"

उसने हँसकर कहा, "नहीं, नहीं, मैं ऐसा मूर्ख नहीं। मैं अभी उनकी खबर लाता हूँ।"

वह चला गया और उस टोली के नेता को लेकर आ गया।

मैं जान-बूझकर अपने टेंट में ही बैठा रहा, जिससे यदि वे लोग अपरिचित हों, तो मेरा चेहरा न देख सकें। स्वयं को भली भाँति छिपाने के उद्देश्य से मैंने मुँह पर रूमाल बाँध लिया।

पीर खाँ के साथ मेरे टेंट में आकर उस व्यक्ति ने कर्कश स्वर में कहा, "सलाम वालेकुम।"

मैंने कहा, "आओ मित्र स्वागत है, बैठ जाओ।"

वह यात्रा के कारण थका-हारा प्रतीत होता था। वह धीरे से बैठ गया।

मैंने पूछा, "तुम्हारा क्या नाम है? और तुम कौन हो?"

उसने उत्तर दिया, "मेरा नाम प्रसिद्ध है, अनेक लोग जानते हैं और मुझसे डरते हैं। मेरा नाम लाल खाँ है, और बोलचाल में लल्लू कहते हैं।"

मैंने कहा, "मैंने पहले कभी नहीं सुना, परन्तु तुम हो कौन? और तुम्हारे ये आदमी कौन हैं?"

उसने बताया, "हम लोग मुक्त व्यापारी हैं। हम स्वयं कठोरता के साथ जो कुछ हो, ले लेते हैं।"

मैंने विचार किया, कुछ घुमन्तू पिंडारी होंगे और पूछा क्या वही हो?

उसने कहा, "बिलकुल नहीं। हम तो डाकू हैं?"

मैंने हँसकर कहा, "यह तो सबसे खराब बात है। तुम लोग सम्भवतः दिल्ली से आए हो?"

उसने कहा, "यही बात है। मैं तुम्हें पहचानता हूँ, परन्तु तुम हमें नहीं जानते। तुम्हारे कैम्प लगाने के विशेष ढंग से हम जान गए कि तुम लोग ठग हो। परन्तु हमसे भयभीत होने की आवश्यकता नहीं। भाई-भाई परस्पर बाधक नहीं होते। हमारे लूटने के तरीके भिन्न हैं, परन्तु उससे क्या होता है? सामान्य अर्थों में तो हम भाई ही हैं।"

मैंने कहा, "यह बात ठीक है। हममें भाईचारा होना ही चाहिए। यदि कोई सहायता चाहते हो तो बताओ।"

उसने कहा, "हम कोई सहायता नहीं चाहते परन्तु रात भर के लिए अपने बीच हमें ठहरने दीजिए। सुबह जल्दी हम चले जाएँगे, यदि आपको उसी मार्ग से ही जाना हो।"

मैंने कहा, "खान, तुम्हें जगह मिल जाएगी और भोजन भी मिलेगा, परन्तु केवल चन्द्रमा निकलने तक, क्योंकि उसके पश्चात् हम लोग चल देंगे। हमें उत्तर की ओर जाना है।"

उसने कहा, "तब और क्या हो सकता है। तुम लोगों के रवाना होने तक हम लोग ठहरे रहेंगे, उसके बाद हम आपके स्थान पर अधिकार कर लेंगे। हम लोगों पर कोई सन्देह नहीं होगा।"

मैंने पूछा, "तुम लोग कहाँ जा रहे हो?"

उसने बताया, "हम हैदराबाद जा रहे हैं। इन दिनों डाकुओं के बाहर निकलने पर किसी को सन्देह नहीं होता और पूरा मार्ग हमारा अपना रहेगा। वर्षा समाप्त होने के पश्चात् दशहरे

के आस-पास हम लोग नागपुर के रास्ते से वापस आएँगे। इस समय हम भोपाल और बुरहानपुर होकर जा रहे हैं।"

मैंने पूछा, "और तुम्हारी किस्मत कैसी रही? कोई अच्छी बनिज मिली (यह शब्द वे लोग समझते थे। सड़क पर व्यवसाय करनेवाले सभी वर्ग के लोगों में यह सामान्य रूप से प्रचलित है)?"

उसने बताया, "बस बीच की बात समझिए, न अच्छा न बुरा। कुछ कारबार हुआ अवश्य, परन्तु उस पर गर्व नहीं किया जा सकता।"

मैंने कहा, "ठीक है तुमने अच्छा मार्ग पकड़ा। बुरहानपुर से हैदराबाद का मार्ग बहुत अच्छा है। तुम लोग सिकन्दर जाह के इलाके में पहुँच जाओगे। वहाँ के मुख्य मार्गों पर जो लोग रह जाते हैं, उनके सम्बन्ध में कोई प्रश्न नहीं करता। मैं तुम्हारी मंगलकामना करता हूँ और मेरा यह मित्र तुम्हारे आराम का ध्यान रखेगा। मुझे अब क्षमा करना क्योंकि दाँत के दर्द के कारण मुँह सूज गया है।"

उठते हुए उसने कहा, "सलाम, यदि तुम लोग वापस आने की जगह, आगे जा रहे हो तो, हम लोग मिलकर अच्छी लूट प्राप्त कर लेंगे। हम डकैत लोग मोटा काम नहीं कर सकते।"

मैंने उसके साथ अपनी आवाज बदलकर बात की थी, यदि वह कभी मिले भी, तो मुझे पहचान नहीं सकेगा। यह मैंने किसी विशेष उद्देश्य से किया था, जो तत्काल मुझे सूझ गया। यह आपको बाद में बताऊँगा। इस मुलाकात की बात मैंने पिताजी को भी बताई।

मैंने कहा, "यदि कोई आ ही जाए, तो उससे मिलने में क्या हानि? यदि वे लोग लूट के माल से लदे हों, तो आसानी से हमारे शिकार बन जाएँगे। वे लोग बहादुर और दुःसाहसी भले ही हों, परन्तु उनमें बुद्धि का अभाव होता है। हमें वे कभी नहीं पहचान सकेंगे।"

पिताजी ने कहा, "यह मैं नहीं जानता, परन्तु वे लोग इतने मूर्ख नहीं होते, जैसा तुम सोचते हो। ऐसे मैंने बहुत से देखे हैं, और कुछ की हत्या भी की। वे काफी चालाक होते हैं। इनके बहुत से गिरोह पहचान लिये जाने से ठगों द्वारा बच गए। फिर भी मैं तुम्हारी योजना में कोई आपत्तिवाली बात नहीं देखता। हर हालत में वह भावी अभियान के लिए आधार प्रस्तुत करती है।"

गनेशा वहाँ उपस्थित था। वह बोला, "आओ हम लोग मिलकर चलें, मैं मीर साहब का करिश्मा देखना चाहता हूँ। उनके विषय में मैंने बहुत कुछ सुना है, भवानी कसम शायद मेरे जैसा अभागा पुराना ठग कुछ नई बात सीख ले। मुझे भी ले चलोगे?"

मैंने कहा, "अवश्य, लेकिन तुम जो कुछ पहले ही जानते हो, उससे अधिक कुछ नहीं मिलेगा। भाग्यवान मैं भले ही रहा, परन्तु ज्ञान की आडम्बरवाली बातें बहुत कम जानता हूँ और उन पर मैंने कभी गर्व भी नहीं किया। मेरे विचार से किसी के दिमाग की समस्त कला उसकी कोमल वाणी में होती है, और जो मुहोटे होता है वह अच्छा सोथा भी हो सकता है।"

गनेशा ने कहा, "मीर साहब, तुम दोनों ही हो, तुम्हारे आदमी मृत्यु तक तुम्हारा साथ देंगे।"

मैंने कहा, "वे तो देंगे ही, क्योंकि मैं उनके प्रति दयालु तथा विचारशील रहता हूँ और उन्हें भली भाँति पुरस्कृत करता हूँ।"

यह बात उसे बिच्छू के डंक के समान लगी, क्योंकि वह स्वयं एक क्रूर व्यक्ति था। यद्यपि उस समय के वर्तमान मुहोटे लोगों में वह श्रेष्ठ था, परन्तु यात्रियों को अपनी बातों से प्रभावित

करने की कला उसे नहीं आती थी। और चूँकि वह सदा सोथा के रूप में काम करने पर जोर देता था, अतः वह बुरी तरह भाग्यहीन बना रहा। फिर भी कुछ लोग उसके अधीन ही बने रहे। वह मुँहतोड़ उत्तर देनेवाला था कि पिताजी ने उसे रोक दिया।

उन्होंने कहा, "उसे अकेला रहने दो। वह अत्यन्त स्वाभिमानी लड़का है और हमारे बीच झगड़े से कोई लाभ नहीं। उसके कथन पर ध्यान मत दो।"

किसी नाराज बच्चे जैसे रंग-ढंग से, वह बोला, "नहीं इस्माइल, उसके कहने की मुझे परवाह नहीं। अभियान एक दिन गिरकर रहेगा और मैं उसे देखने के लिए जीवित रहूँगा।"

मुझे बहुत क्रोध आया, परन्तु अधिक कुछ कहने से कोई परिणाम निकलनेवाला नहीं था। हाँ, यदि हम दोनों अकेले होते तो उसे माकूल जवाब मिल जाता।

साहब, आप देख रहे हैं कि किसी सामान्य-सी घटना से नवीन अभियान का इरादा बन गया। हम लोगों ने पूर्व अभियान की अपेक्षा जो उसी दिशा में नियोजित था, इसे अधिक अनुकूल बनाने के लिए भवानी से प्रार्थना की। मैं इस बात को स्वीकार करता हूँ कि गत अभियान में मेरी सफलता ने शकुन की प्रभावात्मकता में मेरी आस्था और अधिक दृढ़ कर दी, भले ही वह मेरे मन में किसी प्रकार भी जम न पाई हो। कहा जाता है कि अनुभव प्राप्त करने के लिए बहुत कीमत चुकानी पड़ती है और प्राप्त होने के पश्चात् कष्टदायक भी होती है। मुझे भी उसके लिए मूल्य चुकाना पड़ा, यद्यपि उसका समय अभी नहीं आया था।

(मि. टेलर : ''लेकिन सुभान खाँ कौन था? क्या तुमने उसके रक्त की कीमत चुकाई?'')

एक कौड़ी भी नहीं, परन्तु आपको ज्ञात हो जाएगा। मैंने पिताजी से पूछा था कि वह कौन था? और उन्हें अपना पूर्ण वृत्तान्त बता दिया, और मेरे पूछते ही उन्हें उसका स्मरण हो आया।

पिताजी ने बताया, "वह एक बहुत बड़ा बदमाश था। क्या वह इतना बड़ा धनी आदमी हो गया? वह किसी कमीनी स्त्री का पुत्र था। यह सोचने की बात है कि वह दुष्ट ऐसे पद पर पहुँच गया, परन्तु अल्लाह के काम परखे नहीं जा सकते। सुनो मेरे बच्चे, उसकी कहानी तुम्हें संक्षेप में बता रहा हूँ–

"वह और मैं साथ ही जमादार थे। मैं उसे कभी पसन्द नहीं करता था और वह बदनाम भी था। वह अच्छा मुहोटे कभी नहीं रहा। वह शैतान कायर था, परन्तु एक श्रेष्ठ सोथा था। हम लोगों द्वारा सीधा काम करने की अपेक्षा वह अपनी कोमल वाणी द्वारा अधिक बनिज फँसा लेता था।

''कई वर्ष पूर्व हम एक साथ थे, सोथा का कार्य करना था और मुझे अन्य कार्यों का प्रबन्ध करना पड़ता था। जयपुर के निकट हमने बहुत से यात्री मार दिए क्योंकि हमारा दल काफी बड़ा था। उनमें दो साहूकार थे और हमें काफी बड़ी लूट प्राप्त हुई। जिसमें मोती और रत्न थे, ये हिस्से के रुप में उसके दल को दे दिए गए। उसने कहा कि इन्दौर जाकर वह उन्हें बेच देगा। परन्तु अपने आदमियों को अपने पास बनाए रखने के लिए रुपए न होने पर समय-समय पर मैंने उन्हें एक हजार रुपए उधार दिए थे। मैंने अपने रुपए के बदले, अपनी पत्नी के लिए मोती माँगे। लूट के माल का बँटवारा होने के बाद, यह किसी दिन देर रात की बात थी। उसने मुझे सुबह देने के लिए कहा, ताकि मैं अपनी पसन्द की लड़ियाँ चुन सकूँगा। उसने यह बात इतने मन से कही थी कि, जैसा मैं मूर्ख था, उस पर जरा भी सन्देह नहीं किया। उसी रात

वह गायब हो गया और उसके बाद उसका कोई पता न चला, जब तक कि तुमने उसका असाधारण विवरण नहीं कह सुनाया।"

आगे पिताजी ने कहा, "उसे एक फूटी कौड़ी भी कभी नहीं मिलेगी। कोई और आदमी इसकी जगह पर होता तो मैं उसे माफ कर देता। परन्तु उसका आचरण कृतघ्नता की चरम सीमा पर था। यदि समय-समय पर मैं उसकी सहायता न करता, और उसे उठाए न रहता, तो वह तिरस्कृत होता और भूखों मर जाता।"

सुभान खाँ की दौलत का यही रहस्य था। उसने एक-एक करके सभी मोती बेच दिए होंगे जैसा उसने संकेत करके मुझसे कहा था कि उसने उनका सौदा कर लिया था और रिश्वत के द्वारा वह इस स्थिति पर पहुँच गया। निश्चय ही मैंने अपने वचनानुसार न तो उसको पैसे भेजे और न उसे अपने सुरक्षित जालौन पहुँचने की एक पँक्ति लिखी। उसका दिया हुआ पास भी मैंने नष्ट कर दिया, क्योंकि उससे भेद खुल सकता था।

नवीन अभियान में बालक की मृत्यु

ठगों के बीच अपनी लोकप्रियता के विषय में मैंने बताया था और जब यह समाचार फैला कि नए अभियान की तैयारी कर ली गई थी, और दशहरे के बाद प्रस्थान किया जाएगा, तो इतनी बड़ी संख्या में लोग आने लगे कि मुझे अनेक लोगों को अस्वीकार कर देना पड़ा और केवल उन्हीं लोगों का चयन किया जिन्हें मैंने समझ लिया कि अनुभव और चरित्र के आधार पर वे अच्छा व्यवहार करेंगे। उनमें कुछ तो अत्युत्तम संगीतज्ञ तथा गायक थे, अनेक अवसरों पर मुझे ऐसे लोगों की आवश्यकता हुई जो मेरे शिकंजे में फँसे, यात्रियों का मनोरंजन कर सकें। इस समय अभियान का वृहत् रूप होने के कारण ऐसे लोग स्वीकारे थे। इसके अतिरिक्त पहले के कुछ वर्षों की अपेक्षा देश का वातावरण अधिक शान्त और स्थिर हो जाने से हम आश्वस्त थे कि सड़कें प्रतिष्ठित तथा धनी लोगों के जाने या आने से भरी रहेंगी। इस कारण हमारे दल को ऊपर से देखने में अधिक सम्मानित लगना चाहिए। मैंने अपने पिताजी से साथ चलने का आग्रह किया, क्योंकि मेरा विश्वास था कि हमारे अति चातुर्यपूर्ण मायाजाल की अपेक्षा उनकी सम्मानित बाह्याकृति और परिष्कृत आचरण से अधिक सफलता प्राप्त होगी।

मैंने वहाँ के राजा की भी अवहेलना नहीं की और समय-समय पर उनके दरबार में उपस्थित होता रहा। वहाँ अधिकाधिक सौजन्यता तथा ध्यानपूर्वक सदैव मेरा स्वागत किया जाता था और वास्तव में मैं उसके योग्य भी था, क्योंकि मैं केवल उसका अच्छा सेवक ही नहीं था वरन् विभिन्न ग्रामों में बसे हुए बहुत से ठग अपनी सुरक्षा तथा काम में सहूलियत प्राप्त होने के बदले उसे प्रति वर्ष अच्छी रकम दिया करते थे। कहने की आवश्यकता नहीं कि उस रकम का भुगतान ठीक समय पर किया जाता था, क्योंकि मुख्यतः इसी पर हमारी गोपनीयता निर्भर थी।

अपने गत अभियान से लौटकर मैंने अपनी निर्धनता प्रदर्शित की, यद्यपि मैं अपने हिस्से से उसे आसानी से पाँच हजार रुपए दे सकता था। इसके स्थान पर मैंने नजर के रूप में बम्बई

से दो सौ रुपए में खरीदी हुई एक बन्दूक और कुछ मोती की मालाएँ जो रोकड़ियों के खजाने से प्राप्त हुई थीं, राजा को भेंट कीं। वह भी सन्तुष्ट प्रतीत हुआ। परन्तु उसका यह सन्तोष केवल दिखावा था, जिसके पीछे असन्तोष अथवा भावावेश का भीषण विस्फोट छिपा था। आगे चलकर वह मेरा प्रचंड और खतरनाक शत्रु हो गया। यद्यपि मित्रता के आचरण में वह अपने मनोभाव छिपाए रहा, परन्तु क्रमशः वह हमारे विनाश के लिए अपनी योजनाएँ सुदृढ़ करता रहा।

हम अपने अभियान पर रवाना हो गए। अपनी तैयारियाँ पूर्ण करने के तरीकों में आपके के लिए रुचिकर कोई बात नहीं थी। बेचारी अज़ीमा ने कभी स्वप्न में भी न सोचा होगा कि हम वास्तव में क्या थे? उसके लिए इतना ही पर्याप्त था कि प्रत्येक अभियान के पश्चात् उसे नवीन आभूषण और अच्छे वस्त्र प्राप्त होते रहें। साथ ही वह ऊँचे स्तर तथा महँगे तरीके से रह सके। अपने मकान का मैं काफी विस्तार कर सका और अब वह मेरी इच्छानुसार बड़ा तथा आरामदेह बन गया। वह यह भी जानती थी कि धन-दौलत की सम्पन्नता से अपनी एकमात्र पुत्री के लिए ऊँचा घर देखा जा सकता था। इस समय भी उसके विवाह के प्रस्ताव आने लगे थे, उनमें से कुछ लाभदायक थे। मैं इस बात से प्रसन्न था कि प्रस्ताव उन लोगों की ओर से प्राप्त हुए थे, जो हमारे व्यवसाय से सम्बन्धित नहीं थे क्योंकि यह मैं भलीभाँति समझता था कि किसी कुअवसर आने अथवा हममें से किसी के विश्वासघातक बन जाने से, अपनी समृद्धि से उसी क्षण उखाड़कर फेंक दिया जाऊँगा। मैं उसका विवाह उस व्यक्ति से करना चाहता था जो उसे संरक्षण प्रदान कर सके और उन खतरों से दूर हो जो मेरे सामने सदैव रहते थे।

इस सम्बन्ध में मैंने अज़ीमा से प्रतीक्षा करने के लिए कहा, क्योंकि (जैसा मैंने उसे बताया) जिस यात्रा पर मैं जानेवाला था वह निश्चय ही लाभप्रद होगी और हमारे पूर्व के प्रचुर साधनों में नवीन वृद्धि होगी। इससे हम विवाह-समारोह उचित रूप से अथवा सम्भवतः अपनी कल्पना से बढ़कर सम्पन्न करेंगे। उसने मेरे अनुरोध को तुरन्त स्वीकार कर लिया, क्योंकि किसी भारतीय माँ के लिए जो सर्वाधिक चिन्ता की बात होती है, वह है अपने बेटी-बेटे का विवाह। उससे भी सबसे मुख्य बात यह होती है कि उसके परिधान सर्वोत्तम और मूल्यवान सामग्री से निर्मित हों, उसके पास ढेर से आभूषण हों, वे भी मूल्यवान हों। इसके साथ सम्पूर्ण गृह-सामग्री, जो बेटी अपने पति के घर ले जाए, वह ठोस हो और जो अनेक वर्षों तक उपभोग की जा सके। इसके आधार पर पति के परिवार की महिलाओं की सद्भावना वह अपनी माँ के लिए प्राप्त कर सके। महिलाओं के झगड़े में महत्वहीन बातों के सम्मुख न होने के अतिरिक्त कोई बड़ी उपलब्धि नहीं होती।

संयुक्त परिवारों में अपशब्दों का आदान-प्रदान होता है और उसके परिणामस्वरूप शत्रुता की अग्नि कभी शान्त नहीं होती। कुछ विवाह आरम्भ में अच्छे भविष्य का संकेत देते हैं, परन्तु वधू की वस्तुओं में, जो सदैव के लिए उसकी हो जाने से पूर्व, परिवार की महिलाओं की जाँच के लिए पेश की जाती हैं, त्रुटि निकल आने से विवाह की आनन्दपूर्ण परिसमाप्ति में बाधा उत्पन्न हो जाती है।

परन्तु मैं प्रसंगहीन हो गया। मुझे अपने साहसी कृत्यों की ओर लौटना चाहिए। पूर्व की भाँति हम लोग जालौन से निकल पड़े। मेरे पिताजी , गनेशा और पीर खाँ के अतिरिक्त तीन सौ और ठग थे। मार्ग में हमने यह प्रचारित किया कि हम लोग निजाम के कर्मचारी थे, जो

अपनी छुट्टी व्यतीत होने के उपरान्त हैदराबाद लौट रहे थे। यह बताना आवश्यक था, क्योंकि बिना कारण दल की इतनी बड़ी संख्या से सन्देह हो जाना स्वाभाविक था।

सर्वप्रथम जो मामला हमने हाथ में लिया, उसे मैं कभी नहीं भूल सकता। यह बात नहीं थी कि उन चार यात्रियों को मारने में कोई विशेषता थी, परन्तु उसका परिणाम दुखद हुआ, जिसने हमारे दल के आदमियों को बहुत दिनों तक निरुत्साह रखा और कोई भी उसे भुला नहीं सका।

पीर खाँ का एक भानजा था, जिसकी आयु केवल दस वर्ष थी। वह सुन्दर, शानदार छोटा-सा बालक अपनी आयु से अधिक बुद्धिमान था। जैसा आप स्वभावतः अनुमान कर सकते थे, वह दल के सभी लोगों का दुलारा था। मैंने पीर खाँ से कई बार कहा कि वह मुझे इस बालक को अपने पुत्र के रूप में गोद लेने की अनुमति दे दे, परन्तु उसने मेरी बात नहीं सुनी। सम्भवतः इसका यह कारण होगा कि वह उसकी बहन का पुत्र था, जो अब इस संसार में नहीं थी। दो वर्ष पूर्व उस बालक का पिता भी दिवंगत हो गया था। तभी पीर खाँ इस मातृ-पितृ विहीन बालक को अपने घर ले आया और उसे पुत्रवत् प्यार करने लगा।

वह बालक एक जोशीले टट्टू पर सवारी किया करता था, जिसे मैंने उसे दिया था। वह हमारे दल में सबसे आगे रहा करता था। वह घुड़सवारी के करतबों की नकल किया करता था और अपनी बौद्धिक गप्पों द्वारा हम सब का मनोरंजन करता था। हम उसे कभी दल के पीछे नहीं रखते थे।

जब चार यात्रियों को समाप्त करने का समय हुआ, तब उस बालक को सबसे पीछे रहनेवाले आदमियों के सुपुर्द कर दिया गया और यह कठोर आदेश दिया गया कि किसी दशा में भी बालक को आगे न आने दिया जाए। पीर खाँ भी उसे इन्हीं लोगों के पास छोड़ना चाहता था, क्योंकि वह थोड़ी दूर पर किसी गाँव में जानेवाला था। उसने आज्ञा पालन का वचन दिया था। फिर भी हमारी समस्त सावधानियाँ व्यर्थ हो गईं। और उन्हें व्यर्थ होना ही था, क्योंकि उसके भाग्य में कुछ और ही घटित होना लिखा था।

अभी मैंने झिरनी दी ही थी और वे चारों यात्री मृत्यु की यन्त्रणा से छटपटा रहे थे। उनमें से एक जोर से चीख भी रहा था। उसी समय, या अल्लाह, वह बालक आलम खाँ धड़धड़ाता हुआ वहाँ आ धमका। प्रथम तो वह हम लोगों तक पहुँच जाने की विजय मुद्रा में था परन्तु जैसे ही उसकी दृष्टि वहाँ घटित होनेवाले भयानक दृश्य पर पड़ी, कि उसका मुख संत्रास की भयावह छाया से तत्काल आवृत्त हो गया, जिसका मैं किस प्रकार वर्णन करूँ? उसके नेत्र पथरा गए, और खुलकर रह गए, उसकी जिह्वा तालू से चिपक गई। एक शब्द भी उसके मुख से न निकल सका। यन्त्रणा से उसके दोनों हाथ परस्पर चिपक गए और इसके पूर्व कि मैं या पीर खाँ जिसकी देखरेख में वह कृत्य हो रहा था, अपने घोड़े से उतरते कि वह घोड़े से नीचे गिर पड़ा।

मैंने पीर खाँ से कहा, "अब हम लोग क्या करें?"

मैंने कहा, उसने उसे उठा लिया और पुचकारने लगा।

"उससे कुछ बोलो, तुम्हारी बात सुनकर उसे होश आ जाएगा।"

पीर खाँ चीखता रहा, "मेरे बच्चे, मेरे बच्चे।" वह भय और सन्ताप के स्वर में कहने लगा, "बोलो बेटा, एक शब्द तो बोलो, तुम्हारे मामा का दम निकल रहा है। या अल्लाह!" और वह

आकाश की ओर हाथ उठाकर कह रहा था, "ऐ, रहम-दिल नबी, तू चाहे तो सब कुछ हो सकता है, मेरी प्रार्थना कबूल कर।"

परन्तु इससे कोई लाभ नहीं हुआ। वह बेचारा संज्ञाहीन पड़ा रहा, यद्यपि उसकी पथराई हुई आँखें देख रही थीं परन्तु उसके मुँह से एक भी शब्द नहीं निकल रहा था। मृतकों को छोड़ सभी ठग उसे घेरकर खड़े हो गए। निकट ही वहीं कोई छोटी नदी थी उसी में भिल तैयार की गई थी। मैंने सोचा पानी मँगाया जाए, और एक आदमी को उसे लाने के लिए दौड़ा दिया। पानी आ गया। मैंने उसके मुँह में कुछ पानी डाला।

पीर खाँ प्रसन्नता के भावावेश में बोल उठा, "वह होश में आ रहा है, उसके होंठ हिल रहे हैं।"

और अन्ततः बालक की वाणी मुखर हुई।

अत्यन्त धीमे स्वर में उसने कहा, "मामा, मैं कहाँ हूँ? मैंने क्या देखा?" अपनी आँखों पर उसने अपने हाथ फिराए।

उसके मामा ने कहा, "कुछ नहीं, कुछ नहीं, तुम घोड़े से गिर पड़े थे, बस यही हुआ था, मेरे बेटे, तुम्हें इतना तेज नहीं दौड़ाना चाहिए। इसमें तुम्हारी जान जा सकती थी।"

बालक बोला, "नहीं, मैं घोड़े से नहीं गिरा। मैंने देखा, अल्लाह मुझे बचाए मामा। ओह उन लोगों की आँखें देखो, मुँह देखो, वही तो सब पड़े हुए हैं। ओह, मैं मरा जा रहा हूँ। मैं सहन नहीं कर सकता। मैं मर जाऊँगा।"

अभागा बालक, उसने उन मृतकों को पुनः देख लिया। उनकी ओर से हमारा ध्यान हट गया था। एक शव बिलकुल हमारे निकट ही पड़ा था। उसके विकृत चेहरे पर भयानक रूप से खुले हुए दाँत दिखाई दे रहे थे। बालक उसी की बगल में गिरा था और उठकर बैठते हुए उसकी दृष्टि उधर चली गई। किसी बालक के लिए वह कितना भयावह दृश्य था?

वह चीख-चीखकर कह रहा था, "इसे ले जाओ, इसे लो जाओ। मैं मर जाऊँगा। मुझे दफन कर दो। उसका चेहरा और आँखें भूलती नहीं हैं। वे हमारे सामने हमेशा बनी रहेंगी।"

मैंने कहा, "इन्हें ले जाओ।" और जैसे ही मैंने बालक की ओर घूमकर पुनः देखा, तो उसने अपना चेहरा सड़क की रेत में छिपा लिया था। उसका शरीर बुरी तरह ऐंठा जा रहा था।

पीर खाँ ने कहा, "या अल्लाह, अब मैं क्या करूँगा? मीर साहब, आपकी जान कसम, कुछ कीजिए। इसको बचा लीजिए। मैं अपनी अन्तिम साँस तक आपका गुलाम बना रहूँगा। मैं अपने घुटनों के बल आपकी सेवा करूँगा। मैं आपका दास होकर रहूँगा।"

मैंने कहा, "अब क्या किया जाए? यही हो सकता है कि हम लोग इसी जगह रुके रहें। उसका दौरा समाप्त होने तक किसी तरह उसे आराम पहुँचाते रहें। वह शीघ्र होश में आ जाएगा और फिर सब कुछ भूल जाएगा।"

बेचारा बालक! वह अपने शरीर की ऐंठन को सहन कर रहा था। कभी-कभी आँय-बाँय बकने लगता था। उसके मुँह से फेन-सा निकल रहा था। उसके होंठ नीले पड़ने लगे और परस्पर भिंच गए। जब उसने आँखें खोलीं तो वे ऊपर टँगी जा रही थीं। मैंने ऐसा भयानक रूप कभी नहीं देखा, और न मुझे इस बात का विश्वास था कि किसी पर उसका इतना अधिक प्रभाव पड़ सकता था।

हम लोग उसे उठाकर नदी के किनारे ले गए। उसके मुँह पर पानी के छींटे मारे, जिससे

उसने पुनः अपनी आँखें खोलीं, परन्तु उसी समय किसी दुखद संयोग से उसकी दृष्टि मृतक की पगड़ी पर पड़ गई, जिससे मैं उसका मुँह पोंछ रहा था। इसका तुरन्त प्रभाव उस पर पड़ा और उसके मुँह से पुनः चीख निकल गई। अब उसे किसी प्रकार भी सांत्वना नहीं मिल रही थी। उसके लिए हम लोग भयानक आशंका में पड़ गए। कुछ समझ में नहीं आ रहा था कि क्या किया जाए? इस समय किसी आबादी से हम बहुत दूर थे और यदि होते भी तो किसी हकीम को बुलाने का साहस कैसे कर सकते थे, क्योंकि सम्भव था कि उसके असंगत प्रलाप हमारे कृत्य को सचमुच उजागर कर देते। हम लोग उसके पास इस भयभीत आशंका में बैठे थे कि कहीं कोई वेदान्तक ऐंठन उसकी मृत्यु का कारण न बन जाए।

अन्ततः हमने उसे उठाकर घोड़े पर लादा और उसी बेहोशी अवस्था में उसे लगभग एक कोस तक ले जाने में सफल हो गए, परन्तु इसका कोई परिणाम नहीं निकला। वह अस्थायी अर्द्धचेतनावस्था से पुनः जाग उठा। अतः उसे नीचे उतरना पड़ा और सड़क के किनारे किसी ऊँचे स्थान पर उसे लिटा दिया। हम उसके मुँह पर हवा करते हुए, उसे शान्त करने के भरसक प्रयास में लगे रहे।

परन्तु वह अत्यन्त कमजोर हो गया था। उसकी कराहें धीरे-धीरे मन्द पड़ती जा रही थीं। यद्यपि इस समय वह आँखें खोलकर आस-पास दृष्टि दौड़ा रहा था, परन्तु हमें यह स्पष्ट प्रतीत हो रहा था कि वह कोमल पुष्प मुरझाने लगा था।

पीर खाँ अत्यन्त भयभीत था। वह बराबर प्रलाप कर रहा था, दुआएँ माँग रहा था, प्रार्थना कर रहा था। बालक के पास वह घुटनों के बल बैठकर झुक गया और अपने आँसुओं से उसका मुख भिगोने लगा, उसके आँसू निरन्तर झर रहे थे, परन्तु उसे कोई दया की भिक्षा नहीं प्राप्त हुई। इसी दशा में हमलोग दोपहर तक बैठे रहे। अनेक यात्री इधर-उधर आते-जाते रहे। सभी बालक की दशा को देखकर सहानुभूति प्रकट करते थे। परन्तु चलते हुए उसकी मृत्यु होने की प्रबल भावना भी व्यक्त करते थे।

और वास्तव में उसकी मृत्यु हो गई। उसके वेदनामय शरीर से सन्ध्या समय उसके निर्मल प्राण-पखेरू उड़ गए। और उसके मृत शरीर के साथ उस निर्जन जंगल में हम लोग एकाकी रह गए।

मैंने पीर खाँ से कहा, "अब इस प्रकार रोने-धोने से क्या लाभ?"

वह शोक सागर में डूबा हुआ, पछाड़ें खा रहा था। वह कराहते हुए इस प्रकार रुदन कर रहा था, जैसे उसकी समस्त ऊर्जा समाप्तप्राय हो गई थी।

मैंने कहा, "भाई, इससे कोई लाभ नहीं, बालक तो चला गया। हमें उसके शव को आगे पड़ाव तक ले जाना होगा, जो बहुत दूर नहीं है।"

उसने कहा, "आप जैसा चाहें करें। मेरा हृदय विदीर्ण हो गया है। मैं अब सिर उठाकर नहीं देख सकूँगा। वह मेरी आत्मा का सर्वस्व था। उसके बिना मैं क्या करूँगा? क्या करूँगा?"

हम लोगों ने उसके शव को उठा लिया। कभी कन्धों पर कभी घोड़े पर रखकर उसे कैम्प तक ले आए। हमारी अनुपस्थिति का कारण सभी को ज्ञात था, परन्तु उसका कारण जानते हुए, कोई ठग निकलकर हमसे मिलने नहीं आया। एक कब्र शीघ्र तैयार की गई और दल के समस्त लोगों के आँसुओं और कराहों के बीच मशाल के प्रकाश में उसे दफन कर दिया गया। वह सभी का दुलारा था।

काफी रात को पीर खाँ मेरे पास आया और मुझे अपनी बेचैन निद्रा से, जिसमें उसी दुखद दृश्य के भयानक रूप आ-जा रहे थे, मुझे जगाया। उसे देखकर मुझे प्रसन्नता हुई, परन्तु उसके लिए नहीं जिस उद्देश्य को लेकर वह आया था। उसे मैं आगे बता रहा हूँ।

कुछ देर मौन रहने के बाद वह बोला, "मीर साहब, अब मैं वह नहीं रहा जो पहले था और न अब पुनः वही हो सकूँगा। मेरी आत्मा टूट गई है और अपने इस व्यवसाय के लिए अब मैं उपयुक्त नहीं हूँ। मेरा भाग्य भी उसी के विरुद्ध संकेत कर रहा है। इस भयानक विपत्ति के पश्चात् मैं आपके लिए बेकार हो गया हूँ। अब आप मुझे जाने की अनुमति दीजिए। आप देख ही रहे हैं कि मैं कितना शान्त और स्थिर हूँ, परन्तु भावावेश तथा दुख के कारण मैं आपसे अधिक नहीं कह पा रहा हूँ। अतः मुझे जाने दीजिए। मैं अपने घर जाऊँगा और अल्लाह की मर्जी से अपने जीवन के शेष दिन व्यतीत करूँगा। मेरी वर्तमान पीड़ा में केवल उसी का सहारा है। अब मैं बहुत दिनों तक जीवित नहीं रहूँगा। मुझे प्रतीत होता है कि इस धक्के ने मेरी आत्मा को हिलाकर रख दिया। और वही मुझे कब्र में ले जाएगी।"

मैंने समझ लिया कि उसके साथ तर्क करना व्यर्थ था। उसके मुखमंडल पर निराशा के भाव स्पष्ट झलक रहे थे। किसी व्यक्ति के भाग्य में बाधा देना असम्भव है। यह अल्लाह की मर्जी है और कौन इनसान उसका विरोध कर सकता है? उसे अपने मार्ग पर जाना होगा।

मैंने कहा, "जाओ पीर खाँ, तुम शान्ति से रहो, नबी की दुआ तुम्हें प्राप्त हो। तुम्हारे लिए मैं बहुत दुखी हूँ, और सदा ही मुझे व्यथा रहेगी, परन्तु यदि कुछ समय पश्चात् तुम्हारी इच्छा मेरे साथ आने की हो, तो मैं कह नहीं सकता कि कितनी प्रसन्नता के साथ मैं तुम्हारी सेवाओं से लाभ उठाऊँगा। अभी तक हम मित्र और भाई बनकर रहे, तथा वर्षों तक स्नेह और सद्भावना के साथ रहने के पश्चात् अब हम पृथक हो रहे हैं।"

वह मुझे कोई उत्तर नहीं दे सका और मेरा हाथ लेकर उसे मलता रहा, उसके बड़े-बड़े आँसू झरकर उसकी काया को भिगो रहे थे। उसने कुछ कहने की चेष्टा अवश्य की, परन्तु शब्द उसके कंठ में अवरुद्ध होकर रह गए। फिर वह मेरे कदमों पर गिरकर उन्हें चूमने लगा और मेरे घुटने अपने हृदय से लगा लिये। इसके पश्चात् वह उठकर खड़ा हो गया, और क्षण भर तक मेरी ओर देखने के बाद अपनी भावनाओं को दबाए हुए, हमारे सामने से सदैव के लिए विदा हो गया। जब हम लौटकर जालौन आए, तब उसका देहान्त हो चुका था, उसकी अन्तर्वेदना ने उसे मार डाला।

मेरी दृष्टि में अन्य साथियों की अपेक्षा, वह मुझे अधिक प्रिय था और उसके असमय निधन पर मुझे गहरा दुख हुआ था।

मैंने बताया था कि इस घटना से हमारे पूरे दल पर विषाद छा गया था, जो कई दिनों तक घट नहीं सका, परन्तु धीरे-धीरे उन लोगों की स्वाभाविक प्रसन्नता लौटने लगी। हमारे प्रमुदित और प्रफुल्लित कैम्प में एक बार फिर गायन-वादन, हँसी-मजाक और किस्से-कहानियाँ सुनाई देने लगे। इसके साथ हमारे उद्देश्य का गम्भीर हिस्सा कभी भुलाया नहीं गया।

जबलपुर से एक या दो पड़ाव के बीच, हमने सुना कि मुंशी नामक कोई धनी व्यक्ति हमारे आगे-आगे नागपुर जा रहा था। हम लोगों ने उस तक पहुँचने का प्रयास किया। जबलपुर से नागपुर की दिशा में केवल एक दौड़ में हमने उसे पा लिया। अब हम अपने सर्वोत्तम इलाके में आ गए, इसका अर्थ यह था कि उस प्रदेश में बहुत कम आबादी थी।

अब हम लोग मुंशी के बराबर आ गए, परन्तु यदि हमारे साथ तीन सौ ठग न होते तो उसके जैसे बड़े दल पर आक्रमण करने में हमें कुछ झिझक अवश्य होती। उसके पास दो बड़े टेंट, घोड़े, ऊँट, पालकी-कहार और नौकर थे। इस मामले में हम बहुत देर तक सोच-विचार करते रहे।

शकुन-विचार भी किया गया और उसे सर्वथा अनुकूल पाया गया। हमारे लिए अब झिझकने की कोई बात नहीं थी। हमने उद्देश्य को, जिसमें इतनी बड़ी लूट का आश्वासन था, प्रभावी बनाने के लिए उपयुक्त योजना तैयार कर ली।

दो दिनों तक हम अपने कैम्प मुंशी के निकट लगाते रहे। इसी निकटकता के द्वारा हमारी परस्पर बातचीत होने लगी। जब उसे यह ज्ञात हुआ कि हम लोग भी इज्जतदार हैं, तो दूसरे दिन उसने मुझे और पिताजी को अपने पास बुलाया। हम लोग वहाँ गए। मुंशी योरोपियनों का मुलाजिम था। जनरल डोवटन के अधीन जमा पर उसने फौज में काम किया था। यद्यपि यह निश्चित रूप से नहीं कहा जा सकता था कि वह वास्तव में उस अफसर का नौकर था, परन्तु उसकी बातों से यही लग रहा था। उसने हमें बताया कि अब उस देश में व्यवस्था स्थापित हो गई थी। अतः उसने हिन्दुस्तान लौटने के लिए छुट्टी ले ली थी और अब अपने बीवी-बच्चों के साथ वापस आ रहा था। हमने उसके साथ एक रमणीय सन्ध्या व्यतीत की, क्योंकि उसके पास व्यापक जानकारियाँ थीं। उसने फिरंगियों की प्रशंसा करते हुए, उनके सम्बन्ध में कई किस्से और बातें सुनाकर हमारा मनोरंजन किया। फिरंगियों के विषय में हमने जो कुछ सुना था उसका उसने अनुमोदन किया। उनके विरुद्ध हमारे मन में जो पूर्वाग्रह थे, उसने उन्हें भौतिक दृष्टि से दूर कर दिया। उसकी बातें सुनने के पश्चात् पूर्व की अपेक्षा अब मैं उनका अधिक सम्मान करने लगा, क्योंकि हर व्यक्ति यह तो मानता ही था कि वे लोग भले और बहादुर सैनिक थे। यह भी लोग कहते थे कि वे निर्दयी, विषयासक्त और पियक्कड़ थे। मेरे एक-दो प्रश्न पर मुंशी हँसा। एक प्रश्न मैंने किया था कि योरोपियन काँटा-चम्मच से क्यों भोजन करते हैं, इसे सुनकर वह खूब हँसा और कहा, "बताइए आप लोगों ने क्या-क्या सुना है? तब मैं उसका उत्तर दूँगा।"

मैंने कहा, "यह बात बड़ी विचित्र है और उस पर पूर्ण विश्वास भी नहीं किया जा सकता, कारण कि सभी लोग उसी प्रकार क्यों नहीं हो जाते? जो भी हो मैंने सुना है, और किसी विश्वस्त सूत्र से ज्ञात भी हुआ है कि उनके हाथ के नाखूनों में विष होता है, इसी कारण वे अपने रक्त में उसके प्रवेश हो जाने का खतरा मोल लेना नहीं चाहते, यही नहीं, वे अपना भोजन भी हाथ से नहीं छूते।"

मेरी बात सुनकर वह इतनी देर तक हँसता रहा, कि मैंने सोचा कि उसका अन्त ही नहीं होगा। मेरी टिप्पणी से ऐसा विनोद उत्पन्न होगा यह देखकर मुझे कुछ चुभन सी अनुभव हुई। टेंट के पीछे परदे से दबी हुई हँसी सुनकर मुझे मालूम हो गया कि मेरी बात से औरतों को भी आनन्द आ गया।

उसने उत्तर दिया, "नहीं, नहीं, मीर साहब, यह सब गप्पें हैं। किसने आपसे ऐसी असत्य बात कह दीं। यदि उनकी त्वचा श्वेत है, या उनके चेहरे रक्ताभ हैं, तो इससे क्या? वे भी हमारी ही भाँति मांस और रक्त से बने हैं, वे लोग काँटे-चम्मच से इसलिए खाते हैं क्योंकि यह उनके देश की रीति है और यह भी है कि वे अपने हाथ खराब नहीं करना चाहते। इसके अतिरिक्त उनके भोजन पकाने का ढंग हमसे भिन्न होता है। जैसे भेड़ को वे आधा भूनकर

खाते हैं। बिना किसी साधन का प्रयोग किए वे ऐसा करते हैं।"

मैंने कहा, "मैं अपनी अज्ञता स्वीकार करता हूँ। उन लोगों के विषय में अधिक प्रश्न करने में मुझे लज्जा लग रही है। अब मैंने यह समझ लिया है कि जो सुनी-सुनाई बातें हैं वे सब मिथ्या हैं। फिर भी मैं उनके पीनेवाले दृश्य के विषय में अवश्य पूछना चाहता हूँ, और हिप-हिप के क्या अर्थ होते हैं? इन्हें मैं नितान्त रहस्यमय समझता हूँ।"

हमारी बैठक समाप्त होते-होते बहुत देर हो चुकी थी, परन्तु उठने से पूर्व हम एक साथ मिलकर यात्रा करने तथा शामें व्यतीत करने के लिए सहमत हो गए। हम यही चाहते थे। एक-दो दौड़ आगे यदि हम उसे ले सकें तो हमारी सफलता निश्चित थी, क्योंकि यहाँ के ग्रामीण हमें पहचानते थे और हमारे मित्र बन गए थे। कुछ पैसा देकर हम उनके मकानों में रह सकते थे और हमारी इच्छानुसार वे हमें अपना काम करने की अनुमति दे देते।

साहब, यह बात मैंने पहले आपको नहीं बताई, क्योंकि इस मामले को आप भली भाँति जानते हैं। हम जहाँ पहुँचते हैं वहीं हमारे मित्र मिल जाते हैं। हम सबको भरसक रिश्वत देते हैं। फकीर या व्यापारी के वेष में हमारे आदमी देश के हर भाग में फैले हैं। कुछ जमींदार हमसे भयभीत रहते हैं, दूसरे हमें धमकाते हैं और हमसे बड़ी-बड़ी रकम वसूलते हैं, परन्तु सामान्य रूप से वे ईमानदार रहते हैं। आप सोचिए उनकी सहायता और गुप्त सहयोग बिना क्या हम कुछ कर पाएँगे? नहीं, बिलकुल नहीं। विशेष रूप से निजाम के इलाके में हमें बड़ी सहायता प्राप्त होती है। बहुत से जमीदार नियमित वेतन देकर ठगों को रख लेते हैं, और उन्हें स्वयं सड़क पर भेजा करते हैं। कुछ लोग वर्ष में निश्चित रकम पाकर सन्तुष्ट रहते हैं, और कुछ हम लोगों के साथ अपनी घनिष्ठता के भय से हमें गिरफ्तार कराने का नाटक करते हैं, और अधिकाधिक धन वसूलते हैं। चूँकि वहाँ किसी प्रकार की पुलिस नहीं होती, अतः यदि किसी प्रकार उनका लेन-देन प्रकाश में भी आ जाए, तो वे भयभीत नहीं होंते। कुछ-कुछ मैं स्वयं अपने अनुभव से जानता हूँ कि ये मामले कैसे हल किए जाते हैं। परन्तु मैंने अन्य लोगों से सुना है, विशेष रूप से मोती से। कुछ वर्ष पूर्व ठगों का एक दल लेकर वह हुजूर के राज्य में घूमता रहा। उसने बताया था कि जब तक वह गाँव के पटेल, जमीदार या चुंगी के अधिकारी को खूब अच्छी रकम देता रहा, उसे कहीं नहीं रोका गया। सैकड़ों ठग यही किया करते थे। वे लोग अपना व्यवसाय इतना खुले रूप से करते थे कि अपने द्वारा मारे गए लोगों के शव दफनाने का कष्ट तक नहीं करते थे। साहब, आप जानते हैं कि यह सब सत्य है, अतः बताने की आवश्यकता नहीं। अब आइए अपनी कहानी की ओर।

हम लोग एक गाँव में पहुँचे जिसका नाम बिसैनी था। उसका पटेल हमारा आदमी था। कभी-कभी उसे बीस रुपए भेंट कर देते, कभी नई पगड़ी दे देते थे और इसके बदले हमें उसकी मौन सम्मति तथा सहयोग प्राप्त हो जाते थे। जब मैं सहयोग की बात करता हूँ तो इसका अर्थ यह था कि वह प्रायः यात्रियों को ठगों के हवाले कर देता था। उनको यह कहकर भयभीत करता कि यह गाँव उनके लिए सुरक्षित नहीं था, इसलिए वे यहाँ से चले जाएँ और गाँव के बाहर के लोगों के साथ, जो वास्तव में ठग होते थे, ठहर जाएँ। उनका क्या हश्र होना था, वह इस बात को भली भाँति समझता था, परन्तु इस धोखे के लिए उसे पैसा मिलता था।

तो हम बिसैनी पहुँचे। वहाँ के सुयोग्य पटेल के लिए मैंने एक अच्छी पगड़ी और कमरबन्द खरीद लिया था, उसके लिए और भी वस्तुएँ रख ली थीं, जिनमें एक अंग्रेजी पिस्तौल थी, जिसे

उसने किसी ठग द्वारा सन्देश भेजकर मँगवाया था। जैसे ही मैं वहाँ पहुँचा, मैं गाँव में उसके यहाँ गया और उसी के घर में उसके सिर पर पगड़ी बाँध दी, साथ ही उसे अन्य भेंट भी दे दी। उसके ऊपर बीस रुपए भी दे दिए।

उसने कहा, "मीर साहब, क्या बात है इतने उदार कभी नहीं रहे, मेरे इस गरीब गाँव को और बदनाम करने के लिए कौन सी बनिज लेकर आए हो?"

मैंने बड़ी लापरवाही के साथ उत्तर दिया,

"अरे कोई नहीं, तुम्हें मालूम है, इधर कई वर्षों से नहीं आया। और इन वस्तुओं को इस अभिप्राय से लाया था कि तुम यह न सोच बैठो कि मैं तुम्हें भूल गया।"

उसने कहा, "इस दयालुता के लिए शुक्रिया। आपकी रहमत बढ़े परन्तु मीर साहब, बनिज? मैं बहुत पहले से जानता हूँ, आप चतुर व्यक्ति हैं। वहाँ टेंट में कौन है? इतने ठग यहाँ क्यों एकत्र कर दिए? आप अपना इरादा मुझसे नहीं छिपा सकते।"

मैंने कहा, "मैं छिपाना भी नहीं चाहता। परन्तु हमारा पुराना समझौता याद करो।"

वह जल्दी ही बोला, "हाँ, हाँ, याद है। परन्तु अब समय परिवर्तित हो गया है, और उसके साथ हमारे मालिक भी। जानते नहीं यह इलाका साहब लोगों का है।"

मैंने कहा, "तो इससे क्या अन्तर पड़ता है, पटेल जी? इससे क्या होगा?"

उसने कहा, "कुछ नहीं, परन्तु मुझे है। उन घुड़सवारों को देखते नहीं?"

मैंने पूछा, "कौन घुड़सवार?"

उसने कहा, "छह हैं, और एक दफादार। मालूम होता है कि मेरा गाँव चोरों के लिए बदनाम हो गया। यहाँ पहरा देने के लिए एक टोली भेज दी गई। अल्लाह खैर करे और पेट के लिए रोटी देता रहे।"

मैंने पूछा, "और दफादार कैसा है?"

पटेल ने कहा, "वह हिन्दू है, और भोजपुरिया। उसका नाम हित्ता सिंह है। उसकी टोली में सभी हिन्दू हैं।"

मैंने कहा, "भोजपुरिया, तब तो मैं दावे के साथ कह सकता हूँ, कि वे अवश्य ठग होंगे। कोई भोजपुरिया कभी ईमानदार पैदा हुआ है?"

उसने कहा, "मीर साहब, वे लोग ठग नहीं हैं। मैंने कूट शब्द द्वारा उनकी परीक्षा ली है। लेकिन यह मेरे और आपके बीच की बात है। मेरे विचार से मेरा मित्र हित्ता सिंह किसी अवसर की तलाश में है, ताकि वह मेरी ही भाँति बड़ा बदमाश बन सके, खुदा मुझे माफ करे।"

मैंने पूछा, "इसमें मुझे कोई सन्देह नहीं, परन्तु वह है कहाँ?"

उसने कहा, "क्या उसे बुलाऊँ?"

मैंने कहा, "हाँ, बुलाओ। यदि उसे बहका नहीं सका, तो धमकाऊँगा अवश्य। और यदि बुरा होना ही है तो होने दो। तुम्हें मालूम है उनके छह के सामने मेरे तीन सौ हैं। उनको अवसर ही नहीं मिलेगा।"

उसने कहा, "ठीक है मीर साहब, लेकिन आपके हाथ जोड़ता हूँ। मार-काट मत कीजिए। मेरी इज्जत का भी कुछ विचार कीजिए। यदि योरोपियनों को हिंसा की बात सुनाई दी, तो मुझे यहाँ से अवश्य निकाल बाहर करेंगे।"

मैंने कहा, "तुम तो ठग बन जाओ। अच्छा जल्दी करो, पटेल जी उसे शीघ्र बुलाओ।"

वह चला गया और कुछ देर के बाद एक छोटे कद के आदमी को साथ लेकर आ गया। मैं उसे देखते ही समझ गया कि उसके चेहरे पर बदमाश साफ-साफ लिखा था। तुमने पुरानी कहावत सुनी है, चोर की दाढ़ी में तिनका। दुआ सलाम हुई और मैं तुरन्त असली बात पर आ गया।

मैंने उससे कहा, "देखिए, दफादार साहब, तुमने अनुमान लगा लिया होगा कि हम लोग क्या हैं?"

उसने सिर हिलाकर 'हाँ' कहा।

मैंने कहा, "यह अच्छी बात है, और तुम हमारा उद्देश्य भी समझ गए होगे?"

उसने कहा, "कुछ-कुछ, परन्तु तुम्हारे विषय में मुझे कुछ भी ज्ञात नहीं।"

मैंने कहा, "बिलकुल ठीक, यही मैं चाहता हूँ। तुम्हें कुछ भी जानने की आवश्यकता नहीं। और यदि पूछा जाए तो बताने की भी जरूरत नहीं मेरी बात मानकर चुपचाप गाँव में रहो। यदि धरती भी एक बार पलट जाए तो हिलना नहीं। इसके लिए तुम्हें अच्छा पुरस्कार मिलेगा। परन्तु यदि हमें परेशान किया तो याद रखो मित्र, तुम्हारे छह के सामने मेरे तीन सौ हैं।"

उसने कहा, "नहीं, मैं सब समझ गया। भोजपुरिया क्या नहीं समझ सकता? मैं किसी प्रकार का व्यवधान नहीं डालना चाहता। जो चाहो सो करो। न तो मैं, न मेरे आदमी एक कदम भी हिलेंगे।"

मैंने पूछा, "क्या तुम्हें उन लोगों पर भरोसा है? क्या वे निकट ही रहेंगे?"

उसने कहा, "जितने निकट चाहोगे, उतने निकट रहेंगे परन्तु हमें रुपया मिलना चाहिए।"

मैंने कहा, "अवश्य, इसके विपरीत नहीं होगा, लेकिन पुरस्कार हमारी प्राप्ति पर निर्भर होगा।"

उसने कहा, "बस, यही समझो, दो सौ रुपए। यह तुम लोगों लिए कष्ट उठाने के बराबर ही होगा।"

मैंने कहा, "देखिए दफादार, यह सौदा हो गया और पटेल इसका गवाह है। अब मैं तुम्हें आगे की सलाह देता हूँ। वह यह कि तुम न तो कुछ जानते हो, और न कुछ देखते हो, चाहे लाट साहब तुमसे प्रश्न करें, तुम्हें यही कहना होगा। तुम्हें केवल इतना मालूम है कि यात्री आते-जाते रहते हैं, परन्तु उनका कोई हिसाब तुम्हारे पास नहीं रहता।"

उसने कहा, "मैं ये बातें पहले ही जानता हूँ। अपने देश में तुम्हारे जैसे लोगों से मिला हूँ और उनसे कभी असन्तुष्ट नहीं हुआ। इज्जतदार लोगों की भाँति वे सदा व्यवहार करते थे और अपने वचन का पालन करते थे।"

मैंने पूछा, "तो हम लोग सहमत हैं?"

उसने कहा, "हम सामने नहीं आएँगे, केवल रात में रुपए लेने आएँगे।"

मैंने कहा, "अच्छा होगा, अभी चलो, क्योंकि काम समाप्त होने के बाद हम लोग यहाँ से चल देंगे।"

उसने कहा, "पटेलजी तुम चले जाओ। सैयद साहब के साथ मुझे जाना अच्छा नहीं लगेगा। तुम जाकर रुपए ले आओ।"

मैंने कहा, "तो फिर आओ। हमारा समय नष्ट हो रहा है।"

दफादार ने मुझसे पूछा, "क्या तुम जल्दी लौटोगे?"

मैंने कहा, "कह नहीं सकता, लेकिन सम्भव है। जो हो परन्तु यह प्रदेश हमें अच्छी लूट देता है, तो तुम मुझे शीघ्र ही पुनः देखोगे।"

उसने कहा, "अच्छा होगा कि आप प्रायः आते रहो। मैं भी अपना स्टेशन यहीं बनाए रखूँगा। अच्छे मित्रों का बिछुड़ना दुख देता है। तुम भी पटेल जी समय-समय पर नीच जाति के लोगों को बदमाश बनाकर भेजा करो और हम उन्हें पकड़ लेंगे।"

पटेल ने कहा, "अवश्य, इस क्षेत्र में गोंड और ढेर लोग बहुत हैं। सब लोग जानते हैं कि वे लोग चोर होते हैं। यदि वे तत्काल चोरी न भी करें तो कभी न कभी अवश्य करेंगे। तो बात यही हुई। जैसा चाहोगे, मैं समय-समय पर उन्हें भेजता रहूँगा।"

उसने कहा, "कभी-कभी तो कुछ मिलते रहना चाहिए जिससे चरित्र और आन-बान बनी रहे। कुछ वर्षों की जेल काटने में उन लोगों को कोई अन्तर नहीं पड़ता। सरकार उनकी देखभाल करेगी।"

जिस शान्त भाव से सारी बात प्रस्तावित हुई और स्वीकार कर ली गई, उसे देखकर मैं अपनी हँसी नहीं रोक सका। परन्तु यह सत्य था। यह भी मैं जानता था कि यह प्रतिदिन घटित होनेवाला मामला है जो पहले भी होता था और आगे भी होता रहेगा। पुलिस के कई दफादार इसी प्रकार अपने अफसरों की प्रशंसा पा चुके थे, जिसमें एक अपराधी के स्थान पर कोई एक दर्जन लोगों को पकड़ लेता था। मंग और ढेरों की कौन चिन्ता कर रहा है? वे तो जन्म के बदमाश और लुटेरे होते हैं।

मुंशी ही हत्या

कैम्प की ओर लौटते हुए मैंने पटेल से कहा, "वह भला आदमी है। मेरे बिलकुल मतलब का रहेगा।"

उसने बताया, "वह स्वयं बहुत दिनों से तुम जैसे लोगों को खोज रहा था। हमने कभी इस विषय पर खुलकर बात नहीं की, परन्तु उसने इस ओर संकेत अवश्य किया। मुझे सन्देह होता है कि यदि उसे अपनी तैनाती के विषय में स्थान चुनने का विकल्प प्राप्त हुआ होगा, तो उसने यही स्थान पसन्द किया, क्योंकि यहाँ उसे बराबर ठग मिलने की सम्भावना थी। यदि तुम उसे अच्छा भुगतान करोगे तो निश्चय ही वह तुम्हारी सहायता करता रहेगा।"

मैंने पूछा, "तुम्हारे विचार से मैंने उसे पर्याप्त पैसा दिया?"

उसने कहा, "हाँ, अवश्य तुम उसे इतना देने को तैयार होगे, मैं समझता हूँ कि इसकी आशा उसे नहीं थी।"

मैंने कहा, "सचमुच यह बड़ी रकम है, परन्तु यह प्रथम बार का मामला है। पैसा ठीक खर्च हुआ।"

पटेल ने कहा, "परन्तु मीर साहब, तुम मुझे भूल गए। क्या तुम्हारे माल में मेरा हिस्सा नहीं है?"

मैंने कहा, "क्यों नहीं, पटेल जी, अभी मैं थोड़े रुपए लाया था, तुम्हारे लिए कैम्प में और

भी हैं। तुम्हें अपना हिस्सा अवश्य मिलेगा।"

पटेल ने कहा, "कितना दोगे मीर साहब, मुझे रुपए की आवश्यकता है। मेरे ऊपर किराए का बकाया लदा हुआ है। इस समय मैं परेशान हूँ।"

मैंने कहा, "तीस रुपए।"

उसने कहा, "मेरी प्रार्थना है इसे पचास कर दो। तुम नहीं जानते मैं कितनी तंगी में हूँ। मैं किसी से उधार भी नहीं माँग सकता। अल्लाह ने मेरी मुक्ति के लिए तुम्हें भेज दिया। यदि दे नहीं सकते तो उधार ही दे दो। तुम्हें तो अच्छी बनिज प्राप्त होगी।"

मैंने कहा, "ठीक है, मैं दे दूँगा परन्तु एक शर्त पर। यहाँ से निकलनेवाले कुछ लोगों की हम तलाश में हैं, परन्तु उस समय हम यहाँ नहीं होंगे। वे डाकू हैं, उनके साथ कुछ टट्टू और कभी माल होगा। चाहे जिधर से वे निकलें, तुम पत्र लेकर मेरे पास आदमी भेज देना।"

उसने कहा, "मैं घोड़ों पर अपने ही बेटों को भेज दूँगा। वे लोग आसानी से तुम्हें खोज लेंगे। मेरे ऊपर भरोसा रखो। वे लोग कहाँ से आनेवाले हैं?"

मैंने कहा, "अभी वे लोग हैदराबाद गए हैं और नागपुर होते हुए वापस होंगे। यदि वे लोग मिल गए तब तो ठीक होगा। परन्तु सम्भव है वे हमसे बचकर निकल जाएँ।"

पटेल ने कहा, "खुदा कसम, वे लोग बचकर नहीं जा सकेंगे। मैं स्वयं उन पर दृष्टि रखूँगा और यदि वे तुम्हें मिल गए तो मुझे अच्छा इनाम मिलने की आशा रहेगी।"

मैंने कहा, "मैं तुम्हें नहीं भूल सकता लेकिन हम कैम्प में आ गए। तुम रुपए बड़ी होशियारी से ले जाना, कोई उसे देख न ले।"

उसने कहा, "इस पुराने आदमी पर विश्वास रखो। रुपए मिलने के बाद मुझे मुंशी से मिलना है। उसने अपने घोड़ों के चारे के विषय में मुझे बुलवाया था। मैं उसे इस कारण और देखना चाहता हूँ कि उसके प्राण उसकी नाक में अटके हैं। उसके साथ उसकी बीवी भी है।"

मैंने कहा, "हाँ, उसके भी बचने का कोई मार्ग नहीं है, उसे भी मरना ही है। यह है तो बड़ा करुण। उसके चार वर्ष का बच्चा भी है, जिसे मैं अपने लिए चाहता हूँ। बड़ा सुन्दर बच्चा है। मेरी खुशी के लिए कोई बेटा नहीं है। कुछ दिनों पश्चात वह मुझमें और अपने पिता में कोई अन्तर नहीं समझेगा।"

मैंने उसे रुपए देकर विदा किया। गनेशा मेरे पास आया।

उसने कहा, "मैं जमीन देख रहा था, मुंशी के टेंट के पास एक गड्ढा है। किसी काम के लिए उसे खोदा गया होगा, मुझे लगता है किसी कुएँ का आरम्भ किया गया था। हम लोग गड्ढा खोदने के कष्ट से बच जाएँगे। पास ही मिट्टी के ढेर हैं, हमें केवल उसे भरना होगा।"

मैंने पूछा, "क्या लुधाइयों ने उसे देखा है?"

उसने कहा, "हाँ, मैं भवानी को लेकर गया था, उसने भी यही कहा।"

मैंने कहा, "गनेशा, अब बताओ, आगे का कैसे प्रबन्ध करना है?"

उसने कहा, "अरे, बस तुम टेंट का काम सम्भाल लो, शेष मेरे ऊपर छोड़ दो। बाहर का सारा काम मैं तय कर लूँगा। तुम्हारी वाणी मधुर है और मुंशी अकेला होगा। यदि कोई गड़बड़ होगी तो मैं पास में ही रहूँगा। परन्तु मुझे भय की कोई बात नहीं मालूम होती।"

मैंने कहा, "मुझे भी कोई भय नहीं। कोई सईस या ऊँटवाला भाग न सके, क्योंकि ये कई हैं।"

उसने कहा, "सोलह हैं, मैंने गिन लिये देखो आठ बैरे, दो ऊँटवाले, उनमें से एक की औरत भी है, दो खिदमतगार, एक नौकरानी और चार सईस, कितने हुए?"

मैंने कहा, "ये सब मिलाकर अठारह होते हैं।"

उसने कहा, "कोई बात नहीं। शाम को सबको घेर लिया जाएगा। बहुत से गाना सुनने में मग्न होंगे, शेष को भली भाँति काबू में करना होगा। आज की रात अँधेरी है, यह भी हमारे लिए अनुकूल बात है।"

फिर मैंने उसे गाँव के घुड़सवारों की बात बताई और यह भी बता दिया कि मैंने क्या किया है? वह हित्ता सिंह दफादार से परिचित था। उसने बताया कि बंगाल के आरा जिला में भ्रमण के समय वह उससे मिला था। एक बार हत्या के मामले में वह गिरफ्तार हो गया था। तब इसी हित्ता सिंह ने कलक्टर के सामने शपथ लेकर बताया कि वह उसका परिचित था इस प्रकार उसका छुटकारा हुआ था। इसके लिए उसे एक बड़ी रकम की जमानत भी देनी पड़ी थी।

गनेशा ने कहा, "वह अच्छा आदमी है, क्योंकि भोजपुरिया है। परन्तु उसे अच्छा पैसा चाहिए और तुमने उसे चुप रहने के लिए काफी रकम दे दी है।"

शाम हुई। मैं और पिताजी मुंशी के पास गए। शाम की नमाज के पश्चात् वह अपने पुत्र को गोद में लिये हुए बैठा था। वह बालक कितना भोला था! मैं उसे कितना प्यार करूँगा, मैंने मन ही मन में कहा। मैं उसका सुन्दर मुख और अभिव्यंजित नेत्र देख रहा था। वह तुरन्त मेरी गोद में आ गया। मैंने उसे खूब दुलराया। वह प्रशंसनीय नेत्रों से मेरी सुन्दर तलवार और खंजर देख रहा था। मैं सोच रहा था कि अज़ीमा भी उसे प्यार करेगी। बेटी का विवाह हो जाने के उपरान्त यह बालक उसके रिक्त स्थान की पूर्ति करेगा।

मुंशी ने प्रश्न किया, "तुम्हारे कोई सन्तान नहीं है? वैसे मुझे यह प्रश्न नहीं पूछना चाहिए, सम्भव है, वे दिवंगत हो गए हों। इस प्रश्न पर तुम्हारी भौंहें भी संकुचित हो गईं।"

मैंने बताया, "एक पुत्री है। एक पुत्र तो इन साहबजादे के जोड़ का था, अल्लाह को प्यारा हो गया। वह इसी आयु का था।"

मुंशी ने कहा, "सब कुछ खुदा की मर्जी से होता है। नियति के विरुद्ध संघर्ष नहीं किया जा सकता। यह बालक मेरी इकलौती सन्तान है। विवाह हुए अनेक वर्ष व्यतीत हो चुके थे। मेरा मामला वैसा ही है, जैसा तोते की कहानी का सुल्तान। मेरे केश श्वेत हो रहे थे और मैं निराश था, परन्तु अन्त में अल्लाह कृपालु हुआ और इस बालक का जन्म हुआ। तुम देख ही रहे हो।"

मैंने कहा, "खुदा करे यह सौ वर्ष जीवित रहे और ऐश्वर्यवान हो। मैं स्वयं के लिए कोई आशा नहीं रखता।"

हम लोग कुछ देर तक इसी प्रकार वार्ता करते रहे। बाहर से किसी सन्देश के प्राप्त होने पर मैंने कहा, "मेरे कुछ आदमियों से तुम इतने प्रसन्न हो गए मुंशी साहब कि उन लोगों ने बहुरुपियों का एक छोटा-सा स्वाँग तैयार किया है और वे उसे तुम्हारे सामने प्रस्तुत करना चाहते हैं। देखने में कुछ भद्दा अवश्य लगेगा, परन्तु शाम अच्छी कटेगी और तुम्हारे पुत्र को भी मजा आएगा।"

उसने कहा, "होने दीजिए। इस जंगल में मुझे सब कुछ स्वीकार है। मीर साहब यदि तुम्हारा

साथ न मिलता तो हमारी यात्रा नीरस रह जाती। तुम कलाकारों को बुलाओ, तब तक मेरी पत्नी तैयार होगी।"

विचित्र वेश-भूषा में छह तगड़े लोग वहाँ आ गए। इनमें से दो स्त्री वेश में थे और हाथ में सितार और ढोल लिये थे। वे गुसाइयों की नकल कर रहे थे। परिहास करते हुए वे नाचने-गाने लगे। यह कला उन लोगों ने कहाँ सीखी मैं नहीं जानता, परन्तु कुल मिलाकर उनका दर्शन प्रशंसनीय था। मुंशी का बेटा भी देखकर खूब हँसता रहा। जैसी मुझे आशा थी, मुंशी के सारे आदमी टेंट के आसपास जमा हो गए थे जो एक ओर से तमाशा देखने के लिए खुला था।

मन ही मन प्रसन्न होते हुए मैंने देखा कि हर आदमी के पीछे दो या तीन ठग खड़े हो गए थे और उनके भी पीछे एक आदमी तैनात हो गया था। इस समय मैंने देखा कि सब कुछ तैयार था और मैं झिरनी देने हीवाला था कि एक ठग मेरे पास आकर बोला, "आपको बाहर बुलाया जा रहा है।" क्या बात थी, मैं नहीं समझ सका। एक क्षण के लिए क्षमा माँगकर मैं बाहर आया।"

पूर्ण रूप से घबराए और भयभीत आवाज में गनेशा ने कहा, "मीर साहब, अब हम क्या करें? फिरंगी हमारी ओर आ रहे हैं।"

मैंने कहा, "फिरंगी?"

उसने कहा, "हाँ, अब हम क्या कर सकेंगे? यह अच्छी बनिज हमारे हाथ से निकल जाएगी। सम्भव है मुंशी उन्ही के साथ हो जाए। तब उसके स्थान पर हम दिल्ली के बादशाह के कंठ-घोटने की बात भी सोचने लगेंगे।"

मैंने कहा, "यह कैसी बात है? फिरंगी यहाँ कैसे आ गए? क्या तुमने उन्हें देखा है?"

गनेशा बोला, "मैंने उन्हें नहीं देखा, परन्तु उनके आदमियों को देखा है। ऊँटों की एक लम्बी कतार अभी आई है, उसके साथ पहरे में लाल कोट वाले कितने सिपाही होंगे, कह नहीं सकता। उनका सत्यानाश हो।"

मैंने पूछा, "और वे लोग कहाँ हैं?"

उसने बताया, "वे सब गाँव में चले गए हैं। वे सब इस जगह को चाहते थे, परन्तु मैंने कह दिया, यह जगह नहीं दी जा सकती। मुंशी बड़ा आदमी है, उसे हटाया नहीं जा सकता। गाँव के दूसरी ओर अच्छी जगह है, उसे ले लो।"

मैंने कहा, "तब भय की कोई बात नहीं। हमारा काम इसी समय पूरा हो जाना चाहिए। मैं अन्दर जाकर झिरनी देता हूँ। उनके लश्कर का कोई आदमी यदि ताक-झाँक करने आए तो तुम जानते हो क्या करना होगा, परन्तु मुझे कोई भय नहीं। गाँव का पटेल हमारी सहायता करेगा और हित्ता सिंह भी। यहाँ अधिक शोरगुल नहीं होना चाहिए। आवश्यकता हुई तो मेरे पिता स्वयं थोड़ी देर के लिए मुंशी बन जाएँगे। परन्तु वह कोई विशेष बात नहीं।"

गनेशा बोला, "ठीक है, परन्तु मीर साहब, जल्दी कीजिए। जब तक ये सब भूमिस्थ नहीं हो जाते, मैं भय की यन्त्रणा में बना रहूँगा।"

उसे बाहर छोड़कर अपने रूमाल से खेलता हुआ मैं पुनः टेंट में आ गया।

मुंशी ने पूछा, "क्या बात थी?"

मैंने कहा, "अरे, कुछ नहीं, कुछ साहब लोगों के डेरे आए हैं, उनके नौकर इस जगह को लेना चाहते थे। उन्हें कैम्प लगाना है। हम लोगों को यहाँ देखकर लश्कर अब गाँव के दूसरी

ओर चला गया। कल तक यहाँ उनकी फौजें भी आ जाएँगी।"

उसने कहा, "यह तो पूर्ण रूप से मेरे अनुकूल होगा। मैं उन्हीं के साथ ठहरूँगा और तुम जैसे भले लोगों से विदा माँग लूँगा। परन्तु यह ऐसी बात नहीं कि हमारा मनोरंजन कम हो जाए। मैं जानना चाहता हूँ कि क्या इन लोगों के खजाने में एक-दो गाने और होंगे? क्यों क्या हैं?"

उनमें से एक बोला, "अभी सैकड़ों होंगे, परन्तु अगला गाना शोर-शराबे वाला होगा।"

उसने कहा, "कोई बात नहीं। तुम आरम्भ करो। जितना दे सकूँगा, तुम्हें पुरस्कार दूँगा।"

खूब शोर होने तक मैं झिरनी देने से रुका रहा। अभी मेरी इच्छानुसार अवसर नहीं मिल रहा था। मुंशी कनात की ओर पीठ किए बैठा था। उसके पीछे पहुँचना असम्भव था। एक ठग ने मेरी उलझन देखकर उसे दूर कर दिया। उसने मुंशी से कुछ कदम आगे आने के लिए कहा।

मुंशी ने कहा, "अब क्या करने का इरादा है?"

मैंने कहा, "मैं नहीं जानता, परन्तु अच्छा होगा कि उसकी बात मान लो।"

वह जैसे ही उठा, मैं झट उसके पीछे आ गया और जोर से कहा, "अब पान लाओ।" और तत्काल मेरा हाथ मुंशी की गर्दन पर पहुँच गया। एक लम्बी चीख निकली और वह भूमि पर गिर गया। उसकी पत्नी कनात के छेद से यह देख रही थी। उसने यह कृत्य देख लिया और वह दौड़कर हमारे बीच आकर खड़ी हो गई। उसकी गोद में बच्चा था। वह दृश्य मैं कभी नहीं भूल सकता। उसकी घबराई हुई आँखें और चीख मुझे अभी तक स्मरण है। मैंने उसकी गोद से बच्चा छीन लिया और उसे अन्य ठगों के बीच छोड़ दिया। मैं खुली हवा में बाहर आ गया और उस समय जो प्रथम व्यक्ति मिला वह गनेशा था। उसका चेहरा विजय के हर्ष से प्रफुल्लित था, जो टेंट की मशाल से आनेवाले प्रकाश में मैं स्पष्ट देख रहा था।

उसने बताया, "सब सम्पन्न हो गया। सारे लोग गिर गए। दो को मैंने मारा। लुधाई कहाँ हैं? हमें शीघ्रता करनी चाहिए।"

वह दौड़ गया। मैं अपने टेंट के सामने खुले में खड़ा था। ठगों की टोलियाँ जल्दी-जल्दी शवों को ले जा रही थीं। वे एक-एक करके उन्हें गड्ढे में फेंक रहे थे। दूसरी ओर गाना-बजाना पूर्ववत् जारी था। भीतर जाकर देखा कि पिताजी उसी स्थान पर बैठे थे जहाँ अभागा मुंशी बैठा करता था।

छोट बच्चा बुरी तरह रो रहा था। वह इतने करुण स्वर में माँ के पास जाने के लिए विलाप कर रहा था, जिसे सुनकर मेरा हृदय भर आया। मैं उसे शान्त करने का भरसक प्रयत्न कर रहा था। मैं अपने टेंट में जाना चाहता था, परन्तु उत्सुकतावश लौट आया। शवों को दफन किए जाने का काम चल रहा था। मैं खड़ा उसे देखने लगा। गनेशा वहीं खड़ा होकर लुधाइयों को उत्साहित कर रहा था। उसने बच्चे को मेरी गोद में देखा।

वह बोला, "मीर साहब, यह कैसी मूर्खता है? आप उस बच्चे को नहीं छोड़ रहे हैं जबकि हम लोग इस समय कितने खतरे में हैं। यह निरा पागलपन है। मुझे दे दीजिए, मैं इसका रोना-धोना बन्द कर दूँगा। उसे उसके माँ-बाप के पास भेज दूँगा।"

मैंने कहा, "ऐसा कभी नहीं हो सकता। यह बच्चा अब मेरा है। तुम सारा लूट का माल ले जाओ, परन्तु मैं इसे मरने नहीं दूँगा। क्या मैंने अपना एक बच्चा खो नहीं दिया? क्या इस

आयु के बच्चे को गोद लेना कानूनसम्मत नहीं?"

गनेशा बोला, "पागलपन, यह बिलकुल पागलपन की बात है। इस बच्चे को मरना ही होगा। क्या तुम मूर्ख हो गए मीर साहब, इस अवसर पर खतरा मोल ले रहे हो।"

मैंने कहा, "उसे हमारे और माँ-बाप के बीच कोई अन्तर नहीं मालूम होगा। इस मामले में मैं कोई व्यवधान नहीं पसन्द करूँगा।"

गनेशा दाँत पीसता हुआ बोला, "मैंने एक बार किसी बच्चे को बचाया था, अब दूसरा नहीं बचाऊँगा। मैंने पवित्र कुल्हाड़ी की शपथ ली थी।"

मैंने कहा, "मुझे तुम्हारी जैसी हजार शपथों की चिन्ता नहीं। बच्चा अब मेरा है। यदि तुम्हारा इरादा झगड़ने का नहीं है, तो मेरा विरोध मत करो।" इतना कहकर मैं वहाँ से चल दिया।

उसने मेरी बाँह पकड़ ली।

मैंने कहा, "मुझे जाने दो," और फिर खंजर टटोलकर कहा, "खुदा कसम यही तुम्हारे सीने में घुसेड़ दूँगा।"

उसने कहा, "लड़के पागल हो गए हो। मैं डरता नहीं। खंजर की बात गनेशा को छोड़कर किसी और से करना। इसने तुम्हारे जैसे बहुतेरे भयभीत करनेवाले देखे हैं। इसे मुझे दे दो, मैं कहता हूँ, इसका रोना सुनकर सिपाही चौकन्ने हो जाएँगे।"

मैंने अपनी कमर से खंजर या तलवार टटोली, परन्तु मैं उन्हें टेंट में छोड़ आया था। मैंने प्रयत्न किया कि वह शायद समझाने से मान जाए।

मैंने नम्रतापूर्वक कहा, "क्या तुम्हारे हृदय में बिलकुल दया नहीं, गनेशा क्या किसी बच्चे के लिए तुम्हारा हृदय नहीं पसीजता? क्या तुम उसकी मृत्यु सहन कर लोगे?"

मैं असावधान था, उसने यह अवसर देखा, मन में विचार करने की भी तेजी से उसने बड़ी निर्दयता के साथ मेरी गोद से बच्चा छीन लिया और उसी गड्ढे में फेंककर बोला, "मीर साहब, दया! मैं इसे जानता ही नहीं, जाइए और खूब रोइए, आपका खिलौना चला गया।"

मैं आगे आया और गड्ढे में झाँककर देखा, उसमें तेजी के साथ पानी आ रहा था, और बच्चा उसके तल पर बेहोश तथा मृतप्राय पड़ा था। उसके मुँह से केवल एक चीख निकली थी, जब वह उसमें धम से गिरा। यह देखने के लिए कि क्या वह वास्तव में मर गया था, मैं क्षण भर तक उसके किनारे खड़ा रहा। उसके ऊपर फेंकी जा रही मिट्टी में छिपकर वह मेरी दृष्टि से बिलकुल छिप गया।

अत्यन्त पाशविक क्रोध में मैंने गनेशा की ओर देखा और कहा, "ऐ कुत्ते, कुत्ते के बच्चे! तुम्हें इसका उत्तर देना होगा। उस समय यदि मेरे हाथ में तलवार होती, तो मैं तुम्हारे दो टुकड़े कर देता।"

वह बोला, "तुम मुझे गीदड़ भभकी दे रहे हो। जो कुछ तुम्हारे विषय में मैंने सुना था, उसी के अनुरूप बोलते हो। जाओ मीर साहब, तुम अभी बच्चे हो और साथ ही मूर्ख भी हो। मैं तुमसे नहीं डरता।"

वह एक पाषाण-हृदयवाला बदमाश था। उसने मेरे बेटे को मार डाला। उस समय मेरी ऐसी स्थिति थी जिसके कारण इसका प्रतिशोध लेने का मैंने पक्का इरादा कर लिया। इस घटना को मैंने अपने पिता, अपने तीन अन्तरंग सहयोगियों को बताया। उन सभी ने जब भी मैं गनेशा

पर आक्रमण करूँ मेरा पूरा साथ देने का संकल्प कर लिया। वे लोग इसे दूसरे ही दिन चाहते थे, परन्तु मैंने यह समय उपयुक्त नहीं समझा। उसके शब्द-बाण निरन्तर मेरे हृदय में कसक रहे थे। इस कृत्य के कारण मैं पूर्व से अधिक उससे घृणा करने लगा। मैंने अपने प्रतिशोध को अन्तिम क्षण के लिए टाल दिया, परन्तु आगे आप देखेंगे कि मैंने किस प्रकार उसका प्रतिशोध लिया।

उस रात को हम लोग वहीं ठहरे रहे। पालकी तोड़कर उसके टुकड़े इधर फेंक दिए गए। दूसरे दिन पिताजी मुंशी के रूप में हम लोगों के साथ फिरंगियों के कैम्प में गए। उनका कैम्प हम लोगों के इतना निकट था कि मुझे आश्चर्य हो रहा था कि जब हम उन्हें समाप्त कर रहे थे, तो उनकी चीखें वहाँ तक क्यों नहीं सुनाई दीं। इसका सम्भवतः कारण यही था कि हम लोगों ने इसका बेहतर बचाव सोच लिया था। एक ओर ढोल-मजीरे बज रहे थे, दूसरी ओर मुंशी के दो घोड़े खोल दिए गए और उन्हें पकड़ने में दौड़-धूप तथा हो-हल्ला हो रहा था। अतः हमारे शिकारों की चीखें शोरगुल में डूब गईं। हमारा पूरा काम बिना किसी सन्देह पूरा हो गया। हमारे भले मित्र पटेल और दफादार सिपाहियों को बातचीत में उलझाए रहे। केवल कुछ मामूली टिप्पणी करने के अतिरिक्त उन लोगों ने शोर की ओर कोई ध्यान नहीं दिया।

इस प्रकार हम लोग पुनः अपना मार्ग पकड़कर चल पड़े। जितनी लूट मिलने की हमें आशा थी, उतनी नहीं मिली। कुल मिलाकर वह तीन हजार रुपए भी नहीं थी।

अब हम लोग दूसरी बनिज के रूप में डाकुओं की गम्भीरता से राह देखने लगे।

नागपुर पहुँचकर हमने मुंशी के घोड़े और ऊँट बेच दिए। यहाँ हमारा दल विभाजित हो गया। एक भाग जमादार इमाम बख्श के अधीन बरार की घाटी, खानदेश और बुरहानपुर होते हुए अमरावती के मार्ग पर चला गया। शेष हम लोग नागपुर में चार दिन ठहरने के पश्चात् जिस मार्ग से आए उसी से लौट गए। घर की ओर दो-तीन दौड़ चलने के बाद ही हम लोग डाकुओं तक पहुँच गए। जैसे ही हम उस गाँव में पहुँचे जहाँ डेरा डालना था कि हमारे गुप्तचरों ने उन्हें देख लिया। उन्हें सम्हालने के लिए अत्यधिक सतर्कता की आवश्यकता समझकर पिताजी ने तुरन्त स्वयं सोचा और फुसलानेवाला बनने का प्रस्ताव किया।

उन्होंने कहा, "मैं हिन्दू होने का बहाना करूँगा। यदि अपना असली नाम लूँगा तो उन बदमाशों को सन्देह हो जाएगा और वास्तव में वे मुझे जानते भी होंगे। मैं हैदराबाद से आया हुआ कोई राजपूत जमादार बन जाऊँगा। तुम लोग देख लोगे कि मैं अपना पुराना व्यवसाय भूला नहीं।"

अतः उन्होंने अपने मस्तक और वक्ष पर हिन्दुओं की भाँति चन्दन लगाया, आँखों के आस-पास भस्म रगड़ी और किसी व्यक्ति से लेकर वस्त्र पहने, कमर में कपड़ा लपेटा। एक आदमी को साथ लेकर गाँव में गए।

उनके लौटकर आने के लिए मैं काफी चिन्तित था। मुझे भय लग रहा था कि कहीं वे अपने काम में असफल न हो जाएँ, परन्तु गनेशा को विश्वास था। उसने मुझसे कहा, "वे कभी असफल नहीं हो सकते। वे भवानी के विशेष कृपा-पात्र हैं। वे कभी किसी काम में असफल नहीं हुए। कहीं उनका-सा सौभाग्य मुझे प्राप्त हो जाता।"

जब वे बहुत देर तक वापस नहीं आए, तब मैं उनकी सुरक्षा के प्रति भयभीत होने लगा और उनका पता लगाने के लिए मैं जानेवाला था कि मैंने उन्हें सामने आते हुए देख लिया।

मेरे आनन्द का ठिकाना न रहा और उनसे मिलने के लिए दौड़ पड़ा।

मैंने पूछा, "क्या हाल रहा? आपके आने में देर होती देख मेरा कलेजा फटा जा रहा था। इतनी देर क्यों लगा दी?"

घोड़े से उतरकर बोले, "तुम चिन्ता न करो, मेरे बेटे, यदि तुम मुझे खोजने जाते तो बहुत बड़ी गलती हो जाती। वे सब उल्लू बन गए। मैंने उन सबको फँसा लिया। अब वे हमारे हुए समझो।"

मैंने कहा, "अलहुम्द लिल्लाह, यह दुर्लभ समाचार है। परन्तु यह सब कैसे हुआ?"

उन्होंने बताया, "वह सब बड़ी आसानी से हो गया। मुझे अपनी सफलता पर उस समय सन्देह हुआ, जब डाकुओं में से एक मेरा बहुत पुराना परिचित दिखाई दिया, परन्तु वह मुझे पहचान नहीं सका। मेरी श्वेत दाढ़ी और काफिरों के इन चिह्नों का शुक्रिया। वह सोच भी नहीं सका कि मैं इस्माइल ठग था। मैंने बैठकर उनके नेता से बात की। उसने बड़ी गम्भीरता से मुझे बताया कि वह अंग्रेजों का नौकर था और जालना से आया था। वहाँ वह शराब की चुंगी का कलक्टर था और छुट्टी पर हिन्दुस्तान जा रहा था। मैंने उसे बताया कि मैं भी उसी की भाँति एक नौकर था। इस प्रकार बातें करते हम घनिष्ठ हो गए और सबका निचोड़ यह रहा कि हम साथ-साथ यात्रा करने के लिए सहमत हो गए।

"अल्लाह कसम, यदि शकुन अच्छे हुए तो कल ही वे सब मरेंगे। इन लोगों के साथ विलम्ब करना व्यर्थ है, क्योंकि वे लोग स्पष्ट रूप से सोच रहे थे (जैसा मैंने देखा, वे लोग परस्पर संकेत कर रहे थे, जिसें मैं समझ रहा था) कि हम लोग उनके लिए निश्चित बनिज थे और यदि हम उन पर आक्रमण नहीं करते तो वे लोग अवश्य हम पर टूट पड़ेंगे।"

मैंने कहा, "हमें सधे हुए हाथों की आवश्यकता होगी और नेता को मैं लूँगा।"

गनेशा ने कहा, "मैं भी मुहोटे बनूँगा। कभी मैंने डाकू को नहीं मारा। क्या वे लोग तगड़े हैं?"

पिताजी ने उत्तर दिया, "हाँ बहुत तगड़े हैं, परन्तु अपने सभी बन्धुओं की भाँति पूरी तरह सशस्त्र हैं। वे हमारे विरुद्ध कुछ न कर पाएगे, यदि हम उचित ढंग से सारी व्यवस्था कर सके।"

मैंने कहा, "बेहतर होगा कि हम तलवार लेकर उन पर आक्रमण करें।"

उन्होंने कहा, "ऐसा नहीं बेटे। पहले हम उन्हें घेर लेंगे और यदि अनुकूल अवसर न हुआ तो फिर शस्त्रों से आक्रमण किया जा सकेगा।"

इस बात पर सब सहमत हो गए। प्रातःकाल जब हम लोग गाँव से घूमकर सड़क पर आए तब डाकू हमारे साथ हो गए। उनकी संख्या पच्चीस थी, तगड़े भी थे और शस्त्रों से पूर्ण रूप से सज्जित, देखने में भारी लग रहे थे। अपने सिरों पर कपड़ा लपेटे थे। उनके साथ पूर्ण रूप से लदे हुए तेरह टट्टू थे। उनके साथ यह बाधा हमारे लिए ठीक थी क्योंकि प्रत्येक टट्टू के साथ एक हाँकनेवाला था। इससे वे सब बिखरे हुए दिखाई देते थे। यदि वे सब एक समूह के रूप में होते, तब हम उन पर अधिक प्रभावी नहीं हो सकते थे। साथ ही उनके ऊपर आक्रमण करने में हमें भय लगता।

पिताजी ने हम लोगों से कहा, "देखो, इस बात का पूरा ध्यान रखना, जैसे ही वे लोग दो-दो या तीन-तीन के झुंड में होने लगें, उन पर तुरन्त आक्रमण कर देना, अन्यथा उलटे वे हम पर टूट पड़ेंगे। उन्हें भली भाँति ज्ञात है कि हम क्या हैं, यद्यपि दिखाने के लिए वे अनजान बने हुए हैं।

हम लोग साथ-साथ यात्रा कर रहे थे। जब हम कुछ दूर निकल आए, तब मैं अपने घोड़े से उतर पड़ा और उनके नेता के साथ चलते-चलते बातचीत करने लगा। वह मुझे जरा भी नहीं पहचान सका और अत्यन्त गम्भीरता के साथ बताने लगा कि लौटते हुए ठगों से वह कैसे मिला था? और किस प्रकार उनके साथ युद्ध करके, पूरे दल को हराकर कई हजार रुपए लूट लिये।

मैं उसके मुँह पर जूते मारनेवाला था, परन्तु रुक गया। फिर भी उसके इतने सफेद झूठ से मेरी उत्तेजना बढ़ गई। इसके उपरान्त भी मैंने उसकी बहादुरी की प्रशंसा कर दी। वह कहने लगा, "हाँ, मीर साहब, ये ठग बिना फाँसी पाए हुए बदमाश हैं और खुदा खैर करे, मैंने उनके विषय में बहुत सी जानकारियाँ इकट्ठी की है, जिन्हें मैं अपने यूरोपियन मालिकों को बताऊँगा। किसी मूर्ख ठग ने या उन्हीं के किसी आदमी ने मुझे बताया था कि वे जालौन के रहनेवाले थे। मैं उसी ओर जा रहा हूँ और वहाँ के राजा को यदि यह सब न बता दूँ कि वे लोग उसी के नगर में मौजूद हैं, तो मुझे निरा उल्लू या सियारों का बाप कहना। मुझे उससे बड़ा इनाम प्राप्त करने की आशा है।"

मैं सोच रहा था, तुम अवश्य कहोगे, परन्तु पहले वहाँ तक पहुँचो भी। मेरे दोस्त माशाअल्ला, कहने और करने में बड़ा अन्तर होता है।

मैंने पूछा, "क्या वे लोग इतने मूर्ख होते हैं? सारी दुनिया के लोग कहते हैं कि उन्हें कोई धोखा नहीं दे सकता।"

वह घृणा के साथ हँसने लगा, "धोखा, क्या मैंने उन्हें धोखा नहीं दिया? वे लोग सुअर हैं, गधों के बराबर हैं, वे बेचारे यात्रियों को मार डालते हैं परन्तु उनके बुद्धि नहीं होती, बच्चों जैसी भी नहीं। उनके किसी मूर्ख जमादार ने मुँह पर कपड़ा बाँधकर मुझे धोखा देने का प्रयत्न किया, परन्तु अँधेरा होने पर भी मैंने उसे देख लिया और अब मैं उसे हजारों के बीच पहचान सकता हूँ।"

मैंने पूछा, "वह देखने में कैसा था? मैं जानना चाहता हूँ। सम्भव है कभी उससे बचना हो, क्योंकि इस मार्ग पर मेरा आना-जाना निरन्तर होता रहता है, परन्तु तुमने बताया कि उस पर आक्रमण कर दिया था?"

उसने कहा, "हाँ, मैं भी पुराना यात्री हूँ। चूँकि हम लोग बहुत बड़ी संख्या में थे, और ठग भी हमसे तीन गुना अधिक थे, मैंने अपने साथियों से कहा कि यद्यपि मैं जान गया कि ये लोग ठग हैं, फिर भी भय की कोई बात नहीं। यदि वे लोग हमारी ओर केवल देख भर लें, तो हम आक्रमण करके उन्हें भगा देंगे और उनके लूटे हुए माल पर अधिकार कर लेंगे। खुदा कसम साहब, हमने वैसा ही किया। काफी रात गए हम उन पर चढ़ गए, कुछ को मार डाला, शेष भाग गए। उनमें वह कायर जमादार भी था। हमें इतना धन मिल गया कि आराम के साथ हम लोग हैदराबाद पहुँच गए।"

मैंने सोचा हम बहुत बच गए। निःसन्देह वे लोग हम पर आक्रमण कर देते, यदि हम लोग रात में ही वहाँ से न चल देते। लेकिन, साहब, उसकी झूठी बातें, क्या वह ढीठता नहीं थी। फिर भी मैं उसकी बात पर खूब हँसता रहा, जिसे वह सच समझता था।

चलते-चलते हमें दो वृक्ष दिखाई पड़े जिन पर उस स्थान के किसी सन्त को भेंट के रूप में यात्री गण वस्त्र के टुकड़े लटका देते थे। मैंने स्पष्ट रूप से समझ लिया कि उन लोगों की भिल वहीं ठीक रहेगी। एक-एक करके वे लोग अपने-अपने टट्टू से उतर कर एकत्र होने लगे।

हमारी ओर से अब अधिक बिलम्ब करना घातक होता। पिताजी ने यह बात भली भाँति समझ ली और मेरी इच्छानुसार वे भी सतर्क थे। उन्होंने उन लोगों की हरकतों पर ध्यान दिया, और जैसे ही मैंने अपनी कमर से रूमाल खोला, उन्होंने झिरनी दे दी।

तत्काल ग्यारह डाकू गिर गए। नेता का अन्त मेरे हाथ से हुआ। उसके गले में अपना रूमाल डालकर घातक ऐंठन देने से पूर्व मैंने उसके कान में कहा कि मैं ही वह अमीर अली ठगों का नेता था, जिससे वह मिला था, उसी समय मैंने उसे मारने की शपथ ली थी, और अब उसे करके दिखा दिया।

शेष लोग तलवार के घाट उतार दिए गए। हमारे सभी आदमी तैयार थे, वे लोग नहीं थे। वे सब बुरी तरह दमन कर दिए गए। यदि हम लोग तीन-चार सौ कदम और विलम्ब करते, तो निश्चय ही वे हम पर आक्रमण कर देते। और मेरे विचार से साहब, ठगों को वहाँ से भागना पड़ता। जो हो, अन्ततः हम लोग विजयी हुए। हम उनके शवों को उसी प्रकार जंगल में फेंककर आगे चल दिए। इस घटना पर हम दिल खोलकर हँसें। इसके पश्चात् हमारा उत्साह और बढ़ गया। हमें उनके लूट का माल भी अच्छा प्राप्त हुआ। तेरह हजार रुपए का सोना, चाँदी और नकद रुपया देखकर हमारी आँखें चमक गईं। इसके अतिरिक्त टट्टुओं पर लदे हुए बंडल भी खोलकर देखे गए।

साहब, हम लोग वहाँ से सिहोर तक बढ़ गए। वहाँ हमें एक योरोपियन मिला, वह भी यात्रा कर रहा था। हम उससे भयभीत नहीं हुए, इसके विपरीत हमने उसी के साथ चलते रहने का निश्चय कर लिया, क्योंकि हम यह बात भली भाँति जानते थे कि उसके दल में बहुत से ऐसे लोग भी थे, जो उसकी फौज से लाभ उठा रहे थे।

हम लोग दो भागों में विभक्त हो गए। एक मेरे और पिताजी के तथा, दूसरा गनेशा के अधीन था। हमारा लक्ष्य उस अंग्रेज के दल से यात्रियों को अलग कर देना था। हमने उन लोगों को यह समझाया कि उसके धीरे चलने से देर होगी तथा मार्ग में आवश्यकता की वस्तुएँ न मिलने की असुविधा भी होगी, अतः हमारे साथ चलें।

मुझे जोखिम की बातें दुहराने की आवश्यकता नहीं, क्योंकि वे पिछली बातों के अनुरूप ही थीं। केवल इतना कहना पर्याप्त होगा कि कुछ दौड़ों के पश्चात बहुत बड़ी संख्या में यात्री आकर हमारे साथ मिल गए। हम मुख्य मार्ग छोड़कर जंगल के बीच पगडंडी वाले मार्ग से चलने लगे और शिकारपुर गाँव के निकट हमने भिल का स्थान चुन लिया। यह स्थान हमारी पसन्द का और हमारे दल के लिए सुपरिचित था। यहाँ उनतीस यात्री गिरा दिए गए, जिनमें कुछ स्त्रियाँ और बच्चे भी थे। एक ही बड़ी कब्र मैं सब भूमिस्थ कर दिए गए, क्योंकि वह स्थान नितान्त निर्जन था। यह काम रात में उस समय किया गया, जब सर्वत्र चाँदनी का प्रकाश विकीर्ण था।

इस हत्याकांड में मैंने एक बच्चे को बचा लिया, उस समय मेरा विरोध करने के लिए गनेशा वहाँ नहीं था। यद्यपि बच्चा हिन्दू था, फिर भी मैंने सोचा उसे अपने धर्म में सम्मिलित कर लेंगे। परन्तु जब उसकी माँ मर गई, तो हम उसके शरीर से बच्चे को बलात् पृथक नहीं कर सके। वह उससे चिपक गया और छोटा तो था ही, वह अति व्यग्रता से चीखने लगा और जब भी उसे पकड़ने की चेष्टा की जाती, वह ठोकर मार देता था। इस प्रयास में उसने मेरी बाँह और हाथ में काट खाया। मेरा विचार था कि यदि उसकी माँ का शव वहाँ से हटा दिया जाए तो वह चुप हो जाएगा, और स्वयं नियति के सहारे हो जाएगा, परन्तु यह नहीं हुआ जब उसकी

माँ का शव हटा दिया गया, तो उसकी दशा और भी दयनीय हो गई। अब वह किसी प्रकार भी शान्त नहीं हो रहा था। अब मैं अत्यन्त व्यग्र होकर रोष में भर गया। मैंने तलवार निकाली और उसे धमकाया, परन्तु उसे अपने खतरे की किंचित परवाह नहीं थी। वह अपशब्द बक रहा था और बाल-सुलभ कटुता के साथ मुझ पर थूकने लगा। एक बार और मैंने उसे गोद में उठा लिया, परन्तु कोई परिणाम नहीं निकला वरन् उसने दाँत से मेरा कान इतनी जोर से काट लिया कि रक्त निकल आया। उसकी पीड़ा से व्यथित और क्रोध के आवेग में मुझे पता नहीं मैंने क्या किया? साहब, मैं कैसे बताऊँ कि आगे क्या हुआ? वह मेरे जीवन का एकमात्र निकृष्टतम कार्य था, जिसे मुझे बताना शेष है।

(मि. टेलर : "सम्भवतः तुमने उसकी हत्या कर दी, अमीर अली?")

हाँ, साहब, मैंने उसकी हत्या कर दी परन्तु मैंने यह कृत्य जैसे भी किया होगा, वह मैंने नहीं, वरन् मेरे ऊपर बैठे शैतान ने किया होगा। अपने जीवन में मैं कभी निर्दयी नहीं रहा, परन्तु उस समय पूर्णतः शैतान के वश में था।

(इस समय अमीर अली ने अपने हाथों से आँखें बन्द कर लीं। अपने हृदय को पीड़ित होते देख, मैंने उस भयानक कांड का विवरण आगे और न बताने का अनुरोध किया। कुछ समय रुककर उसने आगे कहना आरम्भ किया।—मि. टेलर)

उस समय वह कृत्य करते हुए मैं अधम बन गया। मेरे निकट मेरे घोड़े को पकड़े हुए ठग के अतिरिक्त उस समय वहाँ कोई नहीं था। वह भी यन्त्रणाग्रस्त होकर आतंक से चीख उठा। मैंने उसे शान्त कराया, उसके क्षत-विक्षत शव को वहीं छोड़ दिया और अपने घोड़े पर सवार होकर अपने दल में आकर मिल गया।

हाँ, साहब, उस जघन्य कृत्य के लिए मैं फाँसी पाने योग्य हूँ। यद्यपि मैंने वैसा कोई दूसरा कृत्य नहीं किया, परन्तु मैं किसी अन्य नियति के लिए बचा रहा।

इस घटना के तीसरे दिन हम लोग पूरी दौड़ के साथ जा रहे थे कि देखा हमारे सामने कुछ घुड़सवार इधर भी आ रहे थे। उन्हें देखते ही मुझे आशंका होने लगी। मैंने इधर-उधर फैले हुए ठगों को शीघ्र एकत्र किया और एक संगठित दल का रूप ले लिया। सम्भव था वे लोग हमारे शत्रु हों। अथवा किसी प्रकार का विद्रोही प्रदर्शन करें। निकट आते ही वे सब चिल्लाने और भद्दी-भद्दी गालियाँ, जितनी उनके मुँह से निकल सकती थी, देने लगे। कुल मिलाकर वे लोग चालीस थे। यदि मैं अपने दल का नेता न होता तो वे एक साथ हमारे ऊपर टूट पड़ते। फिर भी मैंने उन्हें ललकारा और कुछ पीछे हटकर अच्छी तरह उनका सामना करने का निश्चय कर लिया।

मुझे ज्ञात था कि वहाँ से कुछ कोस पर हमारे लिए मित्रवत् एक गाँव था, वहाँ का पटेल मेरे लिए वैसा ही था, जैसा मैंने पहले बताया था। यदि हम वहाँ पहुँच जाते, तो वहाँ की दीवारों और मीनारों से किलेबन्दी कर लेते और अपना पीछा करनेवालों को अच्छी चुनौती देते।

मैंने अपने आदमियों से कहा, "भयभीत होने की कोई बात नहीं। तुममें से जो श्रेष्ठ हों वे मेरे पीछे आ जाएँ, फिर हम उन बदमाश लुटेरों को रोक लेंगे। मुझे ज्ञात हो गया कि वे लोग पिंडारी हैं, जो धरती पर सबसे बढ़कर कायर हैं। केवल हमें दृढ़ बने रहना है। जिनके पास बन्दूकें हों वे निशाना साधे रहें और जब वे हमारे बिलकुल निकट आ जाए, तो हर एक अपना शिकार पहचान ले। फिर देखना है कि कितने घोड़ों की काठियाँ रिक्त नहीं होतीं।"

अब वे लोग हमारे सामने आ गए। सौभाग्य से वहाँ मार्ग सँकरा था, और दोनों ओर सघन कँटेदार झाड़ियाँ थीं, इस कारण वे हमारी बगल से नहीं निकल सकते थे। जब वे हमसे बोलने भर की दूरी पर रह गए, तब मैंने चिल्लाकर कहा, "क्या तुम लोग हमारे मित्र हो अथवा शत्रु? यदि मित्र हो, तो पीछे हट जाओ, और यदि शत्रु हो तो तुरन्त भाग जाओ, नहीं तो मेरे मित्रो, अली के नाम पर तुम्हारा प्रचंड स्वागत होगा।"

उस दल के नेता ने कहा, "रुको, तुम्हारा नेता कौन है? मैं उससे बात करना चाहता हूँ।"

मैंने कहा, "मैं नेता हूँ। अकेले मैदान में आ जाओ, मैं तुम्हारा सामना करने के लिए तैयार हूँ। परन्तु यदि तुममें से कोई हिला, तो अल्लाह कसम, हम गोलियों से भून देंगे।"

वह आगे बढ़कर आ गया, और यह देखकर कि उसके पीछे कोई नहीं बढ़ा, मैंने अपने आदमियों के आगे घोड़ा बढ़ा दिया और उनसे कहा, "यदि जरा भी धोखा देखना तो गोलियाँ चला देना, मेरी चिन्ता मत करना।"

उसने कहा, "जमादार, हमारे ठाकुर ने तुम्हें बुलाया है, तुम अवश्य समझ गए होगे, क्यों? तुम सीधे मेरे साथ चले चलो, तुम्हें केवल जुर्माना देना होगा, और उसके बाद मुक्त कर दिए जाओगे। यह किसी राजपूत का वचन है।"

मैंने कहा, "मुझे न तो तुम्हारे ऊपर विश्वास है और न तुम्हारे स्वामी पर। तुम लोग आवारा पिंडारियों के बंडल हो। मुझे तुम लोगों के ऊपर हँसी आती है, और तुम्हारी दाढ़ियों पर थूकता हूँ। यदि हमें ले जाना हो तो आगे बढ़ो और हमें ले जाओ, परन्तु हम अपनी इच्छा से कभी नहीं चलेंगे। क्या हमें मूर्ख समझ लिया है? क्या हम निरे गधे हैं? इस प्रकार बोलने वाले तुम्ही एक निकले? जिसने तुम्हें भेजा हो उसी के पास लौट जाओ, और उसे बता देना कि जब तक मेरे हाथ में हथियार है या मेरे साथ साहसी आदमी हैं, वह आदमी अभी तक पैदा नहीं हुआ, जो तब तक अमीर अली को यहाँ से ले जा सके। ऐसा सन्देश लाने में तुम्हें लज्जा नहीं आई?"

उसने कोई उत्तर न देकर, अपना घोड़ा बढ़ाया और तलवार से मेरे ऊपर प्रहार कर दिया। वह मूर्ख सम्भवतः यह नहीं जानता था कि किसी ठग को युद्ध करना भी आता था, और वह भी उस व्यक्ति को जिसे आज तक कोई पराजित नहीं कर सका। उसके प्रहार को मैंने अपनी ढाल पर झेल लिया और जैसे ही वह मेरे पास आया, मैंने उसके सिर पर भरपूर पलट वार कर दिया, वह घोड़े से गिरकर मर गया।

उधर मेरे आदमी चीखते-चिल्लाते गोलियाँ दाग रहे थे। कई घुड़सवार और एक घोड़ा घायल होकर गिर गए और भूमि पर मृत्यु से संघर्ष करते हुए छटपटाने लगे। पिंडारियों के इस मामले में यदि मेरे साथ अच्छे साथी होते, तो हम इन लोगों की अच्छी खबर लेते और उन्हें भगाकर ही दम लेते, परन्तु मैं अकेले कुछ भी नहीं कर सका। फिर भी हमने उन्हें रोक लिया और धीरे-धीरे पीछे हटने लगे। हमारे पीछे वह टुकड़ी थी जो बन्दूक के निशाने से बचते हुए, स्पष्टतः इस प्रतीक्षा में थी कि उसे हमारे ऊपर आक्रमण करने के लिए समतल भूमि प्राप्त हो जाए।

इस प्रकार पीछे हटते हुए हम वहाँ तक आ गए जहाँ गाँव की दीवारें हमारे स्वागत के लिए खड़ी थीं, वहीं मैंने अपने मुख्य दल को लगा दिया। दीवारों का आश्रय पाने के लिए हमने दुगुना प्रयत्न करना चाहा, और गाँव के सामने जब हम समतल भूमि पर आ गए तब हमारे आदमी तितर-बितर होने लगे, यही नहीं उन्होंने भागना शुरू कर दिया, परन्तु मैंने उन्हें रोक लिया, और कहा, "अल्लाह के लिए, अपनी सुरक्षा के लिए इकट्ठे रहो और हृदय में बहादुरी

बनाए रखो। जब तक हम लोग दृढ़ बने रहेंगे, वे हमारे निकट आने का साहस नहीं कर सकते, परन्तु यदि हम अलग हुए तो हमारा विनाश निश्चित है। देखो वे लोग अभी हमारे ऊपर आक्रमण करने की तैयारी कर रहे हैं जैसे कोई बाज अपने शिकार पर झपटता है।"

और वे सब गरजते हुए, अपने भाले चमकाते हुए, अपशब्दों की बौछार करते हुए हमारे सामने आ गए। हमारे कुछ आदमी गेट की ओर पूरी शक्ति के साथ भागने लगे, परन्तु अधिकांश वहीं जमे रहे। एक बार पुनः मैं झपटकर एक शत्रु को घायल कर दिया, परन्तु दैव हमारे प्रतिकूल था, हमारा एक आदमी वहीं गिर गया। भाला उसके पीठ में घुसकर बाहर निकल आया था। एक अन्य भी घायल हो गया, परन्तु इससे अधिक वे हमसे लाभ नहीं उठा सके। हमारे जो लोग भागे थे, वे भी लौटकर सबके साथ आ गए। मेरे पिता के नेतृत्व में गेट की ओर से कुछ ग्रामीण भी आ गए। इन सबको देखकर वे पीछे हट गए और हम लोग सुरक्षित गाँव में आ गए। दोपहर तक वे हमारी गोलियों के भय से दूर रहकर इधर-उधर मँडराते रहे, परन्तु दोपहर के पश्चात वे सब रफूचक्कर हो गए, और फिर कभी नहीं दिखाई दिए।

अपनी सुरक्षा के लिए हमें बहुत बड़ी रकम चुकानी पड़ी। पटेल ने गाँव के दरवाजे बन्द करवा दिये और घोषित कर दिया कि हमारा एक भी आदमी बिना एक हजार रुपया दिये, बाहर नहीं निकल सकेगा। मेरा विचार था कि हम आक्रमण कर दें और गाँव को लूट लें, जला दें, जैसा पिंडारी करते थे और यह काम हम बड़ी आसानी के साथ कर सकते थे, परन्तु पिताजी ने इसे सुनना भी नहीं चाहा। उन्होंने कहा, "उस दशा में सारा देश हमारे विरुद्ध खड़ा हो जाएगा। इसके अतिरिक्त पटेल की उदारता तथा संरक्षण देने का बुरा प्रभाव होगा, भले ही हमने उसके लिए पैसा भुगतान किया हो।"

उसे पैसा दे दिया गया और परस्पर सद्भावना के हजारों वादों के पश्चात् हम गाँव से विदा हुए और सोचा कि जितना शीघ्र सम्भव हो, हम वहाँ से दूर निकल जाएँ, जिससे हमारा पीछा न किया जा सके।

वैसे हमारा पीछा तो नहीं किया गया, परन्तु इस घटना का शोर पूरे इलाके में अवश्य हो गया। लोग दूर-दूर तक इसे जान गए। हमसे कोई छेड़छाड़ नहीं की गई। बाद में हमने सुना कि अपने आदमियों की पराजय की बात सुनकर ठाकुर अत्यन्त क्रोधित हुआ और उन सब को कायर बताकर नौकरी से निकाल दिया। वास्तव में वे उसी योग्य भी थे। इसके अतिरिक्त उसने शपथ ली थी कि यदि कोई ठग उसके चंगुल में आ गया तो उससे कसकर बदला लिया जाएगा। मेरा विश्वास है कि उसने अपने वचन का पालन किया और कुछ को मौत के घाट उतार दिया। परन्तु हम उसकी दाढ़ी का मज़ाक उड़ाते रहे, और बहुत दिनों तक इस घटना को लेकर परस्पर परिहास होता रहा।

ऐसा प्रतीत होता है कि एक दिन पश्चात कुछ पशुपालक उस स्थान से निकल रहे थे, जहाँ यात्रियों की हत्या हुई थी। उन लोगों ने मार्ग में उस बच्चे का शव देखा। उसके सभी अवशेष खोजे गए। इसकी सूचना गाँव के शासक तथा घटना के क्षेत्र अधिकारी को दे दी गयी।

हम लोग अपने मार्ग पर चलते रहे। गनेशा भी भाग्यशाली रहा। उसने दूसरी दिशा के बगली रास्ते में यात्रियों के किसी बड़े समूह को अपने जाल में फँसा लिया। उसमें एक जमादार, जिसके एक हाथ नहीं था, और उसका परिवार था, उसने सभी को समाप्त कर दिया।

साहब, मैं आपको बताता हूँ कि हमारे लिए उन आदमियों को, जो किसी भी प्रकार से

विकलांग हों, मारना सख्त मना है। उक्त जमादार की मृत्यु की बात सुनकर मैं अत्यन्त विचलित हो गया। मिलने पर उसने स्वयं यह बात मुझे बताई थी।

उसने बताया, "कुछ लोग, नहीं वास्तव में अधिकांश लोग इस बात को लेकर झिझक रहे थे कि उसे मारा जाए अथवा नहीं। पूरे समूह से उसे अलग-थलग करने का कोई उपाय नहीं था। सभी कह रहे थे कि उसके कारण सभी को छोड़ देना चाहिए, क्योंकि उसका एक हाथ नहीं था, अतः भवानी की भेंट चढ़ाने के लिए वह उपयुक्त नहीं था। मैंने उत्तर दिया कि वह विकलांग नहीं था, क्योंकि यदि उसका एक हाथ चला गया, परन्तु पहले तो दोनों थे, और हाथ खोने का काम अल्लाह के द्वारा न होकर मनुष्य द्वारा किया गया। और मृत्यु के पश्चात् वह उसी रूप में होगा जिसमें उसका जन्म होगा, अतः वह वर्जनीय नहीं था, वास्तव में बनिज था। मैंने उन लोगों से यह भी कहा था कि जब हम सब एक स्थान पर मिलेंगे, तब हम लोग अपने किस कार्य पर गर्व करके तथा बिना किसी लूट का माल प्राप्त किए, तुमको तथा अन्य साथियों को किस प्रकार अपना मुँह दिखाएँगे? मेरी बात मान ली गई और सबका कंठ-घोटन कर दिया गया। जमादार मेरे हाथों गया, क्योंकि कोई अन्य उसे छूने को भी प्रस्तुत नहीं था, यद्यपि मैंने बहुत समझाया कि इसमें कोई हानि नहीं थी। एक और सबसे बुरी बात यह थी कि जमादार की दो जवान पुत्रियाँ थीं। मेरे दो आदमी उन पर लट्टू हो गए। वे लोग अपनी बीवी बनाकर उन्हें ले जाना चाहते थे, परन्तु वे तैयार ही नहीं हुईं और सबके साथ उन्हें भी अपने प्राण गँवाने पड़े।"

अब हमें यह नहीं सूझ रहा था कि किस ओर जाएँ। सागर में शकुन-विचार हुआ था, और उसी स्थान पर हमें एकत्र होना था। चूँकि हमें उत्तर की ओर प्रस्थान करने का संकेत प्राप्तं हुआ। अतः हम सागर से उत्तर की ओर चल दिए और सिरोंजे पहुँच गए। पिताजी वहाँ से जालौन चले गए। हम लोग दो भागों में बँट गए। एक-दूसरे से एक दिन की दौड़ के अन्तर पर हो गए, क्योंकि बहुत बड़ी संख्या में आदमियों के साथ चलने में सन्देह हो जाने का भय था। चूँकि इस समय तक फिरंगियों ने अपनी जड़ें जमा ली थीं, अतः स्थान-स्थान पर हमसे पूछताछ की जाने लगी। इसके अतिरिक्त विभिन्न दिशाओं में बहुत बड़ी संख्या में यात्री ठगों के दूसरे दलों द्वारा गायब होने लगे। इससे कारण अधिकारी एक सीमा तक चिन्तित और सशंकित हो गए। फिर भी कहीं धमकाकर, कहीं रिश्वत देकर हम चालाकी से उन गुप्त स्थानों से जहाँ चौकीदार भी कभी नहीं सन्देह कर सकते थे, अपना लाभ छोड़कर निकल जाते थे। यद्यपि हमें अधिक लूट नहीं प्राप्त हुई, परन्तु एक या दो यात्री हाथ लगते ही रहे।

होलकर के इलाके के इकलेरा नामक गाँव पर(खेद है कि मैं इसे कभी नहीं भूल सकता) हमारे सोथा ने यात्रियों के किसी छोटे से समूह के विषय में सूचना दी। वे कुछ कोस के अन्तर पर किसी गाँव को जानेवाले थे।

हमारे आदमियों द्वारा अकेले सफर का खतरा, और मार्ग में ठगों का भय दिखाकर उन्हें अपने साथ यात्रा करने के लिए तैयार कर लिया। काफिले के नेता के रूप में सोथा ने मेरा परिचय कराया। इसके अनुसार शाम को उनमें से एक बाजार लौट गया और अपने साथ दो आदमियों को लेकर आ गया। मैंने उनका हार्दिक स्वागत किया। मैंने भी उन्हें वही बातें बताईं जो हमारे आदमियों ने उनसे कही थीं। अपने उद्देश्य से मैंने उन्हें काफी भयभीत कर दिया।

उनमें से एक ने कहा, "सुनिए, यद्यपि आज तक मैंने कोई ठग नहीं देखा और न इस

अंचल में वैसे किसी के होने की बात जानता हूँ, फिर भी उनके यहाँ होने में मुझे सन्देह नहीं है। मेरी पत्नी के पिता की हत्या उन लोगों ने की थी।"

मैंने पूछा, "यह कैसे हुआ? ऐसा सोचना भी भयानक लगता है। यह सब कैसे हुआ? क्या उसके विषय में कुछ जानते हो?"

उसने उत्तर दिया, "नहीं, मैं तो नहीं जानता, परन्तु अन्य लोगों से सुना था। मैं उस समय केवल एक बालक था, परन्तु गाँव के वृद्ध लोग उन्हें भली भाँति जानते हैं और आज भी वे कभी-कभी उसकी बातें करते हैं। मैं अपने पिता से आपको मिलवाऊँगा और वे स्वयं आपको पूरी कहानी बताएँगे। माशाअल्ला, वे बड़े उत्साह के साथ उसे बताते हैं, और वह सुनने लायक भी है।"

मैं मानता हूँ कि मुझे उसे सुनने की रुचि हुई। ठगी की किसी सामान्य घटना को सुनने के लिए मैं क्यों इतना उत्कंठित हुआ, यह मैं स्वयं नहीं जानता। मैं उठकर उसके पीछे उसके घर गया और उसके पिता के मुख से पूरी कहानी सुनने का इरादा कर लिया।

मैंने कहा कि अभी दिन था, सूर्य अस्ताचल को गमन कर रहा था और गाँव में शाम का शोर और हलचल हो रही थी। जो ढोर प्रातःकाल चरने के लिए बाहर गए थे, इस समय वे धूल के बादल उड़ाते हुए अपने-अपने द्वारों पर एकत्र होने लगे जिसके कारण दीवारें धुँधली दिखाई देती थीं। यही सब जानी-पहचानी बातें देखता हुआ मैं आगे चलता रहा। मेरे विचार से मैं आस-पास के विभिन्न स्थानों के नाम जानता था, विशेष रूप से एक फकीर का घर। उसके चारों ओर छोटा-सा बगीचा था। वहाँ पहुँचकर मैं स्तम्भित रह गया, क्योंकि वहाँ का दृश्य मुझे ऐसे मित्र का जाना-पहचाना प्रतीत हुआ जिससे मैं अनेक वर्षों के बाद मिला। यद्यपि पहचानने में कोई गलती नहीं प्रतीत हुई, परन्तु उसका नाम लेने में झिझक लग रही थी। उस बगीचे का नाम जानने की उत्कट इच्छा होने पर भी मैं चला गया, क्योंकि किसी स्थान को पहचानने का प्रयत्न करना मेरा उद्देश्य नहीं था, जबकि मैं उस समग नितान्त अजनबी व्यक्ति था।

जैसे ही हम गेट के अन्दर गए, वहाँ की अनेक चीजें मुझे जानी-पहचानी लगीं जैसे बाजार, छोटी मस्जिद, कोतवाल की चौकी, महादेव का मन्दिर आदि। मैं उन सबके नाम बता सकता था, विशेष रूप से एक मकान, जिसके सामने से मैं निकला, मेरा हृदय उछल पड़ा। उसमें कोई खास बात नहीं थी, परन्तु वह मुझे ऐसा ताजा लग रहा था, जैसे कल ही मैं वहाँ से गया था।

फिर भी मैं चुपचाप चलता गया। मेरे साथी ने मेरी बेचैनी और मेरे आश्चर्य को, जो मेरे चेहरे पर स्पष्ट झलक रहे थे, नहीं देखा। हम वहाँ पहुँचे। वह किसी भले आदमी का घर प्रतीत होता था। मुझे बैठने के लिए कहकर वह वृद्ध को बुलाने अन्दर चला गया। जब वे आए, अल्लाह, अल्लाह, मैं उनका नाम तक पुकार सकता था, यद्यपि उनके चेहरे पर सिकुड़न और झुर्रियाँ आ गई थी। मैं कहने हीवाला था, 'रहीम खाँ' परन्तु स्वयं को उस समय रोक लिया। वे मेरे सामने एक अन्य नाम—फतेह मुहम्मद के रूप में सामने आए। मैं चुप बैठा रहा।

इसके बाद मैं सभी बातों पर विचार करता रहा, क्या वह कोई स्वप्न था, अथवा मैं वैसा ही घूमता हुआ वहाँ पहुँच गया और सम्भवतः कुछ दिन वहाँ ठहरा था। इस प्रकार वह स्थान मुझे जाना-पहचाना लग रहा था। कुछ इधर-उधर की वार्ता के पश्चात मेरे नए मित्र ने वही कहा जो मुझसे कहा था और अपने श्वसुर से पीर खाँ की पूरी कहानी बताने का अनुरोध किया।

मोती का सौदागर

उस वृद्ध ने अत्यन्त स्नेह के साथ मेरे सलाम का उत्तर सलाम करके दिया। जब हम लोग व्यवस्थित होकर बैठ गए और हुक्के का दौर भी हो गया, तब उसने अपनी गोद ली हुई लड़की के माँ-बाप का दुखद इतिहास बताना आरम्भ किया। उसका कथन हमारे नवीन परिचित व्यक्ति के कथन से कुछ भिन्न था और वास्तव में यह सम्पूर्ण मामला मुझे किसी सफल ठगी की भाँति प्रतीत हुआ, जिसे मैंने शायद ही सुना हो। मैं सोच रहा था, आखिर वे लोग कौन थे? मैं अपने पिता की पूरी कहानी सुनाऊँगा, सम्भव है उन्होंने इसे सुना हो, और बालक का कोई सूत्र हाथ लग जाय, जिसका भविष्य अनिश्चितता के गर्त्त में पड़ा हुआ था। फिर भी सम्भव है इस समय भी वह बालक हमारे बीच में हो और जब यह विचार मेरे मस्तिष्क में घूम रहा था, किसी अर्द्धस्वीकृति ने मेरे ऊपर जोर डाला कि क्या मैं स्वयं ही वह बालक तो नहीं? परन्तु मैंने इसे मूर्खतापूर्ण विचार समझकर वैसे ही जैसे कभी-कभी किसी छोटे से छोटे कारण से कोई विचार आता है, और एक क्षण भर के परावर्तन के बाद विलीन हो जाता है।

मैंने प्रश्न किया, "और आपने उसके पश्चात उनके और उस बालक के विषय में कुछ नहीं सुना?"

वृद्ध ने कहा, "नहीं, कभी नहीं, तब से वर्षों व्यतीत हो गए, और यदि जीवित होता तो तुम्हारे आयु का होता, मीर साहब।" यह कहते हुए उन्होंने मुझे ध्यान से देखा, उसी समय वायु के किसी झोंके से लैम्प की लौ मेरी ओर झुक गई, जो मानो कह रही थी, 'चेहरे के वे लक्षण मुझसे मिलते-जुलते हैं, बोलो तुम्हीं तो उस व्यक्ति के पुत्र नहीं हो, जिसकी हत्या हुई?'

मैं स्वीकार करता हूँ कि मेरी पूर्व धारणा, कि वह गाँव मेरा जाना-पहचाना था, के साथ उसकी गम्भीर दृष्टि तथा हाव-भाव ने मुझे अभिभूत कर दिया था, परन्तु किसी सन्देह द्वारा देर तक डगमगाते रहने की बात को छिपाने में मैं पुराना खुर्राट था और उस सन्देह की पुष्टि के लिए उसके पास कोई प्रमाण भी न था। मैंने बड़ी लापरवाही तथा हँसते हुए उसे उत्तर दिया, "नहीं, नहीं, ऐसा नहीं हो सकता। मेरे पिता अभी जीवित हैं, हाँ मेरी माँ का देहान्त अवश्य हो गया और वास्तव में उसकी मुझे बहुत कम याद है। इसके अतिरिक्त हम लोग पीढ़ियों में सैयद हैं तथा हर प्रदेश में दूर-दूर तक फैले हैं। आपने तो अपने पुराने मित्र को पठान बताया था।"

कुछ निराश होकर वृद्ध ने कहा, "तो ऐसा नहीं हो सकता, फिर भी समानता गजब की है। मीर साहब, मेरा अनुरोध है कि इस वृद्ध की भूल क्षमा करें। सम्भव है, मेरी आँखें धोखा खा रही हैं, फिर भी मेरे बेटे इन्हें देखकर बताओ कि क्या इनकी सूरत उस लड़की से नहीं मिलती?"

दूसरे ने कहा, "निश्चय ही दोनों में बड़ी समानता है। जब मैंने इन्हें सर्वप्रथम देखा, उसी समय इनके चेहरे की समानता मेरे मन में खटक गई थी, परन्तु वह कल्पना-प्रसूत भी हो सकती थी अथवा वह उन ध्यान न देनेवाली समानताओं में से एक होगी, जो किसी को उसके होने का कारण जाने बिना दिखाई देती है।"

मैंने कहा, "आपने किसी ताबीज का उल्लेख किया था, जो आपके पास है और उसमें कुछ विशेष गुण हैं।"

उसने कहा, "जी हाँ, मैंने अवश्य कहा था, और मेरे पिता ही बताएँगे कि मैंने उसके प्रभाव को बहुत बढ़ा-चढ़ाकर नहीं बताया।"

दूसरे ने कहा, "नहीं, उसने ऐसी कोई बात नहीं कही। मैंने अनेक ताबीज देखे हैं, परन्तु उसके जोड़ का कोई नहीं। जब वह पहननेवाले के गले में होगा, तो उस आदमी का कोई अनिष्ट नहीं हो सकता। उसे कोई बीमारी नहीं होती, उस पर बुरी अथवा ईर्ष्यालु दृष्टि पड़ते ही वह व्यर्थ हो जाती है। निःसन्देह उसमें अद्भुत गुण हैं, क्योंकि जब कभी वह नहीं धारण करती, उसे रोग घेर लेते हैं अथवा उसका मस्तिष्क बेचैन हो जाता है।"

मैंने कहा, "यह सब अल्लाह की कुदरत है। ऐसे ताबीज बहुमूल्य होते हैं और उन्हें धारण करनेवाला भाग्यशाली होता है। मेरा एक पुत्र था, वह बुरी नजर का शिकार हो गया, जो फकीर ने भिक्षा न मिलने के कारण उस पर डाल दी। उसने मेरे घर को शाप दे दिया और बच्चा पीड़ा से तड़पकर मर गया। उस समय मैं अपने घर पर उपस्थित नहीं था। और जब मैं लौटकर आया तब आप श्रीमान मेरे सन्ताप का अनुमान कर सकते हैं। उसके पश्चात दूसरे बेटे के लिए मेरे ऊपर अल्लाह की मेहरबानी नहीं हुई। परन्तु एक बेटी अवश्य बच गई, उसी की पूरी देखभाल की जाती है। अभी तक किसी घुमन्तू फकीर से चाहे मुसलमान हो या हिन्दू, मुझे ऐसा ताबीज नहीं मिला, जिसे खरीदकर उसके गले में लटका दिया जाए। इस प्रयास में मैंने बहुत धन व्यय कर दिया, परन्तु सब व्यर्थ हुआ, क्योंकि मेरी बेटी कोमल है। उसे ऐसे स्वप्न आया करते हैं जो उसे बेचैन किए रहते हैं और उसकी सौम्य आत्मा को अशान्त रखते हैं। मैं अल्लाह से यही दुआ माँगता हूँ कि मुझे वैसा ही ताबीज प्राप्त हो जाए जैसा आपने बताया था।"

वृद्ध ने कहा, "अपने हृदय को मजबूत रखिए, मीर साहब, आपने बहुत दुख झेलकर अनुभव प्राप्त किया है। संशयरहित हो जाइए। इधर-उधर घूमती रहनेवाली पुण्यात्माओं की आवश्यकताओं पर निरन्तर ध्यान रखते रहने से अन्त में निश्चय ही उसका प्रभाव पड़ता है। उनकी दुआएँ आपकी बेटी के स्वास्थ्य और उसके दीर्घ जीवन के लिए अवश्य प्राप्त होंगी।"

"अल्लाह उनकी सुने," मैंने बड़े उत्साह के साथ कहा, क्योंकि उस समय मेरा हृदय अपनी बेटी और पत्नी के पास था।

मैंने उठकर उससे विदा ली। मेरे नवीन मित्र ने हमारे कैम्प तक साथ चलने के लिए जोर दिया और हम उस ओर चल दिए।

मैंने कहा, "आप प्रातः होते ही तैयार रहेंगे। हम लोग प्रातःकालीन शीतल वायु के लिए सुबह ही यात्रा करते हैं। पूर्व दिशा में उषा के आगमन के साथ ही मेरे आदमी कार्यरत हो जाते हैं।"

उसने कहा, "मेरे ऊपर भरोसा रखिए। आपको मेरी प्रतीक्षा नहीं करनी पड़ेगी, क्योंकि हमें लम्बी यात्रा करनी है।"

वह चला गया। आराम के लिए लेटे हुए मैंने सोचा कि वह ताबीज मुझे अवश्य लेना है। उसके असाधारण गुणों के कारण मेरी बड़ी बेटी की रक्षा हो जाएगी। मुझे और ताबीजों के लिए निरन्तर खोजबीन नहीं करनी होगी जिससे कोई भला भी नहीं होता, उलटे पैसा भी अधिक लगता है। इसके अतिरिक्त मैं अज़ीमा के लिए ऐसा कोई उपहार नहीं ला सका जो उसकी दृष्टि में मोती की मालाएँ अथवा मूल्यवान आभूषण से अधिक अच्छा होता। इस प्रकार मेरी विचारधारा अपने घर की ओर ही चक्कर काटती रही। मेरे खजाने कल्पनास्वरूप मेरे सम्मुख

थे। मैं अपने इस जंगली और उत्तेजक जीवन के साथ उस जीवन की तुलना करने लगा, जब मैंने अपने शान्तिपूर्ण क्षणों में अज़ीमा के पार्श्व में बैठकर आनन्द उठाया था। उस समय मेरी बेटी अपनी बाल-सुलभ उछल-कूद से मुझे वास्तव में आनन्दित कर देती थी। इन दोनों स्थितियों का अन्तर अत्यधिक प्रबल था और मेरी सर्वोत्तम भावनाओं को प्रभावित कर रहा था।

इन्हीं विचारों मे डूबते हुए मैं सो गया और तब तक सोता रहा जब तक कि यात्रा की तैयारियों की हलचल ने मुझे चौकन्ना नहीं कर दिया। अब उठने का समय हो गया। मैंने नित्य की वजू के पश्चात नमाज अदा की और दुआ माँगने के बाद अपने टेंट से बाहर निकला। उस समय पूरा दल चलने के लिए तैयार खड़ा था, परन्तु अभी तक मेरा नवीन परिचित और उसका परिवार वहाँ नहीं पहुँचा था।

"क्या हम लोग चलें?" लालू ने, जो भुहोटे लोगों में दूसरा होने के कारण मेरा विश्वासी था, पूछा जब मैं अपने घोड़े के पास खड़े होकर उस पर सवार होनेवाला था।

मैंने कहा, "अभी नहीं। गाँव से बनिज आने की प्रतीक्षा कर रहा हूँ। उन्होंने विलम्ब न करने की बात कही थी, परन्तु दिन चढ़ रहा है, किसी को भेजकर जल्दी बुलवाओ।"

उसने कहा, "वे कल रात के मित्र हैं, मीर साहब, हम उनकी अवश्य प्रतीक्षा करेंगे। किसी को जल्दी करने के लिए भेज रहा हूँ। आप जानते हैं, कितने लोगों को सँभालना होगा?"

मैंने कहा, "मुझे ठीक मालूम नहीं। एक आदमी और एक औरत हैं, अधिक के लिए मैं नहीं जानता। अभी ज्ञात हो जाएगा।"

हमारा आदमी तुरन्त लौटकर आ गया, बोला, "वे लोग आ रहे हैं। मैं गेट तक भी नहीं पहुँचा था कि देखा वे लोग चल दिए थे।"

मैंने पूछा, "उनके साथ कितने लोग हैं?"

उसने बताया, "दो स्त्रियाँ टट्टुओं पर सवार हैं, एक वृद्ध पैदल है और उनके साथ तीन व्यक्ति तलवार और बन्दूक के साथ सशस्त्र हैं।"

मैंने कहा, "इस प्रकार सब छह लोग हैं। लालू तुम भुहोटे लोगों को बता दो, आज ही यदि अच्छा स्थान मिल गया, तो मैं झिरनी दे दूँगा, यदि नहीं मिला तो सारा काम कल किया जाएगा।"

उसने कहा, "यह तो ठीक है मीर साहब, परन्तु अच्छा होगा कि हम कल पर काम रखें, क्योंकि वास्तव में आज प्रातःकाल एक आपत्तिजनक शकुन हुआ, और आप जानते हैं कि कोई खतरा मोल लेना ठीक नहीं।"

मैंने कहा, "नहीं, बिलकुल नहीं। हम बेल्हा लोगों को आज ही रवाना कर देंगे। कार्य वही अच्छा होता है जिसे नियमानुसार किया जाए।"

गाँव का दल अब हम तक पहुँच गया। दुआ-सलाम हुई और हमने अपनी उतनी गति रखी, जितनी से यात्री भी हमारे साथ चल सकें। हम अगले पड़ाव पर पहुँच गए। मार्ग में अपने काम के लिए कोई उपयुक्त स्थान नहीं दिखाई दिया, कारण यह कि प्रदेश घनी आबादीवाला था तथा गाँव भी एक-दूसरे के निकट थे, परन्तु अपने परिचित व्यक्ति से आत्मसन्तुष्टि के साथ यह ज्ञात हुआ कि आगे का मार्ग निर्जन इलाके से होकर जाएगा। उसने मुझे सावधान तथा सतर्क रहने के लिए कहा, क्योंकि उधर चोर-लुटेरे बहुत होंगे, और सम्भव था कि वे हम पर आक्रमण कर दें।

वे लोग हमारे कैम्प में दिन और रात आराम करते रहे। मैं अत्यन्त उत्सुकता के साथ देखता रहा कि यदि सम्भव हो तो उस स्त्री का चेहरा देख सकूँ जिसके पास वह मूल्यवान ताबीज था, जिसे प्राप्त करने के लिए मैं कितना लालायित था। परन्तु यह सम्भव नहीं हो सका, क्योंकि उसे बड़ी सख्ती से रखा गया था, अथवा यदि कभी उसे अपने पति द्वारा लगाए गए अस्थायी परदे से बाहर आना हुआ, तो वह ऊपर से नीचे तक आवरण से ढकी रहती थी। इस कारण उसका चेहरा देखने का कोई प्रयत्न सफल नहीं हुआ। जो हो, वह मेरा शिकार अवश्य होगी। मैं यह सोचकर प्रसन्न हो रहा था कि एक और दिन व्यतीत होने से पूर्व ही वह मेरे हाथों द्वारा भूमिगत हो जाएगी। तब वह ताबीज मेरा होगा।

साहब, आप आश्चर्य कर रहे होंगे कि उस ताबीज को प्राप्त करने के लिए मैं इतना अधिक लालायित क्यों था। परन्तु आप हम लोगों को नहीं जानते। हिन्दुस्तान में कौन ऐसी माँ या बाप होगा, जो अपने बच्चे या पत्नी को बुरी नजर से बचाने के उद्देश्य से धन-दौलत ही नहीं वरन् जीवन की मामूली से मामूली आवश्यकताओं और आराम की वस्तुओं को न्योछावर करके किसी प्रभावशाली ताबीज़ को नहीं प्राप्त करना चाहेगा। किसी बच्चे के बीमार होने पर कहा जाता है कि अमुक की बुरी नज़र लग गई। फिर देखिए तरह-तरह के पूजा-पाठ किए जाते हैं, तमाम रस्में सम्पन्न की जाती हैं, आग में मिर्च जलाई जाती है, और इतने टोने-टोटके किए जाते हैं कि यदि मैं उन सबका वर्णन करूँ तो आप सुनकर हँसेंगे, और इसी कारण ताबीज की आवश्यकता समझी जाती है। उसे प्राप्त करने के लिए किसी धर्मात्मा की खोज की जाती है, उन्हें पर्याप्त धन दिया जाता है। बीमार बच्चे पर फकीरों से मन्त्र पढ़कर फूँक मारने की प्रार्थना की जाती है। किसी प्रभावशाली ताबीज को खरीदने के लिए स्त्रियाँ अपने आभूषण तक बेचने के लिए प्रस्तुत रहती हैं।

साहब, मेरा एक बच्चा चला गया। दूसरी एकमात्र सन्तान निरन्तर बीमार रहती थी, इस कारण हम लोग हजारों अशुभ आशंकाओं से पीड़ित रहा करते थे। इन सभी बातों के लिए, मेरी पहुँच में सबसे बढ़कर उपाय यही था और उस पर मेरा अटल विश्वास भी था। क्या आप मेरी उत्सुकता या मेरी अधीरता पर, जो मुझे बराबर घेरे हुए थी, आप आश्चर्य करेंगे?

लालू और उसके मुख्य बेल्हा मेरे पास आए। बेल्हा ने कहा,

"जितना शीघ्र सम्भव होगा, हम आगे जा रहे हैं।"

मैंने कहा, "अवश्य जाओ। सुना है, यहाँ से कुछ कोस आगे मार्ग सूनसान इलाके से होकर जाता है। किसी अच्छी जगह को पसन्द कर लेना। कब्र में छह शरीर रखे जाएँगे।"

उसने कहा, "जो हुक्म। मुझे आशा है कि मार्ग के विषय में आपकी सूचना सही होगी। वह पिछले पड़ाव की भाँति नहीं होगी जहाँ आदि से अन्त तक खेत ही खेत थे। मैं अच्छे से अच्छे बेल्हा को चुनौती देता हूँ, यदि वह कोई बिना बाधावाली जगह खोज सके।"

मैंने कहा, "ठीक है, सूचना अच्छी है, मुझे साथ के किसी यात्री ने बताई थी, जो वहाँ से सैकड़ों बार आ-जा चुका है।"

उसने पुनः कहा, "मैं यहाँ से सूरज डूबते चल दूँगा। मैं ऐसा स्थान खोज लूँगा, जो निकट होने के साथ ही सुरक्षा की दृष्टि से ठीक हो।"

मैंने कहा, "अच्छा, अब जाओ, तुम्हारी छुट्टी।"

आधी रात का समय शीघ्र हो गया। हम लोग उड़कर तीस कोस आगे निकल आए। प्रत्येक

गाँव को पार करने के पश्चात्, उस निर्जन स्थान पर आ गए, जिसका जिक्र पहले आ चुका था। रात्रि की गर्म हवा ऊसर और कँटीली झाड़ियों के ऊपर बह रही थी। नीरवता भंग करनेवाली कोई आवाज नहीं सुनाई देती थी। केवल बोझ से लदे घोड़ों की तीक्ष्ण हिनहिनाहट कभी-कभी सुनाई पड़ती थी अथवा कोई जल-पक्षी विषादपूर्ण स्वर से अपने प्रणयी को आमन्त्रित करता प्रतीत होता था, तथा दूसरी ओर से उसे उसी प्रकार का उत्तर प्राप्त हो रहा था। एक-दो बार लकड़बग्घे की गुर्राहट भी सुनाई पड़ी, वह उसी प्रकार थी जैसे किसी कसाई के चाकू के नीचे पड़े हुए जीव के मुँह से निकलती है। उसे सुनकर मेरी रगों का रक्त जमने-सा लगा।

मैं अपना घोड़ा आगे बढ़ाकर ले गया और उत्सुकता के साथ बेल्हा को देखने लगा, जो मुझे यह शुभ समाचार दे कि भिल तैयार थी। और हम लोगों के सामने किसी प्रकार की बाधा नहीं थी।

सड़क के मोड़ पर मैंने उस विश्वासी सन्देशवाहक को बैठे हुए देखा और जैसे ही उसने संकेत किया, मैं उसके पास दौड़कर गया।

"भिल मंझे?" मैंने अपनी गुप्त भाषा में पूछा।

"मंझे," उसने कहा, अर्थात तैयार है।

मैंने पूछा, "गोपाल, वह यहाँ से कितनी दूर है?"

उसने बताया, "अधिक से अधिक तोप दगने की दूरी पर। सड़क के किनारे सूखे नाले की रेत में, जो ऊँचे और सँकरे किनारेवाली धारा से निकलकर आगे गया है। मुझे सर्वाधिक अच्छा स्थान वही लगा।"

मैंने कहा, "ठीक है, तुम सदैव होशियार रहते हो। बस मेरे पास ही रहना और जब मैं घोड़े से नीचे उतरूँ तो उसे थाम लेना। इस मामले में मैं किसी अन्य पर विश्वास नहीं करता।"

मैंने अपने घोड़े की चाल कम कर दी, अतः पूरा दल मेरे निकट पहुँच गया। उनके आते ही मैं ठहर गया, और घोड़े से उतर पड़ा।

मैंने कहा, "खान, तुम्हारी सड़क परेशानी की खान है। मेरे घोड़े की एक नाल निकल गई। उसका पैर मुलायम है, अतः उसे आराम देने की दृष्टि से मैं एक या दो कोस पैदल चलूँगा। सम्भव है, आगे इतनी पथरीली सड़क न हो।"

उसने बताया, "अधिक नहीं, केवल एक-दो कोस की बात है, हम आगे एक सूखे नाले पर पहुँच जाएँगे, इसके पश्चात् अच्छा मार्ग मिलेगा।"

कोई संगीतमय ध्वनि सुनाई दी, "मीर साहब को मेरे टट्टू पर बैठा दीजिए। मेरा शरीर जम सा गया है, और ऐंठ रहा है। थोड़ी देर पैदल चलने में आनन्द आएगा।"

यह आवाज मेरे शिकार की थी। पन्द्रह मिनट बाद ही उसे मेरे हाथों मरना होगा। उसकी आवाज से प्रतीत होता था कि वह सुन्दर होगी, परन्तु आगे देखा जाएगा। मैंने सोचा।

मैंने कहा, "नहीं, नहीं, खान, यह नहीं होगा। हम सैनिक घोड़े बिना भी चलना जानते हैं। माशाअल्ला, मेरे अंग लोचदार और मज़बूत हैं। लम्बे पड़ाव तक जाने में मुझे कोई परेशानी नहीं।"

उसने कहा, "खैर आप जैसा चाहें, मीर साहब। बस आपका एक शब्द बोलना होगा कि वह घोड़े से उतर पड़ेगी। अल्लाह जानता है, इस ऊबड़-खाबड़ मार्ग पर आप द्वारा सुरक्षा प्रदान करने के बदले यह छोटी सी क्षतिपूर्ति होगी। इस मार्ग पर बिना भयभीत हुए कोई न निकला

होगा। आगे मिलनेवाले नाले के विषय में भी सुना जाता है कि उसकी रेत न जाने कितने बहादुरों के रक्त से गीली हो चुकी है।"

मैंने देखा कि वह स्त्री अपने पति की बातें सुनकर काँपने लगी।

मैंने उसे रोककर कहा, "खान जरा शर्म करो, सोचो तुम्हारी बात कौन सुन रहा है। स्त्रियों के कान रक्त की बात सुनने के लिए उपयुक्त नहीं होते। सिवा इसके कि वे रणक्षेत्र में हों अथवा तलवार की नोक पर मान की रक्षा करनी हो और कीर्ति अर्जित करनी हो। हमारे जैसे बड़े काफिले पर किसी बदमाश डाकू को भी हस्तक्षेप करने का साहस नहीं होगा। यहाँ तुम लोग सुरक्षित हो। पीछे छोड़े हुए अन्य नालों की भाँति, इस नाले को भी, यह सोचे बिना कि यहाँ क्या हुआ था, हम पार कर लेंगे।"

"अरे वह क्या था?" मैंने उत्सुकता के साथ पूछा, जब मेरे पैरों के निकट से कोई चीज मार्ग के उस पार चली गई।

खान ने कहा, "कुछ नहीं खरगोश था। किसी सियार ने शिकार की खोज करते हुए खरगोश को उसकी माँद से डरा दिया, और वह किसी अन्य आश्रय की खोज में भागा होगा।"

"खरगोश।" मैंने दुहराया। एकाएक मेरे रक्त का प्रवाह रुकता प्रतीत हुआ, और उसी समय मुझे किसी ठग की भयानक शकुनवाली बात स्मरण हो आई, वह शकुन जिसकी किसी प्रकार भी अवहेलना नहीं की जा सकती या अवहेलना की गई तो उसके लिए परिणाम भुगतान निश्चित था, जो मृत्यु अथवा लम्बे कारावास से कम न होगा।

खान ने पूछा, "हाँ मीर साहब, खरगोश ही था। आपको आश्चर्य क्यों हुआ?"

मैंने कहा, "मेरा मार्ग काट गया।"

उसने कहा, "वह मौके की बात थी, उससे क्या होता है?"

मैंने उत्तर दिया, "कुछ नहीं, कुछ नहीं। अपने देश में इसके विषय में अन्धविश्वास हम लोगों में प्रचलित है, परन्तु यह किसी बुढ़िया की कहानी जैसी बात है।"

मैं चुपचाप चला जा रहा था, परन्तु या अल्लाह, मेरे हृदय में कैसा द्वन्द्व हो रहा था। मैंने कहा था कि मैंने शकुन को नही माना था। उसकी चिन्ता भी नहीं की। मैं केवल यह मानता था कि जहाँ तक मेरे आदमियों का सम्बन्ध था, उनके लिए शकुन ठगी की आत्मा के समान था और उनका मान रखने के उद्देश्य से मैंने उसके प्रति विशेष रुचि रखने का दिखावा किया। परन्तु जब उसका प्रमाण मेरे सम्मुख आ गया, तब मेरी आत्मा दुबक गई। मेरे दिमाग में वे सभी कहानियाँ जल्दी-जल्दी चक्कर काटने लगीं जिन्हें मैंने देवी भवानी के आदेशों और शकुनों को जानबूझकर उपेक्षित करने पर उसके प्रतिशोध के विषय में सुने थे। जैसे किस प्रकार किसी की मृत्यु हो गई, किसी को कीड़े खा गए, दूसरा जिसे न्याय कहते हैं, उसमें धर लिया गया, अन्य के औरत और बच्चे मर गए और मेरे भी अभी एक बच्चा था! मैं बताता हूँ कि कुछ समय तक मैं मानसिक संत्रास से पीड़ित बना रहा, परन्तु मेरा हृदय बड़ा मजबूत था और साथ ही उच्च स्तर का उत्साह भी था, जिसने मेरे संकल्प को उत्तेजित कर दिया, जैसे कोई उत्तम घोड़ा, जो यात्रा के कारण हारा-थका होने पर भी, किसी आपत्ति अथवा संकट उपस्थित होने पर, अपने स्वामी की ऐसी बहादुरी के साथ रक्षा करता है, जैसे वह तुरन्त ताजा होकर अश्वशाला से निकला हो।

हाँ, इस प्रकार मेरी आत्मा पुनः ऊर्जावान हो गई। वे सब बेकार की कथाएँ विलीन हो

गईं, जो किसी बच्चे को काल्पनिक भय से भयभीत करनेवाली थीं। मैंने मन ही मन कहा, अमीर अली इन सबसे कभी नहीं डरनेवाला था। क्या मैं उस ताबीज को जो मेरी चिन्ता का सबसे बड़ा कारण था, खो जाने दूँगा, जबकि लगभग मेरी मुट्ठी में आ गया? मैं इस पर खिल-खिलाकर हँस पड़ा।

लालू ने कहा, "जिसे मैंने अभी देखा था, मीर साहब, क्या आप उसी को देखकर प्रसन्न हो रहे हैं? खुदा कसम, आप अपने मन की बात हमें भी बताइए, जिससे हम भी हँसे। हमें भी उसकी आवश्यकता है, क्योंकि ऐसी बीहड़ जगह मैंने कभी नहीं देखी।"

मैंने कहा, "कुछ नहीं, वह केवल विचार था। जानते हो, मेरा हुक्का कहाँ है?"

उसने उत्तर दिया, "मैं नहीं जानता, परन्तु मैं उसे मँगवा लेता हूँ।" और पीछे आ रहे आदमियों से उसे लाने के लिए कह दिया गया।

यह केवल तैयार रहने का संकेत था। प्रत्येक व्यक्ति ने इसे सुना और अपने-अपने स्थान पर पहुँच गया। वह स्थान अब अधिक दूर नहीं होगा। और मेरे अन्तिम शब्द के साथ मेरे हमराही लोगों के जीवन के अन्तिम क्षण भी समाप्त हो जाएँगे।

वास्तव में वह स्थान दूर नहीं था। कुछ क्षणों तक चलने के उपरान्त हम लोग नाले के किनारे पहुँच गए। सर्वप्रथम मैं नाले में उतरा और अपना रूमाल खोल लिया। अब मैं तैयार था। एक-एक करके और लोग भी मेरे पीछे आ गए। इस समय हम लोग सूखी बालू पर खड़े थे। शिकार और शिकारी यहाँ परस्पर मिल गए। मैंने देखा कि समय हो गया, और झिरनी दे दी।

लगभग एक साथ सभी गिर गए। न तो कोई आवाज हुई और न कोई चीख-पुकार हुई, केवल उसी स्त्री की हल्की घरघराहट मुझे सुनाई दी, जो मेरी घातक पकड़ के बीच अपनी मृत्यु की यन्त्रणा से तड़प रही थी। थोड़ी घरघराहट हुई और फिर सब कुछ समाप्त हो गया। मैंने उसकी चोली फाड़ दी, और उसमें हाथ डालकर उसके तप्त वक्ष से वह मूल्यवान वस्तु निकालने का प्रयत्न किया जिसके लिए मैं इतने दिनों से लालायित था। वह एक सिल्क के धागे से बँधी हुई थी, उसे तोड़कर निकालना मेरे लिए असम्भव हो गया, तब मैंने अपना खंजर निकालकर उसे काट दिया। उसे प्राप्त करके हर्ष के आवेग में मैंने उसे अपने हृदय से लगा लिया।

उस स्त्री के चेहरे पर एक दृष्टि डालकर सोचा कि अब लुधाई अपना कार्य करेंगे। वह सुन्दर थी, अतिसुन्दर और उसकी आँखों की अभिव्यक्ति कैसी थी, साहब, क्या बताऊँ, मैंने उसे नाहक देखा। यदि न देखता तो मैं वर्षों के उत्पीड़न से स्वयं को बचा लेता। किसी मृतक का ऐसा चेहरा मैंने कभी नहीं देखा था। उसकी छवि इस समय भी मेरे सामने नृत्य कर रही है और सोते-जागते सदैव नृत्य करती रहेगी।

उस समय मेरे ऊपर किसी बात का प्रभाव नहीं हुआ, परन्तु बाद में अवश्य हुआ, जैसा आपको आगे सुनाऊँगा। तब मुझे विदित हुआ कि मैंने क्या कर डाला? वह सुन्दर थी, बिलकुल मेरी अज़ीमा की भाँति। निर्मल, कोमल शरीर था उसका। लुधाई लोग ऐसी रूपराशि का क्या मूल्यांकन करेंगे? मैं सोच रहा था कि उन लोगों की भद्दी टिप्पणियाँ मैं न सुन सकूँगा, अतः मैंने उसके वक्ष को ढँक दिया, उसके शव को चादर से भली भाँति लपेट दिया और उन लोगों के आने की प्रतीक्षा में वहीं बैठ गया।

गोपाल ने प्रश्न किया, "क्यों जमादार साहब, आपने इसके शरीर से कपड़े नहीं उतारे।

चलिए मैं हटाए देता हूँ। वह चादर भी दो रुपए की होगी।"

मैंने कहा, "नहीं, वैसे ही रहने दो, उसे छूना मत। तुम लोगों के लिए वह देखने में अति सुन्दर है। परन्तु मैं तुम्हें होशियार करता हूँ कि यह जिस प्रकार है, उसी अवस्था में उसे भूमिस्थ कर दो। दूसरे लोग कुछ भी कहें, उन्हें बता देना कि यह मेरा आदेश है। जहाँ तक तुम्हारे हिस्से की बात है, मैं जालौन पहुँचकर तुम्हें नई चादर दे दूँगा।"

उसने कहा, "जो हुक्म! आपकी आज्ञा का पालन होगा, परन्तु क्या आपने उसके आभूषण ले लिये?"

मैंने कहा, "वह सब मेरे पास हैं। अब उसके शरीर पर कुछ नहीं है। उसे ले जाओ। और ध्यान रखना मेरी आज्ञा का पालन हो। अच्छा, ठहरो मैं भी साथ चलता हूँ।"

मैं भी उसके साथ चला गया। मुझे जैसी बताई गई थी, कब्र वैसी ही थी। वह क्षीण-सी जलधारा के ऊँचे और सँकरे तट पर स्थित थी। वह पर्याप्त गहरी थी, कुछ शव उसमें पहले ही पड़े थे। मैंने देखा कि उन्हीं शवों के ऊपर यह शव भी सावधानी के साथ रख दिया गया। अन्य शवों को चाकू से चीरा गया था, परन्तु मैंने इसके शरीर को चीरने से मना कर दिया। सब काम समाप्त हो जाने पर मैं वहीं रुका रहा। कब्र भली भाँति ढक दी गई।

अपने साथियों को एकत्र करके मैं आगे की यात्रा के लिए चल दिया। वहाँ से शीघ्र चल देना बहुत अच्छा हुआ, क्योंकि उस स्थान से अधिक से अधिक आधा कोस दूर एक बड़ा यात्री दल मिल गया। चूँकि वे लोग संख्या में अधिक थे, अतः हमारी ही भाँति रात्रि में यात्रा कर रहे थे। परस्पर दुआ-सलाम हुई, मार्ग के सम्बन्ध में पूछताछ की गई, जैसे आगे पानी मिलेगा अथवा नहीं और कहाँ मिलेगा। ये सब बातें करके सब अपनी-अपनी राह चल दिए।

हमें लूट का बहुत कम माल हाथ लगा। केवल चालीस रुपए और कुछ रेजगारी मिली। इसके अतिरिक्त मृतक का घोड़ा, स्त्री के कुछ आभूषण आदि प्राप्त हुए जिनका मूल्य अधिक न होगा। परन्तु वास्तविक पुरस्कार मेरे अधिकार में था, मेरी दृष्टि में जिसका मूल्य हजारों रुपए होगा। मेरे पास उसके होने का किसी को भी पता नहीं था। मैंने उसे अपने गले में लटका लिया, जिससे वह मेरे हृदय के निकट रहे। मैंने उसे हजारों बार निकालकर देखा होगा। उसमें कुछ ऐसी बात अवश्य थी, जिसने मेरे ऊपर रहस्यात्मक प्रभाव डाल रखा था। कई बार मेरे मन में यह विचार आया कि मैंने इसे पहले भी देखा था और उसकी पुरानी और जीर्ण सतह जानी-पहचानी प्रतीत हुई थी, परन्तु मेरे दिमाग को इसका कोई सूत्र नहीं मिल रहा था। उन सभी बातों के प्रभाव का श्रेय मैं उस ताबीज को ही दे रहा था। उसके गुणों पर मुझे अटूट विश्वास हो गया था। मैं सोच रहा था कि अज़ीमा इसे कितना मूल्यवान समझेगी, जो स्वयं ही अमूल्य थी। जो हो, यह मेरी और उसकी दृष्टि में एक खजाना था जो हमारे बच्चे की रक्षा करेगा, जिस पर अनेक ईर्ष्यालु दृष्टियाँ लगी थीं।

अभी हम लोग जालौन से बहुत दूर थे। मौसम देखकर लगता था कि हम लोग और अधिक भ्रमण करें। परन्तु मैं बहुत थका हुआ था। कहने में यह बात विचित्र लगेगी, परन्तु और कोई जोखिम उठाने की मेरी कोई लालसा नहीं थी। यद्यपि वह अवसर आया और लोग भी हमारे दल में सम्मिलित होते गए, परन्तु मैंने किसी को भी नहीं बुलाया। इक्का-दुक्का यात्री जो हमारे दल के साथ हुए, उन्हीं को समाप्त किया गया, और जिन्हें समाप्त करना अवश्यम्भावी हो गया था।

मालवा के सीमान्त के किसी गाँव में हम लोगों ने एक सामान्य विचार-विमर्श किया। कुछ लोग चाहते थे उत्तर की ओर आगरा तक यात्रा करें और वहीं से जालौन चले जाएँ। परन्तु मैंने यह सलाह नहीं स्वीकार की। बहुमत मेरे पक्ष में था, जिसका मत था कि हमें जो कुछ प्राप्त हो गया, उस पर सन्तोष करके घर की ओर लौट चलें।

मैंने कहा, "मित्रो, हमें उत्तर की ओर जाने से जो कुछ मिलेगा, उसका आधा भी घर की ओर जाने से प्राप्त हो, तो वह अच्छा होगा। सड़कें तो सड़कें ही हैं, जहाँ भी हम जाएँगे यात्री सर्वत्र मिलेंगे, परन्तु हमें सतर्क रहने में कोई शिथिलता नहीं करनी चाहिए। तुम लोग अमीर अली के सौभाग्य पर विश्वास रखते हो। विजय सदा उसके साथ रही है। अब भी आकाश पर उसका सितारा बुलन्द है। सबसे बढ़कर बात यह है कि हमें शकुन विचार कर लेना चाहिए, और उसी के अनुसार चलना चाहिए। यदि हमारी नियति सही है कि हम शीघ्र घर लौट चलें तो वे ही हमारी भावी कार्य-शैली और कार्रवाई का निर्धारण करेंगे।"

मेरे वक्तव्य का हर्षध्वनि के साथ स्वागत किया गया। शकुन विचार हुआ, यद्यपि उससे कोई विशेष निर्देश नहीं मिला फिर भी अच्छे जानकार ठगों की राय में हमें अपनी वर्तमान दिशा को पकड़े रहना उचित माना गया, जब तक कि या तो हमें कोई नवीन जोखिम का काम मिले अथवा विपरीत शकुन प्राप्त हो और उनके कारण हमें दिशा में परिवर्तन करना आवश्यक हो जाए। अतः हम लोग उसी दिशा में चल दिए।

मुझे यह स्मरण नहीं है कि कितने दिन पश्चात हम बुन्देलखंड के बड़े नगर तियारी पहुँचे और वहीं डेरा डाला। बनिज की आशा में हम वहाँ दो दिन तक ठहरे। दुर्भाग्य से तब तक कुछ भी हाथ नहीं लगा, परन्तु हमारे तिल्हाई सक्रिय रूप से लगे रहे। मैंने इरादा कर लिया कि किसी जोखिम का काम किए बिना नगर से नहीं जाऊँगा, क्योंकि जालौन के मार्ग में यही अन्तिम स्थान था, जहाँ कुछ प्राप्त होने की आशा थी। सन्ध्या समय सोथा और तिल्हाई अपना मुँह लटकाए हुए लौट आए। उन्होंने बताया कि उन्हें कुछ ऐसे निर्धन आदमियों को छोड़कर कोई नहीं मिला, जिन्हें मारकर कुछ भी मिलनेवाला नहीं था। अतः सबकी सलाह हुई कि कल ही वहाँ से चल दें।

अपने दुर्भाग्य पर मुझे सन्देह हो रहा था, मैं नहीं जानता क्यों? मैंने सबसे कहा, "फिर भी कल और रुक जाओ, जैसे कोई कह रहा है कि कल का दिन शुभ होगा और एक दिन में कुछ बनता-बिगड़ता नहीं है।"

उनके लिए मेरी इच्छा कानून के समान थी। दूसरे दिन मैंने खूब अच्छे वस्त्र और शस्त्र धारण किए और व्यक्तिगत रक्षा के रूप में कुछ ठग साथ लेकर नगर में गया। अपनी घुड़सवारी की प्रशंसा पाने के उद्देश्य से मैं अपने घोड़े को कलाबाजी कराने लगा। इस प्रकार दो बार मैंने बाजार के चक्कर लगाए, परन्तु किसी जोखिम या बनिज मिलने की कोई आशा दिखाई नहीं दी। अन्त में एक बड़े पीपल के वृक्ष की छाया में चबूतरे पर तीन भले मुसलमानों को बैठे हुए देखकर मैं अपना घोड़ा वहाँ ले गया और उनसे मोती अथवा रत्नों के किसी व्यापारी का घर पूछा।

उनमें जो सबसे वृद्ध था, बोला, "क्या आप गम्भीर खरीददार हैं या केवल यों ही जानने के लिए पूछ रहे हैं कि क्या इस निर्धन से नगर में मूल्यवान वस्तुएँ भी मिलती हैं?"

मैंने कहा, "खुदा खैर करे साहब, मैं इतना छोटा होकर आप जैसे उम्रदराज लोगों से ठट्टा

करूँगा? जो मैंने पूछा उसे वास्तव में खोज रहा हूँ। मुझे बड़ी प्रसन्नता होगी यदि आप मुझे उनका पता बता दें क्योंकि मैं परदेशी हूँ।"

वृद्ध ने कहा, "यदि ऐसी बात है, तब मैं बड़ी प्रसन्नता से आपको अपने पास बैठे हुए शेख नसरुद्दीन से मिलवाता हूँ जो आप द्वारा खोजी जानेवाली चीजों के व्यापारी हैं। परन्तु बेहतर होगा कि आप घोड़े से उतर आएँ और यदि चाहें तो हमारी मजलिस में कुछ समय के लिए सम्मिलित हो जाएँ। उसके पश्चात् मेरे योग्य मित्र आपको अपने घर ले जाएँगे और आपको अपनी जरूरत की चीजें दिखाएँगे।"

मैंने कहा, "आप बड़े दयालु हैं, और मैं आपका विनम्र निमन्त्रण स्वीकार करता हूँ।"

इतना कहकर मैं घोड़े से उतर पड़ा और चबूतरे की कुछ सीढ़ियाँ चढ़कर उनके बीच जाकर बैठ गया।

वहाँ बैठे हुए कुछ औपचारिक चर्चाएँ हुईं। मेरे नए परिचित ने हुक्का और शरबत मँगवाया और कुछ देर में ही हम घनिष्ठ हो गए।

उनमें से वृद्ध ने पूछा, "आपका नाम क्या है?"

मैंने अपना नाम बताकर कहा, "मैं एक गरीब सैयद हूँ। अली के खानदान का एक नाचीज़ वंशज।"

उसने कहा, "माशाअल्ला, मैंने कहा था न कि शानदार खानदान में कोई गलती नहीं हो सकती और उसकी जबान के क्या कहने। आप लोग बताएँ कि वह हाफिज़ की शायरी की भाँति मीठी और शहद की तरह मधुर है।"

दोनों ने कहा, "आमीन, आमीन, ऐसी ही है। सैयद साहब अपने खानदान के योग्य पुरुष हैं और सौभाग्य से हम उनसे मिले हैं।"

मैंने कहा, "आप लोग मुझे शर्मिन्दा कर रहे हैं, मैं ऐसी प्रशंसा के योग्य नहीं हूँ, क्योंकि मैंने अपना अधिकांश जीवन कैम्पों और दौड़-धूप में व्यतीत किया है। प्रत्येक ईमान रखनेवाले के व्यवहार को सज्जित करने के लिए जिस सौजन्यता की जरूरत होती है, मैं उसमें से कुछ ही सीख सका।"

मोतियों के सौदागर ने पूछा, "क्या आप सिन्धिया की सेवा में रहे हैं?"

मैंने कहा, "नहीं, उनकी फौज में नहीं रहा, यद्यपि उसमें जाने के लिए मैंने काफी संघर्ष किया। मैंने दक्खिन में नौकरी की है और मुझे यह कहने में गर्व का अनुभव हो रहा है कि मैं एलिचपुर के सलावत खाँ के झंडे के नीचे रहा।"

सभी ने कहा, "उन्होंने बड़ा नाम कमाया। खान ने बड़ी बहादुरी के साथ विजय प्राप्त की, भले ही हाल की लड़ाइयों में वे हमारी ओर नहीं रहे।"

मैंने कहा, "यह कोई विशेष बात नहीं। जहाँ भी आक्रमण करना होता है अथवा युद्ध की आशा होती है, वहाँ सलावत खाँ सर्वप्रथम कूद जाते हैं, और सबसे अन्त में वहाँ से हटते हैं।"

मोतियों के व्यापारी ने पूछा, "सैयद आपका घर कहाँ है?"

मैंने उत्तर दिया, "जालौन। सलावत खाँ ने अपनी फौज घटा दी, और मेरे जैसे अश्वारोही के लिए वहाँ नौकरी की कोई आशा नहीं रही, अतः मैं अपने पिता के पास लौटकर आ गया और अपने राजा के यहाँ चुपचाप नौकरी कर ली, जिसे अल्ला रखे, क्योंकि वह हिन्दुस्तान के

किसी अन्य राजा की भाँति उदार है। अभी कुछ दिन पूर्व मैं उसकी ओर से एक मामले में, जो उनके बीच चल रहा है, दौलत राव के दरबार में गया था। मुझे यह कहने में गर्व हो रहा है कि सारा मामला बड़ी शान्ति के साथ निपट गया।"

तीसरे ने कहा, "सुभान अल्लाह, जिस मामले को हमारे सम्मानित मेहमान ने सुलझाया हो, वह अन्यथा कैसे हो सकता था?"

मैंने सिर झुकाकर उनकी प्रशंसा स्वीकार की। कुछ इधर-उधर की और बातें होने के पश्चात हम वहाँ से चल दिए।

मैंने कहा, "मेरा समय मूल्यवान है। आपसे क्षमा चाहता हूँ। मुझे अपने साथ के लोगों के लिए कुछ बन्दोबस्त करना है और अभी चौकी जाकर कोतवाल के साथ उनका हिसाब करना है। यदि शेख इजाजत दें, तो वे किसी नौकर को अपना घर बताने के लिए मेरे साथ कर दें। मैं उसे देख लूँगा और शाम होने से पूर्व वहाँ आ जाऊँगा।"

उसने कहा, "नहीं मीर साहब, यह नहीं हो सकता। देखिए मैं तैयार खड़ा हूँ। मैं आपके साथ ही चलूँगा। मेरा गरीबखाना पास में है। अल्लाह खैर करे, मैंने आपका समय बर्बाद किया। वह उठ खड़ा हुआ। अपना कमरबन्द सँभाला। कन्धे पर शाल रखी और अपने स्लीपर में पैर डालकर मेरे साथ चलने के लिए तैयार हो गया।"

दूसरों से कहा, "आप लोगों से रुखसत चाहता हूँ, आप लोग स्वस्थ्य बने रहें।"

उनमें से बुजुर्ग ने कहा, "मीर साहब, पान और इत्र के बिना यह नहीं हो सकता कि आप किसी कुत्ते की भाँति चले जाएँ।"

एक नौकर बुलाया गया। चीजें मँगाईं। मुझे पान पेश किया। दाढ़ी और बाँह पर इत्र मला, फिर सलाम करके मैं मोतियों के व्यापारी के साथ चल दिया।

मेरे किसी अनुचर ने चुपचाप कहा, "क्या यही बनिज है?" उसने 'रमासी' (भाषा) में पूछा।

मैंने कहा, "चुप रहो, एक शब्द भी न बोलना, मेरे सामने से लोगों को हटाकर रास्ता देना, जैसे कोई बड़ा आदमी आ रहा हो।"

उन लोगों ने मेरी आज्ञा का पालन किया। मार्ग में वे भीड़ को इधर-उधर हटाकर रास्ता बना रहे थे, जैसे मैं कोई बहुत बड़ा ओहदेवाला पुरुष आ रहा था।

हम लोग शीघ्र ही सौदागर के घर पहुँच गए। दरवाजे पर अपने स्लीपर उतारने के बाद, वह मेरा हाथ पकड़कर तुरन्त अपने निजी कमरे में ले गया। सम्भवतः उसी में वह अपने व्यापार का कारबार करता था अथवा वहाँ केवल अपने सबसे अच्छे ग्राहकों को ले जाता था। वह एक दलान अथवा बरामदा था, जिसके सामने आँगन था, जिसके मध्य में फव्वारा था। उसके किनारे विभिन्न रंगों के फूल लगे थे। वहीं केले के वृक्ष के पत्ते हवा में हिल रहे थे। वह स्थान ठंडा था और अत्यन्त साफ-सुथरा था। जिस कमरे में हम बैठे थे, उसमें ताजी सफेदी की गई थी। फर्श पर श्वेत चादर बिछी थी, उस पर पीले रंग की मसनद रखी थी, जिसके किनारे नीले रंग के मखमल थे। कुछ बड़े-बड़े आरामदायक तकिए थे, जिनके सहारे मैं बैठ गया और कम से कम कुछ देर के लिए सांसारिक चिन्ताओं से मुक्त हो गया। सोच रहा था, ऐसा ही मेरा घर भी होता। कुछ समय बाद फव्वारा आसानी से लगाया जा सकता है। मैं इस पूरी शक्ति के साथ जीवन का उपभोग करूँगा जैसे ये महाशय कर रहे थे। मैंने ऐसे सैकड़ों घर देखे परन्तु वहाँ की स्वच्छता ने बलात् मुझे आकर्षित कर लिया। ऐसे शान्तिपूर्ण स्थान के अधिकारी के

प्रति मुझे स्वाभाविक रूप से ईर्ष्या हो रही थी परन्तु भीतर ही भीतर मैं उसे अपनी ओर लुभाने की योजना भी बना रहा था। इसके लिए मेरे पास पर्याप्त समय था क्योंकि वह मुझे वहाँ अकेला छोड़कर कुछ समय के लिए बाहर चला गया था।

मन्दिर का पुजारी भी ठग

कुछ समय पश्चात वह लौटकर आ गया। उसके हाथ में एक छोटा डिब्बा था। एक सुन्दर बालक भी उसके साथ था, उसे उसने अपना पुत्र बताया। यह उसका पहला बच्चा था, जिसकी आयु बारह वर्ष होगी। देखने में वह प्रज्ञावान और समग्र रूप से सुन्दर था। उसमें शिष्टता का विश्वास झलक रहा था, जैसा मैंने पहले कभी नहीं देखा था।

मैंने उससे कहा, "मेरे मित्र, आप पर अल्लाह की कृपा है, आपके साहबजादे भी आप ही के योग्य हैं। मेरे भी एक बेटा था, अल्लाह को प्यारा हो गया। वह भी इसी बालक की भाँति होनहार था। अब मेरा घर सूना हो गया। फिर भी किसी अपरिचित के सम्मुख अपना दुखड़ा सुनाना उचित नहीं। बेशक आपके और भी बच्चे होंगे।"

सौदागर ने कहा, "कुल तीन हैं और वे मेरे अस्तित्व के अभिमान स्वरूप हैं, क्योंकि अन्ततः सम्पत्ति का क्या प्रयोजन है? सम्मान से भी क्या लाभ? अच्छा रहन-सहन, मान-सम्मान किसी उत्तराधिकारी के अभाव में व्यर्थ हैं। वही तो भावी पीढ़ियों को बताएगा कि उनके पूर्वज कैसे थे? आप अभी युवा हैं, आशा क्यों त्याग रहे हैं? किसी श्रद्धावान सैयद की प्रार्थना अल्लाह अवश्य सुनेगा।"

मैंने कहा, "अफसोस यही है कि मैं उसकी बात नहीं सोचता। मेरे एक बेटी भी है, जिसका विवाह किसी योग्य पड़ोसी के पुत्र के साथ तय हुआ है। इस समय मेरी समस्त आशाएँ उसी पर आश्रित हैं। उसी के विवाह समारोह के लिए मैं मोती खरीदना चाहता हूँ।"

उसने कहा, "लीजिए, मीर साहब, हाजिर है। मैंने ये मोती सूरत और स्वर्णदीप से मँगवाए हैं। बादशाह भी उन्हें धारण करके गर्व का अनुभव करेगा।"

और उसने डिब्बा खोलकर उसके सुन्दर मोती मेरे सामने रख दिए।

मैंने कहा, "मोती वास्तव में सुन्दर हैं, परन्तु मेरे जैसा गरीब सैनिक इतने मूल्यवान आभूषणों का क्या करेगा? आप मुझे कम मूल्य के दिखाइए, जो मेरी वर्तमान आवश्यकता के अनुरूप हों और उनका मूल्य तीन सौ से अधिक नहीं होना चाहिए।"

उसने उसमें से एक माला चुनकर मेरी ओर बढ़ा दी। मैंने देखा वह अत्यन्त सुन्दर थी। उसके मोती सुगढ़ और पानीदार थे। वास्तव में मुझे उन्हीं की आवश्यकता थी। शीघ्र ही सौदा तय हो गया।

अन्य चमकदार मालाएँ मेरे सामने पड़ी थी, और उनमें से एक अत्यन्त सुन्दर माला हाथ में लेकर मैंने कहा, "क्या ही अच्छा होता कि उन्हे मेरे संरक्षक राजा साहब देख लेते?"

सौदागर बोला, "क्या आपके विचार से वे इन्हें खरीद लेंगे?"

मैंने कहा, "निश्चय ही खरीद लेंगे, क्योंकि मेरे जालौन से चलने के पूर्व राजा साहब को

मोतियों की बड़ी आवश्यकता थी। उन्होंने उसके लिए इधर-उधर आदमी दौड़ाए, परन्तु सफलता नहीं मिली। उन्हें एक भी नहीं मिला। वे किसी को सूरत भेजने के लिए कह रहे थे, परन्तु दूर की यात्रा तथा खतरे को देखकर वह बात उनके दिमाग से उतर गई।"

सौदागर कुछ देर विचार करता रहा, फिर बोला, "क्या आप वास्तव में सोचते हैं कि वे इन्हें अवश्य खरीद लेंगे?"

मैंने कहा, "मुझे इसका विश्वास है। आगामी वर्ष उनकी पुत्री का विवाह होना है। उसी समारोह के लिए वे आभूषण एकत्र कर रहे हैं।"

सौदागर ने एक माला हाथ से उठाकर कहा, "यह देखिए कितने सुन्दर हैं, हैं कि नहीं? मेरे पास ये गत दो वर्षों से रखे हैं, परन्तु यहाँ ऐसा कोई धनाढ्य नहीं, जो इन्हें खरीद सके। फिर भी ये सस्ते हैं। और मैं आपकी दाढ़ी की शपथ लेकर कहता हूँ कि इनसे मुझे अधिक लाभ नहीं कमाना।"

मैंने कहा, "इनका मूल्य बताइए।"

उसने कहा, "मीर साहब, आपद सैयद हैं, सैनिक हैं और साथ ही निर्धन भी, अतः आपसे छह हजार रुपए लूँगा, परन्तु किसी राजा और काफिर से आठ हजार मागूँगा।"

मैंने कहा, "ठीक है, अब मेरी बात सुनिए, आप मेरी सहायता स्वीकार करने, जालौन तक मोती ले जाने तथा उन्हें वहाँ बेचने के विषय में क्या कहते हैं? राजा साहब मेरे कहने पर चलते हैं, और यदि मैं उनसे आपको आठ हजार दिलवा दूँ, तो क्या आप मेरे खरीदे हुए मोती का तीन सौ रुपया मूल्य वापस कर देंगे? आप भली भाँति विचार कर लीजिए और फिर मुझे अपना इरादा बताइए।"

सौदागर बोला, "जालौन यहाँ से बहुत दूर है। यदि मैं वहाँ मोती बेच दूँ तो रुपए लेकर वहाँ से कैसे आऊँगा? चोर इस लेन-देन को तुरन्त जान जाएँगे। सम्भव है मार्ग में मुझे लूट लें और मेरी हत्या कर दें।"

मैंने कहा, "इसमें भय की कोई बात नहीं। इसके लिए आप चिन्ता मत कीजिए। जो आदमी अपने घर से इतनी दूर आकर उसे कृतज्ञ करने आया हो, उसके वापस जाने के लिए राजा साहब सुरक्षा दल का आवश्यक प्रबन्ध कर देंगे। इस बात का मुझे पूर्ण विश्वास है और यदि केवल इतनी सी बात आपको मेरे साथ चलने के इरादे में रुकावट डाल रही है, तो आप उसे तुरन्त अपने दिमाग से निकाल दीजिए।"

उसने कहा, "मैं ज्योतिषी से परामर्श करूँगा।"

मैंने कहा, "नहीं शेखजी, यह बिलकुल बेतुकी बात है। हम लोग जैसे ईमान रखनेवाले को ज्योतिषी से क्या लेना-देना? जिससे आप परामर्श करेंगे वह हिन्दू होगा। यह शब्द ही अप्रिय है। इसके अतिरिक्त वहाँ खतरा क्या है? मेरे स्वयं के पचास अनुचर हैं, तथा राजा के सिपाही अलग! अतः आपका कोई नुकसान नहीं हो सकता। वापस होने पर आपके साथ कुछ घुड़सवार रहेंगे, जो पर्याप्त सुरक्षा प्रदान करेंगे। फिर आपने यह बताया था कि वह हार आपके पास दो वर्षों से पड़ा हुआ है, और उसका कोई ग्राहक नहीं मिला। क्यों आप अपने पैसे को इस प्रकार निरर्थक बनाए हुए हैं। बुद्धि से काम लीजिए और मेरे साथ चलिए।"

उसके बच्चे ने कहा, "हाँ, पिताजी, बहादुर मीर साहब जैसा कह रहे हैं, उस पर ध्यान दीजिए। आपके साथ मैं भी चलूँगा और अपने नगर से बाहर की दुनिया देख लूँगा। आपको

याद है, आपने मुझे अपनी सर्वप्रथम यात्रा में साथ ले चलने का वादा किया था।"

सौदागर ने कहा, "हाँ, वास्तव में यह ललचानेवाली बात है। मीर साहब आपने आठ हजार ही कहा था? यह तो जाने लायक सौदा है। यहाँ की छोटी-छोटी बातें मेरे लिए व्यर्थ हैं आपको सच-सच बताऊँ मैंने इसे एक पिंडारी से, जो चीतू या दोस्त मुहम्मद--मुझे ठीक से ज्ञात नहीं, की सेवा में था लिया था। जहाँ तक सम्भव हुआ वह इसे अपने पास रखे रहा। परन्तु फिरंगियों द्वारा लब्भड़ छिन्न-भिन्न कर दिए जाने (यह हमारे मुक्त व्यापार के लिए दुखद आघात था) के पश्चात, उसी के साथी कुछ घुड़सवार उसके साथ बने रहे, परन्तु उसके पास उन लोगों को देने के लिए कुछ नहीं था। अन्त में वे लोग उसके विद्रोही हो गए और अपने वेतन के लिए उसका जीवन ले लेने के लिए धमकाया। तब उसे इसको बेचना पड़ा और मैंने खरीद लिया।"

मैंने पूछा, "आपने इन्हें सस्ते में लिया होगा?"

उसने बताया, "हाँ, मीर साहब, वे बहुत महँगे नहीं थे। जरूरतमन्द आदमी कभी सौदे में मोल-तोल नहीं करता। मैंने उसे सस्ता खरीद लिया और आपसे शपथ के साथ कहता हूँ कि आठ हजार में भी ये सस्ते हैं। यह बात मैं अपने अनुभव से कह रहा हूँ, क्योंकि इनसे भी निम्नकोटि के मोती मैंने महादजी सिन्धिया को दस हजार में बेचे थे, परन्तु अब वे इन्हें नहीं खरीद सकते, अतः ये मेरे पास पड़े हुए हैं।"

मैंने कहा, "शेखजी, इन सब बातों पर विचार करते हुए आपके लिए यही ठीक होगा कि आप मेरे साथ जालौन चले चलिए। जहाँ तक यात्रा की बात है, तो आप एक महीने में घर लौटकर आ जाएँगे। यही मौसम यात्रा के लिए अत्यन्त अनुकूल है। हम लोगों का दल बहुत मजबूत है। हम लोग रात को यात्रा करेंगे जिससे धूप से बचे रहें।"

सौदागर ने कहा, "ठीक है मीर साहब, मैंने अपना इरादा लगभग बना ही लिया है, परन्तु घरवालों को बताना भी आवश्यक है। आपने अभी कहा था कि आपको कोतवाल के यहाँ कुछ काम है। जहाँ से लौटकर यदि आप आ सकें, यानी शाम की नमाज के समय आ जाएँ, उसी समय मैं आपको निर्णयात्मक उत्तर दे दूँगा। मीर साहब आप जानते हैं कि स्त्रियों को मनाने के लिए बहुत कुछ करना पड़ता है। विशेष रूप से उनसे परामर्श किए बिना यात्रा करनेवाला परेशान हो जाएगा।"

मैंने कहा, "आप जैसा चाहें। इन मामलों में मेरी कोई रुचि नहीं। मैंने केवल आपके लाभ की दृष्टि से यह सलाह दी। स्वार्थी तथा धर्म पर विश्वास न रखनेवाले लोगों के इस संसार में, यह हृदय को कितनी स्फूर्ति देनेवाली बात होगी कि या तो हम अपने किसी मुसलमान भाई की सहायता करें अथवा किसी निःस्वार्थ भाववाले व्यक्ति से सहायता प्राप्त करें। अल्लाह हाफिज, अब मैं चलता हूँ, और मग़रिब (पश्चिम) की नमाज के पश्चात आ जाऊँगा। साथ ही अपने मोतियों का मूल्य भी लेता आऊँगा।"

इतना कहकर मैं वहाँ से चल दिया।

ठग ने पुनः पूछा, "क्या इसे ही बनिज होना है?"

हँसते हुए मैंने कहा, "मूर्ख, तू चुप रह। उसने चारा अवश्य निगल लिया, परन्तु अभी काँटा नहीं फँसा। जरा ठहरो, इंशाअल्ला, अमीर अली किसी उल्लू या सियार का बेटा नहीं। इंशाअल्ला हम उस दाढ़ी में धूल झोंककर ही मानेंगे, क्योंकि वह बहुत सतर्क बनता है।"

कोतवाल के यहाँ मेरा कोई काम नहीं था, यह बात आप समझ गए होंगे। अपने टेंट में

पहुँचकर मैंने अपने साथियों को एकत्र किया, उनको अपनी समस्त योजना समझाई और अपने सम्भावित अतिथि के सामने उचित व्यवहार व आचरण करने के सम्बन्ध में आदेश दिए। इतना सब करने के पश्चात मैं शेष बातों के लिए निश्चिन्त हो गया।

क्या वह आएगा? मुझे उसके आने की पूरा आशा थी, फिर भी मुझे स्वयं पर तथा अपने भाग्य पर विश्वास था। और उस बालक के विषय में क्या करना चाहिए? मेरा हृदय नहीं कहता कि मैं उसकी मृत्यु का प्रतिभागी बनूँ। उसे अपने साथ ले जाने की मैं कभी अनुमति नहीं दूँगा। मैंने मन ही मन कहा कि वैसे ही पिता के मरने पर उसका घर वीरान हो जाएगा। मैं इन्हीं बातों पर चिन्तन कर रहा था कि लालू वहाँ आ गया, उसने कहा, "मीर साहब, आप क्या पागल हो गए? आपकी यह योजना साध्य नहीं है। मार्ग में मिलनेवाली बनिज पर्याप्त है, परन्तु किसी को उसके घर से घसीटकर ले आना, मैं तो यही कहूँगा, और फिर उसे मार देना बहुत खराब बात है। मैं इसे न्यायसंगत नहीं समझता।"

मैंने कहा, "अच्छा! तो तुम मेरे विरुद्ध खड़े हो गए? यह कैसी बात है?"

उसने कहा, "मीर साहब, खुदा बचाए कि आप ऐसी बात कहें, परन्तु इस मामले पर ध्यान दीजिए। नगर के लोग आपको पहचानते हैं। लोगों ने आपको सौदागर के घर जाते देखा और उन्हें ज्ञात हो जाएगा कि वह आपके साथ गया था। इन सब बातों के आधार पर क्या वे लोग हमें नहीं खोज लेंगे?"

मैंने हँसकर कहा, "तुम निरे उल्लू हो। मेरे ऊपर विश्वास रखो। भय की कोई बात नहीं और जहाँ तक उस आदमी को उसके घर से निकाल लाने की बात है, तो उस विषय में मैं तुमको बताता हूँ कि उसमें और उसके नियमित रूप से मार्ग में मिलने में मैं कोई अन्तर नहीं समझता। अब मुझे अकेला छोड़ो। मैं अपना काम बखूबी समझता हूँ और जब वह हमें प्राप्त हो जाएगा तो तुम स्वयं प्रशंसा करोगे कि मैंने क्या किया?"

उसने कहा, "नहीं, यह मेरा मित्रवत विरोध था और जब आप स्वयं आश्वस्त हैं तो फिर आगे बढ़िए। वह अच्छी बनिज है।"

मैंने कहा, "बेशक, कुछ हजार रुपए के बराबर होगी। खुदा कसम, मैं अभी तक के उबा देनेवाले काम से थक गया था और मेरी रगों में खून जमने लगा था, इस मामले ने उसमें हरकत उत्पन्न कर दी और मैं इस काम के लिए तत्पर हूँ। तुम जानते हो कि मैं बहुत कम असफल होता हूँ।"

उसने कहा, "वास्तव में मीर साहब, परन्तु बताइए कि मैं भी कुछ कर सकता हूँ?"

मैंने कहा, "हाँ क्यों नहीं, तुम कुछ दूर तक मेरे साथ चलो और उसका घर देख लो। वह मूर्ख जिसके पीछे मैं हूँ, अपने घर से बाहर जाने के लिए किसी शुभ दिन की खोज में ज्योतिषी का भरोसा कर रहा है। यह पक्की बात है क्योंकि उसने मुझसे यही कहा था। उसके विरुद्ध परिहास में मैंने जो कुछ कहा था, उसने उसे बुरे अर्थ में ले लिया।"

तुम उसके नौकरों का पता करो और उनके द्वारा उस ब्राह्मण ज्योतिषी का। कुछ रुपए ले जाओ और उसे दे दो। अभी दिन शेष है। याद रखना कल प्रातःकाल शुभ समय होगा, इसके पश्चात अशुभ दिन है। इस बात को विशेष ध्यान में रखो और भरसक प्रयत्न करो, क्योंकि बहुत कुछ नहीं वरन् सब कुछ इसी पर निर्भर है।"

उसने कहा, "आपका यह काम मेरे सिर-आँखों पर है। मीर साहब, आप इसी समय वेष

बदलकर मेरे साथ चलिए और उसका घर मुझे दिखा दीजिए। शेष काम आप मुझ पर छोड़ दें। विश्वास रखें कि मैं असफल नहीं रहूँगा।"

मैनें कहा, "तुमने बिलकुल ठीक सोचा। अभी चार घंटे दिन शेष हैं, मैं आसानी से लौटकर आ जाऊँगा और तरोताज़ा हो सकूँगा।" इतना कहकर मैंने अपने मूल्यवान परिधान उतारकर मैले-कुचैले कपड़े पहन लिये। आँखें छोड़कर मुँह पर कपड़ा बाँध लिया। बाँह के नीचे अपनी तलवार छुपाकर रख ली। अब मैं तियारी के अन्य बदनाम झगड़ालू अथवा गाँजे के नशेबाज की भाँति प्रतीत हो रहा था।"

मैंने उससे कहा, "चलो, हमारा काम अभी हो जाएगा।"

और ऐसा ही हुआ। अपने साथी को वहीं सड़क के कोने पर छोड़ दिया और उसकी कमर में सौ रुपए बाँध दिए। वह चतुर आदमी था।

मैं वहाँ से लौटकर आया और दूसरे कपड़े पहनकर घोड़े पर सवार होकर सौदागर के घर की राह पकड़ी। उसे देने के लिए रुपए रख लिये। उसी स्थान पर वह मुझे मिल गया। परन्तु उस समय शाम की उमस थी, अतः वह मुझे अपने घर की छत पर ले गया, वहाँ सुविधा के लिए कालीनें बिछी थीं। मैंने उसे रुपए दे दिए और मोती ले लिये। इसके उपरान्त अपने वहाँ आने के मुख्य उद्‌देश्य को लेकर बात आरम्भ की।

मैंने प्रश्न किया, "शेखजी, कल आप चल रहे हैं न? अथवा आपका दिमाग उसके विरुद्ध है?"

उसने उत्तर दिया, "नहीं, बिलकुल नहीं, मैं चलना चाहता हूँ। मेरी चलने की महान इच्छा है, परन्तु जब मैंने अपने जनाने में उसका ज़िक्र किया, तो उन्होंने न तो मुँह से कहकर मुझे रोका और न आँसू बहाए, हाँ यह अवश्य कहा कि किसी शुभ दिन को तय कर दिया जाए, उसके बिना जाना स्पष्ट रूप से व्यर्थ होगा। मीर साहब, आप औरतों का मिजाज समझते हैं। बस इतना कहना पर्याप्त है कि उनके धार्मिक विश्वास पर मेरा कोई वश नहीं चला, क्योंकि जितने अधिक मैंने तर्क पेश किए और उन्हें फुसलाया, उतनी ही सख्ती के साथ उन्होंने उसका विरोध किया। और वास्तव में मामला इतना गम्भीर हो गया कि उन्हें शान्त करने के लिए मैंने पड़ोस में रहनेवाले एक ब्राह्मण को दस रुपए भिजवाए, जो एक प्रसिद्ध ज्योतिषी हैं और यहाँ केवल उसी पर विश्वास किया जाता है।

"अल्लाह जानता होगा, उसने क्या कहा, इसकी मुझे चिन्ता नहीं परन्तु जब यह खबर आई कि कल का दिन अशुभ है, तो पूरा जनानखाना, बेगमें, गुलाम सभी ने इतना रोना-धोना शुरू कर दिया कि न जाने क्या हो जाता। बाद में उस आनेवाले अशुभ से मेरे सुरक्षित बच जाने पर बधाइयाँ दी जाने लगी, जिससे मैं अत्यन्त प्रभावित हो गया और इसलिए हर हाल में कल चलने की बात मैंने छोड़ दी। परन्तु मीर साहब, आप जानते हैं, कल ग्रहों के एक स्थान पर आने से भिन्न प्रभाव होगा। और रुक नहीं सकते।

मैंने कहा, "वास्तव में शेखजी, मैं रुक नहीं सकता। पहले ही मैं यहाँ तीन दिन बेकार काट चुका, और अब अधिक रुकना सम्भव नहीं, क्योंकि मैं समय को बहुत मूल्यवान समझता हूँ। मेरे संरक्षक भी आश्चर्य कर रहे होंगे कि किस कारण मुझे विलम्ब हो गया। और उनकी कृपा से वंचित होने का एक ही अर्थ है—मेरी रोजी-रोटी की हानि। अतः कल मैं निश्चय ही चल दूँगा। चाहे आप मेरे साथ चलें अथवा न चलें। और आपका मेरे साथ जाना आपका निजी

मामला है। मुझे इससे कोई सरोकार नहीं, हाँ, इतना अवश्य है कि मैं रास्ते में आपकी मजेदार सोहबत का लुत्फ न उठा सकूँगा।"

अब वह बहुत परेशान हो गया। पहले वह स्पष्ट रूप से यही समझ रहा था कि मैं रुक जाऊँगा, परन्तु मेरे बोलने के लहजे को देखकर उसे मेरी धारणा परिवर्तित होने की कोई आशा नहीं रही और जैसा फारसी में कहा गया है, उसने 'विचार-विमर्श की उँगली अपनी व्यग्र आकांक्षा के दाँतों से पकड़ ली।'

वहाँ वह बड़ी देर तक चुपचाप भूमि को देखता हुआ बैठा रहा। वह लाभ के लालच और अन्धविश्वास के द्वन्द में फँसा था। यद्यपि उसने मुझसे यही कहा था कि वह उस पर विश्वास नहीं करता, परन्तु वह शुभ-अशुभ की आस्था में पूर्ण रूप से डूबा हुआ था, जैसे कि वह अपनी बेगमों का गुलाम हो। अन्ततः वह बोला, "मीर साहब, आपको हमारे बीच दो सौ रुपए का समझौता स्मरण होगा। यदि आप यहाँ एक दिन और ठहर जाएँ तो मैं उसमें सौ रुपए और बढ़ा दूँगा। आप वैसे भी निर्धन हैं, उस सौ रुपए से आप अपनी बेटी के विवाह के लिए तमाम वस्त्र खरीद सकेंगे।"

यहाँ उसने साफ तौर से मुझे सौ रुपए का चकमा देने का प्रयत्न किया। पुत्री के विवाहवाली बात पर मैं उसी स्थान पर गला घोंट देता, परन्तु मैंने अपने आवेग को दबा लिया। मैं एक गहरा खेल खेल रहा था, उसे चन्द रुपयों के लिए हारना नहीं चाहता था।

मैंने कहा, "नहीं शेख, यह सम्भव नहीं है। यदि हजार रुपए भी मिलें तो भी मैं कल प्रातःकाल एक घंटे के लिए भी नहीं रुक सकता। आप मुझे लुभा नहीं सकेंगे। परन्तु आपने यह भी कभी सोचा कि आपके नजूमी (ज्योतिषी) ने शायद आपसे झूठ बोला हो, और दैव को अनुकूल बनाने के लिए दस रुपए से और अधिक चाहता हो, मैंने ऐसी बातें सुनी हैं। यही नहीं उन्हें सिद्ध किया है, अन्यथा मैं भी आपकी भाँति ग्रहों की स्थिति पर विश्वास करता रहता।"

उसने कहा, "खुदा कसम, यदि मैंने समझ लिया कि वह मुझे धोखा देने की चेष्टा कर रहा था तो मैं उसकी अच्छी मरम्मत करता परन्तु यह असम्भव है। ग्रहों की स्थिति पर उसका क्या वश? कहिए तो और रुपए भेज दूँ?"

मैंने कहा, "नहीं, बिलकुल नहीं, यदि वह ईमानदार होगा तो तुम्हारे नौकर के मुँह पर वे रुपए फेंक देगा और यदि बदमाश है तो रख लेगा और कहला देगा कि ग्रह परिवर्तित हो गए। प्रथम स्थिति में आप धूल फाँककर रह जाएँगे, और दूसरी स्थिति में धोखा खा जाएँगे और आपकी दाढ़ी पर वह हँसेगा। नहीं, अब आपके लिए कोई अन्य चारा नहीं है। केवल आप उसके, जनानों के तथा ग्रहों के विरुद्ध खड़े हो जाइए, तभी आप स्वयं को मर्द सिद्ध कर सकेंगे।"

उसने निराश होकर कहा, "मीर साहब, यह असम्भव है। नजूमी को यदि अलग रख दें, तो मेरी चार बीवियाँ हैं। खुदा खैर करे, आप जानते हैं कि यह संख्या कानून के अनुसार है। परन्तु मित्र, उनका क्रोध बड़ा भयानक है और मैं उसे भड़काने का साहस नहीं कर सकता।"

मैने कहा, "आपका इतना कहना पर्याप्त है। आप हमारे साथ नहीं जा सकते, इसलिए नहीं कि आप जाना नहीं चाहते, वरन् इसलिए कि आप में बिलकुल साहस नहीं है।"

उसने कहा, "बिलकुल ठीक फरमाया आपने मीर साहब, आपने वास्तविक बात पकड़ ली। मेरा हृदय चाहता है और वहाँ से लाभ की सम्भावना भी है, परन्तु इन औरतों का क्या किया जाए?"

नमाज का समय हो गया। निकट की मस्ज़िद से मुअज्जिन अपनी ऊँची आवाज समें समय घोषित कर रहा था। हम लोगों ने वज़ू किया और भले मुसलमानों की भाँति दरी बिछाकर डूबते सूरज की ओर नमाज अदा की।

जितना सम्भव हो सकता था, मैं अपने दूत को उसकी कार्रवाई के लिए समय देने के अभिप्राय से ठहरने का इरादा कर लिया। और यदि नजूमी का कोई सन्देश नहीं आया, तो कोई अन्य योजना सोचूँगा अथवा एक दिन और रुकने की बात मान लूँगा। आह! सोना, मैं सोच रहा था, यदि तूने मेरी अतीव आवश्यकता के समय मुँह मोड़ लिया, तो मैं तेरी पूजा करना छोड़ दूँगा।

हमारी प्रार्थना समाप्त हो गई और हम लोग अभी तक बैठे हुए बातें करते रहे, परन्तु मेरे उद्देश्य के अनुरूप कोई सन्देश नहीं आया। बात करते-करते मैं यात्रा के विषय की ओर सौदागर को ले आया और उसकी लालची आत्मा के अनुकूल चित्रण करने लगा कि जालौन पहुँचने पर निश्चय ही उसका स्वागत किया जाएगा। इसके साथ ही वहाँ एक दिन और रुक जाने की अपनी राय बदलने के लिए भूमिका के रूप में अपने शब्दों को तैयार करता रहा। उसी समय एक नौकर जीना चढ़कर आया और उसके कान में फुसफुसाकर कुछ कहा और वह उठकर खड़ा हो गया। उस समय उसके मुख पर प्रसन्नता की लहर दौड़ती प्रतीत हुई।

उसने कहा, "मित्र, कुछ समय के लिए क्षमा करना, नीचे दीवानखाने में कोई मेरी प्रतीक्षा कर रहा है। आप यहीं ठहरिए, मैं अभी आता हूँ।"

उसे नीचे उतरते हुए देखकर मेरा हृदय धड़कने लगा। क्या मेरी सफलता की कोई बात होगी अथवा मेरा जीवन ही तो खतरे में नहीं था। मैंने पूरी छत पर दृष्टि दौड़ाई, कूदकर भागने के लिए वह बहुत ऊँची थी, यदि कोई खतरा हुआ तो यह असम्भव होगा। परन्तु उसी समय एक विचार और आया, मैंने अपनी विश्वस्त तलवार खोलकर हाथ में ले ली और किसी कार्रवाई के लिए तैयार हो गया। मुझे अपने भय पर स्वयं हँसी आ गई, क्योंकि मैं जानता था कि उस सँकरे जीने में मैं किसी आक्रमण से अपनी रक्षा कर लूँगा। मैंने दीवानखाने के आँगन में झाँककर देखा परन्तु कोई नहीं दिखाई दिया। दो लोगों में होनेवाली धीमी और गम्भीर बातचीत की आवाज अवश्य वहाँ आ रही थी और जैसे ही मैंने अपनी गर्दन कुछ और आगे बढ़ाई और छत की मुँडेर पर झुक गया। उसी समय मुझे सौदागर तथा श्वेत वस्त्र धारण किए एक आकृति दिखाई दी। मैं प्रसन्न हो गया। तुरन्त मैं जान गया कि वह कोई हिन्दू पुजारी था जिसका सिर नंगा और मुंडित था। वे लोग दीवानखाने से बाहर निकल आए। अब मैं उन लोगों की बातचीत साफ सुन रहा था।

सौदागर ने कहा, "तो अब कोई बाधा नहीं रही।"

ब्राह्मण बोला, "नहीं, जैसा मैंने पहले बताया था, सारणी और गणना में गलती हो गई थी, जिसे अभी मैंने पकड़ लिया। मेरी कला ने मुझे सूचित किया कि आप जाने के लिए बहुत उत्सुक थे, क्या मैं सही कह रहा हूँ?"

सौदागर ने कहा, "आपने ठीक कहा, आप गुणवान ब्राह्मण हैं, आपकी विद्या विश्वसनीय है, मुझे लाभ होने का वादा किया गया है।"

ब्राह्मण ने कहा, "आप सफल होंगे। नारायण आपको फल प्रदान करेंगे। आपके सौभाग्य के लिए मैं प्रार्थना करूँगा।"

उसने कहा, "अवश्य कीजिए, शिवनाथजी। लौटने पर मैं आपको भूलूँगा नहीं। इंशाअल्ला, आपका आभारी हूँ, आपके द्वारा मन्दिर में भेंट चढ़ाऊँगा।"

ब्राह्मण ने कहा, "ऐसा आप अवश्य करें शेख जी, क्योंकि बालाजी की कृपा दृष्टि तभी से है जब आपने मन्दिर में भेंट चढ़ाई थी। छोटी भले हो परन्तु मैं आपकी भेंट अवश्य चढ़ाऊँगा। नारायण आपका कल्याण करें।"

सौदागर ने कहा, "वह भेंट दुगुनी-तिगुनी कर दी जाएगी, शिवनाथजी, अल्लाह कसम, लौटकर आपको नहीं भूलूँगा। अब आप जाइए, अल्लाह हाफिज। मेरे मित्र मेरी प्रतीक्षा में बैठे होंगे।"

वह लौटकर मेरे पास आ गया और कहा, "आप मेरे साथ खुशी मनाइए। मेरे दयालु मीर साहब, अन्ततः कल का दिन शुभ मान लिया गया है। ब्राह्मण मित्र ने एक शिष्य को यह कहने के लिए भेजा था कि सारणी की गणना करते समय उनसे भूल हो गई थी और अब अनिश्चित समय तक के लिए दैव की कृपादृष्टि बनी रहेगी। मीर साहब, वह कितना बुद्धिमान और ईमानदार है। आप उसे बदमाश कहते थे, परन्तु देखिए वह मुझे पसोपेश में बनाए रहा लगभग एक महीने तक और ग्रहों की गणना करने से तब तक रुका रहा, जब तक कि उसे अच्छा पैसा नहीं मिल गया। खैर जो कुछ है सब अल्लाह की ताकत है। बेशक ये काफिर भी उसके साथ कुछ सम्बन्ध अवश्य रखते हैं, जो सच्चे ईमानवालों को नसीब नहीं होता।''

उसके साथ मजाक करते हुए मैंने कहा, "शेख जी, मुझे भी ऐसा ही प्रतीत होता है। बेशक यह आश्चर्य की बात है कि आपका मित्र वह नजूमी एक ही ईमानदार है और सचमुच आपने भी उसकी नवीन खोज के लिए उदारतापूर्वक पैसा दिया।"

कुछ झिझक के साथ सौदागर ने कहा, "मीर साहब, बहुत कम दिया, मन्दिर में दीपक जलाने के लिए तेल के लिए कुछ पैसे वह चाहता था।"

मैंने कहा, "ओह, ऐसा निर्मोह अन्यत्र दुर्लभ है। इस स्वार्थमय संसार में ऐसा आचरण देखकर वास्तव में हृदय कृतज्ञता से भर जाता है। यहाँ प्रत्येक व्यक्ति यही प्रयत्न करते हुए दिखाई देता है कि वह अपने पड़ोसी को किस प्रकार धोखा दे। यह बात अलग है कि उसमें आगे कोई लाभ न हो।"

उसने कहा, "नहीं, कोई लाभ नहीं होता, मीर साहब, कोई सच्चा ईमान रखनेवाला किसी काफिर के साथ लेन-देन या सम्बन्ध कैसे रख सकता है? परन्तु क्या मैं अपनी सुविधा के लिए उसके ज्ञान का लाभ नहीं उठाता, और फिर उसकी दाढ़ी का मजाक बनाता हूँ।"

इसके साथ ही वह दबी हुई हँसी हँसा।

मैंने मन ही मन कहा, 'झूठा कहीं का'

उस समय मैंने अपने दोनों हाथ कसकर दबा लिये, और दाँत पीसने लगा कि यह झूठ बोलने के लिए तुझे शीघ्र ही खुदा को उत्तर ये देना होगा। वास्तव में यह एक सराहनीय कार्य है, इसीलिए तुझे मेरे हाथों में दिया गया है। तू हाजी भी है, तुझे शर्म आनी चाहिए। उस समय अरबी की वह कहावत स्मरण हो आई, जिसमें कहा गया है कि 'यदि तेरे पड़ोसी ने हज की है, तो उस पर कभी विश्वास न करना और यदि दो बार की है, तो उस इलाके से अपना डेरा तुरन्त उठा लेना।'

मैंने कहा, "ठीक है, हाजी जी, आप जो करते हैं ठीक ही करते हैं परन्तु इस समय रात

व्यतीत हो रही है, आप अपनी यात्रा की तैयारी कीजिए। मैं आपको एक परामर्श और देना चाहता हूँ। एक या दो नौकरों के अतिरिक्त और किसी को न ले चलिए। मेरा दल आपकी सुरक्षा के लिए पर्याप्त है। मेरे पास एक छोटा टेंट है, जो हम दोनों के काम आएगा और सबसे बड़ी बात यह है कि अपने बेटे को न लाइए। वह व्यर्थ थक जाएगा। दूसरे हम लोगों के शीघ्र गमन में बाधक भी होगा। हमें तेज तो चलना ही है।"

उसने कहा, "मीर साहब, मैं आपकी सभी बातें मानूँगा। किसी नौकर को साथ नहीं लूँगा। अपना दूसरा टट्टू ले जानेवाला आदमी ही जरूरत होने पर मेरी सेवा करेगा। मैं जितना कम से कम दिखावा करूँगा, उतना ही कम मेरे ऊपर रुपए ले जाने का सन्देह होगा।"

मैंने कहा, "तब याद रखिए, प्रातःकाल का तारा उदय होते ही आप मेरे कैम्प में आ जाएँगे। हम सब आपको तैयार मिलेंगे। कड़ी धूप होने के पूर्व हम अपने अगले पड़ाव पर पहुँच जाएँगे।"

इस प्रकार समय निश्चित करने के उपरान्त मैं वहाँ से चला आया।

मेरा विश्वस्त नौकर टेंट में मेरी प्रतीक्षा कर रहा था। मुझे देखते ही वह खिलखिलाकर हँस पड़ा।

अन्ततः उसी ने प्रश्न किया, "क्या वह सुरक्षित है, मीर साहब? मुझे बड़ा मजा आया। आपको भी आया होगा।"

मैंने कहा, "अब वह अच्छी तरह मेरी पकड़ में आ गया। पूरा जाल उसके इर्द-गिर्द है, एक बार खींचा नहीं कि वह धाराशायी हुआ। और तुम मेरे ईमानदार मित्र, तुम भी सफल हुए, मैं तुम्हारी सफलता पर चकित हो रहा हूँ।"

उसने कहा, "इसमें चकित होने की कोई बात नहीं। मैंने जितना सोचा था उससे भी सहज में काम हो गया, परन्तु आप मेरी कहानी सुन लीजिए।"

मैंने कहा, "अवश्य सुनाओ।" और मैं चिलम मँगाकर पीने लगा।

उसने बताया : "आपको याद होगा जब आपने मुझे छोड़ा था।" मैंने सिर हिलाया।

उसने आगे कहा, "बहुत देर वहाँ प्रतीक्षा करने के बाद उसके किसी नौकर से मेरी भेंट हुई। इसके पूर्व मैं निराश होकर एक दीवार की छाया में लेट गया, परन्तु जागता रहा। अन्त में एक आदमी बाहर निकला, सौभाग्य से वह हिन्दू था। मैंने उसका पीछा किया और उससे पूछा, 'क्या आप मुझे किसी कुलाल की दूकान का पता बता सकते हैं। मैं बड़ी दूर से यात्रा करके आ रहा हूँ, और इस समय मेरा गला बहुत सूख रहा है।'

मैंने देखा कि वह भी पिए हुए था, यह उसकी आँखों से स्पष्ट दिखाई दे रहा था। कुलाल की दूकान का नाम सुनते ही उसकी आँखों में चमक आ गई। वह बोला, 'उसकी दूकान पास में ही है, चलो दिखा देता हूँ।'

मैंने कहा, 'ठीक है, चलो! अपने साथ तुम्हें भी पिला दूँगा।'

हम लोग कुलाल की दूकान पर गए और भीतर के कमरे में जाकर बैठ गए। मैंने एक बोतल दारू मँगाई और उसका मूल्य दे दिया। वहाँ कुछ-कुछ अँधेरा था। मैं जितनी लेता था, उसे भूमि पर गिरा देता था, परन्तु वह बार-बार लेकर पीता गया। वह पानी की तरह पूरी बोतल पी गया। मैंने और मँगवाई। अन्त में मैंने उससे पूछना आरम्भ किया कि उसका मालिक कौन था, और वह उसके यहाँ क्या काम करता था और माशाअल्ला कुछ ही देर में मैंने आश्चर्यजनक

रूप से उसके विषय में सारी बातें ज्ञात कर लीं। अन्त में उसने बताया कि वे यात्रा पर जानेवाले थे, परन्तु नजूमी ने कल का दिन अशुभ बता दिया। कुछ ही देर में मेरा मित्र शम्भू (यही उसका नाम था) बहुत पी गया। उसने अपने मालिक के निजी जीवन की बहुत सी बातें बताईं, जो उसके लिए अच्छी बात नहीं थी। वह बेहोश होकर भूमि पर गिर पड़ा और तभी मैं वहाँ से चल दिया, परन्तु इसके पूर्व मैंने यह ज्ञात कर लिया था कि नजूमी वहाँ से दूसरी गली के किसी मन्दिर में रहता था और उसका नाम शिवनाथ था।

मैंने कहा, "मैंने उसे देखा है। वह लम्बा, गोरा और सुदर्शन पुजारी है, परन्तु किसी ठग के लिए बहुत मजबूत।"

उसने पूछा, "क्या आपने उसे देखा है? वह कैसे और कहाँ मिला?"

मैंने उसे सब कुछ बता दिया। आँगन के दृश्य को लेकर हम लोग खूब हँसे। सौदागर के मिमियाते स्वर तथा ब्राह्मण के कठोर स्वर की हम नकल करते रहे।

लालू ने आगे बताया, "और सुनिए, मैंने क्या कमाल किया? मैंने अतिशीघ्र मन्दिर तथा ब्राह्मण को खोज लिया। उससे अपने नजर लगे हुए बच्चे के लिए एक ताबीज देने का अनुरोध किया। या अल्लाह, उसने मेरी ओर इस प्रकार देखा कि मैं दुबककर रह गया और मेरी त्वचा ऐसे सिकुड़ गई मानो मुझे जूड़ी बुखार का दौरा आ गया, पहले मैं बहुत भयभीत हो गया, क्योंकि मैं उसे जानता नहीं था, फिर भी मुझे ऐसा प्रतीत हुआ जैसे उसने मेरे हृदय की बात समझ ली। उसने कहा, 'मेरे पीछे आओ, इन ताक-झाँक करनेवाले लोगों से पृथक मैं तुमसे बात करूँगा।' यह बात उसने बड़ी दयालुता के साथ कही।

मैं उसके पीछे-पीछे मशीन की भाँति चला गया। वह मुझसे पहले अन्दर गया, और कहा, 'अपने जूते बाहर उतार दो। यह स्थान अपवित्र न हो। यह पवित्र स्थान है।'

अब हम दोनों वहाँ अकेले थे। वह कोई आँगन-सा था, जिसमें देवता का मन्दिर था। अब वह मेरी ओर घूमा और मेरे चेहरे को देखा। क्या बात थी, मैं नहीं समझ सका और उस समय मैं कितना प्रसन्न हो गया, जब उसने मेरी ठगों से झिझक समाप्त करते हुए हमारे संकेत के शब्द दुहराए।"

मैंने पूछा, "हमारे संकेत शब्द?"

उसने कहा, "हाँ मीर साहब, यही बात थी। आपकी तरह मैं भी उस समय चकरा गया, परन्तु शीघ्र ही रहस्य से परदा हट गया। वह हमारे मन्दिरों में सबसे पवित्र विन्ध्याचल का पुजारी सिद्ध हुआ। उसने इन अंचलों की यात्रा की थी और बनारस से ज्योतिष विद्या सीखी, और यहाँ ज्योतिषी (नजूमी) के रूप में रहने लगा। यहाँ उसका व्यापार इतना चमका कि फिर विन्ध्याचल लौटकर नहीं गया। मैंने उसके साथ खुलकर बात की। मैंने अपनी योजना उसे समझाई। प्रथम तो वह सुनते ही पीछे हट गया, परन्तु जब मैंने अपना बटुआ खोला और पाँच अशर्फियाँ उसे दीं, तो तुरन्त उसकी भावना में ऐसा परिवर्तन हुआ कि उसने शिष्टता से मेरी बात सुनी और जहाँ तक आपके मित्र का सम्बन्ध था, उसके आकाश का स्वरूप ही परिवर्तित कर दिया। वह तुरन्त जाने और यह कहने के लिए तैयार हो गया कि उसकी पूर्व की गणना गलत थी, और शेष के लिए वह समृद्धि का समय था।"

मैंने कहा, "उसने हमें निराश नहीं किया।"

लालू ने कहा, "नहीं, परन्तु उसे और पैसा देना होगा। वह सौ रुपए और माँग रहा था, परन्तु मैंने उसे बताया कि हमारा दल बहुत बड़ा है और बँटवारे में हर एक को अधिक नहीं मिलेगा। मैंने उसे मुहोटे के हिस्से से सन्तुष्ट कर दिया और कह दिया कि जब पूरे दल को यह सूचित किया जाएगा कि उसने कैसी भूमिका निभाई तो कुछ अच्छा सामान्य चन्दा किया जाएगा, और उसमें जो राशि होगी उसे मिलेगी।"

मैंने पूछा, "तो क्या वह सन्तुष्ट हो गया?"

उसने बताया, "मीर साहब, आपको इसका सबसे अच्छा प्रमाण मिल चुका है। क्या उसने अपने वचनानुसार दायित्व नहीं निभाया? और क्या विन्ध्याचल के ब्राह्मण ने कभी अपनी आस्था भंग की? ऐसा करने का साहस वह नहीं करेगा। भवानी उसी स्थान पर उसका संहार कर देगी, और उसे तड़पा-तड़पाकर मारेगी।"

मैंने पूछा, "उसका जो कुछ भी हिस्सा होगा, उसे कैसे पहुँचाया जाए?"

उसने कहा, "बहुत आसानी से। यहाँ के लिए एक हुंडी बनवा दी जाएगी, और उसे पत्र द्वारा अथवा किसी आदमी द्वारा भेज दी जाएगी।"

मैंने कहा, "ठीक है, वैसा ही करेंगे। मैंने जो बातें लोगों को बताई हैं, उन्हें तुम जाकर दोबारा समझा दो। उन्हें सावधान और सतर्क रहने के लिए कह दो। हमें अच्छी बनिज प्राप्त होनेवाली है। इंशाअल्ला मिल भी जाएगी, परन्तु मैं चाहता हूँ कि उस ब्राह्मण से मिल लेता, जिसने इस मामले में इतना बढ़िया काम किया।"

उसने कहा, "अभी इस बात को रहने दीजिए। उसने मुझसे कहा था कि वह भी आपसे मिलने का बहुत इच्छुक था, क्योंकि आपके आचरण के विषय में यदा-कदा वह सुनता रहता था। सन्देह से बचकर रहना अच्छा होगा। आप और उसके बीच खुला वार्तालाप होने पर उसके परिचित लोग पूछताछ करने लगेंगे, अतः इससे बचकर रहना उचित होगा। वह भी ठीक कहता है मीर साहब, इससे कोई भला नहीं होगा।"

जालौन के राजा का दंड

चार दिन व्यतीत हो गए। सौदागर अब भी हमारे साथ यात्रा कर रहा था। उसके पास अधिक आदमी नहीं थे, हम जब चाहते उसे समाप्त कर सकते थे, परन्तु हम उसे यात्रा में अधिक से अधिक दूर ले जाना चाहते थे। हम मुख्य मार्ग से हटकर कभी दाहिनी और कभी बाईं ओर मुड़ जाते, कभी पगडंडियों पर चलते या केवल अपनी जानकारी वाली सड़कों पर चलते थे। यह सब हम मार्ग में अपना कोई चिह्न न छोड़ने की वजह से कर रहे थे। इस प्रकार हम बहुत दूर निकल आए। मुझे ज्ञात था कि कल की यात्रा हम किसी जंगल के बीच से करेंगे, जो हमारी जानी-पहचानी भिलों में से एक था और आरम्भ से ही हम उसे वहीं समाप्त करने का इरादा किए थे।

पाँचवें दिन हमने जल्दी चलना आरम्भ कर दिया। पूर्व की भाँति (जैसा मेरा स्वभाव था) मैं दल के आगे-आगे चल रहा था। इस समय प्रकाश निकल आया था, परन्तु हम लोग जंगल

में प्रवेश कर रहे थे। मैं मन ही मन इस बात से प्रसन्न था कि वह इस समय मेरे पूर्ण अधिकार में था। कुछ घंटों के पश्चात बहुत बड़ी और मूल्यवान लूट हमें प्राप्त होगी। उसी समय मैंने अपने दाहिनी ओर की झाड़ी में किसी जानकार को निकलते देखा। दूसरे क्षण एक खरगोश मेरा मार्ग काटते हुए निकल गया। मैं मन ही मन हँसा। मैं सोच रहा था कि हमारे भाई लोग कैसे मूर्ख हैं। मेरे अतिरिक्त कोई अन्य जमादार ऐसे भयानक अपशकुन के होते, कभी यात्रा न करता। वे और उनके साथी मार्ग से ही ऐसे भागते जैसे सैकड़ों बाघ उनके मार्ग में खड़े हों। वे बनिज को छोड़कर भाग जाने देते अथवा जहाँ उनकी नियति ले जाती, वे उसके पीछे चले जाते। परन्तु मैं! मैं इस पर हँसता हूँ। एक बार मैंने प्रमाणित कर दिया कि शकुन अकल्याणकारी नहीं होते। तो अब क्या मैं उससे भयभीत हो जाऊँ? अरे नहीं, मेरा खेल पक्का है, और सब कुछ मेरी मुट्ठी में है।

साहब, वही हुआ। हम एक कोस भी आगे नहीं बढ़े थे कि वह स्थान आ गया, जिसे हमने स्थिर किया था। वहीं सौदागर तथा उसके दो नौकर समाप्त कर दिए गए। जी हाँ, वह मेरे ही हाथों द्वारा मारा गया। मैंने उसे घोड़े से गिरा दिया और गला घोंट दिया। उसके नौकरों को अन्य लोगों ने सँभाला, परन्तु उसके पूर्व उनमें से एक ने हमारे एक आदमी को काट डाला, क्योंकि अपने सम्मुख उपस्थित पुरस्कार पर अधिकार करने की अपनी उत्सुकता में मैंने यह ध्यान नहीं दिया कि सौदागर का कोई नौकर हमारी कार्रवाई देख सकेगा। वह बेचारा भयानक रूप से घायल हो गया था, फिर भी उसकी साँस चल रही थी। समझ में नहीं आ रहा था कि अब क्या किया जाए? हम वहाँ अब ठहर नहीं सकते थे और उसे अपने साथ लादकर ले जाने का प्रश्न ही नहीं उठता।

मैंने लालू से पूछा, "अब अनन्दी का क्या किया जाए? अभी हम लोग पड़ाव से बहुत दूर हैं और अपनी इतनी बड़ी पार्टी होते हुए, यह कहा नहीं जा सकता था कि हम चोरों के बीच में पड़ गए थे।"

उसने तुरन्त मेरी दुविधा का समाधान कर दिया, उसने कहा, "बस उसका कष्ट दूर कर दीजिए। कोई बात नहीं, एक और आघात सही। दूसरों के साथ उसे भी दफन कर देंगे। यदि सभी लोग देखें तो उन्हें यह बात नहीं जँचेगी, परन्तु जो यहाँ उपस्थित हैं, वे काम में व्यस्त हैं। हमारे अधिकांश लोग आगे बढ़ गए हैं। बाद में उसे उसी की चादर में लपेट देंगे।"

मैंने अपनी तलवार निकाली और उस अभागे के निकट गया। उसने करुण दृष्टि से मेरी ओर देखा, परन्तु मेरा हृदय कठोर था। अपने कृत्य पर स्वयं अतीव व्यथित हो गया और मैंने अल्लाह से क्षमा किए जाने की प्रार्थना की।

(मि. टेलर : "अभागे! तुमने अपने ही साथी का खून कर डाला, वह तुम्हारे भाई के समान था, जिसके साथ तुमने भी शपथ ली थी?"

"हाँ, मैंने ही किया साहब, उसका खून मैंने ही किया। फिर भी आप उसे हत्या क्यों कह रहे हैं? कुछ समय पश्चात् वह स्वयं मरनेवाला था, मैंने उसे उसके कष्ट से मुक्त कर दिया।"

(मि. टेलर : "अमीर अली, वह अत्यन्त घृणित कार्य था, जो तुम्हारी स्मृति में सदैव घूमता रहेगा इसमें सन्देह नहीं।")

("हाँ कभी-कभी याद आ जाती है," ठग ने लापरवाही के साथ उत्तर दिया और फिर मैंने उसे आगे बढ़ने का अनुरोध किया।)

हम लोगों ने उसके शव को उसी प्रकार कमरबन्द की चादर में लपेटा। कमरबन्द के रुपए निकाल लिये गए। मैं और लालू मिलकर उसे कब्र तक ले गए, जो अब लगभग ऊपर तक भरी जा चुकी थी।

लुधाइयों ने कहा, "तो यह भी चल बसा। उस आघात के बाद वह अधिक समय तक जीवित नहीं रह सकता था। यदि हम उस आदमी को पकड़ न लेते तो वह हम लोगों में से औरों को भी मार देता, परन्तु हमने उसे शान्तिपूर्वक सुला दिया। आगे और किसी का सिर नहीं फोड़ सकेगा। अनन्दी को भी इन्हीं लोगों के साथ दफन करना होगा, क्योंकि इस निर्जन स्थान पर दाह-क्रिया करना असम्भव है।"

और उसे भूमिस्थ कर दिया गया। उन लोगों ने गड्ढे के बीच में और गहरा कर दिया। उसके ऊपर कुछ बड़े भार वाले पत्थर रख दिए और मिट्टी से ढँक दिया। उसे मेरी दृष्टि के सामने से सदैव के लिए भूमिस्थ करके, मेरे हृदय का गुरुतर भार उतार दिया।

मेरे द्वारा वह कृत्य किए जाने की बात केवल लालू जानता था। मुझे ज्ञात था कि वह ईमानदार है और चुप रहेगा। फिर भी कभी-कभी मैं सोचने लगता कि अच्छा होता, वह कृत्य कोई अन्य करता अथवा उसे स्वाभाविक रूप से मर जाने देते।

साहब, एक दुर्लभ लूट हमारे हाथ आ गई। आगे के गाँव में गुड़ खाने के पश्चात हम लोग अपने पड़ाव पर शीघ्र आ गए। वहाँ आराम करने के पूर्व हम लोगों ने पेटियाँ खोल डालीं और लूट का बँटवारा कर लिया। सौदागर अपने साथ केवल वह हार, जिसका उल्लेख मैंने पहले ही किया था, ही नहीं लाया था, वरन् ठोस अनबिधे मोती भी लाया था। इनका मूल्य बीस हजार रुपया अनुमानित किया गया। इस कारण हम लोगों को अब अधिक समय तक घर से बाहर रहने की आवश्यकता नहीं थी। हमें और धन कमाने के लिए किसी नवीन जोखिम उठाने की जरूरत भी नहीं थी, अतः हम अपने घरों की ओर शीघ्रता से बढ़े और सुरक्षित जालौन पहुँच गए।

पुनः अज़ीमा मेरे हृदय के निकट आ गई। मुझे भी यह देखकर प्रसन्नता हुई कि मेरी बेटी स्वस्थ थी। उसकी बालिका-सुलभ उत्सुकता उस समय की प्रतीक्षा में थी, जब उसका विवाह समारोह होगा। मेरे पिता भी स्वस्थ्य थे। उन्होंने अपने सकुशल जालौन लौट आने की बात बताई, परन्तु गनेशा का कोई पता न था, सिवा इसके कि वह पूर्व की ओर चला गया था और समझा जा रहा था कि वह बनारस की दिशा में कहीं होगा। मुझे उसकी कोई चिन्ता नहीं थी, केवल मुंशी के बालक की हत्या का प्रतिशोध लेने की बात सदैव मेरे हृदय में कसकती रहती थी और उसे मैं कभी नहीं भुला सका।

निश्चिन्तता और शान्तिपूर्वक अपने घर में रहते हुए कई महीने व्यतीत हो गए। परन्तु खेद के साथ अब मैं विचार करते हुए उस समय को किसी नदी के स्निग्ध प्रवाह के साथ तुलना करता हूँ, जो कुछ शान्त प्रदेशों से बहती हुई आगे बढ़ती है और हरे-भरे और पुष्पों से लदे तटों के बीच मन्द-मन्द वायु उसके वक्ष स्थल पर क्रीड़ा करती हुई, उसे आन्दोलित करती है, परन्तु एकाएक चट्टानों में फँसकर वह रुकती है। उसकी धारा पथरीले अवरोधों से टकराकर भयंकर नादमुक्त संघर्ष करने लगती है।

भावी निर्यात का कोई संकेत मुझे नहीं मिला, परन्तु मेरे ऊपर विनाश का झोंका एकाएक आ गया। मुझे कभी कोई चेतावनी भी नहीं प्राप्त हुई। मैं अभिभूत हो गया। नियति के उस आघात से पूर्व मैं एक ईमानदार और सभ्य व्यक्ति की भाँति जीवन-यापन कर रहा था, क्योंकि मैंने अपनी ठगी का व्यवसाय त्याग दिया था। अपने परिवार के साथ सुख-शान्ति का जैसे-जैसे मुझे अनुभव होता गया, वैसे-वैसे मैं लूटमार, विनाश तथा इधर-उधर घूमने की प्रवृत्ति से मैं दूर हटता गया। और न मेरे जीवन के नियोजित परिवर्तन में कोई तत्काल ऐसा कारण था, जिससे मैं प्रतिदिन अधिकाधिक भयभीत होता रहता था कि दुर्भाग्य से कहीं कोई ऐसा अवसर न आ जाए, जब मेरे भयानक व्यवसाय का भेद अज़ीमा को ज्ञात हो जाए। न जाने क्यों मैं अपने मन में उसके प्रभाव को चित्रित किया करता था और सोचता था कि उसके स्नेहिल तथा सौम्य स्वभाव एवं अस्तित्व के ऊपर कैसा आघात लगेगा, जब उसे ज्ञात होगा कि मैं एक हत्यारा था। कभी-कभी काफी रात्रि में जब वह मेरे निकट होती, तब ऐसे विचार अति सघन रूप में आते थे कि यदि उसकी आत्मा के साथ मेरे अन्तराल के रहस्य का मिलन हो गया तो वह भयभीत होकर मेरे बाहुपाश से पृथक होकर सदैव के लिए दूर हो जाएगी।

प्रायः ऐसे विचार इतने वेग से आते थे कि मैं सोचता था कि ये किसी भावी विपत्ति की चेतावनी दे रहे हैं। अतः मैंने पूर्ण रूप से निश्चय कर लिया था कि पुत्री के विवाह के पश्चात सब कुछ लेकर दिल्ली चला जाऊँगा और शेष जीवन वहीं व्यतीत करूँगा।

जैसा मैंने कहा, कई महीने किसी घटना के बिना व्यतीत हो गए। अपने जालौन आने के पश्चात एक अंग्रेज भद्र पुरुष के आने की बात मुझे पहले ही बतलानी थी। उसने वहाँ के राजा के साथ अनेक बैठकें कीं। तभी मुझे ज्ञात हुआ कि उनमें कोई सन्धि हो गई और राजा स्वयं अंग्रेज सरकार के संरक्षण में आ गया। इस बात पर मैंने कोई ध्यान नहीं दिया, फिर भी वहाँ गुपचुप कोई योजना बनती रही। जिसे निश्चय ही आगे चलकर ठगों के गिरोह और उनकी शक्ति पर प्रहार करने में प्रयुक्त होगी। वह प्रहार इतना प्रबल होगा, जैसा पूर्व में कभी नहीं किया गया।

कुछ समय पश्चात वह अंग्रेज जालौन से चला गया और हम लोग उसके वहाँ आने की बात भूल गए। मेरी बेटी के विवाह का समारोह आरम्भ हो गया। मेरे घर में बधाइयाँ बज रही थीं। उसी समय दोपहर को राजा का एक हरकारा यह सन्देश लेकर आया कि किसी विशेष काम के लिए मेरी और मेरे पिता की दरबार में उपस्थिति आवश्यक थी। मैंने घर में विवाह समारोह के होने की बात को लेकर वहाँ चलने की असमर्थता बताई, परन्तु मेरी कोई बात नहीं सुनी गई। अन्त में विवश होकर हम तैयार हो गए और हरकारे के साथ चले गए।

कई सहनों से होते हुए हमें दीवानखाने में पहुँचा दिया गया। वहाँ राजा अपने मुसाहिबों से घिरे हुए बैठे थे। प्रवेश द्वार पर ही अपने जूते उतारकर, जैसे ही हम पूर्व की भाँति सलाम करने के लिए आगे बढ़े वैसे ही अचानक दोनों ओर से हमारे ऊपर धावा बोल दिया गया। हम दोनों को काबू में करके हमारे शस्त्र छीन लिये गए। अपने पकड़नेवालों के साथ मेरा संघर्ष व्यर्थ सिद्ध हुआ। अपनी सम्पूर्ण शक्ति के साथ उन्हें धकियाना भी व्यर्थ हुआ। उन लोगों ने हमें घेर लिया और पूर्ण रूप से अभिभूत कर दिया। मेरे सिर से पगड़ी उतार ली गई और उसी से मेरे दोनों हाथ इतनी जोर से कसकर बाँध दिए गए कि प्रतीत होता था जैसे मेरा रक्त नाखूनों के मार्ग से निकलने लगेगा। अन्त में मैं विवश होकर शान्त हो गया और सिपाहियों के अधिकार

में चुपचाप खड़ा रहा। मैं विचार कर रहा था कि अब मेरा समय आ पहुँचा और यहाँ आकर नियति ने मेरा साथ छोड़ दिया। यदि भवानी और अल्लाह की यही इच्छा है तो मैं उसका प्रतिरोध क्यों करूँ।

मुझे चुपचाप खड़ा देखकर राजा ने कहा, "क्यों अमीर अली, मैं यह क्या सुन रहा हूँ कि तू एक ठग है, मामूली हत्यारा है? जालौन में जिसे लोग कोई सौदागर और सम्मानित व्यक्ति समझते थे, उसके लिए क्या ये बातें सत्य हैं? इस विषय में तुझे क्या कहना है? बोल और इसका प्रमाण दे कि जो आरोप तेरे विरुद्ध लगाए गए हैं, वे असत्य हैं?"

मैंने कहा, "राजा साहब, मैं नहीं जानता कि किसने मेरे विरुद्ध आपके कान में जहर घोल दिया? क्या आपके नगर में एक भी ऐसा व्यक्ति मिलेगा, जो मेरे विरुद्ध एक शब्द भी बोल सके? क्या सभी लोगों के साथ मेरा व्यवहार निष्पक्ष और सम्मानपूर्वक नहीं रहा? और इसके साथ आपके प्रति भी? क्या मैं गाँवों के प्रबन्धन में, उन्हें बरबादी से निकालकर समृद्धि के सोपान पर नहीं ले गया? क्या आपके दरबार में उपस्थित कोई व्यक्ति भले ही वह जवान अथवा बूढ़ा हो, कह सकता है कि मैंने कभी उसके साथ दुर्व्यवहार किया था? अथवा उसके साथ एक पाई की भी बेईमानी की थी? राजा साहब, यह कोई भी नहीं कह सकता, अतः मुझे और मेरे वृद्ध पिता को नगर के लोगों की आँखों के सामने क्यों अपमानित किया जा रहा है? मेरे घर में इस समय हो रहे आनन्दोत्सव के बीच से हमें खींच कर क्यों लाया गया?"

राजा ने कहा, "मैं स्वयं तेरे विरुद्ध कोई दोष नहीं लगा रहा। केवल भगवान जानता होगा कि मैं जो सुन रहा हूँ, वह सत्य है या असत्य। परन्तु तेरे और वृद्ध के विरुद्ध कई गवाह उपस्थित हैं।"

उपस्थित जन-समुदाय में कुछ समय तक सन्नाटा छाया रहा। प्रत्येक व्यक्ति की दृष्टि हमारी ओर लगी हुई थी। मैंने अपने पिताजी की ओर यह जानने के लिए देखा कि इस स्थिति का उन पर क्या प्रभाव पड़ा, परन्तु उनकी दृष्टि में मैंने आशा की कोई किरण नहीं देखी। ऐसा प्रतीत होता था कि सम्पूर्ण ऊर्जा उन्हें त्याग कर जा चुकी थी। और वस्तुतः अपराधी सिद्ध होने के पूर्व ही वे अपराधी के समान दिखाई दे रहे थे। मेरी चिन्तित और अर्थपूर्ण दृष्टि के उत्तर में, उनकी दृष्टि में अत्यधिक भय अथवा उदासीनता थी, यह मैं नहीं समझ सका। उन्हें देखना करुणाजनक लग रहा था क्योंकि उनका आदरास्पद और सम्मानित व्यक्तित्व उनकी इस अपमानजनक स्थिति में बुरी तरह संलिप्त था।

इसी समय मेरी दृष्टि उन पर से हटकर दरबार में प्रवेश करते हुए व्यक्ति पर गई और उसी क्षण मैंने समझ लिया कि मेरी मृत्यु का आदेश सीलबन्द हो चुका। यद्यपि उस व्यक्ति से मैंने कभी बात नहीं की, परन्तु सबसे पहले वह हमारे दल में तिल्हाई अथवा भेदिए के रूप में सम्मिलित हुआ था और बाद में भुहोटे के रूप में सहायता करता रहा। उसका नाम सूरज था। मेरे पूर्व के अभियानों में वह सदैव मेरे साथ रहा और मेरे ठग बनने से पूर्व कुछ समय तक वह मेरे पिताजी के साथ भी काम कर चुका था। अतः वह मेरे कार्यकाल की प्रत्येक गतिविधि से परिचित था। अपने पिंडारी बनने के पूर्व की जिन घटनाओं के साथ मैं सम्मिलित था, उनका पूरी वफादारी और बारीकी के साथ उसने वर्णन किया। उनमें से उसने न तो किसी बात को छोड़ा और न अपनी ओर से बढ़ा-चढ़ाकर कहा। यहाँ तक कि वह उन स्थानों को बताने के लिए तैयार था जहाँ यात्री समाप्त किए गए थे। उसने यह भी बताया कि विभिन्न अवसरों

पर हमें कितनी लूट प्राप्त हुई। उसने अपना वक्तव्य समाप्त करते हुए कहा कि मैं और मेरे पिता बुन्देलखंड के महान क्रूर और निर्दयी नेता थे जो किसी समय दो सौ या अधिक साथियों को लेकर सड़क पर आ सकते थे।

उसने मेरी ओर संकेत करके कहा कि यदि साहस हो तो उसकी किसी बात को मैं असिद्ध कर दूँ। परन्तु उसके आरोपों को सुनकर मैं वास्तव में दुबक गया, क्योंकि वे सच थीं। सत्य सदैव हृदय को टटोल लेता है और अपराधी को अभिभूत कर देता है। परन्तु मेरे पिता के प्रति वह अधिक कटु था। उसने कहा, "राजा साहब, उसे देखिए। उस श्वेत केश वाले अधम को देखिए। कोई सोचेगा कि उसके जैसे वृद्ध ने अपनी ही मानव जाति के लोगों के प्राण हरण करने का काम बन्द कर दिया होगा और अपने जीवन के शेष दिन भवानी की पूजा और अपनी नबी की प्रार्थना में व्यतीत करेगा, परन्तु ऐसा कुछ भी नहीं हुआ। पिछले दो महीनों में वह किसी अभियान से प्रचुर लूट का माल लेकर वापस आया है। जिस अन्तिम व्यक्ति का उसने गला घोंटा था, वह आपकी प्रजा में से एक था।

"देखिए राजा साहब, वह जो यहाँ का सम्मानित व्यक्ति और सर्वप्रिय था उसी का शोक-सन्तप्त परिवार अनुताप करेगा, क्योंकि मैंने आपके दरबार में उसकी नियति का उद्घाटन कर दिया।"

राजा ने प्रश्न किया, "मेरी प्रजा का एक आदमी? तेरा अभिप्राय क्या है? बोल, इसमें भय की कोई बात नहीं।"

उसने कहा, "भय! राजा साहब, भय को मैं नहीं पहचानता। यदि मैं उस बूढ़े से डरता तो जो कुछ मैंने आपके सम्मुख कहा, कभी कह पाता? सुनिए, आप जालौन के सर्राफों में सबसे प्रतिष्ठित जसवन्तमल को जानते हैं।"

राजा ने कहा, "जानता हूँ? अरे अशुभ संवाद देनेवाले जसवन्तमल की मृत्यु नहीं हुई?"

वह कर्कश स्वर में बोला, "आप उसी से पूछिए! अथवा ठहर जाइए, दूसरे गवाह से पूछ लीजिए। वह सारा किस्सा बयान कर देगा।" उस घटना को मैंने स्वयं नहीं देखा, परन्तु जसवन्तमल सदैव के लिए मौन हो गया और सागर के वे भद्र लोग जो यह विश्वास किए बैठे हैं कि वह सुरक्षित है, उन्हें अपनी मूँछें मुड़ाकर शोक प्रकट करना चाहिए। क्योंकि वह इस धरती पर कभी दिखाई नहीं देगा। हाँ, वह मर चुका और जिस समय भुहोटे के रूमाल में कसा हुआ वह जीवन की अन्तिम यन्त्रणा से छटपटा रहा था, उस समय यह बूढ़ा उसे देख रहा था।" यह कहकर उसने मेरे पिता की ओर संकेत किया, जिन्हें वह निष्ठुर तथा आह्लादपूर्ण दृष्टि से देख रहा था।

जैसे ही मुख़बिर की वाणी के गहन स्वर सुननेवालों के कानों में पड़े, वहाँ उपस्थित समुदाय थर्रा उठा और वह अविश्वसनीय बात सुनकर बहुतों के मुख से निकल पड़ा 'जसवन्तमल मर गया!' लोगों में परस्पर फुसफुसाहट होने लगी। इस शोचनीय सूचना से राजा को भी कम आघात नहीं लगा। वह अपनी मसनद पर मौन बैठा रहा, परन्तु उसकी भाव-भंगिमा से प्रतीत हो रहा था कि वह स्वयं भी कितना प्रभावित था? अन्त में उसने सुस्थिर होकर मुखबिर से प्रश्न किया, "तो तूने इस हत्या को स्वयं नहीं देखा?"

उसने उत्तर दिया, "महाराज, मैंने स्वयं नहीं देखा, परन्तु बुद्धी को बुलाया जाए। वही सम्पूर्ण विवरण बताएगा।"

बुद्धी! मेरे विचार में आया, तब तो निश्चय ही कोई आशा नहीं रह जाती। जब तक इस आदमी का नाम नहीं लिया गया तब तक मेरे ध्यान में यही था कि यह कोई गढ़ी हुई कहानी होगी क्योंकि मैंने पिताजी से उस साहूकार की नियति के विषय में कुछ नहीं सुना था, परन्तु बुद्धी उनके साथ ही था। यही नहीं वह लुधाइयों का मुखिया था और अधिक सम्भावना यही थी कि शिकार के लिए कब्र उसी ने खोदकर तैयार की थी।

राजा ने कहा, "बुद्धी को उपस्थित करो।"

दरबार में बुद्धी को लाया गया। उसके पैरों में पड़ी बेड़ियाँ उसके चलते समय खनक रही थीं। दरबार के बीच आकर उसने मुझे और मेरे पिता को अपराधियों की भाँति बँधे हुए देखा। यह दृश्य देखकर वह सकपका गया। यह स्वाभाविक था क्योंकि हम लोगों का उस पर पूर्ण विश्वास था। पिताजी ने उसका ओहदा ऊँचा कर दिया था। वे उसे सदा बेटे की भाँति मानते थे, यद्यपि वह हमारे धर्म का नहीं था। उसके चेहरे पर मनोभावों की ऐंठन हो रही थी, जैसे उसका स्वामिभक्त हृदय कृतघ्नता के विरुद्ध संघर्षरत हो। मैं साँस रोककर बड़ी चिन्ता के साथ उसके मुख से निकलनेवाले प्रथम शब्द की प्रतीक्षा कर रहा था।

उसके कुछ कहने से पूर्व राजा ने उसे सम्बोधित करके कहा, "अधम, नीच तेरे जीवन को इस शर्त पर बचाया गया है कि तू सब कुछ सच-सच बता। प्रत्येक हत्या की घटना को जिसमें तू लिप्त रहा है, किसी घटना को बिना छिपाए, तुझे बताना है। यह वादा अंग्रेजों की ओर से किया गया है। अब तुझे अपना वादा पूरा करके दिखाना है। यदि तू उसे पूरा करता है तब तो ठीक है, यदि नहीं तो यद्यपि अंग्रेज तेरे रक्षक हैं, परन्तु मैं शपथ लेकर कहता हूँ कि तुझे एक घड़ी के भीतर हाथियों द्वारा घसीटकर मारा जाएगा।"

उसने अपने आदमी से हाथी लाने के लिए कहा और आदेश दिया कि ''जंजीरें तैयार रखी जाएँ।"

पुनः कहा, "गंगा की सौगन्ध उसे शीघ्र ही बहुत काम करना होगा।" फिर वह मुखबिर से बोला, "इस नगर के जसवन्तमल की मृत्यु के विषय में तू कुछ जानता है? वही जो मेरे निजी कामों का प्रयत्न करता था। क्या वास्तव में उसकी मृत्यु हो गई? बोल, और याद रहे केवल सत्य से ही तेरी रक्षा हो सकेगी।"

उस समय वहाँ सभी साँस रोककर चुप थे। मेरे पिता अत्यन्त चिन्तित होकर मुखबिर की ओर देख रहे थे। मुझे यह स्पष्ट दिखाई दे रहा था कि वे सोचते थे कि उसके मुख से निकले हुए शब्द सदैव के लिए उनके भाग्य के निर्णायक होंगे, और यदि वह उस कृत्य से इनकार कर दे तभी वे बच सकेंगे। गम्भीर तथा विनय समन्वित दृष्टि से वे उसे निरन्तर देख रहे थे। मुखबिर लगभग विजित होता हुआ चुप था, परन्तु उसका प्रत्येक अंग काँप रहा था। उसके चेहरे पर पसीने की बड़ी-बड़ी बूँदें छलछला आई थीं और उसके मस्तक की शिराएँ इतनी फूल गई थीं जैसे फटनेवाली हों।

पिताजी ने खोखली आवाज में उससे कहा, "बोलो, बुद्धी, बोलो और राजा साहब को बता दो कि उनका यह गरीब सेवक इस्माइल उस कृत्य का अपराधी नहीं है।"

राजा ने कड़ककर कहा, "चुप रहो। यदि वह मुखबिर को प्रभावित करने के लिए अब एक शब्द भी निकाले तो उसका मुँह दबा दो। इस मामले में हमें न्याय करना है, और आप मीर साहब, (अपने निकट बैठे हुए सम्मानित से दिखने वाले व्यक्ति की ओर घूमकर) आप

साहब लोगों से कह सकेंगे कि जालौन के दरबार में न्याय किया जाता है।" फिर उसने अपने अनुचरों से कहा, "हाथी को लेकर आ जाओ।"

आगे बोला, "और तू, बुद्धी देख ले, इस धरती और आकाश में तेरा अन्त समय आ गया, क्योंकि गंगा की सौगन्ध यदि तुमने मुझे धोखा देने की चेष्टा की, तो तेरी मृत्यु सन्निकट है। तेरे चेहरे से साफ दिखाई दे रहा है कि तू सारा मामला जानता है।"

परन्तु बुद्धी अब भी झिझक रहा था। स्पष्ट रूप से उसमें अन्तर्द्वन्द्व हो रहा था कि क्या वह अपने पूर्व रक्षक को बचाने हेतु स्वयं अपने प्राण न्योछावर कर दे अथवा अपनी जीवन रक्षा के लिए विश्वासघात करे। कुछ समय तक प्रथम भावना उसके मन में सर्वोपरि रही। उसने राजा की ओर घूमकर दृढ़ता और स्पष्ट रूप से कहा, "महाराजा, मैं इस मामले में कुछ नहीं जानता। अन्य हत्यारों के विषय में बता सकता हूँ, परन्तु इसके विषय में कुछ नहीं जानता।"

उसी समय दूसरा मुखबिर बोल उठा, "वह झूठ बोल रहा है। उस समय वह स्वयं इस्माइल जमादार के साथ था। वह सत्य बोलने में भयभीत हो रहा है, अतः आपसे झूठ बोल गया।"

राजा ने बुद्धी से कहा, "उसकी बात सुन रहे हो, बुद्धी। तुम्हारा साथी ठग जो कुछ कह रहा है उसे सुन रहे हो? मालूम होता है तुम्हारी मृत्यु निश्चित है, फिर भी मैं तुम्हें कुछ समय और दे रहा हूँ। बरामदे की छाया इस समय मेरी मसनद के निकट है। छाया को मसनद तक पहुँचने में जितना समय लगेगा, उतनी ही देर के लिए तू इस संसार में जीवित है। एक अँगुल की चौड़ाई शेष है और इसके पश्चात तेरी मृत्यु होगी।"

समस्त जन-समुदाय के नेत्र निकट आती हुई छाया को देखने लगे। एक हाथ भर की दूरी शेष थी और ठग टकटकी लगाकर उसे देख रहा था, जैसे किसी बाघ की आँख ने उसे सम्मोहित कर दिया था। मेरे पिता, ओह, वे अतीव भयभीत प्रतीत हो रहे थे। उनकी आँखें पथरा गई थीं, भय के कारण उनके होंठ परस्पर चिपककर रह गए थे। उनके चेहरे पर ऐसी यन्त्रणा झलक रही थी, जैसी मैंने कभी नहीं देखी। उनके मुख की परिवर्तित दशा मैं नहीं देख पा रहा था। इन सब बातों ने उनकी सदैव स्थिर रहनेवाली सौम्यता का जैसे हरण कर लिया था। उस समय मैं इतना उद्भ्रान्त हो गया, जैसे मेरी मृत्यु हो जाएगी। अच्छा होता कि उस समय मेरी मृत्यु हो जाती, क्योंकि जो मुझे आगे देखना था, उससे वंचित रहता।

अन्य मुखबिर ने कहा, "अरे मूर्ख, क्या तुम उन लोगों के लिए, जिन्हें अभी मार दिया जाएगा, अपने प्राण देना चाहते हो?"

यह बात उसने रमसी (गुप्त भाषा) में कही।

ये शब्द जिसे सम्बोधित करके कहे गए थे, उस पर अपना अभीष्ट प्रभाव दिखाने में सफल रहे। उनसे उसके प्राण बच गए।

उसने कहा, "क्षमा कीजिए महाराज, मैंने आपसे झूठ बोला था। जसवन्तमल वास्तव में मर चुका। इन्हीं हाथों ने उसकी कब्र खोदी थी और उसके गर्म शरीर को भूमिस्थ किया था।"

राजा बोला, "हे भगवान! हे सीताराम, क्या वास्तव में ऐसा हुआ? वह बेचारा मेरा मित्र था, क्या तुम सचमुच चले गए?"

और दो क्षण के लिए वह रो उठा। फिर स्वयं को सँभालकर कहा, "यह कायरता थी।

कमबख्त आगे बोल। मुझे पूरी बात बता और उस घटना में इसका कितना हाथ था?"

उसने बताया, "हम लोग अमुक स्थान पर साहूकार से मिले थे। इस्माइल इस बात को भली भाँति जानता था कि यदि हम सबको उसने एक साथ देख लिया, तो सन्देह हो जाएगा, अतः उसने दल के अधिकांश लोग गाँव के बाहर भेज दिए और उसने जसवन्तमल को अपने कैम्प में आकर सोने के लिए राजी कर लिया। वह स्वयं गाँव जाकर उसे अपने कैम्प में ले आया, अन्यथा वह कभी न आता। उसके आने के बहुत पहले कब्र खोदकर तैयार कर ली गई। सूर्य डूबने के पश्चात उसे हमारे पास आए हुए एक घंटा भी नहीं हुआ था कि दो भुहोटे द्वारा जमादार की उपस्थिति में उसका कंठ-घोटन कर दिया गया। उसके दो नौकर भी उसी प्रकार मार दिए गए। मैंने स्वयं सबको दफन किया। दूसरे दिन साहूकार के टट्टू को पच्चीस रुपए में बेच दिया गया। हम लोगों को बहुत थोड़ा रुपया मिला, क्योंकि उसके पास नगद रुपया बहुत कम था, अधिकांश हुंडियाँ थीं जिन्हें जला दिया गया।"

राजा ने कहा, "बस, बस करो, इतना सबूत पर्याप्त है।"

मुखबिर आगे बोलता रहा, "नहीं महाराजा, यदि आप और अधिक प्रमाण चाहें तो मैं दे सकता हूँ। जमादार का हाथ देखिए। वह जो अँगूठी पहने है, उसे उसने स्वयं साहूकार के शरीर से उतारा था। महाराज, आप उसे अवश्य पहचान लेंगे।"

नियति के इस नवीन और खतरनाक आघात से मेरा हृदय भीतर ही भीतर बैठा जा रहा था। पिताजी की उँगली से अँगूठी छीन ली गई। सभी ने उसका परीक्षण किया। वहाँ उपस्थित एक साहूकार ने उसे जसवन्तमल की होने की पुष्टि कर दी। सर्वाधिक महत्त्वपूर्ण बात यह थी कि अँगूठी की भीतरी सतह पर उसका नाम खुदा हुआ था।

राजा ने कहा, "यह पर्याप्त है। इसे मैं स्वयं पहचानता हूँ। हजारों के बीच उस हीरे के लिए शपथ ले सकता था। इसे ले जाओ। हाथी के साथ इसे बाँध दो और सारे नगर में इसे घसीटा जाए। घोषित कर दो कि वह एक ठग था।"

सैयद जो अभी तक चुप था, बोला, "ठहरो, अपनी सफाई में सम्भव है उसे कुछ कहना हो। उससे पूछ लिया जाए। उसकी बात भी सुनी जानी चाहिए।"

मेरे दुखी पिता से राजा ने कहा, "बोल, ऐ कमबख्त!"

उस समय पिताजी की गर्वित आत्मा चीत्कार कर उठी। आसन्न मृत्यु को अपनी आँखों के सामने देखकर भी वे दुबक नहीं गए। जब तक जीवन की आशा शेष रहती है, हर व्यक्ति उससे चिपका रहता है, वे भी उसी प्रकार कह रहे थे। उनके पूर्व के हाव-भाव के आधार पर मैं आशा करता था कि वे अपनी जीवन-रक्षा के लिए घिघियाकर विनय करेंगे, परन्तु उन्होंने ऐसा कुछ भी नहीं किया। जिस उद्देश्य के लिए उन्होंने अपने प्राण दिए उस पर उन्हें गर्व था।

उन्होंने स्वयं को संयत किया और गर्व से उनके नेत्र चमक उठे, वे बोले, "जी हाँ, झूठ बोलकर मरने से मुझे घृणा है। मैंने जसवन्तमल को इस कारण मारा क्योंकि वह अत्याचारी था। वैसे ही आप भी हैं राजा साहब, वह ठगों को नौकर रखता था, परन्तु उन्हें उनका प्रतिफल नहीं देता था। जहाँ तक सम्भव होता था वह उनसे एक-एक रुपया ऐंठ लेता था और आप भी वैसा ही करते हैं। मैंने सैकड़ों के प्राण लिये, क्योंकि अल्लाह, उन्हें मेरे हाथों में सौंप देता था, परन्तु जितना सन्तोष मुझे आपके मित्र को मारने से हुआ उतना किसी से

नहीं। अपराध की दुनिया में आप दोनों मित्र भी थे और भाई भी, इस बात को आप भली भाँति जानते हैं। मेरा जीवन! मुझे उसकी चिन्ता नहीं। किसी वृद्ध के लिए जीवन का क्या महत्त्व है? उसके हास-विलास विगत हो चुके। उसका अस्तित्व उसके लिए भार स्वरूप होता है। कुछ समय पश्चात प्रकृति स्वयं मुझे उठा लेगी। आपने उसकी अवधि का अनुमान लगा लिया। फिर भी हे राजा! देवी भवानी अपने किसी भक्त के विनाश के लिए आपसे अवश्य प्रश्न करेगी। मेरा खून आपके सिर पर चढ़ा रहेगा और मरणासन्न व्यक्ति की धिक्कार सदा आपके साथ रहेगी। आपने मुझे धोखा दिया, मुझे लूटा, मेरी लूट में से अपना हिस्सा लिया, क्या वह हत्या का उत्पाद नहीं था? आपको अधीर होने की आवश्यकता नहीं। आप अच्छी तरह जानते हैं कि सब कुछ सत्य है। और अल्लाह भी, जो हम सबका न्याय करता है, सब कुछ जानता है। किसी काफिर के रूप में वह जहन्नुम में आपके लिए स्थान तय रखेगा। जब उसके भक्त का विनाश करनेवाला नरक की यन्त्रणा में छटपटाएगा, तब भवानी कितनी प्रसन्न होगी?"

अत्यन्त क्रोध में भरकर राजा मनुष्य से बढ़कर पशु की भाँति हो गया और उसके मुँह से फेन निकलने लगा। वह बोला—"इसका मुँह बन्द कर दो। इस काफिर के मुँह पर जूते लगाओ। इसे यहाँ से ले जाओ। इसकी मृत्यु की यन्त्रणा इसका बेटा भी देखे।"

वे लोग हम दोनों को घसीटते हुए बाहर ले आए। मैं अपने पिता से कुछ कह नहीं सका, क्योंकि उनका कदम दृढ़ था। मैं स्वयं अपनी यन्त्रणा से संघर्ष कर रहा था, परन्तु उसका कोई परिणाम नहीं था। जिस समय हम दोनों कुछ निकट हुए, तब मैंने उनसे कहा, "पिताजी, क्या अपने बेटे से कुछ नहीं कहोगे?"

उन्होंने अपना सिर घुमाया, मैंने देखा उनकी आँखों में आँसू थे, वे बोले, "अमीर अली, मैं तुम्हें छोड़कर जा रहा हूँ, परन्तु तुम जानते हो सच्चे ईमानवालों के लिए स्वर्ग क्या होता है? वहाँ उसका अनन्त यौवन और सत्तर रमणियाँ प्रतीक्षा करती हैं। तुम मेरे पुत्र नहीं हो, परन्तु मैंने तुम्हें पुत्रवत् सदैव प्यार किया। अल्लाह तुम्हारी रक्षा करेगा।"

"बस आगे और नहीं।" उजड्ड सैनिक चिल्लाए और उनके मुँह पर चाँटा मार कर घसीटते हुए आगे ले गए।

पिताजी ने रमसी में कहा, "इसका प्रतिशोध लेना। इस राक्षस ने हमारे साथ जो आचरण किया, उसे अंग्रेजों को बतलाना, और जब इसका घमंड चूर-चूर होगा, मेरी आत्मा स्वर्ग में प्रसन्न होगी।"

वे और अधिक नहीं बोल सके। मुझे भी उन लोगों ने बलपूर्वक पकड़ रखा था, जिससे मैं उस कसाईपन के कृत्य को स्वयं देखता रहा। उन लोगों ने उन्हें जंजीरों से हाथी के आगे के पैरों से बाँध दिया। उनके दोनों हाथ पीठ पर बँधे थे, जिससे घसीटे जाने पर वे स्वयं को न बचा सकें। वे निरन्तर कलमा पढ़ रहे थे। इस समय सब कुछ तैयार था। महावत ने अंकुश हाथी के सिर पर मारा और वह चिंग्घाड़कर आगे बढ़ गया। कुछ कदमों के बाद पिताजी की आत्मा स्वर्ग चली गई होगी।

नोट—उक्त ठग की मृत्यु के पश्चात सभी ठगों ने बताया कि जालौन का राजा भयानक कोढ़ होने के बाद मर गया और इस प्रकार भवानी ने उसके प्रति अपना न्याय दिखा दिया।

जेल से मुक्ति-1

साहब, क्या मैं अपने उन मनोभावों को व्यक्त कर सकता हूँ, जो उस समय मेरे हृदय में प्रज्ज्वलित हो रहे थे? मेरे लिए असम्भव है। मेरे मस्तिष्क में हजारों विचार चक्कर काट रहे थे। मैं यहाँ तक सोचने लगा था कि मैं पागल हो जाऊँगा, सम्भवतः मैं हो भी गया था। पिताजी का प्रतिशोध लेना मेरे लिए सर्वोपरि था। यदि मुक्त होता तो अवश्य ले लेता। अल्लाह कसम, मैं राजा के ऊपर टूट पड़ता और उसका गला घोंट देता, परन्तु प्रतिरोध निरर्थक था। मैं निःशस्त्र था। जितना अधिक मैं संघर्ष करता, उतनी और कसकर मेरी भुजाएँ बाँध दी जातीं, यहाँ तक कि वे सूज गईं और अत्यधिक पीड़ा देने लगीं। मैं लगभग उसी में डूब गया। मैंने पहरेदारों से कहा कि मुझे दरबार से कहीं दूर ले चलें। मुझे किसी घृणित कोठरी में ढकेल दिया गया और मेरे हाथ खोल दिए गए।

अल्लाह, मेरा वह दिन कैसे व्यतीत हुआ। लोग उस पिंजड़े में मुझे ऐसे झाँक-झाँक देख रहे थे, मानो मैं कोई बाघ था। वे मेरी नकल करते और उपहास कर रहे थे। नगर के लड़के मेरे ऊपर फब्तियाँ कसते और लोहे के सींखचों में से मेरे ऊपर छोटी-छोटी लकड़ियाँ फेंकते थे। प्रायः सभी लोग अपनी-अपनी सामर्थ्य के अनुसार मुझे अपमानित करने की दृष्टि से अपशब्द कहकर चले जाते थे। मेरे प्रति, जब मैं सम्मानित ही नहीं धनवान भी था, लोग मेरे सामने सिर झुकाते थे। उस समय मैं राजा की कृपा की धूप सेंकता था, परन्तु इस समय मेरा मान भंग हो चुका था, खेद है, मेरे स्वप्न मेरी कल्पनाएँ अब समाप्त हो गई थीं, वे अस्पष्ट छाया मात्र रह गई थीं, वास्तविकता तो अब सामने है।

अल्लाह, अल्लाह, मैं प्रलाप करता हुआ अज़ीमा का नाम पुकारा करता। अपनी जेल के निकट आनेवालों से मैं अनुरोध करता कि वे दौड़कर जाएँ और अज़ीमा का हाल मुझे बताएँ और साथ ही उसे भी सांत्वना दें। परन्तु जब लोग उलटे मेरी हँसी उड़ाते तथा मेरे रुदन की नकल करते, तब मैं उन्हें शापित करता। अज़ीमा, जिसका नाम मेरे जनानखाने से शायद ही कभी बाहर लिया गया हो, वही नाम अब सामान्य आदमी की जबान पर रहने लगा। वे लोग उसका मजाक उड़ाते और अशिष्ट, अश्लील अपशब्दों से उसे विभूषित करते थे। यह सब मैं चुपचाप बैठा सुना करता था। कभी अपने कान बन्द करने की व्यर्थ चेष्टा करता। परन्तु इससे वे मुझे और अधिक चिढ़ाते थे, सीखचों के निकट आकर शोरगुल करते और थूकते थे।

रात आती, मैं अपने एकाकीपन में पड़ा रहता। उस समय मुझे अज़ीमा के स्नेहिल बाहुपाश में होना चाहिए था, परन्तु ऐसे समय जेल के चूहे, छिपकली और बिच्छू मेरे साथी थे। मुझे सोने की चेष्टा करना व्यर्थ था। वह नींद जो मेरी इन्द्रियों के लिए तमाम चिन्ताओं को अस्थायी रूप से भुला देनेवाली होती। मेरा शारीरिक ढाँचा मजबूत था और मेरी वेदना भी बहुत बड़ी थी, अतः उसे अपने पास बुलाने के लिए मैं अपनी यन्त्रणा से मल्ल-युद्ध करता, परन्तु मैं उसे पराजित नहीं कर सका और उसके कडुए घूँट को अन्तिम बूँद तक पीता रहा।

अन्त में सबेरा हुआ। मैंने नमाज अदा की। वजू के लिए बालू या पानी के स्थान पर फर्श की धूल काम आई। पानी की एक बूँद वहाँ नहीं थी। मैंने उसे माँगा, क्योंकि अत्यधिक प्यास के कारण मुँह सूखकर जल रहा था, परन्तु किसी ने न दिया।

दरबार पुनः भर गया। बूढ़े और जवान, औरतें और बच्चे सभी, सैयद को—अमीर अली

को—देखने, उसका उपहास तथा प्रताड़ित करने के लिए आने लगे। जैसे जाल में फँसने के पश्चात बाघ का क्रोध धीरे-धीरे शान्त हो जाता है, वैसे ही मैं भी उदास हो गया। अपनी कोठरी में एक किनारे दुबककर बैठा था। अपना कमरबन्द खोलकर उससे अपना मुँह ढँक लिया, जिससे न तो लोगों के कटु उपहास पर और न अपने विरुद्ध कहे जानेवाले शब्दों पर ध्यान दे सकूँ। कभी-कभी निष्फल रूप से यह देखने के लिए मैं इधर-उधर दृष्टि दौड़ाता कि सम्भव हो किसी की करुण दृष्टि मुझ पर पड़ जाए। खेद है कि ऐसा वहाँ कोई नहीं था। वहाँ आनेवालों के चेहरे जाने-पहचाने अवश्य थे, परन्तु उनकी आँखें या तो मेरी दुर्दशा पर पाशविक सन्तोष व्यक्त करती प्रतीत होतीं अथवा उदासीनता के शीत से लदी होती। अनेक बार मैंने बात करने की चेष्टा की, परन्तु प्रत्युत्तर में शोरगुल के सिवा कुछ न मिला। प्यास के कारण मेरा कंठ जल रहा था और मेरी जीभ सूज गई थी।

सारा दिन व्यतीत हो गया। न तो मुझे भोजन दिया गया न एक बूँद पानी। ऊपर से मौसम आग बरसा रहा था। मैं जो ऐशो-इशरत के वातावरण में दुलराया गया था और अपने घर में अज़ीमा द्वारा तैयार किए गए स्फूर्तिदायक शरबत को पीता था, उसी को आज अपने जलते हुए कंठ को शान्त करने के लिए एक बूँद पानी नसीब नहीं था। निकट आने-जानेवाले लोगों से मैंने इतने विनीत शब्दों में प्रार्थना की कि पत्थर का हृदय भी द्रवित हो जाता। जेल में पहरा देनेवालों में एक जमादार था, मैंने उससे भी पानी की गुहार की, परन्तु सब प्रयत्न व्यर्थ हुए। यहाँ तक कि मेरी काल-कोठरी में धूल का अम्बार तोपनेवाली तप्त वायु से भी पानी की याचना करना चाहता था। मुझे धूल से बचने का उपक्रम करते देख कुछ शैतान बच्चे और अधिक धूल झोंकने का काम करने से चूकते नहीं थे। इस प्रकार तड़पते हुए दिन व्यतीत हो गया। शाम आई और अब भी एक बूँद नहीं, कोई राहत नहीं और न मेरी दुर्दशा को कोई देखने-पूछनेवाला था। क्या इसी प्रकार प्यास से तड़प-तड़प कर मर जाने के लिए मुझे यहाँ रखा गया? जैसे ही मेरे मस्तिष्क में यह विचार कौंधा, मैं उस पर चिन्तन करने लगा। जी हाँ, भूख और प्यास से मरना था और तभी मुझे अपने पिता की मृत्यु से ईर्ष्या होने लगी। वे अपनी पीड़ा और यातना से तुरन्त मुक्ति पा गए। एक घंटे से भी कम समय में वे स्वर्ग में हूरों के पास पहुँच गए।

सन्ध्या के पश्चात् रात्रि का आगमन। अस्ताचल को जाते हुए सूर्य को मैं तब तक देखता रहा, जब तक उसकी तप्त किरणें जेल के ऊपर आती रहीं। मेरी कोठरी के फर्श पर उसकी लालिमा जब तक रही, मैं उसे निहारता रहा। आकाश के नक्षत्र एक-एक करके उसी तप्त वायु के द्वारा हमारी कोठरी में टिमटिमाने लगे। मैं सोच रहा था कि दूसरा दिन मुझे न देखना पड़े क्योंकि मैं इतना अशक्त हो रहा था कि मुझे मृत्यु तक पहुँचना भी कठिन था। आत्मा और शरीर की यन्त्रणा में डूबा हुआ मैं लेट गया और अन्त में निद्रा ने आकर मुझे राहत प्रदान की। कुछ समय के लिए सब कुछ विस्मृत हो गया, परन्तु भयानक स्वप्न मुझे आक्रान्त करने लगे, जिनका स्वरूप अस्पष्ट था पर भयावह दृश्य वाले थे। ऐसा प्रतीत होता था, जैसे वे स्वयं मेरे जीवन का परिदर्शन करा रहे थे। अनेक चेहरे सामने दिखाई दे रहे थे। अनेक चेहरे सामने दिखाई दे रहे थे, जिनका कंठ-घोंटन मैंने किया था, वे मेरा परिहास करते हुए अपनी आँखें और जीभें बाहर वीभत्स रूप से लटकाए हुए थे।

साहब, आपके सामने इनका वर्णन करने से क्या लाभ? उस समय अपनी कल्पनातीत

अवस्था में उठनेवाले भयानक दृश्यों का वर्णन करके मैं आपको क्यों अटकाकर रखूँ? ये दृश्य मुझे प्रायः जगा देते थे। मेरे पेट में जैसे आग का गोला उठता हो, जिसके बुझने का कोई प्रश्न ही नहीं था।

अन्त में सबेरा हुआ। शीतल वायु ने एक बार पुनः मेरे तप्त तथा ज्वरग्रस्त शरीर को सहला दिया और मैं कुछ तरोताजा हुआ। परन्तु मैं निरन्तर अपनी यन्त्रणा में बना रहा। प्यास की यातना का वर्णन कौन कर सकता है? भूख मुझे लगी ही नहीं, मैं प्यास से ही घुला जा रहा था, पेट की आँतें सूख गईं थीं। कितनी लालसा और उत्सुकता के साथ मैं उस प्रथम व्यक्ति की प्रतीक्षा में था, जो मेरी कोठरी के सामने निकल पड़े? एक आया, उसने मेरी करुण याचना पर कोई ध्यान नहीं दिया और निकलता चला गया। फिर दूसरा, फिर तीसरा निकला, परन्तु किसी ने मेरी ओर देखा तक नहीं, और पुनः मैंने सोचा कि मुझे अवश्य ही मरना था। एक और व्यक्ति निकला, मैंने उसे पुकारा, उसने मेरी ओर घूमकर देखा। उसे मैं पहचानता था। उसने मेरा नमक खाया था। वह मेरे घर में नौकर था। उसे मेरे ऊपर दया आ गई। उसे स्मरण हो आया कि मैंने उसके लिए क्या कुछ किया था। वह मेरे निकट आया और मेरी ओर देखा। मैंने उससे बोलने का प्रयत्न किया क्योंकि मेरी आवाज क्षीण, खोखली और कर्कश हो गई थी। मैंने कहा, "यहाँ बन्द होने के पश्चात मुझे बिलकुल पानी नहीं मिला, मुझे अली के नाम पर, अपनी माँ के नाम पर एक बूँद पानी दे दो।"

उसने बहुत धीरे से कहा, "अफसोस है, यह कैसे सम्भव है मीर साहब? राजा ने धमकी दी है कि यदि किसी ने आपको खाना या पानी दिया, तो उसे मृत्युदंड दिया जाएगा।"

मैंने उसे बार-बार विनय की और कभी उसका स्वामी होकर भी मैं भूमि पर लेटकर धूल में अपना मस्तक रगड़ने लगा। मेरी दशा देखकर वह द्रवित हो गया और उसे मेरे ऊपर दया हो आई, अतः मेरे लिए पानी लेने चला गया। सौभाग्य से किसी ने उसे नहीं देखा। वह किसी छोटे से मिट्टी के पात्र में जल भरकर ले आया। मैं उसे आबे हयात (स्वर्ग का अमृत) समझकर पी गया। इस प्रकार वह बार-बार जल लाकर मुझे पिलाता रहा। अन्त में चलते समय, उसने रात में पुनः आने का वचन दिया और कहा कि हो सका तो रोटी भी लाएगा और सबसे बढ़कर अज़ीमा तथा घर का समाचार देगा।

दूसरा दिन भी व्यतीत हो गया। मुझे भोजन नहीं दिया गया। मैंने कुछ जल बचाकर रख लिया था। उसी को कभी-कभी पी लेता था, परन्तु रात्रि होते ही मेरी यन्त्रणा पुनः आरम्भ हो गई। अभी मुझे आशा थी, क्योंकि मैं जानता था कि वह युवक मुझे धोखा नहीं देगा। मेरे लिए भोजन लाने के लिए उसने अपनी माँ की सिर की शपथ ली थी और अपनी शपथ वह तोड़ नहीं सकता था।

और वह आ गया, मैं बैठा उसी की प्रतीक्षा कर रहा था। उस समय मेरी उत्कंठा को केवल वे ही जानते होंगे, जिन्हें कभी मेरी जैसी परिस्थिति का सामना करना पड़ा होगा। मैं दूर तक के पदचाप और शोर सुनता था, जैसे वे उसी युवक के आने की आहट थी, जिसकी मैं प्रतीक्षा कर रहा था। और जैसा मैंने कहा था, वह आ गया। ऊपर से नीचे तक उसने कम्बल लपेट रखा था। जेल के दरवाजे पर बैठकर ऊँघते सन्तरी की आँख बचाकर वह मेरे लिए भोजन ले आया। उसमें कुछ मोटी रोटियाँ और एक पात्र में दूध था। उसने बहुत धीरे से कहा—"खाइए। मैं यहाँ बैठा हूँ और बाद में वह समाचार सुनाऊँगा जिसके लिए आपने कहा था।"

मेरा मन उसे सुनने के लिए तड़प रहा था, परन्तु मैंने खाना खाया। तीन दिन पूर्व जिन रोटियों को देखकर मैं घृणा करता था, आज वे ही मेरे लिए पकवान थी। मधुर थीं और कृतज्ञतापूर्ण भी थीं। उन्हें खाकर मैंने दूध पी लिया और उसे धन्यवाद दिया। उसे बुलाया और उसके इस साहसपूर्ण कार्य के लिए उसकी प्रशंसा की। उसने एक ऐसे व्यक्ति के लिए कृतज्ञता प्रकट की जो उसका बदला कभी नहीं चुका सकता।

मैंने पूछा, "गुलाम नबी, और सुनाओ। तुमने मेरे बीवी-बच्चों के विषय में कुछ नहीं बताया?"

उसने कहा, "मीर साहब, मेरा समाचार अशुभ है। मैं उस समाचार का अनिच्छुक वाहक हूँ। जिसे सुनकर आपकी आत्मा दुखी होगी और आपका अनुताप बढ़ जाएगा।"

मैंने कहा, "जो हो, तुम बताओ तो, वह बहुत बुरा समाचार उसकी मृत्यु का होगा। तुम वही बताओगे जिसे मेरी आत्मा पहले ही जानती है।"

वह कुछ समय तक चुप रहा, फिर बोला, "मीर साहब, आपको कभी न कभी ज्ञात हो ही जाता, वह अब नहीं रही।"

"और मेरी बेटी?"

"वह एक भले मुल्ला के यहाँ है, जिसने घर-बार न रहने पर तुम्हारी पत्नी की रक्षा की और उसके न रहने पर धर्मानुसार उसकी अन्त्येष्टि भी की।" उसने कहा।

मैंने पूछा, "घर तो नहीं रहा, क्या उन लोगों ने उसे भगा नहीं दिया?"

उसने कहा, "यही हुआ, मीर साहब, राजा ने अपने सिपाहियों को भेजा था। आपके घर की एक-एक वस्तु लूट ली गई। उसे आपके यहाँ सोना-चाँदी प्राप्त होने की आशा नहीं थी। आपकी बीवी और बच्ची को सड़क पर निकाल दिया गया। जो कपड़े वह पहने थी, बस वे ही उसके पास शेष रहे, परन्तु उसके लिए इस सब का कोई महत्त्व न था, क्योंकि मैंने सुना था कि आपके पिता का हाल जानने और आपके जेल जाने के पश्चात उसने किसी से बात नहीं की। लोग बताते हैं कि वह जड़वत् बैठी रही, जैसे कोई साँस लेती हुई लाश। अपनी पीड़ा कहने के लिए वह एक शब्द न बोल सकी।"

मैंने कहा, "बस करो। अब जाओ। अल्लाह हाफिज़, मैं एकाकी रहना चाहता हूँ, क्योंकि इस समय दुख का पहाड़ मुझ पर टूट पड़ा।"

तो मेरी अज़ीमा चली गई, जिसके लिए मैं स्वयं मौत से भी बाजी लगाने के लिए तैयार रहता था। वह मेरे प्रथम प्रेम की निशानी थी। वह मर गई। उसे ज्ञात हो गया कि मैं एक ठग था, और इसी कारण मैं ही उसकी मृत्यु का कारण हूँ। अच्छा होता, वह पहले ही मर जाती। उसे इतने दिनों तक उपहास और किसी हत्यारे अपराधी की बीवी के रूप में अपमान न सहना पड़ता। यदि वह जीवित भी रहती तो मुझे उसके सम्मुख जाने का साहस न होता। क्योंकि वह पाक थी और मैं...?

साहब, मैं तो आपसे यही कहूँगा कि उसकी मृत्यु से मुझे प्रायः हर्ष हुआ। इतना महान आघात लगने पर मुझे दुखी होना चाहिए पर मैं दुखी नहीं हुआ। हाँ यदि यही आघात मुझे उस समय लगता जब मैं समृद्धि के मार्ग पर था, तब मुझे उसका सहन करना दुष्कर होता, परन्तु इस समय मैं एक बदला हुआ इनसान हूँ और मैं पुनः कहता हूँ कि अच्छा हुआ। अल्लाह ने रहम करके, इसके पूर्व कि अह मेरी भयानक वास्तविकता ज्ञात करके पीड़ित होती, उसे दुनिया से उठा लिया। मेरी बेटी भी सुरक्षित थी, वह किन्हीं मित्रवत् हाथों में गई, अब मुल्ला ही उसका

पिता बनकर रहेगा।

मेरे कृपालु मित्र के रात्रि आगमन के एक दिन पश्चात मुझे भोजन दिया गया। इस बात का ध्यान रखा गया कि वह अल्प ही रहे परन्तु इस पर भी मैं जीवित रहा, यद्यपि निरन्तर पीड़ा से मैं अवश्य जर्जर हो गया था और पूर्व की अपेक्षा इस समय अपनी छाया मात्र था। इस दशा में रहते हुए तीन महीने व्यतीत हो गए, परन्तु जब मैं पीछे मुड़कर देखता था, तो वे वर्ष के समान प्रतीत होते थे।

इस अवधि के बीत जाने पर मुझे राजा के दरबार में ले जाया गया। उसने मुझसे कुछ बातें अवश्य कीं, परन्तु वे विषतुल्य थीं, क्योंकि उसने मेरे लूट के माल में से सदैव हिस्सा लिया था। संरक्षण के लिए अलग से पैसा लेता था और पिताजी की हत्या करवाने के पश्चात, उसने मेरा घर भी लूट लिया। मेरी अनेक वर्षों से संचित पूँजी उसकी लूट बन गई। यद्यपि मैं उन्हें पिता ही मानता था, परन्तु उन्होंने मुझे स्वयं बताया था कि वे उसके वास्तविक पिता नहीं थे। परन्तु अब इस बात का क्या महत्त्व था? वे दिवंगत हो चुके थे, और मेरे जन्म का रहस्य यदि कभी रहा भी होगा, तो वह उन्हीं के साथ चला गया। इस बात से क्या लेना-देना कि कौन मेरा पिता था? अब मैं इस संसार में अकेला था, एक के अतिरिक्त मुझे अस्तित्व में बाँधने के लिए कोई बन्धन नहीं रहा। भले ही किसी अजनबी के यहाँ हो, परन्तु मेरी बेटी सुरक्षित तो है और कुछ वर्षों के बाद वास्तव में वह भी मुझे भूल जाएगी। मैं निःसंकोच यह कह सकूँगा कि मैं अकेला था।

मैं राजा के दरबार में था। वहाँ मेरा कोई मित्र नहीं था। वहाँ उपस्थित लोगों में से एक भी ऐसा न था जिसने मेरी खुशामद न की हो अथवा मेरी रोटी न खाई हो या मेरी खुशामद में न कहा हो कि उसे मेरे संरक्षण में महानता की दिशा में उठना था, परन्तु इस समय उनमें से एक भी मेरे पक्ष में नहीं बोला, और न किसी ने मेरी लज्जा की रक्षा के लिए कोई व्यवधान उपस्थित किया।

राजा ने मुझसे कहा, "अमीर अली, मैंने तुम पर विश्वास किया। मैं तुम्हें ईमानदार समझता था (वह कितना झूठ कह रहा था?) मैं तुम्हें एक धनवान और भाग्यशाली सौदागर समझता था, परन्तु तुमने मुझे धोखा दिया, केवल मुझे ही नहीं वरन् हजारों को दिया। तुम ठग हो, हत्यारे हो। चूँकि मेरे हृदय में तुम्हारे प्रति कुछ दया की भावना शेष है अतः मैंने तुम्हें मृत्युदंड नहीं दिया। उस भयानक बदमाश के, जिसने तुम्हें यह बना दिया जो संसार का एक आभूषण बनने के स्थान पर अधम बन गया और जिसके सिर पर सैकड़ों का खून सवार है, के मरने से न्यायपूर्ण हो गया।

"हाँ, अमीर अली, मैं सत्य कहता हूँ, और उसे तुम भी समझते हो यद्यपि तुम्हें मारने की मेरी मंशा नहीं, परन्तु तुम्हारे मस्तक पर एक चिह्न बनाए बिना छोड़ा नहीं जा सकता। उसे देखकर लोग तुम्हें पहचान जाएँगे और होशियार रहेंगे।"

फिर उसने अपने अनुचरों से कहा, "इसे गिरा दो और उसके मस्तक पर निशान दाग दो।"

साहब, मैं गिरा दिया गया। जिन लोगों ने मेरी तरह कष्ट नहीं भोगे थे, उनके विरुद्ध मेरा क्षीण और भग्न शरीर का ढाँचा क्या कर सकता था? मैंने संघर्ष अवश्य किया, परन्तु वह निष्फल हुआ। उन लोगों ने मेरे हाथ-पैर और सिर पकड़ लिये और एक लाल तप्त पैसा मेरे मस्तक पर दबा दिया गया। जब तक मेरी हड्डी तक नहीं जल गई, तब तक वह लगा रहा। उस जलते

ताँबे द्वारा जैसे मेरा सम्पूर्ण भेजा जल-भुनकर रह गया। उसे निकालकर मुझे उठाया गया। अल्लाह, उस समय की पीड़ा और यन्त्रणा कितनी थी और उससे भी अधिक संसार के सामने दागी होकर आने की लज्जा थी। लोग मेरे मस्तक पर लगे निशान को देखते ही मुझे चोर समझ लेंगे। यह चिह्न जो समाज से बहिष्कृत अथवा पतित लोगों के मष्तक पर लगा दिया जाता था, मेरे मस्तक पर कब्र में जाने के समय तक लगा रहेगा। साहब इस विष के प्याले को पीना कितना कटु था?

राजा ने कहा, "इसे यहाँ से ले जाओ, और मेरी रियासत की सीमा के बाहर छोड़ दो। और मेरी बात सुनो," मेरी ओर संकेत करके कहा, "मैंने तुम्हें जीवन दान दे दिया अमीर अली, अब यहाँ से जाओ और समझ से काम लो। जो कुछ भी हुआ, उससे शिक्षा लेकर भविष्य के लिए ईमानदार बनो और सबसे बढ़कर बात यह है कि मेरे किसी नगर या गाँव या जालौन में तुम यदि कभी दिखाई दे गए, तो तुम्हें हाथी के पैर के नीचे कुचले जाने से कोई बचा नहीं सकेगा।"

वह उठकर दरबार के बाहर चला गया और दो दिन बाद मुझे रियासत की सीमा पर पहुँचाकर छोड़ दिया गया। मुझे दो रुपए दिए गए। एक बार पुनः विस्तृत और क्रूर संसार मेरे सामने था।

उन लोगों से छूटकर मैं बड़ी तेजी से आगे बढ़ गया। अपने जलते और पीड़ा देनेवाले मष्तक को अपनी पगड़ी से ढँककर बाँध लिया, जिससे लोग मेरी लज्जा के चिह्न को न देख सकें। सामने सड़क पर चलता चला गया। अपनी पीड़ा के अतिरिक्त किसी अन्य बात की ओर कोई ध्यान दिए बिना मैं घूमता रहा। जब रात हुई, मैं एक गाँव की ओर चला, जिसका प्रकाश दूर से दिखाई दे रहा था। पास के रुपए से वहाँ किसी भठियारे से खाना लेकर खाया और वहीं सो गया। प्रातःकाल जागने पर कुछ स्फूर्ति प्रतीत हुई और मैंने अनुभव किया कि मैं अमीर अली था।

जिस समय मैं गाँव से बाहर आया, उस समय प्रातःकालीन स्वच्छ वायु मुझे स्फूर्ति प्रदान कर रही थी। रात्रि के विश्राम के पश्चात मुझे पुनः अपनी शक्ति का अनुभव होने लगा। अतः मैं हल्के हृदय से चल रहा था। इस समय मैं पूर्ण रूप से स्वतन्त्र था। अतीत का कुछ भी स्मरण मुझे इस समय नहीं था। यह सब नियति थी जो होकर रही। जो भाग्य में लिखा था, वही घटित हुआ। आगे बढ़ने पर दाहिनी ओर से किसी सियारिन के बोलने की आवाज सुनाई दी। यह शुभ शकुन देखकर मेरे आनन्द का ठिकाना न रहा, जिसे मैं अत्यन्त धीमी आवाज से बता सका। "माँ भवानी तेरी जय हो" यह आवाज़ लगाई। मैंने कहा, "माँ! मैं तेरे शकुन का उत्तर दे रहा हूँ। मैं तैयार हूँ। पुनः स्वयं को तेरी सेवा में अर्पित कर रहा हूँ। मैंने तेरे प्रति पाप किया था। तेरी चेतावनी वाली शकुन की मैंने जानबूझकर अवहेलना की। मैं अपने अभिमानी हृदय तथा अदमनीय नियति द्वारा ले जाया गया। उसका दंड मुझे प्राप्त हो गया। मेरा अनुभव बहुत महँगा पड़ा, परन्तु इस समय से तेरी भक्ति के लिए अमीर अली से बढ़कर अन्य कोई भक्त नहीं हो सकता। अतः महादेवी थिबाऊ और पिल्हाऊ पर कृपा करो।"

मुझे उसकी स्वीकृति प्राप्त हो गई क्योंकि दाहिनी ओर के शकुन के पश्चात बाँई ओर से भी उस प्रकार शकुन हुआ। मुझे अनुभव हुआ कि मुझे क्षमा प्रदान कर दी गई और मुझे ठग के रूप में पुनः स्वीकार कर लिया गया।

(मि. टेलर, "अमीर अली, क्या तुम्हें विश्वास है कि उन अवसरों पर जिनका तुमने उल्लेख किया शकुन न मानना ही तुम्हारे पिता की मृत्यु और तुम्हारे ऊपर आनेवाली आपदाओं का मुख्य कारण था?")

"इसमें कोई सन्देह नहीं, साहब। जैसा मैंने आपको बताया, उस समय तक मैं सन्देहमुक्त बना रहा, परन्तु अब मैं वैसा नहीं रहा। यदि मैं शकुन की सत्यता पर अविश्वास न करता और उसी समय उनके अनुसार कार्य करता, तो मैं चाहे जितना महान अपराध करता, वह मेरे हृदय में दबा रहता। नहीं, नहीं, शकुन की अवहेलना नहीं की जा सकती, उसकी अनदेखी करने का साहस नहीं हो सकता। एक भी ऐसी घटना नहीं हुई जिसमें शकुन न माना गया हो, अथवा दल ने भवानी की इच्छा के विरुद्ध किसी के प्राण लिये हों। नहीं तो सभी को उसके कोप का भाजन बनना पड़ता, चाहे वह पारिवारिक विपत्ति के रूप में, चाहे जेल की सजा के रूप में अथवा मृत्यु के रूप में। आप जिस ठग को जानते हों उससे पूछिए, वह भी यही कहेगा। इसके पश्चात मैंने शकुन पर कभी सन्देह नहीं किया। मैंने अनेक लाभ छोड़ दिए, क्योंकि मुझे भय था कि वे पूर्ण रूपेण शकुन सम्मत नहीं थे।

साहब, अब आगे सुनिए, मैं मार्ग में आगे चलता गया। अब मैंने पुनः अपना रूमाल खोल लिया क्योंकि वह कभी मेरी कमर से अलग नहीं हुआ और जैसे कोई पुराने मित्र को गले लगाता है, वैसे ही मैंने उसे बड़े प्यार के साथ अपनी मुट्ठी में पकड़ा। मैं सोच रहा था कि ऐसा शुभ शकुन मिलने के उपरान्त मैं कभी असफल नहीं हो सकता और किसी अकेले यात्री पर भले ही वह रुस्तम क्यों न हो, मैं विजय पा सकता था। इस समय मेरे पास एक रुपया और कुछ पैसे शेष थे। मेरे कपड़े जीर्ण हो गए थे। अन्य ठगों का साथ करने और उनका नेतृत्व करने के पूर्व दूसरे कपड़े होना आवश्यक था।

मैं बहुत दूर तक यात्रा करता हुआ चला गया, परन्तु मुझे कोई अकेला यात्री नहीं मिला। जब दोपहर हो गई और धूप असह्य हो गई, तो मैं सड़क के किनारे एक वृक्ष के नीचे लेट गया, पास में ही कुआँ था, वहीं मैंने हाथ-पैर धोए और नमाज अदा की। मैं किसी अवसर के हाथ में आने की प्रतीक्षा कर रहा था। बहुत देर तक मैं वहीं बैठा रहा, परन्तु उधर कोई नहीं निकला। तब थकावट के कारण मैं लेटकर सो गया। किसी का स्पर्श लगते ही मेरी नींद टूट गई और आँख खोलकर देखा, तो कोई अधेड़ मुसलमान मुझे देख रहा था। मैं तुरन्त उठकर बैठ गया और उसके सलाम वालेकुम का उसी की भाँति विनम्रता से उत्तर दिया। सौभाग्य से मेरे चेहरे पर उसी प्रकार कपड़ा लपेटा रहा और मेरे मस्तक का निशान छिपा रहा। उसने अपनी ही भाँति मुझे भी एक यात्री समझा। थकावट के कारण वह बैठ गया और हम लोगों में उसी प्रकार वार्ता होने लगी जैसी प्रायः इस प्रकार मिलने पर लोग किया करते हैं। कुछ समय पश्चात उसने अपने कन्धे पर रखा छोटा थैला उतारा। उसे खोलकर उसने कुछ रोटियाँ और आम का अचार निकाला। मालूम होता था कि उसे बहुत भूख लगी थी, परन्तु उस ओर मेरी ललचाई हुई दृष्टि देखकर उसने मुझे भी अपने साथ खाने के लिए आमन्त्रित किया। मैं प्रसन्नता के साथ तैयार हो गया, क्योंकि प्रातःकाल से मैंने कुछ भी नहीं खाया था। भोजन करने के पश्चात उसने कहा, "मीर साहब, आप कहते हैं कि जिस ओर हम जा रहे हैं, उधर कई कोस तक पानी के दर्शन नहीं होंगे अतः आप यदि मेरे कपड़ों और हथियार पर निगाह रखे रहें, तो मैं कुएँ पर जाकर स्नान कर लूँ?"

मैंने कहा, "क्यों नहीं, मुझे जाने की कोई जल्दी नहीं है। आपके द्वारा मुझे कोई देर नहीं होगी।"

मेरे ऐसा कहते ही उसने अपने कपड़े उतारे और लोटा लेकर कुएँ की सीढ़ियों पर उतर गया। शीघ्र ही उसके द्वारा अपने ऊपर पानी डालने की आवाज मुझे सुनाई दी।

मैंने सोचा, मेरे लिए यह सुयोग था। वह निःशस्त्र होगा और शीघ्र ही मेरा शिकार बन जाएगा। अपने काम के लिए मैंने रूमाल तैयार कर लिया।

शीघ्र ही वह लौटकर आ गया और अपने कपड़े पहनने लगा। मैं उसी के निकट टहल रहा था, जब देखा कि उसने अपनी पोशाक उठाई और उसे पहनने के लिए दोनों हाथ ऊपर उठाकर आस्तीन में उन्हें डाल रहा था, मेरे लिए यह स्वर्ण अवसर था। मैं ठीक उसके पीछे आ गया जैसे उसकी सहायता करना हो। वह मेरी ओर घूमा और जैसे ही पोशाक पहनी, मैंने अपना काम समाप्त कर दिया। रूमाल उसकी गर्दन पर था और कुछ क्षणों में वह प्राणहीन होकर मेरे पैरों के निकट गिर पड़ा।

मेरे पास समय बहुत कम था, अतः उसका कमरबन्द खोला, क्योंकि उसी में रुपयों की सम्भावना थी। उसके शव को कुएँ के किनारे तक घसीटकर ले गया और उसी में फेंक दिया। कुएँ की सीढ़ियों पर उसके कपड़े रख दिए जैसे स्नान के पूर्व उसने उतार कर रख दिए हों। मैंने उन्हें वहीं छोड़ दिया, उसका लोटा भी वहीं रखा रहा। उसकी ढाल-तलवार मैंने उठा ली। तलवार कमर में लगा ली और ढाल पीठ पर। मैं तत्काल वहाँ से चल दिया। मैंने सोचा कि कोई कल्पना भी नहीं करेगा कि उसकी हत्या की गई थी। कुएँ की सीढ़ियों पर रखे कपड़ों से यही अनुमान किया जाएगा कि वह पानी में डूब गया। अपनी सफलता पर मुझे हँसी आ गई और प्रसन्न होकर मैं आगे बढ़ गया। परन्तु अपने पकड़े जाने से बचने के लिए मैंने मार्ग छोड़ दिया, जिससे अभी तक जा रहा था।

कुछ दूर जाने पर मुझे किसी गाँव का श्वेत मन्दिर और वृक्षकुंज दिखाई दिए। मैं वहाँ चला गया और किसी दुकान से गुड़ खरीदा। तपौनी खाई, जो किसी अच्छे ठग का आवश्यक कर्त्तव्य था। इसके पश्चात मैंने उस यात्री का थैला खोला कि देखूँ मेरे सौभाग्य ने मेरे लिए क्या भेजा था?

(मि. टेलर, "तो अपने दुर्भाग्य के पश्चात जो प्रथम यात्री मिला और जिसने तुम्हारे प्रति दया प्रदर्शित की, तुमने उसी को मार डाला। ओह अमीर अली, तुम कितने भयानक बदमाश हो? तुमने उसकी रोटी और नमक खाया और उसी की हत्या कर दी! वास्तव में किसी ठग की यही क्षतिपूर्ति थी।")

"तो साहब, मैं क्या करता? यदि मैं उसे नहीं मारता तो मुझे भूखा रहना पड़ता। इसके अतिरिक्त शकुन मिलने के पश्चात वही पहला यात्री मिला। वह न तो अन्धा था न लँगड़ा, अतः उसके बनिज होने में कोई सन्देह नहीं था। मृत्यु ही उसकी नियति थी। नहीं तो वह उसी वृक्ष के नीचे क्यों आता? यदि वह मुझे सड़क पर मिलता तो उस पर आक्रमण करने में मुझे झिझक होती, क्योंकि मैं निःशस्त्र था। वैसा करने का साहस ही नहीं होता।

परन्तु मैं कह रहा था कि मैं उसका थैला खोलकर देख रहा था। उसमें मात्र उन्नीस रुपए थे। एक नाक की सोने की नथ भी, दो सोने की अँगूठियाँ थीं, जो कुल मिलाकर चालीस रुपए की होंगी। अलहुम्द-लिल्लाह, मैंने कहा, यह दुर्लभ सौभाग्य था। इतने से मजे में तीन महीने

कट जाएँगे। नए कपड़े भी बनवा लूँगा। वह समय देखते हुए, कठिन अवश्य लग रहा था, परन्तु मैं साथियों को अवश्य खोज लूँगा।

मैंने गाँव के आस-पास चक्कर काटकर खोज की कि कहीं आम या इमली के वृक्षों (कुंजों) में ठग मिल जाएँ, क्योंकि वे इन्हीं स्थानों में मिलते हैं। यद्यपि कहीं-कहीं आग जलाए जाने के चिह्न दिखाई दिए, जो मेरे भाइयों के विशिष्ट निशान होते हैं, परन्तु वे पुराने थे, इनमें बहुत से वर्षा में धुल चुके थे। कोई कम अनुभवी ठग मेरी अपेक्षा इन्हें नहीं पहचान पाता। मुझे वहाँ और कोई चिह्न नहीं प्राप्त हुआ, यद्यपि कुछ दूर तक मैं उसी दिशा में खोजता रहा।

घूमते-घूमते दूसरे दिन मैं कालपी आ गया। एक सुबह मैं किसी पान की दूकान पर बैठा था। कुछ लोग वहाँ आकर रुक गए। उनकी परस्पर बातचीत से ज्ञात हुआ कि वे लोग छतरपुर जा रहे थे। छतरपुर! अरे मुझे ध्यान आया कि मैं कैसा उल्लू था, वहाँ ठग अवश्य होने चाहिए। मैं इस बात को भूल ही गया था। उसी समय मैंने इरादा कर लिया कि सम्भव हुआ तो मैं इन्हीं लोगों के साथ चलूँगा।

मैंने उन लोगों को किसी बनिये की खाली दूकान में देखा, उसी के सामने, सड़क पर ही चार टट्टू और कुछ बैल बँधे थे। मैं सीधे उनके पास गया और कहा कि मैंने उनकी बात सुन ली थी, मैं भी उसी नगर को जाऊँगा, जहाँ आपको जाना था। यदि आप लोग अनुमति दें, तो मैं भी आप लोगों के साथ चलूँ। मैं अकेला था और मार्ग की जानकारी नहीं थी, साथ ही मुझे चोरों का भय भी था। जिस व्यक्ति से मैं बात कर रहा था, वही बोला, "चूँकि तुम अकेले हो, अतः हमारे साथ चल सकते हो परन्तु हम लोग बाँदा होकर जाएँगे, जो छतरपुर के सीधे मार्ग में नहीं पड़ता। व्यवसाय के सिलसिले में हमें वहाँ दो-एक दिन रुकना होगा, इसलिए यदि विलम्ब होने से कोई असुविधा न हो तो तुम हमारे साथ चलो। तुम सैनिक प्रतीत होते हो और हम लोग सामान्य व्यवसायी हैं, तुम्हारे संरक्षण से हमें प्रसन्नता होगी।"

मैंने कहा, "मैं जैसा हूँ, ठीक ही हूँ। आपकी सेवा के लिए उपस्थित हूँ। मैं आप लोगों के साथ बाँदा चलने के लिए तैयार हूँ।"

उसने कहा, "ठीक है। हम लोग कल बहुत सवेरे चल देंगे। तुम समय पर आ जाना अथवा अपनी दरी यहीं बिछा लो। जैसा चाहो करो।"

मैंने कहा, "मैं यहीं रहूँगा और शाम तक आ जाऊँगा।"

मैं विचार कर रहा था, बाँदा, भी वह स्थान है जहाँ पहले बहुत ठग रहते थे। जैसा भी हो देखूँगा। यदि वहाँ किसी से भेंट हो गई तो अपना मार्ग परिवर्तित कर दूँगा।

शाम को मैं उन लोगों के बीच पहुँच गया। वहाँ से चलकर कुछ दिनों बाद बाँदा आ गए। यहाँ आकर उन लोगों ने सूचित किया कि वे लोग यहाँ चार दिन तक रुकेंगे। इस प्रकार मुझे अन्य ठगों को खोजने के लिए पर्याप्त समय मिल गया और वास्तव में मुझे निराश भी नहीं होना पड़ा। अपने वहाँ पहुँचनेवाले दिन शाम को मैं नगर में यों ही टहल रहा था, उसी समय मुझे गनेशा का पुराना साथी हुरमत मिल गया। प्रथम तो वह मुझे नहीं पहचान सका, यह तो स्वाभाविक बात थी। परन्तु जब मैंने पहचान का संकेत दिया तो वह मेरी ओर इस प्रकार देखने लगा, जैसे मैं कोई प्रेत-पिशाच था। खैर, थोड़ी देर में ही उसने मेरी वास्तविकता समझ ली। मैं उसके साथ उसके घर गया। बहुत देर तक मैं उसे अपने जोखिम के कामों तथा अपने दुर्भाग्य की बातें बताता रहा। अपनी बात समाप्त करने के बाद सम्भवतः अपने पुराने साथी गनेशा

के विषय में पूछा। जो कुछ मैंने सुना उससे मुझे प्रसन्नता हुई। हुरमत ने उसके दुर्भाग्य की बात बताई। उसके सभी साथी उसे छोड़कर चले गए। अब वह अपने एक-दो साथियों को लिये हुए सागर के आस-पास के इलाके में घूम रहा था। वह खुली और अधिक यात्रियों के आने-जानेवाली सड़कों की अपेक्षा, वहाँ के और नागपुर के बीच के जंगलों में लूट के खतरनाक अवसरों को अधिक पसन्द करता था। इसके बाद उसने मेरी वर्तमान योजना के विषय में पूछा और जब उसने सुना कि मैं अकेला था और व्यवसायियों के साथ यात्रा कर रहा था, तो स्वाभाविक था कि उनके विनाश के लिए किसी योजना पर विचार किया जाता।

उसने कहा, "देखो मीर साहब, मुझे विश्वास है कि मैं यहाँ कम से कम पन्द्रह ठग एकत्र कर सकता हूँ। अभी तक किसी को मेरे ऊपर सन्देह नहीं है, परन्तु यह प्रदेश हमारे लिए अत्यन्त गर्म है, और हम या तो इस स्थान को त्याग दें या ठगी को छोड़ दें, जिसे गुड़ खाने के बाद कोई नहीं छोड़ सकता और लोग भी इसी प्रकार सोचते हैं। हमने इरादा किया था कि वर्षा के बाद यह स्थान त्याग देंगे और जहाँ भाग्य ले जाएगा, चले जाएँगे।"

इसके बाद मैं वहाँ से चला आया। हुरमत ने वादा किया था कि दूसरे दिन शाम तक वह आदमियों को एकत्र कर लेगा। नियत समय पर मैं उससे मिला। वहाँ सभी एकत्र थे। सब लोगों ने बड़े हर्ष के साथ मेरा स्वागत किया, क्योंकि उन लोगों को एक ऐसे नेता की आवश्यकता थी, जिस पर वे विश्वास कर सकें। मेरा नाम ऐसा था कि अतीत के दुर्भाग्य की अपेक्षा, आदर के साथ लिया जाता था। मैं उनमें से किसी को नहीं पहचानता था, परन्तु सभी ने पवित्र कुल्हाड़ी की शपथ लेकर मेरे साथ रहने का संकल्प किया। हुरमत ने उन लोगों की अनेक क्षमताओं और ईमादारी को प्रमाणित किया, जिससे मैं सन्तुष्ट हो गया।

हमारी योजना शीघ्र तैयार हो गई। इसके अनुसार वे लोग दो पड़ाव आगे किसी गाँव तक जाएँगे, जिसे जानते थे। वहीं लोग ठहरकर मेरा तथा व्यापारियों के आने की प्रतीक्षा करेंगे। गाँव के बाहर उन लोगों की पहचानी हुई मिल थी। हमारे वहाँ पहुँचने के पहले ही वे लोग सब तैयारी कर लेंगे।

यह सब निश्चित होने के पश्चात दूसरे दिन सुबह (जो सोमवार का शुभ दिन था) शकुन विचारना तथा औपचारिक रूप से अभियान का उद्‌घाटन करना रखा गया। शकुन अनुकूल घोषित किए गए। दोपहर तक मेरे नवीन साथी अपने परिवारों सहित अपने गन्तव्य के लिए रवाना हो गए।

लखनऊ में बन्दी होना

पूर्व निर्धारित स्थान पर सभी व्यापारियों के गले घोंट दिए गए। वे और गाड़ीवान कुल मिलाकर नौ लोग थे और इस ओर हम लोग सत्रह ठग थे, परन्तु हम लोग दुस्साहसी थे। हम लोगों ने अपना मार्ग जालौन की ओर मोड़ दिया। इस ओर जाने की अपनी प्रायोजना को मैं देर तक बढ़ाना नहीं चाहता था। मैं अपनी छिपाई हुई निधि शरीफ मुल्ला को सौंपना चाहता था, जिसके संरक्षण में इस समय मेरी पुत्री थी।

हुरमत ने मेरे साथ चलने का प्रस्ताव किया। शेष दल से कह दिया गया कि वे लोग कालपी चले जाएँ और वहीं हमारी प्रतीक्षा करें। हम जालौन की ओर रवाना हो गए।

हम लोगों ने यह अच्छा ही किया कि गोसाइयों का रूप धर लिया, क्योंकि जालौन जाने में काफी बड़ा खतरा था और यदि पकड़ गए तो मृत्युदंड निश्चित था। हम दोनों ने अपने पूरे शरीर पर भस्म मल ली, कीचड़ से अपने बालों की लटें बना ली, कमर में तुम्बे लटका लिये। इस प्रकार अपना रूप धारण किए हुए हम उस नगर में पहुँचे जहाँ मैंने सुख के न जाने कितने दिन व्यतीत किए थे। जहाँ मेरी भावी उन्नति का समूल विनाश कर दिया गया और जहाँ मैंने सदैव के लिए ठगी त्यागकर नवीन जीवन में प्रवेश करने का संकल्प कर लिया था, परन्तु ये दोनों बातें मेरे लिए समान रूप से असम्भव और अरुचिकर बना दी गईं।

नगर में प्रवेश करते हुए तथा सबसे बढ़कर अपने ही घर के सामने निकलने पर, मेरे मनोभाव सीमालंघन करके उमड़ पड़े, परन्तु मैंने अपने हृदय पर नियन्त्रण कर लिया। नगर को पार करके हम दोनों ने गेट के बाहर की ओर एक कुएँ के निकट अपने ठहरने का स्थान बना लिया, जो उस स्थान से अधिक दूर नहीं था, जहाँ मैंने अपना खजाना गाड़ दिया था। अपने उद्देश्य की पूर्ति के लिए हमने उपयुक्त वेश धारण किया था। दिन में कुछ हिन्दू हमारे पास आए, उनमें कुछ लोग जिज्ञासावश और कुछ हमें चढ़ावा भेंट करने आए। मेरा साथी उनकी पूछताछ का उत्तर देता रहा और मेरे लिए मौन साधना की घोषणा कर दी। इससे उन लोगों को सन्तोष हो गया और सब वापस चले गए। हम लोग अपनी योजना कार्यान्वित करने के लिए वहाँ रह गए।

जब सन्ध्या हुई, तो मैं टहलता हुआ उन वृक्षों की ओर गया जिनके नीचे मैंने अपनी जमा-पूँजी आवश्यकता होने पर काम आने की दृष्टि से जमा की थी। वह एक पुराना सूनसान क़ब्रिस्तान था जहाँ शरीफे के वृक्षों की झाड़ियाँ तथा दूसरे झाड़-झंखाड़ थे और समय-समय की वर्षा से वहाँ लम्बी घास उग आई थी। वहाँ पहुँचने पर मेरा हृदय धड़कने लगा, ऐसा तो नहीं कि मेरी पूँजी का किसी को पता लग गया हो और यदि उसे निकाल लिया गया होगा तो मेरी बेटी भिखारी हो जाएगी, दूसरों की दया पर आश्रित रहेगी, वह सड़क पर ढकेल दी जाएगी, जहाँ वह बुरे लोगों के साथ हो जाएगी और जब उसके वर्तमान रक्षक के ऊपर वह भारस्वरूप हो जाएगी, तब उसका क्या होगा? मैंने यह भी सोच लिया कि सबसे अच्छा होगा मैं उसे अपने पास रख लूँ, जहाँ उसे कठोर जीवन व्यतीत करना होगा। साथ ही वह उस संदूषण से न बच सकेगी जो और अपराध के दृश्यों द्वारा उसे कुछ समय में ही प्रभावित कर देंगे। वहाँ मैं भी उसकी रक्षा न कर सकूँगा।

मैं उस मकबरे में गया, जहाँ एक पत्थर के नीचे एक पात्र में मैंने अपनी सम्पत्ति छिपा दी थी। उस भली भाँति जानी-पहचानी जगह को देखने और पत्थर हटाने का साहस नहीं हो रहा था, परन्तु मैंने उसे हटाया, और मेरे हर्ष का ठिकाना न रहा, जब मैंने देखा मेरा खजाना सुरक्षित था। मैंने पात्र उठा लिया और उसे खोलकर देखने से पूर्व घनी झाड़ियों की ओर चला गया। उसमें रखी हुई वस्तुओं को मैं भूल गया था, परन्तु खोलकर देखने पर जो कुछ मिला वह मेरे अनुमान से बहुत अधिक था। उसमें तीस अशर्फियाँ, चार सोने की छोटी छड़ें, एक डिब्बे में दो कीमती मोतियों की मालाएँ तथा कुछ अन्य आभूषण थे। एक कपड़े में बँधे कुछ कीमती रत्न भी थे, जिनमें एक सुन्दर कान्तिमान हीरा था, भविष्य में कभी आने की दृष्टि

से मैंने आभूषण वहीं रख देने का विचार किया। यह उनके मूल्य के ही कारण नहीं वरन् इनके आधार पर मैं बहुमूल्य रत्नों का सौदागर बन सकता था, जो सम्मानित व्यवसाय माना जाता है और जिसके लिए मेरे पास उनका अच्छा संग्रह मौजूद था। उस पात्र को मैंने उसी स्थान पर छिपा कर रख दिया। कुल मिलाकर वह सम्पत्ति एक हजार से कम न होगी। इस समय मेरे सिर से एक प्रकार का भार उतर गया। एक तो आदमी सम्पत्ति को सुरक्षित पाकर, दूसरे मुझे यह आश्वासन हो गया कि मेरी बेटी भली भाँति रह सकेगी।

मैं अपने साथी के पास लौट आया, जो उत्सुकता के साथ सारी कार्रवाई देख रहा था। मेरे सौभाग्य पर उसे भी हर्ष हुआ।

अँधेरा होने से पूर्व मैं नगर में नहीं गया। मुझे ज्ञात था कि उसके दरवाजे बहुत देर तक खुले रहते थे। मेरे ऊपर कोई ध्यान न दे, अतः मैं अकेला निकला और शीघ्र मुल्ला के घर पहुँच गया। मैंने अपनी गोसाइयोंवाली छवि त्यागकर हैदराबाद के मौला अली के नाम पर भिक्षा के लिए आवाज लगाई। सौभाग्य से मुल्ला अपने बरामदे में बैठा हुआ था। खुले हुए द्वार से मैंने उसे पहले ही देख लिया था। अपने पीछे द्वार बन्द करते हुए मैं उसकी ओर दौड़ पड़ा। वह कुरान पढ़ने में व्यस्त था, अतः मुझे अपनी ओर आते हुए वह नहीं देख सका। वहाँ से मेरी उपस्थिति का उसे तब तक भान नहीं हुआ, जब तक मैं उसके सामने सीधा लेट नहीं गया।

"अरे, अरे, या खुदा, यह सब क्या है गोसाईं जी?" उसने विस्मय से पूछा, "क्या पागल हो गए? अरे भाई, इस बूढ़े मुल्ला से क्या चाहते हो? बोलो, तुमने तो मुझे डरा ही दिया और इस पवित्र पुस्तक पर लगे मेरे ध्यान को भंग कर दिया।"

मैंने कहा, "क्षमा कीजिए, मुल्लाजी, आप जिसे अपने सम्मुख देख रहे हैं, वह अपने प्राण हथेली पर रखकर आपसे वार्ता करने आया है। ज़रा मेरी बात सुन लीजिए। मैं आपको भली भाँति पहचानता हूँ, परन्तु इस वेश में आप मुझे नहीं पहचान सकेंगे।"

उसने कहा, "भाई, मैं तुम्हें नहीं पहचान पाया, फिर भी मैं तुम्हारी क्या सेवा कर सकता हूँ? ऐसा कभी नहीं होता कि कोई हिन्दू, इस्लाम पर आस्था रखनेवाले पुजारी के पास जाए और मुझे तुम्हारे वेश तथा व्यवहार से आश्चर्य हो रहा है।"

मैंने कहा, "मुल्लाजी, मैं आपके साथ एकान्त में वार्ता करना चाहता हूँ। क्या इस स्थान पर हम लोग सुरक्षित हैं? मैं किसी भले इरादे से यहाँ आया हूँ, अतः आपको मुझसे भयभीत होने की आवश्यकता नहीं। आप मेरे विषय में जो सोच रहे हैं, मैं वह नहीं हूँ, वरन आपकी ही आस्था रखनेवाला एक व्यक्ति हूँ।" यह कहकर मैंने कलमा पढ़ा।

वह उठते हुए बोला, "आश्चर्य है, मुझे वास्तव में बड़ा आश्चर्य हो रहा है। मैं तुम पर सन्देह नहीं करता। इस बूढ़े मुल्ला को कौन हानि पहुँचाएगा? अब, चूँकि तुम गोपनीयता चाहते हो, इसलिए मैं बाहर का द्वार बन्द करके आता हूँ।"

उसने द्वार बन्द कर दिया और लौट आया।

जब वह बैठ गया और उत्सुकता एवं आश्चर्य की मिश्रित दृष्टि से मेरी ओर देखने लगा तब मैंने कहा, "मुल्लाजी, अरे वली मुहम्मद, तुमने मुझे नहीं पहचाना।"

उसने कहा, "तुम्हारी आवाज मेरे कानों को कुछ पहचानी हुई अवश्य लगती है, फिर भी तुम्हारी सूरत याद नहीं आ रही है। तुम कौन हो, बताओ।"

मैंने उत्तर दिया, "मेरा नाम ऐसा है, जिसे जालौन में लेना कठिन है, परन्तु यहाँ हम लोग

एकाकी हैं। क्या तुम अमीर अली को भूल गए?"

"पनाह!" कहते हुए वह दरी के एक ओर सरक गया, बोला, "खुदा मुझे पनाह दे। क्या मैं उसी बुरे और दुःसाहसी आदमी को देख रहा हूँ?"

मैंने शान्तिपूर्वक कहा, "मुल्लाजी मैं बुरा हो सकता हूँ, और मैं दुःसाहसी निश्चित रूप से हूँ, परन्तु मैं तुम्हारी कोई हानि नहीं करना चाहता। तुमने मेरी बेटी पर दया की, वह तुम्हारे घर में है। मैं उसी के विषय में बात करूँगा, अपने विषय में नहीं। खुदा के लिए मुझे यह बताओ कि मेरी बेटी कुशल से है? मैं तुम्हें दुआएँ दूँगा।"

यह कहते हुए मेरा गला भर आया और सम्भव था कि मेरे आगे और किसी दुर्भाग्य की बात सुनने में आती कि उसने मुझे उत्तर दिया, "अमीर अली, यह तुम्हारा पागलपन है, तुम नहीं जानते कि तुम्हारे पिता जैसी ही नियति तुम्हारी भी प्रतीक्षा कर रही है। यदि तुम्हें यहाँ कोई देख ले, तो क्या होगा?"

मैंने कहा, "मैं जानता हूँ। यह सब मुझे ज्ञात है। मैंने साहस के साथ सबका सामना किया। मेरा हृदय अपनी बेटी के लिए तड़प रहा था, इसलिए खतरा उठाते हुए तुम्हें खोजकर यहाँ आया हूँ। मैं उसकी बात सुनने के लिए आतुर हूँ। ओह, मुल्ला, यह न सोचो कि मैं क्या था और मेरे ऊपर दया करो।"

उसने कहा, "तुम्हारे अपराधों का परिणाम भी तुम्हें प्राप्त हो गया परन्तु मैं अतीत की बात नहीं करूँगा। बस इतना समझ लो कि तुम्हारी बेटी सकुशल है, परन्तु वह अभी तक अपनी माँ और तुम्हारे लिए दुखी रहती है। यह अच्छा हुआ कि खुदा ने तुम्हारी बीवी को, उसके अपमान का पता लगने के पूर्व ही, कष्टों को बचाकर उठा लिया।"

मैंने कहा, "खुदा का शुक्र है। या अल्लाह, तू मेरे ऊपर कितना दयालु है? मेरी बेटी सकुशल है, और मुझे याद करती है?"

उसने कहा, "जी हाँ मीर साहब, कभी-कभी वह तुम्हारा जिक्र करती है, परन्तु हम लोगों ने उससे तुम्हारे मर जाने की बात कह दी, यह जानकर कि वह अब कभी नहीं मिल सकती, वह तुम्हारे विषय में सोचती भी नहीं।"

मैंने कहा, "मुल्लाजी, आपने ठीक किया, यह बड़ी सूझबूझ की बात हुई। किसी अनाथ बच्चे पर दया करने के लिए खुदा उसका बदला अवश्य देगा, क्योंकि मैं नहीं देख सकता। मैंने एक विशेष अभिप्राय से तुम्हें खोज निकाला। वचन दो कि उसे स्वीकार करोगे। उसे बताने के पूर्व वह मेरा अन्तिम अनुरोध होगा, जो मैं अपनी बेटी के लिए करता हूँ। आज के बाद तुम मुझे कभी नहीं देख सकोगे, और न मेरा नाम सुन पाओगे।"

मुल्ला ने कहा, "बोलो तो सही, मैं किसी बात का वादा नहीं कर सकता अमीर अली। तुमने हजारों लोगों को धोखा दिया, इस मामूली मुल्ला की क्या औकात है?"

मैंने कहा, "तो संक्षेप में सुनो, बहुत पहले मैंने अपनी थोड़ी सी सम्पत्ति भूमि में छिपाकर रखी थी। लौटकर मैंने उसे सुरक्षित पाया। हाँ, है वह बहुत थोड़ी, पर मेरे किसी काम की नहीं। मैं उसे तुम्हें सौंप दूँगा। इसके दो उद्देश्य हैं—एक तो इसका कुछ भाग बेटी के विवाह के समय और दूसरा तब तक के लिए उसके भरण-पोषण में काम आएगा।"

गर्व के साथ उठकर वृद्ध ने कहा, "लोगों की हत्या करके उनकी लूटी हुई सम्पत्ति मुल्ला के घर मे कभी नहीं लाई जा सकती। वह अपने साथ अभिशाप लाएगी, मैं उसे नहीं ले सकता।

उसे अपने पास ही रखो, अमीर अली। अल्लाह तुम्हें ऐसा अवसर दे कि इसे तुम अपने खोए हुए सम्मान को पुनः प्राप्त करने में लगाओ।"

मैंने कहा, "नहीं, नहीं यह मेरी बीवी की सम्पत्ति थी। वह अपने बच्चे के लिए जोड़कर रखती रही। इसे वह अपने साथ दक्खिन से लाई थी। जिस प्रकार उसने उसे पात्र में रखा था, वह उसी प्रकार अब भी है। मैं शपथ लेकर कहता हूँ कि यह ईमानदारी का पैसा है। क्या मैं अपनी बेटी को हत्या की लूट से शापित करूँगा?"

उसने कहा, "तुम कुरान की शपथ लो कि वह उसी का पैसा था, अमीर अली। और तभी मैं तुम्हारे ऊपर विश्वास करूँगा।" उसने कुरान पाक मेरे सामने बढ़ा दिया।

मैंने उसे उठाकर अपने होंठों से लगाया, उसे चूमा और उसे मस्तक तथा आँखों से लगाया। मैंने झूठी शपथ ले ली क्योंकि वह मेरी बेटी के हित में था। मैंने पूछा, "अब तुम्हें इत्मीनान हो गया, मैंने शपथ ले ली?"

उसने कहा, "हाँ, तुम्हारे विश्वास की धर्म और ध्यानपूर्वक रक्षा की जाएगी। क्या रुपया लाए हो?"

मैंने कहा, "नहीं, परन्तु मैं अभी जाकर ले आता हूँ। मैं अकेला आऊँगा। जब दरवाजे पर आऊँगा, तो खाँसने की आवाज दूँगा।"

मैं तुरन्त दौड़कर वहीं गया, जिसका वर्णन कर चुका हूँ और रुपए लेकर मुल्ला के पास आ गया। अपने घर के दरवाजे पर ही वह खड़ा था। हम दोनों अन्दर चले गए।

मैंने कहा, "लीजिए यही सब है।" यह कहकर मैंने पात्र दरी पर ही उलट दिया। मैंने कहा, "यह अधिक नहीं है। परन्तु अब मेरे पास केवल यही सम्पत्ति रह गई थी।"

उसने कहा, "मीर साहब, अतीत को सोचना ठीक नहीं। जो हुआ वह पहले से तय था और उसी अल्लाह की मर्जी से हुआ।"

मैंने कहा, "भले मुल्लाजी, मुझे तुम्हारी बात मानने के सिवा अन्य चारा नहीं। परन्तु मेरे पास समय बहुत कम है। रात बढ़ती जा रही है। मैं अपनी बेटी को एक बार देखना चाहता हूँ। उसकी एक झलक मेरी स्मृति में वर्षों तक बनी रहेगी। मुझे विश्वास है कि यह अन्तिम दर्शन होगा। तुम इनकार नहीं करोगे?"

उसने कहा, "मीर साहब, बिलकुल नहीं। वह जनाने में अन्य बच्चों के साथ खेल रही है। मेरे साथ चलो, मैं उसे दिखा दूँगा। तुम्हारे लिए उसकी एक झलक ही पर्याप्त होगी। इसके पश्चात वह मेरी रहेगी। मैं उसके पिता तुल्य रहूँगा।"

मैं उसके पीछे चल दिया। वह मुझे एक सहन पार कराके, दूसरे सहन के दरवाजे पर ले गया, जो सीधे जनाने की ओर जाता था। वहाँ से मैंने बच्चों की किलकारियाँ सुनीं। वे प्रसन्न होकर परस्पर खेल रहे थे। मैं अपनी बेटी की रुपहली आवाज पहचानता था। वह बिलकुल अपनी माँ की तरह थी, जो अब इस दुनिया में न थी।

मुल्ला ने धीरे से कहा, "मीर साहब, हम उन बच्चों के खेल को नहीं बिगाड़ेंगे।" यह कहकर उसने बहुत धीरे से दरवाजा खोला, और कहा, "देखो, भीतर देखो, स्वयं को न दिखाना। तुमने अपनी बेटी को अवश्य पहचान लिया होगा?"

मैंने कहा, "जी हाँ, वह वही थी, मेरी बच्ची, मेरी सुन्दर बेटी। जैसे वह सदा दुबली-पतली रही वैसी ही अब भी थी, परन्तु उसके चेहरे पर खुशी झलक रही थी। अन्य बच्चों की तरह

वह भी प्रसन्न थी।"

मैं देर तक उसे देखता रहा। ओह, मेरा हृदय कैसे भीतर जाने के लिए मचल रहा था और अन्तिम बार उसे अपने हृदय से लगाना चाहता था। उसे दुआ देना चाहता था, परन्तु मैंने स्वयं को रोक लिया। इस समय मैं जिस वेश में था, उसमें वह मुझे कभी नहीं पहचान सकती थी। और व्यर्थ मैं उसे भयभीत कर देता। फिर भी मैंने अल्लाह से उसकी सुरक्षा तथा सुखमय जीवन के लिए प्रार्थना की और निराश होकर मैं वहाँ से निकल आया। मुझे यह सन्तोष था ही कि वह जीवित थी और प्रसन्न थी।

वहाँ से निकलकर जब हम घर के बाहरी भाग में आए, तो मैंने मुल्ला से कहा, "मैं बस इतना ही चाहता था। अब मैं जा रहा हूँ। मेरी बेटी पर रहम करना। उससे आपको जो कष्ट होगा, उसे अल्लाह पूरा कर देगा। किसी भले आदमी को पसन्द करके, जो मेरे लज्जास्पद कृत्यों को न जानता हो, इसका विवाह कर देना। यह पैसा जो मैंने दिया है उसके दहेज के काम आएगा।"

उसने कहा, "मैं वैसा ही करूँगा। अब तुम जो भी हो, या अपने भावी जीवन में जो भी बनो, तुम मीरन की चिन्ता मत करना क्योंकि मैं बार-बार कह रहा हूँ कि अब मैं ही उसका बाप हूँ और उसे दूसरी माँ भी प्राप्त हो गई।"

मैंने कहा, "मुझे विश्वास है, और यदि इस जीवन में कभी भाग्य ने साथ दिया, और मैं बिना किसी लज्जा के तुम्हारे पास आने की स्थिति में हुआ, तो तुम मुझे उस तक अवश्य पहुँचा देना, एक बाप को उसकी बेटी से मिला देना, तब तक तुम मेरे विषय में कभी न सुन सकोगे।"

मैं वहाँ से चल दिया। भावनाओं की आँधी में मैं उड़ा जा रहा था। जब तक मैं मुल्ला के पास रहा, तब तक अपनी भावनाओं को दबाने के लिए संघर्ष करता रहा, और सच पूछो तो दबा भी लिया था, परन्तु जैसे ही मैंने उसकी दहलीज पार की, बाप के उत्कट प्रेम को नहीं दबाया जा सका। मेरे ऊपर अतीव दुख छा गया। मैं किसी स्थान पर बैठकर रोता रहा, क्योंकि मैं अनुभव कर रहा था कि अपनी बेटी को अन्तिम बार देखा था।

साहब, उसके पश्चात मैं उसे कभी नहीं देख सका और न उसकी नियति का कभी कोई सूत्र ही मिला। अल्लाह, उसे सुखी रखे, और मेरा ख्याल भी नहीं करे। परन्तु इसके बाद सुनिए।

"जी हाँ, मैं वास्तव में रोता रहा, परन्तु मेरा रुदन और कोई नहीं सुन सका। मेरे नेत्रों से अश्रुधार निकल रही थी। वह चेहरे से ढल कर गरम-गरम मेरे हाथों पर पड़ रही थी। मैं अतीत की स्मृति में खोया हुआ था। एक वह समय था, जब इस धरती का समस्त सुख-भोग मेरे निकट था, साथ ही सम्पत्ति और सुनाम भी थे। किसी क्षणभंगुर स्वप्न की भाँति सब कुछ विलीन हो गया, जैसे कोई सोता हुआ मनुष्य सुख और समृद्धि के सागर में डूबा हुआ हो, और जागने पर वास्तविकता का अनुभव करके सब कुछ भुला देती है, ठीक वही दशा इस समय मेरी थी। अल्लाह सहायक हो। हृदय की वेदना में मेरे मुख से यही निकला। मैं वास्तव में एक उजड़ा हुआ इनसान हूँ। मुझे इसकी कोई चिन्ता नहीं कि आगे मेरा क्या होगा? मुझे भविष्य की कोई आशा न थी।

इस दशा में मैं कितनी देर वहाँ बैठा रहा, कह नहीं सकता। परन्तु अचानक ध्यान आया कि मैं कितने खतरे में था। मैं उठा और जाकर एक बार दृष्टि दौड़ाई, उस घर पर जो कभी मेरा था, परन्तु इस समय वीरान पड़ा था। वहाँ से दौड़कर नगर के दरवाजे पर पहुँचा जो बन्द होनेवाला था। इसके पश्चात मैं अपने साथी से आ मिला।

आगे चलकर मैं कालपी आ गया। वहाँ मेरे दल के लोग सपरिवार मिल गए। सब लोगों ने बैठकर तमाम भावी योजनाओं पर चर्चा की। विभिन्न लोगों ने अपनी-अपनी सम्मति दी मैंने भी उनके सामने अपना प्रस्ताव रखा, जिस पर मैं बहुत दिनों से विचार कर रहा था। वह था कि हम लोग नाव द्वारा लखनऊ की ओर प्रस्थान करें। नावें आसानी से किराए पर मिल जाएँगी। ठगों के लिए उस नगर में रुकने से अच्छे लाभ की आशा थी। वहाँ की सरकार के अधिक सख्त न होने के कारण किसी अन्य स्थान की अपेक्षा सुरक्षा के साथ अपना व्यवसाय चलाने के लिए यह स्थान अनुकूल होगा। सभी इस प्रस्ताव पर सहमत हो गए। दूसरे दिन प्रातःकाल मैं घाट पर पहुँच गया। वहाँ माँझियों से बात की और दल को वहाँ ले जाने की बात तय की।

अपने साथियों की सन्तुष्टि के साथ सभी प्रबन्ध पूर्ण हो गए। नाविकों द्वारा सेवा में रखे गए कुछ ज्योतिषियों द्वारा शुभ घड़ी बताए जाने पर, लंगर उठा लिया गया और अनुकूल हवा के सहारे हमारी नाव जल की सतह पर रेंगती आगे बढ़ गई।

इस प्रकार कई दिन व्यतीत हो गए। इस यात्रा में स्वप्न जैसे आनन्द का अनुभव हो रहा था, जो मेरे लिए अवर्णनीय रूप से अच्छा था। यहाँ मेरे लिए न तो कोई खतरा था और न थकान भरी यात्रा थी। कोई चिन्ता भी नहीं थी। मेरा दिमाग बिलकुल शान्त और अक्षुब्ध था। एक बार पुनः मुझे परम शान्ति का अनुभव हो रहा था।

लखनऊ में हम लोग कुछ समय तक अपने पूर्व के लूटे हुए माल के आधार पर ठहरे रहे। अपने पास के रत्नों को लेकर मैंने अपना छोटा-सा व्यवसाय स्थापित कर लिया, परन्तु उससे बहुत कम आमदनी हुई। और जब तक कोई निश्चित योजना न तय हो जाए, मैंने अपनी कार्रवाई रोक दी। अपना प्रदेश त्यागकर यहाँ आने में मैंने बहुत बड़ी गलती की। जब घर त्यागना ही था तो मुझे दक्खिन जाना चाहिए था। वहाँ मुझे अपनी सफलता का पूर्ण विश्वास था। चूँकि दक्खिन के ठगों को एक कुशल नेता की आवश्यकता थी, अतः मुझे कोई बड़ा पद प्राप्त हो सकता था, और आपने सुना होगा कि जब भी किसी हिन्दुस्तानी जमादार ने उन्हें अपना नेतृत्व प्रदान किया, उन लोगों ने सदैव शिष्ट व्यवहार किया और वहाँ के लिए आतंक का पर्याय बन गया। यह स्थान मेरे लिए बिलकुल अनजान था। मैं सड़क पर उतरने का साहस नहीं कर पा रहा था। अन्त में मैंने सोचा कि यहाँ भी उसी पद्धति का उपयोग किया जाए, जिसे हैदराबाद में सफलतापूर्वक किया था।

यह विचार आते ही मैंने उसे कार्यान्वित करने का इरादा किया। साथ ही यह बात भी थी कि मेरे साथियों ने उसे अत्यन्त उत्साह के साथ स्वीकार किया। वे लोग उसकी क्रियाशीलता पर दृढ़ता के साथ सहमत हो गए।

इस खतरनाक और भीड़-भाड़ वाले नगर में हम अनजान थे, उसके दुरूह हिस्से में रहते थे, और बनिज की खोज में प्रतिदिन बाजारों के चक्कर काटते रहने पर किसी को सन्देह नहीं हुआ।

इस प्रकार सब कुछ चलता रहा। दो महीने हमारे बड़े सौभाग्य के रहे। पैसा हमारे ऊपर बरसता रहा। इस बीच हम लोगों ने तीस से अधिक यात्रियों को मारा जिनमें अधिकतर दूर प्रदेशों के थे। उन्हें हम सराय से ही फुसला लेते थे। इस प्रकार निरन्तर सफलता मिलते रहने से हमारे पास काफी धन हो गया। इसी से हम सरायवालों को रिश्वत दे देते थे। जब कोई

बड़ी लूट प्राप्त होती थी तो उसमें उन्हें भी हिस्सा देते थे। वे लोग हमें सराय में प्रवेश करने की अनुमति दे देते थे जिससे मुसाफिरों के साथ बातचीत करने की सुविधा प्राप्त होने लगी। इस सुविधा से हम वंचित रहते, यदि उनकी सद्भावना हमें न प्राप्त होती। ऐसा हर्षपूर्ण आरम्भ होने पर भी भाग्य ने हमारा साथ नहीं दिया। हम लोग इतने आसान और लाभ के व्यवसाय से अधिक दिन तक सुख नहीं उठा सके।

एक दिन हम लोग सात यात्रियों को नगर के बाहर ले गए। उस समय हम कुल सोलह ठग थे। मुझे भली भाँति स्मरण है कि वह शुक्रवार का दिन था। कहा यही जाएगा कि वह दुर्भाग्य का दिन था। हम ठगों में एक पुराना ठग मुरैनावासी था। वह पक्का भुहोटे था और कुछ दिन पूर्व हमारे साथ सम्मिलित हुआ था। वह मेरे पिता को जानता था, और मुझे भी बाल्यावस्था में देखा था। लखनऊ की एक गली में उसने मुझे पहचान लिया और इस प्रकार वह हमारे साथ आ गया।

नगर से चार कोस दूर हम उन यात्रियों को अपनी पहचानी हुई भिल पर ले गए। वहाँ हम उन यात्रियों का कंठ-घोटन का कार्य कर रहे थे। कुछ यात्री मृत होकर भूमि पर गिर गए थे, शेष अपनी यन्त्रणा में छटपटा रहे थे। उसी समय अचानक कुछ अश्वारोही, जो कहीं दूर परगना के लिए जा रहे थे, हमारे निकट आ गए। समय-समय पर प्राप्त हुई अपनी सफलताओं के कारण हम लोगों में अधिक विश्वास आ गया था। अभी प्रातःकाल होने में बहुत विलम्ब था और हमने पहरे पर आदमी रख देने की लापरवाही कर दी। अश्वारोही बिना कोई शक और बिना देखे वहाँ आ धमके और जैसा मैंने बताया, हम लोग अपना काम करते हुए पकड़ लिये गए। मामूली प्रतिरोध के बाद हममें से नौ लोग गिरफ्तार हो गए। शेष भाग्यशाली थे जो बचकर निकल गए। हम लोगों के हाथ पीठ पर बाँध दिए गए और घसीटते हुए नगर तक लाया गया। हम लोग वहाँ के निवासियों के लिए आश्चर्य तथा भय की वस्तु थे। हमारे पश्चात यात्रियों के शव लाए गए। दो यात्री जिनका आधा ही गला घोंटा जा सका था, अश्वारोहियों द्वारा जीवित बचा लिये गए। उन लोगों ने वहाँ की कार्रवाई का पूर्ण विवरण सुना दिया कि किस प्रकार हमने उन लोगों को फुसलाया और उन्हें अपने साथ यात्रा पर ले गए। वहाँ उन पर अचानक आक्रमण कर दिया गया। इस प्रकार हमारे अपराधी होने में कोई सन्देह नहीं रह गया। काजी के सामने हमारा संक्षिप्त मुकद्दमा समाप्त होने पर, हमें जेल भेज दिया गया और वहाँ हम अपनी नियति की प्रतीक्षा करने लगे। मेरे साथ वह पुराना ठग भी बन्द किया गया। जेल की एक तंग कोठरी में हमें ढकेल दिया गया। वहाँ हमें बताया गया कि बादशाह की इच्छा ज्ञात होने तक हमें उसी प्रकार रहना होगा।

जेल से मुक्ति-2

एक बार पुनः मैं जेल में आ गया। यद्यपि जालौन की भाँति यह जेल उतनी दुर्दशाग्रस्त नहीं थी और कोठरी भी बड़ी थी, कहने को स्वच्छ भी थी, फिर भी वह जेल तो थी ही। यहाँ मेरे शरीर के अंग और उसकी शक्ति दोनों बन्द थे, यह भावना मेरे ऊपर सदैव छाई रहकर जीवन

को संकट में डाले थी। यहाँ से बचकर निकलने का कोई उपाय नहीं था, अतः यहीं मेरी मृत्यु होनी निश्चित थी। किसी पुरुष और ठग की भाँति मैं अपनी नियति को वरण करने के लिए प्रस्तुत था। बाल्यावस्था से ही मृत्यु से मेरा परिचय हो गया था।

जेल में हम शान्तिपूर्वक बैठे रहते थे। मेरा अभागा साथी, जो वृद्ध था ही, परन्तु वह किस लालसा से जीना चाहता था, वह मुझे अनुभव नहीं हुआ। इस संसार में उसका कोई बन्धन नहीं था, कभी था भी नहीं, फिर भी वह जीना चाहता था। मेरा परिवार था, वह पूरा टूट चुका था। अब जीवन के प्रति मेरा कोई आकर्षण नहीं रहा, परन्तु मैं यह भी नहीं कह सकता कि मैं मृत्यु का आह्वान करता था, हाँ मैं अपनी नियति के प्रति उदासीन अवश्य था।

एक सप्ताह का समय असमंजस में व्यतीत हो गया। इस स्थिति से छुटकारा पाने की दृष्टि से मैंने जेलर से कई बार अनुरोध किया कि वह बता दे मुझे मरना था या जीवित रहना। परन्तु या तो वह स्वयं कुछ नहीं जानता था या उसका हृदय मेरे प्रति कठोर हो गया था, उसने मुझे कुछ भी नहीं बताया।

परन्तु इसके पश्चात हम बहुत दिनों तक अपनी सजा के प्रति अनजान नहीं रहे। मुझे बताया गया कि हमारे सात साथियों को फाँसी दे दी गई, क्योंकि उन लोगों को यात्रियों का गला घोंटते हुए पकड़ा गया था। हम दोनों के विरुद्ध इतने निर्णायक रूप से कोई प्रमाण नहीं लाया गया। जो व्यापारी उस हत्याकांड से बच गए थे वे शपथपूर्वक यह नहीं बता सके कि मृतकों की हत्या करने में हमारा हाथ था। हमें पकड़कर लाने वाले अश्वारोही इससे अधिक कुछ नहीं जानते थे कि हम दोनों उसी दल के सदस्य थे। यदि इतनी ही बात होती तो हमें अवश्य मुक्त कर दिया जाता, परन्तु एक अधम ने जिसे बाद में फाँसी दे दी गई, अपनी जीवन-रक्षा के प्रयत्न में उसने अपना अपराध स्वीकार कर लिया और दुर्भाग्य के इस अन्तिम प्रहार के कारण हमें भी आजीवन कारावास का दंड दे दिया गया।

इस कठोर दंड की घोषणा से मेरी सम्पूर्ण सामर्थ्य पर घोर निराशा छा गई। इस दंड की अपेक्षा मैं मृत्यु के भयानक रूप को स्वीकार कर लेता। इस नारकीय कन्दरा में वर्षों-वर्षों तक सड़ते रहना होगा? और मुक्ति कभी नहीं होगी। इस पर मुझे विश्वास ही नहीं हो रहा था। और इस भयानक वास्तविकता को भरसक हटाने का मैं प्रयत्न कर रहा था, परन्तु मेरा यह प्रयत्न नितान्त निष्फल था। मैंने यहाँ तक अनुरोध किया कि मुझे तत्काल फाँसी दे दी जाए या तोप से उड़ा दिया जाए। मेरे लिए यह इससे अच्छा होगा कि मैं सदा के लिए जेल के एकाकी और भोगनेवाली दशा में पड़ा रहूँ। परन्तु मेरी याचनाएँ या तो हँसकर उड़ा दी गईं या उन लोगों की घृणा की पात्र बनीं।

मेरे शरीर पर लोहे की भारी बेड़ियाँ डाल दी गईं जिसके कारण मेरे पैर बँधकर रह गए और फिर हमें हमारे भाग्य पर छोड़ दिया गया। परन्तु मैंने अपने मन में अथक उत्साह और वहाँ से बचकर निकलने की आशा बराबर बनाए रखी। ऐसी आशा जो मेरा उपहास ही करती थी, क्योंकि मेरी प्रत्येक योजना असफल होती रही। इस कारण मेरी व्यथा भी बढ़ती गई।

एक दिन मैं अपनी उस सम्पत्ति के विषय में सोचने लगा, जो मैंने अपने पकड़े जाने से पूर्व एकत्र कर ली थी। उसे मैंने छिपा दिया था और यह असम्भव बात नहीं थी कि वह वैसी ही छिपी बनी रहे। इसके आधार पर मुझे बहुत बड़ी आशा थी कि मैं किसी जेलर को रिश्वत दे सकूँगा। कई दिनों तक यह विचार मेरे दिमाग में घूमता रहा और सोच लिया कि किसी अवसर

के प्राप्त होते ही इसे कार्य रूप में लाऊँगा।

जेल के पहरेदारों में एक जवान व्यक्ति था। वह अन्य पहरेदारों की अपेक्षा हम लोगों के प्रति सदैव दयालु रहता था। वह हमारे लिए अच्छा भोजन और स्वच्छ जल लाता था। इसके साथ ही वह सदा हमें उत्साहित करता रहता कि हमारी सजा की अवधि उतनी नहीं रहेगी, जितनी घोषित की गई थी। इस सम्बन्ध में वह अनेक बन्दियों के उदाहरण देता था, जो हमारी ही भाँति सजा पाए थे, परन्तु बाद में उन्हें मुक्त कर दिया गया क्योंकि जेल के उच्च अधिकारियों के दिमाग में उनके अपराधों की वही स्मृति नहीं रहती थी। वह हमारे कपड़े धो देता तथा अन्य सैकड़ों छोटे-मोटे काम कर देता था। उसके अन्य साथियों से इतना लाभ हमें कभी नहीं हुआ।

अतः अपनी मुक्ति की बहुत दिनों से चिन्तित और पलती आ रही योजना, उस पहरेदार के साथ प्रयत्न करने के लिए, मैंने अपने साथी बन्दी से प्रस्ताव रखा। दूसरे दिन जब वह हमारे काम के लिए आया, तो मैंने उससे शाम अथवा रात्रि को अपनी कोठरी में आने का अनुरोध किया। उस समय हमें कोई नहीं देख सकेगा और मुझे कुछ विशेष बात कहनी थी। वह उसी दिन शाम को हमारे पास आ गया। स्वयं काला कम्बल लपेटकर वह हमारी कोठरी के पास बैठ गया।

बड़ी धीमी आवाज में उसने प्रश्न किया, "तुम्हें मुझसे कुछ कहना है? तुम्हारे कहने के अनुसार मैं आ गया।"

मैंने कहा, "जी हाँ, मीर साहब (क्योंकि वह भी सैयद था), यदि तुम मेरी योजना में सम्मिलित रहोगे, तो उससे तुम्हारा लाभ ही होगा।"

उसने कहा, "आगे कहो, मैं बड़े ध्यान से सुन रहा हूँ।"

मैंने कहा, "मुझे यही कहना है कि हमारे यहाँ से निकल जाने में तुम्हें सहायता करनी होगी।"

उसने कहा, "यह असम्भव है।"

मैंने कहा, "कोई बात असम्भव नहीं। सख्त हृदय और उत्साहित हाथों के लिए कोई काम कठिन नहीं। चाहो तो तुम सब प्रबन्ध कर सकते हो, परन्तु मेरी बात सुनो। जिस समय हमें पकड़ा गया था, उस समय हमने चुपचाप पैसा बचाकर एक स्थान पर छिपा दिया था। मैं उसे तुम्हें बता दूँगा, यदि तुम मेरे साथ ईमानदार बने रहे। उसमें से आधी रकम तुम्हारी होगी। केवल तुम हमारी सहायता करो।"

उसने प्रश्न किया, "रकम कितनी होगी?"

मैंने कहा, "पाँच सौ से अधिक होगी। उसे सावधानी के साथ छिपा दिया था, और उसे किसी ने नहीं देखा। मैं पुनः कहता हूँ कि यदि हमारी सहायता करो तो आधी रकम तुम्हारी होगी।"

कुछ उलझन में होने के बाद उसने कहा, "मैं किस प्रकार सहायता कर सकता हूँ? इन द्वारों और दीवारों को तुम किस प्रकार पार कर सकोगे?"

मैंने कहा, "इस बातों को तुम मेरे ऊपर छोड़ दो। बोलो तुम्हें स्वीकार है?"

उसने कहा, "मैं इस मामले में विचार करूँगा और कल शाम को इसी समय तुमको अन्तिम उत्तर दूँगा।"

मैंने कहा, "ठीक है। मुसीबतजदा लोगों की सहायता के लिए अल्लाह तुम्हें सद्विचार दे।

हम बड़ी व्यग्रता के साथ तुम्हारे निर्णय की प्रतीक्षा करेंगे।"

दूसरे दिन शाम को उसी समय वह आया और पूर्व की भाँति बैठ गया। उसने प्रश्न किया, "मीर साहब, मुझसे क्या काम लेना चाहते हो? मैं तुम्हारी सहायता करने के लिए प्रस्तुत हूँ यदि वह मेरे लिए सम्भव होगा? सर्वप्रथम मैं उस रकम को लेना चाहता हूँ, जिसका तुमने उल्लेख किया था। अपना जीवन संकट में डालने से पूर्व वह मुझे प्राप्त हो जानी चाहिए।"

मैंने कहा, "तो सुनिए, मीर साहब, मुझे तुम पर पूरा विश्वास है। तुम भी सैयद हो और मैं भी वही हूँ। तुम मुझे धोखा नहीं दोगे और इस प्रकार अल्लाह का कोप-भाजन नहीं बनोगे।"

उसने कहा, "मैं वैसा कभी नहीं करूँगा। मैं भी पैगम्बर की पीढ़ियों से हूँ। यदि इस समय क़ुरान मेरे हाथ में होती तो मैं उसकी शपथ ले लेता।"

मैंने कहा, "नहीं, नहीं, शपथ लेने की आवश्यकता नहीं। सबसे बढ़कर ईमानदार आदमी की ज़बान होती है। मुझे विश्वास है कि तुम सच्चे हो। प्रथम तो रकम के विषय में बता दूँ। क्या तुम उन दो मकबरों को जानते हो, जिनमें एक भग्न दशा में है। वह नगर के उत्तर की ओर नदी के किनारे के निकट है। उसकी दीवार के पास ही रकम छुपी है।"

उसने कहा, "वह मैं जानता हूँ।"

मैंने आगे कहा, "उसी मकबरे में एक मिट्टी के पात्र में रकम रखी है। वहाँ तहखाना है जहाँ उस व्यक्ति का शव रखा गया था जिसके लिए वह मकबरा बनाया गया था। उसके पूर्व की ओर वह चार ढीले पत्थरों से ढका है। वे पत्थर न तो भारी हैं, और न बहुत बड़े। तुम उन्हें स्वयं हटा सकते हो। उसी गढ़े में वह पात्र मिल जाएगा, और रकम उसी में रखी है। अपने निजी व्यय के लिए मुझे आधी रकम चाहिए। इसके बदले में इतना ही कहना है कि मुझे दो छोटी पैनी आरियाँ और कुछ घी ला दो, जिससे हम अपनी बेड़ियाँ काट सकें और सींखचा भी। आगे की सहायता के लिए मैं बाद में बताऊँगा।"

उसने कहा, "तुम्हारी इच्छानुसार मैं यह सब कर दूँगा। इंशाअल्ला कल इसी समय तुम्हें आरियाँ मिल जाएँगी। बस, शर्त यही है कि तुम्हारा कथन सच्चा निकले।"

यह कहकर वह चला गया। हम बड़ी उत्सुकता तथा अधैर्यता के साथ दूसरे दिन उसके आने की प्रतीक्षा करने लगे। और उसने हमें निराश भी नहीं किया।

आकर उसने कहा, "देखो मीर साहब, मैं आ गया। ये अंग्रेजी आरियाँ हैं। नई और पैनी हैं। यह घी है। मैंने अपना वचन पूरा कर दिया।"

मैंने पूछा, "और रकम?"

उसने कहा, "यदि वह न प्राप्त होती तो तुम मुझे आज यहाँ नहीं देख सकते थे। मीर साहब, यह बात समझ लो। रकम मुझे मिल गई, वह पाँच सौ पचास रुपए हैं। यहाँ से निकलने के पश्चात् अपना हिस्सा मुझसे ले लेना। अब योजना को कैसे पूरा करना चाहते हो?"

मैंने पूछा, "क्या रात में जेल के दरवाजे बन्द कर दिए जाते हैं?"

उसने कहा, "नहीं, दरवाजा तो बन्द ही रहता है, परन्तु उसका छोटा दरवाजा खुला रहता है।"

मैंने पूछा, "और वहाँ कितने लोग पहरा देते हैं?"

उसने बताया, "केवल एक आदमी, मीर साहब, और आधी रात के पश्चात तो सभी सो जाते हैं।"

मैंने कहा, "तो ठीक है। इस प्रयत्न में चाहे मरना भी पड़े तो भी मैं इस अधम स्थान पर सड़ते रहने से अच्छा समझूँगा।'' मेरे साथी ने भी यही बात दुहराई।

उसने कहा, "मैं इसमें तुम्हारी सहायता नहीं कर सकता।'' फिर भी मान लो कि तुम्हारे भागने के समय, मैं पहरे पर हुआ, तो फिर वह मेरे पहरा देने की अन्तिम रात होगी।"

मैंने कहा, "तुम्हारे ऊपर खुदा की रहमत! तुमने मेरे ही विचार दुहरा दिए। हम प्रयत्न अवश्य करेंगे, शेष अल्लाह मददगार है। हम लोग अपनी बेड़ियाँ काटने में रात भर लगे रहेंगे। साथ ही एक छड़ भी काटनी पड़ेगी। इसके बाद कल रात को हम आजाद हो जाएँगे। जाओ, मेरे मित्र तुम्हारे यहाँ ठहरने से पकड़े जाने का भय है।"

वह चला गया। अब हम अपनी बेड़ियाँ काटने में जुट गए। सारी रात हम उसी काम में लगे रहे। सुबह होने तक लोहे की छड़ ऊपर और नीचे लगभग कट गई थी। उसे काटने के लिए बारी-बारी से हम लगे रहे। एक बैठा रहता, जबकि दूसरा खड़ा होकर काटता। इस काम में कन्धे भर आते थे, और बाँहें थक ज़ाती थीं। घी होने के बावजूद आरी चलने की चींचीं ध्वनि अवश्य निकलती थी। इसे रोकने के लिए हम धीरे काम करने लगे, परन्तु उस समय उत्साह के कारण कभी-कभी यह बात भूल जाते थे, क्योंकि स्वाधीन होने के लिए हमारा ध्यान कठिन परिश्रम की ओर लगा था।

सुबह हुई और हम अपने परिश्रम से हटकर आराम करने लगे। छड़ इतनी कट चुकी थी कि जोर का एक धक्का उसके टूटने के लिए पर्याप्त था। टखने और कमर की बेड़ियाँ भी लगभग कट चुकी थीं, कि एक हल्की-सी ऐंठन उन्हें अलग कर देती। हमें मालूम था कि हमारा मित्र ईमानदार था क्योंकि उसने इस बात को प्रमाणित कर दिया था। हम अपनी विजय की मौन कल्पना करके प्रसन्न हो रहे थे।

मैंने कहा, "कल इसी समय हम स्वतन्त्र हो जाएँगे और लखनऊ से दूर निकल चुके होंगे। समस्त संसार हमारे सामने होगा। कहीं भी अपना घर बना लेंगे।"

मेरी ही भाँति मेरा साथी भी आशा से भरा था। पूरी सुबह हम इसी बात पर बहस कहते रहे कि यहाँ से किस दिशा में चलना होगा। अपने मन में उन साथियों का स्मरण कर रहे थे, जो हमारा स्वागत करेंगे और किसी नवीन अभियान के लिए हमारे साथ होंगे।

उस समय दोपहर होनेवाली थी कि दरोगा के नेतृत्व में जेल के सिपाहियों का एक दल हमारी कोठरी में आ धमका। उन्हें अपनी ओर आते देख मेरा हृदय बैठ गया और जिस फुर्ति के साथ वे लोग आगे बढ़े आ रहे थे, उससे मेरा भय और बढ़ गया।

अपने साथी से मैंने कहा, "हम पकड़े गए। मालूम होता है उन लोगों को हमारी योजना का पता लग गया।"

उसने कोई उत्तर न दिया, परन्तु उसके चेहरे पर निराशा की काली छाया स्पष्ट दिखाई दे रही थी।

दरोगा ने चाबी लगाकर कोठरी का ताला खोला और पूरा दल अन्दर आ गया और हम दोनों को पकड़ लिया।

मैंने कहा, "अब यह नवीन अत्याचार हम पर क्यों किया जा रहा है। हमने कौन सा अपराध किया जो यह दुर्व्यवहार आप लोग हमारे साथ कर रहे हैं?"

दरोगा ने अपने आदमियों से कहा, "इन लोगों की बेड़ियों की जाँच करो।"

बेड़ियाँ देखकर पुनः हम लोगों से बोला, "ज्ञात होता है तुम लोग बहुत व्यस्त थे। मैं तुम लोगों को एक सलाह देना चाहता हूँ, भविष्य में जब भी बेड़ियों पर आरी चलाना, तो उसकी आवाज कम करने के लिए घी का अधिक प्रयोग करना, परन्तु अब तुम्हें वह अवसर शायद ही मिल सके।"

अपने आदमियों से कहा, "इन दोनों की अच्छी तरह तलाशी लो। देखो, वे औजार कहाँ हैं, जिन्हें इन लोगों ने बड़ी होशियारी से प्रयोग किया।"

उन लोगों ने हमें बिलकुल नंगा कर दिया। पाजामे में जहाँ नाड़ा जाता है, वहाँ उन्हें आरियाँ मिल गईं। दरोगा ने उनका भली भाँति परीक्षण किया।

वह बोला, "मीर साहब, ये तो बिलक़ुल नई आरियाँ हैं और इंगलिश हैं। इंशाअल्ला, हम पता लगा लेंगे कि किसने इन्हें तुम लोगों तक पहुँचाया। जिसने भी यह काम किया उसने अवश्य धूल फाँकी होगी।"

मैंने कहा, "इन्हें मैं अपने साथ लाया था। तुम लोग निरे गधे के बच्चे थे जो हमारी तलाशी नहीं ली, जिस समय हम तुम्हारी इस यन्त्रणा की माँद में आए थे।"

उसने खींसे निकालकर कहा, "हम गधे के बच्चे हो सकते हैं, परन्तु जैसा तुम सोचते हो हम वैसे उल्लू नहीं। ऐ होशियार और चालाक सैयद, ठग तुम हो ही, परन्तु हम धूल फाँकनेवाले नहीं। मेरे कुछ आदमियों ने मिलकर तुमसे दोस्ती कर ली होगी। एक आदमी पर हमें सन्देह भी है, और सम्भव है इन आरियों से उसका और सुराग मिलने में मदद मिले। इस बात की अधिक सम्भावना है कि वह कलमा पढ़ ले क्योंकि अब उसका सिर और धड़ एक साथ नहीं रह सकेंगे।"

फिर वह अपने आदमियों से बोला, "परन्तु चलो, अभी तुम लोगों का आधा काम हुआ है। इन छड़ों की भली भाँति जाँच करो, क्योंकि विश्वास करो हमारे इन चालाक मित्रों ने अपना काम अधूरा नहीं छोड़ा होगा।"

उन लोगों ने आज्ञा का पालन किया। जैसा निश्चित था वहाँ की एक छड़ कटी हुई पाई गई।

दरोगा ने कहा, "बस तुम मूर्ख ही रहे मीर साहब, यह जंगली काम कर बैठे। तुम्हें जो दंड मिला था यदि उस पर सन्तोष कर लेते तो समय आने पर तुम पर दया अवश्य दिखाई जाती, परन्तु अब उसकी कोई आशा नहीं। अपनी ओर से यह मूर्खतापूर्ण काम करके तुमने स्वयं दया खो दी और इसके लिए तुम्हें बहुत दिनों तक पश्चाताप करना पड़ेगा।"

अपने आदमियों से उसने कहा, "इन दोनों को ले चलो, अब इन्हें और सुरक्षित तथा तंग कोठरियों में रखना होगा।"

या अल्लाह! साहब, वे लोग जहाँ हमें ले गए वह कैसा स्थान था? दो दीवारों के मध्य एक तंग रास्ता था, उसी में आगे चलकर दो कोठरियाँ थीं, जो बिलकुल जंगली पशुओं की माँद की भाँति थीं। इनमें और मजबूत सींखचे थे। स्थान आधा भी नहीं था। लोहार ने हमारे पैरों में भारी बेड़ियाँ डाल दीं। इसके पश्चात हमें उसी भयानक कोठरी में ढकेल दिया गया।

दरोगा बोला, "मीर साहब, हो सके तो इससे भी बाहर निकलने की कोशिश कर लेना। मेरे विचार से इन दीवारों और बेड़ियों के साथ तुम लोग सुरक्षित रहोगे।"

वे लोग हमें वहीं छोड़कर चले गए। एक बार पुनः हमें निराशा के समुद्र में फेंक दिया

गया। हमारे अन्धकारपूर्ण तथा दुर्दशाग्रस्त विचारों में आशा की कोई किरण हमें थोड़ी सी भी प्रसन्नता प्रदान करने के लिए नहीं रह गई। अब मुझे यहीं रहना और यहीं मरना होगा, उस सँकरी कोठरी पर दृष्टि डालते हुए मैं सोच रहा था। मैं अनेक वर्षों तक दुनिया भर में घूमता रहा। मैंने कभी प्रतिबन्ध जाना ही नहीं। अल्लाह, अल्लाह, मैंने क्या किया था, जिसका यह परिणाम भुगतना पड़ रहा था। हे भवानी, क्या तू अमीर अली को बिलकुल भूल गई? मैं उस खुरदरे फर्श पर गिरकर यन्त्रणा से कराहने लगा। मैं रो भी नहीं पा रहा था। मेरे वे आँसू भी शुष्क हो गए थे, जो मेरी बोझिल आत्मा को कुछ शान्ति पहुँचा देते। दुखों का पात्र मेरे सामने भरा हुआ रखा था, और मुझे उसकी अन्तिम बूँद तक पीना था। आशा हमसे दूर हो चुकी थी, निराशा ने वहाँ अपना स्थान बना लिया था। मेरे मस्तिष्क की प्रत्येक गति मृत हो चुकी थी।

इसी दशा में रहते हुए महीने के महीने व्यतीत होते गए। एक सुदृढ़ लोहे की जाली मेरे साथी को मुझसे पृथक किए हुए थी। हम लोग परस्पर भी बहुत कम वार्ता करते थे। कभी एक के मुँह से कोई बात निकल जाती तो दूसरा उस पर बहुत कम ध्यान देता था। हम अपनी दुर्दशा में इस प्रकार डूबे हुए थे। मुझे भोजन करने की तनिक भी इच्छा नहीं होती थी। किसी मशीन की भाँति खा-पी लेता था। जो खाना मुझे दिया जाता था, वह निम्न कोटि का होता था। कोठरी का कूड़ा-करकट केवल सप्ताह में एक बार साफ किया जाता था, जिसके कारण वहाँ कीड़े-मकोड़े पैदा हो गए थे, जो हमें निरन्तर पीड़ित किया करते थे। ऐसे जीवन से मृत्यु श्रेयस्कर थी। दिन भर में हजार बार मैं रो लेता था। खेद था कि मेरी प्रार्थना सुननेवाला वहाँ कोई न था।

हमारे कारावास का दूसरा वर्ष दुख के इसी प्रकार के आवर्तन के साथ अपरिवर्तित रूप से व्यतीत हो गया। उसमें कोई सुधार नहीं हुआ, कोई परिवर्तन नहीं हुआ। हम जीवित अवश्य थे, परन्तु हममें जीवन की ऊर्जा का नितान्त अभाव था। मैं सोचा करता था कि यदि कभी मैं मुक्त भी हो गया, तो दुनिया की कठोर हलचल मैं सहन न कर सकूँगा। और उसकी चिन्ताओं तथा परेशानियों से जेल जीवन फिर भी अच्छा था। यद्यपि यह विचार मूर्खतापूर्ण था क्योंकि मैं प्रायः अपनी मुक्ति के लिए लालायित रहता था। मेरा मस्तिष्क व्यर्थ के विचारों और भविष्य की कार्रवाई सम्बन्धी योजनाओं में उलझा रहता था। सम्भव था, सौभाग्य से अपनी मुक्ति का कोई अवसर हाथ आ जाए। परन्तु मेरी काल-कोठरी की व्यथा में आशा की कोई किरण नहीं दिखाई दी।

मेरे कथन का यह आशय नहीं था कि मैं अपने पुराने ठग साथी से बात नहीं करता था। आए दिन हम बोलते रहते थे। बार-बार हम अपने कारनामों का स्मरण करते रहते थे। अपने कार्यशील जीवन के आरम्भ से जो अभियान और परिवर्तन के विवरण आपको बताए जा चुके, वे सब मेरे मस्तिष्क में भरे हुए थे, उन्हीं को मैं इस प्रकार स्मरण किया करता था।

एक दिन मैं अपने पिता के विषय में बातचीत कर रहा था। उनके वे अन्तिम शब्द मुझे याद आ गए कि मैं तुम्हारा पिता नहीं। मैंने उसे उस समय की परिस्थिति बताई और गम्भीरतापूर्वक उससे यह बताने का अनुरोध किया कि वह इस्माइल और मेरे बचपन के विषय में क्या जानता था?

उसने प्रश्न किया, "क्या तुम वे सब बातें नहीं जानते? मीर साहब, इस्माइल ने तुम्हें सबकुछ

अवश्य बता दिया होगा, फिर भी...कुछ ठहरकर वह पुनः बोला, नहीं बताया होगा, क्योंकि उसमें इतना साहस नहीं था।"

मैंने पूछा, "इस कथन कि उसमें साहस नहीं था, से तुम्हारा क्या अभिप्राय है? क्या मैं उसका पुत्र था अथवा उसने सत्य कहा था कि मैं उसका बेटा नहीं?"

उसने बताया, "मीर साहब, उसने सच कहा था। मैं तुम्हारे जन्म की बात जानता हूँ। सम्भव है और दो-एक लोग भी जानते होंगे और वे जीवित भी होंगे, गनेशा उनमें से एक है।"

मैंने कहा, "गनेशा, अल्लाह कसम, मेरी आत्मा सदैव मुझसे यह कहती रही कि उसे मेरे विषय में कुछ अवश्य ज्ञात था। मैंने कई बार ऐसी परिस्थिति लाने का प्रयत्न भी किया, जिसमें मेरी स्मृति के साथ उसका कोई सम्बन्ध रहा हो, परन्तु मैं असफल रहा। अब तुम मुझे बताओ कि मैं कौन और क्या था?"

उसने कहा, "अमीर अली, यह एक लम्बी कहानी है, परन्तु जहाँ तक सम्भव होगा मैं याद करके उसे बताऊँगा। वह ऐसी है जो तुम्हें भयभीत कर देगी और तुम वह न होते जो तुम आज हो।"

मैंने पूछा, "तो क्या मेरे माता-पिता की हत्या की गई थी, कभी-कभी ऐसा विचार मन में अवश्य आता था, परन्तु मेरे सम्बन्ध-सूत्र अनिश्चित और असन्तोषजनक थे।"

उसने कहा, "मीर साहब, तुम्हारा अनुमान सच था, परन्तु सुनो, मेरी स्मृति इस समय ताजी है, और मैं तुम्हें सब कुछ बतलाऊँगा।" और उसने कहा, "इस्माइल, तुम्हारे पिता, जैसा उन्होंने तुमको बतलाया था, हुसेन जमादार के अधीन ठग बने थे। निःसन्देह उनकी तुम्हें याद होगी। मुझे वह दिन भली भाँति स्मरण है, जब वह हम लोगों से मिल गए थे, वह दिल्ली के निकट एक गाँव था। मैं उस समय एक युवक था और उस दल का सदस्य था, जिसमें हुसेन सबसे श्रेष्ठ भुहोटे था।"

मैंने कहा, "मैं इस्माइल का इतिहास जानता हूँ। उन्होंने ही मुझे बताया था।"

उसने आगे कहा, "तो मुझे उसे दुहराने की आवश्यकता नहीं। समय के साथ-साथ इस्माइल अपनी बहादुरी और बुद्धिमानी के आधार पर हुसेन से आगे बढ़ गया। वह तीस ठगों के दल का जमादार बन बैठा। मैं उसी समय की बात बता रहा हूँ। एक दिन हम लोगों ने मालवा के एकलेरा नामक गाँव के बाहर किसी कुएँ के निकट डेरा डाला। कुछ दिनों से हम लोग दुर्भाग्य का सामना कर रहे थे, क्योंकि वह वर्षाकाल था जब बहुत कम यात्री अपने घर से निकलते हैं। अतः हम बड़ी उत्सुकता के साथ बनिज की तलाश में थे।

"इस्माइल और गनेशा बाजार गए थे और वहाँ से लौटकर यह सुसमाचार लाए कि कुछ यात्री इन्दौर की ओर जानेवाले थे, और हम लोगों को उनसे पूर्व यहाँ से कूच करना होगा और हम वहीं रुक जाएँगे जहाँ हम आसानी से उन्हें अपने अधिकार में कर सकेंगे। मुझे तथा एक अन्य ठग को यात्रियों की गतिविधि पर दृष्टि रखने के लिए नियुक्त किया गया, और हमारा मुख्य दल आगे बढ़ गया। सूचना सही थी। हम उनका पीछा तीसरी या चौथी दौड़ तक करते रहे। तभी किसी गाँव में, जिसका नाम स्मरण नहीं है, हमारा दल ठहर गया और वहीं हम लोग भी पहुँच गए। यात्रियों में कोई सम्भ्रान्त व्यक्ति था, उसकी पत्नी और एक बच्चा था, एक बूढ़ी स्त्री और कुछ ग्रामीण थे। वह व्यक्ति एक अच्छे घोड़े पर सवार था और उसकी पत्नी पालकी में यात्रा कर रही थी। मीर साहब, वे ही तुम्हारे माता-पिता थे।"

मैंने भर्राई आवाज में कहा, "आगे कहो, तुम्हारे कथन के साथ ही मेरी स्मृति भी आ रही है।"

साहब, मैं भयमिश्रित उत्साह के साथ उसे सुनने में रुचि ले रहा था।

उसने आगे बताया, "यात्रियों के वहाँ पहुँचने के बाद, इस्माइल और गनेशा अच्छी पोशाक पहनकर तुम्हारे पिता से जान-पहचान बढ़ाने के उद्देश्य से बाजार पहुँचे। जैसा इस्माइल ने मुझे बाद में बताया था, वह जान-पहचान तुम्हारे माध्यम से आगे बढ़ी। उसने तुम्हें सड़क पर खेलते हुए देखा, तुम्हें कुछ मिठाइयाँ दीं और अन्त में उसने गाँव के कुछ लड़कों से तुम्हे बचा लिया, जो तुमसे मिठाई छीन लेना चाहते थे बस इसी बात को लेकर तुम्हारी माँ के साथ उनको बात करने का सूत्र मिल गया, और अन्ततः उनका तुम्हारे पिता के साथ परिचय हो गया। इसका परिणाम यह हुआ कि वे लोग हमारे साथ यात्रा करने के लिए तैयार हो गए और जिन ग्रामीणों को अपने साथ लाए थे, उन्हें वापस भेज दिया। मीर साहब, क्या तुम्हें स्मरण आ रहा है, अथवा मैं अपना कथन यहीं समाप्त कर दूँ?"

मैंने कहा, "हाँ, जैसे-जैसे तुम बताते जा रहे हो, वैसे-वैसे मुझे पूरा स्मरण आता जा रहा है, परन्तु तुम आगे की बातें बताते रहो, तुम्हारी सहायता के अभाव में मेरी दुख भरी कथा का सूत्र छूट जाता है।"

उसने आगे बताया, "उन दिनों गनेशा की भाँति इस्माइल भी हमेशा किसी उत्तम घोड़े की सवारी किया करता था। धीरे-धीरे तुम उसे प्यार करने लगे और वह भी तुम्हें चाहने लगा। दौड़ में अधिकतर वह तुम्हें घोड़े पर अपने आगे बैठा लेता था, और यात्रा में उसने प्रायः ऐसा ही किया। कुछ दिनों तक इसी प्रकार होता रहा, परन्तु अब हम लोग इन्दौर पहुँचने वाले थे, इसलिए मामले को समाप्त करना आवश्यक हो गया। इसके अतिरिक्त तुम्हारे पिता की सम्पत्ति के विषय में इस्माइल द्वारा जो विवरण ज्ञात हुआ, उससे हम लोग बहुत लालायित हो गए। उन्होंने बताया था कि तुम्हारे पिता अपने साथ बहुत बड़ी रकम नगद लेकर जा रहे थे।

"अन्त में भिल निश्चित कर ली गई। उसे मैं तुम्हें आज भी दिखा सकता हूँ। वह किसी नदी के किनारे थी। यात्रियों के नदी पार करने से पूर्व ही झिरनी दे दी गई। हम लोगों ने सभी का कंठ-घोटन कर दिया। गनेशा ने तुम्हारी माँ को मारा था, बूढ़ी स्त्री मुझे आवंटित की गई थी। इस्माइल के हिस्से में भी कोई था, मेरा विश्वास है कि वह तुम्हारे पिता थे। उस दिन कम से कम वर्षा समाप्त होने के बाद सुबह से ही तुम इस्माइल के घोड़े पर सवार रहे और जिस समय झिरनी दी गई, उस समय तुम आधी नदी पार कर चुके थे। मैंने तुम्हें गिरते हुए देखा था और उसके पश्चात जब तुम हिले-डुले नहीं तो मैंने समझा तुम भी मार दिए गए। परन्तु बाद में तुम चैतन्य हो गए, तब गनेशा तुम्हारी ओर दौड़ गया और उसने अपना रूमाल तुम्हारी गर्दन में डाल दिया। बस जैसे ही वह तुम्हारा गला घोंटनेवाला था कि इस्माइल उसके इस कृत्य को देखकर जोर से चीख उठा और उसके घातक उद्देश्य को रोकने के लिए ठीक समय पर वहाँ पहुँच गया। तुमको लेकर उन दोनों में बड़ा संघर्ष हो गया और दोनों ने तलवारें खींच लीं, परन्तु इस्माइल की बात रह गई। वह तुम्हें लेकर शवों के निकट गया। वहाँ लुधाई कपड़े उतार रहे थे। तुम अपनी माँ के शव को देखकर अत्यन्त व्यग्र हो गए और उसके शव से लिपटकर बिलखने लगे। बड़ी कठिनाई से तुम्हें अलग किया गया। तुम प्रलाप करते हुए सबको अपशब्द कह रहे थे। अन्त में तुम पर भय छा गया और सम्भवतः पीड़ा से बेचैन भी

थे, क्योंकि तुम संज्ञाहीन हो गए।

''शवों का निस्तारण होने के पश्चात लूट का माल एकत्र किया गया। इस्माइल तुम्हें अपने आगे घोड़े पर बैठाकर चल दिया। हम लोगों ने अब विपरीत दिशा में यात्रा आरम्भ की।

"तुमने उस यात्रा को कैसे सहन किया, यह तो मैं नहीं जानता, वैसे तुम दुबले-पतले और कोमल बालक थे। हम सभी कहते थे कि तुम बचोगे नहीं, परन्तु तुमने सब कुछ सहन कर लिया। आगे जब हम जंगल में किसी स्थान पर पहुँचे तो मुझे दूध लाने के लिए गाँव में भेजा गया। तुमने कुछ दूध पिया भी। इस स्थान पर भी तुम्हारी बात को लेकर इस्माइल और गनेशा में दुबारा झगड़ा हुआ। गनेशा का कहना था कि गोद लेने के लिए तुम्हारी आयु अधिक थी, इसके अतिरिक्त पहले जो कृत्य हुआ था, वह सब तुम देख चुके थे और वह तुम्हें याद भी होगा, यही कारण था कि वह तुम्हारा कंठ-घोटन करना चाहता था। इससे अधिक तुम्हारे अपशब्दों ने उसे बर्बर बना दिया। पुनः उन दोनों ने अपनी-अपनी तलवारें निकाल लीं और लड़ने के लिए तैयार हो गए, परन्तु हम लोगों ने उन्हें रोक लिया।

"कुछ दूर तक मैं तुम्हें लेकर यात्रा करता रहा और तुम्हारी सूजी हुई गर्दन को धीरे-धीरे मलता रहा। इस्माइल ने तुम्हें अफीम की एक बड़ी खुराक दे दी, जिससे तुम्हें नींद आ गई और हम लोग अपनी यात्रा में आगे बढ़ते रहे।

"उस दिन घटना के पश्चात इस्माइल और गनेशा कभी मित्रवत् नहीं रहे। तुम्हारे अन्तिम अभियान के अतिरिक्त, वे दोनों कभी मिलकर नहीं चले। यद्यपि ऊपर से देखने में वे सौम्य बने रहे परन्तु उनके हृदय की घृणा कभी नहीं मिटी।

"इस्माइल तुम्हें अपने घर ले आया। उसका विवाह हो चुका था, परन्तु उसके कोई सन्तान नहीं थी। जैसे-जैसे तुम बड़े होते गए, उनके पितृतुल्य व्यवहार तथा प्यार में वृद्धि होती गई। वह वास्तव में तुम्हारे ऊपर गर्व करता था। वह प्रायः हम लोगों से कहा करता था कि उसे इस बात का खेद था कि तुम्हारे पिता, जब वे अपनी घातक यात्रा में इन्दौर के लिए चले थे, तुम्हारी बहन को पीछे छोड़ गए थे।"

किसी भय की पीड़ा से आहत होकर मैंने पूछा, "मेरी बहन?"

उसने कहा, "हाँ, मीर साहब, तुम्हारी बहन! वह मैं ही था, जिसने इस्माइल को कहते सुना था कि तुम्हारे पिता उसे घर में छोड़कर यात्रा पर निकले थे, क्योंकि यात्रा में ले जाने के लिए वह बहुत छोटी थी। यदि तुम कभी इस अभिशप्त जेल से मुक्त होना तो एकलेरा में उसके विषय की सूचना तुम्हें अवश्य मिल सकेगी।"

परन्तु इस समय वह बात तो कर रहा था, परन्तु मुझे किसी भावना का अनुभव नहीं हो रहा था। मुझमें उस समय ऐसी यन्त्रणा उत्पन्न हो गई जो मुझे विदीर्ण कर रही थी। उसी क्षण मेरी पसलियाँ क्यों नहीं टूट गईं? क्यों मैं अपने दुखों का पहाड़ ढोकर अपनी कब्र तक ले जाऊँगा?

हाँ, सब कुछ पूर्ववत् चलता रहा। मैं जीवित था और अपनी व्यथा को यथाशक्ति भुगत रहा था। बहुतों को मैं शान्त और प्रसन्न दिखाई देता था, परन्तु भीतर का घाव सदा मुझे पीड़ित करता रहता था। और साहब आप यदि मेरे कष्ट का अनुमान लगा सकते तो आपको अवश्य मेरे ऊपर दया आ जाती। अतीत के विचार मुझे दिन में ही नहीं व्यथित करते, वे रात को जब समस्त वातावरण स्थिर हो जाता था, तब मेरी थकी पलकों में नींद का कोई पता भी न होता था। मेरी अभागी बहन की आकृति मेरे सामने आकर खड़ी हो जाती, ऐसा प्रतीत होता कि

मेरे हाथ उसी की सुन्दर गर्दन पर पड़े थे, और जैसे ही मैंने अपना हाथ उसके तप्त वक्ष के ऊपर से हटाया, मेरे हाथ में वह घातक ताबीज आ गया, जिसके लिए मैंने उसकी हत्या की।

साहब, इस प्रकार के भयानक विचारों से मुझे छुटकारा नहीं मिल रहा था। यदि मैं अफीम जिसे मैं बड़ी मात्रा में खाता था, खा भी लूँ तो उससे और भी विकृत स्वप्न के दृश्य सामने आने लगे। सामान्य की अपेक्षा ऐसे स्वप्न दृश्यों को सहना और अधिक कष्टकर होता था।

साहब, वह घातक कथा सुनने के पश्चात कई दिनों तक मैं जान नहीं सका कि मैंने क्या किया? विश्वास है कि मैं प्रलाप करता रहा। लोग मुझे पागल समझने लगे, परन्तु मेरा मस्तिष्क बलवान बना रहा और उस पर कोई प्रतिकूल प्रभाव नहीं पड़ा। शनैः-शनैः मैं पूर्ववत् होता गया। अपनी स्मृति में मैंने अपने सम्पूर्ण जीवन को, अपने द्वारा स्वयं बहन की हत्या किए जाने तक स्मरण करता रहा। वास्तव में उसका हत्यारा अन्य कोई नहीं था।

मैं स्वयं को व्यर्थ ही धोखा देकर यह विश्वास कराना चाहता था कि वह कोई अन्य स्त्री थी, मेरी बहन नहीं। परन्तु वह मेरी ही बहन थी, इस धारणा को मेरा कोई प्रयत्न हटाने में सफल नहीं हुआ। एकलेरा की मेरी अस्पष्ट स्मृति, वृद्ध द्वारा मेरे पिता की मृत्यु की कहानी का वर्णन, उसके द्वारा मुझे पहचान लेना और सबसे बढ़कर, वह बेकार का ताबीज जिसके लिए मैंने उसकी हत्या की और मुझे स्पष्ट रूप से स्मरण है, ये सब मेरे ऐसे अपराध थे, जिनसे इनकार नहीं किया जा सकता। और इस धारणा को दबाने की मैंने भरसक चेष्टा की, परन्तु वह मेरी आत्मा में प्रविष्ट होकर वहीं जमकर बैठ गई।

खुदा मेरी मदद करे। मैं एक अधम मनुष्य था। मेरे केश श्वेत हो गए, मेरा शरीर और उसकी शक्ति क्षीण हो गई। उस ठग द्वारा कही गई कहानी सुनने से पूर्व जिसने मुझे देखा होगा, दो महीने पश्चात वह मुझे पहचान नहीं सकता। एक प्रकार का ज्वलनशील ज्वर मुझे रहने लगा। मेरी धमनियों में तप्त रक्त प्रवाहित होता था। रात्रि से मुझे अतीव भय लगता था। दिन के अतिरिक्त मैं सो नहीं सकता था क्योंकि उस समय मेरी परिश्रान्त प्रकृति कुछ विश्राम पा जाती। रातों पर रातें व्यतीत होती गईं, महीनों पर महीनें निकलते चले गए। मैं अपनी कष्टपूर्ण कोठरी में इधर-उधर लोटता था अथवा बैठकर हिलता रहता था। सन्ताप और पश्चाताप से कराहता रहता। मेरे जीवन में केवल वही एक कृत्य था, जो मेरे विरुद्ध निर्णय देने में समर्थ हुआ। अन्य कोई नहीं। वैसे मैं अन्य के विषय में सोचने का प्रयत्न अवश्य करता था, परन्तु वे जैसे आते थे, वैसे ही शीघ्रता से निकल भी जाते थे। हाँ, मेरी बहन की आकृति सदैव मेरे सम्मुख बनी रहती।

साहब, आप जैसा चाहें, मुझे नीच से नीच समझें, क्योंकि मैं उसी योग्य हूँ। आपके सामने मैं अपने कृत्यों को उचित नहीं ठहरा सकता। मेरे लिए सान्त्वना की केवल एक ही बात है कि जो कुछ हुआ वह नियति थी। मेरे अपराधों पर विचार करने से पूर्व यही बात सामने आ जाती है, परन्तु नियति की बात बहुत दमदार नहीं। मुझे अपने ऊपर लगे श्राप को स्वयं सहन करना होगा और उसी में मुझे तिरोहित होना पड़ेगा। मैं अपनी मृत्यु का आह्वान करता हूँ, और कभी-कभी जीवन के लिए प्रार्थना भी करता हूँ कि मेरे दंड की अवधि यहीं आवंटित कर दी जाए और मेरी आत्मा को जहन्नुम की अग्नि में न जलाया जाए।

हमारे जेल-जीवन के चौथे वर्ष, मेरे पुराने साथी का देहान्त हो गया। मेरे पिता की हत्या

की जो कहानी उसने मुझे सुनाई थी, मैं चाहता था कि वह उससे इनकार कर दे, परन्तु वह इसके लिए नहीं तैयार था। इस आशय का अनुरोध मैंने उसकी मृत्यु के समय किया था। उसने पुनः अति गम्भीरता के साथ कहा था कि उसने जो कहानी सुनाई थी, वह सोलहो आने सत्य थी। उसने पुनः गनेशा का नाम लिया, जिसने मेरी माँ की हत्या की थी। एक बार फिर उसने समस्त बातों की पुष्टि कर दी।

उसके दिवंगत होने के पश्चात मैं वहाँ अकेला रह गया। नितान्त एकाकी। यह एकाकीपन प्रतिदिन जेलर के आगमन पर ही भंग होता था, जो मेरे लिए भोजन लाता था, और उस तंग मार्ग में कभी इधर-उधर टहलते हुए मुझसे मिल भी लेता था। इतने वर्षों के दुख उठाने के पश्चात मैं केवल यही कृपा प्राप्त कर सका। मेरे जकड़े हुए अंगों को फैलाने के लिए यह आभारस्वरूप था और इसी रूप में मेरे क्षीणप्राय शरीर के ऊपर नैसर्गिक शुद्ध वायु का पुनः अनुभव होता था।

मेरे जेल-जीवन के सातवें वर्ष का आधा भाग व्यतीत हो चुका था। जेल का दरोगा या तो मर चुका था या वह वहाँ से हटा दिया गया था, क्योंकि उसके स्थान पर दूसरा आ गया। मेरी दशा में कुछ सुधार हुआ। मुझे उस कोठरी से हटाकर एक अन्य में, जो पहलेवाले के निकट थी, रख दिया गया। यह अपेक्षाकृत बड़ी भी थी और हवादार भी। लोग उसके सामने निकलते रहते थे। मैं अत्यन्त रुचि के साथ उनकी गतिविधियाँ देखा करता था, इससे कुछ सीमा तक अतीत का चिन्तन करते रहने से हटकर मेरा मन दूसरी ओर चला जाता था।

मेरे जेल-जीवन के बारहवें वर्ष वहाँ के वृद्ध बादशाह का देहान्त हो गया। स्वर्गीय बादशाह का उत्तराधिकारी गद्दी पर बैठा। बहुतों के हृदय धड़कने लगे, उनमें नवीन आशा का संचार होने लगा। वह आशा जो दीवारों के घेरे में बन्द अभागे लोगों के हृदयों में मृत हो चुकी थी, अब पुनः जीवित हो गई, उनमें मेरी भी एक थी। हमने सुना था कि ऐसे अवसर पर लम्बी सजा पाए हुए बन्दियों को मुक्त कर देने का रिवाज था। साहब, आप बड़ी कठिनाई से सोच सकेंगे कि मैं कितनी उत्कट चिन्ता के साथ उस समय की प्रतीक्षा में था जब हमारी मुक्ति का आदेश जारी होगा।

और अन्ततः वह आ गया, आया मुझे कुछ दिन की थका देनेवाली आशा के बाद। मुक्ति का आदेश दरोगा के पास पहुँच गया और शीघ्र ही मुझे सुना दिया गया। मुझे कोठरी से बाहर निकाला गया, पैरों की बेड़ियाँ काट दी गईं और मुझे आजाद कर दिया गया। मुझे पाँच रुपए दिए गए। मुझे पुराने पहने हुए वस्त्रों के स्थान पर दूसरे मोटे कपड़े पहनने के लिए दिए गए। बारह वर्षों तक जेल रूपी नरक की यातना भुगतने के पश्चात मैं उन दीवारों से बाहर आया और अब अपनी भाग्य परीक्षा के लिए दुनिया में ढकेल दिया गया।

मुझे रुपए देते हुए दरोगा ने कहा था, "होशियार रहना मीर साहब, अपने पुराने धन्धे से सावधान रहना। पहले की भाँति अब तुम्हारे रक्त का प्रभाव उतना गतिशील नहीं है। तुम जो कुछ पहले थे, उसे अब भूल जाओ। और बाहर जाकर कोई शान्तिपूर्ण व्यवसाय खोज लो। सम्भव है, सौभाग्य पुनः तुम्हारे ऊपर मुस्कुरा दे।"

उसे धन्यवाद देकर मैं चल पड़ा। रात होने तक नगर में ही इधर-उधर घूमता रहा। किसी भठियारे की दूकान पर खाना खाया और उससे अनुमति लेकर वहीं सो गया। प्रातःकाल उठकर वहाँ से चल दिया। किधर जाऊँगा इस बात की क्या चिन्ता क्योंकि अब सारा संसार मुझे समान

दिखाई देता था। मेरा कोई परिचित न था। इतने विशाल नगर में ऐसा कोई भी न मिला जो मुझे जानता हो। इस समय अपनी दशा की बर्बादी मेरे ऊपर गहन रूप से छा गई थी। क्या करूँ और कहाँ जाऊँ? मैं नहीं जानता था, परन्तु मन में एक क्षीण आशा यह थी कि यदि बुन्देलखंड पहुँच जाऊँ तो वहाँ मुझे पुराने साथी अवश्य मिल जाएँगे। इसी बात को लेकर मैं उसी दिशा में चल पड़ा।

शीघ्र ही मैंने अपनी पोशाक में परिवर्तन कर डाला। कुछ पैसा देकर मैंने किसी कलन्दर फकीर से एक ऊँची टोपी और कपड़े खरीद लिये और तैयार हो गया। हाथ में एक डंडा लेकर नगर के उत्तरी दरवाजे से बाहर आया और आगे बढ़ गया।

जैसा विचार किया वही हुआ। भले ही मोटा भोजन मिला हो, परन्तु मैं भूखा नहीं रहा। जब मैं जालौन पहुँचा, मेरी छोटी सी पूँजी लगभग उतनी ही थी, जितनी लखनऊ से चलते समय थी। मैं सीधे मुल्ला के घर पर गया, मैं सदैव अपनी बेटी के विषय में सोचा करता था और मेरी आत्मा उसका भविष्य जानने के लिए उत्सुक रहती थी। परन्तु खेद हुआ, मुझे निराश होना पड़ा। उस समय मुल्ला के मकान में कोई अन्य व्यक्ति निवास करने लगा था, जिसे मैं नहीं जानता था। वह मुझे केवल इतना बता सका कि वह बूढ़ा कई वर्ष पूर्व दिल्ली चला गया और उसके पश्चात उसका कोई पता नहीं चला। जब मैंने उसकी बेटियों के विषय में पूछा, तो उसे उनके बारे में कुछ भी ज्ञात नहीं था। बस केवल इतना बता सका कि जिस लड़की को उसने गोद लिया था, वह उस इलाके के किसी गाँव में व्याह दी गई थी, परन्तु उसके नाम का उसे पता न था।

मैं उसके द्वार से चला आया और स्वयं अपने मकान के सामने जाने का मुझे साहस न हुआ। इसके पश्चात मैं नगर के उस एकान्त भाग की ओर गया, जहाँ किसी छोटे से बगीचे में एक फकीर रहा करता था। उसे मैं पहले से जानता था। उसने मेरी रोटी और नमक खाया था। इस समय मेरी दशा उसके समकक्ष थी। मैं सोच रहा था कि वह मुझे इस पहनावे में पहचान नहीं सकेगा। इस परिवर्तित रूप में मुझे कौन जानेगा? फिर भी मैंने निश्चय किया कि उसे अवश्य खोज लूँगा और यदि वह पूर्व की भाँति ही हुआ, तो अपने पुराने मित्रों का समाचार भी प्राप्त हो जाएगा।

उस फकीर को मैंने खोज लिया। बहुत पूर्व उसे छोड़कर गया था। अब वह बूढ़ा और अशक्त हो गया था। अपना बगीचा, जिसे वह सदैव साफ-सुथरा तथा दर्शनीय बनाए रखता था, इस समय जंगली झाड़ियों से युक्त तथा उपेक्षित पड़ा था। उसमें केवल इतनी शक्ति रह गई थी कि किसी प्रकार स्वयं को घसीटते हुए नगर से अपनी दैनिक आवश्यकता के लिए रोटी-दाल का जुगाड़ कर सके। उसकी यह दशा देखकर मुझे बड़ा आघात लगा। मैंने स्वयं को एक घुमक्कड़ कलन्दर, जो जालौन में ठहरने का इच्छुक था, बताया। मैंने उससे निवेदन किया कि मुझे वहीं रहने दे और मुझे जो कुछ प्राप्त हो, उसमें वह भी भागीदार बने। मेरा प्रस्ताव उसने तुरन्त स्वीकार कर लिया और इस प्रकार मैं वहीं निवास करने लगा। मुझे आशा थी कि सम्भवतः कोई ठगों का दल घूमता हुआ, जालौन आ जाए, तब मैं उसे अपना परिचय दे दूँगा।

शनैः-शनैः मैंने स्वयं को उसके सम्मुख उद्घाटित कर दिया। मैं उसको पुराने समय तथा उस समय के लोगों की बातें बताने के लिए इस प्रकार प्रेरित करने लगा, कि जिससे वह जान जाए कि मैं भी कोई ठग था। उन सबके विषय में और विशेष रूप से मेरे भाग्य के विषय

में उसने इतना वास्तविक दुख प्रकट किया कि मैं स्वयं पर नियन्त्रण न रख सका। मैंने उसे स्वयं को राजा द्वारा मुक्त किए जाने से लेकर अब जालौन में बसने तक की पूरी कहानी कह सुनाई जिसे बड़े आश्चर्य के साथ वह सुनता रहा। इसके बदले उसने भी बहुत कुछ बताया जिसे सुनकर मुझे अत्यन्त दुख और व्यथा हुई। मेरे अनेक साथी दिवंगत हो चुके थे, कुछ पकड़े जाने पर फाँसी पा चुके थे। उस समय बुन्देलखंड में पुराने नेताओं में एकाध ही रह गए थे जो व्यवसाय में लगे होंगे। नए नेता अवश्य पनप रहे थे। उसने प्रशंसा करते हुए किसी नौजवान फिरंगिया का नाम लिया, जिसे मैंने तब देखा था, जब वह निरा बालक था।

इस प्रकार वहाँ रहते हुए चार महीने व्यतीत हो गए। स्वयं अपने और उस फकीर के भरण-पोषण के लिए मुझे नित्य नगर में जाना पड़ता था। मैं उन निम्नकोटि के स्थानों पर जाकर भिक्षा माँगता और प्राप्त करता था, जहाँ कभी निर्धनों के लिए सदैव मेरा हाथ खुला रहता था। मेरे भाग्य में कितना दुखद परिवर्तन हो गया, फिर भी साहब, मैं साहस के साथ सब सहन कर रहा था। यद्यपि धैर्य नहीं था, तो भी मैं अच्छे दिनों और नवीन अभियानों की आशा लगाए रहता था।

(मि. टेलर, "नए अभियान? अमीर अली, क्या इतनी लम्बी सज़ा ने ठगी की ओर से तुम्हारे हृदय को नहीं बदला?")

"नहीं, साहब ऐसा क्यों होता? निरन्तर दुख झेलते और पीड़ित होते हुए मेरा हृदय कठोर नहीं हो गया? इसी कारण समग्र मानव जाति के प्रति विरुद्ध प्रतिशोध की भावना मेरे मन में जाग्रत हो गई। मैं इस अधम स्वाँग को उतारकर फेंक देने के लिए आतुर हो रहा था और एक बार फिर मैं ठग बन सकूँ इसलिए सड़क पर उतरना चाहता था, चाहे नेता के रूप में या किसी के अधीनस्थ होकर। भले ही मेरी दाढ़ी खिचड़ी हो गई थी, परन्तु मैं वृद्ध नहीं था। चिन्ता के कारण मेरे चेहरे पर भले ही झुर्रियाँ आ गई हों, परन्तु मैं अब भी बलिष्ठ और शक्तिशाली था। साथ ही मेरे हाथ अपने कौशल को नही भूले थे।

जैसा मैंने आपको बताया उस दशा में रहते हुए चार महीने व्यतीत हो गए और जालौन के निकट कोई ठग नहीं आया। तब मैं, अपनी भिक्षावृत्ति से बचाए हुए कुछ रुपए लेकर तियारी की ओर चल दिया। वहाँ मुझे उस ब्राह्मण ज्योतिषी से मिलने की आशा थी, जिसने मोतियों के व्यापारी के मामले में अत्यन्त कुशलता के साथ मेरी सहायता की थी। जालौन पहुँचते ही मैंने उसके हिस्से की रकम भेज दी थी। यद्यपि उसके पश्चात मैंने उसके विषय में कुछ नहीं सुना, फिर भी मुझे विश्वास था कि पत्र इधर-उधर न हुआ होगा।

कई दिनों के बाद मैं तियारी पहुँचा। मैं जानता था कि वहाँ ठगों के दल घूमा करते थे, क्योंकि कई स्थानों पर उनके द्वारा आग जलाने के चिह्न दिखाई दिए। परन्तु मुझे कोई नहीं मिला, तो मुझे बड़ी निराशा हुई। वहाँ पहुँचकर मैं मन्दिर पर पहुँचा, जहाँ वह मुझे ब्राह्मण मिल गया। मेरे दुर्भाग्य की अपेक्षा वह बड़े आदर और प्रेम के साथ मिला। ठगों के साथ उसके सम्बन्ध यथावत चल रहे थे और मैंने बड़ी प्रसन्नता के साथ सुना कि एक दिन पूर्व ठगों का एक दल रामदीन नामक जमादार के नेतृत्व में वहाँ से गुजर चुका था और वह सड़क से नर्मदा की ओर चला गया था।

उसने कहा, "मीर साहब, तुम बड़ी सरलता से उन्हें पकड़ सकते हो और यदि तुम्हारी पूर्वार्जित कीर्ति वहाँ तुम्हें यथोचित सम्मान न दिला सके तो मेरी एक-दो पँक्तियाँ तुम्हारे लिए

अवश्य सहायक होंगी।"

उसने मेरा परिचय देते हुए पत्र लिख दिया जिसमें उसने जमादार को सूचित किया था कि मैं कौन था और कैसे मैं उससे पहले से सम्बन्धित था। पत्र प्राप्त करने के पश्चात मैं वहाँ नहीं रुका और अपने भावी साथियों की खोज में पुनः निकल पड़ा। दूसरे दिन मैं उन लोगों तक पहुँच गया। जिस व्यक्ति को उन लोगों ने बहुत पहले मृत समझ लिया था, उसे देखकर सभी को बड़ा आश्चर्य हुआ। उन लोगों ने मुझे अच्छे कपड़े पहनने के लिए दिए और मुझे अपने दल के सदस्य के रूप में सम्मिलित कर लिया और भाई के समान मुझसे व्यवहार करने लगे। वास्तव में उन लोगों के सौहार्दपूर्ण व्यवहार से मेरा भग्न हृदय पुनः ऊर्जावान हो गया। रामदीन ने जोर देकर कहा कि दल में मैं उसके समान स्थान ग्रहण कर लूँ और कुछ आवश्यक रस्में सम्पन्न होने के पश्चात मैंने अपना रूमाल पुनः सँभाल लिया। कुछ दिन बाद मैंने पुनः तपौनी का गुड़ खाया।

साहब, अब तक आप यात्रियों के साथ हुए मेरे जोखिम के कामों को सुनते-सुनते अवश्य ऊब गए होंगे। रामदीन के दल के साथ रहते समय कोई उल्लेखनीय बात नहीं हुई। हम कम्पनी सरकार के इलाकों में जाने से बचते रहे और सिन्धिया की रियासत में आराम के साथ घूमते रहे। हम बुरहानपुर तक जा पहुँचे और लौटते हुए नर्मदा के तट पर ओंकार मानदत्ती नामक तीर्थ पर गए। वहाँ सौभाग्य से तीर्थयात्रियों के एक दल को फुसलाने में हम लोग सफल हो गए। यम घाट के नीचे हमें प्रचुर लूट का माल प्राप्त हुआ। उज्जैन लौटने के लिए यहीं तक हम उनके साथ रक्षक दल के रूप में रहे। इसमें मुझे चार सौ रुपए से अधिक हिस्सा प्राप्त हुआ। एक बार पुनः आप मुझे स्वतन्त्र और भाग्यशाली देख रहे होंगे। परन्तु रामदीन मुझसे ईर्ष्या करने लगा। उसे मेरी श्रेष्ठ कार्य-कुशलता और बुद्धिमानी नहीं सुहाती थी। कई बार उसके साथ झगड़े हुए और अन्ततः मैंने उसका साथ छोड़ दिया और जो कुछ मेरे पास था उसे लेकर दक्खिन की ओर यात्रा करने का इरादा कर लिया कि वहाँ निजाम के इलाके में मैं अपने भाग्य को खोजूँगा। मुझे ज्ञात था कि वहाँ अभी भी ठगी बिना बाधा फल-फूल रही थी।

परन्तु दुर्भाग्य ने मेरा पीछा नहीं छोड़ा। जिस मार्ग पर मैंने रामदीन का साथ छोड़ा था, वह सागर होता हुआ गया था और वहीं मुझे अपना पुराना परिचित गनेशा मिल गया। वह किसी छोटे से दल का मुखिया था और स्पष्ट रूप से बहुत बुरी दशा में था। उससे मिलने पर मुझे उसके प्रति अपनी घृणा की भावना बड़ी कठिनाई के साथ छिपानी पड़ती थी। मेरा अपना दुर्भाग्य लखनऊ जेल में अपने पुराने साथी द्वारा सुनाई गई कहानी अभी तक मेरी स्मृति में ताजी थी। फिर भी मैंने अपनी घृणा को छिपाए रखा, यद्यपि प्रतिशोध की आग निरन्तर मेरे हृदय में धधकती रहती थी और उसे शान्त करने के लिए किसी अवसर को पकड़ने के लिए मैं सदैव तैयार रहता था।

उसके दल में एक ठग था, उसे मैं बहुत पहले से जानता था। वह गनेशा से परेशान रहता था, जिसका मिजाज आयु के साथ भी नहीं सुधरा। उसने मुझे यह परामर्श दिया कि मैं स्वयं उन थोड़े से आदमियों का नेतृत्व करूँ, जिन्हें वह संकेत करे। वे लोग सदैव मेरे प्रति ईमानदार बने रहेंगे। उसके विचार से यही लोग आगे चलकर किसी बड़े दल के केन्द्र बनेंगे, क्योंकि पुराने ठगों की स्मृति में अब भी मेरा नाम ताजा था और जब वे लोग सुनेंगे कि बिना किसी अन्य को मिलाए हुए, मेरा इरादा किसी स्वतन्त्र दल के गठन करने का है, तो वे लोग झुंड के झुंड

आकर मुझसे मिल जाएँगे। उसका कथन सही था, क्योंकि कुछ महीनों में मैं चालीस ठगों का नेता बन गया। हम सौभाग्यशाली थे। नई दिशा को पकड़कर हम लोग रीवा के राजा के इलाके से गुजरे। यहाँ हम एक गाँव में रुक गए, जो हिंडिया से अधिक दूर न था और सूनसान तथा लोगों के कम आने-जानेवाले मार्ग पर स्थित था। यहाँ हम धोखेबाजी तथा ठगों के विरुद्ध उस समय सागर से चलाई जानेवाली कार्रवाइयों से सुरक्षित थे।

इस प्रकार दो वर्ष व्यतीत हो गए। मैं पूर्णतः सन्तुष्ट था, क्योंकि मैं शक्तिशाली रहने के साथ क्रियात्मक रूप से व्यस्त रहना चाहता था। दो मौसमों में हम लोग बाहर निकले और प्रचुर धन लूटकर ले आए। एक बार पुनः अमीर अली का नाम प्रसिद्ध हो गया और लोग भयभीत रहने लगे। एक और मौसम में मैं निकलूँगा और वही मेरा अन्तिम अभियान होगा, यह बात मैंने कह रखी थी। मैंने अपनी बेटी के सम्बन्ध में कुछ सूत्र खोज लिये थे, और सोचा था (यह विचार निष्फल था) कुछ हजार रुपए एकत्र कर सकूँ, तभी मैं उसे खोजने का साहस करूँ, और ठगी को सदैव के लिए त्यागकर उसी के निकट कहीं रहने लगूँ। पता नहीं क्यों उस समय मैं मोहान्ध हो गया? जिसे कठोर नियति ने रोक दिया हो, वह कैसे घटित होगा? अल्लाह ने मेरे भाग्य में जो लिख दिया, उसे अवश्य पूरा होना था। मैं अन्धा होकर उसी ओर बढ़ता चला गया। मनुष्य के निष्प्रयोजनीय संकल्प उसे अपनी कल्पना के भूत के पीछे दौड़ने के लिए प्रेरित करते हैं, जिसे कभी प्राप्त नहीं किया जा सकता, परन्तु वह प्रायः आशा के आकर्षक मार्ग पर ले जाकर एकाएक विनाश के गर्त में डुबो देता है।

मैंने एक अभूतपूर्व वृहद् अभियान की योजना तैयार की, जिसके अनुसार कलकत्ते की ओर जाना था। हम लोगों ने भवानी से शपथ ली थी कि विन्ध्याचल और कलकत्ते में उनके तीर्थों में जाकर अपनी भक्ति भावना अर्पित करेंगे। शकुन भी अनुकूल हुए। हम लोग बड़े हर्ष और उत्साह के साथ रवाना हो गए। उस समय मुझे किसी बात की परवाह नहीं थी, यद्यपि अंग्रेज सरकार ने मेरे ऊपर पाँच सौ रुपए का इनाम घोषित कर दिया था। इससे प्रमाणित होता था कि मैं कोई भयानक व्यक्ति था और लोग मुझसे भय खाते थे। मुझे यह देखकर हार्दिक प्रसन्नता होती थी कि वही अमीर अली जो एक समय का सताया हुआ और उपेक्षित व्यक्ति था, अपनी दुरूहता से पुनः ऊपर उठ आया था और सामने आनेवाले खतरे का सामना करने के लिए तैयार था। मैं मानता हूँ कि इस प्रकार की मेरी सोच मूर्खता के अतिरिक्त और कुछ न थी, फिर भी वह मेरी नियति थी जो मुझे प्रेरित कर रही थी। उस समय मैं यदि कुछ सावधानियों पर चलता, तो वे भी व्यर्थ होतीं। मैं जानता था कि जिस स्थान पर था, वहाँ धोखा नहीं हो सकता और अपने सौभाग्य के स्पष्टतः नवीन उदय पर मेरा अटूट विश्वास था, साथ ही उन शकुनों पर भी जो हमारे अभियान के आरम्भ में देखे गए थे, मेरी श्रद्धा थी। मुझे विश्वास यह भी था कि कम्पनी के इलाकों में ठगों के विरुद्ध सफलतापूर्वक चलाई जानेवाली कार्रवाइयों के भय से बचा रहूँगा।

जिस मार्ग से प्रस्थान करने का हम लोगों ने निश्चय किया था, सागर सीधा उस पर पड़ता था और यहीं पर सबसे अधिक भय था। सम्भवतः मैं इसे बचाकर निकल सकता था, परन्तु वहाँ से गुजरने के बाद कुछ दिनों के लिए मुझे अपनी गतिविधियों को गुप्त रखने का पूरा विश्वास हो गया था। साथ ही मेरे दल ने, शकुन अनुकूल होने तथा मार्ग एक बार निश्चित करके उसे परिवर्तित करने से इनकार कर देने के कारण, समस्त खतरों की अपेक्षा आगे बढ़ने का मैंने

निश्चय कर लिया। इसीलिए हम लोग रात में बड़े-बड़े गाँवों से बचते हुए यात्रा करते थे। हम लोग उजाड़ और सुनसान स्थानों अथवा छोटे गाँवों के निकट विश्राम कर लेते थे। इस अवधि में हमने किसी बनिज की खोज नहीं की। हमारे ऊपर खतरा इतना अवश्यम्भावी था कि एक क्षण का भी समय नष्ट नहीं किया जा सकता था। यद्यपि हमारे दल ने एक-दो आदमी मार दिए, परन्तु वह केवल तपौनी का गुड़ खाने और अपनी आराध्या देवी की सन्तुष्टि के लिए आवश्यक रस्में सम्पन्न करने के और अन्ततः अपनी सफलता के उद्देश्य से किया गया था।

उपसंहार

साथियों का विश्वासघात

जैसा मैंने पूर्व ही बताया था कि सागर हमारे सीधे मार्ग पर पड़ता था। दिन भर की कठिन यात्रा के पश्चात् हम उसके निकट के एक गाँव में पहुँचे। काफी थके होने के बावजूद, नगर के अति निकट होने के कारण हम लोग बढ़ते चले गए और रात होते-होते अपने एक सुपरिचित स्थान पर आ गए। नगर से दूर जितना हो सका सूनसान स्थान पर किसी खाली सायबान को चुनकर हमने वहाँ डेरा डाला। शीघ्रता से खाना पकाकर, खाया और लेट गए। सोचा था कि प्रातः जल्दी उठकर अपनी आगे की यात्रा पर चल देंगे। सोने से पूर्व हमने अपने किसी आदमी को पहरे पर नियुक्त कर दिया था, जिस पर हमें भरोसा था कि यदि कोई सन्देहास्पद व्यक्ति दिखाई दे, तो वह तुरन्त हमें सूचित कर देगा।

रात व्यतीत हो गई। मैं उठ गया और अपने साथियों को भी जगाया। दिन निकलने से बहुत पूर्व हम लोग नगर के दरवाजे से बहुत दूर जा चुके थे।

मैंने अपने एक मित्र से कहा, "देखो हमारा सबसे भयानक खतरा निकल गया, अब हम पुनः अपने ठीक मार्ग पर चल रहे हैं। दोपहर होते-होते यह स्थान हमसे दस कोस पीछे रह जाएगा, उसके बाद खतरे की कोई बात नहीं और हम हल्के मन से यात्रा करते रहेंगे।"

खेद की बात है कि मेरी आशावादिता मुझे ऐसा कहने के लिए विवश कर रही थी, परन्तु मेरा सोचा हुआ होना ही नहीं था। पुनः मेरे साथ विश्वासघात किया गया और जब मैं यह इतमिनान किए बैठा था कि मेरे पास ऐसा दल था जो सन्देहमुक्त था, तभी दो विश्वासघाती, जैसा मैंने बाद में सुना मेरी गिरफ्तारी की एक गहरी योजना पहले ही तैयार कर चुके थे। इसके विषय में मैं आगे सब कुछ बताऊँगा। आप इस समय मेरे साथ सड़क पर हैं, और देख रहे हैं कि हम लोग पूरी गति के साथ आगे बढ़ते जा रहे हैं।

नगर का दृश्य बहुत पहले हमारी आँखों से ओझल हो चुका था। हमारे सम्मुख एक चौड़ी और भली भाँति तैयार की गई सड़क थी, जिसकी याद अच्छी तरह बनी रही। परन्तु मैं ऐसी जनसाधारण द्वारा आने-जानेवाली मुख्य सड़कों से सदा भयभीत रहता था। मैंने इरादा कर लिया कि जैसे ही हमारी यात्रा की दिशा में जानेवाला कोई छोटा मार्ग दिखाई देगा, हम उसी ओर जाएँगे। सम्भवतः हम इस प्रकार एक-दो कोस चले होंगे, और दिन भी निकलनेवाला था। थोड़ी

दूर पर एक नाला था। चूँकि नगर से निकलते समय किसी ने भी अपने मुँह-हाथ नहीं धोए थे, अतः मैंने प्रस्ताव किया कि वहीं वज़ू कर लिया जाए। और इस प्रकार आगे आनेवाले पड़ाव के पूर्व हम लोगों को कुछ आराम भी प्राप्त हो जाएगा। सभी लोगों ने मेरी बात स्वीकार कर ली। जब हम लोग नाले की धारा पर पहुँचे, तो सभी ने अपने कमरबन्द खोल लिए और उसके किनारे बैठकर हाथ-मुँह धोने लगे। हमें यह करते हुए कुछ ही मिनट व्यतीत हुए होंगे कि अचानक बहुत बड़ी संख्या में पैदल और घुड़सवार सिपाही हमारे ऊपर टूट पड़े। वे पहले से ही मार्ग में हमारी प्रतीक्षा कर रहे होंगे।

जलधारा से हटकर कुछ दूर पर मैं अपने शस्त्र रख आया था। सर्वप्रथम मैंने उन्हीं को प्राप्त करने की चेष्टा की, परन्तु इसमें मैं सफल नहीं हो सका। मेरे अपने ही दो आदमी मेरे ऊपर टूट पड़े और उन्होंने मुझे पकड़ लिया। जब मैं उनसे छूटने के लिए संघर्ष कर रहा था, उसी समय कुछ पैदल सिपाहियों ने आकर मुझे गिरफ्तार कर लिया। मुझे नीचे गिराकर बाँध दिया गया। अचानक हुआ यह आक्रमण पूरा हो गया। मेरे दल के कुछ लोगों ने तलवारें खींच लीं, सिपाहियों के साथ उनका कुछ देर संघर्ष हुआ, जिसमें कुछ आदमी घायल हो गए, परन्तु अन्ततः सभी को गिरफ्तार कर लिया गया। केवल कुछ लोग भागने में सफल हो गए। यह सम्पूर्ण कांड मेरे वर्णन करने के समय से बहुत पहले ही समाप्त हो चुका था।

मेरे जिन आदमियों ने मुझे अपने शस्त्र लेने से रोका था, उन्हें मैंने बुरी तरह से फटकारा। यदि वे शस्त्र मेरे हाथ आ जाते तो अमीर अली को जीवित पकड़ पाना असम्भव था। साहब, मैं अपना जीवन बहुत बड़ी कीमत पर बेच देता, और इसके पूर्व कि धर लिया जाता, अपनी तलवार अपने ही सीने में पार करके जीवन का अन्त कर देता, जिसके लिए अब इस संसार में कोई आकर्षण शेष नहीं रह गया था। मैं इस जीवन को केवल इस कारण बनाए रखे था कि मैं उन व्यक्तियों से प्रतिशोध ले सकूँ जो मेरी व्यथा के कारण बने थे।

जब मैं उन लोगों को अपशब्द बक रहा था, तो वे सब मेरा उपहास कर रहे थे।

एक ने कहा, "मीर साहब, तुम्हारी कलकत्ते की यात्रा कहाँ रह गई? देखो, तुम्हें अब लम्बी यात्रा नहीं करनी पड़ेगी। तुम्हें सागर ले जाकर किसी सुन्दर मकान में रखा जाएगा, जहाँ तुम्हारे पुराने मित्र भी हैं, उन्हीं के साथ तुम भी रहोगे।"

दूसरा बोला, "हाँ, जमादार के दिन अब लद गए। बाघ की माँद में घुसते समय क्या उसकी गन्ध भी नहीं मालूम हुई, उसकी बुद्धि उसका साथ छोड़कर चली गई थी। अरे जमादार, तुम सागर क्यों आ गए? क्या तुम अपनी गिरफ्तारी के लिए घोषित पुरस्कार और माफी दिए जाने की बात भूल गए?"

उसने किसी दूसरे की ओर इंगित करके कहा, "वास्तव में हम लोगों ने बहुत अच्छा काम कर दिखाया और साहब लोग हम पर बहुत खुश होंगे।"

परन्तु उनके नेता ने उन लोगों की निरर्थक बातें बन्द करा दीं और उन्हें सावधान रहने की चेतावनी दी। उन्हें बढ़चढ़कर बातें करने से रोका कि अन्यथा उनकी आशाओं पर पानी फिर जाएगा। इस पर वे सब दुबककर बैठ गए, क्योंकि वहाँ उपस्थित सभी की घृणा और तिरस्कार की दृष्टि सहन करना उन्हें कठिन हो गया। जब मैं सभी की बात कहता हूँ तो मेरा तात्पर्य उन सिपाहियों से है, जो हमें गिरफ्तार करके लाए थे। वे सिपाही भी अपनी सफलता के साधन की निन्दा करने लगे, क्योंकि उन लोगों ने (मुखबिरों) उसके प्रति धोखा देकर विश्वासघात किया

जिसका नमक खाया था।

और इस प्रकार आत्मा की कटु यन्त्रणा और अपने सागर आने के अर्थहीन तथा अविवेकपूर्ण कृत्य पर व्यर्थ खेद में पड़े हुए मुझे वे लोग बाँधकर पहरे में उसी मार्ग से ले चले, जिससे हम यात्रा कर रहे थे। उस समय मैं प्रातःकालीन शीतल पवन की भाँति स्वतन्त्र था। यह तीसरी बार था जब मैं बन्दी बना। अब मुझे मुक्त होने की कोई आशा नहीं थी, जैसी गत दो अवसरों पर रही। परन्तु इस बार सब कुछ विलीन हो गया। तब मैं युवा था और युवा हृदय सदैव प्रफुल्ल तथा स्वयं आनन्दित रहा करता है। मेरी आत्मा की ज्वलन शक्ति बहुत पहले समाप्त हो चुकी थी। परन्तु मेरे निरन्तर साहसिक जीवन का उग्र उत्साह तथा अनियन्त्रित स्वाधीनता थी कि वही अग्नि पुनः ज्वलित हो उठी और मैंने पूर्व की भाँति अपने दल का पुनर्गठन कर लिया। इस समय मृत्यु मेरे सम्मुख खड़ी थी, क्योंकि अंग्रेजों के कठोर कानूनों को मैं जानता था। उन लोगों ने किसी भी स्तर के ठगों के प्रति कोई दया नहीं प्रदर्शित की, तब मेरे जैसे ठग के प्रति, जिसके ऊपर इनाम घोषित किया गया हो, वे कितनी कम दया करते? मेरे मस्तिष्क में कटु विचार उठ रहे थे, मुझे फाँसी पर लटकाया जाएगा, वह भी किसी कुत्ते के समान, जिसे किसी वीर की भाँति रणभूमि में मृत्यु का वरण करना चाहिए। वह मृत्यु कितनी मधुर होती और मुझे अनन्त काल के लिए जन्नत प्राप्त होती। खेद है कि वह आशा भी मुझे त्याग चुकी थी और मैं अनुभव कर रहा था कि आत्मा को पीड़ित करनेवाले अपराध के बोझ के कारण मुझे अवश्य नरक में गिरा दिया जाएगा।

उन असंख्य विचारों का जो ऐसे क्षण में हृदय में उठते हैं, कौन वर्णन कर सकेगा। एक-एक करके वे दौड़ते आते थे, एक-दूसरे को हटाकर। अन्ततः कोई स्थिर नहीं रहता था, और मस्तिष्क में अव्यवस्था उत्पन्न हो जाती थी। मेरे साथ यही सब घटित हो रहा था। मैं सिपाहियों से घिरा हुआ मशीन की भाँति चला जा रहा था। सर्वत्र विचरणशील मन को आगत दृश्य—मृत्यु के दृश्य—की ओर ले जाने का निष्फल प्रयत्न कर रहा था, क्योंकि मुझे पक्का निश्वास था कि वे लोग मुझे अविलम्ब फाँसी पर लटका देंगे। मेरे जैसे आमूल अपराधों से लिप्त व्यक्ति के लिए मुकदमा चलाने का नाटक क्यों किया जाएगा?

नगर में पहुँचने के थोड़ी देर बाद मुझे कठोर पहरे में, उस अफसर के सामने ले जाया गया, जिसे अंग्रेज सरकार ने ठगों को पकड़ने के लिए नियुक्त किया था। वह लम्बा और शानदार दिखाई देनेवाला व्यक्ति था। उसने मुझे पैनी दृष्टि से देखा, वैसे ही मैं समझ गया कि मेरा अन्तिम समय निकट था, और रात होने से पूर्व मेरा अस्तित्त्व इस धरती पर मिट जाएगा। जो भी हो, मैंने स्वयं को अधिकाधिक बुरी स्थिति के लिए तैयार कर लिया। उस अफसर की कठोर आकृति में दया, करुणा का कोई चिह्न मैंने नहीं देखा। मैं स्वीकार करता हूँ कि जब वह मुझे सम्बोधित करनेवाला था, उस समय मैं काँप रहा था।

उसने कहा, "तो तुम जमादार अमीर अली हो। अन्त में तुम हमारे जाल में फँस ही गए। अपने विरुद्ध आरोपों को जान लो, इसी कारण यहाँ लाए गए हो। इसे पढ़ो।" फिर अपने मुंशी से कहा, "जो अपराध सूची तैयार की गई है, उसे पढ़कर सुना दो। यह दुष्ट सम्भव है उनसे इनकार कर दे।"

मुंशी ने फारसी में लिखे हुए कागज-पत्र खोले और उसमें लिखे हुए अपराधों का विवरण पढ़कर सुनाने लगा। मैं जानता था कि उनमें से प्रत्येक सत्य था। वस्तुतः वह मेरे अतीत जीवन

का पूरी ईमानदारी के साथ तैयार किया गया अभिलेख था, जिसमें कहीं-कहीं कुछ छूट गया था। अल्लाह बचाए, मैं सोच रहा था, अब कोई आशा नहीं रह गई, फिर भी मैं इस मामले में अपना साहसी चेहरा बनाए हुए था।

मैंने कहा, "साहब बहादुर, प्रमाण की क्या बात है? आप अंग्रेजों की न्याय के लिए प्रशंसा की जाती है। मैंने इतनी लम्बी अपराधों की सूची कभी नहीं सुनी। आप लोग हजारों के साथ न्याय करते हैं। अतः मुझे विश्वास है कि मुझे भी न्यायोचित सुनवाई से वंचित नहीं करेंगे।"

अफसर ने कहा, "नहीं, बिलकुल नहीं, तुम्हारे अपराध कुछ भी हों, भय की कोई बात नहीं। तुम्हारे मामले की पूरी बात की जाएगी। मुखबिरों को बुलाओ।" उसने किसी चपरासी से कहा, "उन्हें एक-एक करके यहाँ लाओ, जिससे जमादार भी सुन ले कि उन लोगों ने उसके सम्बन्ध में मुझसे क्या कहा था।"

प्रथम जो व्यक्ति लाया गया, वह मेरे दुर्भाग्य के दिनों के पूर्व का साथी था। जालौन के राजा द्वारा मेरे पिता की हत्या किए जाने से ठीक पूर्व वाले अभियान में वह मेरे साथ ही था। वह घटना पूर्ण रूप से सबको बताई जा चुकी है। बहुत देर तक उसका बयान चलता रहा। उसने मुंशी और उसके बच्चे की हत्या से लेकर अन्त तक अर्थात मोतियों के व्यापारी के विनाश तक की सारी घटनाओं का विस्तार से वर्णन किया। मेरी स्मृति में भी ये घटनाएँ उतनी ही ताजी थीं। उसका बयान इतना सही और सच्चा था कि मैं उसके किसी एक शब्द का उत्तर नहीं दे सका, न मैं उसके साक्ष्य को हिलाने की दृष्टि से उससे एक भी प्रश्न पूछ सका। अन्त में उसने अफसर से अपने बयान की पुष्टि के लिए जालौन के राजा से पूछने के लिए कहा। उसने मुझसे भी अपने बयान को असत्य घोषित करने के लिए कहा।

उसने कहा, "केवल यही नहीं, मीर साहब तुम जानते हो कि ये सब बातें सच हैं। मेरे अतिरिक्त अन्य लोग भी हैं जो इन तथ्यों को बता सकते हैं। यह भी समझ लो कि बहुत सी कब्रें खोलकर उनमें से तुम्हारे शिकार हुए आदमियों के अवशेष निकाले जा चुके हैं।"

अपने ऊपर के पहरे की परवाह न करके, उसके द्वारा बयान में 'तुम्हारे शिकार' पर अधिक बल देनेवाली बात पर मैंने चिढ़कर कहा, यह कहो 'तुम्हारे और मेरे शिकार' क्योंकि मेरे साथ तुम भी उतने ही लिप्त रहे थे। इसके अतिरिक्त क्या तुमने उस बदमाश गनेशा की सहायता नहीं की, जब मुंशी के बच्चे की मैं रक्षा करना चाहता था?"

इस पर अनेक आवाजें आने लगीं, "उसने स्वीकार कर लिया।"

अफसर बोला, "चुप रहो। अब कोई नहीं बोलेगा। क्या तुम जानते हो, अमीर अली, तुमने अभी क्या कहा? क्या तुम जानते हो कि तुमने स्वयं को ठग होना स्वीकार कर लिया?"

मैंने सावधानी के साथ कहा, "मैं अपने शब्दों को दुहराने की कोशिश करना व्यर्थ समझता हूँ, आप उनका जो चाहें अर्थ लगा लें, क्योंकि इसके पश्चात आप मुझसे और कुछ न कहला सकेंगे, चाहे जितनी यन्त्रणा मुझे दी जाए।"

फिर भी जाँच की कार्रवाई जारी रही। अन्य लोग, जो या तो मुझसे परिचित थे अथवा ठगी में मेरे साथ रहे थे, बुलाए गए। सबसे अन्त में वे लोग आए, जिन्होंने मेरे साथ विश्वासघात करके सरकार से पुरस्कार प्राप्त किया। ये लोग गत दो वर्षों से मेरे साथ रहे थे। उन्होंने जो कुछ मैंने किया अथवा हत्या किए हुए लोगों के शव जहाँ पड़े थे, सबकुछ बताया। इसके पश्चात कार्रवाई समाप्त हो गई। सभी के साक्ष्य लिख लिए गए। मुझे जेल भेज दिया गया और भली

भाँति कब्जे में रखने के लिए न केवल भारी बेड़ियाँ डाली गईं, वरन् मुझे एकाकी कोठरी में बन्द कर दिया गया।

कई दिनों तक मैं वैसा ही बन्द रहा। मैंने यह निष्कर्ष निकाल लिया कि मेरे भाग्य का निर्णय किया जा चुका था। एक मुंशी जिसे मैंने अदालत में देखा था, अपने साथ नजीब का कोई जमादार तथा दो मुखबिरों को लेकर मेरे पास आया।

पहले व्यक्ति ने कहा, "अमीर अली, मुझे साहब बहादुर ने तुम्हारे भाग्य का फैसला सुनाने के लिए भेजा है।"

मैंने कहा, "मेरा भी अनुमान यही था। बाकी मुझे भुगतना है। देखो, मुझसे पूर्व भी कई ठग स्वर्ग जा चुके हैं और तुम लोग देख लोगे कि अमीर अली मौत से नहीं डरता।"

मुंशी बोला, "तुम्हारा अनुमान ठीक है। अब तुम्हारे लिए कोई आशा नहीं। एक या दो दिन में तुम्हारा अन्तिम मुकदमा हो जाएगा। तुम्हारे विरुद्ध तथ्यों की बड़ी लम्बी सूची है। सभी मुखबिरों के बयानों के साथ जालौन के राजा का विवरण भी पूरा मेल खाता है कि मृत्यु से बच पाना तुम्हारे लिए असम्भव है अथवा यदि उससे बच गए तो काला पानी जाने से नहीं बच सकोगे।"

मैंने कहा, "मौत, मुझे तत्काल मौत चाहिए। अरे मुंशी, मेरे जजों पर तुम्हारा कुछ प्रभाव अवश्य होगा। मुझे तुम समुद्र पार भेजे जाने से बचा सकते हो, जहाँ मैं अपने देश को फिर कभी नहीं देख सकूँगा और वहाँ किसी अनजान देश में अपने जीवन के शेष दिन घसीटने होंगे। बेड़ियों में जकड़े हुए काम करने की सजा भुगतनी पड़ेगी। इन हाथों ने वास्तव में कभी श्रम नहीं किया, अब उसे कैसे सहन करूँगा। मेरे लिए वास्तव में मृत्यु ही स्वागत योग्य है, काला पानी बिलकुल नहीं।"

जमादार ने पूछा, "परन्तु मीर साहब, इन दोनों सजाओं में से एक भी क्यों हो? अपना जीवन और मृत्यु स्वयं तुम्हारे हाथों में है। ये लोग बताएँगे कि जिस स्वामी के अधीन ये सेवा करते हैं, वह उनके साथ कैसा व्यवहार करता है? यदि तुम बुद्धिमान हो तो तुम भी इन्हीं के समान हो सकते हो?"

मैंने कहा, "यह कभी नहीं हो सकता। अमीर अली के लिए यह कभी नहीं कहा जाएगा कि उसने अपने साथियों के प्रति विश्वासघात किया।"

मुंशी ने कहा, "अरे कमबख्त सुन, हम यहाँ उस व्यक्ति से विनय करने नहीं आए जो हजार बार मरने योग्य हो और जिसका नाम इस प्रदेश में आतंक का पर्याय हो। इस समय तुम हमारे वश में हो और तुम्हारे भाग्य का परिवर्तन करने की बात नहीं, हम तुम्हारे लिए एक विकल्प का सुझाव दे रहे हैं, जिसे स्वीकार या अस्वीकार करना तुम्हारी इच्छा पर निर्भर है। इसके लिए कोई जोर-दबाव नहीं डाला जा रहा है और न तुम्हारे साथ तर्क-वितर्क करके समय व्यर्थ करना है, जो कहना है तुरन्त कहो। क्या तुम जीवन चाहते हो? एक मुखबिर बनकर अन्य लोगों की भाँति अच्छे कपड़े पहनना और अच्छा भोजन करना चाहते हों। तुम्हारे साथ सम्मान का व्यवहार किया जाएगा अथवा कुत्ते की भाँति मरना चाहोगे? बोलो, मेरा समय कीमती है। तुम्हारे साथ शब्दों की हेराफेरी करने का मुझे आदेश नहीं है।"

दोनों मुखबिरों ने कहा, "अमीर अली, ये शर्तें स्वीकार कर लो, मूर्ख मत बनो। अपना जीवन बचाने के इस अन्तिम अवसर को ऐसे ही न जाने दो।"

कुछ समय तक मैं विचार करता रहा। मेरे लिए जीवन का क्या मूल्य था? क्या सदैव के लिए यही कहला दूँ कि अमीर अली एक विश्वासघाती था, थोड़े से भोजन और जीवन का वरदान प्राप्त करने के लिए उसने अपना व्यवसाय त्याग दिया तथा उनके दमन में सहायक बन गया। नहीं, नहीं, मृत्यु ही मेरे लिए सर्वोपरि होगी। और उन लोगों से वैसा ही कह दिया।

मैंने कहा, "आप लोग जाइए, अपने स्वामी को यह सन्देश दे दीजिए कि अमीर अली की आत्मा का अभिमान इस पेशकश को स्वीकार करने में असमर्थ है और वह इसकी निन्दा करता है। उसे मृत्यु का कोई भय नहीं, पर उस लज्जा से है जो सदैव के लिए होगी।"

वे लोग वहाँ से चले गए। मैं अपने भविष्य का चिन्तन करने लगा। मुझे मरना होगा, मेरा इरादा यही था, परन्तु क्या मैं वास्तव में मृत्यु से भयभीत हो गया? पहले तो ऐसा नहीं था। मैं उस परिवर्तन को इस दृष्टि से देखता था कि वह मुझे स्वर्ग के उस शाश्वत आनन्द तक पहुँचा देगी, जहाँ मेरी अज़ीमा और पिता होंगे परन्तु विचार करते-करते अन्य बातें मेरी आत्मा में चक्कर लगाने लगीं। एक दिन तो मरना अवश्य है परन्तु कैसे एक पुरुष अथवा सैनिक की भाँति नहीं वरन् किसी अधम चोर की भाँति! मृत्यु के समय मुझे संघर्ष करते हुए देखकर हजारों लोग मेरी निन्दा करते हुए आनन्दित होंगे। तभी मुझे उस अभागे का स्मरण हो आया जब बद्रीनाथ मेरे साथ था और मेरी आँखों के सामने फाँसी पर उसको लटकाया गया था। वह दृश्य मेरे सामने नाचने लगा कि प्राण निकलने से पूर्व उसे कितनी भयानक यन्त्रणा भुगतनी पड़ी। उस मृत्यु की लज्जा और अपमान मेरी स्मृति में सदा बने रहेंगे। ये सब बातें बोझ बनकर मेरे ऊपर छा गईं। दूसरे पक्ष का जीवन बन्धन का अवश्य था, परन्तु कुछ हो वह जीवन तो होगा। मैं अभिरक्षा में रहूँगा और सम्भव है कि एक बार मैं पुनः स्वतन्त्र हो सकूँ, यदि योरोपियन लोग मेरे ऊपर दयावान हो जाएँ। तब मैं ईमानदारी के साथ उनकी सेवा करूँगा।

इस प्रकार कई दिनों तक मैं स्वयं ही तर्क-वितर्क करता रहा। अन्त में मुझे चेतावनी दी गई कि मेरा मुकदमा आगामी दिन होगा। इस समय स्पष्ट रूप से मेरे भविष्य के सम्मुख बड़ा संकट आ खड़ा हुआ, मुझे यह बात स्वीकार करनी चाहिए। फाँसी पर लटकाए जानेवाली मृत्यु की भयानक यातना, काले पानी का भय तथा मुंशी के परामर्श ने मुझमें अन्य लोगों के साथ अपना जीवन देने की अपेक्षा जीवित रहने की इच्छा उत्पन्न कर दी। गनेशा की बात भी मेरे दिमाग में घूमती रही, और अब मैं उससे प्रतिशोध ले सकूँगा, ऐसा मैंने सोचा। उसकी मौत मेरे द्वार पर नहीं रखी मिलेगी। मैं यह भी जानता था कि उसको पकड़ने के लिए अंग्रेज सरकार कितनी गम्भीर थी। और यह बात केवल मुझे ज्ञात थी कि वह कहाँ मिलेगा। यदि वह कभी हमारे चंगुल से निकल भी जाए तो भी उसके छिपने के सारे स्थान मुझे मालूम थे। मैंने अपना इरादा पक्का कर लिया। पहले जिस मुंशी ने मुझसे बात की थी उसे मैंने बुलवाया, और वह आ गया। मैंने अविलम्ब उसे बता दिया कि जो विकल्प मुझे सुझाया था, मैं उसे स्वीकार करने के लिए तैयार हूँ।

उसने कहा, "ठीक है, अब तुम किसी बुद्धिमान आदमी की भाँति बोल रहे हो और तुम जिस सेवा को करने के लिए तैयार हो यदि उसमें दत्तचित्त होकर काम किया, स्वयं को ईमानदार तथा विश्वासी होना सिद्ध कर दिया, तो जितनी सुविधाएँ तुम्हारे जैसी स्थिति के आदमी को दी जा सकती हैं इसके पश्चात तुम्हें वे सभी प्राप्त होंगी। इस पर विश्वास रखो। परन्तु इसके लिए पहले तुम्हें उसके योग्य बनना पड़ेगा, क्योंकि योरोपियन लोग पक्षपात बिलकुल नहीं करते।"

मैंने उत्तर दिया, "मैं तैयार हूँ। मुझे बताया जाए कि मुझे क्या करना होगा? और आगे आप लोग देख लेंगे कि अमीर अली जिसका नमक खाता है, उसके प्रति कितना सच्चा रहता है।"

उसने कहा, "तो चलो, अभी देर नहीं हुई। इसी समय मैं तुम्हें अदालत में ले चलता हूँ। वहीं तुम्हें आवश्यक आदेश दे दिए जाएँगे।"

मेरी जेल की बेड़ियाँ काट दी गईं। उसके स्थान पर एक लोहे की छड़ जिसमें छल्ला लगा था, मेरे दाहिने पैर से अटका दी गई, इससे अब मैं पूर्ण स्वतन्त्रता के साथ चल तो सकता था, परन्तु दौड़ना असम्भव था। मुझे एक मुखबिर के रूप में स्वीकार कर लिया गया। इसके साथ ही यह चेतावनी भी दी गई कि यदि मैं अपने दायित्व की अवहेलना करूँ या ज्ञात होते ही कोई सूचना न दूँ अथवा मेरे प्रति किए गए विश्वास का किसी रूप में दुरुपयोग करूँ, तो मुझे तुरन्त फाँसी पर लटका दिया जाएगा।

अफसर ने मुझसे प्रश्न किया, "तुम गनेशा के विषय में कुछ जानते हो?"

मैंने उत्तर दिया, "साहब बहादुर, मैं जानता हूँ। मैं उसे भली भाँति पहचानता हूँ। जैसा मेरे ऊपर इनाम था, वैसा ही उसके ऊपर भी है, परन्तु आप लोग यह भी नहीं जानते कि वह सागर से कुछ ही कोस दूर एक स्थान पर मौजूद है।"

उसने कहा, "क्या तुम मेरे आदमियों को वहाँ तक ले जा सकोगे? याद रखो यह प्रथम मामला है जो तुम्हें सौंपा जा रहा है और मुझे यह कहने की आवश्यकता नहीं कि इसमें तुम्हें अत्यधिक सावधान रहना होगा। गनेशा बहुत चालाक है और उसे गिरफ्तार करने के अब तक जितने प्रयत्न हुए, वह सबसे बचकर निकल गया।"

मैंने कहा, "मैं इस काम का पूर्ण दायित्व ले रहा हूँ। सम्भव है कि उसे अभी तक मेरी गिरफ्तारी की बात न मालूम हुई हो। आप मुझे अपने छह आदमी दें, जिन्हें मैं बहाने से ले जाऊँगा और मैं उसे पकड़कर आप तक पहुँचाने का वचन देता हूँ। केवल वही नहीं, हिम्मत को भी मैं ले आऊँगा जिसे मैं जानता हूँ कि वह भी उसके साथ है।"

अफसर ने कहा, "अच्छा, हिम्मत भी उसी के साथ है? वह भी दूसरे की भाँति पक्का बदमाश है।"

मैंने उत्तर दिया, "वह पूरा ठग है। अधिक नहीं कहा जा सकता। परन्तु समय नष्ट हो रहा है। आप चुनकर मुझे आदमी दीजिए। वे बहुत बहादुर और फुर्तीले होने चाहिए। उन्हें आवश्यक शस्त्र भी दिए जाएँ। मुझे भी एक तलवार की आवश्यकता होगी।"

उसने कहा, "यह असम्भव है, तुम जैसे हो वैसे ही जाओ। क्या पता तुम हमारे आदमियों की हत्या कर दो।"

मैं गर्व से बोला, "आप मेरे ऊपर विश्वास करें अथवा न करें, यह आपकी इच्छा। अमीर अली मिथ्यावादी नहीं और जिस कार्य को हाथ में लेता है, उसके प्रति धोखेबाज छल कभी नहीं होगा। आप मेरे ऊपर विश्वास कीजिए और अपने काम के लिए दुगना सच्चा बनाइए। यदि आप मेरे ऊपर सन्देह करेंगे तो मुझे भी आप पर सन्देह होगा।"

उसने कहा, "तुम बड़े साहस के साथ बोल रहे हो, और इसीलिए मैं तुम पर विश्वास करूँगा।"

उसने अपने किसी कर्मचारी से कहा, "उसे उसका हथियार दे दिया जाए।" पुनः कहा, "अमीर अली अब तुम शीघ्र जाओ, बाहर हमारे आदमी प्रतीक्षा कर रहे हैं।"

मैंने कहा, "इसी क्षण मैं जाता हूँ। गनेशा को जब तक न ले आऊँ, मुँह को खाना नहीं लगाऊँगा।"

मैं वहाँ से चला आया। मुझे छह आदमी मिल गए। वे संकल्पवान प्रतीत होते थे, और पूर्ण रूप से सशस्त्र थे। मैंने उनके ऑफिस वाले बैग उतरवा दिए और उनके कपड़ों पर धूल डलवा दी, जिससे प्रतीत हो कि वे लोग बहुत दूर की यात्रा करके आए थे। अपने पैर के लोहे को मैंने अच्छी तरह बाँध लिया, जिससे कोई शोर न हो और मेरे पायजामे के अन्दर उसका पता भी न चले। अब हमारी टोली वहाँ से रवाना हो गई।

इस समय सन्ध्या हो रही थी। हम लोगों ने नगर को एक ओर छोड़ दिया और खुले प्रदेश में आ गए।

मैंने उन लोगों से कहा, "यदि हम लोग अपने कदम बढ़ाए चलें तो आधी रात तक उसके निकट पहुँच जाएँगे।"

टोली के नायक ने प्रश्न किया, "वह कहाँ है?"

मैंने उत्तर दिया, "वह गाँव के पटेल के यहाँ रहता है, और किसी हिन्दू फकीर का वेश बनाए हुए है।"

उसने कहा, "गंगा की सौगन्ध, तब तो मैंने उसे अवश्य देखा है। वह लम्बा है और भैंगापन से देखता है। यही बात है न?"

मैंने कहा, "वही आदमी है। तुम लोगों से इतने निकट होने पर भी, उसके विषय में तुमने कभी नहीं सोचा होगा?"

उसने कहा, "नहीं बिल्कुल नहीं, यदि हमें यह बात मालूम होती तो एक सप्ताह पूर्व ही हम उसे गिरफ्तार कर लेते।"

मैंने कहा, "अब उसके लिए निश्चिन्त हो जाओ। परन्तु हमें बहुत सावधान रहना होगा। क्या तुम मेरे ऊपर विश्वास करते हो?"

उसने कहा, "विश्वास तो अवश्य करूँगा परन्तु भागने अथवा हम लोगों को गुमराह करने का प्रयत्न मत करना।"

मेरा एक ही उत्तर था, "गनेशा के साथ मुझे बहुत लम्बा हिसाब चुकाना है। उसी ने मेरी माँ की हत्या की थी।"

काफी रात गए हम लोग उस गाँव में पहुँच गए। सब कुछ शान्त था और सर्वत्र निविड़ अन्धकार व्याप्त था, जिससे मेरे उद्देश्य को सहायता प्राप्त हो रही थी, क्योंकि अँधेरे में मेरे साथ के लोगों के चेहरे पहचाने नहीं जा सकते थे। मुझे भी पटेल के घर जाने में कोई न देख सकेगा।

मैंने नजीब से कहा, "अब केवल तुम मेरे साथ चलो, शेष लोग यहीं ठहरे रहें। मैं गनेशा को यहीं लेकर आ जाऊँगा, तब तुम उसे बन्दी बना लेना। क्या तुम मुझसे कुछ भय खा रहे हो?(क्योंकि वह अस्थिर सा प्रतीत हो रहा था)। तब मुझे अकेले जाना पड़ेगा और मैं तुम्हारे स्वामी को बता दूँगा कि तुम लोग कितने कायर हो?"

उसने कहा, "यह भी नहीं हो सकता, मैं तुम्हें अपनी आँखों से ओझल नहीं होने दूँगा। इसके लिए मुझे सख्त आदेश दिया गया है, अतः मैं अवश्य साथ चलूँगा। और यदि मैं लौटकर न आऊँ," उसने अपने साथियों से कहा, "तो तुम लोग सीधे सागर चले जाना और कह देना

कि मेरी हत्या कर दी गई।"

हँसकर मैंने कहा, "भय की कोई बात नहीं है। आधे घंटे या उससे भी कम समय में मैं लौटकर आ जाऊँगा। बोलो, तैयार हो?"

उसने कहा, "मैं तैयार हूँ, मीर साहब, तुम आगे चलो और याद रखना, मैंने अपनी तलवार म्यान में ढीली कर ली है। भले ही मैं मर जाऊँ परन्तु तुम भी नहीं बचोगे।"

मैंने कहा, "तुम निरे मूर्ख हो, क्या मेरे ऊपर विश्वास नहीं कर सकते?"

उसने उत्तर दिया, "अभी तो नहीं है, आगे भले हो जाए।"

मैंने उसे बताया, "याद रखना, यदि गनेशा अथवा जो भी वहाँ हो, उनसे कुछ भी नहीं बोलना। मैं उन लोगों को घर के बाहर ले आऊँगा। उस समय अपने शस्त्र को सँभाले रहना। यदि वे लोग भागने की जरा भी चेष्टा करें अथवा उन्हें हमारे आने के वास्तविक उद्देश्य पर सन्देह हो जाए तो मैं जब तुमसे यह प्रश्न करूँ कि सागर यहाँ से कितनी दूर है, तुम हिम्मत कर तत्काल टूट पड़ना। गनेशा से निपटने के लिए मुझे रहने देना। हम दो पर दो होंगे। दूसरे की अपेक्षा गनेशा कुशल तलवारबाज है। इस बात को भली भाँति याद रखना।"

उसने उत्तर दिया, "मैं हर बात याद रखूँगा और तुम्हारा पूरा साथ दूँगा। मुझे अब कोई भय नहीं क्योंकि मैं समझ गया कि तुम ईमानदार हो।"

वहाँ से कुछ कदम चलने के बाद पटेल का घर आ गया। मैंने उसका नाम लेकर पुकारा, "जसवन्त, जसवन्त, उठो, बाहर तो निकलकर आओ, भले आदमी समझ गए होगे मैं कौन हूँ।"

मैंने रमसी में कहा था, जिसे मुझे मालूम था कि वह समझता था। उसने अन्दर से ही उत्तर दिया, और तत्पश्चात् मुझे दरवाजे की कुंडी तथा छड़ें हटाए जाने की आवाज सुनाई दी। उसने पूछा, "कौन हो भाई?"

मैंने उत्तर दिया, "मैं हूँ तुम्हारा मित्र अमीर अली। गनेशा कहाँ है?"

उसने कहा, "अन्दर सो रहा है। उसे क्यों पूछ रहे हो?"

"और हिम्मत?" मैंने पूछा।

उसने कहा, "वह भी सो रहा है। उनसे क्या काम है? और मीर साहब, इस ओर किस उद्देश्य से आना हुआ? इतनी देर करके या इतने तड़के, चाहे जो समझो? हम सोचते थे कि तुम कलकत्ते के आधे रास्ते पर होगे?"

मैंने कहा, "अरे हाँ, वह मामला अभी स्थगित कर दिया गया। नजीब लोग निकल रहे हैं। वहाँ खतरा बढ़ गया है। परन्तु जाओ और गनेशा को जगा दो। उसके लिए मेरे हाथ में कुछ काम आ गया और मेरे पास नष्ट करने के लिए बिल्कुल समय नहीं। सुबह होने से पूर्व काम पूरा होना है।"

पटेल ने कहा, "मैं समझ गया, कोई बनिज होगी, है न यही बात?"

मैंने कहा, "देखो, पटेल जी, यहाँ खड़े-खड़े बातें मत बनाओ, नहीं तो उसमें तुम्हारा हिस्सा हजम कर लिया जाएगा। गनेशा को यहाँ ले आओ अथवा उसे बता दो कि मैं यहाँ आया हूँ। वह तुरन्त भागकर आ जाएगा।"

वह अन्दर चला गया। मैंने नजीब से कहा, "अब तैयार हो जाओ। मैंने जैसा बताया, वैसा ही करना और मेरा संकेत याद रखना।"

मैंने सुना पटेल गनेशा को जगा रहा था। पहले तो उसने गुर्राकर अपने जगाने के लिए

उसे गाली दी, और उसके पश्चात् उसने बड़ी उत्सुकता के साथ पूछा, "क्या अमीर अली यहाँ आया है? हे भवानी, उसे मुझसे क्या काम आ पड़ा?"

अन्ततः उसकी मनहूस आकृति दरवाजे पर दिखाई दी। या अल्लाह, अन्दर ही अन्दर मेरा हृदय कैसा उछलने लगा? परन्तु उसे देखकर अति उत्साह के कारण वह बैठा जा रहा था।

उसने प्रश्न किया, "अमीर अली, तुम कहाँ हो? मुझे इस घुप अँधेरे में कुछ दिखाई नहीं दे रहा।"

मैंने उत्तर दिया, "मैं यहीं हूँ। जब तुम्हारी आँखें अँधेरे की अभ्यस्त हो जाएँगी, तो धीरे-धीरे सब दिखाई देने लगेगा। मुझे अपना हाथ दो और अब सीढ़ियों से उतरो, हाँ यह ठीक है।"

इसके बाद हम दोनों एक-दूसरे के गले मिले।

मैंने पूछा, "काम के लिए तैयार हो? मेरे साथ केवल दो आदमी हैं और हमने एक बनिज खोज ली है। यदि हमारा साथ दोगे तो अच्छी लूट की रकम हाथ लगेगी। मैं अकेले कुछ नहीं कर सकता, क्योंकि वे चार लोग हैं।"

उसने पूछा, "वे लोग कहाँ हैं?"

मैंने कहा, "उस ओर गली में खड़े हैं। आग लेने का बहाना करके मैं आया हूँ।"

उसने पूछा, "तुम्हारे साथ और कौन है?"

मैंने कहा, "एक मित्र है। उससे भयभीत होने की आवश्यकता नहीं। वह भी हम से एक है।"

उसने पूछा, "क्या वह रमसी बोल सकता है?"

मैंने कहा, "अभी नहीं, नया आदमी है, परन्तु भविष्य में उससे बहुत आशा है। और हिम्मत कहाँ है?"

उसने बताया, "वह भी अन्दर खर्राटे ले रहा है। यहाँ उसकी आवाज तुम्हें सुनाई देती होगी। तुम जरा ठहरो मैं अपने जूते और तलवार ले आऊँ। उसे नींद से उठा भी दूँ। तुमने बताया वे लोग चार हैं, और हम लोग पाँच होंगे। उनके लिए काफी हैं। भवानी की सौगन्ध हम इस लूट में हिस्सा अवश्य लेंगे।"

मैंने कहा, "इसके पहले कि तुम्हारे बुढ़ापे की उम्र में दो घंटे और जुड़ जाएँ, जल्दी चलो, नहीं तो वे लोग सन्देह करने लगेंगे।"

वह अन्दर चला गया और थोड़ी देर में पूरे साज-बाज के साथ आ गया। हिम्मत को भी वह अपने साथ ले आया। हमारी पारस्परिक दुआ-सलाम हुई।

मैंने कहा, "अब यहाँ से चल दो, समय बहुत कम है।"

गनेशा बोला, "एक बात सुनो, आगे गली में एक कुँआ है, क्या मिल के लिए वह ठीक रहेगा?"

मैंने कहा, "अवश्य! सामने तुमको वे लोग खड़े हुए मिलेंगे।" मेरा इतना कहना था कि हमारी टोली वहाँ आ धमकी।"

उनमें से एक ने आवाज दी, "उधर कौन जा रहा है?"

मैंने कहा, "तुम्हारा मित्र है, अमीर अली।"

उत्तर आया, "तब सब ठीक है।" और दूसरे क्षण हम उन लोगों तक पहुँच गए।

मैंने कहा, "ये ही तुम्हारे आदमी हैं, इन्हें गिरफ्तार कर लो।" इतना कहते-कहते मैं गनेशा

पर इतने जोर से झपटा कि हम दोनों एक साथ गिर पड़े। वह अत्यन्त घृणा के साथ मुझसे संघर्ष करने लगा, और जैसे ही वह अपनी कमर में लगे हुए खंजर को निकालने में सफल हुआ कि दो नजीब मेरी सहायता के लिए आ गए। सौभाग्य की बात यह हुई कि मैंने उसका वह हाथ पकड़ लिया।

स्वयं को उससे अलग करके मैंने उन लोगों से कहा, "इसके हाथ-पैर कसकर बाँध दो और इसका मुँह बन्द कर रखो, अन्यथा यह चिल्लाकर सारे गाँव को जगा देगा।"

यही किया गया। उसके शस्त्र ले लिये गए और उसके मुँह पर एक कपड़ा कसकर बाँध दिया गया जिससे वह कुछ न बोल सका। उसी समय हम अपने कैदियों को लेकर अन्धकार और ऊबड़-खाबड़ सड़क से जितने शीघ्र हो सका चल दिए।

दिन निकलने तक हम लोग चुपचाप चलते रहे। प्रकाश होने पर मैंने उसकी ओर देखा, तब हमारे नेत्र चार हुए। उस समय उसके चेहरे का भयानक रूप मैं कभी नहीं भूल सकता।

मैंने किसी नजीब से कहा,

"उसके मुँह से कपड़ा हटा दो, चाहे तो उसे बोलने दो।" यही किया गया।

वह बोला, "अमीर अली, अन्त में तुमने अपना प्रतिशोध ले लिया। मेरी बद्दुआएँ हमेशा तुम्हारे साथ रहेंगी। और भवानी के एक भक्त का विनाश करने के लिए उनका शाप भी तुम पर गिरेगा। तुम जो नमक खाओगे, वह तुम्हारे मुँह में कड़वा लगेगा और भोजन विष हो जाएगा।"

मैंने कहा, "आमीन, इस समय तुम वास्तव में गनेशा की ही तरह बोल रहे हो। निःसन्देह मैंने तुमसे बदला ले लिया परन्तु तुम्हारे ऊपर एक ऋण अभी शेष है, वह मेरी माँ की हत्या करने का। राक्षस, तूने उसे मार डाला।"

उसने कहा, "हाँ, मैं तुम्हें भी समाप्त कर देता, जब तुम छोटे बच्चे थे, परन्तु उस मूर्ख इस्माइल के कारण नहीं कर सका। उसे तो उसका फल प्राप्त हो गया। अभी तुम्हें मिलना शेष है।"

मैंने कहा, "उसे तुम न देख सकोगे। तुम्हें जब कुत्ते की भाँति फाँसी पर लटकता देखूँगा, तब मुझे सचमुच प्रसन्नता होगी।"

नजीबों के नायक ने कहा, "चुप रहो अमीर अली, उससे बात करके क्यों अपनी जबान खराब करते हो।"

मैंने उत्तर दिया, "क्योंकि उसकी पीड़ा को देख मेरी आत्मा को शान्ति प्राप्त हो रही है, और यदि मेरी चलती तो मैं बराबर खड़े रहकर उसकी मृत्यु के समय तक ताने देता रहता। क्या उसने मेरी माँ का कत्ल नहीं किया? और यदि वह यह न करता तो क्या मैं स्वयं अपनी बहन को मारता? मेरी भयानक घृणा का यही कारण है। फिर भी मैं अब चुप रहूँगा।"

हम लोग सागर पहुँचे। जिस समय मेरे हाथों से अफसर ने गनेशा को प्राप्त किया उसकी प्रसन्नता का पारावार न था, वह उसे दबा न पाया और बोला, "इस बदमाश के पकड़े जाने के पश्चात ठगी के व्यवसाय को गहरा धक्का लगा है। अमीर अली तुमने अपने कर्त्तव्य का अच्छी तरह पालन किया।"

उसी क्षण से मैं उसके विश्वास और आकलन में ऊँचा उठ गया, और मैंने उस विश्वास को कभी खोने नहीं दिया।

गनेशा के विरुद्ध मुकदमा चला। उसमें मैं ही उसके विपक्ष का मुख्य गवाह था। उसने

जो हत्याएँ की थीं और जिन्हें मैं जानता था, मैंने अदालत को सब बता दिया। अन्य लोगों ने भी मेरे बयान की पुष्टि की। उसे मृत्युदंड दिया गया।

उसे फाँसी दिए जाने से पूर्व उसे देखने की मेरी प्रार्थना स्वीकार नहीं की गई। क्योंकि मैं उसके भाग्य पर ताने देना चाहता था, जिससे उसका अन्त समय उसके लिए और कटु बन जाए। अफसर मेरे उद्देश्य को समझता था। मानवीय दृष्टि से भी वह कैसे अनुमति दे सकता था। मैंने उसकी और अन्य बीस लोगों की एक साथ मृत्यु होते देखी। उसने मेरी ओर देखा भी था और मेरी निन्दा की थी, परन्तु उसकी निन्दा निराधार थी। वे सब एक साथ फाँसी के तख्ते पर ले जाए गए। उन सबने जल्लाद के अपवित्र हाथों द्वारा गले में रस्सी का फन्दा डालने से मना कर दिया और सबने स्वयं अपने हाथों से फन्दा डाल लिया। एक-दूसरे का हाथ पकड़कर उन्होंने "भवानी की जय" बोली और फाँसी पर झूलकर शाश्वतता में विलीन हो गए। मैं गनेशा को बराबर देखता रहा। उसका अन्तिम संघर्ष अन्य लोगों की अपेक्षा देर तक चलता रहा। मुझे सन्तोष हो गया। मेरा जो ऋण उस पर था, उसे उसको अपनी मृत्यु से चुकाना पड़ा।

और साहब, इस घटना के पश्चात मैं अकर्मण्यता तथा सुस्त कार्यक्रमों तक सीमित रह गया। एक-एक करके मैंने अपने सभी पुराने साथियों को गिरफ्तार कराया। यहाँ तक कि उस क्षेत्र में एक भी ठग शेष न रह गया। आपके लिए अब मेरे जीवन की कोई उपयोगिता नहीं रही। अब मैं केवल इतना कर सकता हूँ कि अपनी देखी अथवा अन्य लोगों से सुनी हुई घटनाओं का आपसे वर्णन करूँ। अब मेरे जीवन का क्या उद्देश्य रह गया? यह एक ऐसा प्रश्न था, जो मैं प्रायः स्वयं से पूछा करता था। मेरे जीवन का ऐसा अस्तित्व क्यों बराबर बना रहे जिसमें न कोई आनन्द हो और न आमोद-प्रमोद हो, न किसी की चिन्ता हो और न कोई विषाद भी हो? मुझे केवल एक बात का पश्चाताप शेष रह गया है, और वह मुझसे कभी पृथक नहीं हो सकता। फिर भी मैं उसे तब तक बनाए रखूँगा जब तक अल्लाह अपनी प्रसन्नता से कोई दूत नहीं भेजता जो आकर मेरी वह गाँठ खोलेगा जिसमें यह मिट्टी से निर्मित जीवन बँधा हुआ है।

कभी-कभी मैं अपनी बेटी के विषय में सोचा करता था, परन्तु अब उसे भी भूल गया। फिर भी मैं यह नहीं कहूँगा कि मैंने उसे बिलकुल भुला दिया, क्योंकि मैं उसे पिता के रूप में प्यार करता था, और मेरा वह प्यार जीवन की अन्तिम श्वास तक बना रहेगा। परन्तु वह प्रसन्न है। उसे मेरे विषय में जानने की क्या आवश्यकता?

मुझे भय है कि मैंने अपने जीवन का सूक्ष्म विवरण बताते हुए आपको कभी-कभी परेशान कर दिया होगा, परन्तु मैंने आपको सब कुछ बता दिया, इसमें मैंने अपना कोई विचार, कोई भावना, यहाँ तक कि उस घटना को जिसे घटित हुए पर्याप्त समय व्यतीत हो गया, आपसे नहीं छिपाया। सम्भवतः आपने उन सभी घटनाओं को लिपिबद्ध कर लिया होगा, जो आपके मित्रों की भयमिश्रित रुचि उत्पन्न करने में सफल होगी। यदि वैसा हुआ तो समझिए आपका उद्देश्य पूर्ण हो गया। आपने किसी ठग के जीवन का, उसके अनुष्ठानों तथा कार्यकलापों का सत्यनिष्ठ चित्रण प्रस्तुत किया है, जबकि मुझे भी गर्व है कि संसार अमीर अली ठग के कृत्यों और उसके साहसिक कारनामों से परिचित हो जाएगा।

●●●